CW01657543

LAROUSSE
DICTIONNAIRES

ISBN 978 2 03 606306 8

21, rue du Montparnasse
75283 Paris Cedex 06
www.editions-larousse.fr

ISBN 978 2 03 600433 7

Direction de la publication : Carine Girac-Marinier
Direction éditoriale : Marion Vaillant
Édition : Valérie Katzaros
Informatique éditoriale : Sharareh Maljaei
Fabrication : Carole Rousseau

Précédentes éditions
Édition : Marc Chabrier, Valérie Katzaros
Rédaction : Garret White
Lecture correction : Anne Marsaleix, Mathilde Pyskir
Maquette et mise en page : Uli Meindl, Sophie Rivoire
Fabrication : Axelle Hosten

Première édition - Rédaction
Patrick White Laurence Larroche
Cécile Vanwalleghem Callum Brines
Sara Montgomery Jane Rogoyska

Achevé d'imprimer en Italie par Grafica Veneta en août 2024
Dépôt légal : janvier 2024 – 335659/02- N° de projet : 11056833

English

MINI DICTIONARY

French - English • English - French

LAROUSSE
DICTIONNAIRES

Sommaire

Contents

Au lecteur

Ce dictionnaire a été conçu pour répondre aux besoins du voyageur et du débutant.

Avec plus de 100 000 mots, traductions et expressions, ce dictionnaire présente non seulement le vocabulaire général mais aussi les mots de la vie quotidienne.

De nombreux exemples et des indicateurs de sens précis éclairent le vocabulaire essentiel. Les termes dont l'emploi nécessite une plus grande précision sont mis en relief par une présentation étudiée.

Des informations culturelles et des renseignements pratiques ouvrant des aperçus sur un autre pays sont à découvrir au fil du dictionnaire.

Nous espérons que vous apprécierez cet ouvrage et nous vous invitons à nous envoyer vos suggestions.

L'éditeur

To our readers

This dictionary was developed to meet the needs of both the traveller and the beginner.

With over 100,000 words, phrases and translations, this dictionary provides not only general vocabulary but also the language used in everyday life.

Clear sense markers are provided to guide the reader to the correct translation, while special emphasis has been placed on many basic words, with helpful examples of usage and a particularly user-friendly layout.

Cultural notes and practical information can be found throughout to allow for interesting insights into life in French-speaking countries.

We hope you enjoy using this dictionary, and don't hesitate to send us your comments.

The publisher

abréviation	abbr/abr	abbreviation
adjectif	adj	adjective
adverbe	adv	adverb
anatomie	ANAT	anatomy
article	art	article
anglais d'Australie	Austr	Australian English
automobile	AUT/AUTO	automobile, cars
auxiliaire	aux	auxiliary verb
belgicisme	Belg	Belgian French
commerce	COMM	commerce, business
comparatif	compar	comparative
informatique	COMPUT	computers
conjonction	conj	conjunction
progressif	cont	continuous
cuisine, art culinaire	CULIN	culinary, cooking
droit	DR	law
interjection	excl	exclamation
féminin	f	feminine
familier	fam	informal
figuré	fig	figurative
finance	FIN	finance, financial
soutenu	fml	formal
féminin pluriel	fpl	feminine plural
grammaire	GRAM/GRAMM	grammar
verbe impersonnel	impers vb	impersonal verb
familier	inf	informal
informatique	INFORM	computers
inséparable	insep	inseparable
interjection	interj	exclamation
invariable	inv	invariable
droit	LAW	law
locution adjectivale	loc adj	adjectival phrase
locution adverbiale	loc adv	adverbial phrase

locution prépositionnelle	loc prép	prepositional phrase
masculin	m	masculine
masculin ou féminin	m ou f	masculine or feminine
mathématiques	MATH	mathematics
médecine	MÉD	medicine
même forme pour le masculin et le féminin	mf	masculine and feminine
militaire	MIL	military
masculin pluriel	mpl	masculine plural
musique	MUS	music
nom	n	noun
nautique	NAUT	nautical
nom féminin	nf	feminine
nom féminin pluriel	nfpl	plural feminine
nom masculin	nm	masculine noun
nom dont le genre est flottant : ex. un arobase ou une arobase	nm ou nf	either feminine or masculine
nom masculin et nom féminin : ex. menteur, euse	nm, f	masculine with feminine ending
même forme pour le masculin et le féminin : ex. démocrate	nmf	masculine and feminine
nom masculin pluriel	nmpl	masculine plural
nom pluriel	npl	plural noun
numéral	num	numeral
anglais de Nouvelle-Zélande	NZ	New Zealand English
	o.s.	oneself
participe présent	p prés	present participle
péjoratif	pej/péj	pejorative
pluriel	pl	plural
politique	POL	politics
participe passé	pp	past participle
préfixe	préf	prefix
préposition	prep	preposition
participe présent	p prés	present participle

pronom	pronoun/pron	pronoun
pronom interrogatif	pron interr	interrogative pronoun
pronom relatif	pron rel	relative pronoun
passé	pt	past tense
québecisme	Québec	Canadian French
quelque chose	qqch	something
quelqu'un	qqn	somebody
radio	RADIO	radio
religion	RELIG	religion
scolaire	SCH/SCOL	school
anglais d'Écosse	Scot	Scottish English
séparable	sep	separable
singulier	sg/sing	singular
SMS	SMS	messaging texting
quelque chose	sthg	something
soutenu	sout	formal
sport	SPORT	sport
suffixe	suffix	suffix
superlatif	superl	superlative
technologie	TECH	technology, technical
SMS	texting	messaging texting
transports	TRANS	transport
télévision	TV	television
indénombrable	U	uncountable
anglais britannique	UK	British English
anglais américain	US	American English
verbe préposition	v + prép	verb + preposition
verbe auxiliaire	v aux	auxiliary verb
verbe impersonnel	v impers	impersonal verb
verbe intransitif	vi	intransitive verb
verbe pronominal	vp	reflexive verb
verbe pronominal + préposition	vp + prép	pronominal verb + preposition
verbe transitif	vt	transitive verb
vulgaire	vulg	vulgar

Mots composés anglais

On désigne par composés des entités lexicales ayant un sens autonome mais qui sont composées de plus d'un mot, par exemple *point of view, kiss of life, virtual reality* et *West Indies*. Nous avons pris le parti de faire figurer les composés anglais dans l'ordre alphabétique général. Le composé *blood test* est ainsi présenté après *bloodshot* qui suit *blood pressure*.

English compounds

A compound is a word or expression which has a single meaning but is made up of more than one word, e.g. *point of view, kiss of life, virtual reality* and *West Indies*. It is a feature of this dictionary that English compounds appear in the A–Z list in strict alphabetical order. The compound *blood test* will therefore come after *bloodshot* which itself follows *blood pressure*.

Noms de marque

Les noms de marque sont désignés dans ce dictionnaire par le symbole ®. Néanmoins, ni ce symbole, ni son absence, ne sont représentatifs du statut légal de la marque.

Trademarks

Words considered to be trademarks have been designated in this dictionary by the symbol ®. However, neither the presence nor the absence of such designation should be regarded as affecting the legal status of any trademark.

	French	English	comments
[a]	lac, papillon		like a in cat
[ɑ]	tas, âme		like a in barn, dancer
[ɑ̃]	champ		the a sound of cat nasalized
[b]	bateau, rosbif	bottle, bib	
[d]	dalle, ronde	dog, did	
[e]	pays, année	pay	
[ɛ]	bec, aime	pet	
[ɛ̃]	main, timbre		the ay sound of pay nasalized
[ə]	le, je	mother, suppose	
[f]	fort	fib	
[g]	garder, épilogue	gag, great	
[ɥ]	lui, nuit		like wee in weed
[i]	fille, île		like ee in weed but shorter
[j]	yeux, yoga	spaniel	
[k]	karaté	kitchen	
[l]	halle, lit	little, help	
[m]	mât, drame	metal, comb	
[n]	nager, trône	night, dinner	
[ŋ]	parking, camping	song, finger	

	French	English	comments
[ɲ]	a**gn**eau, pei**gn**er		like **n**ew
[o]	dr**ô**le		like **o** in b**o**w
[ɔ]	b**o**tte, aut**o**mne	**o**pen	
[ɔ̃]	**on**gle		the **o** sound nasalized
[ø]	av**eu**, j**eu**		like **e** in moth**e**r
[œ]	p**eu**ple, b**œu**f		like **u** in b**u**rn
[p]	**p**a**p**a, **p**rendre	**p**o**p**, **p**eo**p**le	
[ʀ]	**r**aisin, **r**égime	**r**ight, ca**rr**y	
[s]	**s**avant	**s**eal, pea**c**e	
[ʃ]	**ch**arrue, **sch**éma	**sh**eep, ma**ch**ine	
[t]	**th**éâtre, **t**emps	**t**rain, **t**ip	
[tʃ]	**tch**èque, **tch**ador	**ch**ain, wre**tch**ed	
[u]	**ou**til, g**oû**t		like **oo** in l**oo**p
[œ̃]	br**un**, parf**um**		like the **u** of f**u**n
[v]	**v**oir, ri**v**e	**v**ine, li**v**id	
[w]	**ou**est, **ou**i	**w**et, **wh**y, t**w**in	
[y]	**u**sage, l**u**ne		between **o** and **i**
[z]	**z**ébu, **z**éro	**z**ip, hi**s**	
[ʒ]	bi**j**ou, rou**g**e	u**s**ual, mea**s**ure	

	anglais	français	commentaires
[æ]	pat/bag/mad		son entre le a et le e
[ɑː]	barn/car/laugh	lac/papillon	
[aɪ]	buy/light/aisle	paille/aïe	
[aʊ]	now/shout/town		se prononce comme ao
[b]	bottle/bib	bateau/rosbif	
[d]	dog/did	dalle/ronde	
[ʤ]	jig/fridge	gin/jeans	
[e]	pet, bet	pays, année	
[ə]	mother/suppose	cheval/je	
[ɜː]	burn/learn/bird	ailleurs	
[eə]	pair/bear/share	fer/mer	
[eɪ]	bay/late/great	paye	
[f]	fib/physical	fort/physique	
[g]	gag/great	garder/épilogue	
[h]	how/perhaps		son h aspiré
[ɪ]	pit/big/rid		son i bref
[iː]	bean/weed	riz, fille/île	
[ɪə]	peer/fierce/idea	mieux	son i long
[j]	you/spaniel	yeux/yaourt	
[k]	come/kitchen	coq/quatre	
[kʊ]	quarter		se prononce comme kw
[l]	little/help	halle/lit	
[m]	metal/comb	mât/drame	
[n]	night/dinner	nager/trône	

	anglais	français	commentaires
[ŋ]	song/finger	parking/camping	
[ɒ]	dog/sorry	poche/roc/sol	
[ɔː]	lawn	drôle/aube	
[aʊ]	no/road/blow	sot/pot	
[ɔɪ]	boy/foil	coyote	
[ʊ]	put/full	outil/goût	
[uː]	loop/moon		son **ou** long
[ʊə]	poor/sure/tour	touriste/pour	
[p]	pop/people	papa/prendre	
[r]	right/carry	arracher/sabre	
[s]	seal/peace	cela/savant	
[ʃ]	sheep/machine	charrue/schéma	
[t]	train/tip	théâtre/temps	
[tʃ]	chain/wretched	tchèque/tchador	
[θ]	think/fifth		se prononce comme un **s**, mais en pointant la langue contre les incisives.
[ð]	this/with		se prononce comme un **z**, mais en pointant la langue contre les incisives.
[ʌ]	cut/sun		son **o** tirant sur le **a**
[v]	vine/livid	voir/rive	
[w]	wet/why/twin	ouest/oui	
[z]	zip/his	zébu/zéro	
[ʒ]	usual/measure	bijou/rouge	

Point d'information complémentaire sur la phonétique

Le symbole ['] représente le « h » aspiré français, par exemple *hacher* ['aʃe].

Le symbole [ˈ] indique la syllabe accentuée. Lorsqu'il y a deux accents, le symbole [ˌ] indique le plus faible des deux.

Le symbole [ʳ] indique que le « r » final d'un mot anglais ne se prononce que lorsqu'il forme une liaison avec la voyelle du mot suivant ; le « r » final est presque toujours prononcé en anglais américain.

Additional information on phonetic transcription

The symbol ['] has been used to represent the French 'h aspiré', e.g. *hacher* ['aʃe].

The symbol [ˈ] indicates that the following syllable carries primary stress and the symbol [ˌ] that the following syllable carries secondary stress.

The symbol [ʳ] in English phonetics indicates that the final 'r' is pronounced only when followed by a word beginning with a vowel. Note that it is nearly always pronounced in American English.

Français-Anglais

French-English

A a

a [a] 3ᵉ pers. du sg de l'ind. prés. → **avoir**.

A *abr de* **autoroute**.

à [a] ◆ **prép 1.** [introduit un complément d'objet indirect] to ▸ **penser à** to think about ▸ **donner qqch à qqn** to give sb sthg **2.** [indique le lieu où l'on est] at ▸ **à la campagne** in the country ▸ **j'habite à Paris** I live in Paris ▸ **rester à la maison** to stay at home ▸ **il y a une piscine à deux kilomètres du village** there is a swimming pool two kilometres from the village **3.** [indique le lieu où l'on va] to ▸ **allons au théâtre** let's go to the theatre ▸ **il est parti à la pêche** he went fishing **4.** [introduit un complément de temps] at ▸ **embarquement à 21 h 30** boarding is at nine thirty p.m ▸ **au mois d'août** in August ▸ **le musée est à cinq minutes d'ici** the museum is five minutes from here ▸ **à jeudi !** see you Thursday! **5.** [indique la manière, le moyen] **: à deux** together ▸ **à pied** on foot ▸ **écrire au crayon** to write in pencil ▸ **à la française** in the French style ▸ **fait à la main** handmade, made by hand **6.** [indique l'appartenance] **: cet argent est à moi / à lui / à Isabelle** this money is mine / his / Isabelle's ▸ **à qui sont ces lunettes ?** whose are these glasses? ▸ **une amie à moi** a friend of mine **7.** [indique un prix] **: une place à 15 euros** a 15-euro seat **8.** [indique une caractéristique] with ▸ **le garçon aux yeux bleus** the boy with the blue eyes ▸ **du tissu à rayures** striped fabric ▸ **un bateau à vapeur** a steamboat **9.** [indique un rapport] by ▸ **100 km à l'heure** 100 km an hour **10.** [indique le but] **: maison à vendre** house for sale ▸ **le courrier à poster** the letters to be posted.

AB (*abr écrite de* **assez bien**) *fair (assessment of schoolwork).*

abaisser [4] [abese] **vt** [manette] to lower.

abandon [abɑ̃dɔ̃] **nm : à l'abandon** neglected ▸ **laisser qqch à l'abandon** to neglect sthg.

abandonné, e [abɑ̃dɔne] **adj 1.** abandoned **2.** [village] deserted.

abandonner [3] [abɑ̃dɔne] ◆ **vt** to abandon. ◆ **vi** to give up.

abat-jour [abaʒur] **nm inv** lampshade.

abats [aba] **nmpl 1.** [de bœuf, de porc] offal *sg* **2.** [de volaille] giblets.

abattoir [abatwar] **nm** abattoir.

abattre [83] [abatr] **vt 1.** [arbre] to chop down **2.** [mur] to knock down **3.** [tuer] to kill **4.** [décourager] to demoralize ▸ **ne te laisse pas abattre !** don't let things get you down!

abattu, e [abaty] **adj** [découragé] dejected.

abbaye [abei] **nf** abbey.

abcès [apsɛ] **nm** abscess.

abdiquer [3] [abdike] **vi** [roi] to abdicate.

abdominal, e, aux [abdɔminal, o] **adj** abdominal. ◆ **abdominaux nmpl** 1. [muscles] abdominal ou stomach muscles 2. [exercices] : **faire des abdominaux** to do stomach exercises.

abeille [abɛj] **nf** bee.

aberrant, e [aberɑ̃, ɑ̃t] **adj** absurd.

abîmé, e [abime] **adj** [vêtement] ruined ; [livre, meuble] damaged.

abîmer [3] [abime] **vt** to damage. ◆ **s'abîmer vp** 1. [fruit] to spoil 2. [livre] to get damaged ▸ **s'abîmer les yeux** to ruin one's eyesight.

aboiements [abwamɑ̃] **nmpl** barking *sg*.

abolir [32] [abɔlir] **vt** to abolish.

abominable [abɔminabl] **adj** awful.

abondance [abɔ̃dɑ̃s] **nf** 1. [profusion] abundance 2. [opulence] affluence.

abondant, e [abɔ̃dɑ̃, ɑ̃t] **adj** 1. plentiful 2. [pluie] heavy.

abonné, e [abɔne] ◆ **nm, f** 1. [à un magazine] subscriber 2. [au théâtre] season ticket holder. ◆ **adj : être abonné à un journal** to subscribe to a newspaper.

abonnement [abɔnmɑ̃] **nm** 1. [à un magazine] subscription 2. [de théâtre, de métro] season ticket.

abonner [3] [abɔne] ◆ **s'abonner à vp + prép : s'abonner à un journal** to suscribe to a newspaper.

abord [abɔr] ◆ **d'abord adv** first. ◆ **abords nmpl** 1. surrounding area *sg* 2. [d'une ville] outskirts.

abordable [abɔrdabl] **adj** affordable.

aborder [3] [abɔrde] ◆ **vt** 1. [personne] to approach 2. [sujet] to touch on. ◆ **vi** NAUT to reach land.

aboutir [32] [abutir] **vi** [réussir] to be successful ▸ **aboutir à** a) [rue] to lead to b) [avoir pour résultat] to result in.

aboyer [13] [abwaje] **vi** to bark.

abrégé [abreʒe] **nm : en abrégé** in short.

abréger [22] [abreʒe] **vt** to cut short ▸ **abrège !** *fam* get to the point!

abreuvoir [abrœvwar] **nm** trough.

abréviation [abrevjasjɔ̃] **nf** abbreviation.

abri [abri] **nm** shelter ▸ **être à l'abri (de)** to be sheltered (from) ▸ **se mettre à l'abri (de)** to take shelter (from).

abricot [abriko] **nm** apricot.

abrité, e [abʀite] **adj** sheltered.

abriter [3] [abrite] ◆ **s'abriter (de) vp + prép** to shelter (from).

abrupt, e [abrypt] **adj** [escarpé] steep.

abruti, e [abryti] ◆ **adj** 1. *fam* [bête] thick 2. [assommé] dazed. ◆ **nm, f** [fam] idiot.

abrutissant, e [abrytisɑ̃, ɑ̃t] **adj** mind-numbing.

ABS (*abr de* **Antiblockiersystem**) **nm** ABS (*Anti-lock braking system*).

absence [apsɑ̃s] **nf** 1. absence 2. [manque] lack.

absent, e [apsɑ̃, ɑ̃t] ◆ **adj** [personne] absent. ◆ **nm, f** absentee.

absenter [3] [apsɑ̃te] ◆ **s'absenter vp** to leave.

absolu, e [apsɔly] **adj** absolute.

absolument [apsɔlymɑ̃] **adv** absolutely.

absorbant, e [apsɔrbɑ̃, ɑ̃t] **adj** [papier, tissu] absorbent.

absorber [3] [apsɔrbe] **vt 1.** to absorb **2.** [nourriture] to take.

abstenir [40] [apstənir] ◆ **s'abstenir vp** [de voter] to abstain ▸ **s'abstenir de faire qqch** to refrain from doing sthg.

abstention [apstɑ̃sjɔ̃] **nf** abstention.

abstenu, e [apstəny] **pp** → **abstenir**.

abstrait, e [apstrɛ, ɛt] **adj** abstract.

absurde [apsyrd] **adj** absurd.

abus [aby] **nm : évitez les abus** don't drink or eat too much.

abuser [3] [abyze] **vi** [exagérer] to go too far ▸ **abuser de** [force, autorité] to abuse.

abusif, ive [abyzif, iv] **adj** [excessif] excessive.

académie [akademi] **nf** [zone administrative] local education authority ▸ **l'Académie française** the French Academy *(learned society of leading men and women of letters)*.

acajou [akaʒu] **nm** mahogany.

accabler [3] [akable] **vt 1.** [surcharger] **: accabler qqn de** [travail] to overwhelm sb with **2.** [couvrir] **: accabler qqn d'injures** to shower sb with abuse **3.** [abattre] **: accablé de chagrin** grief-stricken ▸ **accablé de soucis** careworn.

accalmie [akalmi] **nf** lull.

accaparer [3] [akapare] **vt** [personne, conversation] to monopolize.

accéder [18] [aksede] ◆ **accéder à v + prép** [lieu] to reach.

accélérateur [akseleratœr] **nm** accelerator.

accélération [akselerasjɔ̃] **nf** acceleration.

accélérer [18] [akselere] **vi 1.** AUTO to accelerate **2.** [se dépêcher] to hurry.

accent [aksɑ̃] **nm** accent ▸ **mettre l'accent sur** to stress ▸ **accent aigu** acute (accent) ▸ **accent circonflexe** circumflex (accent) ▸ **accent grave** grave (accent).

accentué, e [aksɑ̃tɥe] **adj 1.** [son, syllabe] stressed **2.** [traits, défaut] marked, pronounced ▸ **voyelle non accentuée** unstressed vowel.

accentuer [7] [aksɑ̃tɥe] **vt** [mot] to stress. ◆ **s'accentuer vp** [augmenter] to become more pronounced.

acceptable [akseptabl] **adj** acceptable.

accepter [4] [aksɛpte] **vt 1.** to accept **2.** [supporter] to put up with ▸ **accepter de faire qqch** to agree to do sthg.

accès [aksɛ] **nm 1.** [entrée] access **2.** [crise] attack ▸ **donner accès à** [ticket] to admit to ▸ **'accès interdit'** 'no entry' ▸ **'accès aux trains / aux quais'** 'to the trains'.

accessible [aksesibl] **adj** accessible.

accessoire [akseswar] **nm** accessory ▸ **accessoires beauté / cheveux** beauty / hair accessories.

accident [aksidɑ̃] **nm** accident ▸ **accident de la route** road accident ▸ **accident du travail** industrial accident ▸ **accident de voiture** car crash.

accidenté, e [aksidɑ̃te] **adj 1.** [voiture] damaged **2.** [terrain] bumpy.

accidentel, elle [aksidɑ̃tɛl] **adj 1.** [mort] accidental **2.** [rencontre, découverte] chance.

acclamer [3] [aklame] **vt** to cheer.

accolade [akɔlad] **nf** [signe graphique] curly bracket.

accompagnateur, trice [akɔ̃paɲatœr, tris] **nm, f 1.** [de voyages] guide **2.** MUS accompanist.

accompagnement [akɔ̃paɲmɑ̃] **nm** MUS accompaniment.

accompagner [3] [akɔ̃paɲe] **vt** to accompany.

accomplir [32] [akɔ̃plir] **vt** to carry out.

accord [akɔr] **nm 1.** agreement **2.** MUS chord ▸ **d'accord !** OK!, all right! ▸ **se mettre d'accord** to reach an agreement ▸ **être d'accord avec** to agree with ▸ **être d'accord pour faire qqch** to agree to do sthg.

accordéon [akɔrdeɔ̃] **nm** accordion.

accorder [3] [akɔrde] **vt** MUS to tune ▸ **accorder qqch à qqn** to grant sb sthg. ◆ **s'accorder vp** to agree ▸ **s'accorder bien** [couleurs, vêtements] to go together well.

accoster [3] [akɔste] ◆ **vt** [personne] to go up to. ◆ **vi** NAUT to moor.

accotement [akɔtmɑ̃] **nm** shoulder ▸ **'accotements non stabilisés'** 'soft verges'.

accouchement [akuʃmɑ̃] **nm** childbirth.

accoucher [3] [akuʃe] **vi : accoucher (de)** to give birth (to).

accouder [3] [akude] ◆ **s'accouder vp** to lean ▸ **s'accouder à la fenêtre** to lean out the window.

accoudoir [akudwar] **nm** armrest.

accourir [45] [akurir] **vi** to rush.

accouru, e [akury] **pp** → **accourir**.

accoutumance [akutymɑ̃s] **nf** MÉD addiction.

accoutumer [3] [akutyme] ◆ **s'accoutumer à vp + prép** to get used to.

Accra [akʀa] **n** Accra, Akkra.

accro [akʀo] *fam* ◆ **adj** hooked. ◆ **nmf** fanatic ▸ **c'est un accro du football** he's really mad on football ▸ **être accro à qqch a)** [drogue] to be hooked on sthg **b)** *fig* to be hooked on ou really into sthg.

Accrobranche® [akʀobʀɑ̃ʃ] **nm** treetop walking.

accroc [akro] **nm** rip, tear.

accrochage [akrɔʃaʒ] **nm 1.** [accident] collision **2.** *fam* [dispute] quarrel.

accrocher [3] [akrɔʃe] **vt 1.** [tableau] to hang (up) **2.** [caravane] to hook up **3.** [déchirer] to snag **4.** [heurter] to hit. ◆ **s'accrocher vp** *fam* [persévérer] to stick to it ▸ **s'accrocher à** [se tenir à] to cling to.

accroissement [akʀwasmɑ̃] **nm** increase, growth.

accroître [94] [akʀwatʀ] **vt** to increase. ◆ **s'accroître vp** to increase, to grow.

accroupir [32] [akrupir] ◆ **s'accroupir vp** to squat (down).

accru, e [akʀy] **pp** → **accroître**.

accueil [akœj] **nm 1.** [bienvenue] welcome **2.** [bureau] reception ▸ **'accueil des groupes'** 'group visit'.

accueillant, e [akœjɑ̃, ɑ̃t] **adj** welcoming.

accueillir [41] [akœjir] **vt 1.** [personne] to welcome **2.** [nouvelle] to receive.

accumuler [3] [akymyle] **vt** to accumulate. ◆ **s'accumuler vp** to build up.

accusation [akyzasjɔ̃] **nf 1.** [reproche] accusation **2.** [juridique] charge.

accusé, e [akyze] ◆ **nm, f** accused. ◆ **nm : accusé de réception** acknowledgment slip.

accuser [3] [akyze] **vt** to accuse ▸ **accuser qqn de qqch** to accuse sb of sthg ▸ **accuser qqn de faire qqch** to accuse sb of doing sthg.

acéré, e [asere] **adj** sharp.

acharnement [aʃarnəmɑ̃] **nm** relentlessness ▸ **avec acharnement** relentlessly.

acharner [3] [aʃarne] ◆ **s'acharner vp : s'acharner à faire qqch** to strive to do sthg ▸ **s'acharner sur qqn** to persecute sb.

achat [aʃa] **nm 1.** [acquisition] buying **2.** [objet] purchase ▸ **faire des achats** to go shopping.

acheter [28] [aʃte] **vt** to buy ▸ **acheter qqch à qqn a)** [pour soi] to buy sthg from sb **b)** [en cadeau] to buy sthg for sb.

acheteur, euse [aʃtœr, øz] **nm, f** buyer.

achever [19] [aʃve] **vt 1.** [terminer] to finish **2.** [tuer] to finish off. ◆ **s'achever vp** to end.

acide [asid] ◆ **adj 1.** [aigre] sour **2.** [corrosif] acid. ◆ **nm** acid.

acier [asje] **nm** steel ▸ **acier inoxydable** stainless steel.

acné [akne] **nf** acne.

acompte [akɔ̃t] **nm** deposit.

à-coup [aku] (*pl* **à-coups**) **nm** jerk ▸ **par à-coups** in fits and starts.

acoustique [akustik] **nf** [d'une salle] acoustics *sg*.

acquérir [39] [akerir] **vt 1.** [acheter] to buy **2.** [réputation, expérience] to acquire.

acquis, e [aki, iz] **pp** → **acquérir**.

acquisition [akizisjɔ̃] **nf 1.** [action] acquisition **2.** [objet] purchase ▸ **faire l'acquisition de** to buy.

acquitter [3] [akite] **vt** [juridique] to acquit. ◆ **s'acquitter de vp + prép 1.** [dette] to pay off **2.** [travail] to carry out.

acra [akra] **nm** *Creole fried fish or vegetable ball.*

âcre [akr] **adj** [odeur] acrid.

acrobate [akrɔbat] **nmf** acrobat.

acrobatie [akrɔbasi] **nf** acrobatics *sg*.

acrylique [akrilik] **nm** acrylic.

acte [akt] **nm 1.** [action] act, action **2.** [document] certificate **3.** [d'une pièce de théâtre] act ▸ **acte de naissance** birth certificate.

acteur, trice [aktœr, tris] **nm, f** [comédien] actor (actress).

actif, ive [aktif, iv] **adj** active.

action [aksjɔ̃] **nf 1.** [acte] action **2.** [effet] effect **3.** FIN share.

actionnaire [aksjɔnɛr] **nmf** shareholder.

actionner [3] [aksjɔne] **vt** to activate.

active adj f → **actif**.

activé [aktive] **pp** activated.

activer [3] [aktive] **vt 1.** [feu] to stoke **2.** INFORM to activate. ◆ **s'activer vp** [se dépêcher] to get a move on.

activité [aktivite] **nf** activity ▸ **activité professionnelle** occupation ▸ **en activité a)** [travailleur] working **b)** [volcan] active.

actrice nf → **acteur**.

actu [akty] (*abr de* **actualité**) **nf : l'actu** the (latest) news.

actualité [aktɥalite] **nf : l'actualité** current events ▸ **d'actualité** topical. ◆ **actualités nfpl** news *sg*.

actuel, elle [aktɥɛl] **adj** current, present.

actuellement [aktɥɛlmɑ̃] **adv** currently, at present.

⚠ Actually est un faux ami, il signifie ***vraiment*** ou ***en fait*** et non « actuellement ».

acupuncture, acuponcture [akypɔ̃ktyʀ] **nf** acupuncture.

adaptateur [adaptatœr] **nm** [pour prise de courant] adaptor.

adaptation [adaptasjɔ̃] **nf** adaptation.

adapter [3] [adapte] **vt** [pour le cinéma, la télévision] to adapt ▸ **adapter qqch à** [ajuster] to fit sthg to. ◆ **s'adapter vp** to adapt ▸ **s'adapter à** to adapt to.

addiction [adiksjɔ̃] **nf** (drug) addiction.

Addis-Abeba [adisabeba] **n** Addis Ababa.

additif [aditif] **nm** additive ▸ **'sans additif'** 'additive-free'.

addition [adisjɔ̃] **nf 1.** [calcul] addition **2.** [note] bill UK, check US ▸ **faire une addition** to do a sum ▸ **payer l'addition** to pay (the bill) ▸ **l'addition, s'il vous plaît !** can I have the bill please!

additionner [3] [adisjɔne] **vt** to add (up).

adepte [adɛpt] **nmf 1.** [d'une théorie] supporter **2.** [du ski, du jazz] fan.

adéquat, e [adekwa, at] **adj** suitable.

adhérent, e [aderɑ̃, ɑ̃t] **nm, f** member.

adhérer [18] [adere] **vi : adhérer à a)** [coller] to stick to **b)** [participer] to join.

adhésif, ive [adezif, iv] **adj** [pansement, ruban] adhesive.

adieu [adjø] (*mpl* **-x**) **nm** goodbye ▸ **adieu !** goodbye! ▸ **faire ses adieux à qqn** to say goodbye to sb.

adjectif [adʒɛktif] **nm** adjective.

adjoint, e [adʒwɛ̃, ɛ̃t] **nm, f** assistant.

admettre [84] [admɛtr] **vt 1.** [reconnaître] to admit **2.** [tolérer] to allow **3.** [laisser entrer] to allow in ▸ **être admis (à un examen)** to pass (an exam).

administratif, ive [administʀatif, iv] **adj** administrative.

administration [administrasjɔ̃] **nf** [gestion] administration ▸ **l'Administration** ≃ the Civil Service UK.

administrer [3] [administʀe] **vt 1.** [gérer] to manage, to administer **2.** [médicament, sacrement] to administer.

admirable [admirabl] **adj** admirable.

admirateur, trice [admiratœr, tris] **nm, f** admirer.

admiration [admirasjɔ̃] **nf** admiration.

admirer [3] [admire] **vt** to admire.

admis, e [admi, iz] **pp** → **admettre**.

admissible [admisibl] **adj** SCOL *eligible to take the second part of an exam.*

ADN (*abr de* **acide désoxyribonucléique**) **nm** DNA *(deoxyribonucleic acid)*.

adolescence [adɔlesɑ̃s] **nf** adolescence.

adolescent, e [adɔlesɑ̃, ɑ̃t] **nm, f** teenager.

adopter [3] [adɔpte] **vt** to adopt.

adoptif, ive [adɔptif, iv] **adj 1.** [enfant, pays] adopted **2.** [famille] adoptive.

adoption [adɔpsjɔ̃] **nf** [d'un enfant] adoption.

adorable [adɔrabl] **adj** delightful.

adorer [3] [adɔre] **vt** to adore ▸ **j'adore le chocolat / nager** I love chocolate / swimming.

adosser [3] [adɔse] ◆ **s'adosser vp : s'adosser à** ou **contre** to lean against.

adoucir [32] [adusir] **vt** to soften.

adresse [adrɛs] **nf 1.** [domicile] address **2.** [habileté] skill ▸ **adresse électronique** e-mail address.

adresser [4] [adrese] **vt** to address. ◆ **s'adresser à vp + prép 1.** [parler à] to speak to **2.** [concerner] to be aimed at.

Adriatique [adʀiatik] **nf : l'Adriatique** the Adriatic.

adroit, e [adrwa, at] **adj** skilful.

ADSL (*abr de* **asymmetric digital subscriber line**) **nm** ADSL.

adulte [adylt] **nmf** adult.

adverbe [advɛrb] **nm** adverb.

adversaire [advɛrsɛr] **nmf** opponent.

adverse [advɛrs] **adj** opposing ▸ **dans le camp adverse** the opposite camp.

aération [aerasjɔ̃] **nf** ventilation.

aérer [18] [aere] **vt** to air.

aérien, enne [aerjɛ̃, ɛn] **adj** [transport, base] air.

aérobic [aeʀɔbik] **nm** aerobics.

aéro-club [aeʀɔklœb] (*pl* **aéro-clubs**) **nm** flying club.

aérodrome [aerɔdrom] **nm** aerodrome.

aérodynamique [aerɔdinamik] **adj** aerodynamic.

aérogare [aerɔgar] **nf** (air) terminal.

aéroglisseur [aerɔglisœr] **nm** hovercraft.

aérophagie [aerɔfaʒi] **nf** wind.

aéroport [aerɔpɔr] **nm** airport.

aéroporté, e [aerɔpɔrte] **adj** airborne ▸ **particules aéroportées** MÉD airborne particles.

aérosol [aerɔsɔl] **nm** aerosol.

affaiblir [32] [afeblir] **vt** to weaken. ◆ **s'affaiblir vp 1.** [personne] to weaken **2.** [lumière, son] to fade.

affaire [afɛr] **nf 1.** [entreprise] business **2.** [question] matter **3.** [marché] deal **4.** [scandale] affair ▸ **avoir affaire à qqn** to deal with sb ▸ **faire l'affaire** to do (the trick). ◆ **affaires nfpl** [objets] belongings ▸ **les affaires** FIN business *sg* ▸ **occupe-toi de tes affaires !** mind your own business!

affaisser [4] [afɛse] ◆ **s'affaisser vp 1.** [personne] to collapse **2.** [sol] to sag.

affamé, e [afame] **adj** starving.

affecter [4] [afɛkte] **vt 1.** [toucher] to affect **2.** [destiner] to allocate.

affectif, ive [afɛktif, iv] **adj** emotional.

affection [afɛksjɔ̃] **nf** affection ▸ **affection respiratoire** respiratory illnesses.

affectueusement [afɛktɥøzmɑ̃] **adv 1.** affectionately **2.** [dans une lettre] best wishes.

affectueux, euse [afɛktɥø, øz] **adj** affectionate.

affichage [afiʃaʒ] **nm** INFORM display ▸ **affichage numérique** digital display ▸ **'affichage interdit'** 'stick no bills'.

affiche [afiʃ] **nf** poster.

afficher [3] [afiʃe] **vt 1.** [placarder] to post **2.** INFORM to display.

affilée [afile] ◆ **d'affilée** adv : **il a mangé quatre hamburgers d'affilée** he ate four hamburgers one after the other ▸ **j'ai travaillé huit heures d'affilée** I worked eight hours without a break.

affilier [9] [afilje] ◆ **s'affilier** vp *(emploi réfléchi)* : **s'affilier à** to affiliate o.s. ou to become affiliated to.

affirmatif, ive [afirmatif, iv] adj [réponse] affirmative. ◆ **affirmative** nf : **répondre par l'affirmative** to reply in the affirmative.

affirmation [afirmasjɔ̃] nf assertion.

affirmer [3] [afirme] vt to assert. ◆ **s'affirmer** vp [personnalité] to express itself.

affluence [aflyɑ̃s] nf crowd ▸ **aux heures d'affluence** at peak times.

affluent [aflyɑ̃] nm tributary.

affolement [afɔlmɑ̃] nm panic.

affoler [3] [afɔle] vt : **affoler qqn** to throw sb into a panic. ◆ **s'affoler** vp to panic.

affranchir [32] [afrɑ̃ʃir] vt [timbrer] to put a stamp on.

affranchissement [afrɑ̃ʃismɑ̃] nm [timbre] stamp.

affreusement [afrøzmɑ̃] adv awfully.

affreux, euse [afrø, øz] adj **1.** [laid] hideous **2.** [terrible] awful.

affrontement [afrɔ̃tmɑ̃] nm confrontation.

affronter [3] [afrɔ̃te] vt **1.** to confront **2.** SPORT to meet ▸ **affronter un ennemi / un danger** to face an enemy / a danger. ◆ **s'affronter** vp **1.** to clash **2.** SPORT to meet.

affût [afy] nm : **être à l'affût (de)** to be on the lookout (for).

affûter [3] [afyte] vt to sharpen.

Afghanistan [afganistɑ̃] nm : **l'Afghanistan** Afghanistan.

afin [afɛ̃] ◆ **afin de** prép in order to. ◆ **afin que** conj so that.

africain, e [afrikɛ̃, ɛn] adj African. ◆ **Africain, e** nm, f African.

Afrique [afrik] nf : **l'Afrique** Africa ▸ **l'Afrique du Sud** South Africa.

agaçant, e [agasɑ̃, ɑ̃t] adj annoying.

agacer [16] [agase] vt to annoy.

âge [aʒ] nm age ▸ **quel âge as-tu ?** how old are you? ▸ **une personne d'un certain âge** a middle-aged person.

âgé, e [aʒe] adj old ▸ **il est âgé de 12 ans** he's 12 years old.

agence [aʒɑ̃s] nf **1.** [de publicité] agency **2.** [de banque] branch ▸ **agence de voyages** travel agent's ▸ **agence commerciale** sales office.

agenda [aʒɛ̃da] nm diary ▸ **agenda électronique** electronic pocket diary.

agenouiller [3] [aʒ(ə)nuje] ◆ **s'agenouiller** vp to kneel (down).

agent [aʒɑ̃] nm : **agent (de police)** policeman (policewoman) ▸ **agent de change** stockbroker.

agglomération [aglɔmerasjɔ̃] nf town ▸ **l'agglomération parisienne** Paris and its suburbs.

aggraver [3] [agrave] vt to aggravate. ◆ **s'aggraver** vp to get worse.

agile [aʒil] adj agile.

agilité [aʒilite] nf agility.

agir [32] [aʒir] vi to act. ◆ **s'agir** v impers : **dans ce livre il s'agit de...** this book is about… ▸ **il s'agit de faire des efforts** you / we must make an effort.

agitation [aʒitasjɔ̃] **nf** restlessness.

agité, e [aʒite] **adj 1.** restless **2.** [mer] rough.

agiter [3] [aʒite] **vt 1.** [bouteille] to shake **2.** [main] to wave. ◆ **s'agiter vp** to fidget.

agneau [aɲo] (*pl* -x) **nm** lamb.

agonie [agɔni] **nf** death throes *pl.*

agrafe [agraf] **nf 1.** [de bureau] staple **2.** [de vêtement] hook.

agrafer [3] [agrafe] **vt** to staple (together).

agrafeuse [agraføz] **nf** stapler.

agrandir [32] [agrɑ̃dir] **vt 1.** [trou, maison] to enlarge **2.** [photo] to enlarge. ◆ **s'agrandir vp** to grow.

agrandissement [agrɑ̃dismɑ̃] **nm** [photo] enlargement.

agréable [agreabl] **adj** pleasant.

agréé, e [agʀee] **adj** [concessionnaire, appareil] authorized.

agrégation [agʀegasjɔ̃] **nf** *competitive examination for secondary school and university teachers.*

agrès [agrɛ] **nmpl** SPORT apparatus *sg.*

agresser [4] [agrese] **vt** to attack.

agresseur [agrɛsœr] **nm** attacker.

agressif, ive [agrɛsif, iv] **adj** aggressive.

agression [agrɛsjɔ̃] **nf** attack.

agricole [agrikɔl] **adj** agricultural.

agriculteur, trice [agrikyltœr, tris] **nm, f** farmer.

agriculture [agrikyltyr] **nf** agriculture.

agripper [3] [agripe] **vt** to grab. ◆ **s'agripper à vp + prép** to cling to.

agroalimentaire [agroalimɑ̃tɛr] **adj : industrie agroalimentaire** food-processing industry.

agrotourisme [agroturism] **nm** agrotourism.

agrumes [agrym] **nmpl** citrus fruit *sg.*

ahuri, e [ayri] **adj** stunned.

ahurissant, e [ayrisɑ̃, ɑ̃t] **adj** stunning.

ai [ɛ] **1re pers. du sg de l'ind. prés.** → **avoir.**

aide [ɛd] **nf** help ▸ **appeler à l'aide** to call for help ▸ **à l'aide !** help! ▸ **à l'aide de** [avec] with the aid of.

aider [4] [ede] **vt** to help ▸ **aider qqn à faire qqch** to help sb (to) do sthg. ◆ **s'aider vp** [s'assister mutuellement] to help each other.
◆ **s'aider de vp + prép** to use, to make use of.

aie [ɛ] **1re pers. du sg du subj. prés.** → **avoir.**

aïe [aj] **interj** ouch!

aigle [ɛgl] **nm** eagle.

aigre [ɛgr] **adj 1.** [goût] sour **2.** [ton] cutting.

aigre-doux, douce [ɛgrədu, dus] (*mpl* **aigres-doux**, *fpl* **aigres-douces**) **adj** [sauce, porc] sweet-and-sour.

aigri, e [egri] **adj** bitter.

aigu, uë [egy] **adj 1.** [perçant] high-pitched **2.** [pointu] sharp **3.** [douleur, maladie] acute.

aiguille [egɥij] **nf 1.** [de couture, de seringue] needle **2.** [de montre] hand ▸ **aiguille de pin** pine needle ▸ **aiguille à tricoter** knitting needle.

aiguillette [egɥijɛt] **nf : aiguillettes de canard** strips of duck breast.

aiguiser [3] [egize] **vt** to sharpen.

ail [aj] **nm** garlic.

aile [ɛl] **nf** wing.

ailier [elje] **nm 1.** [au foot] winger **2.** [au rugby] wing.

aille [aj] **1ʳᵉ et 3ᵉ pers. du sg du subj. prés. → aller.**

ailleurs [ajœr] **adv** somewhere else ▸ **d'ailleurs** a) [du reste] moreover b) [à propos] by the way.

aimable [ɛmabl] **adj** kind.

aimant [ɛmɑ̃] **nm** magnet.

aimer [4] [eme] **vt 1.** [d'amour] to love **2.** [apprécier] to like ▸ **aimer faire qqch** to like doing sthg ▸ **aimer bien qqch /faire qqch** to like sthg /doing sthg ▸ **j'aimerais** I would like ▸ **aimer mieux** to prefer.

aine [ɛn] **nf** groin.

aîné, e [ene] ◆ **adj 1.** [frère, sœur] older, elder **2.** [fils, fille] oldest, eldest. ◆ **nm, f 1.** [frère] older brother **2.** [sœur] older sister **3.** [fils, fille] oldest (child), eldest (child) ▸ **elle est mon aînée de deux ans** she is two years older than me.

ainsi [ɛ̃si] **adv 1.** [de cette manière] in this way **2.** [par conséquent] so ▸ **ainsi que** and ▸ **et ainsi de suite** and so on.

aïoli [ajɔli] **nm** garlic mayonnaise.

air [ɛr] **nm 1.** air **2.** [apparence] look **3.** [mélodie] tune ▸ **avoir l'air (d'être) malade** to look ill ▸ **avoir l'air d'un clown** to look like a clown ▸ **il a l'air de faire beau** it looks like being a nice day ▸ **en l'air** [en haut] in the air ▸ **ficher qqch en l'air** *fam* [gâcher] to mess sthg up ▸ **prendre l'air** to get a breath of fresh air ▸ **air conditionné** air conditioning.

Airbag® [ɛrbag] **nm** airbag®.

aire [ɛr] **nf** area ▸ **aire de jeu** playground ▸ **aire de repos** rest area, lay-by UK ▸ **aire de stationnement** parking area.

airelle [ɛrɛl] **nf** cranberry.

aisance [ɛzɑ̃s] **nf 1.** [assurance] ease **2.** [richesse] wealth.

aise [ɛz] **nf : à l'aise** comfortable ▸ **mal à l'aise** uncomfortable.

aisé, e [eze] **adj** [riche] well-off.

aisselle [ɛsɛl] **nf** armpit.

ajouter [3] [aʒute] **vt : ajouter qqch (à)** to add sthg (to) ▸ **ajouter que** to add that.

ajustable [aʒystabl] **adj** adjustable.

ajuster [3] [aʒyste] **vt 1.** to fit **2.** [vêtement] to alter.

alarmant, e [alarmɑ̃, ɑ̃t] **adj** alarming.

alarme [alarm] **nf** alarm ▸ **donner l'alarme** to raise the alarm.

alarmer [3] [alaʀme] **vt** to alarm. ◆ **s'alarmer vp** to get ou become alarmed.

albanais, e [albanɛ, ɛz] **adj** Albanian. ◆ **albanais nm** [langue] Albanian. ◆ **Albanais, e nm, f** Albanian.

Albanie [albani] **nf : l'Albanie** Albania.

album [albɔm] **nm** album ▸ **album (de) photos** photograph album.

alcool [alkɔl] **nm** alcohol ▸ **sans alcool** alcohol-free ▸ **alcool à 90°** surgical spirit ▸ **alcool à brûler** methylated spirits *pl.*

alcoolémie [alkɔlemi] **nf : taux d'alcoolémie** blood alcohol level.

alcoolique [alkɔlik] **nmf** alcoholic.

alcoolisé, e [alkɔlize] **adj** alcoholic ▸ **non alcoolisé** nonalcoholic.

alcoolisme [alkɔlism] **nm** alcoholism.

alco(o)lo [alkɔlo] **nmf** *fam* alkie.

Alcootest® [alkotɛst] **nm** ≃ Breathalyser®.

aléatoire [aleatwar] **adj** risky.

alentours [alɑ̃tur] **nmpl** surroundings ▸ **aux alentours** nearby ▸ **aux alentours de** [environ] around.

alerte [alɛrt] **adj & nf** alert ▸ **donner l'alerte** to raise the alarm.

alerter [3] [alɛrte] **vt 1.** [d'un danger] to alert **2.** [informer] to notify.

algèbre [alʒɛbr] **nf** algebra.

Alger [alʒe] **n** Algiers.

Algérie [alʒeri] **nf : l'Algérie** Algeria.

algérien, enne [alʒeʀjɛ̃, ɛn] **adj** Algerian.

algue [alg] **nf** seaweed *sg*.

alibi [alibi] **nm** alibi.

alignement [aliɲmɑ̃] **nm** line.

aligner [3] [aliɲe] **vt** to line up. ◆ **s'aligner vp** to line up.

aliment [alimɑ̃] **nm** food.

alimentation [alimɑ̃tasjɔ̃] **nf 1.** [nourriture] diet **2.** [produits] grocer's **3.** [électronique] supply ▸ **cordon d'alimentation secteur** mains power cable.

alimenter [3] [alimɑ̃te] **vt 1.** to feed **2.** [approvisionner] to supply.

Allah [ala] **nm** Allah.

allaiter [4] [alete] **vt** to breast-feed.

alléchant, e [aleʃɑ̃, ɑ̃t] **adj** mouth-watering.

allée [ale] **nf** path ▸ **allées et venues** comings and goings.

allégé, e [aleʒe] **adj** [aliment] low-fat.

Allemagne [almaɲ] **nf : l'Allemagne** Germany.

allemand, e [almɑ̃, ɑ̃d] ◆ **adj** German. ◆ **allemand nm** [langue] German. ◆ **Allemand, e nm, f** German.

aller [31] [ale] ◆ **nm 1.** [parcours] outward journey ▸ **à l'aller** on the way **2.** [billet] **: aller (simple)** single UK, one-way ticket US ▸ **aller et retour** return UK ou round-trip US (ticket)
◆ **vi 1.** [se déplacer] to go ▸ **aller au Portugal** to go to Portugal ▸ **pour aller à la cathédrale, s'il vous plaît ?** could you tell me the way to the cathedral please? ▸ **aller en vacances** to go on holiday UK, to go on vacation US **2.** [route] to go **3.** [exprime un état] **: comment allez-vous ?** how are you? ▸ **(comment) ça va ? — ça va** how are things? — fine ▸ **aller bien / mal a)** [personne] to be well / unwell **b)** [situation] to go well / badly **4.** [convenir] **: ça ne va pas** [outil] it's not any good ▸ **aller à qqn a)** [couleur] to suit sb **b)** [en taille] to fit sb ▸ **aller avec qqch** to go with sthg **5.** [suivi d'un infinitif, exprime le but] **: j'irai le chercher à la gare** I'll go and fetch him from the station ▸ **aller voir** to go and see **6.** [suivi d'un infinitif, exprime le futur proche] **: aller faire qqch** to be going to do sthg **7.** [dans des expressions] **: allez !** come on! ▸ **allons !** come on! ▸ **y aller** [partir] to be off ▸ **vas-y !** go on!
◆ **s'en aller vp** [partir] to go away ; [tache, couleur] to disappear ▸ **allez-vous-en !** go away!

allergénique [alɛʀʒenik] **adj** allergenic.

allergie [alɛrʒi] **nf** allergy.

allergique [alɛrʒik] **adj : être allergique à** to be allergic to.

aller-retour [aler(ə)tur] (*pl* **allers-retours**) **nm** [billet] return (ticket).

alliage [aljaʒ] **nm** alloy.

alliance [aljɑ̃s] **nf 1.** [bague] wedding ring **2.** [union] alliance.

ⓘ L'Alliance française

The Alliance Française is a privately run organization established in 1883 with the purpose of promoting the French language and French culture abroad. Today it operates 1072 centres in 138 different countries. One of its main activities is to provide French language and civilisation courses for all levels.

allié, e [alje] **nm, f** ally.

allô [alo] **interj** hello!

allocation [alɔkasjɔ̃] **nf** allocation ▸ **allocations familiales** family allowance *sg*.

allongé, e [alɔ̃ʒe] **adj 1.** [position] **: être allongé** to be lying down ou stretched out **2.** [forme] elongated.

allonger [17] [alɔ̃ʒe] **vt 1.** [vêtement] to lengthen **2.** [bras, jambe] to stretch out. ◆ **s'allonger vp 1.** [augmenter] to get longer **2.** [s'étendre] to lie down.

allopathie [alɔpati] **nf** allopathy.

allumage [alymaʒ] **nm** AUTO ignition.

allumer [3] [alyme] **vt 1.** [feu] to light **2.** [lumière, radio] to turn on. ◆ **s'allumer vp** [s'éclairer] to light up.

allumette [alymɛt] **nf** match.

allure [alyr] **nf 1.** [apparence] appearance **2.** [vitesse] speed ▸ **à toute allure** at full speed.

allusion [alyzjɔ̃] **nf** allusion ▸ **faire allusion à** to refer ou allude to.

aloe vera [alɔeveʀa] **nm inv** [plante, produit] aloe vera.

alors [alɔr] **adv** [par conséquent] so, then ▸ **alors, tu viens ?** are you coming, then? ▸ **ça alors !** my goodness! ▸ **et alors ? a)** [et ensuite] and then what? **b)** [pour défier] so what? ▸ **alors que a)** [bien que] even though **b)** [tandis que] whereas, while.

alourdir [32] [alurdir] **vt** to weigh down.

aloyau [alwajo] (*pl* **-x**) **nm** sirloin.

Alpes [alp] **nfpl : les Alpes** the Alps.

alphabet [alfabɛ] **nm** alphabet.

alphabétique [alfabetik] **adj** alphabetical ▸ **par ordre alphabétique** in alphabetical order.

alpin [alpɛ̃] **adj m** → **ski**.

alpinisme [alpinism] **nm** mountaineering.

alpiniste [alpinist] **nmf** mountaineer.

Alsace [alzas] **nf : l'Alsace** Alsace.

alsacien, enne [alzasjɛ̃, ɛn] **adj** Alsatian. ◆ **alsacien nm** [dialecte] Alsatian. ◆ **Alsacien, enne nm, f** Alsatian.

altermondialisation [altɛʀmɔ̃djalizasjɔ̃] **nf** alterglobalisation.

altermondialisme [altɛʀmɔ̃djalism] **nm** alterglobalism.

altermondialiste [altɛʀmɔ̃djalist] **adj & nmf** alterglobalist.

alternatif, ive [altɛʀnatif, iv] **adj** alternating ; → **courant.** ◆ **alternative nf** alternative.

alternativement [altɛrnativmɑ̃] **adv** alternately.

alterner [3] [altɛrne] **vi** to alternate.

altitude [altityd] **nf** altitude ▸ **à 2 000 m d'altitude** at an altitude of 2,000 m.

alu [aly] **adj** *fam* **: papier alu** aluminium UK ou aluminum US foil.

aluminium [alyminjɔm] **nm** aluminium.

Alzheimer [alzajmɛʀ] **n : la maladie d'Alzheimer** Alzheimer's disease.

amabilité [amabilite] **nf** kindness.

amadouer [6] [amadwe] **vt 1.** [attirer] to coax **2.** [calmer] to mollify.

amaigri, e [amegri] **adj** [visage] gaunt ; [trait] (more) pinched ▸ **je le trouve très amaigri** he looks a lot thinner ou as if he's lost a lot of weight.

amaigrissant, e [amegrisɑ̃, ɑ̃t] **adj** slimming UK, reducing US.

amande [amɑ̃d] **nf** almond ▸ **pâte d'amandes** marzipan.

amant [amɑ̃] **nm** lover.

amarrer [3] [amare] **vt** [bateau] to moor.

amasser [3] [amase] **vt 1.** to pile up **2.** [argent] to amass.

amateur [amatœr] **adj & nm** amateur ▸ **être amateur de** to be keen on.

Amazone [amazon] **nf : l'Amazone** the Amazon (River).

Amazonie [amazoni] **nf : l'Amazonie** the Amazon (Basin).

ambassade [ɑ̃basad] **nf** embassy.

ambassadeur, drice [ɑ̃basadœr, dris] **nm, f** ambassador.

ambiance [ɑ̃bjɑ̃s] **nf** atmosphere ▸ **il y a de l'ambiance !** it's pretty lively in here! ▸ **d'ambiance** [musique, éclairage] atmospheric.

ambigu, uë [ɑ̃bigy] **adj 1.** [mot] ambiguous **2.** [personnage] dubious.

ambitieux, euse [ɑ̃bisjø, øz] **adj** ambitious.

ambition [ɑ̃bisjɔ̃] **nf** ambition.

ambulance [ɑ̃bylɑ̃s] **nf** ambulance.

ambulant [ɑ̃bylɑ̃] **adj m** → **marchand.**

âme [am] **nf** soul.

amélioration [ameljɔrasjɔ̃] **nf** improvement.

améliorer [3] [ameljɔre] **vt** to improve. ◆ **s'améliorer vp** to improve.

aménagé, e [amenaʒe] **adj** [cuisine, camping] fully-equipped.

aménager [17] [amenaʒe] **vt** [pièce, appartement] to fit out.

amende [amɑ̃d] **nf** fine.

amener [19] [amne] **vt 1.** to bring **2.** [causer] to cause ▸ **amener qqn à faire qqch** to lead sb to do sthg.

amer, ère [amɛr] **adj** bitter.

américain, e [amerikɛ̃, ɛn] **adj** American. ◆ **Américain, e nm, f** American.

américanisme [ameʀikanism] **nm** Americanism.

Amérique [amerik] **nf : l'Amérique** America ▸ **l'Amérique centrale** Central America ▸ **l'Amérique latine** Latin America ▸ **l'Amérique du Sud** South America.

amertume [amɛrtym] **nf** bitterness.

ameublement [amœbləmɑ̃] **nm** furniture.

ami, e [ami] **nm, f 1.** friend **2.** [amant] boyfriend (girlfriend) ▸ **être (très) amis** to be (close) friends.

amiable [amjabl] **adj** amicable ▸ **à l'amiable** out of court.

amiante [amjɑ̃t] **nm** asbestos.

amical, e, aux [amikal, o] **adj** friendly.

amicalement [amikalmɑ̃] **adv** **1.** in a friendly way **2.** [dans une lettre] kind regards.

amincir [32] [amɛ̃sir] **vt** [régime] to make thinner ▸ **cette veste t'amincit** that jacket makes you look slimmer.

amincissement [amɛ̃sismɑ̃] **nm** slimming.

amitié [amitje] **nf** friendship ▸ **amitiés** [dans une lettre] best wishes.

amnésique [amnezik] **adj** amnesic.

amont [amɔ̃] **nm : aller vers l'amont** to go upstream ▸ **en amont (de)** upstream (from).

amorcer [16] [amɔrse] **vt** [commencer] to begin.

amortir [32] [amɔrtir] **vt** **1.** [choc] to absorb **2.** [son] to muffle ▸ **mon abonnement est maintenant amorti** my season ticket is now paying for itself.

amortisseur [amɔrtisœr] **nm** shock absorber.

amour [amur] **nm** love ▸ **faire l'amour** to make love.

amoureux, euse [amurø, øz] ◆ **adj** in love. ◆ **nmpl** lovers ▸ **être amoureux de qqn** to be in love with sb.

amour-propre [amurprɔpr] **nm** pride.

amovible [amɔvibl] **adj** removable.

amphithéâtre [ɑ̃fiteatr] **nm** **1.** amphitheatre **2.** [salle de cours] lecture hall.

ample [ɑ̃pl] **adj** **1.** [jupe] full **2.** [geste] sweeping.

ampli [ɑ̃pli] **nm** *fam* amp.

amplificateur [ɑ̃plifikatœr] **nm** [de chaîne hi-fi] amplifier.

amplifier [9] [ɑ̃plifje] **vt** **1.** [son] to amplify **2.** [phénomène] to increase.

ampoule [ɑ̃pul] **nf** **1.** [de lampe] bulb **2.** [de médicament] phial **3.** [cloque] blister ▸ **ampoule basse consommation** low-energy light bulb ▸ **ampoule à économie d'énergie** energy saving bulb.

amputer [3] [ɑ̃pyte] **vt** **1.** to amputate **2.** [texte] to cut.

amusant, e [amyzɑ̃, ɑ̃t] **adj** **1.** [distrayant] amusing **2.** [comique] funny.

amuse-gueule [amyzgœl] **nm inv** appetizer.

amuser [3] [amyze] **vt** [faire rire] **: amuser qqn** to make sb laugh. ◆ **s'amuser vp** **1.** [se distraire] to enjoy o.s. **2.** [jouer] to play ▸ **s'amuser à faire qqch** to amuse o.s. doing sthg.

amygdales [amidal] **nfpl** tonsils.

an [ɑ̃] nm year ▸ **il a neuf ans** he's nine (years old) ▸ **en l'an 2000** in the year 2000.

anachronique [anakrɔnik] **adj** anachronistic.

analogique [analɔʒik] **adj** analog, analogue UK.

analogue [analɔg] **adj** similar.

analphabète [analfabɛt] **adj** illiterate.

analyse [analiz] **nf** analysis ▸ **analyse de sang** blood test.

analyser [3] [analize] **vt** [texte, données] to analyse.

ananas [anana(s)] **nm** pineapple.

anarchie [anarʃi] **nf** anarchy.

anatomie [anatɔmi] **nf** anatomy.

ancêtre [ɑ̃sɛtr] **nmf 1.** ancestor **2.** [version précédente] forerunner.

anchois [ɑ̃ʃwa] **nm** anchovy.

ancien, enne [ɑ̃sjɛ̃, ɛn] **adj 1.** [du passé] ancient **2.** [vieux] old **3.** [ex-] former.

ancienneté [ɑ̃sjɛnte] **nf** [dans une entreprise] seniority.

ancre [ɑ̃kr] **nf** anchor ▸ **jeter l'ancre** to drop anchor ▸ **lever l'ancre** to weigh anchor.

Andes [ɑ̃d] **nfpl : les Andes** the Andes.

Andorre [ɑ̃dɔr] **nf : l'Andorre** Andorra.

Andorre-la-Vieille [ɑ̃dɔʀlavjɛj] **n** Andorra la Vella.

andouille [ɑ̃duj] **nf 1.** CULIN *type of sausage made of pig's intestines, eaten cold* **2.** *fam* [imbécile] twit.

andouillette [ɑ̃dujɛt] **nf** *type of sausage made of pig's intestines, eaten grilled.*

âne [an] **nm 1.** donkey **2.** [imbécile] fool.

anéantir [32] [aneɑ̃tir] **vt** to crush.

anecdote [anɛkdɔt] **nf** anecdote.

anémie [anemi] **nf** anaemia.

ânerie [anri] **nf** [parole] stupid remark ▸ **faire des âneries** to do stupid things.

anesthésie [anɛstezi] **nf** anaesthetic ▸ **être sous anesthésie** to be under anaesthetic ▸ **anesthésie générale** general anaesthetic ▸ **anesthésie locale** local anaesthetic.

anesthésier [9] [anɛstezje] **vt** to anaesthetize, to anesthetize US

aneth [anɛt] **nm** dill.

ange [ɑ̃ʒ] **nm** angel.

angine [ɑ̃ʒin] **nf 1.** [des amygdales] tonsillitis **2.** [du pharynx] pharyngitis ▸ **angine de poitrine** angina.

anglais, e [ɑ̃glɛ, ɛz] ◆ **adj** English. ◆ **nm** [langue] English ▸ **je ne parle pas anglais** I don't speak English. ◆ **Anglais, e nm, f** Englishman (Englishwoman).

angle [ɑ̃gl] **nm 1.** [coin] corner **2.** [géométrique] angle ▸ **angle droit** right angle.

Angleterre [ɑ̃glətɛr] **nf : l'Angleterre** England.

anglicisme [ɑ̃glisism] **nm** anglicism.

Anglo-Normandes adj f pl → **île**.

anglophone [ɑ̃glɔfɔn] ◆ **adj** English-speaking, anglophone. ◆ **nmf** English-speaker.

angoisse [ɑ̃gwas] **nf** anguish.

angoissé, e [ɑ̃gwase] **adj** anxious.

Angola [ɑ̃gɔla] **nm : (l')Angola** Angola.

angora [ɑ̃gɔra] **nm** angora.

anguille [ɑ̃gij] **nf** eel ▸ **anguilles au vert** *eels cooked with white wine, cream, cress and herbs, a Belgian speciality.*

angulaire [ɑ̃gylɛʀ] **adj** angular.

animal [animal] (*pl* **-aux**) **nm** animal ▸ **animal domestique** pet.

animalerie [animalʀi] **nf** pet shop.

animalier, ère [animalje, ɛr] **adj : parc animalier** wildlife park.

animateur, trice [animatœr, tris] **nm, f 1.** [de club, de groupe] coordinator **2.** [à la radio, la télévision] presenter.

animation [animasjɔ̃] **nf 1.** [vivacité] liveliness **2.** [dans la rue] activity. ◆ **animations nfpl** [culturelles] activities.

animé, e [anime] **adj** lively.

animer [3] [anime] **vt 1.** [jeu, émission] to present **2.** [conversation] to liven up. ◆ **s'animer vp 1.** [visage] to light up

2. [rue] to come to life 3. [conversation] to become animated.

anis [ani(s)] **nm** aniseed.

ankyloser [3] [ãkiloze] ◆ **s'ankyloser vp** [s'engourdir] to go numb.

anneau [ano] (*pl* -x) **nm** ring.

année [ane] **nf** year ▸ **année bissextile** leap year ▸ **année scolaire** school year.

annexe [anɛks] **nf** 1. [document] appendix 2. [bâtiment] annex.

anniversaire [anivɛrsɛr] **nm** birthday ▸ **anniversaire de mariage** wedding anniversary.

annonce [anɔ̃s] **nf** 1. announcement 2. [dans un journal] advertisement ▸ **(petites) annonces** classified advertisements.

annoncer [16] [anɔ̃se] **vt** 1. to announce 2. [être signe de] to be a sign of. ◆ **s'annoncer vp : s'annoncer bien** to look promising.

annotation [anɔtasjɔ̃] **nf** annotation.

annuaire [anɥɛr] **nm** [recueil] yearbook ▸ **annuaire (téléphonique)** telephone directory ▸ **annuaire électronique** electronic directory.

annuel, elle [anɥɛl] **adj** annual.

annulaire [anylɛr] **nm** ring finger.

annulation [anylasjɔ̃] **nf** cancellation.

annuler [3] [anyle] **vt** 1. to cancel 2. INFORM to undo.

anomalie [anɔmali] **nf** anomaly.

anonymat [anɔnima] **nm** anonymity ▸ **garder l'anonymat** to remain anonymous.

anonyme [anɔnim] **adj** anonymous.

anorak [anɔrak] **nm** anorak.

anorexie [anɔʀɛksi] **nf** anorexia.

anorexique [anɔʀɛksik] **adj & nmf** anorexic.

anormal, e, aux [anɔrmal, o] **adj** 1. abnormal 2. *péj* [handicapé] mentally retarded.

anse [ɑ̃s] **nf** 1. [poignée] handle 2. [crique] cove.

antalgique [ɑ̃talʒik] **adj & nm** analgesic.

Antarctique [ɑ̃tarktik] **nm : l'(océan) Antarctique** the Antarctic (Ocean).

antenne [ɑ̃tɛn] **nf** 1. [de radio, de télévision] aerial 2. [d'animal] antenna ▸ **antenne parabolique** dish aerial ▸ **antenne satellite** satellite dish ▸ **antenne relais** mobile phone mast UK.

antérieur, e [ɑ̃terjœr] **adj** 1. [précédent] previous 2. [de devant] front.

anthrax® [ɑ̃traks] **nm** *fam* MÉD anthrax.

antiaméricanisme [ɑ̃tiameʀikanism] **nm** anti-Americanism.

antiatomique [ɑ̃tiatɔmik] **adj** antiatomic, antiradiation.

antibiotique [ɑ̃tibjɔtik] **nm** antibiotic.

antibrouillard [ɑ̃tibrujar] **nm** fog lamp UK, foglight US.

anticancéreux, euse [ɑ̃tikɑ̃seʀø, øz] **adj** 1. [centre, laboratoire] cancer *(avant n)* 2. [médicament] anticancer *(avant n)*.

anticiper [3] [ɑ̃tisipe] **vt** to anticipate.

anticorps [ɑ̃tikɔr] **nmpl** antibodies.

antidopage [ɑ̃tidɔpaʒ], **antidoping** [ɑ̃tidɔpiŋ] **adj inv : contrôle antidopage** drugs test.

antidote [ɑ̃tidɔt] **nm** antidote.

antidouleur [ɑ̃tidulœʀ] ◆ **adj inv** [médicament] painkilling. ◆ **nm** painkiller.

antiémeutes [ɑ̃tiemøt] **adj** riot *(modificateur)* ▸ **brigade antiémeutes** riot squad.

antigel [ɑ̃tiʒɛl] **nm** antifreeze.

anti-inflammatoire [ɑ̃tiɛ̃flamatwaʀ] (*pl* **anti-inflammatoires**) ◆ **adj** anti-inflammatory. ◆ **nm** anti-inflammatory agent.

antillais, e [ɑ̃tijɛ, ɛz] **adj** West Indian. ◆ **Antillais, e** **nm, f** West Indian.

Antilles [ɑ̃tij] **nfpl : les Antilles** the West Indies.

antimite [ɑ̃timit] **nm** mothballs *pl*.

antimondialisation [ɑ̃timɔ̃djalizasjɔ̃] **nf & adj inv** POL antiglobalization.

antipathique [ɑ̃tipatik] **adj** unpleasant.

antipelliculaire [ɑ̃tipelikylɛʀ] **adj : shampooing antipelliculaire** antidandruff shampoo.

antiperspirant, e [ɑ̃tipɛʀspiʀɑ̃, ɑ̃t] **adj** antiperspirant. ◆ **antiperspirant** **nm** antiperspirant.

antiquaire [ɑ̃tikɛʀ] **nmf** antiques dealer.

antique [ɑ̃tik] **adj** ancient.

antiquité [ɑ̃tikite] **nf** [objet] antique ▸ **l'Antiquité** Antiquity.

antirabique [ɑ̃tiʀabik] **adj : vaccin antirabique** rabies vaccine.

antiradar [ɑ̃tiʀadaʀ] **adj inv** antiradar.

antiradiation [ɑ̃tiʀadjasjɔ̃] **adj : bouclier antiradiation** radiation shield ▸ **étui antiradiation** [pour téléphone portable] anti-radiation case.

antisèche [ɑ̃tisɛʃ] **nf** [argot scolaire] crib (sheet), cheat sheet US, pony US.

antisémite [ɑ̃tisemit] ◆ **nmf** anti-Semite. ◆ **adj** anti-Semitic.

antiseptique [ɑ̃tisɛptik] **adj** antiseptic.

antislash [ɑ̃tislaʃ] **nm** backslash.

antiterroriste [ɑ̃titeʀɔʀist] **adj** antiterrorist.

antivirus [ɑ̃tiviʀys] **nm** antivirus software.

antivol [ɑ̃tivɔl] **nm** anti-theft device.

anus [anys] **nm** anus.

anxiété [ɑ̃ksjete] **nf** anxiety.

anxieux, euse [ɑ̃ksjø, øz] **adj** anxious.

anxiolytique [ɑ̃ksjɔlitik] **nm** tranquillizer UK, tranquilizer US.

AOC (*abr de* **appellation d'origine contrôlée**) *label guaranteeing the quality of a French wine.*

août [u(t)] **nm** August ▸ **en août, au mois d'août** in August ▸ **début août** at the beginning of August ▸ **fin août** at the end of August ▸ **le deux août** the second of August.

apaiser [4] [apeze] **vt** **1.** [personne, colère] to calm **2.** [douleur] to soothe.

apercevoir [52] [apɛʀsəvwaʀ] **vt** to see. ◆ **s'apercevoir** **vp : s'apercevoir de** a) [remarquer] to notice b) [comprendre] to realize ▸ **s'apercevoir que** a) [remarquer] to notice that b) [comprendre] to realize that.

aperçu, e [apɛʀsy] ◆ **pp** → **apercevoir.** ◆ **nm** general idea ▸ **aperçu avant impression** print preview.

apéritif [aperitif] **nm** aperitif.

apéro [apeʀo] **nm** *fam* aperitif, drink *(before a meal).*

aphone [afɔn] **adj : il était aphone** he'd lost his voice.

aphte [aft] **nm** mouth ulcer.

apitoyer [13] [apitwaje] ◆ **s'apitoyer sur** vp + prép [personne] to feel sorry for.

ap. J-C (*abr écrite de* **après Jésus-Christ**) AD *(Anno Domini)*.

aplanir [32] [aplanir] **vt 1.** to level (off) **2.** [difficultés] to smooth over.

aplatir [32] [aplatir] **vt** to flatten.

aplomb [aplɔ̃] **nm** [culot] nerve ▸ **être d'aplomb** [vertical] to be straight.

apostrophe [apɔstrɔf] **nf** apostrophe ▸ **s apostrophe** "s" apostrophe.

apôtre [apotr] **nm** apostle.

apparaître [91] [aparɛtr] **vi** to appear.

appareil [aparɛj] **nm 1.** device **2.** [poste téléphonique] telephone ▸ **qui est à l'appareil ?** who's speaking? ▸ **appareil jetable** disposable camera ▸ **appareil ménager** household appliance ▸ **appareil photo** camera ▸ **appareil photo numérique** digital camera.

apparemment [aparamɑ̃] **adv** apparently.

apparence [aparɑ̃s] **nf** appearance.

apparent, e [aparɑ̃, ɑ̃t] **adj 1.** [visible] visible **2.** [superficiel] apparent.

apparition [aparisjɔ̃] **nf 1.** [arrivée] appearance **2.** [fantôme] apparition ▸ **faire son apparition** to come out.

appartement [apartəmɑ̃] **nm** flat UK, apartment US.

appartenir [40] [apartənir] **vi : appartenir à** to belong to.

appartenu [apartəny] **pp** → **appartenir**.

appart hôtel [apaʀtotɛl] **nm** apartment hotel.

apparu, e [apary] **pp** → **apparaître**.

appât [apa] **nm** bait.

appel [apɛl] **nm** call ▸ **faire l'appel** SCOL to call the register UK, to call (the) roll US ▸ **faire appel à** to appeal to ▸ **faire un appel de phares** to flash one's headlights.

appeler [24] [aple] **vt 1.** to call **2.** [interpeller] to call out to ▸ **appeler à l'aide** to call for help. ◆ **s'appeler** vp **1.** [se nommer] to be called **2.** [se téléphoner] to talk on the phone ▸ **comment t'appelles-tu ?** what's your name? ▸ **je m'appelle...** my name is...

appendicite [apɛ̃disit] **nf** appendicitis.

appesantir [32] [apəzɑ̃tir] ◆ **s'appesantir sur** vp + prép to dwell on.

appétissant, e [apetisɑ̃, ɑ̃t] **adj** appetizing.

appétit [apeti] **nm** appetite ▸ **avoir de l'appétit** to have a good appetite ▸ **bon appétit !** enjoy your meal!

applaudir [32] [aplodir] **vt & vi** to applaud.

applaudissements [aplodismɑ̃] **nmpl** applause *sg*.

appli [apli] (*abr de* **application**) **nf** INFORM app.

application [aplikasjɔ̃] **nf 1.** [soin] application **2.** [d'une loi, d'un tarif] enforcement ▸ **lancer une application** INFORM to start an application.

applique [aplik] **nf** wall lamp.

appliqué, e [aplike] **adj 1.** [élève] hardworking **2.** [écriture] careful.

appliquer [3] [aplike] **vt 1.** [loi, tarif] to enforce **2.** INFORM [peinture] to apply. ◆ **s'appliquer** vp [élève] to apply o.s.

appoint [apwɛ̃] **nm : faire l'appoint** to give the exact money ▸ **d'appoint** [chauffage, lit] extra.

apporter [3] [apɔrte] **vt 1.** to bring **2.** *fig* [soin] to exercise.

appréciable [apʀesjabl] **adj 1.** [notable] appreciable **2.** [précieux] **: un grand jardin, c'est appréciable !** I / we really appreciate having a big garden.

appréciation [apresjasjɔ̃] **nf 1.** [jugement] judgment **2.** [évaluation] estimate **3.** SCOL assessment.

apprécier [9] [apresje] **vt 1.** [aimer] to appreciate, to like **2.** [évaluer] to estimate.

appréhension [apreɑ̃sjɔ̃] **nf** apprehension.

apprenant, e [apʀənɑ̃, ɑ̃t] **nm, f** learner.

apprendre [79] [aprɑ̃dr] **vt 1.** [étudier] to learn **2.** [nouvelle] to learn of ▸ **apprendre qqch à qqn a)** [discipline] to teach sb sthg **b)** [nouvelle] to tell sb sthg ▸ **apprendre à faire qqch** to learn (how) to do sthg.

apprenti, e [aprɑ̃ti] **nm, f** apprentice.

apprentissage [aprɑ̃tisaʒ] **nm 1.** [d'un métier manuel] apprenticeship **2.** [d'une langue, d'un art] learning.

apprêter [4] [aprete] ◆ **s'apprêter à vp + prép : s'apprêter à faire qqch** to be about to do sthg.

appris, e [apri, iz] **pp** → **apprendre**.

apprivoiser [3] [aprivwaze] **vt** to tame.

approbation [apʀɔbasjɔ̃] **nf** approval.

approcher [3] [aprɔʃe] ◆ **vt** to move nearer. ◆ **vi 1.** [dans l'espace] to get nearer **2.** [dans le temps] to approach ▸ **approcher qqch de** to move sthg nearer (to) ▸ **approcher de** to approach. ◆ **s'approcher vp** to approach ▸ **s'approcher de** to approach.

approfondir [32] [aprɔfɔ̃dir] **vt 1.** [à l'écrit] to write in more detail about **2.** [à l'oral] to talk in more detail about.

approprié, e [aprɔprije] **adj** appropriate.

approuver [3] [apruve] **vt** to approve of.

approvisionner [3] [aprɔvizjɔne] ◆ **s'approvisionner vp** [faire ses courses] to shop ▸ **s'approvisionner en** to stock up on.

approximatif, ive [aprɔksimatif, iv] **adj** approximate.

appt *abr écrite de* **appartement**.

appui-tête [apɥitɛt] (*pl* **appuis-tête**) **nm** headrest.

appuyer [14] [apɥije] ◆ **vt** to lean. ◆ **vi : appuyer sur** to press. ◆ **s'appuyer vp : s'appuyer à** to lean against.

après [aprɛ] ◆ **prép** after. ◆ **adv** afterwards ▸ **après avoir fait qqch** after having done sthg ▸ **après tout** after all ▸ **l'année d'après** the following year ▸ **d'après moi** in my opinion.

après-demain [aprɛdəmɛ̃] **adv** the day after tomorrow.

après-midi [aprɛmidi] **nm inv** afternoon ▸ **l'après-midi** [tous les jours] in the afternoon.

après-rasage [aprɛrazaʒ] (*pl* **après-rasages**) **nm** aftershave.

après-shampo(o)ing [apʀɛʃɑ̃pwɛ̃] (*pl* **après-shampo(o)ings**) **nm** (hair) conditioner.

après-ski [apʀɛski] **nm** [chaussure] snow-boot.

après-soleil [apʀɛsɔlɛj] ◆ **adj inv** after-sun *(avant n)*. ◆ **nm** (*pl* **après-soleils**) aftersun cream.

a priori [apriɔri] **adv** in principle.
apte [apt] **adj : apte à qqch** fit for sthg ▸ **apte à faire qqch** fit to do sthg.
aptitudes [aptityd] **nfpl** ability *sg*.
aquarelle [akwarɛl] **nf** watercolour.
aquarium [akwarjɔm] **nm** aquarium.
aquatique [akwatik] **adj** aquatic.
aqueduc [akdyk] **nm** aqueduct.
Aquitaine [akitɛn] **nf : l'Aquitaine** Aquitaine *(region in southwest of France)*.
AR *abr écrite de* **accusé de réception, aller-retour**.
arabe [arab] ◆ **adj** Arab. ◆ **nm** [langue] Arabic. ◆ **Arabe nmf** Arab.
arachide [araʃid] **nf** groundnut.
araignée [areɲe] **nf** spider.
arbitraire [arbitrɛr] **adj** arbitrary.
arbitre [arbitr] **nm 1.** referee **2.** [au tennis, cricket] umpire.
arbitrer [3] [arbitre] **vt 1.** to referee **2.** [au tennis, cricket] to umpire.
arborescence [aʀbɔʀesɑ̃s] **nf** tree structure.
arbre [arbr] **nm** tree ▸ **arbre fruitier** fruit tree ▸ **arbre généalogique** family tree.
arbuste [arbyst] **nm** shrub.
arc [ark] **nm 1.** [arme] bow **2.** [géométrique] arc **3.** [voûte] arch.
arcade [arkad] **nf** arch ▸ **arcade sourcilière** arch of the eyebrow.
arc-bouter [3] [arkbute] ◆ **s'arc-bouter vp** to brace o.s.
arc-en-ciel [arkɑ̃sjɛl] (*pl* **arcs-en-ciel**) **nm** rainbow.
archaïque [arkaik] **adj** archaic.
arche [arʃ] **nf** arch ▸ **l'Arche de Noé** Noah's Ark.
archéologie [arkeɔlɔʒi] **nf** archaeology.
archéologue [arkeɔlɔg] **nmf** archaeologist.
archet [arʃɛ] **nm** bow.
archipel [arʃipɛl] **nm** archipelago.
architecte [arʃitɛkt] **nmf** architect.
architecture [arʃitɛktyr] **nf** architecture.
archives [arʃiv] **nfpl** records.
Arctique [arktik] **nm : l'(océan) Arctique** the Arctic (Ocean).
ardent, e [ardɑ̃, ɑ̃t] **adj 1.** [soleil] blazing **2.** *fig* [défenseur, désir] fervent.
ardoise [ardwaz] **nf** slate.
ardu, e [ardy] **adj** difficult.
arènes [arɛn] **nfpl 1.** [romaines] amphitheatre *sg* **2.** [pour corridas] bullring *sg*.
arête [arɛt] **nf 1.** [de poisson] bone **2.** [angle] corner.
argent [arʒɑ̃] **nm 1.** [métal] silver **2.** [monnaie] money ▸ **argent liquide** cash ▸ **argent de poche** pocket money.
argenté, e [arʒɑ̃te] **adj** silver.
argenterie [arʒɑ̃tri] **nf** silverware.
Argentine [aʀʒɑ̃tin] **nf : l'Argentine** Argentina.
argile [arʒil] **nf** clay.
argot [argo] **nm** slang.
argument [argymɑ̃] **nm** argument.
argumenter [3] [aʀgymɑ̃te] **vi** to argue ▸ **argumenter en faveur de / contre qqch** to argue for / against sthg.
aride [arid] **adj** arid.

aristocratie [aristɔkrasi] **nf** aristocracy.

arithmétique [aritmetik] **nf** arithmetic.

armature [armatyr] **nf 1.** framework **2.** [d'un soutien-gorge] underwiring.

arme [arm] **nf** weapon ▸ **arme à feu** firearm.

armé, e [arme] **adj** armed ▸ **être armé de** to be armed with.

armée [arme] **nf** army.

armement [arməmɑ̃] **nm** arms *pl*.

Arménie [aʀmeni] **nf : (l')Arménie** Armenia.

armer [3] [arme] **vt 1.** to arm **2.** [appareil photo] to wind on.

armistice [armistis] **nm** armistice.

armoire [armwar] **nf** cupboard UK, closet US ▸ **armoire à pharmacie** medicine cabinet.

armoiries [armwari] **nfpl** coat of arms *sg*.

armure [armyr] **nf** armour.

arnaquer [3] [aʀnake] **vt** *fam* to rip off ▸ **se faire arnaquer** to be had.

arobase [aʀɔbaz] **nm** 'at' sign.

aromate [arɔmat] **nm 1.** [épice] spice **2.** [fine herbe] herb.

aromathérapie [arɔmaterapi] **nf** aromatherapy.

aromatique [arɔmatik] **adj** aromatic.

aromatisant, e [aʀɔmatizɑ̃, ɑ̃t] **adj : substance aromatisante** flavouring.

aromatisé, e [arɔmatize] **adj** flavoured ▸ **aromatisé à la vanille** vanilla-flavoured.

arôme [arom] **nm 1.** [odeur] aroma **2.** [goût] flavour ▸ **arôme naturel** natural flavour UK ou flavor US.

arqué, e [arke] **adj** arched ▸ **avoir les jambes arquées** to have bow legs.

arracher [3] [araʃe] **vt 1.** [feuille] to tear out **2.** [mauvaises herbes, dent] to pull out ▸ **arracher qqch à qqn** to snatch sthg from sb.

arrangement [arɑ̃ʒmɑ̃] **nm 1.** arrangement **2.** [accord] agreement.

arranger [17] [arɑ̃ʒe] **vt 1.** [organiser] to arrange **2.** [résoudre] to settle **3.** [réparer] to fix ▸ **cela m'arrange** that suits me. ◆ **s'arranger vp 1.** [se mettre d'accord] to come to an agreement **2.** [s'améliorer] to get better ▸ **s'arranger pour faire qqch** to arrange to do sthg.

arrestation [arɛstasjɔ̃] **nf** arrest.

arrêt [arɛ] **nm 1.** [interruption] interruption **2.** [station] stop ▸ **arrêt d'autobus** bus stop ▸ **arrêt de travail** stoppage ▸ **sans arrêt** [parler, travailler] nonstop ▸ **'ne pas descendre avant l'arrêt complet du train'** 'do not alight until the train has come to a complete stop' ▸ **'arrêt interdit'** 'no stopping' ▸ **'arrêt d'urgence'** 'emergency stop'.

arrêter [4] [arete] ◆ **vt 1.** to stop **2.** [suspect] to arrest. ◆ **vi** to stop ▸ **arrêter de faire qqch** to stop doing sthg. ◆ **s'arrêter vp** to stop ▸ **s'arrêter de faire qqch** to stop doing sthg.

arrhes [ar] **nfpl** deposit *sg* ▸ **verser des arrhes** to pay a deposit.

arrière [arjɛr] **adj inv & nm** back ▸ **à l'arrière de** at the back of ▸ **en arrière a)** [rester, regarder] behind **b)** [tomber] backwards ▸ **'arrière des trains courts'** 'short trains end here'.

arriéré, e [arjere] **adj** backward.

arrière-boutique [arjɛrbutik] (*pl* **arrière-boutiques**) **nf** back of the shop.

arrière-goût [aʀjɛʀgu] (*pl* **arrière-goûts**) **nm** aftertaste.

arrière-grand-mère [aʀjɛʀgʀɑ̃mɛʀ] (*pl* **arrière-grands-mères**) **nf** great-grandmother.

arrière-grand-père [aʀjɛʀgʀɑ̃pɛʀ] (*pl* **arrière-grands-pères**) **nm** great-grandfather.

arrière-grands-parents [arjɛrgʀɑ̃parɑ̃] **nmpl** great-grandparents.

arrière-pays [aʀjɛʀpei] **nm inv** hinterland ▸ **dans l'arrière-pays toulousain** in the countryside just inland from Toulouse.

arrière-pensée [arjɛrpɑ̃se] (*pl* **arrière-pensées**) **nf** ulterior motive.

arrière-petits-enfants [aʀjɛʀpətizɑ̃fɑ̃] **nmpl** great-grandchildren.

arrière-plan [arjɛrplɑ̃] (*pl* **arrière-plans**) **nm : à l'arrière-plan** in the background.

arrière-saison [arjɛrsɛzɔ̃] (*pl* **arrière-saisons**) **nf** late autumn.

arrivée [arive] **nf 1.** arrival **2.** [d'une course] finish ▸ **'arrivées'** 'arrivals'.

arriver [3] [arive] ◆ **vi 1.** to arrive **2.** [se produire] to happen. ◆ **v impers : il arrive qu'il soit en retard** he is sometimes late ▸ **il m'arrive d'oublier son anniversaire** sometimes I forget his birthday ▸ **que t'est-il arrivé ?** what happened to you? ▸ **arriver à qqch** to reach sthg ▸ **arriver à faire qqch** to succeed in doing sthg, to manage to do sthg.

arriviste [arivist] **nmf** social climber.

arrobas, arobas [arɔbas] **nf** [dans une adresse électronique] at.

arrogant, e [arɔgɑ̃, ɑ̃t] **adj** arrogant.

arrondir [32] [arɔ̃dir] **vt 1.** [au chiffre supérieur] to round up **2.** [au chiffre inférieur] to round down ▸ **arrondir ses fins de mois** to supplement one's income.

arrondissement [arɔ̃dismɑ̃] **nm** district.

> **ⓘ Les Arrondissements**
>
> This word is most often used in reference to the purely geographical divisions of France's three largest cities: Paris, Marseille, and Lyon. Paris' 20 **arrondissements** are arranged in a spiral around the **Île de la Cité** but do not always correspond to neighbourhood boundaries; **le Marais**, for example, straddles the third and fourth **arrondissements**. The divisions are expressed in ordinal numbers: **Paris 15e**, **le sixième**, etc.

arrosage [arozaʒ] **nm** watering.

arroser [3] [aroze] **vt** to water.

arrosoir [arozwar] **nm** watering can.

Arrt *abr écrite de* **arrondissement**.

art [ar] **nm : l'art** art ▸ **arts plastiques** SCOL art ▸ **arts graphiques** graphic arts.

artère [artɛr] **nf** artery.

artichaut [artiʃo] **nm** artichoke.

article [artikl] **nm** article.

articulation [artikylasjɔ̃] **nf** ANAT joint.

articulé, e [artikyle] **adj 1.** [pantin] jointed **2.** [lampe] hinged.

articuler [3] [artikyle] ◆ **vt** [prononcer] to articulate. ◆ **vi** to speak clearly.

artifice [artifis] **nm** → **feu**.

artificiel, elle [artifisjɛl] **adj** artificial.

artisan [artizɑ̃] **nm** craftsman *m*, craftswoman *f*.

artisanal, e, aux [artizanal, o] **adj** traditional.

artisanat [aʀtizana] **nm** [produits] arts and crafts.

artiste [artist] **nmf** artist.

artistique [artistik] **adj** artistic.

as¹ [as] **nm** **1.** [carte] ace **2.** *fam* [champion] ace ▸ **l'as de pique** the aces of spades.

as² [a] **2ᵉ pers. du sg de l'ind. prés.** → **avoir**.

asc. *abr écrite de* **ascenseur**.

ascendant [asɑ̃dɑ̃] **nm** [astrologique] ascendant.

ascenseur [asɑ̃sœr] **nm** lift UK, elevator US.

ascension [asɑ̃sjɔ̃] **nf** **1.** ascent **2.** *fig* [progression] progress ▸ **l'Ascension** Ascension.

ashkénaze [aʃkenaz] **adj & nmf** Ashkenazi.

asiatique [azjatik] **adj** Asian. ◆ **Asiatique** **nmf** Asian.

Asie [azi] **nf : l'Asie** Asia.

asile [azil] **nm** **1.** [psychiatrique] asylum **2.** [refuge] refuge.

aspartam(e) [aspaʀtam] **nm** aspartame.

aspect [aspɛ] **nm** **1.** appearance **2.** [point de vue] aspect.

asperge [aspɛrʒ] **nf** asparagus ▸ **asperges à la flamande** *asparagus served with chopped hard-boiled egg and butter, a Belgian speciality.*

asperger [17] [aspɛrʒe] **vt** to spray.

aspérités [asperite] **nfpl** bumps.

asphyxie [asfiksi] **nf** **1.** MÉD asphyxia, suffocation **2.** *fig* [de l'économie] paralysis.

asphyxier [9] [asfiksje] **vt** to suffocate. ◆ **s'asphyxier** **vp** to suffocate.

aspirante [aspirɑ̃t] **adj f** → **hotte**.

aspirateur [aspiratœr] **nm** vacuum cleaner.

aspirer [3] [aspire] **vt** **1.** [air] to draw in **2.** [poussière] to suck up.

aspirine [aspirin] **nf** aspirin.

assaillant, e [asajɑ̃, ɑ̃t] **nm, f** attacker.

assaillir [47] [asajir] **vt** to attack ▸ **assaillir qqn de questions** to bombard sb with questions.

assaisonnement [asɛzɔnmɑ̃] **nm** **1.** [sel et poivre] seasoning **2.** [sauce] dressing.

assaisonner [3] [asɛzɔne] **vt** [salade] to dress ; [viande, plat] to season.

assassin [asasɛ̃] **nm** murderer.

assassiner [3] [asasine] **vt** to murder.

assaut [aso] **nm** assault ▸ **donner l'assaut** to attack.

assèchement [asɛʃmɑ̃] **nm** draining, drying-up.

assemblage [asɑ̃blaʒ] **nm** assembly.

assemblée [asɑ̃ble] **nf** meeting ▸ **l'Assemblée (nationale)** the (French) National Assembly.

assembler [3] [asɑ̃ble] **vt** to assemble.

asseoir [65] [aswar] ◆ **s'asseoir** **vp** to sit down.

assez [ase] **adv** **1.** [suffisamment] enough **2.** [plutôt] quite ▸ **assez de** enough ▸ **en avoir assez (de)** to be fed up (with).

assidu, e [asidy] **adj** diligent.

assiéger [22] [asjeʒe] **vt** to besiege.

assiette [asjɛt] **nf** plate ▸ **assiette de crudités** *raw vegetables served as a starter* ▸ **assiette creuse** soup dish ▸ **assiette à dessert** dessert plate ▸ **assiette plate** dinner plate ▸ **assiette valaisanne** *cold meat, cheese and gherkins, a speciality of the Valais region of Switzerland.*

assimiler [3] [asimile] **vt** [comprendre] to assimilate ▸ **assimiler qqch à qqch** to consider sthg as equivalent to sthg.

assis, e [asi, iz] ◆ **pp** → **asseoir.** ◆ **adj : être assis** to be seated ou sitting.

assises [asiz] **nfpl : (cour d')assises** ≃ crown court UK ; ≃ circuit court US.

assistance [asistɑ̃s] **nf 1.** [public] audience **2.** [aide] assistance.

assistant, e [asistɑ̃, ɑ̃t] **nm, f 1.** assistant **2.** [en langues étrangères] (foreign language) assistant ▸ **assistante sociale** social worker.

assister [3] [asiste] **vt** [aider] to assist ▸ **assister à a)** [concert] to attend **b)** [meurtre] to witness.

association [asɔsjasjɔ̃] **nf** association ▸ **association sportive** sports club.

associé, e [asɔsje] **nm, f 1.** [collaborateur] associate **2.** [actionnaire] partner.

associer [9] [asɔsje] **vt** to associate. ◆ **s'associer vp : s'associer (à ou avec)** to join forces (with).

assoiffé, e [aswafe] **adj** thirsty.

assombrir [32] [asɔ̃brir] **vt** to darken. ◆ **s'assombrir vp** to darken.

assommer [3] [asɔme] **vt** to knock out.

Assomption [asɔ̃psjɔ̃] **nf : l'Assomption** the Assumption.

assorti, e [asɔrti] **adj 1.** [en harmonie] matching **2.** [varié] assorted ▸ **être assorti à** to match.

assortiment [asɔrtimɑ̃] **nm** assortment.

assoupir [32] [asupir] ◆ **s'assoupir vp** to doze off.

assouplir [32] [asuplir] **vt** [muscles] to loosen up.

assouplissant [asuplisɑ̃] **nm** fabric softener.

assouplissement [asuplismɑ̃] **nm : exercices d'assouplissement** limbering up exercises.

assouplisseur [asuplisœr] **nm** = **assouplissant.**

assourdissant, e [asurdisɑ̃, ɑ̃t] **adj** deafening.

assumer [3] [asyme] **vt 1.** [conséquences, responsabilité] to accept **2.** [fonction, rôle] to carry out.

assurance [asyrɑ̃s] **nf 1.** [aisance] self-confidence **2.** [contrat] insurance. ▸ **assurance automobile** car insurance ▸ **assurance tous risques** comprehensive insurance.

assuré, e [asyre] **adj 1.** [certain] certain **2.** [résolu] assured.

assurer [3] [asyre] **vt 1.** [maison, voiture] to insure **2.** [fonction, tâche] to carry out ▸ **je t'assure que** I assure you (that). ◆ **s'assurer vp** [par un contrat] to take out insurance ▸ **s'assurer contre le vol** to insure o.s. against theft ▸ **s'assurer de** to make sure of ▸ **s'assurer que** to make sure (that).

assureur [asyʀœʀ] **nm** insurer, underwriter.

astérisque [asterisk] **nm** asterisk.

astéroïde [asteʀɔid] **nm** asteroid.

asthmatique [asmatik] **adj** asthmatic.

asthme [asm] **nm** asthma ▸ **avoir de l'asthme** to have asthma.

asticot [astiko] **nm** maggot.

astiquer [3] [astike] **vt** to polish.

astre [astr] **nm** star.

astrologie [astrɔlɔʒi] **nf** astrology.

astronaute [astrɔnot] **nm** astronaut.

astronomie [astrɔnɔmi] **nf** astronomy.

astuce [astys] **nf** **1.** [ingéniosité] shrewdness **2.** [truc] trick.

astucieux, euse [astysjø, øz] **adj** clever.

asymptomatique [asɛ̃ptɔmatik] **adj** asymptomatic, symptomless ▸ **porteur asymptomatique** asymptomatic carrier.

atelier [atəlje] **nm** **1.** workshop **2.** [de peintre] studio ▸ **un atelier d'écriture** [groupe de travail] a writing workshop.

athée [ate] **adj** atheist.

athénée [atene] **nm** BELG secondary school UK, high school US.

Athènes [atɛn] **n** Athens.

athlète [atlɛt] **nmf** athlete.

athlétisme [atletism] **nm** athletics *sg*.

Atlantique [atlɑ̃tik] **nm : l'(océan) Atlantique** the Atlantic (Ocean).

atlas [atlas] **nm** atlas.

atmosphère [atmɔsfɛr] **nf** **1.** atmosphere **2.** [air] air.

atome [atom] **nm** atom.

atomique [atɔmik] **adj** atomic.

atomiseur [atɔmizœr] **nm** spray.

atout [atu] **nm** **1.** trump **2.** [avantage] asset ▸ **atout pique** clubs are trumps.

atroce [atrɔs] **adj** terrible.

atrocité [atrɔsite] **nf** atrocity.

attachant, e [ataʃɑ̃, ɑ̃t] **adj** [personne] lovable.

attaché-case [ataʃekɛz] (*pl* **attachés-cases**) **nm** attaché case.

attachement [ataʃmɑ̃] **nm** attachment.

attacher [3] [ataʃe] ◆ **vt** to tie (up). ◆ **vi** to stick ▸ **attachez vos ceintures** fasten your seat belts ▸ **attacher un fichier** INFORM to attach a file. ◆ **s'attacher** **vp** [se nouer] to fasten ▸ **s'attacher à qqn** to become attached to sb.

attaquant [atakɑ̃] **nm** **1.** attacker **2.** SPORT striker.

attaque [atak] **nf** attack.

attaquer [3] [atake] **vt** to attack. ◆ **s'attaquer à** **vp + prép** **1.** [personne] to attack **2.** [problème, tâche] to tackle.

attarder [3] [atarde] ◆ **s'attarder** **vp** to stay (late).

atteindre [81] [atɛ̃dr] **vt** **1.** to reach **2.** [émouvoir] to affect **3.** [balle] to hit ▸ **être atteint de** to suffer from.

atteint, e [atɛ̃, ɛ̃t] **pp** → **atteindre**.

atteinte [atɛ̃t] **nf** → **hors**.

atteler [24] [atle] **vt** **1.** [chevaux] to harness **2.** [remorque] to hitch (up).

attelle [atɛl] **nf** splint.

attendre [73] [atɑ̃dr] ◆ **vt** **1.** to wait for **2.** [espérer] to expect. ◆ **vi** to wait ▸ **attendre un enfant** to be expecting a baby ▸ **attendre que** to wait for ▸ **attendre qqch de** to expect sthg from. ◆ **s'attendre à** **vp + prép** to expect.

attendrir [32] [atɑ̃drir] **vt** to move.

attentat [atɑ̃ta] **nm** attack ▸ **attentat à la bombe** bombing ▸ **attentat suicide** suicide attack ▸ **attentat terroriste** terrorist attack.

attente [atɑ̃t] **nf** wait ▸ **en attente** pending.

attentif, ive [atɑ̃tif, iv] **adj** attentive.

attention [atɑ̃sjɔ̃] **nf** attention ▸ **attention !** watch out! ▸ **faire attention (à)** a) [se concentrer] to pay attention (to) b) [être prudent] to be careful (of).

atténuer [7] [atenɥe] **vt** 1. [son] to cut down 2. [douleur] to ease.

atterrir [32] [aterir] **vi** to land.

atterrissage [aterisaʒ] **nm** landing ▸ **à l'atterrissage** on landing.

attestation [atɛstasjɔ̃] **nf** certificate.

attirant, e [atirɑ̃, ɑ̃t] **adj** attractive.

attirer [3] [atire] **vt** to attract ▸ **attirer l'attention de qqn** to attract sb's attention. ◆ **s'attirer vp : s'attirer des ennuis** to get (o.s.) into trouble.

attiser [3] [atize] **vt** to poke.

attitude [atityd] **nf** [comportement] attitude.

attouchement [atuʃmɑ̃] **nm** caress.

attraction [atraksjɔ̃] **nf** attraction ▸ **attraction touristique** tourist attraction.

attrait [atrɛ] **nm** [charme] charm.

attraper [3] [atrape] **vt** 1. to catch 2. [gronder] to tell off ▸ **attraper un coup de soleil** to get sunburned.

attrayant, e [atrɛjɑ̃, ɑ̃t] **adj** attractive.

attribuer [7] [atribɥe] **vt : attribuer qqch à qqn** to award sthg to sb.

attroupement [atrupmɑ̃] **nm** crowd.

atypique [atipik] **adj** atypical.

au [o] **prép** *(contraction de* **à** *avec* **le**) → **à**.

aube [ob] **nf** dawn ▸ **à l'aube** at dawn.

auberge [obɛrʒ] **nf** inn ▸ **auberge de jeunesse** youth hostel.

aubergine [obɛrʒin] **nf** aubergine UK, eggplant US.

aucun, e [okœ̃, yn] ◆ **adj** no. ◆ **pron** none ▸ **aucun train ne va à Bordeaux** none of the trains go to Bordeaux ▸ **nous n'avons aucun dépliant** we haven't any leaflets ▸ **sans aucun doute** without doubt ▸ **aucune idée !** I've no idea! ▸ **aucun des deux** neither (of them) ▸ **aucun d'entre nous** none of us.

audace [odas] **nf** boldness.

audacieux, euse [odasjø, øz] **adj** bold.

au-delà [odəla] **adv** beyond ▸ **au-delà de** beyond.

au-dessous [odəsu] **adv** 1. below 2. [à l'étage inférieur] downstairs ▸ **les enfants de 12 ans et au-dessous** children aged 12 and under ▸ **au-dessous de** a) below b) [à l'étage inférieur] downstairs from ▸ **les enfants au-dessous de 16 ans** children under (the age of) 16.

au-dessus [odəsy] **adv** 1. above 2. [à l'étage supérieur] upstairs ▸ **les gens de 50 ans et au-dessus** people aged 50 and over ▸ **au-dessus de** a) over b) [à l'étage supérieur] upstairs from ▸ **au-dessus de 1 000 euros** over 1,000 euros.

audience [odjɑ̃s] **nf** audience.

audio [odjo] **adj inv** [matériel, fichier, livre] audio.

audioblog [odjoblɔg] **nm** audioblog.

audioguide [odjɔgid] **nm** audio guide.

audiophone [odjɔfɔn] **nm** hearing aid.

audiovisuel, elle [odjɔvizɥɛl] **adj** audio-visual.

auditeur, trice [oditœr, tris] **nm, f** listener.

audition [odisjɔ̃] **nf 1.** [examen] audition **2.** [sens] hearing.

auditoire [oditwar] **nm** audience.

auditorium [oditɔrjɔm] **nm** auditorium.

augmentation [ogmɑ̃tasjɔ̃] **nf** increase ▸ **augmentation (de salaire)** (pay) rise UK, raise US ▸ **en augmentation** on the increase.

augmenter [3] [ogmɑ̃te] ◆ **vt** to raise, to increase. ◆ **vi 1.** to increase **2.** [devenir plus cher] to go up.

aujourd'hui [oʒurdɥi] **adv 1.** today **2.** [à notre époque] nowadays ▸ **d'aujourd'hui** [de notre époque] of today.

auparavant [oparavɑ̃] **adv 1.** [d'abord] first **2.** [avant] before.

auprès [oprɛ] ◆ **auprès de prép 1.** near **2.** [déposer une plainte, une demande] to.

auquel [okɛl] **pron rel** *(contraction de* à *avec* lequel*)* → **lequel**.

aura[1] etc **3ᵉ pers. sg de l'ind. fut.** → **avoir**.

aura[2] [ora] **nf** aura.

auréole [oreɔl] **nf** [tache] ring.

aurore [orɔr] **nf** dawn.

ausculter [3] [oskylte] **vt : ausculter qqn** to listen to sb's chest.

aussi [osi] ◆ **adv 1.** [également] also, too ▸ **j'ai faim — moi aussi !** I'm hungry — so am I! ou me too! **2.** [introduit une comparaison] **: aussi… que** as… as ▸ **il n'est pas aussi intelligent que son frère** he's not as clever as his brother **3.** [à ce point] so ▸ **je n'ai jamais rien vu d'aussi beau** I've never seen anything so beautiful

◆ **conj** [par conséquent] so.

aussitôt [osito] **adv** immediately ▸ **aussitôt que** as soon as.

austère [ostɛr] **adj** austere.

Australie [ostrali] **nf : l'Australie** Australia.

australien, enne [ostraljɛ̃, ɛn] **adj** Australian. ◆ **Australien, enne nm, f** Australian.

autant [otɑ̃] ◆ **adv 1.** [exprime la comparaison] **: autant que** as much as ▸ **l'aller simple coûte presque autant que l'aller et retour** a single costs almost as much as a return ▸ **autant de… que a)** [argent, patience] as much… as **b)** [amis, valises] as many… as **2.** [exprime l'intensité] so much ▸ **je ne savais pas qu'il pleuvait autant ici** I didn't know it rained so much here ▸ **autant de a)** [argent, patience] so much **b)** [amis, valises] so many **3.** [il vaut mieux] **: autant partir demain** I /we may as well leave tomorrow **4.** [dans des expressions] **: j'aime autant…** I'd rather… ▸ **d'autant que** especially since ▸ **d'autant plus que** all the more so because ▸ **pour autant que je sache** as far as I know.

autel [otɛl] **nm** altar.

auteur [otœr] **nm 1.** [d'une chanson] composer **2.** [d'un livre] author **3.** [d'un crime] person responsible.

authentique [otɑ̃tik] **adj** genuine.

auto [oto] **nf** car ▸ **autos tamponneuses** dodgems.

autobiographie [otɔbjɔgrafi] **nf** autobiography.

autobronzant, e [otɔbʀɔ̃zɑ̃, ɑ̃t] ◆ **adj** self-tanning. ◆ **nm** [crème] tanning cream.

autobus [otɔbys] **nm** bus ▸ **autobus à impériale** double-decker (bus).

autocar [otɔkar] **nm** coach.

autocollant [otɔkɔlɑ̃] **nm** sticker.

autocouchette(s) [otɔkuʃɛt] **adj inv : train autocouchette(s)** ≃ Motorail® train.

autocuiseur [otɔkɥizœr] **nm** pressure cooker.

autodérision [otɔdeʀizjɔ̃] **nf** self-mockery.

autodestruction [otɔdɛstʀyksjɔ̃] **nf** self-destruction.

autodidacte [otɔdidakt] **nmf** self-taught person.

auto-école [otɔekɔl] (*pl* **auto-écoles**) **nf** driving school.

autofinancer [16] [otɔfinɑ̃se] ◆ **s'autofinancer vp** ***(emploi réfléchi)*** to be self-financing ou self-supporting.

autographe [otɔgraf] **nm** autograph.

automate [otɔmat] **nm** [jouet] mechanical toy.

automatique [otɔmatik] **adj 1.** [système] automatic **2.** [geste, réaction] instinctive.

automne [otɔn] **nm** autumn UK, fall US ▸ **en automne** in autumn UK, in the fall US.

automobile [otɔmɔbil] **adj** car.

automobiliste [otɔmɔbilist] **nmf** motorist.

autonome [otɔnɔm] **adj** autonomous.

autonomie [otɔnɔmi] **nf 1.** autonomy **2.** INFORM battery life.

autopartage [otɔpaʀtaʒ] **nm** *an urban rent-a-car service which allows short-term car hire.*

autopsie [otɔpsi] **nf** postmortem (examination).

autoradio [otɔradjo] **nm** car radio.

autorisation [otɔrizasjɔ̃] **nf 1.** permission **2.** [document] permit.

autoriser [3] [otɔrize] **vt** to authorize ▸ **autoriser qqn à faire qqch** to allow sb to do sthg.

autoritaire [otɔritɛr] **adj** authoritarian.

autorité [otɔrite] **nf** [fermeté] authority ▸ **les autorités** the authorities.

autoroute [otɔrut] **nf** motorway UK, freeway US, highway US ▸ **autoroute à péage** toll motorway UK, turnpike US.

autosatisfaction [otɔsatisfaksjɔ̃] **nf** self-satisfaction.

auto-stop [otɔstɔp] **nm** hitchhiking ▸ **faire de l'auto-stop** to hitch(hike).

autour [otur] **adv** around ▸ **tout autour** all around ▸ **autour de** around.

autre [otr] ◆ **adj 1.** [différent] other ▸ **j'aimerais essayer une autre couleur** I'd like to try a different colour **2.** [supplémentaire] **: une autre bouteille d'eau minérale, s'il vous plaît** another bottle of mineral water, please ▸ **il n'y a rien d'autre à voir ici** there's nothing else to see here ▸ **veux-tu quelque chose d'autre ?** do you want anything else? **3.** [restant] other ▸ **tous les autres passagers sont maintenant priés d'embarquer** could all remaining passengers now come forward for boarding? **4.** [dans des expressions] **:**

autre part somewhere else ▸ **d'autre part** besides
◆ pron other ▸ **l'autre** the other (one) ▸ **un autre** another ▸ **il ne se soucie pas des autres** he doesn't think of others ▸ **d'une minute à l'autre** any minute now ▸ **entre autres** among others.

autrefois [otrəfwa] **adv** formerly.

autrement [otrəmɑ̃] **adv 1.** [différemment] differently **2.** [sinon] otherwise ▸ **autrement dit** in other words.

Autriche [otriʃ] **nf : l'Autriche** Austria.

autrichien, enne [otriʃjɛ̃, ɛn] **adj** Austrian. ◆ **Autrichien, enne nm, f** Austrian.

autruche [otryʃ] **nf** ostrich.

auvent [ovɑ̃] **nm** awning.

Auvergne [ovɛrɲ] **nf** → **bleu**.

aux [o] **prép** *(contraction de* **à** *avec* **les***)* → **à**.

auxiliaire [oksiljɛr] ◆ **nmf** [assistant] assistant. ◆ **nm** GRAMM auxiliary.

auxquelles [okɛl] **pron rel** *(contraction de* **à** *avec* **lesquelles***)* → **lequel**.

auxquels [okɛl] **pron rel** *(contraction de* **à** *avec* **lesquels***)* → **lequel**.

av. *(abr écrite de* **avenue***)* Ave.

avachi, e [avaʃi] **adj 1.** [canapé, chaussures] misshapen **2.** [personne] lethargic.

avachir [32] [avaʃir] ◆ **s'avachir vp 1.** [vêtements] to become shapeless **2.** *fam* [s'affaler] **: s'avachir dans un fauteuil / sur une table** to slump into an armchair / over a table.

aval [aval] **nm : aller vers l'aval** to go downstream ▸ **en aval (de)** downstream (from).

avalanche [avalɑ̃ʃ] **nf** avalanche.

avaler [3] [avale] **vt** to swallow.

avance [avɑ̃s] **nf** advance ▸ **à l'avance, d'avance** in advance ▸ **en avance** early.

avancé, e [avɑ̃se] **adj 1.** [dans le temps] late **2.** [développé : intelligence, économie] advanced ▸ **à une heure avancée** late at night ▸ **te voilà bien avancé !** [par dérision] a (fat) lot of good that's done you! ◆ **avancée nf** progress.

avancer [16] [avɑ̃se] ◆ **vt 1.** to move forward **2.** [main, assiette] to hold out **3.** [anticiper] to bring forward **4.** [prêter] to advance. ◆ **vi 1.** to move forward **2.** [progresser] to make progress **3.** [montre, pendule] to be fast ▸ **avancer de cinq minutes** to be five minutes fast. ◆ **s'avancer vp 1.** to move forward **2.** [partir devant] to go ahead.

avant [avɑ̃] ◆ **prép** before. ◆ **adv 1.** earlier **2.** [autrefois] formerly **3.** [d'abord] first **4.** [dans un classement] ahead. ◆ **nm 1.** front **2.** SPORT forward. ◆ **adj inv** front ▸ **avant de faire qqch** before doing sthg ▸ **avant que** before ▸ **avant tout a)** [surtout] above all **b)** [d'abord] first of all ▸ **l'année d'avant** the year before ▸ **en avant** [tomber] forward, forwards ▸ **partir en avant** to go on ahead.

avantage [avɑ̃taʒ] **nm** advantage ▸ **présenter un avantage** to offer an advantage ▸ **avantages sociaux** welfare benefits.

avantager [17] [avɑ̃taʒe] **vt** to favour.

avantageux, euse [avɑ̃taʒø, øz] **adj** [prix, offre] good.

avant-bras [avɑ̃bra] **nm inv** forearm.

avant-dernier, ière [avɑ̃dɛrnje, ɛr] *(pl* **-s***)* ◆ **adj** penultimate. ◆ **nm, f** last but one.

avant-hier [avɑ̃tjɛr] **adv** the day before yesterday.

avant-première [avɑ̃pʀəmjɛʀ] (*pl* **avant-premières**) **nf** preview.

avant-propos [avɑ̃prɔpo] **nm inv** foreword.

avare [avar] ◆ **adj** mean. ◆ **nmf** miser.

avarice [avaris] **nf** avarice.

avarié, e [avarje] **adj** bad.

avec [avɛk] **prép** with ▸ **avec élégance** elegantly ▸ **et avec ça ?** anything else?

avenir [avnir] **nm** future ▸ **à l'avenir** in future ▸ **d'avenir a)** [technique] promising **b)** [métier] with a future.

aventure [avɑ̃tyr] **nf 1.** [événement imprévu] incident **2.** [entreprise risquée] adventure **3.** [amoureuse] affair.

aventurer [3] [avɑ̃tyre] ◆ **s'aventurer vp** to venture.

aventureux, euse [avɑ̃tyʀø, øz] **adj** [personne, vie] adventurous.

aventurier, ière [avɑ̃tyrje, ɛr] **nm, f** adventurer.

avenue [avny] **nf** avenue.

avérer [18] [avere] ◆ **s'avérer vp** [se révéler] to turn out to be.

averse [avɛrs] **nf** downpour.

avertir [32] [avɛrtir] **vt** to inform ▸ **avertir qqn de qqch** to warn sb of sthg.

avertissement [avɛrtismɑ̃] **nm** warning.

> ⚠ **Advertisement** est un faux ami, il signifie ***publicité*** ou ***annonce*** et non « avertissement ».

aveu [avø] (*pl* **-x**) **nm** confession.

aveugle [avœgl] ◆ **adj** blind. ◆ **nmf** blind person.

aveugler [5] [avœgle] **vt** to blind.

aveuglette [avœglɛt] ◆ **à l'aveuglette adv : avancer à l'aveuglette** to grope one's way.

aviateur [avjatœr] **nm** pilot.

aviation [avjasjɔ̃] **nf** MIL airforce.

avide [avid] **adj** greedy ▸ **avide de** greedy for.

avion [avjɔ̃] **nm** (aero)plane ▸ **'par avion'** 'airmail'.

aviron [avirɔ̃] **nm 1.** [rame] oar **2.** [sport] rowing.

avis [avi] **nm 1.** [opinion] opinion **2.** [information] notice ▸ **changer d'avis** to change one's mind ▸ **à mon avis** in my opinion ▸ **avis de réception** acknowledgment of receipt.

av. J-C (*abr écrite de* **avant Jésus-Christ**) BC (*before Christ*).

avocat[1], e [avɔka, te] **nm, f** DR lawyer.

avocat[2] [avɔka] **nm** [fruit] avocado (pear).

avoine [avwan] **nf** oats *pl*.

avoir [1] [avwar] ◆ **vt 1.** [posséder] to have (got) ▸ **j'ai deux frères et une sœur** I've got two brothers and a sister **2.** [comme caractéristique] to have (got) ▸ **avoir les cheveux bruns** to have brown hair ▸ **avoir de l'ambition** to be ambitious **3.** [être âgé de] **: quel âge as-tu ?** how old are you? ▸ **j'ai 13 ans** I'm 13 (years old) **4.** [obtenir] to get **5.** [au téléphone] to get hold of **6.** [éprouver] to feel ▸ **avoir du chagrin** to be sad **7.** *fam* [duper] **: se faire avoir a)** [se faire escroquer] to be conned **b)** [tomber dans le piège] to be caught out **8.** [exprime l'obligation] **: avoir à faire qqch** to have

to do sthg ▸ **vous n'avez qu'à remplir ce formulaire** you just need to fill in this form **9.** [dans des expressions] **: vous en avez encore pour longtemps ?** will it take much longer? ▸ **nous en avons eu pour 30 euros** it cost us 30 euros
◆ v aux to have ▸ **j'ai terminé** I have finished ▸ **hier nous avons fait 500 km** we did 500 km yesterday

◆ **il y a** v impers **1.** [il existe] there is /are ▸ **il y a un problème** there's a problem ▸ **y a-t-il des toilettes dans les environs ?** are there any toilets nearby? ▸ **qu'est-ce qu'il y a ?** what is it? ▸ **il n'y a qu'à revenir demain** we'll just have to come back tomorrow **2.** [temporel] **: il y a trois ans** three years ago ▸ **il y a plusieurs années que nous venons ici** we've been coming here for several years now.

avoisiner [3] [avwazine] **vt** [en valeur] to be close on, to come close to ▸ **les dégâts avoisinent le million** damages come close to one million.

avortement [avɔʀtəmɑ̃] **nm** abortion.

avorter [3] [avɔʀte] **vi** MÉD to have an abortion.

avouer [6] [avwe] **vt** to admit.

avril [avʀil] **nm** April ▸ **le premier avril** April Fools' Day ▸ **en avril, au mois d'avril** in April ▸ **début avril** at the beginning of April ▸ **fin avril** at the end of April ▸ **le deux avril** the second of April.

axe [aks] **nm** **1.** axis **2.** [routier] major road **3.** [ferroviaire] main line ▸ **axe rouge** *section of Paris road system where parking is prohibited to avoid congestion.*

ayant [ejɑ̃] **p prés** → **avoir**.

ayons [ejɔ̃] **1re pers. du pl du subj. prés.** → **avoir**.

Azerbaïdjan [azɛʀbajdʒɑ̃] **nm : (l')Azerbaïdjan** Azerbaijan.

azote [azɔt] **nm** nitrogen.

Azur [azyʀ] **n** → **côte**.

Bb

B (*abr de* **bien**) G *(good)*.

b.a.-ba [beaba] **nm** ABCs, rudiments ▸ **apprendre le b.a.-ba du métier** to learn the ABCs ou basics of the trade.

baba [baba] **nm : baba au rhum** rum baba.

babines [babin] **nfpl** chops.

babiole [babjɔl] **nf** trinket.

bâbord [babɔʀ] **nm** port ▸ **à bâbord** to port.

baby boom [bebibum] **nm** baby boom.

baby-foot [babifut] **nm inv** table football.

baby-sitter [bebisitœʀ] (*pl* **baby-sitters**) **nmf** baby-sitter.

baby-sitting [bebisitiŋ] **nm** baby-sitting ▸ **faire du baby-sitting** to baby-sit.

bac [bak] **nm** **1.** [récipient] container **2.** [bateau] ferry **3.** *fam* = **baccalauréat** ▸ **avoir son bac** ≃ to get your A levels UK ; ≃ to graduate from high school US).

baccalauréat [bakalɔʀea] **nm** ≃ A levels UK ; ≃ SATs US.

→

ⓘ Le baccalauréat

The baccalauréat, or bac for short, is a school-leaving certificate and a university entrance qualification. There are three types of bac: the baccalauréat général in literature, science, or economics and social studies; the baccalauréat technologique in technology; and the baccalauréat professionnel in vocational subjects.

bâche [baʃ] **nf** tarpaulin.

bachoter [3] [baʃɔte] **vi** *fam* to cram, to swot up UK, to bone up US ▸ **il a été obligé de bachoter dans toutes les matières** he had to cram all the subjects.

bâcler [3] [bakle] **vt** to botch.

bacon [bekɔn] **nm** bacon.

bactérie [bakteri] **nf** bacterium.

badge [badʒ] **nm** badge.

badigeonner [3] [badiʒɔne] **vt** [mur] to whitewash.

badminton [badmintɔn] **nm** badminton.

baffe [baf] **nf** *fam* clip on the ear.

baffle [bafl] **nm** speaker.

bafouiller [3] [bafuje] **vi** to mumble.

bagage [bagaʒ] **nm** piece of luggage ou baggage ▸ **bagages** luggage *sg*, baggage *sg* ▸ **bagages enregistrés** checked luggage ▸ **bagages à main** hand luggage.

bagarre [bagar] **nf** fight.

bagarrer [3] [bagare]
◆ **se bagarrer vp** to fight.

Bagdad [bagdad] **n** Baghdad.

baggy [bagi] **nm** baggy pants *pl*.

bagnes [baɲ] **nm** *hard strong Swiss cheese made from cow's milk.*

bagnole [baɲɔl] **nf** *fam* car.

bague [bag] **nf** ring.

baguette [bagɛt] **nf 1.** [tige] stick **2.** [de chef d'orchestre] baton **3.** [chinoise] chopstick **4.** [pain] French stick ▸ **baguette magique** magic wand.

Bahamas [baamas] **nfpl : les Bahamas** the Bahamas.

Bahreïn [baʀejn] **n** Bahrain, Bahrein.

baie [bɛ] **nf 1.** [fruit] berry **2.** [golfe] bay **3.** [fenêtre] bay window ▸ **baie vitrée** picture window.

baignade [bɛɲad] **nf** swim ▸ **'baignade interdite'** 'no swimming'.

baigner [4] [beɲe] ◆ **vt** to bath. ◆ **vi : baigner dans** to be swimming in. ◆ **se baigner vp 1.** [dans la mer] to go for a swim **2.** [dans une baignoire] to have a bath.

baignoire [bɛɲwar] **nf** bath.

bail [baj] (*pl* **baux** [bo]) **nm** lease.

bâiller [3] [baje] **vi 1.** to yawn **2.** [être ouvert] to gape.

bâillonner [3] [bajɔne] **vt** to gag.

bain [bɛ̃] **nm** bath ▸ **prendre un bain** to have a bath ▸ **prendre un bain de soleil** to sunbathe ▸ **grand bain** main pool ▸ **petit bain** children's pool.

bain-marie [bɛ̃mari] **nm** *cooking method in which a pan is placed inside a larger pan containing boiling water.*

baïonnette [bajɔnɛt] **nf 1.** [arme] bayonet **2.** [d'ampoule] bayonet fitting.

baiser [beze] **nm** kiss.

baisse [bɛs] **nf** drop ▸ **en baisse** falling.

baisser [4] [bese] ◆ **vt 1.** to lower **2.** [son] to turn down. ◆ **vi 1.** [descendre] to go down **2.** [diminuer] to drop. ◆ **se baisser vp** to bend down.

Bakou [baku] **n** Baku.

bal [bal] **nm** ball.

balade [balad] **nf 1.** [à pied] walk **2.** [en voiture] drive **3.** [en vélo] ride.

balader [3] [balade] ◆ **se balader vp 1.** [à pied] to go for a walk **2.** [en voiture] to go for a drive **3.** [en vélo] to go for a ride.

balafre [balafr] **nf** gash.

balai [balɛ] **nm 1.** broom, brush **2.** [d'essuie-glace] blade.

balance [balɑ̃s] **nf** scales *pl.*
◆ **Balance nf** Libra.

balancer [16] [balɑ̃se] **vt 1.** to swing **2.** *fam* [jeter] to throw away.
◆ **se balancer vp 1.** [sur une chaise] to rock **2.** [sur une balançoire] to swing.

balancier [balɑ̃sje] **nm** [de pendule] pendulum.

balançoire [balɑ̃swar] **nf 1.** [bascule] seesaw **2.** [suspendue] swing.

balayage [balɛjaʒ] **nm** [des cheveux] highlighting.

balayer [11] [baleje] **vt** to sweep.

balayeur [balɛjœr] **nm** roadsweeper.

balbutier [9] [balbysje] **vi** to stammer.

balcon [balkɔ̃] **nm 1.** balcony **2.** [au théâtre] circle.

balconnet [balkɔnɛ] **nm : soutien-gorge à balconnet** half-cup bra.

Bâle [bal] **n** Basel.

Baléares [balear] **nfpl : les Baléares** the Balearic Islands.

baleine [balɛn] **nf 1.** [animal] whale **2.** [de parapluie] rib.

balèze [balɛz] **adj** *fam* **1.** [grand] hefty, huge **2.** [doué] great, brilliant ▸ **balèze en physique** dead good UK ou ace at physics ▸ **un type balèze** a great hulk (of a man).

balise [baliz] **nf 1.** NAUT marker (buoy) **2.** [de randonnée] marker **3.** INFORM tag.

balle [bal] **nf 1.** SPORT ball **2.** [d'arme à feu] bullet **3.** *fam* franc ▸ **balle à blanc** blank.

ballerine [balrin] **nf 1.** [chaussure] ballet shoe **2.** [danseuse] ballerina.

ballet [balɛ] **nm** ballet.

ballon [balɔ̃] **nm 1.** SPORT ball **2.** [pour fête, montgolfière] balloon **3.** [verre] round wineglass.

ballonné, e [balɔne] **adj** swollen.

ballotter [3] [balɔte] **vt : être balloté a)** [dans une voiture, un bateau] to be thrown about **b)** *fig* to be torn.

balnéaire [balneɛr] **adj → station.**

balnéothérapie [balneɔterapi] **nf** balneotherapy.

balsamique [balzamik] **adj : vinaigre balsamique** balsamic vinegar.

Baltique [baltik] **nf : la Baltique** the Baltic (Sea).

balustrade [balystrad] **nf** balustrade.

Bamako [bamako] **n** Bamako.

bambin [bɑ̃bɛ̃] **nm** toddler.

bambou [bɑ̃bu] **nm** bamboo.

banal, e [banal] **adj** banal.

banalisé, e [banalize] **adj** [véhicule] unmarked.

banana [banana] **nm : banana split** banana split.

banane [banan] **nf 1.** banana **2.** [porte-monnaie] bumbag UK, fanny pack US.

bananier [bananje] **nm** banana tree.

banc [bɑ̃] **nm 1.** bench **2.** [de poissons] shoal ▸ **banc public** park bench ▸ **banc de sable** sandbank.

bancaire [bɑ̃kɛr] **adj** bank, banking.

bancal, e [bɑ̃kal] **adj** wobbly.

bandage [bɑ̃daʒ] **nm** bandage.

bandana [bɑ̃dana] **nm** bandana, bandanna.

bande [bɑ̃d] **nf 1.** [de tissu, de papier] strip **2.** [pansement] bandage **3.** [groupe] band ▸ **bande d'arrêt d'urgence** hard shoulder ▸ **bande blanche** [sur route] white line ▸ **bande dessinée** comic strip ▸ **bande magnétique** tape ▸ **bande originale** original soundtrack.

bande-annonce [bɑ̃danɔ̃s] **nf** trailer.

bandeau [bɑ̃do] (*pl* **-x**) **nm 1.** [dans les cheveux] headband **2.** [sur les yeux] blindfold.

bander [3] [bɑ̃de] **vt 1.** [yeux] to blindfold **2.** [blessure] to bandage.

banderole [bɑ̃drɔl] **nf** streamer.

bandit [bɑ̃di] **nm** bandit.

bandoulière [bɑ̃duljɛr] **nf** shoulder strap ▸ **en bandoulière** across the shoulder.

Bangkok [bɑ̃gkɔk] **n** Bangkok.

Bangladesh [bɑ̃gladɛʃ] **nm : le Bangladesh** Bangladesh.

Bangui [bɑ̃gi] **n** Bangui.

banjo [bɑ̃dʒo] **nm** banjo.

Banjul [bɑ̃ʒul] **n** Banjul.

banlieue [bɑ̃ljø] **nf** suburbs *pl* ▸ **les banlieues** the suburbs *(usually associated with social problems)*.

banlieusard, e [bɑ̃ljøzar, ard] **nm, f** *person living in the suburbs*.

banque [bɑ̃k] **nf** bank ▸ **Banque centrale européenne** European Central Bank.

banquet [bɑ̃kɛ] **nm** banquet.

banquette [bɑ̃kɛt] **nf** seat.

banquier [bɑ̃kje] **nm** banker.

banquise [bɑ̃kiz] **nf** ice field.

baptême [batɛm] **nm** baptism ▸ **baptême de l'air** maiden flight.

baptiser [3] [batize] **vt** to baptize, to christen.

bar [bar] **nm** bar ▸ **bar à café** Suisse café.

baraque [barak] **nf 1.** [de jardin] shed **2.** [de fête foraine] stall **3.** *fam* [maison] house.

baraqué, e [barake] **adj** *fam* well-built.

baratin [baratɛ̃] **nm** *fam* smooth talk.

barbant, e [barbɑ̃, ɑ̃t] **adj** *fam* deadly dull ou boring.

barbare [barbar] **adj** barbaric.

Barbarie [barbari] **n** → **orgue**.

barbe [barb] **nf** beard ▸ **barbe à papa** candyfloss UK, cotton candy US.

barbecue [barbəkju] **nm** barbecue ▸ **au barbecue** barbecued.

barbelé [barbəle] **nm : (fil de fer) barbelé** barbed wire.

barboter [3] [barbɔte] **vi** to splash about.

barbouillé, e [barbuje] **adj** [malade] **: être barbouillé** to feel sick.

barbouiller [3] [barbuje] **vt 1.** [écrire, peindre sur] to daub **2.** [salir] to smear.

barbu [barby] **adj m** bearded.

Barcelone [barsəlɔn] **n** Barcelona.

barème [barɛm] **nm 1.** [de prix] list **2.** [de notes] scale.

baril [baril] **nm** barrel.

bariolé, e [barjɔle] **adj** multicoloured.

barman [barman] **nm** barman.

baromètre [barɔmɛtr] **nm** barometer.

baron, onne [barɔ̃, ɔn] **nm, f** baron (baroness).

baroque [baʀɔk] **adj** [style] baroque.

barque [bark] **nf** small boat.

barquette [baʀkɛt] **nf 1.** [tartelette] pastry boat **2.** [récipient] container ; [de fruits] basket, punnet UK.

barrage [baraʒ] **nm** [sur une rivière] dam ▸ **barrage de police** police roadblock.

barre [bar] **nf 1.** [de fer, de chocolat] bar **2.** [trait] stroke **3.** NAUT tiller ▸ **barre d'espace** INFORM space bar ▸ **barre de défilement** INFORM scroll bar ▸ **barre d'outils** INFORM tool bar ▸ **barre des tâches** INFORM taskbar.

barreau [baro] (*pl* **-x**) **nm** bar.

barrer [3] [bare] **vt 1.** [rue, route] to block **2.** [mot, phrase] to cross out **3.** NAUT to steer.

barrette [barɛt] **nf** [à cheveux] hair slide ▸ **barrette mémoire** INFORM memory module.

barricade [barikad] **nf** barricade.

barricader [3] [barikade] **vt** to barricade. ◆ **se barricader vp** to barricade o.s.

barrière [barjɛr] **nf** barrier ▸ **gestes barrières** MÉD barrier gestures, safety OU mitigation measures.

bar-tabac [bartaba] (*pl* **bars-tabacs**) **nm** *bar also selling cigarettes and tobacco.*

bas, basse [ba, bas] ◆ **adj** low. ◆ **nm 1.** bottom **2.** [vêtement] stocking. ◆ **adv 1.** [dans l'espace] low **2.** [parler] softly ▸ **en bas a)** at the bottom **b)** [à l'étage inférieur] downstairs ▸ **en bas de a)** at the bottom of **b)** [à l'étage inférieur] downstairs from.

bas-côté [bakote] (*pl* **bas-côtés**) **nm** [de la route] verge.

bascule [baskyl] **nf 1.** [pour peser] weighing machine **2.** [jeu] seesaw.

basculer [3] [baskyle] ◆ **vt** to tip up. ◆ **vi** to overbalance.

base [baz] **nf 1.** [partie inférieure] base **2.** [origine, principe] basis ▸ **à base de whisky** whisky-based ▸ **de base** basic ▸ **base de données** database.

baser [3] [baze] **vt : baser qqch sur** to base sthg on. ◆ **se baser sur vp + prép** to base one's argument on.

basilic [bazilik] **nm** basil.

basilique [bazilik] **nf** basilica.

basket [baskɛt] **nf** [chaussure] trainer.

basket(-ball) [baskɛt(bol)] **nm** basketball.

basquaise [baskɛz] **adj** → **poulet**.

basque [bask] ◆ **adj** Basque. ◆ **nm** [langue] Basque ▸ **le Pays basque** the Basque Country. ◆ **Basque nmf** Basque.

basse [ba, bas] **adj f** → **bas**.

basse-cour [baskur] (*pl* **basses-cours**) **nf** farmyard.

bassin [basɛ̃] **nm 1.** [plan d'eau] pond **2.** ANAT pelvis ▸ **le Bassin parisien** the Paris Basin ▸ **grand bassin** [de piscine] main pool ▸ **petit bassin** [de piscine] children's pool.

bassine [basin] **nf** bowl.

basta [basta] **interj** *fam* (that's) enough ▸ **je termine la page 14 et basta !** I'll finish page 14 and then that's it!

Bastille [bastij] **nf : la Bastille** [forteresse] the Bastille ▸ **l'opéra Bastille** *Paris opera house on the site of the former Bastille prison.*

ⓘ La Bastille

The Bastille, a state prison and a symbol of Ancien Régime tyranny, fell to the people of Paris on 14th July 1789, marking the beginning of the Revolution. The square where the Bastille once stood is now the home of one of the Paris opera houses, known as l'Opéra-Bastille.

bataille [bataj] **nf** battle.

bâtard, e [batar, ard] **nm, f** [chien] mongrel.

bateau [bato] (*pl* -x) **nm 1.** boat **2.** [grand] ship **3.** [sur le trottoir] driveway entrance ▸ **bateau de pêche** fishing boat ▸ **bateau à voiles** sailing boat.

bateau-mouche [batomuʃ] (*pl* **bateaux-mouches**) **nm** *pleasure boat on the Seine.*

bâtiment [batimɑ̃] **nm** building ▸ **le bâtiment** [activité] the building trade.

bâtir [32] [batir] **vt** to build.

bâton [batɔ̃] **nm** stick ▸ **bâton de rouge à lèvres** lipstick.

bâtonnet [batɔnɛ] **nm 1.** stick **2.** [coton-tige] cotton bud UK, Q-tip® US ▸ **bâtonnet de glace** ice-pop UK, popsicle US.

battant [batɑ̃] **nm** [d'une porte] door *(of double doors).*

battement [batmɑ̃] **nm 1.** [coup] beat, beating **2.** [intervalle] break.

batterie [batri] **nf 1.** AUTO battery **2.** MUS drums *pl* ▸ **batterie de cuisine** kitchen utensils *pl* ▸ **batterie Lithium Ion** lithium-ion battery.

batteur, euse [batœr, øz] ◆ **nm, f** MUS drummer. ◆ **nm** [mélangeur] whisk.

battre [83] [batr] ◆ **vt** to beat. ◆ **vi 1.** [cœur] to beat **2.** [porte, volet] to bang ▸ **battre des œufs en neige** to beat egg whites until stiff ▸ **battre la mesure** to beat time ▸ **battre des mains** to clap (one's hands). ◆ **se battre vp : se battre (avec qqn)** to fight (with sb).

baume [bom] **nm** balm.

baux [bo] **nmpl** → **bail**.

bavard, e [bavar, ard] ◆ **adj** talkative. ◆ **nm, f** chatterbox.

bavardage [bavardaʒ] **nm** chattering.

bavarder [3] [bavarde] **vi** to chat.

bavarois [bavarwa] **nm** CULIN *cold dessert consisting of a sponge base and layers of fruit mousse, cream and custard.*

bave [bav] **nf 1.** dribble **2.** [d'un animal] slaver.

baver [3] [bave] **vi 1.** to dribble **2.** [animal] to slaver ▸ **en baver** *fam* to have a rough time (of it).

bavette [bavɛt] **nf** CULIN *lower part of sirloin.*

baveux, euse [bavø, øz] **adj** [omelette] runny.

bavoir [bavwar] **nm** bib.

bavure [bavyr] **nf 1.** [tache] smudge **2.** [erreur] mistake.

bazar [bazar] **nm 1.** [magasin] general store **2.** *fam* [désordre] shambles *sg.*

BCBG **adj** (*abr de* **bon chic bon genre**) *term used to describe an upper-class lifestyle reflected especially in expensive and conservative clothes.*

BCE (*abr de* **Banque centrale européenne**) **nf** ECB (*European Central Bank*).

BD **nf** *abr de* **bande dessinée**.

Bd *abr écrite de* **boulevard**.

beau, belle [bo, bɛl] (*mpl* **beaux** [bo]) (**bel** [bɛl] ***devant voyelle ou h muet***) ◆ **adj 1.** beautiful **2.** [personne] good-looking **3.** [agréable] lovely. ◆ **adv : il fait beau** the weather is good ▸ **j'ai beau essayer...** try as I may... ▸ **beau travail !** [sens ironique] well done! ▸ **j'ai un beau rhume** I've got a nasty cold ▸ **un beau jour** one fine day.

Beaubourg [bobur] **n** *name commonly used to refer to the Pompidou centre.*

ⓘ Beaubourg

This is the name given to the Pompidou Centre and the area around it in Paris. With its striking architectural design, the Centre is a popular tourist attraction. It contains the National Museum of Modern Art and a large public library, as well as cinemas, a café and a restaurant.

beaucoup [boku] **adv** a lot ▸ **beaucoup de** a lot of ▸ **beaucoup plus cher** much more expensive ▸ **il a beaucoup plus d'argent que moi** he's got much more money than me ▸ **il y a beaucoup plus de choses à voir ici** there are many more things to see here.

beau-fils [bofis] (*pl* **beaux-fils**) **nm 1.** [fils du conjoint] stepson **2.** [gendre] son-in-law.

beau-frère [bofrɛr] (*pl* **beaux-frères**) **nm** brother-in-law.

beau-père [bopɛr] (*pl* **beaux-pères**) **nm 1.** [père du conjoint] father-in-law **2.** [conjoint de la mère] stepfather.

beauté [bote] **nf** beauty.

beaux-arts [bozaʀ] **nmpl** fine art.

beaux-parents [boparɑ̃] **nmpl** in-laws.

bébé [bebe] **nm** baby.

bec [bɛk] **nm** beak ▸ **bec verseur** spout.

béchamel [beʃamɛl] **nf : (sauce) béchamel** béchamel sauce.

bêche [bɛʃ] **nf** spade.

bêcher [4] [beʃe] **vt** to dig.

bée [be] **adj f : bouche bée** open-mouthed.

bégayer [11] [begeje] **vi** to stammer.

bégonia [begɔnja] **nm** begonia.

beige [bɛʒ] **adj & nm** beige.

beigne [bɛɲ] **nf** QUÉBEC ring doughnut ▸ **donner une beigne à qqn** *fam* to give sb a slap.

beignet [bɛɲɛ] **nm** fritter ▸ **beignet aux crevettes** prawn cracker.

bel **adj m** → **beau**.

bêler [4] [bele] **vi** to bleat.

belge [bɛlʒ] **adj** Belgian. ◆ **Belge** **nmf** Belgian.

Belgique [bɛlʒik] **nf : la Belgique** Belgium.

bélier [belje] **nm** ram. ◆ **Bélier** **nm** Aries.

Belize [beliz] **nm : le Belize** Belize.

belle-fille [bɛlfij] (*pl* **belles-filles**) **nf 1.** [fille du conjoint] stepdaughter **2.** [conjointe du fils] daughter-in-law.

Belle-Hélène [bɛlelɛn] **adj** → **poire**.

belle-mère [bɛlmɛr] (*pl* **belles-mères**) **nf 1.** [mère du conjoint] mother-in-law **2.** [conjointe du père] stepmother.

belle-sœur [bɛlsœr] (*pl* **belles-sœurs**) **nf** sister-in-law.

belote [bəlɔt] **nf** *French card game.*

belvédère [bɛlvedɛʀ] **nm 1.** [construction] belvedere **2.** [terrasse] viewpoint.

bémol [bemɔl] **adj & nm** MUS flat.

bénéfice [benefis] **nm 1.** FIN profit **2.** [avantage] benefit.

bénéficier [9] [benefisje] ◆ **bénéficier de v + prép** to benefit from.

bénéfique [benefik] **adj** beneficial.

Benelux [benelyks] **nm : le Benelux** Benelux.

bénévole [benevɔl] **adj** voluntary.

bénin, igne [benɛ̃, iɲ] **adj** benign.

Bénin [benɛ̃] **nm : le Bénin** Benin.

bénir [32] [benir] **vt** to bless.

bénite [benit] **adj f** → **eau.**

bénitier [benitje] **nm** font.

benjamin, e [bɛ̃ʒamɛ̃, in] **nm, f** [de famille] youngest child ; [de groupe] youngest member.

benne [bɛn] **nf** skip.

BEP **nm** *vocational school-leaver's diploma (taken at age 18).*

béquille [bekij] **nf 1.** crutch **2.** [de vélo, de moto] stand.

berceau [bɛrso] (*pl* **-x**) **nm** cradle.

bercer [16] [bɛrse] **vt** to rock.

berceuse [bɛrsøz] **nf** lullaby.

Bercy [bɛrsi] **n : (le palais omnisports de Paris-)Bercy** *large sports and concert hall in Paris.*

béret [berɛ] **nm** beret.

berge [bɛrʒ] **nf** [d'un cours d'eau] bank.

berger, ère [bɛrʒe, ɛr] **nm, f** shepherd (shepherdess) ▸ **berger allemand** Alsatian.

bergerie [bɛrʒəri] **nf** sheepfold.

berk [bɛʀk] **interj** *fam* ugh, yuk.

Berlin [bɛʀlɛ̃] **n** Berlin.

berlingot [bɛrlɛ̃go] **nm 1.** [bonbon] boiled sweet **2.** [de lait, de Javel] *plastic bag.*

bermuda [bɛrmyda] **nm** Bermuda shorts *pl.*

Berne [bɛʀn] **n** Bern.

besoin [bəzwɛ̃] **nm** need ▸ **avoir besoin de qqch** to need sthg ▸ **avoir besoin de faire qqch** to need to do sthg ▸ **faire ses besoins** to relieve o.s.

bestiole [bɛstjɔl] **nf** creepy-crawly.

best of [bɛstɔf] **nm inv : un best of de Serge Gainsbourg** a selection of Serge Gainsbourg's most popular songs ▸ **le best of du championnat** selected highlights from the championship.

best-seller [bɛstselœr] (*pl* **best-sellers**) **nm** best-seller.

bétail [betaj] **nm** cattle *pl.*

bête [bɛt] ◆ **adj** stupid. ◆ **nf** animal.

bêtement [bɛtmɑ̃] **adv** stupidly.

bêtise [betiz] **nf 1.** [acte, parole] stupid thing **2.** [stupidité] stupidity.

béton [betɔ̃] **nm** concrete.

bette [bɛt] **nf** (Swiss) chard.

betterave [betrav] **nf** beetroot.

beur [bœʀ] *fam* ◆ **adj** *born in France of North African parents.* ◆ **nmf** *person born in France of North African immigrant parents.*

beurre [bœr] **nm** butter.

beurrer [5] [bœre] **vt** to butter.

beurrier [bœʀje] **nm** butter dish.

Beyrouth [beʀut] **n** Beirut, Beyrouth.

Bhoutan [butɑ̃] **nm** Bhutan ▸ **le Bhoutan** Bhutan.

biais [bjɛ] **nm** [moyen] way ▸ **en biais** [couper] diagonally.

bibande [bibɔ̃] **adj** dual-band.

bibelot [biblo] **nm** knick-knack.

biberon [bibrɔ̃] **nm** baby's bottle▸ **donner le biberon à** to bottle-feed.

Bible [bibl] **nf : la Bible** the Bible.

bibliothécaire [biblijɔtekɛr] **nmf** librarian.

bibliothèque [biblijɔtɛk] **nf 1.** library **2.** [meuble] bookcase.

biceps [bisɛps] **nm** biceps.

biche [biʃ] **nf** doe.

bicolore [bikɔlɔʀ] **adj** two-coloured UK, two-colored US.

bicyclette [bisiklɛt] **nf** bicycle.

bidet [bidɛ] **nm** bidet.

bidon [bidɔ̃] ◆ **nm** can. ◆ **adj inv** *fam* fake ▸ **une excuse bidon** a phoney excuse.

bidonville [bidɔ̃vil] **nm** shantytown.

bidouiller [3] [biduje] **vt** [logiciel] to fiddle around with, to tamper with ; [appareil] to fix.

bidule [bidyl] **nm** *fam* thing, thingy.

Biélorussie [bjelɔʀysi] **nf : la Biélorussie** Belarussia, Byelorussia.

bien [bjɛ̃] **(mieux** [mjø] ***est le comparatif et le superlatif de*** **bien)** ◆ **adv 1.** [de façon satisfaisante] well ▸ **avez-vous bien dormi ?** did you sleep well? ▸ **tu as bien fait** you did the right thing **2.** [très] very ▸ **une personne bien sympathique** a very nice person ▸ **bien mieux** much better ▸ **j'espère bien que…** I do hope that… **3.** [au moins] at least ▸ **cela fait bien deux mois qu'il n'a pas plu** it hasn't rained for at least two months **4.** [effectivement] **: c'est bien ce qu'il me semblait** that's (exactly) what I thought ▸ **c'est bien lui** it really is him **5.** [dans des expressions] **: bien des gens** a lot of people ▸ **il a bien de la chance** he's really lucky ▸ **c'est bien fait pour toi !** (it) serves you right! ▸ **nous ferions bien de réserver à l'avance** we would be wise to book in advance
◆ **adj inv 1.** [de bonne qualité] good **2.** [moralement] decent, respectable ▸ **c'est une fille bien** she's a decent person **3.** [en bonne santé] well ▸ **être / se sentir bien** to be / feel well **4.** [à l'aise] comfortable ▸ **on est bien dans ce fauteuil** this armchair is comfortable **5.** [joli] nice ; [physiquement] good-looking
◆ **interj** right!
◆ **nm 1.** [intérêt] interest ▸ **c'est pour ton bien** it's for your own good **2.** [sens moral] good **3.** [dans des expressions] **: dire du bien de** to praise ▸ **faire du bien à qqn** to do sb good
◆ **biens nmpl** [richesse] property *sg.*

bien-être [bjɛ̃nɛtr] **nm** wellbeing.

bienfaisant, e [bjɛ̃fəzɑ̃, ɑ̃t] **adj** beneficial.

bientôt [bjɛ̃to] **adv** soon ▸ **à bientôt !** see you soon!

bienveillant, e [bjɛ̃vejɑ̃, ɑ̃t] **adj** kind.

bienvenu, e [bjɛ̃v(ə)ny] **adj** welcome.

bienvenue [bjɛ̃v(ə)ny] **nf : bienvenue !** welcome! ▸ **souhaiter la bienvenue à qqn** to welcome sb ▸ **bienvenue à Paris / en France** welcome to Paris / to France ▸ **bienvenue en gare de…** welcome to… station.

bière [bjɛr] **nf** beer ▸ **bière blonde** lager ▸ **bière brune** brown ale UK, dark beer US ▸ **bière pression** draught UK ou draught US beer.

bifteck [biftɛk] **nm** steak.

bifurquer [3] [bifyrke] **vi 1.** [route] to fork **2.** [voiture] to turn off.

bigorneau [bigɔrno] (*pl* -x) **nm** winkle.

bigoudi [bigudi] **nm** roller.

bijou [biʒu] (*pl* -x) **nm** jewel.

bijouterie [biʒutri] **nf** jeweller's (shop).

bijoutier, ère [biʒutje, ɛʀ] **nm, f** jeweller UK, jeweler US.

Bikini® [bikini] **nm** bikini.

bilan [bilɑ̃] **nm 1.** [en comptabilité] balance sheet **2.** [résultat] result ▸ **faire le bilan (de)** to take stock (of).

bilingue [bilɛ̃g] **adj** bilingual.

billard [bijar] **nm 1.** [jeu] billiards *sg* **2.** [table] billiard table ▸ **billard américain** pool.

bille [bij] **nf 1.** ball **2.** [pour jouer] marble.

billet [bijɛ] **nm** [de transport, de spectacle] ticket ▸ **billet (de banque)** (bank) note ▸ **billet aller et retour** return (ticket) ▸ **billet simple** single (ticket) ▸ **'visiteurs munis de billets'** 'ticket holders'.

billetterie [bijɛtri] **nf** ticket office ▸ **billetterie automatique a)** [de billets de train] ticket machine **b)** [de banque] cash dispenser.

bimbo [bimbo] **nf** *fam* & *péj* bimbo.

bimensuel, elle [bimɑ̃sɥɛl] **adj** fortnightly.

binaire [binɛʀ] **adj** binary.

binocles [binɔkl] **nmpl** *fam* [lunettes] specs UK, glasses.

bio [bjo] **adj inv** organic ▸ **aliments bio** organic food ▸ **produits bio** organic products.

biocombustible [bjɔkɔ̃bystibl] **nm** biofuel.

biodiversité [bjɔdiversite] **nf** biodiversity.

biographie [bjɔgrafi] **nf** biography.

biologie [bjɔlɔʒi] **nf** biology.

biologique [bjɔlɔʒik] **adj 1.** biological **2.** [culture, produit] organic.

biologiste [bjɔlɔʒist] **nmf** biologist.

biométrique [bjɔmetrik] **adj** biometric.

biopic [bjopik] **nm** biopic.

biotechnologie [bjɔtɛknɔlɔʒi], **biotechnique** [bjɔtɛknik] **nf** biotechnology.

biotechnologique [bjɔtɛknɔlɔʒik], **biotechnique** [bjɔtɛknik] **adj** biotechnological.

bioterrorisme [bjɔtɛʀɔʀism] **nm** bioterrorism.

bioterroriste [bjɔtɛʀɔʀist] **adj & nmf** bioterrorist.

bipolaire [bipɔlɛʀ] **adj** bipolar.

Birmanie [birmani] **nf : la Birmanie** Burma.

bis [bis] ◆ **interj** encore! ◆ **adv : 6 bis** 6a.

biscornu, e [biskɔrny] **adj** [objet] misshapen.

biscotte [biskɔt] **nf** *toasted bread sold in packets.*

biscuit [biskɥi] **nm** biscuit UK, cookie US ▸ **biscuit salé / apéritif** cracker.

bise [biz] **nf 1.** [baiser] kiss **2.** [vent] north wind ▸ **faire une bise à qqn** to kiss sb on the cheek ▸ **grosses bises** [dans une lettre] lots of love.

bisexuel, elle [bisɛksɥɛl] **adj** bisexual.

bison [bizɔ̃] **nm** bison ▸ **Bison Futé** *French road traffic information organization.*

bisou [bizu] **nm** *fam* kiss.

bisque [bisk] **nf** *thick soup made with shellfish and cream* ▸ **bisque de homard** lobster bisque.

bissextile [bisɛkstil] **adj** → **année.**

bistro(t) [bistro] **nm** small café.

bit [bit] **nm** bit.

bitmap [bitmap] **adj inv** bitmap.

bitoniau [bitɔnjo] **nm** *fam* thingy.

bitume [bitym] **nm** asphalt.

biz (*abr écrite de* **bises**) SMS KOTC *(Kiss On The Cheek)*, HAK *(Hugs And Kisses)*.

bizarre [bizar] **adj** strange.

bizarroïde [bizaʀɔid] **adj** *fam* odd, weird.

bizuter [3] [bizyte] **vt** [argot scolaire] ≃ to rag UK, ≃ to haze US ▸ **se faire bizuter** to be ragged.

bjr SMS *abr écrite de* **bonjour.**

black [blak] **adj** *fam* black. ◆ **Black nmf** *fam* Black.

blafard, e [blafar, ard] **adj** pale.

blague [blag] **nf 1.** [histoire drôle] joke **2.** [mensonge] wind-up **3.** [farce] trick ▸ **sans blague !** no kidding!

blaguer [3] [blage] **vi** to joke.

blanc, blanche [blɑ̃, blɑ̃ʃ] ◆ **adj 1.** white **2.** [vierge] blank. ◆ **blanc nm 1.** [couleur] white **2.** [vin] white wine **3.** [espace] blank ▸ **à blanc** [chauffer] until white-hot ▸ **tirer à blanc** to fire blanks ▸ **blanc cassé** off-white ▸ **blanc d'œuf** egg white ▸ **blanc de poulet** chicken breast UK, white meat US. ◆ **Blanc, Blanche nm, f** white (man) (white (woman)).

blancheur [blɑ̃ʃœr] **nf** whiteness.

blanchir [32] [blɑ̃ʃir] ◆ **vt 1.** [à l'eau de Javel] to bleach **2.** [linge] to launder. ◆ **vi** to go white.

blanchisserie [blɑ̃ʃisri] **nf** laundry.

blanquette [blɑ̃kɛt] **nf 1.** [plat] *stew made with white wine* **2.** [vin] *sparkling white wine from the south of France* ▸ **blanquette de veau** *veal stew made with white wine.*

blasé, e [blaze] **adj** blasé.

blason [blazɔ̃] **nm** coat of arms.

blazer [blazɛr] **nm** blazer.

blé [ble] **nm** wheat ▸ **blé d'Inde** QUÉBEC corn.

blême [blɛm] **adj** pale.

blessant, e [blɛsɑ̃, ɑ̃t] **adj** hurtful.

blessé [blese] **nm** injured person.

blesser [4] [blese] **vt 1.** to injure **2.** [vexer] to hurt. ◆ **se blesser vp** to injure o.s. ▸ **se blesser à la main** to injure one's hand.

blessure [blesyr] **nf** injury.

blette [blɛt] **nf** = **bette.**

bleu, e [blø] ◆ **adj 1.** blue **2.** [steak] rare. ◆ **nm 1.** [couleur] blue **2.** [hématome] bruise ▸ **bleu (d'Auvergne)** *blue cheese from the Auvergne* ▸ **bleu ciel** sky blue ▸ **bleu marine** navy blue ▸ **bleu de travail** overalls *pl* UK, overall US.

bleuet [bløɛ] **nm 1.** [fleur] cornflower **2.** QUÉBEC [fruit] blueberry.

blindé, e [blɛ̃de] **adj** [porte] reinforced.

bling-bling [blingbling] ◆ **adj** *fam* bling-bling, bling. ◆ **nm : le bling-bling** bling-bling, bling ▸ **la génération bling-bling** the bling-bling generation.

blizzard [blizar] **nm** blizzard.

bloc [blɔk] **nm 1.** block **2.** [de papier] pad ▸ **à bloc** [visser, serrer] tight ▸ **en bloc** as a whole.

blocage [blɔkaʒ] **nm** [des prix, des salaires] freeze.

bloc-notes [blɔknɔt] (*pl* **blocs-notes**) **nm** notepad.

blocus [blɔkys] **nm** blockade.

blog [blɔg] **nm** blog.

bloguer [3] [blɔge] **vt** to blog.

blond, e [blɔ̃, blɔ̃d] **adj** blond ▸ **blond platine** platinum blond.

blonde [blɔ̃d] **nf** [cigarette] Virginia cigarette ▸ **(bière) blonde** lager.

bloquer [3] [blɔke] **vt 1.** [route, passage] to block **2.** [mécanisme] to jam **3.** [prix, salaires] to freeze.

blottir [32] [blɔtir] ◆ **se blottir vp** to snuggle up.

blouse [bluz] **nf 1.** [d'élève] *coat worn by schoolchildren* **2.** [de médecin] white coat **3.** [chemisier] blouse.

blouson [bluzɔ̃] **nm** bomber jacket.

blues [bluz] **nm** blues.

bluff [blœf] **nm** bluff.

boa [bɔa] **nm** boa.

bob [bɔb] **nm** sun hat.

bobine [bɔbin] **nf** reel.

bobo [bobo] (*abr de* **bourgeois bohème**) **nmf** *fam left-leaning yuppie.*

bobsleigh [bɔbslɛg] **nm** bobsleigh.

bocal [bɔkal] (*pl* **-aux**) **nm 1.** jar **2.** [à poissons] bowl.

body [bɔdi] **nm** body.

body art [bɔdiaʀt] **nm** body art.

bodyboard [bɔdibɔʀd] **nm** SPORT bodyboarding.

body-building [bɔdibildiŋ] **nm** bodybuilding.

bœuf [bœf] (*pl* **bœufs** [bø]) **nm 1.** ox **2.** CULIN beef ▸ **bœuf bourguignon** *beef cooked in red wine sauce with bacon and onions.*

bof [bɔf] **interj** *term expressing lack of interest or enthusiasm* ▸ **comment tu as trouvé le film ? — bof !** how did you like the film? — it was all right I suppose.

Bogotá [bɔgɔta] **n** Bogota.

bogue [bɔg] QUÉBEC, **bug** [bœg] **nm** INFORM bug.

bohémien, enne [bɔemjɛ̃, ɛn] **nm, f** gipsy.

boire [108] [bwar] ◆ **vt 1.** to drink **2.** [absorber] to soak up. ◆ **vi** to drink ▸ **boire un coup** to have a drink.

bois [bwa] ◆ **nm** wood. ◆ **nmpl** [d'un cerf] antlers.

boisé, e [bwaze] **adj** wooded.

boiseries [bwazri] **nfpl** panelling *sg.*

boisson [bwasɔ̃] **nf** drink.

boîte [bwat] **nf 1.** box **2.** [de téléphone] **: boîte vocale** voice mail ▸ **boîte d'allumettes** box of matches ▸ **boîte de conserve** tin UK, can ▸ **boîte e-mail** mailbox ▸ **boîte aux lettres a)** [pour l'envoi] postbox UK, mailbox US **b)** [pour la réception] letterbox UK, mailbox US ▸ **boîte aux lettres électronique** INFORM electronic mailbox ▸ **boîte (de nuit)** (night)club ▸ **boîte à outils** toolbox ▸ **boîte postale** post office box ▸ **boîte de vitesses** gearbox.

boiter [3] [bwate] **vi** to limp.

boiteux, euse [bwatø, øz] **adj** lame.

boîtier [bwatje] **nm 1.** [de montre, de cassette] case **2.** [d'appareil photo] camera body.

bol [bɔl] **nm** bowl.

bolée [bɔle] **nf : bolée de cidre** bowl ou bowlful of cider *(in N.W. France, cider is often served in bowls)*.

boléro [bɔleʀo] **nm** bolero.

bolide [bɔlid] **nm** racing car.

Bolivie [bɔlivi] **nf : la Bolivie** Bolivia.

bolivien, enne [bɔlivjɛ̃, ɛn] **adj** Bolivian. ◆ **Bolivien, enne nm, f** Bolivian.

bombardement [bɔ̃bardəmɑ̃] **nm** bombing.

bombarder [3] [bɔ̃barde] **vt** to bomb ▸ **bombarder qqn de questions** to bombard sb with questions.

bombe [bɔ̃b] **nf 1.** [arme] bomb **2.** [vaporisateur] spraycan ▸ **bombe atomique** nuclear bomb.

bon, bonne [bɔ̃, bɔn] *(***meilleur** [mɛjœʀ] *est le comparatif et le superlatif de* bon*)* ◆ **adj 1.** [gén] good ▸ **nous avons passé de très bonnes vacances** we had a very good holiday ▸ **être bon en qqch** to be good at sthg **2.** [correct] right ▸ **est-ce le bon numéro ?** is this the right number? **3.** [utile] **: c'est bon pour la santé** it's good for you ▸ **il n'est bon à rien** he's useless ▸ **c'est bon à savoir** that's worth knowing **4.** [titre de transport, carte] valid **5.** [en intensif] **: ça fait une bonne heure que j'attends** I've been waiting for a good hour **6.** [dans l'expression des souhaits] **: bonne année !** Happy New Year! ▸ **bonnes vacances !** have a nice holiday! **7.** [dans des expressions] **: bon !** right! ▸ **ah bon ?** really? ▸ **c'est bon !** [soit] all right! ▸ **pour de bon** for good ◆ **adv : il fait bon** it's lovely ▸ **sentir bon** to smell nice ▸ **tenir bon** to hold out ◆ **nm** [formulaire] form ; [en cadeau] voucher.

bonbon [bɔ̃bɔ̃] **nm** sweet UK, candy US.

bond [bɔ̃] **nm** leap.

bondé, e [bɔ̃de] **adj** packed.

bondir [32] [bɔ̃dir] **vi** to leap.

bonheur [bɔnœr] **nm 1.** happiness **2.** [chance, plaisir] (good) luck ▸ **porter bonheur** to bring good luck.

bonhomme [bɔnɔm] (*pl* **bonshommes** [bɔ̃zɔm]) **nm 1.** *fam* [homme] fellow **2.** [silhouette] man ▸ **bonhomme de neige** snowman.

bonjour [bɔ̃ʒur] **interj** hello! ▸ **dire bonjour à qqn** to say hello to sb.

bonne [bɔn] **nf** maid.

bonnet [bɔnɛ] **nm** hat ▸ **bonnet de bain** swimming cap.

bonsaï [bɔnzaj] **nm** bonsai.

bonsoir [bɔ̃swar] **interj 1.** [en arrivant] good evening! **2.** [en partant] good night! ▸ **dire bonsoir à qqn a)** [en arrivant] to say good evening to sb **b)** [en partant] to say good night to sb.

bonté [bɔ̃te] **nf** kindness.

bonze [bɔ̃z] **nm** RELIG buddhist priest ou monk, bonze.

booster [3] [buste] **vt** to boost.

boots [buts] **nmpl** boots.

bord [bɔr] **nm** edge ▸ **à bord (de)** on board ▸ **monter à bord (de)** to board ▸ **au bord (de)** at the edge (of) ▸ **au bord**

de la mer at the seaside ▸ **au bord de la route** at the roadside.

Bordeaux [bɔrdo] n Bordeaux.

bordelais, e [bɔrdəlɛ, ɛz] adj [de Bordeaux] from Bordeaux. ◆ **Bordelais, e** nm, f *inhabitant of or person from Bordeaux.* ◆ **bordelaise** nf **1.** [bouteille] Bordeaux bottle **2.** CULIN : **à la bordelaise** *in shallots and red wine.*

bordelaise [bɔrdəlɛz] adj f → **entrecôte.**

border [3] [bɔrde] vt **1.** [entourer] to line **2.** [enfant] to tuck in ▸ **bordé de** lined with.

bordure [bɔrdyr] nf **1.** edge **2.** [liseré] border ▸ **bordure et trame** INFORM borders and shading ▸ **en bordure de** on the edge of ▸ **en bordure de mer** by the sea.

borgne [bɔrɲ] adj one-eyed.

borne [bɔrn] nf [sur la route] ≃ milestone ▸ **dépasser les bornes** *fig* to go too far.

borné, e [bɔrne] adj narrow-minded.

Bosnie-Herzégovine [bɔsniɛrzegɔvin] n : **(la) Bosnie-Herzégovine** Bosnia-Herzegovina.

bosquet [bɔskɛ] nm copse.

bosse [bɔs] nf bump.

bosser [3] [bɔse] vi *fam* [travailler] to work ; [travailler dur] to work hard.

bossu, e [bɔsy] adj hunchbacked.

botanique [bɔtanik] ◆ adj botanical. ◆ nf botany.

Botswana [bɔtswana] nm : **le Botswana** Botswana.

botte [bɔt] nf **1.** boot **2.** [de légumes] bunch **3.** [de foin] bundle ▸ **botte en caoutchouc** wellington boot UK, rubber boot US.

Bottin® [bɔtɛ̃] nm phone book.

bottine [bɔtin] nf ankle boot.

bouc [buk] nm **1.** [animal] (billy) goat **2.** [barbe] goatee (beard) ▸ **bouc émissaire** scapegoat.

boucan [bukɑ̃] nm *fam* row, racket ▸ **faire du boucan** to kick up a racket.

bouche [buʃ] nf mouth ▸ **bouche d'égout** manhole ▸ **bouche de métro** metro entrance.

bouché, e [buʃe] adj **1.** [obstrué] blocked **2.** *fam* [personne] dumb, thick ▸ **j'ai le nez bouché** my nose is blocked.

bouche-à-bouche [buʃabuʃ] nm inv : **faire du bouche-à-bouche à qqn** to give sb mouth-to-mouth resuscitation.

bouchée [buʃe] nf **1.** mouthful **2.** [au chocolat] *filled chocolate* ▸ **bouchée à la reine** chicken vol-au-vent.

boucher¹ [3] [buʃe] vt **1.** [remplir] to fill up **2.** [bouteille] to cork **3.** [oreilles, passage] to block.

boucher², ère [buʃe, ɛr] nm, f butcher.

boucherie [buʃri] nf butcher's (shop).

bouchon [buʃɔ̃] nm **1.** [à vis] top **2.** [en liège] cork **3.** [embouteillage] traffic jam **4.** [de pêche] float ▸ **bouchon d'oreilles** earwax plug.

boucle [bukl] nf **1.** loop **2.** [de cheveux] curl **3.** [de ceinture] buckle ▸ **boucle d'oreille** earring.

bouclé, e [bukle] adj curly.

boucler [3] [bukle] ◆ vt **1.** [ceinture] to buckle **2.** *fam* [enfermer] to lock up. ◆ vi [cheveux] to curl ▸ **boucle-la !** *fam* shut it!

bouclier [buklije] **nm** shield.

bouddhisme [budism] **nm** Buddhism.

bouddhiste [budist] **adj & nmf** Buddhist.

bouder [3] [bude] **vi** to sulk.

boudin [budɛ̃] **nm** [cylindre] roll ▸ **boudin blanc** white pudding UK, white sausage US ▸ **boudin noir** black pudding UK, blood sausage US.

boue [bu] **nf** mud.

bouée [bwe] **nf 1.** [pour nager] rubber ring **2.** [balise] buoy ▸ **bouée de sauvetage** life belt.

boueux, euse [buø, øz] **adj** muddy.

bouffant, e [bufɑ̃, ɑ̃t] **adj** [pantalon] baggy ▸ **manches bouffantes** puff sleeves.

bouffe [buf] **nf** *fam* food, grub.

bouffée [bufe] **nf 1.** puff **2.** [de colère, d'angoisse] fit ▸ **une bouffée d'air frais** a breath of fresh air.

bouffer [3] [bufe] **vt** *fam* to eat.

bouffi, e [bufi] **adj** puffy.

bougeotte [buʒɔt] **nf : avoir la bougeotte** *fam* to have itchy feet.

bouger [17] [buʒe] ◆ **vt** to move. ◆ **vi 1.** to move **2.** [changer] to change ▸ **j'ai une dent qui bouge** I've got a loose tooth.

bougie [buʒi] **nf 1.** candle **2.** TECH spark plug.

bouillabaisse [bujabɛs] **nf** *fish soup, a speciality of Provence.*

bouillant, e [bujɑ̃, ɑ̃t] **adj** boiling (hot).

bouilli, e [buji] **adj** [eau, lait, viande] boiled.

bouillie [buji] **nf 1.** puree **2.** [pour bébé] baby food.

bouillir [48] [bujir] **vi** to boil.

bouilloire [bujwar] **nf** kettle.

bouillon [bujɔ̃] **nm** stock.

bouillonnant, e [bujɔnɑ̃, ɑ̃t] **adj** bubbling, foaming.

bouillonner [3] [bujɔne] **vi** to bubble.

bouillotte [bujɔt] **nf** hot-water bottle.

boulanger, ère [bulɑ̃ʒe, ɛr] **nm, f** baker.

boulangerie [bulɑ̃ʒri] **nf** baker's (shop), bakery.

boule [bul] **nf 1.** ball **2.** [de pétanque] bowl ▸ **jouer aux boules** to play boules ▸ **boule de Bâle** SUISSE *large sausage served with a vinaigrette.*

bouledogue [buldɔg] **nm** bulldog.

boulet [bulɛ] **nm** cannonball.

boulette [bulɛt] **nf** pellet ▸ **boulette de viande / de poulet** meatball / chicken meatball.

boulevard [bulvar] **nm** boulevard ▸ **les grands boulevards** [à Paris] *the main boulevards between la Madeleine and République.*

bouleversement [bulvɛrsəmɑ̃] **nm** upheaval.

bouleverser [3] [bulvɛrse] **vt 1.** [émouvoir] to move deeply **2.** [modifier] to disrupt.

boulimie [bulimi] **nf** bulimia.

boulimique [bulimik] **adj** bulimic.

boulon [bulɔ̃] **nm** bolt.

boulot [bulo] **nm 1.** *fam* [travail, lieu] work **2.** [emploi] job.

boum [bum] **nf** *fam* party.

bouquet [bukɛ] **nm 1.** [de fleurs] bunch **2.** [crevette] prawn **3.** [d'un vin] bouquet.
bouquin [bukɛ̃] **nm** *fam* book.
bouquiner [3] [bukine] **vi & vt** *fam* to read.
bourdon [burdɔ̃] **nm** bumblebee.
bourdonner [3] [burdɔne] **vi** to buzz.
bourgeois, e [burʒwa, az] **adj 1.** [quartier, intérieur] middle-class **2.** *péj* bourgeois.
bourgeoisie [burʒwazi] **nf** bourgeoisie.
bourgeon [burʒɔ̃] **nm** bud.
bourgeonner [3] [burʒɔne] **vi** to bud.
Bourgogne [burgɔɲ] **nf : la Bourgogne** Burgundy.
bourguignon, onne [burgiɲɔ̃, ɔn] **adj → bœuf, fondue**.
bourrasque [burask] **nf** gust of wind.
bourratif, ive [buratif, iv] **adj** stodgy.
bourré, e [bure] **adj 1.** [plein] packed **2.** *vulg* [ivre] pissed UK, bombed US ▸ **bourré de** packed with.
bourreau [buro] (*pl* **-x**) **nm** executioner.
bourrelet [burlɛ] **nm 1.** [isolant] draught excluder **2.** [de graisse] roll of fat.
bourrer [3] [bure] **vt 1.** [remplir un sac, une armoire] **: bourrer qqch (de)** to cram sthg full (of) **2.** *fam* [gaver] **: bourrer qqn (de)** to stuff sb (with).
bourse [burs] **nf 1.** [d'études] grant **2.** [porte-monnaie] purse ▸ **la Bourse** the Stock Exchange.
boursier, ière [bursje, ɛr] **adj 1.** [étudiant] on a grant **2.** [transaction] stock-market.
boursouflé, e [bursufle] **adj** swollen.
bousculade [buskylad] **nf** scuffle.
bousculer [3] [buskyle] **vt 1.** to jostle **2.** *fig* [presser] to rush.
boussole [busɔl] **nf** compass.
bout [bu] **nm 1.** [extrémité] end **2.** [morceau] piece ▸ **au bout de** [après] after ▸ **arriver au bout de** to reach the end of ▸ **être à bout** to be at the end of one's tether.
boute-en-train [butɑ̃trɛ̃] **nm inv : le boute-en-train de la soirée** the life and soul of the party.
bouteille [butɛj] **nf** bottle ▸ **bouteille de gaz** gas cylinder ▸ **bouteille d'oxygène** oxygen cylinder.
boutique [butik] **nf** shop ▸ **boutique franche** ou **hors taxes** duty-free shop.
bouton [butɔ̃] **nm 1.** [de vêtement] button **2.** [sur la peau] spot **3.** [de réglage] knob **4.** [de fleur] bud.
bouton-d'or [butɔ̃dɔr] (*pl* **boutons-d'or**) **nm** buttercup.
boutonner [3] [butɔne] **vt** to button (up).
boutonnière [butɔnjɛr] **nf** buttonhole.
bouton-pression [butɔ̃prɛsjɔ̃] (*pl* **boutons-pression**) **nm** press-stud UK, snap fastener US.
bovin, e [bɔvɛ̃, in] **adj** bovine.
◆ **bovins nmpl** cattle.
bowling [buliŋ] **nm 1.** [jeu] ten-pin bowling **2.** [salle] bowling alley.
box [bɔks] **nm inv 1.** [garage] lock-up garage **2.** [d'écurie] stall.
boxe [bɔks] **nf** boxing.
boxer [bɔksɛr] **nm** [chien] boxer.
boxeur [bɔksœr] **nm** boxer.

box-office [bɔksɔfis] (*pl* **box-offices**) **nm** box office.

boyau [bwajo] (*pl* **-x**) **nm** [de roue] inner tube. ◆ **boyaux nmpl** ANAT guts.

boycotter [3] [bɔjkɔte] **vt** to boycott.

BP (*abr écrite de* **boîte postale**) P.O. Box (*Post Office Box*).

bracelet [braslɛ] **nm** **1.** bracelet **2.** [de montre] strap.

bracelet-montre [braslɛmɔ̃tr] (*pl* **bracelets-montres**) **nm** wristwatch.

braconnier [brakɔnje] **nm** poacher.

brader [3] [brade] **vt** to sell off ▸ **'on brade'** 'clearance sale'.

braderie [bradri] **nf** clearance sale.

braguette [bragɛt] **nf** flies *pl*.

braille [braj] **nm** braille.

brailler [3] [braje] **vi** *fam* to bawl.

braise [brɛz] **nf** embers *pl* ▸ **à la braise** braised.

brancard [brɑ̃kar] **nm** stretcher.

branchages [brɑ̃ʃaʒ] **nmpl** branches.

branche [brɑ̃ʃ] **nf** **1.** branch **2.** [de lunettes] arm.

branché, e [bʀɑ̃ʃe] **adj** **1.** [électricité] plugged in, connected **2.** *fam* [à la mode] trendy.

branchement [brɑ̃ʃmɑ̃] **nm** connection ▸ **faire les branchements** to connect.

brancher [3] [brɑ̃ʃe] **vt** **1.** [appareil] to plug in **2.** [prise] to put in.

brandade [brɑ̃dad] **nf : brandade (de morue)** salt cod puree.

brandir [32] [brɑ̃dir] **vt** to brandish.

branlant, e [brɑ̃lɑ̃, ɑ̃t] **adj** wobbly.

braquer [3] [brake] ◆ **vi** [volant] to turn (the wheel). ◆ **vt : braquer une arme sur qqn** to aim a weapon at sb. ◆ **se braquer vp** [s'entêter] to dig one's heels in.

bras [bra] **nm** arm ▸ **bras droit** *fig* right hand man (woman) ▸ **bras de mer** sound.

brassard [brasar] **nm** armband.

brasse [bras] **nf** [nage] breaststroke.

brasser [3] [brase] **vt** **1.** [remuer] to stir **2.** [bière] to brew.

brasserie [brasri] **nf** **1.** [café] *large café serving light meals* **2.** [usine] brewery.

brassière [brasjɛr] **nf** **1.** [pour bébé] baby's vest UK, baby's undershirt US **2.** QUÉBEC [soutien-gorge] bra.

brave [brav] **adj** **1.** [courageux] brave **2.** [gentil] decent ▸ **un brave homme** [honnête] a nice man.

bravo [bravo] **interj** bravo!

bravoure [bravur] **nf** bravery.

break [brɛk] **nm** [voiture] estate (car) UK, station wagon US.

breakdance [bʀɛkdɛns] **nf** breakdancing.

brebis [brəbi] **nf** ewe.

brèche [brɛʃ] **nf** gap.

bredouiller [3] [brəduje] **vi** to mumble.

bref, brève [brɛf, brɛv] ◆ **adj** brief. ◆ **adv** in short ▸ **bref, il vaut mieux rester ici** anyway, we're better off staying put.

Brésil [brezil] **nm : le Brésil** Brazil.

Bretagne [brətaɲ] **nf : la Bretagne** Brittany.

bretelle [brətɛl] **nf** **1.** [de vêtement] shoulder strap **2.** [d'autoroute] slip road UK, access road. ◆ **bretelles nfpl** braces UK, suspenders US.

breton, onne [brətɔ̃, ɔn] ◆ **adj** Breton. ◆ **nm** [langue] Breton.
◆ **Breton, onne** **nm, f** Breton.

brève **adj f sing** → **bref**.

brevet [brəvɛ] **nm** **1.** diploma **2.** [d'invention] patent ▸ **brevet (des collèges)** SCOL *exam taken at the age of 15.*

bribes [brib] **nfpl** snatches ▸ **bribes de conversation** snatches of conversation.

bricolage [brikɔlaʒ] **nm** do-it-yourself, DIY UK ▸ **aimer faire du bricolage** to enjoy DIY.

bricole [brikɔl] **nf** trinket.

bricoler [3] [brikɔle] ◆ **vt** to fix up. ◆ **vi** to do odd jobs.

bricoleur, euse [brikɔlœr, øz] **nm, f** DIY enthusiast.

bride [brid] **nf** bridle.

bridé, e [bride] **adj : avoir les yeux bridés** to have slanting eyes.

bridge [bridʒ] **nm** bridge.

brie [bri] **nm** Brie.

brièvement [brijɛvmɑ̃] **adv** briefly.

brigade [brigad] **nf** brigade.

brigand [brigɑ̃] **nm** bandit.

brillamment [brijamɑ̃] **adv** brilliantly.

brillant, e [brijɑ̃, ɑ̃t] ◆ **adj** **1.** shiny **2.** [remarquable] brilliant. ◆ **nm** brilliant.

briller [3] [brije] **vi** to shine ▸ **faire briller** [meuble] to shine.

brin [brɛ̃] **nm** [de laine] strand ▸ **brin d'herbe** blade of grass ▸ **brin de muguet** sprig of lily of the valley.

brindille [brɛ̃dij] **nf** twig.

brioche [brijɔʃ] **nf** *round, sweet bread roll eaten for breakfast.*

brique [brik] **nf** **1.** brick **2.** [de lait, de jus de fruit] carton.

briquet [brikɛ] **nm** (cigarette) lighter.

brise [briz] **nf** breeze.

briser [3] [brize] **vt** to break ▸ **briser la carrière de qqn** to destroy sb's career.
◆ **se briser** **vp** to break.

britannique [britanik] **adj** British.
◆ **Britannique** **nmf** British person ▸ **les Britanniques** the British.

brocante [brɔkɑ̃t] **nf** [magasin] second-hand shop.

brocanteur, euse [brɔkɑ̃tœr] **nm, f** dealer in second-hand goods.

broche [brɔʃ] **nf** **1.** [bijou] brooch **2.** CULIN spit.

brochet [brɔʃɛ] **nm** pike.

brochette [brɔʃɛt] **nf** [plat] kebab ▸ **brochette grillée** grilled meat kebab UK, broiled meat kabob US ▸ **brochette de poisson** fish kebab UK ou kabob US.

brochure [brɔʃyr] **nf** brochure.

brocoli [brɔkɔli] **nm** broccoli.

broder [3] [brɔde] **vt** to embroider.

broderie [brɔdri] **nf** embroidery.

bronches [brɔ̃ʃ] **nfpl** bronchial tubes.

bronchite [brɔ̃ʃit] **nf** bronchitis.

bronzage [brɔ̃zaʒ] **nm** suntan.

bronze [brɔ̃z] **nm** bronze.

bronzé, e [bʀɔ̃ze] **adj** tanned UK, tan US, suntanned.

bronzer [3] [brɔ̃ze] **vi** to tan ▸ **se faire bronzer** to get a tan.

brosse [brɔs] **nf** brush ▸ **avoir les cheveux en brosse** to have a crewcut ▸ **brosse à cheveux** hairbrush ▸ **brosse à dents** toothbrush.

brosser [3] [brɔse] **vt** to brush. ◆ **se brosser vp** to brush o.s. (down) ▸ **se brosser les dents** to brush one's teeth.

brouette [bruɛt] **nf** wheelbarrow.

brouhaha [bruaa] **nm** hubbub.

brouillard [brujar] **nm** fog.

brouillé [bruje] **adj m** → **œuf**.

brouiller [3] [bruje] **vt 1.** [idées] to muddle (up) **2.** [liquide, vue] to cloud. ◆ **se brouiller vp 1.** [se fâcher] to quarrel **2.** [idées] to get confused **3.** [vue] to become blurred.

brouillon [brujɔ̃] **nm** (rough) draft.

broussailles [brusaj] **nfpl** undergrowth *sg*.

brousse [brus] **nf** [zone] **: la brousse** the bush.

brouter [3] [brute] **vt** to graze on.

browser [bʀawzœʀ] **nm** browser.

broyer [13] [brwaje] **vt** to grind, to crush.

brucelles [brysɛl] **nfpl** SUISSE (pair of) tweezers.

brugnon [brynɔ̃] **nm** nectarine.

bruine [brɥin] **nf** drizzle.

bruiner [3] [bʀɥine] **v impers : il bruine** it's drizzling.

bruit [brɥi] **nm 1.** [son] noise, sound **2.** [vacarme] noise ▸ **faire du bruit** to make a noise.

brûlant, e [brylɑ̃, ɑ̃t] **adj** boiling (hot).

brûlé [bryle] **nm : ça sent le brûlé** there's a smell of burning.

brûler [3] [bryle] ◆ **vt** to burn. ◆ **vi 1.** [flamber] to burn **2.** [chauffer] to be burning (hot) ▸ **la fumée me brûle les yeux** the smoke is making my eyes sting ▸ **brûler un feu rouge** to jump a red light. ◆ **se brûler vp** to burn o.s. ▸ **se brûler la main** to burn one's hand.

brûlure [brylyr] **nf 1.** burn **2.** [sensation] burning sensation ▸ **brûlures d'estomac** heartburn.

brume [brym] **nf** mist.

brumeux, euse [brymø, øz] **adj** misty.

brun, e [brœ̃, bryn] **adj** dark.

brunch [bʀœntʃ] **nm** brunch.

bruncher [3] [bʀœnʃe] **vi** to have brunch.

brune [bryn] **nf** [cigarette] *cigarette made with dark tobacco* ▸ **(bière) brune** brown ale.

Brunei [bʀynei] **nm : le Brunei** Brunei.

Brushing® [bʀœʃiŋ] **nm** blow-dry ▸ **faire un Brushing** to have one's hair blow-dried.

brusque [brysk] **adj 1.** [personne, geste] brusque **2.** [changement, arrêt] sudden.

brut, e [bryt] **adj 1.** [matière] raw **2.** [pétrole] crude **3.** [poids, salaire] gross **4.** [cidre, champagne] dry.

brutal, e, aux [brytal, o] **adj 1.** [personne, geste] violent **2.** [changement, arrêt] sudden.

brutaliser [3] [brytalize] **vt** to mistreat.

brute [bryt] **nf** bully.

Bruxelles [bry(k)sɛl] **n** Brussels.

bruyamment [bʀɥijamɑ̃] **adv** noisily.

bruyant, e [brɥijɑ̃, ɑ̃t] **adj** noisy.

bruyère [bʀɥjɛʀ] **nf** heather.

bsr SMS *abr écrite de* **bonsoir**.

BTS **nm** (*abr de* **brevet de technicien supérieur**) *advanced vocational training certificate.*

bu, e [by] **pp** → **boire**.

buanderie [byɑ̃dri] **nf** Québec [blanchisserie] laundry.

Bucarest [bykaʀɛst] **n** Bucharest.

bûche [byʃ] **nf** log ▸ **bûche de Noël** Yule log.

bûcheron [byʃʀɔ̃] **nm** lumberjack.

Budapest [bydapɛst] **n** Budapest.

budget [bydʒɛ] **nm** budget.

budgéter [3] [bydʒete] **vt** to budget for.

buée [bɥe] **nf** condensation.

buffet [byfɛ] **nm** **1.** [meuble] sideboard **2.** [repas, restaurant] buffet ▸ **buffet froid** cold buffet.

bug [bœg] **nm** = **bogue**.

building [bildiŋ] **nm** skyscraper.

buisson [bɥisɔ̃] **nm** bush.

buissonnière [bɥisɔnjɛʀ] **adj f** → **école**.

Bulgarie [bylgari] **nf** : **la Bulgarie** Bulgaria.

bulldozer [byldozɛʀ] **nm** bulldozer.

bulle [byl] **nf** bubble ▸ **faire des bulles** **a)** [avec un chewing-gum] to blow bubbles **b)** [savon] to lather.

buller [3] [byle] **vi** *vulg* to bum about OU around.

bulletin [byltɛ̃] **nm** **1.** [papier] form **2.** [d'informations] news bulletin **3.** SCOL report ▸ **bulletin météorologique** weather forecast ▸ **bulletin de salaire** pay slip ▸ **bulletin de vote** ballot paper.

bungalow [bɛ̃galo] **nm** chalet.

bureau [byʀo] **nm** **1.** office **2.** [meuble] desk **3.** INFORM desktop ▸ **bureau de change** bureau de change ▸ **bureau de poste** post office ▸ **bureau de tabac** tobacconist's UK, tobacco shop US.

bureautique [byʀotik] **adj** office-automation ▸ **équipement bureautique** office equipment.

Burkina (Faso) [byʀkina(fasɔ)] **nm** : **le Burkina** Burkina-Faso.

burlesque [byrlɛsk] **adj** funny.

burqa, burka [buʀka] **nm** OU **nf** burqa.

Burundi [buʀundi] **nm** : **le Burundi** Burundi.

bus [bys] **nm** bus.

business [biznɛs] **nm** *fam* business.

buste [byst] **nm** **1.** chest **2.** [statue] bust.

but [byt] **nm** **1.** [intention] aim **2.** [destination] destination **3.** SPORT [point] goal ▸ **les buts** SPORT [zone] the goal ▸ **dans le but de** with the intention of.

butane [bytan] **nm** Calor® gas.

buté, e [byte] **adj** stubborn.

buter [3] [byte] **vi** : **buter sur** OU **contre** **a)** [objet] to trip over **b)** [difficulté] to come up against.

butin [bytɛ̃] **nm** booty.

butte [byt] **nf** hillock.

buvard [byvaʀ] **nm** blotting paper.

buvette [byvɛt] **nf** refreshment stall.

buzz [bœz] **nm** buzz ▸ **le film a fait un énorme buzz** the film created a huge buzz.

Cc

c' **pron** → **ce**.

ça [sa] **pron** that ▸ **ça n'est pas facile** it's not easy ▸ **ça va ? — ça va !** how are you? — I'm fine! ▸ **comment ça ?** what? ▸ **c'est ça** [c'est exact] that's right.

cabane [kaban] **nf** hut.

cabaret [kabarɛ] **nm** nightclub.

cabillaud [kabijo] **nm** cod.

cabine [kabin] **nf** **1.** [de bateau] cabin **2.** [de téléphérique] cable car **3.** [sur la plage] hut ▸ **cabine de douche** shower cubicle ▸ **cabine d'essayage** fitting room ▸ **cabine (de pilotage)** cockpit ▸ **cabine (téléphonique)** phone box.

cabinet [kabinɛ] **nm** **1.** [de médecin] surgery UK, office US **2.** [d'avocat] office ▸ **cabinet de toilette** bathroom ▸ **cabinet du maire** mayor's office. ◆ **cabinets** **nmpl** toilet *sg*.

câble [kabl] **nm** cable ▸ **câble Ethernet** Ethernet cable ▸ **câble USB** USB cable ▸ **(télévision par) câble** cable (television).

caboche [kabɔʃ] **nf** *fam* [tête] nut, noddle UK ▸ **mets-toi (bien) ça dans la caboche !** get that into your thick head!

cabosser [3] [kabɔse] **vt** to dent.

caca [kaka] **nm : faire caca** *fam* to do a poo.

cacah(o)uète [kakawɛt] **nf** peanut.

cacao [kakao] **nm** cocoa.

cache [kaʃ] **nm** cache.

cache-cache [kaʃkaʃ] **nm inv : jouer à cache-cache** to play hide-and-seek.

cache-cœur [kaʃkœʀ] (*pl* **cache-cœurs**) **nm** wrapover top.

cachemire [kaʃmir] **nm** cashmere.

cache-nez [kaʃne] **nm inv** scarf.

cacher [3] [kaʃe] **vt** **1.** to hide **2.** [vue, soleil] to block. ◆ **se cacher** **vp** to hide.

cachère [kaʃɛr] **adj inv** = **kasher**.

cachet [kaʃɛ] **nm** **1.** [comprimé] tablet **2.** [tampon] stamp.

cachette [kaʃɛt] **nf** hiding place ▸ **en cachette** secretly.

cachot [kaʃo] **nm** dungeon.

cacophonie [kakɔfɔni] **nf** cacophony.

cactus [kaktys] **nm** cactus.

cadavre [kadavr] **nm** corpse.

Caddie® [kadi] **nm** (supermarket) trolley UK, (grocery) cart US.

cadeau [kado] (*pl* **-x**) **nm** present ▸ **faire un cadeau à qqn** to give sb a present ▸ **faire cadeau de qqch à qqn** to give sb sthg.

cadenas [kadna] **nm** padlock.

cadence [kadɑ̃s] **nf** rhythm ▸ **en cadence** in time.

cadet, ette [kadɛ, ɛt] **adj & nm, f** **1.** [de deux] younger **2.** [de plusieurs] youngest.

cadran [kadrɑ̃] **nm** dial ▸ **cadran solaire** sundial.

cadre [kadr] ◆ **nm** **1.** frame **2.** [tableau] painting **3.** [décor] surroundings *pl* **4. : dans le cadre de** as part of. ◆ **nmf** [d'une entreprise] executive.

cafard [kafar] **nm** [insecte] cockroach ▸ **avoir le cafard** *fam* to feel down.

café [kafe] **nm 1.** [établissement] café **2.** [boisson, grains] coffee ▸ **café crème** ou **au lait** white coffee ▸ **café épicé** SUISSE *black coffee flavoured with cinnamon and cloves* ▸ **café internet** Internet café ▸ **café liégeois** *coffee ice cream topped with whipped cream* ▸ **café noir** black coffee.

ⓘ Le café

In French cafés, a small cup of strong black coffee is called **un expresso**. This may be served **serré** (extra-strong), **léger** (weak) or **allongé** (diluted with hot water). An **expresso** with a tiny amount of milk added is called **une noisette**. A large cup of black coffee is **un grand café** or **un double expresso**. Coffee with frothy, steam-heated milk is called **un (grand/petit) crème**. The term **café au lait** is almost never used in cafés. Parisian cafés have traditionally played an important part in the intellectual and artistic life of the city. For example, the **café de Flore** was a favourite meeting place for the existentialists.

cafétéria [kafeterja] **nf** cafeteria.

café-théâtre [kafeteatr] (**pl cafés-théâtres**) **nm** *café where theatre performances take place.*

cafetier [kaftje] **nm** café owner.

cafetière [kaftjɛr] **nf 1.** [récipient] coffeepot **2.** [électrique] coffee-maker **3.** [à piston] cafetière.

cafter [3] [kafte] **vi** *fam* to sneak.

cage [kaʒ] **nf 1.** cage **2.** SPORT goal ▸ **cage d'escalier** stairwell.

cagoule [kagul] **nf** balaclava.

cahier [kaje] **nm** exercise book ▸ **cahier de brouillon** rough book ▸ **cahier de textes** homework book.

caille [kaj] **nf** quail.

cailler [3] [kaje] **vi 1.** [lait] to curdle **2.** [sang] to coagulate.

caillot [kajo] **nm** clot.

caillou [kaju] (**pl -x**) **nm** stone.

caisse [kɛs] **nf 1.** box **2.** [de magasin, de cinéma] cash desk **3.** [de supermarché] checkout **4.** [de banque] cashier's desk ▸ **caisse d'épargne** savings bank ▸ **'caisse rapide'** 'express checkout' ▸ **'caisse dix articles'** *checkout for ten items or fewer.*

caissier, ière [kesje, ɛr] **nm, f** cashier.

cajou [kaʒu] **nm** → **noix**.

cake [kɛk] **nm** fruit cake.

calamars [kalamar] **nmpl** squid *sg.*

calcaire [kalkɛr] ◆ **nm** limestone. ◆ **adj 1.** [eau] hard **2.** [terrain] chalky.

calciné, e [kalsine] **adj** charred.

calcium [kalsjɔm] **nm** calcium.

calcul [kalkyl] **nm 1.** calculation **2.** [arithmétique] arithmetic **3.** MÉD stone ▸ **calcul mental** mental arithmetic.

calculatrice [kalkylatris] **nf** calculator.

calculer [3] [kalkyle] **vt 1.** to calculate **2.** [prévoir] to plan.

calculette [kalkylɛt] **nf** calculator.

cale [kal] **nf** [pour stabiliser] wedge.

calé, e [kale] **adj** *fam* [doué] clever.

caleçon [kalsɔ̃] **nm 1.** [sous-vêtement] boxer shorts *pl* **2.** [pantalon] leggings *pl.*

calembour [kalɑ̃bur] **nm** pun.

calendrier [kalɑ̃drije] **nm** calendar.

ⓘ Le calendrier scolaire

The school year starts in September, with a break in November, two weeks at Christmas, a winter break in February, a spring break at Easter and summer holidays in July and August. Where possible, holidays are staggered nationally, to avoid massive traffic jams on the roads with everyone heading off on holiday at once.

cale-pied [kalpje] (*pl* **clae-pieds**) **nm** toe clip.

calepin [kalpɛ̃] **nm** notebook.

caler [3] [kale] ◆ **vt** to wedge. ◆ **vi** **1.** [voiture, moteur] to stall **2.** *fam* [à table] to be full up ▸ **je cale** I'm stuffed.

califourchon [kalifurʃɔ̃] ◆ **à califourchon sur prép** astride.

câlin [kalɛ̃] **nm** cuddle ▸ **faire un câlin à qqn** to give sb a cuddle.

calmant [kalmɑ̃] **nm** painkiller.

calmars [kalmar] **nmpl** = **calamars.**

calme [kalm] **adj & nm** calm ▸ **du calme !** calm down!

calmement [kalməmɑ̃] **adv** calmly, quietly.

calmer [3] [kalme] **vt** **1.** [douleur] to soothe **2.** [personne] to calm down. ◆ **se calmer vp** **1.** [personne] to calm down **2.** [tempête, douleur] to die down.

calorie [kalɔri] **nf** calorie.

calque [kalk] **nm** : **(papier-)calque** tracing paper.

calvados [kalvados] **nm** calvados, apple brandy.

camarade [kamarad] **nmf** friend ▸ **camarade de classe** classmate.

Cambodge [kɑ̃bɔdʒ] **nm** : **le Cambodge** Cambodia.

cambouis [kɑ̃bwi] **nm** dirty grease.

cambré, e [kɑ̃bre] **adj** **1.** [dos] arched **2.** [personne] with an arched back.

cambriolage [kɑ̃brijɔlaʒ] **nm** burglary.

cambrioler [3] [kɑ̃brijɔle] **vt** to burgle UK, to burglarize US.

cambrioleur [kɑ̃brijɔlœr] **nm** burglar.

camembert [kamɑ̃bɛr] **nm** Camembert (cheese).

camer [3] [kame] ◆ **se camer vp** *vulg* to be a junkie ▸ **se camer à la cocaïne** to be on coke.

caméra [kamera] **nf** camera.

Cameroun [kamʀun] **nm** : **le Cameroun** Cameroon.

Caméscope® [kameskɔp] **nm** camcorder.

camion [kamjɔ̃] **nm** lorry UK, truck US.

camion-citerne [kamjɔ̃sitɛrn] (*pl* **camions-citernes**) **nm** tanker UK, tank truck US.

camionnette [kamjɔnɛt] **nf** van.

camionneur [kamjɔnœr] **nm** [chauffeur] lorry driver UK, truck driver US.

camp [kɑ̃] **nm** **1.** camp **2.** [de joueurs, de sportifs] side, team ▸ **faire un camp** to go camping ▸ **camp de vacances** holiday camp.

campagne [kɑ̃paɲ] **nf** **1.** country(side) **2.** [électorale, publicitaire] campaign.

camper [3] [kɑ̃pe] **vi** to camp.

campeur, euse [kɑ̃pœr, øz] **nm, f** camper.

camping [kɑ̃piŋ] **nm** **1.** [terrain] campsite **2.** [activité] camping ▸ **faire du camping** to go camping ▸ **camping sauvage** *camping not on a campsite.*

camping-car [kɑ̃piŋkaʀ] (*pl* **camping-cars**) **nm** camper-van UK, RV US.

Camping-Gaz® [kɑ̃piŋgaz] **nm inv** camping stove.

Canada [kanada] **nm : le Canada** Canada.

canadien, enne [kanadjɛ̃, ɛn] **adj** Canadian. ◆ **Canadien, enne nm, f** Canadian.

canadienne [kanadjɛn] **nf 1.** [veste] fur-lined jacket **2.** [tente] (ridge) tent.

canal [kanal] (*pl* **-aux**) **nm** canal ▸ **Canal +** *popular French TV pay channel.*

canalisation [kanalizasjɔ̃] **nf** pipe.

canapé [kanape] **nm 1.** [siège] sofa **2.** [toast] canapé ▸ **canapé convertible** sofa bed.

canapé-lit [kanapeli] (*pl* **canapés-lits**) **nm** sofa bed.

canard [kanaʀ] **nm 1.** duck **2.** [sucre] sugar lump *(dipped in coffee or spirits)* ▸ **canard laqué** Peking duck ▸ **canard à l'orange** duck in orange sauce.

canari [kanaʀi] **nm** canary.

Canaries [kanaʀi] **nfpl : les Canaries** the Canaries.

Canberra [kɑ̃beʀa] **n** Canberra.

cancer [kɑ̃sɛʀ] **nm** cancer.

Cancer [kɑ̃sɛʀ] **nm** Cancer.

cancéreux, euse [kɑ̃seʀø, øz] **adj** [tumeur] malignant.

cancérigène [kɑ̃seʀiʒɛn] **adj** carcinogenic.

candidat, e [kɑ̃dida, at] **nm, f** candidate.

candidature [kɑ̃didatyʀ] **nf** application ▸ **poser sa candidature (à)** to apply (for).

caneton [kantɔ̃] **nm** duckling.

canette [kanɛt] **nf** [bouteille] bottle.

caniche [kaniʃ] **nm** poodle.

canicule [kanikyl] **nf** heatwave.

canif [kanif] **nm** penknife.

canine [kanin] **nf** canine (tooth).

caniveau [kanivo] **nm** gutter.

canne [kan] **nf** walking stick ▸ **canne à pêche** fishing rod.

canneberge [kanəbɛʀʒ] **nf** cranberry.

cannelle [kanɛl] **nf** cinnamon.

cannelloni(s) [kanelɔni] **nmpl** cannelloni *sg*.

cannette [kanɛt] **nf** = **canette**.

canoë [kanɔe] **nm** canoe ▸ **faire du canoë** to go canoeing.

canoë-kayak [kanɔekajak] (*pl* **canoës-kayaks**) **nm** kayak ▸ **faire du canoë-kayak** to go canoeing.

canon [kanɔ̃] **nm 1.** [ancien] cannon **2.** [d'une arme à feu] barrel ▸ **chanter en canon** to sing in canon.

canot [kano] **nm** dinghy ▸ **canot pneumatique** inflatable dinghy ▸ **canot de sauvetage** lifeboat.

cantal [kɑ̃tal] **nm** *mild cheese from the Auvergne, similar to cheddar.*

cantatrice [kɑ̃tatʀis] **nf** (opera) singer.

cantine [kɑ̃tin] **nf** [restaurant] canteen.

cantique [kɑ̃tik] **nm** hymn.

canton [kɑ̃tɔ̃] **nm 1.** [en France] *division of an "arrondissement"* **2.** [en Suisse] canton.

ⓘ Le canton

Switzerland is a confederation of twenty-six cantons. Each canton has its own constitution, parliament, government, and law courts. The cantons themselves are divided into smaller districts called communes. These are responsible for education, social services, town and country planning, taxation, etc.

cantonais [kɑ̃tɔnɛ] **adj m** → **riz.**

canyon, cañon [kanjɔn, kanjɔ̃] **nm** canyon.

canyoning [kanjɔniŋ], **canyonisme** [kanjɔnism] **nm** canyoning.

caoutchouc [kautʃu] **nm** rubber.

caoutchouteux, euse [kautʃutø, øz] **adj** [viande] rubbery.

cap [kap] **nm 1.** [pointe de terre] cape **2.** NAUT course ▸ **mettre le cap sur** to head for.

CAP nm *vocational school-leaver's diploma (taken at age 16).*

capable [kapabl] **adj** capable ▸ **être capable de faire qqch** to be capable of doing sthg.

capacités [kapasite] **nfpl** ability *sg.*

cape [kap] **nf** cloak.

capitaine [kapitɛn] **nm** captain.

capital, e, aux [kapital, o] ◆ **adj** essential. ◆ **nm** capital.

capitale [kapital] **nf** capital.

capitalisme [kapitalism] **nm** capitalism.

capitaliste [kapitalist] **nmf** & **adj** capitalist.

capot [kapo] **nm** AUTO bonnet UK, hood US.

capote [kapɔt] **nf** AUTO hood UK, top US.

capoter [3] [kapɔte] **vi 1.** [projet, entreprise] to fail **2.** QUÉBEC *fam* [perdre la tête] to lose one's head.

cappuccino [kaputʃino] **nm** cappuccino.

câpre [kapr] **nf** caper.

caprice [kapris] **nm 1.** [colère] tantrum **2.** [envie] whim ▸ **faire un caprice** to throw a tantrum.

capricieux, euse [kaprisjø, øz] **adj** [personne] temperamental.

Capricorne [kaprikɔrn] **nm** Capricorn.

capsule [kapsyl] **nf** [de bouteille] top, cap ▸ **capsule spatiale** space capsule.

capter [3] [kapte] **vt** [station de radio] to pick up ▸ **mon portable ne capte pas ici** I can't get a signal here.

captivant, e [kaptivɑ̃, ɑ̃t] **adj** [livre, film] enthralling ; [personne] captivating.

captivité [kaptivite] **nf** captivity ▸ **en captivité** [animal] in captivity.

capture [kaptyr] **nf** capture ▸ **capture d'écran** screenshot ▸ **faire une capture d'écran** to make a screenshot.

capturer [3] [kaptyre] **vt** to catch.

capuche [kapyʃ] **nf** hood.

capuchon [kapyʃɔ̃] **nm 1.** [d'une veste] hood **2.** [d'un stylo] top.

Cap-Vert [kapvɛʀ] **nm : le Cap-Vert** Cape Verde.

caquelon [kaklɔ̃] **nm** SUISSE fondue pot.

car[1] [kar] **conj** because.

car[2] [kar] **nm** coach UK, bus US.

carabine [karabin] **nf** rifle.

caractère [karaktɛr] nm **1.** character **2.** [spécificité] characteristic ▸ **avoir du caractère a)** [personne] to have personality **b)** [maison] to have character ▸ **avoir bon caractère** to be good-natured ▸ **avoir mauvais caractère** to be bad-tempered ▸ **caractères d'imprimerie** block letters.

caractériser [3] [kaʀakteʀize] vt to be characteristic of.
◆ **se caractériser** vp : **se caractériser par qqch** to be characterized by sthg.

caractéristique [karakteristik] ◆ nf characteristic. ◆ adj : **caractéristique de** characteristic of.

carafe [karaf] nf carafe.

Caraïbes [karaib] nfpl : **les Caraïbes** the Caribbean, the West Indies.

carambolage [karɑ̃bɔlaʒ] nm *fam* pile-up.

caramel [karamɛl] nm **1.** [sucre brûlé] caramel **2.** [bonbon dur] toffee **3.** [bonbon mou] fudge.

carapace [karapas] nf shell.

caravane [karavan] nf caravan.

carbonade [karbɔnad] nf : **carbonades flamandes** *beef and onion stew, cooked with beer.*

carbone [karbɔn] nm carbon ▸ **(papier) carbone** carbon paper.

carbonisé, e [kaʀbɔnize] adj **1.** [véhicule] burned-out **2.** [corps, arbre] charred **3.** [plat] burned to a crisp.

carburant [karbyrɑ̃] nm fuel.

carburateur [karbyratœr] nm carburettor.

carcasse [karkas] nf **1.** [d'animal] carcass **2.** [de voiture] body.

cardiaque [kardjak] adj [maladie] heart ▸ **être cardiaque** to have a heart condition.

cardigan [kardigɑ̃] nm cardigan.

cardinaux [kardino] adj m pl → **point**.

cardiologue [kardjolɔg] nmf cardiologist.

caresse [karɛs] nf caress.

caresser [4] [karese] vt to stroke.

cargaison [kargɛzɔ̃] nf cargo.

cargo [kargo] nm freighter.

caricature [karikatyr] nf caricature.

caricaturer [3] [kaʀikatyʀe] vt to caricature.

carie [kari] nf caries.

carillon [karijɔ̃] nm chime.

carnage [karnaʒ] nm slaughter ▸ **faire un carnage** *fig* to wreak havoc.

carnaval [karnaval] nm carnival.

carnet [karnɛ] nm **1.** notebook **2.** [de tickets, de timbres] book ▸ **carnet d'adresses** address book ▸ **carnet de chèques** chequebook ▸ **carnet de notes** report card.

carotte [karɔt] nf carrot.

carotter [3] [kaʀɔte] vt *vulg* [argent, objet] to nick UK, to pinch ▸ **carotter qqch à qqn** to swindle ou to diddle sb out of sthg.

carpe [karp] nf carp.

carpette [karpɛt] nf rug.

carré, e [kare] ◆ adj square. ◆ nm **1.** square **2.** [d'agneau] rack ▸ **deux mètres carrés** two metres squared ▸ **deux au carré** two squared.

carreau [karo] (*pl* -x) nm **1.** [vitre] window pane **2.** [sur le sol, les murs] tile **3.** [carré] square **4.** [aux cartes] diamonds *pl* ▸ **à carreaux** checked.

carrefour [karfur] **nm** crossroads *sg*.

carrelage [karlaʒ] **nm** tiles *pl*.

carrément [karemɑ̃] **adv 1.** [franchement] bluntly **2.** [très] completely ▸ **je suis carrément déçu** I'm very disappointed.

carrière [karjɛr] **nf 1.** [de pierre] quarry **2.** [profession] career ▸ **faire carrière dans qqch** to make a career (for o.s.) in sthg.

carrossable [karɔsabl] **adj** suitable for motor vehicles.

carrosse [karɔs] **nm** coach.

carrosserie [karɔsri] **nf** body.

carrure [karyr] **nf** build.

cartable [kartabl] **nm** schoolbag.

carte [kart] **nf 1.** card **2.** [plan] map **3.** [de restaurant] menu ▸ **à la carte** à la carte ▸ **carte bancaire** *bank card for withdrawing cash and making purchases* ▸ **Carte Bleue®** ≃ Visa® Card ▸ **carte de crédit** credit card ▸ **carte d'embarquement** boarding card ▸ **carte de fidélité** loyalty card ▸ **carte grise** vehicle registration document ▸ **carte (nationale) d'identité** identity card ▸ **Carte Orange** *season ticket for use on public transport in Paris* ▸ **carte postale** postcard ▸ **carte son** soundcard ▸ **carte téléphonique** ou **de téléphone** phonecard ▸ **carte des vins** wine list ▸ **carte de visite** visiting card UK, calling card US ▸ **carte musées-monuments** *pass bought for visiting museums and historic monuments.*

ⓘ La carte nationale d'identité

All French citizens carry a national identity card which they must show, when asked, to a police officer or an official. It is also used when paying by cheque, taking exams, opening a bank account, etc., and can be used like a passport for travel within the EU.

cartilage [kartilaʒ] **nm** cartilage.

carton [kartɔ̃] **nm 1.** [matière] cardboard **2.** [boîte] cardboard box **3.** [feuille] card ▸ **carton d'invitation** invitation card.

cartonner [3] [kaʀtɔne] **vi** *fam* [film, musique] to be a hit ; [livre] to be a best-seller ▸ **j'ai cartonné en maths** I did brilliantly in maths.

cartouche [kartuʃ] **nf 1.** cartridge **2.** [de cigarettes] carton **3.** [d'encre] cartridge.

cas [ka] **nm** case ▸ **au cas où** in case ▸ **dans ce cas** in that case ▸ **en cas de besoin** in case of need ▸ **en cas d'accident** in the event of an accident ▸ **en tout cas** in any case.

casbah [kazba] **nf** casbah, kasbah.

cascade [kaskad] **nf 1.** [chute d'eau] waterfall **2.** [au cinéma] stunt.

cascadeur, euse [kaskadœr, øz] **nm, f** stuntman (stuntwoman).

case [kaz] **nf 1.** [de damier, de mots croisés] square **2.** [compartiment] compartment **3.** [hutte] hut ▸ **'cochez la case choisie'** 'tick the appropriate box'.

caserne [kazɛrn] **nf** barracks *sg* & *pl* ▸ **caserne des pompiers** fire station.

casher [kaʃɛr] **adj inv** = **kasher**.

casier [kazje] **nm** [compartiment] pigeonhole ▸ **casier à bouteilles** bottle rack ▸ **casier judiciaire** criminal record.

casino [kazino] **nm** casino.

casque [kask] **nm 1.** helmet **2.** [d'ouvrier] hard hat **3.** [écouteurs] headphones *pl*.

casquette [kaskɛt] **nf** cap.

cassé, e [kase] **adj 1.** [voûté, courbé] stooped **2.** [voix] trembling, breaking.

casse-cou [kasku] **nmf** daredevil.

casse-croûte [kaskrut] **nm inv** snack.

casse-gueule [kasgœl] (*pl inv* ou **casse-gueules**) **adj** *fam* [chemin] treacherous ; [projet] risky ▸ **c'est casse-gueule, ton projet !** this plan of yours is going to be a complete disaster! ▸ **dis donc, il est casse-gueule ton escalier !** hey, this staircase of yours is dangerous!

casse-noix [kasnwa] **nm inv** nutcrackers *pl*.

casser [3] [kase] **vt** to break ▸ **casser les oreilles à qqn** to deafen sb ▸ **casser les pieds à qqn** *fam* to get on sb's nerves. ◆ **se casser vp** to break ▸ **se casser le bras** to break one's arm ▸ **se casser la figure** *fam* [tomber] to take a tumble.

casserole [kasrɔl] **nf** saucepan.

casse-tête [kastɛt] **nm inv 1.** puzzle **2.** *fig* [problème] headache.

cassette [kasɛt] **nf** [de musique] cassette, tape ▸ **cassette vidéo** video cassette.

cassis [kasis] **nm** blackcurrant.

cassoulet [kasulɛ] **nm** *haricot bean stew with pork, lamb or duck.*

cata [kata] **nf** *fam* **: c'est la cata !** it's a disaster.

catalogue [katalɔg] **nm** catalogue.

catastrophe [katastrɔf] **nf** disaster.

catastrophique [katastrɔfik] **adj** disastrous.

catch [katʃ] **nm** wrestling.

catéchisme [kateʃism] **nm** ≃ Sunday school.

catégorie [kategɔri] **nf** category.

catégorique [kategɔrik] **adj** categorical.

cathédrale [katedral] **nf** cathedral.

catho [kato] **adj & nmf** *fam* Catholic.

catholicisme [katɔlisism] **nm** Catholicism.

catholique [katɔlik] **adj & nmf** Catholic.

cauchemar [koʃmar] **nm** nightmare.

cause [koz] **nf** cause, reason ▸ **à cause de** because of ▸ **'fermé pour cause de...'** 'closed due to...'.

causer [3] [koze] ◆ **vt** to cause. ◆ **vi** to chat.

caution [kosjɔ̃] **nf 1.** [pour une location] deposit **2.** [personne] guarantor ▸ **se porter caution (pour qqn)** to stand guarantee (for sb).

cavalier, ière [kavalje, ɛr] ◆ **nm, f 1.** [à cheval] rider **2.** [partenaire] partner. ◆ **nm** [aux échecs] knight.

cave [kav] **nf** cellar ▸ **cave à cigares** [boîte] humidor ▸ **cave à vins** wine cellar.

caverne [kavɛrn] **nf** cave.

caviar [kavjar] **nm** caviar.

caviste [kavist] **nm** cellarman.

CB *abr écrite de* **Carte Bleue®**

CD nm (*abr de* **Compact Disc®**) CD.

CDI nm (*abr de* **centre de documentation et d'information**) school library.

CD-ROM [sederɔm] **nm** CD-ROM.

ce, cette [sə, sɛt] (*mpl* **ces** [sɛ]) *(cet* [sɛt] *devant voyelle ou h muet)* ◆ **adj**

1. [proche dans l'espace ou dans le temps] this, these *pl* ▸ **cette plage** this beach ▸ **cet enfant** this child ▸ **cette nuit a)** [passée] last night **b)** [prochaine] tonight **2.** [éloigné dans l'espace ou dans le temps] that, those *pl* ▸ **je n'aime pas cette chambre, je préfère celle-ci** I don't like that room, I prefer this one ◆ **pron 1.** [pour mettre en valeur] **: c'est** it is, this is ▸ **ce sont** they are, these are ▸ **c'est votre collègue qui m'a renseigné** it was your colleague who told me **2.** [dans des interrogations] **: est-ce bien là ?** is it the right place? ▸ **qui est-ce ?** who is it? **3.** [avec un relatif] **: ce que tu voudras** whatever you want ▸ **ce qui nous intéresse, ce sont les musées** the museums are what we're interested in ▸ **ce dont vous aurez besoin en camping** what you'll need when you're camping **4.** [en intensif] **: ce qu'il fait chaud !** it's so hot!

CE nm **1.** (*abr de* **cours élémentaire**) ▸ **CE 1** *second year of primary school* ▸ **CE 2** *third year of primary school* **2.** (*abr de* **comité d'entreprise**) works council.

ceci [səsi] **pron** this.

céder [18] [sede] ◆ **vt** [laisser] to give up. ◆ **vi 1.** [ne pas résister] to give in **2.** [casser] to give way ▸ **céder à** to give in to ▸ **'cédez le passage'** 'give way UK', 'yield US'.

CEDEX [sedɛks] **nm** *code written after large companies' addresses, ensuring rapid delivery.*

cédille [sedij] **nf** cedilla.

CEI **nf** (*abr de* **Communauté d'États indépendants**) CIS *(Commonwealth of Independant States).*

ceinture [sɛ̃tyr] **nf 1.** belt **2.** [d'un vêtement] waist ▸ **ceinture de sécurité** seat belt.

cela [səla] **pron** that ▸ **cela ne fait rien** it doesn't matter ▸ **comment cela ?** what? ▸ **c'est cela** [c'est exact] that's right.

célèbre [selɛbr] **adj** famous.

célébrer [18] [selebre] **vt** to celebrate.

célébrité [selebrite] **nf 1.** [gloire] fame **2.** [star] celebrity.

céleri [sɛlri] **nm** celery ▸ **céleri rémoulade** *grated celeriac, mixed with mustard mayonnaise, served cold.*

célibataire [selibatɛr] ◆ **adj** single. ◆ **nmf** single man (woman) ▸ **mère célibataire** single mother.

celle pron f → **celui**.

celle-ci pron f → **celui-ci**.

celle-là pron f → **celui-là**.

cellule [selyl] **nf** cell.

cellulite [selylit] **nf** cellulite.

celui, celle [səlɥi, sɛl] (*mpl* **ceux** [sø]) **pron** the one ▸ **celui de devant** the one in front ▸ **celui de Pierre** Pierre's (one) ▸ **celui qui part à 13 h 30** the one which leaves at 1.30 pm ▸ **ceux dont je t'ai parlé** the ones I told you about.

celui-ci, celle-ci [səlɥisi, sɛlsi] (*mpl* **ceux-ci** [søsi]) **pron 1.** this one **2.** [dont on vient de parler] the latter.

celui-là, celle-là [səlɥila, sɛlla] (*mpl* **ceux-là** [søla]) **pron 1.** that one **2.** [dont on a parlé] the former.

cendre [sɑ̃dr] **nf** ash.

cendrier [sɑ̃drije] **nm** ashtray.

censé, e [sɑ̃se] **adj : être censé faire qqch** to be supposed to do sthg.

censure [sɑ̃syʀ] **nf 1.** [de la presse] censorship **2.** POL censure.

censurer [3] [sɑ̃syre] **vt** to censor.

cent [sɑ̃] num a hundred ▸ **pour cent** per cent.

centaine [sɑ̃tɛn] nf : **une centaine (de)** about a hundred.

centenaire [sɑ̃tnɛʀ] ◆ adj hundred-year-old. ◆ nmf centenarian. ◆ nm [anniversaire] centenary UK, centennial US ▸ **être centenaire** to be a hundred years old.

centième [sɑ̃tjɛm] num hundredth.

centilitre [sɑ̃tilitʀ] nm centilitre UK, centiliter US.

centime [sɑ̃tim] nm centime ▸ **centime d'euro** cent.

centimètre [sɑ̃timɛtʀ] nm centimetre.

central, e, aux [sɑ̃tral, o] adj central.

centrale [sɑ̃tral] nf [électrique] power station ▸ **centrale nucléaire** nuclear power station.

centre [sɑ̃tʀ] nm **1.** centre **2.** [point essentiel] heart ▸ **centre aéré** *holiday activity centre for children* ▸ **centre commercial** shopping centre ▸ **centre sportif** sports centre UK ou center US ▸ **centre d'affaires** business centre UK ou center US.

centre-ville [sɑ̃trəvil] (*pl* **centres-villes**) nm town centre.

cent un [sɑ̃œ̃] num one hundred and one.

cèpe [sɛp] nm cep.

cependant [səpɑ̃dɑ̃] conj however.

céramique [seramik] nf **1.** [matière] ceramic **2.** [objet] piece of pottery.

cercle [sɛrkl] nm circle.

cercueil [sɛrkœj] nm coffin UK, casket US.

céréale [sereal] nf cereal ▸ **des céréales** [de petit déjeuner] (breakfast) cereal.

cérémonie [seremɔni] nf ceremony.

cerf [sɛr] nm stag.

cerfeuil [sɛʀfœj] nm chervil.

cerf-volant [sɛrvɔlɑ̃] (*pl* **cerfs-volants**) nm kite.

cerise [səriz] nf cherry.

cerisier [sərisje] nm cherry tree.

cerner [3] [sɛrne] vt to surround.

cernes [sɛrn] nmpl shadows.

certain, e [sɛrtɛ̃, ɛn] adj certain ▸ **être certain de qqch** to be certain of sthg ▸ **être certain de faire qqch** to be certain to do sthg ▸ **être certain que** to be certain that ▸ **un certain temps** a while ▸ **un certain Jean** someone called Jean. ◆ **certains, certaines** ◆ adj some. ◆ pron some (people).

certainement [sɛrtɛnmɑ̃] adv **1.** [probablement] probably **2.** [bien sûr] certainly.

certes [sɛrt] adv of course.

certificat [sɛrtifika] nm certificate ▸ **certificat médical** doctor's certificate ▸ **certificat de scolarité** school attendance certificate.

certifier [9] [sɛrtifje] vt to certify ▸ **certifié conforme** certified.

certitude [sɛrtityd] nf certainty.

cerveau [sɛrvo] (*pl* **-x**) nm brain.

cervelas [sɛrvəla] nm ≃ saveloy *(sausage)*.

cervelle [sɛrvɛl] nf brains *sg*.

ces pron pl → **ce**.

César [cezar] nm *French cinema award*.

ⓘ Les Césars

Césars are the French equivalent of Hollywood Oscars. The awards ceremony takes place in late February or early March and is intended to promote French cinema and recognize the achievements of French actors and film-makers. Awards tend to go to box office successes rather than critics' choices.

cesse [sɛs] ◆ **sans cesse adv** continually.

cesser [4] [sese] **vi** to stop ▸ **cesser de faire qqch** to stop doing sthg.

c'est-à-dire [setadir] **adv** in other words.

cet [sɛt] **pron m sing** → **ce**.

cette pron f sing → **ce**.

ceux pron pl → **celui**.

ceux-ci pron pl → **celui-ci**.

ceux-là pron pl → **celui-là**.

cf. (*abr de* **confer**) cf.

chacun, e [ʃakœ̃, yn] **pron 1.** [chaque personne] each (one) **2.** [tout le monde] everyone ▸ **chacun à son tour** each person in turn.

chagrin [ʃagrɛ̃] **nm** grief ▸ **avoir du chagrin** to be very upset.

chahut [ʃay] **nm** rumpus ▸ **faire du chahut** to make a racket.

chahuter [3] [ʃayte] **vt** to bait.

chaîne [ʃɛn] **nf 1.** chain **2.** [suite] series **3.** [de télévision] channel ▸ **à la chaîne** [travailler] on a production line ▸ **chaîne (hi-fi)** hi-fi (system) ▸ **chaîne laser** CD system ▸ **chaîne de montagnes** mountain range ▸ **chaîne à péage** pay TV channel. ◆ **chaînes nfpl** [de voiture] (snow) chains.

chair [ʃɛr] **nf & adj inv** flesh ▸ **chair à saucisse** sausage meat ▸ **en chair et en os** in the flesh ▸ **avoir la chair de poule** to have goose pimples.

chaise [ʃɛz] **nf** chair ▸ **chaise longue** deckchair.

châle [ʃal] **nm** shawl.

chalet [ʃalɛ] **nm 1.** chalet **2.** QUÉBEC [maison de campagne] (holiday) cottage.

chaleur [ʃalœr] **nf 1.** heat **2.** *fig* [enthousiasme] warmth ▸ **quelle chaleur !** it's roasting!

chaleureux, euse [ʃalœrø, øz] **adj** warm.

chaloupe [ʃalup] **nf** QUÉBEC [barque] rowing boat UK, rowboat US.

chalumeau [ʃalymo] (**pl -x**) **nm** blowlamp UK, blowtorch US.

chalutier [ʃalytje] **nm** trawler.

chamailler [3] [ʃamaje] ◆ **se chamailler vp** to squabble.

chamboulement [ʃɑ̃bulmɑ̃] **nm** *fam* [changement] total change, upheaval ▸ **il y a eu un chamboulement complet dans nos projets** our plans were turned upside down.

chambre [ʃɑ̃br] **nf : chambre (à coucher)** bedroom ▸ **chambre à air** inner tube ▸ **chambre d'amis** spare room ▸ **Chambre des députés** ≃ House of Commons UK ; ≃ House of Representatives US ▸ **chambre double** double room ▸ **chambre pour une personne** single room.

chameau [ʃamo] (**pl -x**) **nm** camel.

chamois [ʃamwa] **nm** → **peau**.

champ [ʃɑ̃] **nm** field ▸ **champ de bataille** battlefield ▸ **champ de courses** racecourse.

champagne [ʃɑ̃paɲ] **nm** champagne.

> **ⓘ Le champagne**
>
> Real champagne, the sparkling wine without which no celebration is complete, is produced only in the Champagne region of France. It is made by the 'champagne method' developed there over the centuries. A special mixture of sugar and yeasts added to the wine produces its famous bubbles.

champignon [ʃɑ̃piɲɔ̃] **nm** mushroom ▸ **champignons à la grecque** *mushrooms served cold in a sauce of olive oil, lemon and herbs* ▸ **champignon de Paris** button mushroom.

champion, ionne [ʃɑ̃pjɔ̃, jɔn] **nm, f** champion.

championnat [ʃɑ̃pjɔna] **nm** championship.

chance [ʃɑ̃s] **nf 1.** [sort favorable] luck **2.** [probabilité] chance ▸ **avoir de la chance** to be lucky ▸ **avoir des chances de faire qqch** to have a chance of doing sthg ▸ **bonne chance !** good luck!

chanceler [24] [ʃɑ̃sle] **vi** to wobble.

chancelier, ière [ʃɑ̃səlje, jɛr] **nm, f** chancellor.

chanceux, euse [ʃɑ̃sø, øz] **adj** lucky.

chandail [ʃɑ̃daj] **nm** sweater.

Chandeleur [ʃɑ̃dlœr] **nf : la Chandeleur** Candlemas.

chandelier [ʃɑ̃dəlje] **nm 1.** candlestick **2.** [à plusieurs branches] candelabra.

chandelle [ʃɑ̃dɛl] **nf** candle ▸ **un dîner aux chandelles** a candlelit dinner.

change [ʃɑ̃ʒ] **nm** [taux] exchange rate.

changement [ʃɑ̃ʒmɑ̃] **nm** change ▸ **changement de vitesse** gear lever UK, gear shift US ▸ **changement climatique** climate change.

changer [17] [ʃɑ̃ʒe] **vt & vi** to change ▸ **changer des euros en dollars** to change euros into dollars ▸ **changer de train / vitesse** to change trains / gear. ◆ **se changer vp** [s'habiller] to get changed ▸ **se changer en** to change into.

chanson [ʃɑ̃sɔ̃] **nf** song.

chant [ʃɑ̃] **nm 1.** song **2.** [art] singing.

chantage [ʃɑ̃taʒ] **nm** blackmail.

chanter [3] [ʃɑ̃te] **vt & vi** to sing.

chanteur, euse [ʃɑ̃tœr, øz] **nm, f** singer.

chantier [ʃɑ̃tje] **nm** (building) site.

chantilly [ʃɑ̃tiji] **nf : (crème) chantilly** whipped cream.

chantonner [3] [ʃɑ̃tɔne] **vi** to hum.

chapeau [ʃapo] (*pl* **-x**) **nm** hat ▸ **chapeau de paille** straw hat.

chapelet [ʃaplɛ] **nm** rosary beads.

chapelle [ʃapɛl] **nf** chapel.

chapelure [ʃaplyr] **nf** (dried) breadcrumbs *pl*.

chapiteau [ʃapito] (*pl* **-x**) **nm** [de cirque] big top.

chapitre [ʃapitr] **nm** chapter.

chapon [ʃapɔ̃] **nm** capon.

chaque [ʃak] **adj 1.** [un] each **2.** [tout] every ▸ **ils coûtent 5 € chaque** they cost €5 each.

char [ʃar] **nm 1.** [d'assaut] tank **2.** QUÉBEC [voiture] car **3.** [de carnaval] float ▸ **char à voile** sand yacht.

charabia [ʃarabja] **nm** *fam* gibberish.

charade [ʃarad] **nf** charade.

charbon [ʃarbɔ̃] **nm** coal.

charcuterie [ʃarkytri] **nf** **1.** [aliments] cooked meats *pl* **2.** [magasin] delicatessen.

chardon [ʃardɔ̃] **nm** thistle.

charge [ʃarʒ] **nf** **1.** [cargaison] load **2.** *fig* [gêne] burden **3.** [responsabilité] responsibility ▸ **prendre qqch en charge** to take responsibility for sthg. ◆ **charges nfpl** [d'un appartement] service charge *sg*.

chargement [ʃarʒəmɑ̃] **nm** load.

charger [17] [ʃarʒe] **vt** to load ▸ **charger qqn de faire qqch** to put sb in charge of doing sthg. ◆ **se charger de vp + prép** to take care of.

charia [ʃarja] **nf** RELIG sharia, sheria.

chariot [ʃarjo] **nm** **1.** [charrette] wagon **2.** [au supermarché] trolley UK, cart US.

charité [ʃarite] **nf** charity ▸ **demander la charité** to beg.

charlotte [ʃarlɔt] **nf** **1.** [cuite] charlotte **2.** [froide] *cold dessert of chocolate or fruit mousse encased in sponge fingers.*

charmant, e [ʃarmɑ̃, ɑ̃t] **adj** charming.

charme [ʃarm] **nm** charm.

charmer [3] [ʃarme] **vt** to charm.

charnière [ʃarnjɛr] **nf** hinge.

charpente [ʃarpɑ̃t] **nf** framework.

charpentier [ʃarpɑ̃tje] **nm** carpenter.

charrette [ʃarɛt] **nf** cart.

charrue [ʃary] **nf** plough.

charter [ʃartɛr] **nm : (vol) charter** charter flight.

chas [ʃa] **nm** eye *(of a needle).*

chasse [ʃas] **nf** hunting ▸ **aller à la chasse** to go hunting ▸ **tirer la chasse (d'eau)** to flush the toilet.

chasselas [ʃasla] **nm** [vin] *variety of Swiss white wine.*

chasse-neige [ʃasnɛʒ] **nm inv** snowplough.

chasser [3] [ʃase] ◆ **vt** **1.** [animal] to hunt **2.** [personne] to drive away. ◆ **vi** to hunt ▸ **chasser qqn de** to throw sb out of.

chasseur [ʃasœr] **nm** hunter.

châssis [ʃasi] **nm** **1.** [de voiture] chassis **2.** [de fenêtre] frame.

chat, chatte [ʃa, ʃat] **nm, f** cat ▸ **avoir un chat dans la gorge** to have a frog in one's throat.

châtaigne [ʃatɛɲ] **nf** chestnut.

châtaignier [ʃateɲe] **nm** chestnut (tree).

châtain [ʃatɛ̃] **adj** brown ▸ **être châtain** to have brown hair.

château [ʃato] (*pl* **-x**) **nm** castle ▸ **château d'eau** water tower ▸ **château fort** (fortified) castle.

chaton [ʃatɔ̃] **nm** [chat] kitten.

chatouiller [3] [ʃatuje] **vt** to tickle.

chatouilleux, euse [ʃatujø, øz] **adj** ticklish.

chatte nf → chat.

chatter [3] [tʃate] **vi** INFORM to chat.

chaud, e [ʃo, ʃod] ◆ **adj** **1.** hot **2.** [vêtement] warm. ◆ **nm : rester au chaud** to stay in the warm ▸ **il fait chaud** it's hot ▸ **avoir chaud** to be hot ▸ **cette veste me tient chaud** this is a warm jacket.

chaudière [ʃodjɛr] **nf** boiler.

chaudronnée [ʃodrɔne] **nf** QUÉBEC *various types of seafish cooked with onion in stock.*

chauffage [ʃofaʒ] **nm** heating ▸ **chauffage central** central heating.

chauffante [ʃofɑ̃t] **adj f** → **plaque**.

chauffard [ʃofar] **nm 1.** reckless driver **2.** [qui s'enfuit] hit-and-run driver ▸ **après l'accident, le chauffard a pris la fuite** the driver did a hit and run.

chauffe-eau [ʃofo] **nm inv** water heater.

chauffer [3] [ʃofe] ◆ **vt** to heat (up). ◆ **vi 1.** [eau, aliment] to heat up **2.** [radiateur] to give out heat **3.** [soleil] to be hot **4.** [surchauffer] to overheat.

chauffeur [ʃofœr] **nm** driver ▸ **chauffeur de taxi** taxi driver.

chaumière [ʃomjɛr] **nf** thatched cottage.

chaussée [ʃose] **nf** road ▸ **'chaussée déformée'** 'uneven road surface'.

chausse-pied [ʃospje] (*pl* **chausse-pieds**) **nm** shoehorn.

chausser [3] [ʃose] **vi : chausser du 38** to take a size 38 (shoe).

chaussette [ʃosɛt] **nf** sock.

chausson [ʃosɔ̃] **nm** slipper ▸ **chausson aux pommes** apple turnover ▸ **chaussons de danse** ballet shoes.

chaussure [ʃosyr] **nf** shoe ▸ **chaussures de marche** walking boots.

chauve [ʃov] **adj** bald.

chauve-souris [ʃovsuri] (*pl* **chauves-souris**) **nf** bat.

chauvin, e [ʃovɛ̃, in] **adj** chauvinistic.

chaux [ʃo] **nf** lime ▸ **blanchi à la chaux** whitewashed.

chavirer [3] [ʃavire] **vi** to capsize.

cheesecake [tʃizkek] **nm** cheesecake.

chef [ʃɛf] **nm 1.** head **2.** [cuisinier] chef ▸ **chef d'entreprise** company manager ▸ **chef d'État** head of state ▸ **chef de gare** station master ▸ **chef d'orchestre** conductor.

chef-d'œuvre [ʃɛdœvʀ] (*pl* **chefs-d'œuvre**) **nm** masterpiece.

chef-lieu [ʃɛfljø] (*pl* **chefs-lieux**) **nm** *administrative centre of a region or district.*

chemin [ʃəmɛ̃] **nm 1.** path **2.** [parcours] way ▸ **en chemin** on the way.

chemin de fer [ʃəmɛ̃dəfɛr] (*pl* **chemins de fer**) **nm** railway UK, railroad US.

cheminée [ʃəmine] **nf 1.** chimney **2.** [dans un salon] mantelpiece.

cheminot [ʃəmino] **nm** railwayman UK, railroad man US.

chemise [ʃəmiz] **nf 1.** shirt **2.** [en carton] folder ▸ **chemise de nuit** nightdress.

chemisier [ʃəmizje] **nm** blouse.

chêne [ʃɛn] **nm 1.** [arbre] oak (tree) **2.** [bois] oak.

chenil [ʃənil] **nm 1.** kennels *sg* **2.** SUISSE [objets sans valeur] junk.

chenille [ʃənij] **nf** caterpillar.

chèque [ʃɛk] **nm** cheque UK, check US ▸ **chèque barré** crossed cheque ▸ **chèque en blanc** blank cheque ▸ **il a fait un chèque sans provision** his cheque bounced ▸ **chèque de voyage** traveller's cheque.

Chèque-Restaurant® [ʃɛkrɛstɔrɑ̃] (*pl* **Chèques-Restaurant**) **nm** ≃ luncheon voucher.

chéquier [ʃekje] **nm** chequebook UK, checkbook US.

cher, chère [ʃɛr] ◆ **adj** expensive. ◆ **adv : coûter cher** to be expensive ▸ **cher Monsieur / Laurent** Dear Sir / Laurent.

chercher [3] [ʃɛrʃe] **vt** to look for ▸ **aller chercher** to fetch. ◆ **chercher à v + prép : chercher à faire qqch** to try to do sthg.

chercheur, euse [ʃɛrʃœr, øz] **nm, f** researcher.

chéri, e [ʃeri] ◆ **adj** darling. ◆ **nm, f : mon chéri** my darling.

cheval [ʃəval] (*pl* **-aux**) **nm** horse ▸ **monter à cheval** to ride (a horse) ▸ **faire du cheval** to go riding ▸ **être à cheval sur a)** [chaise, branche] to be sitting astride.

chevalier [ʃəvalje] **nm** knight.

chevelure [ʃəvlyr] **nf** hair.

chevet [ʃəvɛ] **nm** → **lampe, table**

cheveu [ʃəvø] (*pl* **-x**) **nm** hair. ◆ **cheveux nmpl** hair *sg* ▸ **avoir les cheveux blonds / bruns** to be fair / dark-haired.

cheville [ʃəvij] **nf 1.** ANAT ankle **2.** [en plastique] Rawlplug®.

chèvre [ʃɛvr] **nf** goat.

chevreuil [ʃəvrœj] **nm 1.** [animal] roe deer **2.** CULIN venison.

chewing-gum [ʃwiŋgɔm] (*pl* **chewing-gums**) **nm** chewing gum.

chez [ʃe] **prép** [sur une adresse] c / o ▸ **allons chez les Marceau** let's go to the Marceaus' (place) ▸ **je reste chez moi** I'm staying (at) home ▸ **je rentre chez moi** I'm going home ▸ **chez le dentiste** at / to the dentist's ▸ **ce que j'aime chez lui, c'est...** what I like about him is...

chiadé, e [ʃjade] **adj** *fam* [élaboré] top-notch.

chiasse [ʃjas] **nf** *vulg* [diarrhée] **: avoir la chiasse** to have the trots *ou* runs.

chic [ʃik] **adj** smart.

chiche [ʃiʃ] **adj m** → **pois**

chicon [ʃikɔ̃] **nm** Belg chicory.

chicorée [ʃikɔre] **nf** chicory.

chicos [ʃikɔs] **adj** *fam* classy, smart.

chien, chienne [ʃjɛ̃, ʃjɛn] **nm, f** dog (bitch).

chieur, euse [ʃjœʀ, øz] **nm, f** *vulg* **: c'est un vrai chieur / une vraie chieuse** he's / she's a real pain in the arse UK *ou* ass US.

chiffon [ʃifɔ̃] **nm** cloth ▸ **chiffon (à poussière)** duster.

chiffonner [3] [ʃifɔne] **vt** to crumple.

chiffre [ʃifr] **nm 1.** MATH figure **2.** [montant] sum.

chignon [ʃiɲɔ̃] **nm** bun *(in hair)*.

chiite [ʃiit] **adj** Shiah, Shiite. ◆ **Chiite nmf** Shiite.

Chili [ʃili] **nm : le Chili** Chile.

chilien, enne [ʃiljɛ̃, ɛn] **adj** Chilean. ◆ **Chilien, enne nm, f** Chilean.

chimie [ʃimi] **nf** chemistry.

chimiothérapie [ʃimjɔteʀapi] **nf** chemotherapy.

chimique [ʃimik] **adj** chemical.

Chine [ʃin] **nf : la Chine** China.

chinois, e [ʃinwa, az] ◆ **adj** Chinese. ◆ **nm** [langue] Chinese. ◆ **Chinois, e nm, f** Chinese person.

chiot [ʃjo] **nm** puppy.

chipolata [ʃipɔlata] **nf** chipolata.

chips [ʃips] **nfpl** crisps UK, chips US.

chirurgie [ʃiryrʒi] **nf** surgery ▸ **chirurgie esthétique** cosmetic surgery.

chirurgien, enne [ʃiryrʒjɛ̃, ɛn] **nm, f** surgeon.

chlore [klɔr] **nm** chlorine.

choc [ʃɔk] **nm** **1.** [physique] impact **2.** [émotion] shock.

chocolat [ʃɔkɔla] **nm** chocolate ▸ **chocolat blanc** white chocolate ▸ **chocolat au lait** milk chocolate ▸ **chocolat liégeois** *chocolate ice cream topped with whipped cream* ▸ **chocolat noir** plain chocolate ▸ **chocolat viennois** *hot chocolate topped with whipped cream.*

chocolatier [ʃɔkɔlatje] **nm** confectioner's *(selling chocolates).*

choesels [tʃuzœl] **nmpl** BELG *meat, liver and heart stew, cooked with beer.*

chœur [kœr] **nm** **1.** [chorale] choir **2.** *fig* [d'opéra] chorus **3.** [d'église] choir, chancel ▸ **en chœur** all together.

choisir [32] [ʃwazir] **vt** to choose ▸ **choisir de faire qqch** to choose to do sthg.

choix [ʃwa] **nm** choice ▸ **avoir le choix** to be able to choose ▸ **de premier choix** top-quality ▸ **'fromage ou dessert au choix'** 'a choice of cheese or dessert'.

cholestérol [kɔlɛsterɔl] **nm** cholesterol.

chômage [ʃomaʒ] **nm** unemployment ▸ **être au chômage** to be unemployed.

chômedu [ʃomdy] **nm** *fam* unemployment ▸ **être au chômedu** to be out of work.

chômeur, euse [ʃomœr, øz] **nm, f** unemployed person.

chope [ʃɔp] **nf** tankard ▸ **chope de bière** mug of beer.

choquant, e [ʃɔkɑ̃, ɑ̃t] **adj** shocking.

choquer [3] [ʃɔke] **vt** to shock.

chorale [kɔral] **nf** choir.

chose [ʃoz] **nf** thing ▸ **autre chose** something else ▸ **quelque chose** something.

chou [ʃu] (*pl* **-x**) **nm** cabbage ▸ **chou de Bruxelles** Brussels sprout ▸ **chou à la crème** cream puff ▸ **chou rouge** red cabbage.

chouchou, oute [ʃuʃu, ut] ◆ **nm, f** *fam* favourite. ◆ **nm** scrunchy.

choucroute [ʃukrut] **nf** : **choucroute (garnie)** sauerkraut *(with pork and sausage).*

chouette [ʃwɛt] ◆ **nf** owl. ◆ **adj** *fam* great.

chou-fleur [ʃuflœr] (*pl* **choux-fleurs**) **nm** cauliflower.

chouraver [3] [ʃurave] **vt** *vulg* to swipe, to pinch ▸ **chouraver qqch à qqn** to pinch sthg from sb.

chrétien, enne [kretjɛ̃, ɛn] **adj & nm, f** Christian.

Christ [krist] **nm** Christ.

christianisme [kristjanism] **nm** Christianity.

chromé, e [krome] **adj** chrome-plated.

chromes [krom] **nmpl** [d'une voiture] chrome *sg.*

chronique [krɔnik] ◆ **adj** chronic. ◆ **nf** **1.** [maladie] chronic illness **2.** [de journal] column.

chronologie [krɔnɔlɔʒi] **nf** chronology.

chronologique [krɔnɔlɔʒik] **adj** chronological.

chronomètre [krɔnɔmɛtr] **nm** stopwatch.

chronométrer [18] [krɔnɔmetre] **vt** to time.

chrysanthème [kʀizɑ̃tɛm] **nm** chrysanthemum.

CHU nm *teaching hospital.*

chuchotement [ʃyʃɔtmɑ̃] **nm** whisper.

chuchoter [3] [ʃyʃɔte] **vt & vi** to whisper.

chut [ʃyt] **interj** sh!

chute [ʃyt] **nf** [fait de tomber] fall ▸ **chute d'eau** waterfall ▸ **chute de neige** snowfall.

chuter [3] [ʃyte] **vi 1.** [baisser] to fall, to drop **2.** [tomber] to fall.

Chypre [ʃipʀ] **nf** Cyprus.

chypriote [ʃipʀiɔt], **cypriote** [sipʀiɔt] **adj** Cypriot. ◆ **Chypriote, Cypriote nmf** Cypriot.

ci [si] **adv : ce livre-ci** this book ▸ **ces jours-ci** these days.

cible [sibl] **nf** target.

ciboulette [sibulɛt] **nf** chives *pl.*

cicatrice [sikatris] **nf** scar.

cicatriser [3] [sikatrize] **vi** to heal.

ci-dessous [sidəsu] **adv** below.

ci-dessus [sidəsy] **adv** above.

cidre [sidr] **nm** cider UK, hard cider US ▸ **cidre bouché** bottled cider UK ou hard cider US ▸ **cidre fermier** farm-produced cider UK ou hard cider US.

Cie (*abr écrite de* **compagnie**) Co. (*company*).

ciel [sjɛl] **nm 1.** sky **2.** [paradis : pl cieux] heaven ▸ **le ciel est nuageux / dégagé** the sky is cloudy / clear.

cierge [sjɛrʒ] **nm** candle *(in church).*

cieux [sjø] **nmpl** → **ciel.**

cigale [sigal] **nf** cicada.

cigare [sigar] **nm** cigar.

cigarette [sigarɛt] **nf** cigarette ▸ **cigarette filtre** filter-tipped cigarette ▸ **cigarette russe** *cylindrical wafer.*

cigogne [sigɔɲ] **nf** stork.

ci-joint, e [siʒwɛ̃, ɛ̃t] **adj & adv** enclosed ▸ **vous trouverez ci-joint...** a) [letter] please find enclosed b) [e-mail] please find attached.

cil [sil] **nm** eyelash.

cime [sim] **nf** top.

ciment [simɑ̃] **nm** cement.

cimetière [simtjɛr] **nm** cemetery.

cinéaste [sineast] **nmf** film-maker.

ciné-club [sineklœb] (*pl* **ciné-clubs**) **nm** film club.

cinéma [sinema] **nm** cinema.

cinémathèque [sinematɛk] **nf** art-house cinema *(showing old films).*

cinéphile [sinefil] **nmf** film lover.

cinq [sɛ̃k] **num** five ▸ **il a cinq ans** he's five (years old) ▸ **il est cinq heures** it's five o'clock ▸ **le cinq janvier** the fifth of January ▸ **page cinq** page five ▸ **ils étaient cinq** there were five of them ▸ **le cinq de pique** the five of spades ▸ **(au) cinq rue Lepic** at / to five, rue Lepic.

cinquantaine [sɛ̃kɑ̃tɛn] **nf : une cinquantaine (de)** about fifty ▸ **avoir la cinquantaine** to be middle-aged.

cinquante [sɛ̃kɑ̃t] **num** fifty ▸ **(au) cinquante rue Lepic** (at) 50 Rue Lepic ▸ **ils étaient cinquante** there were fifty of them ▸ **il y a cinquante ans** fifty years ago.

cinquantenaire [sɛ̃kɑ̃tnɛr] ◆ **adj** fifty-year-old. ◆ **nmf** *person in his / her fifties.* ◆ **nm** [d'événement] fiftieth anniversary ; [d'institution] golden jubilee.

cinquantième [sɛ̃kɑ̃tjɛm] **num** fiftieth.

cinquième [sɛ̃kjɛm] ◆ **num** fifth. ◆ **nf** **1.** SCOL second year UK, seventh grade US **2.** [vitesse] fifth (gear) ▸ **le cinquième étage** fifth floor UK, sixth floor US ▸ **le cinquième (arrondissement)** fifth arrondissement ▸ **il est arrivé cinquième** he came fifth.

cintre [sɛ̃tr] **nm** coat hanger.

cintré, e [sɛ̃tre] **adj** [veste] waisted.

cipâte [sipat] **nm** QUÉBEC *savoury tart consisting of many alternating layers of diced potato and meat (usually beef and pork).*

cirage [siraʒ] **nm** shoe polish.

circonflexe [sirkɔ̃flɛks] **adj** → **accent**.

circonstances [sirkɔ̃stɑ̃s] **nfpl** circumstances ▸ **concours de circonstances** combination of circumstances.

circuit [sirkɥi] **nm** **1.** circuit **2.** [trajet] tour ▸ **circuit touristique** organized tour.

circulaire [sirkylɛr] **adj & nf** circular.

circulation [sirkylasjɔ̃] **nf** **1.** [routière] traffic **2.** [du sang] circulation.

circuler [3] [sirkyle] **vi** **1.** [piéton] to move **2.** [voiture] to drive **3.** [sang, électricité] to circulate.

cire [sir] **nf** [pour meubles] (wax) polish.

ciré [sire] **nm** oilskin.

cirer [3] [sire] **vt** [chaussure, parquet] to polish.

cirque [sirk] **nm** circus.

ciseaux [sizo] **nmpl : (une paire de) ciseaux** (a pair of) scissors.

citadin, e [sitadɛ̃, in] **nm, f** city-dweller.

citation [sitasjɔ̃] **nf** quotation.

cité [site] **nf** **1.** [ville] city **2.** [groupe d'immeubles] housing estate ▸ **cité universitaire** hall of residence.

citer [3] [site] **vt** **1.** [phrase, auteur] to quote **2.** [nommer] to mention.

citerne [sitɛrn] **nf** tank.

citoyen, enne [sitwajɛ̃, ɛn] **nm, f** citizen.

citron [sitrɔ̃] **nm** lemon ▸ **citron vert** lime.

citronnade [sitrɔnad] **nf** lemon squash.

citrouille [sitruj] **nf** pumpkin.

civet [sivɛ] **nm** *rabbit or hare stew made with red wine, shallots and onion.*

civière [sivjɛr] **nf** stretcher.

civil, e [sivil] ◆ **adj** **1.** [non militaire] civilian **2.** [non religieux] civil. ◆ **nm** [personne] civilian ▸ **en civil** in plain clothes.

civilisation [sivilizasjɔ̃] **nf** civilization.

cl (*abr écrite de* **centilitre**) cl (*centilitre, centiliter).*

clafoutis [klafuti] **nm** *flan made with cherries or other fruit.*

clair, e [klɛr] ◆ **adj** **1.** [lumineux] bright **2.** [couleur] light **3.** [teint] fair **4.** [pur] clear **5.** [compréhensible] clear. ◆ **adv** clearly. ◆ **nm : clair de lune** moonlight ▸ **il fait encore clair** it's still light.

clairement [klɛrmɑ̃] **adv** clearly.

clairière [klɛrjɛr] **nf** clearing.

clairon [klɛrɔ̃] **nm** bugle.

clairsemé, e [klɛrsəme] **adj** sparse.

clandestin, e [klɑ̃dɛstɛ̃, in] **adj** clandestine.

claquage [klakaʒ] **nm** MÉD strain ▸ **se faire un claquage** to pull OU to strain a muscle.

claque [klak] **nf** slap.

claquement [klakmɑ̃] **nm** banging.

claquer [3] [klake] ◆ **vt** [porte] to slam. ◆ **vi** [volet, porte] to bang ▸ **je claque des dents** my teeth are chattering ▸ **claquer des doigts** to click one's fingers. ◆ **se claquer vp : se claquer un muscle** to pull a muscle.

claquettes [klakɛt] **nfpl** 1. [chaussures] flip-flops 2. [danse] tap dancing *sg*.

clarinette [klarinɛt] **nf** clarinet.

clarté [klarte] **nf** 1. light 2. [d'un raisonnement] clarity.

classe [klas] ◆ **nf** 1. [transports] : **classe affaires** business class ▸ **classe économique** economy class ▸ **première classe** first class ▸ **deuxième classe** second class 2. [d'école] classroom ▸ **aller en classe** to go to school ▸ **classe de mer** seaside trip *(with school)* ▸ **classe de neige** skiing trip *(with school)* ▸ **classes préparatoires** *school preparing students for Grandes Écoles entrance exams* ▸ **classe verte** field trip *(with school)*

ⓘ Les classes préparatoires

Students who pass their baccalauréat with flying colours spend another two years at school in a **prépa** taking enormously demanding courses to prepare them for the entrance exams for the prestigious higher-education establishments called **grandes écoles**. The three main types of course are mathematics, literature, and economics.

classement [klasmɑ̃] **nm** [rangement] classification.

classer [3] [klase] **vt** 1. [dossiers] to file 2. [grouper] to classify. ◆ **se classer vp** to be classed, to rank ▸ **se classer troisième** to come third.

classeur [klasœr] **nm** folder.

classique [klasik] **adj** 1. [traditionnel] classic 2. [musique, auteur] classical.

claustrophobe [klostrɔfɔb] **adj** claustrophobic.

clavecin [klavsɛ̃] **nm** harpsichord.

clavicule [klavikyl] **nf** collarbone.

clavier [klavje] **nm** keyboard.

clé [kle] **nf** 1. key 2. [outil] spanner UK, wrench US ▸ **fermer qqch à clé** to lock sthg ▸ **clé anglaise** monkey wrench ▸ **clé à molette** adjustable spanner.

clef [kle] **nf** = **clé**.

clémentine [klemɑ̃tin] **nf** clementine.

cliché [kliʃe] **nm** [photo] photo.

client, e [klijɑ̃, ɑ̃t] **nm, f** [d'une boutique, d'un restaurant] customer.

clientèle [klijɑ̃tɛl] **nf** 1. [d'une boutique] customers *pl* 2. [de médecin] patients *pl*.

cligner [3] [kliɲe] **vi : cligner des yeux** to blink.

clignotant [kliɲɔtɑ̃] **nm** indicator UK, turn signal US.

clignoter [3] [kliɲɔte] **vi** to blink.

clim [klim] **nf** *fam* air-conditioning.

climat [klima] **nm** climate.

climatisation [klimatizasjɔ̃] **nf** air-conditioning.

climatisé, e [klimatize] **adj** air-conditioned.

clin d'œil [klɛ̃dœj] **nm : faire un clin d'œil à qqn** to wink at sb ▸ **en un clin d'œil** in a flash.

clinique [klinik] **nf** (private) clinic.

clip [klip] **nm 1.** [boucle d'oreille] clip-on earring **2.** [film] video.

clochard, e [klɔʃar, ard] **nm, f** tramp UK, bum US.

cloche [klɔʃ] **nf** bell ▸ **cloche à fromage** cheese dish *(with cover)*.

cloche-pied [klɔʃpje] ◆ **à cloche-pied adv : sauter à cloche-pied** to hop.

clocher [klɔʃe] **nm** church tower.

clochette [klɔʃɛt] **nf** small bell.

clodo [klɔdo] **nmf** *fam* tramp, bum US.

cloison [klwazɔ̃] **nf** wall *(inside building)*.

cloître [klwatr] **nm** cloister.

clonage [klonaʒ] **nm** cloning ▸ **clonage thérapeutique** therapeutic cloning.

cloner [3] [klone] **vt** to clone.

cloque [klɔk] **nf** blister.

clore [113] [klɔʀ] **vt** to close ; [négociations] to conclude.

clôture [klotyr] **nf** [barrière] fence.

clôturer [3] [klotyre] **vt** [champ, jardin] to enclose.

clou [klu] **nm** nail ▸ **clou de girofle** clove. ◆ **clous nmpl** [passage piétons] pedestrian crossing UK, crosswalk US.

clouer [3] [klue] **vt** to nail ▸ **être cloué au lit** [malade] to be confined to bed.

clown [klun] **nm** clown.

club [klœb] **nm** club.

cm *(abr écrite de* **centimètre***)* cm *(centimetre)*.

CM **nm** *(abr de* **cours moyen***)* ▸ **CM 1** *fourth year of primary school* ▸ **CM 2** *fifth year of primary school*.

coach [kotʃ] *(pl* **coachs** *ou* **coaches***)* ◆ **nm** SPORT coach, trainer. ◆ **nmf** [conseiller professionnel] coach.

coacher [3] [kotʃe] **vt 1.** [entraîner] to coach **2.** [conseiller] to advise.

coaching [kotʃiŋ] **nm** coaching.

coaguler [3] [kɔagyle] **vi** to clot.

cobaye [kɔbaj] **nm** guinea pig.

Coca(-Cola)® [kɔka(kɔla)] **nm inv** Coke®, Coca-Cola®.

coccinelle [kɔksinɛl] **nf** ladybird UK, ladybug US.

cocher [3] [kɔʃe] **vt** to tick (off) UK, to check (off) US.

cochon, onne [kɔʃɔ̃, ɔn] ◆ **nm, f** *fam* [personne sale] pig. ◆ **nm** pig ▸ **cochon d'Inde** guinea pig.

cochonnerie [kɔʃɔnʀi] **nf** *fam* **1.** [nourriture] muck **2.** [chose] rubbish UK, trash US.

cocktail [kɔktɛl] **nm 1.** [boisson] cocktail **2.** [réception] cocktail party.

coco [koko] **nm** → **noix**.

cocotier [kɔkɔtje] **nm** coconut tree.

cocotte [kɔkɔt] **nf** [casserole] casserole dish ▸ **cocotte en papier** paper bird.

Cocotte-Minute® [kɔkɔtminyt] *(pl* **Cocottes-Minute***)* **nf** pressure cooker.

code [kɔd] **nm** code ▸ **code d'accès** access code ▸ **code confidentiel** PIN number ▸ **code PIN** PIN (number) ▸ **code postal** postcode UK, zip code US ▸ **code de**

la route highway code. ◆ **codes** **nmpl** AUTO dipped headlights.

codé, e [kɔde] **adj** coded.

code-barres [kɔdbar] (*pl* **codes-barres**) **nm** bar code.

cœur [kœr] **nm** heart ▸ **avoir bon cœur** to be kind-hearted ▸ **de bon cœur** willingly ▸ **par cœur** by heart ▸ **cœur d'artichaut** artichoke heart ▸ **cœur de palmier** palm heart.

coffre [kɔfr] **nm** **1.** [de voiture] boot **2.** [malle] chest.

coffre-fort [kɔfrəfɔr] (*pl* **coffres-forts**) **nm** safe.

coffret [kɔfrɛ] **nm** **1.** casket **2.** COMM [de parfums, de savons] boxed set.

cognac [kɔɲak] **nm** cognac.

cogner [3] [kɔɲe] **vi** **1.** [frapper] to hit **2.** [faire du bruit] to bang. ◆ **se cogner** **vp** to knock o.s. ▸ **se cogner la tête** to bang one's head.

cohabitation [kɔabitasjɔ̃] **nf** **1.** [vie commune] cohabitation **2.** POL *coexistence of an elected head of state and an opposition parliamentary majority.*

cohabiter [3] [kɔabite] **vi** **1.** to live together **2.** [idées] to coexist.

cohérent, e [kɔerɑ̃, ɑ̃t] **adj** coherent.

cohue [kɔy] **nf** crowd.

coiffé, e [kwafe] **adj** **: être bien / mal coiffé** to have tidy / untidy hair.

coiffer [3] [kwafe] **vt** **: coiffer qqn** to do sb's hair ▸ **coiffé d'un chapeau** wearing a hat. ◆ **se coiffer** **vp** to do one's hair.

coiffeur, euse [kwafœr, øz] **nm, f** hairdresser.

coiffure [kwafyr] **nf** hairstyle.

coin [kwɛ̃] **nm** **1.** corner **2.** *fig* [endroit] spot ▸ **au coin de** on the corner of ▸ **dans le coin** [dans les environs] in the area.

coincé, e [kwɛ̃se] **adj** *fam* [personne] hung up.

coincer [16] [kwɛ̃se] **vt** [mécanisme, porte] to jam. ◆ **se coincer** **vp** to jam ▸ **se coincer le doigt** to catch one's finger.

coïncidence [kɔɛ̃sidɑ̃s] **nf** coincidence.

coïncider [3] [kɔɛ̃side] **vi** to coincide.

col [kɔl] **nm** **1.** [de vêtement] collar **2.** [en montagne] pass ▸ **col roulé** polo neck ▸ **col en pointe** ou **en V** V-neck.

colère [kɔlɛr] **nf** anger ▸ **être en colère (contre qqn)** to be angry (with sb) ▸ **se mettre en colère** to get angry.

colin [kɔlɛ̃] **nm** hake.

colique [kɔlik] **nf** diarrhoea.

colis [kɔli] **nm : colis (postal)** parcel.

collaborateur, trice [kɔlabɔratœr, tris] **nm, f** **1.** [employé] colleague **2.** [sous l'Occupation] collaborator.

collaborer [3] [kɔlabɔre] **vi** to collaborate ▸ **collaborer à qqch** to take part in sthg.

collant, e [kɔlɑ̃, ɑ̃t] ◆ **adj** **1.** [adhésif] sticky **2.** [étroit] skin-tight. ◆ **nm** tights *pl* UK, panty hose US.

colle [kɔl] **nf** **1.** glue **2.** [devinette] tricky question **3.** SCOL [retenue] detention.

collecte [kɔlɛkt] **nf** collection.

collectif, ive [kɔlɛktif, iv] **adj** collective.

collection [kɔlɛksjɔ̃] **nf** collection ▸ **faire la collection de** to collect.

collectionner [3] [kɔlɛksjɔne] **vt** to collect.

collectionneur, euse [kɔlɛksjɔnœʀ, øz] **nm, f** collector.

collège [kɔlɛʒ] **nm** school.

ⓘ Le collège

From age eleven, French children attend a collège for four years. This school prepares them for their choice of specialization in their final three years of secondary education at the lycée. Successful completion of this phase is rewarded with a certificate, the Brevet des Collèges.

⚠ College est un faux ami, il signifie ***établissement d'enseignement supérieur*** ou ***université*** et non « collège ».

collégien, enne [kɔleʒjɛ̃, ɛn] **nm, f** schoolboy (schoolgirl).

collègue [kɔlɛg] **nmf** colleague.

coller [3] [kɔle] **vt 1.** to stick **2.** *fam* [donner] to give **3.** SCOL [punir] to keep in **4.** INFORM to paste.

collier [kɔlje] **nm 1.** necklace **2.** [de chien] collar.

colline [kɔlin] **nf** hill.

collision [kɔlizjɔ̃] **nf** crash.

collyre [kɔliʀ] **nm** eye lotion.

coloc [kɔlɔk] **nmf** *fam* [dans une maison] housemate UK, roommate US ; [dans un appartement] flat-mate UK, roommate US.

Cologne [kɔlɔɲ] **n** → **eau**.

colombe [kɔlɔ̃b] **nf** dove.

Colombie [kɔlɔ̃bi] **nf : la Colombie** Colombia.

colombien, enne [kɔlɔ̃bjɛ̃, ɛn] **adj** Colombian. ◆ **Colombien, enne nm, f** Colombian.

colonie [kɔlɔni] **nf** [territoire] colony ▸ **colonie de vacances** holiday camp.

colonne [kɔlɔn] **nf** column ▸ **colonne vertébrale** spine.

colorant [kɔlɔʀɑ̃] **nm** [alimentaire] (food) colouring ▸ **'sans colorants'** 'no artificial colourings'.

colorer [3] [kɔlɔʀe] **vt** [teindre] to colour UK, to color US.

colorier [9] [kɔlɔrje] **vt** to colour in.

coloris [kɔlɔri] **nm** shade.

COM [kɔm] (*abr de* collectivités d'outre-mer) **nm** *overseas territories of France that have the status of "collectivities" but not of full departments.*

coma [kɔma] **nm** coma ▸ **être dans le coma** to be in a coma.

combat [kɔ̃ba] **nm** fight.

combattant [kɔ̃batɑ̃] **nm** fighter ▸ **ancien combattant** veteran.

combattre [83] [kɔ̃batʀ] ◆ **vt** to fight (against). ◆ **vi** to fight.

combien [kɔ̃bjɛ̃] **adv 1.** [quantité] how much **2.** [nombre] how many ▸ **combien d'argent te reste-t-il ?** how much money have you got left? ▸ **combien de bagages désirez-vous enregistrer ?** how many bags would you like to check in? ▸ **combien de temps ?** how long? ▸ **combien ça coûte ?** how much is it?

combinaison [kɔ̃binɛzɔ̃] **nf 1.** [code] combination **2.** [sous-vêtement] slip **3.** [de skieur] suit **4.** [de motard] leathers *pl* ▸ **combinaison de plongée** wet suit.

combiné [kɔ̃bine] **nm** [téléphonique] receiver.

combiner [3] [kɔ̃bine] **vt** **1.** to combine **2.** *fam* [préparer] to plan.

comble [kɔ̃bl] **nm : c'est un comble !** that's the limit! ▸ **le comble de** the height of.

combler [3] [kɔ̃ble] **vt** **1.** [boucher] to fill in **2.** [satisfaire] to fulfil.

combustible [kɔ̃bystibl] **nm** fuel.

comédie [kɔmedi] **nf** comedy ▸ **la Comédie-Française** *French national theatre company* ▸ **comédie musicale** musical ▸ **jouer la comédie** [faire semblant] to put on an act.

ⓘ **La Comédie-Française**

This state-subsidized company dates back to the seventeenth century; the theatre itself, officially called le Théâtre-Français or le Français, is situated near the Palais-Royal in Paris. Its repertoire consists mainly of classical works, although modern plays are sometimes staged.

comédien, enne [kɔmedjɛ̃, ɛn] **nm, f** [acteur] actor (actress).

comestible [kɔmɛstibl] **adj** edible.

comète [kɔmɛt] **nf** comet.

coming out [kɔmiŋawt] **nm inv : faire son coming out** to come out.

comique [kɔmik] **adj** **1.** [genre, acteur] comic **2.** [drôle] comical ▸ **acteur comique** comedian.

comité [kɔmite] **nm** committee ▸ **comité d'entreprise** works council.

commandant [kɔmɑ̃dɑ̃] **nm** **1.** MIL [gradé] ≃ major **2.** [d'un bateau, d'un avion] captain.

commande [kɔmɑ̃d] **nf** **1.** COMM order **2.** TECH control mechanism **3.** INFORM command ▸ **les commandes** [d'un avion] the controls.

commander [3] [kɔmɑ̃de] **vt** **1.** [diriger] to command **2.** [dans un bar, par correspondance] to order ▸ **commander un taxi** to order a taxi ▸ **on peut commander ?** [au restaurant] can we order?

comme [kɔm] ◆ **conj** **1.** [introduit une comparaison] like ▸ **elle est blonde, comme sa mère** she's blonde, like her mother ▸ **comme si rien ne s'était passé** as if nothing had happened **2.** [de la manière que] as ▸ **comme vous voudrez** as you like ▸ **comme il faut** **a)** [correctement] properly **b)** [convenable] respectable **3.** [par exemple] like, such as ▸ **les villes fortifiées comme Carcassonne** fortified towns like Carcassonne **4.** [en tant que] as ▸ **qu'est-ce que vous avez comme desserts ?** what do you have in the way of dessert? **5.** [étant donné que] as, since ▸ **comme vous n'arriviez pas, nous sommes passés à table** as you still weren't here, we sat down to eat **6.** [dans des expressions] **: comme ça** **a)** [de cette façon] like that **b)** [par conséquent] that way ▸ **fais comme ça** do it this way ▸ **comme ci comme ça** *fam* so-so ▸ **comme tout** *fam* [très] really ◆ **adv** [marque l'intensité] **: comme c'est grand !** it's so big! ▸ **vous savez comme il est difficile de se loger ici** you know how hard it is to find accommodation here.

commémoratif, ive [kɔmemɔʀatif, iv] **adj** memorial ***(modificateur)***, commemorative *sout* ▸ **une plaque commémorative** a commemorative plaque.

commencement [kɔmɑ̃smɑ̃] **nm** beginning.

commencer [16] [kɔmɑ̃se] ◆ **vt** to start. ◆ **vi** to start, to begin ▸ **commen-**

cer à faire qqch to start ou begin to do sthg ▸ **commencer par qqch** to start with sthg ▸ **commencer par faire qqch** to start by doing sthg.

comment [kɔmɑ̃] **adv** how ▸ **comment tu t'appelles ?** what's your name? ▸ **comment allez-vous ?** how are you? ▸ **comment ?** [pour faire répéter] sorry?

commentaire [kɔmɑ̃tɛr] **nm** **1.** [d'un documentaire, d'un match] commentary **2.** [remarque] comment.

commerçant, e [kɔmɛrsɑ̃, ɑ̃t] ◆ **adj** [quartier, rue] shopping. ◆ **nm, f** shopkeeper.

commerce [kɔmɛrs] **nm** **1.** [activité] trade **2.** [boutique] shop UK, store US ▸ **dans le commerce** in the shops.

commercial, e, aux [kɔmɛrsjal, o] **adj** commercial ▸ **le directeur de l'hôtel a fait un geste commercial** the hotel manager made a goodwill gesture.

commettre [84] [kɔmɛtr] **vt** to commit ▸ **commettre un crime** to commit a crime.

commis, e [kɔmi, iz] **pp** → **commettre**.

commissaire [kɔmisɛr] **nmf : commissaire (de police)** (police) superintendent UK, (police) captain US.

commissariat [kɔmisarja] **nm : commissariat (de police)** police station.

commission [kɔmisjɔ̃] **nf** **1.** commission **2.** [message] message. ◆ **commissions** **nfpl** [courses] shopping *sg* ▸ **faire les commissions** to do the shopping.

commode [kɔmɔd] ◆ **adj** **1.** [facile] convenient **2.** [pratique] handy. ◆ **nf** chest of drawers.

commotion [kɔmosjɔ̃] **nf** MÉD shock ▸ **commotion cérébrale** concussion.

commun, e [kɔmœ̃, yn] **adj** **1.** common **2.** [salle de bains, cuisine] shared ▸ **mettre qqch en commun** to share sthg.

communauté [kɔmynote] **nf** community.

commune [kɔmyn] **nf** town.

communication [kɔmynikasjɔ̃] **nf** **1.** [message] message **2.** [contact] communication ▸ **communication (téléphonique)** (phone) call.

communier [9] [kɔmynje] **vi** RELIG to take communion.

communion [kɔmynjɔ̃] **nf** communion ▸ **faire sa première communion** to make one's first communion.

communiqué [kɔmynike] **nm** communiqué.

communiquer [3] [kɔmynike] ◆ **vt** to communicate. ◆ **vi** **1.** [dialoguer] to communicate **2.** [pièces] to interconnect ▸ **communiquer avec** to communicate with.

communisme [kɔmynism] **nm** communism.

communiste [kɔmynist] **adj & nmf** communist.

comorbidité [kɔmɔrbidite] **nf** underlying medical condition, comorbidity.

Comores [kɔmɔʀ] **nfpl : les Comores** the Comoro Islands, the Comoros.

compact, e [kɔ̃pakt] **adj** **1.** [dense] dense **2.** [petit] compact.

Compact Disc® [kɔ̃paktdisk] (*pl* **Compact Discs**) **nm** compact disc, CD.

compacte [kɔ̃pakt] **nf** compact car.

compacter [3] [kɔ̃pakte] **vt** [gén] to compact ; INFORM [données] to compress.

compagne [kɔ̃paɲ] **nf** **1.** [camarade] companion **2.** [dans un couple] partner.

compagnie [kɔ̃paɲi] **nf** company ▸ **en compagnie de** in the company of ▸ **tenir compagnie à qqn** to keep sb company ▸ **compagnie aérienne** airline.

compagnon [kɔ̃paɲɔ̃] **nm** 1. [camarade] companion 2. [dans un couple] partner.

comparable [kɔ̃parabl] **adj** comparable ▸ **comparable à** comparable with.

comparaison [kɔ̃parɛzɔ̃] **nf** comparison.

comparer [3] [kɔ̃pare] **vt** to compare ▸ **comparer qqch à** OU **avec** to compare sthg to OU with.

compartiment [kɔ̃partimɑ̃] **nm** compartment ▸ **compartiment fumeurs** smoking compartment ▸ **compartiment non-fumeurs** no smoking compartment.

compas [kɔ̃pa] **nm** 1. MATH pair of compasses 2. [boussole] compass.

compassion [kɔ̃pasjɔ̃] **nf** compassion.

compatibilité [kɔ̃patibilite] **nf** compatibility.

compatible [kɔ̃patibl] **adj** compatible.

compatriote [kɔ̃patrijɔt] **nmf** compatriot.

compensation [kɔ̃pɑ̃sasjɔ̃] **nf** compensation.

compenser [3] [kɔ̃pɑ̃se] **vt** to compensate for.

compète [kɔ̃pɛt] **nf** *fam* competition.

compétence [kɔ̃petɑ̃s] **nf** skill.

compétent, e [kɔ̃petɑ̃, ɑ̃t] **adj** competent.

compétitif, ive [kɔ̃petitif, iv] **adj** competitive.

compétition [kɔ̃petisjɔ̃] **nf** competition ▸ **faire de la compétition** to take part in competitions.

compil [kɔ̃pil] **nf** *fam* compilation album.

complément [kɔ̃plemɑ̃] **nm** 1. [supplément] supplement 2. [différence] rest 3. GRAMM complement ▸ **complément d'objet** object.

complémentaire [kɔ̃plemɑ̃tɛr] **adj** [supplémentaire] additional.

complet, ète [kɔ̃plɛ, ɛt] **adj** 1. [entier] complete 2. [plein] full 3. [pain, farine] wholemeal ▸ **riz complet** brown rice ▸ **'complet'** a) [hôtel] 'no vacancies' b) [parking] 'full'.

complètement [kɔ̃plɛtmɑ̃] **adv** completely.

compléter [18] [kɔ̃plete] **vt** to complete. ◆ **se compléter** **vp** to complement one another.

complexe [kɔ̃plɛks] **adj & nm** complex ▸ **complexe hôtelier** hotel complex.

complexé, e [kɔ̃plɛkse] **adj** hung up, mixed up.

complexer [4] [kɔ̃plɛkse] **vt** [personne] **: arrête, tu vas le complexer** stop, you'll give him a complex.

complication [kɔ̃plikasjɔ̃] **nf** [ennui] complication ; [complexité] complexity. ◆ **complications** **nfpl** complications.

complice [kɔ̃plis] ◆ **adj** knowing. ◆ **nmf** accomplice.

compliment [kɔ̃plimɑ̃] **nm** compliment ▸ **faire un compliment à qqn** to pay sb a compliment.

compliqué, e [kɔ̃plike] **adj** complicated.

compliquer [3] [kɔ̃plike] **vt** to complicate. ◆ **se compliquer vp** to get complicated.

complot [kɔ̃plo] **nm** plot.

comportement [kɔ̃pɔrtəmɑ̃] **nm** behaviour.

comporter [3] [kɔ̃pɔrte] **vt** to consist of. ◆ **se comporter vp** to behave.

composant [kɔ̃pozɑ̃] **nm** component.

composer [3] [kɔ̃poze] **vt** **1.** [faire partie de] to make up **2.** [assembler] to put together **3.** MUS to compose **4.** [code, numéro] to dial ▸ **composé de** composed of.

compositeur, trice [kɔ̃pozitœr, tris] **nm, f** composer.

composition [kɔ̃pozisjɔ̃] **nf** **1.** composition **2.** SCOL essay.

composter [3] [kɔ̃pɔste] **vt** to datestamp ▸ **'compostez votre billet'** 'stamp your ticket here' ▸ **'pour valider votre billet, compostez-le'** to validate you ticket, date-stamp it.

compote [kɔ̃pɔt] **nf** compote ▸ **compote de pommes** stewed apple.

compréhensible [kɔ̃preɑ̃sibl] **adj** comprehensible.

compréhensif, ive [kɔ̃preɑ̃sif, iv] **adj** understanding.

comprendre [79] [kɔ̃prɑ̃dr] **vt** **1.** to understand **2.** [comporter] to consist of. ◆ **se comprendre vp** to understand each other ▸ **ça se comprend** it's understandable.

compresse [kɔ̃prɛs] **nf** compress.

compresser [4] [kɔ̃pʀese] **vt** to compress.

compression [kɔ̃pʀesjɔ̃] **nf** compression.

comprimé [kɔ̃prime] **nm** tablet.

compris, e [kɔ̃pri, iz] ◆ **pp** → **comprendre.** ◆ **adj** [inclus] included ▸ **service non compris** service not included ▸ **tout compris** all inclusive ▸ **y compris** including.

compromettre [84] [kɔ̃prɔmɛtr] **vt** to compromise.

compromis, e [kɔ̃prɔmi, iz] ◆ **pp** → **compromettre.** ◆ **nm** compromise.

comptabilité [kɔ̃tabilite] **nf** **1.** [science] accountancy **2.** [département, calculs] accounts *pl*.

comptable [kɔ̃tabl] **nmf** accountant.

comptant [kɔ̃tɑ̃] **adv** : **payer comptant** to pay cash.

compte [kɔ̃t] **nm** **1.** [bancaire] account **2.** [calcul] calculation ▸ **faire le compte de** to count ▸ **se rendre compte de** to realize ▸ **se rendre compte que** to realize that ▸ **compte postal** post office account ▸ **en fin de compte, tout compte fait** all things considered. ◆ **comptes nmpl** accounts ▸ **faire ses comptes** to do one's accounts.

compte-gouttes [kɔ̃tgut] **nm inv** dropper.

compter [3] [kɔ̃te] **vt** & **vi** to count ▸ **compter faire qqch** **a)** [avoir l'intention de] to intend to do sthg. ◆ **compter sur v + prép** to count on.

compte-rendu [kɔ̃trɑ̃dy] (*pl* **comptes-rendus**) **nm** report.

compteur [kɔ̃tœr] **nm** meter ▸ **compteur (kilométrique)** ≃ mileometer ▸ **compteur (de vitesse)** speedometer.

comptoir [kɔ̃twar] **nm** **1.** [de bar] bar **2.** [de magasin] counter.

comte, esse [kɔ̃t, kɔ̃tɛs] **nm, f** count (countess).

con, conne [kɔ̃, kɔn] **adj** *vulg* bloody stupid.

Conakry [kɔnakʀi] **n** Conakry, Konakri.

concentration [kɔ̃sɑ̃trasjɔ̃] **nf** concentration.

concentré, e [kɔ̃sɑ̃tre] ◆ **adj** [jus d'orange] concentrated. ◆ **nm : concentré de tomate** tomato puree ▸ **être concentré** to concentrate (hard).

concentrer [3] [kɔ̃sɑ̃tre] **vt** [efforts, attention] to concentrate. ◆ **se concentrer (sur) vp + prép** to concentrate (on).

conception [kɔ̃sɛpsjɔ̃] **nf 1.** design **2.** [notion] idea.

concerner [3] [kɔ̃sɛrne] **vt** to concern ▸ **en ce qui concerne...** concerning...

concert [kɔ̃sɛr] **nm** concert.

concessionnaire [kɔ̃sesjɔnɛr] **nm** [automobile] dealer.

concevoir [52] [kɔ̃səvwar] **vt 1.** [objet] to design **2.** [projet, idée] to conceive.

concierge [kɔ̃sjɛrʒ] **nmf** caretaker, janitor US.

concis, e [kɔ̃si, iz] **adj** concise.

conclure [96] [kɔ̃klyr] **vt** to conclude.

conclusion [kɔ̃klyzjɔ̃] **nf** conclusion ▸ **en conclusion** in conclusion.

concombre [kɔ̃kɔ̃br] **nm** cucumber.

concours [kɔ̃kur] **nm 1.** [examen] competitive examination **2.** [jeu] competition ▸ **concours de circonstances** combination of circumstances.

concret, ète [kɔ̃krɛ, ɛt] **adj** concrete.

concrétiser [3] [kɔ̃kretize] ◆ **se concrétiser vp** to materialize.

concubinage [kɔ̃kybinaʒ] **nm** living together, cohabitation.

concurrence [kɔ̃kyrɑ̃s] **nf** competition.

concurrencer [3] [kɔ̃kyrɑ̃se] **vt** to compete ou to be in competition with.

concurrent, e [kɔ̃kyrɑ̃, ɑ̃t] **nm, f** competitor.

condamnation [kɔ̃danasjɔ̃] **nf** sentence.

condamner [3] [kɔ̃dane] **vt 1.** [accusé] to convict **2.** [porte, fenêtre] to board up ▸ **condamner qqn à** to sentence sb to.

condensation [kɔ̃dɑ̃sasjɔ̃] **nf** condensation.

condensé, e [kɔ̃dɑ̃se] **adj** [lait] condensed.

condiment [kɔ̃dimɑ̃] **nm** condiment.

condition [kɔ̃disjɔ̃] **nf** condition ▸ **à condition de faire qqch** providing (that) I / we do sthg, provided (that) I / we do sthg ▸ **à condition qu'il fasse beau** providing (that) it's fine, provided (that) it's fine.

conditionné [kɔ̃disjɔne] **adj m** → **air.**

conditionnel [kɔ̃disjɔnɛl] **nm** conditional.

conditionnement [kɔ̃disjɔnmɑ̃] **nm** [emballage] package.

condoléances [kɔ̃dɔleɑ̃s] **nfpl : présenter ses condoléances à qqn** to offer one's condolences to sb.

conducteur, trice [kɔ̃dyktœr, tris] **nm, f** driver.

conduire [80] [kɔ̃dɥir] ◆ **vt 1.** [véhicule] to drive **2.** [accompagner] to take **3.** [guider] to lead. ◆ **vi** to drive ▸ **conduire à** [chemin, couloir] to lead to. ◆ **se conduire vp** to behave.

conduit, e [kɔ̃dɥi, it] **pp** → **conduire.**

conduite [kɔ̃dɥit] **nf** 1. [attitude] behaviour 2. [tuyau] pipe ▸ **conduite à gauche** left-hand drive.

cône [kon] **nm** cone.

confection [kɔ̃fɛksjɔ̃] **nf** [couture] clothing industry.

confectionner [3] [kɔ̃fɛksjɔne] **vt** to make.

conférence [kɔ̃ferɑ̃s] **nf** 1. [réunion] conference 2. [discours] lecture.

confesser [4] [kɔ̃nfese] ◆ **se confesser** **vp** to go to confession.

confession [kɔ̃fesjɔ̃] **nf** confession.

confettis [kɔ̃feti] **nmpl** confetti *sg*.

confiance [kɔ̃fjɑ̃s] **nf** confidence ▸ **avoir confiance en** to trust ▸ **faire confiance à** to trust.

confiant, e [kɔ̃fjɑ̃, ɑ̃t] **adj** trusting.

confidence [kɔ̃fidɑ̃s] **nf** confidence ▸ **faire des confidences à qqn** to confide in sb.

confidentialité [kɔ̃fidɑ̃sjalite] **nf** confidentiality ▸ **accord de confidentialité** non-disclosure agreement.

confidentiel, elle [kɔ̃fidɑ̃sjɛl] **adj** confidential.

confier [9] [kɔ̃fje] **vt : confier un secret à qqn** to entrust a secret to sb. ◆ **se confier (à)** **vp** + **prép** to confide (in).

configuration [kɔ̃figyʀasjɔ̃] **nf** configuration ▸ **panneau de configuration** INFORM control panel.

configurer [3] [kɔ̃figyʀe] **vt** to configure.

confinement [kɔ̃finmɑ̃] **nf** MÉD lockdown.

confiner [3] [kɔ̃fine] **vt** MÉD to lockdown.

confirmation [kɔ̃firmasjɔ̃] **nf** confirmation ▸ **confirmation de réservation** booking confirmation.

confirmer [3] [kɔ̃firme] **vt** to confirm.

confiserie [kɔ̃fizri] **nf** 1. [sucreries] sweets *pl* UK, candy US 2. [magasin] sweetshop UK, candy store US.

confisquer [3] [kɔ̃fiske] **vt** to confiscate.

confit [kɔ̃fi] ◆ **adj m** → **fruit.** ◆ **nm : confit de canard / d'oie** *potted duck or goose.*

confiture [kɔ̃fityr] **nf** jam.

conflit [kɔ̃fli] **nm** conflict.

confondre [75] [kɔ̃fɔ̃dr] **vt** [mélanger] to confuse.

conforme [kɔ̃fɔrm] **adj : conforme à** in accordance with.

conformément [kɔ̃fɔrmemɑ̃] **adv : conformément à ses souhaits** in accordance with his wishes.

conformisme [kɔ̃fɔʀmism] **nm** conformism, conventionality.

confort [kɔ̃fɔr] **nm** comfort ▸ **'tout confort'** 'all mod cons'.

confortable [kɔ̃fɔrtabl] **adj** comfortable.

confrère [kɔ̃frɛr] **nm** colleague.

confronter [3] [kɔ̃frɔ̃te] **vt** to compare.

confus, e [kɔ̃fy, yz] **adj** 1. [compliqué] confused 2. [embarrassé] embarrassed.

confusion [kɔ̃fyzjɔ̃] **nf** 1. confusion 2. [honte] embarrassment.

congé [kɔ̃ʒe] **nm** holiday UK, vacation US ▸ **être en congé** to be on holiday UK, to be on vacation US ▸ **congé (de) maladie** sick leave ▸ **congés payés** paid holidays UK, paid vacation US.

congélateur [kɔ̃ʒelatœr] **nm** freezer.

congeler [25] [kɔ̃ʒle] **vt** to freeze.

congélo [kɔ̃ʒelo] **nm** *fam* freezer.

congestion [kɔ̃ʒɛstjɔ̃] **nf** MÉD congestion ▸ **congestion cérébrale** stroke.

Congo [kɔ̃go] **nm : le Congo a)** [pays] the Congo **b)** [fleuve] the Congo River, the River Congo.

congolais [kɔ̃gɔlɛ] **nm** coconut cake.

congrès [kɔ̃grɛ] **nm** congress.

conifère [kɔnifɛʀ] **nm** conifer.

conjoint [kɔ̃ʒwɛ̃] **nm** spouse.

conjonction [kɔ̃ʒɔ̃ksjɔ̃] **nf** conjunction ▸ **conjonction de coordination** co-ordinating conjunction.

conjonctivite [kɔ̃ʒɔ̃ktivit] **nf** conjunctivitis.

conjoncture [kɔ̃ʒɔ̃ktyr] **nf** situation.

conjugaison [kɔ̃ʒygɛzɔ̃] **nf** conjugation.

conjuguer [3] [kɔ̃ʒyge] **vt** [verbe] to conjugate.

connaissance [kɔnɛsɑ̃s] **nf 1.** knowledge **2.** [relation] acquaintance ▸ **avoir des connaissances en** to know sthg about ▸ **faire la connaissance de qqn** to meet sb ▸ **perdre connaissance** to lose consciousness.

connaisseur, euse [kɔnɛsœr, øz] **nm, f** connoisseur.

connaître [91] [kɔnɛtr] **vt 1.** to know **2.** [rencontrer] to meet. ◆ **s'y connaître en vp + prép** to know about.

connard [kɔnaʀ] **nm** *vulg* wanker UK, arsehole UK, asshole US.

conne **nf** → **con**.

connecter [4] [kɔnɛkte] **vt** to connect. ◆ **se connecter vp** to log on, to log in. ◆ **se connecter à vp + prép** INFORM to connect o.s. to ▸ **se connecter à Internet** to connect to the Internet.

connerie [kɔnri] **nf** *vulg* stupidity ▸ **faire / dire des conneries** to do / to say something damned ou bloody UK stupid.

connexion [kɔnɛksjɔ̃] **nf** connection.

connu, e [kɔny] ◆ **pp** → **connaître.** ◆ **adj** well-known.

conquérir [39] [kɔ̃kerir] **vt** to conquer.

conquête [kɔ̃kɛt] **nf** conquest.

conquis, e [kɔ̃ki, iz] **pp** → **conquérir**.

consacrer [3] [kɔ̃sakre] **vt 1. : consacrer qqch à** to devote sthg to **2.** RELIG to consecrate. ◆ **se consacrer à vp + prép** to devote o.s. to.

consciemment [kɔ̃sjamɑ̃] **adv** knowingly.

conscience [kɔ̃sjɑ̃s] **nf 1.** [connaissance] consciousness **2.** [moralité] conscience ▸ **avoir conscience de qqch** to be aware of sthg ▸ **prendre conscience de qqch** to become aware of sthg ▸ **avoir mauvaise conscience** to have a guilty conscience.

consciencieux, euse [kɔ̃sjɑ̃sjø, øz] **adj** conscientious.

conscient, e [kɔ̃sjɑ̃, ɑ̃t] **adj** [éveillé] conscious ▸ **être conscient de** to be aware of.

consécutif, ive [kɔ̃sekytif, iv] **adj** consecutive.

conseil [kɔ̃sɛj] **nm 1.** [avis] piece of advice **2.** [assemblée] council ▸ **demander conseil à qqn** to ask sb's advice ▸ **des conseils** advice *sg*.

conseiller[1] [4] [kɔ̃seje] **vt** [personne] to advise ▸ **conseiller qqch à qqn** to recommend sthg to sb ▸ **conseiller à qqn de faire qqch** to advise sb to do sthg.

conseiller², ère [kɔ̃seje, ɛr] **nm, f** adviser ▸ **conseiller d'orientation** careers adviser.

consentant, e [kɔ̃sɑ̃tɑ̃, ɑ̃t] **adj** [victime] willing ▸ **adultes consentants** consenting adults.

conséquence [kɔ̃sekɑ̃s] **nf** consequence.

conséquent [kɔ̃sekɑ̃] ◆ **par conséquent adv** consequently.

conservateur [kɔ̃sɛrvatœr] **nm** [alimentaire] preservative.

conservatoire [kɔ̃sɛrvatwar] **nm** [de musique] academy.

conserve [kɔ̃sɛrv] **nf** [boîte] tin (of food) ▸ **des conserves** tinned food.

conserver [3] [kɔ̃sɛrve] **vt 1.** to keep **2.** [aliments] to preserve.

considérable [kɔ̃siderabl] **adj** considerable.

considérablement [kɔ̃sideʀabləmɑ̃] **adv** considerably.

considération [kɔ̃siderasjɔ̃] **nf : prendre qqn / qqch en considération** to take sb / sthg into consideration.

considérer [18] [kɔ̃sidere] **vt : considérer que** to consider that ▸ **considérer qqn / qqch comme** to look on sb / sthg as.

consigne [kɔ̃siɲ] **nf 1.** [de gare] left-luggage office **2.** [instructions] instructions *pl* ▸ **consigne automatique** left-luggage lockers *pl*.

consistance [kɔ̃sistɑ̃s] **nf** consistency.

consistant, e [kɔ̃sistɑ̃, ɑ̃t] **adj 1.** [épais] thick **2.** [nourrissant] substantial.

consister [3] [kɔ̃siste] **vi : consister à faire qqch** to consist in doing sthg ▸ **consister en** to consist of.

consœur [kɔ̃sœr] **nf** (female) colleague.

consolation [kɔ̃sɔlasjɔ̃] **nf** consolation.

console [kɔ̃sɔl] **nf** INFORM console ▸ **console de jeux** video game console.

consoler [3] [kɔ̃sɔle] **vt** to comfort.

consommable [kɔ̃sɔmabl] **nm : matériel consommable** consumable hardware.

consommateur, trice [kɔ̃sɔmatœr, tris] **nm, f 1.** consumer **2.** [dans un bar] customer.

consommation [kɔ̃sɔmasjɔ̃] **nf 1.** consumption **2.** [boisson] drink.

consommé [kɔ̃sɔme] **nm** *clear soup.*

consommer [3] [kɔ̃sɔme] **vt** to consume ▸ **'à consommer avant le...'** 'use before...'.

consonne [kɔ̃sɔn] **nf** consonant.

constamment [kɔ̃stamɑ̃] **adv** constantly.

constant, e [kɔ̃stɑ̃, ɑ̃t] **adj** constant.

constat [kɔ̃sta] **nm** [d'accident] report ▸ **(faire un) constat à l'amiable** (to complete ou to fill out a) mutually-agreed accident report.

constater [3] [kɔ̃state] **vt** to notice.

consterné, e [kɔ̃stɛrne] **adj** dismayed.

constipation [kɔ̃stipasjɔ̃] **nf** constipation.

constipé, e [kɔ̃stipe] **adj** constipated.

constituer [7] [kɔ̃stitɥe] **vt** [former] to make up ▸ **être constitué de** to consist of.

construction [kɔ̃stryksjɔ̃] **nf** building.

construire [98] [kɔ̃strɥir] **vt** to build.

construit, e [kɔ̃stʀɥi, it] pp → **construire**.

consul, e [kɔ̃syl] nm, f consul ▸ **consul honoraire** honorary consul.

consulat [kɔ̃syla] nm consulate.

consultant, e [kɔ̃syltɑ̃, ɑ̃t] nm, f consultant ▸ **consultant en gestion** management consultant.

consultation [kɔ̃syltasjɔ̃] nf consultation.

consulter [3] [kɔ̃sylte] vt to consult.

contact [kɔ̃takt] nm **1.** [toucher] feel **2.** [d'un moteur] ignition **3.** [relation] contact ▸ **couper le contact** to switch off the ignition ▸ **mettre le contact** to switch on the ignition ▸ **entrer en contact avec a)** [entrer en relation] to contact **b)** [heurter] to come into contact with ▸ MÉD **cas contact** contact.

contacter [3] [kɔ̃ntakte] vt to contact.

contagieux, euse [kɔ̃taʒjø, øz] adj infectious.

contagion [kɔ̃taʒjɔ̃] nf MÉD contagion, infection.

contaminer [3] [kɔ̃tamine] vt **1.** [rivière, air] to contaminate **2.** [personne] to infect.

conte [kɔ̃t] nm story ▸ **conte de fées** fairy tale.

contempler [3] [kɔ̃tɑ̃ple] vt to contemplate.

contemporain, e [kɔ̃tɑ̃pɔʀɛ̃, ɛn] adj contemporary.

contenir [40] [kɔ̃tnir] vt **1.** to contain **2.** [un litre, deux cassettes, etc.] to hold.

content, e [kɔ̃tɑ̃, ɑ̃t] adj happy ▸ **être content de faire qqch** to be happy to do sthg ▸ **être content de qqch** to be happy with sthg.

contenter [3] [kɔ̃tɑ̃te] vt to satisfy. ◆ **se contenter de** vp + prép to be happy with ▸ **elle s'est contentée de sourire** she merely smiled.

contenu, e [kɔ̃tny] ◆ pp → **contenir.** ◆ nm contents *pl*.

contester [3] [kɔ̃tɛste] vt to dispute.

contexte [kɔ̃tɛkst] nm context.

continent [kɔ̃tinɑ̃] nm continent.

continu, e [kɔ̃tiny] adj continuous.

continuel, elle [kɔ̃tinɥɛl] adj constant.

continuellement [kɔ̃tinɥɛlmɑ̃] adv constantly.

continuer [7] [kɔ̃tinɥe] vt & vi to continue ▸ **continuer à** ou **de faire qqch** to continue doing ou to do sthg.

contour [kɔ̃tur] nm outline.

contourner [3] [kɔ̃turne] vt **1.** to go round **2.** [ville, montagne] to bypass.

contraceptif, ive [kɔ̃trasɛptif, iv] adj & nm contraceptive.

contraception [kɔ̃trasɛpsjɔ̃] nf contraception ▸ **moyen de contraception** means of contraception.

contracté, e [kɔ̃tʀakte] adj tense.

contracter [3] [kɔ̃trakte] vt **1.** to contract **2.** [assurance] to take out.

contradiction [kɔ̃tʀadiksjɔ̃] nf contradiction.

contradictoire [kɔ̃tradiktwar] adj contradictory.

contraindre [80] [kɔ̃trɛ̃dr] vt to force ▸ **contraindre qqn à faire qqch** to force sb to do sthg.

contraire [kɔ̃trɛr] adj & nm opposite ▸ **contraire à** contrary to ▸ **au contraire** on the contrary.

contrairement [kɔ̃trɛrmɑ̃] ◆ **contrairement à** prép contrary to.

contrarier [9] [kɔ̃trarje] vt [ennuyer] to annoy.

contraste [kɔ̃trast] nm contrast.

contrat [kɔ̃tra] nm contract ▸ **rupture de contrat** breach of contract.

contravention [kɔ̃travɑ̃sjɔ̃] nf 1. fine 2. [pour stationnement interdit] parking ticket.

contre [kɔ̃tr] prép 1. against 2. [en échange de] (in exchange) for ▸ **un sirop contre la toux** some cough syrup ▸ **par contre** on the other hand.

contre-allée [kɔ̃tʀale] (*pl* **contre-allées**) nf service ou frontage US road.

contre-attaque [kɔ̃tratak] (*pl* **contre-attaques**) nf counterattack.

contrebande [kɔ̃trəbɑ̃d] nf smuggling ▸ **passer qqch en contrebande** to smuggle sthg.

contrebasse [kɔ̃trəbas] nf (double) bass.

contrecœur [kɔ̃ntrəkœr] ◆ **à contrecœur** adv reluctantly.

contrecoup [kɔ̃trəku] nm consequence.

contredire [103] [kɔ̃trədir] vt to contradict.

contrefaçon [kɔ̃tʀəfasɔ̃] nf [produit] forgery.

contre-indication [kɔ̃trɛ̃dikasjɔ̃] (*pl* **contre-indications**) nf contraindication.

contre-indiqué, e [kɔ̃tʀɛ̃dike] (*mpl* **contre-indiqués**, *fpl* **contre-indiquées**) adj MÉD contraindicated.

contre-jour [kɔ̃ntrəʒur] ◆ **à contre-jour** adv against the light.

contrepartie [kɔ̃trəparti] nf compensation ▸ **en contrepartie** in return.

contreplaqué [kɔ̃trəplake] nm plywood.

contrepoison [kɔ̃trəpwazɔ̃] nm antidote.

contresens [kɔ̃trəsɑ̃s] nm [dans une traduction] mistranslation ▸ **à contresens** the wrong way.

contretemps [kɔ̃trətɑ̃] nm delay.

contribuer [7] [kɔ̃tribɥe] ◆ **contribuer à** v + prép to contribute to.

contributif, ive [kɔ̃tʀibytif, iv] adj INFORM : **logiciel contributif** shareware ▸ **encyclopédie contributive** collaborative encyclopedia.

contribution [kɔ̃tribysjɔ̃] nf [apport] : **contribution (à)** contribution (to). ◆ **contributions** nfpl taxes ▸ **contributions directes / indirectes** direct / indirect taxation.

contrôle [kɔ̃trol] nm 1. [technique] check 2. [des billets, des papiers] inspection 3. SCOL test ▸ **contrôle aérien** air traffic control ▸ **contrôle des bagages** baggage control ▸ **contrôle d'identité** identity card check ▸ **contrôle de sécurité** security checkpoint.

contrôler [3] [kɔ̃trole] vt 1. [vérifier] to check 2. [billets, papiers] to inspect.

contrôleur [kɔ̃trolœr] nm 1. [dans les trains] ticket inspector 2. [dans les bus] conductor (conductress) ▸ **contrôleur aérien** air-traffic controller.

contrordre [kɔ̃trɔrdr] nm countermand.

controversé, e [kɔ̃tʀɔvɛʀse] adj [personne, décision] controversial.

contusion [kɔ̃tyzjɔ̃] nf bruise, contusion.

convaincre [114] [kɔ̃vɛ̃kr] **vt** to convince ▸ **convaincre qqn de faire qqch** to persuade sb to do sthg ▸ **convaincre qqn de qqch** to convince sb of sthg.

convalescence [kɔ̃valesɑ̃s] **nf** convalescence.

convalescent, e [kɔ̃valesɑ̃, ɑ̃t] **adj & nm, f** convalescent.

convenable [kɔ̃vnabl] **adj 1.** [adapté] suitable **2.** [décent] proper.

convenir [40] [kɔ̃vnir] ◆ **convenir à v + prép 1.** [satisfaire] to suit **2.** [être adapté à] to be suitable for ▸ **ça me convient** that suits me.

convention [kɔ̃vɑ̃sjɔ̃] **nf 1.** [règle, assemblée] convention **2.** [accord] agreement ▸ **convention collective** collective agreement.

convenu, e [kɔ̃vny] **pp** → **convenir**.

conversation [kɔ̃versasjɔ̃] **nf** conversation.

convertible [kɔ̃vertibl] **adj** → **canapé**.

convertir [32] [kɔ̃vɛrtir] **vt : convertir qqn (à)** to convert sb (to) ▸ **convertir qqch (en)** to convert sthg (into). ◆ **se convertir vp : se convertir (à)** to be converted (to).

conviction [kɔ̃viksjɔ̃] **nf** conviction.

convivial, e, aux [kɔ̃vivjal, o] **adj** INFORM user-friendly.

convocation [kɔ̃vɔkasjɔ̃] **nf** notification to attend.

convoi [kɔ̃vwa] **nm** convoy ▸ **convoi exceptionnel** wide OU dangerous load.

convoquer [3] [kɔ̃vɔke] **vt** [salarié, suspect] to summon.

cookie [kuki] **nm** cookie.

coopération [kɔɔperasjɔ̃] **nf** cooperation.

coopérer [18] [kɔɔpere] **vi** to cooperate ▸ **coopérer à qqch** to cooperate in sthg.

coordonné, e [kɔɔrdɔne] **adj** [assorti] matching.

coordonnées [kɔɔrdɔne] **nfpl** [adresse] *address and telephone number* ▸ **laissez-moi vos coordonnées** let me get your contact details ▸ **coordonnées bancaires** bank details.

coordonner [3] [kɔɔrdɔne] **vt** to coordinate.

copain, copine [kɔpɛ̃, kɔpin] **nm, f 1.** *fam* [ami] friend **2.** [petit ami] boyfriend (girlfriend).

Copenhague [kɔpənag] **n** Copenhagen.

copie [kɔpi] **nf 1.** copy **2.** [devoir] paper **3.** [feuille] sheet (of paper) ▸ **copie de sauvegarde** INFORM backup copy.

copier [9] [kɔpje] **vt** to copy ▸ **copier (qqch) sur qqn** to copy (sthg) from sb.

copier-coller [kɔpjekɔle] **nm inv** INFORM to copy and paste.

copieux, euse [kɔpjø, øz] **adj** large.

copilote [kɔpilɔt] **nm** copilot.

copine nf → **copain**.

coq [kɔk] **nm** cock, rooster ▸ **coq au vin** *chicken cooked with red wine, bacon, mushrooms and shallots.*

coque [kɔk] **nf 1.** [de bateau] hull **2.** [coquillage] cockle.

coquelet [kɔklɛ] **nm** cockerel.

coquelicot [kɔkliko] **nm** poppy.

coqueluche [kɔklyʃ] **nf** MÉD whooping cough.

coquet, ette [kɔkɛ, ɛt] **adj** [qui aime s'habiller] smart.

coquetier [kɔktje] **nm** eggcup.

coquillage [kɔkijaʒ] **nm 1.** [mollusque] shellfish **2.** [coquille] shell.

coquille [kɔkij] **nf** shell ▸ **coquille Saint-Jacques** scallop.

coquillettes [kɔkijɛt] **nfpl** *short macaroni.*

coquin, e [kɔkɛ̃, in] **adj** [enfant] mischievous.

cor [kɔr] **nm 1.** [instrument] horn **2.** MÉD corn.

corail [kɔraj] (*pl* **-aux**) **nm** coral ▸ **(train) Corail** ≃ express train.

Coran [kɔrɑ̃] **nm** Koran.

corbeau [kɔrbo] (*pl* **-x**) **nm** crow.

corbeille [kɔrbɛj] **nf** basket ▸ **corbeille à papiers** wastepaper basket.

corbillard [kɔrbijar] **nm** hearse.

corde [kɔrd] **nf 1.** rope **2.** [d'instrument de musique] string ▸ **corde à linge** clothesline ▸ **corde à sauter** skipping rope ▸ **cordes vocales** vocal cords.

cordialement [kɔʀdjalmɑ̃] **adv** [saluer] warmly, cordially ; [en fin de lettre] kind regards.

cordon [kɔrdɔ̃] **nm 1.** string **2.** [électrique] lead ▸ **cordon d'alimentation secteur** mains power cable.

cordonnerie [kɔrdɔnri] **nf** shoe repair shop.

cordonnier [kɔrdɔnje] **nm** shoe repairer.

Cordoue [kɔrdu] **n** Cordoba.

Corée [kɔʀe] **nf : la Corée du Nord** North Korea ▸ **la Corée du Sud** South Korea.

coréen, enne [kɔreɛ̃, ɛn] **adj** Korean. ◆ **Coréen, enne nm, f** Korean.

coriandre [kɔrjɑ̃dr] **nf** coriander.

corne [kɔrn] **nf** horn.

cornemuse [kɔʀnəmyz] **nf** bagpipes *pl.*

cornet [kɔrnɛ] **nm 1.** [de glace] cornet **2.** [de frites] bag ▸ **un cornet de glace à deux boules** an ice-cream cone with two scoops.

cornettes [kɔrnɛt] **nfpl** SUISSE *short macaroni.*

corniche [kɔʀniʃ] **nf** [route] cliff road.

cornichon [kɔrniʃɔ̃] **nm** gherkin.

Cornouailles [kɔʀnwaj] **nf : la Cornouailles** Cornwall.

corossol [kɔʀɔsɔl] **nm** soursop.

coronavirus [kɔʀɔnavirys] **nm** coronavirus.

corporel, elle [kɔʀpɔʀɛl] **adj** [châtiment] corporal.

corps [kɔr] **nm** body ▸ **le corps enseignant** the teachers ▸ **corps gras** fat.

correct, e [kɔrɛkt] **adj 1.** [juste] correct **2.** [poli] proper.

correction [kɔrɛksjɔ̃] **nf 1.** SCOL marking **2.** [rectification] correction **3.** [punition] beating ▸ **correction automatique** autocorrect.

correspondance [kɔrɛspɔ̃dɑ̃s] **nf 1.** [courrier] correspondence **2.** TRANSP connection ▸ **cours par correspondance** correspondence course.

correspondant, e [kɔrɛspɔ̃dɑ̃, ɑ̃t] ◆ **adj** corresponding. ◆ **nm, f 1.** [à qui on écrit] correspondent **2.** [au téléphone] *person making or receiving a call.*

correspondre [75] [kɔrɛspɔ̃dr] **vi** to correspond ▸ **correspondre à** to correspond to.

corrida [kɔrida] **nf** bullfight.

corridor [kɔridɔr] nm corridor.

corrigé [kɔʀiʒe] nm correct version.

corriger [17] [kɔriʒe] vt **1.** to correct **2.** [examen] to mark. ◆ **se corriger** vp to improve.

corrosif, ive [kɔrozif, iv] adj corrosive.

corruption [kɔʀypsjɔ̃] nf [subornation] bribery.

corse [kɔrs] adj Corsican. ◆ **Corse** ◆ nmf Corsican. ◆ nf : **la Corse** Corsica.

corsé, e [kɔʀse] adj [café] strong ; [vin] full-bodied ; [plat] spicy.

cortège [kɔrtɛʒ] nm procession.

corvée [kɔrve] nf chore.

cosmétique [kɔsmetik] nm & adj cosmetic.

cosmonaute [kɔsmɔnot] nmf cosmonaut.

cosmopolite [kɔsmɔpɔlit] adj cosmopolitan.

costar(d) [kɔstar] nm *fam* suit.

Costa Rica [kɔstaʀika] nm : **le Costa Rica** Costa Rica.

costaricain, e [kɔstaʀikɛ̃, ɛn], **costaricien, enne** [kɔstaʀisjɛ̃, ɛn] adj Costa Rican. ◆ **Costaricain, e, Costaricien, enne** nm, f Costa Rican.

costaud [kɔsto] adj **1.** *fam* [musclé] beefy **2.** [solide] sturdy.

costume [kɔstym] nm **1.** [d'homme] suit **2.** [de théâtre, de déguisement] costume.

costumé, e [kɔstyme] adj fancy-dress ▸ **bal costumé** fancy-dress ball.

côte [kot] nf **1.** [pente] hill, slope **2.** ANAT rib **3.** [d'agneau, de porc, etc.] chop **4.** [bord de mer] coast ▸ **côte à côte** side by side ▸ **la Côte d'Azur** the French Riviera.

côté [kote] nm side ▸ **de quel côté dois-je aller ?** which way should I go? ▸ **à côté** a) nearby b) [dans la maison voisine] next door ▸ **à côté de** a) next to b) [comparé à] compared with ▸ **de l'autre côté (de)** on the other side (of) ▸ **mettre qqch de côté** to put sthg aside.

Côte d'Ivoire [kotdivwar] nf : **la Côte d'Ivoire** the Ivory Coast.

côtelé [kotle] adj m → **velours**

côtelette [kotlɛt] nf **1.** [de veau] cutlet **2.** [d'agneau, de porc] chop.

côtier, ère [kotje, ɛʀ] adj coastal.

cotisation [kɔtizasjɔ̃] nf [à un club] subscription. ◆ **cotisations** nfpl [sociales] contributions.

cotiser [3] [kɔtize] vi [à un club, un parti] to subscribe. ◆ **se cotiser** vp to club together.

coton [kɔtɔ̃] nm cotton ▸ **coton (hydrophile)** cotton wool.

Coton-Tige® [kɔtɔ̃tiʒ] (*pl* **Cotons-Tiges**) nm cotton bud.

cou [ku] nm neck.

couchage [kuʃaʒ] nm → **sac**

couchant [kuʃɑ̃] adj m → **soleil**

couche [kuʃ] nf **1.** [épaisseur] layer **2.** [de peinture] coat **3.** [de bébé] nappy UK, diaper US.

couche-culotte [kuʃkylɔt] (*pl* **couches-culottes**) nf disposable nappy UK, disposable diaper US.

coucher [3] [kuʃe] ◆ vt **1.** [mettre au lit] to put to bed **2.** [étendre] to lay down. ◆ vi [dormir] to sleep ▸ **être couché** a) [être étendu] to be lying down b) [être au lit] to be in bed ▸ **coucher**

avec qqn *fam* to sleep with sb. ◆ **se coucher vp 1.** [personne] to go to bed **2.** [soleil] to set.

couchette [kuʃɛt] **nf 1.** [de train] couchette **2.** [de bateau] berth.

coucou [kuku] ◆ **nm 1.** [oiseau] cuckoo **2.** [horloge] cuckoo clock. ◆ **interj** peekaboo!

coude [kud] **nm 1.** ANAT elbow **2.** [courbe] bend.

coudre [86] [kudr] ◆ **vt 1.** [bouton] to sew on **2.** [réparer] to sew up. ◆ **vi** to sew.

couette [kwɛt] **nf** [édredon] duvet. ◆ **couettes nfpl** bunches.

cougnou [kuɲu] **nm** Belg *large flat "brioche" eaten on St Nicholas' Day, 6 December, and shaped like the infant Jesus.*

couler [3] [kule] ◆ **vi 1.** to flow **2.** [bateau] to sink. ◆ **vt** [bateau] to sink.

couleur [kulœr] **nf 1.** colour **2.** [de cartes] suit ▸ **de quelle couleur est... ?** what colour is...?

couleuvre [kulœvr] **nf** grass snake.

coulis [kuli] **nm** *liquid puree of fruit, vegetables or shellfish.*

coulissant, e [kulisɑ̃, ɑ̃t] **adj : porte coulissante** sliding door.

coulisses [kulis] **nfpl** wings.

couloir [kulwar] **nm 1.** corridor **2.** [de bus] lane.

coup [ku] ◆ **nm 1.** [choc physique] blow ▸ **donner un coup à qqn** to hit sb ▸ **donner un coup de coude à qqn** to nudge sb ▸ **donner un coup de pied à qqn / dans qqch** to kick sb / sthg ▸ **donner un coup de poing à qqn** to punch sb **2.** [avec un instrument] **: passer un coup de balai** to give the floor a sweep ▸ **passe un coup de fer sur ta chemise** give your shirt a quick iron **3.** [choc moral] blow ▸ **il m'est arrivé un coup dur** *fam* something bad happened to me **4.** [bruit] **: coup de sifflet** whistle ▸ **coup de feu** (gun)shot **5.** [à la porte] knock **6.** [aux échecs] move ; [au tennis] stroke ; [au foot] kick ▸ **coup franc** free kick **7.** [action malhonnête] trick ▸ **faire un coup à qqn** to play a trick on sb **8.** *fam* [fois] time ▸ **du premier coup** first time ▸ **d'un (seul) coup a)** [en une fois] in one go **b)** [soudainement] all of a sudden **9.** [dans des expressions] **: coup de chance** stroke of luck ▸ **coup de fil** ou **de téléphone** telephone call ▸ **donner un coup de main à qqn** to give sb a hand ▸ **jeter un coup d'œil (à)** to have a look (at) ▸ **prendre un coup de soleil** to get sunburnt ▸ **boire un coup** *fam* to have a drink ▸ **du coup...** so... ▸ **tenir le coup** to hold out.

coupable [kupabl] ◆ **adj** guilty. ◆ **nmf** culprit ▸ **coupable de** guilty of.

coupe [kup] **nf 1.** [récipient] bowl **2.** SPORT cup **3.** [de vêtements] cut ▸ **à la coupe** [fromage, etc.] *cut from a larger piece and sold by weight at a delicatessen counter* ▸ **coupe à champagne** champagne glass ▸ **coupe (de cheveux)** haircut ▸ **coupe de champagne** glass of champagne ▸ **coupe glacée** ice cream *(served in a dish).*

coupe-ongles [kupɔ̃gl] **nm inv** nail clippers *pl.*

coupe-papier [kuppapje] **nm inv** paper knife.

couper [3] [kupe] ◆ **vt 1.** to cut **2.** [gâteau, viande] to cut (up) **3.** [gaz, électricité] to cut off. ◆ **vi 1.** [être tranchant] to cut **2.** [prendre un raccourci] to take a short cut ▸ **couper la route à qqn** to cut across in front of sb. ◆ **se couper** **vp** to cut o.s. ▸ **se couper le doigt** to cut one's finger.

couper-coller [kupekɔle] **nm inv** INFORM **: faire un couper-coller** to cut and paste.

couple [kupl] **nm** **1.** couple **2.** [d'animaux] pair.

couplet [kuplɛ] **nm** verse.

coupole [kupɔl] **nf** dome, cupola.

coupon [kupɔ̃] **nm** [billet] ticket.

coupure [kupyr] **nf** **1.** cut **2.** [arrêt] break ▸ **coupure de courant** power cut ▸ **coupure de journal** (newspaper) cutting.

couque [kuk] **nf** **1.** BELG [biscuit] biscuit UK, cookie US **2.** [pain d'épices] gingerbread **3.** [brioche] *sweet bread roll.*

cour [kur] **nf** **1.** [d'immeuble] courtyard **2.** [de ferme] farmyard **3.** [tribunal, d'un roi] court ▸ **cour (de récréation)** playground.

courage [kuraʒ] **nm** courage ▸ **bon courage !** good luck!

courageux, euse [kuraʒø, øz] **adj** brave.

couramment [kuramɑ̃] **adv** **1.** [fréquemment] commonly **2.** [parler] fluently.

courant, e [kurɑ̃, ɑ̃t] ◆ **adj** [fréquent] common. ◆ **nm** current ▸ **être au courant (de)** to know (about) ▸ **tenir qqn au courant (de)** to keep sb informed (of) ▸ **courant d'air** draught ▸ **courant alternatif continu** alternating direct current.

courbatures [kurbatyr] **nfpl** aches and pains ▸ **avoir des courbatures** to be stiff.

courbe [kurb] ◆ **adj** curved. ◆ **nf** curve.

courber [3] [kurbe] **vt** to bend.

coureur, euse [kurœr, øz] **nm, f : coureur automobile** racing driver ▸ **coureur cycliste** racing cyclist ▸ **coureur à pied** runner.

courge [kuʀʒ] **nf** marrow UK, squash US.

courgette [kurʒɛt] **nf** courgette UK, zucchini US.

courir [45] [kurir] ◆ **vi** **1.** to run **2.** [cycliste, coureur automobile] to race. ◆ **vt** **1.** [épreuve sportive] to run (in) **2.** [risque, danger] to run.

couronne [kurɔn] **nf** **1.** crown **2.** [de fleurs] wreath.

courriel [kurjɛl] **nm** e-mail.

courrier [kurje] **nm** letters *pl*, post UK, mail US ▸ **courrier électronique** e-mail.

courroie [kurwa] **nf** strap.

cours [kur] **nm** **1.** [leçon] lesson **2.** [d'une monnaie] rate ▸ **au cours de** during ▸ **en cours** in progress ▸ **cours d'eau** waterway ▸ **cours en ligne** online course ▸ **cours en distanciel** remote course ▸ **cours en présentiel** course in the classroom.

course [kurs] **nf** **1.** [épreuve sportive] race **2.** [démarche] errand **3.** [en taxi] journey. ◆ **courses** **nfpl** shopping *sg* ▸ **faire les courses** to go shopping.

court, e [kur, kurt] ◆ **adj** short. ◆ **nm** [de tennis] court. ◆ **adv** short ▸ **être à court de** to be short of.

court-bouillon [kurbujɔ̃] (*pl* **courts-bouillons**) **nm** *highly flavoured stock used especially for cooking fish.*

court-circuit [kursirkɥi] (*pl* **courts-circuits**) **nm** short circuit.

court-métrage [kurmetraʒ] (*pl* **courts-métrages**) **nm** short (film).

courtois, e [kuʀtwa, az] **adj** courteous.

courtoisie [kuʀtwazi] **nf** courtesy.

couru, e [kuʀy] **pp** → **courir**.

couscous [kuskus] **nm** couscous ; *traditional North African dish of semolina served with a spicy stew of meat and vegetables.*

cousin, e [kuzɛ̃, in] **nm, f** cousin ▸ **cousin germain** first cousin.

coussin [kusɛ̃] **nm** cushion.

cousu, e [kuzy] **pp** → **coudre**.

coût [ku] **nm** cost.

couteau [kuto] (*pl* **-x**) **nm** knife.

coûter [3] [kute] **vi & vt** to cost ▸ **combien ça coûte ?** how much is it?

coûteux, euse [kutø, øz] **adj** costly, expensive.

coutume [kutym] **nf** custom.

couture [kutyʀ] **nf** **1.** [sur un vêtement] seam **2.** [activité] sewing.

couturier, ière [kutyʀje, ɛʀ] **nm, f** tailor ▸ **grand couturier** fashion designer.

couvent [kuvɑ̃] **nm** convent.

couver [3] [kuve] ◆ **vt** **1.** [œufs] to sit on **2.** [maladie] to be coming down with. ◆ **vi** [poule] to brood.

couvercle [kuvɛʀkl] **nm** **1.** [de casserole, de poubelle] lid **2.** [d'un bocal] top.

couvert, e [kuvɛʀ, ɛʀt] ◆ **pp** → **couvrir.** ◆ **nm** [couteau, fourchette] place (setting). ◆ **adj** **1.** [ciel] overcast **2.** [marché, parking] covered **3.** [vêtu] **: bien couvert** well wrapped up ▸ **couvert de** covered in OU with ▸ **mettre le couvert** to set OU lay the table.

couverture [kuvɛʀtyʀ] **nf** **1.** blanket **2.** [de livre] cover.

couvre-lit [kuvʀəli] (*pl* **couvre-lits**) **nm** bedspread.

couvrir [34] [kuvʀiʀ] **vt** to cover ▸ **couvrir qqch de** to cover sthg with. ◆ **se couvrir vp** **1.** [ciel] to cloud over **2.** [s'habiller] to wrap up ▸ **se couvrir de** to become covered in OU with.

COVID-19, covid-19 [kɔviddiznœf] **nm ou nf** COVID-19, Covid-19.

cow-boy [kobɔj] (*pl* **cow-boys**) **nm** cowboy.

CP nm (*abr de* **cours préparatoire**) *first year of primary school.*

crabe [kʀab] **nm** crab.

cracher [3] [kʀaʃe] ◆ **vi** to spit. ◆ **vt** to spit out.

crachin [kʀaʃɛ̃] **nm** drizzle.

crade [kʀad] **adj inv** *fam* filthy.

craie [kʀɛ] **nf** chalk.

craignos [kʀɛɲos] **adj inv** *vulg* [louche] **: c'est craignos !** it's dodgy! UK

craindre [80] [kʀɛ̃dʀ] **vt** **1.** to fear, to be afraid of **2.** [être sensible à] to be sensitive to.

craint, e [kʀɛ̃, ɛ̃t] **pp** → **craindre**.

crainte [kʀɛ̃t] **nf** fear ▸ **de crainte que** for fear that.

craintif, ive [kʀɛ̃tif, iv] **adj** timid.

cramé, e [kʀame] **adj** *fam* [brûlé] burnt, charred ; [tissu] burnt, scorched ▸ **la tarte est complètement cramée** the tart is burnt to a cinder. ◆ **cramé nm** *fam* **: ça sent le cramé** there's a smell of burning.

cramique [kʀamik] **nm** BELG *"brioche" with raisins.*

crampe [kʀɑ̃p] **nf** cramp.

cramponner [3] [kʀɑ̃pɔne] ◆ **se cramponner (à) vp + prép** to hang on (to).

crampons [kʀɑ̃pɔ̃] **nmpl** [de foot, de rugby] studs.

cran [krɑ̃] **nm 1.** [de ceinture] hole **2.** [entaille] notch **3.** [courage] guts *pl* ▸ **(couteau à) cran d'arrêt** flick knife.

crâne [kran] **nm** skull.

crapahuter [3] [kʀapayte] **vi** [argot militaire] to plough along.

crapaud [krapo] **nm** toad.

craquement [krakmɑ̃] **nm** crack.

craquer [3] [krake] ◆ **vi 1.** [faire un bruit] to crack **2.** [casser] to split **3.** [nerveusement] to crack up. ◆ **vt** [allumette] to strike.

crasse [kras] **nf** filth.

cravate [kravat] **nf** tie.

crawl [krol] **nm** crawl ▸ **nager le crawl** to do the crawl.

crayon [krɛjɔ̃] **nm** pencil ▸ **crayon de couleur** crayon.

création [kreasjɔ̃] **nf** creation.

crèche [krɛʃ] **nf 1.** [garderie] playgroup **2.** RELIG crib.

crédit [kredi] **nm** [argent emprunté] loan ▸ **acheter qqch à crédit** to buy sthg on credit ▸ **crédit temps** INFORM credit.

créditer [3] [kredite] **vt** [compte] to credit.

créer [15] [kree] **vt 1.** to create **2.** [fonder] to found.

crémaillère [kremajɛr] **nf : pendre la crémaillère** to have a housewarming party.

crème [krɛm] **nf 1.** [dessert] cream dessert **2.** [pour la peau] cream ▸ **crème anglaise** custard ▸ **crème caramel** crème caramel ▸ **crème fraîche** fresh cream ▸ **crème glacée** ice cream ▸ **crème pâtissière** confectioner's custard ▸ **crème brûlée** crème brûlée ▸ **crème de marrons** chestnut purée.

crémerie [krɛmri] **nf** dairy.

crémeux, euse [kremø, øz] **adj** creamy.

créneau [kreno] (*pl* -x) **nm : faire un créneau** to reverse into a parking space. ◆ **créneaux nmpl** [de château] battlements.

crêpe [krɛp] **nf** pancake ▸ **crêpe bretonne** *sweet or savoury pancake, often made with buckwheat, a speciality of Brittany.*

crêperie [krɛpri] **nf** pancake restaurant.

crépi [krepi] **nm** roughcast.

crépu, e [krepy] **adj** frizzy.

cresson [kresɔ̃] **nm** watercress.

crête [krɛt] **nf 1.** [de montagne] ridge **2.** [de coq] crest.

cretons [krətɔ̃] **nmpl** QUÉBEC potted pork.

creuser [3] [krøze] **vt** to dig ▸ **ça creuse !** it gives you an appetite! ◆ **se creuser vp : se creuser la tête** OU **la cervelle** to rack one's brains.

creux, creuse [krø, krøz] ◆ **adj** hollow. ◆ **nm 1.** [de la main] hollow **2.** [sur la route] dip.

crevaison [krəvɛzɔ̃] **nf** puncture ▸ **avoir une crevaison** to get a puncture.

crevant, e [krəvɑ̃, ɑ̃t] **adj** *fam* [fatigant] knackering.

crevasse [krəvas] **nf** [en montagne] crevasse.

crevé, e [krəve] **adj** *fam* [fatigué] knackered.

crever [19] [krəve] ◆ **vt 1.** [percer] to burst **2.** *fam* [fatiguer] to wear out. ◆ **vi 1.** [exploser] to burst **2.** [avoir une crevaison] to have a puncture UK or a flat US **3.** *fam* [mourir] to kick the bucket.

crevette [krəvɛt] **nf** prawn ▸ **crevette grise** shrimp ▸ **crevette rose** prawn.

cri [kri] **nm** **1.** shout **2.** [de joie, de douleur] cry **3.** [d'animal] call ▸ **pousser un cri** to cry (out).

cribler [3] [kʀible] **vt** **1.** [trouer de] **: cribler de** to riddle sthg with holes ▸ **la façade est criblée d'impacts de balles** the facade is riddled with bullet holes **2.** *fig* **: être criblé de dettes** to be crippled with debt, to be up to one's eyes in debt.

cric [krik] **nm** jack.

cricket [krikɛt] **nm** cricket.

crier [10] [krije] ◆ **vi** **1.** to shout **2.** [de douleur] to cry (out). ◆ **vt** to shout (out).

crime [krim] **nm** **1.** [meurtre] murder **2.** [faute grave] crime ▸ **crimes contre l'humanité** crimes against humanity.

criminel, elle [kriminɛl] **nm, f** criminal.

crinière [krinjɛr] **nf** mane.

crique [kʀik] **nf** creek.

criquet [kʀikɛ] **nm** locust ; [sauterelle] grasshopper.

crise [kriz] **nf** **1.** [économique] crisis **2.** [de rire, de larmes] fit ▸ **crise cardiaque** heart attack ▸ **crise de foie** bilious attack ▸ **crise de nerfs** attack of nerves ▸ **crise climatique** climate crisis ▸ **crise migratoire** migration crisis ▸ **crise sanitaire** health crisis.

crispé, e [krispe] **adj** **1.** [personne, sourire] tense **2.** [poing] clenched.

cristal [kristal] (*pl* **-aux**) **nm** crystal.

critère [kritɛr] **nm** criterion.

critique [kritik] ◆ **adj** critical. ◆ **nmf** critic. ◆ **nf** **1.** [reproche] criticism **2.** [article de presse] review.

critiquer [3] [kritike] **vt** to criticize.

Croatie [kʀɔasi] **nf : (la) Croatie** Croatia.

croc [kro] **nm** [canine] fang.

croche-pied [krɔʃpje] (*pl* **croche-pieds**) **nm : faire un croche-pied à qqn** to trip sb (up).

crochet [krɔʃɛ] **nm** **1.** hook **2.** [tricot] crochet.

crocodile [krɔkɔdil] **nm** crocodile.

croire [107] [krwar] ◆ **vt** **1.** to believe **2.** [penser] to think. ◆ **vi : croire à / en** to believe in. ◆ **se croire vp : il se croit intelligent** he thinks he's clever ▸ **on se croirait au Moyen Âge** you'd think you were (back) in the Middle Ages.

croisement [krwazmɑ̃] **nm** **1.** [carrefour] junction **2.** [de races] cross-breeding.

croiser [3] [krwaze] **vt** **1.** to cross **2.** [personne] to pass **3.** [regard] to meet. ◆ **se croiser vp** **1.** [voitures, personnes] to pass each other **2.** [lettres] to cross (in the post).

croisière [krwazjɛr] **nf** cruise.

croissance [krwasɑ̃s] **nf** growth ▸ **croissance inclusive** inclusive growth.

croissant [krwasɑ̃] **nm** **1.** [pâtisserie] croissant **2.** [de lune] crescent ▸ **croissant au beurre** butter croissant.

croix [krwa] **nf** cross ▸ **en croix** in the shape of a cross ▸ **les bras en croix** arms out.

Croix-Rouge [krwaruʒ] **nf : la Croix-Rouge** the Red Cross.

croque-madame [krɔkmadam] **nm inv** *croque-monsieur with a fried egg.*

croque-monsieur [krɔkməsjø] **nm inv** *toasted cheese and ham sandwich.*

croquer [3] [krɔke] ◆ **vt** to crunch. ◆ **vi** to be crunchy.

croquette [krɔkɛt] **nf** croquette ▸ **croquettes pour chiens** dog meal *sg*.

cross [krɔs] **nm inv** **1.** [course] cross-country race **2.** [sport] cross-country racing.

crotte [krɔt] **nf** dropping.

crottin [krɔtɛ̃] **nm** **1.** dung **2.** [fromage] *small round goat's cheese.*

croustade [krustad] **nf** vol au vent.

croustillant, e [krustijɑ̃, ɑ̃t] **adj** crunchy.

croûte [krut] **nf** **1.** [de pain] crust **2.** [de fromage] rind **3.** MÉD scab ▸ **croûte au fromage** SUISSE *melted cheese with wine, served on toast.*

croûton [krutɔ̃] **nm** **1.** [pain frit] crouton **2.** [extrémité du pain] crust.

croyance [krwajɑ̃s] **nf** belief.

croyant, e [krwajɑ̃, ɑ̃t] **adj : être croyant** to be a believer.

CRS **nmpl** *French riot police.*

cru, e [kry] ◆ **pp** → **croire.** ◆ **adj** **1.** raw **2.** [choquant] crude. ◆ **nm** [vin] vintage ▸ **un grand cru** a grand cru vintage.

cruche [kryʃ] **nf** **1.** [objet] jug UK, pitcher US **2.** *fam* & *péj* [personne niaise] idiot.

crudités [krydite] **nfpl** *raw vegetables.*

crue [kry] **nf** flood ▸ **être en crue** to be in spate.

cruel, elle [kryɛl] **adj** cruel.

crumble [krœmbœl] **nm** crumble ▸ **crumble (aux pommes)** (apple) crumble.

crustacés [krystase] **nmpl** shellfish.

cryosphère [kriɔsfɛr] **nf** cryosphere.

crypter [3] [kripte] **vt** to encrypt ▸ **chaîne cryptée** *channel available to subscribers only.*

Cuba [kyba] **n** Cuba.

cubain, e [kybɛ̃, ɛn] **adj** Cuban. ◆ **Cubain, e** **nm, f** Cuban.

cube [kyb] **nm** cube ▸ **mètre cube** cubic metre.

cueillir [41] [kœjir] **vt** to pick.

cuiller [kɥijɛr] **nf** = **cuillère.**

cuillère [kɥijɛr] **nf** spoon ▸ **cuillère à café, petite cuillère** teaspoon ▸ **cuillère à soupe** soup spoon.

cuillerée [kɥijere] **nf** spoonful.

cuir [kɥir] **nm** [matériau] leather.

cuire [98] [kɥir] **vt & vi** **1.** to cook **2.** [pain, gâteau] to bake ▸ **faire cuire** to cook.

cuisine [kɥizin] **nf** **1.** kitchen **2.** [art] cooking ▸ **faire la cuisine** to cook.

cuisiné, e [kɥizine] **adj : plat cuisiné** ready-cooked ou ready-made meal.

cuisiner [3] [kɥizine] **vt & vi** to cook.

cuisinier, ère [kɥizinje, ɛr] **nm, f** cook.

cuisinière [kɥizinjɛr] **nf** [fourneau] cooker ; → **cuisinier.**

cuisse [kɥis] **nf** **1.** thigh **2.** [de volaille] leg ▸ **cuisses de grenouille** frog's legs.

cuisson [kɥisɔ̃] **nf** cooking.

cuit, e [kɥi, kɥit] **adj** cooked ▸ **bien cuit** well-done.

cuivre [kɥivr] **nm** copper.

cul [ky] **nm** *vulg* [fesses] arse UK, ass US.

culasse [kylas] **nf** → **joint**

culminant, e [kylminɑ̃, ɑ̃t] **adj : point culminant** highest point.

culot [kylo] **nm** *fam* [toupet] nerve, cheek UK ▸ **avoir du culot** to have a lot of nerve.

culotte [kylɔt] **nf** [slip] knickers *pl* ▸ **culotte de cheval** [vêtement] jodhpurs *pl*.

culte [kylt] **nm** **1.** [adoration] worship **2.** [religion] religion.

cultivateur, trice [kyltivatœr, tris] **nm, f** farmer.

cultivé, e [kyltive] **adj** [personne] educated, cultured.

cultiver [3] [kyltive] **vt** **1.** [terre, champ] to cultivate **2.** [blé, maïs, etc.] to grow. ◆ **se cultiver vp** to improve one's mind.

culture [kyltyr] **nf** **1.** [plante] crop **2.** [connaissances] knowledge **3.** [civilisation] culture. ◆ **cultures nfpl** cultivated land.

culturel, elle [kyltyrɛl] **adj** cultural.

cumin [kymɛ̃] **nm** cumin.

cure [kyʀ] **nf** (course of) treatment ▸ **cure de désintoxication** a) [d'alcool] drying-out treatment b) [de drogue] detoxification treatment ▸ **faire une cure thermale** to undergo treatment at a spa.

curé [kyre] **nm** parish priest.

cure-dents [kyrdɑ̃] **nm inv** toothpick.

curieux, euse [kyrjø, øz] ◆ **adj** **1.** [indiscret] inquisitive **2.** [étrange] curious. ◆ **nmpl** onlookers.

curiosité [kyrjozite] **nf** curiosity. ◆ **curiosités nfpl** [touristiques] unusual things to see.

curriculum vitae [kyʀikylɔmvite] **nm inv** curriculum vitae UK, résumé US.

curry [kyri] **nm** **1.** [épice] curry powder **2.** [plat] curry.

curseur [kuʀsœʀ] **nm** cursor ▸ **positionner le curseur sur...** place the cursor over...

cutané, e [kytane] **adj** cutaneous, skin *(avant n)*.

cutanée [kytane] **adj f** → **éruption**.

cuvée [kyve] **nf** [récolte] vintage.

cuvette [kyvɛt] **nf** **1.** basin **2.** [des WC] bowl.

CV **nm** **1.** *(abr de* **curriculum vitae***)* CV, résumé US **2.** AUTO *(abr écrite de* **cheval***)* hp ▸ **envoyez un CV et une lettre de motivation** send a CV UK ou résumé US and cover letter.

cybercafé [sibɛrkafe] **nm** cybercafé, Internet café.

cybercrime [sibɛʀkʀim] **nm** cybercrime.

cyberharcèlement [sibɛʀarsɛlmɑ̃] **nm** cyber harassment, online harassment.

cybersexe [sibɛʀsɛks] **nm** cybersex.

cyclable [siklabl] **adj** → **piste**.

cycle [sikl] **nm** **1.** cycle **2.** [de films] season.

cyclisme [siklism] **nm** cycling.

cycliste [siklist] ◆ **nmf** cyclist. ◆ **nm** [short] cycling shorts *pl*. ◆ **adj : course cycliste** a) [épreuve] cycle race b) [activité] cycling.

cyclone [siklon] **nm** cyclone.

cygne [siɲ] **nm** swan.

cylindre [silɛ̃dr] **nm** cylinder.

cymbale [sɛ̃bal] **nf** cymbal.

cynique [sinik] **adj** cynical.

cyprès [siprɛ] **nm** cypress.

cypriote, Cypriote → **chypriote**.

Dd

DAB [dab] **nm** *(abr écrite de* **distributeur automatique de billets**) ATM *(automatic* ou *automated teller machine)*.

dactylo [daktilo] **nf** [secrétaire] typist.

daim [dɛ̃] **nm 1.** [animal] (fallow) deer **2.** [peau] suede.

dalle [dal] **nf** slab ▸ **avoir la dalle** *fam* [avoir faim] to be starving.

daltonien, enne [daltɔnjɛ̃, ɛn] **adj** colour-blind UK, color-blind US.

Damas [damas] **n** Damascus.

dame [dam] **nf 1.** lady **2.** [aux cartes] queen ▸ **dame blanche** *vanilla, chocolate ice cream with chantilly.* ◆ **dames nfpl** [jeu] draughts UK, checkers US.

damier [damje] **nm** [de dames] draughtboard UK, checkerboard US.

Danemark [danmark] **nm : le Danemark** Denmark.

danger [dɑ̃ʒe] **nm** danger ▸ **être en danger** to be in danger.

dangereux, euse [dɑ̃ʒrø, øz] **adj** dangerous.

danois, e [danwa, az] ◆ **adj** Danish. ◆ **nm** [langue] Danish. ◆ **Danois, e nm, f** Dane.

dans [dɑ̃] ◆ **prép 1.** [indique la situation] in ▸ **je vis dans le sud de la France** I live in the south of France **2.** [indique la direction] into ▸ **vous allez dans la mauvaise direction** you're going in the wrong direction **3.** [indique la provenance] from ▸ **choisissez un dessert dans le menu** choose a dessert from the menu **4.** [indique le moment] in ▸ **dans combien de temps arrivons-nous ?** how long before we get there? ▸ **le spectacle commence dans cinq minutes** the show begins in five minutes **5.** [indique une approximation] **: ça doit coûter dans les 30 euros** that must cost around 30 euros.

danse [dɑ̃s] **nf : la danse** dancing ▸ **une danse** a dance ▸ **danse classique** ballet dancing ▸ **danse moderne** modern dancing.

danser [3] [dɑ̃se] **vt & vi** to dance.

danseur, euse [dɑ̃sœr, øz] **nm, f 1.** [de salon] dancer **2.** [classique] ballet dancer.

Danube [danyb] **n : le Danube** the (River) Danube.

darne [darn] **nf** steak *(of fish)*.

date [dat] **nf** date ▸ **date limite** deadline ▸ **date de naissance** date of birth ▸ **'date limite de consommation'** 'use-by date' ▸ **'date limite de vente'** 'sell-by date'.

dater [3] [date] ◆ **vt** to date. ◆ **vi** [être vieux] to be dated ▸ **dater de** [remonter à] to date from.

datte [dat] **nf** date.

daube [dob] **nf : (bœuf en) daube** *beef stew cooked with wine.*

dauphin [dofɛ̃] **nm** [animal] dolphin.

dauphine [dofin] **nf** → **pomme**.

dauphinois [dofinwa] **adj m** → **gratin**.

daurade [dɔrad] **nf** sea bream.

davantage [davɑ̃taʒ] **adv** more ▸ **davantage de temps** more time.

de [də] ◆ prép **1.** [indique l'appartenance] of ▸ **la porte du salon** the living room door ▸ **le frère de Pierre** Pierre's brother **2.** [indique la provenance] from ▸ **d'où êtes-vous ? — de Bordeaux** where are you from? — Bordeaux **3.** [avec « à »] **: de Paris à Tokyo** from Paris to Tokyo ▸ **de la mi-août à début septembre** from mid-August to the beginning of September **4.** [indique une caractéristique] **: une statue de pierre** a stone statue ▸ **des billets de 100 euros** 100-euro notes ▸ **l'avion de 7 h 20** the 7:20 plane ▸ **un jeune homme de 25 ans** a young man of 25 **5.** [introduit un complément] **: parler de qqch** to talk about sthg ▸ **arrêter de faire qqch** to stop doing sthg **6.** [désigne le contenu] of ▸ **une bouteille d'eau minérale** a bottle of mineral water **7.** [parmi] of ▸ **certaines de ces plages sont polluées** some of these beaches are polluted ▸ **la moitié du temps / de nos clients** half (of) the time / (of) our customers **8.** [indique le moyen] with ▸ **saluer qqn d'un mouvement de tête** to greet sb with a nod **9.** [indique la manière] **: d'un air distrait** absent-mindedly **10.** [indique la cause] **: hurler de douleur** to scream with pain ▸ **je meurs de faim !** I'm starving!
◆ art some ▸ **je voudrais du vin / du lait** I'd like some wine / some milk ▸ **ils n'ont pas d'enfants** they don't have any children ▸ **avez-vous du pain ?** do you have any bread?

dé [de] **nm** [à jouer] dice ▸ **dé (à coudre)** thimble.

déballer [3] [debale] **vt 1.** [affaires] to unpack **2.** [cadeau] to unwrap.

débarbouiller [3] [debarbuje] ◆ **se débarbouiller vp** to wash one's face.

débarcadère [debaʀkadɛʀ] **nm 1.** NAUT landing stage **2.** QUÉBEC [zone réservée] unloading dock.

débardeur [debardœr] **nm** [T-shirt] sleeveless T-shirt UK, tank top US.

débarquer [3] [debarke] ◆ **vt** to unload. ◆ **vi** to disembark.

débarras [debara] **nm** junk room ▸ **bon débarras !** good riddance!

débarrasser [3] [debarase] **vt 1.** to clear up **2.** [table] to clear ▸ **débarrasser qqn de** [vêtement, paquets] to relieve sb of. ◆ **se débarrasser de vp + prép 1.** [vêtement] to take off **2.** [paquets] to put down **3.** [personne] to get rid of.

débat [deba] **nm** debate.

débattre [83] [debatr] ◆ **vt** to discuss. ◆ **vi** to debate ▸ **débattre (de) qqch** to debate sthg. ◆ **se débattre vp** to struggle.

débile [debil] **adj** *fam* stupid.

débit [debi] **nm 1.** [d'eau] flow **2.** [bancaire] debit **3.** INFORM rate ▸ **le bas / haut débit** low-speed / high-speed Internet access.

débiter [3] [debite] **vt** [compte] to debit.

déblayer [11] [debleje] **vt** to clear.

débloquer [3] [deblɔke] ◆ **vt 1.** to unjam **2.** [crédits] to unfreeze. ◆ **vi** *fam* to talk nonsense ▸ **il a réussi à débloquer la situation** he managed to get things moving again.

déboguer [3] [debɔge] **vt** to debug.

déboîter [3] [debwate] ◆ **vt 1.** [objet] to dislodge **2.** [os] to dislocate. ◆ **vi** [voiture] to pull out. ◆ **se déboîter vp : se déboîter l'épaule** to dislocate one's shoulder.

débordé, e [deborde] **adj : être débordé (de travail)** to be snowed under (with work).

déborder [3] [debɔrde] **vi** to overflow.

débouché [debuʃe] **nm** 1. [de vente] outlet 2. [de travail] opening.

déboucher [3] [debuʃe] **vt** 1. [bouteille] to open 2. [nez, tuyau] to unblock. ◆ **déboucher sur** v + prép to lead to.

débourser [3] [deburse] **vt** to pay out.

debout [dəbu] **adv** 1. [sur ses pieds] standing (up) 2. [verticalement] upright ▸ **être debout** [réveillé] to be up ▸ **se mettre debout** to stand up ▸ **tenir debout** to stand up.

déboutonner [3] [debutɔne] **vt** to unbutton.

débraillé, e [debraje] **adj** dishevelled.

débrancher [3] [debrɑ̃ʃe] **vt** 1. [appareil] to unplug 2. [prise] to remove.

débrayer [11] [debreje] **vi** to declutch.

débriefer [3] [debʀife] **vt** to debrief.

débris [debri] **nmpl** pieces.

débrouiller [3] [debruje] ◆ **se débrouiller** vp to get by ▸ **se débrouiller pour faire qqch** to manage to do sthg.

débuguer [3] [debœge] **vt** = **déboguer**.

début [deby] **nm** start ▸ **au début (de)** at the start (of).

débutant, e [debytɑ̃, ɑ̃t] **nm, f** beginner.

débuter [3] [debyte] **vi** 1. to start 2. [dans une carrière] to start out.

déca [deka] *abr de* **décaféiné**

décaféiné, e [dekafeine] **adj** decaffeinated.

décalage [dekalaʒ] **nm** gap ▸ **décalage horaire** time difference.

décalcomanie [dekalkɔmani] **nf** transfer.

décalé, e [dekale] **adj** [style, humour] off-beat, quirky.

décaler [3] [dekale] **vt** 1. [déplacer] to move 2. [avancer dans le temps] to bring forward 3. [retarder] to put back.

décalquer [3] [dekalke] **vt** to trace.

décapant [dekapɑ̃] **nm** stripper. ◆ **décapant, e** [dekapɑ̃, ɑ̃t] **adj** *fig* caustic ▸ **un produit décapant** a stripper.

décaper [3] [dekape] **vt** to strip.

décapiter [3] [dekapite] **vt** to behead.

décapotable [dekapɔtabl] **nf : (voiture) décapotable** convertible.

décapsuler [3] [dekapsyle] **vt** to open.

décapsuleur [dekapsylœr] **nm** bottle opener.

décarbonation [dekarbɔnasjɔ̃], **décarbonisation** [dekarbɔnizasjɔ̃] **nf** decarbonization.

décédé, e [desede] **adj** deceased.

décéder [18] [desede] **vi** *sout* to pass away.

décembre [desɑ̃br] **nm** December ▸ **en décembre, au mois de décembre** in December ▸ **début décembre** at the beginning of December ▸ **fin décembre** at the end of December ▸ **le deux décembre** the second of December.

décennie [deseni] **nf** decade.

décent, e [desɑ̃, ɑ̃t] **adj** decent.

déception [desɛpsjɔ̃] **nf** disappointment.

décerner [3] [desɛrne] **vt** [prix] to award.

décès [desɛ] **nm** death.

décevant, e [desvɑ̃, ɑ̃t] **adj** disappointing.

décevoir [52] [desəvwar] **vt** to disappoint.

déchaîner [4] [deʃene] **vt** [colère, rires] to spark off. ◆ **se déchaîner vp 1.** [personne] to fly into a rage **2.** [tempête] to break.

décharge [deʃarʒ] **nf 1.** [d'ordures] rubbish dump UK, garbage dump US **2.** [électrique] electric shock.

décharger [17] [deʃarʒe] **vt 1.** to unload **2.** [tirer avec] to fire.

déchausser [3] [deʃose] ◆ **se déchausser vp** to take one's shoes off.

déchets [deʃɛ] **nmpl** waste *sg*.

déchiffrer [3] [deʃifre] **vt 1.** [lire] to decipher **2.** [décoder] to decode.

déchiqueter [27] [deʃikte] **vt** to shred.

déchiré, e [deʃiʀe] **adj 1.** torn, ripped **2.** MÉD torn.

déchirer [3] [deʃire] **vt 1.** [lettre, page] to tear up **2.** [vêtement, nappe] to tear. ◆ **se déchirer vp** to tear.

déchirure [deʃiryr] **nf** tear ▸ **déchirure musculaire** torn muscle.

déci [desi] **nm** SUISSE *small glass of wine*.

décidé, e [deside] **adj** determined ▸ **c'est décidé** it's settled.

décidément [desidemɑ̃] **adv** really ▸ **décidément, je n'ai pas de chance !** I sure am unlucky!

décider [3] [deside] **vt** to decide ▸ **décider qqn (à faire qqch)** to persuade sb (to do sthg) ▸ **décider de faire qqch** to decide to do sthg. ◆ **se décider vp : se décider (à faire qqch)** to make up one's mind (to do sthg).

décilitre [desilitʀ] **nm** decilitre UK, deciliter US.

décimal, e, aux [desimal, o] **adj** decimal.

décimètre [desimɛtʀ] **nm 1.** [dixième de mètre] decimetre UK, decimeter US **2.** [règle] ruler ▸ **double décimètre** ≃ foot rule.

décisif, ive [desizif, iv] **adj** decisive.

décision [desizjɔ̃] **nf** decision.

déclaration [deklarasjɔ̃] **nf** announcement ▸ **déclaration d'impôts** tax return ▸ **faire une déclaration de vol** to report a theft.

déclarer [3] [deklare] **vt 1.** to declare **2.** [vol] to report ▸ **rien à déclarer** nothing to declare. ◆ **se déclarer vp** [épidémie, incendie] to break out.

déclencher [3] [deklɑ̃ʃe] **vt 1.** [mécanisme] to set off **2.** [guerre] to trigger off.

déclic [deklik] **nm** click ▸ **j'ai eu un déclic** *fig* it suddenly clicked.

décliner [3] [dekline] ◆ **vi** [population, popularité] to decline. ◆ **vt 1.** [offre, honneur] to decline **2.** GRAMM to decline.

décoiffer [3] [dekwafe] **vt : décoiffer qqn** to mess up sb's hair.

décollage [dekɔlaʒ] **nm** take-off.

décoller [3] [dekɔle] ◆ **vt 1.** to unstick **2.** [papier peint] to strip. ◆ **vi** [avion] to take off. ◆ **se décoller vp** to come unstuck.

décolleté, e [dekɔlte] ◆ **adj** low-cut. ◆ **nm** neckline.

décoloré, e [dekɔlɔʀe] **adj 1.** [fané] faded **2.** [blondi] bleached ▸ **une femme décolorée** a peroxide ou bleached blonde.

décolorer [3] [dekɔlɔre] **vt** to bleach.

décombres [dekɔ̃br] **nmpl** debris *sg*.

décommander [3] [dekɔmɑ̃de] **vt** to cancel. ◆ **se décommander vp** to cancel.

décomposer [3] [dekɔ̃poze] **vt : décomposer qqch en** to break sthg down into. ◆ **se décomposer vp** [pourrir] to decompose.

décompresser [4] [dekɔ̃pʀese] **vt** to decompress.

déconcentrer [3] [dekɔ̃nsɑ̃ntre] ◆ **se déconcentrer vp** to lose one's concentration.

déconcerter [3] [dekɔ̃sɛrte] **vt** to disconcert.

déconfinement [dekɔ̃finmɑ̃] **nm** MÉD end of lockdown, lifting lockdown.

déconfiner [3] [dekɔ̃fine] **vt** MÉD to lift lockdown.

décongeler [25] [dekɔ̃ʒle] **vt** to defrost.

décongestionnant, e [dekɔ̃ʒɛstjɔnɑ̃, ɑ̃t] **adj** MÉD decongestant. ◆ **décongestionnant nm** [médicament] decongestant.

déconnecter [4] [dekɔnɛkte] **vt** to disconnect ▸ **être déconnecté** *fam* to be out of touch. ◆ **se déconnecter vp** INFORM to disconnect, to log off.

déconner [3] [dekɔne] **vi** *vulg* [dire] to talk crap ou rubbish UK; [faire] to mess ou muck UK around.

déconnexion [dekɔnɛksjɔ̃] **nf** INFORM logging off.

déconseiller [4] [dekɔ̃seje] **vt : déconseiller qqch à qqn** to advise sb against sthg ▸ **déconseiller à qqn de faire qqch** to advise sb against doing sthg.

décontracté, e [dekɔ̃trakte] **adj** relaxed.

décontracter [3] [dekɔ̃tʀakte] **vt** to relax. ◆ **se décontracter vp** to relax.

décor [dekɔr] **nm** 1. scenery 2. [d'une pièce] décor.

décorateur, trice [dekɔratœr, tris] **nm, f** 1. [d'intérieurs] (interior) decorator 2. [de théâtre] designer.

décoration [dekɔrasjɔ̃] **nf** decoration.

décorer [3] [dekɔre] **vt** to decorate.

décortiquer [3] [dekɔrtike] **vt** to shell.

découdre [86] [dekudr] **vt** to unpick. ◆ **se découdre vp** to come unstitched ▸ **je voudrais faire réparer mon ourlet qui s'est décousu** I'd like to have my hem mended, the stitches have come out of it.

découler [3] [dekule] ◆ **découler de v + prép** to follow from.

découper [3] [dekupe] **vt** 1. [gâteau] to cut (up) 2. [viande] to carve 3. [images, photos] to cut out.

découragé, e [dekuraʒe] **adj** dismayed.

décourager [17] [dekuraʒe] **vt** to discourage. ◆ **se décourager vp** to lose heart.

décousu, e [dekuzy] **adj** 1. undone 2. [raisonnement, conversation] disjointed.

découvert, e [dekuvɛr, ɛrt] ◆ **pp** → **découvrir.** ◆ **nm** [bancaire] overdraft ▸ **être à découvert** to be overdrawn.

découverte [dekuvɛrt] **nf** discovery.

découvrir [34] [dekuvrir] **vt** 1. to discover 2. [ôter ce qui couvre] to uncover.

décrire [99] [dekrir] **vt** to describe.

décrocher [3] [dekrɔʃe] **vt** [tableau] to take down ▸ **décrocher (le téléphone)** [pour répondre] to pick up the phone. ◆ **se décrocher vp** to fall down.

déçu, e [desy] ◆ **pp** → **décevoir.** ◆ **adj** disappointed.

dédaigner [4] [dedeɲe] **vt** to despise.

dédain [dedɛ̃] **nm** disdain.

dedans [dədɑ̃] **adv & nm** inside ▸ **en dedans** inside.

dédicacer [16] [dedikase] **vt : dédicacer un livre à qqn** to autograph a book for sb.

dédier [9] [dedje] **vt : dédier une chanson à qqn** to dedicate a song to sb.

dédommagement [dedɔmaʒmɑ̃] **nm** compensation.

dédommager [17] [dedɔmaʒe] **vt** to compensate.

dédouaner [3] [dedwane] **vt** [marchandises] to clear through customs.

déduction [dedyksjɔ̃] **nf** deduction.

déduire [98] [dedɥir] **vt : déduire qqch (de) a)** [soustraire] to deduct sthg (from) **b)** [conclure] to deduce sthg (from).

déduit, e [dedɥi, it] **pp** → **déduire**.

déesse [deɛs] **nf** goddess.

défaillance [defajɑ̃s] **nf** [d'une machine] failure ; [d'une personne, organisation] weakness.

défaillant, e [defajɑ̃, ɑ̃t] **adj** [vue] failing.

défaire [109] [defɛr] **vt 1.** [nœud] to undo **2.** [valise] to unpack **3.** [lit] to strip. ◆ **se défaire vp** [nœud, coiffure] to come undone.

défait, e [defɛ, ɛt] **pp & 3ᵉ pers. du sg de l'ind. prés.** → **défaire**.

défaite [defɛt] **nf** defeat.

défaut [defo] **nm 1.** [de caractère] fault **2.** [imperfection] flaw ▸ **à défaut de** for lack of.

défavorable [defavɔrabl] **adj** unfavourable.

défavorisé, e [defavɔrize] **adj** [milieu] underprivileged ; [région] depressed.

défavoriser [3] [defavɔrize] **vt** to penalize.

défectueux, euse [defɛktɥø, øz] **adj** defective.

défendre [73] [defɑ̃dr] **vt** to defend ▸ **défendre qqch à qqn** to forbid sb sthg ▸ **défendre à qqn de faire qqch** to forbid sb to do sthg. ◆ **se défendre vp** to defend o.s.

défense [defɑ̃s] **nf 1.** defence **2.** [d'éléphant] tusk ▸ **prendre la défense de qqn** to stand up for sb ▸ **'défense de déposer des ordures'** 'no dumping' ▸ **'défense d'entrer'** 'no entry'.

défi [defi] **nm** challenge ▸ **lancer un défi à qqn** to challenge sb.

déficit [defisit] **nm** deficit.

déficitaire [defisitɛr] **adj** in deficit.

défier [9] [defje] **vt** to challenge ▸ **défier qqn de faire qqch** to challenge sb to do sthg.

défigurer [3] [defigyre] **vt** to disfigure.

défilé [defile] **nm 1.** [militaire] parade **2.** [gorges] defile ▸ **défilé de mode** fashion show.

défilement [defilmɑ̃] **nm** scrolling ▸ **défilement vers le haut / bas** scrolling up / down.

défiler [3] [defile] **vi** [manifestants, soldats] to march past ▸ **faire défiler** INFORM to scroll.

définir [32] [definir] **vt** to define.

définitif, ive [definitif, iv] **adj** definitive ▸ **en définitive** when all is said and done.

définition [definisjɔ̃] **nf** definition.

définitivement [definitivmɑ̃] **adv** permanently.

défoncer [16] [defɔ̃se] **vt** **1.** [porte, voiture] to smash in **2.** [terrain, route] to break up.

déforestation [defɔrɛstasjɔ̃] **nf** deforestation.

déformé, e [defɔrme] **adj** **1.** [vêtement] shapeless **2.** [route] uneven.

déformer [3] [defɔrme] **vt** **1.** to deform **2.** *fig* [réalité] to distort.

défouler [3] [defule] ◆ **se défouler** **vp** to unwind.

défragmentation [defʀagmɑ̃tasjɔ̃] **nf** defragmenting.

défragmenter [3] [defʀagmɑ̃te] **vt** to defragment.

défricher [3] [defriʃe] **vt** to clear.

défunt, e [defœ̃, œ̃t] ◆ **adj** [décédé] late. ◆ **nm, f** deceased.

dégager [17] [degaʒe] **vt** **1.** [déblayer] to clear **2.** [fumée, odeur] to give off ▸ **dégager qqn / qqch de** to free sb / sthg from. ◆ **se dégager** **vp** **1.** to free o.s. **2.** [ciel] to clear ▸ **se dégager de** **a)** [se libérer de] to free o.s. from **b)** [fumée, odeur] to be given off from.

dégainer [4] [degene] **vt & vi** to draw.

dégarni, e [degarni] **adj** [crâne, personne] balding.

dégâts [dega] **nmpl** damage ▸ **faire des dégâts** to cause damage.

dégel [deʒɛl] **nm** thaw.

dégeler [25] [deʒle] ◆ **vt** **1.** to de-ice **2.** [atmosphère] to warm up. ◆ **vi** to thaw.

dégénérer [18] [deʒenere] **vi** to degenerate.

dégivrage [deʒivraʒ] **nm** AUTO de-icing.

dégivrer [3] [deʒivre] **vt** **1.** [pare-brise] to de-ice **2.** [réfrigérateur] to defrost.

dégonflé, e [degɔ̃fle] ◆ **adj** [pneu, roue] flat. ◆ **nm, f** *fam* [personne] chicken, yellow-belly.

dégonfler [3] [degɔ̃fle] **vt** to let down. ◆ **se dégonfler** **vp** **1.** to go down **2.** *fam* [renoncer] to chicken out.

dégouliner [3] [deguline] **vi** to trickle.

dégourdi, e [degurdi] **adj** smart.

dégourdir [32] [degurdir] ◆ **se dégourdir** **vp : se dégourdir les jambes** to stretch one's legs.

dégoût [degu] **nm** disgust.

dégoûtant, e [degutɑ̃, ɑ̃t] **adj** disgusting.

dégoûté, e [degute] **adj** [écœuré] disgusted ▸ **dégoûté de** sick of ▸ **elle m'a regardé d'un air dégoûté** she gave me a look of disgust.

dégoûter [3] [degute] **vt** to disgust ▸ **dégoûter qqn de qqch** to put sb off sthg.

dégrader [3] [degʀade] **vt** [bâtiment] to damage. ◆ **se dégrader** **vp** [bâtiment, santé] to deteriorate.

dégrafer [3] [degrafe] **vt** **1.** [papiers] to unstaple **2.** [vêtement] to undo.

degré [dəgre] **nm** degree ▸ **du vin à 12 degrés** 12 % proof wine.

dégressif, ive [degresif, iv] **adj** decreasing.

dégringoler [3] [degrɛ̃gɔle] **vi** to tumble.

dégueulasse [degœlas] **adj** *fam* **1.** [sale] filthy **2.** [mauvais] lousy.

déguisement [degizmɑ̃] **nm** [pour bal masqué] fancy dress.

déguiser [3] [degize] **vt** to disguise. ◆ **se déguiser vp : se déguiser (en)** [à un bal masqué] to dress up (as).

dégustation [degystasjɔ̃] **nf** tasting.

déguster [3] [degyste] **vt** [goûter] to taste.

dehors [dəɔr] **adv & nm** outside ▸ **jeter** ou **mettre qqn dehors** to throw sb out ▸ **se pencher en dehors** to lean out ▸ **en dehors de** a) outside b) [sauf] apart from.

déjà [deʒa] **adv** already ▸ **es-tu déjà allé à Bordeaux ?** have you ever been to Bordeaux?

déjeuner [5] [deʒœne] ◆ **nm 1.** lunch **2.** [petit déjeuner] breakfast. ◆ **vi 1.** [à midi] to have lunch **2.** [le matin] to have breakfast ▸ **inviter qqn à déjeuner** to invite sb to lunch ▸ **déjeuner d'affaires** business lunch.

délabré, e [delabre] **adj** ruined.

délacer [16] [delase] **vt** to undo.

délai [delɛ] **nm 1.** [durée] deadline **2.** [temps supplémentaire] extension ▸ **dans un délai de trois jours** within three days.

délasser [3] [delase] **vt** to refresh. ◆ **se délasser vp** to relax.

délavé, e [delave] **adj** faded.

délayer [11] [deleje] **vt** to mix.

Delco® [dɛlko] **nm** distributor.

délégué, e [delege] **nm, f** delegate.

déléguer [18] [delege] **vt : déléguer qqn (à qqch)** to delegate sb (to sthg).

délibéré, e [delibeʀe] **adj** [intentionnel] deliberate.

délibérément [deliberemɑ̃] **adv** deliberately.

délicat, e [delika, at] **adj 1.** delicate **2.** [plein de tact] sensitive **3.** [exigeant] fussy.

délicatement [delikatmɑ̃] **adv** delicately.

délice [delis] **nm** delight.

délicieux, euse [delisjø, øz] **adj** delicious.

délimiter [3] [delimite] **vt** [terrain] to demarcate.

délinquance [delɛ̃kɑ̃s] **nf** criminality ▸ **acte de délinquance** criminal act ▸ **délinquance informatique** cybercrime.

délinquant, e [delɛ̃kɑ̃, ɑ̃t] **nm, f** delinquent.

délirer [3] [delire] **vi** to be delirious.

délit [deli] **nm** offence UK, misdemeanor US ▸ **prendre qqn en flagrant délit** to catch sb red-handed.

délivrer [3] [delivre] **vt 1.** [prisonnier] to release **2.** [autorisation, reçu] to issue.

délocaliser [3] [delɔkalize] **vt** to relocate.

déloyal, e, aux [delwajal, o] **adj** unfair.

delta [dɛlta] **nm** delta.

deltaplane [dɛltaplan] **nm** hang-glider.

déluge [delyʒ] **nm** [pluie] downpour.

démago [demago] *fam* ◆ **adj : il est démago** he's a demagogue. ◆ **nmf** demagogue.

demain [dəmɛ̃] **adv** tomorrow ▸ **à demain !** see you tomorrow! ▸ **demain matin / soir** tomorrow morning / evening.

demande [dəmɑ̃d] **nf 1.** [réclamation] application **2.** [formulaire] application form ▸ **'demandes d'emploi'** 'situations wanted'.

demander [3] [dəmɑ̃de] **vt 1.** to ask for **2.** [heure] to ask **3.** [nécessiter] to require ▸ **demander qqch à qqn a)** [interroger] to ask sb sthg **b)** [exiger] to ask sb for sthg ▸ **demander à qqn de faire qqch** to ask sb to do sthg. ◆ **se demander vp** to wonder.

⚠ To **demand** est un faux ami, il signifie ***exiger*** et non « demander ».

demandeur, euse [dəmɑ̃dœr, øz] **nm, f : demandeur d'emploi** job-seeker.

démangeaison [demɑ̃ʒɛzɔ̃] **nf** itch ▸ **avoir des démangeaisons** to itch.

démanger [17] [demɑ̃ʒe] **vt : mon bras me démange** my arm is itchy.

démaquillant [demakijɑ̃] **nm** cleanser. ◆ **démaquillant, e** [demakijɑ̃, ɑ̃t] **adj** cleansing *(avant n)* ▸ **lotion démaquillante** cleansing lotion.

démaquiller [3] [demakije] ◆ **se démaquiller vp** to remove one's make-up.

démarche [demarʃ] **nf 1.** [allure] bearing **2.** [administrative] step ▸ **faire des démarches pour obtenir qqch** to go through administrative procedures to get sthg.

démarque [demark] **nf** reduction ▸ **'dernière démarque'** 'final reduction'.

démarrage [demaraʒ] **nm** start.

démarrer [3] [demare] **vi** to start.

démarreur [demarœr] **nm** starter.

démasquer [3] [demaske] **vt** [identifier] to expose.

démêlant, e [demɛlɑ̃, ɑ̃t] **adj** conditioning. ◆ **démêlant nm** conditioner.

démêler [4] [demele] **vt** to untangle.

déménagement [demenaʒmɑ̃] **nm** removal.

déménager [17] [demenaʒe] ◆ **vi** to move (house). ◆ **vt** to move.

déménageur [demenaʒœʀ] **nm** removal man UK, mover US.

démener [19] [demne] ◆ **se démener vp 1.** [bouger] to struggle **2.** [faire des efforts] to exert o.s.

dément, e [demɑ̃, ɑ̃t] **adj 1.** demented **2.** *fam* [incroyable] crazy.

démentir [37] [demɑ̃tir] **vt** to deny.

démerder [3] [demɛrde] ◆ **se démerder vp** *vulg* [se débrouiller] to (know how to) look after o.s.

démesuré, e [deməzyre] **adj** enormous.

démettre [84] [demɛtr] ◆ **se démettre vp : se démettre l'épaule** to dislocate one's shoulder.

demeure [dəmœr] **nf** [manoir] mansion.

demeurer [5] [dəmœre] **vi 1.** *sout* [habiter] to live **2.** [rester] to remain.

demi, e [dəmi] ◆ **adj** half. ◆ **nm** [bière] ≃ half-pint ▸ **cinq heures et demie** half past five ▸ **un demi-kilo de** half a kilo of ▸ **à demi fermé** half-closed.

demi-bouteille [dəmibutɛj] (*pl* **demi-bouteilles**) **nf** half-bottle.

demi-douzaine [dəmiduzɛn] (*pl* **demi-douzaines**) **nf** half-dozen ▸ **une demi-douzaine (de)** half a dozen.

demi-finale [dəmifinal] (*pl* **demi-finales**) **nf** semifinal.

demi-finaliste [dəmifinalist] (*pl* **demi-finalistes**) nmf semifinalist.

demi-frère [dəmifrɛr] (*pl* **demi-frères**) nm half-brother.

demi-heure [dəmijœr] (*pl* **demi-heures**) nf : **une demi-heure** half an hour ▸ **toutes les demi-heures** every half hour.

demi-journée [dəmiʒuʀne] (*pl* **demi-journées**) nf half a day, half-day.

demi-litre [dəmilitʀ] (*pl* **demi-litres**) nm half a litre UK ou liter US, half-litre UK, half-liter US.

demi-pension [dəmipɑ̃sjɔ̃] (*pl* **demi-pensions**) nf **1.** [à l'hôtel] half board **2.** [à l'école] : **être en demi-pension** to have school dinners.

demi-pensionnaire [dəmipɑ̃sjɔnɛr] (*pl* **demi-pensionnaires**) nmf *child who has school dinners.*

démis, e [demi, iz] pp → **démettre**

demi-saison [dəmisɛzɔ̃] (*pl* **demi-saisons**) nf : **de demi-saison** [vêtement] mid-season.

demi-sœur [dəmisœʀ] (*pl* **demi-sœurs**) nf half-sister.

démission [demisjɔ̃] nf resignation ▸ **donner sa démission** to hand in one's notice.

démissionner [3] [demisjɔne] vi to resign.

demi-tarif [dəmitarif] (*pl* **demi-tarifs**) nm half price.

demi-tour [dəmitur] (*pl* **demi-tours**) nm **1.** [à pied] about-turn **2.** [en voiture] U-turn ▸ **faire demi-tour** to turn back.

démocratie [demɔkrasi] nf democracy.

démocratique [demɔkratik] adj democratic.

démocratiser [3] [demɔkratize] vt to democratize.

démodé, e [demɔde] adj old-fashioned.

demoiselle [dəmwazɛl] nf young lady ▸ **demoiselle d'honneur** [à un mariage] bridesmaid.

démolir [32] [demɔlir] vt to demolish.

démon [demɔ̃] nm devil.

démonstratif, ive [demɔ̃stratif, iv] adj demonstrative.

démonstration [demɔ̃strasjɔ̃] nf demonstration.

démonter [3] [demɔ̃te] vt to take apart.

démontrer [3] [demɔ̃tre] vt to demonstrate.

démoraliser [3] [demɔralize] vt to demoralize.

démotivé, e [demɔtive] adj demotivated.

démouler [3] [demule] vt [gâteau] to turn out of a mould.

démuni, e [demyni] adj **1.** [pauvre] destitute **2.** [sans défense] powerless, resourceless.

déneiger [23] [deneʒe] vt to clear snow from.

dénicher [3] [deniʃe] vt [trouver] to unearth.

dénivelé [denivle] nm difference in level ou height.

dénivellation [denivɛlasjɔ̃] nf dip.

dénoncer [16] [denɔ̃se] vt to denounce.

dénouement [denumɑ̃] **nm** **1.** [d'intrigue] outcome **2.** [d'une pièce de théâtre] denouement.

dénouer [6] [denwe] **vt** to untie.

dénoyauter [3] [denwajote] **vt** [olives] to pit.

denrée [dɑ̃re] **nf** commodity ▸ **denrée alimentaire** foodstuff.

dense [dɑ̃s] **adj** dense.

dent [dɑ̃] **nf** **1.** tooth **2.** [d'une fourchette] prong ▸ **dent de lait** milk tooth ▸ **dent de sagesse** wisdom tooth.

dentelle [dɑ̃tɛl] **nf** lace.

dentier [dɑ̃tje] **nm** dentures *pl*.

dentifrice [dɑ̃tifris] **nm** toothpaste.

dentiste [dɑ̃tist] **nm** dentist.

Denver [dɑ̃vɛr] **n** → **sabot**.

déodorant [deɔdɔrɑ̃] **nm** deodorant.

déontologique [deɔ̃tɔlɔʒik] **adj** ethical, deontological.

dépannage [depanaʒ] **nm** repair ▸ **service de dépannage** AUTO breakdown service.

dépanner [3] [depane] **vt** **1.** to repair **2.** *fig* [aider] to bail out.

dépanneur [depanœr] **nm** **1.** repairman **2.** QUÉBEC [épicerie] corner shop UK, convenience store US.

dépanneuse [depanøz] **nf** (breakdown) recovery vehicle.

dépareillé, e [depareje] **adj** **1.** [service] incomplete **2.** [gant, chaussette] odd.

départ [depar] **nm** **1.** departure **2.** [d'une course] start ▸ **au départ** [au début] at first ▸ **'départs'** 'departures'.

départager [17] [departaʒe] **vt** to decide between.

département [departəmɑ̃] **nm** **1.** [division administrative] *territorial and administrative division of France* **2.** [service] department.

départementale [departəmɑ̃tal] **nf** : **(route) départementale** ≃ B road UK ; ≃ secondary road.

dépassement [depasmɑ̃] **nm** [sur la route] overtaking UK, passing.

dépasser [3] [depase] ◆ **vt** **1.** [passer devant] to pass **2.** [doubler] to overtake UK, to pass **3.** [en taille] to be taller than **4.** [somme, limite] to exceed. ◆ **vi** [déborder] to stick out ▸ **il dépasse son père d'une tête** he's a head taller than his father.

dépatouiller [3] [depatuje] ◆ **se dépatouiller** **vp** *fam* to manage to get by ▸ **se dépatouiller d'une situation** to get out of OU to wriggle one's way out of a situation.

dépaysant, e [depeizɑ̃, ɑ̃t] **adj** : **un voyage dépaysant** a trip that gives you a complete change of scene.

dépaysement [depeizmɑ̃] **nm** change of scenery.

dépêcher [4] [depeʃe] ◆ **se dépêcher** **vp** to hurry (up) ▸ **se dépêcher de faire qqch** to hurry to do sthg.

dépendre [73] [depɑ̃dr] **vi** : **dépendre de** to depend on ▸ **ça dépend** it depends.

dépens [depɑ̃] ◆ **aux dépens de** **prép** at the expense of ▸ **vivre aux dépens de qqn** to live off sb.

dépense [depɑ̃s] **nf** expense.

dépenser [3] [depɑ̃se] **vt** to spend. ◆ **se dépenser** **vp** [physiquement] to exert o.s.

dépensier, ère [depɑ̃sje, ɛr] **adj** extravagant.

dépistage [depistaʒ] **nm** [de maladie] screening **› dépistage du SIDA** AIDS testing.

dépister [3] [depiste] **vt** [maladie] to screen for.

dépit [depi] **nm** spite **› en dépit de** in spite of.

déplacement [deplasmɑ̃] **nm** [voyage] trip **› en déplacement** away on business.

déplacer [16] [deplase] **vt** to move **› déplacer une réunion / un rendez-vous** to reschedule a meeting / an appointment. **◆ se déplacer vp 1.** to move **2.** [voyager] to travel.

déplaire [110] [deplɛr] **◆ déplaire à v + prép : ça me déplaît** I don't like it.

déplaisant, e [deplɛzɑ̃, ɑ̃t] **adj** unpleasant.

dépliant [deplijɑ̃] **nm** leaflet.

déplier [10] [deplije] **vt** to unfold. **◆ se déplier vp 1.** [chaise] to unfold **2.** [canapé] to fold down.

déplorable [deplɔrabl] **adj** deplorable.

déployer [13] [deplwaje] **vt 1.** [ailes] to spread **2.** [carte] to open out.

déporter [3] [depɔrte] **vt 1.** [prisonnier] to deport **2.** [voiture] to cause to swerve.

déposer [3] [depoze] **vt 1.** [poser] to put down **2.** [laisser] to leave **3.** [argent] to deposit **4.** [en voiture] to drop (off). **◆ se déposer vp** to settle.

dépôt [depo] **nm 1.** deposit **2.** [de marchandises] warehouse **3.** [de bus] depot.

dépotoir [depɔtwar] **nm** rubbish dump UK, garbage dump US.

dépouiller [3] [depuje] **vt** [voler] to rob.

dépourvu, e [depurvy] **adj : dépourvu de** without **› prendre qqn au dépourvu** to catch sb unawares.

dépression [depresjɔ̃] **nf** [atmosphérique] low **› dépression (nerveuse)** (nervous) breakdown.

déprimant, e [depʀimɑ̃, ɑ̃t] **adj** depressing.

déprimer [3] [deprime] **◆ vt** to depress. **◆ vi** to be depressed.

depuis [dəpɥi] **prép & adv** since **› je travaille ici depuis trois ans** I've been working here for three years **› depuis quand est-il marié ?** how long has he been married? **› depuis que nous sommes ici** since we've been here.

député [depyte] **nm** Member of Parliament UK, Representative US.

déraciné, e [deʀasine] **adj** *fig* uprooted **› ils se sentent déracinés** they feel cut off from their roots.

déraciner [3] [derasine] **vt** to uproot.

dérailler [3] [deraje] **vi** [train] to be derailed.

dérailleur [derajœr] **nm** derailleur.

dérangement [derɑ̃ʒmɑ̃] **nm** [gêne] trouble **› en dérangement** out of order.

déranger [17] [derɑ̃ʒe] **vt 1.** [gêner] to bother **2.** [objets, affaires] to disturb **› ça vous dérange si… ?** do you mind if…? **◆ se déranger vp** [se déplacer] to move.

dérapage [derapaʒ] **nm** skid.

déraper [3] [derape] **vi 1.** [voiture, personne] to skid **2.** [lame] to slip.

dérégler [18] [deregle] **vt** to put out of order. ◆ **se dérégler vp** to go wrong.

dérisoire [deʀizwaʀ] **adj** derisory.

dérive [deriv] **nf** NAUT centreboard ▸ **aller à la dérive** to drift.

dérivé [deʀive] **nm : produit dérivé** by-product.

dériver [3] [derive] **vi** [bateau] to drift.

dermato [dɛrmato] **nmf** *fam* dermatologist.

dermatologique [dɛʀmatɔlɔʒik] **adj** skin *(modificateur)*, dermatological.

dermatologue [dɛrmatɔlɔg] **nmf** dermatologist.

dernier, ère [dɛrnje, ɛr] ◆ **adj 1.** last **2.** [récent] latest. ◆ **nm, f** last ▸ **le dernier étage** the top floor ▸ **la semaine dernière** last week ▸ **en dernier a)** [enfin] lastly **b)** [arriver] last.

dernièrement [dɛrnjɛrmɑ̃] **adv** lately.

dérogation [deʀɔgasjɔ̃] **nf** dispensation.

déroulement [deʀulmɑ̃] **nm** [d'événements] development.

dérouler [3] [derule] **vt 1.** [fil] to unwind **2.** [papier] to unroll. ◆ **se dérouler vp** [avoir lieu] to take place.

dérouter [3] [derute] **vt 1.** [surprendre] to disconcert **2.** [dévier] to divert.

derrière [dɛrjɛr] ◆ **prép** behind. ◆ **adv 1.** behind **2.** [dans une voiture] in the back. ◆ **nm 1.** [partie arrière] back **2.** [fesses] bottom.

des [de] ◆ **prép** → **un.** ◆ **art** *(contraction de* **de** *avec* **les***)* → **de**.

dès [dɛ] **prép : dès demain** from tomorrow ▸ **dès notre arrivée** as soon as we arrive / arrived ▸ **dès que** as soon as ▸ **dès que tu seras prêt** as soon as you're ready.

désaccord [dezakɔr] **nm** disagreement ▸ **être en désaccord avec** to disagree with.

désactiver [3] [dezaktive] **vt** [une machine, un logiciel] to deactivate.

désaffecté, e [dezafɛkte] **adj** disused.

désagréable [dezagreabl] **adj** unpleasant.

désagrément [dezagʀemɑ̃] **nm** annoyance.

désaltérer [18] [dezaltere] ◆ **se désaltérer vp** to quench one's thirst.

désamianter [3] [dezamjɑ̃te] **vt** to remove the asbestos from.

désapprobation [dezapʀɔbasjɔ̃] **nf** disapproval.

désapprouver [3] [desapruve] **vt** to disapprove of.

désarçonner [3] [dezarsɔne] **vt** to throw.

désarmer [3] [dezarme] **vt** to disarm.

désastre [dezastr] **nm** disaster.

désastreux, euse [dezastrø, øz] **adj** disastrous.

désavantage [dezavɑ̃taʒ] **nm** disadvantage.

désavantager [17] [dezavɑ̃taʒe] **vt** to put at a disadvantage.

descendant, e [desɑ̃dɑ̃, ɑ̃t] **nm, f** descendant.

descendre [73] [desɑ̃dr] ◆ **vt 1.** [aux avoir] [rue, escalier] to go / come down **2.** [transporter] to bring / take down. ◆ **vi 1.** [aux être] to go / come down **2.** [être en pente] to slope down **3.** [baisser] to fall ▸ **descendre les escaliers en**

courant to run down the stairs ▸ **descendre de** a) [voiture, train] to get out of b) [vélo] to get off c) [ancêtres] to be descended from.

descente [desɑ̃t] **nf** 1. [en avion] descent 2. [pente] slope ▸ **descente de lit** bedside rug.

description [dɛskripsjɔ̃] **nf** description.

désemparé, e [dezɑ̃pare] **adj** helpless.

désengorger [17] [dezɑ̃gɔʀʒe] **vt** to unblock, to clear.

déséquilibre [dezekilibr] **nm** [différence] imbalance ▸ **en déséquilibre** [instable] unsteady.

déséquilibré, e [dezekilibre] **nm, f** unbalanced person.

déséquilibrer [3] [dezekilibre] **vt** to throw off balance.

désert, e [dezɛr, ɛrt] ◆ **adj** deserted. ◆ **nm** desert.

déserter [3] [dezɛrte] **vi** to desert.

désertique [dezɛrtik] **adj** desert.

désespéré, e [dezɛspere] **adj** desperate.

désespérer [18] [dezɛspeʀe] ◆ **vt** [décourager] **: désespérer qqn** to drive sb to despair. ◆ **vi : désespérer (de)** to despair (of). ◆ **se désespérer vp** to despair.

désespoir [dezɛspwar] **nm** despair.

déshabiller [3] [dezabije] **vt** [personne] to undress. ◆ **se déshabiller vp** to get undressed.

désherbant [dezɛrbɑ̃] **nm** weedkiller.

désherber [3] [dezɛrbe] **vt** to weed.

déshonorer [3] [dezɔnɔre] **vt** to disgrace.

déshydraté, e [dezidrate] **adj** 1. [aliment] dried 2. *fig* [assoiffé] dehydrated.

déshydrater [3] [dezidrate] **vt** to dehydrate. ◆ **se déshydrater vp** to become dehydrated.

désigner [3] [deziɲe] **vt** 1. [montrer] to point out 2. [choisir] to appoint.

désillusion [dezilyzjɔ̃] **nf** disillusion.

désinfectant [dezɛ̃fɛktɑ̃] **nm** disinfectant.

désinfecter [4] [dezɛ̃fɛkte] **vt** to disinfect.

désinfection [dezɛ̃fɛksjɔ̃] **nf** disinfection, disinfecting.

désinstaller [3] [dezɛ̃stale] **vt** to uninstall.

désintéressé, e [dezɛ̃terese] **adj** disinterested.

désintéresser [4] [dezɛ̃terese] ◆ **se désintéresser de vp + prép** to lose interest in.

désintoxication [dezɛ̃tɔksikasjɔ̃] **nf** detoxification.

désinvolte [dezɛ̃vɔlt] **adj** carefree.

désir [dezir] **nm** desire.

désirer [3] [dezire] **vt** to want ▸ **vous désirez ?** can I help you? ▸ **laisser à désirer** to leave something to be desired.

désobéir [32] [dezɔbeir] **vi** to disobey ▸ **désobéir à** to disobey.

désobéissant, e [dezɔbeisɑ̃, ɑ̃t] **adj** disobedient.

désodorisant [dezɔdɔrizɑ̃] **nm** air freshener.

désolant, e [dezɔlɑ̃, ɑ̃t] **adj** shocking.

désolé, e [dezɔle] **adj** 1. [personne] distressed 2. [paysage] desolate ▸ **je suis désolé (de)** I'm sorry (to).

désordonné, e [dezɔrdɔne] **adj 1.** untidy **2.** [gestes] wild.

désordre [dezɔrdr] **nm 1.** mess **2.** [agitation] disorder **▸ être en désordre** to be untidy.

désorganisé, e [dezɔʀganize] **adj** disorganized.

désorienté, e [dezɔrjɑ̃te] **adj** disorientated.

désormais [dezɔrmɛ] **adv** from now on.

desquelles [dekɛl] **pron rel pl** *(contraction de* de *avec* lesquelles*)* **→ lequel**

desquels [dekɛl] **pron rel pl** *(contraction de* de *avec* lesquels*)* **→ lequel**

dessécher [18] [deseʃe] **vt** to dry out. **◆ se dessécher vp 1.** [peau] to dry out **2.** [plante] to wither.

desserrer [4] [desere] **vt 1.** [vis, ceinture] to loosen **2.** [dents, poing] to unclench **3.** [frein] to release.

dessert [desɛr] **nm** dessert.

desservir [38] [desɛrvir] **vt 1.** [ville, gare] to serve **2.** [table] to clear **3.** [nuire à] to be harmful to **▸ tous les trains desservent Paris** all trains go to Paris.

dessin [desɛ̃] **nm** drawing **▸ dessin animé** cartoon.

dessinateur, trice [desinatœr, tris] **nm, f 1.** [artiste] artist **2.** [technicien] draughtsman (draughtswoman).

dessiner [3] [desine] **vt 1.** [portrait, paysage] to draw **2.** [vêtement, voiture] to design.

dessous [dəsu] **◆ adv** underneath. **◆ nm 1.** [d'une table] bottom **2.** [d'une carte, d'une feuille] other side **▸ les voisins du dessous** the downstairs neighbours **▸ en dessous** underneath **▸ en dessous de** [valeur, prévisions] below.

dessous-de-plat [dəsudpla] **nm inv** table mat.

dessus [dəsy] **◆ adv** on top. **◆ nm** top **▸ il a écrit dessus** he wrote on it **▸ les voisins du dessus** the upstairs neighbours **▸ avoir le dessus** to have the upper hand.

dessus-de-lit [dəsydli] **nm inv** bedspread.

destin [dɛstɛ̃] **nm** destiny **▸ le destin** fate.

destinataire [dɛstinatɛr] **nmf** addressee.

destination [dɛstinasjɔ̃] **nf** destination **▸ arriver à destination** to reach one's destination **▸ vol 392 à destination de Londres** flight 392 to London.

destiné, e [dɛstine] **adj : être destiné à qqn** [adressé à] to be addressed to sb **▸ être destiné à qqn / qqch** [conçu pour] to be meant for sb / sthg **▸ être destiné à faire qqch** to be meant to do sthg.

déstresser [4] [destʀese] **vi & vt** to relax.

destruction [dɛstryksjɔ̃] **nf** destruction.

détachant [detaʃɑ̃] **nm** stain remover.

détacher [3] [detaʃe] **vt 1.** to untie **2.** [ceinture] to undo **3.** [découper] to detach **4.** [nettoyer] to remove stains from. **◆ se détacher vp 1.** [se défaire] to come undone **2.** [se séparer] to come off **▸ se détacher de qqn** to grow away from sb.

détail [detaj] **nm** [d'une histoire, d'un tableau] detail **▸ au détail** retail **▸ en détail** in detail.

détaillant [detajɑ̃] **nm** retailer.

détaillé, e [detaje] **adj 1.** detailed **2.** [facture] itemized.

détartrage [detaʀtʀaʒ] **nm** [des dents] **: se faire faire un détartrage** to have one's teeth cleaned.

détartrant [detartrɑ̃] **nm** descaler.

détaxé, e [detakse] **adj** duty-free.

détecter [4] [detɛkte] **vt** to detect.

détective [detɛktiv] **nm** detective.

déteindre [81] [detɛ̃dr] **vi** to fade ▸ **déteindre sur** [vêtement] to discolour.

déteint, e [detɛ̃, ɛ̃t] **pp** → **déteindre**.

détendre [73] [detɑ̃dr] **vt 1.** [corde, élastique] to slacken **2.** [personne, atmosphère] to relax. ◆ **se détendre vp 1.** [corde, élastique] to slacken **2.** [se décontracter] to relax.

détendu, e [detɑ̃dy] **adj** [décontracté] relaxed.

détenir [40] [detnir] **vt 1.** [fortune, secret] to have **2.** [record] to hold.

détente [detɑ̃t] **nf** [repos] relaxation.

détenu, e [detny] ◆ **pp** → **détenir.** ◆ **nm, f** prisoner.

détergent [detɛrʒɑ̃] **nm** detergent.

détériorer [3] [deterjɔre] **vt** to damage. ◆ **se détériorer vp** to deteriorate.

déterminé, e [detɛrmine] **adj 1.** [précis] specific **2.** [décidé] determined.

déterminer [3] [detɛrmine] **vt** [préciser] to specify.

déterrer [4] [detere] **vt** to dig up.

détester [3] [detɛste] **vt** to detest.

détonation [detɔnasjɔ̃] **nf** detonation.

détour [detur] **nm : faire un détour** [voyageur] to make a detour.

détourner [3] [deturne] **vt 1.** [circulation, attention] to divert **2.** [argent] to embezzle ▸ **détourner qqn de** to distract sb from. ◆ **se détourner vp** to turn away ▸ **se détourner de** to move away from.

détraqué, e [detrake] **adj 1.** broken **2.** *fam* [fou] cracked.

détriment [detʀimɑ̃] ◆ **au détriment de loc prép** to the detriment of.

détritus [detrity(s)] **nmpl** rubbish UK *sg*, garbage US *sg*.

détroit [detrwa] **nm** strait.

détruire [98] [detrɥir] **vt** to destroy.

détruit, e [detrɥi, it] **pp & 3ᵉ pers. de l'ind. prés.** → **détruire**.

dette [dɛt] **nf** debt.

DEUG [dœg] **nm** *university diploma taken after two years.*

deuil [dœj] **nm** [décès] death ▸ **être en deuil** to be in mourning.

deux [dø] **num** two ▸ **à deux** together ▸ **deux points** [signe de ponctuation] colon ▸ **il a deux ans** he's two (years old) ▸ **il est deux heures** it's two o'clock ▸ **le deux janvier** the second of January ▸ **page deux** page two ▸ **ils étaient deux** there were two of them ▸ **le deux de pique** the two of spades ▸ **(au) deux rue Lepic** at / to two, rue Lepic.

deuxième [døzjɛm] **num** second ▸ **le deuxième étage** second floor UK, third floor US ▸ **le deuxième (arrondissement)** second arrondissement ▸ **il est arrivé deuxième** he came second.

deuxièmement [døzjɛmmɑ̃] **adv** secondly.

deux-pièces [døpjɛs] **nm 1.** [maillot de bain] two-piece (costume) **2.** [appartement] two-room flat UK, two-room apartment US.

deux-roues [døru] **nm** *two-wheeled vehicle.*

dévaliser [3] [devalize] **vt** to rob.

dévaluation [devalɥasjɔ̃] **nf** devaluation.

devancer [16] [dəvɑ̃se] **vt** [arriver avant] to arrive before.

devant [dəvɑ̃] ◆ **prép** **1.** in front of **2.** [avant] before. ◆ **adv** **1.** in front **2.** [en avant] ahead. ◆ **nm** front ▸ **de devant** [pattes, roues] front ▸ **(sens) devant derrière** back to front.

devanture [dəvɑ̃tyr] **nf** shop window.

dévaster [3] [devaste] **vt** to devastate.

développement e[devlɔpmɑ̃] **nm** **1.** development **2.** [de photos] developing ▸ **développement durable** sustainable development.

développer [3] [devlɔpe] **vt** to develop ▸ **faire développer des photos** to have some photos developed. ◆ **se développer** **vp** [grandir] to grow.

développeur [devlɔpœʀ] **nm** software developer.

devenir [40] [dəvnir] **vi** to become ▸ **et alors, qu'est-ce que tu deviens ?** what are you up to these days?

devenu, e [dəvny] **pp** → **devenir**.

déverrouillage [deveʀujaʒ] **nm** unlocking.

déverrouiller [3] [deveʀuje] **vt** to unlock.

déviation [devjasjɔ̃] **nf** diversion.

dévier [9] [devje] **vt** **1.** [trafic] to divert **2.** [balle] to deflect.

deviner [3] [dəvine] **vt** **1.** to guess **2.** [apercevoir] to make out.

devinette [dəvinɛt] **nf** riddle ▸ **jouer aux devinettes** to play guessing games.

devis [dəvi] **nm** estimate.

dévisager [17] [devizaʒe] **vt** to stare at.

devise [dəviz] **nf** **1.** [slogan] motto **2.** [argent] currency.

deviser [3] [dəvize] **vt** SUISSE to estimate.

dévisser [3] [devise] **vt** to unscrew.

dévoiler [3] [devwale] **vt** [secret, intentions] to reveal.

devoir [53] [dəvwar] ◆ **vt** **1.** [argent, explications] **: devoir qqch à qqn** to owe sb sthg **2.** [exprime l'obligation] **: devoir faire qqch** to have to do sthg ▸ **je dois y aller, maintenant** I have to ou must go now **3.** [pour suggérer] **: vous devriez essayer le rafting** you should try whitewater rafting **4.** [exprime le regret] **: j'aurais dû / je n'aurais pas dû l'écouter** I should have / shouldn't have listened to him **5.** [exprime la probabilité] **: ça doit coûter cher** that must cost a lot ▸ **le temps devrait s'améliorer cette semaine** the weather should improve this week **6.** [exprime l'intention] **: nous devions partir hier, mais…** we were due to leave yesterday, but…
◆ **nm** **1.** [obligation] duty **2.** SCOL **: devoir (à la maison)** homework exercise ▸ **devoir (sur table)** classroom test
◆ **devoirs** **nmpl** SCOL homework *sg* ▸ **devoirs de vacances** holiday homework UK, vacation homework US.

dévorer [3] [devɔre] **vt** to devour.

dévoué, e [devwe] **adj** devoted.

dévouer [6] [devwe] ◆ **se dévouer** **vp** to make a sacrifice ▸ **se dévouer pour faire qqch** to sacrifice o.s. to do sthg.

devra etc **3ᵉ pers. du sg de l'ind. fut.** → **devoir**.

dézipper [3] [dezipe] **vt** to unzip.

diabète [djabɛt] **nm** diabetes.

diabétique [djabetik] **adj** diabetic.

diable [djabl] **nm** devil.

diabolo [djabɔlo] **nm** [boisson] *fruit cordial and lemonade* ▸ **diabolo menthe** *mint (cordial) and lemonade.*

diagnostic [djagnɔstik] **nm** diagnosis.

diagonale [djagɔnal] **nf** diagonal ▸ **en diagonale** [traverser] diagonally ▸ **lire en diagonale** to skim.

diagramme [djagʀam] **nm** graph.

dialecte [djalɛkt] **nm** dialect.

dialogue [djalɔg] **nm** dialogue.

diamant [djamɑ̃] **nm** diamond.

diamètre [djamɛtʀ] **nm** diameter.

diaporama [djapoʀama] **nm** slide show.

diapositive [djapozitiv] **nf** slide.

diarrhée [djaʀe] **nf** diarrhoea.

dictateur [diktatœʀ] **nm** dictator.

dictature [diktatyʀ] **nf** dictatorship.

dictée [dikte] **nf** dictation.

dicter [3] [dikte] **vt** to dictate.

dictionnaire [diksjɔnɛʀ] **nm** dictionary.

dicton [diktɔ̃] **nm** saying.

dièse [djɛz] ◆ **adj** sharp. ◆ **nm** sharp ; [symbole] hash UK, pound sign US ▸ **appuyez sur la touche dièse** 'press the hash key UK', 'press the pound key US' ▸ **do / fa dièse** C / F sharp.

diesel [djezɛl] ◆ **nm** 1. [moteur] diesel engine 2. [voiture] diesel. ◆ **adj** diesel.

diététique [djetetik] **adj : produits diététiques** health foods.

dieu [djø] (*pl* -x) **nm** god. ◆ **Dieu nm** God ▸ **mon Dieu !** my God!

différence [difeʀɑ̃s] **nf** 1. difference 2. MATH result.

différent, e [difeʀɑ̃, ɑ̃t] **adj** different ▸ **différent de** different from. ◆ **différents, es adj** [divers] various.

différer [18] [difeʀe] **vt** to postpone ▸ **différer de** to differ from.

difficile [difisil] **adj** 1. difficult 2. [exigeant] fussy.

difficilement [difisilmɑ̃] **adv** with difficulty.

difficulté [difikylte] **nf** difficulty ▸ **avoir des difficultés à faire qqch** to have difficulty in doing sthg ▸ **en difficulté** in difficulties.

diffuser [3] [difyze] **vt** 1. RADIO to broadcast 2. [chaleur, lumière, parfum] to give off.

digérer [18] [diʒeʀe] **vt** to digest ▸ **ne pas digérer qqch** [ne pas supporter] to object to sthg.

digeste [diʒɛst] **adj** (easily) digestible.

digestif, ive [diʒɛstif, iv] ◆ **adj** digestive. ◆ **nm** liqueur.

digestion [diʒɛstjɔ̃] **nf** digestion.

Digicode® [diʒikɔd] **nm** entry system.

digital, e, aux [diʒital, o] **adj** digital.

digne [diɲ] **adj** dignified ▸ **digne de** a) [qui mérite] worthy of b) [qui correspond à] befitting.

dignité [diɲite] **nf** dignity.

digue [dig] **nf** dike.

dilater [3] [dilate] **vt** to expand. ◆ **se dilater vp** to dilate.

diluer [7] [dilɥe] **vt** to dilute.

dimanche [dimɑ̃ʃ] **nm** Sunday ▸ **nous sommes** OU **c'est dimanche** it's Sunday today ▸ **dimanche 13 septembre** Sunday 13 September ▸ **nous sommes**

partis dimanche we left on Sunday ▸ **dimanche dernier** last Sunday ▸ **dimanche prochain** next Sunday ▸ **dimanche matin** on Sunday morning ▸ **le dimanche** on Sundays ▸ **à dimanche !** see you Sunday!

dimension [dimɑ̃sjɔ̃] **nf** dimension.

diminuer [7] [diminɥe] ◆ **vt** **1.** to reduce **2.** [physiquement] to weaken. ◆ **vi** to fall.

diminutif [diminytif] **nm** diminutive.

dinde [dɛ̃d] **nf** turkey ▸ **dinde aux marrons** *roast turkey with chestnuts, traditionally eaten at Christmas.*

dindon [dɛ̃dɔ̃] **nm** turkey.

dîner [3] [dine] ◆ **nm** dinner. ◆ **vi** to have dinner.

dinosaure [dinozɔʀ] **nm** dinosaur.

diplomate [diplɔmat] ◆ **adj** diplomatic. ◆ **nmf** diplomat. ◆ **nm** CULIN ≃ trifle.

diplomatie [diplɔmasi] **nf** diplomacy.

diplôme [diplom] **nm** diploma.

diplômé, e [diplome] ◆ **adj : être diplômé de / en** to be a graduate of / in. ◆ **nm, f** graduate.

dire [102] [dir] ◆ **vt** **1.** [prononcer] to say **2.** [exprimer] to say ▸ **dire la vérité** to tell the truth ▸ **dire à qqn que / pourquoi** to tell sb that / why ▸ **comment dit-on « de rien » en anglais ?** how do you say "de rien" in English? **3.** [prétendre] to say ▸ **on dit que...** people say that... **4.** [ordonner] **: dire à qqn de faire qqch** to tell sb to do sthg **5.** [penser] to think ▸ **qu'est-ce que vous en dites ?** what do you think? ▸ **que dirais-tu de... ?** what would you say to...? ▸ **on dirait qu'il va pleuvoir** it looks like it's going to rain **6.** [dans des expressions] **: ça ne me dit rien** it doesn't do much for me ▸ **cela dit,...** having said that... ▸ **disons...** let's say...

◆ **se dire** **vp** [penser] to say to o.s.

direct, e [dirɛkt] ◆ **adj** direct. ◆ **nm : en direct (de)** live (from).

directement [dirɛktəmɑ̃] **adv** directly.

directeur, trice [dirɛktœr, tris] **nm, f** **1.** director **2.** [d'une école] headmaster (headmistress) ▸ **directeur adjoint** deputy director ▸ **directeur des ressources humaines / de l'informatique** head of human resources / IT ▸ **je voudrais voir le directeur de l'hôtel** I'd like to see the hotel manager please.

direction [dirɛksjɔ̃] **nf** **1.** [gestion, dirigeants] management **2.** [sens] direction **3.** AUTO steering ▸ **un train en direction de Paris** a train for Paris ▸ **'toutes directions'** 'all routes'.

dirigeant, e [diriʒɑ̃, ɑ̃t] **nm, f** **1.** POL leader **2.** [d'une entreprise, d'un club] manager.

diriger [17] [diriʒe] **vt** **1.** to manage **2.** [véhicule] to steer **3.** [orchestre] to conduct ▸ **diriger qqch sur** to point sthg at. ◆ **se diriger vers** **vp + prép** to go towards.

dis [di] **1**

discipline [disiplin] **nf** discipline.

discipliné, e [disipline] **adj** disciplined.

disc-jockey [diskʒɔkɛ] (*pl* **disc-jockeys**) **nm** disc jockey.

disco [disko] **nm** disco (music).

discothèque [diskɔtɛk] **nf 1.** [boîte de nuit] discotheque **2.** [de prêt] record library.

discours [diskur] **nm** speech.

discret, ète [diskrɛ, ɛt] **adj** discreet.

discrétion [diskresjɔ̃] **nf** discretion.

discrimination [diskriminasjɔ̃] **nf** discrimination.

discussion [diskysjɔ̃] **nf** discussion.

discuter [3] [diskyte] **vi 1.** to talk **2.** [protester] to argue ▸ **discuter de qqch (avec qqn)** to discuss sthg (with sb).

dise etc [diz] **1re et 3e pers. du sg du subj. prés.** → **dire**

disjoncteur [disʒɔ̃ktœr] **nm** circuit breaker.

disons [dizɔ̃] **1re pers. du pl de l'ind. prés.** → **dire**

disparaître [91] [disparɛtr] **vi 1.** to disappear **2.** [mourir] to die.

disparition [disparisjɔ̃] **nf** disappearance.

disparu, e [dispary] ◆ **pp** → **disparaître**. ◆ **nm, f** missing person.

dispensaire [dispɑ̃sɛr] **nm** clinic.

dispenser [3] [dispɑ̃se] **vt : dispenser qqn de qqch** to excuse sb from sthg.

disperser [3] [dispɛrse] **vt** to scatter.

disponible [disponibl] **adj** available.

disposé, e [dispoze] **adj : être disposé à faire qqch** to be willing to do sthg.

disposer [3] [dispoze] **vt** to arrange. ◆ **disposer de v + prép** to have (at one's disposal).

dispositif [dispozitif] **nm** device.

disposition [dispozisjɔ̃] **nf** [ordre] arrangement ▸ **prendre ses dispositions** to make arrangements ▸ **à la disposition de qqn** at sb's disposal.

disproportionné, e [disprɔpɔrsjɔne] **adj** [énorme] unusually large.

dispute [dispyt] **nf** argument.

disputer [3] [dispyte] **vt 1.** [match] to contest **2.** [épreuve] to compete in. ◆ **se disputer vp** to fight.

disquaire [diskɛr] **nmf** record dealer.

disqualifier [9] [diskalifje] **vt** to disqualify.

disque [disk] **nm 1.** [enregistrement] record **2.** [objet rond] disc **3.** INFORM disk **4.** SPORT discus ▸ **disque laser** compact disc ▸ **disque dur** hard disk.

disquette [diskɛt] **nf** floppy disk, diskette.

dissert [disɛʀt] (*abr de* **dissertation**) **nf** [argot scolaire] essay.

dissertation [disɛrtasjɔ̃] **nf** essay.

dissimuler [3] [disimyle] **vt** to conceal.

dissipé, e [disipe] **adj** badly behaved.

dissiper [3] [disipe] ◆ **se dissiper vp** [brouillard] to clear.

dissolvant [disɔlvɑ̃] **nm 1.** solvent **2.** [à ongles] nail varnish remover.

dissoudre [87] [disudr] **vt** to dissolve.

dissous, oute [disu, ut] **pp & 1re et 2e pers. du sg de l'ind. prés.** → **dissoudre**

dissuader [3] [disɥade] **vt : dissuader qqn de faire qqch** to persuade sb not to do sthg.

distance [distɑ̃s] **nf** distance ▸ **à une distance de 20 km, à 20 km de distance** 20 km away ▸ **à distance** [commander] by remote control.

distancer [16] [distɑ̃se] **vt** to outstrip.

distanciation [distɑ̃sjasjɔ̃] **nf : distanciation sociale** social distancing.

distinct, e [distɛ̃, ɛ̃kt] **adj** distinct.

distinction [distɛ̃ksjɔ̃] **nf : faire une distinction entre** to make a distinction between.

distingué, e [distɛ̃ge] **adj** distinguished ▸ **salutations distinguées** [dans une lettre] yours sincerely.

distinguer [3] [distɛ̃ge] **vt 1.** to distinguish **2.** [voir] to make out. ◆ **se distinguer de** vp + prép to stand out from.

distraction [distraksjɔ̃] **nf 1.** [étourderie] absent-mindedness **2.** [loisir] source of entertainment.

distraire [112] [distrɛr] **vt 1.** [amuser] to amuse **2.** [déconcentrer] to distract. ◆ **se distraire** vp to amuse o.s.

distrait, e [distrɛ, ɛt] ◆ **pp** → **distraire.** ◆ **adj** absent-minded.

distribuer [7] [distribɥe] **vt 1.** to distribute **2.** [cartes] to deal **3.** [courrier] to deliver.

distributeur [distribytœr] **nm 1.** [de billets de train] ticket machine **2.** [de boissons] drinks machine ▸ **distributeur (automatique) de billets** FIN cash dispenser.

distribution [distribysjɔ̃] **nf 1.** distribution **2.** [du courrier] delivery **3.** [dans un film] cast ▸ **distribution des prix** prize-giving.

dit [di] **pp & 3ᵉ pers. du sg de l'ind. prés.** → **dire.**

dite [dit] **pp** → **dire.**

dites [dit] **2ᵉ pers. du pl de l'ind. prés.** → **dire.**

divan [divɑ̃] **nm** couch.

divers, es [divɛr, ɛrs] **adj** various.

divertir [32] [divɛrtir] **vt** to entertain. ◆ **se divertir** vp to entertain o.s.

divertissement [divɛrtismɑ̃] **nm** [distraction] pastime.

divin, e [divɛ̃, in] **adj** divine.

divisé, e [divize] **adj 1.** [fragmenté] divided **2.** [en désaccord] divided ▸ **être divisé sur** to be divided on (the question of).

diviser [3] [divize] **vt** to divide.

division [divizjɔ̃] **nf** division.

divorce [divɔrs] **nm** divorce ▸ **demander / obtenir le divorce** to file for / get a divorce.

divorcé, e [divɔrse] ◆ **adj** divorced. ◆ **nm, f** divorced person.

divorcer [16] [divɔrse] **vi** to divorce.

divulguer [3] [divylge] **vt** to divulge.

dix [dis] **num** ten ▸ **il a dix ans** he's ten (years old) ▸ **il est dix heures** it's ten o'clock ▸ **le dix janvier** the tenth of January ▸ **page dix** page ten ▸ **ils étaient dix** there were ten of them ▸ **le dix de pique** the ten of spades ▸ **(au) dix rue Lepic** at / to ten, rue Lepic.

dix-huit [dizɥit] **num** eighteen.

dix-huitième [dizɥitjɛm] **num** eighteenth.

dixième [dizjɛm] **num 1.** tenth **2.** [fraction] tenth ▸ **le dixième étage** tenth floor UK, eleventh floor US ▸ **le dixième (arrondissement)** tenth arrondissement ▸ **il est arrivé dixième** he came tenth.

dix-neuf [diznœf] **num** nineteen.

dix-neuvième [diznœvjɛm] **num** nineteenth.

dix-sept [disɛt] **num** seventeen.

dix-septième [disɛtjɛm] **num** seventeenth.

dizaine [dizɛn] nf **: une dizaine (de)** about ten.

DJ [didʒi] nm *(abr de* **disc-jockey***)* DJ.

Djibouti [dʒibuti] n **1.** [État] Djibouti **2.** [ville] Djibouti City.

do [do] nm inv MUS C ; [chanté] doh UK, do US.

docile [dɔsil] adj docile.

docks [dɔk] nmpl docks.

docteur [dɔktœr] nm doctor.

document [dɔkymɑ̃] nm document.

documentaire [dɔkymɑ̃tɛr] nm documentary.

documentaliste [dɔkymɑ̃talist] nmf SCOL librarian.

documentation [dɔkymɑ̃tasjɔ̃] nf [documents] literature ▸ **demander de la documentation sur** to ask for information about.

documenter [3] [dɔkymɑ̃te] ◆ **se documenter** vp to do some research.

doigt [dwa] nm **1.** finger **2.** [petite quantité] drop ▸ **doigt de pied** toe ▸ **à deux doigts de** within inches of.

dois [dwa] 1re et 2e pers. du sg de l'ind. prés. → **devoir**.

doive [dwav] 1re et 3e pers. du sg du subj. prés. → **devoir**.

dollar [dɔlar] nm dollar.

domaine [dɔmɛn] nm **1.** [propriété] estate **2.** [secteur] field ▸ **nom de domaine national** INFORM national domain name.

dôme [dom] nm dome.

domestique [dɔmɛstik] ◆ adj [tâche] domestic. ◆ nmf servant.

domicile [dɔmisil] nm residence ▸ **à domicile** at ou from home ▸ **livrer à domicile** to do deliveries.

dominant, e [dɔminɑ̃, ɑ̃t] adj dominant.

dominer [3] [dɔmine] ◆ vt **1.** [être plus fort que] to dominate **2.** [être plus haut que] to overlook **3.** [colère, émotion] to control. ◆ vi **1.** [face à un adversaire] to dominate **2.** [être important] to predominate.

Dominique [dɔminik] nf **: la Dominique** Dominica.

dominos [dɔmino] nmpl dominoes.

dommage [dɔmaʒ] nm **: (quel) dommage !** what a shame! ▸ **c'est dommage de...** it's a shame to... ▸ **c'est dommage que...** it's a shame that...
◆ **dommages** nmpl damage *sg*.

dompter [3] [dɔ̃te] vt to tame.

dompteur, euse [dɔ̃tœr, øz] nm, f tamer.

DOM-TOM [dɔmtɔm] nmpl *French overseas départements and territories.*

don [dɔ̃] nm [aptitude] gift ▸ **don de sang / d'organes** blood / organ donation.

donc [dɔ̃k] conj so ▸ **viens donc !** come on!

donf [dɔ̃f] ◆ **à donf** loc adv *(verlan de* **à fond***)* **: il écoute ce morceau en boucle à donf** he listens to that song over and over again at full blast ▸ **en ce moment elle est à donf dans le rap** she's seriously into rap at the moment.

donjon [dɔ̃ʒɔ̃] nm keep.

données [dɔne] nfpl data.

donner [3] [dɔne] vt to give ▸ **donner qqch à qqn** to give sb sthg ▸ **donner un coup à qqn** to hit sb ▸ **donner à**

manger à qqn to feed sb ▸ **ce pull me donne chaud** this jumper is making me hot ▸ **ça donne soif** it makes you feel thirsty. ◆ **donner sur** v + prép **1.** [suj : fenêtre] to look out onto **2.** [suj : porte] to lead to.

dont [dɔ̃] ◆ **pron rel 1.** [complément du verbe, de l'adjectif] **: la façon dont ça s'est passé** the way (in which) it happened ▸ **la région dont je viens** the region I come from ▸ **c'est le camping dont on nous a parlé** this is the campsite we were told about ▸ **l'établissement dont ils sont responsables** the establishment for which they are responsible **2.** [complément d'un nom d'objet] of which ; [complément d'un nom de personne] whose ▸ **le parti dont il est le chef** the party of which he is the leader ▸ **celui dont les parents sont divorcés** the one whose parents are divorced ▸ **une région dont le vin est très réputé** a region famous for its wine **3.** [parmi lesquels] **: certaines personnes, dont moi, pensent que...** some people, including me, think that... ▸ **deux piscines, dont l'une couverte** two swimming pools, one of which is indoors.

dopage [dɔpaʒ] **nm** doping.

doré, e [dɔre] ◆ **adj 1.** [métal, bouton] gilt **2.** [lumière, peau] golden **3.** [aliment] golden brown. ◆ **nm** walleyed pike.

dorénavant [dɔrenavɑ̃] **adv** from now on.

dorin [dɔrɛ̃] **nm** SUISSE *collective name for white wines from the Vaud region of Switzerland.*

dorloter [3] [dɔʀlɔte] **vt** to pamper.

dormir [36] [dɔrmir] **vi** to sleep.

dortoir [dɔrtwar] **nm** dormitory.

dos [do] **nm** back ▸ **au dos (de)** on the back (of) ▸ **de dos** from behind.

dose [doz] **nf** dose.

dossier [dosje] **nm 1.** [d'un siège] back **2.** [documents] file **3.** INFORM folder ▸ **dossier d'inscription** registration form.

douane [dwan] **nf** customs *pl.*

douanier [dwanje] **nm** customs officer.

doublage [dublaʒ] **nm** [d'un film] dubbing.

double [dubl] ◆ **adj & adv** double. ◆ **nm 1.** [copie] copy **2.** [partie de tennis] doubles *pl* ▸ **le double du prix normal** twice the normal price ▸ **avoir qqch en double** to have two of sthg ▸ **mettre qqch en double** to fold sthg in half.

double-clic [dublklik] **nm** double click ▸ **faire un double-clic** to double-click.

double-cliquer [3] [dublklike] **vi** to double-click.

doubler [3] [duble] ◆ **vt 1.** to double **2.** [vêtement] to line **3.** AUTO to overtake UK, to pass **4.** [film] to dub. ◆ **vi 1.** to double **2.** AUTO to overtake UK, to pass.

doublure [dublyr] **nf** [d'un vêtement] lining.

douce adj f → **doux**

douceâtre [dusatr] **adj** sickly (sweet).

doucement [dusmɑ̃] **adv 1.** [bas] softly **2.** [lentement] slowly ▸ **tout doucement** nice and gently.

douceur [dusœr] **nf 1.** [gentillesse] gentleness **2.** [au toucher] softness **3.** [du climat] mildness ▸ **en douceur** smoothly.

douche [duʃ] **nf** shower ▸ **prendre une douche** a) to take ou have a shower.

doucher [3] [duʃe] ◆ **se doucher vp** to take ou have a shower.

doué, e [dwe] **adj** gifted ▸ **être doué pour** ou **en qqch** to have a gift for sthg.

douillet, ette [dujɛ, ɛt] **adj** 1. [délicat] soft 2. [confortable] cosy.

douleur [dulœr] **nf** 1. [physique] pain 2. [morale] sorrow ▸ **avoir une douleur au ventre / au bras** to have a sore stomach / arm.

douloureux, euse [dulurø, øz] **adj** painful.

doute [dut] **nm** doubt ▸ **avoir un doute sur** to have doubts about ▸ **sans doute** no doubt.

douter [3] [dute] **vt : douter que** to doubt that. ◆ **douter de v + prép** to doubt. ◆ **se douter vp : se douter de** to suspect ▸ **se douter que** to suspect that.

Douvres [duvr] **n** Dover.

doux, douce [du, dus] **adj** 1. [aliment, temps] mild 2. [au toucher] soft 3. [personne] gentle ▸ **il fait doux, aujourd'hui** it's mild today.

douzaine [duzɛn] **nf : une douzaine (de)** a) [douze] a dozen b) [environ douze] about twelve.

douze [duz] **num** twelve ▸ **il a douze ans** he's twelve (years old) ▸ **il est douze heures** it's twelve o'clock ▸ **le douze janvier** the twelfth of January ▸ **page douze** page twelve ▸ **ils étaient douze** there were twelve of them ▸ **(au) douze rue Lepic** at / to twelve, rue Lepic.

douzième [duzjɛm] **num** twelfth ▸ **le douzième étage** twelfth floor UK, thirteenth floor US ▸ **le douzième (arrondissement)** twelfth arrondissement ▸ **il est arrivé douzième** he came twelfth.

dragée [draʒe] **nf** sugared almond.

dragon [dragɔ̃] **nm** dragon.

draguer [3] [drage] **vt** *fam* [personne] to chat up UK, to hit on US.

dramatique [dramatik] ◆ **adj** 1. [de théâtre] dramatic 2. [grave] tragic. ◆ **nf** TV drama.

drame [dram] **nm** 1. [pièce de théâtre] drama 2. [catastrophe] tragedy.

drap [dra] **nm** sheet.

drapeau [drapo] (*pl* -x) **nm** flag.

drap-housse [draus] (*pl* **draps-housses**) **nm** fitted sheet.

dreadlocks [drɛdlɔks] **nfpl** dreadlocks, dreads.

dresser [4] [drese] **vt** 1. [mettre debout] to put up 2. [animal] to train 3. [plan] to draw up 4. [procès-verbal] to make out. ◆ **se dresser vp** 1. [se mettre debout] to stand up 2. [arbre, obstacle] to stand.

drogue [drɔg] **nf : la drogue** drugs *pl*.

drogué, e [drɔge] **nm, f** drug addict.

droguer [3] [drɔge] ◆ **se droguer vp** to take drugs.

droguerie [drɔgri] **nf** hardware shop.

droit, e [drwa, drwat] ◆ **adj & adv** 1. straight 2. [côté, main] right. ◆ **nm** 1. [autorisation] right 2. [taxe] duty ▸ **tout droit** straight ahead ▸ **le droit** [juridique] law ▸ **avoir le droit de faire qqch** to have the right to do sthg ▸ **avoir droit à qqch** to be entitled to sthg ▸ **droit d'accès** right of access ▸ **droits d'inscription** registration fee.

droite [drwat] **nf : la droite** a) the right b) POL the right (wing) ▸ **à droite (de)** on the right (of) ▸ **de droite** [du côté droit] right-hand.

droitier, ère [drwatje, ɛr] **adj** right-handed.

drôle [drol] **adj** funny.

drôlement [drolmɑ̃] **adv** *fam* [très] tremendously ▸ **il est drôlement intelligent** he's awfully intelligent.

DROM [dʀɔm] (*abr de* **Département et Région d'outre-mer**) **nmpl** *Overseas territories of France that have the status of departments.*

dromadaire [dʀɔmadɛʀ] **nm** dromedary.

drone [dʀɔn] **nm** MIL drone.

drugstore [drœgstɔr] **nm** drugstore.

dsl (*abr écrite de* **désolé**) **SMS** Sry *(Sorry)*.

du [dy] **art** → **de + lequel** ; **de**.

dû, due [dy] **pp** → **devoir**.

Dublin [dyblɛ̃] **n** Dublin.

duc, duchesse [dyk, dyʃɛs] **nm, f** duke (duchess).

duel [dɥɛl] **nm** duel.

duffle-coat [dœfəlkot] (*pl* **duffle-coats**) **nm** duffel coat.

dune [dyn] **nf** dune.

duo [dɥo] **nm** **1.** MUS duet **2.** [d'artistes] duo.

duplex [dyplɛks] **nm** [appartement] maisonette UK, duplex US.

duplicata [dyplikata] **nm** duplicate.

duquel [dykɛl] **pron rel** *(contraction de* de *avec* lequel*)* → **lequel**.

dur, e [dyr] **adj & adv** **1.** hard **2.** [viande] tough ▸ **travailler dur** to work hard.

durant [dyrɑ̃] **prép** during.

durcir [32] [dyrsir] **vi** to harden. ◆ **se durcir** **vp** to harden.

durée [dyre] **nf** **1.** [longueur] length **2.** [période] period ▸ **pour une durée de** for a period of.

durement [dyʀmɑ̃] **adv** **1.** [violemment] hard, vigorously **2.** [méchamment] harshly.

durer [3] [dyre] **vi** to last.

dureté [dyrte] **nf** **1.** [résistance] hardness **2.** [manque de pitié] harshness.

duvet [dyvɛ] **nm** **1.** [plumes] down **2.** [sac de couchage] sleeping bag.

DVD **nm inv** DVD.

dynamique [dinamik] **adj** dynamic.

dynamite [dinamit] **nf** dynamite.

dynamo [dinamo] **nf** dynamo.

dysfonctionnement [disfɔ̃ksjɔnmɑ̃] **nm** malfunction, malfunctioning.

dyslexique [dislɛksik] **adj** dyslexic.

Ee

E (*abr écrite de* **est**) E *(east)*.

eau [o] (*pl* **-x**) **nf** water ▸ **eau bénite** holy water ▸ **eau de Cologne** eau de Cologne ▸ **eau douce** fresh water ▸ **eau gazeuse** fizzy water ▸ **eau minérale** mineral water ▸ **eau oxygénée** hydrogen peroxide ▸ **eau potable** drinking water ▸ **eau non potable** water not fit for drinking ▸ **eau plate** still water ▸ **eau du robinet** tap water ▸ **eau salée** salt water ▸ **eau de toilette** toilet water.

eau-de-vie [odvi] (*pl* **eaux-de-vie**) **nf** brandy.

ébéniste [ebenist] **nm** cabinet-maker.

éblouir [32] [ebluir] **vt** to dazzle.

éblouissant, e [ebluisɑ̃, ɑ̃t] **adj** dazzling.

e-book [ibuk] (*pl* **e-books**) **nm** e-book.

éborgner [3] [ebɔrɲe] **vt : éborgner qqn** to put sb's eye out.

éboueur [ebwœr] **nm** dustman UK, garbage collector US.

ébouillanter [3] [ebujɑ̃te] **vt** to scald. ◆ **s'ébouillanter vp** to scald o.s.

éboulement [ebulmɑ̃] **nm** rock slide.

ébouriffé, e [eburife] **adj** dishevelled.

ébrécher [18] [ebreʃe] **vt** to chip.

ébrouer [3] [ebrue] ◆ **s'ébrouer vp** to shake o.s.

ébruiter [3] [ebrɥite] **vt** to spread.

ébullition [ebylisjɔ̃] **nf : porter qqch à ébullition** to bring sthg to the boil.

écaille [ekaj] **nf 1.** [de poisson] scale **2.** [d'huître] shell **3.** [matière] tortoiseshell.

écailler [3] [ekaje] **vt** [poisson] to scale. ◆ **s'écailler vp** to peel off.

écarlate [ekarlat] **adj** scarlet.

écarquiller [3] [ekarkije] **vt : écarquiller les yeux** to stare (wide-eyed).

écart [ekar] **nm 1.** [distance] gap **2.** [différence] difference ▸ **faire un écart** [véhicule] to swerve ▸ **à l'écart (de)** out of the way (of) ▸ **faire le grand écart** to do the splits.

écarter [3] [ekarte] **vt 1.** [ouvrir] to spread **2.** [éloigner] to move away.

échafaudage [eʃafodaʒ] **nm** scaffolding.

échalote [eʃalɔt] **nf** shallot.

échancré, e [eʃɑ̃kre] **adj 1.** [robe] low-necked **2.** [maillot de bain] high-cut.

échange [eʃɑ̃ʒ] **nm 1.** exchange **2.** [au tennis] rally ▸ **en échange (de)** in exchange (for).

échanger [17] [eʃɑ̃ʒe] **vt** to exchange ▸ **échanger qqch contre** to exchange sthg for.

échangeur [eʃɑ̃ʒœr] **nm** [d'autoroute] interchange.

échantillon [eʃɑ̃tijɔ̃] **nm** sample.

échappement [eʃapmɑ̃] **nm** → **pot, tuyau**.

échapper [3] [eʃape] ◆ **échapper à v + prép 1.** [mort] to escape **2.** [corvée] to avoid **3.** [personne] to escape from ▸ **son nom m'échappe** his name escapes me ▸ **ça m'a échappé** [paroles] it just slipped out ▸ **ça m'a échappé des mains** it slipped out of my hands. ◆ **s'échapper vp** to escape ▸ **s'échapper de a)** to escape from.

écharde [eʃard] **nf** splinter.

écharpe [eʃarp] **nf** [cache-nez] scarf ▸ **en écharpe** in a sling.

échauffement [eʃofmɑ̃] **nm** [sportif] warm-up.

échauffer [3] [eʃofe] ◆ **s'échauffer vp** [sportif] to warm up.

échec [eʃɛk] **nm** failure ▸ **échec !** check! ▸ **échec et mat !** checkmate! ◆ **échecs nmpl** chess *sg* ▸ **jouer aux échecs** to play chess.

échelle [eʃɛl] **nf 1.** ladder **2.** [sur une carte] scale ▸ **faire la courte échelle à qqn** to give sb a leg-up.

échelon [eʃlɔ̃] **nm 1.** [d'échelle] rung **2.** [grade] grade.

échine [eʃin] **nf** CULIN *cut of meat taken from pig's back.*

échiquier [eʃikje] **nm** chessboard.

écho [eko] **nm** echo.

échographie [ekɔgrafi] **nf** (ultrasound) scan ▸ **faire** ou **passer une échographie** to do an ultrasound.

échouer [6] [eʃwe] **vi** [rater] to fail. ◆ **s'échouer vp** to run aground.

éclabousser [3] [eklabuse] **vt** to splash.

éclaboussure [eklabusyr] **nf** splash.

éclair [eklɛr] **nm 1.** flash of lightning **2.** [gâteau] éclair ▸ **éclair au café** coffee eclair.

éclairage [eklɛraʒ] **nm** lighting.

éclaircie [eklɛrsi] **nf** sunny spell.

éclaircir [32] [eklɛrsir] **vt** to make lighter. ◆ **s'éclaircir vp 1.** [ciel] to brighten (up) **2.** *fig* [mystère] to be solved.

éclaircissement [eklɛrsismɑ̃] **nm** [explication] explanation.

éclairer [4] [eklere] **vt** [pièce] to light. ◆ **s'éclairer vp** [visage] to light up.

éclaireur, euse [eklɛrœr, øz] **nm, f** [scout] scout (Guide) ▸ **partir en éclaireur** to scout around.

éclat [ekla] **nm 1.** [de verre] splinter **2.** [d'une lumière] brightness ▸ **éclats de rire** bursts of laughter ▸ **éclats de voix** loud voices.

éclatant, e [eklatɑ̃, ɑ̃t] **adj** brilliant.

éclater [3] [eklate] **vi 1.** [bombe] to explode **2.** [pneu, ballon] to burst **3.** [guerre, scandale] to break out ▸ **éclater de rire** to burst out laughing ▸ **éclater en sanglots** to burst into tears.

éclipse [eklips] **nf** eclipse ▸ **éclipse de lune** lunar eclipse ▸ **éclipse de soleil** solar eclipse.

éclosion [eklozjɔ̃] **nf** [d'œufs] hatching.

écluse [eklyz] **nf** lock.

écobilan [ekɔbilɑ̃] **nm** life cycle analysis.

écœurant, e [ekœrɑ̃, ɑ̃t] **adj 1.** [nourriture] disgusting **2.** *fig* sickening.

écœurer [5] [ekœre] **vt 1.** [dégoûter] to disgust **2.** [décourager] to discourage.

école [ekɔl] **nf** school ▸ **aller à l'école** to go to school ▸ **faire l'école buissonnière** to play truant UK, to play hooky US.

ⓘ L'école

School is compulsory for all French children between the ages of six and sixteen, although most start their education at three in the école maternelle. Between the ages of six and eleven, children attend l'école primaire, before going to a collège and, for some, a lycée.

écolier, ère [ekɔlje, ɛr] **nm, f** schoolboy (schoolgirl).

écologie [ekɔlɔʒi] **nf** ecology.

écologique [ekɔlɔʒik] **adj** ecological.

écologiste [ekɔlɔʒist] **nmf : les écologistes** the Greens.

écomusée [ekɔmyze] **nm** museum of the environment.

économe [ekɔnɔm] **adj** careful, thrifty.

économie [ekɔnɔmi] **nf 1.** [d'un pays] economy **2.** [science] economics *sg.* ◆ **économies nfpl** savings ▸ **faire des économies** to save money.

économique [ekɔnɔmik] **adj 1.** [peu coûteux] economical **2.** [crise, développement] economic.

économiser [3] [ekɔnɔmize] **vt** to save.

écorce [ekɔrs] **nf** **1.** [d'arbre] bark **2.** [d'orange] peel.

écorcher [3] [ekɔrʃe] ◆ **s'écorcher** **vp** to scratch o.s. ▸ **s'écorcher le genou** to scrape one's knee.

écorchure [ekɔrʃyr] **nf** graze.

écossais, e [ekɔsɛ, ɛz] **adj** **1.** Scottish **2.** [tissu] tartan. ◆ **Écossais, e** **nm, f** Scotsman (Scotswoman) ▸ **les Écossais** the Scots.

Écosse [ekɔs] **nf** : **l'Écosse** Scotland.

écotourisme [ekɔturism] **nm** ecotourism.

écouler [3] [ekule] ◆ **s'écouler** **vp** **1.** [temps] to pass **2.** [liquide] to flow (out).

écouter [3] [ekute] **vt** to listen to.

écouteur [ekutœr] **nm** [de téléphone] earpiece ▸ **écouteurs** [casque] headphones.

écran [ekrɑ̃] **nm** screen ▸ **(crème) écran total** sun block ▸ **le grand écran** [le cinéma] the big screen ▸ **le petit écran** [la télévision] television ▸ **un écran de 17 pouces** a 17-inch screen.

écrasant, e [ekrazɑ̃, ɑ̃t] **adj** overwhelming.

écraser [3] [ekraze] **vt** **1.** to crush **2.** [cigarette] to stub out **3.** [en voiture] to run over ▸ **se faire écraser** [par une voiture] to be run over. ◆ **s'écraser** **vp** [avion] to crash.

écrémé, e [ekreme] **adj** skimmed ▸ **lait demi-écrémé** semi-skimmed milk.

écrevisse [ekrəvis] **nf** crayfish.

écrier [10] [ekrije] ◆ **s'écrier** **vp** to cry out.

écrin [ekrɛ̃] **nm** box.

écrire [99] [ekrir] **vt** & **vi** to write ▸ **écrire à qqn** to write to sb UK, to write sb US. ◆ **s'écrire** **vp** **1.** [correspondre] to write (to each other) **2.** [s'épeler] to be spelled.

écrit, e [ekri, it] ◆ **pp & 3e pers. du sg de l'ind. prés.** → **écrire.** ◆ **nm** : **par écrit** in writing.

écriteau [ekrito] (*pl* **-x**) **nm** notice.

écriture [ekrityr] **nf** writing.

écrivain [ekrivɛ̃] **nm** writer.

écrou [ekru] **nm** nut.

écrouler [3] [ekrule] ◆ **s'écrouler** **vp** to collapse.

écru, e [ekry] **adj** [couleur] ecru.

écume [ekym] **nf** foam.

écureuil [ekyrœj] **nm** squirrel.

écurie [ekyri] **nf** stable.

écusson [ekysɔ̃] **nm** [sur un vêtement] badge.

eczéma [ɛgzema] **nm** eczema.

édenté, e [edɑ̃te] **adj** toothless.

édifice [edifis] **nm** building.

Édimbourg [edɛ̃bur] **n** Edinburgh.

éditer [3] [edite] **vt** to publish.

éditeur, trice [editœr, tris] **nm, f** publisher.

édition [edisjɔ̃] **nf** **1.** [exemplaires] edition **2.** [industrie] publishing.

édredon [edrədɔ̃] **nm** eiderdown.

éducateur, trice [edykatœr, tris] **nm, f** teacher ▸ **éducateur spécialisé** special needs teacher.

éducatif, ive [edykatif, iv] **adj** educational.

éducation [edykasjɔ̃] **nf** **1.** education **2.** [politesse] good manners *pl* ▸ **éducation physique** PE.

édulcorant [edylkɔʀɑ̃] **nm** sweetener.

éduquer [3] [edyke] **vt** to bring up.

effacer [16] [efase] **vt 1.** [mot] to rub out **2.** [tableau] to wipe **3.** [bande magnétique, chanson] to erase **4.** INFORM to delete. ◆ **s'effacer vp** [disparaître] to fade (away).

effaceur [efasœr] **nm** rubber UK, eraser US.

effectif [efɛktif] **nm 1.** [d'une classe] size **2.** [d'une armée] strength.

effectivement [efɛktivmɑ̃] **adv 1.** [réellement] really **2.** [en effet] indeed.

effectuer [7] [efɛktɥe] **vt 1.** [travail] to carry out **2.** [trajet] to make.

efféminé, e [efemine] **adj** effeminate.

effervescent, e [efɛrvesɑ̃, ɑ̃t] **adj** effervescent ▸ **comprimé effervescent** effervescent tablet.

effet [efɛ] **nm 1.** [résultat] effect **2.** [impression] impression ▸ **faire de l'effet** [être efficace] to be effective ▸ **en effet** indeed.

efficace [efikas] **adj 1.** [médicament, mesure] effective **2.** [personne, travail] efficient.

efficacité [efikasite] **nf** effectiveness.

effilé, e [efile] **adj 1.** [frange] thinned **2.** [lame] sharp.

effilocher [3] [efilɔʃe] ◆ **s'effilocher vp** to fray.

effleurer [5] [eflœre] **vt** to brush (against).

effondrer [3] [efɔ̃dre] ◆ **s'effondrer vp** to collapse.

efforcer [16] [efɔrse] ◆ **s'efforcer de vp + prép : s'efforcer de faire qqch** to try to do sthg.

effort [efɔr] **nm** effort ▸ **faire des efforts (pour faire qqch)** to make an effort (to do sthg).

effrayant, e [efrɛjɑ̃, ɑ̃t] **adj** frightening.

effrayer [11] [efreje] **vt** to frighten.

effriter [3] [efrite] ◆ **s'effriter vp** to crumble.

effroyable [efrwajabl] **adj** terrible.

égal, e, aux [egal, o] **adj 1.** [identique] equal **2.** [régulier] even ▸ **ça m'est égal** I don't care ▸ **égal à** equal to.

également [egalmɑ̃] **adv** [aussi] also, as well.

égaler [3] [egale] **vt** to equal.

égaliser [3] [egalize] ◆ **vt 1.** [cheveux] to trim **2.** [sol] to level (out). ◆ **vi** SPORT to equalize.

égalité [egalite] **nf 1.** equality **2.** [au tennis] deuce ▸ **être à égalité** SPORT to be drawing.

égard [egar] **nm : à l'égard de** towards.

égarer [3] [egare] **vt** to lose. ◆ **s'égarer vp** to get lost.

égayer [11] [egeje] **vt** to brighten up.

églefin, aiglefin [egləfɛ̃] **nm** haddock.

église [egliz] **nf** church ▸ **l'Église** the Church.

égoïste [egɔist] ◆ **adj** selfish. ◆ **nmf** selfish person.

égorger [17] [egɔrʒe] **vt : égorger qqn** to cut sb's throat.

égouts [egu] **nmpl** sewers.

égoutter [3] [egute] **vt** to drain.

égouttoir [egutwar] **nm 1.** [à légumes] colander **2.** [pour la vaisselle] draining board.

égratigner [3] [egratiɲe] **vt** to graze. ◆ **s'égratigner vp : s'égratigner le genou** to graze one's knee.

égratignure [egratiɲyr] **nf** graze.

égrener [19] [egrəne] **vt** [maïs, pois] to shell.

Égypte [eʒipt] **nf : l'Égypte** Egypt.

égyptien, enne [eʒipsjɛ̃, ɛn] **adj** Egyptian.

eh [e] **interj** hey! ▸ **eh bien !** well!

Eiffel [efɛl] **n** → **tour**.

éjection [eʒɛksjɔ̃] **nf : bouton d'éjection du CD-ROM** CD-ROM ejection button.

élaborer [3] [elabɔʀe] **vt** [plan, système] to work out, to develop.

élan [elɑ̃] **nm 1.** [pour sauter] run-up **2.** [de tendresse] rush ▸ **prendre de l'élan** to take a run-up.

élancer [16] [elɑ̃se] ◆ **s'élancer vp** [pour sauter] to take a run-up.

élargir [32] [elarʒir] **vt 1.** [route] to widen **2.** [vêtement] to let out **3.** [débat, connaissances] to broaden. ◆ **s'élargir vp 1.** [route] to widen **2.** [vêtement] to stretch.

élastique [elastik] ◆ **adj** elastic. ◆ **nm** rubber band.

e-learning [ilœʀniŋ] **nm** e-learning.

électeur, trice [elɛktœr, tris] **nm, f** voter ▸ **carte d'électeur** polling card UK, voter registration card US.

élections [elɛksjɔ̃] **nfpl** elections ▸ **élections législatives** general election ▸ **se présenter aux élections** to stand for elections UK ou to run for office US.

électricien [elɛktrisjɛ̃] **nm** electrician.

électricité [elɛktrisite] **nf** electricity ▸ **électricité statique** static electricity.

électrique [elɛktrik] **adj** electric.

électro [elɛktʀo] **nf inv** electro.

électrocuter [3] [elɛktrɔkyte] ◆ **s'électrocuter vp** to electrocute o.s.

électroménager [elɛktrɔmenaʒe] **nm** household electrical appliances.

électronique [elɛktrɔnik] ◆ **adj** electronic. ◆ **nf** electronics *sg*.

électuaire [elɛktuɛr] **nm** Suisse jam.

élégance [elegɑ̃s] **nf** elegance.

élégant, e [elegɑ̃, ɑ̃t] **adj** smart.

élément [elemɑ̃] **nm 1.** element **2.** [de meuble, de cuisine] unit.

élémentaire [elemɑ̃tɛr] **adj** basic.

éléphant [elefɑ̃] **nm** elephant.

élevage [ɛlvaʒ] **nm 1.** breeding **2.** [troupeau de moutons] flock **3.** [troupeau de vaches] herd.

élève [elɛv] **nmf** pupil.

élevé, e [ɛlve] **adj** high ▸ **bien élevé** well brought-up ▸ **mal élevé** ill-mannered.

élever [19] [ɛlve] **vt 1.** [enfant] to bring up **2.** [animaux] to breed **3.** [niveau, voix] to raise. ◆ **s'élever vp** to rise ▸ **s'élever à** to add up to.

éleveur, euse [ɛlvœr, øz] **nm, f** stock breeder.

éliminatoire [eliminatwar] ◆ **adj** qualifying. ◆ **nf** qualifying round.

éliminer [3] [elimine] ◆ **vt** to eliminate. ◆ **vi** [en transpirant] to detoxify one's system.

élire [106] [elir] **vt** to elect.

elle [ɛl] **pron 1.** [personne, animal] she **2.** [chose] it **3.** [après prép ou comparaison] her ▸ **elle-même** herself. ◆ **elles** pron **1.** [sujet] they **2.** [après prép ou comparaison] them ▸ **elles-mêmes** themselves.

éloigné, e [elwaɲe] **adj** distant ▸ **éloigné de** far from.

éloigner [3] [elwaɲe] **vt** to move away. ◆ **s'éloigner (de)** **vp + prép** to move away (from).

élongation [elɔ̃gasjɔ̃] **nf** pulled muscle.

élu, e [ely] ◆ **pp** → **élire.** ◆ **nm, f** elected representative.

Élysée [elize] **nm : (le palais de) l'Élysée** *the official residence of the French President.*

> **ⓘ L'Élysée**
>
> This eighteenth-century palace near the Champs-Élysées in Paris is the official residence of the French President. The name is often used to refer to the presidency itself.

e-mail [imɛl] (*pl* **e-mails**) **nm** e-mail, E-mail ▸ **envoyer / recevoir un e-mail** to send / receive an e-mail.

émail [emaj] (*pl* **-aux**) **nm** enamel. ◆ **émaux** **nmpl** [objet] enamel ornament.

emballage [ɑ̃balaʒ] **nm** packaging.

emballer [3] [ɑ̃bale] **vt** to wrap (up).

embarcadère [ɑ̃barkadɛr] **nm** landing stage.

embarcation [ɑ̃barkasjɔ̃] **nf** small boat.

embarquement [ɑ̃barkəmɑ̃] **nm** boarding ▸ **'embarquement immédiat'** 'now boarding'.

embarquer [3] [ɑ̃barke] ◆ **vt** **1.** [marchandises] to load **2.** [passagers] to board **3.** *fam* [prendre] to cart off. ◆ **vi** to board. ◆ **s'embarquer** **vp** to board ▸ **s'embarquer dans** [affaire, aventure] to embark on.

embarras [ɑ̃bara] **nm** embarrassment ▸ **mettre qqn dans l'embarras** to put sb in an awkward position.

embarrassant, e [ɑ̃barasɑ̃, ɑ̃t] **adj** embarrassing.

embarrassé, e [ɑ̃baʀase] **adj** [gêné] embarrassed.

embarrasser [3] [ɑ̃barase] **vt** **1.** [gêner] to embarrass **2.** [encombrer] **: embarrasser qqn** to be in sb's way. ◆ **s'embarrasser de** **vp + prép** to burden o.s. with ▸ **ne pas s'embarrasser de** not to bother about.

embaucher [3] [ɑ̃boʃe] **vt** to recruit.

embellir [32] [ɑ̃belir] ◆ **vt** **1.** to make prettier **2.** [histoire, vérité] to embellish. ◆ **vi** to grow more attractive.

embêtant, e [ɑ̃bɛtɑ̃, ɑ̃t] **adj** annoying.

embêter [4] [ɑ̃bete] **vt** to annoy. ◆ **s'embêter** **vp** [s'ennuyer] to be bored.

emblème [ɑ̃blɛm] **nm** emblem.

emboîter [3] [ɑ̃bwate] **vt** to fit together. ◆ **s'emboîter** **vp** to fit together.

embouchure [ɑ̃buʃyr] **nf** [d'un fleuve] mouth.

embourber [3] [ɑ̃burbe] ◆ **s'embourber** **vp** to get stuck in the mud.

embout [ɑ̃bu] **nm** tip.

embouteillage [ɑ̃butɛjaʒ] **nm** traffic jam ▸ **être coincé dans les embouteillages** to be stuck in traffic.

embranchement [ɑ̃brɑ̃ʃmɑ̃] **nm** [carrefour] junction.

embrasser [3] [ɑ̃brase] **vt** to kiss. ◆ **s'embrasser vp** to kiss (each other).

embrayage [ɑ̃brɛjaʒ] **nm** clutch.

embrayer [11] [ɑ̃breje] **vi** to engage the clutch.

embrouiller [3] [ɑ̃bruje] **vt 1.** [fil, cheveux] to tangle (up) **2.** [histoire, personne] to muddle (up). ◆ **s'embrouiller vp** to get muddled (up).

embruns [ɑ̃brœ̃] **nmpl** (sea) spray *sg*.

embué, e [ɑ̃bɥe] **adj** steamy.

embuscade [ɑ̃byskad] **nf** ambush ▸ **tomber dans une embuscade** to get caught in an ambush.

éméché, e [emeʃe] **adj** tipsy.

émeraude [emrod] ◆ **nf** emerald. ◆ **adj inv** emerald green.

émerger [17] [emɛrʒe] **vi 1.** [gén] to emerge **2.** NAUT to surface.

émerveillé, e [emɛrveje] **adj** filled with wonder.

émetteur [emetœr] **nm** transmitter.

émettre [84] [emɛtr] ◆ **vt 1.** [sons, lumière] to emit **2.** [billets, chèque] to issue. ◆ **vi** to broadcast.

émeute [emøt] **nf** riot.

émigré, e [emigre] ◆ **adj** migrant. ◆ **nm, f** emigrant.

émigrer [3] [emigre] **vi** to emigrate.

émincé [emɛ̃se] **nm** *thin slices of meat in a sauce* ▸ **émincé de veau à la zurichoise** *veal and kidneys cooked in a cream, mushroom and white wine sauce.*

émincer [16] [emɛ̃se] **vt** CULIN to slice thinly, to cut into thin strips.

émis, e [emi, iz] **pp** → **émettre**

émission [emisjɔ̃] **nf** programme ▸ **une émission de variétés** a variety show.

emmagasiner [3] [ɑ̃magazine] **vt** to store up.

emmanchure [ɑ̃mɑ̃ʃyr] **nf** armhole.

emmêler [4] [ɑ̃mele] **vt** [fil, cheveux] to tangle (up). ◆ **s'emmêler vp 1.** [fil, cheveux] to get tangled (up) **2.** [souvenirs, dates] to get mixed up.

emménager [17] [ɑ̃menaʒe] **vi** to move in.

emmener [19] [ɑ̃mne] **vt** to take along.

emmental [emɛ̃tal] **nm** Emmental (cheese).

emmerde [ɑ̃mɛrd] **nf** *vulg* hassle ▸ **avoir des emmerdes : en ce moment j'ai que des emmerdes** it's just one frigging hassle after another at the moment.

emmerder [3] [ɑ̃mɛrde] **vt** *vulg* to piss off. ◆ **s'emmerder vp** *vulg* [s'embêter] to be bored stiff.

emmitoufler [3] [ɑ̃mitufle] ◆ **s'emmitoufler vp** to wrap up (well).

emoticon [emotikɔn] **nm** emoticon.

émotif, ive [emɔtif, iv] **adj** emotional.

émotion [emosjɔ̃] **nf** emotion.

émouvant, e [emuvɑ̃, ɑ̃t] **adj** moving.

émouvoir [55] [emuvwar] **vt** to move.

empaillé, e [ɑ̃paje] **adj** stuffed.

empaqueter [27] [ɑ̃pakte] **vt** to package.

emparer [3] [ɑ̃pare] ◆ **s'emparer de vp + prép** [prendre vivement] to grab (hold of).

empêchement [ɑ̃pɛʃmɑ̃] **nm** obstacle ▸ **j'ai un empêchement** something has come up.

empêcher [4] [ɑ̃peʃe] **vt** to prevent ▸ **empêcher qqn / qqch de faire qqch**

to prevent sb/sthg from doing sthg ▸ **(il) n'empêche que** nevertheless. ◆ **s'empêcher de** vp + prép : **je n'ai pas pu m'empêcher de rire** I couldn't stop myself from laughing.

empereur [ɑ̃prœr] **nm** emperor.

empester [3] [ɑ̃pɛste] ◆ **vt** [sentir] to stink of. ◆ **vi** to stink.

empêtrer [4] [ɑ̃petre] ◆ **s'empêtrer dans** vp + prép **1.** [fils] to get tangled up in **2.** [mensonges] to get caught up in.

empiffrer [3] [ɑ̃pifre] ◆ **s'empiffrer (de)** vp + prép *fam* to stuff o.s. (with).

empiler [3] [ɑ̃pile] **vt** to pile up. ◆ **s'empiler** vp to pile up.

empire [ɑ̃pir] **nm** empire.

empirer [3] [ɑ̃pire] **vi** to get worse.

emplacement [ɑ̃plasmɑ̃] **nm** **1.** site **2.** [de parking] parking space ▸ **'emplacement réservé'** 'reserved parking space'.

emploi [ɑ̃plwa] **nm** **1.** [poste] job **2.** [d'un objet, d'un mot] use ▸ **l'emploi** [en économie] employment ▸ **emploi du temps** timetable.

employé, e [ɑ̃plwaje] **nm, f** employee ▸ **employé de bureau** office worker.

employer [13] [ɑ̃plwaje] **vt** **1.** [salarié] to employ **2.** [objet, mot] to use.

employeur, euse [ɑ̃plwajœr, øz] **nm, f** employer.

empoigner [3] [ɑ̃pwaɲe] **vt** to grasp.

empoisonnement [ɑ̃pwazɔnmɑ̃] **nm** poisoning.

empoisonner [3] [ɑ̃pwazɔne] **vt** to poison.

emporter [3] [ɑ̃pɔrte] **vt** **1.** to take **2.** [suj : vent, rivière] to carry away ▸ **à emporter** [plats] to take away UK, to go US ▸ **l'emporter sur** to get the better of. ◆ **s'emporter** vp to lose one's temper.

empreinte [ɑ̃prɛ̃t] **nf** [d'un corps] imprint ▸ **empreintes digitales** fingerprints ▸ **empreinte de pas** footprint.

empresser [4] [ɑ̃prese] ◆ **s'empresser** vp : **s'empresser de faire qqch** to hurry to do sthg.

emprisonner [3] [ɑ̃prizɔne] **vt** to imprison.

emprunt [ɑ̃prœ̃] **nm** loan ▸ **faire un emprunt** to take out a loan.

emprunter [3] [ɑ̃prœte] **vt** **1.** to borrow **2.** [itinéraire] to take ▸ **emprunter qqch à qqn** to borrow sthg from sb.

ému, e [emy] ◆ **pp** → **émouvoir.** ◆ **adj** moved.

en [ɑ̃] ◆ **prép** **1.** [indique le moment] in ▸ **en été / 1995** in summer / 1995 **2.** [indique le lieu où l'on est] in ▸ **être en classe** to be in class ▸ **habiter en Angleterre** to live in England **3.** [indique le lieu où l'on va] to ▸ **aller en ville / en Dordogne** to go into town / to the Dordogne **4.** [désigne la matière] made of ▸ **un pull en laine** a woollen jumper **5.** [indique la durée] in ▸ **en dix minutes** in ten minutes **6.** [indique l'état] : **être en vacances** to be on holiday ▸ **s'habiller en noir** to dress in black ▸ **combien ça fait en euros ?** how much is that in euros? ▸ **ça se dit « custard » en anglais** it's called "custard" in English **7.** [indique le moyen] by ▸ **voyager en avion / voiture** to travel by plane / car **8.** [pour désigner la taille] in ▸ **auriez-vous celles-ci en 38 / en plus petit ?** do you have these in a 38 / a smaller size? **9.** [devant un participe présent] : **en** →

arrivant à Paris on arriving in Paris ▸ **en faisant un effort** by making an effort ▸ **partir en courant** to run off
◆ pron **1.** [objet indirect] **: n'en parlons plus** let's not say any more about it ▸ **il s'en est souvenu** he remembered it **2.** [avec un indéfini] **: en reprendrez-vous ?** will you have some more? ▸ **je n'en ai plus** I haven't got any left ▸ **il y en a plusieurs** there are several (of them) **3.** [indique la provenance] from there ▸ **j'en viens** I've just been there **4.** [complément du nom] of it, of them *pl* ▸ **j'en garde un excellent souvenir** I have excellent memories of it **5.** [complément de l'adjectif] **: il en est fou** he's mad about it.

encadrer [3] [ɑ̃kadre] **vt** [tableau] to frame.

encaisser [4] [ɑ̃kese] **vt** [argent] to cash.

en-cas, encas [ɑ̃ka] **nm inv** snack.

encastré, e [ɑ̃kastre] **adj** built-in.

enceinte [ɑ̃sɛ̃t] ◆ **adj f** pregnant. ◆ **nf** **1.** [haut-parleur] speaker **2.** [d'une ville] walls *pl* ▸ **je suis enceinte de six mois** I'm six months pregnant ▸ **tomber enceinte** to get pregnant.

encens [ɑ̃sɑ̃] **nm** incense.

encercler [3] [ɑ̃sɛrkle] **vt** **1.** [personne, ville] to surround **2.** [mot] to circle.

enchaîner [4] [ɑ̃ʃene] **vt** **1.** [attacher] to chain together **2.** [idées, phrases] to string together. ◆ **s'enchaîner vp** [se suivre] to follow one another.

enchanté, e [ɑ̃ʃɑ̃te] **adj** delighted ▸ **enchanté (de faire votre connaissance) !** pleased to meet you!

enchères [ɑ̃ʃɛr] **nfpl** auction *sg* ▸ **vendre qqch aux enchères** to sell sthg at auction.

enclencher [3] [ɑ̃klɑ̃ʃe] **vt** **1.** [mécanisme] to engage **2.** [guerre, processus] to begin.

enclos [ɑ̃klo] **nm** enclosure.

encoche [ɑ̃kɔʃ] **nf** notch.

encolure [ɑ̃kɔlyr] **nf** [de vêtement] neck.

encombrant, e [ɑ̃kɔ̃brɑ̃, ɑ̃t] **adj** [paquet] bulky.

encombrements [ɑ̃kɔ̃brəmɑ̃] **nmpl** [embouteillage] hold-up.

encombrer [3] [ɑ̃kɔ̃bre] **vt : encombrer qqn** to be in sb's way ▸ **encombré de** [pièce, table] cluttered with.

encore [ɑ̃kɔr] ◆ **adv** **1.** [toujours] still ▸ **il reste encore une centaine de kilomètres** there are still about a hundred kilometres to go ▸ **pas encore** not yet **2.** [de nouveau] again ▸ **j'ai encore oublié mes clefs !** I've forgotten my keys again! ▸ **encore une fois** once more **3.** [en plus] **: encore un peu de légumes ?** a few more vegetables? ▸ **reste encore un peu** stay a bit longer ▸ **encore un jour** another day **4.** [en intensif] even ▸ **c'est encore plus cher ici** it's even more expensive here.

encouragement [ɑ̃kuʀaʒmɑ̃] **nm** [parole] (word of) encouragement.

encourager [17] [ɑ̃kuraʒe] **vt** to encourage ▸ **encourager qqn à faire qqch** to encourage sb to do sthg.

encourir [45] [ɑ̃kuʀiʀ] **vt** *sout* to incur.

encre [ɑ̃kr] **nf** ink ▸ **encre de Chine** Indian ink.

encyclopédie [ɑ̃siklɔpedi] **nf** encyclopedia.

endetté, e [ɑ̃dete] **adj** indebted.

endetter [4] [ɑ̃dete] ◆ **s'endetter** vp to get into debt.

endive [ɑ̃div] nf chicory.

endommager [17] [ɑ̃dɔmaʒe] vt to damage.

endormi, e [ɑ̃dɔrmi] adj sleeping.

endormir [36] [ɑ̃dɔrmir] vt 1. [enfant] to send to sleep 2. [anesthésier] to put to sleep. ◆ **s'endormir** vp to fall asleep.

endroit [ɑ̃drwa] nm 1. place 2. [côté] right side ▸ **à l'endroit** the right way round.

endurance [ɑ̃dyrɑ̃s] nf endurance.

endurant, e [ɑ̃dyrɑ̃, ɑ̃t] adj resistant.

endurcir [32] [ɑ̃dyrsir] ◆ **s'endurcir** vp to become hardened.

énergétique [enɛʀʒetik] adj 1. [ressource] energy *(avant n)* 2. [aliment] energy-giving.

énergie [enɛrʒi] nf energy ▸ **énergie éolienne** wind power OU energy ▸ **énergie renouvelable** renewable energy ▸ **énergie verte** green energy ▸ **énergie solaire** solar power OU energy.

énergique [enɛrʒik] adj energetic.

énervant, e [enɛʀvɑ̃, ɑ̃t] adj annoying, irritating.

énerver [3] [enɛrve] vt to annoy. ◆ **s'énerver** vp to get annoyed.

enfance [ɑ̃fɑ̃s] nf childhood.

enfant [ɑ̃fɑ̃] nmf child ▸ **enfant de chœur** altar boy.

enfantin, e [ɑ̃fɑ̃tɛ̃, in] adj 1. [sourire] childlike 2. *péj* [attitude] childish.

enfer [ɑ̃fɛr] nm hell.

enfermer [3] [ɑ̃fɛrme] vt to lock away.

enfiler [3] [ɑ̃file] vt 1. [aiguille, perles] to thread 2. [vêtement] to slip on.

enfin [ɑ̃fɛ̃] adv 1. [finalement] finally, at last 2. [en dernier] finally, lastly.

enflammer [3] [ɑ̃flame] ◆ **s'enflammer** vp 1. [prendre feu] to catch fire 2. MÉD to get inflamed.

enflé, e [ɑ̃fle] adj [gonflé] swollen.

enfler [3] [ɑ̃fle] vi to swell.

enfoiré, e [ɑ̃fware] nm, f *vulg* bastard.

enfoncer [16] [ɑ̃fɔ̃se] vt 1. [clou] to drive in 2. [porte] to break down 3. [aile de voiture] to dent ▸ **enfoncer qqch dans** to drive sthg into. ◆ **s'enfoncer** vp 1. [s'enliser] to sink (in) 2. [s'effondrer] to give way.

enfouir [32] [ɑ̃fwir] vt to hide.

enfreindre [81] [ɑ̃frɛ̃dr] vt to infringe ▸ **enfreindre la loi** to break the law.

enfreint, e [ɑ̃frɛ̃, ɛ̃t] pp & 3e pers. du sg de l'ind. prés. → **enfreindre**

enfuir [35] [ɑ̃fɥir] ◆ **s'enfuir** vp to run away.

enfumé, e [ɑ̃fyme] adj smoky.

engagement [ɑ̃gaʒmɑ̃] nm 1. [promesse] commitment 2. SPORT kick-off.

engager [17] [ɑ̃gaʒe] vt 1. [salarié] to take on 2. [conversation, négociations] to start. ◆ **s'engager** vp [dans l'armée] to enlist ▸ **s'engager à faire qqch** to undertake to do sthg ▸ **s'engager dans** [lieu] to enter.

engelure [ɑ̃ʒlyr] nf chilblain.

engin [ɑ̃ʒɛ̃] nm machine.

engloutir [32] [ɑ̃glutir] vt 1. [nourriture] to gobble up 2. [submerger] to swallow up.

engouffrer [3] [ɑ̃gufre] ◆ **s'engouffrer dans** vp + prép to rush into.

engourdi, e [ɑ̃gurdi] adj numb.

engrais [ɑ̃grɛ] nm fertilizer.

engraisser [4] [ɑ̃grɛse] ◆ vt to fatten. ◆ vi to put on weight.

engrenage [ɑ̃grənaʒ] **nm** [mécanique] gears *pl*.

engueuler [5] [ɑ̃gœle] **vt** *fam* **: engueuler qqn** to bawl sb out.
◆ **s'engueuler vp** *fam* to have a row, to have a slanging match UK.

énigmatique [enigmatik] **adj** enigmatic.

énigme [enigm] **nf 1.** [devinette] riddle **2.** [mystère] enigma.

enivrer [3] [ɑ̃nivʀe] ◆ **s'enivrer vp** [devenir ivre] to get drunk.

enjamber [3] [ɑ̃ʒɑ̃be] **vt 1.** [flaque, fossé] to step over **2.** [suj : pont] to cross.

enjoliveur [ɑ̃ʒɔlivœr] **nm** hubcap.

enlaidir [32] [ɑ̃ledir] **vt** to make ugly.

enlèvement [ɑ̃lɛvmɑ̃] **nm** [kidnapping] abduction ▸ **'enlèvement demandé'** *sticker placed by police on badly parked vehicle warning that it will be removed.*

enlever [19] [ɑ̃lve] **vt 1.** to remove, to take off **2.** [kidnapper] to abduct.
◆ **s'enlever vp** [tache] to come off.

enliser [3] [ɑ̃lize] ◆ **s'enliser vp** to get stuck.

enneigé, e [ɑ̃neʒe] **adj** snow-covered.

ennemi, e [ɛnmi] **nm, f** enemy.

ennui [ɑ̃nɥi] **nm 1.** [lassitude] boredom **2.** [problème] problem ▸ **avoir des ennuis** to have problems.

ennuyé, e [ɑ̃nɥije] **adj** [contrarié] annoyed.

ennuyer [14] [ɑ̃nɥije] **vt 1.** [lasser] to bore **2.** [contrarier] to annoy.
◆ **s'ennuyer vp** to be bored.

ennuyeux, euse [ɑ̃nɥijø, øz] **adj 1.** [lassant] boring **2.** [contrariant] annoying.

énorme [enɔrm] **adj** enormous.

énormément [enɔrmemɑ̃] **adv** enormously ▸ **énormément de** an awful lot of.

enquête [ɑ̃kɛt] **nf 1.** [policière] investigation **2.** [sondage] survey.

enquêter [4] [ɑ̃kete] **vi : enquêter (sur)** to inquire (into).

enragé, e [ɑ̃raʒe] **adj 1.** [chien] rabid **2.** [fanatique] fanatical.

enrayer [11] [ɑ̃rɛje] **vt** [maladie, crise] to check.

enregistrement [ɑ̃rəʒistrəmɑ̃] **nm** [musical] recording ▸ **enregistrement des bagages** baggage check-in.

enregistrer [3] [ɑ̃rəʒistre] **vt 1.** to record **2.** INFORM **: enregistrer (sous)** to save as **3.** [bagages] to check in.

enrhumé, e [ɑ̃ryme] **adj : être enrhumé** to have a cold.

enrhumer [3] [ɑ̃ryme] ◆ **s'enrhumer vp** to catch a cold.

enrichir [32] [ɑ̃riʃir] **vt 1.** to make rich **2.** [collection] to enrich. ◆ **s'enrichir vp** to become rich.

enrobé, e [ɑ̃rɔbe] **adj : enrobé de** coated with.

enroué, e [ɑ̃rwe] **adj** hoarse.

enrouler [3] [ɑ̃rule] **vt** to roll up.
◆ **s'enrouler vp : s'enrouler autour de qqch** to wind around sthg.

enseignant, e [ɑ̃sɛɲɑ̃, ɑ̃t] **nm, f** teacher.

enseigne [ɑ̃sɛɲ] **nf** sign ▸ **enseigne lumineuse** neon sign.

enseignement [ɑ̃sɛɲmɑ̃] **nm 1.** [éducation] education **2.** [métier] teaching ▸ **enseignement primaire / secondaire / supérieur** primary / secondary / higher education.

enseigner [4] [ɑ̃seɲe] **vt & vi** to teach ▸ **enseigner qqch à qqn** to teach sb sthg.

ensemble [ɑ̃sɑ̃bl] ◆ **adv** together. ◆ **nm 1.** set **2.** [vêtement] suit ▸ **l'ensemble du groupe** the whole group ▸ **l'ensemble des touristes** all the tourists ▸ **dans l'ensemble** on the whole.

ensevelir [32] [ɑ̃səvlir] **vt** to bury.

ensoleillé, e [ɑ̃sɔleje] **adj** sunny.

ensuite [ɑ̃sɥit] **adv** then.

entaille [ɑ̃taj] **nf 1.** notch **2.** [blessure] cut.

entamer [3] [ɑ̃tame] **vt 1.** to start **2.** [bouteille] to open.

entasser [3] [ɑ̃tase] **vt 1.** [mettre en tas] to pile up **2.** [serrer] to squeeze in. ◆ **s'entasser vp** [voyageurs] to pile in.

entendre [73] [ɑ̃tɑ̃dr] **vt** to hear ▸ **entendre dire que** to hear that ▸ **entendre parler de** to hear about. ◆ **s'entendre vp** [sympathiser] to get on ▸ **s'entendre bien avec qqn** to get on well with sb.

entendu, e [ɑ̃tɑ̃dy] **adj** [convenu] agreed ▸ **(c'est) entendu !** OK then! ▸ **bien entendu** of course.

entente [ɑ̃tɑ̃t] **nf 1.** [harmonie] understanding **2.** [accord] agreement.

enterrement [ɑ̃tɛrmɑ̃] **nm** funeral ▸ **enterrement de vie de garçon / jeune fille** bachelor / hen party.

enterrer [4] [ɑ̃tere] **vt** to bury.

en-tête [ɑ̃tɛt] (*pl* **en-têtes**) **nm** heading ▸ **en-tête et pied de page** header and footer ▸ **papier à en-tête** headed paper.

en-tête et pied de page nm INFORM header and footer.

entêter [4] [ɑ̃tete] ◆ **s'entêter vp** to persist ▸ **s'entêter à faire qqch** to persist in doing sthg.

enthousiasme [ɑ̃tuzjasm] **nm** enthusiasm.

enthousiasmer [3] [ɑ̃tuzjasme] **vt** to fill with enthusiasm. ◆ **s'enthousiasmer pour vp + prép** to be enthusiastic about.

enthousiaste [ɑ̃tuzjast] **adj** enthusiastic.

entier, ère [ɑ̃tje, ɛr] **adj 1.** [intact] whole, entire **2.** [total] complete **3.** [lait] full-fat ▸ **dans le monde entier** in the whole world ▸ **pendant des journées entières** for days on end ▸ **en entier** in its entirety.

entièrement [ɑ̃tjɛrmɑ̃] **adv** completely.

entonnoir [ɑ̃tɔnwar] **nm** funnel.

entorse [ɑ̃tɔrs] **nf** MÉD sprain ▸ **se faire une entorse à la cheville** to sprain one's ankle.

entortiller [3] [ɑ̃tɔrtije] **vt** to twist.

entourage [ɑ̃turaʒ] **nm 1.** [famille] family **2.** [amis] circle of friends.

entourer [3] [ɑ̃ture] **vt 1.** [cerner] to surround **2.** [mot, phrase] to circle ▸ **entouré de** surrounded by.

entracte [ɑ̃trakt] **nm** interval.

entraider [4] [ɑ̃trede] ◆ **s'entraider vp** to help one another.

entrain [ɑ̃trɛ̃] **nm : avec entrain** with gusto ▸ **plein d'entrain** full of energy.

entraînant, e [ɑ̃trɛnɑ̃, ɑ̃t] **adj** catchy.

entraînement [ɑ̃trɛnmɑ̃] **nm 1.** [sportif] training **2.** [pratique] practice ▸ **il manque d'entraînement** he lacks practice.

entraîner [4] [ɑ̃trene] **vt** **1.** [emporter] to carry away **2.** [emmener] to drag along **3.** [provoquer] to lead to, to cause **4.** SPORT to coach. ◆ **s'entraîner** **vp** [sportif] to train ▸ **s'entraîner à faire qqch** to practise doing sthg.

entraîneur, euse [ɑ̃trɛnœr, øz] **nm, f** SPORT coach.

entraver [3] [ɑ̃trave] **vt** **1.** [mouvements] to hinder **2.** [circulation] to hold up.

entre [ɑ̃tr] **prép** between ▸ **entre amis** between friends ▸ **l'un d'entre nous** one of us.

entrebâiller [3] [ɑ̃trəbaje] **vt** to open slightly.

entrechoquer [3] [ɑ̃trəʃɔke] ◆ **s'entrechoquer** **vp** [verres] to chink.

entrecôte [ɑ̃trəkot] **nf** entrecote (steak) ▸ **entrecôte à la bordelaise** *grilled entrecote steak served with a red wine and shallot sauce.*

entrée [ɑ̃tre] **nf** **1.** [accès] entry, entrance **2.** [pièce] (entrance) hall **3.** CULIN starter ▸ **'entrée gratuite'** 'admission free' ▸ **'entrée interdite'** 'no entry' ▸ **'entrée libre'** **a)** [dans un musée] 'admission free' **b)** [dans une boutique] 'browsers welcome'.

entremets [ɑ̃trəmɛ] **nm** dessert.

entreposer [3] [ɑ̃trəpoze] **vt** to store.

entrepôt [ɑ̃trəpo] **nm** warehouse.

entreprendre [79] [ɑ̃trəprɑ̃dr] **vt** to undertake.

entrepreneur [ɑ̃trəprənœr] **nm** [en bâtiment] contractor.

entrepris, e [ɑ̃trəpri, iz] **pp** → **entreprendre**.

entreprise [ɑ̃trəpriz] **nf** [société] company.

entrer [3] [ɑ̃tre] ◆ **vi** [aux être] to enter, to go /come in. ◆ **vt** [aux avoir & INFORM] to enter ▸ **entrez !** come in! ▸ **entrer dans** **a)** to enter, to go /come into **b)** [foncer dans] to bang into.

entre-temps [ɑ̃trətɑ̃] **adv** meanwhile.

entretenir [40] [ɑ̃trətənir] **vt** [maison, plante] to look after. ◆ **s'entretenir** **vp** : **s'entretenir (de qqch) avec qqn** to talk (about sthg) with sb.

entretenu, e [ɑ̃trətəny] **pp** → **entretenir**.

entretien [ɑ̃trətjɛ̃] **nm** **1.** [d'un jardin, d'une machine] upkeep **2.** [d'un vêtement] care **3.** [conversation] discussion **4.** [interview] interview ▸ **avoir /solliciter un entretien** to have /request an interview ▸ **entretien d'embauche** job interview ▸ **entretien téléphonique** telephone interview.

entrevue [ɑ̃trəvy] **nf** meeting.

entrouvert, e [ɑ̃truvɛr, ɛrt] **adj** half-open.

énumération [enymerasjɔ̃] **nf** list.

énumérer [18] [enymere] **vt** to list.

envahir [32] [ɑ̃vair] **vt** **1.** to invade **2.** [herbes] to overrun.

envahissant, e [ɑ̃vaisɑ̃, ɑ̃t] **adj** [personne] intrusive.

enveloppe [ɑ̃vlɔp] **nf** envelope.

enveloppé, e [ɑ̃vlɔpe] **adj** *fam* **: (un peu) enveloppé** [personne] (a bit) chubby.

envelopper [3] [ɑ̃vlɔpe] **vt** to wrap (up).

envers [ɑ̃vɛr] ◆ **prép** towards. ◆ **nm : l'envers** the back ▸ **à l'envers** **a)** [devant derrière] back to front **b)** [en sens inverse] backwards.

envie [ɑ̃vi] **nf 1.** [désir] desire **2.** [jalousie] envy **› avoir envie de qqch** to feel like sthg **› avoir envie de faire qqch** to feel like doing sthg.

envier [9] [ɑ̃vje] **vt** to envy.

environ [ɑ̃virɔ̃] **adv** about. **◆ environs nmpl** surrounding area *sg* **› aux environs de a)** [heure, nombre] round about **b)** [lieu] near **› dans les environs** in the surrounding area.

environnant, e [ɑ̃virɔnɑ̃, ɑ̃t] **adj** surrounding.

environnement [ɑ̃virɔnmɑ̃] **nm 1.** [milieu] background **2.** [nature] environment **› protection de l'environnement** environmental protection.

envisager [17] [ɑ̃vizaʒe] **vt** to consider **› envisager de faire qqch** to consider doing sthg.

envoi [ɑ̃vwa] **nm** [colis] parcel.

envoler [3] [ɑ̃vɔle] **◆ s'envoler vp 1.** [avion] to take off **2.** [oiseau] to fly away **3.** [feuilles] to blow away.

envoûtant, e [ɑ̃vutɑ̃, ɑ̃t] **adj** entrancing, bewitching.

envoyé, e [ɑ̃vwaje] **nm, f** envoy **› envoyé spécial** special correspondent.

envoyer [30] [ɑ̃vwaje] **vt 1.** to send **2.** [balle, objet] to throw **› envoyer qqch à qqn** to send sb sthg.

éolien [eɔljɛ̃] **nm** wind energy OU power.

éolienne [eɔljɛn] **nf** wind turbine.

épagneul [epaɲœl] **nm** spaniel.

épais, aisse [epɛ, ɛs] **adj** thick.

épaisseur [epɛsœr] **nf** thickness.

épaissir [32] [epesir] **vi** CULIN to thicken. **◆ s'épaissir vp** to thicken.

épanouir [32] [epanwir] **◆ s'épanouir vp 1.** [fleur] to bloom **2.** [visage] to light up **› s'épanouir dans son travail** to find one's job fulfilling.

épanouissant, e [epanwisɑ̃, ɑ̃t] **adj** fulfilling.

épargne [epaʀɲ] **nf 1.** [fait d'économiser] saving **2.** [économies] savings *pl* **› épargne salariale** employee savings.

épargner [3] [eparɲe] **vt 1.** [argent] to save **2.** [ennemi, amour-propre] to spare **› épargner qqch à qqn** to spare sb sthg.

éparpiller [3] [eparpije] **vt** to scatter. **◆ s'éparpiller vp** to scatter.

épatant, e [epatɑ̃, ɑ̃t] **adj** splendid.

épater [3] [epate] **vt** to amaze.

épaule [epol] **nf** shoulder **› épaule d'agneau** shoulder of lamb.

épaulette [epolɛt] **nf 1.** [décoration] epaulet **2.** [rembourrage] shoulder pad.

épave [epav] **nf** wreck.

épée [epe] **nf** sword.

épeler [24] [eple] **vt** to spell.

éperon [eprɔ̃] **nm** spur.

épi [epi] **nm 1.** [de blé] ear **2.** [de maïs] cob **3.** [de cheveux] tuft **› épi de maïs** corn on the cob **› stationnement en épi** angle parking.

épice [epis] **nf** spice.

épicé, e [epise] **adj** spicy.

épicerie [episri] **nf 1.** [denrées] groceries *pl* **2.** [magasin] grocer's (shop) **› épicerie fine** delicatessen.

épicier, ière [episje, ɛr] **nm, f** grocer.

épidémie [epidemi] **nf** epidemic.

épier [9] [epje] **vt** to spy on.

épilatoire [epilatwaʀ] **adj** hair-removing *(avant n)*, depilatory.

épilepsie [epilɛpsi] **nf** epilepsy **› crise d'épilepsie** epileptic fit.

épiler [3] [epile] **vt 1.** [jambes] to remove unwanted hair from **2.** [sourcils] to pluck. ◆ **s'épiler vp : s'épiler les jambes a)** [gén] to remove the hair from one's legs **b)** [à la cire] to wax one's legs ▸ **s'épiler les sourcils** to pluck one's eyebrows.

épinards [epinar] **nmpl** spinach *sg.*

épine [epin] **nf** thorn ▸ **épine dorsale** spine.

épingle [epɛ̃gl] **nf** pin ▸ **épingle à cheveux** hairpin ▸ **épingle de nourrice** safety pin.

épinière [epinjɛr] **adj f** → **moelle**.

épisode [epizɔd] **nm** episode.

éplucher [3] [eplyʃe] **vt** to peel.

épluchures [eplyʃyr] **nfpl** peelings.

éponge [epɔ̃ʒ] **nf 1.** sponge **2.** [tissu] towelling.

éponger [17] [epɔ̃ʒe] **vt 1.** [liquide] to mop (up) **2.** [visage] to wipe.

époque [epɔk] **nf** period ▸ **à l'époque (de)** at the time (of).

épouse nf → **époux**.

épouser [3] [epuze] **vt** to marry.

épousseter [27] [epuste] **vt** to dust.

épouvantable [epuvɑ̃tabl] **adj** awful.

épouvantail [epuvɑ̃taj] **nm** scarecrow.

épouvante [epuvɑ̃t] **nf** → **film**.

épouvanter [3] [epuvɑ̃te] **vt** to terrify.

époux, épouse [epu, epuz] **nm, f** spouse.

épreuve [eprœv] **nf 1.** [difficulté, malheur] ordeal **2.** [sportive] event **3.** [examen] paper.

éprouvant, e [epruvɑ̃, ɑ̃t] **adj** trying.

éprouver [3] [epruve] **vt 1.** [ressentir] to feel **2.** [faire souffrir] to distress.

éprouvette [epruvɛt] **nf** test tube.

EPS nf (*abr de* **éducation physique et sportive**) PE *(physical education).*

épuisant, e [epɥizɑ̃, ɑ̃t] **adj** exhausting.

épuisé, e [epɥize] **adj 1.** exhausted **2.** [article] sold out **3.** [livre] out of print.

épuiser [3] [epɥize] **vt** to exhaust.

épuisette [epɥizɛt] **nf** landing net.

équateur [ekwatœr] **nm** equator.

Équateur [ekwatœʀ] **nm : (la république de) l'Équateur** (the Republic of) Ecuador.

équation [ekwasjɔ̃] **nf** equation.

équerre [ekɛr] **nf 1.** set square **2.** [en T] T-square.

équilibre [ekilibr] **nm** balance ▸ **en équilibre** stable ▸ **perdre l'équilibre** to lose one's balance.

équilibré, e [ekilibre] **adj 1.** [mentalement] well-balanced **2.** [nourriture, repas] balanced.

équilibrer [3] [ekilibʀe] **vt** to balance. ◆ **s'équilibrer vp** to balance each other out.

équilibriste [ekilibrist] **nmf** tightrope walker.

équinoxe [ekinɔks] **nm** equinox ▸ **équinoxe de printemps / d'automne** spring / autumn UK ou fall US equinox.

équipage [ekipaʒ] **nm** crew ▸ **membre d'équipage** crew member.

équipe [ekip] **nf** team ▸ **équipe de nuit** night shift ▸ **équipe médicale** medical team.

équipé, e [ekipe] **adj : cuisine équipée** fitted kitchen.

équipement [ekipmɑ̃] **nm** equipment.

équiper [3] [ekipe] **vt** to equip. ◆ **s'équiper (de) vp + prép** to equip o.s. (with).

équipier, ère [ekipje, ɛr] **nm, f** **1.** SPORT team member **2.** NAUT crew member.

équitable [ekitabl] **adj** fair ▸ **commerce équitable** fair trade.

équitation [ekitasjɔ̃] **nf** (horse-)riding ▸ **faire de l'équitation** to go (horse-)riding.

équivalent, e [ekivalɑ̃, ɑ̃t] **adj & nm** equivalent.

équivaloir [60] [ekivalwar] **vi : ça équivaut à (faire)...** that is equivalent to (doing)...

érable [erabl] **nm** maple ▸ **sirop d'érable** maple syrup.

érafler [3] [erafle] **vt** to scratch.

éraflure [eraflyr] **nf** scratch.

érotique [erɔtik] **adj** erotic.

erreur [ɛrœr] **nf** mistake ▸ **faire une erreur** to make a mistake.

éruption [erypsjɔ̃] **nf** [de volcan] eruption ▸ **éruption cutanée** rash.

Érythrée [eritre] **nf : (l')Érythrée** Eritrea.

es [ɛ] **2e pers. du sg de l'ind. prés.** → **être**.

escabeau [ɛskabo] (*pl* **-x**) **nm** stepladder.

escalade [ɛskalad] **nf** climbing.

escalader [3] [ɛskalade] **vt** to climb.

Escalator® [ɛskalatɔr] **nm** escalator.

escale [ɛskal] **nf** stop ▸ **faire escale (à)** **a)** [bateau] to put in (at) **b)** [avion] to make a stopover (at) ▸ **vol sans escale** direct flight.

escalier [ɛskalje] **nm** (flight of) stairs ▸ **les escaliers** the stairs ▸ **escalier roulant** escalator ▸ **escalier d'honneur** main staircase.

escalope [ɛskalɔp] **nf** escalope.

escapade [ɛskapad] **nf** [voyage] outing.

escargot [ɛskargo] **nm** snail.

escarpé, e [ɛskarpe] **adj** steep.

escarpin [ɛskarpɛ̃] **nm** court shoe.

esclaffer [3] [ɛsklafe] ◆ **s'esclaffer vp** to burst out laughing.

esclavage [ɛsklavaʒ] **nm** slavery.

esclave [ɛsklav] **nmf** slave.

escorte [ɛskɔrt] **nf** escort.

escrime [ɛskrim] **nf** fencing.

escroc [ɛskro] **nm** swindler.

escroquerie [ɛskrɔkri] **nf** swindle.

espace [ɛspas] **nm** space ▸ **en l'espace de** in the space of ▸ **espace fumeurs** smoking area ▸ **espace non-fumeurs** non-smoking area ▸ **espaces verts** open spaces.

espacement [ɛspasmɑ̃] **nm : barre d'espacement** INFORM space bar.

espacer [16] [ɛspase] **vt** to space out.

espadon [ɛspadɔ̃] **nm** swordfish.

espadrille [ɛspadrij] **nf** espadrille.

Espagne [ɛspaɲ] **nf : l'Espagne** Spain.

espagnol, e [ɛspaɲɔl] ◆ **adj** Spanish. ◆ **nm** [langue] Spanish. ◆ **Espagnol, e nm, f** Spaniard ▸ **les Espagnols** the Spanish.

espèce [ɛspɛs] **nf** [race] species ▸ **une espèce de** a kind of ▸ **espèce d'imbécile !** you stupid idiot! ◆ **espèces nfpl** cash *sg* ▸ **en espèces** in cash.

espérer [18] [ɛspere] **vt** to hope for **› espérer faire qqch** to hope to do sthg **› espérer que** to hope (that) **› j'espère (bien) !** I hope so!

espion, onne [ɛspjɔ̃, ɔn] **nm, f** spy.

espionnage [ɛspjɔnaʒ] **nm** spying **› film / roman d'espionnage** spy film / novel.

espionner [3] [ɛspjɔne] **vt** to spy on.

esplanade [ɛsplanad] **nf** esplanade.

espoir [ɛspwar] **nm** hope.

esprit [ɛspri] **nm** **1.** [pensée] mind **2.** [humour] wit **3.** [caractère, fantôme] spirit.

Esquimau, aude, x [ɛskimo, od] **nm, f** Eskimo **› Esquimau®** [glace] choc-ice on a stick UK, Eskimo US.

esquisser [3] [ɛskise] **vt** [dessin] to sketch **› esquisser un sourire** to half-smile.

esquiver [3] [ɛskive] **vt** to dodge.

essai [esɛ] **nm** **1.** [test] test **2.** [tentative] attempt **3.** [littéraire] essay **4.** SPORT try **› à l'essai** [objet] on trial **› être à l'essai** [employé] to be on trial.

essaim [esɛ̃] **nm** swarm.

essayage [esejaʒ] **nm** → **cabine**

essayer [11] [eseje] **vt** **1.** [vêtement, chaussures] to try on **2.** [tester] to try out **3.** [tenter] to try **› essayer de faire qqch** to try to do sthg.

essence [esɑ̃s] **nf** petrol UK, gas US **› essence sans plomb** unleaded (petrol).

essentiel, elle [esɑ̃sjɛl] ◆ **adj** essential. ◆ **nm : l'essentiel** **a)** [le plus important] the main thing **b)** [le minimum] the essentials *pl.*

essieu [esjø] (*pl* -x) **nm** axle.

essorage [esɔraʒ] **nm** [sur un lave-linge] spin cycle.

essorer [3] [esɔre] **vt** to spin-dry.

essoufflé, e [esufle] **adj** out of breath.

essouffler [3] [esufle] ◆ **s'essouffler vp** to be breathless ou out of breath ; *fig* to run out of steam.

essuie-glace [esɥiglas] (*pl* **essuie-glaces**) **nm** windscreen wiper UK, windshield wiper US.

essuie-mains [esɥimɛ̃] **nm inv** hand towel.

essuie-tout [esɥitu] **nm** paper towels, kitchen roll UK.

essuyer [14] [esɥije] **vt** **1.** [sécher] to dry **2.** [enlever] to wipe up. ◆ **s'essuyer vp** to dry o.s. **› s'essuyer les mains** to dry one's hands.

est[1] [ɛ] **3e pers. du sg de l'ind. prés.** → **être**

est[2] [ɛst] ◆ **adj inv** east, eastern. ◆ **nm** east **› à l'est** in the east **› à l'est de** east of **› l'Est** **a)** [l'est de la France] the East (of France) **b)** [l'Alsace et la Lorraine] *north-eastern part of France.*

est-ce que [ɛskə] **adv : est-ce qu'il est là ?** is he there? **› est-ce que tu as mangé ?** have you eaten? **› comment est-ce que ça s'est passé ?** how did it go?

esthéticienne [ɛstetisjɛn] **nf** beautician.

esthétique [ɛstetik] **adj** [beau] attractive.

estimation [ɛstimasjɔ̃] **nf** **1.** [des dégâts] estimate **2.** [d'un objet d'art] valuation.

estimer [3] [ɛstime] **vt** **1.** [dégâts] to estimate **2.** [objet d'art] to value **3.** [respecter] to respect **› estimer que** to think that.

estival, e, aux [ɛstival, o] **adj** summer *(avant n)*.

estivant, e [ɛstivɑ̃, ɑ̃t] **nm, f** holiday-maker UK, vacationer US.

estomac [ɛstɔma] **nm** stomach ▸ **avoir des brûlures d'estomac** to have heartburn.

Estonie [ɛstɔni] **nf : l'Estonie** Estonia.

estrade [ɛstrad] **nf** platform.

estragon [ɛstragɔ̃] **nm** tarragon.

estuaire [ɛstɥɛr] **nm** estuary.

et [e] **conj** and ▸ **et après ?** [pour défier] so what? ▸ **je l'aime bien, et toi ?** I like him, what about you? ▸ **vingt et un** twenty-one.

étable [etabl] **nf** cowshed.

établi [etabli] **nm** workbench.

établir [32] [etablir] **vt 1.** [commerce, entreprise] to set up **2.** [liste, devis] to draw up **3.** [contacts] to establish. ◆ **s'établir vp 1.** [emménager] to settle **2.** [professionnellement] to set o.s. up (in business) **3.** [se créer] to build up.

établissement [etablismɑ̃] **nm** establishment ▸ **établissement scolaire** school.

étage [etaʒ] **nm 1.** floor **2.** [couche] tier ▸ **au premier étage** on the first floor UK, on the second floor US ▸ **à l'étage** upstairs.

étagère [etaʒɛr] **nf 1.** shelf **2.** [meuble] (set of) shelves.

étain [etɛ̃] **nm** tin.

étais [etɛ] **1re et 2e pers. du sg de l'ind. imparfait** → **être**.

étal [etal] **nm** [sur les marchés] stall.

étalage [etalaʒ] **nm** [vitrine] display.

étaler [3] [etale] **vt 1.** to spread (out) **2.** [beurre, confiture] to spread. ◆ **s'étaler vp** [se répartir] to be spread ▸ **mon stage s'étale sur six mois** my internship runs for six months.

étanche [etɑ̃ʃ] **adj 1.** [montre] waterproof **2.** [joint] watertight.

étang [etɑ̃] **nm** pond.

étant [etɑ̃] **p prés** → **être**.

étape [etap] **nf 1.** [période] stage **2.** [lieu] stop ▸ **faire étape à** to stop off at.

état [eta] **nm** state, condition ▸ **en état (de marche)** in working order ▸ **en bon état** in good condition ▸ **en mauvais état** in poor condition ▸ **état civil** [d'une personne] personal details ▸ **état d'esprit** state of mind. ◆ **État nm** POL state.

États-Unis [etazyni] **nmpl : les États-Unis** the United States.

etc. *(abr écrite de* **et cetera***)* etc.

et cetera [ɛtsetera] **adv** et cetera.

été¹ [ete] **pp** → **être**.

été² [ete] **nm** summer ▸ **en été** in (the) summer.

éteindre [81] [etɛ̃dr] **vt 1.** [lumière, appareil] to turn off **2.** [cigarette, incendie] to put out. ◆ **s'éteindre vp** to go out.

éteint, e [etɛ̃, ɛ̃t] **pp & 3e pers. du sg de l'ind. prés.** → **éteindre**.

étendre [73] [etɑ̃dr] **vt 1.** [nappe, carte] to spread (out) **2.** [linge] to hang out **3.** [jambe, personne] to stretch (out). ◆ **s'étendre vp 1.** [se coucher] to lie down **2.** [être situé] to stretch **3.** [se propager] to spread.

étendu, e [etɑ̃dy] **adj** [grand] extensive.

étendue [etɑ̃dy] **nf** area ▸ **l'étendue des dégâts** the scope of the damage.

éternel, elle [etɛrnɛl] **adj** eternal.

éternité [etɛrnite] **nf** eternity ▸ **cela fait une éternité que…** it's been ages since…

éternuement [etɛrnymɑ̃] **nm** sneeze.

éternuer [7] [etɛrnɥe] **vi** to sneeze.

êtes [ɛt] **2e pers. du pl de l'ind. prés.** → **être**.

ethernet [etɛʀnɛt] **nm : port ethernet** Ethernet port.

Éthiopie [etjɔpi] **nf : (l')Éthiopie** Ethiopia.

étinceler [24] [etɛ̃sle] **vi** to sparkle.

étincelle [etɛ̃sɛl] **nf** spark.

étiquette [etikɛt] **nf** label.

étirer [3] [etire] **vt** to stretch (out). ◆ **s'étirer vp** to stretch.

étoffe [etɔf] **nf** material.

étoile [etwal] **nf** star ▸ **hôtel deux / trois étoiles** two- / three-star hotel ▸ **dormir à la belle étoile** to sleep out in the open ▸ **étoile de mer** starfish.

étoilé, e [etwale] **adj 1.** [ciel, nuit] starry **2.** [vitre, pare-brise] shattered ▸ **la bannière étoilée** the Star-Spangled Banner.

étonnant, e [etɔnɑ̃, ɑ̃t] **adj** amazing.

étonné, e [etɔne] **adj** surprised.

étonnement [etɔnmɑ̃] **nm** astonishment, surprise.

étonner [3] [etɔne] **vt** to surprise ▸ **ça m'étonnerait (que)** I would be surprised (if) ▸ **tu m'étonnes !** *fam* I'm not surprised! ◆ **s'étonner vp : s'étonner que** to be surprised that.

étouffant, e [etufɑ̃, ɑ̃t] **adj** stifling.

étouffer [3] [etufe] ◆ **vt 1.** to suffocate **2.** [bruit] to muffle. ◆ **vi 1.** [manquer d'air] to choke **2.** [avoir chaud] to suffocate. ◆ **s'étouffer vp 1.** to choke **2.** [mourir] to choke to death.

étourderie [eturdəri] **nf** [caractère] thoughtlessness ▸ **faire une étourderie** to make a careless mistake.

étourdi, e [eturdi] **adj** [distrait] scatterbrained.

étourdir [32] [eturdir] **vt 1.** [assommer] to daze **2.** [donner le vertige à] to make dizzy.

étourdissement [eturdismɑ̃] **nm** dizzy spell.

étrange [etrɑ̃ʒ] **adj** strange.

étranger, ère [etrɑ̃ʒe, ɛr] ◆ **adj 1.** [ville, coutume] foreign **2.** [inconnu] unfamiliar. ◆ **nm, f 1.** [d'un autre pays] foreigner **2.** [inconnu] stranger. ◆ **nm : à l'étranger** abroad.

étrangler [3] [etrɑ̃gle] **vt** to strangle. ◆ **s'étrangler vp** to choke.

être [2] [ɛtr] ◆ **vi 1.** [pour décrire] to be ▸ **être content** to be happy ▸ **je suis architecte** I'm an architect **2.** [pour désigner le lieu, l'origine] to be ▸ **nous serons à Naples / à la maison à partir de demain** we will be in Naples / at home from tomorrow onwards ▸ **d'où êtes-vous ?** where are you from? **3.** [pour donner la date] **: quel jour sommes-nous ?** what day is it? ▸ **c'est jeudi** it's Thursday **4.** [aller] **: j'ai été trois fois en Écosse** I've been to Scotland three times **5.** [pour exprimer l'appartenance] **: être à qqn** to belong to sb ▸ **cette voiture est à vous ?** is this your car? ▸ **c'est à Daniel** it's Daniel's ◆ **v impers 1.** [pour désigner le moment] **: il est huit heures / tard** it's eight o'clock / late **2.** [avec un adjectif ou un participe passé] **: il est difficile de savoir si…** it is difficult to know whether… ▸ **il est recommandé de**

réserver à l'avance advance booking is recommended
◆ **v aux** **1.** [pour former le passé composé] to have / to be ▸ **nous sommes partis hier** we left yesterday ▸ **je suis née en 1976** I was born in 1976 ▸ **tu t'es coiffé ?** have you brushed your hair? **2.** [pour former le passif] to be ▸ **le train a été retardé** the train was delayed
◆ **nm** [créature] being ▸ **être humain** human being.

étrenner [4] [etrene] **vt** to use for the first time.

étrennes [etrɛn] **nfpl** ≃ Christmas bonus.

étrier [etrije] **nm** stirrup.

étroit, e [etrwa, at] **adj** **1.** [rue, siège] narrow **2.** [vêtement] tight ▸ **on est à l'étroit ici** it's cramped in here.

étude [etyd] **nf** **1.** study **2.** [salle d'école] study room **3.** [de notaire] office. ◆ **études** **nfpl** studies ▸ **faire des études (de)** to study.

étudiant, e [etydjɑ̃, ɑ̃t] **adj** & **nm, f** student.

étudier [9] [etydje] **vt** & **vi** to study.

étui [etɥi] **nm** case.

eu, e [y] **pp** → **avoir**.

euh [ø] **interj** er.

euro [øʀɔ] **nm** euro ▸ **zone euro** euro zone, euro area.

eurochèque [øʀɔʃɛk] **nm** Eurocheque.

Europe [øʀɔp] **nf** **: l'Europe** Europe ▸ **l'Europe de l'Est** Eastern Europe.

européen, enne [øʀɔpeɛ̃, ɛn] **adj** European. ◆ **Européen, enne** **nm, f** European.

Eurostar® [øʀɔstaʀ] **nm** Eurostar®.

eux [ø] **pron** **1.** [après préposition ou comparaison] them **2.** [pour insister] they ▸ **eux-êmes** themselves.

évacuer [7] [evakɥe] **vt** **1.** to evacuate **2.** [liquide] to drain.

évader [3] [evade] ◆ **s'évader** **vp** to escape.

évaluer [7] [evalɥe] **vt** **1.** [dégâts] to estimate **2.** [tableau] to value.

Évangile [evɑ̃ʒil] **nm** [livre] Gospel ▸ **l'Évangile selon Saint Jean** the Gospel according to John.

évanouir [32] [evanwiʀ] ◆ **s'évanouir** **vp** to faint.

évanouissement [evanwismɑ̃] **nm** fainting fit.

évaporer [3] [evapɔʀe] ◆ **s'évaporer** **vp** to evaporate.

évasé, e [evaze] **adj** flared.

évasion [evazjɔ̃] **nf** escape.

éveillé, e [eveje] **adj** [vif] alert.

éveiller [4] [eveje] **vt** **1.** [soupçons, attention] to arouse **2.** [intelligence, imagination] to awaken. ◆ **s'éveiller** **vp** [sensibilité, curiosité] to be aroused.

événement [evɛnmɑ̃] **nm** event.

éventail [evɑ̃taj] **nm** **1.** fan **2.** [variété] range.

éventrer [3] [evɑ̃tʀe] **vt** **1.** to disembowel **2.** [ouvrir] to rip open.

éventuel, elle [evɑ̃tɥɛl] **adj** possible.

éventuellement [evɑ̃tɥɛlmɑ̃] **adv** possibly.

⚠ **Eventually** est un faux ami, il signifie ***finalement*** et non « éventuellement ».

évêque [evɛk] **nm** bishop.

évidemment [evidamɑ̃] **adv** obviously.

évident, e [evidɑ̃, ɑ̃t] **adj** obvious ▸ **c'est pas évident !** [pas facile] it's not (that) easy!

évier [evje] **nm** sink.

évitement [evitmɑ̃] **nm** BELG [déviation] diversion.

éviter [3] [evite] **vt** to avoid ▸ **éviter qqch à qqn** to spare sb sthg ▸ **éviter de faire qqch** to avoid doing sthg.

évolué, e [evɔlɥe] **adj 1.** [pays] advanced **2.** [personne] broad-minded.

évoluer [7] [evɔlɥe] **vi 1.** to change **2.** [maladie] to develop.

évolution [evɔlysjɔ̃] **nf** development.

évoquer [3] [evɔke] **vt 1.** [faire penser à] to evoke **2.** [mentionner] to mention.

ex [ɛks] **nmf** ex.

ex- [ɛks] **préf** [ancien] ex-.

exact, e [ɛgzakt] **adj 1.** [correct] correct **2.** [précis] exact **3.** [ponctuel] punctual ▸ **c'est exact** [c'est vrai] that's right.

exactement [ɛgzaktəmɑ̃] **adv** exactly.

exactitude [ɛgzaktityd] **nf 1.** accuracy **2.** [ponctualité] punctuality.

ex aequo [ɛgzeko] **adj inv** equal ▸ **ils ont terminé ex aequo** they finished with the same score.

exagérer [18] [ɛgzaʒere] **vt & vi** to exaggerate.

exam [ɛgzam] **nm** *fam* SCOL [à l'université] exam.

examen [ɛgzamɛ̃] **nm 1.** [médical] examination **2.** SCOL exam ▸ **examen blanc** mock exam UK, practise test US.

examinateur, trice [ɛgzaminatœr, tris] **nm, f** examiner.

examiner [3] [ɛgzamine] **vt** to examine.

exaspérer [18] [ɛgzaspere] **vt** to exasperate.

excédent [ɛksedɑ̃] **nm** surplus ▸ **excédent de bagages** excess baggage.

excéder [18] [ɛksede] **vt 1.** [dépasser] to exceed **2.** [énerver] to exasperate.

excellent, e [ɛkselɑ̃, ɑ̃t] **adj** excellent.

excentrique [ɛksɑ̃trik] **adj** [extravagant] eccentric.

excepté [ɛksɛpte] **prép** except.

exception [ɛksɛpsjɔ̃] **nf** exception ▸ **faire une exception** to make an exception ▸ **à l'exception de** with the exception of ▸ **sans exception** without exception.

exceptionnel, elle [ɛksɛpsjɔnɛl] **adj** exceptional.

excès [ɛksɛ] ◆ **nm** excess. ◆ **nmpl : faire des excès** to eat and drink too much ▸ **excès de vitesse** speeding *sg*.

excessif, ive [ɛksesif, iv] **adj 1.** excessive **2.** [personne, caractère] extreme.

excitant, e [ɛksitɑ̃, ɑ̃t] ◆ **adj** exciting. ◆ **nm** stimulant.

excitation [ɛksitasjɔ̃] **nf** excitement.

exciter [3] [ɛksite] **vt** to excite.

exclamation [ɛksklamasjɔ̃] **nf** exclamation.

exclamer [3] [ɛksklame] ◆ **s'exclamer vp** to exclaim.

exclure [96] [ɛksklyr] **vt 1.** [ne pas compter] to exclude **2.** [renvoyer] to expel.

exclusif, ive [ɛksklyzif, iv] **adj 1.** [droit, interview] exclusive **2.** [personne] possessive.

exclusion [ɛksklyzjɔ̃] **nf** [renvoi] expulsion ▸ **à l'exclusion de** to the exclusion of.

exclusivité [ɛksklyzivite] **nf** [d'un film, d'une interview] exclusive rights ***pl*** ▸ **en exclusivité** [film] on general release.

excursion [ɛkskyrsjɔ̃] **nf** excursion.

excuse [ɛkskyz] **nf** excuse. ◆ **excuses nfpl : faire des excuses à qqn** to apologize to sb.

excuser [3] [ɛkskyze] **vt** to excuse ▸ **excusez-moi a)** [pour exprimer ses regrets] I'm sorry **b)** [pour interrompre] excuse me. ◆ **s'excuser vp** to apologize ▸ **s'excuser de faire qqch** to apologize for doing sthg.

exécutable [ɛgzekytabl] **nm INFORM** executable.

exécuter [3] [ɛgzekyte] **vt 1.** [travail, ordre] to carry out **2.** [œuvre musicale] to perform **3.** [personne] to execute.

exécution [ɛgzekysjɔ̃] **nf** execution.

exemplaire [ɛgzɑ̃plɛr] **nm** copy.

exemple [ɛgzɑ̃pl] **nm** example ▸ **par exemple** for example.

exercer [16] [ɛgzɛrse] **vt 1.** to exercise **2.** [voix, mémoire] to train ▸ **exercer le métier d'infirmière** to work as a nurse. ◆ **s'exercer vp** [s'entraîner] to practise ▸ **s'exercer à faire qqch** to practise doing sthg.

exercice [ɛgzɛrsis] **nm** exercise ▸ **faire de l'exercice** to exercise.

exfoliant, e [ɛksfɔljɑ̃, ɑ̃t] **adj** exfoliating *(avant n)*. ◆ **exfoliant nm** exfoliant.

exigeant, e [ɛgziʒɑ̃, ɑ̃t] **adj** demanding.

exigence [ɛgziʒɑ̃s] **nf** [demande] demand.

exiger [17] [ɛgziʒe] **vt 1.** to demand **2.** [avoir besoin de] to require.

exil [ɛgzil] **nm** exile ▸ **en exil** exiled.

exiler [3] [ɛgzile] ◆ **s'exiler vp** to go into exile.

existant, e [ɛgzistɑ̃, ɑ̃t] **adj** existing, current.

existence [ɛgzistɑ̃s] **nf** existence.

exister [3] [ɛgziste] **vi** to exist ▸ **il existe** [il y a] there is /are.

exorbitant, e [ɛgzɔrbitɑ̃, ɑ̃t] **adj** exorbitant.

exorciste [ɛgzɔʀsist] **nmf** exorcist.

exotique [ɛgzɔtik] **adj** exotic.

expatrier [10] [ɛkspatrije] ◆ **s'expatrier vp** to leave one's country.

expédier [9] [ɛkspedje] **vt** to send.

expéditeur, trice [ɛkspeditœr, tris] **nm, f** sender.

expédition [ɛkspedisjɔ̃] **nf 1.** [voyage] expedition **2.** [envoi] dispatch.

expérience [ɛksperjɑ̃s] **nf 1.** experience **2.** [scientifique] experiment ▸ **expérience (professionnelle)** experience.

expérimenté, e [ɛksperimɑ̃te] **adj** experienced.

expert [ɛkspɛr] **nm** expert.

expertiser [3] [ɛkspɛrtize] **vt** to value.

expiration [ɛkspiʀasjɔ̃] **nf 1.** [d'air] exhalation **2.** [de contrat] expiry UK, expiration US ▸ **arriver à expiration** to expire ▸ **date d'expiration** expiry UK ou expiration US date.

expirer [3] [ɛkspire] **vi 1.** [souffler] to breathe out **2.** [finir] to expire.

explication [ɛksplikasjɔ̃] **nf 1.** explanation **2.** [discussion] discussion ▸ **explication de texte** commentary on a text.

explicite [ɛksplisit] **adj** explicit.

expliquer [3] [ɛksplike] **vt** to explain ▸ **expliquer qqch à qqn** to explain sthg to sb. ◆ **s'expliquer vp** to explain o.s.

exploit [ɛksplwa] **nm** exploit.

exploitation [ɛksplwatasjɔ̃] **nf** **1.** [d'une terre, d'une mine] working **2.** [de personnes] exploitation ▸ **exploitation (agricole)** farm.

exploiter [3] [ɛksplwate] **vt** **1.** [terre, mine] to work **2.** [personnes, naïveté] to exploit.

exploration [ɛksplɔrasjɔ̃] **nf** exploration.

explorer [3] [ɛksplɔre] **vt** to explore.

exploser [3] [ɛksploze] **vi** to explode.

explosif, ive [ɛksplozif, iv] **adj & nm** explosive.

explosion [ɛksplozjɔ̃] **nf** **1.** explosion **2.** *fig* [de colère, de joie] outburst.

expo [ɛkspo] **nf** *fam* exhibition.

export [ɛkspɔʀ] **nm** INFORM exporting.

exportation [ɛkspɔrtasjɔ̃] **nf** export.

exporter [3] [ɛkspɔrte] **vt** to export.

exposé, e [ɛkspoze] ◆ **adj** [en danger] exposed. ◆ **nm** **1.** account **2.** SCOL presentation ▸ **exposé au sud** south-facing ▸ **une maison bien exposée** a house which gets a lot of sun.

exposer [3] [ɛkspoze] **vt** **1.** [tableaux] to exhibit **2.** [théorie, motifs] to explain. ◆ **s'exposer à vp + prép** **1.** [risquer de] to leave oneself exposed ou open to **2.** [au soleil] to expose oneself to ▸ **ne vous exposez pas entre midi et deux** stay out of the sun between 12 and 2.

exposition [ɛkspozisjɔ̃] **nf** **1.** exhibition **2.** [d'une maison] orientation.

exprès[1] [ɛksprɛs] ◆ **adj inv** [lettre] special delivery. ◆ **nm : par exprès** (by) special delivery.

exprès[2] [ɛksprɛ] **adv** **1.** [volontairement] on purpose, deliberately **2.** [spécialement] specially ▸ **faire exprès de faire qqch** to do sthg deliberately ou on purpose.

express [ɛksprɛs] **nm** **1.** [café] = **expresso** **2. : (train) express** express (train).

expressif, ive [ɛkspʀesif, iv] **adj** expressive.

expression [ɛksprɛsjɔ̃] **nf** expression ▸ **expression écrite** written language ▸ **expression orale** oral language.

expresso [ɛksprɛso] **nm** expresso.

exprimer [3] [ɛksprime] **vt** [idée, sentiment] to express. ◆ **s'exprimer vp** [parler] to express o.s.

expulser [3] [ɛkspylse] **vt** to expel.

expulsion [ɛkspylsjɔ̃] **nf** expulsion ; [de locataire] eviction.

exquis, e [ɛkski, iz] **adj** [délicieux] exquisite.

extensible [ɛkstɑ̃sibl] **adj** [vêtement] stretchy ▸ **mémoire extensible à 4 Go** memory extending to 4 GB.

exténué, e [ɛkstenɥe] **adj** exhausted.

extérieur, e [ɛksterjœr] ◆ **adj** **1.** [escalier, poche] outside **2.** [surface] outer **3.** [commerce, politique] foreign **4.** [gentillesse, calme] outward. ◆ **nm** **1.** outside **2.** [apparence] exterior ▸ **à l'extérieur** outside ▸ **jouer à l'extérieur** SPORT to play away ▸ **à l'extérieur de** outside.

exterminer [3] [ɛkstɛrmine] **vt** to exterminate.

externat [ɛkstɛʀna] **nm** day school.

externe [ɛkstɛrn] ◆ **adj** external. ◆ **nmf** [élève] day pupil.

extincteur [ɛkstɛ̃ktœr] **nm** (fire) extinguisher.

extinction [ɛkstɛ̃ksjɔ̃] **nf** 1. [voix] : **extinction de voix** loss of voice 2. [animal] : **en voie d'extinction** endangered.

extra [ɛkstra] ◆ **adj inv** 1. [qualité] first-class 2. *fam* [formidable] great. ◆ **préf** [très] extra.

extraconjugal, e, aux [ɛkstʀakɔ̃ʒygal, o] **adj** extramarital.

extrafin, e [ɛkstʀafɛ̃, in] **adj** extra(-) fine.

extraire [112] [ɛkstrɛr] **vt** to extract ▸ **extraire qqn /qqch de** to extract sb / sthg from.

extrait [ɛkstrɛ] **nm** extract ▸ **extrait de casier judiciaire** copy of criminal record.

extraordinaire [ɛkstraɔrdinɛr] **adj** 1. [incroyable] incredible 2. [excellent] wonderful.

extrascolaire [ɛkstʀaskɔlɛʀ] **adj** out-of-school ***(modificateur)***.

extravagant, e [ɛkstravagɑ̃, ɑ̃t] **adj** extravagant.

extraverti, e [ɛkstʀavɛʀti] **nm, f** & **adj** extrovert.

extrême [ɛkstrɛm] **adj** & **nm** extreme ▸ **l'Extrême-Orient** the Far East.

extrêmement [ɛkstrɛmmɑ̃] **adv** extremely.

extrémité [ɛkstremite] **nf** end.

Ff

F *(abr écrite de* franc, Fahrenheit*)* F.

fa [fa] **nm inv** MUS F ; [chanté] fa, fah UK

fable [fabl] **nf** fable.

fabricant [fabrikɑ̃] **nm** manufacturer.

fabrication [fabrikasjɔ̃] **nf** manufacture ▸ **fabrication artisanale** hand made.

fabrique [fabʀik] **nf** factory.

fabriquer [3] [fabrike] **vt** 1. to make 2. [produit] to manufacture ▸ **mais qu'est-ce que tu fabriques ?** *fam* what are you up to?

fabuleux, euse [fabylø, øz] **adj** 1. [énorme] enormous 2. [excellent] tremendous.

fac [fak] **nf** *fam* college ▸ **je suis en deuxième année de fac** I'm in my final year at college.

façade [fasad] **nf** facade.

face [fas] **nf** 1. [côté] side 2. [d'une pièce] heads *sg* 3. [visage] face ▸ **faire face à** a) [être devant] to face b) [affronter] to face up to ▸ **de face** from the front ▸ **en face (de)** opposite ▸ **face à face** face to face.

fâché, e [faʃe] **adj** **1.** angry **2.** [brouillé] on bad terms ▸ **ils sont fâchés** they had a falling out.

fâcher [3] [faʃe] ◆ **se fâcher** **vp** **1.** to get angry **2.** [se brouiller] to quarrel.

facile [fasil] **adj** **1.** easy **2.** [aimable] easygoing.

facilement [fasilmɑ̃] **adv** easily.

facilité [fasilite] **nf** [aisance] ease. ◆ **facilités** **nfpl** **1.** [capacités] ability, aptitude **2.** FIN facilities ▸ **avoir des facilités** to have ability ou aptitude ▸ **facilités de paiement** payment facilities.

faciliter [3] [fasilite] **vt** to make easier.

façon [fasɔ̃] **nf** way ▸ **de façon (à ce) que** so that ▸ **de toute façon** anyway ▸ **non merci, sans façon** no thank you. ◆ **façons** **nfpl** [comportement] manners ▸ **faire des façons** [être maniéré] to put on airs.

facteur, trice [faktœr, tris] ◆ **nm, f** postman (postwoman) UK, mailman (mailwoman) US. ◆ **nm** factor.

facture [faktyr] **nf** bill, invoice.

facturer [3] [faktyre] **vt** to invoice.

facturette [faktyrɛt] **nf** (credit card sales) receipt.

facultatif, ive [fakyltatif, iv] **adj** optional.

faculté [fakylte] **nf** **1.** [université] faculty **2.** [possibilité] right.

fade [fad] **adj** **1.** [aliment] bland **2.** [couleur] dull.

fagot [fago] **nm** bundle of sticks.

FAI (*abr de* **Fournisseur d'accès Internet**) **nm** IAP *(Internet Adress Provider)*.

faible [fɛbl] ◆ **adj** **1.** weak **2.** [son, lumière] faint **3.** [revenus, teneur] low **4.** [quantité, volume] small. ◆ **nm** : **avoir un faible pour qqch** to have a weakness for sthg ▸ **avoir un faible pour qqn** to have a soft spot for sb.

faiblement [fɛbləmɑ̃] **adv** **1.** weakly **2.** [augmenter] slightly.

faiblesse [fɛblɛs] **nf** weakness.

faiblir [32] [feblir] **vi** **1.** [physiquement] to get weaker **2.** [son] to get fainter **3.** [lumière] to fade.

faïence [fajɑ̃s] **nf** earthenware.

faille [faj] **nf** **1.** [du terrain] fault **2.** [défaut] flaw.

faillir [46] [fajir] **vi** : **il a failli tomber** he nearly fell over.

faillite [fajit] **nf** bankruptcy ▸ **faire faillite** to go bankrupt.

faim [fɛ̃] **nf** hunger ▸ **avoir faim** to be hungry.

fainéant, e [feneɑ̃, ɑ̃t] ◆ **adj** lazy. ◆ **nm, f** layabout.

faire [109] [fɛr] ◆ **vt** **1.** [fabriquer, préparer] to make ▸ **elle a fait un gâteau** she made a cake **2.** [effectuer] to do ▸ **faire une promenade** to go for a walk **3.** [arranger, nettoyer] : **faire son lit** to make one's bed ▸ **faire la vaisselle** to wash up ▸ **faire ses valises** to pack (one's bags) **4.** [s'occuper à] to do ▸ **que faites-vous comme métier ?** what do you do for a living? **5.** [sport, musique, discipline] to do ▸ **faire des études** to study ▸ **faire du piano** to play the piano **6.** [provoquer] : **faire du bruit** to make noise ▸ **faire mal à qqn** to hurt sb ▸ **faire de la peine à qqn** to upset sb **7.** [imiter] : **faire l'imbécile** to act the fool **8.** [parcourir] to do ▸ **nous avons fait 150 km en deux heures** we did 100 miles in two hours ▸ **faire du 80 (à l'heure)** to do 50 (miles an hour)

9. [avec un prix] **: ça fait combien ?** how much is it? ▸ **ça fait 20 euros** that will be 20 euros **10.** [avec des mesures] to be ▸ **je fais 1,68 m** I'm 1.68 m tall ▸ **je fais du 40** I take a size 40 **11.** MATH **: 10 et 3 font 13** 10 and 3 are ou make 13 **12.** [dire] to say ▸ **il m'a fait : « Ah bon ? »** he said to me: "Really?" **13.** [dans des expressions] **: ça ne fait rien** never mind ▸ **il ne fait que pleuvoir** it's always raining ▸ **qu'est-ce que ça peut te faire ?** what's it to do with you? ▸ **qu'est-ce que j'ai fait de mes clefs ?** what have I done with my keys?
◆ **vi 1.** [agir] **: vas-y, mais fais vite** go on, but be quick ▸ **vous feriez mieux de...** you'd better... ▸ **faites comme chez vous** make yourself at home **2.** [avoir l'air] **: faire jeune / vieux** to look young / old
◆ **v impers 1.** [climat, température] **: il fait chaud / -2 °C** it's hot / -2 °C **2.** [exprime la durée] **: ça fait trois jours que nous avons quitté Rouen** it's three days since we left Rouen ▸ **ça fait dix ans que j'habite ici** I've lived here for ten years
◆ **v aux 1.** [indique que l'on provoque une action] to make ▸ **faire cuire qqch** to cook sthg ▸ **faire tomber qqch** to make sthg fall **2.** [indique qu'l'on commande une action] **: faire faire qqch (par qqn)** to have ou get sthg done (by sb) ▸ **faire nettoyer un vêtement** to have a garment cleaned
◆ **v substitut** to do ▸ **on lui a conseillé de réserver mais il ne l'a pas fait** he was advised to book, but he didn't
◆ **faire suivre vt** to forward.
◆ **se faire vp 1.** [être convenable, à la mode] **: ça se fait a)** [c'est convenable] it's polite **b)** [c'est à la mode] it's fashionable ▸ **ça ne se fait pas a)** [ce n'est pas convenable] it's not done **b)** [ce n'est pas à la mode] it's not fashionable **2.** [avoir, provoquer] **: se faire des amis** to make friends ▸ **se faire mal** to hurt o.s. **3.** [avec un infinitif] **: se faire couper les cheveux** to have one's hair cut ▸ **se faire opérer** to have an operation ▸ **je me suis fait arrêter par la police** I was stopped by the police **4.** [devenir] **: se faire vieux** to get old ▸ **il se fait tard** it's getting late **5.** [dans des expressions] **: comment se fait-il que... ?** how come...? ▸ **ne t'en fais pas** don't worry.
◆ **se faire à vp + prép** [s'habituer à] to get used to.

faire-part [fɛrpar] **nm inv** announcement ▸ **faire-part de mariage** wedding announcement ▸ **faire-part de décès** death notice.

fais [fɛ] **1re et 2e pers. du sg de l'ind. prés. → faire.**

faisable [fəzabl] **adj** feasible.

faisan [fəzɑ̃] **nm** pheasant.

faisant [fəzɑ̃] **p prés → faire.**

faisons [fəzɔ̃] **1re pers. du pl de l'ind. prés. → faire.**

fait, e [fɛ, fɛt] ◆ **pp & 3e pers. de l'ind. prés. → faire.** ◆ **adj 1.** [tâche] done **2.** [objet, lit] made **3.** [fromage] ripe.
◆ **nm** fact ▸ **(c'est) bien fait !** it serves you / him right! ▸ **faits divers** minor news stories ▸ **au fait** [à propos] by the way ▸ **du fait de** because of ▸ **en fait** in fact ▸ **prendre qqn sur le fait** to catch sb in the act.

faîtes [fɛt] **2e pers. du pl de l'ind. prés. → faire.**

fait-tout [fɛtu] **nm inv** cooking pot.

falaise [falɛz] **nf** cliff.

falloir [69] [falwar] **v impers : il faut du courage pour faire ça** you need courage to do that **› il faut y aller** ou **que nous y allions** we must go **› il me faut 2 kilos d'oranges** I want 2 kilos of oranges.

fallu [faly] **pp → falloir**.

falsifier [9] [falsifje] **vt** [document, écriture] to forge.

famé, e [fame] **adj : mal famé** ou **malfamé** with a (bad) reputation.

fameux, euse [famø, øz] **adj 1.** [célèbre] famous **2.** [très bon] great.

familial, e, aux [familjal, o] **adj** [voiture, ennuis] family.

familiarité [familjarite] **nf** familiarity.

familier, ère [familje, ɛr] **adj 1.** familiar **2.** [langage, mot] colloquial.

famille [famij] **nf** family **› en famille** with one's family **› j'ai de la famille à Paris** I have relatives in Paris.

famine [famin] **nf** famine.

fan [fan] **nmf** *fam* fan.

fana [fana] *fam* ◆ **adj** crazy. ◆ **nmf** fan **› c'est une fana de cinéma** she loves the cinema **› il est fana de sport** he is crazy about sport.

fanatique [fanatik] ◆ **adj** fanatical. ◆ **nmf** fanatic.

fané, e [fane] **adj 1.** [fleur] withered **2.** [couleur, tissu] faded.

faner [3] [fane] ◆ **se faner vp** [fleur] to wither.

fanfare [fɑ̃far] **nf** brass band.

fantaisie [fɑ̃tezi] **nf 1.** [imagination] imagination **2.** [caprice] whim **› bijoux fantaisie** costume jewellery.

fantasme [fɑ̃tasm] **nm** fantasy.

fantastique [fɑ̃tastik] **adj 1.** fantastic **2.** [littérature, film] fantasy.

fantôme [fɑ̃tom] **nm** ghost.

fanzine [fɑ̃zin] **nm** fanzine.

FAQ [fak] (*abr de* **foire aux questions**) **nf** FAQ *(frequently asked questions)*.

far [far] **nm : far breton** *Breton custard tart with prunes*.

farce [fars] **nf 1.** [plaisanterie] practical joke **2.** CULIN stuffing **› faire une farce à qqn** to play a trick on sb.

farceur, euse [farsœr, øz] **nm, f** practical joker.

farci, e [farsi] **adj** stuffed.

fard [far] **nm : fard à joues** blusher **› fard à paupières** eyeshadow.

farfelu, e [farfəly] **adj** weird.

farine [farin] **nf** flour **› farine animale** animal meal.

farouche [faruʃ] **adj 1.** [animal] wild **2.** [enfant] shy **3.** [haine, lutte] fierce.

fascinant, e [fasinɑ̃, ɑ̃t] **adj** fascinating.

fasciner [3] [fasine] **vt** to fascinate.

fascisme [faʃism] **nm** fascism.

fashionista [faʃjɔnista] **nmf** fashionista.

fasse etc **1re et 2e pers. du sg du subj. prés. → faire**.

fastoche [fastɔʃ] **adj** *fam* dead easy.

fatal, e [fatal] **adj 1.** [mortel] fatal **2.** [inévitable] inevitable.

fatalement [fatalmɑ̃] **adv** inevitably.

fataliste [fatalist] **adj** fatalistic.

fatigant, e [fatigɑ̃, ɑ̃t] **adj 1.** tiring **2.** [agaçant] tiresome.

fatigue [fatig] **nf** tiredness **› je suis mort de fatigue** I'm dead tired.

fatigué, e [fatige] **adj** tired ▸ **être fatigué de faire qqch** to be tired of doing sthg.

fatiguer [3] [fatige] **vt 1.** to tire (out) **2.** [agacer] to annoy. ◆ **se fatiguer vp** to get tired ▸ **se fatiguer à faire qqch** to wear o.s. out doing sthg.

faubourg [fobur] **nm** suburb.

fauché, e [foʃe] **adj** *fam* broke, hard-up.

faucher [3] [foʃe] **vt 1.** [blé] to cut **2.** [piéton, cycliste] to run down **3.** *fam* [voler] to pinch.

faucon [fokɔ̃] **nm** hawk.

faudra [fodra] **3e pers. du sg de l'ind. fut.** → **falloir**.

faufiler [3] [fofile] ◆ **se faufiler vp** to slip in ▸ **se faufiler entre** to slip in and out of.

faune [fon] **nf** fauna.

fausse adj f → **faux**.

fausser [3] [fose] **vt 1.** [résultat] to distort **2.** [clef] to bend **3.** [mécanisme] to damage.

faut [fo] **3e pers. du sg de l'ind. prés.** → **falloir**.

faute [fot] **nf 1.** mistake **2.** [responsabilité] fault ▸ **c'est (de) ma faute** it's my fault ▸ **faute de** for lack of.

fauteuil [fotœj] **nm 1.** armchair **2.** [de cinéma, de théâtre] seat ▸ **fauteuil à bascule** rocking chair ▸ **fauteuil roulant** wheelchair.

fautif, ive [fotif, iv] **adj** [coupable] guilty.

fauve [fov] **nm** big cat.

fauvisme [fovism] **nm** Fauvism.

faux, fausse [fo, fos] ◆ **adj 1.** [incorrect] wrong **2.** [artificiel] false **3.** [billet] fake. ◆ **adv** [chanter, jouer] out of tune ▸ **fausse note** wrong note ▸ **faux numéro** wrong number.

faux-cul [foky] **adj** *vulg* **: il est faux-cul** he's a two-faced bastard.

faux-filet [fofilɛ] (*pl* **faux-filets**) **nm** sirloin.

faveur [favœr] **nf** [service] favour ▸ **en faveur de** in favour of.

favorable [favɔrabl] **adj** favourable ▸ **être favorable à** to be favourable to.

favori, ite [favɔri, it] **adj** favourite.

favoriser [3] [favɔrize] **vt 1.** [personne] to favour **2.** [situation] to help.

fax [faks] **nm** fax.

faxer [3] [fakse] **vt** to fax.

fayot, otte [fajo, ɔt] **nm, f** *fam* & *péj* [élève] swot UK, apple-polisher US.

fayotage [fajɔtaʒ] **nm** *fam* boot-licking.

fayoter [3] [fajɔte] **vi** *fam* to lick sb's boots.

féculent [fekylɑ̃] **nm** starchy food.

fédéral, e, aux [federal, o] **adj** federal.

fédération [federasjɔ̃] **nf** federation.

fée [fe] **nf** fairy.

feeling [filiŋ] **nm** *fam* **: on va y aller au feeling** we'll play it by ear ▸ **j'ai un bon feeling** I have a good feeling about it.

feignant, e [fɛɲɑ̃, ɑ̃t] **adj** *fam* lazy.

feinte [fɛ̃t] **nf 1.** [ruse] ruse **2.** SPORT dummy.

fêler [4] [fele] ◆ **se fêler vp** to crack.

félicitations [felisitasjɔ̃] **nfpl** congratulations ▸ **(avec) toutes nos félicitations !** warmest congratulations!

féliciter [3] [felisite] **vt** to congratulate.

félin [felɛ̃] **nm** cat.

femelle [fəmɛl] **nf** female.

féminin, e [feminɛ̃, in] **adj** 1. feminine 2. [mode, travail] women's.

féministe [feminist] **nmf & adj** feminist.

femme [fam] **nf** 1. woman 2. [épouse] wife ▸ **femme de chambre** chambermaid ▸ **femme de ménage** cleaning woman ▸ **bonne femme** *fam* woman.

fémur [femyʀ] **nm** femur.

fendant [fɑ̃dɑ̃] **nm** *white wine from the Valais region of Switzerland.*

fendre [73] [fɑ̃dr] **vt** 1. [vase, plat] to crack 2. [bois] to split.

fenêtre [fənɛtr] **nf** window.

fenouil [fənuj] **nm** fennel.

fente [fɑ̃t] **nf** 1. [fissure] crack 2. [de tirelire, de distributeur] slot.

fer [fɛr] **nm** iron ▸ **fer à cheval** horseshoe ▸ **fer forgé** wrought iron ▸ **fer à repasser** iron.

fera etc 3ᵉ pers. du sg de l'ind. fut. → **faire**.

féra [fera] **nf** *fish from Lake Geneva.*

fer-blanc [fɛrblɑ̃] **nm** tin.

feria [feʀja] **nf** fair *(yearly, in Spain and Southern France).*

férié [ferje] **adj m** → **jour**.

ferme [fɛrm] ◆ **adj** firm. ◆ **nf** farm ▸ **ferme auberge** *farm providing holiday accommodation.*

fermé, e [fɛrme] **adj** 1. closed 2. [caractère] introverted.

fermement [fɛrməmɑ̃] **adv** firmly.

fermenter [3] [fɛrmɑ̃te] **vi** to ferment.

fermer [3] [fɛrme] ◆ **vt** 1. to shut, to close 2. [magasin, société] to close down 3. [électricité, radio] to turn off, to switch off. ◆ **vi** to close, to shut ▸ **fermer qqch à clef** to lock sthg ▸ **ça ne ferme pas** [porte, boîte] it won't shut. ◆ **se fermer vp** 1. to shut, to close 2. [vêtement] to do up.

fermeté [fɛrməte] **nf** firmness.

fermeture [fɛrmətyr] **nf** 1. closing 2. [mécanisme] fastener ▸ **fermeture Éclair®** zip UK, zipper US ▸ **'fermeture annuelle'** 'annual closing'.

fermier, ère [fɛrmje, ɛr] **nm, f** farmer.

fermoir [fɛrmwar] **nm** clasp.

féroce [ferɔs] **adj** ferocious.

ferraille [fɛraj] **nf** scrap iron.

ferrée [fɛre] **adj f** → **voie**.

ferroviaire [fɛrɔvjɛr] **adj** rail.

ferry-boat [feribot] (*pl* **ferry-boats**) **nm** ferry.

fertile [fɛrtil] **adj** fertile.

fesse [fɛs] **nf** buttock. ◆ **fesses nfpl** bottom *sg*.

fessée [fese] **nf** spanking ▸ **donner une fessée à qqn** to give sb a spanking.

festin [fɛstɛ̃] **nm** feast.

festival [fɛstival] **nm** festival.

ⓘ Le festival d'Avignon

This month-long festival of theatre, dance, music and film, founded by Jean Vilar in 1947, is held every summer in Avignon. As well as the official festival, there is a thriving "fringe" festival: the **festival off**.

ⓘ Le festival de Cannes

The Cannes Film Festival, held annually in May, is one of the most important in the world. Films, actors, and film-makers compete for awards, the most prestigious being the Palme d'Or for best film. A jury composed of cinema professionals chooses the winners.

festivalier, ère [fɛstivalje, ɛʁ] ◆ **adj** festival *(avant n)*. ◆ **nm, f** festival-goer.

festivités [fɛstivite] **nfpl** festivities.

feta [feta] **nf** feta (cheese).

fête [fɛt] **nf** **1.** [congé] holiday **2.** [réception] party **3.** [kermesse] fair **4.** [jour du saint] saint's day ▸ **faire la fête** to party ▸ **bonne fête !** Happy Saint's Day! ▸ **fête foraine** funfair ▸ **fête des Mères** Mother's day ▸ **fête des Pères** Father's day ▸ **la fête de la Musique** *annual music festival which takes place in the streets* ▸ **fête nationale** national holiday. ◆ **fêtes nfpl : les fêtes (de fin d'année)** the Christmas holidays.

ⓘ Bonne fête

The French traditionally wish bonne fête to the person who has the same name as the saint commemorated on a particular day.

ⓘ La fête de la musique

On 21 June each year, free concerts and performances of all types of music by both professional and amateur musicians are given in streets and squares throughout France. Founded in 1982, the festival rapidly gained in popularity and is now held in a large number of other countries.

fêter [4] [fete] **vt** to celebrate.

feu [fø] (*pl* -x) **nm** **1.** fire **2.** [lumière] light ▸ **avez-vous du feu ?** have you got a light? ▸ **faire du feu** to make a fire ▸ **mettre le feu à** to set fire to ▸ **à feu doux** on a low flame ▸ **feu d'artifice** firework ▸ **feu de camp** campfire ▸ **feu rouge** red light ▸ **feux de signalisation** ou **tricolores** traffic lights ▸ **feux arrière** rear lights ▸ **feux de croisement** dipped headlights ▸ **feux de recul** reversing lights ▸ **au feu !** fire! ▸ **en feu** [forêt, maison] on fire.

feuillage [fœjaʒ] **nm** foliage.

feuille [fœj] **nf** **1.** [d'arbre] leaf **2.** [de papier] sheet ▸ **feuille morte** dead leaf ▸ **feuille de style** style sheet.

feuilleté, e [fœjte] ◆ **adj** → **pâte.** ◆ **nm** *dessert or savoury dish made from puff pastry.*

feuilleter [27] [fœjte] **vt** to flick through.

feuilleton [fœjtɔ̃] **nm** serial ▸ **feuilleton télévisé** soap (opera).

feutre [føtʁ] **nm** **1.** [stylo] felt-tip pen **2.** [chapeau] felt hat.

fève [fɛv] **nf** **1.** broad bean **2.** [de galette] *charm put in a "galette des Rois".*

février [fevrije] **nm** February ▸ **en février, au mois de février** in February ▸ **début février** at the beginning of February ▸ **fin février** at the end of February ▸ **le deux février** the second of February.

fiable [fjabl] **adj** reliable.

fiançailles [fjɑ̃saj] **nfpl** engagement *sg.*

fiancé, e [fjɑ̃se] **nm, f** fiancé (fiancée).

fiancer [16] [fjɑ̃se] ◆ **se fiancer vp** to get engaged.

fibre [fibr] **nf** fibre UK, fiber US ▸ **fibre optique** optical fibre.

ficeler [24] [fisle] **vt** to tie up.

ficelle [fisɛl] **nf** **1.** string **2.** [pain] *thin French stick.*

fiche [fiʃ] **nf** **1.** [de carton, de papier] card **2.** TECH pin ▸ **fiche de paie** payslip ▸ **fiche technique** technical data sheet.

ficher [3] [fiʃe] **vt** **1.** [planter] to drive in **2.** *fam* [faire] to do **3.** *fam* [mettre] to stick ▸ **mais qu'est-ce qu'il fiche ?** *fam* what on earth is he doing? ▸ **fiche-moi la paix !** *fam* leave me alone! ▸ **fiche le camp !** *fam* get lost! ◆ **se ficher de** vp + prép *fam* [ridiculiser] to make fun of ▸ **je m'en fiche** *fam* [ça m'est égal] I don't give a damn.

fichier [fiʃje] **nm** **1.** [boîte] card-index box **2.** INFORM file ▸ **fichiers temporaires** temporary files.

fichu, e [fiʃy] **adj** *fam* **: c'est fichu** **a)** [raté] that's blown it **b)** [cassé, abîmé] it's had it ▸ **être bien fichu** [beau] to have a good body ▸ **être mal fichu** [malade] to feel rotten.

fiction [fiksjɔ̃] **nf** [en littérature] fiction.

fidèle [fidɛl] **adj** loyal.

fidélité [fidelite] **nf** loyalty.

Fidji [fidʒi] **nfpl : les (îles) Fidji** Fiji, the Fiji Islands.

fier[1] [9] [fje] ◆ **se fier à** vp + prép [personne, instinct] to rely on ▸ **se fier à qqn / qqch** to trust sb / sthg ▸ **je ne me fie pas à ce qu'il dit** I wouldn't go by what he says.

fier[2], **fière** [fjɛr] **adj** proud ▸ **être fier de** to be proud of.

fierté [fjɛrte] **nf** pride.

fièvre [fjɛvr] **nf** fever ▸ **avoir de la fièvre** to have a (high) temperature.

fiévreux, euse [fjevrø, øz] **adj** feverish.

fig. (*abr écrite de* **figure**) fig.

figé, e [fiʒe] **adj** **1.** [sauce] congealed **2.** [personne] motionless.

figer [17] [fiʒe] ◆ **se figer** vp [sauce] to congeal.

figue [fig] **nf** fig ▸ **figue de Barbarie** prickly pear.

figure [figyr] **nf** **1.** [visage] face **2.** [schéma] figure.

figuré, e [figyʀe] **adj** [sens] figurative. ◆ **figuré nm : au figuré** in the figurative sense.

figurer [3] [figyre] **vi** to appear. ◆ **se figurer** vp [croire] to believe ▸ **il m'a menti, figure-toi !** he lied to me if you can believe that! ▸ **figure-toi que je ne sais pas où je l'ai rangé** I actually can't remember where I left it.

fil [fil] **nm** **1.** [à coudre] thread **2.** [du téléphone] wire ▸ **fil de fer** wire.

file [fil] **nf** **1.** line **2.** [sur la route] lane ▸ **file (d'attente)** queue UK, line US ▸ **à la file** in a row ▸ **en file (indienne)** in single file.

filer [3] [file] ◆ **vt** [collant] to ladder UK, to put a run in US. ◆ **vi** **1.** [aller vite] to fly **2.** *fam* [partir] to dash off ▸ **filer qqch à qqn** *fam* to slip sb sthg.

filet [filɛ] **nm** **1.** net **2.** [de poisson, de bœuf] fillet **3.** [d'eau] trickle ▸ **filet américain** BELG steak tartare ▸ **filet à bagages** luggage rack ▸ **filet mignon** filet mignon ; *small good-quality cut of beef* ▸ **filet de bar au pistou** bass fillet with pesto sauce.

filiale [filjal] **nf** subsidiary.

filière [filjɛr] **nf** SCOL **: filière scientifique** science subjects.

fille [fij] **nf 1.** girl **2.** [descendante] daughter.

fillette [fijɛt] **nf** little girl.

filleul, e [fijœl] **nm, f** godchild.

film [film] **nm** film ▸ **film d'horreur** ou **d'épouvante** horror film ▸ **film vidéo** video.

filmer [3] [filme] **vt** to film.

fils [fis] **nm** son.

filtrage [filtʀaʒ] **nm** screening.

filtre [filtʀ] **nm** filter ▸ **filtre ADSL** ADSL filter.

filtrer [3] [filtʀe] **vt** to filter.

fin, e [fɛ̃, fin] ◆ **adj 1.** [couche, tranche] thin **2.** [sable, cheveux] fine **3.** [délicat] delicate **4.** [subtil] shrewd. ◆ **nf** end ▸ **fin juillet** at the end of July ▸ **à la fin (de)** at the end (of).

final, e, als, aux [final, o] **adj** final.

finale [final] **nf** final.

finalement [finalmɑ̃] **adv** finally.

finaliste [finalist] **nmf** finalist.

finance [finɑ̃s] **nf : la finance** [profession] finance ▸ **les finances a)** [publiques] public funds **b)** *fam* [d'un particulier] finances.

financement [finɑ̃smɑ̃] **nm** funding.

financer [16] [finɑ̃se] **vt** to finance.

financier, ère [finɑ̃sje, ɛʀ] ◆ **adj** financial. ◆ **nm** [gâteau] *small cake made with almonds and candied fruit* ▸ **sauce financière** *sauce flavoured with Madeira and truffles.*

finesse [finɛs] **nf** subtlety.

finir [32] [finiʀ] ◆ **vt** to finish. ◆ **vi** to end ▸ **finir bien** to have a happy ending ▸ **finir de faire qqch** to finish doing sthg ▸ **finir par faire qqch** to end up doing sthg.

finlandais, e [fɛ̃lɑ̃dɛ, ɛz] ◆ **adj** Finnish. ◆ **nm** = **finnois.** ◆ **Finlandais, e nm, f** Finn.

Finlande [fɛ̃lɑ̃d] **nf : la Finlande** Finland.

finnois [finwa] **nm** Finnish.

fioul [fjul] **nm** fuel.

firewall [fajəʀwol] **nm** firewall.

FireWire [fajəʀwajəʀ] **nm** FireWire.

fisc [fisk] **nm** ≃ Inland Revenue UK ; ≃ Internal Revenue US.

fiscal, e, aux [fiskal, o] **adj** tax ▸ **contrôle fiscal** tax investigation.

fissure [fisyʀ] **nf** crack.

fissurer [3] [fisyʀe] ◆ **se fissurer vp** to crack.

fixation [fiksasjɔ̃] **nf** [de ski] binding.

fixe [fiks] **adj** fixed ▸ **téléphone fixe** land line.

fixer [3] [fikse] **vt 1.** [attacher] to fix **2.** [regarder] to stare at.

flacon [flakɔ̃] **nm** small bottle ▸ **flacon de parfum** perfume bottle.

flageolet [flaʒɔlɛ] **nm** flageolet bean.

flagrant, e [flagʀɑ̃, ɑ̃t] **adj** blatant ▸ **en flagrant délit** in the act.

flair [flɛʀ] **nm** sense of smell ▸ **avoir du flair** *fig* to have flair.

flairer [4] [flɛʀe] **vt 1.** to smell **2.** *fig* [deviner] to scent.

flamand, e [flamɑ̃, ɑ̃d] ◆ **adj** Flemish. ◆ **nm** [langue] Flemish.

flamant [flamɑ̃] **nm** flamingo ▸ **flamant rose** pink flamingo.

flambé, e [flɑ̃be] **adj** flambéed.

flamber [3] [flɑ̃be] **vi** to burn.

flamboyant, e [flɑ̃bwajɑ̃, ɑ̃t] **adj** **1.** [ciel, regard] blazing ; [couleur] flaming **2.** [en architecture] flamboyant.

flamiche [flamiʃ] **nf** *savoury tart.*

flamme [flam] **nf** flame ▸ **en flammes** in flames.

flan [flɑ̃] **nm** flan.

flanc [flɑ̃] **nm** flank ▸ **couché sur le flanc** lying on his / her side.

flâner [3] [flane] **vi** to stroll.

flanquer [3] [flɑ̃ke] **vt** **1.** [entourer] to flank **2.** *fam* [mettre] to stick ▸ **flanquer qqn à la porte** *fam* to kick sb out ▸ **flanquer une gifle à qqn** *fam* to give sb a smack.

flaque [flak] **nf** puddle.

flash [flaʃ] (*pl* -s ou -es) **nm** **1.** [d'appareil photo] flash **2.** [d'information] newsflash.

flasher [3] [flaʃe] **vi** *fam* : **flasher sur qqch / qqn** to go crazy over sthg / sb.

flashy [flaʃi] **adj inv** flashy.

flatter [3] [flate] **vt** to flatter.

fléau [fleo] (*pl* -x) **nm** [catastrophe] natural disaster.

flèche [flɛʃ] **nf** arrow.

fléchette [fleʃɛt] **nf** dart.

fléchir [32] [fleʃir] **vt & vi** to bend.

flemme [flɛm] **nf** *fam* : **j'ai la flemme (de faire qqch)** I can't be bothered (to do sthg).

flétri, e [fletri] **adj** withered.

fleur [flœr] **nf** **1.** flower **2.** [d'arbre] blossom ▸ **fleur d'oranger** CULIN orange blossom essence ▸ **à fleurs** flowered ▸ **en fleur (s)** a) [plante] in flower b) [arbre] in blossom.

fleuri, e [flœri] **adj** **1.** [tissu, motif] flowered **2.** [jardin] in flower.

fleurir [32] [flœrir] **vi** to flower.

fleuriste [flœrist] **nmf** florist.

fleuve [flœv] **nm** river.

flexibilité [flɛksibilite] **nf** [d'un arrangement, d'un horaire] flexibility, adaptability.

flexible [flɛksibl] **adj** flexible.

flexitarien, enne [flɛksitarjɛ̃, ɛn] **adj & nm, f** flexitarian.

flic [flik] **nm** *fam* cop.

flippant, e [flipɑ̃, ɑ̃t] **adj** *vulg* [déprimant] depressing ; [inquiétant] worrying.

flipper[1] [3] [flipe] **vi** *fam* **1.** [être déprimé] to feel down **2.** [planer] to freak out.

flipper[2] [flipœr] **nm** pin-ball machine.

fliquer [3] [flike] **vt** *fam* to keep under surveillance ▸ **son chef n'arrête pas de le fliquer** his boss is always keeping tabs on him.

flirter [3] [flœrte] **vi** to flirt.

flocon [flɔkɔ̃] **nm** : **flocon de neige** snowflake ▸ **flocons d'avoine** oatmeal.

flore [flɔr] **nf** flora.

flot [flo] **nm** stream ▸ **les flots** the waves.

flottante [flɔtɑ̃t] **adj f** → **île**.

flotte [flɔt] **nf** **1.** [de navires] fleet **2.** *fam* [pluie] rain **3.** *fam* [eau] water.

flotter [3] [flɔte] **vi** to float.

flotteur [flɔtœr] **nm** float.

flou, e [flu] **adj** **1.** [photo] blurred **2.** [idée, souvenir] vague.

fluide [flɥid] ◆ **adj** **1.** fluid **2.** [circulation] flowing freely. ◆ **nm** fluid.

fluo [flyo] **adj inv** fluorescent.

fluor [flyɔr] **nm** fluorine.

fluorescent, e [flyɔresɑ̃, ɑ̃t] **adj** fluorescent.

flûte [flyt] ◆ **nf** **1.** [pain] French stick **2.** [verre] flute. ◆ **interj** bother! ▸ **flûte (à bec)** recorder.

flux [fly] **nm** **1.** [écoulement] flow **2.** *fig* [mouvement] **: flux migratoire** massive population movement.

FM **nf** FM.

foi [fwa] **nf** faith ▸ **être de bonne foi** to be sincere ▸ **être de mauvaise foi** to be insincere.

foie [fwa] **nm** liver ▸ **foie gras** foie gras, duck ou goose liver ▸ **foie de veau** calf's liver.

foin [fwɛ̃] **nm** hay.

foire [fwar] **nf** **1.** [marché] fair **2.** [exposition] trade fair ▸ **foire aux questions** FAQ.

fois [fwa] **nf** time ▸ **une fois** once ▸ **deux fois** twice ▸ **trois fois** three times ▸ **3 fois 2** 3 times 2 ▸ **à la fois** at the same time ▸ **des fois** [parfois] sometimes ▸ **une fois que tu auras mangé** once you have eaten ▸ **une fois pour toutes** once and for all.

folie [fɔli] **nf** madness ▸ **faire une folie** [dépenser] to be extravagant.

folklo [fɔlklo] **adj inv** *fam* weird ▸ **c'est un type plutôt folklo** he's a bit of a weirdo.

folklore [fɔlklɔr] **nm** folklore.

folklorique [fɔlklɔrik] **adj** folk.

folle **adj f** → **fou**

foncé, e [fɔ̃se] **adj** dark.

foncer [16] [fɔ̃se] **vi** **1.** [s'assombrir] to darken **2.** *fam* [aller vite] to get a move on ▸ **foncer dans** to crash into ▸ **foncer sur** to rush towards.

fonction [fɔ̃ksjɔ̃] **nf** **1.** function **2.** [métier] post ▸ **la fonction publique** the civil service ▸ **en fonction de** according to.

fonctionnaire [fɔ̃ksjɔnɛr] **nmf** civil servant.

fonctionnel, elle [fɔ̃ksjɔnɛl] **adj** functional.

fonctionnement [fɔ̃ksjɔnmɑ̃] **nm** working.

fonctionner [3] [fɔ̃ksjɔne] **vi** to work ▸ **faire fonctionner qqch** to make sthg work.

fond [fɔ̃] **nm** **1.** [d'un puits, d'une boîte] bottom **2.** [d'une salle] far end **3.** [d'une photo, d'un tableau] background ▸ **au fond, dans le fond** [en réalité] in fact ▸ **au fond de a)** [salle] at the back of **b)** [valise] at the bottom of ▸ **à fond a)** [rouler] at top speed **b)** [respirer] deeply **c)** [pousser] all the way ▸ **fond d'artichaut** artichoke heart ▸ **fond de teint** foundation.

fondamental, e, aux [fɔ̃damɑ̃tal, o] **adj** basic.

fondant, e [fɔ̃dɑ̃, ɑ̃t] ◆ **adj** which melts in the mouth. ◆ **nm : fondant au chocolat** *chocolate cake that melts in the mouth.*

fondation [fɔ̃dasjɔ̃] **nf** foundation. ◆ **fondations** **nfpl** [d'une maison] foundations.

fonder [3] [fɔ̃de] **vt** **1.** [société] to found **2.** [famille] to start. ◆ **se fonder sur vp + prép** **1.** [suj :personne] to base one's opinion on **2.** [suj : raisonnement] to be based on.

fondre [75] [fɔ̃dr] **vi** to melt ▸ **fondre en larmes** to burst into tears.

fonds [fɔ̃] ◆ **nm** [ressources] fund. ◆ **nmpl** [argent] funds ▸ **fonds de com-**

merce business ▸ **fonds de pension** pension fund.

fondue [fɔ̃dy] **nf : fondue bourguignonne** meat fondue ▸ **fondue parmesan** QUÉBEC *soft cheese containing Parmesan, coated in breadcrumbs, eaten hot* ▸ **fondue savoyarde** cheese fondue.

font [fɔ̃] **3ᵉ pers. du sg de l'ind. prés.** → **faire**.

fontaine [fɔ̃tɛn] **nf** fountain.

fonte [fɔ̃t] **nf 1.** [métal] cast iron **2.** [des neiges] thaw.

foot(ball) [fut(bol)] **nm** football.

footballeur [futbolœr] **nm** footballer, soccer US.

footing [futiŋ] **nm** jogging ▸ **faire un footing** to go jogging.

forain, e [fɔrɛ̃, ɛn] ◆ **adj** → **fête.** ◆ **nm** fairground worker.

force [fɔrs] **nf 1.** strength **2.** [violence] force ▸ **forces** [physiques] strength ▸ **de force** by force ▸ **à force de faire qqch** through doing sthg.

forcément [fɔrsemɑ̃] **adv** inevitably ▸ **pas forcément** not necessarily.

forcer [16] [fɔrse] ◆ **vt** [porte] to force. ◆ **vi** [faire un effort physique] to strain o.s. ▸ **forcer qqn à faire qqch** to force sb to do sthg. ◆ **se forcer vp : se forcer (à faire qqch)** to force o.s. (to do sthg).

forêt [fɔrɛ] **nf** forest.

forêt-noire [fɔrɛnwar] (*pl* **forêts-noires**) **nm** Black Forest gâteau.

Forêt Noire [fɔrɛnwar] **nf : la Forêt Noire** the Black Forest.

forfait [fɔrfɛ] **nm 1.** [abonnement] season ticket **2.** [de ski] ski pass **3.** [de location de voiture] basic rate **4.** INFORM flat rate ▸ **déclarer forfait** to withdraw.

forfaitaire [fɔrfɛtɛr] **adj** inclusive.

forgé [fɔrʒe] **adj m** → **fer.**

forger [17] [fɔrʒe] **vt** [fer] to forge.

formalités [fɔrmalite] **nfpl** formalities.

format [fɔrma] **nm 1.** size **2.** INFORM format ▸ **format de fichier** file format.

formater [3] [fɔrmate] **vt** to format.

formateur, trice [fɔʀmatœʀ, tʀis] ◆ **adj** formative. ◆ **nm, f** trainer.

formation [fɔrmasjɔ̃] **nf 1.** [apprentissage] training **2.** [de roches, de mots] formation ▸ **formation professionnelle** vocational training.

forme [fɔrm] **nf** shape, form ▸ **en forme de T** T-shaped ▸ **être en (pleine) forme** to be on (top) form.

former [3] [fɔrme] **vt 1.** [créer] to form **2.** [éduquer] to train. ◆ **se former vp 1.** [naître] to form **2.** [s'éduquer] to train o.s.

formidable [fɔrmidabl] **adj** great.

formulaire [fɔrmylɛr] **nm** form ▸ **remplir un formulaire** to fill in a form.

formule [fɔrmyl] **nf 1.** formula **2.** [de restaurant] menu ▸ **'formule du jour'** 'menu of the day' ▸ **'formule midi'** 'lunch menu' ▸ **'formule rapide'** 'express menu'.

fort, e [fɔr, fɔrt] ◆ **adj 1.** strong **2.** [gros] large **3.** [doué] bright. ◆ **adv 1.** [parler] loudly **2.** [sentir] strongly **3.** [pousser] hard ▸ **fort en maths** good at maths.

forteresse [fɔrtərɛs] **nf** fortress.

fortiche [fɔrtiʃ] **adj** *fam* **: elle est fortiche en anglais !** she's dead UK **ou** real US good at English!

fortifications [fɔrtifikasjɔ̃] **nfpl** fortifications.

fortifier [9] [fɔrtifje] **vt** to fortify.

fortune [fɔrtyn] **nf** fortune ▸ **faire fortune** to make one's fortune.

forum [fɔʀɔm] **nm** forum ▸ **forum (de discussion)** INFORM forum.

fosse [fos] **nf** pit.

fossé [fose] **nm** ditch.

fossette [fosɛt] **nf** dimple.

fossile [fosil] **nm** fossil.

fou, folle [fu, fɔl] ◆ **adj** **1.** mad **2.** [extraordinaire] amazing. ◆ **nm, f** madman (madwoman). ◆ **nm** [aux échecs] bishop ▸ **(avoir le) fou rire** (to be in fits of) uncontrollable laughter.

foudre [fudr] **nf** lightning.

foudroyant, e [fudrwajɑ̃, ɑ̃t] **adj** [poison, maladie] lethal.

foudroyer [13] [fudrwaje] **vt** to strike.

fouet [fwɛ] **nm** **1.** whip **2.** CULIN whisk ▸ **de plein fouet** head-on.

fouetter [4] [fwete] **vt** **1.** to whip **2.** CULIN to whisk.

fougère [fuʒɛr] **nf** fern.

fouiller [3] [fuje] **vt** to search.

fouillis [fuji] **nm** muddle.

foulard [fular] **nm** scarf.

foule [ful] **nf** crowd.

fouler [3] [fule] ◆ **se fouler** **vp** : **se fouler la cheville** to sprain one's ankle.

foulure [fulyr] **nf** sprain.

four [fur] **nm** [de cuisinière, de boulanger] oven.

fourche [furʃ] **nf** **1.** pitchfork **2.** [carrefour] fork **3.** BELG [heure libre] free period.

fourchette [furʃɛt] **nf** **1.** fork **2.** [de prix] range.

fourchu, e [furʃy] **adj** : **avoir les cheveux fourchus** to have split ends.

fourgon [furgɔ̃] **nm** van.

fourgonnette [furgɔnɛt] **nf** small van.

fourmi [furmi] **nf** ant ▸ **avoir des fourmis dans les jambes** to have pins and needles in one's legs.

fourmilière [furmiljɛr] **nf** anthill.

fourneau [furno] (*pl* **-x**) **nm** stove.

fournir [32] [furnir] **vt** [effort] to make ▸ **fournir qqch à qqn** **a)** [marchandises] to supply sb with sthg **b)** [preuve, argument] to provide sb with sthg ▸ **fournir qqn en qqch** to supply sb with sthg.

fournisseur, euse [furnisœr, øz] **nm, f** supplier ▸ **fournisseur d'accès** INFORM service provider.

fournitures [furnityr] **nfpl** supplies ▸ **fournitures de bureau** stationery.

fourré, e [fure] **adj** **1.** [vêtement] lined **2.** [crêpe] filled ▸ **bonbon fourré à la fraise** sweet with a strawberry-flavoured centre.

fourrer [3] [fure] **vt** **1.** [crêpe] to fill **2.** *fam* [mettre] to stick ▸ **il est toujours fourré chez lui** he's always cooped up at home. ◆ **se fourrer** **vp** *fam* [se mettre] to put o.s. ▸ **se fourrer dans qqch** to get mixed up in sthg.

fourre-tout [furtu] **nm inv** [sac] holdall.

fourrière [furjɛr] **nf** pound ▸ **mettre une voiture à la fourrière** to impound a car.

fourrure [furyr] **nf** fur.

foutre [116] [futʀ] **vt** *vulg* **1.** [mettre] to shove, to stick **2.** [donner] **: foutre la trouille à qqn** to scare the pants off sb, to put the wind up sb UK ▸ **il lui a foutu une baffe** he thumped him one **3.** [faire] to do ▸ **foutre qqn dehors** ou **à la porte** to chuck sb out ▸ **j'en ai rien à foutre** I don't give a damn ou toss UK ▸ **ne rien foutre (de la journée)** to not do a damn thing (all day). ◆ **se foutre** vp *vulg* **1.** [se mettre] **: se foutre dans** [situation] to get o.s. into **2.** [se moquer] **: se foutre de (la gueule de) qqn** to laugh at sb, to take the mickey out of sb UK **3.** [ne pas s'intéresser] **: je m'en fous** I don't give a damn ou toss UK about it.

foyer [fwaje] **nm** **1.** [d'une cheminée] hearth **2.** [domicile] home **3.** [pour délinquants] hostel ▸ **femme /mère au foyer** housewife **4.** [épidémie] **: foyer de contagion ou épidémique** cluster, outbreak.

fracasser [3] [fʀakase] ◆ **se fracasser** **vp** to smash.

fraction [fʀaksjɔ̃] **nf** fraction.

fracture [fʀaktyʀ] **nf** fracture.

fracturer [3] [fʀaktyʀe] **vt** [porte, coffre] to break open. ◆ **se fracturer** **vp : se fracturer le crâne** to fracture one's skull.

fragile [fʀaʒil] **adj** **1.** fragile **2.** [santé] delicate.

fragment [fʀagmɑ̃] **nm** fragment.

fraîche **adj f** → **frais**

fraîcheur [fʀɛʃœʀ] **nf** **1.** coolness **2.** [d'un aliment] freshness.

frais, fraîche [fʀɛ, fʀɛʃ] ◆ **adj** **1.** [froid] cool **2.** [aliment] fresh. ◆ **nmpl** [dépenses] expenses, costs. ◆ **nm : mettre qqch au frais** to put sthg in a cool place ▸ **prendre le frais** to take a breath of fresh air ▸ **il fait frais** it's cool ▸ **'servir frais'** serve chilled.

fraise [fʀɛz] **nf** strawberry.

fraisier [fʀɛzje] **nm** **1.** strawberry plant **2.** [gâteau] strawberry sponge.

framboise [fʀɑ̃bwaz] **nf** raspberry.

framboisier [fʀɑ̃bwazje] **nm** [gâteau] raspberry sponge.

franc, franche [fʀɑ̃, fʀɑ̃ʃ] ◆ **adj** frank. ◆ **nm** franc.

français, e [fʀɑ̃sɛ, ɛz] ◆ **adj** French. ◆ **français** **nm** [langue] French. ◆ **Français, e** **nm, f** Frenchman (Frenchwoman) ▸ **les Français** the French.

France [fʀɑ̃s] **nf : la France** France ▸ **France 2** *state-owned television channel* ▸ **France 3** *state-owned television channel*

franche **adj f** → **franc**

franchement [fʀɑ̃ʃmɑ̃] **adv** **1.** frankly **2.** [très] completely ▸ **il a répondu franchement** he gave a straight answer ▸ **c'est franchement mauvais** it's downright bad.

franchir [32] [fʀɑ̃ʃiʀ] **vt** **1.** [frontière] to cross **2.** [limite] to exceed.

franchise [fʀɑ̃ʃiz] **nf** **1.** frankness **2.** [d'assurance] excess **3.** [de location automobile] collision damage waiver.

francilien, enne [fʀɑ̃siljɛ̃, ɛn] **adj** of /from the Île-de-France. ◆ **Francilien, enne** **nm, f** person from the Île-de-France.

francophone [fʀɑ̃kɔfɔn] **adj** French-speaking.

frange [fʀɑ̃ʒ] **nf** fringe ▸ **à franges** fringed.

frangipane [fʀɑ̃ʒipan] **nf** **1.** [crème] almond paste **2.** [gâteau] *cake consisting of layers of puff pastry and almond paste.*

frappant, e [fʀapɑ̃, ɑ̃t] **adj** striking.

frappé, e [frape] **adj** [frais] chilled ▸ **café frappé** iced coffee.

frapper [3] [frape] ◆ **vt 1.** to hit **2.** [impressionner, affecter] to strike. ◆ **vi** to strike ▸ **frapper un coup** to knock ▸ **frapper (à la porte)** to knock (at the door) ▸ **frapper dans ses mains** to clap one's hands.

fraude [frod] **nf** fraud ▸ **passer qqch en fraude** to smuggle sthg through customs.

frayer [11] [frɛje] ◆ **se frayer vp : se frayer un chemin** to force one's way.

frayeur [frɛjœr] **nf** fright.

fredonner [3] [frədɔne] **vt** to hum.

freezer [frizœr] **nm** freezer compartment.

frein [frɛ̃] **nm** brake ▸ **frein à main** handbrake UK, parking brake US.

freiner [4] [frene] ◆ **vt** [élan, personne] to restrain. ◆ **vi** to brake.

frelon [frəlɔ̃] **nm** hornet.

frémir [32] [fremir] **vi** to tremble.

fréquemment [frekamɑ̃] **adv** frequently.

fréquence [frekɑ̃s] **nf** frequency.

fréquent, e [frekɑ̃, ɑ̃t] **adj** frequent.

fréquenté, e [frekɑ̃te] **adj : très fréquenté** busy ▸ **c'est très bien /mal fréquenté** the right /wrong sort of people go there.

fréquenter [3] [frekɑ̃te] **vt 1.** [personnes] to mix with **2.** [endroit] to visit.

frère [frɛr] **nm** brother.

fresque [frɛsk] **nf** fresco.

friand [frijɑ̃] **nm** savoury tartlet.

friandise [frijɑ̃diz] **nf** delicacy.

fric [frik] **nm** *fam* cash.

fricassée [frikase] **nf** fricassee.

frictionner [3] [friksjɔne] **vt** to rub.

Frigidaire® [friʒidɛr] **nm** fridge.

frigo [frigo] **nm** *fam* fridge.

frileux, euse [frilø, øz] **adj** sensitive to the cold.

frimer [3] [frime] **vi** *fam* to show off.

fripé, e [fripe] **adj** wrinkled.

friperie [fripri] **nf** [boutique] second-hand clothes shop UK **ou** store US.

friqué, e [frike] **adj** *fam* [personne] loaded ; [quartier] rich ▸ **ils sont très friqués** they're rolling in it.

frire [115] [frir] **vt & vi** to fry ▸ **faire frire** to fry.

frisé, e [frize] **adj 1.** [personne] curly-haired **2.** [cheveux] curly.

frisée [frize] **nf** curly endive.

friser [3] [frize] **vi** to curl.

frisquet, ette [friskɛ] **adj** *fam* **: il fait frisquet** it's chilly.

frisson [frisɔ̃] **nm** shiver ▸ **avoir des frissons** to have the shivers.

frissonner [3] [frisɔne] **vi** to shiver.

frit, e [fri, frit] ◆ **pp** → **frire.** ◆ **adj** fried.

frites [frit] **nfpl : (pommes) frites** chips UK, French fries US.

friteuse [fritøz] **nf** deep fat fryer.

friture [frityr] **nf 1.** oil **2.** [poissons] fried fish **3.** *fam* [parasites] interference.

froid, e [frwa, frwad] ◆ **adj & nm** cold. ◆ **adv : avoir froid** to be cold ▸ **il fait froid** it's cold ▸ **prendre froid** to catch cold.

froidement [frwadmɑ̃] **adv** coldly.

froisser [3] [frwase] **vt** to crumple. ◆ **se froisser vp** to crease.

frôler [3] [frole] **vt** to brush against.

fromage [frɔmaʒ] **nm** cheese ▸ **fromage blanc** fromage frais ▸ **fromage de tête** brawn UK, headcheese US.

ⓘ Le fromage

Brie, Camembert, Roquefort — these are just three of the more than 400 different types of cheese that France produces. Cheeses are identified by their geographical origin, and an overall distinction applies between cheese made from cow's milk, cheese made from goat's milk and cheese made from sheep's milk. In France, the cheese course comes at the end of a meal, before dessert.

froment [frɔmɑ̃] **nm** wheat-flour ▸ **crêpe de froment** wheat-flour crêpe.

fronce [frɔ̃s] **nf** gather.

froncer [16] [frɔ̃se] **vt** [vêtement] to gather ▸ **froncer les sourcils** to frown.

fronde [frɔ̃d] **nf** sling.

front [frɔ̃] **nm 1.** forehead **2.** [des combats] front ▸ **de front** a) [de face] head-on b) [côte à côte] abreast c) [en même temps] at the same time.

frontalier, ère [frɔ̃talje, ɛʀ] **adj** frontier *(avant n).*

frontière [frɔ̃tjɛr] **nf** border.

frottement [frɔtmɑ̃] **nm** friction.

frotter [3] [frɔte] ◆ **vt 1.** [tache] to rub **2.** [meuble] to polish **3.** [allumette] to strike. ◆ **vi** to rub. ◆ **se frotter vp 1.** [se blottir] **: se frotter contre** OU **à** to rub (up) against **2.** [se laver] to rub o.s.

fruit [frɥi] **nm** fruit ▸ **fruit de la passion** passion fruit ▸ **fruits confits** candied fruit *sg* ▸ **fruits de mer** seafood *sg* ▸ **fruits secs** dried fruit *sg* ▸ **fruits de saison** seasonal fruits.

fruité, e [fʀɥite] **adj** fruity.

fruitier [frɥitje] **adj m** → **arbre**.

FTP *(abr de* **file transfer protocol***)* **nm** FTP ▸ **un serveur FTP** an FTP server.

fugue [fyg] **nf : faire une fugue** to run away.

fuir [35] [fɥir] **vi 1.** to flee **2.** [robinet, eau] to leak.

fuite [fɥit] **nf 1.** flight **2.** [d'eau, de gaz] leak ▸ **être en fuite** to be on the run ▸ **prendre la fuite** to take flight.

fumé, e [fyme] **adj** smoked.

fumée [fyme] **nf 1.** smoke **2.** [vapeur] steam.

fumer [3] [fyme] ◆ **vt** to smoke. ◆ **vi 1.** [personne] to smoke **2.** [liquide] to steam ▸ **'défense de fumer'** 'no smoking'.

fumeur, euse [fymœr, øz] **nm, f** smoker ▸ **'vous entrez dans un espace non fumeur'** 'you are entering a no-smoking area'.

fumier [fymje] **nm** manure.

fun [fœn] ◆ **adj** fun. ◆ **nm : juste pour le fun** just for the fun of it ▸ **c'est fun !** it's fun!

funambule [fynɑ̃byl] **nmf** tightrope walker.

funboard [fœnbɔʀd] **nm** funboard.

funèbre [fynɛbr] **adj** → **pompe**.

funérailles [fyneraj] **nfpl** *sout* funeral *sg*.

funiculaire [fynikylɛr] **nm** funicular railway.

fur [fyr] ◆ **au fur et à mesure adv** as I/you etc. go along ▸ **au fur et à mesure que** as.

fureur [fyrœr] **nf** fury ▸ **faire fureur** to be all the rage.

furieux, euse [fyrjø, øz] **adj** furious.

furoncle [fyrɔ̃kl] **nm** boil.

fuseau [fyzo] (*pl* -x) **nm** [pantalon] ski-pants *pl* ▸**fuseau horaire** time zone.

fusée [fyze] **nf** rocket.

fusible [fyzibl] **nm** fuse.

fusil [fyzi] **nm** gun.

fusillade [fyzijad] **nf** gunfire.

fusiller [3] [fyzije] **vt** to shoot ▸**fusiller qqn du regard** to look daggers at sb.

fusionnel, elle [fyʒjɔnɛl] **adj** [couple] inseparable ; [relation] intense.

fusionner [3] [fyzjɔne] **vt & vi** to merge.

futé, e [fyte] **adj** smart.

fute-fute [fytfyt] **adj** *fam* bright, smart ▸**il n'est pas très fute-fute** he's a bit thick, he's not very bright.

futile [fytil] **adj** frivolous.

futur, e [fytyr] ◆ **adj** future. ◆ **nm** **1.** [avenir] future **2.** GRAMM future (tense).

Gg

G20 COMM & POL **: le G20** G20.

gabarit [gabari] **nm** size ▸**gabarit bagage cabine** hand baggage size.

Gabon [gabɔ̃] **nm : le Gabon** Gabon.

gâcher [3] [gaʃe] **vt** **1.** [détruire] to spoil **2.** [gaspiller] to waste.

gâchette [gaʃɛt] **nf** trigger.

gâchis [gaʃi] **nm** waste.

gadget [gadʒɛt] **nm** gadget.

gaffe [gaf] **nf : faire une gaffe** to put one's foot in it ▸**faire gaffe (à qqch)** *fam* to be careful (of sthg).

gag [gag] **nm** gag.

gage [gaʒ] **nm** **1.** [dans un jeu] forfeit **2.** [assurance, preuve] proof.

gagnant, e [gaɲɑ̃, ɑ̃t] ◆ **adj** winning. ◆ **nm, f** winner.

gagner [3] [gaɲe] ◆ **vt** **1.** [concours, course, prix] to win **2.** [argent] to earn **3.** [temps, place] to save **4.** [atteindre] to reach. ◆ **vi** to win ▸**gagner sa place** to take one's seat ▸**(bien) gagner sa vie** to earn a (good) living.

gai, e [gɛ] **adj** **1.** cheerful **2.** [couleur, pièce] bright.

gaiement [gemɑ̃] **adv** cheerfully.

gaieté [gete] **nf** cheerfulness.

gain [gɛ̃] **nm** [de temps, d'espace] saving. ◆ **gains** **nmpl** **1.** [salaire] earnings **2.** [au jeu] winnings.

gaine [gɛn] **nf** **1.** [étui] sheath **2.** [sous-vêtement] girdle.

gala [gala] **nm** gala.

galant [galɑ̃] **adj m** gallant.

galère [galɛʀ] **nf : quelle galère !** *fam & fig* what a hassle!, what a drag!

galérer [18] [galeʀe] **vi** *fam* to have a hard time.

galerie [galri] **nf** **1.** [passage couvert] gallery **2.** [à bagages] roof rack ▸**galerie (d'art)** art gallery ▸**galerie marchande / commerciale** shopping centre / arcade UK, shopping mall US.

galet [galɛ] **nm** pebble.

galette [galɛt] **nf** **1.** [gâteau] *flat cake* **2.** [crêpe] pancake ▸**galette bretonne**

[biscuit] *all-butter shortcake biscuit, speciality of Brittany* ▸ **galette des Rois** *cake traditionally eaten on Twelfth Night.*

ⓘ La galette des rois

This puff pastry and almond paste "Kings' Cake", named after the Three Kings in the Bible story, is traditionally eaten in France on the feast of the Epiphany. Each cake contains a **fève**, a porcelain lucky charm, and the person whose slice contains it is crowned king or queen.

Galles [gal] n → **pays**.

gallois, e [galwa, az] **adj** Welsh. ◆ **Gallois, e** nm, f Welshman (Welshwoman) ▸ **les Gallois** the Welsh.

galon [galɔ̃] **nm 1.** [ruban] braid **2.** MIL stripe.

galop [galo] **nm : aller / partir au galop** [cheval] to gallop along / off.

galoper [3] [galɔpe] **vi 1.** [cheval] to gallop **2.** [personne] to run about.

gambader [3] [gɑ̃bade] **vi** to leap about.

gambas [gɑ̃bas] **nfpl** *large prawns.*

Gambie [gɑ̃bi] **nf 1.** [pays] **: (la) Gambie** the Gambia **2.** [fleuve] **: la Gambie, le fleuve Gambie** the Gambia (River).

gamelle [gamɛl] **nf** mess tin UK, kit US.

gamin, e [gamɛ̃, in] **nm, f** *fam* kid.

gamme [gam] **nf 1.** MUS scale **2.** [choix] range ▸ **haut de gamme** top-of-the-range ▸ **bas de gamme** bottom-end.

gang [gɑ̃g] **nm** gang.

ganglion [gɑ̃glijɔ̃] **nm : avoir des ganglions** to have swollen glands.

gangster [gɑ̃gstɛr] **nm** gangster.

gant [gɑ̃] **nm** [de laine, de boxe, de cuisine] glove ▸ **gant de toilette** ≃ flannel UK ; ≃ facecloth US.

garage [garaʒ] **nm** garage.

garagiste [garaʒist] **nm 1.** [propriétaire] garage owner **2.** [mécanicien] mechanic.

garant, e [garɑ̃, ɑ̃t] **nm, f** [responsable] guarantor ▸ **se porter garant de qqch** to vouch for sthg, to guarantee sthg.

garantie [garɑ̃ti] **nf** guarantee ▸ **(bon de) garantie** guarantee ▸ **appareil sous garantie** appliance under guarantee.

garantir [32] [garɑ̃tir] **vt** to guarantee ▸ **garantir qqch à qqn** to guarantee sb sthg ▸ **garantir à qqn que** to guarantee sb that.

garçon [garsɔ̃] **nm 1.** boy **2.** [homme] young man ▸ **garçon (de café)** waiter.

garde[1] [gard] **nm** guard ▸ **garde du corps** bodyguard.

garde[2] [gard] **nf 1.** [d'un endroit] guarding **2.** [d'enfants] care **3.** [soldats] guard ▸ **monter la garde** to stand guard ▸ **mettre qqn en garde (contre)** to put sb on their guard (against) ▸ **prendre garde (à qqch)** to be careful (of sthg) ▸ **prendre garde de ne pas faire qqch** to take care not to do sthg ▸ **médecin de garde** duty doctor, doctor on duty ▸ **pharmacie de garde** duty chemist's.

garde-barrière [gard(ə)barjɛr] (*pl* **gardes-barrière(s)**) **nmf** level crossing keeper UK, grade crossing keeper US.

garde-boue [gardəbu] **nm inv** mudguard.

garde-chasse [gardəʃas] (*pl* **gardes-chasse(s)**) **nm** gamekeeper.

garde-fou [gardəfu] (*pl* **garde-fous**) **nm** railing.

garder [3] [gaʀde] **vt 1.** to keep **2.** [vêtement] to keep on **3.** [enfant, malade] to look after **4.** [lieu, prisonnier] to guard **5.** [souvenir, impression] to have. ◆ **se garder vp** [aliment] to keep.

garderie [gaʀdəʀi] **nf 1.** (day) nursery UK, day-care center US **2.** [d'entreprise] crèche.

garde-robe [gaʀdəʀɔb] (*pl* **garde-robes**) **nf** wardrobe.

gardien, enne [gaʀdjɛ̃, ɛn] **nm, f 1.** [de musée] attendant **2.** [de prison] warder UK, guard US **3.** [d'immeuble] caretaker UK, janitor US ▸ **gardien de but** goalkeeper ▸ **gardien de nuit** nightwatchman.

gare [gaʀ] ◆ **nf** station. ◆ **interj : gare à toi !** [menace] watch it! ▸ **entrer en gare** to pull into the station ▸ **gare maritime** harbour station ▸ **gare routière** bus station ▸ **gare TGV** high-speed train station.

garer [3] [gaʀe] **vt** to park. ◆ **se garer vp** [dans un parking] to park.

gargouille [gaʀguj] **nf** gargoyle.

gargouiller [3] [gaʀguje] **vi 1.** [tuyau] to gurgle **2.** [estomac] to rumble.

gariguette [gaʀigɛt] **nf** *variety of strawberry.*

garnement [gaʀnəmɑ̃] **nm** rascal.

garni, e [gaʀni] **adj** [plat] served with vegetables.

garnir [32] [gaʀniʀ] **vt : garnir qqch de qqch a)** [décorer] to decorate sthg with sthg **b)** [équiper] to fit sthg out with sthg.

garniture [gaʀnityʀ] **nf 1.** [légumes] vegetables *(accompanying main dish)* **2.** [décoration] trimming.

gars [ga] **nm** *fam* guy.

gas-oil [gazɔjl] **nm** = **gazole**.

gaspillage [gaspijaʒ] **nm** waste.

gaspiller [3] [gaspije] **vt** to waste.

gastro [gastʀo] **nf** *fam* gastroenteritis.

gastro-entérologue [gastʀoɑ̃teʀɔlɔg] (*pl* **gastro-entérologues**) **nmf** gastroenterologist.

gastronomique [gastʀɔnɔmik] **adj 1.** [guide] gastronomic **2.** [restaurant] gourmet.

gâté, e [gate] **adj** [fruit, dent] rotten.

gâteau [gato] (*pl* **-x**) **nm** cake ▸ **gâteau marbré** marble cake ▸ **gâteau sec** biscuit UK, cookie US.

gâter [3] [gate] **vt** [enfant] to spoil. ◆ **se gâter vp 1.** [fruit] to go bad **2.** [dent] to decay **3.** [temps, situation] to get worse.

gâteux, euse [gatø, øz] **adj** senile.

gauche [goʃ] ◆ **adj 1.** left **2.** [maladroit] awkward. ◆ **nf : la gauche a)** the left **b)** POL the left (wing) ▸ **à gauche (de)** on the left (of) ▸ **de gauche** [du côté gauche] left-hand.

gaucher, ère [goʃe, ɛʀ] **adj** left-handed.

gauchiste [goʃist] **nmf** leftist.

gaufre [gofʀ] **nf** waffle.

gaufrette [gofʀɛt] **nf** wafer.

gaullisme [golism] **nm** Gaullism.

gaulois, e [golwa, az] **adj** [de Gaule] Gallic. ◆ **Gaulois, e nm, f** Gaul.

gaver [3] [gave] **vt : gaver qqn de qqch** [aliments] to fill sb full of sthg. ◆ **se gaver de vp + prép** [aliments] to fill o.s. up with.

gay [gɛ] **adj inv & nm** gay.

gaz [gaz] **nm inv** gas.

gaze [gaz] **nf** gauze.

gazeux, euse [gazø, øz] **adj** [boisson, eau] fizzy.

gazinière [gazinjɛr] **nf** gas stove.

gazole [gazɔl] **nm** diesel (oil).

gazon [gazɔ̃] **nm** **1.** [herbe] grass **2.** [terrain] lawn.

GB (*abr écrite de* **Grande-Bretagne**) GB (*Great Britain*).

géant, e [ʒeɑ̃, ɑ̃t] ◆ **adj** **1.** [grand] gigantic **2.** COMM [paquet] giant. ◆ **nm, f** giant.

geek [gik] **nmf** geek.

gel [ʒɛl] **nm** **1.** [glace] frost **2.** [à cheveux, dentifrice] gel ▸ **gel douche** shower gel.

gélatine [ʒelatin] **nf** CULIN gelatine.

gelée [ʒəle] **nf** **1.** [glace] frost **2.** [de fruits] jelly UK ▸ **en gelée** in jelly.

geler [25] [ʒəle] ◆ **vt** to freeze. ◆ **vi** **1.** to freeze **2.** [avoir froid] to be freezing ▸ **il gèle** it's freezing.

gélule [ʒelyl] **nf** capsule.

Gémeaux [ʒemo] **nmpl** Gemini *sg*.

gémir [32] [ʒemir] **vi** to moan.

gênant, e [ʒenɑ̃, ɑ̃t] **adj** **1.** [encombrant] in the way **2.** [embarrassant] embarrassing ▸ **c'est gênant** it's awkward.

gencive [ʒɑ̃siv] **nf** gum.

gendarme [ʒɑ̃darm] **nm** policeman.

gendarmerie [ʒɑ̃darməri] **nf** **1.** [gendarmes] ≃ police force **2.** [bureau] ≃ police station.

gendre [ʒɑ̃dr] **nm** son-in-law.

gêne [ʒɛn] **nf** **1.** [physique] discomfort **2.** [embarras] embarrassment.

gêné, e [ʒene] **adj** **1.** [physiquement] : **être gêné pour marcher** to have difficulty walking **2.** [psychologiquement] embarrassed.

généalogique [ʒenealɔʒik] **adj** → **arbre**.

gêner [4] [ʒene] **vt** **1.** [déranger] to bother **2.** [embarrasser] to embarrass **3.** [encombrer] : **gêner qqn** to be in sb's way ▸ **ça vous gêne si... ?** do you mind if...? ◆ **se gêner** **vp** : **ne te gêne pas (pour moi)** don't mind me.

général, e, aux [ʒeneral, o] **adj & nm** general ▸ **en général** a) [dans l'ensemble] in general b) [d'habitude] generally.

généralement [ʒeneralmɑ̃] **adv** generally.

généraliser [3] [ʒeneʀalize] **vt & vi** to generalize. ◆ **se généraliser** **vp** to become general ou widespread.

généraliste [ʒeneralist] **nm** : **(médecin) généraliste** GP.

génération [ʒenerasjɔ̃] **nf** generation.

généreux, euse [ʒenerø, øz] **adj** generous.

générique [ʒenerik] ◆ **nm** **1.** credits *pl* **2.** MÉD generic drug. ◆ **adj** : **médicament générique** generic drug.

générosité [ʒenerɔzite] **nf** generosity.

genêt [ʒənɛ] **nm** broom (*plant*).

génétique [ʒenetik] **adj** genetic.

génétiquement [ʒenetikmɑ̃] **adv** genetically.

Genève [ʒənɛv] **n** Geneva.

génial, e, aux [ʒenjal, o] **adj** brilliant.

génie [ʒeni] **nm** genius.

génital, e, aux [ʒenital, o] **adj** genital.

génoise [ʒenwaz] **nf** sponge.

génome [ʒenom] **nm** genome *m*.

genou [ʒənu] (*pl* -x) nm knee ▸ **être / se mettre à genoux** to be on / to get down on one's knees.

genre [ʒɑ̃r] nm **1.** kind, type **2.** GRAMM gender ▸ **un genre de** a kind of.

gens [ʒɑ̃] nmpl people.

gentil, ille [ʒɑ̃ti, ij] adj **1.** [agréable] nice **2.** [serviable] kind **3.** [sage] good ▸ **sois gentil, va me chercher mes lunettes** do me a favour, get me my glasses.

gentillesse [ʒɑ̃tijɛs] nf kindness.

gentiment [ʒɑ̃timɑ̃] adv **1.** kindly **2.** [sagement] nicely **3.** SUISSE [tranquillement] quietly.

géo [ʒeo] nf [argot scolaire] geography.

géographie [ʒeɔgrafi] nf geography.

géolocalisation [ʒeɔlɔkalizasjɔ̃] nf geolocalization.

géométrie [ʒeɔmetri] nf geometry.

géométrique [ʒeɔmetrik] adj geometric.

Géorgie [ʒeɔrʒi] nf : **(la) Géorgie** Georgia.

géranium [ʒeranjɔm] nm geranium.

gérant, e [ʒerɑ̃, ɑ̃t] nm, f manager (manageress).

gerbe [ʒɛrb] nf **1.** [de blé] sheaf **2.** [de fleurs] wreath **3.** [d'étincelles] shower.

gercé, e [ʒɛrse] adj chapped ▸ **lèvres gercées** chapped lips.

gérer [18] [ʒere] vt to manage.

germain, e [ʒɛrmɛ̃, ɛn] adj → **cousin**

germe [ʒɛrm] nm **1.** [de plante] sprout **2.** [de maladie] germ ▸ **germe de soja** bean sprout.

germer [3] [ʒɛrme] vi to sprout.

gésier [ʒezje] nm gizzard.

geste [ʒɛst] nm **1.** movement **2.** [acte] gesture.

gesticuler [3] [ʒɛstikyle] vi to gesticulate.

gestion [ʒɛstjɔ̃] nf management.

gestionnaire [ʒɛstjɔnɛr] ◆ nmf [personne] manager. ◆ nm INFORM : **gestionnaire de données** data manager.

Ghana [gana] nm : **le Ghana** Ghana.

gibelotte [ʒiblɔt] nf *rabbit stew with white wine, bacon, shallots and mushrooms.*

gibier [ʒibje] nm game.

giboulée [ʒibule] nf sudden shower.

Gibraltar [ʒibraltar] nm Gibraltar ▸ **le rocher de Gibraltar** the Rock of Gibraltar.

gicler [3] [ʒikle] vi to spurt.

gifle [ʒifl] nf slap.

gifler [3] [ʒifle] vt to slap.

gigantesque [ʒigɑ̃tɛsk] adj **1.** gigantic **2.** [extraordinaire] enormous.

gigaoctet [ʒigaɔktɛ] nm INFORM gigabyte.

gigot [ʒigo] nm : **gigot d'agneau / de mouton** leg of lamb / of mutton.

gigoter [3] [ʒigɔte] vi to wriggle about ▸ **arrête de gigoter !** keep still!

gilet [ʒilɛ] nm **1.** [pull] cardigan **2.** [sans manches] waistcoat UK, vest US ▸ **gilet de sauvetage** life jacket.

gin [dʒin] nm gin.

gingembre [ʒɛ̃ʒɑ̃br] nm ginger.

girafe [ʒiraf] nf giraffe.

giratoire [ʒiratwar] adj → **sens**

girofle [ʒirɔfl] nm → **clou**

girouette [ʒirwɛt] nf weathercock.

gisement [ʒizmɑ̃] **nm** deposit.

gitan, e [ʒitɑ̃, an] **nm, f** gipsy.

gîte [ʒit] **nm** [de bœuf] shin UK, shank US ▸ **gîte d'étape** halt ▸ **gîte (rural)** gîte *(self-catering accommodation in the country)*.

ⓘ le gîte rural

Country cottages providing self-catering accommodation are regulated and classified by an organization known as Gîtes de France, which is officially recognized by the French Ministry of Tourism. Their ever-increasing popularity, especially with families with children or people with pets, makes early booking advisable.

givre [ʒivr] **nm** frost.

givré, e [ʒivre] **adj** covered with frost ▸ **orange givrée** *orange sorbet served in a scooped-out orange*.

glace [glas] **nf 1.** ice **2.** [crème glacée] ice cream **3.** [miroir] mirror **4.** [vitre] pane **5.** [de voiture] window ▸ **glace à la vanille / à la fraise** vanilla / strawberry ice cream.

glacé, e [glase] **adj 1.** [couvert de glace] frozen **2.** [froid] freezing cold ▸ **crème glacée** ice cream.

glacer [16] [glase] **vt** to chill.

glacial, e, s, aux [glasjal, o] **adj** icy.

glacier [glasje] **nm 1.** [de montagne] glacier **2.** [marchand] ice-cream seller.

glacière [glasjɛr] **nf** cool box.

glaçon [glasɔ̃] **nm** ice cube.

gland [glɑ̃] **nm** acorn.

glande [glɑ̃d] **nf** gland.

glander [3] [glɑ̃de] **vi** *vulg* to piss around.

glissade [glisad] **nf** slip.

glissant, e [glisɑ̃, ɑ̃t] **adj** slippery.

glissement [glismɑ̃] **nm 1.** [action de glisser] gliding, sliding **2.** *fig* [électoral] swing, shift.

glisser [3] [glise] ◆ **vt** to slip. ◆ **vi 1.** [en patinant] to slide **2.** [déraper] to slip **3.** [être glissant] to be slippery. ◆ **se glisser vp** to slip.

global, e, aux [glɔbal, o] **adj** global.

globalement [glɔbalmɑ̃] **adv** on the whole.

globalisation [glɔbalizasjɔ̃] **nf** globalization.

globe [glɔb] **nm** globe ▸ **le globe (terrestre)** the Earth.

globule [glɔbyl] **nm** corpuscle, blood cell ▸ **globule blanc / rouge** white / red corpuscle.

gloire [glwar] **nf** fame.

glorieux, euse [glɔrjø, øz] **adj** glorious.

gloss [glɔs] **nm** lipgloss.

glossaire [glɔsɛr] **nm** glossary.

gloussement [glusmɑ̃] **nm 1.** [de poule] clucking **2.** [rire] chuckle.

glouton, onne [glutɔ̃, ɔn] **adj** greedy.

gluant, e [glyɑ̃, ɑ̃t] **adj** sticky.

GO *(abr écrite de* **grandes ondes***)* LW *(long wave)*.

goal [gol] **nm** goalkeeper.

gobelet [gɔblɛ] **nm 1.** [à boire] tumbler **2.** [à dés] shaker.

gober [3] [gɔbe] **vt** to swallow.

goéland [gɔelɑ̃] **nm** seagull.

goinfre [gwɛ̃fr] **nmf** pig.

golf [gɔlf] **nm 1.** golf **2.** [terrain] golf course ▸ **golf miniature** crazy golf.

golfe [gɔlf] **nm** gulf.

gomme [gɔm] **nf** [à effacer] rubber UK, eraser US.

gommer [3] [gɔme] **vt** [effacer] to rub out UK, to erase US.

gond [gɔ̃] **nm** hinge.

gondoler [3] [gɔ̃dɔle] ◆ **se gondoler vp 1.** [bois] to warp **2.** [papier] to wrinkle.

gonflé, e [gɔ̃fle] **adj 1.** swollen **2.** *fam* [audacieux] cheeky ▸ **il est gonflé !** he has some cheek!

gonfler [3] [gɔ̃fle] ◆ **vt** to blow up. ◆ **vi 1.** [partie du corps] to swell (up) **2.** [pâte] to rise.

gore [gɔʀ] (*pl inv*) **adj** gory.

gorge [gɔrʒ] **nf 1.** throat **2.** [gouffre] gorge.

gorgée [gɔrʒe] **nf** mouthful.

gorille [gɔrij] **nm** gorilla.

gosette [gɔzɛt] **nf** BELG *apricot or apple turnover.*

gosse [gɔs] **nmf** *fam* kid.

gothique [gɔtik] **adj** Gothic.

gouache [gwaʃ] **nf** gouache.

goudron [gudrɔ̃] **nm** tar.

goudronner [3] [gudrɔne] **vt** to tar.

gouffre [gufr] **nm** abyss.

goulot [gulo] **nm** neck ▸ **boire au goulot** to drink straight from the bottle.

gourde [gurd] **nf** flask.

gourmand, e [gurmɑ̃, ɑ̃d] **adj** greedy.

gourmandise [gurmɑ̃diz] **nf** greed ▸ **des gourmandises** sweets.

gourmet [gurmɛ] **nm** gourmet.

gourmette [gurmɛt] **nf** chain bracelet.

gousse [gus] **nf : gousse d'ail** clove of garlic ▸ **gousse de vanille** vanilla pod.

goût [gu] **nm** taste ▸ **avoir bon goût a)** [aliment] to taste good **b)** [personne] to have good taste.

goûter [3] [gute] ◆ **nm** afternoon snack. ◆ **vt** to taste. ◆ **vi** to have an afternoon snack ▸ **goûter à qqch** to taste sthg.

goutte [gut] **nf** drop ▸ **tomber goutte à goutte** to drip. ◆ **gouttes nfpl** [médicament] drops.

gouttelette [gutlɛt] **nf** droplet.

goutter [3] [gute] **vi** to drip.

gouttière [gutjɛr] **nf** gutter.

gouvernail [guvɛrnaj] **nm** rudder.

gouvernant, e [guvɛʀnɑ̃, ɑ̃t] **adj** ruling ▸ **les classes gouvernantes** the ruling classes.

gouvernement [guvɛrnəmɑ̃] **nm** government.

gouverner [3] [guvɛrne] **vt** to govern.

goyave [gɔjav] **nf** guava.

GPS (*abr de* **global positioning system**) **nm** GPS.

GR® (*abr de* **(sentier de) grande randonnée**) **nm** *long-distance hiking path.*

grâce [gras] **nf** grace. ◆ **grâce à prép** thanks to.

gracieux, euse [grasjø, øz] **adj** graceful.

grade [grad] **nm** rank.

gradins [gradɛ̃] **nmpl** terraces.

gradué, e [gradɥe] **adj 1.** [règle] graduated **2.** BELG [diplômé] *holding a technical diploma just below university level* ▸ **verre gradué** measuring glass.

graduel, elle [gradɥɛl] **adj** gradual.

graffiti(s) [grafiti] **nmpl** graffiti *sg*.

grain [grɛ̃] **nm** **1.** grain **2.** [de poussière] speck **3.** [de café] bean **▸ grain de beauté** beauty spot **▸ grain de raisin** grape.

graine [grɛn] **nf** seed.

graisse [grɛs] **nf** **1.** fat **2.** [lubrifiant] grease.

graisser [4] [grɛse] **vt** to grease.

graisseux, euse [grɛsø, øz] **adj** greasy.

grammaire [gramɛr] **nf** grammar.

grammatical, e, aux [gramatikal, o] **adj** grammatical.

gramme [gram] **nm** gram.

grand, e [grɑ̃, grɑ̃d] ◆ **adj** **1.** [ville, différence] big **2.** [personne, immeuble] tall **3.** [en durée] long **4.** [important, glorieux] great. ◆ **adv** : **grand ouvert** wide open **▸ il est grand temps de partir** it's high time we left **▸ grand frère** older brother **▸ grand magasin** department store **▸ grande surface** hypermarket **▸ les grandes vacances** the summer holidays UK, the summer vacation *sg* US.

grand-chose [grɑ̃ʃoz] **pron** : **pas grand-chose** not much.

Grande-Bretagne [grɑ̃dbrətaɲ] **nf** : **la Grande-Bretagne** Great Britain.

grandeur [grɑ̃dœr] **nf** **1.** size **2.** [importance] greatness **▸ grandeur nature** life-size.

grandir [32] [grɑ̃dir] **vi** to grow.

grand-mère [grɑ̃mɛr] (*pl* **grands-mères**) **nf** grandmother.

grand-père [grɑ̃pɛr] (*pl* **grands-pères**) **nm** grandfather.

grand-rue [grɑ̃ry] (*pl* **grand-rues**) **nf** high street UK, main street US.

grands-parents [grɑ̃parɑ̃] **nmpl** grandparents.

grange [grɑ̃ʒ] **nf** barn.

granulé [granyle] **nm** [médicament] tablet.

graphique [grafik] **nm** diagram.

grappe [grap] **nf** **1.** [de raisin] bunch **2.** [de lilas] flower.

gras, grasse [gra, gras] ◆ **adj** **1.** greasy **2.** [aliment] fatty **3.** [gros] fat. ◆ **nm** **1.** fat **2.** [caractères d'imprimerie] bold (type) **▸ écrire en gras** to write in bold **▸ faire la grasse matinée** to have a lie-in.

gras-double [gradubl] (*pl* **gras-doubles**) **nm** (ox) tripe.

gratin [gratɛ̃] **nm** gratin *(dish with a topping of toasted breadcrumbs or cheese)* **▸ gratin dauphinois** *sliced potatoes baked with cream and browned on top.*

gratinée [gratine] **nf** *French onion soup.*

gratiner [3] [gratine] **vi** : **faire gratiner qqch** to brown sthg.

gratis [gratis] **adv** free (of charge).

gratitude [gratityd] **nf** gratitude.

gratos [gʀatɔs] **adj & adv** *fam* free.

gratte-ciel [gratsjɛl] **nm inv** skyscraper.

gratter [3] [grate] **vt** **1.** [peau] to scratch **2.** [peinture, tache] to scrape off. ◆ **se gratter** **vp** to scratch o.s.

grattouiller [3] [gʀatuje] **vt** *fam* : **ça me grattouille** it itches.

gratuit, e [gratɥi, it] **adj** free.

gratuitement [gʀatɥitmɑ̃] **adv** (for) free, for nothing.

gravats [grava] **nmpl** rubble *sg*.

grave [grav] **adj 1.** [maladie, accident, visage] serious **2.** [voix, note] deep.

gravement [gravmɑ̃] **adv** seriously.

graver [3] [grave] **vt 1.** to carve **2.** INFORM to burn.

graveur [gravœr] **nm** INFORM CD-RW drive, (CD-)burner ▸ **graveur de CD** CD writer ou burner.

gravier [gravje] **nm** gravel.

gravillon [gravijɔ̃] **nm** fine gravel.

gravir [32] [gravir] **vt** to climb.

gravité [gravite] **nf 1.** [attraction terrestre] gravity **2.** [d'une maladie, d'une remarque] seriousness ▸ **sans gravité** minor.

gravure [gravyr] **nf** engraving.

gré [gre] **nm : de mon plein gré** of my own free will ▸ **de gré ou de force** whether you / they etc. like it or not ▸ **bon gré mal gré** willy-nilly.

grec, grecque [grɛk] ◆ **adj** Greek. ◆ **nm** [langue] Greek. ◆ **Grec, Grecque nm, f** Greek.

Grèce [grɛs] **nf : la Grèce** Greece.

greffe [grɛf] **nf 1.** [d'organe] transplant **2.** [de peau] graft.

greffer [4] [grɛfe] **vt 1.** [organe] to transplant **2.** [peau] to graft.

grêle [grɛl] **nf** hail.

grêler [4] [grele] **v impers : il grêle** it's hailing.

grêlon [grɛlɔ̃] **nm** hailstone.

grelot [grəlo] **nm** bell.

grelotter [3] [grəlɔte] **vi** to shiver.

grenade [grənad] **nf 1.** [fruit] pomegranate **2.** [arme] grenade.

Grenade [grənad] **nf** [île] **: la Grenade** Grenada.

grenadine [grənadin] **nf** grenadine.

grenat [grəna] **adj inv** dark red.

grenier [grənje] **nm** attic.

grenouille [grənuj] **nf** frog ▸ **cuisses de grenouilles** frogs' legs.

grésiller [3] [grezije] **vi 1.** [huile] to sizzle **2.** [radio] to crackle.

grève [grɛv] **nf** [arrêt de travail] strike ▸ **être / se mettre en grève** to be / to go on strike ▸ **grève de la faim** hunger strike.

gréviste [grevist] **nmf** striker.

gribouillage [gribujaʒ] **nm** doodle.

gribouiller [3] [gribuje] **vt** to scribble.

grièvement [grijɛvmɑ̃] **adv** seriously ▸ **grièvement blessé** seriously wounded.

griffe [grif] **nf 1.** claw **2.** BELG [éraflure] scratch.

griffer [3] [grife] **vt** to scratch.

griffonner [3] [grifɔne] **vt** to scribble.

grignoter [3] [griɲɔte] **vt** to nibble (at ou on).

gril [gril] **nm** grill ▸ **au gril** grilled.

grillade [grijad] **nf** grilled meat.

grillage [grijaʒ] **nm** [clôture] wire fence.

grille [grij] **nf 1.** [de four] shelf **2.** [de radiateur] grill **3.** [d'un jardin] gate **4.** [de mots croisés, de loto] grid **5.** [tableau] table.

grillé, e [grije] **adj 1.** [ampoule] blown **2.** [viande] grilled ▸ **du pain grillé** toasted bread.

grille-pain [grijpɛ̃] **nm inv** toaster.

griller [3] [grije] **vt 1.** [aliment] to grill UK, to broil US **2.** *fam* **: griller un feu rouge** to go through a red light.

grillon [grijɔ̃] **nm** cricket.

grimace [grimas] **nf** grimace ▸ **faire des grimaces** to pull faces.

grimpant, e [grɛ̃pɑ̃, ɑ̃t] **adj** climbing.

grimper [3] [grɛ̃pe] ◆ **vt** to climb. ◆ **vi** 1. [chemin, alpiniste] to climb 2. [prix] to soar ▸ **grimper aux arbres** to climb trees.

grincement [grɛ̃smɑ̃] **nm** creaking.

grincer [16] [grɛ̃se] **vi** to creak ▸ **grincer des dents** to grind one's teeth.

grincheux, euse [grɛ̃ʃø, øz] **adj** grumpy.

griotte [grijɔt] **nf** morello (cherry).

grippe [grip] **nf** flu ▸ **avoir la grippe** to have (the) flu.

grippé, e [gripe] **adj** [malade] **: être grippé** to have (the) flu.

gris, e [gri, griz] **adj & nm** grey UK, gray US ▸ **gris anthracite** charcoal grey.

grisaille [grizaj] **nf** [de ciel] greyness UK, grayness US.

grivois, e [grivwa, az] **adj** saucy.

grognement [grɔɲmɑ̃] **nm** growl.

grogner [3] [grɔɲe] **vi** 1. to growl 2. [protester] to grumble.

grognon, onne [grɔɲɔ̃, ɔn] **adj** grumpy.

grondement [grɔ̃dmɑ̃] **nm** [de tonnerre] rumble.

gronder [3] [grɔ̃de] ◆ **vt** to scold. ◆ **vi** [tonnerre] to rumble ▸ **se faire gronder** to get a telling-off.

groom [grum] **nm** bellboy.

gros, grosse [gro, gros] ◆ **adj** big. ◆ **adv** 1. [écrire] in big letters 2. [gagner] a lot. ◆ **nm : en gros** a) [environ] roughly b) COMM wholesale ▸ **gros lot** big prize ▸ **gros mot** swearword ▸ **gros titres** headlines.

groseille [grozɛj] **nf** redcurrant ▸ **groseille à maquereau** gooseberry.

grosse **adj f** → **gros**.

grossesse [grosɛs] **nf** pregnancy.

grosseur [grosœr] **nf** 1. size 2. MÉD lump.

grossier, ère [grosje, ɛr] **adj** 1. rude 2. [approximatif] rough 3. [erreur] crass.

grossièreté [grosjɛrte] **nf** 1. rudeness 2. [parole] rude remark.

grossir [32] [grosir] ◆ **vt** 1. [suj : jumelles] to magnify 2. [exagérer] to exaggerate. ◆ **vi** [prendre du poids] to put on weight.

grossiste [grosist] **nmf** wholesaler.

grosso modo [grosomodo] **adv** roughly.

grotesque [grɔtɛsk] **adj** ridiculous.

grotte [grɔt] **nf** cave.

grouiller [3] [gruje] ◆ **grouiller de** **v + prép** to be swarming with.

groupe [grup] **nm** group ▸ **en groupe** in a group ▸ **groupe sanguin** blood group ▸ **groupe de news** newsgroup.

grouper [3] [grupe] **vt** to group together. ◆ **se grouper** **vp** to gather.

gruau [gryo] **nm** QUÉBEC porridge.

grue [gry] **nf** crane.

grumeau [grymo] (*pl* -x) **nm** lump.

grunge [grœnʒ] **adj** grunge.

gruyère [gryjɛr] **nm** Gruyère (cheese) *(hard strong cheese made from cow's milk).*

GSM (*abr de* global system for mobile communication) GSM.

Guadeloupe [gwadlup] **nf : la Guadeloupe** Guadeloupe.

guadeloupéen, enne [gwadlupeɛ̃, ɛn] **adj** of Guadeloupe.

Guatemala [gwatemala] **nm : le Guatemala** Guatemala.

guédille [gedij] **nf** QUÉBEC *bread roll filled with egg or chicken.*

guenon [gənɔ̃] **nf** female monkey.

guépard [gepaʀ] **nm** cheetah.

guêpe [gɛp] **nf** wasp.

guère [gɛr] **adv : elle ne mange guère** she hardly eats anything.

guérilla [geʀija] **nf** guerrilla warfare.

guérillero [geʀijeʀo] **nm** guerrilla.

guérir [32] [gerir] ◆ **vt** to cure. ◆ **vi** **1.** [personne] to recover **2.** [blessure] to heal.

guérison [gerizɔ̃] **nf** recovery.

guerre [gɛr] **nf** war ▸ **être en guerre** to be at war ▸ **guerre mondiale** world war.

guerrier, ère [gɛrje, ɛr] **nmf** warrior.

guet [gɛ] **nm : faire le guet** to be on the lookout.

guetter [4] [gete] **vt** **1.** [attendre] to be on the lookout for **2.** [menacer] to threaten.

gueule [gœl] **nf** **1.** [d'animal] mouth **2.** *vulg* [visage] mug ▸ **avoir la gueule de bois** *fam* to have a hangover.

gueuler [5] [gœle] **vi** *fam* [crier] to yell (one's head off).

gueuze [gøz] **nf** BELG *strong beer which has been fermented twice.*

gui [gi] **nm** mistletoe.

guichet [giʃɛ] **nm** [de gare, de poste] window ▸ **guichet automatique (de banque)** cash dispenser.

guichetier, ère [giʃtje, ɛr] **nm, f** counter clerk.

guide [gid] ◆ **nmf** guide. ◆ **nm** [routier, gastronomique] guide book ▸ **guide touristique** tourist guide.

guider [3] [gide] **vt** to guide.

guidon [gidɔ̃] **nm** handlebars *pl.*

guignol [giɲɔl] **nm** [spectacle] ≃ Punch and Judy show.

guillemets [gijmɛ] **nmpl** inverted commas ▸ **entre guillemets** a) [mot] in inverted commas.

guimauve [gimov] **nf** marshmallow.

Guinée [gine] **nf : (la) Guinée** Guinea ▸ **(la) Guinée-Bissau** Guinea-Bissau ▸ **(la) Guinée-Équatoriale** Equatorial Guinea.

guirlande [girlɑ̃d] **nf** garland.

guise [giz] **nf : en guise de** by way of.

guitare [gitar] **nf** guitar ▸ **guitare électrique** electric guitar.

guitariste [gitarist] **nmf** guitarist.

Guyana [gɥijana] **nm ou nf : (la** ou **le) Guyana** Guyana.

Guyane [gɥijan] **nf : la Guyane (française)** French Guiana.

gym [ʒim] **nf** gym.

gymnase [ʒimnaz] **nm** gymnasium.

gymnastique [ʒimnastik] **nf** SPORT gymnastics *sg* ▸ **faire de la gymnastique** to do exercises.

gynécologue [ʒinekɔlɔg] **nmf** gynaecologist.

Hh

habile [abil] **adj 1.** [manuellement] skilful **2.** [intellectuellement] clever.

habileté [abilte] **nf 1.** [manuelle] skill **2.** [intellectuelle] cleverness.

habillé, e [abije] **adj 1.** dressed **2.** [tenue] smart.

habillement [abijmɑ̃] **nm** clothing trade [UK], garment industry [US].

habiller [3] [abije] **vt 1.** to dress **2.** [meuble] to cover. ◆ **s'habiller vp 1.** to get dressed **2.** [élégamment] to dress up ▸ **s'habiller bien / mal** to dress well / badly.

habitant, e [abitɑ̃, ɑ̃t] **nm, f 1.** inhabitant **2.** [QUÉBEC] [paysan] farmer ▸ **loger chez l'habitant** to stay with a family.

habitat [abita] **nm** [conditions de logement] housing conditions *pl*.

habitation [abitasjɔ̃] **nf** residence.

habiter [3] [abite] ◆ **vt** to live in. ◆ **vi** to live.

habits [abi] **nmpl** clothes.

habitude [abityd] **nf** habit ▸ **avoir l'habitude de faire qqch** to be in the habit of doing sthg ▸ **d'habitude** usually ▸ **comme d'habitude** as usual.

habitué, e [abitɥe] **nm, f** regular.

habituel, elle [abitɥɛl] **adj** usual.

habituellement [abitɥɛlmɑ̃] **adv** usually.

habituer [7] [abitɥe] **vt : habituer qqn à faire qqch** to get sb used to doing sthg ▸ **être habitué à faire qqch** to be used to doing sthg. ◆ **s'habituer à vp + prép : s'habituer à faire qqch** to get used to doing sthg.

hache ['aʃ] **nf** axe.

hacher [3] ['aʃe] **vt 1.** [viande] to mince [UK], to grind [US] **2.** [oignon] to chop finely.

hachis ['aʃi] **nm** mince [UK], ground meat [US] ▸ **hachis Parmentier** ≃ shepherd's pie.

hachoir ['aʃwar] **nm** [lame] chopping knife.

hachures ['aʃyr] **nfpl** hatching *sg*.

hackeur, euse [akœʀ, øz], **hacker** [akœʀ] **n** *fam* hacker.

haddock ['adɔk] **nm** smoked haddock.

haie ['ɛ] **nf 1.** hedge **2.** SPORT hurdle.

haine ['ɛn] **nf** hatred.

haïr [33] ['air] **vt** to hate.

Haïti [aiti] **n** Haiti.

halal ['alal] **adj inv** halal ▸ **viande halal** halal meat.

hâle ['al] **nm** (sun)tan.

hâlé, e ['ale] **adj** tanned [UK], tan [US].

haleine [alɛn] **nf** breath ▸ **avoir mauvaise haleine** to have bad breath.

haleter [28] ['alte] **vi** to pant.

hall ['ol] **nm 1.** [d'un hôtel] lobby **2.** [d'une gare] concourse.

halle ['al] **nf** (covered) market.

Halloween [alɔwin] **n** Halloween.

hallucination [alysinasjɔ̃] **nf** hallucination.

halluciner [3] [alysine] **vi** *fam* & *fig* **: mais j'hallucine ou quoi ?** I don't believe it!

halogène [alɔʒɛn] **nm : (lampe) halogène** halogen lamp.

halte ['alt] **nf 1.** [arrêt] stop **2.** [lieu] stopping place ▸ **faire halte** to stop.

haltère [altɛr] **nm** dumbbell.

haltérophile [alterɔfil] **nmf** weightlifter.

haltérophilie [alteʀɔfili] **nf** weightlifting.

hamac ['amak] **nm** hammock.

hamburger ['ɑ̃burgœr] **nm** burger.

hameau [amo] (*pl* **-x**) **nm** hamlet.

hameçon [amsɔ̃] **nm** fish-hook.

hamster ['amstɛr] **nm** hamster.

hanche ['ɑ̃ʃ] **nf** hip.

handball ['ɑ̃dbal] **nm** handball.

handicap ['ɑ̃dikap] **nm** handicap.

handicapé, e ['ɑ̃dikape] ◆ **adj** handicapped. ◆ **nm, f** handicapped person.

handisport [ɑ̃dispɔr] **adj : activité handisport** sport for the disabled.

hangar ['ɑ̃gar] **nm** shed.

Hanoukka [anuka] **nf** Hanukkah, Hanukka.

hanté, e ['ɑ̃te] **adj** haunted.

happer [3] ['ape] **vt 1.** [saisir] to grab **2.** [suj : animal] to snap up **3.** [suj : voiture] to knock down.

harcèlement [arsɛlmɑ̃] **nm** harassment ▸ **harcèlement moral** bullying (*in the workplace*) ▸ **harcèlement sexuel** sexual harassment.

harceler [25] ['arsəle] **vt** to pester.

hardi, e ['ardi] **adj** bold.

hard-rock [aʀdʀɔk] (*pl* **hard-rocks**), **hard** [aʀd] **nm** MUS hard rock, heavy metal.

hareng ['arɑ̃] **nm** herring ▸ **hareng saur** kipper.

hargneux, euse ['arɲø, øz] **adj 1.** aggressive **2.** [chien] vicious.

haricot ['ariko] **nm** bean ▸ **haricot blanc** white (haricot) bean ▸ **haricot vert** green bean.

harmonica [armɔnika] **nm** harmonica.

harmonie [armɔni] **nf** harmony.

harmonieux, euse [armɔnjø, øz] **adj** harmonious.

harmoniser [3] [armɔnize] **vt** to harmonize.

harnais ['arnɛ] **nm** harness.

harpe ['arp] **nf** harp.

hasard ['azar] **nm : le hasard** chance, fate ▸ **un hasard** a coincidence ▸ **au hasard** at random ▸ **à tout hasard** just in case ▸ **par hasard** by chance.

hasardeux, euse ['azardø, øz] **adj** dangerous.

hâte ['at] **nf** haste ▸ **à la hâte, en hâte** hurriedly ▸ **sans hâte** at a leisurely pace ▸ **avoir hâte de faire qqch** to be looking forward to doing sthg.

hâter [3] ['ate] ◆ **se hâter vp** to hurry.

hausse ['os] **nf** rise ▸ **être en hausse** to be on the increase.

hausser [3] ['ose] **vt** [prix, ton] to raise ▸ **hausser les épaules** to shrug (one's shoulders).

haussmannien, enne [osmanjɛ̃, ɛn] **adj** *relating to the period of urban transformation in Paris led by Baron Haussmann in the mid-nineteenth century.*

haut, e ['o, 'ot] ◆ **adj & adv** high. ◆ **nm** top ▸ **tout haut** aloud ▸ **haut la main** hands down ▸ **de haut en bas** from top to bottom ▸ **en haut** a) at the top b) [à l'étage] upstairs ▸ **en haut de** at the top of ▸ **la pièce fait 3 m de haut** the room is 3 m high ▸ **avoir des hauts et des bas** to have one's ups and downs.

hautain, e ['otɛ̃, ɛn] **adj** haughty.

haute-fidélité ['otfidelite] **nf** hi-fi.

hauteur ['otœr] **nf** 1. height 2. [colline] hill ▸ **être à la hauteur** to be up to it.

haut-le-cœur ['olkœr] **nm inv : avoir un haut-le-cœur** to retch.

haut-parleur ['oparlœr] (*pl* **haut-parleurs**) **nm** loudspeaker.

hebdomadaire [ɛbdɔmadɛr] **adj & nm** weekly.

hébergement [ebɛrʒəmɑ̃] **nm** lodging.

héberger [17] [ebɛrʒe] **vt** to put up.

hébreu [ebʀø] (*pl* **-x**) **adj** Hebrew. ◆ **hébreu nm** [langue] Hebrew. ◆ **Hébreu** (*pl* **-x**) **nm** Hebrew.

Hébrides [ebrid] **n : les (îles) Hébrides** the Hebrides.

hectare [ɛktar] **nm** hectare.

hein ['ɛ̃] **interj** *fam* **: tu ne lui diras pas, hein ?** you won't tell him / her, will you? ▸ **hein ?** what?

hélas ['elas] **interj** unfortunately.

hélice [elis] **nf** propeller.

hélico [eliko] **nm** *fam* chopper.

hélicoptère [elikɔptɛr] **nm** helicopter.

Helsinki ['ɛlsiŋki] **n** Helsinki.

helvétique [ɛlvetik] **adj** Swiss, Helvetian.

hématome [ematom] **nm** bruise.

hémiplégie [emipleʒi] **nf** hemiplegia.

hémisphère [emisfɛʀ] **nm** hemisphere.

hémorragie [emɔraʒi] **nf** hemorrhage.

hémorroïdes [emɔrɔid] **nfpl** haemorrhoids UK, hemorrhoids US, piles.

hennir [32] [eniʀ] **vi** to neigh, to whinny.

hennissement ['enismɑ̃] **nm** neigh.

hépatite [epatit] **nf** hepatitis.

herbe [ɛrb] **nf** grass ▸ **fines herbes** herbs ▸ **mauvaises herbes** weeds.

héréditaire [erediter] **adj** hereditary.

hérisser [3] ['erise] ◆ **se hérisser vp** to stand on end.

hérisson ['erisɔ̃] **nm** hedgehog.

héritage [eritaʒ] **nm** inheritance.

hériter [3] [erite] **vt** to inherit. ◆ **hériter de v + prép** to inherit.

héritier, ère [eritje, ɛr] **nm, f** heir (heiress).

hermétique [ɛrmetik] **adj** airtight.

hernie ['ɛrni] **nf** hernia.

héroïne [erɔin] **nf** 1. [drogue] heroin 2. → **héros**

héroïsme [erɔism] **nm** heroism.

héron [eʀɔ̃] **nm** heron.

héros, héroïne ['ero, erɔin] **nm, f** hero (heroine).

herve [ɛrv] **nm** *soft cheese from the Liège region of Belgium, made from cow's milk.*

hésitation [ezitasjɔ̃] **nf** hesitation ▸ **sans hésitation** without hesitation.

hésiter [3] [ezite] **vi** to hesitate ▸ **hésiter à faire qqch** to hesitate to do sthg.

hétérosexualité [eteʀɔsɛksyalite] **nf** heterosexuality.

hétérosexuel, elle [eteʀɔsɛksɥɛl] **adj & nm, f** heterosexual.

hêtre ['ɛtr] **nm** beech.

heure [œr] **nf** **1.** hour **2.** [moment] time ▸ **quelle heure est-il ? — il est quatre heures** what time is it? — it's four o'clock ▸ **il est trois heures vingt** it's twenty past three UK, it's twenty after three US ▸ **à quelle heure part le train ? — à deux heures** what time does the train leave? — at two o'clock ▸ **c'est l'heure de...** it's time to... ▸ **à l'heure** on time ▸ **de bonne heure** early ▸ **heures de bureau** office hours ▸ **heures d'ouverture** opening hours ▸ **heures de pointe** rush hour *sg* ▸ **heure d'été** ≃ British Summer Time UK ; ≃ daylight saving time US.

heureusement [œrøzmɑ̃] **adv** luckily, fortunately.

heureux, euse [œrø, øz] **adj** **1.** happy **2.** [favorable] fortunate.

heurter [3] ['œrte] **vt** **1.** to bump into **2.** [en voiture] to hit **3.** [vexer] to offend. ◆ **se heurter à vp + prép** [obstacle, refus] to come up against.

hexagone [ɛgzagɔn] **nm** hexagon ▸ **l'Hexagone** (mainland) France.

hibou ['ibu] (*pl* **-x**) **nm** owl.

hier [ijɛr] **adv** yesterday ▸ **hier après-midi** yesterday afternoon.

hiérarchie ['jerarʃi] **nf** hierarchy.

hiéroglyphes ['jerɔglif] **nmpl** hieroglyphics.

hi-fi ['ifi] **nf inv** hi-fi.

hilarant, e [ilarɑ̃, ɑ̃t] **adj** hilarious.

hindou, e [ɛ̃du] **adj & nm, f** Hindu.

hindouiste [ɛ̃duist] **adj** Hindu.

hip-hop [ipɔp] **adj inv & nm inv** hip-hop.

hippique [ipik] **adj** horse *(avant n)*.

hippodrome [ipɔdrom] **nm** racecourse.

hippopotame [ipɔpɔtam] **nm** hippopotamus.

hirondelle [irɔ̃dɛl] **nf** swallow.

hisser [3] ['ise] **vt** **1.** to lift **2.** [drapeau, voile] to hoist.

histogramme [istɔgʀam] **nm** histogram.

histoire [istwar] **nf** **1.** story **2.** [passé] history ▸ **faire des histoires** to make a fuss ▸ **histoire drôle** joke.

historique [istɔrik] **adj** **1.** historical **2.** [important] historic.

hit-parade ['itparad] (*pl* **hit-parades**) **nm** charts *pl*.

hiver [ivɛr] **nm** winter ▸ **en hiver** in winter.

HLM **nm inv** ≃ council house / flat UK ; ≃ public housing unit US.

hobby ['ɔbi] (*pl* **-s** ou **hobbies**) **nm** hobby.

hochepot ['ɔʃpo] **nm** *Flemish stew of beef, mutton and vegetables.*

hocher [3] ['ɔʃe] **vt : hocher la tête** **a)** [pour accepter] to nod **b)** [pour refuser] to shake one's head.

hochet ['ɔʃɛ] **nm** rattle.

hockey ['ɔkɛ] **nm** hockey ▸ **hockey sur glace** ice hockey.

hold-up ['ɔldœp] **nm inv** hold-up.

hollandais, e ['ɔlɑ̃dɛ, ɛz] ◆ **adj** Dutch. ◆ **hollandais nm** [langue] Dutch. ◆ **Hollandais, e nm, f** Dutchman (Dutchwoman).

hollande ['ɔlɑ̃d] **nm** [fromage] Dutch cheese.

Hollande ['ɔlɑ̃d] **nf : la Hollande** Holland.

homard ['ɔmar] **nm** lobster ▸ **homard à l'américaine** *lobster cooked in a sauce of white wine, brandy, herbs and tomatoes* ▸ **homard Thermidor** lobster Thermidor *(grilled and served in its shell with a mustard sauce and grated cheese).*

homéopathe [ɔmeɔpat] ◆ **nmf** homeopath. ◆ **adj** homeopathic.

homéopathie [ɔmeɔpati] **nf** homeopathy.

homéopathique [ɔmeɔpatik] **adj** homeopathic.

homicide [ɔmisid] **nm** murder.

hommage [ɔmaʒ] **nm : en hommage à** in tribute to ▸ **rendre hommage à** to pay tribute to.

homme [ɔm] **nm 1.** man **2.** [mâle] man ▸ **homme d'affaires** businessman ▸ **homme politique** politician.

homogène [ɔmɔʒɛn] **adj 1.** homogeneous **2.** [classe] of the same level.

homologué [ɔmɔlɔge] **adj 1.** DR approved, authorized **2.** SPORT ratified **3.** [industrie] approved.

homophobe [ɔmɔfɔb] **adj** homophobic.

homophobie [ɔmɔfɔbi] **nf** homophobia.

homosexuel, elle [ɔmɔsɛksɥɛl] **adj & nm, f** homosexual.

Honduras [ɔ̃dyʀas] **nm : le Honduras** Honduras.

Hongkong, Hong Kong ['ɔ̃gkɔ̃g] **n** Hong Kong.

Hongrie ['ɔ̃gri] **nf : la Hongrie** Hungary.

hongrois, e [ɔ̃gʀwa, az] **adj** Hungarian. ◆ **hongrois nm** [langue] Hungarian. ◆ **Hongrois, e nm, f** Hungarian.

honnête [ɔnɛt] **adj 1.** honest **2.** [salaire, résultats] decent.

honnêteté [ɔnɛtte] **nf** honesty.

honneur [ɔnœr] **nm** honour ▸ **en l'honneur de** in honour of ▸ **faire honneur à a)** [famille] to do credit to **b)** [repas] to do justice to.

honorable [ɔnɔrabl] **adj 1.** honourable **2.** [résultat] respectable.

honoraires [ɔnɔrɛr] **nmpl** fee(s).

honte ['ɔ̃t] **nf** shame ▸ **avoir honte (de)** to be ashamed (of) ▸ **faire honte à qqn a)** [embarrasser] to put sb to shame **b)** [gronder] to make sb feel ashamed.

honteux, euse ['ɔ̃tø, øz] **adj 1.** [personne] ashamed **2.** [scandaleux] shameful.

hooligan, houligan ['uligan] **nm** hooligan.

hôpital [ɔpital] (*pl* **-aux**) **nm** hospital ▸ **à l'hôpital** at hospital ▸ **où se trouve l'hôpital le plus proche ?** where is the closest hospital?

hoquet ['ɔkɛ] **nm : avoir le hoquet** to have hiccups.

horaire [ɔrɛr] **nm** timetable ▸ **'horaires d'ouverture'** 'opening hours'.

horizon [ɔrizɔ̃] **nm** horizon ▸ **à l'horizon** on the horizon.

horizontal, e, aux [ɔrizɔ̃tal, o] **adj** horizontal.

horloge [ɔrlɔʒ] **nf** clock ▸ **l'horloge parlante** the speaking clock.

horloger, ère [ɔrlɔʒe, ɛr] **nm, f** watchmaker.

horlogerie [ɔrlɔʒri] **nf** watchmaker's (shop).

hormone [ɔʀmɔn] **nf** hormone.

horoscope [ɔrɔskɔp] **nm** horoscope.

horreur [ɔrœr] **nf** horror ▸ **quelle horreur !** how awful! ▸ **avoir horreur de qqch** to hate sthg.

horrible [ɔribl] **adj** **1.** [effrayant] horrible **2.** [laid] hideous.

horriblement [ɔribləmɑ̃] **adv** terribly.

horrifié, e [ɔrifje] **adj** horrified.

hors ['ɔr] **prép : hors de** outside, out of ▸ **hors jeu** offside ▸ **hors saison** out of season ▸ **'hors service'** 'out of order' ▸ **hors sujet** irrelevant ▸ **hors taxes** **a)** [prix] excluding tax **b)** [boutique] duty-free ▸ **hors d'atteinte, hors de portée** out of reach ▸ **hors d'haleine** out of breath ▸ **hors de prix** ridiculously expensive ▸ **hors de question** out of the question ▸ **être hors de soi** to be beside o.s.

hors-bord ['ɔrbɔr] **nm inv** speedboat.

hors-d'œuvre [ɔrdœvr] **nm inv** starter.

hors-série [ɔʀseʀi] ◆ **adj inv** special. ◆ **nm** (*pl* **hors-séries**) special issue ou edition.

hortensia [ɔrtɑ̃sja] **nm** hydrangea.

horticulture [ɔrtikyltyr] **nf** horticulture.

hospice [ɔspis] **nm** [de vieillards] home.

hospitalisation [ɔspitalizasjɔ̃] **nf** [chiffre covid] hospital admission.

hospitaliser [3] [ɔspitalize] **vt** to hospitalize.

hospitalité [ɔspitalite] **nf** hospitality.

hostie [ɔsti] **nf** host.

hostile [ɔstil] **adj** hostile.

hostilité [ɔstilite] **nf** hostility.

hosto [ɔsto] **nm** *fam* hospital.

hot dog ['ɔtdɔg] (*pl* **hot dogs**) **nm** hot dog.

hôte, hôtesse [ot, otɛs] ◆ **nm, f** [qui reçoit] host (hostess). ◆ **nm** [invité] guest.

hôtel [otɛl] **nm** **1.** hotel **2.** [château] mansion ▸ **hôtel de ville** town hall ▸ **hôtel particulier** town house.

hôtelier, ère [otəlje, ɛr] ◆ **adj** hotel (*avant n*). ◆ **nm, f** hotelier ▸ **personnel hôtelier** hotel staff.

hôtellerie [otɛlri] **nf** **1.** [hôtel] hotel **2.** [activité] hotel trade ▸ **travailler dans l'hôtellerie** to work in the hotel trade.

hôtesse [otɛs] **nf** **1.** [d'accueil] receptionist **2.** [qui reçoit] hostess **3. : hôtesse de l'air** air hostess.

hot line [ɔtlajn] (*pl* **hot lines**) **nf** hotline.

hotte ['ɔt] **nf** [panier] basket ▸ **hotte (aspirante)** extractor hood.

houle [ul] **nf** swell ▸ **il y a de la houle** the sea is rough.

houmous [umus] **nm** houmous, hummus.

hourra ['ura] **interj** hurrah.

house [aws], **house music** [awsmjuzik] **nf** house (music).

housse ['us] **nf** cover ▸ **housse de couette** duvet cover.

houx ['u] **nm** holly.

hovercraft [ɔvœrkraft] **nm** hovercraft.

HT *abr écrite de* **hors taxes**.

HTML (*abr de* **hypertext markup language**) **nm** INFORM HTML.

hublot ['yblo] **nm** porthole.

huer [7] ['ɥe] **vt** to boo.

huile [ɥil] **nf** oil ▸**huile d'arachide** groundnut oil ▸**huile d'olive** olive oil ▸**huile solaire** suntan oil.

huiler [3] [ɥile] **vt** **1.** [mécanisme] to oil **2.** [moule] to grease.

huileux, euse [ɥilø, øz] **adj** oily.

huissier [ɥisje] **nm** [juridique] bailiff.

huit ['ɥit] **num** eight ▸**il a huit ans** he's eight (years old) ▸**il est huit heures** it's eight o'clock ▸**le huit janvier** the eighth of January ▸**page huit** page eight ▸**ils étaient huit** there were eight of them ▸**le huit de pique** the eight of spades ▸**au huit rue Lepic** at /to eight, rue Lepic.

huitaine ['ɥitɛn] **nf : une huitaine (de jours)** about a week.

huitante ['ɥitɑ̃t] **num** Suisse eighty.

huitième ['ɥitjɛm] **num** eighth ▸**le huitième étage** eighth floor UK, ninth floor US ▸**le huitième (arrondissement)** eighth arrondissement ▸**il est arrivé huitième** he came eighth.

huître [ɥitr] **nf** oyster.

humain, e [ymɛ̃, ɛn] ◆ **adj** **1.** human **2.** [compréhensif] humane. ◆ **nm** human (being).

humanitaire [ymanitɛr] ◆ **nm : l'humanitaire** humanitarian organizations. ◆ **adj** humanitarian.

humanité [ymanite] **nf** humanity.

humble [œbl] **adj** humble.

humecter [4] [ymɛkte] **vt** to moisten.

humeur [ymœr] **nf** **1.** [momentanée] mood **2.** [caractère] temper ▸**être de bonne / mauvaise humeur** to be in a good / bad mood.

humide [ymid] **adj** **1.** damp **2.** [pluvieux] humid.

humidité [ymidite] **nf** **1.** [du climat] humidity **2.** [d'une pièce] dampness.

humiliant, e [ymiljɑ̃, ɑ̃t] **adj** humiliating.

humilier [9] [ymilje] **vt** to humiliate.

humoristique [ymɔristik] **adj** humorous.

humour [ymur] **nm** humour ▸**avoir de l'humour** to have a sense of humour.

hurlement ['yrləmɑ̃] **nm** howl.

hurler [3] ['yrle] **vi** to howl.

hutte ['yt] **nf** hut.

hydratant, e [idratɑ̃, ɑ̃t] **adj** moisturizing.

hydravion [idʀavjɔ̃] **nm** seaplane, hydroplane.

hydrophile [idrɔfil] **adj** → **coton**

hygiène [iʒjɛn] **nf** hygiene.

hygiénique [iʒjenik] **adj** hygienic.

hymne [imn] **nm** [religieux] hymn ▸**hymne national** national anthem.

hyperactif, ive [ipɛraktif, iv] **adj** hyperactive.

hyperlien [ipɛʀljɛ̃] **nm** hyperlink.

hypermarché [ipɛrmarʃe] **nm** hypermarket.

hypertension [ipɛrtɑ̃sjɔ̃] **nf** high blood pressure ▸**faire de l'hypertension** to have high blood pressure.

hypertexte [ipɛrtɛkst] ◆ **adj : lien hypertexte** hyperlink. ◆ **nm** hypertext.

hypnose [ipnoz] **nf** hypnosis.

hypnotiser [3] [ipnɔtize] **vt** **1.** to hypnotize **2.** [fasciner] to fascinate.

hypoallergénique [ipɔalɛrʒenik] **adj** hypoallergenic.

hypocrisie [ipɔkrizi] **nf** hypocrisy.

hypocrite [ipɔkrit] ◆ **adj** hypocritical. ◆ **nmf** hypocrite.

hypoglycémie [ipɔglisemi] **nf** hypoglycaemia UK, hypoglycemia US.

hypotension [ipɔtɑ̃sjɔ̃] **nf** low blood pressure.

hypothermie [ipɔtɛʀmi] **nf** hypothermia.

hypothèse [ipɔtɛz] **nf** hypothesis ▸ **dans l'hypothèse où il viendrait** assuming he comes.

hystérique [isterik] **adj** hysterical.

I i

iceberg [ajsbɛrg] **nm** iceberg.

ici [isi] **adv** here ▸ **d'ici là** by then ▸ **d'ici peu** before long ▸ **par ici** **a)** [de ce côté] this way **b)** [dans les environs] around here.

icône [ikon] **nf** icon.

idéal, e, aux [ideal, o] **adj & nm** ideal ▸ **l'idéal, ce serait...** the ideal thing would be...

idéaliste [idealist] ◆ **adj** idealistic. ◆ **nmf** idealist.

idée [ide] **nf** idea ▸ **as-tu une idée du temps qu'il faut ?** do you have any idea how long it takes?

identifiant [idɑ̃tifjɑ̃] **nm** username.

identifier [9] [idɑ̃tifje] **vt** to identify. ◆ **s'identifier à vp + prép** to identify with.

identique [idɑ̃tik] **adj : identique (à)** identical (to).

identité [idɑ̃tite] **nf** identity.

idéogramme [ideɔgʀam] **nm** ideogram.

idiot, e [idjo, ɔt] ◆ **adj** stupid. ◆ **nm, f** idiot.

idiotie [idjɔsi] **nf** [acte, parole] stupid thing.

idole [idɔl] **nf** idol.

igloo [iglu] **nm** igloo.

ignoble [iɲɔbl] **adj** **1.** [choquant] disgraceful **2.** [laid, mauvais] vile.

ignorant, e [iɲɔrɑ̃, ɑ̃t] ◆ **adj** ignorant. ◆ **nm, f** ignoramus.

ignorer [3] [iɲɔre] **vt** [personne, avertissement] to ignore ▸ **j'ignore son adresse / où il est** I don't know his address / where he is.

iguane [igwan] **nm** iguana.

il [il] **pron** **1.** [personne, animal] he **2.** [chose] it **3.** [sujet de v impers] it ▸ **il pleut** it's raining. ◆ **ils pron pl** they.

île [il] **nf** island ▸ **île flottante** *cold dessert of beaten egg whites served on custard* ▸ **l'île Maurice** Mauritius ▸ **les îles Anglo-Normandes** the Channel Islands.

Île-de-France [ildəfrɑ̃s] **nf** *administrative region centred on Paris.*

illégal, e, aux [ilegal, o] **adj** illegal.

illégalement [ilegalmɑ̃] **adv** illegally.

illettré, e [iletre] **adj & nm, f** illiterate.

illettrisme [iletʀism] **nm** illiteracy.

illimité, e [ilimite] **adj** unlimited.

illisible [ilizibl] **adj** illegible.

illuminer [3] [ilymine] **vt** to light up. ◆ **s'illuminer vp 1.** [monument, ville] to be lit up **2.** [visage] to light up.

illusion [ilyzjɔ̃] **nf** illusion ▸ **se faire des illusions** to delude o.s.

illusionniste [ilyzjɔnist] **nmf** conjurer.

illustration [ilystrasjɔ̃] **nf** illustration.

illustré, e [ilystre] ◆ **adj** illustrated. ◆ **nm** illustrated magazine.

illustrer [3] [ilystre] **vt** to illustrate.

îlot [ilo] **nm** small island.

ils pron pl → **il.**

image [imaʒ] **nf 1.** picture **2.** [comparaison] image ▸ **à l'image de** (just) like.

imagerie [imaʒʀi] **nf** MÉD **: imagerie médicale** medical imaging.

imaginaire [imaʒinɛr] **adj** imaginary.

imagination [imaʒinasjɔ̃] **nf** imagination ▸ **avoir de l'imagination** to be imaginative.

imaginer [3] [imaʒine] **vt 1.** [penser] to imagine **2.** [inventer] to think up. ◆ **s'imaginer vp 1.** [soi-même] to picture o.s. **2.** [scène, personne] to picture ▸ **s'imaginer que** to imagine that.

imam [imam] **nm** imam.

imbattable [ɛ̃batabl] **adj** unbeatable.

imbécile [ɛ̃besil] **nmf** idiot.

imbiber [3] [ɛ̃bibe] **vt : imbiber qqch de** to soak sthg in.

imbuvable [ɛ̃byvabl] **adj** undrinkable.

imitateur, trice [imitatœr, tris] **nm, f** impersonator.

imitation [imitasjɔ̃] **nf 1.** imitation **2.** [d'une personnalité] impersonation ▸ **imitation cuir** imitation leather.

imiter [3] [imite] **vt 1.** to imitate **2.** [personnalité] to impersonate.

immangeable [ɛ̃mɑ̃ʒabl] **adj** inedible.

immatriculation [imatrikylasjɔ̃] **nf 1.** [inscription] registration **2.** [numéro] registration (number).

immédiat, e [imedja, at] **adj** immediate.

immédiatement [imedjatmɑ̃] **adv** immediately.

immense [imɑ̃s] **adj** huge.

immergé, e [imɛrʒe] **adj** submerged.

immerger [17] [imɛʀʒe] **vt** to submerge. ◆ **s'immerger vp** to submerge o.s.

immeuble [imœbl] **nm** block of flats.

immigration [imigrasjɔ̃] **nf** immigration ▸ **immigration clandestine** illegal immigration.

immigré, e [imigre] **adj & nm, f** immigrant.

imminent, e [iminɑ̃, ɑ̃t] **adj** imminent.

immobile [imɔbil] **adj** still.

immobilier, ère [imɔbilje, ɛr] ◆ **adj** property UK, real estate US. ◆ **nm : l'immobilier** the property business UK, the real-estate business US.

immobiliser [3] [imɔbilize] **vt** to immobilize.

immonde [imɔ̃d] **adj** vile.

immoral, e, aux [imɔral, o] **adj** immoral.

immortel, elle [imɔrtɛl] **adj** immortal.

immuniser [3] [imynize] **vt** to immunize.

immunité [imynite] **nf** immmunity **▸immunité collective** herd immunity.

immunodépresseur [imynɔdepʀesœʀ] **nm** immunosuppressive.

immunologie [imynɔlɔʒi] **nf** immunology.

impact [ɛ̃pakt] **nm** impact.

impair, e [ɛ̃pɛʀ] **adj** uneven.

impardonnable [ɛ̃pardɔnabl] **adj** unforgivable.

imparfait, e [ɛ̃parfɛ, ɛt] **◆ adj** imperfect. **◆ nm** GRAMM imperfect (tense) **▸l'imparfait du subjonctif** the imperfect subjunctive.

impartial, e, aux [ɛ̃parsjal, o] **adj** impartial.

impasse [ɛ̃pas] **nf** dead end **▸faire une impasse sur qqch** SCOL to skip (over) sthg in one's revision.

impassible [ɛ̃pasibl] **adj** impassive.

impatience [ɛ̃pasjɑ̃s] **nf** impatience.

impatient, e [ɛ̃pasjɑ̃, ɑ̃t] **adj** impatient **▸être impatient de faire qqch** to be impatient to do sthg.

impatienter [3] [ɛ̃pasjɑ̃te] **◆ s'impatienter vp** to get impatient.

impec [ɛ̃pɛk] **adj** *fam* perfect.

impeccable [ɛ̃pekabl] **adj** impeccable.

imper [ɛ̃pɛʀ] **nm** raincoat.

impératif, ive [ɛ̃peratif, iv] **◆ adj** imperative. **◆ nm** GRAMM imperative (mood).

impératrice [ɛ̃peratris] **nf** empress.

imperceptible [ɛ̃pɛrsɛptibl] **adj** imperceptible.

imperfection [ɛ̃pɛrfɛksjɔ̃] **nf** imperfection.

impérial, e, aux [ɛ̃perjal, o] **adj** imperial.

impériale [ɛ̃perjal] **nf** → **autobus**

imperméabilisant, e [ɛ̃pɛʀmeabilizɑ̃, ɑ̃t] **adj** waterproofing. **◆ imperméabilisant nm** waterproofing (substance).

imperméable [ɛ̃pɛrmeabl] **◆ adj** waterproof. **◆ nm** raincoat.

impersonnel, elle [ɛ̃pɛrsɔnɛl] **adj** impersonal.

impertinent, e [ɛ̃pɛʀtinɑ̃, ɑ̃t] **adj** impertinent.

impitoyable [ɛ̃pitwajabl] **adj** pitiless.

implanter [3] [ɛ̃plɑ̃te] **vt** **1.** [mode] to introduce **2.** [entreprise] to set up. **◆ s'implanter vp** **1.** [entreprise] to be set up **2.** [peuple] to settle.

impliquer [3] [ɛ̃plike] **vt** [entraîner] to imply **▸impliquer qqn dans** to implicate sb in. **◆ s'impliquer dans vp + prép** to get involved in.

impoli, e [ɛ̃pɔli] **adj** rude.

import [ɛ̃pɔr] **nm** **1.** [commerce] import **2.** BELG [montant] amount.

importance [ɛ̃pɔrtɑ̃s] **nf** **1.** importance **2.** [taille] size **▸avoir de l'importance** to be important **▸cela n'a aucune** ou **pas d'importance** that's not important.

important, e [ɛ̃pɔrtɑ̃, ɑ̃t] **adj** **1.** important **2.** [gros] large.

importation [ɛ̃pɔrtasjɔ̃] **nf** import.

importer [3] [ɛ̃pɔrte] **◆ vt** to import. **◆ vi** [être important] to matter, to be important **▸peu importe** it doesn't matter **▸n'importe comment** [mal] any (old) how **▸n'importe quel** any **▸n'importe qui** anyone.

import-export [ɛ̃pɔʀɛkspɔʀ] **nm** import-export.

importuner [3] [ɛ̃pɔrtyne] **vt** to bother.

imposable [ɛ̃pozabl] **adj** taxable.

imposant, e [ɛ̃pozɑ̃, ɑ̃t] **adj** imposing.

imposer [3] [ɛ̃poze] **vt** [taxer] to tax ▸ **imposer qqch à qqn** to impose sthg on sb. ◆ **s'imposer vp** [être nécessaire] to be essential.

impossibilité [ɛ̃pɔsibilite] **nf** impossibility ▸ **être dans l'impossibilité de faire qqch** to find it impossible to ou to be unable to do sthg.

impossible [ɛ̃pɔsibl] **adj** impossible ▸ **il est impossible de / que** it's impossible to / that.

impôt [ɛ̃po] **nm** tax ▸ **impôt sur le revenu** income tax ▸ **impôts locaux** local taxes.

impraticable [ɛ̃pratikabl] **adj** [chemin] impassable.

imprégner [18] [ɛ̃preɲe] **vt** to soak ▸ **imprégner qqch de** to soak sthg in. ◆ **s'imprégner de vp** to soak up.

impression [ɛ̃presjɔ̃] **nf 1.** [sentiment] impression **2.** [d'un livre] printing ▸ **avoir l'impression que** to have the feeling that ▸ **avoir l'impression de faire qqch** to feel as if one is doing sthg.

impressionnant, e [ɛ̃presjɔnɑ̃, ɑ̃t] **adj** impressive.

impressionner [3] [ɛ̃presjɔne] **vt** to impress.

impressionnisme [ɛ̃presjɔnism] **nm** impressionism.

imprévisible [ɛ̃previzibl] **adj** unpredictable.

imprévu, e [ɛ̃prevy] ◆ **adj** unexpected. ◆ **nm : aimer l'imprévu** to like surprises.

imprimante [ɛ̃primɑ̃t] **nf** printer ▸ **imprimante à jet d'encre** inkjet printer ▸ **imprimante laser** laser printer.

imprimé, e [ɛ̃prime] ◆ **adj** [tissu] printed. ◆ **nm** [publicitaire] booklet.

imprimer [3] [ɛ̃prime] **vt** to print.

imprimerie [ɛ̃primri] **nf 1.** [métier] printing **2.** [lieu] printing works.

imprimeur [ɛ̃primœr] **nm** printer.

impro [ɛ̃pʀo] *(abr de* **improvisation***)* **nf** *fam* impro *(improvisation)*.

imprononçable [ɛ̃prɔnɔ̃sabl] **adj** unpronounceable.

improviser [3] [ɛ̃prɔvize] **vt & vi** to improvise.

improviste [ɛ̃prɔvist] ◆ **à l'improviste adv** unexpectedly.

imprudence [ɛ̃prydɑ̃s] **nf** recklessness.

imprudent, e [ɛ̃prydɑ̃, ɑ̃t] **adj** reckless.

impuissant, e [ɛ̃pɥisɑ̃, ɑ̃t] **adj** [sans recours] powerless.

impulsif, ive [ɛ̃pylsif, iv] **adj** impulsive.

impureté [ɛ̃pyrte] **nf** [saleté] impurity.

inabordable [inabɔrdabl] **adj** [prix] prohibitive.

inacceptable [inakseptabl] **adj** unacceptable.

inaccessible [inaksesibl] **adj** inaccessible.

inachevé, e [inaʃve] **adj** unfinished.

inactif, ive [inaktif, iv] **adj** idle.

inadapté, e [inadapte] **adj** unsuitable.

inadéquat, e [inadekwa, at] **adj** inadequate.

inadmissible [inadmisibl] **adj** unacceptable.

inanimé, e [inanime] **adj 1.** [sans connaissance] unconscious **2.** [mort] lifeless.

inaperçu, e [inapɛrsy] **adj : passer inaperçu** to go unnoticed.

inapte [inapt] **adj : être inapte à qqch** to be unfit for sthg.

inattendu, e [inatɑ̃dy] **adj** unexpected.

inattention [inatɑ̃sjɔ̃] **nf** lack of concentration ▸ **faute d'inattention** careless mistake.

inaudible [inodibl] **adj** inaudible.

inauguration [inogyrasjɔ̃] **nf 1.** [d'un monument] inauguration **2.** [d'une exposition] opening.

inaugurer [3] [inogyre] **vt 1.** [monument] to inaugurate **2.** [exposition] to open.

incalculable [ɛ̃kalkylabl] **adj** incalculable.

incandescent, e [ɛ̃kɑ̃desɑ̃, ɑ̃t] **adj** red-hot.

incapable [ɛ̃kapabl] ◆ **nmf** incompetent person. ◆ **adj : être incapable de faire qqch** to be unable to do sthg.

incapacité [ɛ̃kapasite] **nf** inability ▸ **être dans l'incapacité de faire qqch** to be unable to do sthg.

incarcérer [18] [ɛ̃karsere] **vt** to incarcerate.

incarner [3] [ɛ̃karne] **vt** [personnage] to play.

incassable [ɛ̃kasabl] **adj** unbreakable.

incendie [ɛ̃sɑ̃di] **nm** fire.

incendier [9] [ɛ̃sɑ̃dje] **vt** to set alight.

incertain, e [ɛ̃sɛrtɛ̃, ɛn] **adj 1.** [couleur, nombre] indefinite **2.** [temps] unsettled **3.** [avenir] uncertain.

incertitude [ɛ̃sɛrtityd] **nf** uncertainty ▸ **être dans l'incertitude** to be uncertain.

incessamment [ɛ̃sesamɑ̃] **adv** at any moment, any moment now.

incessant, e [ɛ̃sesɑ̃, ɑ̃t] **adj** constant.

incidence [ɛ̃sidɑ̃s] **nf** MÉD incidence ▸ **taux d'incidence** incidence rate.

incident [ɛ̃sidɑ̃] **nm** incident ▸ **sans incident** safely.

incinérer [18] [ɛ̃sineʀe] **vt 1.** [corps] to cremate **2.** [ordures] to incinerate.

incisive [ɛ̃siziv] **nf** incisor.

inciter [3] [ɛ̃site] **vt : inciter qqn à faire qqch** to incite sb to do sthg.

incliné, e [ɛ̃kline] **adj** [siège, surface] at an angle.

incliner [3] [ɛ̃kline] **vt** to lean. ◆ **s'incliner vp** to lean ▸ **s'incliner devant** [adversaire] to give in to.

inclure [96] [ɛ̃klyr] **vt** to include.

inclus, e [ɛ̃kly, yz] ◆ **pp** → **inclure.** ◆ **adj** included ▸ **jusqu'au 15 inclus** up to and including the 15th.

incognito [ɛ̃kɔɲito] **adv** incognito.

incohérent, e [ɛ̃kɔerɑ̃, ɑ̃t] **adj** incoherent.

incollable [ɛ̃kɔlabl] **adj** [riz] nonstick ▸ **il est incollable en géo** he's unbeatable in geography.

incolore [ɛ̃kɔlɔr] **adj** colourless.

incommoder [3] [ɛ̃kɔmɔde] **vt** to trouble.

incomparable [ɛ̃kɔ̃parabl] **adj** incomparable.

incompatible [ɛ̃kɔ̃patibl] **adj** incompatible.

incompétent, e [ɛ̃kɔ̃petɑ̃, ɑ̃t] **adj** incompetent.

incomplet, ète [ɛ̃kɔ̃plɛ, ɛt] **adj** incomplete.

incompréhensible [ɛ̃kɔ̃preɑ̃sibl] **adj** incomprehensible.

inconditionnel, elle [ɛ̃kɔ̃disjɔnɛl] **nm, f : un inconditionnel de** a great fan of.

inconnu, e [ɛ̃kɔny] ◆ **adj** unknown. ◆ **nm, f** **1.** [étranger] stranger **2.** [non célèbre] unknown (person). ◆ **nm : l'inconnu** the unknown. ◆ **inconnue nf** **1.** MATH unknown **2.** [variable] unknown (factor).

inconsciemment [ɛ̃kɔ̃sjamɑ̃] **adv** unconsciously.

inconscient, e [ɛ̃kɔ̃sjɑ̃, ɑ̃t] ◆ **adj** **1.** [évanoui] unconscious **2.** [imprudent] thoughtless. ◆ **nm : l'inconscient** the unconscious.

inconsolable [ɛ̃kɔ̃sɔlabl] **adj** inconsolable.

incontestable [ɛ̃kɔ̃tɛstabl] **adj** indisputable.

incontrôlé, e [ɛ̃kɔ̃tʀole] **adj** [bande, groupe] unrestrained, out of control.

inconvénient [ɛ̃kɔ̃venjɑ̃] **nm** disadvantage.

incorporer [3] [ɛ̃kɔrpɔre] **vt** [ingrédients] to mix in ▸ **incorporer qqch à** [mélanger] to mix sthg into.

incorrect, e [ɛ̃kɔrɛkt] **adj** **1.** incorrect **2.** [impoli] rude.

incorrigible [ɛ̃kɔriʒibl] **adj** incorrigible.

incrédule [ɛ̃kredyl] **adj** sceptical.

incroyable [ɛ̃krwajabl] **adj** incredible.

incrusté, e [ɛ̃kryste] **adj : incrusté de** [décoré de] inlaid with.

incruster [3] [ɛ̃kryste] ◆ **s'incruster vp** [tache, saleté] to become ground in.

inculpé, e [ɛ̃kylpe] **nm, f : l'inculpé** the accused.

inculper [3] [ɛ̃kylpe] **vt** to charge ▸ **inculper qqn de qqch** to charge sb with sthg.

inculte [ɛ̃kylt] **adj** **1.** [terre] uncultivated **2.** [personne] uneducated.

incurable [ɛ̃kyrabl] **adj** incurable.

Inde [ɛ̃d] **nf : l'Inde** India.

indécent, e [ɛ̃desɑ̃, ɑ̃t] **adj** indecent.

indécis, e [ɛ̃desi, iz] **adj** **1.** undecided **2.** [vague] vague.

indéfini, e [ɛ̃defini] **adj** indeterminate.

indéfiniment [ɛ̃definimɑ̃] **adv** indefinitely.

indélébile [ɛ̃delebil] **adj** indelible.

indemne [ɛ̃dɛmn] **adj** unharmed ▸ **sortir indemne de** to emerge unscathed from.

indemnisation [ɛ̃dɛmnizasjɔ̃] **nf** compensation.

indemniser [3] [ɛ̃dɛmnize] **vt** to compensate.

indemnité [ɛ̃dɛmnite] **nf** compensation ▸ **indemnités de chômage** unemployment benefit ▸ **indemnités de licenciement** redundancy pay.

indépendamment [ɛ̃depɑ̃damɑ̃] ◆ **indépendamment de prép** [à part] apart from.

indépendance [ɛ̃depɑ̃dɑ̃s] **nf** independence.

indépendant, e [ɛ̃depɑ̃dɑ̃, ɑ̃t] **adj** **1.** independent **2.** [travailleur] self-employed **3.** [logement] self-contained **› être indépendant de** [sans relation avec] to be independent of.

indescriptible [ɛ̃dɛskriptibl] **adj** indescribable.

index [ɛ̃dɛks] **nm** **1.** [doigt] index finger **2.** [d'un livre] index.

indicateur [ɛ̃dikatœr] **adj m** → **poteau**

indicatif [ɛ̃dikatif, iv] **◆ nm** **1.** [téléphonique] dialling code UK, dial code US **2.** [d'une émission] signature tune **3.** GRAMM indicative. **◆ adj m : à titre indicatif** for information.

indication [ɛ̃dikasjɔ̃] **nf** [renseignement] (piece of) information **› 'indications : …'** [sur un médicament] 'suitable for…'.

indice [ɛ̃dis] **nm** **1.** [signe] sign **2.** [dans une enquête] clue.

indien, enne [ɛ̃djɛ̃, ɛn] **adj** Indian. **◆ Indien, enne nm, f** Indian.

indifféremment [ɛ̃diferamɑ̃] **adv** indifferently.

indifférence [ɛ̃diferɑ̃s] **nf** indifference.

indifférent, e [ɛ̃diferɑ̃, ɑ̃t] **adj** [froid] indifferent **› ça m'est indifférent** it's all the same to me.

indigène [ɛ̃diʒɛn] **nmf** native.

indigeste [ɛ̃diʒɛst] **adj** indigestible.

indigestion [ɛ̃diʒɛstjɔ̃] **nf** stomach upset.

indignation [ɛ̃diɲasjɔ̃] **nf** indignation.

indigner [3] [ɛ̃diɲe] **◆ s'indigner vp : s'indigner de qqch** to take exception to sthg.

indiquer [3] [ɛ̃dike] **vt** [révéler] to show **› indiquer qqn / qqch à qqn a)** [montrer] to point sb / sthg out to sb **b)** [médecin, boulangerie] to recommend sb / sthg to sb **› pouvez-vous m'indiquer le chemin d'Oxford ?** can you tell me the way to Oxford?

indirectement [ɛ̃dirɛktəmɑ̃] **adv** indirectly.

indiscipliné, e [ɛ̃disipline] **adj** undisciplined.

indiscret, ète [ɛ̃diskrɛ, ɛt] **adj** **1.** [personne] inquisitive **2.** [question] personal.

indiscrétion [ɛ̃diskresjɔ̃] **nf** **1.** [caractère] inquisitiveness **2.** [gaffe] indiscretion.

indiscutable [ɛ̃diskytabl] **adj** indisputable, unquestionable.

indispensable [ɛ̃dispɑ̃sabl] **adj** essential.

individu [ɛ̃dividy] **nm** individual.

individualiste [ɛ̃dividɥalist] **adj** individualistic.

individuel, elle [ɛ̃dividɥɛl] **adj** **1.** individual **2.** [maison] detached.

indolore [ɛ̃dɔlɔr] **adj** painless.

Indonésie [ɛ̃dɔnezi] **nf : l'Indonésie** Indonesia.

indulgent, e [ɛ̃dylʒɑ̃, ɑ̃t] **adj** indulgent.

industrialisé, e [ɛ̃dystrijalize] **adj** industrialized.

industrie [ɛ̃dystri] **nf** industry.

industriel, elle [ɛ̃dystrijɛl] **adj** industrial.

inédit, e [inedi, it] **adj** **1.** [livre] unpublished **2.** [film] not released.

inefficace [inefikas] **adj** ineffective.

inégal, e, aux [inegal, o] adj **1.** [longueur, chances] unequal **2.** [terrain] uneven **3.** [travail, résultats] inconsistent.

inégalité [inegalite] nf [des salaires, sociale] inequality ▸ **inégalités sociales** social disparities.

inépuisable [inepɥizabl] adj inexhaustible.

inerte [inɛrt] adj [évanoui] lifeless.

inespéré, e [inɛspeʀe] adj unexpected, unhoped-for.

inestimable [inɛstimabl] adj **1.** [très cher] priceless **2.** *fig* [précieux] invaluable.

inévitable [inevitabl] adj inevitable.

inexact, e [inegza(kt), akt] adj incorrect.

inexcusable [inɛkskyzabl] adj unforgivable.

inexistant, e [inɛgzistɑ̃, ɑ̃t] adj nonexistent.

inexplicable [inɛksplikabl] adj inexplicable.

inexpliqué, e [inɛksplike] adj unexplained.

in extremis [inɛkstremis] adv at the last minute.

infaillible [ɛ̃fajibl] adj infallible.

infarctus [ɛ̃farktys] nm coronary (thrombosis) ▸ **faire un infarctus** to have a heart attack.

infatigable [ɛ̃fatigabl] adj tireless.

infect, e [ɛ̃fɛkt] adj disgusting.

infecter [4] [ɛ̃fɛkte] ◆ **s'infecter** vp to become infected.

infection [ɛ̃fɛksjɔ̃] nf **1.** [blessure] infection **2.** [odeur] stench.

inférieur, e [ɛ̃ferjœr] adj **1.** [du dessous] lower **2.** [qualité] inferior ▸ **à l'étage inférieur** downstairs ▸ **inférieur à** **a)** [quantité] less than **b)** [qualité] inferior to.

infériorité [ɛ̃ferjɔrite] nf inferiority ▸ **complexe d'infériorité** inferiority complex.

infernal, e, aux [ɛ̃fɛrnal, o] adj [bruit, enfant] diabolical.

infesté, e [ɛ̃fɛste] adj : **infesté de** infested with.

infidèle [ɛ̃fidɛl] adj unfaithful.

infiltrer [3] [ɛ̃filtre] ◆ **s'infiltrer** vp [eau, pluie] to seep in.

infime [ɛ̃fim] adj minute.

infini, e [ɛ̃fini] ◆ adj infinite. ◆ nm infinity ▸ **à l'infini** [se prolonger, discuter] endlessly.

infiniment [ɛ̃finimɑ̃] adv extremely ▸ **je vous remercie infiniment** thank you so much.

infinitif [ɛ̃finitif] nm infinitive.

infirme [ɛ̃firm] ◆ adj disabled. ◆ nmf disabled person.

infirmerie [ɛ̃firməri] nf sick bay.

infirmier, ère [ɛ̃firmje, ɛr] nm, f nurse.

infirmité [ɛ̃fiʀmite] nf [handicap] disability ; [de vieillesse] infirmity.

inflammable [ɛ̃flamabl] adj inflammable.

inflammation [ɛ̃flamasjɔ̃] nf inflammation.

inflation [ɛ̃flasjɔ̃] nf inflation.

inflexible [ɛ̃flɛksibl] adj inflexible.

infliger [17] [ɛ̃fliʒe] vt : **infliger qqch à qqn** **a)** [punition] to inflict sthg on sb **b)** [amende] to impose sthg on sb.

influence [ɛ̃flyɑ̃s] **nf** influence ▸ **avoir de l'influence sur qqn** to have an influence on sb.

influencer [16] [ɛ̃flyɑ̃se] **vt** to influence.

influent, e [ɛ̃flyɑ̃, ɑ̃t] **adj** influential.

info [ɛ̃fo] **nf** *fam* info ▸ **c'est lui qui m'a donné cette info** I got the info from him. ◆ **infos nfpl** *fam* **: les infos** the news *sg* ▸ **regarder / écouter les infos** to watch / listen to the news.

informaticien, enne [ɛ̃fɔrmatisjɛ̃, ɛn] **nm, f** computer scientist ▸ **il est informaticien** he's in computers.

informatif, ive [ɛ̃fɔʀmatif, iv] **adj** informative.

information [ɛ̃fɔrmasjɔ̃] **nf : une information a)** [renseignement] information **b)** [nouvelle] a piece of news. ◆ **informations nfpl** [à la radio, à la télé] news *sg*.

informatique [ɛ̃fɔrmatik] ◆ **adj** computer. ◆ **nf 1.** [matériel] computers *pl* **2.** [discipline] computing ▸ **faire de l'informatique** to work ou to in computing.

informatisé, e [ɛ̃fɔrmatize] **adj** computerized.

informe [ɛ̃fɔrm] **adj** shapeless.

informer [3] [ɛ̃fɔrme] **vt : informer qqn de / que** to inform sb of / that. ◆ **s'informer (de) vp + prép** to ask (about).

infoutu, e [ɛ̃futy] **adj** *fam* **: être infoutu de faire qqch** to be incapable of doing sthg ▸ **il est infoutu d'être à l'heure** he's incapable of being on time.

infraction [ɛ̃fraksjɔ̃] **nf** offence ▸ **être en infraction** to be in breach of the law.

infranchissable [ɛ̃frɑ̃ʃisabl] **adj** [rivière] uncrossable.

infrarouge [ɛ̃fʀaʀuʒ] **nm** infrared.

infrastructure [ɛ̃fʀastʀyktyʀ] **nf** infrastructure.

infuser [3] [ɛ̃fyze] **vi** [tisane] to infuse ; [thé] to brew.

infusion [ɛ̃fyzjɔ̃] **nf** herbal tea.

ingénieur [ɛ̃ʒenjœr] **nm** engineer.

ingénieux, euse [ɛ̃ʒenjø, øz] **adj** ingenious.

ingrat, e [ɛ̃gra, at] **adj 1.** ungrateful **2.** [visage, physique] unattractive.

ingratitude [ɛ̃gratityd] **nf** ingratitude.

ingrédient [ɛ̃gredjɑ̃] **nm** ingredient.

inhabité, e [inabite] **adj** uninhabited.

> ⚠ **Inhabited** est un faux ami, il signifie ***habité*** et non « inhabité ».

inhabituel, elle [inabitɥɛl] **adj** unusual.

inhumain, e [inymɛ̃, ɛn] **adj** inhuman.

inimaginable [inimaʒinabl] **adj** incredible.

ininflammable [inɛ̃flamabl] **adj** non-flammable.

ininterrompu, e [inɛ̃tɛrɔ̃py] **adj** unbroken.

initial, e, aux [inisjal, o] **adj** initial.

initiale [inisjal] **nf** initial.

initialisation [inisjalizasjɔ̃] **nf** initialization.

initialiser [3] [inisjalize] **vt** to initialize.

initiation [inisjasjɔ̃] **nf** SCOL [apprentissage] introduction ▸ **un cours d'initiation à** an introduction course on.

initiative [inisjativ] **nf** initiative ▸ **prendre l'initiative de faire qqch** to take the initiative in doing sthg.

injecter [4] [ɛ̃ʒɛkte] **vt** to inject.

injection [ɛ̃ʒɛksjɔ̃] **nf** injection.

injure [ɛ̃ʒyr] **nf** insult.

injurier [9] [ɛ̃ʒyrje] **vt** to insult.

⚠ **Injure** est un faux ami ; il signifie ***blesser*** et non « injurier ».

injurieux, euse [ɛ̃ʒyʀjø, øz] **adj** abusive, insulting.

injuste [ɛ̃ʒyst] **adj** unfair.

injustice [ɛ̃ʒystis] **nf** injustice.

injustifié, e [ɛ̃ʒystifje] **adj** unjustified.

inné, e [ine] **adj** innate.

innocence [inɔsɑ̃s] **nf** innocence.

innocent, e [inɔsɑ̃, ɑ̃t] ◆ **adj** innocent. ◆ **nm, f** innocent person.

innocenter [3] [inɔsɑ̃te] **vt** DR to clear.

innombrable [inɔ̃brabl] **adj** countless.

innovant, e [in(n)ɔvɑ̃, ɑ̃t] **adj** innovative.

innover [3] [inɔve] **vi** to innovate.

inoccupé, e [inɔkype] **adj** empty.

inodore [inɔdɔr] **adj** odourless.

inoffensif, ive [inɔfɑ̃sif, iv] **adj** harmless.

inondation [inɔ̃dasjɔ̃] **nf** flood.

inondé, e [inɔ̃de] **adj** **1.** [champ, maison, cave] flooded **2.** *fig* : **être inondé de réclamations / de mauvaises nouvelles** to be inundated with complaints / with bad news.

inonder [3] [inɔ̃de] **vt** to flood.

inoubliable [inublijabl] **adj** unforgettable.

Inox® [inɔks] **nm** stainless steel.

inoxydable [inɔksidabl] **adj** → **acier**.

inquiet, ète [ɛ̃kjɛ, ɛt] **adj** worried ▸ **être inquiet (pour qqch / qqn)** to be worried (about sthg / sb).

inquiétant, e [ɛ̃kjetɑ̃, ɑ̃t] **adj** worrying.

inquiéter [18] [ɛ̃kjete] **vt** to worry. ◆ **s'inquiéter vp** to worry.

inquiétude [ɛ̃kjetyd] **nf** worry.

insalubre [ɛ̃salybʀ] **adj** unhealthy.

inscription [ɛ̃skripsjɔ̃] **nf** **1.** [sur une liste, à l'université] registration **2.** [gravée] inscription **3.** [graffiti] graffiti.

inscrire [99] [ɛ̃skrir] **vt** **1.** [sur une liste, dans un club] to register **2.** [écrire] to write. ◆ **s'inscrire vp** [sur une liste] to put one's name down ▸ **s'inscrire à un club** to join a club.

inscrit, e [ɛ̃skri, it] **pp & 3e pers. du sg de l'ind. prés.** → **inscrire**.

insecte [ɛ̃sɛkt] **nm** insect.

insecticide [ɛ̃sɛktisid] **nm** insecticide.

insensé, e [ɛ̃sɑ̃se] **adj** **1.** [aberrant] insane **2.** [extraordinaire] extraordinary.

insensible [ɛ̃sɑ̃sibl] **adj** **1.** insensitive **2.** [léger] imperceptible ▸ **être insensible à** a) [douleur, froid] to be insensitive to b) [art, charme] to be unreceptive to.

inséparable [ɛ̃separabl] **adj** inseparable.

insérer [18] [ɛ̃sere] **vt** to insert.

insertion [ɛ̃sɛʀsjɔ̃] **nf** insertion.

insigne [ɛ̃siɲ] **nm** badge.

insignifiant, e [ɛ̃siɲifjɑ̃, ɑ̃t] **adj** insignificant.

insinuer [7] [ɛ̃sinɥe] **vt** to insinuate.

insipide [ɛ̃sipid] **adj** [aliment] insipid, tasteless.

insistance [ɛ̃sistɑ̃s] **nf** insistence ▸**avec insistance** insistently.

insister [3] [ɛ̃siste] **vi** to insist ▸**insister sur** [détail] to emphasize.

insolation [ɛ̃sɔlasjɔ̃] **nf : attraper une insolation** to get sunstroke.

insolence [ɛ̃sɔlɑ̃s] **nf** insolence.

insolent, e [ɛ̃sɔlɑ̃, ɑ̃t] **adj** insolent.

insolite [ɛ̃sɔlit] **adj** unusual.

insoluble [ɛ̃sɔlybl] **adj** insoluble.

insomnie [ɛ̃sɔmni] **nf** insomnia ▸**avoir des insomnies** to sleep badly.

insonorisé, e [ɛ̃sɔnɔrize] **adj** soundproofed.

insouciant, e [ɛ̃susjɑ̃, ɑ̃t] **adj** carefree.

inspecter [4] [ɛ̃spɛkte] **vt** to inspect.

inspecteur, trice [ɛ̃spɛktœr, tris] **nm, f** inspector ▸**inspecteur de police** detective sergeant UK, lieutenant US

inspection [ɛ̃spɛksjɔ̃] **nf** inspection.

inspiration [ɛ̃spirasjɔ̃] **nf** inspiration.

inspirer [3] [ɛ̃spire] ◆ **vt** to inspire. ◆ **vi** [respirer] to breathe in ▸**inspirer qqch à qqn** to inspire sb with sthg. ◆ **s'inspirer de vp + prép** to be inspired by.

instable [ɛ̃stabl] **adj** unstable.

installation [ɛ̃stalasjɔ̃] **nf** **1.** [emménagement] moving in **2.** [structure] installation ▸**installation électrique** wiring.

installer [3] [ɛ̃stale] **vt** **1.** [poser] to put **2.** [eau, électricité & INFORM] to install **3.** [aménager] to fit out **4.** [loger] to put up ▸**je vous en prie, installez-vous** please, make yourself comfortable. ◆ **s'installer vp** **1.** [dans un appartement] to settle in **2.** [dans un fauteuil] to settle down **3.** [commerçant, médecin] to set (o.s.) up.

instant [ɛ̃stɑ̃] **nm** instant ▸**il sort à l'instant** he's just gone out ▸**pour l'instant** for the moment.

instantané, e [ɛ̃stɑ̃tane] **adj** **1.** instantaneous **2.** [café, potage] instant.

instinct [ɛ̃stɛ̃] **nm** instinct ▸**instinct de survie** survival instinct.

instinctif, ive [ɛ̃stɛ̃ktif, iv] **adj** instinctive.

instit [ɛ̃stit] **nmf** *fam* primary school teacher.

institut [ɛ̃stity] **nm** institute ▸**institut de beauté** beauty salon.

instituteur, trice [ɛ̃stitytœr, tris] **nm, f** primary school teacher UK, grade school teacher US

institution [ɛ̃stitysjɔ̃] **nf** institution.

instructif, ive [ɛ̃stryktif, iv] **adj** informative.

instruction [ɛ̃stryksjɔ̃] **nf** [enseignement, culture] education. ◆ **instructions nfpl** instructions.

instruire [98] [ɛ̃strɥir] ◆ **s'instruire vp** to educate o.s.

instruit, e [ɛ̃strɥi, it] ◆ **pp & 3e pers. du sg de l'ind. prés.** → **instruire.** ◆ **adj** [cultivé] educated.

instrument [ɛ̃strymɑ̃] **nm** instrument ▸**instrument (de musique)** (musical) instrument.

insuffisant, e [ɛ̃syfizɑ̃, ɑ̃t] **adj** **1.** insufficient **2.** [travail] unsatisfactory.

insuline [ɛ̃sylin] **nf** insulin.

insulte [ɛ̃sylt] **nf** insult.

insulter [3] [ɛ̃sylte] **vt** to insult.
insupportable [ɛ̃sypɔrtabl] **adj** unbearable.
insurmontable [ɛ̃syrmɔ̃tabl] **adj** [difficulté] insurmountable.
intact, e [ɛ̃takt] **adj** intact.
intégral, e, aux [ɛ̃tegral, o] **adj** complete.
intégralement [ɛ̃tegralmɑ̃] **adv** fully, in full.
intégration [ɛ̃tegʀasjɔ̃] **nf** integration.
intégrer [8] [ɛ̃tegre] **vt** to include. ◆ **s'intégrer vp : (bien) s'intégrer** [socialement] to fit in.
intégrisme [ɛ̃tegʀism] **nm** fundamentalism.
intellectuel, elle [ɛ̃telɛktɥɛl] **adj & nm, f** intellectual.
intelligence [ɛ̃teliʒɑ̃s] **nf** intelligence ▸ **intelligence artificielle** artificial intelligence.
intelligent, e [ɛ̃teliʒɑ̃, ɑ̃t] **adj** intelligent.
intempéries [ɛ̃tɑ̃peri] **nfpl** bad weather *sg*.
intense [ɛ̃tɑ̃s] **adj** intense.
intensif, ive [ɛ̃tɑ̃sif, iv] **adj** intensive.
intensité [ɛ̃tɑ̃site] **nf** intensity.
intention [ɛ̃tɑ̃sjɔ̃] **nf** intention ▸ **avoir l'intention de faire qqch** to intend to do sthg.
intentionné, e [ɛ̃tɑ̃sjɔne] **adj : bien intentionné** well-meaning ▸ **mal intentionné** ill-intentioned.
interactif [ɛ̃tɛʀaktif, iv] **adj** interactive.
intercalaire [ɛ̃tɛrkalɛr] **nm** insert.
intercaler [3] [ɛ̃tɛrkale] **vt** to insert.
intercepter [4] [ɛ̃tɛrsɛpte] **vt** to intercept.
interchangeable [ɛ̃tɛrʃɑ̃ʒabl] **adj** interchangeable.
interclasse [ɛ̃tɛrklas] **nm** SCOL break UK, recess US ▸ **à l'interclasse** at ou during the break.
intercours [ɛ̃tɛʀkuʀ] **nm** = **interclasse**.
interculturel, elle [ɛ̃tɛrkyltyrɛl] **adj** cross-cultural.
interdiction [ɛ̃tɛrdiksjɔ̃] **nf** ban ▸ **'interdiction de fumer'** '(strictly) no smoking'.
interdire [103] [ɛ̃tɛrdir] **vt** to forbid ▸ **interdire à qqn de faire qqch** to forbid sb to do sthg.
interdit, e [ɛ̃tɛrdi, it] ◆ **pp & 3ᵉ pers. du sg de l'ind. prés.** → **interdire.** ◆ **adj** forbidden ▸ **il est interdit de…** you are not allowed to…
intéressant, e [ɛ̃teresɑ̃, ɑ̃t] **adj** interesting.
intéresser [4] [ɛ̃terese] **vt 1.** to interest **2.** [concerner] to concern. ◆ **s'intéresser à vp + prép** to be interested in.
intérêt [ɛ̃terɛ] **nm 1.** interest **2.** [avantage] point ▸ **avoir intérêt à faire qqch** to be well-advised to do sthg ▸ **dans l'intérêt de** in the interest of. ◆ **intérêts nmpl** FIN interest *sg*.
interface [ɛ̃tɛʀfas] **nf** interface.
intérieur, e [ɛ̃terjœr] ◆ **adj 1.** inner **2.** [national] domestic. ◆ **nm 1.** inside **2.** [maison] home ▸ **à l'intérieur (de)** inside.
intérim [ɛ̃teʀim] **nm 1.** [période] interim period **2.** [travail temporaire] tempo-

rary ou casual work ; [dans un bureau] temping ▸ **par intérim** acting *(avant n)*.

intérimaire [ɛ̃teʀimɛʀ] ◆ **adj** **1.** [ministre, directeur] acting *(avant n)* **2.** [employé, fonctions] temporary. ◆ **nmf** [employé] temp.

interligne [ɛ̃tɛrliɲ] **nm** (line) spacing.

interlocuteur, trice [ɛ̃tɛrlɔkytœr, tris] **nm, f** : **mon interlocuteur** the man to whom I was speaking.

intermédiaire [ɛ̃tɛrmedjɛr] ◆ **adj** intermediate. ◆ **nmf** intermediary. ◆ **nm** : **par l'intermédiaire de** through.

interminable [ɛ̃tɛrminabl] **adj** never-ending.

intermittent, e [ɛ̃tɛʀmitɑ̃, ɑ̃t] **adj** intermittent ▸ **les intermittents du spectacle** *people working in the performing arts.*

internat [ɛ̃tɛrna] **nm** [école] boarding school.

international, e, aux [ɛ̃tɛrnasjɔnal, o] **adj** international.

internationalement [ɛ̃tɛʀnasjɔnalmɑ̃] **adv** internationally ▸ **connu internationalement** world famous.

internationaliser [3] [ɛ̃tɛʀnasjɔnalize] **vt** to internationalize.

internaute [ɛ̃tɛrnot] **nmf** (net) surfer, cybersurfer.

interne [ɛ̃tɛrn] ◆ **adj** internal. ◆ **nmf** **1.** [des hôpitaux] junior hospital doctor UK, intern US **2.** SCOL boarder.

interner [3] [ɛ̃tɛrne] **vt** [malade] to commit.

Internet [ɛ̃tɛrnɛt] **nm** internet, Internet ▸ **café Internet** Internet café.

interpellation [ɛ̃tɛʀpelasjɔ̃] **nf** [par la police] (arrest for) questioning.

interpeller [26] [ɛ̃tɛrpəle] **vt** [appeler] to call out to.

Interphone® [ɛ̃tɛrfɔn] **nm** **1.** [d'un immeuble] entry phone **2.** [dans un bureau] intercom.

interposer [3] [ɛ̃tɛrpoze] ◆ **s'interposer** **vp** : **s'interposer entre** to stand between.

interprète [ɛ̃tɛrprɛt] **nmf** **1.** [traducteur] interpreter **2.** [acteur, musicien] performer.

interpréter [18] [ɛ̃tɛrprete] **vt** **1.** [résultat, paroles] to interpret **2.** [personnage, morceau] to play.

interro [ɛ̃tɛʀo] **nf** *fam* SCOL test.

interrogation [ɛ̃tɛrɔgasjɔ̃] **nf** [question] question ▸ **interrogation (écrite)** (written) test.

interrogatoire [ɛ̃tɛrɔgatwar] **nm** interrogation.

interroger [17] [ɛ̃tɛrɔʒe] **vt** **1.** to question **2.** SCOL to test ▸ **interroger qqn sur** to question sb about.

interrompre [78] [ɛ̃tɛrɔ̃pr] **vt** to interrupt.

interrupteur [ɛ̃tɛryptœr] **nm** switch.

interruption [ɛ̃tɛrypsjɔ̃] **nf** **1.** [coupure, arrêt] break **2.** [dans un discours] interruption ▸ **sans interruption** continuously.

intersection [ɛ̃tɛrsɛksjɔ̃] **nf** intersection.

intervalle [ɛ̃tɛrval] **nm** **1.** [distance] space **2.** [dans le temps] interval ▸ **à deux jours d'intervalle** after two days.

intervenir [40] [ɛ̃tɛrvənir] **vi** **1.** to intervene **2.** [avoir lieu] to take place.

intervention [ɛ̃tɛrvɑ̃sjɔ̃] **nf** **1.** intervention **2.** MÉD operation.

intervenu, e [ɛ̃tɛrvəny] **pp** → **intervenir**.

interview [ɛ̃tɛrvju] **nf** interview.

interviewer [3] [ɛ̃tɛrvjuve] **vt** to interview.

intestin [ɛ̃tɛstɛ̃] **nm** intestine.

intestinal, e, aux [ɛ̃tɛstinal, o] **adj** intestinal.

intime [ɛ̃tim] **adj** **1.** [personnel] private **2.** [très proche] intimate.

intimider [3] [ɛ̃timide] **vt** to intimidate.

intimité [ɛ̃timite] **nf** intimacy.

intituler [3] [ɛ̃tityle] ◆ **s'intituler** **vp** to be called.

intolérable [ɛ̃tɔlerabl] **adj** **1.** [douleur] unbearable **2.** [comportement] unacceptable.

intox [ɛ̃tɔks] **nf** *fam* propaganda, brainwashing ▸ **tout ça, c'est de l'intox** all that's just propaganda.

intoxication [ɛ̃tɔksikasjɔ̃] **nf : intoxication alimentaire** food poisoning.

intoxiquer [3] [ɛ̃tɔksike] **vt : intoxiquer qqn par** [empoisonner] to poison sb with.

intradermique [ɛ̃tʀadɛʀmik] **adj** intradermal, intracutaneous.

intraduisible [ɛ̃tradɥizibl] **adj** untranslatable.

intramusculaire [ɛ̃tʀamyskylɛʀ] **adj** intramuscular.

intranet [ɛ̃tʀanɛt] **nm** intranet.

intransigeant, e [ɛ̃trɑ̃ziʒɑ̃, ɑ̃t] **adj** intransigent.

intrépide [ɛ̃trepid] **adj** intrepid.

intrigue [ɛ̃trig] **nf** [d'une histoire] plot.

intriguer [3] [ɛ̃trige] **vt** to intrigue.

intro [ɛ̃tʀo] (*abr de* **introduction**) **nf** *fam* intro ▸ **'passer l'intro'** [sur site Web] 'skip intro'.

introduction [ɛ̃trɔdyksjɔ̃] **nf** introduction.

introduire [98] [ɛ̃trɔdɥir] **vt** to introduce. ◆ **s'introduire** **vp** [pénétrer] to enter ▸ **s'introduire dans une maison** [cambrioleur] to get into ou to enter a house.

introduit, e [ɛ̃trɔdɥi, it] **pp & 3ᵉ pers. du sg de l'ind. prés.** → **introduire**.

introuvable [ɛ̃truvabl] **adj** [objet perdu] nowhere to be found.

intrus, e [ɛ̃try, yz] **nm, f** intruder.

intuition [ɛ̃tɥisjɔ̃] **nf** [pressentiment] feeling ▸ **avoir une intuition** to have an intuition.

inusable [inyzabl] **adj** hardwearing.

inutile [inytil] **adj** **1.** [objet, recherches] useless **2.** [efforts] pointless.

inutilisable [inytilizabl] **adj** unusable.

invalide [ɛ̃valid] **nmf** disabled person.

invariable [ɛ̃varjabl] **adj** invariable.

invasion [ɛ̃vazjɔ̃] **nf** invasion.

inventaire [ɛ̃vɑ̃tɛr] **nm** inventory ▸ **faire l'inventaire de qqch** to make a list of sthg.

inventer [3] [ɛ̃vɑ̃te] **vt** **1.** to invent **2.** [moyen] to think up.

inventeur, trice [ɛ̃vɑ̃tœr, tris] **nm, f** inventor.

invention [ɛ̃vɑ̃sjɔ̃] **nf** invention.

inverse [ɛ̃vɛrs] **nm** opposite ▸ **à l'inverse** conversely ▸ **à l'inverse de** contrary to.

inverser [3] [ɛ̃vɛʀse] **vt** to reverse.

investir [32] [ɛ̃vɛstir] **vt** [argent] to invest. ◆ **s'investir dans** **vp + prép : s'investir dans son métier** to be involved ou absorbed in one's job ▸ **je me suis énormément investie dans le projet** the project really meant a lot to me.

investissement [ɛ̃vɛstismɑ̃] **nm** investment.

invisible [ɛ̃vizibl] **adj** invisible.

invitation [ɛ̃vitasjɔ̃] **nf** invitation.

invité, e [ɛ̃vite] **nm, f** guest.

inviter [3] [ɛ̃vite] **vt** to invite ▸ **inviter qqn à faire qqch** to invite sb to do sthg.

involontaire [ɛ̃vɔlɔ̃tɛr] **adj** involuntary.

invraisemblable [ɛ̃vrɛsɑ̃blabl] **adj** unlikely.

iode [jɔd] **nm** → **teinture**

ira etc → **aller**

Irak, Iraq [irak] **nm : l'Irak** Iraq.

irakien, enne, iraquien, enne [irakjɛ̃, ɛn] **adj** Iraqi. ◆ **Irakien, enne, Iraquien, enne** **nm, f** Iraqi.

Iran [irɑ̃] **nm : l'Iran** Iran.

iranien, enne [iranjɛ̃, ɛn] **adj** Iranian. ◆ **iranien** **nm** [langue] Iranian. ◆ **Iranien, enne** **nm, f** Iranian.

Iraq = **Irak**

iraquien = **irakien**

irlandais, e [irlɑ̃dɛ, ɛz] **adj** Irish. ◆ **Irlandais, e** **nm, f** Irishman (Irishwoman) ▸ **les Irlandais** the Irish.

Irlande [irlɑ̃d] **nf : l'Irlande du Nord** Northern Ireland ▸ **la République d'Irlande** the Republic of Ireland, Eire.

IRM [iɛrɛm] (*abr de* **Imagerie par résonance magnétique**) **nm MÉD** MRI (*magnetic resonance imaging*) ▸ **passer une IRM** to do a MRI.

ironie [irɔni] **nf** irony.

ironique [irɔnik] **adj** ironic.

irrationnel, elle [irasjɔnɛl] **adj** irrational.

irrécupérable [irekyperabl] **adj** [objet, vêtement] beyond repair.

irréel, elle [ireɛl] **adj** unreal.

irrégulier, ère [iregylje, ɛr] **adj** **1.** irregular **2.** [résultats, terrain] uneven.

irremplaçable [irɑ̃plasabl] **adj** irreplaceable.

irréparable [ireparabl] **adj** **1.** beyond repair **2.** [erreur] irreparable.

irrésistible [irezistibl] **adj** irresistible.

irrespirable [irɛspirabl] **adj** unbreathable.

irrigation [irigasjɔ̃] **nf** irrigation.

irriguer [3] [irige] **vt** to irrigate.

irritable [iritabl] **adj** irritable.

irritation [iritasjɔ̃] **nf** irritation.

irriter [3] [irite] **vt** to irritate.

irruption [irypsjɔ̃] **nf** [entrée brusque] irruption.

islam [islam] **nm : l'islam** Islam.

islamiste [islamist] **nm, f** islamic fundamentalist.

islamophobie [islamɔfɔbi] **nf** islamophobia.

islandais, e [islɑ̃dɛ, ɛz] **adj** Icelandic. ◆ **islandais** **nm** [langue] Icelandic. ◆ **Islandais, e** **nm, f** Icelander.

Islande [islɑ̃d] **nf : l'Islande** Iceland.

isolant, e [izɔlɑ̃, ɑ̃t] ◆ **adj** **1.** [acoustique] soundproofing **2.** [thermique] insulating. ◆ **nm** insulator.

isolation [izɔlasjɔ̃] **nf** **1.** [acoustique] soundproofing **2.** [thermique] insulation.

isolé, e [izɔle] **adj 1.** [à l'écart] isolated **2.** [contre le bruit] soundproofed **3.** [thermiquement] insulated.

isoler [3] [izɔle] **vt 1.** [séparer] to isolate **2.** [contre le bruit] to soundproof **3.** [thermiquement] to insulate. ◆ **s'isoler vp 1.** to isolate o.s. **2.** MÉD to self-isolate.

Israël [israɛl] **n** Israel.

israélien, enne [israeljɛ̃, ɛn] **adj** Israeli. ◆ **Israélien, enne nm, f** Israeli.

israélite [israelit] **adj** Jewish. ◆ **Israélite nmf** Jew.

issu, e [isy] **adj : être issu de a)** [famille] to be descended from **b)** [processus, théorie] to stem from.

issue [isy] **nf** [sortie] exit ▸ **issue de secours** emergency exit ▸ **'voie sans issue'** 'no through road'.

⚠ **Issue** est un faux ami, il signifie ***problème*** et non « issue ».

Italie [itali] **nf : l'Italie** Italy.

italien, enne [italjɛ̃, ɛn] ◆ **adj** Italian. ◆ **italien nm** [langue] Italian. ◆ **Italien, enne nm, f** Italian.

italique [italik] **nm** italics *pl* ▸ **écrire en italique** to write in italics.

itinéraire [itinerɛr] **nm** route ▸ **itinéraire bis** alternative route *(to avoid heavy traffic)*.

IUT (*abr de* **institut universitaire de technologie**) **nm** ≃ technical college.

IVG (*abr de* **interruption volontaire de grossesse**) **nf** abortion.

ivoire [ivwar] **nm** ivory.

ivre [ivr] **adj** drunk.

ivrogne [ivrɔɲ] **nmf** drunkard.

J j

j' pron → **je**.

jacinthe [ʒasɛ̃t] **nf** hyacinth.

Jacuzzi® [ʒakuzi] **nm** Jacuzzi®.

jadis [ʒadis] **adv** formerly, in former times.

jaillir [32] [ʒajir] **vi** [eau] to gush.

jalousie [ʒaluzi] **nf** jealousy.

jaloux, ouse [ʒalu, uz] **adj** jealous ▸ **être jaloux de** to be jealous of.

jamaïquain, e, jamaïcain, e [ʒamaikɛ̃, ɛn] **adj** Jamaican. ◆ **Jamaïquain, e, Jamaïcain, e nm, f** Jamaican.

Jamaïque [ʒamaik] **nf : la Jamaïque** Jamaica.

jamais [ʒamɛ] **adv** never ▸ **ne… jamais** never ▸ **je ne reviendrai jamais plus** I'm never coming back ▸ **c'est le plus long voyage que j'aie jamais fait** it's the longest journey I've ever made ▸ **plus que jamais** more than ever ▸ **si jamais tu le vois…** if you happen to see him…

jambe [ʒɑ̃b] **nf** leg.

jambon [ʒɑ̃bɔ̃] **nm** ham ▸ **jambon blanc** boiled ham ▸ **jambon cru** cured ham.

jambonneau [ʒɑ̃bɔno] (*pl* **-x**) **nm** knuckle of ham.

jante [ʒɑ̃t] **nf** (wheel) rim.

janvier [ʒɑ̃vje] **nm** January ▸ **en janvier, au mois de janvier** in January ▸ **début janvier** at the beginning of January ▸ **fin janvier** at the end of January ▸ **le deux janvier** the second of January.

Japon [ʒapɔ̃] **nm : le Japon** Japan.

japonais, e [ʒapɔnɛ, ɛz] ◆ **adj** Japanese. ◆ **nm** [langue] Japanese. ◆ **Japonais, e nm, f** Japanese (person).

jardin [ʒardɛ̃] **nm** garden ▸ **jardin d'enfants** kindergarten, playgroup ▸ **jardin public** park ▸ **ce jardin sera fermé en cas de tempête** the gardens will be closed in the event of severe weather.

jardinage [ʒardinaʒ] **nm** gardening.

jardiner [3] [ʒaʀdine] **vi** to garden.

jardinier, ère [ʒardinje, ɛr] **nm, f** gardener.

jardinière [ʒardinjɛr] **nf** [bac] window box ▸ **jardinière de légumes** *dish of diced mixed vegetables*. → **jardinier**.

jargon [ʒaʀgɔ̃] **nm** jargon.

jarret [ʒarɛ] **nm : jarret de veau** knuckle of veal.

jauge [ʒoʒ] **nf 1.** gauge ▸ **jauge d'essence** petrol gauge ▸ **jauge d'huile** dipstick **2.** MÉD Covid-related capacity limit.

jaune [ʒon] **adj & nm** yellow ▸ **jaune d'œuf** egg yolk.

jaunir [32] [ʒonir] **vi** to turn yellow.

jaunisse [ʒonis] **nf** jaundice.

Javel [ʒavɛl] **nf : (eau de) Javel** bleach.

jazz [dʒaz] **nm** jazz.

je [ʒə] **pron** I.

jean [dʒin] **nm** jeans *pl*, pair of jeans.

Jeep® [dʒip] **nf** Jeep®.

je-m'en-foutiste [ʒmɑ̃futist] **adj** *fam* couldn't give a damn ***(avant n)*** ▸ **il est je-m'en-foutiste** he couldn't give a damn.

jerrican [ʒerikan] **nm** jerry can.

Jérusalem [ʒeʀyzalɛm] **n** Jerusalem.

Jésus-Christ [ʒezykri] **nm** Jesus Christ ▸ **après Jésus-Christ** AD ▸ **avant Jésus-Christ** BC.

jet¹ [ʒɛ] **nm** [de liquide] jet ▸ **jet d'eau** fountain.

jet² [dʒɛt] **nm** [avion] jet (plane) ▸ **jet d'eau** fountain.

jetable [ʒətabl] **adj** disposable.

jetée [ʒəte] **nf** jetty.

jeter [27] [ʒəte] **vt 1.** to throw **2.** [mettre à la poubelle] to throw away. ◆ **se jeter vp : se jeter dans** [suj :rivière] to flow into ▸ **se jeter sur** to pounce on.

jeton [ʒətɔ̃] **nm 1.** [pour jeu de société] counter **2.** [au casino] chip.

jet-set [dʒɛtsɛt], **jet-society** [dʒɛtsɔsajti] **nf** jet set ▸ **membre de la jet-set** jet-setter.

Jet-ski® [dʒɛtski] **nm** jet-ski.

jeu [ʒø] (*pl* **-x**) **nm 1.** game **2.** [d'un mécanisme] play **3.** [assortiment] set ▸ **le jeu** [au casino] gambling ▸ **jeu de cartes a)** [distraction] card game **b)** [paquet] pack of cards ▸ **jeu d'échecs** chess set ▸ **jeu de mots** pun ▸ **jeu de société** board game ▸ **jeu vidéo** video game ▸ **les jeux Olympiques** the Olympic Games.

jeudi [ʒødi] **nm** Thursday ▸ **nous sommes** ou **c'est jeudi** it's Saturday today ▸ **jeudi 13 septembre** Thursday 13 September ▸ **nous sommes partis jeudi** we left on Thursday ▸ **jeudi dernier** last Thursday ▸ **jeudi prochain** next Thursday ▸ **jeudi matin** on Thursday morning

▸**le jeudi** on Thursdays ▸**à samedi !** see you Thursday!

jeun [ʒœ̃] ◆ **à jeun** adv on an empty stomach.

jeune [ʒœn] ◆ adj young. ◆ nmf young person ▸**jeune fille** girl ▸**jeune homme** young man ▸**les jeunes** young people.

jeûne [ʒøn] nm fast.

jeûner [3] [ʒøne] vi to fast.

jeunesse [ʒœnɛs] nf 1. [période] youth 2. [jeunes] young people *pl*.

job [dʒɔb] nm *fam* job.

jockey [ʒɔkɛ] nm jockey.

jogging [dʒɔgiŋ] nm 1. [vêtement] tracksuit 2. [activité] jogging ▸**faire du jogging** to go jogging.

joie [ʒwa] nf joy.

joindre [82] [ʒwɛ̃dr] vt 1. [relier] to join 2. [contacter] to contact ▸**joindre qqch à** to attach sthg to ▸**je joins un chèque à ma lettre** I enclose a cheque with my letter. ◆ **se joindre à** vp + prép to join.

joint, e [ʒwɛ̃, ɛ̃t] ◆ pp & 3ᵉ pers. du sg de l'ind. prés. → **joindre.** ◆ nm 1. TECH seal 2. [de robinet] washer 3. *fam* [drogue] joint ▸**joint de culasse** cylinder head gasket.

joker [ʒɔkɛr] nm joker.

joli, e [ʒɔli] adj [beau] pretty.

jongleur [ʒɔ̃glœr] nm juggler.

jonquille [ʒɔ̃kij] nf daffodil.

Jordanie [ʒɔrdani] nf : **la Jordanie** Jordan.

joual [ʒwal] nm QUÉBEC *French-Canadian dialect.*

joue [ʒu] nf cheek.

jouer [6] [ʒwe] ◆ vi 1. to play 2. [acteur] to act. ◆ vt 1. to play 2. [somme] to bet 3. [pièce de théâtre] to perform ▸**jouer à** [tennis, foot, cartes] to play ▸**jouer de** [instrument] to play ▸**jouer un rôle dans qqch** *fig* to play a part in sthg.

jouet [ʒwɛ] nm toy.

joueur, euse [ʒwœr, øz] nm, f 1. [au casino] gambler 2. SPORT player ▸**être mauvais joueur** to be a bad loser ▸**joueur de cartes** card player ▸**joueur de flûte** flautist ▸**joueur de foot** footballer.

jour [ʒur] nm 1. day 2. [clarté] daylight ▸**il fait jour** it's light ▸**jour de l'an** New Year's Day ▸**jour férié** public holiday ▸**jour ouvrable** working day ▸**huit jours** a week ▸**quinze jours** two weeks, a fortnight UK ▸**de jour** [voyager] by day ▸**du jour au lendemain** overnight ▸**de nos jours** nowadays ▸**être à jour** to be up-to-date ▸**mettre qqch à jour** to update sthg ▸**tarte du jour** tart of the day.

journal [ʒurnal] (*pl* -aux) nm newspaper ▸**journal (intime)** diary ▸**journal télévisé** news (on the television).

journaliste [ʒurnalist] nmf journalist.

journée [ʒurne] nf day ▸**dans la journée** a) [aujourd'hui] today b) [le jour] during the day ▸**toute la journée** all day (long).

joyeux, euse [ʒwajø, øz] adj happy ▸**joyeux anniversaire !** Happy Birthday! ▸**joyeux Noël !** Merry Christmas!

judaïsme [ʒydaism] nm Judaism.

judo [ʒydo] nm judo ▸**faire du judo** to do judo.

juge [ʒyʒ] nmf judge.

jugement [ʒyʒmɑ̃] nm judgment ▸ **prononcer un jugement** to pass sentence.

juger [17] [ʒyʒe] **vt** 1. to judge 2. [accusé] to try.

juif, ive [ʒɥif, ʒɥiv] **adj** Jewish. ◆ **Juif, ive** **nm, f** Jew.

juillet [ʒɥijɛ] **nm** July ▸ **le 14 juillet** *French national holiday* ▸ **en juillet, au mois de juillet** in July ▸ **début juillet** at the beginning of July ▸ **fin juillet** at the end of July ▸ **le deux juillet** the second of July.

ⓘ Le 14 juillet

This French national holiday commemorates the most famous act of the French Revolution, the storming of the Bastille, the royal prison, on July 14, 1789 by the people of Paris. It is celebrated with a military parade in Paris, and dances and firework displays throughout the country.

juin [ʒɥɛ̃] **nm** June ▸ **en juin, au mois de juin** in June ▸ **début juin** at the beginning of June ▸ **fin juin** at the end of June ▸ **le deux juin** the second of June.

juke-box [dʒukbɔks] **nm inv** jukebox.

jumeau, elle, eaux [ʒymo, ɛl, o] ◆ **adj** [maisons] semidetached. ◆ **nm, f : des jumeaux** twins ▸ **frère jumeau** twin brother.

jumelé, e [ʒymle] **adj : 'ville jumelée avec...'** 'twinned with...'.

jumelles [ʒymɛl] **nfpl** binoculars.

jument [ʒymɑ̃] **nf** mare.

jungle [ʒœ̃gl] **nf** jungle.

jupe [ʒyp] **nf** skirt ▸ **jupe droite** straight skirt ▸ **jupe plissée** pleated skirt.

jupon [ʒypɔ̃] **nm** underskirt, slip.

Jura [ʒyra] **nm : le Jura** the Jura (Mountains).

jurer [3] [ʒyre] ◆ **vi** to swear. ◆ **vt : jurer (à qqn) que** to swear (to sb) that ▸ **jurer de faire qqch** to swear to do sthg.

juridique [ʒyʀidik] **adj** legal.

juriste [ʒyʀist] **nmf** lawyer.

jury [ʒyri] **nm** jury.

jus [ʒy] **nm** 1. juice 2. [de viande] gravy ▸ **jus d'orange** orange juice.

jusque [ʒysk(ə)] ◆ **jusqu'à** **prép : allez jusqu'à l'église** go as far as the church ▸ **jusqu'à midi** until noon ▸ **jusqu'à ce que je parte** until I leave ▸ **jusqu'à présent** up until now, so far. ◆ **jusqu'ici** **adv** 1. [dans l'espace] up to here 2. [dans le temps] up until now, so far. ◆ **jusque-là** **adv** 1. [dans l'espace] up to there 2. [dans le temps] up to then, up until then.

justaucorps [ʒystokɔr] **nm** leotard.

juste [ʒyst] ◆ **adj** 1. [équitable] fair 2. [addition, raisonnement] right, correct 3. [note] in tune 4. [vêtement] tight. ◆ **adv** 1. just 2. [chanter, jouer] in tune ▸ **ce gâteau est un peu juste pour six** this cake isn't big enough for six people ▸ **il est huit heures juste** it's exactly eight o'clock ▸ **au juste** exactly.

justement [ʒystəmɑ̃] **adv** 1. [précisément] just 2. [à plus forte raison] exactly.

justesse [ʒystɛs] ◆ **de justesse** **adv** only just.

justice [ʒystis] **nf** justice.

justificatif, ive [ʒystifikatif, iv] **adj** supporting *(avant n).* ◆ **justificatif** **nm** written proof ▸ **justificatif de domicile** proof of address.

justifier [9] [ʒystifje] **vt** to justify. ◆ **se justifier vp** to justify o.s.

jute [ʒyt] **nm : (toile de) jute** jute.

juteux, euse [ʒytø, øz] **adj** juicy.

Kk

K7 [kasɛt] **nf** *(abr de* **cassette***)* cassette.

Kaboul [kabul] **n** Kabul.

kaki [kaki] **adj inv** khaki.

kangourou [kɑ̃guru] **nm** kangaroo.

karaoké [karaɔke] **nm** karaoke.

karaté [karate] **nm** karate.

kart [kart] **nm** go-kart.

karting [kartiŋ] **nm** go-karting.

kasher [kaʃɛr] **adj inv** kosher ▸ **produits kasher** kosher foods.

Katmandou, Kàtmàndù [katmɑ̃du] **n** Katmandu, Kathmandu.

kayak [kajak] **nm 1.** [bateau] kayak **2.** [sport] canoeing.

Kazakhstan [kazakstɑ̃] **nm : le Kazakhstan** Kazakhstan.

Kenya [kenja] **nm : le Kenya** Kenya.

képi [kepi] **nm** kepi.

kermesse [kɛrmɛs] **nf** fête.

kérosène [kerɔzɛn] **nm** kerosene.

ketchup [kɛtʃœp] **nm** ketchup.

keuf [kœf] **nm** *fam* cop.

keum [kœm] **nm** *fam* guy, bloke.

Kfé SMS *abr écrite de* **café**.

kg *(abr écrite de* **kilogramme***)* kg *(kilogram).*

kidnapper [3] [kidnape] **vt** to kidnap.

kif(f)er [3] [kife] **vt** *fam* to love ▸ **je kiffe ton ordi !** cool computer!

kilo(gramme) [kilɔ(gram)] **nm** kilo(gram).

kilométrage [kilɔmetraʒ] **nm** [distance] ≃ mileage ▸ **kilométrage illimité** ≃ unlimited mileage.

kilomètre [kilɔmɛtr] **nm** kilometre ▸ **100 kilomètres (à l')heure** 100 kilometres per hour.

kilt [kilt] **nm** kilt.

kiné [kine] **nmf** *fam (abr de* **kinésithérapeute***)* physio UK, physical therapist US ▸ **faire des séances de kiné** to do physiotherapy sessions.

kinésithérapeute [kineziterapøt] **nmf** physiotherapist.

Kingstown [kiŋʃstaun] **n** Kingstown.

Kinshasa [kinʃasa] **n** Kinshasa.

kiosque [kjɔsk] **nm** pavilion ▸ **kiosque à journaux** newspaper kiosk ▸ **kiosque à musique** bandstand.

kir [kir] **nm** *aperitif made with white wine and blackcurrant liqueur* ▸ **kir royal** *aperitif made with champagne and blackcurrant liqueur.*

Kirghizistan [kirgizistɑ̃] **nm : le Kirghizistan** Kirgizia.

kirsch [kirʃ] **nm** kirsch.

kit [kit] **nm** kit ▸ **en kit** in kit form.

kitesurf [kajtsœrf], **kite** [kajt] **nm** kitesurfing.

kiwi [kiwi] **nm** kiwi (fruit).

Klaxon® [klaksɔn] **nm** horn.

klaxonner [3] [klaksɔne] **vi** to hoot or to beep (one's horn).

Kleenex® [klinɛks] **nm** Kleenex®.

km *(abr écrite de* **kilomètre***)* km *(kilometre)*.

km/h *(abr écrite de* **kilomètre par heure***)* kph *(kilometre per hour)*.

Ko *(abr écrite de* **kilo-octet***)* K *(Kilobyte)*.

K-O [kao] **adj inv** **1.** KO'd **2.** *fam* [épuisé] dead beat.

Kosovo [kɔsɔvɔ] **nm : le Kosovo** Kosovo.

kouglof [kuglɔf] **nm** *light dome-shaped cake with currants and almonds, a speciality of Alsace.*

Koweït [kɔwɛjt] **nm : le Koweït** Kuwait, Koweit.

K-way® [kawɛ] **nm inv** cagoule.

kyste [kist] **nm** cyst.

L

l *(abr écrite de* **litre***)* l.

l' **art** → **le**

la [la] **art** → **le**

là [la] **adv** **1.** [lieu] there **2.** [temps] then ▸ **elle n'est pas là** she's not in ▸ **par là** **a)** [de ce côté] that way **b)** [dans les environs] over there ▸ **cette fille-là** that girl ▸ **ce jour-là** that day.

là-bas [laba] **adv** there.

labo [labo] *(abr de* **laboratoire***)* **nm** *fam* lab *(laboratory)*.

laboratoire [labɔratwar] **nm** laboratory.

labourer [3] [labure] **vt** to plough.

labyrinthe [labirɛ̃t] **nm** maze.

lac [lak] **nm** lake ▸ **le lac de Constance** Lake Constance.

lacer [16] [lase] **vt** to tie.

lacet [lasɛ] **nm** **1.** [de chaussures] lace **2.** [virage] bend.

lâche [laʃ] ◆ **adj** **1.** [peureux] cowardly **2.** [nœud, corde] loose. ◆ **nmf** coward.

lâcher [3] [laʃe] ◆ **vt** **1.** to let go of **2.** [desserrer] to loosen **3.** [parole] to let slip. ◆ **vi** **1.** [corde] to give way **2.** [freins] to fail.

lâcheté [laʃte] **nf** cowardice.

là-dedans [laddɑ̃] **adv** **1.** [lieu] in there **2.** [dans cela] in that ▸ **je ne sais pas ce que je viens faire là-dedans** I don't see what it has to do with me.

là-dessous [ladsu] **adv** **1.** [lieu] under there **2.** [dans cette affaire] behind that ▸ **il y a quelque chose de louche là-dessous** there is something fishy about all this.

là-dessus [ladsy] **adv** **1.** [lieu] on there **2.** [à ce sujet] about that ▸ **je n'ai rien à dire là-dessus** I've nothing to say about the subject.

là-haut [lao] **adv** up there.

La Havane [la'avan] **nf** Havana.

La Haye [la'ɛ] **nf : La Haye** The Hague.

laïc, laïque [laik] ◆ **adj** lay *(avant n)* ; [juridiction] civil *(avant n)* ; [école] state *(avant n)*. ◆ **nm, f** layman (laywoman).

laïcité [laisite] **nf** secularism.

laid, e [lɛ, lɛd] **adj** ugly.

laideur [lɛdœr] **nf** ugliness.

lainage [lɛnaʒ] **nm** [vêtement] woollen garment.

laine [lɛn] **nf** wool ▸ **en laine** woollen.

laïque [laik] **adj** secular.

laisse [lɛs] **nf** lead ▸ **tenir un chien en laisse** to keep a dog on a lead.

laisser [4] [lese] ◆ **vt** to leave. ◆ **v aux : laisser qqn faire qqch** to let sb do sthg ▸ **laisser tomber** to drop ▸ **laisser qqch à qqn** a) [donner] to leave sb sthg. ◆ **se laisser vp : se laisser aller** to relax ▸ **se laisser faire** a) [par lâcheté] to let o.s. be taken advantage of b) [se laisser tenter] to let o.s. be persuaded ▸ **se laisser influencer** to allow o.s. to be influenced.

lait [lɛ] **nm** milk ▸ **lait démaquillant** cleanser ▸ **lait solaire** suntan lotion ▸ **lait de toilette** cleanser ▸ **lait ribot** fermented milk *(typically drunk in Brittany)* ▸ **lait frais** fresh milk.

laitage [lɛtaʒ] **nm** dairy product.

laitier [lɛtje] **adj m** → **produit**.

laiton [lɛtɔ̃] **nm** brass.

laitue [lety] **nf** lettuce.

lambeau [lɑ̃bo] (*pl* -x) **nm** strip ▸ **en lambeaux** in tatters.

lambic [lɑ̃bik] **nm** BELG *strong malt- and wheat-based beer.*

lambris [lɑ̃bri] **nm** panelling.

lame [lam] **nf** 1. blade 2. [de verre, de métal] strip 3. [vague] wave ▸ **lame de rasoir** razor blade.

lamelle [lamɛl] **nf** thin slice.

lamentable [lamɑ̃tabl] **adj** 1. [pitoyable] pitiful 2. [très mauvais] appalling.

lamenter [3] [lamɑ̃te] ◆ **se lamenter vp** to moan.

lampadaire [lɑ̃padɛr] **nm** 1. [dans un appartement] standard lamp UK, floor lamp US 2. [dans la rue] street lamp.

lampe [lɑ̃p] **nf** lamp ▸ **lampe de chevet** bedside lamp ▸ **lampe de poche** torch UK, flashlight US.

lance [lɑ̃s] **nf** [arme] spear ▸ **lance d'incendie** fire hose.

lancée [lɑ̃se] **nf : sur sa / ma lancée** [en suivant] while he / I was at it.

lancement [lɑ̃smɑ̃] **nm** [d'un produit] launch.

lance-pierres [lɑ̃spjɛr] **nm inv** catapult.

lancer [16] [lɑ̃se] **vt** 1. to throw 2. [produit, mode] to launch. ◆ **se lancer vp** 1. [se jeter] to throw o.s. 2. [oser] to take the plunge ▸ **se lancer dans qqch** to embark on sthg.

landau [lɑ̃do] **nm** pram.

lande [lɑ̃d] **nf** moor.

langage [lɑ̃gaʒ] **nm** language.

langer [17] [lɑ̃ʒe] **vt** to change.

langouste [lɑ̃gust] **nf** spiny lobster.

langoustine [lɑ̃gustin] **nf** langoustine.

langue [lɑ̃g] **nf** 1. ANAT & CULIN tongue 2. [langage] language ▸ **langue étrangère** foreign language ▸ **langue maternelle** mother tongue ▸ **langue vivante** modern language.

langue-de-chat [lɑ̃gdəʃa] (*pl* **langues-de-chat**) **nf** *thin sweet finger-shaped biscuit.*

languette [lɑ̃gɛt] **nf** 1. [de chaussures] tongue 2. [d'une canette] ring-pull.

lanière [lanjɛr] **nf** [de cuir] strap.

lanterne [lɑ̃tɛrn] **nf 1.** lantern **2.** AUTO [feu de position] sidelight UK, parking light US.

Laos [laos] **nm : le Laos** Laos.

lapin [lapɛ̃] **nm** rabbit **▸ poser un lapin à qqn** *fam* to stand sb up.

laque [lak] **nf 1.** [pour coiffer] hair spray, lacquer **2.** [peinture] lacquer.

laqué [lake] **adj m → canard**.

laquelle **pron rel → lequel**.

lard [lar] **nm** bacon.

lardon [lardɔ̃] **nm** *strip or cube of bacon*.

large [larʒ] ◆ **adj 1.** [rivière, route] wide **2.** [vêtement] big **3.** [généreux] generous **4.** [tolérant] open. ◆ **nm : le large** the open sea **▸ prévoir large** [temps] to allow plenty of time **▸ 2 mètres de large** 2 metres UK ou meters US wide **▸ au large de** off (the coast of).

⚠ **Large** est un faux ami, il signifie ***grand*** et non « large ».

largement [larʒəmɑ̃] **adv** [au minimum] easily **▸ avoir largement le temps** to have ample time **▸ il y en a largement assez** there's more than enough.

largeur [larʒœr] **nf** width.

larme [larm] **nf** tear **▸ être en larmes** to be in tears.

lasagne(s) [lazaɲ] **nfpl** lasagne.

laser [lazɛr] **nm** laser.

lasser [3] [lase] **vt** to bore. ◆ **se lasser de** **vp + prép** to grow tired of.

latéral, e, aux [lateral, o] **adj** [porte, rue] side.

latin [latɛ̃] **nm** Latin.

latino [latino] **adj & nmf** Latino.

latino-américain, e [latinɔamerikɛ̃, ɛn] (*mpl* **latino-américains**, *fpl* **latino-américaines**) **adj** Latin-American, Hispanic.

latitude [latityd] **nf** latitude.

latte [lat] **nf** slat.

lauréat, e [lɔrea, at] **nm, f** prize-winner.

laurier [lɔrje] **nm** [arbuste] laurel **▸ feuille de laurier** bay leaf.

lavable [lavabl] **adj** washable **▸ lavable en machine** machine washable.

lavabo [lavabo] **nm** washbasin. ◆ **lavabos** **nmpl** [toilettes] toilets.

lavage [lavaʒ] **nm** washing.

lavande [lavɑ̃d] **nf** lavender.

lave [lav] **nf** lava.

lave-linge [lavlɛ̃ʒ] **nm inv** washing machine.

laver [3] [lave] **vt 1.** to wash **2.** [plaie] to bathe **3.** [tache] to wash out ou off. ◆ **se laver** **vp** to wash o.s. **▸ se laver les dents** to brush one's teeth **▸ se laver les mains** to wash one's hands.

laverie [lavri] **nf : laverie (automatique)** launderette.

lavette [lavɛt] **nf** [tissu] dishcloth.

lave-vaisselle [lavvesɛl] **nm inv** dishwasher.

lavoir [lavwar] **nm** *communal sink for washing clothes*.

laxatif [laksatif] **nm** laxative.

layette [lɛjɛt] **nf** layette.

LCD (*abr de* **liquid cristal display**) **nm** LCD.

le, la [lə, la] (*pl* **les** [le]) ◆ **art 1.** [gén] the **▸ le lac** the lake **▸ la fenêtre** the window **▸ l'homme** the man **▸ les** →

enfants the children ▸ **j'adore le thé** I love tea ▸ **l'amour** love **2.** [désigne le moment] **: nous sommes le 3 août** it's the 3rd of August ▸ **Bruxelles, le 9 juillet 1994** Brussels, 9 July 1994 ▸ **le samedi** **a)** [habituellement] on Saturdays **b)** [moment précis] on Saturday **3.** [marque l'appartenance] **: se laver les mains** to wash one's hands ▸ **elle a les yeux bleus** she has (got) blue eyes **4.** [chaque] **: c'est 40 euros la nuit** it's 40 euros a night ▸ **quatre euros l'un** four euros each
◆ **pron** **1.** [personne] him (her), them *pl* ; [chose, animal] it, them *pl* ▸ **je le / la / les connais bien** I know him / her / them well ▸ **laissez-les nous** leave them to us **2.** [reprend un mot, une phrase] **: je l'ai entendu dire** I've heard about it.

Le Caire [ləkɛʀ] **nm** Cairo.

Le Cap [ləkap] **n** [ville] Cape Town.

lèche-cul [lɛʃky] (*pl inv* ou **lèche-culs**) **nmf** *vulg* arse-licker UK, ass-kisser US.

lécher [18] [leʃe] **vt** to lick.

lèche-vitrines [lɛʃvitrin] **nm inv : faire du lèche-vitrines** to go window-shopping.

leçon [ləsɔ̃] **nf** **1.** lesson **2.** [devoirs] homework ▸ **faire la leçon à qqn** to lecture sb.

lecteur, trice [lɛktœr, tris] ◆ **nm, f** reader. ◆ **nm** INFORM reader ▸ **lecteur de cassettes** cassette player ▸ **lecteur de CD / DVD** CD / DVD player ▸ **lecteur de disquette** disk drive ▸ **lecteur MP3 / WMA** MP3 / WMA player ▸ **lecteur de CD** CD player.

lecture [lɛktyr] **nf** reading.

légal, e, aux [legal, o] **adj** legal.

légaliser [3] [legalize] **vt** to legalize.

légalité [legalite] **nf** law ▸ **rester dans la légalité** to remain within the law.

légende [leʒɑ̃d] **nf** **1.** [conte] legend **2.** [d'une photo] caption **3.** [d'un schéma] key.

léger, ère [leʒe, ɛr] **adj** **1.** light **2.** [café] weak **3.** [cigarette] mild **4.** [peu important] slight ▸ **à la légère** lightly ▸ **cuisine légère** low-fat foods.

légèrement [leʒɛrmɑ̃] **adv** [un peu] slightly ▸ **s'habiller légèrement** to wear light clothes.

légèreté [leʒɛrte] **nf** **1.** lightness **2.** [insouciance] casualness.

législatif, ive [leʒislatif, iv] **adj** legislative. ◆ **législatives** **nfpl : les législatives** the legislative elections ; ≃ the general election *sg* UK ; ≃ the Congressional election *sg* US.

législation [leʒislasjɔ̃] **nf** legislation.

légitime [leʒitim] **adj** legitimate ▸ **légitime défense** self-defence.

léguer [18] [lege] **vt** **1.** to bequeath **2.** *fig* [tradition, passion] to pass on.

légume [legym] **nm** vegetable ▸ **légumes secs** dried pulses.

Léman [lemɑ̃] **nm : le lac Léman** Lake Geneva.

lendemain [lɑ̃dmɛ̃] **nm : le lendemain** the next day ▸ **le lendemain matin** the next morning ▸ **le lendemain de notre départ** the day after we left.

lent, e [lɑ̃, lɑ̃t] **adj** slow.

lentement [lɑ̃tmɑ̃] **adv** slowly.

lenteur [lɑ̃tœr] **nf** slowness.

lentille [lɑ̃tij] **nf** **1.** [légume] lentil **2.** [verre de contact] (contact) lens ▸ **porter des lentilles** to wear contact lenses.

léopard [leɔpar] **nm** leopard.

lequel, laquelle [ləkɛl, lakɛl] (*mpl* **lesquels** [lekɛl], *fpl* **lesquelles** [lekɛl]) **pron 1.** [sujet de personne] who **2.** [sujet de chose] which **3.** [complément de personne] whom **4.** [complément de chose] which **5.** [interrogatif] which (one) ▸ **par / pour lequel a)** [personne] by /for whom **b)** [chose] by /for which.

les art → **le**

léser [18] [leze] **vt** to wrong.

lésion [lezjɔ̃] **nf** injury.

Lesotho [lezɔto] **nm : le Lesotho** Lesotho.

lesquelles pron rel → **lequel**

lesquels pron rel → **lequel**

lessive [lɛsiv] **nf 1.** [poudre, liquide] detergent **2.** [linge] washing ▸ **faire la lessive** to do the washing.

lessiver [3] [lɛsive] **vt 1.** to wash **2.** *fam* [fatiguer] to wear out ▸ **être lessivé** *fam* I'm wrecked.

létalité [letalite] **nf** lethality ▸ **taux de létalité** case fatality rate.

Lettonie [lɛtɔni] **nf : la Lettonie** Latvia.

lettre [lɛtr] **nf** letter ▸ **en toutes lettres** in full.

leucémie [løsemi] **nf** leukemia.

leur [lœr] ◆ **adj** their. ◆ **pron** (to) them ▸ **tu devrais le leur renvoyer** you should send it back to them ▸ **je vais leur dire** I'll tell them. ◆ **le leur, la leur** (*pl* **les leurs**) **pron** theirs ▸ **je préfère la leur** I prefer their one.

levant [ləvɑ̃] **adj m** → **soleil**

levé, e [ləve] **adj** [hors du lit] up.

levée [ləve] **nf** [du courrier] collection.

lever [19] [ləve] ◆ **vt 1.** [bras, yeux, doigt] to raise **2.** [relever] to lift. ◆ **nm : au lever** when one gets up ▸ **le lever du jour** dawn ▸ **le lever du soleil** sunrise. ◆ **se lever** vp **1.** [personne] to get up **2.** [jour] to break **3.** [soleil] to rise **4.** [temps] to clear.

levier [ləvje] **nm** lever ▸ **levier de vitesse** gear lever UK, gear shift US.

lèvre [lɛvr] **nf** lip.

levure [ləvyr] **nf** CULIN baking powder.

lexique [lɛksik] **nm** [dictionnaire] glossary.

lézard [lezar] **nm** lizard.

lézarder [3] [lezarde] ◆ **se lézarder** **vp** to crack.

LGBT (*abr de* **lesbiennes, gays, bisexuels, transgenres**) **adj & nmpl** LGBT.

liaison [ljɛzɔ̃] **nf 1.** [aérienne, routière] link **2.** [amoureuse] affair **3.** [phonétique] liaison ▸ **être en liaison avec** to be in contact with.

liane [ljan] **nf** creeper.

liasse [ljas] **nf** wad.

Liban [libɑ̃] **nm : le Liban** Lebanon.

libanais, e [libanɛ, ɛz] **adj** Lebanese. ◆ **Libanais, e nm, f** Lebanese (person) ▸ **les Libanais** the Lebanese.

libellule [libelyl] **nf** dragonfly.

libéral, e, aux [liberal, o] **adj** liberal.

libération [liberasjɔ̃] **nf 1.** [d'une ville] liberation **2.** [d'un prisonnier] release ▸ **la Libération** *the Liberation*.

libérer [18] [libere] **vt** [prisonnier] to release. ◆ **se libérer** vp **1.** to free o.s. **2.** [de ses occupations] to get away ▸ **je vais essayer de me libérer pour venir** I'll try to make myself free so I can come.

Liberia [liberja] **nm : le Liberia** Liberia.

liberté [libɛrte] **nf** freedom ▸ **en liberté** [animaux] in the wild.

libraire [librɛr] **nmf** bookseller.

librairie [librɛri] **nf** bookshop.

⚠ **Library** est un faux ami, il signifie ***bibliothèque*** et non « librairie ».

libre [libr] **adj 1.** free **2.** [ouvert, dégagé] clear ▸ **libre de faire qqch** free to do sthg.

librement [librəmɑ̃] **adv** freely.

libre-service [librəsɛrvis] (*pl* **libres-services**) **nm 1.** [magasin] self-service store **2.** [restaurant] self-service restaurant.

Libye [libi] **nf : la Libye** Libya.

libyen, enne [libjɛ̃, ɛn] **adj** Libyan. ◆ **Libyen, enne nm, f** Libyan.

licence [lisɑ̃s] **nf 1.** licence **2.** [diplôme] degree **3.** [sportive] membership card.

licence-master-doctorat [lisɑ̃smastɛʀdɔktɔʀa] (*pl* **licences-masters-doctorats**), **LMD** [ɛlɛmde] **nm** ≃ Bachelor Master Doctorate ; ≃ BMD.

licenciement [lisɑ̃simɑ̃] **nm 1.** [pour faute] dismissal **2.** [économique] redundancy.

licencier [9] [lisɑ̃sje] **vt** [pour faute] to dismiss ▸ **être licencié** [économique] to be made redundant.

Liechtenstein [liʃtɛnʃtajn] **nm : le Liechtenstein** Liechtenstein.

liège [ljɛʒ] **nm** cork.

liégeois [ljeʒwa] **adj m** → **café, chocolat**.

lien [ljɛ̃] **nm 1.** [ruban, sangle] tie **2.** [relation] link ▸ **lien hypertexte** INFORM hypertext link.

lier [9] [lje] **vt 1.** [attacher] to tie up **2.** [par contrat] to bind **3.** [phénomènes, idées] to connect ▸ **lier conversation avec qqn** to strike up a conversation with sb. ◆ **se lier vp : se lier (d'amitié) avec qqn** to make friends with sb.

lierre [ljɛr] **nm** ivy.

lieu [ljø] (*pl* **-x**) **nm** place ▸ **avoir lieu** to take place ▸ **au lieu de** instead of.

lièvre [ljɛvr] **nm** hare.

lifting [liftiŋ] **nm** face-lift.

ligament [ligamɑ̃] **nm** ligament.

ligne [liɲ] **nf** line ▸ **avoir la ligne** to be slim ▸ **aller à la ligne** to start a new paragraph ▸ **se mettre en ligne** to line up ▸ **ligne blanche** [sur la route] white line ▸ **(en) ligne droite** (in a) straight line ▸ **'grandes lignes'** *sign directing rail passengers to platforms for intercity trains.*

ligoter [3] [ligɔte] **vt** to tie up.

lilas [lila] **nm** lilac.

limace [limas] **nf** slug.

limande [limɑ̃d] **nf** dab.

lime [lim] **nf** file ▸ **lime à ongles** nail file.

limer [3] [lime] **vt** to file.

limitation [limitasjɔ̃] **nf** restriction ▸ **limitation de vitesse** speed limit.

limite [limit] ◆ **nf 1.** [bord] edge **2.** [frontière] border **3.** [maximum ou minimum] limit. ◆ **adj** [prix, vitesse] maximum ▸ **à la limite** if necessary.

limité [limite] **adj** limited ▸ **'prudence : vitesse limitée'** 'do not exceed speed limit'.

limiter [3] [limite] **vt** to limit. ◆ **se limiter à vp + prép 1.** [se contenter de] to limit o.s. to **2.** [être restreint à] to be limited to.

limitrophe [limitʀɔf] **adj 1.** [frontalier] border ***(avant n)*** **2.** [voisin] adjacent ▸ **être limitrophe de** to border on.

limonade [limɔnad] **nf** lemonade.

limpide [lɛ̃pid] **adj** (crystal) clear.

lin [lɛ̃] **nm** linen.

linge [lɛ̃ʒ] **nm 1.** [de maison] linen **2.** [lessive] washing ▸ **linge de maison** household linen.

lingerie [lɛ̃ʒri] **nf** [sous-vêtements] lingerie.

lingette [lɛ̃ʒɛt] **nf** wipe ▸ **lingette antibactérienne** anti-bacterial wipe ▸ **lingette démaquillante** eye makeup remover pad.

lingot [lɛ̃go] **nm : lingot (d'or)** (gold) ingot.

lino(léum) [lino(leɔm)] **nm** lino(leum).

lion [ljɔ̃] **nm** lion. ◆ **Lion nm** [signe astrologique] Leo.

liqueur [likœr] **nf** liqueur.

liquidation [likidasjɔ̃] **nf : 'liquidation totale'** 'stock clearance'.

liquide [likid] **adj & nm** liquid ▸ **(argent) liquide** cash ▸ **payer en liquide** to pay cash ▸ **liquide de frein** brake fluid ▸ **liquide vaisselle** washing-up liquid UK, dishwashing liquid US.

liquider [3] [likide] **vt** [vendre] to sell off.

lire [106] [lir] **vt & vi** to read.

lis, lys [lis] **nm** lily.

Lisbonne [lizbɔn] **n** Lisbon.

liseuse [lizøz] **nf 1.** INFORM e-reader, e-book reader **2.** [lampe] reading light.

lisible [lizibl] **adj** legible.

lisière [lizjɛr] **nf** edge ▸ **à la lisière de** on the edge of.

lisse [lis] **adj** smooth.

liste [list] **nf** list ▸ **liste d'attente** waiting list ▸ **être sur liste rouge** to be ex-directory UK, to have an unlisted number US.

lit [li] **nm** bed ▸ **aller au lit** to go to bed ▸ **lit de camp** camp bed ▸ **lit double, grand lit** double bed ▸ **lit simple, lit à une place, petit lit** single bed ▸ **lits jumeaux** twin beds ▸ **lits superposés** bunk beds.

litchi [litʃi] **nm** lychee.

literie [litri] **nf** mattress and base.

litière [litjɛr] **nf** litter.

litige [litiʒ] **nm** dispute.

litre [litr] **nm** litre.

littéraire [literɛr] **adj** literary.

littéral, e, aux [literal, o] **adj 1.** [gén] literal **2.** [écrit] written.

littérature [literatyr] **nf** literature.

littoral [litɔral] (*pl* **-aux**) **nm** coast.

Lituanie [litɥani] **nf : la Lituanie** Lithuania.

live [lajv] **adj inv** live.

livide [livid] **adj** pallid.

living(-room), s [liviŋ(rum)] **nm** living room.

livraison [livrɛzɔ̃] **nf** delivery ▸ **'livraison à domicile'** 'we deliver' ▸ **'livraison des bagages'** 'baggage reclaim'.

livre[1] [livr] **nm** book ▸ **livre de français** French book ▸ **livre numérique** E-book.

livre[2] [livr] **nf** [demi-kilo, monnaie] pound ▸ **livre (sterling)** pound (sterling).

livrer [3] [livre] **vt 1.** [marchandise] to deliver **2.** [trahir] to hand over ▸ **vous livrez à domicile ?** do you deliver?

livret [livrɛ] **nm** booklet ▸ **livret (de caisse) d'épargne** savings book ▸ **livret de famille** family record book ▸ **livret scolaire** school report (book).

livreur, euse [livrœr, øz] **nm, f** delivery man (delivery woman).

Ljubljana [ljubljana] **n** Ljubljana.

local, e, aux [lɔkal, o] ◆ **adj** local. ◆ **nm** 1. [d'un club, commercial] premises 2. [pour fête] place ▸ **dans les locaux** on the premises.

locataire [lɔkatɛr] **nmf** tenant.

location [lɔkasjɔ̃] **nf** 1. [d'une maison] renting 2. [d'un billet] booking 3. [logement] rented accommodation ▸ **'location de voitures'** a) UK 'car hire' b) US 'car rental'.

⚠ Location est un faux ami, il signifie *emplacement* et non « location ».

locomotive [lɔkɔmɔtiv] **nf** locomotive.

loge [lɔʒ] **nf** 1. [de concierge] lodge 2. [d'acteur] dressing room.

logement [lɔʒmɑ̃] **nm** 1. accommodation 2. [appartement] flat UK, apartment US ▸ **le logement** [secteur] housing.

loger [17] [lɔʒe] ◆ **vt** [héberger] to put up. ◆ **vi** to live.

logger [3] [lɔge] ◆ **se logger** **vp** to log on ou in.

logiciel [lɔʒisjɛl] **nm** software.

login [lɔgin] **nm** login.

logique [lɔʒik] ◆ **adj** logical. ◆ **nf** logic.

logiquement [lɔʒikmɑ̃] **adv** logically.

logo [logo] **nm** logo.

loi [lwa] **nf** law ▸ **la loi** the law.

loin [lwɛ̃] **adv** 1. far away 2. [dans le temps] far off ▸ **au loin** in the distance ▸ **de loin** a) from a distance b) *fig* [nettement] by far ▸ **loin de** far (away) from ▸ **loin de là** *fig* [au contraire] far from it.

lointain, e [lwɛ̃tɛ̃, ɛn] ◆ **adj** distant. ◆ **nm** : **dans le lointain** in the distance.

Loire [lwar] **nf** : **la Loire** [fleuve] the (River) Loire.

loisirs [lwazir] **nmpl** 1. [temps libre] leisure *sg* 2. [activités] leisure activities.

LOL (*abr écrite de* laughing out loud) SMS LOL.

lombaire [lɔ̃bɛʀ] **nf** lumbar vertebra.

Londonien, enne [lɔ̃dɔnjɛ̃, ɛn] **nm, f** Londoner.

Londres [lɔ̃dr] **n** London.

long, longue [lɔ̃, lɔ̃g] **adj** long ▸ **ça fait 10 mètres de long** it's 10 metres long ▸ **le long de** along ▸ **de long en large** up and down ▸ **à la longue** in the long run.

longeole [lɔ̃ʒɔl] **nf** *smoked sausage from the Geneva region of Switzerland.*

longer [17] [lɔ̃ʒe] **vt** to follow ▸ **longez la rivière sur 500 mètres** keep to the river for 500 metres.

longitude [lɔ̃ʒityd] **nf** longitude.

longtemps [lɔ̃tɑ̃] **adv** (for) a long time ▸ **ça fait trop longtemps** it's been too long ▸ **il y a longtemps** a long time ago.

longue **adj f** → **long**

longuement [lɔ̃gmɑ̃] **adv** for a long time.

longueur [lɔ̃gœr] **nf** length ▸ **à longueur de semaine / d'année** all week / year long ▸ **longueur d'onde** wavelength.

longue-vue [lɔ̃gvy] (*pl* **longues-vues**) **nf** telescope.

loquet [lɔkɛ] **nm** latch.

lorraine [lɔrɛn] **adj f** → **quiche**

lors [lɔr] ◆ **lors de** prép [pendant] during.

lorsque [lɔrskə] conj when.

losange [lɔzɑ̃ʒ] nm lozenge.

loser [luzœʀ] nm *fam* loser.

lot [lo] nm **1.** [de loterie] prize **2.** COMM [en offre spéciale] (special offer) pack ▸ **gagner le gros lot** to hit the jackpot.

loterie [lɔtri] nf lottery.

lotion [lɔsjɔ̃] nf lotion ▸ **lotion après-rasage** after-shave lotion.

lotissement [lɔtismɑ̃] nm housing development.

loto [lɔto] nm [national] *the French national lottery* ▸ **le loto sportif** ≃ the football pools UK; ≃ the soccer sweepstakes US.

lotte [lɔt] nf monkfish ▸ **lotte à l'américaine** *monkfish tails cooked in a sauce of white wine, brandy, herbs and tomatoes.*

louche [luʃ] ◆ adj shady. ◆ nf ladle.

loucher [3] [luʃe] vi to squint.

louer [6] [lwe] vt to rent ▸ **'à louer'** 'to let'.

loukoum [lukum] nm Turkish delight.

loup [lu] nm wolf.

loupe [lup] nf magnifying glass.

louper [3] [lupe] vt **1.** *fam* [examen] to flunk **2.** [train] to miss.

lourd, e [lur, lurd] ◆ adj **1.** heavy **2.** [sans finesse] unsubtle **3.** [erreur] serious **4.** [orageux] sultry. ◆ adv **: peser lourd** to be heavy.

lourdement [lurdəmɑ̃] adv **1.** heavily **2.** [se tromper] greatly ▸ **il a insisté lourdement** he strongly insisted.

lourdeur [lurdœr] nf **: avoir des lourdeurs d'estomac** to feel bloated.

lourdingue [luʀdɛ̃g] adj *vulg* [personne] dim-witted, thick UK; [plaisanterie, réflexion] pathetic, stupid.

Louvre [luvr] nm **: le Louvre** the Louvre.

> **ⓘ Le Louvre**
>
> This former royal palace houses one of the greatest collections of paintings, sculptures, and antiquities in the world. A national museum since 1793, it was expanded to become the Grand Louvre in 1999. You enter it through the famous glass pyramid in the centre of its courtyard.

low cost [lokɔst] nm **: le low cost** low-cost services.

loyal, e, aux [lwajal, o] adj loyal.

loyauté [lwajote] nf loyalty.

loyer [lwaje] nm [d'un appartement] rent ▸ **payer son loyer** to pay the rent.

lu, e [ly] pp → **lire**

lubrifiant [lybrifjɑ̃] nm lubricant.

lucarne [lykarn] nf skylight.

lucide [lysid] adj **1.** [conscient] conscious **2.** [sur soi-même] lucid.

lueur [lɥœr] nf **1.** [lumière] light **2.** [d'intelligence, de joie] glimmer ▸ **une lueur d'espoir** a glimmer of hope.

luge [lyʒ] nf toboggan ▸ **faire de la luge** to toboggan.

lugubre [lygybr] adj **1.** [ambiance] gloomy **2.** [bruit] mournful.

lui¹ [lɥi] ◆ pron **1.** [complément d'objet indirect] (to) him / her / it ▸ **je lui ai parlé** I spoke to him / her ▸ **dites-le-lui tout de suite** tell him / her straightaway ▸ **je lui ai serré la main** I shook his / her hand **2.** [après une préposition, un →

comparatif] him / it ▸ **j'en ai eu moins que lui** I had less than him **3.** [pour renforcer le sujet] he ▸ **et lui, qu'est-ce qu'il en pense ?** what does he think about it? ▸ **c'est lui qui nous a renseignés** he was the one who informed us **4.** [dans des expressions] **: c'est lui-même qui l'a dit** he said it himself ▸ **il se contredit lui-même** he contradicts himself.

lui² [lɥi] pp → **luire**.

luire [97] [lɥir] vi to shine.

luisant, e [lɥizɑ̃, ɑ̃t] adj shining. → **ver**.

lumbago, lombago [lɔ̃bago] nm lumbago.

lumière [lymjɛr] nf light ▸ **allumer la lumière** to switch ou turn on the light.

luminaires [lyminɛr] nmpl lighting *sg*.

lumineux, euse [lyminø, øz] adj **1.** bright **2.** [teint, sourire] radiant.

luminosité [lyminozite] nf **: réglage de la luminosité** brightness adjustment.

lunatique [lynatik] adj temperamental.

lunch [lœnʃ] (*pl* **-s** ou **-es**) nm [buffet] buffet lunch.

lundi [lœ̃di] nm Monday ▸ **nous sommes** ou **c'est lundi** it's Saturday today ▸ **lundi 13 septembre** Monday 13 September ▸ **nous sommes partis lundi** we left on Monday ▸ **lundi dernier** last Monday ▸ **lundi prochain** next Monday ▸ **lundi matin** on Monday morning ▸ **le lundi** on Mondays ▸ **à lundi !** see you Monday!

lune [lyn] nf moon ▸ **lune de miel** honeymoon ▸ **pleine lune** full moon.

lunette [lynɛt] nf [astronomique] telescope ▸ **lunette arrière** rear window. ◆ **lunettes** nfpl glasses ▸ **lunettes de soleil** sunglasses.

lustre [lystr] nm chandelier.

lutte [lyt] nf **1.** struggle, fight **2.** SPORT wrestling.

lutter [3] [lyte] vi to fight ▸ **lutter contre** to fight (against).

luxation [lyksasjɔ̃] nf dislocation.

luxe [lyks] nm luxury ▸ **de (grand) luxe** luxury.

Luxembourg [lyksɑ̃bur] nm **: le Luxembourg** Luxembourg.

luxembourgeois, e [lyksɑ̃burʒwa, az] adj of / relating to Luxembourg.

luxueux, euse [lyksɥø, øz] adj luxurious.

lycée [lise] nm ≃ secondary school UK ; ≃ high school US ▸ **lycée professionnel** ≃ technical college.

ⓘ Le lycée

Students attend a **lycée** for their final three years at school before taking their **baccalauréat**. **Lycées** provide three types of courses: **général**, i.e. literature, science, or economics and social studies; **technologique**, i.e. technology; and **professionnel**, i.e. vocational subjects. The first is considered the most prestigious.

lycéen, enne [liseɛ̃, ɛn] nm, f ≃ secondary school student UK ; ≃ high school student US.

Lycra® [likra] nm Lycra®.

Lyon [ljɔ̃] n Lyons.

lyophilisé, e [ljɔfilize] adj freeze-dried.

lys = **lis**.

Mm

m (*abr écrite de* **mètre**) m *(metre)*.

m' pron → **me**

M. (*abr écrite de* **Monsieur**) Mr *(Mister)*.

ma adj → **mon**

macadam [makadam] **nm** Tarmac®.

macaron [makarɔ̃] **nm** [gâteau] macaroon.

macaronis [makarɔni] **nmpl** macaroni *sg*.

macédoine [masedwan] **nf : macédoine (de légumes)** (diced) mixed vegetables *pl* ▸ **macédoine de fruits** fruit salad.

Macédoine [masedwan] **nf : (la) Macédoine** Macedonia.

macérer [18] [masere] **vi** CULIN to steep.

mâcher [3] [maʃe] **vt** to chew.

machin [maʃɛ̃] **nm** *fam* thingamajig.

machinal, e, aux [maʃinal, o] **adj** mechanical.

machine [maʃin] **nf** machine ▸ **machine à coudre** sewing machine ▸ **machine à laver** washing machine ▸ **machine à sous** one-armed bandit.

mâchoire [maʃwar] **nf** jaw.

maçon [masɔ̃] **nm** bricklayer.

macro [makro] **nf** macro.

macrovision [makrovizjɔ̃] **nf** Macrovision.

Madagascar [madagaskar] **n** Madagascar.

madame [madam] (*pl* **mesdames** [medam]) **nf : madame X** Mrs X ▸ **bonjour madame / mesdames !** good morning (Madam / ladies)! ▸ **Madame,** [dans une lettre] Dear Madam, ▸ **Madame !** [pour appeler le professeur] Miss!

madeleine [madlɛn] **nf** madeleine *(small sponge cake)*.

mademoiselle [madmwazɛl] (*pl* **mesdemoiselles** [medmwazɛl]) **nf : mademoiselle X** Miss X ▸ **bonjour mademoiselle / mesdemoiselles !** good morning (Miss / ladies)! ▸ **Mademoiselle,** [dans une lettre] Dear Madam, ▸ **Mademoiselle !** [pour appeler le professeur] Miss!

madère [madɛr] **nm** → **sauce**

Madrid [madrid] **n** Madrid.

maf(f)ia [mafja] **nf** mafia ▸ **la Maf(f)ia** [sicilienne] the Mafia.

magasin [magazɛ̃] **nm** shop UK, store US ▸ **en magasin** in stock.

magazine [magazin] **nm** magazine.

Maghreb [magrɛb] **nm : le Maghreb** North Africa, the Maghreb.

Maghrébin, e [magrebɛ̃, in] **nm, f** North African.

magicien, enne [maʒisjɛ̃, ɛn] **nm, f** magician.

magie [maʒi] **nf** magic.

magique [maʒik] **adj** magic.

magistrat [maʒistra] **nm** magistrate.

magnésium [maɲezjɔm] **nm** magnesium.

magnétique [maɲetik] **adj** magnetic.

magnétoscope [maɲetɔskɔp] **nm** videorecorder.

magnifique [maɲifik] **adj** magnificent.

magret [magrɛ] **nm : magret (de canard)** fillet of duck breast.

Mahomet [maɔmɛ] **n** Mahomet, Mohammed.

mai [mɛ] **nm** May ▸ **le premier mai** May Day ▸ **en mai, au mois de mai** in May ▸ **début mai** at the beginning of May ▸ **fin mai** at the end of May ▸ **le deux mai** the second of May.

maigre [mɛgr] **adj 1.** thin **2.** [viande] lean **3.** [yaourt] low-fat.

maigrir [32] [megrir] **vi** to lose weight.

mail [mɛl] **nm** mail ▸ **envoyer un mail à qqn** to send sb an e-mail ou a message.

mailing [mɛliŋ] **nm** mailing, mailshot UK.

mailing list [mɛliŋlist] **nf** mailing list.

maille [maj] **nf 1.** [d'un tricot] stitch **2.** [d'un filet] mesh.

maillon [majɔ̃] **nm** link.

maillot [majo] **nm 1.** [de foot] jersey **2.** [de danse] leotard ▸ **maillot de bain** bathing costume ▸ **maillot de corps** vest UK, undershirt US ▸ **maillot jaune** [du Tour de France] yellow jersey *(worn by the leading cyclist in the Tour de France)*.

main [mɛ̃] **nf** hand ▸ **se donner la main** to hold hands ▸ **fait (à la) main** handmade ▸ **prendre qqch en main** to take sthg in hand.

main-d'œuvre [mɛ̃dœvr] (*pl* **mains-d'œuvre**) **nf** labour.

main libre [mɛ̃libr] **nm : (kit) mains libres** hands-free (kit).

maintenant [mɛ̃tnɑ̃] **adv 1.** now **2.** [de nos jours] nowadays.

maintenir [40] [mɛ̃tnir] **vt 1.** to maintain **2.** [soutenir] to support. ◆ **se maintenir vp** [temps, tendance] to remain.

maintenu, e [mɛ̃tny] **pp** → **maintenir**.

maire [mɛr] **nmf** mayor.

mairie [meri] **nf** [bâtiment] town hall UK, city hall US.

mais [mɛ] **conj** but ▸ **mais non !** of course not!

maïs [mais] **nm** maize UK, corn US.

maison [mɛzɔ̃] ◆ **nf 1.** [domicile] house, home **2.** [bâtiment] house. ◆ **adj inv** homemade ▸ **rester à la maison** to stay at home ▸ **rentrer à la maison** to go home ▸ **maison de campagne** house in the country ▸ **maison de la culture** ≃ community arts centre.

maître, esse [mɛtr, mɛtrɛs] **nm, f** [d'un animal] master (mistress) ▸ **maître / maîtresse (d'école)** schoolteacher ▸ **maître d'hôtel** [au restaurant] head waiter ▸ **maître nageur** swimming instructor.

maître-nageur [mɛtrənaʒœr] (*pl* **maîtres-nageurs**) **nm** swimming teacher ou instructor.

maîtresse [mɛtrɛs] **nf** [amie] mistress ; → **maître**.

maîtrise [metriz] **nf** [diplôme] ≃ master's degree.

maîtriser [3] [metrize] **vt 1.** to master **2.** [personne] to overpower **3.** [incendie] to bring under control.

majestueux, euse [maʒɛstɥø, øz] **adj** majestic.

majeur, e [maʒœr] ◆ **adj** [principal] major. ◆ **nm** [doigt] middle finger ▸ **être**

majeur [adulte] to be of age ▸ **la majeure partie (de)** the majority (of).

majoration [maʒɔʀasjɔ̃] **nf** increase.

majorette [maʒɔʀɛt] **nf** majorette.

majoritaire [maʒɔʀitɛʀ] **adj** majority *(avant n)* ▸ **être majoritaire** to be in the majority.

majorité [maʒɔʀite] **nf** majority ▸ **en majorité** in the majority ▸ **la majorité de** the majority of.

Majorque [majɔʀk] **n** Majorca.

majuscule [maʒyskyl] **nf** capital letter ▸ **écrire en majuscules** write in capitals.

mal [mal] (*pl* **maux** [mo]) ◆ **nm** [contraire du bien] evil. ◆ **adv** badly ▸ **j'ai mal** it hurts ▸ **avoir mal au cœur** to feel sick ▸ **avoir mal aux dents** to have toothache ▸ **avoir mal au dos** to have backache ▸ **avoir mal à la gorge** to have a sore throat ▸ **avoir mal à la tête** to have a headache ▸ **avoir mal au ventre** to have (a) stomachache ▸ **ça fait mal** it hurts ▸ **faire mal à qqn** to hurt sb ▸ **se faire mal** to hurt o.s ▸ **se donner du mal (pour faire qqch)** to make an effort (to do sthg) ▸ **mal de gorge** sore throat ▸ **mal de mer** seasickness ▸ **avoir le mal du pays** to feel homesick ▸ **maux de tête** headaches ▸ **pas mal** *fam* [assez bon, assez beau] not bad ▸ **pas mal de** *fam* [beaucoup] quite a lot of.

malade [malad] ◆ **adj 1.** ill, sick **2.** [sur un bateau, en avion] sick. ◆ **nmf** sick person ▸ **malade mental** mentally ill person.

maladie [maladi] **nf** illness ▸ **maladie de la vache folle** mad cow disease.

maladresse [maladʀɛs] **nf 1.** clumsiness **2.** [acte] blunder.

maladroit, e [maladʀwa, at] **adj** clumsy.

malaise [malɛz] **nm 1.** MÉD faintness **2.** [angoisse] unease ▸ **avoir un malaise** to faint.

Malaisie [malɛzi] **nf : la Malaisie** Malaya.

malaria [malaʀja] **nf** malaria.

Malawi [malawi] **nm** [État] **: le Malawi** Malawi.

malaxer [3] [malakse] **vt** to knead.

malbouffe [malbuf] **nf** *fam* junk food, bad food.

malchance [malʃɑ̃s] **nf** bad luck.

Maldives [maldiv] **nfpl : les (îles) Maldives** the Maldive Islands, the Maldives.

mâle [mal] **adj & nm** male.

malentendant, e [malɑ̃tɑ̃dɑ̃, ɑ̃t] **nm, f** person who is hard of hearing.

malentendu [malɑ̃tɑ̃dy] **nm** misunderstanding.

malfaiteur [malfɛtœʀ] **nm** criminal.

malfamé, e [malfame] **adj** disreputable.

malformation [malfɔʀmasjɔ̃] **nf** malformation.

malgache [malgaʃ] **adj** Madagascan, Malagasy. ◆ **malgache nm** [langue] Malagasy. ◆ **Malgache nmf** Madagascan, Malagasy.

malgré [malgʀe] **prép** in spite of ▸ **malgré tout** despite everything.

malheur [malœʀ] **nm** misfortune.

malheureusement [malœʀøzmɑ̃] **adv** unfortunately.

malheureux, euse [malœʀø, øz] **adj** unhappy.

malhonnête [malɔnɛt] **adj** dishonest.

malhonnêteté [malɔnɛtte] **nf** dishonesty.

Mali [mali] **nm : le Mali** Mali.

malicieux, euse [malisjø, øz] **adj** mischievous.

malin, igne [malɛ̃, iɲ] **adj** [habile, intelligent] crafty.

malle [mal] **nf** trunk.

mallette [malɛt] **nf** small suitcase.

malmener [19] [malməne] **vt** to manhandle.

malnutrition [malnytrisjɔ̃] **nf** malnutrition.

Malouines [malwin] **nfpl : les (îles) Malouines** the Falkland Islands, the Falklands.

malpoli, e [malpɔli] **adj** rude.

malsain, e [malsɛ̃, ɛn] **adj** unhealthy.

Malte [malt] **n** Malta.

maltraitance [maltʀɛtɑ̃s] **nf** (physical) abuse.

maltraiter [4] [maltrete] **vt** to mistreat.

malveillant, e [malvɛjɑ̃, ɑ̃t] **adj** spiteful.

maman [mamɑ̃] **nf** mum UK, mom US

mamie [mami] **nf** *fam* granny.

mammifère [mamifɛr] **nm** mammal.

manager [manadʒɛr] **nm** manager.

manche [mɑ̃ʃ] ◆ **nf** **1.** [de vêtement] sleeve **2.** [de jeu] round **3.** [au tennis] set. ◆ **nm** handle ▸ **à manches courtes / longues** short- / long-sleeved.

Manche [mɑ̃ʃ] **nf : la Manche** the (English) Channel.

manchette [mɑ̃ʃɛt] **nf** [d'une manche] cuff ▸ **boutons de manchette** cuff links.

manchot, ote [mɑ̃ʃo, ɔt] ◆ **adj** one-armed. ◆ **nm, f** one-armed person. ◆ **manchot** **nm** penguin.

mandarine [mɑ̃darin] **nf** mandarin.

mandat [mɑ̃da] **nm** [postal] money order.

manège [manɛʒ] **nm** **1.** [attraction] merry-go-round UK, carousel US **2.** [d'équitation] riding school.

manette [manɛt] **nf** lever ▸ **manette de jeux** joystick.

manga [mɑ̃ga] **nm** manga (comic).

mangeable [mɑ̃ʒabl] **adj** edible.

mangeoire [mɑ̃ʒwar] **nf** trough.

manger [17] [mɑ̃ʒe] **vt & vi** to eat ▸ **donner à manger à qqn** a) to give sb sthg to eat b) [bébé] to feed sb.

mangue [mɑ̃g] **nf** mango.

maniable [manjabl] **adj** easy to use.

maniaque [manjak] **adj** fussy.

manie [mani] **nf** funny habit.

manier [9] [manje] **vt** to handle.

manière [manjɛr] **nf** way ▸ **de manière à faire qqch** in order to do sthg ▸ **de manière à ce que** so (that) ▸ **de toute manière** at any rate. ◆ **manières** **nfpl** [attitude] manners ▸ **faire des manières** to be difficult.

maniéré, e [manjere] **adj** affected.

manif [manif] **nf** *fam* demo.

manifestant, e [manifɛstɑ̃, ɑ̃t] **nm, f** demonstrator.

manifestation [manifɛstasjɔ̃] **nf** **1.** [défilé] demonstration **2.** [culturelle] event.

manifester [3] [manifɛste] ◆ **vt** [exprimer] to express. ◆ **vi** to demonstrate. ◆ **se manifester** **vp** [apparaître] to appear.

manigancer [16] [manigɑ̃se] **vt** to plot.

manipulation [manipylasjɔ̃] **nf** **1.** [utilisation] handling **2.** [tromperie] manipulation.

manipuler [3] [manipyle] **vt** **1.** to handle **2.** *fig* [personne] to manipulate.

manivelle [manivɛl] **nf** crank.

mannequin [mankɛ̃] **nm** **1.** [de défilé] model **2.** [dans une vitrine] dummy.

manœuvre [manœvr] **nf** manœuvre.

manœuvrer [5] [manœvre] **vt & vi** to manoeuvre.

manoir [manwar] **nm** manor house.

manquant, e [mɑ̃kɑ̃, ɑ̃t] **adj** missing ▸ **la pièce manquante** the missing piece (of the puzzle).

manque [mɑ̃k] **nm** : **le manque de** the lack of.

manquer [3] [mɑ̃ke] ◆ **vt** to miss. ◆ **vi** **1.** [échouer] to fail **2.** [élève, employé] to be absent ▸ **elle nous manque** we miss her ▸ **il manque deux pages** there are two pages missing ▸ **il me manque deux euros** I'm two euros short ▸ **manquer de** a) [argent, temps, café] to be short of b) [humour, confiance en soi] to lack ▸ **il a manqué (de) se faire écraser** he nearly got run over.

mansardé, e [mɑ̃sarde] **adj** in the attic.

manteau [mɑ̃to] (*pl* **-x**) **nm** coat.

manucure [manykyr] **nmf** manicurist.

manuel, elle [manɥɛl] **adj & nm** manual.

manufacturé, e [manyfaktyʀe] **adj** manufactured.

manufacturer [3] [manyfaktyʀe] **vt** to manufacture.

manuscrit [manyskri] **nm** manuscript.

mappemonde [mapmɔ̃d] **nf** **1.** [carte] map of the world **2.** [globe] globe.

maquereau [makro] (*pl* **-x**) **nm** mackerel.

maquette [makɛt] **nf** scale model.

maquillage [makijaʒ] **nm** [fard, etc.] make-up.

maquiller [3] [makije] ◆ **se maquiller** **vp** to make o.s. up.

maracas [maʀakas] **nfpl** maracas.

maracu(d)ja [maʀakudʒa] **nm** maracuja, passion fruit.

marais [marɛ] **nm** marsh ▸ **le Marais** the Marais *(historic district of Paris).*

ⓘ Le Marais

One of the oldest areas in Paris, the Marais is known for its 17th century aristocratic residences (**hôtels particuliers**), art galleries, boutiques and smart cafés. It is home to Paris's oldest Jewish community, centered around the rue des Rosiers, and is also well-known as the capital's gay quarter.

marathon [maratɔ̃] **nm** marathon.

marbre [marbr] **nm** marble.

marbré, e [marbre] **adj** marbled.

marchand, e [marʃɑ̃, ɑ̃d] **nm, f** shopkeeper UK, storekeeper US ▸ **marchand ambulant** street pedlar ▸ **marchand de fruits et légumes** ou **de primeurs** greengrocer ▸ **marchand de journaux** newsagent.

marchander [3] [marʃɑ̃de] **vi** to haggle.

marchandises [marʃɑ̃diz] **nfpl** merchandise *sg*.

marche [marʃ] **nf 1.** [à pied] walk **2.** [d'escalier] step **3.** [fonctionnement] operation ▸ **bouton marche / arrêt** start / stop button ▸ **marche arrière** reverse ▸ **en marche** [en fonctionnement] running ▸ **mettre qqch en marche** to start sthg up ▸ **descendre d'un train en marche** to get off a train while it's still moving.

marché [marʃe] **nm 1.** market **2.** [contrat] deal ▸ **faire son marché** to do one's shopping ▸ **marché couvert** covered market ▸ **marché aux puces** flea market ▸ **bon marché** cheap ▸ **par-dessus le marché** what's more.

marchepied [marʃəpje] **nm** step.

marcher [3] [marʃe] **vi 1.** to walk **2.** [fonctionner] to work **3.** [bien fonctionner] to go well ▸ **faire marcher qqch** to operate sthg ▸ **faire marcher qqn** *fam* to pull sb's leg.

mardi [mardi] **nm** Tuesday ▸ **mardi gras** Shrove Tuesday ▸ **nous sommes** ou **c'est mardi** it's Tuesday today ▸ **mardi 13 septembre** Tuesday 13 September ▸ **nous sommes partis mardi** we left on Tuesday ▸ **mardi dernier** last Tuesday ▸ **mardi prochain** next Tuesday ▸ **mardi matin** on Tuesday morning ▸ **le mardi** on Tuesdays ▸ **à mardi !** see you Tuesday!

mare [mar] **nf** pool.

marécage [marekaʒ] **nm** marsh.

marécageux, euse [marekaʒø, øz] **adj** marshy, boggy.

marée [mare] **nf** tide ▸ **(à) marée basse / haute** (at) low / high tide.

margarine [margarin] **nf** margarine.

marge [marʒ] **nf** margin ▸ **il n'est que 8 heures, nous avons de la marge** it's only 8 o'clock, we have a little time to spare ▸ **marge de manœuvre** leeway, room for manoeuvre UK ou maneuver US.

marginal, e, aux [marʒinal, o] **nm, f** dropout.

marguerite [margərit] **nf** daisy.

mari [mari] **nm** husband.

mariage [marjaʒ] **nm 1.** [noce] wedding **2.** [institution] marriage.

marié, e [marje] ◆ **adj** married. ◆ **nm, f** bridegroom (bride) ▸ **jeunes mariés** newlyweds.

marier [9] [marje] ◆ **se marier vp** to get married ▸ **se marier avec qqn** to marry sb.

marin, e [marɛ̃, in] ◆ **adj** [courant, carte] sea. ◆ **nm** sailor.

marina [marina] **nf** marina.

marine [marin] ◆ **adj inv & nm** navy (blue). ◆ **nf** navy ▸ **bleu marine** navy blue.

mariner [3] [marine] **vi** to marinate.

marinière [marinjɛr] **nf** → **moule**[2]

marionnette [marjɔnɛt] **nf** puppet.

maritime [maritim] **adj** [ville] seaside.

marketing [marketiŋ] **nm** marketing.

marmelade [marməlad] **nf** stewed fruit ▸ **marmelade d'oranges** (orange) marmalade.

marmite [marmit] **nf** (cooking) pot.

marmonner [3] [marmɔne] **vt** to mumble.

Maroc [marɔk] **nm : le Maroc** Morocco.

marocain, e [marɔkɛ̃, ɛn] **adj** Moroccan. ◆ **Marocain, e nm, f** Moroccan.

maroquinerie [marɔkinri] **nf 1.** [objets] leather goods *pl* **2.** [boutique] leather shop UK, leather store US.

marque [mark] **nf 1.** [trace] mark **2.** [commerciale] make **3.** [nombre de points] score ▸ **un vêtement de marque** brand-name clothing.

marqué, e [marke] **adj 1.** [différence, tendance] marked **2.** [ridé] lined.

marquer [3] [marke] ◆ **vt 1.** [écrire] to note (down) **2.** [impressionner] to mark **3.** [point, but] to score. ◆ **vi** [stylo] to write.

marqueur [markœr] **nm** marker (pen).

marquis, e [marki, iz] **nm, f** marquis (marchioness).

marraine [marɛn] **nf** godmother.

marrant, e [marɑ̃, ɑ̃t] **adj** *fam* funny.

marre [mar] **adv : en avoir marre (de)** *fam* to be fed up (with).

marrer [3] [mare] ◆ **se marrer vp 1.** *fam* [rire] to laugh **2.** [s'amuser] to have a (good) laugh.

marron [marɔ̃] ◆ **adj inv** brown. ◆ **nm 1.** [fruit] chestnut **2.** [couleur] brown ▸ **marron glacé** marron glacé, crystallized chestnut.

marronnier [marɔnje] **nm** chestnut tree.

mars [mars] **nm** March ▸ **en mars, au mois de mars** in March ▸ **début mars** at the beginning of March ▸ **fin mars** at the end of March ▸ **le deux mars** the second of March.

Marseille [marsɛj] **n** Marseilles.

marteau [marto] (*pl* **-x**) **nm** hammer ▸ **marteau piqueur** pneumatic drill.

martiniquais, e [martinikɛ, ɛz] **adj** of Martinique.

Martinique [martinik] **nf : la Martinique** Martinique.

martyr, e [martir] ◆ **adj** [enfant] battered. ◆ **nm, f** martyr.

martyre [martir] **nm** [douleur, peine] agony ▸ **souffrir le martyre** to be in agony.

martyriser [3] [martirize] **vt** to ill-treat.

marxiste [marksist] **nmf & adj** Marxist.

mascara [maskara] **nm** mascara.

mascotte [maskɔt] **nf** mascot.

masculin, e [maskylɛ̃, in] **adj & nm** masculine.

masochiste [mazɔʃist] **adj** masochistic.

masque [mask] **nm** mask.

masquer [3] [maske] **vt** [cacher à la vue] to conceal.

massacre [masakr] **nm** massacre.

massacrer [3] [masakre] **vt** to massacre.

massage [masaʒ] **nm** massage.

masse [mas] **nf 1.** [bloc] mass **2.** [outil] sledgehammer ▸ **une masse** ou **des masses de** loads of ▸ **en masse** en masse.

masser [3] [mase] **vt** [dos, personne] to massage. ◆ **se masser vp** [se grouper] to assemble.

masseur, euse [masœr, øz] **nm, f** masseur (masseuse).

massif, ive [masif, iv] ◆ **adj 1.** [bois, or] solid **2.** [lourd] massive. ◆ **nm 1.** [d'arbustes, de fleurs] clump **2.** [montagneux] massif ▸ **le Massif central** the Massif Central *(upland region in southern central France).*

massivement [masivmɑ̃] **adv** en masse.

massue [masy] **nf** club.

master [mastɛʀ] **nm** [à l'université] master's degree.

mastic [mastik] **nm** putty.

mastiquer [3] [mastike] **vt** [mâcher] to chew.

mat, e [mat] ◆ **adj** 1. [métal, photo] matt 2. [peau] olive. ◆ **adj inv** [aux échecs] mate.

mât [ma] **nm** mast.

match [matʃ] (*pl* -s ou -es) **nm** match ▸ **faire match nul** to draw.

matelas [matla] **nm** mattress ▸ **matelas pneumatique** airbed.

matelassé, e [matlase] **adj** 1. [vêtement] lined 2. [tissu] quilted ▸ **enveloppe matelassée** padded envelope.

mater [3] [mate] **vt** 1. to put down 2. *fam* [regarder] to eye up.

matérialiser [3] [materjalize] ◆ **se matérialiser vp** to materialize.

matériaux [materjo] **nmpl** materials.

matériel, elle [materjɛl] ◆ **adj** material. ◆ **nm** 1. equipment 2. INFORM hardware ▸ **matériel de camping** camping equipment.

maternel, elle [matɛrnɛl] **adj** maternal ▸ **(école) maternelle** ≃ nursery school ▸ **les grands-parents maternels** the maternal grandparents.

maternelle [matɛrnɛl] **nf : (école) maternelle** nursery school.

maternité [matɛrnite] **nf** [hôpital] maternity hospital ▸ **être en congé (de) maternité** to be on maternal leave.

mathématiques [matematik] **nfpl** mathematics.

maths [mat] **nfpl** *fam* maths UK, math US.

matière [matjɛr] **nf** 1. [matériau] material 2. SCOL subject ▸ **matière première** raw material ▸ **matières grasses** fats.

Matignon [matiɲɔ̃] **n : (l'hôtel) Matignon** *building in Paris where the offices of the Prime Minister are based.*

> **ⓘ Matignon**
>
> This building in the rue de Varenne in Paris has been the official residence of the French prime minister since 1959. The word is also used in reference to the prime minister or the government, in the same way as we use Number Ten or the White House in English

matin [matɛ̃] **nm** morning ▸ **le matin** [tous les jours] in the morning ▸ **deux heures du matin** two in the morning.

matinal, e, aux [matinal, o] **adj : être matinal** to be an early riser.

matinée [matine] **nf** 1. morning 2. [spectacle] matinée.

matos [matos] **nm** *fam* gear ▸ **ils ont un sacré matos** they've got loads of gear.

matraque [matrak] **nf** truncheon UK, nightstick US.

maudire [104] [modir] **vt** to curse.

maudit, e [modi, it] ◆ **pp & 3e pers. du sg de l'ind. prés.** → **maudire.** ◆ **adj** damned.

Maurice [mɔris] **n** → **île**

Mauritanie [moʀitani] **nf : (la) Mauritanie** Mauritania.

maussade [mosad] **adj** 1. [humeur] glum 2. [temps] dismal.

mauvais, e [movɛ, ɛz] **adj** 1. bad 2. [faux] wrong 3. [méchant] nasty ▸ **il fait mauvais** the weather's bad ▸ **mauvais en** bad at.

mauve [mov] **adj** mauve.

maux **nmpl** → **mal**.

max. (*abr de* **maximum**) max.

maximum [maksimɔm] **nm** maximum ▸ **au maximum** [à la limite] at the most.

maya [maja] **adj** Mayan. ◆ **Maya** **nmf** : **les Mayas** the Maya.

mayonnaise [majɔnɛz] **nf** mayonnaise.

mazout [mazut] **nm** fuel oil.

me [mə] **pron** 1. [objet direct] me 2. [objet indirect] (to) me 3. [réfléchi] : **je me lève tôt** I get up early.

mec [mɛk] **nm** *fam* guy, bloke UK.

mécanicien, enne [mekanisjɛ̃, ɛn] **nm, f** [de garage] mechanic.

mécanique [mekanik] ◆ **adj** mechanical. ◆ **nf** 1. [mécanisme] mechanism 2. [automobile] car mechanics *sg*.

mécanisme [mekanism] **nm** mechanism.

méchamment [meʃamɑ̃] **adv** nastily.

méchanceté [meʃɑ̃ste] **nf** nastiness.

méchant, e [meʃɑ̃, ɑ̃t] **adj** nasty.

mèche [mɛʃ] **nf** 1. [de cheveux] lock 2. [de lampe] wick 3. [de perceuse] bit 4. [d'explosif] fuse.

méchoui [meʃwi] **nm** *barbecue of a whole sheep roasted on a spit.*

méconnaissable [mekɔnɛsabl] **adj** unrecognizable.

mécontent, e [mekɔ̃tɑ̃, ɑ̃t] **adj** unhappy.

médaille [medaj] **nf** 1. [récompense] medal 2. [bijou] medallion.

médaillon [medajɔ̃] **nm** 1. [bijou] locket 2. CULIN medallion.

médecin [mɛdsɛ̃] **nm** doctor ▸ **mon médecin traitant** my (usual) doctor.

médecine [mɛdsin] **nf** medicine.

Medef [medɛf] (*abr de* **Mouvement des entreprises de France**) **nm** *national council of French employers* ; ≃ CBI UK *(Confederation of British Industry).*

média [medja] **nm** : **les médias** the (mass) media.

médiatique [medjatik] **adj** : **être médiatique** to look good on TV.

médical, e, aux [medikal, o] **adj** medical.

médicament [medikamɑ̃] **nm** medicine.

médiéval, e, aux [medjeval, o] **adj** medieval.

médiocre [medjɔkr] **adj** mediocre.

médisant, e [medizɑ̃, ɑ̃t] **adj** spiteful.

méditation [meditasjɔ̃] **nf** meditation.

méditer [3] [medite] ◆ **vt** to think about. ◆ **vi** to meditate.

Méditerranée [mediterane] **nf** : **la (mer) Méditerranée** the Mediterranean (Sea).

méditerranéen, enne [mediteraneɛ̃, ɛn] **adj** Mediterranean.

méduse [medyz] **nf** jellyfish.

meeting [mitiŋ] **nm** 1. POL (public) meeting 2. SPORT meet ▸ **meeting d'athlétisme** an athletics meeting.

méfiance [mefjɑ̃s] **nf** suspicion.

méfiant, e [mefjɑ̃, ɑ̃t] **adj** mistrustful.

méfier [9] [mefje] ◆ **se méfier** vp to be careful ▸ **se méfier de** to distrust.

méga [mega] adj mega.

mégaoctet [megaɔktɛ] nm megabyte.

mégapixel [megapiksɛl] nm megapixel.

mégot [mego] nm cigarette butt.

meilleur, e [mɛjœr] ◆ adj **1.** [comparatif] better **2.** [superlatif] best. ◆ nm, f best.

mél [mel] nm mail.

mélancolie [melɑ̃kɔli] nf melancholy.

mélange [melɑ̃ʒ] nm mixture.

mélanger [17] [melɑ̃ʒe] vt **1.** to mix **2.** [salade] to toss **3.** [cartes] to shuffle **4.** [confondre] to mix up.

Melba [mɛlba] adj inv → **pêche**.

mêlée [mele] nf [au rugby] scrum.

mêler [4] [mele] vt [mélanger] to mix ▸ **mêler qqn à qqch** to involve sb in sthg. ◆ **se mêler** vp : **se mêler à** [foule, manifestation] to join ▸ **se mêler de qqch** to interfere in sthg.

mélodie [melɔdi] nf melody.

melon [məlɔ̃] nm melon.

membre [mɑ̃br] nm **1.** [bras, jambe] limb **2.** [d'un club] member.

même [mɛm] ◆ adj **1.** [identique] same ▸ **nous avons les mêmes places qu'à l'aller** we've got the same seats as on the way out **2.** [sert à renforcer] : **ce sont ses paroles mêmes** those are his very words

◆ pron : **le /la même (que)** the same one (as)

◆ adv **1.** [sert à renforcer] even ▸ **même les sandwichs sont chers ici** even the sandwiches are expensive here ▸ **il n'y a même pas de cinéma** there isn't even a cinema **2.** [exactement] : **c'est aujourd'hui même** it's this very day ▸ **ici même** right here **3.** [dans des expressions] : **coucher à même le sol** to sleep on the floor ▸ **être à même de faire qqch** to be able to do sthg ▸ **bon appétit ! — vous de même** enjoy your meal! — you too ▸ **faire de même** to do the same ▸ **de même que** [et] and.

mémé [meme] nf *fam* granny.

mémoire [memwar] nf memory ▸ **de mémoire** [réciter, jouer] from memory ▸ **mémoire cache** cache memory ▸ **mémoire morte** read-only memory ▸ **mémoire tampon** buffer memory ▸ **mémoire vive** random-access memory.

menace [mənas] nf threat.

menacer [16] [mənase] ◆ vt to threaten. ◆ vi : **menacer de faire qqch** to threaten to do sthg.

ménage [menaʒ] nm **1.** [rangement] housework **2.** [famille] couple ▸ **faire le ménage** to do the housework.

ménager[1] [17] [menaʒe] vt [forces] to conserve.

ménager[2]**, ère** [menaʒe, ɛr] adj [produit, équipement] household ▸ **travaux ménagers** housework *sg*.

ménagère [menaʒɛr] nf [couverts] canteen.

ménagerie [menaʒri] nf menagerie.

mendiant, e [mɑ̃djɑ̃, ɑ̃t] ◆ nm, f beggar. ◆ nm [gâteau] *biscuit containing dried fruit and nuts.*

mendier [9] [mɑ̃dje] vi to beg.

mener [9] [məne] ◆ vt **1.** [diriger] to lead **2.** [accompagner] to take. ◆ vi SPORT to lead ▸ **qui mène ?** who's winning?

menottes [mənɔt] **nfpl** handcuffs.

mensonge [mɑ̃sɔ̃ʒ] **nm** lie.

mensualité [mɑ̃sɥalite] **nf** [versement] monthly instalment.

mensuel, elle [mɑ̃sɥɛl] **adj** & **nm** monthly.

mensurations [mɑ̃syrasjɔ̃] **nfpl** measurements.

mental, e, aux [mɑ̃tal, o] **adj** mental.

mentalité [mɑ̃talite] **nf** mentality.

menteur, euse [mɑ̃tœr, øz] **nm, f** liar.

menthe [mɑ̃t] **nf** mint ▸**menthe à l'eau** mint cordial.

mention [mɑ̃sjɔ̃] **nf** [à un examen] distinction ▸**'rayer les mentions inutiles'** 'delete as appropriate'.

mentionner [3] [mɑ̃sjɔne] **vt** to mention.

mentir [37] [mɑ̃tir] **vi** to lie.

menton [mɑ̃tɔ̃] **nm** chin.

menu, e [məny] ◆ **adj** [très mince] slender. ◆ **adv** [hacher] finely. ◆ **nm** **1.** menu **2.** [à prix fixe] set menu ▸**menu Démarrer** INFORM start menu ▸**menu déroulant** INFORM pull-down menu ▸**menu gastronomique** gourmet menu ▸**menu touristique** set menu ▸**menu express** express menu.

menuisier, ère [mənɥizje, ɛr] **nmf** carpenter.

mépris [mepri] **nm** contempt.

méprisant, e [meprizɑ̃, ɑ̃t] **adj** contemptuous.

mépriser [3] [meprize] **vt** to despise.

mer [mɛr] **nf** sea ▸**en mer** at sea ▸**la mer du Nord** the North Sea.

mercerie [mɛrsəri] **nf** [boutique] haberdasher's shop UK, notions store US

merci [mɛrsi] **interj** thank you! ▸**merci beaucoup !** thank you very much! ▸**merci de…** thank you for…

mercredi [mɛrkrədi] **nm** Wednesday ▸**nous sommes** ou **c'est mercredi** it's Wednesday today ▸**mercredi 13 septembre** Wednesday 13 September ▸**nous sommes partis mercredi** we left on Wednesday ▸**mercredi dernier** last Wednesday ▸**mercredi prochain** next Wednesday ▸**mercredi matin** on Wednesday morning ▸**le mercredi** on Wednesdays ▸**à mercredi !** see you Wednesday!

merde [mɛrd] ◆ **interj** *vulg* shit! ◆ **nf** *vulg* shit.

merder [3] [mɛʀde] **vi** *vulg* **: j'ai complètement merdé en littérature anglaise** I completely screwed up the English Lit paper.

merdique [mɛʀdik] **adj** *vulg* shitty, crappy ▸**sa voiture est complètement merdique** her car's complete rubbish.

mère [mɛr] **nf** mother.

merguez [mɛrgɛz] **nf** *spicy North African sausage.*

méridional, e, aux [meridjɔnal, o] **adj** [du Midi] Southern (French).

meringue [mərɛ̃g] **nf** meringue.

mérite [merit] **nm** [qualité] merit ▸**avoir du mérite** to deserve praise.

mériter [3] [merite] **vt** to deserve.

merlan [mɛrlɑ̃] **nm** whiting.

merle [mɛrl] **nm** blackbird.

merlu [mɛrly] **nm** hake.

mérou [meʀu] **nm** grouper.

merveille [mɛrvɛj] **nf** marvel.

merveilleux, euse [mɛrvɛjø, øz] **adj** marvellous.

mes adj pl → mon.

mésaventure [mezavɑ̃tyr] **nf** misfortune.

mesdames nfpl → madame.

mesdemoiselles nfpl → mademoiselle.

mesquin, e [mɛskɛ̃, in] **adj** mean.

message [mɛsaʒ] **nm** message ▸ **laisser un message** to leave a message ▸ **prendre un message** to take a message.

messager, ère [mɛsaʒe, ɛr] **nm, f** messenger.

messagerie [mɛsaʒri] **nf : messagerie électronique** electronic mail.

messe [mɛs] **nf** mass.

messieurs nmpl → monsieur.

mesure [məzyr] **nf 1.** measurement **2.** [rythme] time **3.** [décision] measure ▸ **sur mesure** [vêtement] made-to-measure ▸ **dans la mesure du possible** as far as possible ▸ **(ne pas) être en mesure de faire qqch** (not) to be in a position to do sthg.

mesuré, e [məzyre] **adj** [modéré] measured.

mesurer [3] [məzyre] **vt** to measure ▸ **il mesure 1,80 mètre** he's 6 foot tall.

met etc **3e pers. du sg de l'ind. prés. → mettre.**

métal [metal] (*pl* **-aux**) **nm** metal.

métallique [metalik] **adj 1.** [pièce] metal **2.** [son] metallic.

météo [meteo] **nf : (bulletin) météo** weather forecast ▸ **météo marine** shipping forecast.

météorologique [meteɔrɔlɔʒik] **adj** meteorological.

méthode [metɔd] **nf 1.** method **2.** [manuel] handbook.

méthodique [metɔdik] **adj** methodical.

méticuleux, euse [metikylø, øz] **adj** meticulous.

métier [metje] **nm** occupation, job.

métis, isse [metis] **nm, f** person of mixed race.

mètre [mɛtr] **nm 1.** metre **2.** [ruban] tape measure.

métro [metro] **nm 1.** [réseau] underground UK, subway US **2.** [train] train ▸ **métro aérien** elevated railway.

métropole [metrɔpɔl] **nf 1.** [ville] metropolis **2.** [pays] home country.

metteur [mɛtœr] **nm : metteur en scène** director.

mettre [84] [mɛtr] ◆ **vt 1.** [placer, poser] to put ▸ **mettre qqch debout** to stand sthg up **2.** [vêtement] to put on ▸ **je ne mets plus ma robe noire** I don't wear my black dress any more **3.** [temps] to take ▸ **nous avons mis deux heures par l'autoroute** it took us two hours on the motorway **4.** [argent] to spend ▸ **combien voulez-vous y mettre ?** how much do you want to spend? **5.** [déclencher] to switch on, to turn on ▸ **mettre le chauffage** to put the heating on ▸ **mettre le contact** to switch on the ignition **6.** [dans un état différent] **: mettre qqn en colère** to make sb angry ▸ **mettre qqch en marche** to start sthg (up) **7.** [écrire] to write

◆ **se mettre vp 1.** [se placer] **: mets-toi sur cette chaise** sit on this chair ▸ **se**

mettre debout to stand up ▸ **se mettre au lit** to get into bed ▸ **où est-ce que ça se met ?** where does it go? **2.** [dans un état différent] **: se mettre en colère** to get angry ▸ **se mettre d'accord** to agree **3.** [vêtement, maquillage] to put on ▸ **elle s'est mis du maquillage** she put on some make-up **4.** [commencer] **: se mettre à faire qqch** to start doing sthg ▸ **se mettre au travail** to set to work ▸ **s'y mettre** to get down to it.

meuble [mœbl] **nm** piece of furniture ▸ **meubles** furniture *sg*.

meublé [mœble] **nm** furnished accommodation.

meubler [5] [mœble] **vt** to furnish.

meuf [mœf] **nf** *fam* woman.

meugler [5] [møgle] **vi** to moo.

meule [møl] **nf** [de foin] haystack.

meunière [mønjɛr] **nf** → **sole**.

meurt [mœr] **3e pers. du sg de l'ind. prés.** → **mourir**.

meurtre [mœrtr] **nm** murder.

meurtrier, ère [mœrtrije, ɛr] **nm, f** murderer.

meurtrir [32] [mœrtrir] **vt** to bruise.

meurtrissure [mœrtrisyr] **nf** bruise.

meute [møt] **nf** pack.

mexicain, e [mɛksikɛ̃, ɛn] **adj** Mexican. ◆ **Mexicain, e** **nm, f** Mexican.

Mexico [mɛksiko] **n** Mexico City.

Mexique [mɛksik] **nm : le Mexique** Mexico.

mezzanine [mɛdzanin] **nf** [dans une pièce] mezzanine.

mi [mi] **nm inv** E ; [chanté] mi.

mi- [mi] **préf** half ▸ **à la mi-mars** in mid-March ▸ **à mi-chemin** halfway.

miauler [3] [mjole] **vi** to miaow.

miche [miʃ] **nf** round loaf.

mi-chemin [miʃmɛ̃] ◆ **à mi-chemin** **loc adv** halfway (there).

micro [mikro] **nm 1.** [amplificateur] mike **2.** [micro-ordinateur] micro.

microbe [mikrɔb] **nm** [maladie] bug.

microcrédit [mikʀokʀedi] (*pl* **microcrédits**) **nm** microcredit.

Micronésie [mikʀɔnezi] **nf : (la) Micronésie** Micronesia.

micro-ondes [mikrɔɔ̃d] **nm inv : (four à) micro-ondes** microwave (oven).

micro-ordinateur [mikrɔɔrdinatœr] (*pl* **micro-ordinateurs**) **nm** microcomputer.

microprocesseur [mikrɔprɔsesœr] **nm** microprocessor.

microscope [mikrɔskɔp] **nm** microscope.

microscopique [mikrɔskɔpik] **adj** microscopic.

midi [midi] **nm** midday, noon ▸ **à midi** **a)** at midday, at noon **b)** [à l'heure du déjeuner] at lunchtime ▸ **le Midi** the South of France.

mie [mi] **nf** soft part (of loaf).

miel [mjɛl] **nm** honey.

mien [mjɛ̃] ◆ **le mien, la mienne** [lǝmjɛn, lamjɛn] (*mpl* **les miens** [lemjɛ̃], *fpl* **les miennes** [lemjɛn]) **pron** mine.

miette [mjɛt] **nf** crumb ▸ **en miettes** [en morceaux] in tiny pieces.

mieux [mjø] ◆ **adv** better. ◆ **adj 1.** better **2.** [plus joli] nicer **3.** [plus séduisant] better-looking ▸ **c'est ce qu'il fait le mieux** it's what he does best ▸ **le mieux situé des deux hôtels** the better situated of the two hotels ▸ **aller mieux**

to be better ▸ **ça vaut mieux** it's better ▸ **de mieux en mieux** better and better ▸ **c'est le mieux de tous** [le plus beau] it's the nicest of all ▸ **c'est le mieux** [la meilleure chose à faire] it's the best idea.

mignon, onne [miɲɔ̃, ɔn] **adj** sweet.

migraine [migrɛn] **nf** migraine.

migrant, e [migrɑ̃, ɑ̃t] **nm, f** migrant.

migrer [3] [migʀe] **vi** to migrate.

mijoter [3] [miʒɔte] **vi** to simmer.

milieu [miljø] (*pl* -x) **nm** 1. middle 2. [naturel] environment 3. [familial, social] background ▸ **au milieu (de)** in the middle (of).

militaire [militɛʀ] ◆ **adj** military. ◆ **nm** soldier.

militant, e [militɑ̃, ɑ̃t] **nm, f** militant.

milk-shake [milkʃɛk] (*pl* **milk-shakes**) **nm** milkshake.

mille [mil] **num** a thousand ▸ **trois mille** three thousand ▸ **mille neuf cent quatre-vingt-seize** nineteen ninety-six.

mille-feuille [milfœj] (*pl* **mille-feuilles**) **nm** millefeuille UK, napoleon US; *dessert consisting of layers of thin sheets of puff pastry and confectioner's custard.*

millénaire [milenɛʀ] ◆ **adj** thousand-year-old *(avant n).* ◆ **nm** millennium, thousand years *pl.*

mille-pattes [milpat] **nm inv** millipede.

milliard [miljaʀ] **nm** thousand million UK, billion US ▸ **un milliard de** a billion.

milliardaire [miljaʀdɛʀ] **nmf** multimillionaire.

millier [milje] **nm** thousand ▸ **des milliers de** thousands of.

milligramme [miligʀam] **nm** milligram, milligramme UK.

millilitre [mililitʀ] **nm** millilitre.

millimètre [milimɛtʀ] **nm** millimetre.

million [miljɔ̃] **nm** million.

millionnaire [miljɔnɛʀ] **nmf** millionaire.

mime [mim] **nm** [acteur] mime artist.

mimer [3] [mime] **vt** to mimic.

mimosa [mimɔza] **nm** mimosa.

min (*abr écrite de* **minute**) min.

min. (*abr de* **minimum**) min.

minable [minabl] **adj** *fam* [logement, bar] shabby.

mince [mɛ̃s] ◆ **adj** 1. [personne] slim 2. [tissu, tranche] thin. ◆ **interj** sugar! UK, shoot! US

mincir [32] [mɛ̃siʀ] **vi** to get thinner ou slimmer.

mine [min] **nf** 1. [de charbon] mine 2. [de crayon] lead 3. [visage] look ▸ **avoir bonne / mauvaise mine** to look well / ill ▸ **faire mine de faire qqch** to pretend to do sthg.

miner [3] [mine] **vt** 1. [terrain] to mine 2. *fig* [moral] to undermine.

minerai [minʀɛ] **nm** ore.

minéral, e, aux [mineʀal, o] **adj & nm** mineral.

minéralogique [mineʀalɔʒik] **adj** → **plaque**.

mineur, e [minœʀ] ◆ **adj** 1. [enfant] underage 2. [peu important] minor. ◆ **nm** [ouvrier] miner. ◆ **nm, f** [enfant] minor.

miniature [minjatyʀ] **adj & nf** miniature ▸ **en miniature** in miniature.

minibar [minibaʀ] **nm** minibar.

minibus [minibys] **nm** minibus.

minijupe [miniʒyp] **nf** miniskirt.

minimiser [3] [minimize] **vt** to minimize.

minimum [minimɔm] **adj & nm** minimum ▸ **au minimum** at the least.

ministère [minister] **nm** department.

ministre [ministr] **nmf** POL minister UK, secretary US.

minoritaire [minɔritɛr] **adj** minority *(avant n)* ▸ **être minoritaire** to be in the minority.

minorité [minɔrite] **nf** minority.

minuit [minɥi] **nm** midnight.

minuscule [minyskyl] **adj** tiny ▸ **écrire en lettres minuscules** to write in small letters.

minute [minyt] **nf** minute ▸ **j'arrive dans une minute** I'll be there in a minute.

minuter [3] [minyte] **vt** [chronométrer] to time (precisely).

minuterie [minytri] **nf** time switch.

minuteur [minytœr] **nm** timer.

minutieux, euse [minysjø, øz] **adj** meticulous.

mirabelle [mirabɛl] **nf** mirabelle plum.

miracle [mirakl] **nm** miracle.

mirage [miraʒ] **nm** mirage.

miroir [mirwar] **nm** mirror.

mis, e [mi, miz] **pp** → **mettre**.

mise [miz] **nf** [enjeu] stake ▸ **mise à jour** update ▸ **mise en scène** production.

miser [3] [mize] ◆ **miser sur** **v + prép** **1.** [au jeu] to bet on **2.** [compter sur] to count on.

misérable [mizerabl] **adj** **1.** [pauvre] poor **2.** [lamentable] miserable.

misère [mizɛr] **nf** [pauvreté] poverty.

missile [misil] **nm** missile.

mission [misjɔ̃] **nf** mission.

mistral [mistral] **nm** *cold wind in southeast of France, blowing towards the Mediterranean.*

mitaine [mitɛn] **nf** fingerless glove.

mite [mit] **nf** (clothes) moth.

mi-temps [mitɑ̃] **nf inv** **1.** [moitié d'un match] half **2.** [pause] half time ▸ **travailler à mi-temps** to work part-time.

mitigé, e [mitiʒe] **adj** mixed.

mitoyen, enne [mitwajɛ̃, ɛn] **adj** [maisons] adjoining ▸ **mur mitoyen** party wall.

mitrailler [3] [mitraje] **vt** **1.** to machinegun **2.** *fam* [photographier] to snap away at.

mitraillette [mitrajɛt] **nf** submachinegun.

mitrailleuse [mitrajøz] **nf** machinegun.

mixer [3] [mikse] **vt** to mix.

mixe(u)r [miksœr] **nm** (food) mixer.

mixte [mikst] **adj** mixed.

ml *(abr écrite de* **millilitre***)* ml.

Mlle *(abr écrite de* **mademoiselle***)* Miss.

mm *(abr écrite de* **millimètre***)* mm *(millimetre)*.

Mme *(abr écrite de* **madame***)* Mrs.

Mo *(abr de* **mégaoctet***)* MB *(megabyte)*.

mobile [mɔbil] ◆ **adj** **1.** [pièce] moving **2.** [cloison] movable **3.** [visage, regard] animated. ◆ **nm** **1.** [d'un crime] motive **2.** [objet suspendu] mobile **3.** [téléphone portable] mobile UK, cell phone US.

mobilier [mɔbilje] **nm** furniture.

mobiliser [3] [mɔbilize] **vt** to mobilize.

mobilité [mɔbilite] **nf** mobility ▸ **mobilité sociale** upward mobility.

Mobylette® [mɔbilɛt] **nf** moped.

mocassin [mɔkasɛ̃] **nm** moccasin.

moche [mɔʃ] **adj 1.** *fam* [laid] ugly **2.** [méchant] rotten.

mode [mɔd] ◆ **nf** fashion. ◆ **nm 1.** [manière] method **2.** GRAMM mood **3.** INFORM mode ▸ **à la mode** fashionable ▸ **mode d'emploi** instructions *pl* ▸ **mode de vie** lifestyle.

modèle [mɔdɛl] **nm 1.** model **2.** [de pull, de chaussures] style ▸ **modèle réduit** scale model.

modeler [25] [mɔdle] **vt** to shape.

modélisme [mɔdelism] **nm** modelmaking.

modem [mɔdɛm] **nm** modem ▸ **port modem interne** internal modem port.

modération [mɔderasjɔ̃] **nf** moderation ▸ **'à consommer avec modération'** *health warning on adverts for strong drink.*

modéré, e [mɔdere] **adj** moderate.

moderne [mɔdɛrn] **adj** modern.

moderniser [3] [mɔdɛrnize] **vt** to modernize.

modeste [mɔdɛst] **adj** modest.

modestie [mɔdɛsti] **nf** modesty.

modification [mɔdifikasjɔ̃] **nf** modification.

modifier [9] [mɔdifje] **vt** to modify.

modulation [mɔdylasjɔ̃] **nf : modulation de fréquence** frequency modulation.

moelle [mwal] **nf** bone marrow ▸ **moelle épinière** spinal cord.

moelleux, euse [mwalø, øz] **adj 1.** soft **2.** [gâteau] moist ▸ **moelleux au chocolat** chocolate cake.

mœurs [mœr(s)] **nfpl** [habitudes] customs.

Mogadiscio [mɔgadiʃjo] **n** Mogadiscio, Mogadishu.

mohair [mɔɛr] **nm** mohair.

moi [mwa] **pron 1.** [objet direct, après préposition ou comparaison] me **2.** [objet indirect] (to) me **3.** [pour insister] **: moi, je crois que…** I think that… ▸ **moi-même** myself.

moindre [mwɛ̃dr] **adj** smaller ▸ **le moindre… a)** [le moins important] the slightest… **b)** [le moins grand] the smallest…

moine [mwan] **nm** monk.

moineau [mwano] (*pl* **-x**) **nm** sparrow.

moins [mwɛ̃] ◆ **adv 1.** [pour comparer] less ▸ **moins vieux (que)** younger (than) ▸ **moins vite (que)** not as fast (as) **2.** [superlatif] **: c'est la nourriture qui coûte le moins** the food costs the least ▸ **la ville la moins intéressante que nous ayons visitée** the least interesting town we visited ▸ **le moins possible** as little as possible **3.** [en quantité] less ▸ **ils ont accepté de gagner moins** they have agreed to earn less ▸ **moins de viande** less meat ▸ **moins de gens** fewer people ▸ **moins de dix** fewer than ten **4.** [dans des expressions] **: à moins de, à moins que : à moins d'un imprévu…** unless anything unforeseen happens… ▸ **à moins de rouler** ou **que nous roulions toute la nuit…** unless we drive all night… ▸ **au moins** at least ▸ **de** ou **en moins** less ▸ **j'ai deux ans de moins qu'elle** I'm two years younger than her ▸ **de**

moins en moins less and less ▸ **moins tu y penseras, mieux ça ira** the less you think about it the better
◆ **prép 1.** [pour indiquer l'heure] : **trois heures moins le quart** quarter to three UK, quarter of three US **2.** [pour soustraire, indiquer la température] minus.

mois [mwa] **nm** month ▸ **au mois de juillet** in July.

moisi, e [mwazi] ◆ **adj** mouldy. ◆ **nm** mould ▸ **sentir le moisi** to smell musty.

moisir [32] [mwazir] **vi** to go mouldy.

moisissure [mwazisyr] **nf** [moisi] mould.

moisson [mwasɔ̃] **nf** harvest.

moissonner [3] [mwasɔne] **vt** to harvest.

moissonneuse [mwasɔnøz] **nf** harvester.

moite [mwat] **adj** clammy ▸ **avoir les mains moites** to have sweaty hands.

moitié [mwatje] **nf** half ▸ **la moitié de** half (of) ▸ **à moitié plein** half-full ▸ **à moitié prix** half-price.

moit-moit [mwatmwat] **adv** *fam* : **faire moit-moit** to go halves.

moka [mɔka] **nm 1.** [gâteau] coffee cake **2.** [café] mocha (coffee).

molaire [mɔlɛr] **nf** molar.

Moldavie [mɔldavi] **nf : la Moldavie** Moldavia.

molle **adj f** → **mou**.

mollet [mɔlɛ] **nm** calf.

molletonné, e [mɔltɔne] **adj** lined.

mollusque [mɔlysk] **nm** mollusc.

môme [mom] **nmf** *fam* kid.

moment [mɔmɑ̃] **nm** moment ▸ **c'est le moment de...** it's time to... ▸ **au moment où** just as ▸ **du moment que** since ▸ **en ce moment** at the moment ▸ **par moments** at times ▸ **pour le moment** for the moment.

momentané, e [mɔmɑ̃tane] **adj** temporary.

momentanément [mɔmɑ̃tanemɑ̃] **adv** temporarily.

momie [mɔmi] **nf** mummy.

mon, ma [mɔ̃, ma] (*pl* **mes** [me]) **adj** my ▸ **mes chats** my cats ▸ **ma maison** my house ▸ **mon père** my father.

Monaco [mɔnako] **n** Monaco.

monarchie [mɔnarʃi] **nf** monarchy.

monastère [mɔnastɛr] **nm** monastery.

monde [mɔ̃d] **nm** world ▸ **il y a du monde** ou **beaucoup de monde** there are a lot of people ▸ **tout le monde** everyone, everybody.

mondial, e, aux [mɔ̃djal, o] **adj** world (*avant n*).

mondialement [mɔ̃djalmɑ̃] **adv** throughout ou all over the world.

mondialisation [mɔ̃djalizasjɔ̃] **nf** globalization.

mondialiste [mɔ̃djalist] **adj** pro-globalization.

monétaire [mɔnetɛʀ] **adj** monetary.

Mongolie [mɔ̃gɔli] **nf : (la) Mongolie** Mongolia.

moniteur, trice [mɔnitœr, tris] ◆ **nm, f 1.** [de colonie] leader **2.** [d'auto-école] instructor. ◆ **nm** [écran] monitor.

monnaie [mɔnɛ] **nf 1.** [argent] money **2.** [devise] currency **3.** [pièces] change ▸ **la monnaie de 50 euros** change for

50 euros ▸**faire de la monnaie** to get some change ▸**rendre la monnaie à qqn** to give sb change.

monokini [mɔnɔkini] **nm** monokini, topless swimsuit ▸**faire du monokini** to go topless.

monologue [mɔnɔlɔg] **nm** monologue.

monopole [mɔnɔpɔl] **nm** monopoly.

monopoliser [3] [mɔnɔpɔlize] **vt** to monopolize.

monospace [mɔnɔspas] **nm** people carrier UK, minivan US.

monotone [mɔnɔtɔn] **adj** monotonous.

monotonie [mɔnɔtɔni] **nf** monotony.

monsieur [məsjø] (*pl* **messieurs** [mesjø]) **nm** gentleman ▸**monsieur X** Mr X ▸**bonjour, monsieur /messieurs !** good morning (sir /gentlemen)! ▸**Monsieur,** [dans une lettre] Dear Sir, ▸**Monsieur !** Sir!

monstre [mɔ̃str] ◆ **nm** **1.** monster **2.** [personne très laide] hideous person. ◆ **adj** *fam* [énorme] enormous.

monstrueux, euse [mɔ̃stryø, øz] **adj** **1.** [très laid] hideous **2.** [moralement] monstrous **3.** [très grand, très gros] huge.

mont [mɔ̃] **nm** mountain ▸**le mont Blanc** Mont Blanc ▸**le Mont-Saint-Michel** Mont-Saint-Michel.

montage [mɔ̃taʒ] **nm** assembly.

montagnard, e [mɔ̃taɲaʀ, aʀd] **nm, f** mountain dweller.

montagne [mɔ̃taɲ] **nf** mountain ▸**à la montagne** in the mountains ▸**montagnes russes** roller coaster.

montagneux, euse [mɔ̃taɲø, øz] **adj** mountainous.

montant, e [mɔ̃tɑ̃, ɑ̃t] ◆ **adj** [marée] rising. ◆ **nm** **1.** [somme] total **2.** [d'une fenêtre, d'une échelle] upright.

montée [mɔ̃te] **nf** **1.** [pente] slope **2.** [ascension] climb **3.** [des prix] rise.

Monténégro [mɔ̃tenegʀo] **nm : le Monténégro** Montenegro.

monter [3] [mɔ̃te] ◆ **vi** **1.** [personne] to go /come up **2.** [route, avion, grimpeur] to climb **3.** [dans un train] to get on **4.** [dans une voiture] to get in **5.** [niveau, prix, température] to rise. ◆ **vt** **1.** [escalier, côte] to climb, to go /come up **2.** [porter en haut] to take /bring up **3.** [son, chauffage] to turn up **4.** [meuble] to assemble **5.** [tente] to put up **6.** [société] to set up **7.** [cheval] to ride **8.** CULIN to beat ▸**ça monte** [route] it's steep ▸**monter à bord (d'un avion)** to board (a plane) ▸**monter à cheval** to ride (horses). ◆ **se monter à vp + prép** [coût, dépenses] to come ou to amount ou to add up to.

montgolfière [mɔ̃gɔlfjɛʀ] **nf** hot-air balloon.

montre [mɔ̃tʀ] **nf** watch.

Montréal [mɔ̃ʀeal] **n** Montreal.

montrer [3] [mɔ̃tʀe] **vt** to show ▸**montrer qqch à qqn** to show sb sthg ▸**montrer qqn /qqch du doigt** to point at sb / sthg. ◆ **se montrer vp** [apparaître] to appear ▸**se montrer courageux** to be brave.

monture [mɔ̃tyʀ] **nf** **1.** [de lunettes] frame **2.** [cheval] mount.

monument [mɔnymɑ̃] **nm** monument ▸**monument historique** historic building ▸**monument aux morts** war memorial.

moquer [3] [mɔke] ◆ **se moquer de vp + prép** **1.** [plaisanter] to make fun of **2.** [ignorer] not to care about ▸**je m'en moque** I don't care.

moques [mɔk] **nfpl** BELG *sweet cake spiced with cloves, a speciality of Ghent.*

moquette [mɔkɛt] **nf** carpet.

moqueur, euse [mɔkœr, øz] **adj** mocking.

moral, e, aux [mɔral, o] ◆ **adj** 1.[conduite, principes] moral 2.[psychologique] mental. ◆ **nm** morale ▸ **avoir le moral** to be in good spirits.

morale [mɔral] **nf** 1.[valeurs] morals *pl* 2.[d'une histoire] moral ▸ **faire la morale à qqn** to preach at sb.

moralement [mɔralmɑ̃] **adv** 1.[psychologiquement] mentally 2.[du point de vue de la morale] morally.

moralité [mɔralite] **nf** morality.

morceau [mɔrso] (*pl* -**x**) **nm** piece ▸ **morceau de sucre** lump of sugar ▸ **en mille morceaux** in a thousand pieces.

morceler [24] [mɔrsəle] **vt** to break up, to split up.

mordiller [3] [mɔrdije] **vt** to nibble.

mordre [76] [mɔrdr] **vt** to bite ▸ **je me suis fait mordre** I got bitten.

morfler [3] [mɔrfle] **vi** *vulg* **: il a morflé !** he copped it! UK, he caught it! US.

morgue [mɔrg] **nf** morgue.

morille [mɔrij] **nf** *type of mushroom, considered a delicacy.*

mors [mɔr] **nm** bit.

morse [mɔrs] **nm** 1.[animal] walrus 2.[code] Morse code.

morsure [mɔrsyr] **nf** bite.

mort, e [mɔr, mɔrt] ◆ **pp** → **mourir.** ◆ **adj** dead. ◆ **nm, f** dead person. ◆ **nf** death ▸ **être mort de peur** to be scared to death.

mortalité [mɔrtalite] **nf** mortality, death rate.

mortel, elle [mɔrtɛl] **adj** 1.[qui peut mourir] mortal 2.[qui tue] fatal.

mort-né, e [mɔrne] (*mpl* **mort-nés**, *fpl* **mort-nées**) **adj** [enfant] still-born.

morue [mɔry] **nf** cod.

mosaïque [mɔzaik] **nf** mosaic.

Moscou [mɔsku] **n** Moscow.

mosquée [mɔske] **nf** mosque.

mot [mo] **nm** 1.word 2.[message] note ▸ **mot à mot** word for word ▸ **mot de passe** password ▸ **mots croisés** crossword *sg.*

motard [mɔtar] **nm** 1.motorcyclist 2.[gendarme, policier] motorcycle policeman.

mot-clé (*pl* **mots-clés**), **mot-clef** (*pl* **mots-clefs**) [mɔkle] **nm** keyword.

motel [mɔtɛl] **nm** motel.

moteur [mɔtœr] **nm** 1.engine, motor 2.INFORM **: moteur de recherche** search engine.

motif [mɔtif] **nm** 1.[dessin] pattern 2.[raison] motive.

motivation [mɔtivasjɔ̃] **nf** motivation ▸ **lettre de motivation** cover letter.

motivé, e [mɔtive] **adj** motivated.

motiver [3] [mɔtive] **vt** to motivate.

moto [mɔto] **nf** motorbike.

motocross [mɔtɔkrɔs] **nm** motocross.

motocycliste [mɔtɔsiklist] **nmf** motorcyclist.

moto-taxi [mototaksi] (*pl* **motos-taxis**) **nf** motorbike taxi.

motte [mɔt] **nf** 1.[de terre] clod 2.[de beurre] pat 3.[de gazon] sod.

mou, molle [mu, mɔl] **adj** 1.soft 2.[sans énergie] lethargic.

mouche [muʃ] **nf** fly.

moucher [3] [muʃe] ◆ **se moucher vp** to blow one's nose.

moucheron [muʃrɔ̃] **nm** gnat.

mouchoir [muʃwar] **nm** handkerchief ▸ **mouchoir en papier** (paper) tissue.

moudre [85] [mudr] **vt** to grind.

moue [mu] **nf** pout ▸ **faire la moue** to pout.

mouette [mwɛt] **nf** seagull.

moufle [mufl] **nf** mitten.

moufter [3] [mufte] **vi** *vulg* **: sans moufter** without a peep.

mouillé, e [muje] **adj** wet.

mouiller [3] [muje] **vt** to wet. ◆ **se mouiller vp** to get wet.

mouillette [mujɛt] **nf** strip of bread *(for dunking)*.

moulant, e [mulɑ̃, ɑ̃t] **adj** tight-fitting.

moule[1] [mul] **nm** mould ▸ **moule à gâteau** cake tin.

moule[2] [mul] **nf** mussel ▸ **moules marinière** *mussels in white wine* ▸ **moules-frites** mussels and chips UK ou French fries.

mouler [3] [mule] **vt 1.** [statue] to cast **2.** [suj : vêtement] to fit tightly.

moulin [mulɛ̃] **nm** [à farine] mill ▸ **moulin à café** coffee grinder ▸ **moulin à poivre** pepper mill ▸ **moulin à vent** windmill.

moulinet [mulinɛ] **nm** [de canne à pêche] reel.

Moulinette® [mulinɛt] **nf** liquidizer.

moulu, e [muly] **adj** ground.

moulure [mulyr] **nf** moulding.

mourant, e [murɑ̃, ɑ̃t] **adj** dying.

mourir [42] [murir] **vi 1.** to die **2.** [civilisation] to die out **3.** [son] to die away ▸ **mourir de faim a)** to starve to death **b)** *fig* to be starving (hungry) ▸ **mourir d'envie de faire qqch** to be dying to do sthg.

moussaka [musaka] **nf** moussaka.

moussant, e [musɑ̃, ɑ̃t] **adj : bain moussant** bubble bath.

mousse [mus] **nf 1.** [bulles] foam **2.** [plante] moss **3.** CULIN mousse ▸ **mousse à raser** shaving foam ▸ **mousse au chocolat** chocolate mousse.

mousseline [muslin] ◆ **nf** [tissu] muslin. ◆ **adj inv : purée** ou **pommes mousseline** pureed potatoes ▸ **sauce mousseline** *light hollandaise sauce made with whipped cream.*

mousser [3] [muse] **vi 1.** [savon] to lather **2.** [boisson] to foam.

mousseux, euse [musø, øz] ◆ **adj** [chocolat] frothy. ◆ **nm : du (vin) mousseux** sparkling wine.

moustache [mustaʃ] **nf** moustache ▸ **des moustaches** [d'animal] whiskers.

moustachu, e [mustaʃy] **adj** with a moustache.

moustiquaire [mustikɛr] **nf** mosquito net.

moustique [mustik] **nm** mosquito.

moutarde [mutard] **nf** mustard.

mouton [mutɔ̃] **nm 1.** sheep **2.** CULIN mutton.

mouvants [muvɑ̃] **adj m pl** → **sable**.

mouvement [muvmɑ̃] **nm** movement.

mouvementé, e [muvmɑ̃te] **adj** eventful.

moyen, enne [mwajɛ̃, ɛn] ◆ **adj 1.** average **2.** [intermédiaire] medium. ◆ **nm** way ▸ **il n'y a pas moyen de faire qqch** there's no way of doing sthg ▸ **moyen de transport** means of transport ▸ **au moyen de qqch** by means of sthg. ◆ **moyens nmpl 1.** [ressources] means **2.** [capacités] ability *sg* ▸ **avoir les moyens de faire qqch** [financièrement] to be able to afford to do sthg ▸ **perdre ses moyens** to go to pieces.

Moyen Âge [mwajɛnaʒ] **nm : le Moyen Âge** the Middle Ages *pl.*

moyennant [mwajɛnɑ̃] **prép** for, in return for.

moyenne [mwajɛn] **nf 1.** average **2.** SCOL pass mark UK, passing grade US ▸ **en moyenne** on average.

Moyen-Orient [mwajɛnɔʀjɑ̃] **nm : le Moyen-Orient** the Middle East.

Mozambique [mɔzɑ̃bik] **nm : le Mozambique** Mozambique.

MP3 (*abr de* **moving picture experts group audio layer 3**) **nm** INFORM MP3 ▸ **lecteur (de) MP3** MP3 player.

MST nf 1. (*abr de* **maladie sexuellement transmissible**) STD (*sexually transmitted disease*) **2.** (*abr de* **maîtrise de sciences et techniques**) *masters degree in science and technology.*

muer [7] [mɥe] **vi 1.** [animal] to moult **2.** [voix] to break ▸ **sa voix est en train de muer** his voice is breaking.

muet, muette [mɥɛ, mɥɛt] **adj 1.** dumb **2.** [cinéma] silent.

muguet [mygɛ] **nm** lily of the valley.

ⓘ Le muguet

On May Day in France, people sell bunches of lily of the valley in the streets. You give someone a bunch to bring them good luck. Originally a symbol of the return of spring, the lily of the valley became associated with Labour Day in 1936.

mule [myl] **nf** mule.

mulet [mylɛ] **nm** mule.

multicolore [myltikɔlɔr] **adj** multicoloured.

multilingue [myltilɛ̃g] **adj** multilingual.

multiple [myltipl] **adj & nm** multiple.

multiplication [myltiplikasjɔ̃] **nf** multiplication.

multiplier [10] [myltiplije] **vt** to multiply ▸ **2 multiplié par 9** 2 multiplied by 9. ◆ **se multiplier vp** to multiply.

multipropriété [myltiprɔprijete] **nf : appartement en multipropriété** timeshare.

multitude [myltityd] **nf : une multitude de** a multitude of.

multizone [myltizon] **adj** multi-region.

municipal, e, aux [mynisipal, o] **adj** municipal.

municipalité [mynisipalite] **nf** [mairie] (town) council.

munir [32] [mynir] **vt : munir qqn /qqch de** to equip sb /sthg with. ◆ **se munir de vp + prép** to equip o.s. with.

munitions [mynisjɔ̃] **nfpl** ammunition *sg.*

muqueuse [mykøz] **nf** mucous membrane.

mur [myr] **nm** wall ▸ **mur du son** sound barrier.

mûr, e [myr] **adj** [fruit] ripe.

muraille [myraj] **nf** wall.

mural, e, aux [myral, o] **adj** [carte, peinture] wall.

muralisme [myʀalism] **nm** mural painting, muralism.

mûre [myr] **nf** blackberry.

murer [3] [myre] **vt** [fenêtre] to wall up.

mûrir [32] [myrir] **vi** [fruit] to ripen.

murmure [myrmyr] **nm** murmur.

murmurer [3] [myrmyre] **vi** to murmur.

muscade [myskad] **nf : (noix) muscade** nutmeg.

muscat [myska] **nm** **1.** [raisin] muscat grape **2.** [vin] *sweet white liqueur wine.*

muscle [myskl] **nm** muscle.

musclé, e [myskle] **adj** muscular.

musculaire [myskylɛr] **adj** muscular.

musculation [myskylasjɔ̃] **nf** body-building (exercises) ▸ **faire de la musculation** to work out.

museau [myzo] (*pl* -x) **nm** **1.** muzzle **2.** CULIN brawn UK, headcheese US.

musée [myze] **nm** **1.** museum **2.** [d'art] gallery.

muselière [myzəljɛr] **nf** muzzle.

musical, e, aux [myzikal, o] **adj** musical.

music-hall [myzikol] (*pl* **music-halls**) **nm** music hall.

musicien, enne [myzisjɛ̃, ɛn] **nm, f** musician.

musique [myzik] **nf** music ▸ **musique de chambre** chamber music ▸ **musique classique** classical music ▸ **musique de film** film music.

musulman, e [myzylmɑ̃, an] **adj & nm, f** Muslim.

mutation [mytasjɔ̃] **nf** **1.** [d'un employé] transfer. **2.** MÉD mutation.

mutiler [3] [mytile] **vt** to mutilate.

mutuel, elle [mytɥɛl] **adj** mutual.

mutuelle [mytɥɛl] **nf** mutual insurance company.

mutuellement [mytɥɛlmɑ̃] **adv** mutually.

myope [mjɔp] **adj** shortsighted.

myosotis [mjozɔtis] **nm** forget-me-not.

myrtille [mirtij] **nf** blueberry.

mystère [mistɛr] **nm** mystery ▸ **Mystère®** [glace] *vanilla ice cream filled with meringue and coated with almonds.*

mystérieusement [misterjøzmɑ̃] **adv** mysteriously.

mystérieux, euse [misterjø, øz] **adj** mysterious.

mythe [mit] **nm** myth.

mythologie [mitɔlɔʒi] **nf** mythology.

Nn

N (*abr écrite de* **nord**) N (*north*).

n' **adv** → **ne**

n° (*abr écrite de* **numéro**) no. (*number*).

nacre [nakr] **nf** mother-of-pearl.

nage [naʒ] **nf** **1.** [natation] swimming **2.** [façon de nager] stroke ▸ **en nage** dripping with sweat.

nageoire [naʒwar] **nf** fin.

nager [17] [naʒe] **vt & vi** to swim ▸ **nager la brasse / le crawl** to do the breaststroke / the crawl.

nageur, euse [naʒœr, øz] **nm, f** swimmer.

naïf, naïve [naif, iv] **adj** naive.

nain, e [nɛ̃, nɛn] **adj & nm, f** dwarf.

naissance [nɛsɑ̃s] **nf** birth ▸ **à sa naissance...** when he / she was born...

naître [92] [nɛtʀ] **vi 1.** to be born **2.** [sentiment] to arise ▸**je suis né le... à...** I was born on… in…

naïve adj f → **naïf**

naïveté [naivte] **nf** naivety.

Namibie [namibi] **nf : (la) Namibie** Namibia.

nana [nana] **nf** *fam* girl.

nappe [nap] **nf 1.** [linge] tablecloth **2.** [de pétrole] layer **3.** [de brouillard] patch ▸**nappe phréatique** groundwater.

nappé, e [nape] **adj : nappé de** coated with.

napperon [napʀɔ̃] **nm** tablemat.

narcotrafic [naʀkotʀafik] **nm** narcotrafficking.

narcotrafiquant, e [naʀkotʀafikɑ̃, ɑ̃t] **nm, f** drug trafficker.

narine [naʀin] **nf** nostril.

narrateur, trice [naʀatœʀ, tʀis] **nm, f** narrator.

nase [naz] **adj** *vulg* **1.** [appareil, meuble] bust, kaput **2.** [fatigué, malade] knackered ▸**je suis nase** I'm exhausted OU knackered.

naseaux [nazo] **nmpl** nostrils.

Nassau [naso] **n** Nassau.

natal, e [natal] **adj** native.

natalité [natalite] **nf : (taux de) natalité** birth rate.

natation [natasjɔ̃] **nf** swimming ▸**faire de la natation** to swim.

natif, ive [natif, iv] **adj : je suis natif de...** I was born in…

nation [nasjɔ̃] **nf** nation.

national, e, aux [nasjɔnal, o] **adj** national.

nationale [nasjɔnal] **nf : (route) nationale** ≃ A road (UK); ≃ state highway (US)

nationaliser [3] [nasjɔnalize] **vt** to nationalize.

nationalisme [nasjɔnalism] **nm** nationalism.

nationalité [nasjɔnalite] **nf** nationality.

native adj f → **natif**

natte [nat] **nf 1.** [tresse] plait **2.** [tapis] mat.

naturaliser [3] [natyʀalize] **vt** to naturalize.

nature [natyʀ] ◆ **nf** nature. ◆ **adj inv 1.** [yaourt, omelette] plain **2.** [thé] black ▸**nature morte** still life.

naturel, elle [natyʀɛl] ◆ **adj** natural. ◆ **nm 1.** [caractère] nature **2.** [simplicité] naturalness.

naturellement [natyʀɛlmɑ̃] **adv 1.** naturally **2.** [bien sûr] of course.

naturiste [natyʀist] **nmf** naturist.

naufrage [nofʀaʒ] **nm** shipwreck ▸**faire naufrage** to be shipwrecked.

nausée [noze] **nf** nausea ▸**avoir la nausée** to feel sick.

nautique [notik] **adj** [carte] nautical ▸**sports nautiques** water sports.

naval, e [naval] **adj** naval ▸**chantier naval** shipyard.

navarin [navaʀɛ̃] **nm** *mutton and vegetable stew.*

navet [navɛ] **nm 1.** turnip **2.** *fam* [mauvais film] turkey.

navette [navɛt] **nf** [véhicule] shuttle ▸**faire la navette (entre)** to go back and forth (between) ▸**navette hôtels** hotel shuttle ▸**navette ADP** Paris airport shuttle.

navigateur, trice [navigatœr, tris] **nm, f 1.** navigator **2.** INFORM browser.

navigation [navigasjɔ̃] **nf 1.** navigation **2.** INFORM browsing ▸ **navigation de plaisance** yachting.

naviguer [3] [navige] **vi 1.** [suj : bateau] to sail **2.** [suj : marin] to navigate **3.** INFORM to browse.

navire [navir] **nm** ship.

navré, e [navre] **adj** sorry ▸ **je suis navré (de)** I'm sorry (to).

NB (*abr écrite de* **nota bene**) NB.

ne [nə] **adv** → **jamais, pas**[1]**, personne, plus, que, rien**.

né, e [ne] **pp** → **naître**.

néanmoins [neɑ̃mwɛ̃] **adv** nevertheless.

néant [neɑ̃] **nm : réduire qqch à néant** to reduce sthg to nothing ▸ **'néant'** [sur un formulaire] 'none'.

nécessaire [nesesɛr] ◆ **adj** necessary. ◆ **nm 1.** [ce qui est indispensable] bare necessities *pl* **2.** [outils] bag ▸ **il est nécessaire de faire qqch** it is necessary to do sthg ▸ **nécessaire de toilette** toilet bag.

nécessité [nesesite] **nf** necessity.

nécessiter [3] [nesesite] **vt** to necessitate.

nécessiteux, euse [nesesitø, øz] **nm, f** needy person.

nécropole [nekʀɔpɔl] **nf** necropolis.

nectarine [nɛktarin] **nf** nectarine.

néerlandais, e [neɛrlɑ̃dɛ, ɛz] ◆ **adj** Dutch. ◆ **néerlandais nm** [langue] Dutch. ◆ **Néerlandais, e nm, f** Dutchman (Dutchwoman).

nef [nɛf] **nf** nave.

néfaste [nefast] **adj** harmful.

négatif, ive [negatif, iv] **adj & nm** negative.

négation [negasjɔ̃] **nf** GRAMM negative.

négationnisme [negasjɔnism] **nm** negationism.

négligé, e [neglіʒe] **adj** [travail, tenue] untidy.

négligeable [negliʒabl] **adj 1.** [quantité] negligible **2.** [détail] trivial.

négligent, e [negliʒɑ̃, ɑ̃t] **adj** negligent.

négliger [17] [negliʒe] **vt** to neglect.

négociant [negɔsjɑ̃] **nm : négociant en vins** wine merchant.

négociations [negɔsjasjɔ̃] **nfpl** negotiations.

négocier [9] [negɔsje] **vt & vi** to negotiate.

neige [nɛʒ] **nf** snow.

neiger [23] [neʒe] **v impers : il neige** it's snowing.

neigeux, euse [nɛʒø, øz] **adj** snowy.

nem [nɛm] **nm** CULIN (Vietnamese) small spring roll ▸ **nem (frit à la menthe fraîche)** Vietnamese spring roll (fried with fresh mint).

nénette [nenɛt] **nf** *fam* bird UK, broad US.

nénuphar [nenyfar] **nm** water lily.

néoclassique [neɔklasik] **adj** neoclassic, neoclassical.

néon [neɔ̃] **nm** [tube] neon light.

néo-zélandais, e [neɔzelɑ̃dɛ, ɛz] (*mpl inv, fpl* **néo-zélandaises**) **adj** New Zealand *(avant n)*, of / from New Zealand. ◆ **Néo-Zélandais, e nm, f** New Zealander.

Népal [nepal] **nm : le Népal** Nepal.

nerd [nɛʀd] **nm** *péj* nerd.

nerf [nɛr] **nm** nerve ▸ **du nerf !** put a bit of effort into it! ▸ **être à bout de nerfs** to be at the end of one's tether.

nerveusement [nɛrvøzmɑ̃] **adv** nervously.

nerveux, euse [nɛrvø, øz] **adj** nervous.

nervosité [nɛrvozite] **nf** nervousness.

n'est-ce pas [nɛspa] **adv : tu viens, n'est-ce pas ?** you're coming, aren't you? ▸ **il aime le foot, n'est-ce pas ?** he likes football, doesn't he?

net[1] [nɛt] **nm** INFORM **: le Net** theNet.

net[2], **nette** [nɛt] ◆ **adj 1.** [précis] clear **2.** [propre] clean **3.** [tendance, différence] marked **4.** [prix, salaire] net. ◆ **adv : s'arrêter net** to stop dead ▸ **se casser net** to break clean off.

netcam [nɛtkam] **nf** INFORM netcam.

netéconomie [nɛtekɔnɔmi] **nf** Internet economy.

nettement [nɛtmɑ̃] **adv 1.** [clairement] clearly **2.** [beaucoup, très] definitely ▸ **il va nettement mieux** he is much better.

netteté [nɛtte] **nf** clearness.

nettoyage [netwajaʒ] **nm** cleaning ▸ **nettoyage à sec** dry cleaning.

nettoyer [13] [nɛtwaje] **vt 1.** to clean **2.** [tache] to remove ▸ **faire nettoyer un vêtement** [à la teinturerie] to have a garment dry-cleaned.

neuf, neuve [nœf, nœv] ◆ **adj** new. ◆ **num** nine ▸ **remettre qqch à neuf** to do sthg up (like new) ▸ **quoi de neuf ?** what's new? ▸ **il a neuf ans** he's nine (years old) ▸ **il est neuf heures** it's nine o'clock ▸ **le neuf janvier** the ninth of January ▸ **page neuf** page nine ▸ **ils étaient neuf** there were nine of them ▸ **le neuf de pique** the nine of spades ▸ **(au) neuf rue Lepic** at /to nine, rue Lepic.

neurone [nøʀɔn] **nm** neuron, neurone.

neutralité [nøtralite] **nf** neutrality ▸ **neutralité carbone** carbon neutrality.

neutre [nøtr] **adj 1.** neutral **2.** GRAMM neuter.

neuvième [nœvjɛm] **num** ninth ▸ **le neuvième étage** ninth floor UK, tenth floor US ▸ **le neuvième (arrondissement)** ninth arrondissement ▸ **il est arrivé neuvième** he came ninth.

neveu [nəvø] (*pl* **-x**) **nm** nephew.

new wave [njuwɛv] **nf inv & adj inv** new wave.

nez [ne] **nm** nose ▸ **se trouver nez à nez avec qqn** to find o.s. face to face with sb.

NF (*abr de* **norme française**) ≃ BS UK (*British Standards*) ; ≃ US standard US.

ni [ni] **conj : je n'aime ni la guitare ni le piano** I don't like either the guitar or the piano ▸ **ni l'un ni l'autre ne sont français** neither of them is French ▸ **elle n'est ni mince ni grosse** she's neither thin nor fat.

niais, e [njɛ, njɛz] **adj** silly.

Nicaragua [nikaʀagwa] **nm : le Nicaragua** Nicaragua.

niche [niʃ] **nf 1.** [à chien] kennel **2.** [dans un mur] niche.

niçoise [niswaz] **adj f** → **salade**.

Nicosie [nikɔzi] **n** Nicosia.

nicotine [nikɔtin] **nf** nicotine.

nid [ni] **nm** nest.

nid-de-poule [nidpul] (*pl* **nids-de-poule**) **nm** pothole.

nièce [njɛs] **nf** niece.

nier [9] [nje] **vt** to deny ▸ **nier avoir fait qqch** to deny having done sthg ▸ **nier que** to deny that.

Niger [niʒɛʀ] **nm** 1. [fleuve] **: le Niger** the River Niger 2. [État] **: le Niger** Niger.

Nigeria [niʒeʀja] **nm : le Nigeria** Nigeria.

Nil [nil] **nm : le Nil** the Nile.

n'importe [nɛ̃pɔrt] **adv** → **importer**.

niveau [nivo] (*pl* -x) **nm** level ▸ **au niveau de** [de la même qualité que] at the level of ▸ **arriver au niveau de** [dans l'espace] to come up to ▸ **niveau d'huile** AUTO oil level ▸ **niveau de vie** standard of living.

noble [nɔbl] ◆ **adj** noble. ◆ **nmf** nobleman (noblewoman).

noblesse [nɔblɛs] **nf** [nobles] nobility.

noce [nɔs] **nf** wedding ▸ **noces d'or** golden wedding (anniversary).

nocif, ive [nɔsif, iv] **adj** noxious.

nocturne [nɔktyrn] ◆ **adj** nocturnal. ◆ **nf** [d'un magasin] late-night opening ▸ **nocturne du vendredi** [d'un musée] Friday late-night opening.

Noël [nɔɛl] ◆ **nm** Christmas. ◆ **nf : la Noël** a) [jour] Christmas Day b) [période] Christmastime.

ⓘ Noël

Many of our Christmas traditions are the same in France. There, however, Christmas Dinner is traditionally eaten after Christmas Eve **Messe de Minuit** (Midnight Mass). It typically consists of **dinde aux marrons** (turkey with chestnuts), followed by a **bûche de Noël** (Yule log).

nœud [nø] **nm** 1. knot 2. [ruban] bow ▸ **nœud papillon** bow tie.

noir, e [nwar] ◆ **adj** 1. black 2. [sombre] dark. ◆ **noir** **nm** 1. black 2. [obscurité] darkness ▸ **il fait noir** it's dark ▸ **dans le noir** in the dark. ◆ **Noir, e** **nm, f** black.

noircir [32] [nwarsir] ◆ **vt** to blacken. ◆ **vi** to darken.

noisetier [nwaztje] **nm** hazel.

noisette [nwazɛt] ◆ **nf** 1. hazelnut 2. [morceau] little bit. ◆ **adj inv** [yeux] hazel ▸ **une noisette de beurre** a knob of butter.

noix [nwa] **nf** 1. walnut 2. [morceau] little bit ▸ **noix de cajou** cashew (nut) ▸ **noix de coco** coconut.

nom [nɔ̃] **nm** 1. name 2. GRAMM noun ▸ **nom commun** common noun ▸ **nom de famille** surname ▸ **nom de jeune fille** maiden name ▸ **nom propre** proper noun.

nomade [nɔmad] **nmf** nomad.

nombre [nɔ̃br] **nm** number ▸ **un grand nombre de** a great number of.

nombreux, euse [nɔ̃brø, øz] **adj** 1. [famille, groupe] large 2. [personnes, objets] many ▸ **peu nombreux** a) [groupe] small b) [personnes, objets] few ▸ **carte famille nombreuse** discount card *(for families with three or more children)*.

nombril [nɔ̃bril] **nm** navel.

nommer [3] [nɔme] **vt** 1. [appeler] to name 2. [à un poste] to appoint. ◆ **se nommer** **vp** to be called.

non [nɔ̃] **adv** no ▸ **non ?** [exprime la surprise] no (really)? ▸ **je crois que non** I don't think so ▸ **je ne suis pas content — moi non plus** I'm not happy — neither am I ▸ **je n'ai plus d'argent — moi**

non plus I haven't got any more money — neither have I ▸**non seulement..., mais...** not only..., but...

non-alcoolisé, e [nɔnalkɔlize] **adj** non-alcoholic.

nonante [nɔnɑ̃t] **num** BELG SUISSE ninety.

nonchalant, e [nɔ̃ʃalɑ̃, ɑ̃t] **adj** nonchalant.

non-fumeur, euse [nɔ̃fymœr, øz] **nm, f** nonsmoker.

nord [nɔr] **adj inv & nm** north ▸**au nord** in the north ▸**au nord de** north of.

nord-africain, e [nɔʀafʀikɛ̃, ɛn] (*mpl* **nord-africains**, *fpl* **nord-africaines**) **adj** North African. ◆ **Nord-Africain, e nm, f** North African.

nord-américain, e [nɔʀameʀikɛ̃, ɛn] (*mpl* **nord-américains**, *fpl* **nord-américaines**) **adj** North American. ◆ **Nord-Américain, e nm, f** North American.

nord-est [nɔrɛst] **adj inv & nm** northeast ▸**au nord-est** in the northeast ▸**au nord-est de** northeast of.

nordique [nɔrdik] **adj** **1.** Nordic **2.** QUÉBEC [du nord canadien] North Canadian.

nord-ouest [nɔrwɛst] **adj inv & nm** northwest ▸**au nord-ouest** in the northwest ▸**au nord-ouest de** northwest of.

normal, e, aux [nɔrmal, o] **adj** normal ▸**ce n'est pas normal** [pas juste] it's not on.

normale [nɔrmal] **nf : la normale** [la moyenne] the norm.

normalement [nɔrmalmɑ̃] **adv** normally.

normand, e [nɔrmɑ̃, ɑ̃d] **adj** Norman.

Normandie [nɔrmɑ̃di] **nf : la Normandie** Normandy.

norme [nɔrm] **nf** standard.

Norvège [nɔrvɛʒ] **nf : la Norvège** Norway.

norvégien, enne [nɔrveʒjɛ̃, ɛn] ◆ **adj** Norwegian. ◆ **nm** [langue] Norwegian. ◆ **Norvégien, enne nm, f** Norwegian.

nos adj pl → **notre**

nosocomial, e, aux [nozɔkɔmjal, o] **adj** nosocomial, contracted in hospital ▸**infection / maladie nosocomiale** hospital-acquired infection.

nostalgie [nɔstalʒi] **nf** nostalgia ▸**avoir la nostalgie de** to feel nostalgic about.

nostalgique [nɔstalʒik] **adj** nostalgic.

notable [nɔtabl] **adj & nm** notable.

notaire [nɔtɛr] **nm** lawyer.

notamment [nɔtamɑ̃] **adv** in particular.

notation [nɔtasjɔ̃] **nf** **1.** [système] notation **2.** SCOL marking, grading US **3.** FIN **: notation financière** credit ratings, rating.

note [nɔt] **nf** **1.** note **2.** SCOL mark **3.** [facture] bill UK, check US ▸**prendre des notes** to take notes.

noter [3] [nɔte] **vt** **1.** [écrire] to note (down) **2.** [élève, devoir] to mark UK, to grade US **3.** [remarquer] to note.

notice [nɔtis] **nf** [mode d'emploi] instructions *pl*.

notifier [9] [nɔtifje] **vt : notifier qqch à qqn** to notify sb of sthg.

notion [nosjɔ̃] **nf** notion ▸**avoir des notions de** to have a basic knowledge of.

notoriété [nɔtɔrjete] **nf** fame.

notre [nɔtr] (*pl* **nos** [no]) **adj** our.

nôtre [notr] ◆ **le nôtre, la nôtre** [lənotr, lanotr] (*pl* **les nôtres** [lenotr]) pron ours.

nouer [6] [nwe] vt **1.** [lacet, cravate] to tie **2.** [cheveux] to tie back.

nougat [nuga] nm nougat.

nougatine [nugatin] nf *hard sweet mixture of caramel and chopped almonds.*

nouilles [nuj] nfpl **1.** [type de pâtes] noodles **2.** *fam* [pâtes] pasta *sg.*

nounours [nunuʀs] nm *fam* teddy (bear).

nourrice [nuris] nf childminder.

nourrir [32] [nurir] vt to feed. ◆ **se nourrir** vp to eat ▸ **se nourrir de** to eat.

nourrissant, e [nurisɑ̃, ɑ̃t] adj nutritious.

nourrisson [nurisɔ̃] nm baby.

nourriture [nurityr] nf food.

nous [nu] pron pl **1.** [sujet] we **2.** [complément d'objet direct] us **3.** [complément d'objet indirect] (to) us **4.** [réciproque] each other **5.** [réfléchi] **: nous nous sommes habillés** we got dressed ▸ **nous-mêmes** ourselves.

nouveau, nouvelle [nuvo, nuvɛl] (*mpl* **nouveaux** [nuvo]) *(***nouvel** *[nuvɛl] devant voyelle ou h muet)* ◆ adj new. ◆ nm, f [dans une classe, un club] new boy (new girl) ▸ **rien de nouveau** nothing new ▸ **le nouvel an** New Year ▸ **à** ou **de nouveau** again.

nouveau-né, e [nuvone] (*mpl* **-s**) nm, f newborn baby.

nouveauté [nuvote] nf COMM new product.

nouvel adj m → **nouveau.**

nouvelle [nuvɛl] nf & adj f **1.** [information] (piece of) news **2.** [roman] short story ▸ **les nouvelles** [à la radio, à la télé] the news *sg* ▸ **avoir des nouvelles de qqn** to hear from sb. → **nouveau.**

Nouvelle-Calédonie [nuvɛlkaledɔni] nf **: la Nouvelle-Calédonie** New Caledonia.

Nouvelle-Zélande [nuvɛlzelɑ̃d] nf **: la Nouvelle-Zélande** New Zealand.

novembre [nɔvɑ̃br] nm November ▸ **en novembre, au mois de novembre** in November ▸ **début novembre** at the beginning of November ▸ **fin novembre** at the end of November ▸ **le deux novembre** the second of November.

noyade [nwajad] nf drowning.

noyau [nwajo] (*pl* **-x**) nm **1.** stone **2.** [petit groupe] small group.

noyé, e [nwaje] nm, f drowned person.

noyer [13] [nwaje] ◆ nm walnut tree. ◆ vt to drown. ◆ **se noyer** vp to drown.

NPI (*abr de* **nouveaux pays industrialisés**) nmpl NICs *(Newly Industrialized countries).*

nu, e [ny] adj **1.** [personne] naked **2.** [jambes, pièce, arbre] bare ▸ **pieds nus** barefoot ▸ **tout nu** stark naked ▸ **visible à l'œil nu** visible to the naked eye ▸ **nu-tête** bare-headed.

nuage [nɥaʒ] nm cloud.

nuageux, euse [nɥaʒø, øz] adj cloudy.

nuance [nɥɑ̃s] nf **1.** [teinte] shade **2.** [différence] nuance.

nubuck [nybyk] nm nubuck ▸ **des chaussures en nubuck** nubuck shoes.

nucléaire [nykleɛr] adj nuclear.

nudiste [nydist] nmf nudist.

nui [nɥi] pp → **nuire.**

nuire [97] [nɥir] ◆ **nuire à** v + prép to harm.

nuisette [nɥizɛt] **nf** short nightgown, babydoll nightgown.

nuisible [nɥizibl] **adj** harmful ▸ **nuisible à** harmful to.

nuit [nɥi] **nf** night ▸ **cette nuit a)** [dernière] last night **b)** [prochaine] tonight ▸ **la nuit** [tous les jours] at night ▸ **bonne nuit !** good night! ▸ **il fait nuit** it's dark ▸ **une nuit blanche** a sleepless night ▸ **de nuit** [travail, poste] night, at night.

nul, nulle [nyl] **adj** [mauvais, idiot] hopeless ▸ **être nul en qqch** to be hopeless at sthg ▸ **nulle part** nowhere.

numérique [nymerik] **adj** digital. → **appareil**.

numérisé, e [nymerize] **adj** digitalised.

numériser [3] [nymerize] **vt** to numerize, to digitize US, to digitise UK.

numéro [nymero] **nm 1.** number **2.** [d'une revue] issue **3.** [spectacle] act ▸ **numéro de compte** account number ▸ **numéro d'immatriculation** registration number ▸ **numéro de téléphone** telephone number ▸ **numéro vert** ≃ freefone number UK ; ≃ 800 number US.

numéroter [3] [nymerɔte] **vt** to number ▸ **place numérotée** [au spectacle] numbered seat.

nunuche [nynyʃ] **adj** *fam* goofy, dumb.

nu-pieds [nypje] **nm inv** sandal.

nuque [nyk] **nf** nape.

nutritif, ive [nytritif, iv] **adj** nutritious.

nutrition [nytrisjɔ̃] **nf** nutrition, feeding.

Nylon® [nilɔ̃] **nm** nylon.

Oo

O (*abr écrite de* **ouest**) W *(west)*.

oasis [ɔazis] **nf** oasis.

obéir [32] [ɔbeir] **vi** to obey ▸ **obéir à** to obey.

obéissant, e [ɔbeisɑ̃, ɑ̃t] **adj** obedient.

obèse [ɔbɛz] **adj** obese.

obésité [ɔbezite] **nf** obesity.

objectif, ive [ɔbʒɛktif, iv] ◆ **adj** objective. ◆ **nm 1.** [but] objective **2.** [d'appareil photo] lens.

objection [ɔbʒɛksjɔ̃] **nf** objection.

objet [ɔbʒɛ] **nm 1.** object **2.** [sujet] subject ▸ **(bureau des) objets trouvés** lost property (office) UK, lost-and-found office US ▸ **objets de valeur** valuables.

obligation [ɔbligasjɔ̃] **nf** obligation ▸ **être dans l'obligation de** to be obliged to.

obligatoire [ɔbligatwar] **adj** compulsory.

obligatoirement [ɔbligatwarmɑ̃] **adv** necessarily ▸ **il doit obligatoirement avoir son diplôme pour s'inscrire** he must have his degree to enrol.

obligé, e [ɔbliʒe] **adj** *fam* [inévitable] **: c'est obligé** that's for sure ▸ **être obligé de faire qqch** to be obliged to do sthg.

obliger [17] [ɔbliʒe] **vt : obliger qqn à faire qqch** to force sb to do sthg.

oblique [ɔblik] **adj** oblique.

oblitérer [18] [ɔblitere] **vt** [ticket] to punch.

obscène [ɔpsɛn] **adj** obscene.

obscur, e [ɔpskyr] **adj** **1.** dark **2.** [incompréhensible, peu connu] obscure.

obscurcir [32] [ɔpskyrsir] ◆ **s'obscurcir** **vp** to grow dark.

obscurité [ɔpskyrite] **nf** darkness.

obséder [18] [ɔpsede] **vt** to obsess ▸ **être obsédé par** to be obsessed by.

obsèques [ɔpsɛk] **nfpl** *sout* funeral *sg* ▸ **assister aux obsèques de qqn** to go to sb's funeral.

observateur, trice [ɔpsɛrvatœr, tris] **adj** observant.

observation [ɔpsɛrvasjɔ̃] **nf** **1.** remark **2.** [d'un phénomène] observation.

observatoire [ɔpsɛrvatwar] **nm** observatory.

observer [3] [ɔpsɛrve] **vt** to observe.

obsession [ɔpsesjɔ̃] **nf** obsession.

obstacle [ɔpstakl] **nm** **1.** obstacle **2.** [en équitation] fence.

obstiné, e [ɔpstine] **adj** obstinate.

obstiner [3] [ɔpstine] ◆ **s'obstiner** **vp** to insist ▸ **s'obstiner à faire qqch** to persist (stubbornly) in doing sthg.

obstruer [3] [ɔpstrye] **vt** to block.

obtenir [40] [ɔptənir] **vt** **1.** [récompense, faveur] to get, to obtain **2.** [résultat] to reach.

obtenu, e [ɔptəny] **pp** → **obtenir**.

obturateur [ɔptyratœr] **nm** [d'appareil photo] shutter.

obus [ɔby] **nm** shell.

OC (*abr écrite de* **ondes courtes**) SW (*short wave*).

occasion [ɔkazjɔ̃] **nf** **1.** [chance] chance **2.** [bonne affaire] bargain ▸ **avoir l'occasion de faire qqch** to have the chance to do sthg ▸ **à l'occasion de** on the occasion of ▸ **d'occasion** second-hand.

occasionnel, elle [ɔkazjɔnɛl] **adj** occasional.

occasionnellement [ɔkazjɔnɛlmɑ̃] **adv** occasionally, every now and then, from time to time.

occasionner [3] [ɔkazjɔne] **vt** to cause.

Occident [ɔksidɑ̃] **nm** : **l'Occident** POL the West.

occidental, e, aux [ɔksidɑ̃tal, o] **adj** **1.** [partie, région] western **2.** POL Western.

occidentaliser [3] [ɔksidɑ̃talize] **vt** to westernize.

occupation [ɔkypasjɔ̃] **nf** occupation.

occupé, e [ɔkype] **adj** **1.** busy **2.** [place] taken **3.** [toilettes] engaged **4.** [ligne de téléphone] engaged UK, busy US ▸ **ça sonne occupé** the line's engaged UK, the line's busy US

occuper [3] [ɔkype] **vt** **1.** to occupy **2.** [poste, fonctions] to hold ▸ **ça l'occupe** it keeps him busy. ◆ **s'occuper** **vp** [se distraire] to occupy o.s. ◆ **s'occuper de** **vp + prép** **1.** [avoir pour responsabilité ou tâche] to be in charge of, to take care of **2.** [entourer de soins] to look after, to care for ▸ **je m'en occuperai dès demain matin** I'll take care of it first thing in the morning ▸ **je m'occupe de jeunes délinquants** I'm in charge of young offenders ▸ **on s'occupe de vous, Madame ?** are you being served, Madam? ▸ **s'occuper d'un bébé** to look after a baby.

occurrence [ɔkyrɑ̃s] ◆ **en l'occurrence** **adv** in this case.

océan [ɔseɑ̃] **nm** ocean.

Océanie [ɔseani] **nf : l'Océanie** Oceania.

ocre [ɔkr] **adj inv** ochre.

octane [ɔktan] **nm : indice d'octane** octane rating.

octante [ɔktɑ̃t] **num** BELG eighty.

octet [ɔktɛ] **nm** byte.

octobre [ɔktɔbr] **nm** October ▸ **en octobre, au mois de octobre** in October ▸ **début octobre** at the beginning of October ▸ **fin octobre** at the end of October ▸ **le deux octobre** the second of October.

octogonal, e, aux [ɔktɔgɔnal, o] **adj** octagonal.

oculiste [ɔkylist] **nmf** ophthalmologist.

odeur [ɔdœr] **nf** smell ▸ **bonne / mauvaise odeur** nice / bad smell.

odieux, euse [ɔdjø, øz] **adj** hateful.

odorat [ɔdɔra] **nm** (sense of) smell.

œil [œj] (*pl* **yeux** [jø]) **nm** eye ▸ **à l'œil** *fam* for nothing ▸ **avoir qqn à l'œil** *fam* to have one's eye on sb ▸ **mon œil !** *fam* my foot!

œillet [œjɛ] **nm 1.** carnation **2.** [de chaussure] eyelet.

œsophage [ezɔfaʒ] **nm** oesophagus.

œuf [œf] (*pl* **œufs** [ø]) **nm** egg ▸ **œuf à la coque** boiled egg ▸ **œuf dur** hard-boiled egg ▸ **œuf de Pâques** Easter egg ▸ **œuf poché** poached egg ▸ **œuf sur le plat** fried egg ▸ **œufs brouillés** scrambled eggs ▸ **œufs à la neige** *cold dessert of beaten egg whites served on custard.*

œuvre [œvr] **nf** work ▸ **mettre qqch en œuvre** to make use of sthg ▸ **œuvre d'art** work of art.

offenser [3] [ɔfɑ̃se] **vt** to offend.

offert, e [ɔfɛr, ɛrt] **pp** → **offrir**.

office [ɔfis] **nm 1.** [organisme] office **2.** [messe] service ▸ **faire office de** to act as ▸ **office de tourisme** tourist office ▸ **d'office** automatically.

officiel, elle [ɔfisjɛl] **adj** official.

officiellement [ɔfisjɛlmɑ̃] **adv** officially.

officier [ɔfisje] **nm** officer.

offre [ɔfr] **nf** offer ▸ **offres d'emploi** situations vacant ▸ **'offre spéciale'** 'special offer'.

offrir [34] [ɔfrir] **vt : offrir qqch à qqn a)** [en cadeau] to give sthg to sb **b)** [mettre à sa disposition] to offer sthg to sb ▸ **offrir (à qqn) de faire qqch** to offer to do sthg (for sb). ◆ **s'offrir vp** [cadeau, vacances] to treat o.s. to.

OGM (*abr de* **organisme génétiquement modifié**) **nm** GMO *(genetically modified organism).*

oie [wa] **nf** goose.

oignon [ɔɲɔ̃] **nm 1.** onion **2.** [de fleur] bulb ▸ **petits oignons** pickling onions.

oiseau [wazo] (*pl* **-x**) **nm** bird.

OK [ɔkɛ] **interj** OK!

ola [ɔla] **nf** Mexican wave UK, wave US.

olive [ɔliv] **nf** olive ▸ **olive noire** black olive ▸ **olive verte** green olive.

olivier [ɔlivje] **nm** olive tree.

olympique [ɔlɛ̃pik] **adj** Olympic.

Oman [ɔman] **n** Oman.

ombragé, e [ɔ̃braʒe] **adj** shady.

ombre [ɔ̃br] **nf 1.** [forme] shadow **2.** [obscurité] shade ▸ **à l'ombre (de)** in the shade (of) ▸ **ombres chinoises**

shadow theatre ▸ **ombre à paupières** eye shadow.

ombrelle [ɔ̃brɛl] **nf** parasol.

OMC (*abr de* Organisation mondiale du commerce) **nf** WTO *(World Trade Organization)*.

omelette [ɔmlɛt] **nf** omelette ▸ **omelette norvégienne** baked Alaska.

omission [ɔmisjɔ̃] **nf** omission.

omnibus [ɔmnibys] **nm : (train) omnibus** slow train UK, local train US.

omoplate [ɔmɔplat] **nf** shoulder blade.

on [ɔ̃] **pron 1.** [quelqu'un] somebody **2.** [les gens] people **3.** *fam* [nous] we ▸ **on n'a pas le droit de fumer ici** you're not allowed to smoke here.

oncle [ɔ̃kl] **nm** uncle.

onctueux, euse [ɔ̃ktɥø, øz] **adj** creamy.

onde [ɔ̃d] **nf** TECH wave ▸ **grandes ondes** long wave *sg* ▸ **ondes courtes / moyennes** short / medium wave *sg*.

ondulé, e [ɔ̃dyle] **adj** [cheveux] wavy ▸ **tôle ondulée** corrugated iron.

ongle [ɔ̃gl] **nm** nail ▸ **ongle incarné** an ingrowing toenail.

ont [ɔ̃] **3ᵉ pers. du pl de l'ind. prés. → avoir.**

ONU [ɔny] **nf** (*abr de* Organisation des Nations unies) UN *(United Nations)*.

onze [ɔ̃z] **num** eleven ▸ **il a onze ans** he's eleven (years old) ▸ **il est onze heures** it's eleven o'clock ▸ **le onze janvier** the eleventh of January ▸ **page onze** page eleven ▸ **ils étaient onze** there were eleven of them ▸ **(au) onze rue Lepic** at / to eleven, rue Lepic.

onzième [ɔ̃zjɛm] **num** eleventh ▸ **le onzième étage** eleventh floor UK, twelfth floor US ▸ **le onzième (arrondissement)** eleventh arrondissement ▸ **il est arrivé onzième** he came eleventh.

opaque [ɔpak] **adj** opaque.

opéra [ɔpera] **nm** opera.

opérateur, trice [ɔperatœr, tris] **nm, f** [au téléphone] operator.

opération [ɔperasjɔ̃] **nf 1.** MATH calculation **2.** [chirurgicale] operation **3.** [financière, commerciale] deal.

opérer [18] [ɔpere] ◆ **vt** [malade] to operate on. ◆ **vi** [médicament] to take effect ▸ **se faire opérer** to have an operation ▸ **se faire opérer du cœur** to have heart surgery.

opérette [ɔperɛt] **nf** operetta.

ophtalmo [ɔftalmo] **nmf** *fam* ophtalmologist, eye specialist.

ophtalmologiste [ɔftalmɔlɔʒist] **nmf** ophthalmologist.

opinion [ɔpinjɔ̃] **nf** opinion ▸ **l'opinion (publique)** public opinion.

opportun, e [ɔpɔrtœ̃, yn] **adj** opportune.

opportuniste [ɔpɔrtynist] **adj** opportunist.

opposant, e [ɔpozɑ̃, ɑ̃t] **nm, f : opposant (à)** opponent (of).

opposé, e [ɔpoze] **adj & nm** opposite ▸ **opposé à** a) [inverse] opposite b) [hostile à] opposed to ▸ **à l'opposé de** a) [du côté opposé à] opposite b) [contrairement à] unlike.

opposer [3] [ɔpoze] **vt 1.** [argument] to put forward **2.** [résistance] to put up **3.** [personnes, équipes] to pit against each other. ◆ **s'opposer** vp [s'affronter] to clash ▸ **s'opposer à** to oppose.

opposition [ɔpozisjɔ̃] **nf** 1. [différence] contrast 2. [désapprobation] opposition 3. POL Opposition ▸ **faire opposition (à un chèque)** to stop a cheque ▸ **faire opposition sur une carte bancaire** to cancel a bank card.

oppressant, e [ɔpʀesɑ̃, ɑ̃t] **adj** oppressive.

oppresser [4] [ɔpʀese] **vt** [étouffer] to suffocate, to stifle.

oppression [ɔpresjɔ̃] **nf** oppression.

opprimer [3] [ɔprime] **vt** to oppress.

opter [3] [ɔpte] **vi : opter pour** to opt for.

opticien, enne [ɔptisjɛ̃, ɛn] **nm, f** optician.

optimisme [ɔptimism] **nm** optimism.

optimiste [ɔptimist] ◆ **adj** optimistic. ◆ **nmf** optimist.

option [ɔpsjɔ̃] **nf** 1. SCOL option 2. [accessoire] optional extra ▸ **en option** [accessoire] as an (optional) extra.

optionnel, elle [ɔpsjɔnɛl] **adj** optional.

optique [ɔptik] ◆ **adj** [nerf] optic. ◆ **nf** [point de vue] point of view.

or [ɔr] ◆ **conj** but, now. ◆ **nm** gold ▸ **en or** gold.

orage [ɔraʒ] **nm** storm.

orageux, euse [ɔraʒø, øz] **adj** stormy.

oral, e, aux [ɔral, o] **adj & nm** oral ▸ **'voie orale'** 'to be taken orally'.

orange [ɔrɑ̃ʒ] **adj inv, nm & nf** orange ▸ **orange pressée** freshly squeezed orange juice.

orangeade [ɔrɑ̃ʒad] **nf** orange squash.

oranger [ɔrɑ̃ʒe] **nm** orange tree. → **fleur**.

orbite [ɔrbit] **nf** 1. [de planète] orbit 2. [de l'œil] (eye) socket.

Orcades [ɔrkad] **nfpl : les Orcades** the Orkney Islands, the Orkneys.

orchestre [ɔrkɛstr] **nm** 1. orchestra 2. [au théâtre] stalls *pl* UK, orchestra US.

orchidée [ɔrkide] **nf** orchid.

ordi [ɔʀdi] (*abr de* **ordinateur**) **nm** *fam* computer.

ordinaire [ɔrdinɛr] ◆ **adj** 1. [normal] normal 2. [banal] ordinary. ◆ **nm** [essence] ≃ two-star petrol UK ; ≃ regular US ▸ **sortir de l'ordinaire** to be out of the ordinary ▸ **d'ordinaire** usually.

ordinateur [ɔrdinatœr] **nm** computer ▸ **ordinateur de poche** palmtop ▸ **ordinateur portable** laptop.

ordonnance [ɔrdɔnɑ̃s] **nf** [médicale] prescription ▸ **sur ordonnance** on prescription.

ordonné, e [ɔrdɔne] **adj** tidy.

ordonner [3] [ɔrdɔne] **vt** 1. [commander] to order 2. [ranger] to put in order ▸ **ordonner à qqn de faire qqch** to order sb to do sthg.

ordre [ɔrdr] **nm** 1. order 2. [organisation] tidiness ▸ **donner l'ordre de faire qqch** to give the order to do sthg ▸ **jusqu'à nouvel ordre** until further notice ▸ **en ordre** in order ▸ **mettre de l'ordre dans qqch** to tidy up sthg ▸ **dans l'ordre** in order ▸ **à l'ordre de** [chèque] payable to.

ordures [ɔrdyr] **nfpl** rubbish *sg* UK, garbage *sg* US.

oreille [ɔrɛj] **nf** ear.

oreiller [ɔrɛje] **nm** pillow.

oreillons [ɔrɛjɔ̃] **nmpl** mumps *sg.*

organe [ɔrgan] **nm** [du corps] organ.

organigramme [ɔʀganigʀam] **nm** [hiérarchique] organization chart.

organique [ɔʀganik] **adj** organic.

organisateur, trice [ɔrganizatœr, tris] **nm, f** organizer.

organisation [ɔrganizasjɔ̃] **nf** organization ▸ **organisation mondiale du commerce** World Trade Organization.

organisé, e [ɔrganize] **adj** organized.

organiser [3] [ɔrganize] **vt** to organize. ◆ **s'organiser** **vp** to get (o.s.) organized.

organisme [ɔrganism] **nm** **1.** [corps] organism **2.** [organisation] body.

orge [ɔrʒ] **nf** → **sucre**.

orgue [ɔrg] **nm** organ ▸ **orgue de Barbarie** barrel organ.

orgueil [ɔrgœj] **nm** pride.

orgueilleux, euse [ɔrgœjø, øz] **adj** proud.

Orient [ɔrjɑ̃] **nm : l'Orient** the Orient.

oriental, e, aux [ɔrjɑ̃tal, o] **adj** **1.** [de l'Orient] oriental **2.** [partie, région] eastern.

orientation [ɔrjɑ̃tasjɔ̃] **nf** **1.** [direction] direction **2.** [d'une maison] aspect **3.** SCOL [conseil] careers guidance.

orienter [3] [ɔrjɑ̃te] **vt** **1.** to direct **2.** SCOL to guide. ◆ **s'orienter** **vp** [se repérer] to get one's bearings ▸ **s'orienter vers** **a)** [se tourner vers] to move towards **b)** SCOL to take.

orifice [ɔrifis] **nm** orifice.

origan [ɔʀigɑ̃] **nm** oregano.

originaire [ɔriʒinɛr] **adj : être originaire de** to come from.

original, e, aux [ɔriʒinal, o] ◆ **adj** **1.** original **2.** [excentrique] eccentric. ◆ **nm, f** eccentric. ◆ **original** **nm** [peinture, écrit] original.

originalité [ɔriʒinalite] **nf** **1.** originality **2.** [excentricité] eccentricity.

origine [ɔriʒin] **nf** origin ▸ **être à l'origine de qqch** to be behind sthg ▸ **à l'origine** originally ▸ **d'origine** [ancien] original ▸ **pays d'origine** native country.

ORL **nmf** (*abr de* **oto-rhino-laryngologiste**) ENT specialist *(Ear, Nose and Throat).*

ornement [ɔrnəmɑ̃] **nm** ornament.

orner [3] [ɔrne] **vt** to decorate ▸ **orner qqch de** to decorate sthg with.

ornière [ɔrnjɛr] **nf** rut.

orphelin, e [ɔrfəlɛ̃, in] **nm, f** orphan.

orphelinat [ɔrfəlina] **nm** orphanage.

orque [ɔʀk] **nf** killer whale.

Orsay [ɔrsɛ] **n : le musée d'Orsay** *museum in Paris specializing in 19th-century art.*

ⓘ Le musée d'Orsay

Located in a former railway station overlooking the Seine on Paris' left bank, the **Musée d'Orsay** houses works from the second half of the nineteenth century and early twentieth century, covering a period from the end of Romanticism at the beginning of Fauvism. Its originality lies in its interdisciplinary collection featuring painting and sculpture, as well as decorative arts, photography and architecture

orteil [ɔrtɛj] **nm** toe ▸ **gros orteil** big toe.

orthographe [ɔrtɔgraf] **nf** spelling.

orthophoniste [ɔrtɔfɔnist] **nmf** speech therapist.

ortie [ɔrti] **nf** nettle.

os [ɔs] (*pl* **os** [o]) **nm** bone.

osciller [3] [ɔsile] **vi 1.** [se balancer] to sway **2.** [varier] to vary.

osé, e [oze] **adj** daring.

oseille [ozɛj] **nf** sorrel.

oser [3] [oze] **vt : oser faire qqch** to dare (to) do sthg.

osier [ozje] **nm** wicker.

Oslo [ɔslo] **n** Oslo.

osselets [ɔslɛ] **nmpl** [jeu] jacks.

otage [ɔtaʒ] **nm** hostage ▸ **prendre qqn en otage** to take sb hostage.

otarie [ɔtari] **nf** sea lion.

ôter [3] [ote] **vt** to take off ▸ **ôter qqch à qqn** to take sthg away from sb ▸ **ôter qqch de qqch** to take sthg off sthg ▸ **3 ôté de 10 égale 7** 3 from 10 is 7.

otite [ɔtit] **nf** ear infection.

oto-rhino-laryngologiste [ɔtɔrinɔlarɛ̃gɔlɔʒist] (*pl* **oto-rhino-laryngologistes**) **nmf** ear, nose and throat specialist.

Ottawa [ɔtawa] **n** Ottawa.

ou [u] **conj** or ▸ **ou bien** or else ▸ **ou... ou** either... or.

où [u] ◆ **adv 1.** [pour interroger] where ▸ **où habitez-vous ?** where do you live? ▸ **d'où êtes-vous ?** where are you from? ▸ **par où faut-il passer ?** how do you get there? **2.** [dans une interrogation indirecte] where ▸ **nous ne savons pas où dormir** we don't know where to sleep
◆ **pron 1.** [spatial] where ▸ **le village où j'habite** the village where I live, the village I live in ▸ **le pays d'où je viens** the country I come from ▸ **la région où nous sommes allés** the region we went to ▸ **la ville par où nous venons de passer** the town we've just gone through **2.** [temporel] **: le jour où...** the day (that)... ▸ **juste au moment où...** at the very moment (that)...

ouate [wat] **nf** cotton wool.

oubli [ubli] **nm** oversight.

oublier [10] [ublije] **vt 1.** to forget **2.** [laisser quelque part] to leave (behind) ▸ **oublier de faire qqch** to forget to do sthg.

oubliettes [ublijɛt] **nfpl** dungeon *sg*.

ouest [wɛst] **adj inv** & **nm** west ▸ **à l'ouest** in the west ▸ **à l'ouest de** west of.

ouf [uf] **interj** phew!

Ouganda [ugɑ̃da] **nm : (l')Ouganda** Uganda.

oui [wi] **adv** yes ▸ **je pense que oui** I think so.

ouïe [wi] **nf** hearing. ◆ **ouïes nfpl** [de poisson] gills.

ouragan [uragɑ̃] **nm** hurricane.

ourlet [urlɛ] **nm** hem.

ours [urs] **nm** bear ▸ **ours en peluche** teddy bear.

oursin [ursɛ̃] **nm** sea urchin.

outil [uti] **nm** tool ▸ **boîte** ou **caisse à outils** toolbox.

outillage [utijaʒ] **nm** tools *pl*.

outre [utr] **prép** as well as ▸ **en outre** moreover ▸ **outre mesure** unduly.

outré, e [utre] **adj** indignant.

outre-mer [utrəmɛr] **adv** overseas.

ouvert, e [uvɛr, ɛrt] ◆ **pp** → **ouvrir.** ◆ **adj** open ▸ **'ouvert le lundi'** 'open on Mondays'.

ouvertement [uvɛrtəmɑ̃] **adv** openly.

ouverture [uvɛrtyr] **nf** opening.

ouvrable [uvrabl] **adj** → **jour.**

ouvrage [uvraʒ] **nm** work.

ouvré, e [uvre] **adj : jour ouvré** working day UK, workday.

ouvre-boîtes [uvrəbwat] **nm inv** tin opener.

ouvre-bouteilles [uvrəbutɛj] **nm inv** bottle opener.

ouvreur, euse [uvrœr, øz] **nm, f** usher (usherette).

ouvrier, ère [uvrije, ɛr] ◆ **adj** working-class. ◆ **nm, f** worker.

ouvrir [34] [uvrir] ◆ **vt 1.** to open **2.** [robinet] to turn on. ◆ **vi** to open. ◆ **s'ouvrir vp** to open.

Ouzbékistan [uzbekistɑ̃] **nm : (l')Ouzbékistan** Uzbekistan.

ovaire [ɔvɛr] **nm** ovary.

ovale [ɔval] **adj** oval.

OVNI, Ovni [ɔvni] (*abr de* **objet volant non identifié**) **nm** UFO (*unidentified flying object*).

oxyder [3] [ɔkside] ◆ **s'oxyder vp** to rust.

oxygène [ɔksiʒɛn] **nm** oxygen.

oxygénée [ɔksiʒene] **adj f** → **eau.**

ozone [ozɔn] **nm** ozone ▸ **couche d'ozone** ozone layer.

Pp

pacifique [pasifik] **adj** peaceful ▸ **l'océan Pacifique, le Pacifique** the Pacific (Ocean).

pack [pak] **nm** [de bouteilles] pack.

PACS [paks] (*abr de* **Pacte civil de solidarité**) **nm** Civil Solidarity Pact ; *civil contract conferring marital rights on the contracting parties.*

pacsé, e [pakse] **nm, f** *fam person who has signed a PACS agreement* ; ≃ (life) partner.

pacser [3] [pakse] ◆ **se pacser vp** to register a civil partnership.

pacte [pakt] **nm** pact.

paella [paela] **nf** paella.

pagaille [pagaj] **nf** *fam* mess.

pagayer [11] [pageje] **vi** to paddle.

page [paʒ] **nf** page ▸ **page de garde** flyleaf ▸ **les pages jaunes** the Yellow Pages.

paie[1] [pɛ] **nf** = **paye.**

paie[2] [pɛ] **1re et 3e pers. du sg de l'ind. prés.** → **payer.**

paiement [pɛmɑ̃] **nm** payment.

paillasson [pajasɔ̃] **nm** doormat.

paille [paj] **nf** straw.

paillette [pajɛt] **nf** sequin.

paillote [pajɔt] **nf** straw hut.

pain [pɛ̃] **nm** bread ▸ **un pain** a loaf (of bread) ▸ **pain au chocolat** *sweet flaky pastry with chocolate filling* ▸ **pain complet** wholemeal bread UK, wholewheat bread US ▸ **pain doré** Québec French toast ▸ **pain d'épice** ≃ gingerbread ▸ **pain de mie** sandwich bread ▸ **pain perdu** French toast ▸ **(mini) pain aux raisins** *(small) sweet pastry containing raisins, rolled into a spiral shape.*

ⓘ le pain

French bread isn't just all baguettes: there are more than thirty different types of bread of all shapes and sizes produced in France. A typical selection in a bakery will include variations on the baguette such the **ficelle** (thin loaf), the **bâtard** (short loaf) and the **épi** (wheat stalk bread), as well as **pains de campagne** (farmhouse loaves), **pains fantaisie** (fancy breads) and **pains spéciaux** (speciality breads).

pair, e [pɛr] ◆ **adj** MATH even. ◆ **nm : jeune fille au pair** au pair.

paire [pɛr] **nf** pair ▸ **une paire de ciseaux** a pair of scissors.

paisible [pezibl] **adj** **1.** [endroit] peaceful **2.** [animal] tame.

paître [31] [pɛtr] **vi** to graze.

paix [pɛ] **nf** peace ▸ **avoir la paix** to have peace and quiet.

Pakistan [pakistɑ̃] **nm : le Pakistan** Pakistan.

pakistanais, e [pakistanɛ, ɛz] **adj** Pakistani.

palace [palas] **nm** luxury hotel.

palais [palɛ] **nm** **1.** [résidence] palace **2.** ANAT palate ▸ **Palais de justice** law courts.

pâle [pal] **adj** pale.

Palestine [palɛstin] **nf : la Palestine** Palestine.

palestinien, enne [palɛstinjɛ̃, ɛn] **adj** Palestinian. ◆ **Palestinien, enne** **nm, f** Palestinian.

palette [palɛt] **nf** **1.** [de peintre] palette **2.** [viande] shoulder.

palier [palje] **nm** landing.

pâlir [32] [palir] **vi** to turn pale.

palissade [palisad] **nf** fence.

palm [palm] **nm** PDA *(Personal Digital Assistant).*

palmarès [palmarɛs] **nm** **1.** [de victoires] record **2.** [de chansons] pop charts *pl* ▸ **avoir de nombreuses victoires à son palmarès** to have numerous victories to one's credit.

palme [palm] **nf** [de plongée] flipper.

palmé, e [palme] **adj** [pattes] webbed.

palmier [palmje] **nm** **1.** [arbre] palm tree **2.** [gâteau] *large, heart-shaped, hard dry biscuit.*

palourde [palurd] **nf** clam.

palper [3] [palpe] **vt** to feel.

palpitant, e [palpitɑ̃, ɑ̃t] **adj** thrilling.

palpiter [3] [palpite] **vi** to pound.

paludisme [palydism] **nm** malaria.

pamplemousse [pɑ̃pləmus] **nm** grapefruit.

pan [pɑ̃] **nm** [de chemise] shirt tail ▸ **pan de mur** wall.

panaché [panaʃe] **nm : (demi) panaché** shandy.

Panamá [panama] ◆ **nm** [pays] **: le Panamá** Panama ▸ **le canal de Panamá** the Panama Canal ▸ **l'isthme de Panamá** the Isthmus of Panama. ◆ **n** [ville] Panama City.

panaris [panari] **nm** finger infection.

pan-bagnat [pɑ̃baɲa] (*pl* **pans-bagnats**) **nm** *roll filled with lettuce, tomatoes, anchovies and olives.*

pancarte [pɑ̃kart] **nf** **1.** [de manifestation] placard **2.** [de signalisation] sign.

pancréas [pɑ̃kʀeas] **nm** pancreas.

pandémie [pɑ̃demi] **nf** pandemic.

pané, e [pane] **adj** in breadcrumbs, breaded.

panier [panje] **nm** basket ▸ **panier à provisions** shopping basket.

panier-repas [panjerəpa] (*pl* **paniers-repas**) **nm** packed lunch.

panini [panini] (*pl* **paninis**) **nm** panini.

panique [panik] **nf** panic.

paniquer [3] [panike] **vt & vi** to panic.

panne [pan] **nf** breakdown ▸ **être en panne** to have broken down ▸ **tomber en panne** to break down ▸ **panne d'électricité** ou **de courant** power failure ▸ **tomber en panne d'essence** ou **sèche** to run out of petrol ▸ **'en panne'** 'out of order'.

panneau [pano] (*pl* **-x**) **nm** **1.** [d'indication] sign **2.** [de bois, de verre] panel ▸ **panneau d'affichage** notice board UK, bulletin board US ▸ **panneau de signalisation** road sign ▸ **panneau solaire** solar panel.

panoplie [panɔpli] **nf** **1.** [déguisement] outfit **2.** [collection] range.

panorama [panɔrama] **nm** panorama.

pansement [pɑ̃smɑ̃] **nm** bandage ▸ **pansement adhésif** (sticking) plaster UK, Band-Aid® US.

pantacourt [pɑ̃takuʀ] **nm** capri pants, capris, clamdiggers.

pantalon [pɑ̃talɔ̃] **nm** trousers *pl* UK, pants *pl* US, pair of trousers UK, pair of pants US.

panthère [pɑ̃tɛr] **nf** panther.

pantin [pɑ̃tɛ̃] **nm** puppet.

pantoufle [pɑ̃tufl] **nf** slipper.

PAO (*abr de* **programmation assiste par ordinateur**) **nf** DTP *(desktop publishing).*

paon [pɑ̃] **nm** peacock.

papa [papa] **nm** dad.

papaye [papaj] **nf** papaya, pawpaw.

pape [pap] **nm** pope.

papet [papɛ] **nm : papet vaudois** *stew of leeks and potatoes plus sausage made from cabbage and pigs' liver, a speciality of the canton of Vaud in Switzerland.*

papeterie [papɛtri] **nf** [magasin] stationer's.

papi [papi] **nm** *fam* grandad.

papier [papje] **nm** **1.** paper **2.** [feuille] piece of paper ▸ **papier alu** aluminium UK ou aluminum US foil ▸ **papier cadeau** gift wrap ▸ **papier d'emballage** wrapping paper ▸ **papier à en-tête** headed paper ▸ **papier hygiénique** ou **toilette** toilet paper ▸ **papier à lettres** writing paper ▸ **papier peint** wallpaper ▸ **papier de verre** sandpaper ▸ **papiers (d'identité)** (identity) papers.

papillon [papijɔ̃] **nm** butterfly ▸ **(brasse) papillon** butterfly (stroke).

papillote [papijɔt] **nf : en papillote** CULIN *baked in foil or greaseproof paper.*

papoter [3] [papɔte] **vi** to chatter.

paquebot [pakbo] **nm** liner.

pâquerette [pakrɛt] **nf** daisy.

Pâques [pak] **nm** Easter.

ⓘ Les cloches de Pâques

In France, Easter is traditionally symbolized not only by eggs but also by bells; according to legend, church bells fly to Rome at Easter.

paquet [pakɛ] **nm** **1.** [colis] parcel, package **2.** [de cigarettes, de chewing-gum] packet **3.** [de cartes] pack ▸ **je vous fais un paquet-cadeau ?** shall I gift-wrap it for you?

par [par] ◆ **prép** **1.** [à travers] through ▸ **passer par** to go through ▸ **regarder par la fenêtre** to look out of the window **2.** [indique le moyen] by ▸ **voyager par (le) train** to travel by train **3.** [introduit l'agent] by ▸ **le logiciel est protégé par un code** the software is code-protected **4.** [indique la cause] by ▸ **par accident** by accident ▸ **faire qqch par amitié** to do sthg out of friendship **5.** [distributif] per, a ▸ **deux comprimés par jour** two tablets a day ▸ **30 euros par personne** 30 euros per person ▸ **un par un** one by one **6.** [dans des expressions] **: par endroits** in places ▸ **par moments** sometimes ▸ **par-ci par-là** here and there.

paraben [parabɛn] **nm** paraben ▸ **sans paraben** paraben-free.

parabolique [parabɔlik] **adj** → **antenne**.

paracétamol [parasetamɔl] **nm** paracetamol.

parachute [paraʃyt] **nm** parachute.

parachutiste [paraʃytist] **nmf** parachutist ; MIL paratrooper.

parade [parad] **nf** [défilé] parade.

paradis [paradi] **nm** paradise ▸ **paradis fiscal** tax haven.

paradoxal, e, aux [paradɔksal, o] **adj** paradoxical.

paradoxe [paradɔks] **nm** paradox.

parages [paraʒ] **nmpl : dans les parages** in the area.

paragraphe [paragraf] **nm** paragraph.

Paraguay [paragwɛ] **nm : le Paraguay** Paraguay.

paraître [91] [parɛtr] **vi** **1.** [sembler] to seem **2.** [apparaître] to appear **3.** [livre] to be published ▸ **il paraît que** it would appear that.

parallèle [paralɛl] **adj & nm** parallel ▸ **parallèle à** parallel to.

paralympique [paralɛ̃pik] **adj** Paralympic.

paralysé, e [paralize] **adj** paralysed UK, paralyzed US ▸ **être paralysé de peur** to be petrified.

paralyser [3] [paralize] **vt** to paralyse.

paralysie [paralizi] **nf** paralysis.

paramétrer [18] [parametre] **vt** INFORM to set, to program.

parapente [parapɑ̃t] **nm** paragliding.

parapet [parapɛ] **nm** parapet.

parapharmacie [parafarmasi] **nf** (non-pharmaceutical) chemist's UK ou druggist's US products.

parapluie [paraplɥi] **nm** umbrella.

parasite [parazit] **nm** parasite. ◆ **parasites** **nmpl** [perturbation] interference *sg*.

parasol [parasɔl] **nm** parasol.

paratonnerre [paratɔnɛr] **nm** lightning conductor.

paravent [paravɑ̃] **nm** screen.

parc [park] **nm** **1.** park **2.** [de bébé] playpen ▸ **parc animalier** animal park ▸ **parc d'attractions** amusement park ▸ **parc automobile** total number of cars on the roads ▸ **parc de stationnement** car park UK, parking lot US ▸ **parc zoologique** zoological gardens *pl.*

parce que [parsk(ə)] **conj** because.

parchemin [parʃəmɛ̃] **nm** parchment.

parcmètre [parkmɛtr] **nm** parking meter.

parcourir [45] [parkurir] **vt** **1.** [distance] to cover **2.** [lieu] to go all over **3.** [livre, article] to glance through.

parcours [parkur] **nm** [itinéraire] route ▸ **parcours santé** *trail in the countryside where signs encourage people to do exercises for their health.*

parcouru, e [parkury] **pp** → **parcourir**.

par-derrière [pardɛrjɛr] ◆ **adv** **1.** [passer] round the back **2.** [attaquer] from behind. ◆ **prép** round the back of.

par-dessous [pardəsu] **adv & prép** underneath.

pardessus [pardəsy] **nm** overcoat.

par-dessus [pardəsy] ◆ **adv** over (the top). ◆ **prép** over (the top of).

par-devant [pardəvɑ̃] ◆ **adv** round the front. ◆ **prép** round the front of.

pardon [pardɔ̃] **nm** : **Pardon !** **a)** [pour s'excuser] (I'm) sorry! **b)** [pour appeler] excuse me! ▸ **demander pardon à qqn** to apologize to sb.

pardonner [3] [pardɔne] **vt** to forgive ▸ **pardonner (qqch) à qqn** to forgive sb (for sthg) ▸ **pardonner à qqn d'avoir fait qqch** to forgive sb for doing sthg.

pare-brise [parbriz] **nm inv** windscreen UK, windshield US.

pare-chocs [parʃɔk] **nm inv** bumper.

pare-feu [paʀfø] **nm** firewall.

pareil, eille [parɛj] ◆ **adj** the same. ◆ **adv** *fam* the same (way) ▸ **un culot pareil** such cheek ▸ **pareil que** the same as.

parent, e [parɑ̃, ɑ̃t] **nm, f** [de la famille] relative, relation ▸ **mes parents** [le père et la mère] my parents.

parenthèse [parɑ̃tɛz] **nf** **1.** bracket **2.** [commentaire] digression ▸ **entre parenthèses** [mot] in brackets.

parer [3] [pare] **vt** **1.** [éviter] to ward off **2.** [orner] to adorn.

paresse [parɛs] **nf** laziness.

paresseux, euse [parɛsø, øz] ◆ **adj** lazy. ◆ **nm, f** lazy person.

parfait, e [parfɛ, ɛt] ◆ **adj** perfect. ◆ **nm** CULIN *frozen dessert made from cream with fruit.*

parfaitement [parfɛtmɑ̃] **adv** **1.** perfectly **2.** [en réponse] absolutely.

parfois [parfwa] **adv** sometimes.

parfum [parfœ̃] **nm** **1.** [odeur] scent **2.** [pour femme] perfume, scent **3.** [pour homme] aftershave **4.** [goût] flavour.

parfumé, e [parfyme] **adj** sweet-smelling ▸ **être parfumé** [personne] to be wearing perfume.

parfumer [3] [parfyme] **vt** **1.** to perfume **2.** [aliment] to flavour ▸ **parfumé au citron** [aliment] lemon-flavoured. ◆ **se parfumer** **vp** to put perfume on.

parfumerie [parfymri] **nf** perfumery.

pari [pari] **nm** bet ▸ **faire un pari** to have a bet.

parier [9] [parje] **vt & vi** to bet ▸ **je (te) parie que…** I bet (you) that… ▸ **parier sur** to bet on.

Paris [pari] **n** Paris.

paris-brest [paribrɛst] **nm inv** *choux pastry ring filled with hazelnut-flavoured cream and sprinkled with almonds.*

parisien, enne [parizjɛ̃, ɛn] **adj 1.** [vie, société] Parisian **2.** [métro, banlieue, région] Paris. ◆ **Parisien, enne nm, f** Parisian.

parité [parite] **nf** parity.

parka [parka] **nm ou nf** parka.

parking [parkiŋ] **nm** car park UK, parking lot US.

parlante [parlɑ̃t] **adj f** → **horloge.**

parlement [parləmɑ̃] **nm** parliament.

parlementaire [paʀləmɑ̃tɛʀ] ◆ **nmf 1.** [député] member of parliament **2.** [négociateur] negotiator. ◆ **adj** parliamentary.

parler [3] [parle] ◆ **vi** to talk, to speak. ◆ **vt** [langue] to speak ▸ **parler à qqn de** to talk ou speak to sb about.

Parmentier [parmɑ̃tje] **n** → **hachis.**

parmesan [parməzɑ̃] **nm** Parmesan (cheese).

parmi [parmi] **prép** among.

parodie [parɔdi] **nf** parody.

paroi [parwa] **nf 1.** [mur] wall **2.** [montagne] cliff face **3.** [d'un objet] inside.

paroisse [parwas] **nf** parish.

parole [parɔl] **nf** word ▸ **adresser la parole à qqn** to speak to sb ▸ **couper la parole à qqn** to interrupt sb ▸ **prendre la parole** to speak ▸ **tenir (sa) parole** to keep one's word. ◆ **paroles nfpl** [d'une chanson] lyrics.

parquet [parkɛ] **nm** [plancher] wooden floor.

parrain [parɛ̃] **nm** godfather.

parrainer [4] [parɛne] **vt** to sponsor.

parsemer [19] [parsəme] **vt : parsemer qqch de qqch** to scatter sthg with sthg.

part [par] **nf 1.** [de gâteau] portion **2.** [d'un héritage] share ▸ **prendre part à** to take part in ▸ **à part** [sauf] apart from ▸ **de la part de a)** from **b)** [remercier] on behalf of ▸ **c'est de la part de qui ?** [au téléphone] who's calling? ▸ **d'une part…, d'autre part** on the one hand…, on the other hand ▸ **autre part** somewhere else ▸ **nulle part** nowhere ▸ **quelque part** somewhere.

partage [partaʒ] **nm** sharing (out).

partager [17] [partaʒe] **vt** to divide (up). ◆ **se partager vp : se partager qqch** to share sthg out.

partenaire [partənɛr] **nmf** partner.

partenariat [partənarja] **nm** partnership.

parterre [partɛr] **nm 1.** [de fleurs] (flower) bed **2.** [au théâtre] stalls *pl* UK, orchestra US.

parti [parti] **nm** [politique] party ▸ **prendre parti pour** to decide in favour of ▸ **tirer parti de qqch** to make (good) use of sthg ▸ **parti pris** bias.

partial, e, aux [parsjal, o] **adj** biased.

participant, e [partisipɑ̃, ɑ̃t] **nm, f** [à un jeu, un concours] competitor.

participation [partisipasjɔ̃] **nf 1.** participation **2.** [financière] contribution.

participer [3] [partisipe] ◆ **participer à v + prép 1.** to take part in **2.** [payer pour] to contribute to.

particularité [partikylarite] **nf** distinctive feature.

particulier, ère [partikylje, ɛr] **adj** **1.** [personnel] private **2.** [spécial] special, particular **3.** [peu ordinaire] unusual ▸ **en particulier** [surtout] in particular.

particulièrement [partikyljɛrmɑ̃] **adv** particularly.

partie [parti] **nf** **1.** part **2.** [au jeu, en sport] game ▸ **en partie** partly ▸ **faire partie de** to be part of.

partiel, elle [parsjɛl] ◆ **adj** partial. ◆ **nm** [examen] ≃ end-of-term exam UK ; ≃ midterm exam US.

partiellement [parsjɛlmɑ̃] **adv** partially.

partir [43] [partir] **vi** **1.** to go, to leave **2.** [moteur] to start **3.** [coup de feu] to go off **4.** [tache] to come out ▸ **être bien / mal parti** to get off to a good / bad start ▸ **partir de** [chemin] to start from ▸ **à partir de** from.

partisan [partizɑ̃] ◆ **nm** supporter. ◆ **adj : être partisan de qqch** to be in favour of sthg.

partition [partisjɔ̃] **nf** MUS score.

partout [partu] **adv** everywhere.

paru, e [pary] **pp** → **paraître**.

parution [parysjɔ̃] **nf** publication.

parvenir [40] [parvənir] ◆ **parvenir à v + prép** **1.** [but] to achieve **2.** [personne, destination] to reach ▸ **parvenir à faire qqch** to manage to do sthg.

parvenu, e [parvəny] ◆ **nm, f** *péj* upstart. ◆ **pp** → **parvenir**.

parvis [parvi] **nm** square *(in front of a large building)*.

pas[1] [pa] ◆ **adv** **1.** [avec "ne"] not ▸ **je n'aime pas les épinards** I don't like spinach ▸ **elle ne dort pas encore** she's not asleep yet ▸ **je n'ai pas terminé** I haven't finished ▸ **il n'y a pas de train pour Oxford aujourd'hui** there are no trains to Oxford today ▸ **les passagers sont priés de ne pas fumer** passengers are requested not to smoke **2.** [sans laquo ; ne »] not ▸ **tu viens ou pas ?** are you coming or not? ▸ **elle a aimé l'exposition, moi pas** ou **pas moi** she liked the exhibition, but I didn't ▸ **c'est un endroit pas très agréable** it's not a very nice place ▸ **pas du tout** not at all.

pas[2] [pa] **nm** **1.** step **2.** [allure] pace ▸ **à deux pas de** very near ▸ **pas à pas** step by step ▸ **sur le pas de la porte** on the doorstep.

passable [pasabl] **adj** passable.

passage [pasaʒ] **nm** **1.** [de livre, de film] passage **2.** [chemin] way ▸ **être de passage** to be passing through ▸ **passage (pour) piétons** pedestrian crossing ▸ **passage à niveau** level crossing UK, grade crossing US ▸ **passage protégé** *crossroads where priority is given to traffic on the main road* ▸ **passage souterrain** subway ▸ **'premier passage'** [d'un bus] 'first bus' ▸ **'passage interdit'** 'no entry'.

passager, ère [pasaʒe, ɛr] ◆ **adj** passing. ◆ **nm, f** passenger ▸ **passager clandestin** stowaway.

passant, e [pasɑ̃, ɑ̃t] ◆ **nm, f** passer-by. ◆ **nm** (belt) loop.

passe [pas] **nf** SPORT pass.

passé, e [pase] ◆ **adj** **1.** [terminé] past **2.** [précédent] last **3.** [décoloré] faded. ◆ **nm** past ▸ **il est 11 heures passées** it's after 11 o'clock.

passe-partout [paspartu] **nm inv** [clé] skeleton key.

passe-passe [paspas] **nm inv : tour de passe-passe** conjuring trick.

passeport [paspɔr] **nm** passport.

passer [3] [pase] ◆ **vi 1.** [aller, défiler] to go by ou past ▸ **passer par** [lieu] to pass through **2.** [faire une visite rapide] to drop in ▸ **passer voir qqn** to drop in on sb **3.** [facteur, autobus] to come **4.** [se frayer un chemin] to get past ▸ **laisser passer qqn** to let sb past **5.** [à la télé, à la radio, au cinéma] to be on ▸ **ce film passe demain à la télé** the film's on TV tomorrow **6.** [s'écouler] to pass ▸ **comme le temps passe !** how time flies! **7.** [douleur] to go away ; [couleur] to fade **8.** [à un niveau différent] to move up ▸ **je passe en 3e** SCOL I'm moving up into the fifth year ▸ **passer en seconde** [vitesse] to change into second **9.** [dans des expressions] **: passons !** [pour changer de sujet] let's move on! ▸ **en passant** in passing
◆ **vt 1.** [temps, vacances] to spend ▸ **nous avons passé l'après-midi à chercher un hôtel** we spent the afternoon looking for a hotel **2.** [obstacle, frontière] to cross ▸ **passer une rivière à la nage** to swim across a river ; [douane] to go through **3.** [examen] to take ; [visite médicale, entretien] to have **4.** [vidéo, CD] to play ; [au cinéma, à la télé] to show ▸ **on passe un western au Rex** there's a western on at the Rex **5.** [vitesse] to change into **6.** [mettre, faire passer] to put ▸ **passer le bras par la portière** to put one's arm out of the door ▸ **passer l'aspirateur** to do the vacuuming **7.** [filtrer] to strain **8.** [sauter] **: passer son tour** to pass **9.** [donner, transmettre] to pass on ▸ **passer qqch à qqn a)** [objet] to pass sb sthg **b)** [maladie] to give sb sthg ▸ **je vous le passe** [au téléphone] I'll put him on
◆ **passer pour** v + prép to be thought of as ▸ **se faire passer pour** to pass o.s. off as.
◆ **se passer** vp **1.** [arriver] to happen ▸ **qu'est-ce qui se passe ?** what's going on? ▸ **se passer bien / mal** to go well / badly **2.** [crème, eau] **: je vais me passer de l'huile solaire sur les jambes** I'm going to put suntan oil on my legs.
◆ **se passer de** vp + prép to do without.

passerelle [pasrɛl] **nf 1.** [pont] footbridge **2.** [d'embarquement] gangway **3.** [sur un bateau] bridge.

passe-temps [pastɑ̃] **nm inv** pastime.

passible [pasibl] **adj : passible de** liable to.

passif, ive [pasif, iv] **adj & nm** passive.

passion [pasjɔ̃] **nf** passion.

passionnant, e [pasjɔnɑ̃, ɑ̃t] **adj** fascinating.

passionné, e [pasjɔne] **adj** passionate ▸ **passionné de musique** mad on music.

passionner [3] [pasjɔne] **vt** to grip.
◆ **se passionner pour** vp + prép to have a passion for.

passoire [paswar] **nf 1.** [à thé] strainer **2.** [à légumes] colander.

password [paswɔʀd] **nm** INFORM password.

pastel [pastɛl] **adj inv** pastel.

pastèque [pastɛk] **nf** watermelon.

pasteur [pastœʀ] **nm** RELIG pastor, minister. ◆ **Pasteur** [pastœʀ] **nm : l'Institut Pasteur** *important medical research centre.*

pasteurisé, e [pastœrize] **adj** pasteurized.

pastille [pastij] **nf** pastille.

pastis [pastis] **nm** *aniseed-flavoured aperitif.*

patate [patat] **nf** *fam* [pomme de terre] spud ▸ **patates pilées** QUÉBEC mashed potato.

patauger [17] [patoʒe] **vi** to splash about.

patch **nm** patch.

pâte [pat] **nf** **1.** [à pain] dough **2.** [à tarte] pastry **3.** [à gâteau] mixture ▸ **pâte d'amandes** almond paste ▸ **pâte brisée** shortcrust pastry ▸ **pâte feuilletée** puff pastry ▸ **pâte de fruits** *jelly made from fruit paste* ▸ **pâte à modeler** Plasticine® ▸ **pâte sablée** shortcrust pastry. ◆ **pâtes** **nfpl** [nouilles] pasta *sg.*

pâté [pate] **nm** **1.** [charcuterie] pâté **2.** [de sable] sandpie **3.** [tache] blot ▸ **pâté de maisons** block (of houses) ▸ **pâté chinois** QUÉBEC *shepherd's pie with a layer of sweetcorn.*

pâtée [pate] **nf** [pour chien] food.

paternel, elle [paternel] **adj** paternal.

pâteux, euse [patø, øz] **adj** chewy.

patiemment [pasjamɑ̃] **adv** patiently.

patience [pasjɑ̃s] **nf** patience.

patient, e [pasjɑ̃, ɑ̃t] **adj & nm, f** patient.

patienter [3] [pasjɑ̃te] **vi** to wait.

patin [patɛ̃] **nm : patins à glace** ice skates ▸ **patins à roulettes** roller skates.

patinage [patinaʒ] **nm** skating ▸ **patinage artistique** figure skating.

patiner [3] [patine] **vi** **1.** [patineur] to skate **2.** [voiture] to skid **3.** [roue] to spin.

patineur, euse [patinœr, øz] **nm, f** skater.

patinoire [patinwar] **nf** ice rink.

pâtisserie [patisri] **nf** **1.** [gâteau] pastry **2.** [magasin] ≃ cake shop.

pâtissier, ère [patisje, ɛr] **nm, f** pastrycook.

patois [patwa] **nm** dialect.

patrie [patri] **nf** native country.

patrimoine [patrimwan] **nm** **1.** [d'une famille] inheritance **2.** [d'un pays] heritage.

patriote [patrijɔt] **nmf** patriot.

patriotique [patrijɔtik] **adj** patriotic.

patron, onne [patrɔ̃, ɔn] ◆ **nm, f** boss. ◆ **nm** [modèle de vêtement] pattern.

patronat [patʀɔna] **nm** employers.

patrouille [patruj] **nf** patrol.

patte [pat] **nf** **1.** [jambe] leg **2.** [pied de chien, de chat] paw **3.** [pied d'oiseau] foot **4.** [de boutonnage] loop **5.** [de cheveux] sideburn.

pâturage [patyraʒ] **nm** pasture land.

paume [pom] **nf** palm.

paumé, e [pome] *fam* ◆ **adj** lost. ◆ **nm, f** down and out.

paumer [3] [pome] ◆ **se paumer** **vi** *fam* to get lost.

paupière [popjɛr] **nf** eyelid.

paupiette [popjɛt] **nf** *thin slice of meat rolled around a filling.*

pause [poz] **nf** break ▸ **'pause'** [sur un lecteur CD, un magnétoscope] 'pause'.

pause-café [pozkafe] (*pl* **pauses-café**) **nf** coffee break.

pauvre [povr] **adj** poor.

pauvreté [povrəte] **nf** poverty.

pavé, e [pave] ◆ adj cobbled. ◆ nm **1.** INFORM keypad **2.** [pierre] paving stone ▸ **pavé numérique** INFORM numeric keypad ▸ **pavé de rumsteack** thick rump steak ▸ **pavé de cabillaud** chunky cod steak.

pavillon [pavijɔ̃] nm [maison individuelle] detached house.

payant, e [pɛjɑ̃, ɑ̃t] adj **1.** [spectacle] with an admission charge **2.** [hôte] paying.

paye [pɛj] nf pay.

payer [11] [peje] vt **1.** to pay **2.** [achat] to pay for ▸ **bien / mal payé** well / badly paid ▸ **payer qqch à qqn** *fam* [offrir] to buy sthg for sb, to treat sb to sthg ▸ **'payez ici'** 'pay here'.

pays [pei] nm country ▸ **les gens du pays** [de la région] the local people ▸ **de pays** [jambon, fromage] local ▸ **le pays de Galles** Wales.

paysage [peizaʒ] nm landscape.

paysan, anne [peizɑ̃, an] nm, f (small) farmer.

Pays-Bas [peiba] nmpl : **les Pays-Bas** the Netherlands.

PC nm **1.** (*abr de* **Parti communiste**) CP (*Communist Party*) **2.** [ordinateur] PC (*Personal Computer*).

PCV nm : **appeler en PCV** to make a reverse-charge call UK, to call collect US.

PDA nm PDA.

PDF nm PDF.

P-DG nm (*abr de* **président-directeur général**) ≃ MD (*managing director*) UK ; ≃ CEO (*chief executive officer*) US.

péage [peaʒ] nm **1.** [taxe] toll **2.** [lieu] tollbooth.

peau [po] (*pl* **-x**) nf skin ▸ **peau de chamois** chamois leather.

pêche [pɛʃ] nf **1.** [fruit] peach **2.** [activité] fishing ▸ **pêche à la ligne** angling ▸ **pêche en mer** sea fishing ▸ **pêche Melba** peach Melba.

péché [peʃe] nm sin.

pêcher [4] [peʃe] ◆ vt [poisson] to catch. ◆ vi to go fishing. ◆ nm peach tree.

pêcheur, euse [pɛʃœr, øz] nm, f fisherman (fisherwoman).

pédagogie [pedagɔʒi] nf [qualité] teaching ability.

pédagogique [pedagɔʒik] adj educational ; [méthode] teaching *(avant n)*.

pédale [pedal] nf pedal.

pédaler [3] [pedale] vi to pedal.

pédalier [pedalje] nm pedals and chain wheel assembly.

Pédalo® [pedalo] nm pedal boat.

pédant, e [pedɑ̃, ɑ̃t] adj pedantic.

pédestre [pedɛstr] adj → **randonnée**.

pédiatre [pedjatr] nmf pediatrician.

pédicure [pedikyr] nmf chiropodist UK, podiatrist US.

pedigree [pedigre] nm pedigree.

pédophile [pedɔfil] nm pedophile.

pédopsychiatre [pedɔpsikjatʀ] nmf child psychiatrist.

peigne [pɛɲ] nm comb.

peigner [4] [peɲe] vt to comb. ◆ **se peigner** vp to comb one's hair.

peignoir [pɛɲwar] nm dressing gown UK, robe US ▸ **peignoir de bain** bathrobe.

peindre [81] [pɛ̃dr] vt to paint ▸ **peindre qqch en blanc** to paint sthg white.

peine [pɛn] **nf 1.** [tristesse] sorrow **2.** [effort] difficulty **3.** [de prison] sentence ▸ **avoir de la peine** to be sad ▸ **avoir de la peine à faire qqch** to have difficulty doing sthg ▸ **faire de la peine à qqn** to upset sb ▸ **ce n'est pas la peine** it's not worth it ▸ **ce n'est pas la peine d'y aller** it's not worth going ▸ **valoir la peine** to be worth it ▸ **sous peine de** on pain of ▸ **peine de mort** death penalty ▸ **à peine** hardly.

peiner [4] [pene] ◆ **vt** to sadden. ◆ **vi** to struggle.

peint, e [pɛ̃, pɛ̃t] **pp** → **peindre**

peintre [pɛ̃tr] **nm** painter.

peinture [pɛ̃tyr] **nf 1.** [matière] paint **2.** [œuvre d'art] painting **3.** [art] painting.

péjoratif, ive [peʒɔʀatif, iv] **adj** pejorative.

Pékin [pekɛ̃] **n** Beijing, Peking.

pelage [pəlaʒ] **nm** coat.

pêle-mêle [pɛlmɛl] **adv** higgledy-piggledy.

peler [25] [pəle] **vt & vi** to peel.

pèlerin [pɛlʀɛ̃] **nm** pilgrim.

pèlerinage [pɛlrinaʒ] **nm** pilgrimage.

pelle [pɛl] **nf 1.** shovel **2.** [jouet d'enfant] spade.

pellicule [pelikyl] **nf** film. ◆ **pellicules nfpl** dandruff *sg*.

pelote [pəlɔt] **nf** [de fil, de laine] ball.

peloton [plɔtɔ̃] **nm** [de cyclistes] pack.

pelotonner [3] [pəlɔtɔne] ◆ **se pelotonner vp** to curl up.

pelouse [pəluz] **nf** lawn ▸ **'pelouse interdite'** 'keep off the grass'.

peluche [pəlyʃ] **nf** [jouet] soft toy ▸ **animal en peluche** cuddly animal.

pelure [pəlyr] **nf** peel.

pénal, e, aux [penal, o] **adj** penal.

pénaliser [3] [penalize] **vt** to penalize.

penalty [penalti] (*pl* **-s** ou **-ies**) **nm** SPORT penalty.

penchant [pɑ̃ʃɑ̃] **nm : avoir un penchant pour** to have a liking for.

pencher [3] [pɑ̃ʃe] **vt 1.** [tête] to bend **2.** [objet] to tilt ▸ **pencher pour** to incline towards. ◆ **se pencher vp 1.** [s'incliner] to lean over **2.** [se baisser] to bend down ▸ **se pencher par la fenêtre** to lean out of the window.

pendant [pɑ̃dɑ̃] **prép** during ▸ **pendant deux semaines** for two weeks ▸ **pendant que** while.

pendentif [pɑ̃dɑ̃tif] **nm** pendant.

penderie [pɑ̃dri] **nf** wardrobe UK, closet US.

pendre [73] [pɑ̃dr] **vt & vi** to hang. ◆ **se pendre vp** [se tuer] to hang o.s.

pendule [pɑ̃dyl] **nf** clock.

pénétrer [18] [penetre] **vi : pénétrer dans a)** [entrer dans] to enter **b)** [s'incruster dans] to penetrate.

pénible [penibl] **adj 1.** [travail] tough **2.** [souvenir, sensation] painful **3.** *fam* [agaçant] tiresome.

péniche [peniʃ] **nf** barge.

pénicilline [penisilin] **nf** penicillin.

péninsule [penɛ̃syl] **nf** peninsula.

pénis [penis] **nm** penis.

pénombre [penɔ̃bʀ] **nf** half-light.

pense-bête [pɑ̃sbɛt] (*pl* **pense-bêtes**) **nm** reminder.

pensée [pɑ̃se] **nf 1.** thought **2.** [esprit] mind **3.** [fleur] pansy.

penser [3] [pɑ̃se] **vt & vi** to think **› qu'est-ce que tu en penses ?** what do you think (of it)? **› penser faire qqch** to plan to do sthg **› penser à a)** [réfléchir à] to think about **b)** [se souvenir de] to remember **› penser à faire qqch** to think of doing sthg.

pensif, ive [pɑ̃sif, iv] **adj** thoughtful.

pension [pɑ̃sjɔ̃] **nf 1.** [hôtel] guest house **2.** [allocation] pension **› être en pension** [élève] to be at boarding school **› pension complète** full board **› pension de famille** family-run guest house.

pensionnaire [pɑ̃sjɔnɛr] **nmf 1.** [élève] boarder **2.** [d'un hôtel] resident. **→ demi-pensionnaire.**

pensionnat [pɑ̃sjɔna] **nm** boarding school.

pente [pɑ̃t] **nf** slope **› en pente** sloping.

Pentecôte [pɑ̃tkot] **nf : la Pentecôte** Whitsun.

pentu, e [pɑ̃ty] **adj** [chemin] steep, sloping ; [toit] sloping, slanting, pointed.

pénurie [penyri] **nf** shortage.

pépé [pepe] **nm** *fam* grandad.

pépin [pepɛ̃] **nm 1.** pip **2.** *fam* [ennui] hitch.

perçant, e [pɛrsɑ̃, ɑ̃t] **adj 1.** [cri] piercing **2.** [vue] sharp.

percepteur [pɛrsɛptœr] **nm** tax collector.

perceptible [pɛrsɛptibl] **adj** perceptible.

perception [pɛʀsɛpsjɔ̃] **nf 1.** [sensation] perception **2.** [d'impôts] collection.

percer [16] [pɛrse] **◆ vt 1.** to pierce **2.** [avec une perceuse] to drill a hole in **3.** [trou, ouverture] to make **4.** [réussir] to make it. **◆ vi** [dent] to come through.

perceuse [pɛrsøz] **nf** drill.

percevoir [52] [pɛrsəvwar] **vt 1.** to perceive **2.** [argent] to receive.

perche [pɛrʃ] **nf** [tige] pole.

percher [3] [pɛʃe] **◆ se percher vp** to perch **› se percher sur qqch** [personne] to stand (up) on sthg.

perchoir [pɛrʃwar] **nm** perch.

perçu, e [pɛrsy] **pp → percevoir.**

percussions [pɛrkysjɔ̃] **nfpl** percussion *sg*.

percuter [3] [pɛrkyte] **vt** to crash into.

perdant, e [pɛrdɑ̃, ɑ̃t] **nm, f** loser.

perdre [77] [pɛrdr] **◆ vt 1.** to lose **2.** [temps] to waste. **◆ vi** to lose **› perdre qqn de vue a)** [ne plus voir] to lose sight of sb **b)** [ne plus avoir de nouvelles] to lose touch with sb. **◆ se perdre vp** to get lost.

perdreau [pɛrdro] (*pl* **-x**) **nm** young partridge.

perdrix [pɛrdri] **nf** partridge.

perdu, e [pɛrdy] **adj 1.** [village, coin] out-of-the-way **2.** [isolé] remote.

père [pɛr] **nm** father **› le père Noël** Father Christmas, Santa Claus.

perfection [pɛrfɛksjɔ̃] **nf** perfection.

perfectionné, e [pɛrfɛksjɔne] **adj** sophisticated.

perfectionnement [pɛrfɛksjɔnmɑ̃] **nm** improvement.

perfectionner [3] [pɛrfɛksjɔne] **vt** to improve. **◆ se perfectionner vp** to improve **› se perfectionner en anglais** to improve one's English.

perforer [3] [pɛrfɔre] **vt** to perforate.

performance [pɛrfɔrmɑ̃s] **nf** performance. ◆ **performances** **nfpl** [d'ordinateur, de voiture, etc.] (overall) performance.

performant, e [pɛʀfɔʀmɑ̃, ɑ̃t] **adj** **1.** [personne] efficient **2.** [machine] high-performance *(avant n)*.

perfusion [pɛrfyzjɔ̃] **nf : être sous perfusion** to be on a drip.

péril [peril] **nm** peril ▸ **en péril** in danger.

périlleux, euse [perijø, øz] **adj** perilous.

périmé, e [perime] **adj** out-of-date.

périmètre [perimɛtr] **nm** perimeter.

période [perjɔd] **nf** period ▸ **en période de vacances** during the holidays ▸ **une période de 3 mois** a three-month period.

périodique [perjɔdik] ◆ **adj** periodic. ◆ **nm** periodical.

péripéties [peripesi] **nfpl** events.

périph [peʀif] *fam* **nm** *abr de* **périphérique**.

périphérie [peʀifeʀi] **nf** [de ville] outskirts *pl* ▸ **à la périphérie de** on the outskirts of.

périphérique [periferik] ◆ **adj** [quartier] outlying. ◆ **nm** INFORM peripheral ▸ **le (boulevard) périphérique** the Paris ring road UK, the Paris beltway US ▸ **périphérique de sortie** INFORM output device.

périr [32] [perir] **vi** *sout* to perish.

périssable [perisabl] **adj** perishable.

perle [pɛrl] **nf** pearl.

permanence [pɛrmanɑ̃s] **nf** **1.** [bureau] office **2.** SCOL free period ▸ **de permanence** on duty ▸ **en permanence** permanently.

permanent, e [pɛrmanɑ̃, ɑ̃t] **adj** permanent.

permanente [pɛrmanɑ̃t] **nf** perm.

perméable [pɛrmeabl] **adj** permeable.

permettre [84] [pɛrmɛtr] **vt** to allow ▸ **permettre à qqn de faire qqch** to allow sb to do sthg. ◆ **se permettre** **vp : se permettre de faire qqch** to take the liberty of doing sthg ▸ **pouvoir se permettre qqch** [financièrement] to be able to afford sthg.

permis, e [pɛrmi, iz] ◆ **pp** → **permettre.** ◆ **nm** licence ▸ **il n'est pas permis de fumer** smoking is not permitted ▸ **permis de conduire** driving licence UK, driver's license US ▸ **permis de pêche** fishing permit.

permission [pɛrmisjɔ̃] **nf** **1.** permission **2.** MIL leave ▸ **demander la permission de faire qqch** to ask permission to do sthg.

Pérou [peʀu] **nm : le Pérou** Peru.

perpendiculaire [pɛrpɑ̃dikylɛr] **adj** perpendicular.

perpétuel, elle [pɛrpetɥɛl] **adj** perpetual.

perpétuité [pɛʀpetɥite] **nf** perpetuity ▸ **à perpétuité** for life ▸ **être condamné à perpétuité** to be sentenced to life imprisonment.

perplexe [pɛrplɛks] **adj** perplexed.

perquisitionner [3] [pɛrkizisjɔne] **vt** to search, to make a search of.

perron [perɔ̃] **nm** steps *pl (leading to building)*.

perroquet [perɔkɛ] **nm** parrot.

perruche [peryʃ] **nf** budgerigar.

perruque [peryk] **nf** wig.

persécuter [3] [persekyte] **vt** to persecute.

persécution [persekysjɔ̃] **nf** persecution.

persévérant, e [perseverɑ̃, ɑ̃t] **adj** persistent.

persévérer [18] [persevere] **vi** to persevere.

persienne [persjen] **nf** shutter.

persil [persi] **nm** parsley.

persillé, e [persije] **adj** sprinkled with chopped parsley.

persistant, e [persistɑ̃, ɑ̃t] **adj** persistent.

persister [3] [persiste] **vi** to persist ▸ **persister à faire qqch** to persist in doing sthg.

perso [pɛRso] (*abr de* **personnel**) **adj** *fam* personal, private.

personnage [persɔnaʒ] **nm 1.** character **2.** [personnalité] person.

personnalisé, e [pɛRsɔnalize] **adj** [voiture, crédit] customized.

personnaliser [3] [persɔnalize] **vt 1.** to personalize **2.** [voiture] to customize.

personnalité [persɔnalite] **nf** personality.

personne [persɔn] ◆ **nf** person. ◆ **pron** no one, nobody ▸ **il n'y a personne** there is no one there ▸ **je n'ai vu personne** I didn't see anyone ▸ **en personne** in person ▸ **par personne** per head ▸ **personne âgée** elderly person.

personnel, elle [persɔnel] ◆ **adj** personal. ◆ **nm** staff.

personnellement [persɔnelmɑ̃] **adv** personally.

personnifier [9] [persɔnifje] **vt** to personify.

perspective [perspektiv] **nf 1.** perspective **2.** [panorama] view **3.** [possibilité] prospect.

persuader [3] [persɥade] **vt** to persuade ▸ **persuader qqn de faire qqch** to persuade sb to do sthg.

persuasif, ive [persɥazif, iv] **adj** persuasive.

perte [pert] **nf 1.** loss **2.** [gaspillage] waste ▸ **perte de temps** waste of time.

pertinent, e [pɛRtinɑ̃, ɑ̃t] **adj** pertinent, relevant.

perturbation [pertyrbasjɔ̃] **nf** disturbance ▸ **des perturbations dans les transports** traffic disruptions.

perturber [3] [pertyrbe] **vt 1.** [plans, fête] to disrupt **2.** [troubler] to disturb.

péruvien, enne [peryvjɛ̃, en] **adj** Peruvian. ◆ **Péruvien, enne nm, f** Peruvian.

pesant, e [pəsɑ̃, ɑ̃t] **adj** [gros] heavy.

pesanteur [pəzɑ̃tœr] **nf** gravity.

pèse-personne [pezpersɔn] **nm inv** scales *pl*.

peser [19] [pəze] **vt & vi** to weigh ▸ **peser lourd** to be heavy.

pessimisme [pesimism] **nm** pessimism.

pessimiste [pesimist] ◆ **adj** pessimistic. ◆ **nmf** pessimist.

peste [pest] **nf** plague.

pesto [pesto] **nm** pesto ▸ **pâtes au pesto** pasta with pesto.

pétale [petal] **nm** petal.

pétanque [petɑ̃k] nf ≃ bowls *sg*.

pétard [petar] nm [explosif] firecracker.

pété, e [pete] adj *vulg* **1.** [ivre] plastered, smashed ; [drogué] stoned, high (as a kite) **2.** [cassé] broken, bust.

péter [18] [pete] vi **1.** *fam* [se casser] to bust **2.** [personne] to fart ▸ **péter les plombs** ou **un boulon** *fam* to (completely) lose it.

pétillant, e [petijɑ̃, ɑ̃t] adj sparkling.

pétiller [3] [petije] vi **1.** [champagne] to fizz **2.** [yeux] to sparkle.

petit, e [p(ə)ti, it] ◆ adj **1.** small, little **2.** [en durée] short **3.** [peu important] small. ◆ nm, f [à l'école] junior ▸ **petit** [d'un animal] young ▸ **petit ami** boyfriend ▸ **petite amie** girlfriend ▸ **petit déjeuner** breakfast ▸ **petit pain** (bread) roll ▸ **petit pois** (garden) pea ▸ **petit pot** jar (of baby food) ▸ **petit à petit** little by little.

petit-beurre [p(ə)tibœr] (*pl* **petits-beurre**) nm *square dry biscuit made with butter.*

petit-déj' [pətidεʒ] nm *fam* breakfast, brekkie UK

petit déjeuner [p(ə)tideʒøne] nm breakfast ▸ **'petit déjeuner compris'** 'breakfast included'.

petite-fille [p(ə)titfij] (*pl* **petites-filles**) nf granddaughter.

petit-fils [p(ə)tifis] (*pl* **petits-fils**) nm grandson.

petit-four [p(ə)tifur] (*pl* **petits-fours**) nm petit four ; *small sweet cake or savoury.*

pétition [petisjɔ̃] nf petition.

petit pois [pətipwa] (*pl* **petits pois**) nm (garden) pea.

petits-enfants [p(ə)tizɑ̃fɑ̃] nmpl grandchildren.

petit-suisse [p(ə)tisɥis] (*pl* **petits-suisses**) nm *thick fromage frais sold in small individual portions and eaten as a dessert.*

pétrole [petrɔl] nm oil.

pétrolier [petrɔlje] nm oil tanker.

peu [pø] ◆ adv **1.** [avec un verbe] not much ; [avec un adjectif, un adverbe] not very ▸ **j'ai peu voyagé** I haven't travelled much ▸ **peu aimable** not very nice ▸ **ils sont peu nombreux** there aren't many of them ▸ **peu après** soon afterwards **2.** [avec un nom] **: peu de a)** [sel, temps] not much, a little **b)** [gens, vêtements] not many, few **3.** [dans le temps] **: avant peu** soon ▸ **il y a peu** a short time ago **4.** [dans des expressions] **: à peu près** about ▸ **peu à peu** little by little
◆ nm **: un peu** a bit, a little ▸ **un petit peu** a little bit ▸ **un peu de** a little.

peuple [pœpl] nm people.

peupler [5] [pœple] vt **1.** [pays] to populate **2.** [rivière] to stock **3.** [habiter] to inhabit.

peuplier [pøplije] nm poplar.

peur [pœr] nf fear ▸ **avoir peur** to be afraid ▸ **avoir peur de qqch** to be afraid of sthg ▸ **avoir peur de faire qqch** to be afraid of doing sthg ▸ **faire peur à qqn** to frighten sb.

peureux, euse [pœrø, øz] adj timid.

peut [pø] 3e pers. du sg de l'ind. prés. → **pouvoir**.

peut-être [pøtεtr] adv perhaps, maybe ▸ **peut-être qu'il est parti** perhaps he's left.

peux [pø] 1re et 2e pers. du sing de l'ind. prés. → **pouvoir**.

phalange [falɑ̃ʒ] **nf** finger bone.

pharaon [faraɔ̃] **nm** pharaoh.

phare [far] **nm** **1.** [de voiture] headlight **2.** [sur la côte] lighthouse.

pharmacie [farmasi] **nf** **1.** [magasin] chemist's UK, drugstore US **2.** [armoire] medicine cabinet.

pharmacien, enne [farmasjɛ̃, ɛn] **nm, f** chemist UK, druggist US.

phase [faz] **nf** phase ▸ **en phase terminale** MÉD in the terminal phase.

phénoménal, e, aux [fenɔmenal, o] **adj** phenomenal.

phénomène [fenɔmɛn] **nm** phenomenon.

philatélie [filateli] **nf** stamp-collecting.

Philippines [filipin] **nfpl** : **les Philippines** the Philippines.

philo [filo] **nf** *fam* philosophy.

philosophe [filɔzɔf] ◆ **adj** philosophical. ◆ **nmf** philosopher.

philosophie [filɔzɔfi] **nf** philosophy.

phobie [fɔbi] **nf** phobia.

phonétique [fɔnetik] **adj** phonetic.

phoque [fɔk] **nm** seal.

phosphorescent, e [fɔsfɔʀesɑ̃, ɑ̃t] **adj** phosphorescent.

photo [fɔto] **nf** **1.** photo **2.** [art] photography ▸ **prendre qqn / qqch en photo** to take a photo of sb / sthg ▸ **prendre une photo (de)** to take a photo (of).

photocopie [fɔtɔkɔpi] **nf** photocopy.

photocopier [9] [fɔtɔkɔpje] **vt** to photocopy.

photocopieuse [fɔtɔkɔpjøz] **nf** photocopier.

photographe [fɔtɔgraf] **nmf** **1.** [artiste] photographer **2.** [commerçant] *camera dealer and film developer.*

⚠ **Photograph** est un faux ami, il signifie ***photographie*** et non « photographe ».

photographie [fɔtɔgrafi] **nf** **1.** [procédé, art] photography **2.** [image] photograph.

photographier [9] [fɔtɔgrafje] **vt** to photograph.

Photomaton® [fɔtɔmatɔ̃] **nm** photo booth.

phrase [fraz] **nf** sentence.

physionomie [fizjɔnɔmi] **nf** [d'un visage] physiognomy.

physique [fizik] ◆ **adj** physical. ◆ **nf** physics *sg.* ◆ **nm** [apparence] physique.

physiquement [fizikmɑ̃] **adv** physically.

pi (*abr écrite de* **pour information**) FYI (*for your information*).

pianiste [pjanist] **nmf** pianist.

piano [pjano] **nm** piano ▸ **jouer du piano** to play (the) piano.

pic [pik] **nm** [montagne] **1.** peak ▸ **à pic a)** [descendre] vertically **b)** *fig* [tomber, arriver] at just the right moment ▸ **couler à pic** to sink like a stone **2.** MÉD : **pic épidémique** peak in the epidemic.

pichet [piʃɛ] **nm** jug.

pickpocket [pikpɔkɛt] **nm** pickpocket.

picorer [3] [pikɔre] **vt** to peck.

picotement [pikɔtmɑ̃] **nm** prickling.

picoter [3] [pikɔte] **vt** to sting.

pie [pi] **nf** magpie.

pièce [pjɛs] **nf 1.** [argent] coin **2.** [salle] room **3.** [sur un vêtement] patch **4.** [morceau] piece ▸ **20 euros pièce** 20 euros each ▸ **(maillot de bain) une pièce** one-piece (swimming costume) ▸ **pièce d'identité** identity card ▸ **pièce de monnaie** coin ▸ **pièce montée** wedding cake ▸ **pièce de rechange** spare part ▸ **pièce (de théâtre)** play ▸ **'pièces acceptées'** 'coins accepted'.

pied [pje] **nm** foot ▸ **à pied** on foot ▸ **au pied de** at the foot of ▸ **avoir pied** to be able to touch the bottom ▸ **mettre sur pied** to get off the ground ▸ **prendre son pied** *fam* to get one's kicks.

piège [pjɛʒ] **nm** trap ▸ **être pris au piège** to be trapped.

piéger [22] [pjeʒe] **vt 1.** to trap **2.** [voiture, valise] to booby-trap.

piercing [piʀsiŋ] **nm** body piercing.

pierre [pjɛr] **nf** stone ▸ **pierre précieuse** precious stone.

piétiner [3] [pjetine] ◆ **vt** to trample. ◆ **vi** [foule] to mill around.

piéton, onne [pjetɔ̃, ɔn] ◆ **nm, f** pedestrian. ◆ **adj** = **piétonnier**.

piétonnier, ère [pjetɔnje, ɛr] **adj** pedestrianized.

pieu [pjø] (**pl -x**) **nm** post.

pieuvre [pjœvr] **nf** octopus.

pif(f)er [3] [pife] **vt** *vulg* **: je ne peux pas le piffer !** I just can't stand him!

pifomètre [pifɔmɛtʀ] **nm** *fam* **: faire qqch au pifomètre** to follow one's hunch in doing sthg.

pigeon [piʒɔ̃] **nm** pigeon.

piger [17] [piʒe] *fam* ◆ **vt** to understand. ◆ **vi** to get it.

pignon [piɲɔ̃] **nm** pine kernel.

pilaf [pilaf] **nm** → **riz**.

pile [pil] ◆ **nf 1.** [tas] pile **2.** [électrique] battery. ◆ **adv** [arriver] at just the right moment ▸ **jouer qqch à pile ou face** to toss (up) for sthg ▸ **pile ou face ?** heads or tails? ▸ **s'arrêter pile** to stop dead ▸ **trois heures pile** three o'clock on the dot.

pile-poil [pilpwal] **adv** *fam* just ▸ **je suis arrivé pile-poil à l'heure** I arrived exactly on time.

piler [3] [pile] ◆ **vt** to crush. ◆ **vi** *fam* [freiner] to brake hard.

pilier [pilje] **nm** pillar.

piller [3] [pije] **vt** to loot.

pilote [pilɔt] **nmf 1.** [d'avion] pilot **2.** [de voiture] driver.

piloter [3] [pilɔte] **vt 1.** [avion] to fly **2.** [voiture] to drive **3.** [diriger] to show around.

pilotis [pilɔti] **nm** stilts **pl**.

pilule [pilyl] **nf** pill ▸ **prendre la pilule** to be on the pill.

piment [pimɑ̃] **nm** [condiment] chilli ▸ **piment doux** sweet pepper ▸ **piment rouge** chilli (pepper).

pimenté, e [pimɑ̃te] **adj** spicy.

pin[1] [pin] **nm** INFORM PIN.

pin[2] [pɛ̃] **nm** pine.

pinard [pinar] **nm** *fam* wine.

pince [pɛ̃s] **nf 1.** [outil] pliers **pl** **2.** [de crabe] pincer **3.** [de pantalon] pleat ▸ **pince à cheveux** hair clip ▸ **pince à épiler** tweezers **pl** ▸ **pince à linge** clothes peg.

pinceau [pɛ̃so] (**pl -x**) **nm** brush.

pincée [pɛ̃se] **nf** pinch.

pincer [16] [pɛ̃se] **vt** **1.** [serrer] to pinch **2.** [coincer] to catch.

pinède [pinɛd] **nf** pinewood.

pingouin [pɛ̃gwɛ̃] **nm** penguin.

ping-pong [piŋpɔ̃g] **nm** table tennis.

pin's [pins] **nm inv** badge.

pintade [pɛ̃tad] **nf** guinea fowl.

pinte [pɛ̃t] **nf** **1.** SUISSE [café] café **2.** [de bière] pint.

pioche [pjɔʃ] **nf** [outil] pick.

piocher [3] [pjɔʃe] **vi** [aux cartes, aux dominos] to pick up.

pion [pjɔ̃] **nm** **1.** [aux échecs] pawn **2.** [aux dames] piece.

pionnier, ère [pjɔnje, ɛr] **nm, f** pioneer.

pipe [pip] **nf** pipe.

pipi [pipi] **nm** *fam* **: faire pipi** to have a wee.

piquant, e [pikɑ̃, ɑ̃t] ◆ **adj** [épicé] spicy. ◆ **nm** [épine] thorn.

pique [pik] ◆ **nf** [remarque] spiteful remark. ◆ **nm** [aux cartes] spades *pl*.

pique-nique [piknik] (*pl* **pique-niques**) **nm** picnic.

pique-niquer [3] [piknike] **vi** to have a picnic.

piquer [3] [pike] ◆ **vt** **1.** [suj : aiguille, pointe] to prick **2.** [suj : guêpe, ortie, fumée] to sting **3.** [suj : moustique] to bite **4.** [planter] to stick. ◆ **vi** **1.** [insecte] to sting **2.** [épice] to be hot ▸ **je me suis fait piquer par un moustique** I got bitten by a mosquito.

piquet [pikɛ] **nm** stake.

piqueur [pikœr] **adj m** → **marteau**

piqûre [pikyr] **nf** **1.** [d'insecte] sting **2.** [de moustique] bite **3.** MÉD injection ▸ **piqûre de rappel** booster (injection).

piratage [pirataʒ] **nm** **1.** INFORM hacking **2.** [de vidéos, de cassettes] pirating.

pirate [pirat] ◆ **nm** pirate. ◆ **adj** [radio, cassette] pirate ▸ **pirate de l'air** hijacker.

pirater [3] [pirate] **vt** to pirate.

pire [pir] ◆ **adj** **1.** [comparatif] worse **2.** [superlatif] worst. ◆ **nm : le pire** the worst.

pirouette [pirwɛt] **nf** pirouette.

pis [pi] **nm** [de vache] udder.

piscine [pisin] **nf** swimming pool.

pissenlit [pisɑ̃li] **nm** dandelion.

pisser [3] [pise] **vi** *vulg* to piss.

pistache [pistaʃ] **nf** pistachio (nut).

piste [pist] **nf** **1.** track, trail **2.** [indice] lead **3.** [de cirque] (circus) ring **4.** [de ski] run **5.** [d'athlétisme] track ▸ **piste (d'atterrissage)** runway ▸ **piste cyclable** a) cycle track b) [sur la route] cycle lane ▸ **piste de danse** dance floor ▸ **piste verte / bleue / rouge / noire** [de ski] green / blue / red / black run *(in order of difficulty)*.

pistolet [pistɔlɛ] **nm** gun.

piston [pistɔ̃] **nm** **1.** [de moteur] piston **2.** [aider] **: donner un coup de piston à qqn** to pull strings for sb.

pistonner [3] [pistɔne] **vt** to pull strings for ▸ **se faire pistonner** to get a leg up.

pithiviers [pitivje] **nm** *puff pastry cake filled with almond cream.*

pitié [pitje] **nf** pity ▸ **avoir pitié de qqn** to feel pity for sb ▸ **elle me fait pitié** I feel sorry for her.

pitoyable [pitwajabl] **adj** pitiful.

pitre [pitr] **nm** clown ▸ **faire le pitre** to play the fool.

pittoresque [pitɔrɛsk] **adj** picturesque.

pivoine [pivwan] **nf** peony.

pivotant, e [pivɔtɑ̃, ɑ̃t] **adj** swivel *(avant n)* ▸ **fauteuil pivotant** swivel chair.

pivoter [3] [pivɔte] **vi 1.** [personne] to turn round **2.** [fauteuil] to swivel.

pixel [piksɛl] **nm** pixel.

pixellisation [pikselizasjɔ̃] **nf** pixelation.

pizza [pidza] **nf** pizza.

pizzeria [pidzerja] **nf** pizzeria.

PJ ◆ *(abr écrite de* **pièce jointe***)* Encl. *(enclosed).* ◆ **nf** *(abr de* **police judiciaire***)* ≃ CID UK *(Criminal Investigation Department)* ; ≃ FBI US *(Federal Bureau of Investigation).*

placard [plakar] **nm** cupboard.

placarder [3] [plakarde] **vt** [affiche] to stick up.

place [plas] **nf 1.** [endroit, dans un classement] place **2.** [de parking] space **3.** [siège] seat **4.** [d'une ville] square **5.** [espace] room, space **6.** [emploi] job ▸ **changer qqch de place** to move sthg ▸ **à la place de** instead of ▸ **sur place** on the spot ▸ **place assise** seat ▸ **place debout** [au concert] standing ticket.

> ⚠ Le mot anglais **place** ne traduit que rarement le mot français « place ». Voir article.

placement [plasmɑ̃] **nm** [financier] investment.

placer [16] [plase] **vt 1.** to place **2.** [argent] to invest. ◆ **se placer vp 1.** [se mettre debout] to stand **2.** [s'asseoir] to sit (down) **3.** [se classer] to come.

plafond [plafɔ̃] **nm** ceiling.

plafonnier [plafɔnje] **nm** ceiling light.

plage [plaʒ] **nf 1.** beach **2.** [de CD] track ▸ **plage arrière** back shelf.

plaider [4] [plede] ◆ **vt** DR to plead. ◆ **vi** DR to plead ▸ **plaider contre qqn** to plead against sb ▸ **plaider coupable / non coupable** to plead guilty / not guilty.

plaie [plɛ] **nf 1.** [blessure] wound **2.** [personne ennuyeuse] pain **3.** [Bible] plague.

plaindre [80] [plɛ̃dr] **vt** to feel sorry for. ◆ **se plaindre vp** to complain ▸ **se plaindre de** to complain about.

plaine [plɛn] **nf** plain.

plaint, e [plɛ̃, plɛ̃t] **pp** → **plaindre**.

plainte [plɛ̃t] **nf 1.** [gémissement] moan **2.** [en justice] complaint ▸ **porter plainte** to lodge a complaint.

plaintif, ive [plɛ̃tif, iv] **adj** plaintive.

plaire [110] [plɛr] **vi : elle me plaît** I like her ▸ **le film m'a beaucoup plu** I enjoyed the film a lot ▸ **s'il vous / te plaît** please. ◆ **se plaire vp : tu te plais ici ?** do you like it here?

plaisance [plɛzɑ̃s] **nf** → **navigation, port.**

plaisanter [3] [plɛzɑ̃te] **vi** to joke.

plaisanterie [plɛzɑ̃tri] **nf** joke.

plaisir [plezir] **nm** pleasure ▸ **votre lettre m'a fait très plaisir** I was delighted to receive your letter ▸ **avec plaisir !** with pleasure!

plan [plɑ̃] **nm 1.** plan **2.** [carte] map **3.** [niveau] level ▸ **au premier / second plan** in the foreground / background ▸ **gros plan** close-up ▸ **plan d'eau** lake ▸ **plan du quartier** map of the district.

planche [plɑ̃ʃ] **nf** plank ▸ **faire la planche** to float ▸ **planche à roulettes** skateboard ▸ **planche à voile** sailboard ▸ **faire de la planche à voile** to windsurf.

plancher [plɑ̃ʃe] **nm** floor.

planer [3] [plane] **vi** to glide.

planète [planɛt] **nf** planet.

planeur [planœr] **nm** glider.

planifier [9] [planifje] **vt** to plan.

planning [planiŋ] **nm** schedule.

plantage [plɑ̃taʒ] **nm** INFORM crash ▸ **il a subi un gros plantage aux législatives** he took a terrible beating in the general election.

plantation [plɑ̃tasjɔ̃] **nf** [exploitation agricole] plantation ▸ **plantations** [plantes] plants.

plante [plɑ̃t] **nf** plant ▸ **plante du pied** sole (of the foot) ▸ **plante grasse** succulent (plant) ▸ **plante verte** houseplant.

planter [3] [plɑ̃te] **vt 1.** [graines] to plant **2.** [enfoncer] to drive in **3.** INFORM to crash.

plaque [plak] **nf 1.** sheet **2.** [de chocolat] bar **3.** [de beurre] pack **4.** [sur un mur] plaque **5.** [tache] patch ▸ **plaque chauffante** hotplate ▸ **plaque d'immatriculation** ou **minéralogique** numberplate UK, license plate US.

plaqué, e [plake] **adj : plaqué or / argent** gold / silver-plated.

plaquer [3] [plake] **vt 1.** [aplatir] to flatten **2.** [au rugby] to tackle.

plaquette [plakɛt] **nf 1.** [de beurre] pack **2.** [de chocolat] bar ▸ **plaquette de frein** brake pad.

plasma [plasma] **nm : écran (à) plasma** plasma screen.

plastifié, e [plastifje] **adj** plastic-coated.

plastique [plastik] **nm** plastic ▸ **sac en plastique** plastic bag.

plat, e [pla, plat] ◆ **adj 1.** flat **2.** [eau] still. ◆ **nm 1.** dish **2.** [de menu] course ▸ **à plat a)** [pneu, batterie] flat **b)** *fam* [fatigué] exhausted ▸ **se mettre à plat ventre** to lie face down ▸ **plat cuisiné** ready-cooked dish ▸ **plat du jour** dish of the day ▸ **plat de résistance** main course.

platane [platan] **nm** plane tree.

plateau [plato] (*pl* **-x**) **nm 1.** [de cuisine] tray **2.** [plaine] plateau **3.** [de télévision, de cinéma] set ▸ **plateau à fromages** cheese board ▸ **plateau de fromages** cheese board.

plate-bande [platbɑ̃d] (*pl* **plates-bandes**) **nf** flowerbed.

plate-forme [platfɔrm] (*pl* **plates-formes**) **nf** platform.

platine [platin] **nf : platine cassette** cassette deck ▸ **platine laser** compact disc player.

plâtre [platr] **nm 1.** plaster **2.** MÉD plaster cast.

plâtrer [3] [platre] **vt** MÉD to put in plaster.

plausible [plozibl] **adj** plausible.

plébiscite [plebisit] **nm** Suisse [référendum] referendum.

plein, e [plɛ̃, plɛn] ◆ **adj** full. ◆ **nm : faire le plein (d'essence)** to fill up ▸ **plein de a)** full of **b)** *fam* [beaucoup de] lots of ▸ **en plein air** in the open air ▸ **en pleine forme** in good form ▸ **en pleine nuit** in the middle of the night ▸ **en plein milieu** bang in the middle ▸ **pleins phares** with full beams on UK, high beams US.

pleurer [5] [plœre] **vi** to cry.

pleureur [plœrœr] **adj m** → **saule**.

pleurnicher [3] [plœrniʃe] **vi** to whine.

pleurote [plœʀɔt] **nm** oyster mushroom.

pleut [plø] **3ᵉ pers. du sg de l'ind. prés.** → **pleuvoir**.

pleuvoir [68] [pløvwar] ◆ **vi** [insultes, coups, bombes] to rain down. ◆ **v impers : il pleut** it's raining ▸ **il pleut à verse** it's pouring (down).

Plexiglas® [plɛksiglas] **nm** Plexiglass®.

pli [pli] **nm** **1.** [d'un papier, d'une carte] fold **2.** [d'une jupe] pleat **3.** [d'un pantalon] crease **4.** [aux cartes] trick ▸ **(faux) pli** crease.

pliant, e [plijɑ̃, ɑ̃t] ◆ **adj** folding. ◆ **nm** folding chair.

plier [10] [plije] ◆ **vt** **1.** to fold **2.** [lit, tente] to fold up **3.** [courber] to bend. ◆ **vi** [se courber] to bend.

plinthe [plɛ̃t] **nf** [en bois] skirting board.

plissé, e [plise] **adj** [jupe] pleated.

plisser [3] [plise] **vt** **1.** [papier] to fold **2.** [tissu] to pleat **3.** [yeux] to screw up.

plomb [plɔ̃] **nm** **1.** [matière] lead **2.** [fusible] fuse **3.** [de pêche] sinker **4.** [de chasse] shot ▸ **les plombs ont sauté** the fuses have blown.

plombage [plɔ̃baʒ] **nm** [d'une dent] filling.

plombe [plɔ̃b] **nf** *vulg* hour ▸ **ça fait trois plombes que j'attends** I've been waiting for three hours.

plomberie [plɔ̃bri] **nf** plumbing.

plombier [plɔ̃bje] **nm** plumber.

plongeant, e [plɔ̃ʒɑ̃, ɑ̃t] **adj** **1.** [décolleté] plunging **2.** [vue] from above ▸ **une vue plongeante sur qqch** a view right down into sthg.

plongée [plɔ̃ʒe] **nf** diving ▸ **plongée sous-marine** scuba diving.

plongeoir [plɔ̃ʒwar] **nm** diving board.

plongeon [plɔ̃ʒɔ̃] **nm** dive.

plonger [17] [plɔ̃ʒe] ◆ **vi** to dive. ◆ **vt** to plunge. ◆ **se plonger dans vp + prép** [activité] to immerse o.s. in ▸ **être plongé dans ses pensées / son travail** to be immersed in one's thoughts / work.

plongeur, euse [plɔ̃ʒœr, øz] **nm, f** [sous-marin] diver.

plu [ply] **pp** → **plaire, pleuvoir**.

plug-in [plœgin] **nm** INFORM plug-in.

pluie [plɥi] **nf** rain.

plumage [plymaʒ] **nm** plumage.

plume [plym] **nf** **1.** feather **2.** [pour écrire] nib.

plupart [plypar] **nf : la plupart (de)** most (of) ▸ **la plupart du temps** most of the time.

pluriculturel, elle [plyʀikyltyʀɛl] **adj** multicultural.

pluriel [plyrjɛl] **nm** plural.

plus [ply(s)] ◆ **adv** **1.** [pour comparer] more ▸ **plus intéressant (que)** more interesting (than) ▸ **plus souvent (que)** more often (than) ▸ **plus court (que)** shorter (than) **2.** [superlatif] **: c'est ce qui me plaît le plus ici** it's what I like best about this place ▸ **l'hôtel le plus confortable où nous ayons logé** the most comfortable hotel we've stayed in ▸ **le plus souvent** [d'habitude] usually ▸ **le plus vite possible** as quickly as possible **3.** [davantage] more ▸ **je ne veux pas dépenser plus** I don't want to spend any more ▸ **plus de** a) [encore de] more b) [au-delà de] more than **4.** [avec « ne »] **: il ne vient plus me voir** he doesn't come to see me any more, he no longer comes to see me ▸ **je n'en veux plus, merci** I don't want any more, thank you **5.** [dans des expressions] **: de** ou **en plus** [d'autre part] what's more ▸ **trois de** ou **en plus** three more ▸ **il a deux ans de plus que moi** he's two years older than me ▸ **de plus en plus (de)** more and more ▸ **en plus de** in addition to ▸ **plus ou moins** more or less ▸ **plus tu y penseras, pire ce sera** the more you think about it the worse ◆ **prép** plus.

plusieurs [plyzjœr] **adj & pron** several.

plus-que-parfait [plyskəparfɛ] **nm** GRAMM pluperfect.

plutôt [plyto] **adv** rather ▸ **allons plutôt à la plage** let's go to the beach instead ▸ **plutôt que (de) faire qqch** rather than do ou doing sthg.

pluvieux, euse [plyvjø, øz] **adj** rainy.

PMR [peɛmɛʀ] (*abr de* personne à mobilité réduite) **nf** PRM (*Persons with Reduced Mobility*).

PMU® (*abr de* Pari Mutuel Urbain®) **nm** **1.** *system for betting on horses* **2.** [bar] ≃ betting shop.

pneu [pnø] **nm** tyre.

pneumatique [pnømatik] **adj** → **canot, matelas**.

pneumonie [pnømɔni] **nf** pneumonia.

PO (*abr écrite de* petites ondes) MW (*medium wave*).

poche [pɔʃ] **nf** pocket ▸ **de poche** [livre, lampe] pocket.

poché, e [pɔʃe] **adj : avoir un œil poché** to have a black eye.

pocher [3] [pɔʃe] **vt** CULIN to poach.

pochette [pɔʃɛt] **nf** **1.** [de rangement] wallet **2.** [sac à main] clutch bag **3.** [mouchoir] (pocket) handkerchief ▸ **pochette surprise** lucky bag UK, surprise pack US.

Podcast® [pɔdkast] **nm** Podcast®.

podcaster [3] [pɔdkaste] **vt** [une émission] to podcast.

podium [pɔdjɔm] **nm** podium.

poêle[1] [pwal] **nm** stove ▸ **poêle à mazout** oil-fired stove.

poêle[2] [pwal] **nf : poêle (à frire)** frying pan.

poème [pɔɛm] **nm** poem.

poésie [pɔezi] **nf** **1.** [art] poetry **2.** [poème] poem.

poète [pɔɛt] **nm** poet.

poétesse [pɔetɛs] **nf** poetess.

poétique [pɔetik] **adj** poetic.

poids [pwa] **nm** weight ▸ **lancer le poids** SPORT to put the shot ▸ **perdre / prendre du poids** to lose / put on weight ▸ **poids lourd** [camion] heavy goods vehicle.

poignard [pwaɲaʀ] **nm** dagger.

poignarder [3] [pwaɲaʀde] **vt** to stab.

poignée [pwaɲe] **nf** **1.** [de porte, de valise] handle **2.** [de sable, de bonbons] handful ▸ **une poignée de** [très peu de] a handful of ▸ **poignée de main** handshake.

poignet [pwaɲɛ] **nm** **1.** wrist **2.** [de vêtement] cuff.

poil [pwal] **nm** **1.** hair **2.** [de pinceau, de brosse à dents] bristle ▸ **à poil** *fam* stark naked ▸ **au poil** *fam* [excellent] great.

poilant, e [pwalɑ̃, ɑ̃t] **adj** *fam* hilarious.

poilu, e [pwaly] **adj** hairy.

poinçonner [3] [pwɛ̃sɔne] **vt** [ticket] to punch.

poing [pwɛ̃] **nm** fist ▸ **un coup de poing** a punch.

point [pwɛ̃] **nm** **1.** [petite tache] dot, spot **2.** [de ponctuation] full stop UK, period US **3.** [problème, dans une note, un score] point **4.** [de couture, de tricot] stitch ▸ **point de côté** stitch ▸ **point de départ** starting point ▸ **point d'exclamation** exclamation mark ▸ **point faible** weak point ▸ **point final** full stop UK, period US ▸ **point d'interrogation** question mark ▸ **(au) point mort** AUTO (in) neutral ▸ **point de repère** [concret] landmark ▸ **points cardinaux** points of the compass ▸ **points de suspension** suspension points ▸ **points (de suture)** stitches ▸ **à point** [steak] medium ▸ **au point** [méthode] perfected ▸ **au point** OU **à tel point que** to such an extent that ▸ **être sur le point de faire qqch** to be on the point of doing sthg ▸ **'point rencontre'** 'meeting point'.

point de vue [pwɛ̃dvy] (*pl* **points de vue**) **nm** **1.** [endroit] viewpoint **2.** [opinion] point of view.

pointe [pwɛ̃t] **nf** **1.** [extrémité] point, tip **2.** [clou] panel pin ▸ **sur la pointe des pieds** on tiptoe ▸ **de pointe** [technique] state-of-the-art ▸ **en pointe** [tailler] to a point. ◆ **pointes** **nfpl** [chaussons] points.

pointer [3] [pwɛ̃te] ◆ **vt** [diriger] to point. ◆ **vi** **1.** [à l'entrée] to clock in **2.** [à la sortie] to clock out.

pointeur [pwɛ̃tœʀ] **nm** : **pointeur de la souris** mouse pointer.

pointillé [pwɛ̃tije] **nm** **1.** [ligne] dotted line **2.** [perforations] perforated line ▸ **en pointillé** *fig* in outline.

pointu, e [pwɛ̃ty] **adj** pointed.

pointure [pwɛ̃tyr] **nf** (shoe) size ▸ **quelle pointure faites-vous ?** what size do you take?

point-virgule [pwɛ̃virgyl] (*pl* **points-virgules**) **nm** semicolon.

poire [pwar] **nf** pear ▸ **poire Belle-Hélène** *pear served on vanilla ice cream and covered with chocolate sauce.*

poireau [pwaro] (*pl* **-x**) **nm** leek.

poirier [pwarje] **nm** pear tree.

pois [pwa] **nm** [rond] spot ▸ **à pois** spotted ▸ **pois chiche** chickpea.

poison [pwazɔ̃] **nm** poison.

poisseux, euse [pwasø, øz] **adj** sticky.

poisson [pwasɔ̃] **nm** fish ▸ **poisson d'avril !** April Fool! ▸ **faire un poisson d'avril à qqn** to play an April Fool's trick on sb ▸ **poissons du lac** Suisse *fish caught in Lake Geneva* ▸ **poisson rouge** goldfish. ◆ **Poissons** **nmpl** Pisces *sg.*

poissonnerie [pwasɔnri] **nf** fishmonger's (shop).

poissonnier, ère [pwasɔnje, ɛr] **nm, f** fishmonger.

poitrine [pwatrin] **nf** **1.** [buste] chest **2.** [seins] bust **3.** [de porc] belly.

poivre [pwavr] **nm** pepper.

poivré, e [pwavre] **adj** peppery.

poivrier [pwavrije] **nm** [sur la table] pepper pot.

poivrière [pwavrijɛr] **nf** = **poivrier**.

poivron [pwavrɔ̃] **nm** pepper.

poivrot, e [pwavro] **nm, f** *fam* drunk.

poker [pɔkɛr] **nm** poker.

polaire [pɔlɛr] **adj** polar.

polar [pɔlaʀ] **nm** *fam* thriller, whodunnit.

Polaroid® [pɔlarɔid] **nm** Polaroid®.

pôle [pol] **nm** [géographique] pole ▸ **pôle Nord / Sud** North / South Pole.

poli, e [pɔli] **adj 1.** polite **2.** [verre, bois] polished.

police [pɔlis] **nf 1.** police *pl* **2.** [de caractère] font ▸ **police d'assurance** insurance policy ▸ **police secours** *emergency call-out service provided by the police.*

policier, ère [pɔlisje, ɛr] ◆ **adj 1.** [roman, film] detective **2.** [enquête] police. ◆ **nm** police officer.

poliment [pɔlimɑ̃] **adv** politely.

politesse [pɔlitɛs] **nf** politeness ▸ **par politesse** out of politeness.

politicien, enne [pɔlitisjɛ̃, ɛn] **nm, f** politician.

politique [pɔlitik] ◆ **adj** political. ◆ **nf 1.** [activité] politics *sg* **2.** [extérieure, commerciale, etc.] policy ▸ **un homme / une femme politique** a politician.

politiquement [pɔlitikmɑ̃] **adv** politically ▸ **politiquement correct** politically correct, PC.

pollen [pɔlɛn] **nm** pollen.

pollué, e [pɔlɥe] **adj** polluted.

polluer [7] [pɔlɥe] **vt** to pollute.

pollution [pɔlysjɔ̃] **nf** pollution.

polo [pɔlo] **nm** [vêtement] polo shirt.

polochon [pɔlɔʃɔ̃] **nm** bolster.

Pologne [pɔlɔɲ] **nf : la Pologne** Poland.

polonais, e [pɔlɔnɛ, ɛz] **adj** Polish. ◆ **polonais nm** [langue] Polish. ◆ **Polonais, e nm, f** Pole.

polycopié [pɔlikɔpje] **nm** photocopied notes *pl*.

polyester [pɔliɛstɛr] **nm** polyester.

Polynésie [pɔlinezi] **nf : la Polynésie** Polynesia ▸ **la Polynésie française** French Polynesia.

polystyrène [pɔlistirɛn] **nm** polystyrene.

polyvalent, e [pɔlivalɑ̃, ɑ̃t] **adj 1.** [salle] multi-purpose **2.** [employé] versatile.

POM [pɔm] (*abr de* **Pays d'outre-mer**) **nm** *designation for French Polynesia, which enjoys a special status as an "overseas country" within the French Republic.*

pommade [pɔmad] **nf** ointment.

pomme [pɔm] **nf 1.** apple **2.** [de douche] head **3.** [d'arrosoir] rose ▸ **tomber dans les pommes** *fam* to pass out ▸ **pomme de pin** pine cone ▸ **pommes dauphine** *mashed potato coated in batter and deep-fried* ▸ **pommes noisettes** *fried potato balls.*

pomme de terre [pɔmdətɛr] (*pl* **pommes de terre**) **nf** potato.

pommette [pɔmɛt] **nf** cheekbone.

pommier [pɔmje] **nm** apple tree.

pompe [pɔ̃p] **nf** pump ▸ **pompe à essence** petrol pump UK, gas pump US ▸ **pompe à vélo** bicycle pump ▸ **pompes funèbres** funeral director's *sg* UK, mortician's *sg* US.

pomper [3] [pɔ̃pe] **vt** to pump.

pompier [pɔ̃pje] **nm** fireman UK, firefighter US ▸ **les pompiers** the fire brigade.

pompiste [pɔ̃pist] **nmf** forecourt attendant.

pompon [pɔ̃pɔ̃] **nm** pompom.

poncer [16] [pɔ̃se] **vt** to sand down.

ponctualité [pɔ̃ktɥalite] **nf** punctuality.

ponctuation [pɔ̃ktɥasjɔ̃] **nf** punctuation.

ponctuel, elle [pɔ̃ktɥɛl] **adj 1.** [à l'heure] punctual **2.** [limité] specific.

pondre [75] [pɔ̃dr] **vt** to lay.

poney [pɔnɛ] **nm** pony.

pont [pɔ̃] **nm 1.** bridge **2.** [de bateau] deck ▸ **faire le pont** *to have the day off between a national holiday and a weekend.*

pont-levis [pɔ̃ləvi] (*pl* **ponts-levis**) **nm** drawbridge.

ponton [pɔ̃tɔ̃] **nm** pontoon.

pop [pɔp] **adj inv & nf** pop.

pop-corn [pɔpkɔrn] **nm inv** popcorn.

populaire [pɔpylɛr] **adj 1.** [quartier, milieu] working-class **2.** [apprécié] popular.

population [pɔpylasjɔ̃] **nf** population.

pop-up [pɔpœp] (*pl* **pop-ups**) **nm inv & nm** pop-up.

porc [pɔr] **nm 1.** pig **2.** CULIN pork.

porcelaine [pɔrsəlɛn] **nf** [matériau] porcelain.

porche [pɔrʃ] **nm** porch.

pore [pɔr] **nm** pore.

poreux, euse [pɔrø, øz] **adj** porous.

porno [pɔʀno] *fam* ◆ **adj** [film, magazine] porn, porno. ◆ **nm : le porno** porn.

pornographique [pɔrnɔgrafik] **adj** pornographic.

port [pɔr] **nm** port ▸ **port de pêche** fishing port ▸ **port de plaisance** sailing harbour ▸ **'port payé'** 'postage paid' ▸ **port USB** INFORM USB port ▸ **port parallèle** INFORM parallel port ▸ **port série** INFORM serial port ▸ **port jeux** INFORM game port.

portable [pɔrtabl] ◆ **adj** portable. ◆ **nm 1.** [téléphone] mobile UK, cell phone US **2.** [ordinateur] laptop.

portail[1] [pɔrtaj] **nm** gate.

portail[2] [pɔʀtaj] **nm** portal.

portant, e [pɔrtɑ̃, ɑ̃t] **adj : être bien / mal portant** to be in good / poor health ▸ **à bout portant** point-blank.

portatif, ive [pɔrtatif, iv] **adj** portable.

Port-au-Prince [pɔʀopʀɛ̃s] **n** Port-au-Prince.

porte [pɔrt] **nf 1.** door **2.** [d'un jardin, d'une ville] gate ▸ **mettre qqn à la porte** to throw sb out ▸ **porte (d'embarquement)** gate ▸ **porte d'entrée** front door.

porte-avions [pɔrtavjɔ̃] **nm inv** aircraft carrier.

porte-bagages [pɔrtbagaʒ] **nm inv** [de vélo] bike rack.

porte-bébé [pɔrtbebe] (*pl* **porte-bébés**) **nm** [harnais] baby sling.

porte-bonheur [pɔrtbɔnœr] **nm inv** lucky charm.

porte-clefs [pɔrtəkle] **nm inv** = **porte-clés**.

porte-clés [pɔrtəkle] **nm inv** key ring.

portée [pɔrte] **nf 1.** [d'un son, d'une arme] range **2.** [d'une femelle] litter **3.** MUS stave ▸ **à la portée de qqn** [intellectuelle] within sb's understanding ▸ **à portée de (la) main** within reach ▸ **à portée de voix** within earshot ▸ **hors de portée** out of reach.

porte-fenêtre [pɔrtfənɛtr] (*pl* **portes-fenêtres**) **nf** French window UK, French door US

portefeuille [pɔrtəfœj] **nm** wallet.

porte-jarretelles [pɔrtʒartɛl] **nm inv** suspender belt UK, garter belt US

portemanteau [pɔrtmɑ̃to] (*pl* **-x**) **nm** **1.** [au mur] coat rack **2.** [sur pied] coat stand.

porte-monnaie [pɔrtmɔnɛ] **nm inv** purse.

porte-parole [pɔrtparɔl] **nm inv** spokesman (spokeswoman).

porter [3] [pɔrte] ◆ **vt** **1.** [tenir] to carry **2.** [vêtement, lunettes] to wear **3.** [nom, date, responsabilité] to bear **4.** [apporter] to take. ◆ **vi** **1.** [son] to carry **2.** [remarque, menace] to hit home ▸ **porter bonheur / malheur à qqn** to bring sb good luck / bad luck ▸ **porter sur** [discussion] to be about. ◆ **se porter vp : se porter bien / mal** to be well / unwell.

porte-savon [pɔrtsavɔ̃] (*pl* **porte-savons**) **nm** soap dish.

porte-serviette [pɔrtsɛrvjɛt] (*pl* **porte-serviettes**) **nm** towel rail.

porteur, euse [pɔrtœr, øz] **nm, f** **1.** [de bagages] porter **2.** [d'une maladie] carrier.

portier [pɔrtje] **nm** doorman.

portière [pɔrtjɛr] **nf** door.

portillon [pɔrtijɔ̃] **nm** barrier ▸ **portillon automatique** TRANSP automatic barrier.

portion [pɔrsjɔ̃] **nf** **1.** portion **2.** [que l'on se sert soi-même] helping.

portique [pɔrtik] **nm** [de balançoire] frame.

Port Louis [pɔrlwi] **n** Port Louis.

porto [pɔrto] **nm** port.

Porto Rico [pɔrtoriko], **Puerto Rico** [pwɛrtoriko] **n** Puerto Rico.

portrait [pɔrtrɛ] **nm** portrait.

portrait-robot [pɔrtrɛrɔbo] **nm** Photofit® picture, Identikit® picture.

portuaire [pɔrtɥɛr] **adj : ville portuaire** port.

portugais, e [pɔrtygɛ, ɛz] ◆ **adj** Portuguese. ◆ **nm** [langue] Portuguese. ◆ **Portugais, e nm, f** Portuguese (person).

Portugal [pɔrtygal] **nm : le Portugal** Portugal.

pose [poz] **nf** **1.** [de moquette] laying **2.** [de vitre] fitting **3.** [attitude] pose ▸ **prendre la pose** to assume a pose.

posé, e [poze] **adj** [calme] composed.

poser [3] [poze] ◆ **vt** **1.** to put **2.** [rideaux, tapisserie] to hang **3.** [vitre] to fit **4.** [moquette] to lay **5.** [question] to ask **6.** [problème] to pose. ◆ **vi** [pour une photo] to pose. ◆ **se poser vp** [oiseau, avion] to land.

positif, ive [pozitif, iv] **adj** positive.

position [pozisjɔ̃] **nf** position.

posologie [pozɔlɔʒi] **nf** dosage.

posséder [18] [pɔsede] **vt** **1.** to possess **2.** [maison, voiture] to own.

possessif, ive [pɔsesif, iv] **adj** possessive.

possibilité [pɔsibilite] **nf** possibility ▸ **avoir la possibilité de faire qqch** to have the chance to do sthg. ◆ **possi-**

bilités nfpl 1. [financières] means 2. [intellectuelles] potential *sg*.

possible [pɔsibl] ◆ adj possible. ◆ nm : **faire son possible (pour faire qqch)** to do one's utmost (to do sthg) ▸ **le plus de vêtements possible** as many clothes as possible ▸ **le plus d'argent possible** as much money as possible ▸ **dès que possible, le plus tôt possible** as soon as possible ▸ **si possible** if possible.

postal, e, aux [pɔstal, o] adj 1. [service] postal UK, mail US 2. [wagon] mail.

poste[1] [pɔst] nm 1. [emploi] post 2. [de ligne téléphonique] extension ▸ **poste (de police)** police station ▸ **poste de radio** radio ▸ **poste de télévision** television (set).

poste[2] [pɔst] nf 1. [administration] post UK, mail US 2. [bureau] post office ▸ **poste restante** poste restante UK, general delivery US.

poster[1] [3] [pɔste] vt [lettre] to post UK, to mail US.

poster[2] [pɔstɛr] nm poster.

postérieur, e [pɔsterjœr] ◆ adj 1. [dans le temps] later 2. [partie, membres] rear. ◆ nm posterior.

postier, ère [pɔstje, ɛr] nm, f post-office worker.

postillonner [3] [pɔstijɔne] vi to splutter.

postillons [pɔstijɔ̃] nmpl [salive] droplets of saliva.

Post-it® [pɔstit] nm inv Post-it®, Post-it® note.

post-scriptum [pɔstskriptɔm] nm inv postscript.

postuler [3] [pɔstyle] vt [emploi] to apply for.

posture [pɔstyr] nf posture.

pot [po] nm 1. [de yaourt, de peinture] pot 2. [de confiture] jar ▸ **pot d'échappement** exhaust (pipe) ▸ **pot de fleurs** flowerpot ▸ **pot à lait** milk jug ▸ **petit pot (bébé)** jar of baby food.

potable [pɔtabl] adj → **eau**.

potage [pɔtaʒ] nm soup.

potager [pɔtaʒe] nm : **(jardin) potager** vegetable garden.

pot-au-feu [pɔtofø] nm inv *boiled beef and vegetables*.

pot-de-vin [podvɛ̃] (*pl* **pots-de-vin**) nm bribe.

pote [pɔt] nm *fam* mate UK, buddy US.

poteau [pɔto] (*pl* -x) nm post ▸ **poteau indicateur** signpost.

potée [pɔte] nf *stew of meat, usually pork, and vegetables*.

potentiel, elle [pɔtɑ̃sjɛl] adj & nm potential.

poterie [pɔtri] nf 1. [art] pottery 2. [objet] piece of pottery.

potimarron [pɔtimarɔ̃] nm *variety of small pumpkin*.

potiron [pɔtirɔ̃] nm pumpkin.

pot-pourri [popuri] (*pl* **pots-pourris**) nm potpourri.

pou [pu] (*pl* -x) nm louse.

poubelle [pubɛl] nf dustbin UK, trashcan US ▸ **mettre qqch à la poubelle** to put sthg in the dustbin UK, to put sthg in the trash US.

pouce [pus] nm thumb.

pouding [pudiŋ] nm *sweet cake made from bread and candied fruit* ▸ **pouding de cochon** *French-Canadian dish of meatloaf made from chopped pork and pigs' livers*.

poudre [pudr] **nf** powder ▸ **en poudre** [lait, amandes] powdered ▸ **chocolat en poudre** chocolate powder.

poudreux, euse [pudrø, øz] **adj** powdery. ◆ **poudreuse nf** powder (snow).

pouf [puf] **nm** pouffe.

pouffer [3] [pufe] **vi : pouffer (de rire)** to titter.

poulailler [pulaje] **nm** henhouse.

poulain [pulɛ̃] **nm** foal.

poule [pul] **nf 1.** hen **2.** CULIN fowl ▸ **poule au pot** *chicken and vegetable stew.*

poulet [pulɛ] **nm** chicken ▸ **poulet basquaise** *sauteed chicken in a rich tomato, pepper and garlic sauce.*

poulie [puli] **nf** pulley.

pouls [pu] **nm** pulse ▸ **prendre le pouls à qqn** to take sb's pulse.

poumon [pumɔ̃] **nm** lung.

poupée [pupe] **nf** doll.

pour [pur] ◆ **prép 1.** [exprime le but, la destination] for ▸ **c'est pour vous** it's for you ▸ **faire qqch pour l'argent** to do sthg for money ▸ **le vol pour Londres** the flight for London ▸ **partir pour** to leave for **2.** [afin de] **: pour faire qqch** in order to do sthg ▸ **pour que** so that **3.** [en raison de] for ▸ **pour avoir fait qqch** for doing sthg **4.** [exprime la durée] for ▸ **on en a encore pour deux heures** it'll take another two hours **5.** [somme] **: je voudrais pour cinq euros de bonbons** I'd like five euros' worth of sweets **6.** [pour donner son avis] **: pour moi** as far as I'm concerned **7.** [à la place de] for ▸ **signe pour moi** sign for me **8.** [en faveur de] for ▸ **être pour qqch** to be in favour of sthg ▸ **je suis pour !** I'm all for it!

pourboire [purbwar] **nm** tip.

ⓘ Le pourboire

In France it is usual to tip in cafés and restaurants, even when service is included. Although it isn't compulsory, if you don't tip, you risk a dirty look from your waiter or waitress. You also generally tip taxi-drivers, porters, tour guides, hairdressers, delivery people, etc.

pourcentage [pursɑ̃taʒ] **nm** percentage.

pourchasser [3] [purʃase] **vt** to chase.

pourpre [purpr] **nm** & **adj** crimson.

pourquoi [purkwa] **adv** why ▸ **c'est pourquoi...** that's why... ▸ **pourquoi pas ?** why not?

pourra 3ᵉ pers. de l'ind. fut. → **pouvoir**.

pourri, e [puri] **adj** rotten.

pourrir [32] [purir] **vi** to rot.

pourriture [purityr] **nf** [partie moisie] rotten part.

poursuite [pursɥit] **nf** chase ▸ **se lancer à la poursuite de qqn** to set off after sb. ◆ **poursuites nfpl** [juridique] proceedings.

poursuivi, e [pursɥivi] **pp** → **poursuivre**.

poursuivre [89] [pursɥivr] **vt 1.** [voleur] to chase **2.** [criminel] to prosecute **3.** [voisin] to sue **4.** [continuer] to continue. ◆ **se poursuivre vp** to continue.

pourtant [purtɑ̃] **adv** yet.

pourtour [purtur] **nm** perimeter.

pourvu [purvy] ◆ **pourvu que** conj 1. [condition] provided (that) 2. [souhait] let's hope (that).

poussée [puse] nf [de fièvre, inflation] rise.

pousse-pousse [puspus] nm inv SUISSE [poussette] pushchair.

pousser [3] [puse] ◆ vt 1. to push 2. [déplacer] to move 3. [cri] to give 4. [exagérer] to go too far. ◆ vi 1. to push 2. [plante] to grow ▸ **pousser qqn à faire qqch** to urge sb to do sthg ▸ **faire pousser** [plante, légumes] to grow ▸ **'poussez'** 'push'. ◆ **se pousser** vp to move up.

poussette [pusɛt] nf pushchair.

poussière [pusjɛr] nf dust.

poussiéreux, euse [pusjerø, øz] adj dusty.

poussin [pusɛ̃] nm chick.

poutine [putin] nf QUÉBEC *fried potato topped with grated cheese and brown sauce.*

poutre [putr] nf beam.

pouvoir [58] [puvwar] ◆ nm [influence] power. ◆ vt 1. [être capable de] can, to be able 2. [être autorisé à] : **vous ne pouvez pas stationner ici** you can't park here 3. [exprime la possibilité] : **il peut faire très froid ici** it can get very cold here ▸ **attention, tu pourrais te blesser** careful, you might hurt yourself ▸ **le pouvoir** [politique] power ▸ **les pouvoirs publics** the authorities ▸ **pourriez-vous... ?** could you...? ▸ **je n'en peux plus** a) [je suis fatigué] I'm exhausted b) [j'ai trop mangé] I'm full up ▸ **je n'y peux rien** there's nothing I can do about it. ◆ **se pouvoir** vp : **il se peut que le vol soit annulé** the flight may ou might be cancelled ▸ **ça se pourrait (bien)** it's (quite) possible.

Prague [prag] n Prague.

prairie [preri] nf meadow.

praline [pralin] nf 1. praline, sugared almond 2. BELG [chocolat] chocolate.

praliné, e [praline] adj *hazelnut- or almond-flavoured.*

pratiquant, e [pratikɑ̃, ɑ̃t] adj RELIG practising.

pratique [pratik] adj 1. [commode] handy 2. [concret] practical.

pratiquement [pratikmɑ̃] adv practically.

pratiquer [3] [pratike] vt 1. : **pratiquer un sport** to do some sport ▸ **pratiquer le golf** to play golf 2. [religion] to practise UK, to practice US.

pré [pre] nm meadow.

préalable [prealabl] adj prior, previous. ◆ **au préalable** loc adv first, beforehand.

préau [preo] (pl -x) nm [de récréation] (covered) play area.

préavis [preavi] nm advance notice ou warning.

précaire [prekɛr] adj precarious.

précaution [prekosjɔ̃] nf precaution ▸ **prendre des précautions** to take precautions ▸ **avec précaution** carefully.

précédent, e [presedɑ̃, ɑ̃t] adj previous.

précéder [18] [presede] vt to precede.

précieux, euse [presjø, øz] adj precious.

précipice [presipis] nm precipice.

précipitation [presipitasjɔ̃] **nf** haste. ◆ **précipitations nfpl** [pluie] precipitation *sg*.

précipité, e [presipite] **adj 1.** [pas, retour] hurried, hasty **2.** [décision hâtive] hasty, rash ▸ **tout cela a été si précipité** it all happened so fast.

précipiter [3] [presipite] **vt 1.** [pousser] to push **2.** [allure] to quicken **3.** [départ] to bring forward. ◆ **se précipiter vp 1.** [tomber] to throw o.s. **2.** [se dépêcher] to rush ▸ **se précipiter dans / vers** to rush into / towards ▸ **se précipiter sur qqn** to jump on sb.

précis, e [presi, iz] **adj 1.** [clair, rigoureux] precise **2.** [exact] accurate ▸ **à cinq heures précises** at five o'clock sharp.

précisément [presizemɑ̃] **adv** precisely, exactly.

préciser [3] [presize] **vt 1.** [déterminer] to specify **2.** [clarifier] to clarify. ◆ **se préciser vp** to become clear.

précision [presizjɔ̃] **nf 1.** accuracy **2.** [explication] detail.

précoce [prekɔs] **adj 1.** [enfant] precocious **2.** [printemps] early.

préconiser [3] [prekɔnize] **vt** to recommend ▸ **préconiser de faire qqch** to recommend doing sthg.

prédécesseur [predesesœr] **nm** predecessor.

prédiction [prediksjɔ̃] **nf** prediction.

prédire [103] [predir] **vt** to predict.

prédit, e [predi, it] **pp** → **prédire**

prédominer [3] [predɔmine] **vt** to predominate.

préfabriqué, e [prefabrike] **adj** prefabricated.

préface [prefas] **nf** preface.

préfecture [prefɛktyr] **nf** *town where a préfet's office is situated, and the office itself* ▸ **préfecture de police** ≃ (Paris) police headquarters.

préférable [preferabl] **adj** preferable.

préféré, e [prefere] **adj & nm, f** favourite.

préférence [preferɑ̃s] **nf** preference ▸ **de préférence** preferably.

préférer [18] [prefere] **vt** to prefer ▸ **préférer faire qqch** to prefer to do sthg ▸ **je préférerais qu'elle s'en aille** I'd rather she left.

préfet [prefɛ] **nm** *senior local government official.*

préhistoire [preistwar] **nf** prehistory.

préhistorique [preistɔrik] **adj** prehistoric.

préjudice [preʒydis] **nm** harm, detriment ▸ **porter préjudice à qqn** to harm sb.

préjugé [preʒyʒe] **nm** prejudice.

prélasser [3] [prelase] ◆ **se prélasser vp** to lounge.

prélèvement [prelɛvmɑ̃] **nm 1.** [d'argent] deduction **2.** [de sang] sample.

prélever [19] [prelәve] **vt 1.** [somme, part] to deduct **2.** [sang] to take.

prématuré, e [prematyre] ◆ **adj** premature. ◆ **nm, f** premature baby.

prémédité, e [premedite] **adj** premeditated.

premier, ère [prәmje, ɛr] **adj & nm, f** first ▸ **en premier** first ▸ **le premier de l'an** New Year's Day ▸ **Premier ministre** Prime Minister ▸ **le premier étage** first floor UK, second floor US ▸ **le premier**

(arrondissement) first arrondissement ▸ **il est arrivé premier** he came first.

première [prəmjɛr] **nf 1.** SCOL ≃ lower sixth UK ; ≃ eleventh grade US **2.** [vitesse] first (gear) **3.** TRANSP first class ▸ **voyager en première (classe)** to travel first class.

premièrement [prəmjɛrmɑ̃] **adv** firstly.

prenais etc 1re et 2e pers. de l'ind. imparfait → **prendre**.

prendre [79] [prɑ̃dr] ◆ **vt 1.** [saisir, emporter, enlever] to take ▸ **prendre qqch à qqn** to take sthg from sb **2.** [passager, auto-stoppeur] to pick up ▸ **passer prendre qqn** to pick sb up **3.** [repas, boisson] to have ▸ **qu'est-ce que vous prendrez ?** [à boire] what would you like to drink? ▸ **prendre un verre** to have a drink **4.** [utiliser] to take ▸ **quelle route dois-je prendre ?** which route should I take? ▸ **prendre l'avion** to fly ▸ **prendre le train** to take the train **5.** [attraper, surprendre] to catch ▸ **se faire prendre** to get caught **6.** [air, ton] to put on **7.** [considérer] **: prendre qqn pour a)** [par erreur] to mistake sb for **b)** [sciemment] to take sb for **8.** [notes, photo, mesures] to take **9.** [poids] to put on **10.** [dans des expressions] **: qu'est-ce qui te prend ?** what's the matter with you?
◆ **vi 1.** [sauce, ciment] to set **2.** [feu] to catch **3.** [se diriger] **: prenez à droite** turn right
◆ **se prendre vp : pour qui tu te prends ?** who do you think you are? ▸ **s'en prendre à qqn** [en paroles] to take it out on sb ▸ **s'y prendre mal** to go about things the wrong way.

prenne etc 1re et 3e pers. du subj. prés. → **prendre**.

prénom [prenɔ̃] **nm** first name.

préoccupé, e [preɔkype] **adj** preoccupied.

préoccuper [3] [preɔkype] **vt** to preoccupy. ◆ **se préoccuper de** vp + prép to think about.

préparatifs [preparatif] **nmpl** preparations.

préparation [preparasjɔ̃] **nf** preparation.

préparer [3] [prepare] **vt 1.** to prepare **2.** [affaires] to get ready **3.** [départ, examen] to prepare for. ◆ **se préparer vp 1.** to get ready **2.** [s'annoncer] to be imminent ▸ **se préparer à faire qqch** to be about to do sthg.

préposition [prepozisjɔ̃] **nf** preposition.

près [prɛ] **adv : de près** closely ▸ **tout près** very close, very near ▸ **près de a)** near (to) **b)** [presque] nearly.

presbyte [prɛsbit] **adj** longsighted UK, farsighted US.

prescrire [99] [prɛskrir] **vt** to prescribe.

prescrit, e [prɛskri, it] **pp & 3e pers. du sg de l'ind. prés.** → **prescrire**.

présélectionner [3] [preselɛksjɔne] **vt** to preselect.

présence [prezɑ̃s] **nf** presence ▸ **en présence de** in the presence of.

présent, e [prezɑ̃, ɑ̃t] **adj & nm** present ▸ **à présent (que)** now (that).

présentateur, trice [prezɑ̃tatœr, tris] **nm, f** presenter.

présentation [prezɑ̃tasjɔ̃] **nf** presentation. ◆ **présentations nfpl : faire**

les présentations to make the introductions.

présenter [3] [prezɑ̃te] **vt 1.** to present **2.** [montrer] to show ▸ **présenter qqn à qqn** to introduce sb to sb. ◆ **se présenter vp 1.** [occasion, difficulté] to arise **2.** [à un rendez-vous] to present o.s. **3.** [dire son nom] to introduce o.s. ▸ **se présenter bien / mal** to look good / bad.

préservatif [prezɛrvatif] **nm** condom.

préservation [prezɛrvasjɔ̃] **nf** preservation.

préserver [3] [prezɛrve] **vt** to protect ▸ **préserver qqn / qqch de** to protect sb / sthg from.

président, e [prezidɑ̃, ɑ̃t] **nm, f** [d'une assemblée, d'une société] chairman (chairwoman) ▸ **le président de la République** the French President.

présidentiel, elle [prezidɑ̃sjɛl] **adj** presidential ▸ **les élections présidentielles** ou **les présidentielles** the presidential elections.

présider [3] [prezide] **vt** [assemblée] to chair.

presque [prɛsk] **adv** almost ▸ **presque pas de** hardly any.

presqu'île [prɛskil] **nf** peninsula.

pressant, e [prɛsɑ̃, ɑ̃t] **adj** pressing.

presse [prɛs] **nf** [journaux] press ▸ **la presse à sensation** the tabloids *pl*.

pressé, e [prese] **adj 1.** in a hurry **2.** [urgent] urgent **3.** [citron, orange] freshly squeezed ▸ **être pressé de faire qqch** to be in a hurry to do sthg.

presse-agrumes [pʀɛsagʀym] **nm inv** electric (orange or lemon) squeezer.

presse-citron [prɛssitrɔ̃] **nm inv** lemon squeezer.

pressentiment [presɑ̃timɑ̃] **nm** premonition.

presser [4] [prese] ◆ **vt 1.** [fruit] to squeeze **2.** [bouton] to press **3.** [faire se dépêcher] to rush. ◆ **vi : le temps presse** there isn't much time ▸ **rien ne presse** there's no rush. ◆ **se presser vp** to hurry.

pressing [presiŋ] **nm** dry cleaner's.

pression [prɛsjɔ̃] **nf 1.** pressure **2.** [bouton] press stud UK, snap fastener US ▸ **(bière) pression** draught beer.

prestataire [pʀɛstatɛʀ] **nmf** [fournisseur] provider ▸ **prestataire de service** service provider.

prestidigitateur, trice [prɛstidiʒitatœr, tris] **nm, f** conjurer.

prestige [prɛstiʒ] **nm** prestige.

prêt, e [prɛ, prɛt] ◆ **adj** ready. ◆ **nm** FIN loan ▸ **être prêt à faire qqch** to be ready to do sthg.

prêt-à-porter [prɛtapɔrte] **nm** ready-to-wear clothing.

prétendre [73] [pretɑ̃dr] **vt : prétendre que** to claim (that).

prétentieux, euse [pretɑ̃sjø, øz] **adj** pretentious.

prétention [pretɑ̃sjɔ̃] **nf** pretentiousness ▸ **sans prétention** unassuming.

prêter [4] [prete] **vt** to lend ▸ **prêter qqch à qqn** to lend sb sthg ▸ **prêter attention à** to pay attention to.

prétexte [pretɛkst] **nm** pretext ▸ **sous prétexte que** under the pretext that.

prétimbré, e [pʀetɛ̃bʀe] **adj** prepaid.

Pretoria [pʀetɔʀja] **n** Pretoria.

prêtre [prɛtr] **nm** priest.

preuve [prœv] **nf** proof, evidence ▸ **faire preuve de** to show ▸ **faire ses preuves** a) [méthode] to prove successful b) [employé] to prove one's worth.

prévenir [40] [prevnir] **vt** 1. [avertir] to warn 2. [empêcher] to prevent ▸ **prévenir qqn de qqch** to warn sb of sthg.

préventif, ive [prevɑ̃tif, iv] **adj** preventive.

prévention [prevɑ̃sjɔ̃] **nf** prevention ▸ **prévention routière** road safety body.

prévenu, e [prevny] **pp** → **prévenir**.

prévisible [previzibl] **adj** foreseeable.

prévision [previzjɔ̃] **nf** forecast ▸ **en prévision de** in anticipation of ▸ **prévisions météo(rologiques)** weather forecast *sg*.

prévoir [63] [prevwar] **vt** 1. [anticiper] to anticipate, to expect 2. [organiser, envisager] to plan ▸ **comme prévu** as planned.

prévoyant, e [prevwajɑ̃, ɑ̃t] **adj** : **être prévoyant** to think ahead.

prévu, e [prevy] **pp** → **prévoir**.

prier [10] [prije] ◆ **vi** to pray. ◆ **vt** RELIG to pray to ▸ **prier qqn de faire qqch** to ask sb to do sthg ▸ **je vous / t'en prie** a) [ne vous gênez / te gêne pas] please do b) [de rien] don't mention it ▸ **les passagers sont priés de ne pas fumer** passengers are kindly requested not to smoke.

prière [prijɛr] **nf** RELIG prayer ▸ '**prière de ne pas fumer**' 'you are requested not to smoke'.

primaire [primɛr] **adj** 1. SCOL primary 2. *péj* [raisonnement, personne] limited.

prime [prim] **nf** 1. [d'assurance] premium 2. [de salaire] bonus ▸ **en prime** [avec un achat] as a free gift.

primeurs [primœr] **nfpl** early produce *sg*.

primevère [primvɛr] **nf** primrose.

primitif, ive [primitif, iv] **adj** primitive.

prince [prɛ̃s] **nm** prince.

princesse [prɛ̃sɛs] **nf** princess.

principal, e, aux [prɛ̃sipal, o] ◆ **adj** main. ◆ **nmf** [d'un collège] headmaster (headmistress) ▸ **le principal** [l'essentiel] the main thing.

principalement [prɛ̃sipalmɑ̃] **adv** mainly.

principe [prɛ̃sip] **nm** principle ▸ **en principe** in principle.

printemps [prɛ̃tɑ̃] **nm** spring ▸ **au printemps** in (the) spring ou springtime.

priori → **a priori**.

prioritaire [prijɔritɛr] **adj** : **être prioritaire** a) [urgent] to be a priority b) [sur la route] to have right of way.

priorité [prijɔrite] **nf** 1. priority 2. [sur la route] right of way ▸ **priorité à droite** right of way to traffic coming from the right ▸ **laisser la priorité** to give way UK, to yield US ▸ '**vous n'avez pas la priorité**' a) UK 'give way' b) US 'yield'.

pris, e [pri, iz] **pp** → **prendre**.

prise [priz] **nf** 1. [à la pêche] catch 2. [point d'appui] hold ▸ **prise (de courant)** a) [dans le mur] socket b) [fiche] plug ▸ **prise multiple** adapter ▸ **prise de sang** blood test ▸ **prise audio** INFORM audio socket.

prison [prizɔ̃] **nf** prison ▸ **en prison** in prison.

prisonnier, ère [prizɔnje, ɛr] **nm, f** prisoner.

privé, e [prive] **adj** private **› en privé** in private.

priver [3] [prive] **vt : priver qqn de qqch** to deprive sb of sthg. **◆ se priver vp** to deprive o.s. **› se priver de qqch** to go without sthg.

privilège [privilɛʒ] **nm** privilege.

privilégié, e [privileʒje] **adj** privileged.

prix [pri] **nm 1.** price **2.** [récompense] prize **› à tout prix** at all costs **› prix des places** ticket prices.

probable [prɔbabl] **adj** probable.

probablement [prɔbabləmɑ̃] **adv** probably.

problème [prɔblɛm] **nm** problem.

procédé [prɔsede] **nm** process.

procéder [18] [pʀɔsede] **vi 1.** [agir] to proceed **2.** [exécuter] **: procéder à qqch** to set about sthg.

procès [prɔsɛ] **nm** trial **› faire un procès à qqn** to take sb to court.

procession [prɔsesjɔ̃] **nf** procession.

processus [prɔsesys] **nm** process.

procès-verbal [prɔsɛvɛrbal] (*pl* **-aux**) **nm** [contravention] ticket.

prochain, e [prɔʃɛ̃, ɛn] **adj** next **› la semaine prochaine** next week.

prochainement [pʀɔʃɛnmɑ̃] **adv** soon, shortly.

proche [prɔʃ] **adj** near **› être proche de a)** [lieu, but] to be near (to) **b)** [personne, ami] to be close to **› le Proche-Orient** the Near East.

procuration [prɔkyrasjɔ̃] **nf** mandate **› voter par procuration** to vote by proxy **› donner procuration à qqn** to give sb power of attorney.

procurer [3] [prɔkyre] **◆ se procurer vp** [marchandise] to obtain.

prodigieux, euse [prɔdiʒjø, øz] **adj** incredible.

producteur, trice [prɔdyktœr, tris] **nm, f** producer.

productif, ive [pʀɔdyktif, iv] **adj** productive.

production [prɔdyksjɔ̃] **nf** production.

produire [98] [prɔdɥir] **vt** to produce. **◆ se produire vp** [avoir lieu] to happen.

produit, e [prɔdɥi, it] **◆ pp → produire. ◆ nm** product **› produits de beauté** beauty products **› produits laitiers** dairy products.

prof [prɔf] **nmf** *fam* teacher.

professeur [prɔfɛsœr] **nm** teacher **› professeur d'anglais / de piano** English / piano teacher.

profession [prɔfɛsjɔ̃] **nf** occupation **› profession libérale** professional.

professionnel, elle [prɔfɛsjɔnɛl] **adj & nm, f** professional.

profil [prɔfil] **nm** profile **› de profil** in profile.

profit [prɔfi] **nm 1.** [avantage] benefit **2.** [d'une entreprise] profit **› tirer profit de qqch** to benefit from sthg.

profitable [prɔfitabl] **adj 1.** [rentable] profitable **2.** [utile] beneficial.

profiter [3] [prɔfite] **◆ profiter de v + prép** to take advantage of.

profiterole [prɔfitrɔl] **nf** profiterole **› profiteroles au chocolat** (chocolate) profiteroles.

profond, e [prɔfɔ̃, ɔ̃d] **adj** deep.

profondeur [prɔfɔ̃dœr] **nf** depth **› à 10 mètres de profondeur** 10 metres deep.

programmateur [prɔgramatœr] nm [d'un lave-linge] programme selector.

programme [prɔgram] nm **1.** programme **2.** SCOL syllabus **3.** INFORM program.

programmer [3] [prɔgrame] vt **1.** [projet, activité] to plan **2.** [magnétoscope, four] to set **3.** INFORM to program.

programmeur, euse [prɔgramœr, øz] nm, f INFORM computer programmer.

progrès [prɔgrɛ] nm progress ▸ **être en progrès** to be making (good) progress ▸ **faire des progrès** to make progress.

progresser [4] [prɔgrese] vi to make progress.

progressif, ive [prɔgresif, iv] adj progressive.

progressivement [prɔgresivmɑ̃] adv progressively.

proie [prwa] nf prey.

projecteur [prɔʒɛktœr] nm **1.** [lumière] floodlight **2.** [de films, de diapositives] projector.

projectile [prɔʒɛktil] nm missile.

projection [prɔʒɛksjɔ̃] nf [de films, de diapositives] projection.

projectionniste [prɔʒɛksjɔnist] nmf projectionist.

projet [prɔʒɛ] nm plan ▸ **projet de loi** bill.

projeter [27] [prɔʒte] vt **1.** [film, diapositives] to project **2.** [lancer] to throw **3.** [envisager] to plan ▸ **projeter de faire qqch** to plan to do sthg.

prolongation [prɔlɔ̃gasjɔ̃] nf extension. ◆ **prolongations** nfpl SPORT extra time *sg.*

prolongement [prɔlɔ̃ʒmɑ̃] nm extension ▸ **être dans le prolongement de** [dans l'espace] to be a continuation of.

prolonger [17] [prɔlɔ̃ʒe] vt **1.** [séjour] to prolong **2.** [route] to extend. ◆ **se prolonger** vp to go on.

promenade [prɔmnad] nf **1.** [à pied] walk **2.** [en vélo] ride **3.** [en voiture] drive **4.** [lieu] promenade ▸ **faire une promenade a)** [à pied] to go for a walk **b)** [en vélo] to go for a (bike) ride **c)** [en voiture] to go for a drive.

promener [19] [prɔmne] vt **1.** [à pied] to take out for a walk **2.** [en voiture] to take out for a drive. ◆ **se promener** vp **1.** [à pied] to go for a walk **2.** [en vélo] to go for a ride **3.** [en voiture] to go for a drive.

promesse [prɔmɛs] nf promise ▸ **tenir ses promesses** to keep one's promises.

promettre [84] [prɔmɛtr] vt : **promettre qqch à qqn** to promise sb sthg ▸ **promettre à qqn de faire qqch** to promise sb to do sthg ▸ **c'est promis** it's a promise.

promis, e [prɔmi, iz] pp → **promettre.**

promo [pʀɔmo] nf *fam* **1.** year UK, class US **2.** COMM special offer ▸ **en promo** [article] on special offer.

promotion [prɔmɔsjɔ̃] nf promotion ▸ **en promotion** [article] on special offer.

promouvoir [56] [pʀɔmuvwaʀ] vt to promote.

pronom [prɔnɔ̃] nm pronoun.

prononcer [16] [prɔnɔ̃se] vt **1.** [mot] to pronounce **2.** [discours] to deliver. ◆ **se prononcer** vp **1.** [mot] to be pronounced **2.** [s'exprimer] : **se prononcer sur qqch** to give one's opinion on sthg.

prononciation [prɔnɔ̃sjasjɔ̃] **nf** pronunciation.

pronostic [prɔnɔstik] **nm** forecast.

propagande [prɔpagɑ̃d] **nf** propaganda.

propager [17] [prɔpaʒe] **vt** to spread. ◆ **se propager vp** to spread.

prophète [pʀɔfɛt] **nm** prophet.

prophétie [prɔfesi] **nf** prophecy.

propice [prɔpis] **adj** favourable.

proportion [prɔpɔrsjɔ̃] **nf** proportion.

proportionnel, elle [prɔpɔrsjɔnɛl] **adj : proportionnel à** proportional to.

propos [prɔpo] ◆ **nmpl 1.** words **2. : tenir des propos inacceptables, intolérables** to say unacceptable, unconscionable things. ◆ **nm : à propos, ...** by the way, ... ▸ **à propos de** about.

proposer [3] [prɔpoze] **vt 1.** [offrir] to offer **2.** [suggérer] to propose ▸ **proposer à qqn de faire qqch** to suggest doing sthg to sb.

proposition [prɔpozisjɔ̃] **nf** proposal.

propre [prɔpr] **adj 1.** clean **2.** [sens] proper **3.** [à soi] own ▸ **avec ma propre voiture** in my own car.

proprement [prɔprəmɑ̃] **adv** [découper, travailler] neatly.

propreté [prɔprəte] **nf** cleanness.

propriétaire [prɔprijetɛr] **nmf** owner.

propriété [prɔprijete] ◆ **nf** property. ◆ **nfpl** properties ▸ **'propriété privée'** 'private property'.

proprio [pʀɔpʀijo] **nmf** *fam* landlord (landlady).

prose [proz] **nf** prose.

prospectus [prɔspɛktys] **nm** (advertising) leaflet.

prospère [prɔspɛr] **adj** prosperous.

prospérer [18] [pʀɔspeʀe] **vi** to prosper.

prostituée [prɔstitɥe] **nf** prostitute.

prostitution [pʀɔstitysjɔ̃] **nf** prostitution.

protection [prɔtɛksjɔ̃] **nf** protection.

protège-cahier [prɔtɛʒkaje] (*pl* **protège-cahiers**) **nm** exercise book cover.

protéger [22] [prɔteʒe] **vt** to protect ▸ **protéger qqn de** ou **contre qqch** to protect sb from ou against sthg. ◆ **se protéger de vp + prép 1.** to protect o.s. from **2.** [pluie] to shelter from.

protège-slip [pʀɔtɛʒslip] (*pl* **protège-slips**) **nm** panty liner.

protestant, e [prɔtɛstɑ̃, ɑ̃t] **adj & nm, f** Protestant.

protestantisme [pʀɔtɛstɑ̃tism] **nm** Protestantism.

protester [3] [prɔtɛste] **vi** to protest.

prothèse [prɔtɛz] **nf** prosthesis.

protocole [pʀɔtɔkɔl] **nm** protocol.

prototype [prɔtɔtip] **nm** prototype.

prouesse [pruɛs] **nf** feat.

prouver [3] [pruve] **vt** to prove ▸ **prouver le contraire** to prove otherwise.

provenance [prɔvnɑ̃s] **nf** origin ▸ **en provenance de** [vol, train] from.

provençal, e, aux [prɔvɑ̃sal, o] **adj** of Provence.

Provence [prɔvɑ̃s] **nf : la Provence** Provence *(region in the southeast of France)*.

provenir [40] [prɔvnir] ◆ **provenir de v + prép** to come from.

proverbe [prɔvɛrb] **nm** proverb.

provider [pʀovajdœʀ] **nm** provider.

province [prɔvɛ̃s] **nf** [région] province ▸ **la province** [hors Paris] the provinces *pl*.

provincial, e, aux [prɔvɛ̃sjal, o] ◆ **adj** [hors Paris] provincial. ◆ **nm : le provincial** QUÉBEC *provincial government*.

proviseur [prɔvizœr] **nm** ≃ headteacher UK ; ≃ principal US.

provision [prɔvizjɔ̃] **nf** [réserve] **: provision de qqch** supply of sthg.

provisions [prɔvizjɔ̃] **nfpl** provisions ▸ **faire ses provisions** to buy some food.

provisoire [prɔvizwar] **adj** temporary.

provisoirement [prɔvizwarmɑ̃] **adv** temporarily.

provocant, e [prɔvɔkɑ̃, ɑ̃t] **adj** provocative.

provoquer [3] [prɔvɔke] **vt 1.** [occasionner] to cause **2.** [défier] to provoke.

proximité [prɔksimite] **nf : à proximité (de)** near.

prudemment [prydamɑ̃] **adv** carefully.

prudence [prydɑ̃s] **nf** care ▸ **avec prudence** carefully.

prudent, e [prydɑ̃, ɑ̃t] **adj** careful.

prune [pryn] **nf** plum.

pruneau [pryno] (*pl* **-x**) **nm** prune.

PS **nm 1.** (*abr de* **post-scriptum**) PS (*postscript*) **2.** (*abr de* **parti socialiste**) *French party to the left of the political spectrum.*

pseudonyme [psødɔnim] **nm** pseudonym.

psychanalyse [psikanaliz] **nf** psychoanalysis ▸ **faire une psychanalyse** to undergo psychoanalysis.

psychanalyste [psikanalist] **nmf** psychoanalyst.

psychiatre [psikjatr] **nmf** psychiatrist.

psychiatrique [psikjatrik] **adj** psychiatric.

psychique [psiʃik] **adj** psychic ; [maladie] psychosomatic.

psychologie [psikɔlɔʒi] **nf 1.** psychology **2.** [tact] tactfulness.

psychologique [psikɔlɔʒik] **adj** psychological.

psychologue [psikɔlɔg] **nmf** psychologist.

PTOM [ptɔm] (*abr de* **Pays et territoires d'outre-mer**) **nm** *Overseas Countries and Territories (OCT) of the European Union.*

pu [py] **pp** → **pouvoir**.

pub[1] [pœb] **nm** pub.

pub[2] [pyb] **nf** *fam* advert.

public, ique [pyblik] **adj & nm** public ▸ **en public** in public.

publication [pyblikasjɔ̃] **nf** publication.

publicitaire [pyblisiter] **adj** [campagne, affiche] advertising.

publicité [pyblisite] **nf 1.** [activité, technique] advertising **2.** [annonce] advert.

publier [10] [pyblije] **vt** to publish.

puce [pys] **nf 1.** flea **2.** INFORM (silicon) chip ▸ **mettre la puce à l'oreille de qqn** to get sb thinking.

pudding [pudiŋ] **nm** = **pouding**.

pudeur [pydœr] **nf** modesty, decency.

pudique [pydik] **adj 1.** [décent] modest **2.** [discret] discreet.

puer [7] [pɥe] ◆ **vi** to stink. ◆ **vt** to stink of.

puériculteur, trice [pɥerikyltœr, tris] **nm, f** nursery nurse.

puéril, e [pɥeʀil] **adj** childish.

puis [pɥi] **adv** then.

puisque [pɥiskə] **conj** since.

puissance [pɥisɑ̃s] **nf** power.

puissant, e [pɥisɑ̃, ɑ̃t] **adj** powerful.

puisse etc **1re et 3e pers. du subj. prés.** → **pouvoir**.

puits [pɥi] **nm** well ▸ **puits de pétrole** oil well.

pull(-over) [pyl(ɔvɛʀ)] (*pl* **pull(-over)s**) **nm** sweater, jumper.

pulpe [pylp] **nf** pulp.

pulsation [pylsasjɔ̃] **nf** beat.

pulvérisateur [pylveʀizatœʀ] **nm** spray.

pulvériser [3] [pylveʀize] **vt 1.** [projeter] to spray **2.** [détruire] to smash.

punaise [pynɛz] **nf 1.** [insecte] bug **2.** [clou] drawing pin UK, thumbtack US.

punch¹ [pɔ̃ʃ] **nm** [boisson] punch.

punch² [pœnʃ] **nm** *fam* [énergie] oomph.

punir [32] [pyniʀ] **vt** to punish.

punition [pynisjɔ̃] **nf** punishment.

pupille [pypij] **nf** [de l'œil] pupil.

pupitre [pypitʀ] **nm 1.** [bureau] desk **2.** [à musique] stand.

pur, e [pyʀ] **adj 1.** pure **2.** [alcool] neat.

purée [pyʀe] **nf** puree ▸ **purée (de pommes de terre)** mashed potatoes *pl.*

pureté [pyʀte] **nf** purity.

purger [17] [pyʀʒe] **vt 1.** MÉD to purge **2.** [radiateur] to bleed **3.** [tuyau] to drain **4.** [peine de prison] to serve.

purifiant, e [pyʀifjɑ̃, ɑ̃t] **adj 1.** [crème, lotion] cleansing, purifying **2.** [air] healthy.

purifier [9] [pyʀifje] **vt** to purify.

pur-sang [pyʀsɑ̃] **nm inv** thoroughbred.

pus [py] **nm** pus.

putain [pytɛ̃] **nf** *vulg* **1.** [injure] whore **2.** *(en exclamation)* **: putain !** bloody hell! UK, goddammit! US

puzzle [pœzl] **nm** jigsaw (puzzle).

PV nm *abr de* **procès-verbal**.

PVC nm PVC.

pyjama [piʒama] **nm** pyjamas *pl.*

pylône [pilon] **nm** pylon.

pyramide [piʀamid] **nf** pyramid.

Pyrénées [piʀene] **nfpl : les Pyrénées** the Pyrenees.

Pyrex® [piʀɛks] **nm** Pyrex®.

python [pitɔ̃] **nm** python.

Qq

Qatar [kataʀ] **nm : le Qatar** Qatar, Katar.

QI nm (*abr de* **quotient intellectuel**) IQ *(intelligence quotient)*.

quad [kwad] **nm** [moto] four-wheel motorbike, quad bike.

quadra [k(w)adʀa] **nm** fortysomething, babyboomer.

quadragénaire [k(w)adʀaʒenɛʀ] **nmf** forty year old.

quadrillé, e [kadrije] **adj** [papier] squared.

quadruple [k(w)adrypl] **nm : le quadruple du prix normal** four times the normal price.

quai [kɛ] **nm 1.** [de port] quay **2.** [de gare] platform.

qualification [kalifikasjɔ̃] **nf** [sport, expérience] qualification.

qualifié, e [kalifje] **adj** [personnel, ouvrier] skilled.

qualifier [9] [kalifje] **vt : qualifier qqn / qqch de** to describe sb / sthg as. ◆ **se qualifier vp** [équipe, sportif] to qualify.

qualité [kalite] **nf** quality ▸ **de qualité** quality.

quand [kɑ̃] **adv & conj** [au moment où] when ▸ **quand tu le verras** when you see him ▸ **jusqu'à quand restez-vous ?** how long are you staying for? ▸ **quand même** [malgré tout] all the same ▸ **quand même ! a)** [exprime l'indignation] really! **b)** [enfin] at last!

quant [kɑ̃] ◆ **quant à prép** as for.

quantité [kɑ̃tite] **nf** quantity ▸ **une quantité** ou **des quantités de** [beaucoup de] a lot ou lots of.

quarantaine [karɑ̃tɛn] **nf** [isolement] quarantine ▸ **une quarantaine (de)** about forty ▸ **avoir la quarantaine** to be in one's forties.

quarante [karɑ̃t] **num** forty ▸ **(au) quarante rue Lepic** (at) forty Rue Lepic ▸ **ils étaient quarante** there were forty of them.

quarantième [karɑ̃tjɛm] **num** fortieth.

quart [kar] **nm** quarter ▸ **cinq heures et quart** quarter past five UK, quarter after five US ▸ **cinq heures moins le quart** quarter to five UK, quarter of five US ▸ **un quart d'heure** a quarter of an hour.

quartier [kartje] **nm 1.** [de pomme] piece **2.** [d'orange] segment **3.** [d'une ville] area, district.

> **ⓘ Le Quartier Latin**
>
> This area of Paris on the Left Bank of the Seine is traditionally associated with students and artists. It contains many important historical buildings such as the Sorbonne university. It is also famous for being at the centre of the student protests of May 1968.

quart-monde [karmɔ̃d] (*pl* **quarts-mondes**) **nm : le quart-monde** the Fourth World.

quartz [kwarts] **nm** quartz ▸ **montre à quartz** quartz watch.

quasiment [kazimɑ̃] **adv** almost.

quatorze [katɔrz] **num** fourteen ▸ **(au) quatorze rue Lepic** (at) fourteen Rue Leplic ▸ **il est quatorze heures** it's two pm ▸ **ils étaient quatorze** there were fourteen of them ▸ **le quatorze janvier** the fourteenth of January.

quatorzième [katɔrzjɛm] **num** fourteenth ▸ **le quatorzième étage** fourteenth floor UK, fifteenth floor US ▸ **le quatorzième (arrondissement)** fourteenth arrondissement ▸ **il est arrivé quatorzième** he came fourteenth.

quatre [katr] **num** four ▸ **monter les escaliers quatre à quatre** to run up the stairs ▸ **à quatre pattes** on all fours ▸ **il a quatre ans** he's four (years old) ▸ **il est quatre heures** it's four o'clock ▸ **le**

quatre janvier the fourth of January ▸ **page quatre** page four ▸ **ils étaient quatre** there were four of them ▸ **le quatre de pique** the four of spades ▸ **(au) quatre rue Lepic** at / to four, rue Lepic.

quatre-quarts [katkar] **nm inv** *cake made with equal weights of flour, butter, sugar and eggs.*

quatre-quatre [kat(rə)katr] **nm inv** four-wheel drive.

quatre-vingt [katrəvɛ̃] **num** = **quatre-vingts**.

quatre-vingt-dix [katrəvɛ̃dis] **num** ninety ▸ **(au) quatre-vingt-dix rue Lepic** (at) ninety Rue Lepic ▸ **ils étaient quatre-vingt-dix** there were ninety of them.

quatre-vingt-dixième [katrəvɛ̃dizjɛm] **num** ninetieth.

quatre-vingtième [katrəvɛ̃tjɛm] **num** eightieth.

quatre-vingts [katrəvɛ̃] **num** eighty ▸ **(au) quatre-vingts rue Lepic** (at) eighty Rue Lepic ▸ **ils étaient quatre-vingts** there were eighty of them.

quatrième [katrijɛm] ◆ **num** fourth. ◆ **nf 1.** SCOL ≃ third year UK ; ≃ ninth grade US **2.** [vitesse] fourth (gear) ▸ **le quatrième étage** fourth floor UK, fifth floor US ▸ **le quatrième (arrondissement)** fourth arrondissement ▸ **il est arrivé quatrième** he came fourth.

que [kə] ◆ **conj 1.** [introduit une subordonnée] that ▸ **voulez-vous que je ferme la fenêtre ?** would you like me to close the window? ▸ **je sais que tu es là** I know (that) you're there **2.** [exprime l'hypothèse] **: que nous partions aujourd'hui ou demain...** whether we leave today or tomorrow... **3.** [remplace une autre conjonction] **: comme il pleut et que je n'ai pas de parapluie...** since it's raining and I haven't got an umbrella... **4.** [exprime une restriction] **: ne... que** only ▸ **je n'ai qu'une sœur** I've only got one sister
◆ **pron rel 1.** [désigne une personne] that ▸ **la personne que vous voyez là-bas** the person (that) you can see over there **2.** [désigne une chose] that, which ▸ **le train que nous prenons part dans 10 minutes** the train (that) we're catching leaves in 10 minutes ▸ **les livres qu'il m'a prêtés** the books (that) he lent me
◆ **pron interr** what ▸ **qu'a-t-il dit ?, qu'est-ce qu'il a dit ?** what did he say? ▸ **je ne sais plus que faire** I don't know what to do any more
◆ **adv** [dans une exclamation] **: que c'est beau !, qu'est-ce que c'est beau !** it's really beautiful!

Québec [kebɛk] **nm : le Québec** Quebec.

québécisme [kebesism] **nm** Quebec French (turn of) phrase.

québécois, e [kebekwa, az] **adj** of Quebec. ◆ **Québécois, e nm, f** Quebecker.

quel, quelle [kɛl] ◆ **adj 1.** [interrogatif :personne] which ▸ **quels amis comptez-vous aller voir ?** which friends are you planning to go and see? ▸ **quelle est la vendeuse qui vous a servi ?** which shop assistant served you? **2.** [interrogatif :chose] which, what ▸ **quelle heure est-il ?** what time is it? ▸ **quel est ton vin préféré ?** what's your favourite wine? **3.** [exclamatif] **: quel beau temps !** what beautiful weather! ▸ **quel dommage !** what a shame! **4.** [avec « que »] **: tous les Français,** →

quels qu'ils soient all French people, whoever they may be ▸ **quel que soit le temps** whatever the weather
◆ pron interr which ▸ **quel est le plus intéressant des deux musées ?** which of the two museums is the most interesting?

quelconque [kɛlkɔ̃k] **adj 1.** [banal] mediocre **2.** [n'importe quel] **: un chiffre quelconque** any number.

quelque [kɛlk(ə)] **adj 1.** [un peu de] some **2.** [avec « que »] whatever ▸ **dans quelque temps** in a while ▸ **quelque route que je prenne** whatever route I take. ◆ **quelques adj 1.** [plusieurs] some, a few **2.** [dans des expressions] **: 50 euros et quelque** just over 50 euros ▸ **il est midi et quelques** it's just gone midday ▸ **j'ai quelques lettres à écrire** I have some letters to write ▸ **aurais-tu quelques pièces pour le téléphone ?** have you got any change for the phone?

quelque chose [kɛlkəʃoz] **pron 1.** something **2.** [dans les questions, les négations] anything ▸ **il y a quelque chose de bizarre** there's something funny.

quelquefois [kɛlkəfwa] **adv** sometimes.

quelque part [kɛlkəpar] **adv 1.** somewhere **2.** [dans les questions, les négations] anywhere.

quelques-uns, quelques-unes [kɛlkəzœ̃, kɛlkəzyn] **pron** some.

quelqu'un [kɛlkœ̃] **pron 1.** someone, somebody **2.** [dans les questions, les négations] anyone, anybody.

qu'en-dira-t-on [kɑ̃diratɔ̃] **nm inv : le qu'en-dira-t-on** tittle-tattle.

quenelle [kənɛl] **nf** *minced fish or chicken mixed with egg and shaped into rolls.*

qu'est-ce que [kɛskə] **pron interr** → **que**.

qu'est-ce qui [kɛski] **pron interr** → **que**.

question [kɛstjɔ̃] **nf** question ▸ **l'affaire en question** the matter in question ▸ **dans ce chapitre, il est question de...** this chapter deals with ▸ **il est question de faire qqch** there's some talk of doing sthg ▸ **(il n'en est) pas question !** (it's) out of the question! ▸ **remettre qqch en question** to question sthg.

questionnaire [kɛstjɔnɛr] **nm** questionnaire.

questionner [3] [kɛstjɔne] **vt** to question.

quête [kɛt] **nf 1.** [d'argent] collection **2.** [recherche] **: en quête de** in search of ▸ **faire la quête** to collect money.

quêter [4] [kete] **vi** to collect money.

quetsche [kwɛtʃ] **nf** *dark red plum.*

queue [kø] **nf 1.** tail **2.** [d'un train, d'un peloton] rear **3.** [file d'attente] queue UK, line US ▸ **faire la queue** to queue UK, to stand in line US ▸ **à la queue leu leu** in single file ▸ **faire une queue de poisson à qqn** to cut sb up.

queue-de-cheval [kødʃəval] (*pl* **queues-de-cheval**) **nf** ponytail.

qui [ki] ◆ **pron rel 1.** [sujet : personne] who ▸ **les passagers qui doivent changer d'avion** passengers who have to change planes **2.** [sujet : chose] which, that ▸ **la route qui mène à Calais** the road which ou that goes to Calais **3.** [complément d'objet direct] who ▸ **tu vois qui je veux dire ?** do you

see who I mean? ▸ **invite qui tu veux** invite whoever you like **4.** [complément d'objet indirect] who, whom ▸ **la personne à qui j'ai parlé** the person to who ou whom I spoke **5.** [quiconque] **: qui que ce soit** whoever it may be **6.** [dans des expressions] **: qui plus est, ...** what's more, ...
◆ **pron interr 1.** [sujet] who ▸ **qui êtes-vous ?** who are you? ▸ **je voudrais savoir qui sera là** I would like to know who's going to be there **2.** [complément d'objet direct] who ▸ **qui cherchez-vous ?, qui est-ce que vous cherchez ?** who are you looking for? ▸ **dites-moi qui vous cherchez** tell me who you are looking for **3.** [complément d'objet indirect] who, whom ▸ **à qui dois-je m'adresser ?** who should I speak to?

quiche [kiʃ] **nf** quiche ▸ **quiche lorraine** quiche (lorraine).

quiconque [kikɔ̃k] **pron 1.** [dans une phrase négative] anyone, anybody **2.** [celui qui] anyone who.

quille [kij] **nf 1.** [de jeu] skittle **2.** [d'un bateau] keel.

quincaillerie [kɛ̃kajri] **nf** [boutique] hardware shop.

quinoa [kinɔa] **nm** quinoa.

quinqua [kɛ̃ka] **nmf** fiftysomething.

quinquagénaire [kɛ̃kaʒenɛʀ] **nmf** fifty year old.

quinquennat [kɛ̃kena] **nm** five-year period of office, quinquennium, lustrum.

quinte [kɛ̃t] **nf : quinte de toux** coughing fit.

quintuple [kɛ̃typl] **nm : le quintuple du prix normal** five times the normal price.

quinzaine [kɛ̃zɛn] **nf** [deux semaines] fortnight ▸ **une quinzaine (de)** [environ quinze] about fifteen.

quinze [kɛ̃z] **num** fifteen ▸ **(au) quinze rue Lepic** (at) fifteen Rue Lepic ▸ **dans quinze jours** in a fortnight ▸ **il est quinze heures** it's three pm ▸ **ils étaient quinze** there were fifteen of them ▸ **le quinze janvier** the fifteenth of January.

quinzième [kɛ̃zjɛm] **num** fifteenth ▸ **le quinzième étage** fifteenth floor UK, sixteenth floor US ▸ **le quinzième (arrondissement)** fifteenth arrondissement ▸ **il est arrivé quinzième** he came fifteenth.

quiproquo [kiprɔko] **nm** misunderstanding.

quittance [kitɑ̃s] **nf** receipt ▸ **quittance de loyer** rent receipt.

quitte [kit] **adj : être quitte (envers qqn)** to be quits (with sb) ▸ **restons un peu, quitte à rentrer en taxi** let's stay a bit longer, even if it means getting a taxi home.

quitter [3] [kite] **vt** to leave ▸ **ne quittez pas** [au téléphone] hold the line. ◆ **se quitter vp** to part.

quiz [kwiz] **nm** quiz.

quoi [kwa] ◆ **pron interr 1.** [employé seul] **: c'est quoi ?** *fam* what is it? ▸ **quoi de neuf ?** what's new? ▸ **quoi ?** [pour faire répéter] what? **2.** [complément d'objet direct] what ▸ **je ne sais pas quoi dire** I don't know what to say **3.** [après une préposition] what ▸ **à quoi penses-tu ?** what are you thinking about? ▸ **à quoi bon ?** what's the point? **4.** [dans des expressions] **: tu viens ou quoi ?** *fam* are you coming or what? ▸ **quoi** →

que whatever ▸ **quoi qu'il en soit, …** be that as it may, …
◆ **pron rel** [après une préposition] **: ce à quoi je pense** what I'm thinking about ▸ **avoir de quoi manger / vivre** to have enough to eat / live on ▸ **avez-vous de quoi écrire ?** have you got something to write with? ▸ **merci — il n'y a pas de quoi** thank you — don't mention it.

quoique [kwakə] **conj** although.

quotidien, enne [kɔtidjɛ̃, ɛn] **adj & nm** daily.

quotidiennement [kɔtidjɛnmɑ̃] **adv** daily, every day.

quotient [kɔsjɑ̃] **nm** quotient ▸ **quotient intellectuel** intelligence quotient.

Rr

rab [rab] **nm** *fam* [portion] seconds *pl.*
◆ **en rab loc adj** *fam* **: un ticket en rab** a spare ticket.

rabâcher [3] [rabaʃe] **vt** *fam* to go over (and over).

rabais [rabɛ] **nm** discount.

rabaisser [4] [rabese] **vt** to belittle.

rabat [raba] **nm** flap.

rabat-joie [rabajwa] **nm inv** killjoy.

rabattre [83] [rabatr] **vt 1.** [replier] to turn down **2.** [gibier] to drive. ◆ **se rabattre vp** [automobiliste] to cut in ▸ **se rabattre sur** [choisir] to fall back on.

rabbin [rabɛ̃] **nm** rabbi.

rabibocher [3] [rabibɔʃe] **vt** *fam* [époux] to reconcile, to get back together. ◆ **se rabibocher vp** *fam* to make (it) up.

rabot [rabo] **nm** plane.

raboter [3] [rabɔte] **vt** to plane.

rabougri, e [rabugri] **adj 1.** [personne] shrivelled **2.** [végétation] stunted.

raccommoder [3] [rakɔmɔde] **vt** to mend.

raccompagner [3] [rakɔ̃paɲe] **vt** to take home.

raccord [rakɔr] **nm** [de tuyau, de papier peint] join.

raccourci [rakursi] **nm** short cut ▸ **raccourci clavier** keyboard shortcut.

raccourcir [32] [rakursir] ◆ **vt** to shorten. ◆ **vi** [jours] to grow shorter.

raccrocher [3] [rakrɔʃe] ◆ **vt 1.** [remorque] to hitch up again **2.** [tableau] to hang back up. ◆ **vi 1.** [au téléphone] to hang up **2.** *fam* [abandonner] to retire.

race [ras] **nf 1.** [humaine] race **2.** [animale] breed ▸ **de race a)** [chien] pedigree **b)** [cheval] thoroughbred.

rachat [raʃa] **nm** buying back.

racheter [28] [raʃte] **vt 1.** [acheter en plus] to buy another **2.** [acheter plus de] to buy more **3.** [acheter un peu plus de] to buy some more **4.** COMM [société] to buy out ▸ **racheter qqch à qqn** [d'occasion] to buy sthg from sb.

racial, e, aux [rasjal, o] **adj** racial.

racine [rasin] **nf** root ▸ **racine carrée** square root.

racisme [rasism] **nm** racism.

raciste [rasist] **adj** racist.

racket [rakɛt] **nm** racketeering.

racketter [4] [rakɛte] **vt** to extort money from.

raclée [ʀakle] **nf** *fam* hiding, thrashing.

racler [3] [rakle] **vt** to scrape. ◆ **se racler vp : se racler la gorge** to clear one's throat.

raclette [raklɛt] **nf** [plat] *melted Swiss cheese served with jacket potatoes.*

racontars [rakɔ̃tar] **nmpl** *fam* gossip *sg.*

raconter [3] [rakɔ̃te] **vt** to tell ▸ **raconter qqch à qqn** to tell sb sthg ▸ **raconter à qqn que** to tell sb that.

radar [radar] **nm** radar.

rade [ʀad] **nf** (natural) harbour UK ou harbor US.

radeau [rado] (*pl* -**x**) **nm** raft.

radiateur [radjatœr] **nm** radiator.

radiations [radjasjɔ̃] **nfpl** radiation *sg.*

radical, e, aux [radikal, o] ◆ **adj** radical. ◆ **nm** [d'un mot] stem.

radieux, euse [radjø, øz] **adj 1.** [soleil] bright **2.** [sourire] radiant.

radin, e [radɛ̃, in] **adj** *fam* stingy.

radio [radjo] **nf 1.** [appareil] radio **2.** [station] radio station **3.** MÉD X-ray ▸ **à la radio** on the radio.

radioactif, ive [radjɔaktif, iv] **adj** radioactive.

radiocassette [radjɔkasɛt] **nf** radio cassette player.

radiographie [radjɔgrafi] **nf** X-ray.

radiologue [radjɔlɔg] **nmf** radiologist.

radiophonique [radjɔfɔnik] **adj** radio *(avant n).*

radio-réveil [radjɔrevɛj] (*pl* **radios-réveils**) **nm** radio alarm.

radis [radi] **nm** radish.

radoter [3] [radɔte] **vi** to ramble.

radoucir [32] [radusir] ◆ **se radoucir vp** [temps] to get milder.

rafale [rafal] **nf 1.** [de vent] gust **2.** [de coups de feu] burst.

raffermir [32] [rafɛrmir] **vt** [muscle, peau] to tone.

raffiné, e [rafine] **adj** refined.

raffinement [rafinmɑ̃] **nm** refinement.

raffinerie [rafinri] **nf** refinery.

raffoler [3] [rafɔle] ◆ **raffoler de v + prép** to be mad about.

rafler [3] [rafle] **vt** *fam* [emporter] to swipe.

rafraîchir [32] [rafrɛʃir] **vt 1.** [atmosphère, pièce] to cool **2.** [boisson] to chill **3.** [coiffure] to trim. ◆ **se rafraîchir vp 1.** [boire] to have a drink **2.** [temps] to get cooler.

rafraîchissant, e [rafrɛʃisɑ̃, ɑ̃t] **adj** refreshing.

rafraîchissement [rafrɛʃismɑ̃] **nm** [boisson] cold drink.

rage [raʒ] **nf 1.** [maladie] rabies **2.** [colère] rage ▸ **rage de dents** toothache.

ragots [rago] **nmpl** *fam* gossip *sg.*

ragoût [ragu] **nm** stew.

raide [rɛd] ◆ **adj 1.** [cheveux] straight **2.** [corde] taut **3.** [personne, démarche] stiff **4.** [pente] steep. ◆ **adv : tomber raide mort** to drop dead.

raidir [32] [redir] **vt** [muscles] to tense. ◆ **se raidir vp** to stiffen.

raie [rɛ] **nf 1.** stripe **2.** [dans les cheveux] parting UK, part US **3.** [poisson] skate.

rails [raj] **nmpl** tracks.

rainure [rɛnyr] **nf** groove.

raisin [rɛzɛ̃] **nm** grapes ▸ **raisins secs** raisins.

⚠ Raisin est un faux ami, il signifie ***raisin sec*** et non « raisin ».

raison [rɛzɔ̃] **nf 1.** reason **2.** [maîtrise] **: avoir raison de qqn / qqch** to get the better of sb / sthg ▸ **à raison de** at the rate of ▸ **avoir raison (de faire qqch)** to be right (to do sthg) ▸ **en raison de** owing to.

raisonnable [rɛzɔnabl] **adj** reasonable.

raisonnement [rɛzɔnmɑ̃] **nm** reasoning.

raisonner [3] [rɛzɔne] ◆ **vi** to think. ◆ **vt** [calmer] to reason with.

rajeunir [32] [raʒœnir] ◆ **vi 1.** [paraître plus jeune] to look younger **2.** [se sentir plus jeune] to feel younger. ◆ **vt : rajeunir qqn a)** [vêtement] to make sb look younger **b)** [événement] to make sb feel younger.

rajouter [3] [raʒute] **vt** to add.

ralenti [ralɑ̃ti] **nm 1.** [d'un moteur] idling speed **2.** [au cinéma] slow motion ▸ **tourner au ralenti** [fonctionner] to tick over ▸ **au ralenti** [au cinéma] in slow motion.

ralentir [32] [ralɑ̃tir] **vt & vi** to slow down.

râler [3] [rale] **vi** *fam* to moan.

rallonge [ralɔ̃ʒ] **nf 1.** [de table] leaf **2.** [électrique] extension (lead).

rallonger [17] [ralɔ̃ʒe] ◆ **vt** to lengthen. ◆ **vi** [jours] to get longer.

rallumer [3] [ralyme] **vt 1.** [lampe] to switch on again **2.** [feu, cigarette] to relight.

rallye [rali] **nm** [course automobile] rally.

RAM [ram] **nf inv** RAM.

ramadan [ramadɑ̃] **nm** Ramadan.

ramassage [ramasaʒ] **nm : ramassage scolaire** school bus service.

ramasser [3] [ramase] **vt 1.** [objet tombé] to pick up **2.** [fleurs, champignons] to pick.

rambarde [rɑ̃bard] **nf** guardrail.

rame [ram] **nf 1.** [aviron] oar **2.** [de métro] train.

ramener [19] [ramne] **vt 1.** [raccompagner] to take home **2.** [amener de nouveau] to take back.

ramequin [ramkɛ̃] **nm** ramekin (mould).

ramer [3] [rame] **vi 1.** [sport] to row **2.** *fam* to slog one's guts out.

ramollir [32] [ramɔlir] **vt** to soften. ◆ **se ramollir vp** to soften.

ramoner [3] [ramɔne] **vt** to sweep.

rampe [rɑ̃p] **nf 1.** [d'escalier] banister **2.** [d'accès] ramp.

ramper [3] [rɑ̃pe] **vi** to crawl.

rampon [rɑ̃pɔ̃] **nm** Suisse lamb's lettuce.

rancarder [3] [rɑ̃karde] **vt** *vulg* [donner un rendez-vous à] **: rancarder qqn** to arrange to meet sb.

rance [rɑ̃s] **adj** rancid.

ranch [rɑ̃tʃ] (*pl* **-s** ou **-es**) **nm** ranch.

rançon [rɑ̃sɔ̃] **nf** ransom ▸**la rançon du succès** the price of success.

rancune [rɑ̃kyn] **nf** spite ▸**sans rancune !** no hard feelings!

rancunier, ère [rɑ̃kynje, ɛr] **adj** spiteful.

randonnée [rɑ̃dɔne] **nf** **1.** [à pied] hike **2.** [à vélo] ride ▸**faire de la randonnée (pédestre)** to go hiking.

rang [rɑ̃] **nm** **1.** [rangée] row **2.** [place] place ▸**se mettre en rangs** to line up.

rangé, e [rɑ̃ʒe] **adj** [chambre] tidy.

rangée [rɑ̃ʒe] **nf** row.

rangement [rɑ̃ʒmɑ̃] **nm** [placard] storage unit ▸**faire du rangement** to tidy up.

ranger [17] [rɑ̃ʒe] **vt** **1.** [chambre] to tidy (up) **2.** [objets] to put away. ◆ **se ranger vp** [en voiture] to park.

ranimer [3] [ranime] **vt** **1.** [blessé] to revive **2.** [feu] to rekindle.

rap [rap] **nm** rap.

rapace [rapas] **nm** bird of prey.

rapatrier [10] [rapatrije] **vt** to send home.

râpe [rap] **nf** **1.** grater **2.** Suisse *fam* [avare] skinflint ▸**râpe à fromage** cheese grater.

râper [3] [rape] **vt** [aliment] to grate.

rapetisser [3] [raptise] **vi** to shrink.

râpeux, euse [rapø, øz] **adj** rough.

raphia [rafja] **nm** raffia.

rapide [rapid] **adj** **1.** [cheval, pas, voiture] fast **2.** [décision, guérison] quick.

rapidement [rapidmɑ̃] **adv** quickly.

rapidité [rapidite] **nf** speed.

rapido [ʀapido], **rapidos** [ʀapidos] **adv** *fam* pronto.

rapiécer [20] [rapjese] **vt** to patch up.

rappel [rapɛl] **nm** [de paiement] reminder ▸**'rappel'** *sign reminding drivers of speed limit or other traffic restriction.*

rappeler [24] [raple] **vt** to call back ▸**rappeler qqch à qqn** to remind sb of sthg. ◆ **se rappeler vp** to remember.

rapport [rapɔr] **nm** **1.** [compte-rendu] report **2.** [point commun] connection ▸**par rapport à** in comparison to. ◆ **rapports nmpl** [relation] relationship *sg*.

rapporter [3] [rapɔrte] ◆ **vt** **1.** [rendre] to take back **2.** [ramener] to bring back **3.** [suj : investissement] to yield **4.** [suj : travail] to bring in. ◆ **vi** [être avantageux] to be lucrative. ◆ **se rapporter à vp + prép** to relate to.

rapporteur, euse [rapɔrtœr, øz] ◆ **nm, f** telltale. ◆ **nm** MATH protractor.

rapprocher [3] [raprɔʃe] **vt** to bring closer. ◆ **se rapprocher vp** to approach ▸**se rapprocher de a)** to approach **b)** [affectivement] to get closer to.

raquette [rakɛt] **nf** **1.** [de tennis] racket **2.** [de ping-pong] bat **3.** [pour la neige] snowshoe.

rare [rar] **adj** rare.

rarement [rarmɑ̃] **adv** rarely.

ras, e [ra, raz] ◆ **adj** **1.** [très court] short **2.** [verre, cuillère] full. ◆ **adv : (à) ras** [couper] short ▸**au ras de** just above ▸**à ras bord** to the brim ▸**en avoir ras le bol** *fam* to be fed up.

raser [3] [raze] **vt** **1.** [barbe] to shave off **2.** [personne] to shave **3.** [frôler] to hug. ◆ **se raser vp** to shave.

rasoir [razwar] **nm** razor ▸**rasoir électrique** (electric) shaver.

rassasié, e [rasazje] **adj** full (up).

rassembler [3] [rasɑ̃ble] **vt** to gather. ◆ **se rassembler vp 1.** [manifestants] to gather **2.** [famille] to get together.

rasseoir [65] [raswar] ◆ **se rasseoir vp** to sit down again.

rassis, e [rasi, iz] ◆ **pp** → **rasseoir.** ◆ **adj** [pain] stale.

rassurant, e [rasyrɑ̃, ɑ̃t] **adj** reassuring.

rassurer [3] [rasyre] **vt** to reassure.

rat [ra] **nm** rat.

ratatiné, e [ratatine] **adj** shrivelled.

ratatouille [ratatuj] **nf** ratatouille.

rate [ʀat] **nf** [organe] spleen.

râteau [rato] (*pl* **-x**) **nm** rake.

rater [3] [rate] ◆ **vt 1.** [cible, train] to miss **2.** [examen] to fail. ◆ **vi** [échouer] to fail ▸ **rater un gâteau** to make a mess of a cake.

ration [rasjɔ̃] **nf** ration.

rationnel, elle [rasjɔnɛl] **adj** rational.

ratisser [3] [ratise] **vt** [allée] to rake.

RATP nf *Paris public transport authority.*

rattacher [3] [rataʃe] **vt : rattacher qqch à** [relier] to link sthg to.

ratte [ʀat] **nf** [plante & CULIN] fingerling potato, (La) Ratte potato.

rattrapage [ratrapaʒ] **nm** SCOL remedial teaching.

rattraper [3] [ratrape] **vt 1.** [évadé] to recapture **2.** [objet] to catch **3.** [retard] to make up. ◆ **se rattraper vp 1.** [se retenir] to catch o.s. **2.** [d'une erreur] to make up for it **3.** [sur le temps perdu] to catch up.

rature [ratyr] **nf** crossing out.

rauque [rok] **adj** hoarse.

ravages [ravaʒ] **nmpl : faire des ravages** [dégâts] to wreak havoc.

ravaler [3] [ravale] **vt** [façade] to restore.

rave [ʀɛv], **rave-party** [ʀɛvpaʀti] **nf** rave (party).

ravi, e [ravi] **adj** delighted ▸ **ravi de faire votre connaissance !** delighted to meet you!

ravin [ravɛ̃] **nm** ravine.

ravioli(s) [ravjɔli] **nmpl** ravioli *sg.*

raviser [3] [ravize] ◆ **se raviser vp** to change one's mind.

ravissant, e [ravisɑ̃, ɑ̃t] **adj** gorgeous.

ravisseur, euse [ravisœr, øz] **nm, f** kidnapper.

ravitaillement [ravitajmɑ̃] **nm 1.** supplying **2.** [provisions] food supplies.

ravitailler [3] [ravitaje] **vt** to supply. ◆ **se ravitailler vp** [avion] to refuel.

rayé, e [rɛje] **adj 1.** [tissu] striped **2.** [disque, verre] scratched.

rayer [11] [rɛje] **vt 1.** [abîmer] to scratch **2.** [barrer] to cross out.

rayon [rɛjɔ̃] **nm 1.** [de soleil, de lumière] ray **2.** [de grand magasin] department **3.** [de roue] spoke **4.** MATH radius ▸ **rayons X** X-rays.

rayonnage [rɛjɔnaʒ] **nm** shelves *pl.*

rayonnement [rɛjɔnmɑ̃] **nm 1.** [science physique] radiation **2.** [brillance, splendeur] radiance.

rayonner [3] [rɛjɔne] **vi 1.** [visage, personne] to be radiant **2.** [touriste, randonneur] to tour around ▸ **rayonner autour de** [ville] to radiate out (from).

rayure [rɛjyr] **nf 1.** [sur un tissu] stripe **2.** [sur un disque, sur du verre] scratch ▸ **à rayures** striped.

raz(-)de(-)marée [radmare] **nm inv** tidal wave.

ré [Re] **nm inv** MUS D ; [chanté] re.

réacteur [reaktœr] **nm** [d'avion] jet engine.

réaction [reaksjɔ̃] **nf** reaction.

réagir [32] [reaʒir] **vi** to react.

réalisateur, trice [realizatœr, tris] **nm, f** [de cinéma, de télévision] director.

réalisation [Realizasjɔ̃] **nf** **1.** [de projet] carrying out **2.** [cinéma, télévision] production.

réaliser [3] [realize] **vt** **1.** [projet, exploit] to carry out **2.** [rêve] to fulfil **3.** [film] to direct **4.** [comprendre] to realize. ◆ **se réaliser** **vp** [rêve, souhait] to come true.

réaliste [realist] **adj** realistic.

réalité [realite] **nf** reality ▸ **réalité virtuelle** virtual reality ▸ **en réalité** in reality.

réanimation [reanimasjɔ̃] **nf** [service] intensive care ▸ **nombre de patients en réanimation** number of patients in ICU.

réanimer [3] [Reanime] **vt** to resuscitate.

réapprovisionner [3] [ReapRɔvizjɔne] **vt** COMM [magasin] to restock ; [commerçant] to resupply. ◆ **se réapprovisionner** **vp** to stock up again.

rebelle [rəbɛl] ◆ **nmf** rebel. ◆ **adj** **1.** [personne] rebellious **2.** [troupes] rebel **3.** [mèche] unruly.

rebeller [4] [rəbɛle] ◆ **se rebeller** **vp** to rebel.

rebelote [rəbəlɔt] **nf** : **rebelote !** *fam* here we go again!

rebondir [32] [rəbɔ̃dir] **vi** to bounce.

rebondissement [rəbɔ̃dismɑ̃] **nm** new development.

rebord [rəbɔr] **nm** [d'une fenêtre] sill.

reboucher [3] [rəbuʃe] **vt** **1.** [bouteille] to recork **2.** [trou] to fill in.

rebrousse-poil [rəbruspwal] ◆ **à rebrousse-poil** **adv** the wrong way.

rebrousser [3] [rəbruse] **vt** : **rebrousser chemin** to retrace one's steps.

rébus [rebys] **nm** *game where pictures represent the syllables of words.*

récalcitrant, e [rekalsitrɑ̃, ɑ̃t] **adj** recalcitrant.

recalé, e [Rəkale] **adj** *fam* : **recalée en juin, j'ai réussi en septembre** I failed in June but passed in September.

récapituler [3] [rekapityle] **vt** to summarize.

recaser [3] [rəkaze] **vt** *fam* [personne] to find a new job for. ◆ **se recaser** **vp** *(emploi réfléchi)* *fam* [retrouver un emploi] to get fixed up with a new job.

récemment [resamɑ̃] **adv** recently.

recensement [rəsɑ̃smɑ̃] **nm** [de la population] census.

récent, e [resɑ̃, ɑ̃t] **adj** recent.

récépissé [resepise] **nm** receipt.

récepteur [resɛptœr] **nm** receiver.

réception [resɛpsjɔ̃] **nf** reception ▸ **à réception du colis** on receipt ou delivery of the package ▸ **'s'adresser à la réception'** 'enquire at reception'.

réceptionniste [resɛpsjɔnist] **nmf** receptionist.

recette [rəsɛt] **nf** **1.** [de cuisine] recipe **2.** [argent gagné] takings *pl.*

recevoir [52] [rəsəvwar] **vt** **1.** [colis, lettre] to receive **2.** [balle, coup] to get **3.** [à dîner] to entertain **4.** [accueillir] to welcome ▸ **être reçu à un examen** to pass an exam.

rechange [rəʃɑ̃ʒ] ◆ **de rechange** adj **1.** [vêtement] spare **2.** [solution] alternative.

recharge [rəʃarʒ] **nf** refill.

rechargeable [rəʃarʒabl] **adj** refillable.

recharger [17] [rəʃarʒe] **vt 1.** [briquet, stylo] to refill **2.** [arme] to reload.

réchaud [reʃo] **nm** (portable) stove ▸ **réchaud à gaz** (portable) gas stove.

réchauffement [reʃofmɑ̃] **nm** warming (up) ▸ **le réchauffement de la planète** global warming.

réchauffer [3] [reʃofe] **vt** to warm up. ◆ **se réchauffer vp** [temps] to get warmer ▸ **se réchauffer les mains** to warm one's hands.

recherche [rəʃɛrʃ] **nf** [scientifique] research ▸ **faire des recherches** [pour un devoir] to do some research ▸ **faire de la recherche** to do research ▸ **être à la recherche de** to be looking for.

rechercher [3] [rəʃɛrʃe] **vt 1.** to search **2.** INFORM to look for.

rechute [rəʃyt] **nf** relapse ▸ **faire une rechute** to (have a) relapse.

rechuter [3] [rəʃyte] **vi** to relapse.

récidiver [3] [residive] **vi** DR to commit another offence UK ou offense US.

récif [resif] **nm** reef.

récipient [resipjɑ̃] **nm** container.

réciproque [resiprɔk] **adj** mutual.

récit [resi] **nm** story.

récital [resital] **nm** recital.

récitation [resitasjɔ̃] **nf** SCOL recitation piece.

réciter [3] [resite] **vt** to recite.

réclamation [reklamasjɔ̃] **nf** complaint ▸ **faire une réclamation** to make a complaint.

réclame [reklam] **nf** [annonce] advertisement ▸ **être en réclame** to be on special offer ▸ **faire de la réclame pour qqch** to advertize sthg.

réclamer [3] [reklame] **vt** to ask for.

réclusion [reklyzjɔ̃] **nf** imprisonment ▸ **réclusion à perpétuité** life imprisonment.

recoiffer [3] [rəkwafe] ◆ **se recoiffer vp** to do one's hair again.

recoin [rəkwɛ̃] **nm** corner.

recoller [3] [rəkɔle] **vt** [objet brisé] to stick back together.

récolte [rekɔlt] **nf** harvest.

récolter [3] [rekɔlte] **vt** to harvest.

recommandation [rəkɔmɑ̃dasjɔ̃] **nf** recommendation.

recommandé, e [rəkɔmɑ̃de] ◆ **adj** [lettre, paquet] registered. ◆ **nm : envoyer qqch en recommandé** to send sthg by registered post UK, to send sthg by registered mail US.

recommander [3] [rəkɔmɑ̃de] **vt** to recommend. ◆ **se recommander vp** SUISSE [insister] to insist.

recommencer [16] [rəkɔmɑ̃se] **vt & vi** to start again ▸ **recommencer à faire qqch** to start to do sthg again.

récompense [rekɔ̃pɑ̃s] **nf** reward.

récompenser [3] [rekɔ̃pɑ̃se] **vt** to reward.

recomposé, e [rəkɔ̃poze] **adj** [famille] blended.

réconcilier [9] [rekɔ̃silje] **vt** to reconcile. ◆ **se réconcilier vp** to make up.

reconduire [98] [rəkɔ̃dɥir] **vt** [raccompagner] to take back.

reconduit, e [rəkɔ̃dɥi, it] **pp & 3e pers. du sg de l'ind. prés.** → **reconduire**.

reconfigurer [3] [ʀəkɔ̃figyʀe] **vt** to reconfigure.

réconforter [3] [rekɔ̃fɔrte] **vt** to comfort.

reconnaissance [rəkɔnɛsɑ̃s] **nf** [gratitude] gratitude.

reconnaissant, e [rəkɔnɛsɑ̃, ɑ̃t] **adj** grateful ▸ **je vous suis très reconnaissant** I'm very grateful to you.

reconnaître [91] [rəkɔnɛtr] **vt** **1.** [se rappeler] to recognize **2.** [admettre] to admit.

reconnu, e [rəkɔny] **pp** → **reconnaître**.

reconstituer [7] [rəkɔ̃stitɥe] **vt** [puzzle, objet cassé] to piece together.

reconstruire [98] [rəkɔ̃strɥir] **vt** to rebuild.

reconstruit, e [rəkɔ̃strɥi, it] **pp & 3e pers. du sg de l'ind. prés.** → **reconstruire**.

recontacter [3] [ʀəkɔ̃takte] **vt** to recontact, to get back in touch with ▸ **nous vous recontacterons (ultérieurement)** we will get back in touch with you.

reconvertir [32] [rəkɔ̃vɛrtir] ◆ **se reconvertir dans** **vp + prép** [profession] to go into ▸ **se reconvertir dans l'informatique** to change career and go into computing.

recopier [9] [rəkɔpje] **vt** to copy out.

record [rəkɔr] **nm** record.

recoucher [3] [rəkuʃe] ◆ **se recoucher** **vp** to go back to bed.

recoudre [86] [rəkudr] **vt** **1.** [bouton] to sew back on **2.** [vêtement] to sew up again.

recourbé, e [rekurbe] **adj** curved.

recours [rəkur] **nm** : **avoir recours à** to have recourse to.

recouvert, e [rəkuvɛr, ɛrt] **pp** → **recouvrir**.

recouvrir [34] [rəkuvrir] **vt** to cover ▸ **recouvrir qqch de** to cover sthg with.

récréation [rekreasjɔ̃] **nf** SCOL break UK, recess US.

recroqueviller [3] [rəkrɔkvije] ◆ **se recroqueviller** **vp** to curl up.

recrutement [ʀəkʀytmɑ̃] **nm** recruitment.

recruter [3] [rəkryte] **vt** to recruit.

rectangle [rɛktɑ̃gl] **nm** rectangle.

rectangulaire [rɛktɑ̃gylɛr] **adj** rectangular.

rectificatif [ʀɛktifikatif] **nm** correction.

rectifier [9] [rɛktifje] **vt** to correct.

rectiligne [rɛktiliɲ] **adj** straight.

recto [rɛkto] **nm** right side ▸ **recto verso** on both sides.

reçu, e [rəsy] ◆ **pp** → **recevoir**. ◆ **nm** receipt.

recueil [rəkœj] **nm** collection.

recueillir [41] [rəkœjir] **vt** **1.** [rassembler] to collect **2.** [accueillir] to take in. ◆ **se recueillir** **vp** to meditate.

recul [rəkyl] **nm** [d'une arme] recoil ▸ **prendre du recul** [pour sauter] to step back.

reculé, e [ʀəkyle] **adj** distant.

reculer [3] [rəkyle] ◆ **vt** **1.** to move back **2.** [date] to postpone. ◆ **vi** to move back.

reculons [rəkylɔ̃] ◆ **à reculons** **adv** backwards.

récup [rekyp] (*abr de* **récupération**) **nf** *fam* [chiffons, papier, ferraille, etc.] recycling, reclaiming.

récupérer [18] [rekypere] ◆ **vt** **1.** [reprendre] to get back **2.** [pour réutiliser] to salvage **3.** [heures, journées de travail] to make up. ◆ **vi** to recover.

récurer [3] [rekyre] **vt** to scour.

recyclable [ʀəsiklabl] **adj** recyclable.

recyclage [rəsiklaʒ] **nm** **1.** [de déchets] recycling **2.** [professionnel] retraining.

recycler [3] [rəsikle] **vt** [déchets] to recycle.

rédacteur, trice [ʀedaktœʀ, tʀis] **nm, f** [de journal] subeditor ; [d'ouvrage de référence] editor ▸ **rédacteur en chef** editor-in-chief.

rédaction [redaksjɔ̃] **nf** SCOL essay.

redémarrer [3] [ʀədemaʀe] **vi** to start again ; *fig* to get going again ; INFORM to reboot, to restart.

redescendre [73] [rədesɑ̃dr] **vi** **1.** to go /come down again **2.** [avion] to descend.

redevance [rədəvɑ̃s] **nf** fee ▸ **redevance télé** TV licence fee UK.

rediffusion [rədifyzjɔ̃] **nf** [émission] repeat.

rédiger [17] [rediʒe] **vt** to write.

redimensionner [3] [ʀədimɑ̃sjɔne] **vt** to resize.

redire [102] [rədir] **vt** to repeat.

redonner [3] [rədɔne] **vt** : **redonner qqch à qqn** **a)** [rendre] to give sb back sthg **b)** [donner plus] to give sb more sthg.

redoublement [ʀədubləmɑ̃] **nm** **1.** SCOL repeating a year UK ou grade US **2.** [accroissement] increase, intensification ▸ **seul un redoublement d'efforts lui permettra de réussir** he will only succeed if he works much harder ▸ **son redoublement l'a fait progresser** she's doing much better at school since she was held back a year.

redoubler [3] [rəduble] ◆ **vt** SCOL to repeat. ◆ **vi** **1.** SCOL to repeat a year **2.** [pluie] to intensify.

redoutable [rədutabl] **adj** formidable.

redouter [3] [rədute] **vt** to fear.

redressement [rədrɛsmɑ̃] **nm** **1.** [d'une entreprise] recovery **2.** [fiscal] adjustment ▸ **redressement fiscal** payment of back taxes.

redresser [4] [rədrɛse] ◆ **vt** **1.** [tête, buste] to lift **2.** [parasol, étagère, barre] to straighten. ◆ **vi** [conducteur] to straighten up. ◆ **se redresser** **vp** [personne] to sit /stand up straight.

réduction [redyksjɔ̃] **nf** **1.** reduction **2.** [copie] (scale) model.

réduire [98] [redɥir] **vt** **1.** to reduce **2.** INFORM to minimize ▸ **réduire qqch en miettes** to smash sthg to pieces ▸ **réduire qqch en poudre** [écraser] to grind sthg.

réduit, e [redɥi, it] ◆ **pp & 3e pers. du sg de l'ind. prés.** → **réduire.** ◆ **adj** [chiffre, vitesse] low. ◆ **nm** cubbyhole.

rééducation [reedykasjɔ̃] **nf** MÉD rehabilitation.

réel, elle [reɛl] **adj** real.

réellement [reɛlmɑ̃] **adv** really.

réexpédier [9] [reekspedje] **vt** **1.** [rendre] to send back **2.** [faire suivre] to forward.

refaire [109] [rəfɛr] **vt** **1.** [faire à nouveau] to do again **2.** [remettre en état] to repair.

refait, e [rəfɛ, ɛt] **pp & 3ᵉ pers. du sg de l'ind. prés.** → **refaire**.

réfectoire [refɛktwar] **nm** refectory.

référence [referɑ̃s] **nf** **1.** reference **2.** [numéro] reference number ▸ **faire référence à** to refer to.

référencer [16] [Referɑ̃se] **vt** [sur Internet] to reference.

référendum [referɛ̃dɔm] **nm** referendum.

refermer [3] [rəfɛrme] **vt** to close. ◆ **se refermer vp** to close.

réfléchi, e [refleʃi] **adj** GRAMM reflexive.

réfléchir [32] [refleʃir] ◆ **vt** [lumière] to reflect. ◆ **vi** to think. ◆ **se réfléchir vp** to be reflected.

reflet [rəflɛ] **nm** **1.** [dans un miroir] reflection **2.** [de cheveux] tint.

refléter [18] [rəflete] **vt** to reflect. ◆ **se refléter vp** to be reflected.

réflexe [reflɛks] **nm** reflex.

réflexion [reflɛksjɔ̃] **nf** **1.** [pensée] thought **2.** [remarque, critique] remark.

reformater [3] [RəfɔRmate] **vt** INFORM to reformat.

réforme [refɔrm] **nf** reform.

réformer [3] [refɔrme] **vt** **1.** to reform **2.** MIL to discharge.

refouler [3] [rəfule] ◆ **vt** **1.** [foule] to drive back **2.** [problème] to repress **3.** [sentiment, larmes] to hold back. ◆ **vi** *fam* [sentir mauvais] to stink.

refrain [rəfrɛ̃] **nm** chorus.

réfrigérateur [refriʒeratœr] **nm** refrigerator.

réfrigérer [18] [RefRiʒeRe] **vt** to refrigerate, to cool.

refroidir [32] [rəfrwadir] ◆ **vt** **1.** [aliment] to cool **2.** [décourager] to discourage. ◆ **vi** to cool. ◆ **se refroidir vp** [temps] to get colder.

refroidissement [rəfrwadismɑ̃] **nm** **1.** [de la température] drop in temperature **2.** [rhume] chill.

refuge [rəfyʒ] **nm** **1.** [en montagne] mountain lodge **2.** [pour sans-abri] refuge.

réfugié, e [refyʒje] **nm, f** refugee.

réfugier [9] [refyʒje] ◆ **se réfugier vp** to take refuge.

refus [rəfy] **nm** refusal.

refuser [3] [rəfyze] **vt** **1.** to refuse **2.** [candidat] to fail ▸ **refuser qqch à qqn** to refuse sb sthg ▸ **refuser de faire qqch** to refuse to do sthg.

regagner [3] [rəgaɲe] **vt** **1.** [reprendre] to regain **2.** [rejoindre] to return to ▸ **veuillez regagner vos places** return to your seats.

régaler [3] [regale] ◆ **se régaler vp** **1.** [en mangeant] to have a great meal **2.** [s'amuser] to have a great time.

regard [rəgar] **nm** look.

regarder [3] [rəgarde] **vt** **1.** to look at **2.** [télévision, spectacle] to watch **3.** [concerner] to concern ▸ **ça ne te regarde pas** it's none of your business.

régénérant, e [Reʒenerɑ̃, ɑ̃t] **adj** regenerative.

reggae [rege] **nm** reggae.

régime [reʒim] **nm** **1.** diet **2.** [d'un moteur] speed **3.** [de bananes] bunch **4.** POL regime ▸**être / se mettre au régime** to be / go on a diet.

régiment [reʒimɑ̃] **nm** regiment.

région [reʒjɔ̃] **nf** region.

> ### ⓘ Les régions
> France is made up of twenty-two Régions, subdivided into 96 départements. Each region is run by a prefect and a regional council. The administrative power they were given under decentralization legislation was intended to create a better balance between Paris and the rest of France, la province.

régional, e, aux [reʒjɔnal, o] **adj** regional.

registre [rəʒistr] **nm** register.

réglable [reglabl] **adj** adjustable.

réglage [reglaʒ] **nm** adjustment.

règle [rɛgl] **nf** **1.** [instrument] ruler **2.** [loi] rule ▸**être en règle** [papiers] to be in order ▸**en règle générale** as a rule ▸**règles du jeu** rules of the game. ◆ **règles** **nfpl** period *sg*.

règlement [rɛgləmɑ̃] **nm** **1.** [lois] regulations *pl* **2.** [paiement] payment ▸**règlement intérieur** house rules.

réglementaire [rɛgləmɑ̃tɛr] **adj** [imposé] regulation *(avant n)*.

réglementation [rɛgləmɑ̃tasjɔ̃] **nf** [ensemble de règles] regulations *pl*, rules *pl*.

régler [18] [regle] **vt** **1.** [appareil, moteur] to adjust **2.** [payer] to pay **3.** [problème] to sort out.

réglisse [reglis] **nf** liquorice.

règne [rɛɲ] **nm** reign.

régner [8] [reɲe] **vi** to reign.

régresser [4] [regrese] **vi** **1.** [personne] to regress **2.** [épidémie] to recede **3.** [ventes] to drop.

regret [rəgrɛ] **nm** regret.

regrettable [rəgrɛtabl] **adj** regrettable ▸**il est regrettable que** it is unfortunate ou a pity that.

regretter [4] [rəgrɛte] **vt** **1.** [erreur, décision] to regret **2.** [personne] to miss ▸**regretter de faire qqch** to be sorry to do sthg ▸**je regrette de lui avoir dit ça** I wish I hadn't told him ▸**regretter que** to be sorry that.

regrouper [3] [rəgrupe] **vt** to regroup. ◆ **se regrouper** **vp** to gather.

régulier, ère [regylje, ɛr] **adj** **1.** [constant] steady **2.** [fréquent, habituel] regular **3.** [légal] legal.

régulièrement [regyljɛrmɑ̃] **adv** **1.** [de façon constante] steadily **2.** [souvent] regularly.

rehausseur [rəosœr] **nm** booster seat.

rein [rɛ̃] **nm** kidney. ◆ **reins** **nmpl** [dos] back *sg*.

réincarner [3] [reɛ̃karne] ◆ **se réincarner** **vp** to be reincarnated.

reine [rɛn] **nf** queen.

réinitialisation [reinisjalizasjɔ̃] **nf** rebooting.

réinitialiser [3] [reinisjalize] **vt** INFORM to reinitialize.

réinscriptible [reɛ̃skriptibl] **adj** INFORM (re-)recordable ; [cédérom] rewritable.

réinsertion [reɛ̃sɛrsjɔ̃] **nf** [dans la vie professionnelle] reintegration.

rejeter [27] [rəʒte] **vt** **1.** [renvoyer] to throw back **2.** [refuser] to reject.

rejoindre [82] [rəʒwɛ̃dr] **vt** **1.** [personne, route] to join **2.** [lieu] to return to.

rejoint, e [rəʒwɛ̃, ɛ̃t] **pp & 3e pers. du sg de l'ind. prés.** → **rejoindre**

réjouir [32] [reʒwir] ◆ **se réjouir vp** to be delighted ▸ **se réjouir de qqch** to be delighted about sthg.

réjouissant, e [reʒwisɑ̃, ɑ̃t] **adj** joyful.

relâcher [3] [rəlaʃe] **vt** [prisonnier] to release ▸ **relâcher son attention** to let one's attention wander. ◆ **se relâcher vp** **1.** [corde] to go slack **2.** [discipline] to become lax.

relais [rəlɛ] **nm** **1.** [auberge] inn **2.** SPORT relay ▸ **prendre le relais (de qqn)** to take over (from sb) ▸ **relais routier** roadside café UK, truck stop US

relancer [16] [rəlɑ̃se] **vt** **1.** [balle] to throw back **2.** [solliciter] to pester.

relatif, ive [rəlatif, iv] **adj** relative ▸ **relatif à** relating to.

relation [rəlasjɔ̃] **nf** **1.** relationship **2.** [personne] acquaintance ▸ **être / entrer en relation (s) avec qqn** to be in / make contact with sb.

relativement [rəlativmɑ̃] **adv** relatively.

relaxation [rəlaksasjɔ̃] **nf** relaxation.

relaxer [3] [rəlakse] ◆ **se relaxer vp** to relax.

relayer [11] [rəlɛje] **vt** to take over from. ◆ **se relayer vp : se relayer (pour faire qqch)** to take turns (in doing sthg).

relevé, e [rəlve] ◆ **adj** [épicé] spicy. ◆ **nm : relevé de compte** bank statement.

relever [19] [rəlve] **vt** **1.** [tête] to lift **2.** [col] to turn up **3.** [remettre debout] to pick up **4.** [remarquer] to notice **5.** [épicer] to season. ◆ **se relever vp** **1.** [du lit] to get up again **2.** [après une chute] to get up.

relief [rəljɛf] **nm** relief ▸ **en relief** a) [carte] relief.

relier [9] [rəlje] **vt** to connect.

religieuse [rəliʒjøz] **nf** [gâteau] *choux pastry with a chocolate or coffee filling* ▸ **religieuse au chocolat** chocolate cream puff.

religieux, euse [rəliʒjø, øz] ◆ **adj** religious. ◆ **nm, f** monk (nun).

religion [rəliʒjɔ̃] **nf** religion.

relire [106] [rəlir] **vt** **1.** [lire à nouveau] to reread **2.** [pour corriger] to read over.

reliure [rəljyr] **nf** binding.

relooker [3] [rəluke] **vt** [personne] to give a makeover to.

relou [rəlu] **adj** **1.** *fam* [idiot] stupid ▸ **elle est relou, ta blague** that's a really stupid joke **2.** [agaçant] **: tu deviens relou avec tes questions** your questions are starting to get on my nerves.

relu, e [rəly] **pp** → **relire**

remanier [9] [rəmanje] **vt** **1.** [texte] to revise **2.** [équipe] to reshuffle.

remarcher [3] [rəmarʃe] **vi** [mécanisme] to work again.

remarquable [rəmarkabl] **adj** remarkable.

remarque [rəmark] **nf** remark.

remarquer [3] [rəmarke] **vt** [s'apercevoir de] to notice ▸ **faire remarquer qqch à qqn** to point sthg out to sb ▸ **remarque, ...** mind you, ... ▸ **se faire remarquer** to draw attention to o.s.

rembobiner [3] [rɑ̃bɔbine] **vt** to rewind.

rembourré, e [rɑ̃bure] **adj** [fauteuil, veste] padded.

remboursement [rɑ̃bursəmɑ̃] **nm** refund.

rembourser [3] [rɑ̃burse] **vt** to pay back ▸ **rembourser qqch à qqn** to pay back sb for sthg ▸ **se faire rembourser** to get reimbursed.

remède [rəmɛd] **nm** cure.

remédier [9] [rəmedje] ◆ **remédier à** v + prép **1.** [problème] to solve **2.** [situation] to put right.

remémorer [3] [rəmemɔre] ◆ **se remémorer** vp to recollect.

remerciements [rəmɛrsimɑ̃] **nmpl** thanks.

remercier [9] [rəmɛrsje] **vt 1.** [dire merci] to thank **2.** [congédier] to dismiss ▸ **remercier qqn de** ou **pour qqch** to thank sb for sthg ▸ **remercier qqn d'avoir fait qqch** to thank sb for having done sthg.

remettre [84] [rəmɛtr] **vt 1.** [reposer] to put back **2.** [vêtement] to put back on **3.** [retarder] to put off ▸ **remettre qqch à qqn** to hand sthg over to sb ▸ **remettre qqch en état** to repair sthg. ◆ **se remettre** vp to recover ▸ **se remettre à qqch** to take sthg up again ▸ **se remettre à faire qqch** to go back to doing sthg ▸ **se remettre de qqch** to get over sthg.

remis, e [rəmi, iz] **pp** → **remettre**.

remise [rəmiz] **nf 1.** [abri] shed **2.** [rabais] discount ▸ **faire une remise à qqn** to give sb a discount.

remontant [rəmɔ̃tɑ̃] **nm** tonic.

remontée [rəmɔ̃te] **nf : remontées mécaniques** ski lifts.

remonte-pente [rəmɔ̃tpɑ̃t] (*pl* **remonte-pentes**) **nm** ski tow.

remonter [3] [rəmɔ̃te] ◆ **vt 1.** [mettre plus haut] to raise **2.** [aux avoir] [manches, chaussettes] to pull up **3.** [côte, escalier] to come /go back up **4.** [moteur, pièces] to put together again **5.** [montre] to wind up. ◆ **vi 1.** to come /go back up **2.** [dans une voiture] to get back in **3.** [aux être] [augmenter] to rise ▸ **remonter à** [dater de] to go back to.

remords [rəmɔr] **nm** remorse.

remorque [rəmɔrk] **nf** trailer.

remorquer [3] [rəmɔrke] **vt** to tow.

remorqueur [ʀəmɔʀkœʀ] **nm** tug, tugboat.

rémoulade [remulad] **nf** → **céleri**.

remous [rəmu] **nm 1.** eddy **2.** [derrière un bateau] wash ▸ **bain à remous** Jacuzzi®.

remparts [rɑ̃par] **nmpl** ramparts.

remplaçant, e [rɑ̃plasɑ̃, ɑ̃t] **nm, f 1.** [de sportif] substitute **2.** [d'enseignant] supply teacher **3.** [de médecin] locum.

remplacer [16] [rɑ̃plase] **vt 1.** [changer] to replace **2.** [prendre la place de] to take over from ▸ **remplacer qqn /qqch par** to replace sb /sthg with.

remplir [32] [rɑ̃plir] **vt 1.** to fill **2.** [questionnaire] to fill in ▸ **remplir qqch de** to fill sthg with. ◆ **se remplir (de)** vp + prép to fill (with).

remporter [3] [rɑ̃pɔrte] **vt 1.** [reprendre] to take back **2.** [gagner] to win ▸ **remporter la victoire** to win.

remuant, e [rəmɥɑ̃, ɑ̃t] **adj** restless.

remue-ménage [rəmymenaʒ] **nm inv** confusion.

remuer [7] [rəmɥe] **vt 1.** to move **2.** [mélanger] to stir **3.** [salade] to toss.

rémunération [remynerasjɔ̃] **nf** remuneration.

rémunérer [18] [remynere] **vt** to pay.

renard [rənar] **nm** fox.

rencontre [rɑ̃kɔ̃tr] **nf 1.** meeting **2.** [sportive] match **▸ aller à la rencontre de qqn** to go to meet sb.

rencontrer [3] [rɑ̃kɔ̃tre] **vt** to meet. **◆ se rencontrer vp** to meet.

rendez-vous [rɑ̃devu] **nm 1.** [d'affaires] appointment **2.** [amoureux] date **3.** [lieu] meeting place **▸ rendez-vous chez moi à 14 h** let's meet at my house at two o'clock **▸ avoir rendez-vous avec qqn** to have a meeting with sb **▸ donner rendez-vous à qqn** to arrange to meet sb **▸ prendre rendez-vous** to make an appointment.

rendormir [36] [rɑ̃dɔrmir] **◆ se rendormir vp** to go back to sleep.

rendre [73] [rɑ̃dr] **◆ vt 1.** to give back **2.** [sourire, coup] to return **3.** [faire devenir] to make. **◆ vi** [vomir] to be sick **▸ rendre visite à qqn** to visit sb. **◆ se rendre vp** [armée, soldat] to surrender **▸ se rendre à** *sout* to go to **▸ se rendre utile / malade** to make o.s. useful / ill.

rênes [rɛn] **nfpl** reins.

renfermé, e [rɑ̃fɛrme] **◆ adj** withdrawn. **◆ nm : sentir le renfermé** to smell musty.

renfermer [3] [rɑ̃fɛrme] **vt** to contain.

renfoncement [rɑ̃fɔ̃smɑ̃] **nm** recess.

renforcer [16] [rɑ̃fɔrse] **vt** to reinforce.

renforts [rɑ̃fɔr] **nmpl** reinforcements.

renfrogné, e [rɑ̃frɔɲe] **adj** sullen.

renier [9] [rənje] **vt** [idées] to repudiate.

renifler [3] [rənifle] **vi** to sniff.

renne [rɛn] **nm** reindeer *(inv)*.

renommé, e [rənɔme] **adj** famous.

renommée [rənɔme] **nf** fame.

renommer [3] [rənɔme] **vt** to rename.

renoncer [16] [rənɔ̃se] **◆ renoncer à v + prép** to give up **▸ renoncer à faire qqch** to give up doing sthg.

renouer [6] [rənwe] **◆ vt** [relation, conversation] to resume. **◆ vi : renouer avec qqn** to get back together with sb.

renouvelable [rənuvlabl] **adj** renewable.

renouveler [24] [rənuvle] **vt 1.** [changer] to change **2.** [recommencer, prolonger] to renew. **◆ se renouveler vp** [se reproduire] to recur.

rénovation [renɔvasjɔ̃] **nf** renovation.

rénover [3] [renɔve] **vt** to renovate.

renseignement [rɑ̃sɛɲmɑ̃] **nm : un renseignement** information **▸ des renseignements** information *sg* **▸ les renseignements a)** [bureau] enquiries **b)** [téléphoniques] directory enquiries UK, information US

renseigner [4] [rɑ̃seɲe] **vt : renseigner qqn (sur)** to give sb information (about). **◆ se renseigner (sur) vp + prép** to find out (about).

rentabilité [rɑ̃tabilite] **nf** profitability.

rentable [rɑ̃tabl] **adj** profitable.

rente [rɑ̃t] **nf** [revenu] income.

rentrée [rɑ̃tre] **nf : rentrée (d'argent)** income ▸ **rentrée (des classes)** start of the school year.

ⓘ La rentrée

The **rentrée scolaire** or start of the new school year is usually at the beginning of September. Universities go back a month later. The term **rentrée** is also used for the general return to work in September after the holiday months of July and August.

rentrer [3] [rɑ̃tre] ◆ **vi 1.** [aux. être] [entrer] to go / come in **2.** [chez soi] to go / come home **3.** [être contenu] to fit. ◆ **vt 1.** [aux. avoir] [faire pénétrer] to fit **2.** [dans la maison] to bring / take in **3.** [chemise] to tuck in ▸ **rentrer dans a)** [entrer dans] to go / come into **b)** [heurter] to crash into ▸ **rentrer le ventre** to pull in one's stomach. ◆ **se rentrer dedans** **vp** *(emploi réciproque) fam* **: ils se sont rentrés dedans** they smashed ou banged into one another.

renverser [3] [rɑ̃vɛrse] **vt 1.** [liquide] to spill **2.** [piéton] to knock over **3.** [gouvernement] to overthrow ▸ **se faire renverser** to be knocked down ou over. ◆ **se renverser vp 1.** [bouteille] to fall over **2.** [liquide] to spill.

renvoi [rɑ̃vwa] **nm 1.** INFORM cross-reference **2.** [d'un salarié] dismissal **3.** [d'un élève] expulsion **4.** [rot] belch.

renvoyer [30] [rɑ̃vwaje] **vt 1.** [balle, lettre] to return **2.** [image, rayon] to reflect **3.** [salarié] to dismiss **4.** [élève] to expel.

réorganiser [3] [reɔrganize] **vt** to reorganize.

répandre [74] [repɑ̃dr] **vt 1.** [renverser] to spill **2.** [nouvelle] to spread. ◆ **se répandre vp 1.** [liquide] to spill **2.** [nouvelle, maladie] to spread.

répandu, e [repɑ̃dy] **adj** [fréquent] widespread.

réparateur, trice [reparatœr, tris] **nm, f** repairer.

réparation [reparasjɔ̃] **nf** repair ▸ **en réparation** under repair.

réparer [3] [repare] **vt** to repair ▸ **faire réparer qqch** to get sthg repaired.

repartir [43] [rəpartir] **vi 1.** [partir] to set off again **2.** [rentrer] to return.

répartir [32] [repartir] **vt** to share out. ◆ **se répartir vp** to divide up ▸ **se répartir en trois groupes** to break up into three groups.

répartition [repartisjɔ̃] **nf** distribution.

repas [rəpa] **nm** meal.

repassage [rəpasaʒ] **nm** [de linge] ironing ▸ **faire du repassage** to do the ironing.

repasser [3] [rəpase] ◆ **vt** [linge] to iron. ◆ **vi** [rendre visite] to drop by again later ▸ **repassez-moi le standard (téléphonique)** put me through to the switchboard again.

repêchage [rəpeʃaʒ] **nm** [examen] resit.

repêcher [4] [rəpeʃe] **vt 1.** [sortir de l'eau] to fish out **2.** [à un examen] **: être repêché** to pass a resit.

repeindre [81] [rəpɛ̃dr] **vt** to repaint.

repeint, e [rəpɛ̃, ɛ̃t] **pp & 3e pers. du sg de l'ind. prés.** → **repeindre.**

répercussions [repɛrkysjɔ̃] **nfpl** [conséquences] repercussions.

répercuter [3] [reperkyte] **vt** [ordre, augmentation] to pass on.

◆ **se répercuter** vp [influer] **: se répercuter sur** to have repercussions on.

repère [rəpɛr] nm [marque] mark ▸ **ne plus avoir de repères** *fig* to lose one's bearings.

repérer [18] [rəpere] vt [remarquer] to spot. ◆ **se repérer** vp to get one's bearings.

répertoire [repɛrtwar] nm **1.** [carnet] notebook **2.** [d'un acteur, d'un musicien] repertoire **3.** INFORM directory.

répéter [18] [repete] vt **1.** to repeat **2.** [rôle, œuvre] to rehearse. ◆ **se répéter** vp [se reproduire] to be repeated.

répétitif, ive [repetitif, iv] adj **1.** [fréquent] common **2.** [monotone] repetitive.

répétition [repetisjɔ̃] nf **1.** [dans un texte] repetition **2.** [au théâtre] rehearsal ▸ **répétition générale** dress rehearsal.

replacer [16] [rəplase] vt to replace.

replier [10] [rəplije] vt to fold up.

réplique [replik] nf **1.** [réponse] reply **2.** [copie] replica.

répliquer [3] [replike] ◆ vt to reply. ◆ vi [avec insolence] to answer back.

répondeur [repɔ̃dœr] nm **: répondeur (téléphonique)** answering machine.

répondre [75] [repɔ̃dr] ◆ vi to answer. ◆ vt to answer ▸ **répondre à qqn a)** to answer sb **b)** [avec insolence] to answer sb back.

réponse [repɔ̃s] nf answer.

reportage [rəpɔrtaʒ] nm report.

reporter[1] [rəpɔrtɛr] nm reporter.

reporter[2] [3] [rəpɔrte] vt **1.** [rapporter] to take back **2.** [date, réunion] to postpone.

repos [rəpo] nm [détente] rest ▸ **jour de repos** day off.

reposant, e [rəpozɑ̃, ɑ̃t] adj relaxing.

repose-poignets [ʀəpozpwaɲɛ] nm inv wrist rest.

reposer [3] [rəpoze] ◆ vt [remettre] to put back. ◆ vi [être enterré] to be buried. ◆ **se reposer** vp to rest.

repousser [3] [rəpuse] ◆ vt **1.** [faire reculer] to push back **2.** [retarder] to put back. ◆ vi to grow back.

reprendre [79] [rəprɑ̃dr] vt **1.** [objet] to take back **2.** [lecture, conversation] to continue **3.** [études, sport] to take up again **4.** [prisonnier] to recapture ▸ **reprenez du dessert** have some more dessert ▸ **reprendre son souffle** to get one's breath back. ◆ **se reprendre** vp [se ressaisir] to pull o.s. together.

représailles [rəprezaj] nfpl reprisals.

représentant, e [rəprezɑ̃tɑ̃, ɑ̃t] nm, f [porte-parole] representative ▸ **représentant (de commerce)** sales rep.

représentatif, ive [rəprezɑ̃tatif, iv] adj representative.

représentation [rəprezɑ̃tasjɔ̃] nf **1.** [spectacle] performance **2.** [image] representation.

représenter [3] [rəprezɑ̃te] vt to represent.

répression [represjɔ̃] nf repression.

réprimer [3] [reprime] vt [révolte] to put down.

repris, e [rəpri, iz] pp **: ni repris, ni échangé** goods may not be returned or exchanged. → **reprendre**.

reprise [rəpriz] nf **1.** [couture] mending **2.** [économique] recovery **3.** [d'un appareil, d'une voiture] part exchange ▸ **à plusieurs reprises** several times.

repriser [3] [rəprize] **vt** to mend.

reproche [rəprɔʃ] **nm** reproach.

reprocher [3] [rəprɔʃe] **vt : reprocher qqch à qqn** to reproach sb for sthg.

reproduction [rəprɔdyksjɔ̃] **nf** reproduction.

reproduire [98] [rəprɔdɥir] **vt** to reproduce. ◆ **se reproduire vp 1.** [avoir de nouveau lieu] to recur **2.** [animaux] to reproduce.

reproduit, e [rəprɔdɥi, it] **pp & 3e pers. du sg de l'ind. prés.** → **reproduire**.

reptile [rɛptil] **nm** reptile.

république [repyblik] **nf** republic ▸ **la République démocratique du Congo** Democratic Republic of the Congo ▸ **la République française** the French Republic ▸ **la République populaire de Chine** the People's Republic of China ▸ **la République tchèque** the Czech Republic.

répugnant, e [repyɲɑ̃, ɑ̃t] **adj** repulsive.

réputation [repytasjɔ̃] **nf** reputation.

réputé, e [repyte] **adj** well-known.

requête [ʀəkɛt] **nf** query.

requin [rəkɛ̃] **nm** shark.

RER nm *Paris rail network.*

rescapé, e [rɛskape] **nm, f** survivor.

rescousse [rɛskus] **nf : appeler qqn à la rescousse** to call on sb for help ▸ **aller à la rescousse de qqn** to go to sb's rescue.

réseau [ʀezo] (*pl* **-x**) **nm** network ▸ **réseau local** INFORM local network ▸ **réseau social** social network ▸ **réseau Wi-fi** Wi-Fi network.

réseauter [3] [ʀezote] **vi** *fam* to network.

réservation [rezɛrvasjɔ̃] **nf 1.** reservation, booking **2.** TRANSP [ticket] reservation.

réserve [rezɛrv] **nf** reserve ▸ **en réserve** in reserve.

réservé, e [rezɛrve] **adj** reserved.

réserver [3] [rezɛrve] **vt** [billet, chambre] to reserve, to book ▸ **réserver qqch à qqn** to reserve sthg for sb. ◆ **se réserver vp** [pour un repas, le dessert] to save o.s.

réservoir [rezɛrvwar] **nm** [à essence] tank.

reset [ʀɛtsɛt] **nm** reset key.

résidence [rezidɑ̃s] **nf 1.** *sout* [domicile] residence **2.** [immeuble] apartment building ▸ **résidence secondaire** second home.

résidentiel, elle [ʀezidɑ̃sjɛl] **adj** residential.

résider [3] [rezide] **vi** *sout* [habiter] to reside.

résigner [3] [reziɲe] ◆ **se résigner à vp + prép** to resign o.s. to ▸ **se résigner à faire qqch** to resign o.s. to doing sthg.

résiliation [reziljasjɔ̃] **nf** cancellation, termination.

résilier [9] [rezilje] **vt** to cancel.

résine [rezin] **nf** resin.

résistance [rezistɑ̃s] **nf 1.** resistance **2.** [électrique] element.

résistant, e [rezistɑ̃, ɑ̃t] ◆ **adj** tough. ◆ **nm, f** resistance fighter.

résister [3] [reziste] ◆ **résister à v + prép 1.** [lutter contre] to resist **2.** [supporter] to withstand.

résolu, e [rezɔly] ◆ **pp** → **résoudre.** ◆ **adj** [décidé] resolute.

résolution [rezɔlysjɔ̃] **nf** [décision] resolution ▸ **haute résolution** INFORM resolution.

résonner [3] [rezɔne] **vi** [faire du bruit] to echo.

résoudre [88] [rezudr] **vt** to solve.

respect [rɛspɛ] **nm** respect ▸ **avoir du respect pour qqn / qqch** to have respect for sb / sthg.

respecter [4] [rɛspɛkte] **vt** to respect.

respectif, ive [rɛspɛktif, iv] **adj** respective.

respiration [rɛspirasjɔ̃] **nf** breathing.

respirer [3] [rɛspire] **vi** & **vt** to breathe.

responsabilité [rɛspɔ̃sabilite] **nf** responsibility ▸ **prendre ses responsabilités** to assume one's responsibilities ▸ **sous la responsabilité de qqn** under the supervision of sb.

responsable [rɛspɔ̃sabl] ◆ **adj** responsible. ◆ **nmf** **1.** [coupable] person responsible **2.** [d'une administration, d'un magasin] person in charge ▸ **être responsable de qqch** **a)** [coupable de] to be responsible for sthg **b)** [chargé de] to be in charge of sthg.

resquiller [3] [rɛskije] **vi** **1.** *fam* [dans le bus] to dodge the fare **2.** [au spectacle] to sneak in without paying.

ressaisir [32] [rəsezir] ◆ **se ressaisir** **vp** to pull o.s. together.

ressemblant, e [rəsɑ̃blɑ̃, ɑ̃t] **adj** lifelike.

ressembler [3] [rəsɑ̃ble] ◆ **ressembler à** **v + prép** **1.** [en apparence] to look like **2.** [par le caractère] to be like. ◆ **se ressembler** **vp** **1.** [en apparence] to look alike **2.** [par le caractère] to be alike.

ressemeler [24] [rəsəmle] **vt** to resole.

ressentir [37] [rəsɑ̃tir] **vt** to feel.

resserrer [4] [rəsere] **vt** [ceinture, nœud] to tighten. ◆ **se resserrer** **vp** [route] to narrow.

resservir [38] [rəsɛrvir] ◆ **vt** to give another helping to. ◆ **vi** to be used again. ◆ **se resservir** **vp : se resservir (de)** [plat] to take another helping (of).

ressort [rəsɔr] **nm** spring.

ressortir [32] [rəsɔrtir] **vi** **1.** [sortir à nouveau] to go out again **2.** [se détacher] to stand out.

ressortissant, e [rəsɔrtisɑ̃, ɑ̃t] **nm, f** national ▸ **les ressortissants français** French nationals.

ressources [rəsurs] **nfpl** resources.

ressusciter [3] [resysite] **vi** to come back to life.

restant, e [rɛstɑ̃, ɑ̃t] ◆ **adj** → **poste.** ◆ **nm** rest.

restau [ʀɛsto] **nm** *fam* restaurant.

restaurant [rɛstɔrɑ̃] **nm** restaurant ▸ **restaurant universitaire** university canteen OU refectory ▸ **voiture restaurant** restaurant OU dining car.

restauration [rɛstɔrasjɔ̃] **nf** **1.** [rénovation] restoration **2.** [gastronomie] restaurant trade.

restaurer [3] [rɛstɔre] **vt** [monument] to restore.

reste [rɛst] **nm** rest ▸ **un reste de viande / de tissu** some left-over meat / material ▸ **les restes** [d'un repas] the leftovers.

rester [3] [rɛste] **vi** **1.** [dans un lieu] to stay **2.** [subsister] to be left **3.** [continuer à être] to keep, to remain ▸ **il n'en reste que deux** there are only two left.

restituer [7] [rɛstitɥe] **vt** [rendre] to return.

resto [rɛsto] **nm** *fam* restaurant ▸ **les Restos du cœur** *charity food distribution centres.*

Restoroute® [rɛstorut] **nm** motorway cafe UK, highway restaurant US.

restreindre [81] [rɛstrɛ̃dr] **vt** to restrict.

restreint, e [rɛstrɛ̃, ɛ̃t] ◆ **pp & 3ᵉ pers. du sg de l'ind. prés.** → **restreindre.** ◆ **adj** limited.

résultat [rezylta] **nm** result ▸ **résultats** [scolaires, d'une élection] results.

résumé [rezyme] **nm** summary ▸ **en résumé** in short.

résumer [3] [rezyme] **vt** to summarize.

rétablir [32] [retablir] **vt** [l'ordre, l'électricité] to restore. ◆ **se rétablir vp** [guérir] to recover.

retard [rətar] **nm** **1.** delay **2.** [d'un élève, d'un pays] backwardness ▸ **avoir du retard, être en retard** to be late ▸ **avoir une heure de retard** to be an hour late ▸ **être en retard sur qqch** to be behind sthg.

retarder [3] [rətarde] **vi : ma montre retarde (de cinq minutes)** my watch is (five minutes) slow.

retenir [40] [rətnir] **vt** **1.** [empêcher de partir, de tomber] to hold back **2.** [empêcher d'agir] to stop **3.** [réserver] to reserve, to book **4.** [se souvenir de] to remember ▸ **retenir son souffle** to hold one's breath ▸ **je retiens 1** [dans une opération] carry 1. ◆ **se retenir vp : se retenir (à qqch)** to hold on (to sthg) ▸ **se retenir (de faire qqch)** to stop o.s. (from doing sthg).

retentir [32] [rətɑ̃tir] **vi** to ring (out).

retenu, e [rətny] **pp** → **retenir.**

retenue [rətny] **nf** **1.** SCOL detention **2.** [dans une opération] amount carried.

réticent, e [retisɑ̃, ɑ̃t] **adj** reluctant.

retiré, e [rətire] **adj** [lieu] remote, isolated.

retirer [3] [rətire] **vt** **1.** [extraire] to remove **2.** [vêtement] to take off **3.** [argent] to withdraw **4.** [billet, colis, bagages] to collect ▸ **retirer qqch à qqn** to take sthg away from sb.

retomber [3] [rətɔ̃be] **vi** **1.** [tomber à nouveau] to fall over again **2.** [après un saut] to land **3.** [pendre] to hang down ▸ **retomber malade** to fall ill again.

retouche [rətuʃ] **nf** [de vêtement] alteration.

retour [rətur] **nm** **1.** return **2.** TRANSP return journey ▸ **être de retour** to be back ▸ **au retour** [sur le chemin] on the way back.

retourner [3] [rəturne] ◆ **vt** **1.** [mettre à l'envers] to turn over **2.** [vêtement, sac] to turn inside out **3.** [renvoyer] to send back. ◆ **vi** to go back, to return. ◆ **se retourner vp** **1.** [voiture, bateau] to turn over **2.** [tourner la tête] to turn round.

retrait [rətrɛ] **nm** [d'argent] withdrawal ▸ **retrait des bagages** baggage reclaim.

retraite [rətrɛt] **nf** retirement ▸ **être à la retraite** to be retired ▸ **prendre sa retraite** to retire.

retraité, e [rətrɛte] **nm, f** pensioner.

retransmission [rətrɑ̃smisjɔ̃] **nf** [à la radio] broadcast.

rétrécir [32] [retresir] **vi** [vêtement] to shrink. ◆ **se rétrécir vp** [route] to narrow.

rétro [retro] ◆ **adj inv** old-fashioned. ◆ **nm** *fam* [rétroviseur] (rearview) mirror.

rétrograder [3] [retrɔgrade] **vi** [automobiliste] to change down.

rétroprojecteur [retrɔprɔʒɛktœr] **nm** overhead projector.

rétrospective [retrɔspɛktiv] **nf** retrospective.

retrousser [3] [rətruse] **vt** [manches] to roll up.

retrouvailles [rətruvaj] **nfpl** reunion *sg*.

retrouver [3] [rətruve] **vt 1.** [objet perdu] to find **2.** [personne perdue de vue] to see again **3.** [rejoindre] to meet. ◆ **se retrouver vp 1.** [se réunir] to meet **2.** [après une séparation] to meet up again **3.** [dans une situation, un lieu] to find o.s.

rétroviseur [retrɔvizœr] **nm** rearview mirror.

réunion [reynjɔ̃] **nf** meeting ▸ **la Réunion** Réunion.

réunionnais, e [reynjɔnɛ, ɛz] **adj** from Réunion.

réunir [32] [reynir] **vt 1.** [personnes] to gather together **2.** [informations, fonds] to collect. ◆ **se réunir vp** to meet.

réussi, e [reysi] **adj 1.** [photo] good **2.** [soirée] successful ▸ **la soirée a été très réussie** the evening was a big success.

réussir [32] [reysir] ◆ **vt** [plat, carrière] to make a success of. ◆ **vi** to succeed ▸ **réussir (à) un examen** to pass an exam ▸ **réussir à faire qqch** to succeed in doing sthg ▸ **réussir à qqn** [aliment, climat] to agree with sb.

réussite [reysit] **nf 1.** success **2.** [jeu] patience UK, solitaire US.

revanche [rəvɑ̃ʃ] **nf 1.** revenge **2.** [au jeu] return game ▸ **en revanche** on the other hand.

rêve [rɛv] **nm** dream ▸ **faire un rêve** to have a dream.

réveil [revɛj] **nm** [pendule] alarm clock ▸ **à mon réveil** when I woke up.

réveiller [4] [reveje] **vt** to wake up. ◆ **se réveiller vp 1.** to wake up **2.** [douleur, souvenir] to come back.

réveillon [revɛjɔ̃] **nm 1.** [du 24 décembre] *Christmas Eve supper and party* **2.** [du 31 décembre] *New Year's Eve supper and party.*

réveillonner [3] [revɛjɔne] **vi 1.** [le 24 décembre] *to celebrate Christmas Eve with a supper or party* **2.** [le 31 décembre] *to celebrate New Year's Eve with a supper or party.*

révélation [revelasjɔ̃] **nf** revelation.

révéler [18] [revele] **vt** to reveal. ◆ **se révéler vp 1.** [s'avérer] to prove to be **2.** [apparaître] to be revealed.

revenant [rəvnɑ̃] **nm** ghost ▸ **tiens, un revenant / une revenante !** *fam* hey, long time no see!

revendication [rəvɑ̃dikasjɔ̃] **nf** claim.

revendre [73] [rəvɑ̃dr] **vt** to resell.

revenir [40] [rəvnir] **vi** to come back ▸ **faire revenir qqch** CULIN to brown sthg ▸ **revenir cher** to be expensive ▸ **ça nous est revenu à 400 euros** it cost us 400 euros ▸ **ça me revient maintenant** [je me souviens] I remember now ▸ **ça revient au même** it comes to the same thing ▸ **je n'en reviens pas** I can't get over it **revenir sur sa décision** to go back on one's decision **revenir sur ses pas** to retrace one's steps.

revenu, e [rəvny] ◆ **pp** → **revenir.** ◆ **nm** income.

rêver [4] [rɛve] ◆ **vi** **1.** to dream **2.** [être distrait] to daydream. ◆ **vt : rêver que** to dream (that) **rêver de** a) to dream about b) [souhaiter] to long for **rêver de faire qqch** to be longing to do sthg.

réverbère [revɛrbɛr] **nm** street light.

revers [rəvɛr] **nm** **1.** [d'une pièce] reverse side **2.** [de la main, d'un billet] back **3.** [d'une veste] lapel **4.** [d'un pantalon] turn-up UK, cuff US **5.** SPORT backhand.

réversible [reversibl] **adj** reversible.

revêtement [rəvetmɑ̃] **nm** **1.** [d'un mur, d'un sol] covering **2.** [d'une route] surface.

rêveur, euse [rɛvœr, øz] **adj** dreamy.

réviser [3] [revize] **vt** [leçons] to revise **faire réviser sa voiture** to have one's car serviced.

révision [revizjɔ̃] **nf** [d'une voiture] service. ◆ **révisions** **nfpl** SCOL revision *sg*.

revitalisant, e [ʀəvitalizɑ̃, ɑ̃t] **adj** revitalizing.

revoir [62] [rəvwar] **vt** **1.** [retrouver] to see again **2.** [leçons] to revise UK, to review US. ◆ **au revoir** **interj** goodbye!

révoltant, e [revɔltɑ̃, ɑ̃t] **adj** revolting.

révolte [revɔlt] **nf** revolt.

révolter [3] [revolte] **vt** [suj : spectacle, attitude] to disgust.
◆ **se révolter** **vp** to rebel.

révolution [revɔlysjɔ̃] **nf** revolution **la Révolution (française)** the French Revolution.

révolutionnaire [revɔlysjɔnɛr] **adj & nmf** revolutionary.

revolver [revɔlvɛr] **nm** revolver.

revue [rəvy] **nf** **1.** [magazine] magazine **2.** [spectacle] revue **passer qqch en revue** to review sthg.

Reykjavik [ʀɛkjavik] **n** Reykjavik.

rez-de-chaussée [redʃose] **nm inv** ground floor UK, first floor US

Rhin [rɛ̃] **nm : le Rhin** the Rhine.

rhinocéros [rinɔserɔs] **nm** rhinoceros.

Rhône [ron] **nm : le Rhône** [fleuve] the (River) Rhone.

rhubarbe [rybarb] **nf** rhubarb.

rhum [rɔm] **nm** rum.

rhumatismes [rymatism] **nmpl** rheumatism *sg* **avoir des rhumatismes** to have rheumatism.

rhume [rym] **nm** cold **avoir un rhume** to have a cold **rhume des foins** hay fever.

ri [ri] **pp** → **rire.**

ricaner [3] [rikane] **vi** to snigger.

riche [riʃ] ◆ **adj** rich. ◆ **nmf : les riches** the rich **riche en** rich in.

richesse [riʃɛs] **nf** wealth. ◆ **richesses** **nfpl** **1.** [minières] resources **2.** [archéologiques] treasures.

ricocher [3] [rikɔʃe] **vi** to ricochet.

ricochet [rikɔʃɛ] **nm : faire des ricochets** to skim pebbles.

ride [rid] **nf** wrinkle.

ridé, e [ride] **adj** wrinkled.

rideau [rido] (*pl* -x) **nm** curtain.

ridicule [ridikyl] **adj** ridiculous.

ridiculiser [3] [ʀidikylize] **vt** to ridicule. ◆ **se ridiculiser vp** to make o.s. look ridiculous.

rien [ʀjɛ̃] **pron** nothing ▸ **ne... rien** nothing ▸ **je ne fais rien le dimanche** I do nothing on Sundays, I don't do anything on Sundays ▸ **ça ne fait rien** it doesn't matter ▸ **de rien** don't mention it ▸ **pour rien** for nothing ▸ **rien d'intéressant** nothing interesting ▸ **rien du tout** nothing at all ▸ **rien que** nothing but.

Riga [ʀiga] **n** Riga.

rigide [ʀiʒid] **adj** stiff.

rigole [ʀigɔl] **nf** 1. [caniveau] channel 2. [eau] rivulet.

rigoler [3] [ʀigɔle] **vi** 1. *fam* [rire] to laugh 2. [s'amuser] to have a laugh 3. [plaisanter] to joke.

rigolo, ote [ʀigɔlo, ɔt] **adj** *fam* funny.

rigoureux, euse [ʀiguʀø, øz] **adj** 1. [hiver] harsh 2. [analyse, esprit] rigorous.

rigueur [ʀigœʀ] ◆ **à la rigueur adv** 1. [si nécessaire] if necessary 2. [si on veut] at a push.

rillettes [ʀijɛt] **nfpl** *potted pork, duck or goose.*

rime [ʀim] **nf** rhyme.

rinçage [ʀɛ̃saʒ] **nm** rinse.

rincer [16] [ʀɛ̃se] **vt** to rinse.

ring [ʀiŋ] **nm** 1. [de boxe] ring 2. BELG [route] ring road.

riposter [3] [ʀipɔste] **vi** 1. [en paroles] to answer back 2. [militairement] to retaliate.

ripou [ʀipu] (*pl* **ripoux** ou **ripous**) *fam* ◆ **adj** rotten. ◆ **nm : ce flic est un ripou** he's a bent copper UK ou a crooked cop US ▸ **ce monde ripou** this rotten lousy world.

riquiqui [ʀikiki] **adj inv** *fam* [minuscule] tiny ▸ **une portion riquiqui** a minute ou minuscule helping.

rire [95] [ʀiʀ] ◆ **nm** laugh. ◆ **vi** 1. to laugh 2. [s'amuser] to have fun ▸ **rire aux éclats** to howl with laughter ▸ **tu veux rire !** you're joking! ▸ **pour rire** [en plaisantant] as a joke.

ris [ʀi] **nmpl : ris de veau** calves' sweetbreads.

risotto [ʀizɔto] **nm** risotto.

risque [ʀisk] **nm** risk.

risqué, e [ʀiske] **adj** risky.

risquer [3] [ʀiske] **vt** 1. to risk 2. [proposition, question] to venture. ◆ **risquer de v + prép : risquer de faire qqch** a) [être en danger de] to be in danger of doing sthg b) [exprime la probabilité] to be likely to do sthg ▸ **il risque de se faire mal** he might hurt himself ▸ **ne m'attends pas, je risque d'être en retard** don't wait for me, I'm likely to be late ou the chances are I'll be late.

rissolé, e [ʀisɔle] **adj** browned.

ristourne [ʀistuʀn] **nf** discount ▸ **faire une ristourne à qqn** to give sb a discount.

rite [ʀit] **nm** 1. RELIG rite 2. *fig* [cérémonial] ritual.

rivage [ʀivaʒ] **nm** shore.

rival, e, aux [ʀival, o] **adj & nm, f** rival.

rivaliser [3] [ʀivalize] **vi : rivaliser avec** to compete with.

rivalité [ʀivalite] **nf** rivalry.

rive [ʀiv] **nf** bank ▸ **la rive gauche** [à Paris] the south bank of the Seine *(traditionally associated with students and* *artists)* ▸ **la rive droite** [à Paris] the north bank of the Seine *(generally considered more affluent)*.

riverain, e [rivʀɛ̃, ɛn] **nm, f** [d'une rue] resident ▸ **'sauf riverains'** 'residents only'.

rivière [rivjɛr] **nf** river.

Riyad [ʀijad] **n** Riyadh.

riz [ri] **nm** rice ▸ **riz cantonais** fried rice ▸ **riz au lait** rice pudding ▸ **riz pilaf** pilaff ▸ **riz sauvage** wild rice.

rizière [ʀizjɛʀ] **nf** paddy (field).

RMI **nm** *(abr de* **revenu minimum d'insertion***)* *minimum guaranteed benefit*.

RN *(abr écrite de* **route nationale***)* = **nationale**.

robe [rɔb] **nf** **1.** dress **2.** [d'un cheval] coat ▸ **robe de chambre** dressing gown ▸ **robe du soir** evening dress.

robinet [rɔbinɛ] **nm** tap UK, faucet US ▸ **robinet d'arrêt** stop valve.

robot [rɔbo] **nm** **1.** [industriel] robot **2.** [ménager] food processor.

robuste [rɔbyst] **adj** sturdy.

roc [rɔk] **nm** rock.

rocade [rɔkad] **nf** ring road UK, beltway US.

roche [rɔʃ] **nf** rock.

rocher [rɔʃe] **nm** **1.** rock **2.** [au chocolat] *chocolate covered with chopped hazelnuts*.

rocheux, euse [ʀɔʃø, øz] **adj** rocky. ◆ **Rocheuses** **nfpl : les Rocheuses** the Rockies.

rock [rɔk] **nm** rock.

rodage [rɔdaʒ] **nm** running in.

rôder [3] [rode] **vi** **1.** [par ennui] to hang about **2.** [pour attaquer] to loiter.

rœsti [røʃti] **nmpl** SUISSE *grated potato fried to form a sort of cake*.

rognons [rɔɲɔ̃] **nmpl** kidneys.

roi [rwa] **nm** king ▸ **les Rois, la fête des Rois** Twelfth Night ▸ **tirer les rois** to eat Kings' Cake on Twelfth Night.

Roland-Garros [rɔlɑ̃garɔs] **n : (le tournoi de) Roland-Garros** the French Open.

rôle [rol] **nm** role.

roller [rɔlœr] **nm** [sport] rollerblading ▸ **les rollers** [patins] Rollerblades® ▸ **faire du roller** to go rollerblading, to rollerblade.

ROM [rɔm] **nf** *(abr de* **read only memory***)* ROM.

romain, e [rɔmɛ̃, ɛn] **adj** Roman.

roman, e [rɔmɑ̃, an] ◆ **adj** [architecture, église] Romanesque. ◆ **nm** novel.

romancier, ère [rɔmɑ̃sje, ɛr] **nm, f** novelist.

romantique [rɔmɑ̃tik] **adj** romantic.

romarin [rɔmarɛ̃] **nm** rosemary.

Rome [rɔm] **n** Rome.

rompre [78] [rɔ̃pr] **vi** [se séparer] to break up.

romsteck [rɔmstɛk] **nm** rump steak.

ronces [rɔ̃s] **nfpl** brambles.

rond, e [rɔ̃, rɔ̃d] ◆ **adj** **1.** round **2.** [gros] chubby. ◆ **nm** circle ▸ **en rond** in a circle.

ronde [rɔ̃d] **nf** **1.** [de policiers] patrol **2.** [danse] **: faire la ronde** to dance round in a circle ▸ **à la ronde (aux alentours)** around.

rondelle [rɔ̃dɛl] **nf** **1.** [tranche] slice **2.** TECH washer.

rond-point [rɔ̃pwɛ̃] (*pl* **ronds-points**) **nm** roundabout UK, traffic circle US.

ronfler [3] [rɔ̃fle] **vi** to snore.

ronger [17] [rɔ̃ʒe] **vt 1.** [os] to gnaw at **2.** [suj : rouille] to eat away at. ◆ **se ronger vp : se ronger les ongles** to bite one's nails ▸ **se ronger d'inquiétude** to worry o.s. sick.

rongeur [ʀɔ̃ʒœʀ] **nm** rodent.

ronronner [3] [rɔ̃rɔne] **vi** to purr.

roquefort [rɔkfɔr] **nm** Roquefort *(strong blue cheese)*.

rosace [rozas] **nf** [vitrail] rose window.

rosbif [rɔzbif] **nm** roast beef.

rose [roz] ◆ **adj & nm** pink. ◆ **nf** rose ▸ **rose bonbon** candy pink.

rosé, e [roze] ◆ **adj 1.** [teinte] rosy **2.** [vin] rosé. ◆ **nm** [vin] rosé.

roseau [rozo] (*pl* **-x**) **nm** reed.

rosée [roze] **nf** dew.

rosier [rozje] **nm** rose bush.

rossignol [rɔsiɲɔl] **nm** nightingale.

Rossini [rɔsini] **n** → **tournedos**.

rot [ro] **nm** burp.

roter [3] [rote] **vi** to burp.

rôti [roti] **nm** joint.

rôtie [roti] **nf** QUÉBEC piece of toast.

rotin [rɔtɛ̃] **nm** rattan.

rôtir [32] [rotir] **vt & vi** to roast.

rôtissoire [rotiswar] **nf** [électrique] rotisserie.

rotule [rɔtyl] **nf** kneecap.

roucouler [3] [rukule] **vi** to coo.

roue [ru] **nf** wheel ▸ **roue de secours** spare wheel ▸ **grande roue** ferris wheel.

rougail [ʀugaj] **nm** *spicy sauce made from a base of vegetables (tomatoes, aubergine), fruit (mango) or fish (cod), ground up with chilli pepper and ginger (a Creole speciality).*

rouge [ruʒ] ◆ **adj 1.** red **2.** [fer] red-hot. ◆ **nm 1.** red **2.** [vin] red (wine) ▸ **le feu est passé au rouge** the light has turned red ▸ **rouge à lèvres** lipstick.

rouge-gorge [ruʒgɔrʒ] (*pl* **rouges-gorges**) **nm** robin.

rougeole [ruʒɔl] **nf** measles *sg*.

rouget [ʀuʒɛ] **nm** mullet.

rougeurs [ruʒœr] **nfpl** red blotches.

rougir [32] [ruʒir] **vi 1.** [de honte, d'émotion] to blush **2.** [de colère] to turn red.

rouille [ruj] **nf 1.** rust **2.** [sauce] *garlic and red pepper sauce for fish soup.*

rouillé, e [ruje] **adj** rusty.

rouiller [3] [ruje] **vi** to rust.

roulant [rylɑ̃] **adj m** → **fauteuil, tapis**.

rouleau [rulo] (*pl* **-x**) **nm 1.** [de papier, de tissu] roll **2.** [pinceau, vague] roller ▸ **rouleau à pâtisserie** rolling pin ▸ **rouleau de printemps** spring roll.

roulement [rulmɑ̃] **nm** [tour de rôle] rota ▸ **roulement à billes** ball bearings *pl* ▸ **roulement de tambour** drum roll.

rouler [3] [rule] ◆ **vt 1.** [nappe, tapis] to roll up **2.** [voler] to swindle. ◆ **vi 1.** [balle, caillou] to roll **2.** [véhicule] to go **3.** [automobiliste, cycliste] to drive ▸ **rouler les r** to roll one's r's ▸ **'roulez au pas'** 'dead slow'. ◆ **se rouler vp** [par terre, dans l'herbe] to roll about.

roulette [rulɛt] **nf** [roue] wheel ▸ **la roulette** [jeu] roulette.

roulotte [rulɔt] **nf** caravan.

roumain, e [rumɛ̃, ɛn] **adj** Romanian.

Roumanie [rumani] **nf : la Roumanie** Romania.

rousse adj f → **roux**.

rousseur [rusœr] nf → **tache**.

roussi [rusi] **nm : ça sent le roussi** *fig* trouble's on its way.

routard, e [rutar, ard] **nm, f** backpacker.

route [rut] **nf 1.** road **2.** [itinéraire] route ▸ **mettre qqch en route a)** [machine] to start sthg up **b)** [processus] to get sthg under way ▸ **se mettre en route** [voyageur] to set off ▸ **'route barrée'** 'road closed'.

routeur [RutœR] **nm** router.

routier, ère [rutje, ɛr] ◆ **adj** [carte, transports] road. ◆ **nm 1.** [camionneur] lorry driver UK, truck driver US **2.** [restaurant] transport café UK, truck stop US.

routine [rutin] **nf** routine.

rouvrir [34] [RuvRiR] **vt** to reopen, to open again. ◆ **se rouvrir vp** to reopen, to open again.

roux, rousse [ru, rus] ◆ **adj 1.** [cheveux] red **2.** [personne] red-haired **3.** [chat] ginger. ◆ **nm, f** redhead.

royal, e, aux [rwajal, o] **adj 1.** royal **2.** [cadeau, pourboire] generous.

royaume [rwajom] **nm** kingdom.

Royaume-Uni [rwajomyni] **nm : le Royaume-Uni** the United Kingdom.

RSE (*abr de* responsabilité sociale de l'entreprise) **nf** CSR.

RTT (*abr de* réduction du temps de travail) ◆ **nf** *French 35 hour per week employment scheme.* ◆ **adj : jours RTT** paid holidays UK, paid vacation US. ◆ **nm : j'ai pris un RTT** to take a day's holiday UK ou vacation US.

ruade [ryad] **nf** kick.

ruban [rybɑ̃] **nm** ribbon ▸ **ruban adhésif** adhesive tape.

rubéole [rybeɔl] **nf** German measles *sg*.

rubis [rybi] **nm** ruby.

rubrique [rybrik] **nf 1.** [catégorie] heading **2.** [de journal] column.

ruche [ryʃ] **nf** beehive.

rude [ryd] **adj 1.** [climat, voix] harsh **2.** [travail] tough.

rudimentaire [rydimɑ̃tɛr] **adj** rudimentary.

rue [ry] **nf** street ▸ **rue piétonne** ou **piétonnière** pedestrian street.

ruelle [rɥɛl] **nf** alley.

ruer [7] [rɥe] **vi** to kick. ◆ **se ruer vp : se ruer dans / sur** to rush into / at.

rugby [rygbi] **nm** rugby.

rugir [32] [ryʒir] **vi** to roar.

rugueux, euse [rygø, øz] **adj** rough.

ruine [rɥin] **nf** [financière] ruin ▸ **en ruine** [château] ruined ▸ **tomber en ruine** to crumble. ◆ **ruines nfpl** ruins.

ruiné, e [rɥine] **adj** ruined.

ruiner [3] [Rɥine] **vt** to ruin. ◆ **se ruiner vp** to ruin o.s., to bankrupt o.s.

ruisseau [rɥiso] (*pl* -x) **nm** stream.

ruisseler [24] [rɥisle] **vi** to stream ▸ **ruisseler de** [sueur, larmes] to stream with.

rumeur [rymœr] **nf 1.** [nouvelle] rumour **2.** [bruit] rumble.

ruminer [3] [rymine] **vi** [vache] to chew the cud.

rupture [ryptyr] **nf 1.** [de relations diplomatiques] breaking off **2.** [d'une relation amoureuse] break-up.

rural, e, aux [ryral, o] **adj** rural.

ruse [ryz] **nf 1.** [habileté] cunning **2.** [procédé] trick.

rusé, e [ryze] **adj** cunning.

russe [rys] ◆ **adj** Russian. ◆ **nm** [langue] Russian. ◆ **Russe nmf** Russian.

Russie [rysi] **nf : la Russie** Russia.

Rustine® [rystin] **nf** *rubber repair patch for bicycle tyres.*

rustique [rystik] **adj** rustic.

ryad [ʀiad] **nm** riad.

rythme [ritm] **nm 1.** rhythm **2.** [cardiaque] rate **3.** [de la marche] pace ▸ **battre le rythme** to keep time.

rythmé, e [ʀitme] **adj** rhythmic, rhythmical.

Ss

S (*abr écrite de* **sud**) S *(south).*

s' pron → **se**.

sa adj → **son**.

SA nf (*abr de* **société anonyme**) ≃ plc *(public limited company)* UK ; ≃ Inc. *(incorporated)* US.

sable [sabl] **nm** sand ▸ **sables mouvants** quicksand *sg.*

sablé, e [sable] ◆ **adj** [biscuit] shortbread. ◆ **nm** shortbread biscuit UK, shortbread cookie US ▸ **pâte sablée** shortcrust pastry.

sablier [sablije] **nm** hourglass.

sablonneux, euse [sablɔnø, øz] **adj** sandy.

sabot [sabo] **nm 1.** [de cheval, de vache] hoof **2.** [chaussure] clog ▸ **sabot de Denver** wheel clamp UK, Denver boot US.

sabre [sabr] **nm** sabre.

sac [sak] **nm 1.** bag **2.** [de pommes de terre] sack ▸ **sac de couchage** sleeping bag ▸ **sac à dos** rucksack ▸ **sac à main** handbag UK, purse US.

saccadé, e [sakade] **adj 1.** [gestes] jerky **2.** [respiration] uneven.

saccager [17] [sakaʒe] **vt 1.** [ville, cultures] to destroy **2.** [appartement] to wreck.

sachant [saʃɑ̃] **p prés** → **savoir**.

sache etc **1re et 3e pers. du sg du subj. prés.** → **savoir**.

sachet [saʃɛ] **nm** sachet ▸ **sachet de thé** teabag.

sacoche [sakɔʃ] **nf 1.** [sac] bag **2.** [de vélo] pannier.

sac-poubelle [sakpubɛl] (*pl* **sacs-poubelle**) **nm** dustbin bag UK, garbage bag US.

sacre [sakr] **nm 1.** [de roi] coronation **2.** [d'évêque] consecration.

sacré, e [sakre] **adj 1.** sacred **2.** *fam* [maudit] damn.

sacrifice [sakrifis] **nm** sacrifice.

sacrifier [9] [sakrifje] **vt** to sacrifice. ◆ **se sacrifier vp** to sacrifice o.s.

sadique [sadik] **adj** sadistic.

safari [safari] **nm** safari.

safran [safrɑ̃] **nm** saffron.

sage [saʒ] **adj 1.** [avisé] wise **2.** [obéissant] good, well-behaved.

sage-femme [saʒfam] (*pl* **sages-femmes**) **nf** midwife.

sagesse [saʒɛs] **nf** [prudence, raison] wisdom.

Sagittaire [saʒitɛr] **nm** Sagittarius.

Sahara [saaʀa] **nm : le Sahara** the Sahara.

saignant, e [sɛɲɑ̃, ɑ̃t] **adj** [viande] rare.

saigner [4] [seɲe] **vi** to bleed ▸ **saigner du nez** to have a nosebleed.

saillant, e [sajɑ̃, ɑ̃t] **adj 1.** [par rapport à un mur] projecting **2.** [pommettes, veines] prominent.

sain, e [sɛ̃, sɛn] **adj 1.** healthy **2.** [mentalement] sane ▸ **sain et sauf** safe and sound.

saint, e [sɛ̃, sɛ̃t] ◆ **adj** holy. ◆ **nm, f** saint ▸ **la Saint-François** Saint Francis' day.

Saint-Domingue [sɛ̃dɔmɛ̃g] **n** Santo Domingo.

Saint-Germain-des-Prés [sɛ̃ʒɛʀmɛ̃depʀe] **n** Saint-Germain-des-Prés *(area in Paris)*.

> ⓘ **Saint-Germain-des-Prés**
>
> This is the literary centre of Paris near the oldest church in the city. Situated on the Left Bank of the Seine, it is famous for its bookshops, publishing houses, literary cafés and nightclubs. Its heyday was in the years following the Second World War, when Sartre and other existentialist intellectuals met regularly in its cafés.

saint-honoré [sɛ̃tɔnɔre] **nm inv** *shortcrust or puff pastry cake topped with choux pastry balls and whipped cream.*

Saint-Jacques [sɛ̃ʒak] **n** → **coquille**.

Saint-Jacques-de-Compostelle [sɛ̃ʒakdəkɔ̃pɔstɛl] **n** Santiago de Compostela.

Saint-Marin [sɛ̃maʀɛ̃] **n** San Marino.

Saint-Michel [sɛ̃miʃɛl] **n** → **mont**.

Saint-Sylvestre [sɛ̃silvɛstr] **nf : la Saint-Sylvestre** New Year's Eve.

sais etc **1re et 2e pers. du sg de l'ind. prés.** → **savoir**.

saisie [sezi] **nf 1.** [fiscalité & DR] distraint, seizure **2.** INFORM input ▸ **saisie de données** data capture.

saisir [32] [sezir] **vt 1.** [objet, occasion] to grab **2.** [comprendre] to understand **3.** [juridique] [biens] to seize **4.** INFORM [cran] to capture **5.** INFORM [donnes] to key in.

saison [sɛzɔ̃] **nf** season ▸ **basse saison** low season ▸ **haute saison** high season.

salade [salad] **nf 1.** [verte] lettuce **2.** [plat en vinaigrette] salad ▸ **champignons en salade** mushroom salad ▸ **salade de fruits** fruit salad ▸ **salade mêlée** Suisse mixed salad ▸ **salade mixte** mixed salad ▸ **salade niçoise** niçoise salad ▸ **salade César** Caesar salad ▸ **salade de crudités** crudités ▸ **salade du chef** chef's salad ▸ **salade paysanne** *salad with small onions and diced bacon.*

saladerie [saladʀi] **nf** salad bar.

saladier [saladje] **nm** salad bowl.

salaire [salɛr] **nm** salary, wage.

salami [salami] **nm** salami.

salarié, e [salarje] **nm, f** (salaried) employee.

salaud [salo] **nm** *vulg* [injure] bastard.

sale [sal] **adj 1.** dirty **2.** *fam* [temps] filthy **3.** *fam* [journée, mentalité] nasty.

salé, e [sale] ◆ **adj 1.** [plat] salted **2.** [eau] salty. ◆ **nm : petit salé aux lentilles** *salt pork served with lentils.*

saler [3] [sale] **vt** to salt.

saleté [salte] **nf 1.** [état] dirtiness **2.** [crasse] dirt **3.** [chose sale] disgusting thing.

salière [saljɛr] **nf** saltcellar.

salir [32] [salir] **vt** to (make) dirty. ◆ **se salir vp** to get dirty.

salissant, e [salisɑ̃, ɑ̃t] **adj** that shows the dirt.

salive [saliv] **nf** saliva.

salle [sal] **nf 1.** room **2.** [d'hôpital] ward **3.** [de cinéma] screen **4.** [des fêtes, municipale] hall ▸ **salle d'attente** waiting room ▸ **salle de bains** bathroom ▸ **salle de classe** classroom ▸ **salle d'embarquement** departure lounge ▸ **salle à manger** dining room ▸ **salle d'opération** operating theatre ▸ **salle climatisée** air-conditioned room ▸ **salle des fêtes** village hall.

salon [salɔ̃] **nm 1.** [séjour] living room **2.** [exposition] show ▸ **salon de coiffure** hairdressing salon ▸ **salon de thé** tearoom ▸ **salon de réception** reception room.

salope [salɔp] **nf** *vulg* [injure] bitch.

saloperie [salɔpʀi] **nf** *fam* **1.** [saleté] junk, rubbish **2.** [propos] dirty comment ▸ **faire des saloperies** to make a mess.

salopette [salɔpɛt] **nf 1.** [d'ouvrier] overalls *pl* **2.** [en jean, etc.] dungarees *pl.*

salsifis [salsifi] **nmpl** salsify *(root vegetable).*

saluer [7] [salɥe] **vt 1.** [dire bonjour à] to greet **2.** [de la tête] to nod to **3.** [dire au revoir à] to say goodbye to **4.** MIL to salute.

salut [saly] ◆ **nm 1.** [pour dire bonjour] greeting **2.** [de la tête] nod **3.** [pour dire au revoir] farewell **4.** MIL salute. ◆ **interj 1.** *fam* [bonjour] hi! **2.** [au revoir] bye!

salutations [salytasjɔ̃] **nfpl** greetings ▸ **'meilleures salutations** ou **salutations distinguées'** 'yours sincerely ou yours faithfully UK', 'sincerely yours US'.

Salvador [salvadɔr] **nm : le Salvador** El Salvador.

samaritain [samaritɛ̃] **nm** SUISSE *person qualified to give first aid.*

samedi [samdi] **nm** Saturday ▸ **nous sommes** ou **c'est samedi** it's Saturday today ▸ **samedi 13 septembre** Saturday 13 September ▸ **nous sommes partis samedi** we left on Saturday ▸ **samedi dernier** last Saturday ▸ **samedi prochain** next Saturday ▸ **samedi matin** on Saturday morning ▸ **le samedi** on Saturdays ▸ **à samedi !** see you Saturday!

SAMU [samy] **nm** *French ambulance and emergency service.*

Sanaa [sanaa] **n** Sana'a.

sanction [sɑ̃ksjɔ̃] **nf** sanction.

sanctionner [3] [sɑ̃ksjɔne] **vt** to punish.

sandale [sɑ̃dal] **nf** sandal.

sandwich [sɑ̃dwitʃ] **nm** sandwich.

sang [sɑ̃] **nm** blood ▸ **en sang** bloody ▸ **se faire du mauvais sang** to be worried.

sang-froid [sɑ̃frwa] **nm inv** calm ▸ **de sang-froid** in cold blood.

sanglant, e [sɑ̃glɑ̃, ɑ̃t] **adj** bloody.

sangle [sɑ̃gl] **nf** strap.

sanglier [sɑ̃glije] **nm** boar.

sanglot [sɑ̃glo] **nm** sob.

sangloter [3] [sɑ̃glɔte] **vi** to sob.

sangria [sɑ̃grija] **nf** sangria.

sanguin [sɑ̃gɛ̃] **adj m** → **groupe**.

sanguine [sɑ̃gin] **nf** [orange] blood orange.

Sanisette® [sanizɛt] **nf** superloo.

sanitaire [sanitɛr] **adj** [d'hygiène] sanitary. ◆ **sanitaires nmpl** [d'un camping] toilets and showers.

sans [sɑ̃] **prép** without ▸ **sans faire qqch** without doing sthg ▸ **sans que personne s'en rende compte** without anyone realizing.

sans-abri [sɑ̃zabri] **nmf** homeless person.

sans-gêne [sɑ̃ʒɛn] ◆ **adj inv** rude. ◆ **nm inv** rudeness.

sans-papiers [sɑ̃papje] **nmf** illegal immigrant worker.

sans-plomb [sɑ̃plɔ̃] **nm inv** unleaded, unleaded petrol UK ou gas US, lead-free petrol UK ou gas US.

santé [sɑ̃te] **nf** health ▸ **en bonne / mauvaise santé** in good / poor health ▸ **(à ta) santé !** cheers!

saoul, e [su, sul] **adj** = **soûl**.

saouler [3] [sule] **vt** = **soûler**.

saphir [safir] **nm** sapphire.

sapin [sapɛ̃] **nm** fir ▸ **sapin de Noël** Christmas tree.

Sarajevo [saʀajevo] **n** Sarajevo.

sarcophage [saʀkɔfaʒ] **nm** sarcophagus.

Sardaigne [saʀdɛɲ] **nf : la Sardaigne** Sardinia.

sardine [sardin] **nf** sardine.

SARL nf (*abr de* **société à responsabilité limitée**) ≃ Ltd *(limited)* UK ; ≃ Inc. *(incorporated)* US.

sarrasin [sarazɛ̃] **nm** [graine] buckwheat ▸ **galette de sarrasin** buckwheat pancake.

sashimi [saʃimi] **nm** CULIN sashimi.

satellite [satelit] **nm** satellite.

satin [satɛ̃] **nm** satin.

satiné, e [satine] **adj** [tissu, peinture] satin.

satirique [satirik] **adj** satirical.

satisfaction [satisfaksjɔ̃] **nf** satisfaction.

satisfaire [109] [satisfɛr] **vt** to satisfy. ◆ **se satisfaire de vp + prép** to be satisfied with.

satisfaisant, e [satisfəzɑ̃, ɑ̃t] **adj** satisfactory.

satisfait, e [satisfɛ, ɛt] ◆ **pp & 3e pers. du sg de l'ind. prés.** → **satisfaire**. ◆ **adj** satisfied ▸ **être satisfait de** to be satisfied with.

saturé, e [satyre] **adj** saturated.

sauce [sos] **nf** sauce ▸ **en sauce** in a sauce ▸ **sauce blanche** *white sauce made with chicken stock* ▸ **sauce chasseur** *mushroom, shallot, white wine and tomato sauce* ▸ **sauce madère** *vegetable, mushroom and Madeira sauce* ▸ **sauce tartare** tartar sauce ▸ **sauce tomate** tomato sauce ▸ **sauce au poivre** peppercorn sauce.

saucée [sose] **nf** *fam* downpour ▸ **prendre** ou **recevoir la saucée** to get drenched ou soaked (to the skin).

saucer [16] [sose] **vt** [assiette] to wipe clean.

saucisse [sosis] **nf** sausage ▸ **saucisse sèche** thin dry sausage.

saucisson [sosisɔ̃] **nm** dry sausage.

sauf, sauve [sof, sov] ◆ **adj** → **sain.** ◆ **prép** [excepté] except ▸ **sauf erreur** unless there is some mistake.

sauge [soʒ] **nf** sage.

saugrenu, e [sogrəny] **adj** ridiculous.

saule [sol] **nm** willow ▸ **saule pleureur** weeping willow.

saumon [somɔ̃] ◆ **nm** salmon. ◆ **adj inv : (rose) saumon** salmon(-pink) ▸ **saumon fumé** smoked salmon.

sauna [sona] **nm** sauna.

saupoudrer [3] [sopudre] **vt : saupoudrer qqch de** to sprinkle sthg with.

saur [sɔr] **adj m** → **hareng**.

saura etc **3ᵉ pers. du sg de l'ind. fut.** → **savoir**.

saut [so] **nm** jump ▸ **faire un saut chez qqn** to pop round to see sb ▸ **saut en hauteur** high jump ▸ **saut en longueur** long jump ▸ **saut périlleux** somersault ▸ **saut de colonne** INFORM column break ▸ **saut de page** INFORM page break.

sauté, e [sote] ◆ **adj** CULIN sautéed. ◆ **nm : sauté de veau** sautéed veal.

saute-mouton [sotmutɔ̃] **nm inv : jouer à saute-mouton** to play leapfrog.

sauter [3] [sote] ◆ **vi 1.** to jump **2.** [exploser] to blow up **3.** [se défaire] to come off **4.** [plombs] to blow. ◆ **vt 1.** [obstacle] to jump over **2.** [passage, classe] to skip ▸ **sauter son tour** [dans un jeu] to pass ▸ **faire sauter qqch a)** [faire exploser] to blow sthg up **b)** CULIN to sauté sthg.

sauterelle [sotrɛl] **nf** grasshopper.

sautiller [3] [sotije] **vi** to hop.

sauvage [sovaʒ] ◆ **adj 1.** [animal, plante] wild **2.** [tribu] primitive **3.** [cri, haine] savage. ◆ **nmf 1.** [barbare] brute **2.** [personne farouche] recluse.

sauvegarde [sovgard] **nf 1.** INFORM [-action] saving **2.** INFORM [-copie] backup ▸ **sauvegarde automatique** automatic backup.

sauvegarder [3] [sovgarde] **vt 1.** [protéger] to safeguard **2.** INFORM to save.

sauver [3] [sove] **vt** to save ▸ **sauver qqn / qqch de qqch** to save sb / sthg from sthg. ◆ **se sauver vp** [s'échapper] to run away.

sauvetage [sovtaʒ] **nm** rescue.

sauveteur [sovtœr] **nm** rescuer.

sauvette [sovɛt] ◆ **à la sauvette loc adv** hurriedly, at great speed.

SAV *abr de* **service après-vente**.

savane [savan] **nf** savanna.

savant, e [savɑ̃, ɑ̃t] ◆ **adj** [cultivé] scholarly. ◆ **nm** scientist.

savarin [savarɛ̃] **nm** ≃ rum baba.

saveur [savœr] **nf** flavour.

Savoie [savwa] **nf : la Savoie** Savoy.

savoir [59] [savwar] **vt** to know ▸ **savoir faire qqch** to know how to do sthg ▸ **savez-vous parler français ?** can you speak French? ▸ **je n'en sais rien** I have no idea.

savoir-faire [savwarfɛr] **nm inv** know-how.

savoir-vivre [savwarvivr] **nm inv** good manners *pl*.

savon [savɔ̃] **nm 1.** soap **2.** [bloc] bar of soap ▸ **savon de Marseille** household soap.

savonner [3] [savɔne] **vt** to soap.

savonnette [savɔnɛt] **nf** bar of soap.

savourer [3] [savure] **vt** to savour.

savoureux, euse [savurø, øz] **adj** [aliment] tasty.

savoyarde [savwajard] **adj f → fondue.**

saxo [sakso] ◆ **nm** *fam* [instrument] sax. ◆ **nm, f** [musicien] sax (player).

saxophone [saksɔfɔn] **nm** saxophone.

sbrinz [ʃbrints] **nm** *hard crumbly Swiss cheese made from cow's milk.*

scandale [skɑ̃dal] **nm 1.** [affaire] scandal **2.** [fait choquant] outrage ▸ **faire du** ou **un scandale** to make a fuss ▸ **faire scandale** to cause a stir.

scandaleux, euse [skɑ̃dalø, øz] **adj** outrageous.

scandinave [skɑ̃dinav] **adj** Scandinavian.

Scandinavie [skɑ̃dinavi] **nf : la Scandinavie** Scandinavia.

scanner¹ [skanɛr] **nm 1.** [appareil] scanner **2.** [test] scan.

scanner² [3] [skane] **vt** to scan.

scanneur [skanœʀ] **nm** = **scanner.**

scaphandre [skafɑ̃dr] **nm** diving suit.

scarabée [skaʀabe] **nm** beetle, scarab.

scarification [skaʀifikasjɔ̃] **nf** scarring, scarification.

scarole [skarɔl] **nf** endive.

sceller [4] [sele] **vt** [cimenter] to cement.

scénario [senarjo] **nm** [de film] screenplay.

scène [sɛn] **nf 1.** [estrade] stage **2.** [événement, partie d'une pièce] scene ▸ **mettre qqch en scène** [film, pièce de théâtre] to direct sthg.

sceptique [sɛptik] **adj** sceptical.

schéma [ʃema] **nm 1.** diagram **2.** [résumé] outline.

schématique [ʃematik] **adj 1.** [sous forme de schéma] diagrammatical **2.** [trop simple] simplistic.

schizo [skizo] **adj** *fam* schizophrenic.

schublig [ʃublig] **nm** Suisse *type of sausage.*

sciatique [sjatik] **nf** sciatica.

scie [si] **nf** saw.

science [sjɑ̃s] **nf** science ▸ **sciences naturelles** natural sciences.

science-fiction [sjɑ̃sfiksjɔ̃] **nf** science fiction.

scientifique [sjɑ̃tifik] ◆ **adj** scientific. ◆ **nmf** scientist.

scier [9] [sje] **vt** to saw.

scintiller [3] [sɛ̃tije] **vi** to sparkle.

sciure [sjyr] **nf** sawdust.

sclérose [skleʀoz] **nf** sclerosis ; *fig* ossification ▸ **sclérose en plaques** multiple sclerosis.

scolaire [skɔlɛr] **adj** [vacances, manuel] school.

scolariser [3] [skɔlaʀize] **vt** to provide with schooling.

scolarité [skɔlaʀite] **nf** schooling ▸ **frais de scolarité a)** SCOL school fees **b)** [à l'université] tuition fees.

scoop [skup] **nm** scoop.

scooter [skutœr] **nm** scooter ▸ **scooter des mers** jet ski.

score [skɔr] **nm** score.

Scorpion [skɔrpjɔ̃] **nm** Scorpio.

Scotch® [skɔtʃ] **nm** [adhésif] adhesive tape UK Scotch® tape US.

scotch [skɔtʃ] **nm** [whisky] Scotch.

scotché, e [skɔtʃe] **adj : être scotché devant la télévision** to be glued to the television ▸ **je suis resté scotché** [stupéfait] I was flabbergasted.

scout, e [skut] nm, f scout.

scrupule [skrypyl] nm scruple.

scrutin [skrytɛ̃] nm ballot.

sculpter [3] [skylte] vt **1.** to sculpt **2.** [bois] to carve.

sculpteur [skyltœr] nm sculptor.

sculpture [skyltyr] nf sculpture.

SDF nmf (*abr de* sans domicile fixe) homeless person.

se [sə] ◆ pron **1.** [réfléchi : personne indéfinie] oneself ; [personne] himself (herself), themselves *pl* ; [chose, animal] itself, themselves *pl* ▸ **elle se regarde dans le miroir** she's looking at herself in the mirror ▸ **se faire mal** to hurt oneself **2.** [réciproque] each other, one another ▸ **se battre** to fight ▸ **ils s'écrivent toutes les semaines** they write to each other every week **3.** [avec certains verbes, vide de sens] : **se décider** to decide ▸ **se mettre à faire qqch** to start doing sthg **4.** [passif] : **ce produit se vend bien / partout** this product is selling well / is sold everywhere **5.** [à valeur de possessif] : **se laver les mains** to wash one's hands ▸ **se couper le doigt** to cut one's finger.

séance [seɑ̃s] nf **1.** [de rééducation, de gymnastique] session **2.** [de cinéma] performance.

seau [so] (*pl* -x) nm bucket ▸ **seau à champagne** champagne bucket.

sec, sèche [sɛk, sɛʃ] adj **1.** dry **2.** [fruit, légume] dried ▸ **à sec** [cours d'eau] dried-up ▸ **au sec** [à l'abri de la pluie] out of the rain ▸ **fermer qqch d'un coup sec** to slam sthg shut.

sécateur [sekatœr] nm secateurs *pl*.

séchage [seʃaʒ] nm drying.

sèche adj f → **sec**.

sèche-cheveux [sɛʃʃəvø] nm inv hairdryer.

sèche-linge [sɛʃlɛ̃ʒ] nm inv tumbledryer.

sèchement [sɛʃmɑ̃] adv drily ▸ **répondre sèchement** to answer curtly.

sécher [18] [seʃe] ◆ vt to dry. ◆ vi **1.** to dry **2.** *fam* [à un examen] to have a mental block ▸ **sécher les cours** *fam* to play truant UK, to play hooky US.

sécheresse [sɛʃrɛs] nf [manque de pluie] drought.

séchoir [seʃwar] nm : **séchoir (à cheveux)** hairdryer ▸ **séchoir (à linge)** a) [sur pied] clothes dryer b) [électrique] tumbledryer.

second, e [səgɔ̃, ɔ̃d] adj second ▸ **il est arrivé second** he came as second.

secondaire [səgɔ̃dɛr] adj secondary.

seconde [səgɔ̃d] nf **1.** [unité de temps] second **2.** SCOL ≃ fifth form UK ; ≃ tenth grade US **3.** [vitesse] second (gear) ▸ **voyager en seconde (classe)** to travel second class.

secouer [6] [səkwe] vt **1.** to shake **2.** [bouleverser, inciter à agir] to shake up.

secourir [45] [səkurir] vt **1.** [d'un danger] to rescue **2.** [moralement] to help.

secouriste [səkurist] nmf first-aid worker.

secours [səkur] nm help ▸ **appeler au secours** to call for help ▸ **au secours !** help! ▸ **secours d'urgence** emergency aid ▸ **premiers secours** first aid ▸ **porter secours à qqn** to give sb assistance.

secouru, e [səkury] pp → **secourir**.

secousse [səkus] nf jolt.

secret, ète [səkrɛ, ɛt] **adj & nm** secret ▸ **en secret** in secret.

secrétaire [səkretɛr] ◆ **nmf** secretary. ◆ **nm** [meuble] secretaire.

secrétariat [səkretarja] **nm 1.** [bureau] secretary's office **2.** [métier] secretarial work.

secte [sɛkt] **nf** sect.

secteur [sɛktœr] **nm 1.** [zone] area **2.** [électrique] mains **3.** [économique, industriel] sector ▸ **fonctionner sur secteur** to run off the mains.

section [sɛksjɔ̃] **nf 1.** section **2.** [de ligne d'autobus] fare stage.

sectionner [3] [sɛksjɔne] **vt** to cut.

Sécu [seky] **nf** *fam* **: la Sécu** *French social security system.*

sécurité [sekyrite] **nf 1.** [tranquillité] safety **2.** [ordre] security ▸ **en sécurité** safe ▸ **mettre qqch en sécurité** to put sthg in a safe place ▸ **la sécurité routière** *French organization providing traffic bulletins and safety information* ▸ **la Sécurité sociale** *French social security system.*

sédentaire [sedɑ̃tɛʀ] **adj** [personne, métier] sedentary.

séduction [sedyksjɔ̃] **nf** seduction.

séduire [98] [sedɥir] **vt** to attract.

séduisant, e [sedɥizɑ̃, ɑ̃t] **adj** attractive.

séduit, e [sedɥi, it] **pp & 3e pers. du sg de l'ind. prés.** → **séduire**.

segment [sɛgmɑ̃] **nm** segment.

ségrégation [segregasjɔ̃] **nf** segregation.

seigle [sɛgl] **nm** rye.

seigneur [sɛɲœr] **nm** [d'un château] lord ▸ **le Seigneur** the Lord.

sein [sɛ̃] **nm** breast ▸ **au sein de** within.

Seine [sɛn] **nf : la Seine** [fleuve] the Seine.

séisme [seism] **nm** earthquake.

séismique = **sismique**.

seize [sɛz] **num** sixteen ▸ **(au) seize rue Lepic** (at) sixteen Rue Lepic ▸ **il est seize heures** it's four pm ▸ **ils étaient seize** there were sixteen of them ▸ **le seize janvier** the sixteenth of January.

seizième [sɛzjɛm] **num** sixteenth.

séjour [seʒur] **nm** stay ▸ **(salle de) séjour** living room.

séjourner [3] [seʒurne] **vi** to stay.

sel [sɛl] **nm** salt ▸ **sels de bain** bath salts.

sélection [selɛksjɔ̃] **nf** selection.

sélectionner [3] [selɛksjɔne] **vt** to select ▸ **sélectionner tout** INFORM to select all.

self-service [sɛlfsɛrvis] (*pl* **self-services**) **nm 1.** [restaurant] self-service restaurant **2.** [station-service] self-service petrol station UK, self-service gas station US.

selle [sɛl] **nf** saddle.

seller [4] [sele] **vt** to saddle.

selon [səlɔ̃] **prép 1.** [de l'avis de, en accord avec] according to **2.** [en fonction de] depending on ▸ **selon que** depending on whether.

semaine [səmɛn] **nf** week ▸ **en semaine** during the week.

semblable [sɑ̃blabl] **adj** similar ▸ **semblable à** similar to.

semblant [sɑ̃blɑ̃] **nm : faire semblant (de faire qqch)** to pretend (to do sthg) ▸ **un semblant de** a semblance of.

sembler [3] [sɑ̃ble] **vi** to seem ▸ **il semble que...** it seems that... ▸ **il me semble que...** I think that...

semelle [səmɛl] **nf** sole.

semer [19] [səme] **vt 1.** to sow **2.** [se débarrasser de] to shake off.

semestre [səmɛstr] **nm 1.** half-year **2.** SCOL semester.

séminaire [seminɛʀ] **nm** [colloque] seminar.

semi-précieux, euse [səmipresjø, øz] (*mpl* **semi-précieux**, *fpl* **semi-précieuses**) **adj** semi-precious.

semi-remorque [səmirəmɔrk] (*pl* **semi-remorques**) **nm** articulated lorry UK, semitrailer US.

semoule [səmul] **nf** semolina.

sénat [sena] **nm** senate.

sénateur, trice [senatœʀ, tʀis] **nm** senator.

Sénégal [senegal] **nm : le Sénégal** Senegal.

senior [senjɔʀ] **adj & nmf 1.** SPORT senior **2.** [personnes de plus de 50 ans] over-50 (*gén pl*).

sens [sɑ̃s] **nm 1.** [direction] direction **2.** [signification] meaning ▸ **dans le sens inverse des aiguilles d'une montre** anticlockwise UK, counterclockwise US ▸ **en sens inverse** in the opposite direction ▸ **avoir du bon sens** to have common sense ▸ **sens giratoire** roundabout UK, traffic circle US ▸ **sens interdit a)** [panneau] no-entry sign **b)** [rue] one-way street ▸ **sens unique** one-way street ▸ **sens dessus dessous** upside-down ▸ **'sens de la file'** direction of the queue UK ou line US.

sensation [sɑ̃sasjɔ̃] **nf** feeling, sensation ▸ **faire sensation** to cause a stir.

sensationnel, elle [sɑ̃sasjɔnɛl] **adj** [formidable] fantastic.

sensibiliser [3] [sɑ̃sibilize] **vt** *fig* [public] **: sensibiliser (à)** to make aware (of).

sensible [sɑ̃sibl] **adj 1.** sensitive **2.** [perceptible] noticeable ▸ **sensible à** sensitive to.

sensiblement [sɑ̃sibləmɑ̃] **adv 1.** [à peu près] more or less **2.** [de façon perceptible] noticeably.

sensuel, elle [sɑ̃sɥɛl] **adj** sensual.

sentence [sɑ̃tɑ̃s] **nf** [juridique] sentence.

sentier [sɑ̃tje] **nm** path ▸ **sentier de randonnée** a walking trail.

sentiment [sɑ̃timɑ̃] **nm** feeling ▸ **'veuillez agréer l'expression de mes sentiments distingués'** [dans une lettre] 'yours faithfully UK', 'sincerely yours US'.

sentimental, e, aux [sɑ̃timɑ̃tal, o] **adj** sentimental.

sentir [37] [sɑ̃tir] **vt 1.** [odeur] to smell **2.** [goût] to taste **3.** [au toucher] to feel **4.** [avoir une odeur de] to smell of ▸ **sentir bon** to smell good ▸ **sentir mauvais** to smell bad. ◆ **se sentir vp : se sentir mal** to feel ill ▸ **se sentir bizarre** to feel strange.

Séoul [seul] **n** Seoul.

séparation [separasjɔ̃] **nf** separation.

séparément [separemɑ̃] **adv** separately.

séparer [3] [separe] **vt 1.** to separate **2.** [diviser] to divide ▸ **séparer qqn / qqch de** to separate sb / sthg from. ◆ **se séparer vp 1.** [couple] to split up **2.** [se diviser] to divide ▸ **se séparer de qqn**

a) [conjoint] to separate from sb b) [employé] to let sb go.

sept [sɛt] num seven ▸ **il a sept ans** he's seven (years old) ▸ **il est sept heures** it's seven o'clock ▸ **le sept janvier** the seventh of January ▸ **page sept** page seven ▸ **ils étaient sept** there were seven of them ▸ **le sept de pique** the seven of spades ▸ **(au) sept rue Lepic** at / to seven, rue Lepic.

septante [sɛptɑ̃t] num BELG SUISSE seventy.

septembre [sɛptɑ̃bʀ] nm September ▸ **en septembre, au mois de septembre** in September ▸ **début septembre** at the beginning of September ▸ **fin septembre** at the end of September ▸ **le deux septembre** the second of September.

septième [sɛtjɛm] num seventh ▸ **le septième étage** seventh floor UK, eighth floor US ▸ **le septième (arrondissement)** seventh arrondissement ▸ **il est arrivé septième** he came seventh.

séquelles [sekɛl] nfpl MÉD aftereffects.

séquence [sekɑ̃s] nf sequence.

séquoia [sekɔja] nm giant sequoia.

sera etc **3e pers. du sg de l'ind. fut.** → **être**.

serbe [sɛʀb] adj Serbian. ◆ **Serbe** nmf Serb.

Serbie [sɛʀbi] nf : **la Serbie** Serbia.

séré [sere] nm SUISSE fromage frais.

serein, e [sərɛ̃, ɛn] adj serene.

sérénité [serenite] nf serenity.

sergent [sɛʀʒɑ̃] nm sergeant.

série [seri] nf 1. [succession] series 2. [ensemble] set ▸ **série (télévisée)** (television) series.

sérieusement [serjøzmɑ̃] adv seriously.

sérieux, euse [serjø, øz] ◆ adj serious. ◆ nm : **travailler avec sérieux** to take one's work seriously ▸ **garder son sérieux** to keep a straight face ▸ **prendre qqch au sérieux** to take sthg seriously.

seringue [sərɛ̃g] nf syringe.

sermon [sɛʀmɔ̃] nm 1. RELIG sermon 2. *péj* [leçon] lecture.

séropositif, ive [serɔpozitif, iv] adj HIV-positive.

serpent [sɛʀpɑ̃] nm snake.

serpentin [sɛʀpɑ̃tɛ̃] nm [de fête] streamer.

serpillière [sɛʀpijɛʀ] nf floor cloth.

serre [sɛʀ] nf [à plantes] greenhouse ▸ **effet de serre** greenhouse effect.

serré, e [sere] adj 1. [vêtement] tight 2. [spectateurs, passagers] : **on est serré ici** it's packed in here.

serrer [4] [sere] vt 1. [comprimer] to squeeze 2. [dans ses bras] to hug 3. [dans une boîte, une valise] to pack tightly 4. [poings, dents] to clench 5. [nœud, vis] to tighten ▸ **ça me serre à la taille** it's tight around the waist ▸ **serrer la main à qqn** to shake sb's hand ▸ **'serrez à droite'** 'keep right'. ◆ **se serrer** vp to squeeze up ▸ **se serrer contre qqn** to huddle up against sb.

serre-tête [sɛʀtɛt] nm inv Alice band.

serrure [seryʀ] nf lock.

serrurier [seryʀje] nm locksmith.

sers etc 1re et 2e pers. du sg de l'ind. prés. → **servir**.

sérum [seʀɔm] **nm** serum ▸ **sérum physiologique** saline.

serveur, euse [sɛrvœr, øz] **nm, f** 1. [de café, de restaurant] waiter (waitress) 2. INFORM server ▸ **serveur de courrier** mail server.

serviable [sɛrvjabl] **adj** helpful.

service [sɛrvis] **nm** 1. [manière de servir] service 2. [faveur] favour 3. [de vaisselle] set 4. [département] department 5. SPORT service ▸ **faire le service** to serve the food out ▸ **rendre service à qqn** to be helpful to sb ▸ **être de service** to be on duty ▸ **premier / deuxième service** [au restaurant] first / second sitting ▸ **service après-vente** after-sales service department ▸ **service militaire** military service ▸ **'service compris / non compris'** 'service included / not included' ▸ **service clientèle** customer services ▸ **'en service'** 'in service'.

serviette [sɛrvjɛt] **nf** [cartable] briefcase ▸ **serviette hygiénique** sanitary towel UK, sanitary napkin US ▸ **serviette (de table)** table napkin ▸ **serviette (de toilette)** towel ▸ **serviette en papier** paper napkin.

servir [38] [sɛrvir] ◆ **vt** 1. [invité, client] to serve 2. [plat, boisson] : **servir qqch à qqn** to serve sb sthg ▸ **qu'est-ce que je vous sers ?** what would you like (to drink)? ▸ **'servir frais'** 'serve chilled' ◆ **vi** 1. [être utile] to be of use ▸ **servir à qqch** to be used for sthg ▸ **servir à faire qqch** to be used for doing sthg ▸ **ça ne sert à rien d'insister** there's no point in insisting 2. [avec « de »] : **servir de qqch** [objet] to serve as sthg 3. [au tennis] to serve ▸ **c'est à toi de servir** it's your serve OU service 4. [aux cartes] to deal

◆ **se servir vp** [de la nourriture, de la boisson] to help o.s.

◆ **se servir de vp + prép** [objet] to use.

ses adj pl → **son**.

sésame [sezam] **nm** [graines] sesame seeds *pl*.

set [sɛt] **nm** SPORT set ▸ **set (de table)** table mat.

seuil [sœj] **nm** threshold.

seul, e [sœl] ◆ **adj** 1. [sans personne] alone 2. [solitaire] lonely 3. [unique] only. ◆ **nm, f : le seul** the only one ▸ **un seul** only one ▸ **pas un seul** not a single one ▸ **(tout) seul** a) [sans aide] by oneself b) [parler] to oneself.

seulement [sœlmɑ̃] **adv** only ▸ **non seulement... mais encore** OU **en plus** not only... but also ▸ **si seulement...** if only...

sève [sɛv] **nf** sap.

sévère [sevɛr] **adj** 1. [professeur, parent] strict 2. [regard, aspect, échec] severe 3. [punition] harsh.

sévérité [severite] **nf** severity.

Séville [sevij] **n** Seville.

sévir [32] [sevir] **vi** 1. [punir] to punish 2. [épidémie, crise] to rage.

sexe [sɛks] **nm** 1. [mâle, femelle] sex 2. ANAT genitals *pl*.

sexiste [sɛksist] **adj** sexist.

sexuel, elle [sɛksɥɛl] **adj** sexual ▸ **éducation sexuelle** sex education ▸ **rapports sexuels** sexual relations.

Seychelles [sɛʃɛl] **nfpl : les Seychelles** the Seychelles.

shampo(o)ing [ʃɑ̃pwɛ̃] **nm** shampoo ▸ **un shampooing et une coupe** a shampoo and cut.

Shetland [ʃɛtlɑ̃d] **nfpl : les Shetland** the Shetlands.

shit [ʃit] **nm** *fam* hash.

shopping [ʃɔpiŋ] **nm** shopping ▸ **faire du shopping** to go (out) shopping.

short [ʃɔrt] **nm** (pair of) shorts.

show [ʃo] **nm** [de variétés] show.

si [si] ◆ **conj 1.** [exprime l'hypothèse] if ▸ **si tu veux, on y va** we'll go if you want ▸ **ce serait bien si vous pouviez** it would be good if you could ▸ **si c'est toi qui le dis, c'est que c'est vrai** since you told me, it must be true **2.** [dans une question] **: (et) si on allait à la piscine ?** how about going to the swimming pool? **3.** [exprime un souhait] if ▸ **si seulement tu m'en avais parlé avant !** if only you had told me earlier! **4.** [dans une question indirecte] if, whether ▸ **dites-moi si vous venez** tell me if you are coming
◆ **adv 1.** [tellement] so ▸ **une si jolie ville** such a pretty town ▸ **si… que** so… that ▸ **ce n'est pas si facile que ça** it's not as easy as that ▸ **si bien que** with the result that **2.** [oui] yes ▸ **tu n'aimes pas le café ? — si** don't you like coffee? — yes, I do.

SICAV [sikav] **nf inv** [titre] *share in a unit trust.*

SIDA [sida] **nm** AIDS.

sidérurgie [sideʀyʀʒi] **nf** iron and steel industry.

siècle [sjɛkl] **nm** century ▸ **au vingtième siècle** in the twentieth century.

siège [sjɛʒ] **nm 1.** seat **2.** [d'une banque, d'une association] head office.

sien [sjɛ̃] ◆ **le sien, la sienne** [ləsjɛ̃, lasjɛn] (***mpl* les siens** [lesjɛ̃], ***fpl* les siennes** [lesjɛn]) **pron 1.** [d'homme] his **2.** [de femme] hers **3.** [de chose, d'animal] its.

sieste [sjɛst] **nf** nap ▸ **faire la sieste** to have a nap.

sifflement [siflәmɑ̃] **nm** whistling.

siffler [3] [sifle] ◆ **vi** to whistle. ◆ **vt 1.** [air] to whistle **2.** [acteur] to boo **3.** [chien] to whistle for **4.** [femme] to whistle at.

sifflet [siflɛ] **nm 1.** [instrument] whistle **2.** [au spectacle] boo.

sigle [sigl] **nm** acronym.

signal [siɲal] (*pl* **-aux**) **nm 1.** [geste, son] signal **2.** [feu, pancarte] sign ▸ **signal d'alarme** alarm signal ▸ **le signal sonore indique la fermeture des portes** the beeping sound indicates that the doors are closing.

signalement [siɲalmɑ̃] **nm** description.

signaler [3] [siɲale] **vt 1.** [par un geste] to signal **2.** [par une pancarte] to signpost **3.** [faire remarquer] to point out.

signalisation [siɲalizasjɔ̃] **nf 1.** [feux, panneaux] signs *pl* **2.** [au sol] road markings *pl*.

signature [siɲatyr] **nf** signature.

signe [siɲ] **nm 1.** sign **2.** [dessin] symbol ▸ **faire signe à qqn (de faire qqch)** to signal to sb (to do sthg) ▸ **c'est bon / mauvais signe** it's a good /bad sign ▸ **faire le signe de croix** to cross o.s ▸ **signe du zodiaque** sign of the zodiac.

signer [3] [siɲe] **vt & vi** to sign. ◆ **se signer vp** to cross o.s.

significatif, ive [siɲifikatif, iv] **adj** significant.

signification [siɲifikasjɔ̃] **nf** meaning.

signifier [9] [siɲifje] **vt** to mean.

silence [silɑ̃s] **nm** silence ▸ **en silence** in silence.

silencieux, euse [silɑ̃sjø, øz] **adj** quiet.

silhouette [silwɛt] **nf** **1.** [forme] silhouette **2.** [corps] figure.

sillonner [3] [sijɔne] **vt** [parcourir] **: sillonner une région** to travel all round a region.

SIM [sim] *(abr de* **subscriber identity module**) **nm : carte SIM** SIM card.

similaire [similɛr] **adj** similar.

simple [sɛ̃pl] **adj** **1.** simple **2.** [feuille, chambre] single **3.** [candide] simple(-minded).

simplement [sɛ̃pləmɑ̃] **adv** simply.

simplicité [sɛ̃plisite] **nf** simplicity.

simplifier [9] [sɛ̃plifje] **vt** to simplify.

simuler [3] [simyle] **vt** to feign.

simultané, e [simyltane] **adj** simultaneous.

simultanément [simyltanemɑ̃] **adv** simultaneously.

sincère [sɛ̃sɛr] **adj** sincere.

sincèrement [sɛ̃sɛʀmɑ̃] **adv** **1.** [franchement] honestly, sincerely **2.** [vraiment] really, truly.

sincérité [sɛ̃serite] **nf** sincerity.

Singapour [sɛ̃gapuʀ] **n** Singapore.

singe [sɛ̃ʒ] **nm** monkey.

singulier, ère [sɛ̃gylje] ◆ **adj** singular. ◆ **nm** singular.

sinistre [sinistr] ◆ **adj** sinister. ◆ **nm** **1.** [incendie] fire **2.** [inondation] flood.

sinistré, e [sinistre] ◆ **adj** disaster-stricken. ◆ **nm, f** disaster victim.

sinon [sinɔ̃] **conj** **1.** [autrement] otherwise **2.** [si ce n'est] if not ▸ **dis-lui, sinon je le lui dirai** tell him / her, otherwise I will.

sinueux, euse [sinɥø, øz] **adj** winding.

sinusite [sinyzit] **nf** sinusitis.

sirène [sirɛn] **nf** [d'alarme, de police] siren.

sirop [siro] **nm** CULIN syrup ▸ **sirop d'érable** maple syrup ▸ **sirop de fruits** fruit cordial ▸ **sirop (pour la toux)** cough mixture.

siroter [3] [sirɔte] **vt** to sip.

sismique [sismik], **séismique** [seismik] **adj** seismic.

site [sit] **nm** **1.** [paysage] beauty spot **2.** [emplacement] site ▸ **site touristique** tourist site ▸ **site FTP / perso / professionnel** INFORM FTP / personal / business website.

situation [sitɥasjɔ̃] **nf** **1.** [circonstances] situation **2.** [emplacement] location **3.** [emploi] job ▸ **situation familiale** marital status.

situé, e [sitɥe] **adj** situated ▸ **bien / mal situé** well / badly situated.

situer [7] [sitɥe] ◆ **se situer vp** to be situated.

six [sis] **num & nm** six ▸ **il a six ans** he's six (years old) ▸ **il est six heures** it's six o'clock ▸ **le six janvier** the sixth of January ▸ **page six** page six ▸ **ils étaient six** there were six of them ▸ **le six de pique** the six of spades ▸ **(au) six rue Lepic** at / to six, rue Lepic.

sixième [sizjɛm] ◆ **num** sixth. ◆ **nf** SCOL ≃ first form UK ; ≃ seventh grade US. ◆ nm [fraction] sixth ▸ **le sixième étage** sixth floor UK, seventh floor US ▸ **le sixième (arrondissement)** sixth arrondissement ▸ **il est arrivé sixième** he came sixth.

Skaï® [skaj] **nm** Leatherette®.

skateboard [skɛtbɔrd] **nm 1.** [planche] skateboard **2.** [sport] skateboarding.

sketch [skɛtʃ] **nm** sketch.

ski [ski] **nm 1.** [planche] ski **2.** [sport] skiing ▸ **faire du ski** to go skiing ▸ **ski alpin** Alpine skiing ▸ **ski de fond** cross-country skiing ▸ **ski nautique** water skiing.

skier [10] [skje] **vi** to ski.

skieur, euse [skjœr, øz] **nm, f** skier.

sky-surfing [skajsœʀfiŋ] (*pl* **sky-surfings**), **sky-surf** [skajsœʀf] (*pl* **sky-surfs**) **nm** SPORT sky-surfing.

slalom [slalɔm] **nm** slalom.

slam [slam] **nm** [poésie] slam.

slim [slim] **nm** [pantalon] slim-fit ou skinny jeans.

slip [slip] **nm 1.** [sous-vêtement masculin] pants UK *pl*, shorts US *pl* **2.** [sous-vêtement féminin] knickers *pl* ▸ **slip de bain** [d'homme] swimming trunks *pl*.

slogan [slɔgɑ̃] **nm** slogan.

slovaque [slɔvak] ◆ **adj** Slovak. ◆ **nm** [langue] Slovak. ◆ **Slovaque nmf** Slovak.

Slovaquie [slɔvaki] **nf : la Slovaquie** Slovakia.

slovène [slɔvɛn] ◆ **adj** Slovenian. ◆ **nm** [langue] Slovenian. ◆ **Slovène nmf** Slovenian.

Slovénie [slɔveni] **nf : la Slovénie** Slovenia.

smartphone [smaʀtfon] **nm** smartphone.

SMIC [smik] **nm** *guaranteed minimum wage.*

smiley [smajli] **nm** smiley.

smoking [smɔkiŋ] **nm** [costume] dinner suit.

SMS nm SMS ▸ **envoyer un SMS** to send a text message.

snack(-bar) [snak(bar)] (*pl* **snack(-bar)s**) **nm** snack bar.

SNCF nf *French national railway company* ; ≃ BR UK ; ≃ Amtrak US.

sniffer [3] [snife] **vi & vt** *vulg* to snort ▸ **sniffer de la colle** to gluesniff, to sniff glue.

snob [snɔb] ◆ **adj** snobbish. ◆ **nmf** snob.

snowboard [snobɔʀd] **nm** [planche] snowboard ; [sport] snowboarding ▸ **faire du snowboard** to snowboard.

soap opera [sopɔpeʀa] (*pl* **soap operas**), **soap** [sop] (*pl* **soaps**) **nm** soap (opera).

sobre [sɔbr] **adj** sober.

sociable [sɔsjabl] **adj** sociable.

social, e, aux [sɔsjal, o] **adj** social.

socialisme [sɔsjalism] **nm** socialism.

socialiste [sɔsjalist] **adj & nmf** socialist.

société [sɔsjete] **nf 1.** society **2.** [entreprise] company.

sociologie [sɔsjɔlɔʒi] **nf** sociology.

socle [sɔkl] **nm 1.** [d'un ordinateur] base **2.** [d'une statue] pedestal.

socquette [sɔkɛt] **nf** ankle sock.

soda [sɔda] **nm** fizzy drink, soda US.

sœur [sœr] **nf** sister.

sofa [sɔfa] **nm** sofa.

Sofia [sɔfja] **n** Sofia.

software [sɔftwɛʀ] nm software.

soi [swa] pron oneself ▸ **en soi** [par lui-même] in itself ▸ **cela va de soi** that goes without saying.

soi-disant [swadizɑ̃] ◆ adj inv so-called. ◆ adv supposedly.

soie [swa] nf silk.

soif [swaf] nf thirst ▸ **avoir soif** to be thirsty ▸ **ça donne soif** it makes you thirsty.

soignant, e [swaɲɑ̃, ɑ̃t] nm, f health care worker.

soigné, e [swaɲe] adj **1.** [travail] meticulous **2.** [personne] well-groomed.

soigner [3] [swaɲe] vt **1.** [malade, maladie] to treat **2.** [travail, présentation] to take care over **3.** [s'occuper de] to look after, to take care of.

soigneusement [swaɲøzmɑ̃] adv carefully.

soigneux, euse [swaɲø, øz] adj careful.

soin [swɛ̃] nm care ▸ **prendre soin de qqch** to take care of sthg ▸ **prendre soin de faire qqch** to take care to do sthg. ◆ **soins** nmpl [médicaux, de beauté] care *sg* ▸ **premiers soins** first aid *sg* ▸ **soins-beauté** beauty care ▸ **soins du visage** skin care *(for the face)* ▸ **soins du corps** body care.

soir [swaʀ] nm evening ▸ **ce soir** tonight ▸ **le soir** [tous les jours] in the evening.

soirée [swaʀe] nf **1.** evening **2.** [réception] party.

sois [swa] 1re et 2e pers. du sing du subj. prés. → **être**.

soit[1] [swa] 3e pers. du sing du subj. prés. → **être**.

soit[2] [swa(t)] conj **: soit... soit** either… or.

soixantaine [swasɑ̃tɛn] nf **1.** [nombre] **: une soixantaine (de)** about sixty, sixty-odd **2.** [âge] **: avoir la soixantaine** to be in one's sixties.

soixante [swasɑ̃t] num sixty ▸ **(au) soixante rue Lepic** (at) sixty Rue Lepic ▸ **ils étaient soixante** there were sixty of them.

soixante-dix [swasɑ̃tdis] num seventy ▸ **(au) soixante-dix rue Lepic** (at) seventy Rue Lepic ▸ **ils étaient soixante-dix** there were seventy of them.

soixante-dixième [swasɑ̃tdizjɛm] num seventieth.

soixantième [swasɑ̃tjɛm] num sixtieth.

soja [sɔʒa] nm soya ▸ **pousse de soja** bean sprout.

sol [sɔl] nm **1.** [d'une maison] floor **2.** [dehors] ground **3.** [terrain] soil.

solaire [sɔlɛʀ] adj solar.

soldat [sɔlda] nm soldier.

solde [sɔld] nm [d'un compte bancaire] balance ▸ **en solde** in a sale. ◆ **soldes** nmpl **1.** [vente] sales **2.** [articles] sale goods.

soldé, e [sɔlde] adj [article] reduced.

solder [3] [sɔlde] vt **1.** [compte] to close **2.** [marchandises] to sell off. ◆ **se solder** vp **: se solder par qqch** to end in sthg.

sole [sɔl] nf sole ▸ **sole meunière** *sole fried in butter and served with lemon juice and parsley.*

soleil [sɔlɛj] nm sun ▸ **il fait (du) soleil** it's sunny ▸ **au soleil** in the sun ▸ **soleil couchant** sunset ▸ **soleil levant** sunrise.

solennel, elle [sɔlanɛl] adj [officiel] solemn.

solfège [sɔlfɛʒ] **nm : faire du solfège** to learn how to read music.

solidaire [sɔlidɛr] **adj : être solidaire de qqn** to stand by sb.

solidarité [sɔlidarite] **nf** solidarity.

solide [sɔlid] **adj 1.** [matériau, construction] solid **2.** [personne] sturdy.

solidité [sɔlidite] **nf** solidity.

soliste [sɔlist] **nmf** soloist.

solitaire [sɔlitɛr] ◆ **adj** lonely. ◆ **nmf** loner.

solitude [sɔlityd] **nf 1.** [calme] solitude **2.** [abandon] loneliness.

solliciter [3] [sɔlisite] **vt 1.** [suj : mendiant] to beg **2.** [entrevue, faveur] to request.

soluble [sɔlybl] **adj 1.** [café] instant **2.** [médicament] soluble.

solution [sɔlysjɔ̃] **nf** solution.

solvable [sɔlvabl] **adj** solvent, creditworthy.

Somalie [sɔmali] **nf : (la) Somalie** [république] Somalia.

sombre [sɔ̃br] **adj 1.** dark **2.** [visage, humeur, avenir] gloomy.

sommaire [sɔmɛr] ◆ **adj 1.** [explication, résumé] brief **2.** [repas, logement] basic. ◆ **nm** summary.

somme [sɔm] ◆ **nf** sum. ◆ **nm : faire un somme** to have a nap ▸ **faire la somme de** to add up ▸ **en somme** in short ▸ **somme toute** all things considered.

sommeil [sɔmɛj] **nm** sleep ▸ **avoir sommeil** to be sleepy.

sommelier, ère [sɔməlje, ɛr] **nm, f** wine waiter (waitress).

sommes [sɔm] **1re pers. du pl de l'ind. prés.** → **être**.

sommet [sɔmɛ] **nm 1.** top **2.** [montagne] peak.

sommier [sɔmje] **nm** base.

somnambule [sɔmnɑ̃byl] ◆ **nmf** sleepwalker. ◆ **adj : être somnambule** to sleepwalk.

somnifère [sɔmnifɛr] **nm** sleeping pill.

somnoler [3] [sɔmnɔle] **vi** to doze.

somptueux, euse [sɔ̃ptɥø, øz] **adj** sumptuous.

son[1], sa [sɔ̃, sa] (*pl* **ses** [se]) **adj 1.** [d'homme] his **2.** [de femme] her **3.** [de chose, d'animal] its ▸ **son frère** [à lui] his brother ▸ **sa voiture** [à elle] her car ▸ **ses livres** [à lui] his books.

son[2] [sɔ̃] **nm 1.** [bruit] sound **2.** [de blé] bran ▸ **son et lumière** *historical play performed at night*.

sondage [sɔ̃daʒ] **nm** survey.

sonde [sɔ̃d] **nf** MÉD probe.

songer [17] [sɔ̃ʒe] **vi : songer à faire qqch** [envisager de] to think of doing sthg.

songeur, euse [sɔ̃ʒœr, øz] **adj** thoughtful.

sonner [3] [sɔne] ◆ **vi** to ring. ◆ **vt 1.** [cloche] to ring **2.** [horloge] to strike.

sonnerie [sɔnri] **nf 1.** [son] ringing **2.** [mécanisme de réveil] alarm **3.** [de porte] bell.

sonnette [sɔnɛt] **nf** [de porte] bell ▸ **sonnette d'alarme** [dans un train] communication cord.

sono [sɔno] **nf** *fam* sound system.

sonore [sɔnɔr] **adj** [voix, rire] loud ▸ **signal sonore** [sur un répondeur] beep.

sonorité [sɔnɔrite] **nf** tone.

sont [sɔ̃] **3e pers. du pl de l'ind. prés.** → **être**.

sophistiqué, e [sɔfistike] **adj** sophisticated.

sorbet [sɔrbɛ] **nm** sorbet.

Sorbonne [sɔrbɔn] **nf : la Sorbonne** the Sorbonne *(highly respected Paris university)*.

ⓘ La Sorbonne

This prestigious Parisian university was founded in 1257 by Robert de Sorbon, chaplain to King Louis IX. Today it comprises four universities: **Paris I Panthéon-Sorbonne**, **Paris III Sorbonne Nouvelle**, **Paris IV Paris-Sorbonne**, and **Paris V René-Descartes**. Its library, one of the finest in France, contains over 1.2 million books.

sorcier, ère [sɔrsje, ɛr] **nm, f** wizard (witch).

sordide [sɔrdid] **adj** sordid.

sort [sɔr] **nm** fate ▸ **tirer au sort** to draw lots.

sorte [sɔrt] **nf** sort, kind ▸ **une sorte de** a sort of, a kind of ▸ **de (telle) sorte que** [afin que] so that ▸ **en quelque sorte** as it were.

sortie [sɔrti] **nf 1.** [porte] exit, way out **2.** [excursion] outing **3.** [au cinéma, au restaurant] evening out **4.** [d'un livre] publication **5.** [d'un film] release ▸ **sortie de secours** emergency exit ▸ **'sortie de véhicules'** 'garage entrance'.

sortir [32] [sɔrtir] ◆ **vi 1.** *(aux être)* [aller dehors, au cinéma, au restaurant] to go out **2.** [venir dehors] to come out **3.** [livre, film] to come out. ◆ **vt 1.** *(aux avoir)* [chien] to take out **2.** [livre, film] to bring out ▸ **sortir de a)** [aller] to leave **b)** [venir] to come out of **c)** [école, université] to have studied at. ◆ **s'en sortir vp** to pull through.

SOS nm SOS ▸ **SOS Médecins** *emergency medical service.*

sosie [sɔzi] **nm** double.

sou [su] **nm : ne plus avoir un sou** to be broke. ◆ **sous nmpl** *fam* [argent] money *sg*.

souche [suʃ] **nf 1.** [d'arbre] stump **2.** [de carnet] stub.

souci [susi] **nm** worry ▸ **se faire du souci (pour)** to worry (about).

soucier [9] [susje] ◆ **se soucier de vp + prép** to care about.

soucieux, euse [susjø, øz] **adj** concerned.

soucoupe [sukup] **nf** saucer ▸ **soucoupe volante** flying saucer.

soudain, e [sudɛ̃, ɛn] ◆ **adj** sudden. ◆ **adv** suddenly.

Soudan [sudɑ̃] **nm : le Soudan** the Sudan.

souder [3] [sude] **vt** TECH to weld.

soudure [sudyr] **nf 1.** [opération] welding **2.** [partie soudée] weld.

souffert [sufɛr] **pp** → **souffrir**.

souffle [sufl] **nm 1.** [respiration] breathing **2.** [d'une explosion] blast ▸ **un souffle d'air** ou **de vent** a gust of wind ▸ **être à bout de souffle** to be out of breath.

soufflé [sufle] **nm** soufflé ▸ **soufflé au fromage** cheese soufflé.

souffler [3] [sufle] ◆ **vt 1.** [fumée] to blow **2.** [bougie] to blow out. ◆ **vi 1.** [expirer] to breathe out **2.** [haleter] to puff **3.** [vent] to blow ▸ **souffler qqch à qqn** [à un examen] to whisper sthg to sb.

soufflet [suflɛ] **nm 1.** [pour le feu] bellows *pl* **2.** [de train] concertina vestibule.

souffrance [sufrɑ̃s] **nf** suffering.

souffrant, e [sufrɑ̃, ɑ̃t] **adj** *sout* unwell.

souffrir [34] [sufrir] **vi** to suffer **▸ souffrir de** to suffer from.

soufre [sufr] **nm** sulphur.

souhait [swɛ] **nm** wish **▸ à tes souhaits !** bless you!

souhaitable [swɛtabl] **adj** desirable.

souhaiter [4] [swete] **vt : souhaiter que** to hope that **▸ souhaiter faire qqch** to hope to do sthg **▸ souhaiter bonne chance / bon anniversaire à qqn** to wish sb good luck / happy birthday.

soûl, e [su, sul] **adj** drunk.

soulagement [sulaʒmɑ̃] **nm** relief.

soulager [17] [sulaʒe] **vt** to relieve **▸ soulager qqn** [d'une souffrance physique] to soothe sb, to bring sb relief.

soûler [3] [sule] **◆ se soûler vp** to get drunk.

soulever [19] [sulve] **vt 1.** [couvercle, jupe] to lift **2.** [enthousiasme, protestations] to arouse **3.** [problème] to bring up. **◆ se soulever vp 1.** [se redresser] to raise o.s. up **2.** [se rebeller] to rise up.

soulier [sulje] **nm** shoe.

souligner [3] [suliɲe] **vt 1.** to underline **2.** [insister sur] to emphasize.

soumettre [84] [sumɛtr] **vt : soumettre qqn / qqch à** to subject sb / sthg to **▸ soumettre qqch à qqn** [idée, projet] to submit sthg to sb. **◆ se soumettre à vp + prép** [loi, obligation] to abide by.

soumis, e [sumi, iz] **◆ pp → soumettre. ◆ adj** submissive.

soumission [sumisjɔ̃] **nf** submission.

soupape [supap] **nf** valve.

soupçon [supsɔ̃] **nm** suspicion **▸ être au-dessus de tout soupçon** to be above suspicion.

soupçonner [3] [supsɔne] **vt** to suspect.

soupçonneux, euse [supsɔnø, øz] **adj** suspicious.

soupe [sup] **nf** soup **▸ soupe à l'oignon** onion soup **▸ soupe de légumes** vegetable soup **▸ soupe au pistou** *Provençal vegetable soup with basil and garlic* **▸ soupe minestrone** minestrone (soup).

souper [3] [supe] **◆ nm 1.** [dernier repas] late supper **2.** [dîner] dinner. **◆ vi 1.** [très tard] to have a late supper **2.** [dîner] to have dinner.

soupeser [19] [supəze] **vt** to feel the weight of.

soupière [supjɛr] **nf** tureen.

soupir [supir] **nm** sigh **▸ pousser un soupir** to give a sigh.

soupirer [3] [supire] **vi** to sigh.

souple [supl] **adj 1.** [matière] flexible **2.** [sportif] supple.

souplesse [suplɛs] **nf** [d'un sportif] suppleness.

source [surs] **nf 1.** [d'eau] spring **2.** [de chaleur, de lumière] source.

sourcil [sursi] **nm** eyebrow.

sourd, e [sur, surd] **adj** deaf.

sourdingue [suʀdɛ̃g] **adj** *vulg* cloth-eared.

sourd-muet, sourde-muette [surmɥɛ, surdmɥɛt] (*mpl* **sourds-muets**, *fpl* **sourdes-muettes**) **nm, f** deaf and dumb person.

souriant, e [surjɑ̃, ɑ̃t] **adj** smiling.

sourire [95] [surir] ◆ nm smile. ◆ vi to smile ▸ **sourire à qqn** to smile at sb.

souris [suri] nf mouse ▸ **souris à molette** INFORM scroll wheel ou scroller mouse ▸ **souris optique** INFORM optical mouse.

sournois, e [surnwa, az] adj sly.

sous [su] prép under, underneath ▸ **sous enveloppe** in an envelope ▸ **sous la pluie** in the rain ▸ **sous peu** shortly.

sous-activité [suzaktivite] nf : **être en sous-activité** to be operating below capacity.

sous-bois [subwa] nm undergrowth.

sous-continent [sukɔ̃tinɑ̃] nm subcontinent ▸ **le sous-continent indien** the Indian subcontinent.

souscrire [99] [suskrir] vi : **souscrire à** to subscribe to.

sous-développé, e [sudevlɔpe] (*mpl* **sous-développés**) adj underdeveloped.

sous-effectif [suzefɛktif] (*pl* **sous-effectifs**) nm understaffing ▸ **en sous-effectif** [entreprise, usine] understaffed.

sous-entendre [73] [suzɑ̃tɑ̃dr] vt to imply.

sous-entendu [suzɑ̃tɑ̃dy] (*pl* **sous-entendus**) nm innuendo.

sous-estimer [3] [suzɛstime] vt to underestimate.

sous-louer [6] [sulwe] vt to sublet.

sous-marin, e [sumarɛ̃, marin] (*mpl* **sous-marins**) ◆ adj [flore] underwater. ◆ nm **1.** submarine **2.** QUEBEC [sandwich] *long filled roll*, sub US.

sous-marque [sumark] nf sub-brand.

sous-préfecture [suprefɛktyr] (*pl* **sous-préfectures**) nf *administrative area smaller than a "préfecture"*.

sous-pull [supyl] (*pl* **sous-pulls**) nm *lightweight polo-neck sweater*.

sous-répertoire [surepɛrtwar] nm subdirectory.

sous-sol [susɔl] (*pl* **sous-sols**) nm [d'une maison] basement.

sous-titrage [sutitraʒ] nm subtitling ▸ **le sous-titrage est excellent** the subtitles are very good.

sous-titre [sutitr] (*pl* **sous-titres**) nm subtitle.

sous-titré, e [sutitre] (*mpl* **sous-titrés**) adj subtitled.

soustraction [sustraksjɔ̃] nf subtraction.

soustraire [112] [sustrɛr] vt MATH to subtract.

sous-verre [suvɛr] nm inv *picture in a clip-frame*.

sous-vêtements [suvɛtmɑ̃] nmpl underwear *sg*.

soute [sut] nf [d'un bateau] hold ▸ **soute à bagages a)** [d'un car] luggage compartment **b)** [d'un avion] luggage hold.

soutenir [40] [sutnir] vt [porter, défendre] to support ▸ **soutenir que** to maintain (that).

souterrain, e [suterɛ̃, ɛn] ◆ adj underground. ◆ nm **1.** underground passage **2.** [sous une rue] subway UK, underpass US.

soutien [sutjɛ̃] nm **1.** support **2.** SCOL extra classes *pl* ▸ **soutien scolaire** private tutoring.

soutien-gorge [sutjɛ̃gɔrʒ] (*pl* **soutiens-gorge**) nm bra.

soutif [sutif] nm *fam* bra.

souvenir [40] [suvnir] **nm 1.** memory **2.** [objet touristique] souvenir. ◆ **se souvenir de** vp + prép to remember.

souvent [suvɑ̃] adv often.

souvenu, e [suvny] pp→ **souvenir**.

souverain, e [suvrɛ̃, ɛn] nm, f monarch.

soviétique [sɔvjetik] adj Soviet.

soyeux, euse [swajø, øz] adj silky.

soyons [swajɔ̃] 1re pers. du pl du subj. prés.→ **être**.

SPA nf≃ RSPCA UK ;≃ SPCA US.

spacieux, euse [spasjø, øz] adj spacious.

spaghetti(s) [spageti] **nmpl** spaghetti *sg*.

spam nm spam.

sparadrap [sparadra] nm (sticking) plaster UK, Band-Aid® US.

spatial, e, aux [spasjal, o] adj [recherche, vaisseau] space.

spatule [spatyl] nf [de cuisine] spatula.

spätzli [ʃpetsli] **nmpl** SUISSE small dumplings.

spécial, e, aux [spesjal, o] adj **1.** special **2.** [bizarre] odd.

spécialement [spesjalmɑ̃] adv [particulièrement] particularly, especially.

spécialisé, e [spesjalize] adj specialized.

spécialiser [3] [spesjalize] ◆ **se spécialiser** vp : **se spécialiser (dans)** to specialize (in).

spécialiste [spesjalist] nmf specialist.

spécialité [spesjalite] nf speciality.

spécifique [spesifik] adj specific.

spécimen [spesimɛn] nm specimen.

spectacle [spɛktakl] **nm 1.** [au théâtre, au cinéma] show **2.** [vue] sight.

spectaculaire [spɛktakylɛr] **adj** spectacular.

spectateur, trice [spɛktatœr, tris] nm, f spectator.

speculo(o)s [spekylos] **nm** BELG *crunchy sweet biscuit flavoured with cinnamon.*

speed [spid] **adj : il est très speed** he's really hyper.

spéléologie [speleɔlɔʒi] nf potholing.

sphère [sfɛr] nf sphere.

spirale [spiral] nf spiral ▸ **en spirale** spiral.

spirituel, elle [spiritɥɛl] adj **1.** spiritual **2.** [personne, remarque] witty.

spiritueux [spiritɥø] nm spirit.

splendide [splɑ̃did] adj magnificent.

sponsor [spɔ̃sɔr] nm sponsor.

sponsoriser [3] [spɔ̃sɔrize] **vt** to sponsor.

spontané, e [spɔ̃tane] adj spontaneous.

spontanéité [spɔ̃taneite] nf spontaneity.

sport [spɔr] nm sport ▸ **sports de glisse** board sports ▸ **sports d'hiver** winter sports.

sportif, ive [spɔrtif, iv] ◆ **adj 1.** [athlétique] sporty **2.** [épreuve, journal] sports. ◆ nm, f sportsman (sportswoman).

spot [spɔt] nm [projecteur, lampe] spotlight ▸ **spot publicitaire** commercial.

spray [sprɛ] nm spray.

sprint [sprint] nm sprint.

spyware [spajwɛr] nm spyware.

square [skwar] **nm** small public garden.

squash [skwaʃ] **nm** squash.

squelette [skəlɛt] **nm** skeleton.

squelettique [skəletik] **adj** [corps] emaciated.

Sri Lanka [ʃrilɑ̃nka] **nm : le Sri Lanka** Sri Lanka.

St (*abr écrite de* **saint**) St *(Saint)*.

stabiliser [3] [stabilize] **vt** to stabilize. ◆ **se stabiliser vp** [véhicule, prix, situation] to stabilize.

stable [stabl] **adj** stable.

stade [stad] **nm 1.** [de sport] stadium **2.** [période] stage ▸ **à ce stade, je ne peux plus rien faire** at this stage there is nothing else I can do.

stage [staʒ] **nm 1.** [en entreprise] work placement **2.** [d'informatique, de yoga] intensive course ▸ **faire un stage** to go on an intensive course.

⚠ Stage est un faux ami, il signifie ***scène*** et non « stage ».

stagiaire [staʒjɛr] **nmf** trainee.

stagner [3] [stagne] **vi** to stagnate.

stalactite [stalaktit] **nf** stalactite.

stalagmite [stalagmit] **nf** stalagmite.

stand [stɑ̃d] **nm** stand.

standard [stɑ̃dar] ◆ **adj inv** standard. ◆ **nm** [téléphonique] switchboard.

standardiste [stɑ̃dardist] **nmf** switchboard operator.

standing [stɑ̃diŋ] **nm** standing ▸ **quartier de grand standing** select district.

star [star] **nf** star.

starter [startɛr] **nm** [d'une voiture] choke.

start up, start-up [startœp] **nf** start-up.

station [stasjɔ̃] **nf** [de métro, de radio] station ▸ **station de sports d'hiver** OU **de ski** ski resort ▸ **station balnéaire** seaside resort ▸ **station de taxis** taxi rank ▸ **station thermale** spa.

stationnement [stasjɔnmɑ̃] **nm** parking ▸ **'stationnement payant'** *sign indicating that drivers must pay to park in designated area* ▸ **'stationnement gênant'** 'restricted parking'.

stationner [3] [stasjɔne] **vi** to park.

station-service [stasjɔ̃sɛrvis] (*pl* **stations-service**) **nf** petrol station UK, gas station US.

statique [statik] **adj** → **électricité**.

statistiques [statistik] **nfpl** statistics.

statue [staty] **nf** statue.

statuette [statɥɛt] **nf** statuette.

statut [staty] **nm** [situation] status.

Ste (*abr écrite de* **sainte**) St *(Saint)*.

Sté (*abr écrite de* **société**) Co. *(company)*.

steak [stɛk] **nm** steak ▸ **steak frites** steak and chips ▸ **steak haché** beefburger ▸ **steak tartare** beef tartare.

sténo [steno] **nf** [écriture] shorthand.

sténodactylo [stenɔdaktilo] **nf** shorthand typist.

stéréo [stereo] **adj inv** & **nf** stereo.

stérile [steril] **adj** sterile.

stérilet [sterilɛ] **nm** IUD, intrauterine device.

stérilisé, e [sterilize] **adj** sterilized.

stériliser [3] [sterilize] **vt** to sterilize.

sterling [stɛrliŋ] **adj** → **livre**[2]

steward [stiwart] **nm** [dans un avion] (air) steward.

stimuler [3] [stimyle] **vt** [encourager] to encourage.

stock [stɔk] **nm** stock ▸ **en stock** in stock.

stocker [3] [stɔke] **vt 1.** to stock **2.** INFORM to store.

Stockholm [stɔkɔlm] **n** Stockholm.

stock-option [stɔkɔpsjɔ̃] **nf** stock option.

stop [stɔp] ◆ **nm 1.** [panneau] stop sign **2.** [phare] brake light. ◆ **interj** stop! ▸ **faire du stop** to hitchhike.

stopper [3] [stɔpe] **vt & vi** to stop.

store [stɔr] **nm 1.** blind **2.** [de magasin] awning.

strapontin [strapɔ̃tɛ̃] **nm** folding seat.

stratégie [strateʒi] **nf** strategy.

stratégique [stʀateʒik] **adj** strategic.

stress [strɛs] **nm** stress.

stressant, e [stʀɛsɑ̃, ɑ̃t] **adj** stressful.

stressé, e [strɛse] **adj** stressed.

stresser [4] [stʀɛse] ◆ **vt : stresser qqn** to cause sb stress, to put sb under stress. ◆ **vi** to be stressed.

strict, e [strikt] **adj** strict.

strictement [striktəmɑ̃] **adv** strictly.

strident, e [stridɑ̃, ɑ̃t] **adj** shrill.

strié, e [strije] **adj** with ridges.

strophe [strɔf] **nf** verse.

structure [stryktyr] **nf** structure.

studieux, euse [stydjø, øz] **adj** studious.

studio [stydjo] **nm 1.** [logement] studio flat UK, studio apartment US **2.** [de cinéma, de photo] studio.

stupéfait, e [stypefɛ, ɛt] **adj** astounded.

stupéfiant, e [stypefjɑ̃, ɑ̃t] ◆ **adj** astounding. ◆ **nm** drug.

stupide [stypid] **adj** stupid.

stupidité [stypidite] **nf 1.** stupidity **2.** [parole] stupid remark.

style [stil] **nm** style ▸ **meubles de style** period furniture *sg*.

styliste [stilist] **nmf** designer.

stylo [stilo] **nm** pen ▸ **stylo (à) bille** ballpoint pen ▸ **stylo (à) plume** fountain pen.

stylo-feutre [stiloføtr] (*pl* **stylos-feutres**) **nm** felt-tip (pen).

su, e [sy] **pp** → **savoir**.

subir [32] [sybir] **vt** [attaque, opération, changement] to undergo.

subit, e [sybi, it] **adj** sudden.

subitement [sybitmɑ̃] **adv** suddenly.

subjectif, ive [sybʒɛktif, iv] **adj** subjective.

subjonctif [sybʒɔ̃ktif] **nm** subjunctive.

sublime [syblim] **adj** sublime.

submerger [17] [sybmɛrʒe] **vt 1.** [suj : eau] to flood **2.** [suj : travail, responsabilités] to overwhelm.

subsister [3] [sybziste] **vi** [rester] to remain.

substance [sypstɑ̃s] **nf** substance.

substituer [7] [sypstitɥe] **vt : substituer qqch à qqch** to substitute sthg for sthg.

substitut [sypstity] **nm** substitute.

subtil, e [syptil] **adj** subtle.

subtilité [syptilite] **nf** subtlety.

subvention [sybvɑ̃sjɔ̃] **nf** subsidy.

subventionner [3] [sybvɑ̃sjɔne] **vt** to subsidize.

succéder [18] [syksede] ◆ **succéder à v + prép 1.** [suivre] to follow **2.** [dans un emploi] to succeed ▸ **il a succédé à ses parents à la tête de l'entreprise** he took over from his parents at the head of the company. ◆ **se succéder vp** [événements, jours] to follow one another.

succès [syksɛ] **nm** success ▸ **avoir du succès** to be successful.

successeur [syksesœr] **nm** successor.

successif, ive [syksesif, iv] **adj** successive.

succession [syksesjɔ̃] **nf** succession ▸ **droits de succession** death duties.

succomber [3] [sykɔ̃be] **vi : succomber (à)** to succumb (to).

succulent, e [sykylɑ̃, ɑ̃t] **adj** delicious.

succursale [sykyrsal] **nf** branch.

sucer [16] [syse] **vt** to suck.

sucette [sysɛt] **nf 1.** [bonbon] lollipop **2.** [de bébé] dummy UK, pacifier US.

sucre [sykr] **nm** sugar ▸ **sucre en morceaux** sugar lumps *pl* ▸ **un sucre d'orge** a stick of rock ▸ **sucre en poudre** caster sugar ▸ **sucre glace** icing sugar UK, confectioner's ou powdered sugar US.

sucré, e [sykre] **adj 1.** [yaourt, lait concentré] sweetened **2.** [fruit, café] sweet ▸ **eau sucrée** sugar water.

sucrer [3] [sykre] **vt** to sweeten.

sucreries [sykrəri] **nfpl** sweets UK, candies US.

sucrette® [sykrɛt] **nf** (artificial) sweetener.

sucrier [sykrije] **nm** sugar bowl.

sud [syd] **adj inv & nm** south ▸ **au sud** in the south ▸ **au sud de** south of.

sud-africain, e [sydafrikɛ̃, ɛn] (*mpl* **sud-africains,** *fpl* **sud-africaines**) **adj** South African.

sud-américain, e [sydamerikɛ̃, ɛn] (*mpl* **sud-américains,** *fpl* **sud-américaines**) **adj** South American. ◆ **Sud-Américain, e nm, f** South American.

sud-est [sydɛst] **adj inv & nm** southeast ▸ **au sud-est** in the southeast ▸ **au sud-est de** southeast of.

sudoku [sydɔku] **nm** sudoku.

sud-ouest [sydwɛst] **adj inv & nm** southwest ▸ **au sud-ouest** in the southwest ▸ **au sud-ouest de** southwest of.

Suède [sɥɛd] **nf : la Suède** Sweden.

suédois, e [sɥedwa, az] ◆ **adj** Swedish. ◆ **suédois nm** [langue] Swedish. ◆ **Suédois, e nm, f** Swede.

suer [7] [sɥe] **vi** to sweat.

sueur [sɥœr] **nf** sweat ▸ **être en sueur** to be sweating ▸ **avoir des sueurs froides** to be in a cold sweat.

suffire [100] [syfir] **vi** to be enough ▸ **ça suffit !** that's enough! ▸ **suffire à qqn** [être assez] to be enough for sb ▸ **il (te) suffit de faire** all you have to do is.

suffisamment [syfizamɑ̃] **adv** enough ▸ **suffisamment de** enough.

suffisant, e [syfizɑ̃, ɑ̃t] **adj** sufficient.

suffixe [syfiks] **nm** suffix.

suffocant, e [syfɔkɑ̃, ɑ̃t] **adj** oppressive.

suffoquer [3] [syfɔke] **vi** to suffocate.

suffrage [syfraʒ] **nm** vote.

suggérer [18] [sygʒere] **vt** to suggest ▸ **suggérer à qqn de faire qqch** to suggest that sb should do sthg.

suggestion [sygʒɛstjɔ̃] **nf** suggestion.

suicide [sɥisid] **nm** suicide.

suicider [3] [sɥiside] ◆ **se suicider** **vp** to commit suicide.

suie [sɥi] **nf** soot.

suinter [3] [sɥɛ̃te] **vi** **1.** [murs] to sweat **2.** [liquide] to ooze.

suis[1] [sɥi] **1re pers. du sg de l'ind. prés.** → **être**.

suis[2] [sɥi] **1re et 2e pers. du sg de l'ind. prés.** → **suivre**.

suisse [sɥis] **adj** Swiss. ◆ **Suisse** ◆ **nmf** Swiss (person). ◆ **nf : la Suisse** Switzerland ▸ **les Suisses** the Swiss.

suite [sɥit] **nf** **1.** [série, succession] series **2.** [d'une histoire] rest **3.** [deuxième film] sequel ▸ **à la suite** [en suivant] one after the other ▸ **à la suite de** [à cause de] following ▸ **de suite** [d'affilée] in a row ▸ **par suite de** because of. ◆ **suites** **nfpl** **1.** [conséquences] consequences **2.** [d'une maladie] aftereffects.

suivant, e [sɥivɑ̃, ɑ̃t] ◆ **adj** next. ◆ **nm, f** next (one). ◆ **prép** [selon] according to ▸ **au suivant !** next!

suivi[1]**, e** [sɥivi] **pp** → **suivre**.

suivi[2] [sɥivi] **nm** **1.** [de personne] monitoring **2.** [de dossier] follow-up.

suivre [89] [sɥivr] **vt** to follow ▸ **suivi de** followed by ▸ **faire suivre** [courrier] to forward ▸ **'à suivre'** 'to be continued'.

sujet [syʒɛ] **nm** subject ▸ **au sujet de** about.

sunnite [synit] ◆ **adj** Sunni. ◆ **nmf** Sunnit, Sunnite.

super [sypɛr] ◆ **adj inv** *fam* [formidable] great. ◆ **nm** [carburant] four-star (petrol).

superbe [sypɛrb] **adj** superb.

supérette [sypeʀɛt] **nf** mini-market.

superficie [sypɛrfisi] **nf** area.

superficiel, elle [sypɛrfisjɛl] **adj** superficial.

superflu, e [sypɛrfly] **adj** superfluous.

supérieur, e [sypeʀjœr] ◆ **adj** **1.** [du dessus] upper **2.** [qualité] superior. ◆ **nm, f** [hiérarchique] superior ▸ **supérieur à** a) [plus élevé que] higher than b) [meilleur que] better than.

supériorité [sypeʀjɔrite] **nf** superiority.

supermarché [sypɛrmarʃe] **nm** supermarket.

superposé, e [sypɛrpoze] **adj & pp : lits superposés** bunk beds.

superposer [3] [sypɛrpoze] **vt** **1.** [objets] to put on top of each other **2.** [images] to superimpose ▸ **lits superposés** bunk beds.

superpuissance [sypɛʀpɥisɑ̃s] **nf** superpower.

superstitieux, euse [sypɛrstisjø, øz] **adj** superstitious.

superviser [3] [sypɛrvize] **vt** to supervise.

suppléant, e [sypleɑ̃, ɑ̃t] ◆ **adj** acting *(avant n)*, temporary. ◆ **nm, f** substitute, deputy.

supplément [syplemɑ̃] **nm** [argent] supplement, extra charge ▸ **en supplément** extra.

supplémentaire [syplemɑ̃tɛr] **adj** additional.

supplice [syplis] **nm** torture.

supplier [10] [syplije] **vt : supplier qqn de faire qqch** to beg sb to do sthg.

support [sypɔr] nm support.

supportable [sypɔrtabl] **adj** **1.** [douleur] bearable **2.** [situation] tolerable.

supporter¹ [3] [sypɔrte] **vt 1.** [endurer] to bear, to stand **2.** [tolérer] to bear **3.** [soutenir] to support.

supporter² [sypɔrtɛr] **nm** [d'une équipe] supporter.

supposer [3] [sypoze] **vt** to suppose ▸ **à supposer que...** supposing (that)...

supposition [sypozisjɔ̃] **nf** supposition.

suppositoire [sypozitwar] **nm** suppository.

suppression [sypresjɔ̃] **nf 1.** removal **2.** [d'un mot] deletion.

supprimer [3] [syprime] **vt 1.** to remove **2.** [train] to cancel **3.** [mot] to delete **4.** [tuer] to do away with.

suprême [syprɛm] **nm : suprême de volaille** chicken supreme.

sur [syr] ◆ **prép 1.** [dessus] on ▸ **sur la table** on (top of) the table **2.** [au-dessus de] above, over ▸ **les nuages sont passés sur Paris** the clouds passed over Paris **3.** [indique la direction] towards ▸ **tournez sur la droite** turn (to the) right **4.** [indique la distance] for ▸ **'travaux sur 10 kilomètres'** 'roadworks for 10 kilometres' **5.** [au sujet de] on, about ▸ **un dépliant sur l'Auvergne** a leaflet on ou about the Auvergne **6.** [dans une mesure] by ▸ **un mètre sur deux** one metre by two **7.** [dans une proportion] out of ▸ **9 sur 10** 9 out of 10 ▸ **un jour sur deux** every other day.

sûr, e [syr] **adj 1.** [certain] certain, sure **2.** [sans danger] safe **3.** [digne de confiance] reliable ▸ **être sûr de /que** to be sure of /that ▸ **être sûr de soi** to be self-confident.

surbooké, e [syrbuke] **adj** overbooked.

surbooking [syrbukiŋ] **nm** overbooking.

surbrillance [syrbrijɑ̃s] **nf : mettre qqch en surbrillance** INFORM to highlight sthg.

surcharger [17] [syrʃarʒe] **vt** to overload.

surchauffé, e [syrʃofe] **adj** overheated.

surdimensionné, e [syrdimɑ̃sjɔne] **adj** oversize(d).

surdité [syrdite] **nf** deafness.

surélevé, e [syrelve] **adj 1.** [voie ferrée] elevated **2.** [arche, rez-de-chaussée] raised.

surélever [19] [syrelve] **vt** to raise ▸ **surélever un bâtiment** to raise the height of a building.

sûrement [syrmɑ̃] **adv** [probablement] probably ▸ **sûrement pas !** certainly not!

surestimer [3] [syrɛstime] **vt** to overestimate.

sûreté [syrte] **nf : mettre qqch en sûreté** to put sthg in a safe place.

surévaluer [7] [syrevalɥe] **vt** to overvalue, to overestimate.

surexcité, e [syrɛksite] **adj** overexcited.

surf [sœrf] **nm** surfing ▸ **surf des neiges** snowboarding.

surface [syrfas] **nf 1.** [étendue] surface area **2.** MATH surface.

surfer [3] [sœrfe] **vi** INFORM to surf ▸ **surfer sur Internet** to surf the net.

surgelé, e [syrʒəle] ◆ **adj** frozen. ◆ **nm** frozen meal ▸ **des surgelés** frozen food *sg*.

surgir [32] [syrʒir] **vi 1.** to appear suddenly **2.** [difficultés] to arise.

surimi [syʀimi] **nm** surimi.

Surinam(e) [syʀinam] **nm : le Suriname** Surinam.

sur-le-champ [syrləʃɑ̃] **adv** immediately.

surlendemain [syrlɑ̃dmɛ̃] **nm : le surlendemain** two days later ▸ **le surlendemain de son départ** two days after he left.

surligneur [syrliɲœr] **nm** highlighter (pen).

surmenage [syʀmənaʒ] **nm** overwork.

surmené, e [syrməne] **adj** overworked.

sur-mesure [syʀməzyʀ] **nm inv : c'est du sur-mesure** it's custom made.

surmonter [3] [syrmɔ̃te] **vt** [difficulté, obstacle] to overcome.

surnaturel, elle [syrnatyrɛl] **adj** supernatural.

surnom [syrnɔ̃] **nm** nickname.

⚠ Surname est un faux ami, il signifie ***nom de famille*** et non « surnom ».

surnommer [3] [syrnɔme] **vt** to nickname.

surpasser [3] [syrpase] **vt** to surpass. ◆ **se surpasser vp** to excel o.s.

surpeuplé, e [syʀpœple] **adj** overpopulated.

surplomber [3] [syrplɔ̃be] **vt** to overhang.

surplus [syrply] **nm** surplus.

surpoids [syʀpwa] **nm** excess weight.

surprenant, e [syrprənɑ̃, ɑ̃t] **adj** surprising.

surprendre [79] [syrprɑ̃dr] **vt** to surprise.

surpris, e [syrpri, iz] ◆ **pp** → **surprendre.** ◆ **adj** surprised ▸ **être surpris de /que** to be surprised about / that.

surprise [syrpriz] **nf** surprise ▸ **faire une surprise à qqn** to give sb a surprise ▸ **par surprise** by surprise.

surqualifié, e [syrkalifje] **adj** overqualified.

surréservation [syrrezɛvasjɔ̃] **nf** = **surbooking**.

sursaut [syrso] **nm : se réveiller en sursaut** to wake with a start.

sursauter [3] [syrsote] **vi** to start.

surtaxe [syrtaks] **nf** surcharge.

surtout [syrtu] **adv 1.** [avant tout] above all **2.** [plus particulièrement] especially ▸ **surtout, fais bien attention !** whatever you do, be careful! ▸ **surtout que** especially as.

survécu [syrveky] **pp** → **survivre**.

surveillance [syrvɛjɑ̃s] **nf** supervision ▸ **être sous surveillance** to be under surveillance.

surveillant, e [syrvɛjɑ̃, ɑ̃t] **nm, f** **1.** SCOL supervisor **2.** [de prison] prison guard.

surveiller [4] [syrveje] **vt** to watch. ◆ **se surveiller vp** [faire du régime] to watch one's weight.

survenir [40] [syrvənir] **vi** to occur.

survêt [syrvɛt] **nm** *fam* tracksuit.

survêtement [syrvɛtmɑ̃] **nm** tracksuit.

survie [syrvi] **nf** survival.

survivant, e [syrvivɑ̃, ɑ̃t] **nm, f** survivor.

survivre [90] [syrvivr] **vi** to survive ▸ **survivre à** to survive.

survoler [3] [syrvɔle] **vt** [lieu] to fly over.

sus [sy(s)] ◆ **en sus loc adv** moreover, in addition ▸ **en sus (de qqch)** in addition (to sthg).

susceptible [sysɛptibl] **adj** [sensible] touchy ▸ **le temps est susceptible de s'améliorer** the weather might improve.

susciter [3] [sysite] **vt** **1.** [intérêt, colère] to arouse **2.** [difficulté, débat] to create.

sushi [suʃi] **nm** sushi.

suspect, e [syspɛ, ɛkt] ◆ **adj** **1.** [comportement, individu] suspicious **2.** [aliment] suspect. ◆ **nm, f** suspect.

suspecter [4] [syspɛkte] **vt** to suspect.

suspendre [73] [syspɑ̃dr] **vt** **1.** [accrocher] to hang **2.** [arrêter, démettre] to suspend.

suspens [syspɑ̃] ◆ **en suspens loc adv** in abeyance.

suspense [syspɛns] **nm** suspense.

suspension [syspɑ̃sjɔ̃] **nf** **1.** [d'une voiture, d'un fonctionnaire] suspension, suspension **2.** [lampe] (ceiling) light *(hanging type)*.

suture [sytyr] **nf** → **point**.

SUV (*abr de* **sport utility vehicle**) **nm** SUV.

SVP (*abr de* **s'il vous plaît**) pls *(please)*.

SVT (*abr de* **sciences de la vie et de la Terre**) **nfpl** ENS biology.

Swaziland [swazilɑ̃d] **nm : le Swaziland** Swaziland.

sweat [swit] **nm** sweatshirt.

sweat-shirt [switʃœrt] (*pl* **-s**) **nm** sweatshirt.

syllabe [silab] **nf** syllable.

symbole [sɛ̃bɔl] **nm** symbol.

symbolique [sɛ̃bɔlik] **adj** symbolic.

symboliser [3] [sɛ̃bɔlize] **vt** to symbolize.

symétrie [simetri] **nf** symmetry.

symétrique [simetrik] **adj** symmetrical.

sympa [sɛ̃pa] **adj** *fam* nice.

sympathie [sɛ̃pati] **nf : éprouver** OU **avoir de la sympathie pour qqn** to have a liking for sb.

sympathique [sɛ̃patik] **adj** nice.

sympathisant, e [sɛ̃patizɑ̃, ɑ̃t] **nm, f** sympathizer.

sympathiser [3] [sɛ̃patize] **vi** to get on well.

symphonie [sɛ̃fɔni] **nf** symphony.

symptôme [sɛ̃ptom] **nm** symptom.

synagogue [sinagɔg] **nf** synagogue.

synchronisé, e [sɛ̃krɔnize] **adj** synchronized.

synchroniser [3] [sɛ̃kʀɔnize] **vt** to synchronize.

syncope [sɛ̃kɔp] **nf** MÉD blackout ▸ **faire une syncope** to faint.

syndic [sɛ̃dik] **nm** managing agent.

syndical, e, aux [sɛ̃dikal, o] **adj** [mouvement, revendications] (trade) union.

syndicaliste [sɛ̃dikalist] **nmf** (trade) unionist.

syndicat [sɛ̃dika] **nm** (trade) union ▸ **syndicat d'initiative** tourist office.

syndiqué, e [sɛ̃dike] **adj : être syndiqué** to belong to a (trade) union.

syndiquer [3] [sɛ̃dike] ◆ **se syndiquer vp** [personne] to join a trade UK ou labor US union.

syndrome [sɛ̃dʀom] **nm** syndrome ▸ **syndrome immunodéficitaire acquis** acquired immunodeficiency syndrome.

synonyme [sinɔnim] **nm** synonym.

synopsis [sinɔpsis] **nm** [d'un film] synopsis.

synthèse [sɛ̃tɛz] **nf** [d'un texte] summary.

synthétique [sɛ̃tetik] ◆ **adj** [produit, fibre] synthetic, man-made. ◆ **nm** [tissu] synthetic ou man-made fabric.

synthétiseur [sɛ̃tetizœr] **nm** synthesizer.

Syrie [siʀi] **nf : la Syrie** Syria.

syrien, enne [siʀjɛ̃, ɛn] **adj** Syrian. ◆ **Syrien, enne nm, f** Syrian.

systématique [sistematik] **adj** systematic.

système [sistɛm] **nm** system ▸ **système d'exploitation** INFORM operating system.

Tt

t' **pron** → **te**.

ta **adj** → **ton**[1]

tabac [taba] **nm 1.** tobacco **2.** [magasin] tobacconist's.

> **ⓘ Les tabacs**
>
> In addition to tobacco products, French tobacconists also sell lottery tickets, stamps, phonecards, underground tickets and travel cards, newspapers and magazines.

tabagie [tabaʒi] **nf** QUÉBEC [bureau de tabac] tobacconist's.

table [tabl] **nf** table ▸ **mettre la table** to set ou lay the table ▸ **être à table** to be having a meal ▸ **se mettre à table** to sit down to eat ▸ **à table !** lunch /dinner etc. is ready! ▸ **table de chevet** ou **de nuit** bedside table ▸ **table à langer** baby changing table ▸ **table des matières** contents (page) ▸ **table d'opération** operating table ▸ **table d'orientation** viewpoint indicator ▸ **table à repasser** ironing board.

tableau [tablo] (*pl* -x) **nm 1.** [peinture] painting **2.** [panneau] board **3.** [grille] table **4.** INFORM array ▸ **tableau de bord a)** dashboard **b)** [d'un avion] instrument panel ▸ **tableau (noir)** blackboard.

tablette [tablɛt] **nf** [étagère] shelf ▸ **tablette de chocolat** bar of chocolate **▸ tablette de lecture** e-book reader **▸ tablette tactile** tactile tablet computer ou tablet.

tableur [tablœʀ] **nm** spreadsheet.

tablier [tablije] **nm** apron.

taboulé [tabule] **nm** tabbouleh ; *Lebanese dish of couscous, tomatoes, onion, mint and lemon.*

tabouret [taburɛ] **nm** stool.

tache [taʃ] **nf 1.** patch **2.** [de graisse] stain **▸ taches de rousseur** freckles.

tâche [taʃ] **nf** task **▸ tâches ménagères** household chores.

tacher [3] [taʃe] **vt** to stain. **◆ se tacher vp** to get one's clothes dirty.

tâcher [3] [taʃe] **◆ tâcher de v + prép** to try to.

tacheté, e [taʃte] **adj** spotted.

taciturne [tasityrn] **adj** taciturn.

tact [takt] **nm** tact.

tactile [taktil] **adj : pavé tactile** touch pad.

tactique [taktik] **nf** tactics *pl.*

Tadjikistan [tadʒikistɑ̃] **nm : le Tadjikistan** Tadzhikistan.

taffe [taf] **nf** *fam* drag, puff.

tag [tag] **nm** *name written with a spray can on walls, trains, etc.*

tagine [taʒin] **nm** *North African stew, cooked in a special earthenware vessel.*

tai-chi(-chuan) [tajʃiʃwan] **nm inv** T'ai Chi (Ch'uan).

taie [tɛ] **nf : taie d'oreiller** pillowcase.

taille [taj] **nf 1.** size **2.** [hauteur] height **3.** [partie du corps] waist **▸ quelle taille faites-vous ?** [de vêtement] what size do you take?

taille-crayon [tajkrɛjɔ̃] (*pl* **-s**) **nm** pencil sharpener.

tailler [3] [taje] **vt 1.** [arbre] to prune **2.** [tissu] to cut out **3.** [crayon] to sharpen.

tailleur [tajœr] **nm 1.** [couturier] tailor **2.** [vêtement] (woman's) suit **▸ s'asseoir en tailleur** to sit cross-legged.

Taipei [tajpɛ] **n** Taipei.

taire [111] [tɛr] **◆ se taire vp 1.** [arrêter de parler] to stop speaking **2.** [rester silencieux] to be silent **▸ tais-toi !** be quiet!

Taïwan [tajwan] **n** Taiwan.

talc [talk] **nm** talc.

talent [talɑ̃] **nm** talent.

talkie-walkie [tɔkiwɔki] (*pl* **talkies-walkies**) **nm** walkie-talkie.

talon [talɔ̃] **nm 1.** heel **2.** [d'un chèque] stub **▸ chaussures à talons hauts / plats** high-heeled / flat shoes.

talus [taly] **nm** embankment.

tambour [tɑ̃bur] **nm** drum.

tambourin [tɑ̃burɛ̃] **nm** tambourine.

tamis [tami] **nm** sieve.

Tamise [tamiz] **nf : la Tamise** the Thames.

tamisé, e [tamize] **adj** [lumière] soft.

tamiser [3] [tamize] **vt** [farine, sable] to sieve.

tampon [tɑ̃pɔ̃] **nm 1.** [cachet] stamp **2.** [de tissu, de coton] wad **▸ tampon (hygiénique)** tampon.

tamponneuse [tɑ̃pɔnøz] **adj f** → **auto.**

tandem [tɑ̃dɛm] **nm** tandem.

tandis [tɑ̃di] **◆ tandis que conj 1.** [pendant que] while **2.** [alors que] whereas.

tango [tɑ̃go] **nm** tango.

tanguer [3] [tɑ̃ge] **vi** to pitch.

tank [tɑ̃k] **nm** tank.

tant [tɑ̃] ◆ **adv** **1.** [tellement] so much ▸ **il l'aime tant (que)** he loves her so much (that) ▸ **tant de... (que)** **a)** [travail, patience] so much... (that) **b)** [livres, gens] so many... (that) **2.** [autant] **: tant que** as much as **3.** [temporel] **: tant que nous resterons ici** for as long as we're staying here **4.** [dans des expressions] **: en tant que** as ▸ **tant bien que mal** somehow or other ▸ **tant mieux** so much the better ▸ **tant mieux pour lui** good for him ▸ **tant pis** too bad.

tante [tɑ̃t] **nf** aunt.

tantôt [tɑ̃to] **adv : tantôt..., tantôt** sometimes..., sometimes.

Tanzanie [tɑ̃zani] **nf : (la) Tanzanie** Tanzania.

taon [tɑ̃] **nm** horsefly.

tapage [tapaʒ] **nm** din.

tapas [tapas] **nfpl** tapas ▸ **bar à tapas** tapas bar.

tape [tap] **nf** tap.

tapenade [tapənad] **nf** *spread made from black olives, capers and crushed anchovies, moistened with olive oil.*

taper [3] [tape] **vt** **1.** to hit **2.** [code] to dial ▸ **taper des pieds** to stamp one's feet ▸ **taper sur** **a)** [porte] to hammer at **b)** [dos] to slap **c)** [frapper] to hit.

tapioca [tapjɔka] **nm** tapioca.

tapis [tapi] **nm** carpet ▸ **tapis roulant** moving pavement UK, moving sidewalk US ▸ **tapis de sol** groundsheet ▸ **tapis de souris** INFORM mouse mat UK ou pad US.

tapisser [3] [tapise] **vt** **1.** [mur, pièce] to paper **2.** [recouvrir] to cover.

tapisserie [tapisri] **nf** **1.** [de laine] tapestry **2.** [papier peint] wallpaper.

tapoter [3] [tapɔte] **vt** to tap.

taquiner [3] [takine] **vt** to tease.

tarama [tarama] **nm** taramasalata.

tard [tar] **adv** late ▸ **plus tard** later ▸ **à plus tard !** see you later! ▸ **au plus tard** at the latest.

tarder [3] [tarde] **vi : elle ne va pas tarder (à arriver)** she won't be long ▸ **tarder à faire qqch** [personne] to take a long time doing sthg.

tarif [tarif] **nm** [liste des prix] price ▸ **tarif plein** full price ▸ **tarif réduit** concession ▸ **tarif matin** morning rate.

tarir [32] [tarir] **vi** to dry up.

tarot [taro] **nm** [jeu] tarot.

tartare [tartar] **adj** → **sauce, steak**.

tarte [tart] **nf** tart ▸ **tarte aux fraises** strawberry tart ▸ **tarte aux matons** BELG *tart made with curdled milk and almonds* ▸ **tarte Tatin** *apple tart cooked upside down with the pastry on top, then turned over before serving* ▸ **tarte aux pommes** apple tart.

tartelette [tartəlɛt] **nf** tartlet.

Tartempion [taʀtɑ̃pjɔ̃] **nfam** so-and-so ▸ **c'est euh, Tartempion, qui me l'a donné** it's er... what's-his-name who gave it to me.

tartiflette [taʀtiflɛt] **nf** *cheese and potato gratin from the Savoy region.*

tartine [tartin] **nf** slice of bread ▸ **tartine de beurre** slice of bread and butter.

tartiner [3] [tartine] **vt** to spread ▸ **fromage à tartiner** cheese spread ▸ **pâte à tartiner** spread.

tartre [tartr] **nm 1.** [sur les dents] tartar **2.** [calcaire] scale.

tas [ta] **nm** heap, pile ▸ **mettre qqch en tas** to pile sthg up ▸ **un** ou **des tas de** *fam* [beaucoup de] loads of.

tasse [tas] **nf** cup ▸ **boire la tasse** to swallow a mouthful ▸ **tasse à café** coffee cup ▸ **tasse à thé** teacup.

tasser [3] [tase] **vt** [serrer] to cram. ◆ **se tasser vp 1.** [s'affaisser] to subside **2.** [dans une voiture] to cram ▸ **ça se tasse** *fam* [ça s'arrange] things are settling down.

tâter [3] [tate] **vt** to feel. ◆ **se tâter vp** [hésiter] to be in two minds.

tâtonner [3] [tatɔne] **vi** to grope around.

tâtons [tatɔ̃] ◆ **à tâtons adv : avancer à tâtons** to feel one's way.

tatouage [tatwaʒ] **nm** [dessin] tattoo.

tatouer [6] [tatwe] **vt** to tattoo.

taupe [top] **nf** mole.

taureau [tɔro] (*pl* **-x**) **nm** bull. ◆ **Taureau nm** Taurus.

taux [to] **nm** rate ▸ **taux de change** exchange rate.

taverne [tavɛrn] **nf** QUÉBEC [café] tavern.

taxe [taks] **nf** tax ▸ **toutes taxes comprises** inclusive of tax ▸ **hors taxe** exclusive of tax ▸ **taxe foncière** property tax.

taxer [3] [takse] **vt** [produit] to tax.

taxi [taksi] **nm** taxi.

taxi-brousse [taksibʀus] (*pl* **taxis-brousse**) **nm** bush taxi.

Tbilissi [tbilisi] **n** Tbilis(s)i.

Tchad [tʃad] **nm : le Tchad** Chad.

tchatche [tʃatʃ] **nf** *fam* **: avoir la tchatche** to have the gift of the gab.

tchatcher [3] [tʃatʃe] **vi** *fam* to chat (away).

tchèque [tʃɛk] ◆ **adj** Czech. ◆ **nm** [langue] Czech ▸ **la République tchèque** the Czech Republic. ◆ **Tchèque nmf** Czech.

tchétchène [tʃetʃɛn] **adj** Chechen. ◆ **Tchétchène nmf** Chechen.

Tchétchénie [tʃetʃeni] **nf : la Tchétchénie** Chechnya.

tchin-tchin [tʃintʃin] **interj** *fam* cheers.

te [tə] **pron 1.** [objet direct] you **2.** [objet indirect] (to) you **3.** [réfléchi] **: tu t'es bien amusé ?** did you have a good time?

technicien, enne [tɛknisjɛ̃, ɛn] **nm, f** technician.

technique [tɛknik] ◆ **adj** technical. ◆ **nf** technique.

techniquement [tɛknikmɑ̃] **adv** technically.

techno [tɛkno] **adj** & **nf** techno.

technologie [tɛknɔlɔʒi] **nf** technology ▸ **de haute technologie** high-tech.

technologique [tɛknɔlɔʒik] **adj** technological.

technopôle [tɛknɔpɔl] **nf** *large urban centre with teaching and research facilities to support development of hi-tech industries.*

teck, tek [tɛk] **nm** teak.

tee-shirt [tiʃœrt] (*pl* **-s**) **nm** tee shirt.

Téhéran [teeʀɑ̃] **n** Tehran, Teheran.

teindre [81] [tɛ̃dr] **vt** to dye ▸ **se faire teindre (les cheveux)** to have one's hair dyed.

teint, e [tɛ̃, tɛ̃t] ◆ **pp** & 3ᵉ pers. du sg de l'ind. prés. → **teindre.** ◆ **nm** complexion.
teinte [tɛ̃t] **nf** colour.
teinté, e [tɛ̃te] **adj** tinted.
teinter [3] [tɛ̃te] **vt** [bois, verre] to stain.
teinture [tɛ̃tyr] **nf** [produit] dye ▸ **teinture d'iode** tincture of iodine.
teinturerie [tɛ̃tyrri] **nf** dry cleaner's.
teinturier, ère [tɛ̃tyrje, ɛr] **nm, f** dry cleaner.
tel, telle [tɛl] **adj** such ▸ **tel que** a) [comparable à] like b) [pour donner un exemple] such as ▸ **il l'a mangé tel quel** he ate it as it was ▸ **tel ou tel** any particular.
tél. (*abr écrite de* **téléphone**) tel. *(telephone)*.
télé [tele] **nf** *fam* telly ▸ **à la télé** on the telly.
télécabine [telekabin] **nf** cable car.
Télécarte® [telekart] **nf** phonecard.
téléchargeable [teleʃaʀʒabl] **adj** downloadable.
téléchargement [teleʃaʀʒəmɑ̃] **nm** downloading.
télécharger [17] [teleʃaʀʒe] **vt** to download.
télécommande [telekɔmɑ̃d] **nf** remote control.
télécommunications [telekɔmynikasjɔ̃] **nfpl** telecommunications.
télécopie [telekɔpi] **nf** fax.
télécopieur [telekɔpjœr] **nm** fax (machine).
téléfilm [telefilm] **nm** TV film.
télégramme [telegram] **nm** telegram ▸ **télégramme téléphoné** *telegram phoned through to the addressee and then delivered as a written message.*
téléguidé, e [telegide] **adj** 1. [missile] guided 2. [jouet] radio-controlled.
téléobjectif [teleɔbʒɛktif] **nm** telephoto lens.
téléphérique [teleferik] **nm** cable car.
téléphone [telefɔn] **nm** (tele)phone ▸ **au téléphone** on the (tele)phone ▸ **téléphone portable** ou **mobile** mobile phone UK, cell phone US ▸ **téléphone sans fil** cordless phone ▸ **téléphone de voiture** car phone ▸ **téléphone fixe** land line.
téléphoner [3] [telefɔne] **vi** to (tele)phone ▸ **téléphoner à qqn** to (tele)phone sb. ◆ **se téléphoner vp** *(emploi réciproque)* to call each other ▸ **on se téléphone, d'accord ?** we'll talk on the phone later, OK?
téléphonie [telefɔni] **nf** telephony ▸ **téléphonie sans fil** wireless telephony.
téléphonique [telefɔnik] **adj** → **cabine, carte.**
télescope [teleskɔp] **nm** telescope.
télescopique [teleskɔpik] **adj** telescopic.
télésiège [telesjɛʒ] **nm** chair lift.
téléski [teleski] **nm** ski tow.
téléspectateur, trice [telespɛktatœr, tris] **nm, f** (television) viewer.
télétravail [teletravaj] (*pl* **-aux**) **nm** teleworking, telework, working from home.
télétravailler [3] [teletravaje] **vi** to work from home, to telework.
télévente [televɑ̃t] **nf** [à la télévision] television selling ; [via Internet] online selling ou commerce, e-commerce.
télévisé, e [televize] **adj** televised.

téléviseur [televizœr] **nm** television (set).

télévision [televizjɔ̃] **nf** television ▸ **à la télévision** on television.

télex [telɛks] **nm inv** telex.

telle adj f → **tel**.

tellement [tɛlmɑ̃] **adv** **1.** [tant] so much **2.** [si] so ▸ **tellement de a)** [nourriture, patience] so much **b)** [objets, personnes] so many ▸ **pas tellement** not particularly.

tellurique [telyʀik] **adj** telluric.

téloche [telɔʃ] **nf** *fam* telly UK, TV US.

témoignage [temwaɲaʒ] **nm** testimony.

témoigner [3] [temwaɲe] **vi** [en justice] to testify.

témoin [temwɛ̃] **nm** **1.** witness **2.** SPORT baton ▸ **être témoin de** to be witness to.

tempe [tɑ̃p] **nf** temple.

tempérament [tɑ̃peramɑ̃] **nm** temperament.

température [tɑ̃peratyr] **nf** temperature.

tempéré, e [tɑ̃peʀe] **adj** [climat] temperate.

tempête [tɑ̃pɛt] **nf** **1.** [vent] gale **2.** [avec orage] storm ▸ **tempête de neige** snow storm.

temple [tɑ̃pl] **nm** **1.** [grec, égyptien, etc.] temple **2.** [protestant] church.

temporaire [tɑ̃pɔrɛr] **adj** temporary.

temporairement [tɑ̃pɔrɛrmɑ̃] **adv** temporarily.

temps [tɑ̃] **nm** **1.** [durée, en musique] time **2.** [météo] weather **3.** GRAMM tense ▸ **avoir le temps de faire qqch** to have time to do sthg ▸ **il est temps de / que** it is time to / that ▸ **à temps** on time ▸ **de temps en temps** from time to time ▸ **en même temps** at the same time ▸ **à temps complet / partiel** full- / part-time.

tenace [tənas] **adj** **1.** [gén] stubborn **2.** *fig* [odeur, rhume] lingering.

tenailles [tənaj] **nfpl** pincers.

tenant, e [tənɑ̃, ɑ̃t] **nm, f : tenant du titre** title holder. ◆ **tenant nm : les tenants et les aboutissants** [d'une affaire] the ins and outs, the full details.

tendance [tɑ̃dɑ̃s] **nf** trend ▸ **avoir tendance à faire qqch** to have a tendency to do sthg, to tend to do sthg.

tendeur [tɑ̃dœr] **nm** [courroie] luggage strap.

tendinite [tɑ̃dinit] **nf** tendinitis.

tendon [tɑ̃dɔ̃] **nm** tendon.

tendre [73] [tɑ̃dr] ◆ **adj** tender. ◆ **vt** **1.** [corde] to pull taut **2.** [bras] to stretch out ▸ **tendre la main à qqn** to hold out one's hand to sb ▸ **tendre l'oreille** to prick up one's ears ▸ **tendre qqch à qqn** to hold sthg out to sb ▸ **tendre un piège à qqn** to set a trap for sb. ◆ **se tendre vp** to tighten ; *fig* [relations] to become strained.

tendrement [tɑ̃drəmɑ̃] **adv** tenderly.

tendresse [tɑ̃drɛs] **nf** tenderness.

tendu, e [tɑ̃dy] **adj** **1.** [personne] tense **2.** [rapports] strained.

tenir [40] [tənir] ◆ **vt** **1.** [à la main, dans ses bras] to hold ▸ **tenir la main de qqn** to hold sb's hand **2.** [garder] to keep ▸ **tenir un plat au chaud** to keep food hot **3.** [promesse, engagement] to keep **4.** [magasin, bar] to run **5.** [dans des expressions] **: tiens ! / tenez !** [en donnant] here! ▸ **tiens !** [exprime la surprise] hey!

◆ **vi 1.** [construction] to stay up ▸ **tout ça tient avec de la colle** all this is held together with glue ; [beau temps, relation] to last **2.** [rester] **: tenir debout** to stand (up) **3.** [résister] **: tenir bon** to stand firm **4.** [être contenu] to fit ▸ **on tient à six dans cette voiture** you can fit six people in this car

◆ **tenir à v + prép** [être attaché à] to care about ▸ **tenir à faire qqch** to insist on doing sthg ▸ **tenir à ce que** to be anxious that.

◆ **tenir de v + prép** [ressembler à] to take after ▸ **elle tient de sa mère** she takes after her mother.

◆ **se tenir vp 1.** [avoir lieu] to be held ▸ **le festival se tient dans le château** the festival takes place in the castle **2.** [s'accrocher] to hold on ▸ **se tenir à** to hold on to **3.** [debout] to stand ; [assis] to sit ▸ **se tenir droit a)** [debout] to stand up straight **b)** [assis] to sit up straight ▸ **se tenir tranquille** to keep still **4.** [se comporter] **: bien / mal se tenir** to behave well / badly.

tennis [tenis] ◆ **nm** tennis. ◆ **nmpl** [chaussures] trainers ▸ **tennis de table** table tennis.

tension [tɑ̃sjɔ̃] **nf 1.** [dans une relation] tension **2.** MÉD blood pressure **3.** [électrique] voltage ▸ **avoir de la tension** to have high blood pressure.

tentacule [tɑ̃takyl] **nm** tentacle.

tentant, e [tɑ̃tɑ̃, ɑ̃t] **adj** tempting.

tentation [tɑ̃tasjɔ̃] **nf** temptation.

tentative [tɑ̃tativ] **nf** attempt.

tente [tɑ̃t] **nf** tent.

tenter [3] [tɑ̃te] **vt 1.** [essayer] to attempt, to try **2.** [attirer] to tempt ▸ **tenter de faire qqch** to attempt to do sthg.

tenu, e [təny] **pp** → **tenir**.

tenue [təny] **nf** [vêtements] clothes *pl* ▸ **tenue de soirée** evening dress.

ter [tɛr] **adv** [dans une adresse] b ▸ **11 ter** 11b.

Tergal® [tɛrgal] **nm** ≃ Terylene®.

tergiverser [3] [tɛʒivɛrse] **vi** to shilly-shally.

terme [tɛrm] **nm 1.** [mot] term **2.** [fin] end ▸ **à court terme, …** in the short term, … ▸ **à long terme, …** in the long term, …

terminaison [tɛrminɛzɔ̃] **nf** GRAMM ending.

terminal [tɛrminal] (*pl* **-aux**) **nm** terminal.

terminale [tɛrminal] **nf** SCOL ≃ upper sixth UK.

terminer [3] [tɛrmine] **vt 1.** to finish, to end **2.** [repas, travail] to finish.

◆ **se terminer vp** to end.

terminus [tɛrminys] **nm** terminus.

terne [tɛrn] **adj** dull.

terrain [tɛrɛ̃] **nm 1.** [emplacement] piece of land **2.** [sol] ground ▸ **terrain de camping** campsite ▸ **terrain de foot** football pitch ▸ **terrain de jeux** playground ▸ **terrain vague** piece of wasteland.

terrasse [tɛras] **nf 1.** terrace **2.** [de café] *tables outside a café* ▸ **on mange en terrasse ?** [d'un café, restaurant] shall we eat outside?

terre [tɛr] **nf 1.** [sol] ground **2.** [matière] soil **3.** [argile] clay **4.** [propriété] piece of land ▸ **la Terre** (the) Earth ▸ **par terre** on the ground.

terre-plein [tɛrplɛ̃] (*pl*-s) **nm** raised area **▸ terre-plein central** central reservation.
terrestre [tɛrɛstr] **adj** [flore, animal] land.
terreur [tɛrœr] **nf** terror.
terrible [tɛribl] **adj** terrible **▸ pas terrible** *fam* not brilliant.
terrier [tɛrje] **nm 1.** [de lapin] burrow **2.** [de renard] earth.
terrifiant, e [tɛrifjɑ̃, ɑ̃t] **adj 1.** [effrayant] terrifying **2.** *fam* [extraordinaire] amazing.
terrifier [9] [tɛrifje] **vt** to terrify.
terrine [tɛrin] **nf** terrine.
territoire [tɛritwar] **nm** territory.
terroriser [3] [tɛrɔrize] **vt** to terrorize.
terrorisme [tɛrɔrism] **nm** terrorism.
terroriste [tɛrɔrist] **nmf** terrorist.
tertiaire [tɛrsjɛr] **nm** tertiary sector.
tes **adj pl** → **ton**[1]
test [tɛst] **nm** test **▸ test PCR** PCR test **▸ test antigénique** LFD antigen test **▸ test sérologique** antibody test, serological test.
testament [tɛstamɑ̃] **nm** will.
tester [3] [tɛste] **vt** to test.
testeur [tɛstœr] **nm** tester.
testicule [tɛstikyl] **nm** testicle.
tétanie [tetani] **nf** tetany.
tétanos [tetanos] **nm** tetanus.
tête [tɛt] **nf 1.** head **2.** [visage] face **3.** [partie avant] front **▸ de tête** [wagon] front **▸ être en tête** to be in the lead **▸ faire la tête** to sulk **▸ en tête à tête a)** [parler] in private **b)** [dîner] alone together **▸ tête de veau** [plat] *dish made from the soft part of a calf's head.*
tête-à-queue [tɛtakø] **nm inv** spin **▸ faire un tête-à-queue** to spin around.
téter [8] [tete] **vi** to suckle.
tétine [tetin] **nf 1.** [de biberon] teat **2.** [sucette] dummy UK, pacifier US.
Tétrabrick® [tetrabrik] **nm** carton.
têtu, e [tety] **adj** stubborn.
teuf [tœf] **nf** *fam* party, rave.
tex mex [tɛksmɛks] ◆ **adj** Tex Mex. ◆ **nm** Tex Mex food.
texte [tɛkst] **nm** text.
textile [tɛkstil] **nm** [tissu] textile.
texto® [tɛksto] **nm** *fam* SMS message **▸ envoyer / recevoir un Texto®** to send / receive a text.
TF1 **n** *French independent television company.*
TGV **nm** *French high-speed train.*
thaïlandais, e [tajlɑ̃dɛ, ɛz] **adj** Thai. ◆ **Thaïlandais, e** **nm, f** Thai.
Thaïlande [tajlɑ̃d] **nf : la Thaïlande** Thailand.
thalasso [talasɔ] **nf** *fam* seawater therapy.
thalassothérapie [talasɔterapi] **nf** seawater therapy.
thé [te] **nm** tea **▸ thé au citron** lemon tea **▸ thé au lait** tea with milk **▸ thé nature** tea without milk.
théâtral, e, aux [teatral, o] **adj** theatrical.
théâtre [teatr] **nm** theatre.
théière [tejɛr] **nf** teapot.
thème [tɛm] **nm 1.** theme **2.** [traduction] prose.
théorie [teɔri] **nf** theory **▸ en théorie** in theory.
théorique [teɔrik] **adj** theoretical.

théoriquement [teɔrikmɑ̃] **adv** theoretically.

thérapie [teʀapi] **nf** therapy.

thermal, e, aux [tɛrmal, o] **adj** [source] thermal.

thermomètre [tɛrmɔmɛtr] **nm** thermometer.

Thermos® [tɛrmos] **nf : (bouteille) Thermos®** Thermos® flask.

thermostat [tɛrmɔsta] **nm** thermostat.

thèse [tɛz] **nf 1.** [universitaire] thesis **2.** [de doctorat] ≃ PhD **3.** [idée] theory.

thon [tɔ̃] **nm** tuna.

thym [tɛ̃] **nm** thyme.

Tibet [tibɛ] **nm : le Tibet** Tibet.

tibia [tibja] **nm** tibia.

tic [tik] **nm 1.** [mouvement] tic **2.** [habitude] mannerism.

ticket [tikɛ] **nm** ticket ▸ **ticket de caisse** (till) receipt ▸ **ticket de métro** underground ticket.

tiède [tjɛd] **adj** lukewarm.

tien [tjɛ̃] ◆ **le tien, la tienne** [lətjɛ̃, latjɛn] (**mpl les tiens** [letjɛ̃], **fpl les tiennes** [letjɛn]) **pron** yours ▸ **à la tienne !** cheers!

tiendra etc 3ᵉ pers. du sg de l'ind. fut. → **tenir**.

tienne 1ʳᵉ et 3ᵉ pers. du sg du subj. prés. → **tenir, tien**.

tiens etc 1ʳᵉ et 2ᵉ pers. du sg de l'ind. prés. → **tenir**.

Tiercé® [tjɛrse] **nm** *system of betting involving the first three horses in a race* ▸ **jouer au Tiercé®** ≃ to bet on the horses.

tiers [tjɛr] **nm** third ▸ **être assuré au tiers** to have third-party insurance ▸ **tiers-monde** Third World.

tiers-monde [tjɛʀmɔ̃d] **nm : le tiers-monde** the Third World.

tige [tiʒ] **nf 1.** [de plante] stem **2.** [de métal] rod **3.** [de bois] shaft.

tignasse [tiɲas] **nf** *fam* mop (of hair).

tigre [tigr] **nm** tiger.

tilleul [tijœl] **nm 1.** [arbre] lime (tree) **2.** [tisane] lime tea.

tilsit [tilsit] **nm** *strong firm Swiss cheese with holes in it.*

timbale [tɛ̃bal] **nf 1.** [gobelet] (metal) cup **2.** CULIN *meat, fish, etc. in a sauce, cooked in a mould lined with pastry* **3.** MUS kettledrum.

timbre [tɛ̃br] **nm** stamp ▸ **timbre-poste** postage stamp.

timbré, e [tɛ̃bʀe] **adj 1.** [enveloppe] stamped **2.** *fam* [fou] barmy UK, doolally UK.

timbrer [3] [tɛ̃bre] **vt** to put a stamp on.

timide [timid] **adj** shy.

timidité [timidite] **nf** shyness.

Timor-Oriental [timɔʀɔʀjɑ̃tal] **nm** East Timor.

tipi [tipi] **nm** tepee, teepee.

tir [tir] **nm** [sport] shooting ▸ **tir à l'arc** archery.

tirage [tiraʒ] **nm** [d'une loterie] draw ▸ **tirage au sort** drawing lots.

Tirana [tiʀana] **n** Tirana, Tiranë.

tire-bouchon [tirbuʃɔ̃] (**pl -s**) **nm** corkscrew.

tire-fesses [tirfɛs] **nm inv** *fam* ski tow.

tirelire [tirlir] **nf** moneybox.

tirer [3] [tire] ◆ **vt** **1.** [gén] to pull ; [tiroir] to pull open ; [rideau] to draw ; [caravane] to tow **2.** [trait] to draw **3.** [avec une arme] to fire ▸ **tirer un coup de feu** to fire a shot **4.** [sortir] **: tirer qqch de** to take sthg out of ▸ **tirer qqn de** [situation] to get sb out of ▸ **tirer une conclusion de qqch** to draw a conclusion from sthg ▸ **tirer la langue à qqn** to stick one's tongue out at sb **5.** [numéro, carte] to draw
◆ **vi** **1.** [avec une arme] to shoot ▸ **tirer sur** to shoot at **2.** [vers soi, vers le bas, etc.] **: tirer sur qqch** to pull on sthg **3.** SPORT to shoot
◆ **se tirer** **vp** *fam* [s'en aller] to push off.
◆ **s'en tirer** **vp** [se débrouiller] to get by ; [survivre] to pull through.

tiret [tirɛ] **nm** dash.

tirette [tirɛt] **nf** BELG [fermeture] zip UK, zipper US.

tiroir [tirwar] **nm** drawer.

tisane [tizan] **nf** herb tea.

tisonnier [tizɔnje] **nm** poker.

tisser [3] [tise] **vt** to weave.

tissu [tisy] **nm** [toile] cloth.

titre [titr] **nm** **1.** title **2.** [de journal] headline ▸ **titre de transport** ticket.

titulaire [titylɛʀ] **nmf** [de passeport, permis] holder.

titularisation [titylaʀizasjɔ̃] **nf** [d'un professeur d'université] granting tenure to ; [d'un enseignant] appointment to a permanent post ; [d'un sportif] giving a contract to.

tjr, tjrs *(abr écrite de* **toujours***)* SMS Alwz *(Always)*.

toast [tost] **nm** [pain] piece of toast ▸ **porter un toast à qqn** to drink (a toast) to sb.

toboggan [tɔbɔgɑ̃] **nm** slide.

toc [tɔk] **nm** [imitation] fake ▸ **en toc** fake.

tofu [tɔfu] **nm** CULIN tofu.

Togo [tɔgo] **nm : le Togo** Togo.

toi [twa] **pron** you ▸ **lève-toi** get up ▸ **toi-même** yourself.

toile [twal] **nf** **1.** [tissu] cloth **2.** [tableau] canvas ▸ **toile d'araignée** spider's web ▸ **en toile** [vêtement] linen.

toilette [twalɛt] **nf** [vêtements] clothes *pl* ▸ **faire sa toilette** to (have a) wash. ◆ **toilettes** **nfpl** toilets.

toit [twa] **nm** roof.

tôle [tol] **nf** sheet metal ▸ **tôle ondulée** corrugated iron.

tolérant, e [tɔlerɑ̃, ɑ̃t] **adj** tolerant.

tolérer [18] [tɔlere] **vt** to tolerate.

tomate [tɔmat] **nf** tomato ▸ **tomates farcies** stuffed tomatoes.

tombe [tɔ̃b] **nf** grave.

tombeau [tɔ̃bo] (*pl* **-x**) **nm** tomb.

tombée [tɔ̃be] **nf : à la tombée de la nuit** at nightfall.

tomber [3] [tɔ̃be] **vi** **1.** to fall **2.** [date, fête] to fall on ▸ **ça tombe bien !** that's lucky! ▸ **laisser tomber** to drop ▸ **tomber amoureux de** to fall in love with ▸ **tomber malade** to fall ill ▸ **tomber en panne** to break down.

tombola [tɔ̃bɔla] **nf** raffle.

tome [tɔm] **nm** volume.

tomme [tɔm] **nf : tomme vaudoise** *soft white cheese made from cow's milk.*

ton¹, ta [tɔ̃, ta] (*pl* **tes** [te]) **adj** your ▸ **ton frère** your brother ▸ **ta chambre** your room ▸ **tes livres** your books.

ton² [tɔ̃] **nm** tone.

tonalité [tɔnalite] **nf** [au téléphone] dialling tone.

tondeuse [tɔ̃døz] **nf : tondeuse (à gazon)** lawnmower.

tondre [75] [tɔ̃dr] **vt 1.** [cheveux] to clip **2.** [gazon] to mow.

toner [tɔnɛʀ] **nm** toner.

tongs [tɔ̃g] **nfpl** flip-flops UK, thongs US.

tonique [tɔnik] **adj** [boisson] tonic *(avant n)* ; [lotion] toning.

tonne [tɔn] **nf** tonne.

tonneau [tɔno] (*pl* **-x**) **nm** [de vin] cask ▸ **faire des tonneaux** [voiture] to roll over.

tonnerre [tɔnɛr] **nm** thunder ▸ **coup de tonnerre** thunderclap.

tonus [tɔnys] **nm** energy.

torche [tɔrʃ] **nf** [flamme] torch ▸ **torche électrique** (electric) torch.

torchon [tɔrʃɔ̃] **nm** tea towel.

tordre [76] [tɔrdr] **vt 1.** [linge, cou] to wring **2.** [bras] to twist **3.** [plier] to bend. ◆ **se tordre vp : se tordre la cheville** to twist one's ankle ▸ **se tordre de douleur** to be racked with pain ▸ **se tordre de rire** to be doubled up with laughter.

tornade [tɔrnad] **nf** tornado.

torrent [tɔrɑ̃] **nm** torrent ▸ **il pleut à torrents** it's pouring (down).

torsade [tɔrsad] **nf : pull à torsades** cable sweater.

torse [tɔrs] **nm** trunk ▸ **torse nu** bare-chested.

tort [tɔr] **nm : avoir tort (de faire qqch)** to be wrong (to do sthg) ▸ **causer** ou **faire du tort à qqn** to wrong sb ▸ **donner tort à qqn a)** [suj : personne] to disagree with sb **b)** [suj : événement] to prove sb wrong ▸ **être dans son tort, être en tort** [automobiliste] to be in the wrong ▸ **à tort** [accuser] wrongly.

torticolis [tɔrtikɔli] **nm** stiff neck.

tortiller [3] [tɔrtije] **vt** to twist. ◆ **se tortiller vp** to squirm.

tortue [tɔrty] **nf** tortoise.

torture [tɔrtyr] **nf** torture.

torturer [3] [tɔrtyre] **vt** to torture.

tôt [to] **adv** early ▸ **tôt ou tard** sooner or later ▸ **au plus tôt** at the earliest.

total, e, aux [tɔtal, o] **adj & nm** total.

totalement [tɔtalmɑ̃] **adv** totally.

totaliser [3] [tɔtalize] **vt** to have a total of.

totalitaire [tɔtalitɛʀ] **adj** totalitarian.

totalité [tɔtalite] **nf : la totalité de** all (of) ▸ **en totalité** [rembourser] in full.

touchant, e [tuʃɑ̃, ɑ̃t] **adj** touching.

touche [tuʃ] **nf 1.** [de piano, d'ordinateur] key **2.** [de téléphone] button **3.** SPORT [ligne] touchline ▸ **touche entrée** enter key ▸ **touche de contrôle** control key ▸ **touche de suppression** delete key ▸ **touche majuscule** shift key ▸ **touche escape** escape key ▸ **faire une touche** *fam* to score.

toucher [3] [tuʃe] **vt 1.** to touch **2.** [argent] to get **3.** [cheque] to cash **4.** [cible] to hit ▸ **toucher à** to touch. ◆ **se toucher vp** [être en contact] to be touching.

touch pad [tuʃpad] **nm** touch pad.

touffe [tuf] **nf** tuft.

touffu, e [tufy] **adj** bushy.

touillette [tujɛt] **nf***fam* stirrer.

toujours [tuʒur] **adv 1.** always **2.** [dans l'avenir] forever **3.** [encore] still ▸ **pour toujours** for good.

toupie [tupi] **nf** (spinning) top.

tour¹ [tur] **nm** [mouvement sur soi-même] turn ▸ **faire un tour a)** [à pied] to go for a walk **b)** [en voiture] to go for a drive ▸ **faire le tour de qqch** to go round sthg ▸ **jouer un tour à qqn** to play a trick on sb ▸ **c'est ton tour (de faire qqch)** it's your turn (to do sthg) ▸ **à tour de rôle** in turn ▸ **le Tour de** the Tour de ▸ **tour de magie** (magic) trick.

ⓘ Le Tour de France

First run in 1903, the gruelling 3,000 km cycle race is held annually in July, ending amid cheering crowds on the **Champs-Élysées** in Paris. Each stage is timed separately and the winner with the fastest time overall is given the famous yellow jersey, the **maillot jaune**.

tour² [tur] **nf 1.** [d'un château] tower **2.** [immeuble] tower block UK, high rise US ▸ **tour de contrôle** control tower ▸ **la tour Eiffel** the Eiffel Tower.

ⓘ La tour Eiffel

Paris's most famous landmark was constructed out of steel on the Champ-de-Mars by Gustave Eiffel for the 1889 World Fair. At 320 m high, for half a century it was the tallest man-made structure in the world. It is also used as a radio and television transmitter.

tourbillon [turbijɔ̃] **nm 1.** [de vent] whirlwind **2.** [de sable] swirl.

tourbillonner [3] [turbijɔne] **vi** to whirl, to swirl ; *fig* to whirl (round).

tourisme [turism] **nm** tourism ▸ **faire du tourisme** to go sightseeing.

tourista, turista [turista] **nf** traveller's UK ou traveler's US tummy, t(o)urista US.

touriste [turist] **nmf** tourist.

touristique [turistik] **adj** [dépliant, ville] tourist.

tourmenter [3] [turmɑ̃te] **vt** to torment. ◆ **se tourmenter vp** to worry o.s.

tournage [turnaʒ] **nm** [d'un film] shooting.

tournant [turnɑ̃] **nm** bend.

tournedos [turnədo] **nm** *tender fillet steak* ▸ **tournedos Rossini** *tender fillet steak served on fried bread and topped with foie gras.*

tournée [turne] **nf 1.** [d'un chanteur] tour **2.** [du facteur, au bar] round ▸ **c'est ma tournée !** it's my round!

tourner [3] [turne] ◆ **vt 1.** [clé, page, tête] to turn **2.** [sauce, soupe] to stir **3.** [salade] to toss **4.** [regard] to direct **5.** [film] to shoot. ◆ **vi 1.** [roue, route] to turn **2.** [moteur, machine] to run **3.** [lait] to go off **4.** [acteur] to act ▸ **tournez à gauche / droite** turn left / right ▸ **tourner autour de qqch** to go around sthg ▸ **avoir la tête qui tourne** to feel dizzy ▸ **mal tourner** [affaire] to turn out badly. ◆ **se tourner vp** to turn round ▸ **se tourner vers** to turn to.

tournesol [turnəsɔl] **nm** sunflower.

tournevis [turnəvis] **nm** screwdriver.

tourniquet [turnikɛ] **nm** [du métro] turnstile.

tournoi [turnwa] **nm** tournament.

tournure [turnyr] **nf** [expression] turn of phrase.

tourte [turt] **nf** pie.

tourtière [turtjɛr] **nf** QUÉBEC *pie made from minced beef and onions.*

tous **adj pl** → **tout**.

Toussaint [tusɛ̃] **nf : la Toussaint** All Saints' Day.

ⓘ **La Toussaint**

All Saints' Day on 1 November, is a public holiday in France. People traditionally visit cemeteries to lay flowers, usually chrysanthemums, on the graves of their loved ones.

tousser [3] [tuse] **vi** to cough.

tout, e [tu, tut] (*mpl* **tous** [tus], *fpl* **toutes** [tut]) ◆ **adj 1.** [avec un substantif singulier] all ▸ **tout le vin** all the wine ▸ **tout un gâteau** a whole cake ▸ **toute la journée** the whole day, all day ▸ **tout le monde** everyone, everybody ▸ **tout le temps** all the time **2.** [avec un pronom démonstratif] all ▸ **tout ça** OU **cela** all that **3.** [avec un substantif pluriel] all ▸ **tous les gâteaux** all the cakes ▸ **tous les Anglais** all English people ▸ **tous les jours** every day ▸ **toutes les deux** both ▸ **toutes les trois** all three of us / them ▸ **tous les deux ans** every two years **4.** [n'importe quel] any ▸ **à toute heure** at any time
◆ **pron 1.** [la totalité] everything ▸ **je t'ai tout dit** I've told you everything ▸ **c'est tout** that's all ▸ **ce sera tout ?** [dans un magasin] is that everything? ▸ **en tout** in all **2.** [au pluriel : tout le monde] **: ils voulaient tous la voir** they all wanted to see her
◆ **adv 1.** [très, complètement] very ▸ **tout près** very near ▸ **ils étaient tout seuls** they were all alone ▸ **tout en haut** right at the top **2.** [avec un gérondif] **: tout en marchant** while walking **3.** [dans des expressions] **: tout à coup** suddenly ▸ **tout à fait** absolutely ▸ **tout à l'heure a)** [avant] a little while ago **b)** [après] in a minute ▸ **à tout à l'heure !** see you soon! ▸ **tout de même** [malgré tout] anyway ▸ **tout de suite** immediately, at once
◆ **nm : le tout** [la totalité] the lot ▸ **le tout est de...** the main thing is to... ▸ **pas du tout** not at all.

toutefois [tutfwa] **adv** however.

tout(-)terrain [tutɛrɛ̃] (*pl* **-s**) **adj** off-road.

toux [tu] **nf** cough.

toxico [tɔksiko] **nmf** *fam* druggie.

toxicomane [tɔksikɔman] **nmf** drug addict.

toxique [tɔksik] **adj** toxic.

TP (*abr de* **travaux pratiques**) **nmpl** = **travail**.

trac [trak] **nm : avoir le trac a)** [acteur] to get stage fright **b)** [candidat] to be nervous.

traçabilité [tʀasabilite] **nf** traceability.

tracasser [3] [trakase] **vt** to worry.
◆ **se tracasser** **vp** to worry.

trace [tras] **nf** trace ▸ **trace de pas** footprint.

tracer [16] [trase] **vt** [dessiner] to draw.

tract [trakt] **nm** leaflet.

tracteur [traktœr] **nm** tractor.

trader [tʀedœʀ] **nm** trader.

tradition [tradisjɔ̃] **nf** tradition.

traditionnel, elle [tradisjɔnɛl] **adj** traditional.

traducteur, trice [tradyktœr, tris] nm, f translator.

traduction [tradyksjɔ̃] nf translation.

traduire [98] [tradɥir] vt to translate.

trafic [trafik] nm traffic ▸ **trafic de drogue** drug trafficking.

traficoter [3] [trafikɔte] vt *fam* [manigancer] : **traficoter qqch** to be up to sthg.

trafiquer [3] [trafike] ◆ vt to doctor. ◆ vi to be involved in trafficking.

tragédie [traʒedi] nf tragedy.

tragique [traʒik] adj tragic.

trahir [32] [trair] vt **1.** to betray **2.** [secret] to give away. ◆ **se trahir** vp to give o.s. away.

trahison [traizɔ̃] nf betrayal.

train [trɛ̃] nm train ▸ **être en train de faire qqch** to be doing sthg ▸ **train d'atterrissage** landing gear ▸ **train de banlieue** commuter train ▸ **train-couchettes** sleeper ▸ **train rapide** express train ▸ **trains grandes lignes** mainline ou intercity UK trains.

traîne [trɛn] nf [d'une robe] train ▸ **être à la traîne** [en retard] to lag behind.

traîneau [trɛno] (*pl* -x) nm sledge.

traînée [trene] nf [trace] trail.

traîner [4] [trene] ◆ vt to drag. ◆ vi **1.** [par terre] to trail **2.** [prendre du temps] to drag on **3.** [s'attarder] to dawdle **4.** [être en désordre] to lie around **5.** *péj* [dans la rue, dans les bars] to hang around. ◆ **se traîner** vp **1.** [par terre] to crawl **2.** [avancer lentement] to be slow.

train-train [trɛ̃trɛ̃] nm inv routine.

traire [112] [trɛr] vt to milk.

trait [trɛ] nm **1.** line **2.** [caractéristique] trait ▸ **d'un trait** [boire] in one go ▸ **trait d'union** hyphen. ◆ **traits** nmpl [du visage] features.

traite [trɛt] nf : **d'une (seule) traite** in one go.

traitement [trɛtmɑ̃] nm MÉD treatment ▸ **traitement de texte** [programme] word-processing package.

traiter [4] [trete] vt **1.** to treat **2.** [affaire, sujet] to deal with ▸ **traiter qqn d'imbécile** to call sb an idiot. ◆ **traiter de** v + prép [suj : livre, exposé] to deal with.

traiteur [trɛtœr] nm caterer.

traître [trɛtr] nm traitor.

trajectoire [traʒɛktwar] nf [d'une balle] trajectory.

trajet [traʒɛ] nm [voyage] journey.

tram [tram] nm *fam* tram UK, streetcar US.

tramontane [tramɔ̃tan] nf tramontane.

trampoline [trɑ̃pɔlin] nm trampoline.

tramway [tramwɛ] nm tram UK, streetcar US.

tranchant, e [trɑ̃ʃɑ̃, ɑ̃t] adj **1.** [couteau] sharp **2.** [ton] curt.

tranche [trɑ̃ʃ] nf **1.** [morceau] slice **2.** [d'un livre] edge **3.** [d'âge, d'imposition] bracket ▸ **tranche horaire** period ▸ **tranche d'imposition** tax bracket.

tranchée [trɑ̃ʃe] nf trench.

trancher [3] [trɑ̃ʃe] ◆ vt to cut. ◆ vi [décider] to decide ▸ **trancher une question** to settle a question.

tranquille [trɑ̃kil] adj quiet ▸ **laisser qqn / qqch tranquille** to leave sb / sthg alone ▸ **restez tranquilles !** don't fidget ! ▸ **soyez tranquille** [ne vous inquiétez pas] don't worry.

tranquillisant [trɑ̃kilizɑ̃] **nm** tranquillizer.

tranquillité [trɑ̃kilite] **nf** peace ▸ **en toute tranquillité** with complete peace of mind.

transaction [trɑ̃zaksjɔ̃] **nf** transaction.

transcutané, e [tʀɑ̃skytane] **adj** MÉD transcutaneous.

transept [tʀɑ̃sɛpt] **nm** transept.

transférer [18] [trɑ̃sfere] **vt** to transfer ▸ **transférer un message** to forward an e-mail.

transfert [tʀɑ̃sfɛʀ] **nm : transfert de fichier** file transfer.

transformateur [trɑ̃sfɔrmatœr] **nm** transformer.

transformation [trɑ̃sfɔrmasjɔ̃] **nf** **1.** transformation **2.** [aménagement] alteration.

transformer [3] [trɑ̃sfɔrme] **vt** **1.** to transform **2.** [vêtement] to alter ▸ **transformer qqch en qqch a)** to turn sthg into sthg **b)** [bâtiment] to convert sthg into sthg. ◆ **se transformer** **vp** to change completely ▸ **se transformer en qqch** to turn into sthg.

transfusion [trɑ̃sfyzjɔ̃] **nf : transfusion (sanguine)** (blood) transfusion.

transgénique [trɑ̃sʒenik] **adj** transgenic.

transgresser [4] [tʀɑ̃sgʀese] **vt** [loi] to infringe ; [ordre] to disobey.

transi, e [tʀɑ̃zi] **adj : être transi de froid** to be chilled to the bone.

transiger [17] [tʀɑ̃ziʒe] **vi : transiger (sur)** to compromise (on).

transistor [trɑ̃zistɔr] **nm** transistor.

transit [trɑ̃zit] **nm : passagers en transit** transit passengers ▸ **transit intestinal** intestinal transit.

transition [tʀɑ̃zisjɔ̃] **nf** transition ▸ **transition écologique** ecological transition.

transmettre [84] [trɑ̃smɛtr] **vt : transmettre qqch à qqn** to pass sthg on to sb. ◆ **se transmettre** **vp** [maladie] to be transmitted.

transmis, e [trɑ̃smi, iz] **pp** → **transmettre**.

transmissible [trɑ̃smisibl] **adj** transmissible.

transmission [trɑ̃smisjɔ̃] **nf** transmission.

transparent, e [trɑ̃sparɑ̃, ɑ̃t] **adj** **1.** [eau] transparent **2.** [blouse] see-through.

transpercer [16] [trɑ̃spɛrse] **vt** to pierce.

transpiration [trɑ̃spirasjɔ̃] **nf** perspiration.

transpirer [3] [trɑ̃spire] **vi** to perspire.

transplanter [3] [trɑ̃splɑ̃te] **vt** to transplant.

transport [trɑ̃spɔr] **nm** transport ▸ **les transports (en commun)** public transport *sg*.

transporter [3] [trɑ̃spɔrte] **vt** **1.** [à la main] to carry **2.** [en véhicule] to transport.

transporteur [tʀɑ̃spɔʀtœʀ] **nm** [personne] carrier ▸ **transporteur routier** road haulier UK ou hauler US.

transvaser [3] [tʀɑ̃svaze] **vt** to decant.

transversal, e, aux [trɑ̃svɛrsal, o] **adj** **1.** [poutre] cross **2.** [ligne] diagonal.

trapèze [trapɛz] **nm** [de cirque] trapeze.

trapéziste [trapezist] **nmf** trapeze artist.

trappe [trap] **nf** trap door.

trapu, e [trapy] **adj** [personne] stocky, solidly built.

traquer [3] [trake] **vt** [animal] to track ; [personne] to track ou hunt down.

traumatiser [3] [tromatize] **vt** to traumatize.

traumatisme [tromatism] **nm** traumatism ▸ **traumatisme crânien** cranial trauma.

travail [travaj] (*pl* **-aux**) **nm 1.** [activité, lieu] work **2.** [tâche, emploi] job ▸ **être sans travail** [au chômage] to be out of work. ◆ **travaux nmpl 1.** [ménagers, agricoles] work *sg* **2.** [de construction] building (work) *sg* ▸ **travaux pratiques** practical work *sg* ▸ **'travaux'** [sur la route] 'roadworks'.

travailler [3] [travaje] ◆ **vi** to work. ◆ **vt 1.** [matière scolaire, passage musical] to work on **2.** [bois, pierre] to work ▸ **travailler à temps partiel / plein** to work part-time / full-time.

travailleur, euse [travajœr, øz] ◆ **adj** hard-working. ◆ **nm, f** worker ▸ **travailleur émigré / indépendant** immigrant worker / freelancer.

travailliste [travajist] ◆ **nmf** member of the Labour Party. ◆ **adj** Labour *(avant n)*.

traveller's check [travlœrʃɛk] (*pl* **traveller's-checks**) **nm** traveller's cheque.

traveller's cheque [travlœrʃɛk] (*pl* **traveller's-cheques**) **nm** = **traveller's check**.

travers [travɛr] **nm : à travers** through ▸ **de travers a)** crooked **b)** [marcher] sideways **c)** *fig* [mal] wrong ▸ **j'ai avalé de travers** it went down the wrong way ▸ **regarder qqn de travers** to give sb a funny look ▸ **en travers (de)** across ▸ **travers de porc** sparerib of pork.

traversée [traverse] **nf** crossing.

traverser [3] [traverse] ◆ **vt 1.** [rue, rivière] to cross **2.** [transpercer] to go through. ◆ **vi** [piéton] to cross ▸ **'piétons attention, traversez en deux temps'** pedestrians should cross in two stages.

traversin [traversɛ̃] **nm** bolster.

travesti [travesti] **nm** [homosexuel] transvestite.

travestir [32] [travestir] ◆ **se travestir vp 1.** [pour une fête] to put on fancy dress **2.** [pour un homme] to put on drag.

traviole [travjɔl] ◆ **de traviole** *fam* ◆ **loc adj** [tableau] aslant, crooked ; [dents] crooked, badly set. ◆ **loc adv 1.** [en biais] **: j'écris de traviole** my handwriting's all crooked ou cock-eyed **2.** [mal] **: il fait tout de traviole** he can't do anything right.

trébucher [3] [trebyʃe] **vi** to stumble.

trèfle [trɛfl] **nm 1.** [plante] clover **2.** [aux cartes] clubs *pl* ▸ **trèfle à quatre feuilles** four-leaf clover.

treize [trɛz] **num** thirteen ▸ **(au) treize rue Lepic** (at) thirteen Rue Lepic ▸ **il est treize heures** it's one pm ▸ **ils étaient treize** there were thirteen of them ▸ **le treize janvier** the thirteenth of January.

treizième [trɛzjɛm] **num** thirteenth.

trek [trɛk], **trekking** [trɛkiŋ] **nm** trekking ▸ **faire un trek** to go on a trek ▸ **faire du trekking** to go trekking.

tréma [trema] **nm** diaeresis UK , dieresis US .

tremblement [trɑ̃bləmɑ̃] **nm : tremblement de terre** earthquake ▸ **avoir des tremblements** to shiver.

trembler [3] [trɑ̃ble] **vi** to tremble ▸ **trembler de peur /froid** to shiver with fear /cold.

trémousser [3] [tremuse] ◆ **se trémousser vp** to jig up and down.

trempé, e [trɑ̃pe] **adj** [mouillé] soaked.

tremper [3] [trɑ̃pe] ◆ **vt** [plonger] to dip. ◆ **vi** to soak ▸ **faire tremper qqch** to soak sthg.

tremplin [trɑ̃plɛ̃] **nm 1.** [de gymnastique] springboard **2.** [de piscine] divingboard.

trentaine [tʀɑ̃tɛn] **nf 1.** [nombre] **: une trentaine de** about thirty **2.** [âge] **: avoir la trentaine** to be in one's thirties.

trente [trɑ̃t] **num** thirty ▸ **(au) trente rue Lepic** (at) thirty Rue Lepic ▸ **ils étaient trente** there were thirty of them ▸ **le trente janvier** the thirtieth of January.

trentenaire [tʀɑ̃tnɛʀ] **adj & nmf** thirty-year-old.

trentième [trɑ̃tjɛm] **num** thirtieth.

très [trɛ] **adv** very ▸ **très bien /mal** very good /bad.

trésor [trezɔr] **nm** treasure.

trésorier, ère [tʀezɔʀje, ɛʀ] **nm, f** treasurer.

tresse [trɛs] **nf 1.** plait UK, braid US **2.** SUISSE [pain] *plait-shaped loaf.*

tresser [4] [trese] **vt** to plait UK, to braid US.

tréteau [treto] (*pl* **-x**) **nm** trestle.

treuil [trœj] **nm** winch.

trêve [trɛv] **nf 1.** [cessez le feu] truce **2.** [répit] respite.

tri [tri] **nm : faire un tri parmi** to choose from.

triangle [trijɑ̃gl] **nm** triangle.

triangulaire [trijɑ̃gylɛr] **adj** triangular.

triathlon [tʀijatlɔ̃] **nm** triathlon.

tribord [tribɔr] **nm** starboard ▸ **à tribord** to starboard.

tribu [triby] **nf** tribe.

tribunal [tribynal] (*pl* **-aux**) **nm** court ▸ **tribunal d'instance** ≃ magistrates' court UK ; ≃ county court US.

tricher [3] [triʃe] **vi** to cheat.

tricheur, euse [triʃœr, øz] **nm, f** cheat.

tricolore [tʀikɔlɔʀ] **adj 1.** [à trois couleurs] three-coloured UK, three-colored US **2.** [français] French.

tricot [triko] **nm 1.** [ouvrage] knitting **2.** [pull] jumper ▸ **tricot de corps** vest UK, undershirt US.

tricoter [3] [trikɔte] **vt & vi** to knit.

tricycle [trisikl] **nm** tricycle.

trier [10] [trije] **vt 1.** INFORM to sort **2.** [sélectionner] to select **3.** [classer] to sort out.

trimestre [trimɛstr] **nm 1.** [trois mois] quarter **2.** SCOL term.

trimestriel, elle [trimɛstrijɛl] **adj** quarterly.

trinquer [3] [trɛ̃ke] **vi** [boire] to clink glasses.

triomphe [trijɔ̃f] **nm** triumph.

triompher [3] [trijɔ̃fe] **vi 1.** [armée] to triumph **2.** [parti] to win (decisively) **3.** [artiste] to be a great success ▸ **triompher de** to overcome ▸ **il triomphe à l'Apollo tous les soirs** he's playing to packed houses at the Apollo every night.

tripes [trip] **nfpl** CULIN tripe *sg.*

triple [tripl] ◆ **adj** triple. ◆ **nm : le triple du prix normal** three times the normal price.

tripler [3] [triple] **vt & vi** to triple.

tripoter [3] [tripɔte] **vt** [objet] to fiddle with.

trisomique [trizɔmik] ◆ **adj : enfant trisomique** Down's syndrome child. ◆ **nmf** Down's syndrome child.

triste [trist] **adj 1.** sad **2.** [couleur] dull **3.** [endroit] gloomy.

tristesse [tristɛs] **nf** sadness.

troc [trɔk] **nm** [échange] swap.

trognon [trɔɲɔ̃] **nm** [de pomme, de poire] core.

trois [trwa] **num** three ▸ **il a trois ans** he's three (years old) ▸ **il est trois heures** it's three o'clock ▸ **le trois janvier** the third of January ▸ **page trois** page three ▸ **ils étaient trois** there were three of them ▸ **le trois de pique** the three of spades ▸ **(au) trois rue Lepic** at /to three, rue Lepic.

troisième [trwazjɛm] ◆ **num** third. ◆ **nf 1.** SCOL ≃ fourth year **2.** [vitesse] third (gear) ▸ **le troisième étage** third floor UK, fourth floor US ▸ **le troisième (arrondissement)** third arrondissement ▸ **il est arrivé troisième** he came third.

trois-quarts [trwakar] **nm** [manteau] three-quarter length coat.

trombe [trɔ̃b] **nf : des trombes d'eau** a downpour ▸ **partir en trombe** to shoot off.

trombone [trɔ̃bɔn] **nm 1.** [agrafe] paper clip **2.** MUS trombone.

trompe [trɔ̃p] **nf** [d'éléphant] trunk.

tromper [3] [trɔ̃pe] **vt 1.** [conjoint] to be unfaithful to **2.** [client] to cheat. ◆ **se tromper vp** to make a mistake ▸ **se tromper de jour** to get the wrong day.

trompette [trɔ̃pɛt] **nf** trumpet.

trompeur, euse [trɔ̃pœr, øz] **adj** deceptive.

tronc [trɔ̃] **nm : tronc (d'arbre)** (tree) trunk.

tronçonneuse [trɔ̃sɔnøz] **nf** chain saw.

trône [tron] **nm** throne.

trop [tro] **adv** too ▸ **trop fatigué / lentement** too tired /slowly ▸ **trop manger** to eat too much ▸ **trop de a)** [nourriture] too much **b)** [gens] too many ▸ **20 euros de** ou **en trop** 20 euros too much ▸ **deux personnes de** ou **en trop** two people too many.

trophée [trɔfe] **nm** trophy.

tropical, e, aux [trɔpikal, o] **adj** tropical.

tropique [tʀɔpik] **nm** tropic. ◆ **tropiques nmpl** tropics.

trot [tro] **nm** trot ▸ **au trot** at a trot.

trotte [tʀɔt] **nf** *fam* **: il y a une bonne trotte d'ici à la plage** it's a fair distance ou it's quite a step from here to the beach.

trotter [3] [trɔte] **vi** to trot.

trotteuse [trɔtøz] **nf** second hand.

trottinette [trɔtinɛt] **nf** child's scooter.

trottoir [trɔtwar] **nm** pavement UK, sidewalk US.

trou [tru] **nm** hole ▸ **j'ai un trou de mémoire** my mind has gone blank.

troublant, e [tʀublɑ̃, ɑ̃t] **adj** disturbing.

trouble [tʀubl] ◆ **adj** **1.** [eau] cloudy **2.** [image] blurred. ◆ **adv : voir trouble** to have blurred vision. ◆ **troubles nmpl** [sociaux] unrest.

troubler [3] [tʀuble] **vt** **1.** [inquiéter, émouvoir] to disturb **2.** [image, vue] to blur.

troué, e [tʀue] **adj : un vieux châle troué** a tatty UK ou raggedy US old shawl ▸ **des chaussettes toutes trouées** socks full of holes.

trouer [3] [true] **vt** to make a hole in.

trouille [truj] **nf** *fam* **: avoir la trouille** to be scared stiff.

troupe [trup] **nf** [de théâtre] company.

troupeau [trupo] (*pl* **-x**) **nm** **1.** [de vaches] herd **2.** [de moutons] flock.

trousse [trus] **nf** [d'écolier] pencil case ▸ **trousse de secours** first-aid kit ▸ **trousse de toilette** sponge bag.

trousseau [truso] (*pl* **-x**) **nm** [de clefs] bunch.

trouver [3] [truve] **vt** to find ▸ **je trouve que** I think (that).
◆ **se trouver vp** [se situer] to be ▸ **se trouver mal** to faint.

truander [3] [tryɑ̃de] **vt** *fam* to rip off.

truc [tryk] **nm** **1.** *fam* [objet] thing **2.** [astuce] trick.

trucage [trykaʒ] **nm** [au cinéma] special effect.

Trucmuche [tʀykmyʃ] **nm** *fam* [personne] What's-his-name (What's-her-name).

truffe [tryf] **nf** **1.** [d'un animal] muzzle **2.** [champignon] truffle ▸ **truffe (en chocolat)** (chocolate) truffle.

truite [trɥit] **nf** trout ▸ **truite aux amandes** trout with almonds.

truquage [trykaʒ] **nm** = **trucage**.

truquer [3] [tʀyke] **vt** [élections] to rig.

T-shirt [tiʃœrt] **nm** = **tee-shirt**.

tsigane, tzigane [tsigan] **adj** Gypsyish. ◆ **Tsigane, Tzigane nmf** (Hungarian) Gypsy.

tsunami [tsynami] **nm** tsunami.

TSVP (*abr écrite de* **tournez s'il vous plaît**) PTO (*please turn over*).

TTC adj (*abr de* **toutes taxes comprises**) inclusive of tax.

tu¹ [ty] **pron** you.

tu², e [ty] **pp** → **taire**.

tuba [tyba] **nm** [de plongeur] snorkel.

tube [tyb] **nm** **1.** tube **2.** *fam* [musique] hit.

tuberculose [tybɛrkyloz] **nf** tuberculosis.

tuer [7] [tɥe] **vt** to kill. ◆ **se tuer vp** **1.** [se suicider] to kill o.s. **2.** [accidentellement] to die.

tuerie [tyʀi] **nf** slaughter.

tue-tête [tytɛt] ◆ **à tue-tête adv** at the top of one's voice.

tueur, euse [tɥœʀ, øz] **nm, f** [meurtrier] killer ▸ **tueur en série** serial killer.

tuile [tɥil] **nf** tile ▸ **tuile aux amandes** *thin curved almond biscuit.*

tulipe [tylip] **nf** tulip.

tumeur [tymœr] **nf** tumour.

tuner [tynɛr] **nm** tuner.

tunique [tynik] **nf** tunic.

Tunisie [tynizi] **nf : la Tunisie** Tunisia.

tunisien, enne [tynizjɛ̃, ɛn] **adj** Tunisian. ◆ **Tunisien, enne nm, f** Tunisian.

tunnel [tynɛl] **nm** tunnel▸ **le tunnel sous la Manche** the Channel Tunnel.

turbo [tyrbo] **adj inv & nf** turbo.

turbot [tyrbo] **nm** turbot.

turbulences [tyrbylɑ̃s] **nfpl** [dans un avion] turbulence *sg*.

turbulent, e [tyrbylɑ̃, ɑ̃t] **adj** boisterous.

turc, turque [tyrk] **adj** Turkish.

Turkménistan [tyʀkmenistɑ̃] **nm : le Turkménistan** Turkmenistan.

Turquie [tyrki] **nf : la Turquie** Turkey.

turquoise [tyrkwaz] **adj inv & nf** turquoise.

tuteur, trice [tytœʀ, tʀis] **nm, f** guardian.

tutoyer [13] [tytwaje] **vt : tutoyer qqn** to use the "tu" form to sb. ◆ **se tutoyer vp** to use the familiar "tu" form with each other.

tutu [tyty] **nm** tutu.

tuyau [tɥijo] (*pl*-**x**) **nm** pipe▸ **tuyau d'arrosage** hosepipe▸ **tuyau d'échappement** exhaust (pipe).

tuyauterie [tɥijotʀi] **nf** piping, pipes *pl*.

TV (*abr de* **télévision**) TV (*television*).

TVA nf (*abr de* **taxe sur la valeur ajoutée**) VAT (*value added tax*).

tweed [twid] **nm** tweed.

tympan [tɛ̃pɑ̃] **nm** ANAT eardrum.

type [tip] **nm 1.** [sorte] type **2.** *fam* [individu] guy, bloke UK.

typé, e [tipe] **adj : il est très typé** he has all the characteristic features.

typhon [tifɔ̃] **nm** typhoon.

typique [tipik] **adj** typical.

tyran [tiʀɑ̃] **nm** tyrant.

tyrannique [tiʀanik] **adj** tyrannical.

tzatziki [tzatziki] **nm** CULIN tzatziki.

tzigane = **tsigane**.

Uu

UDF nf *French party to the right of the political spectrum.*

UE (*abr de* **Union européenne**) **nf** EU (*European Union*).

Ukraine [ykʀɛn] **nf : l'Ukraine** Ukraine.

ulcère [ylsɛr] **nm** ulcer.

ULM nm microlight.

ultérieur, e [ylterjœr] **adj** later.

ultérieurement [ylteʀjœʀmɑ̃] **adv** later, subsequently.

ultime [yltim] **adj** ultimate.

ultra- [yltra] **préf** ultra-▸ **ultra-moderne** ultramodern.

un, une [œ̃, yn] (*pl* **des** [de])◆ **art** a, an (*devant voyelle*)▸ **un homme** a man →

▸ **une femme** a woman ▸ **une pomme** an apple ▸ **des valises** suitcases
◆ **pron** one ▸ **(l')un de mes amis / un des meilleurs** one of my friends / one of the best ▸ **l'un l'autre** each other, one another ▸ **l'un et l'autre** both (of them / us) ▸ **l'un ou l'autre** either (of them / us) ▸ **ni l'un ni l'autre** neither (of them / us)
◆ **num** one ▸ **il a un an** he's one (year old) ▸ **(au) un rue Lepic** (at / to) one, rue Lepic.

unanime [ynanim] **adj** unanimous.

unanimité [ynanimite] **nf** unanimity ▸ **à l'unanimité** unanimously.

Unetelle **nf** → **Untel**.

uni, e [yni] **adj 1.** [tissu, couleur] plain **2.** [famille, couple] close.

unidose [ynidoz] **adj** single-dose.

unifier [9] [ynifje] **vt** to unify.

uniforme [ynifɔrm] ◆ **adj 1.** uniform **2.** [surface] even. ◆ **nm** uniform.

uniformiser [3] [ynifɔrmize] **vt** to standardize.

unilatéral, e, aux [ynilateral, o] **adj** unilateral.

union [ynjɔ̃] **nf 1.** [d'États] union **2.** [de syndicats] confederation ▸ **l'Union européenne** the European Union.

unique [ynik] **adj 1.** [seul] only **2.** [exceptionnel] unique ▸ **monnaie unique** single currency.

uniquement [ynikmɑ̃] **adv** only.

unir [32] [ynir] **vt** [mots, idées] to combine. ◆ **s'unir vp 1.** [s'associer] to join together **2.** [pays] to unite.

unisson [ynisɔ̃] **nm : à l'unisson** in unison.

unitaire [yniter] **adj** [prix, poids] unit.

unité [ynite] **nf 1.** unit **2.** [harmonie, ensemble] unity ▸ **vendu à l'unité** sold individually ▸ **unité centrale** central processing unit.

univers [yniver] **nm** universe.

universel, elle [yniversel] **adj** universal.

universitaire [yniversiter] **adj** [diplôme, bibliothèque] university.

université [yniversite] **nf** university.

Untel, Unetelle [œ̃tel, yntel] **nm, f** Mr so-and-so (Mrs so-and-so).

urbain, e [yrbɛ̃, en] **adj** urban.

urbanisme [yrbanism] **nm** town planning.

urgence [yrʒɑ̃s] **nf 1.** urgency **2.** MÉD emergency ▸ **d'urgence** [vite] immediately ▸ **(service des) urgences** casualty (department).

urgent, e [yrʒɑ̃, ɑ̃t] **adj** urgent.

urgentissime [yRʒɑ̃tisim] **adj** *fam* super urgent.

urgentiste [yRʒɑ̃tist] **nmf** MÉD A&E doctor.

urger [17] [yRʒe] **vi** *fam* **: ça urge ?** is it urgent?, how urgent is it? ▸ **j'ai du travail, mais ça n'urge pas** I do have some work to do, but it's not urgent ou but there's no rush.

urine [yrin] **nf** urine.

uriner [3] [yrine] **vi** to urinate.

urinoir [yrinwar] **nm** urinal.

URL (*abr de* **uniform resource locator**) **nf** URL.

urne [yRn] **nf** [de vote] ballot box.

urologue [yʀɔlɔg] **nmf** urologist.

urticaire [yrtikɛr] **nf** nettle rash.

Uruguay [yʀygwɛ] **nm : l'Uruguay** Uruguay.

USA **nmpl : les USA** the USA.

usage [yzaʒ] **nm** [utilisation] use ▸ **d'usage** usual ▸ **'usage externe'** 'for external use only' ▸ **'usage interne'** 'for internal use only'.

usagé, e [yzaʒe] **adj** [ticket] used.

usager [yzaʒe] **nm** user.

USB **n : clé USB** USB flash drive.

usé, e [yze] **adj** worn.

user [3] [yze] **vt 1.** [abîmer] to wear out **2.** [consommer] to use. ◆ **s'user** **vp** to wear out.

usine [yzin] **nf** factory.

usité, e [yzite] **adj : très / peu usité** commonly / rarely used.

ustensile [ystɑ̃sil] **nm** tool ▸ **ustensile de cuisine** kitchen utensil.

usuel, elle [yzɥɛl] **adj** common, usual.

usure [yzyʀ] **nf** [de vêtement, meuble] wear.

utérus [yteʀys] **nm** uterus, womb.

utile [ytil] **adj** useful.

utilisateur, trice [ytilizatœr, tris] **nm, f** user.

utilisation [ytilizasjɔ̃] **nf** use.

utiliser [3] [ytilize] **vt** to use.

utilité [ytilite] **nf : être d'une grande utilité** to be of great use.

utopique [ytɔpik] **adj** utopian.

UV **nmpl** (*abr de* **ultraviolets**) UV rays (*ultra-violet rays*).

V v

va [va] **3e pers. du sg de l'ind. prés.** → **aller**.

vacances [vakɑ̃s] **nfpl** holiday *sg* UK, vacation *sg* US ▸ **être / partir en vacances** to be / go on holiday UK, to be / go on vacation US ▸ **prendre des vacances** to take a holiday UK, to take a vacation US ▸ **vacances scolaires** school holidays UK, school break US.

vacancier, ère [vakɑ̃sje, ɛr] **nm, f** holidaymaker UK, vacationer US.

vacarme [vakarm] **nm** racket.

vaccin [vaksɛ̃] **nm** vaccine.

vaccination [vaksinasjɔ̃] **nf** vaccination.

vacciner [3] [vaksine] **vt : vacciner qqn contre qqch** to vaccinate sb against sthg.

vache [vaʃ] ◆ **nf** cow. ◆ **adj** *fam* [méchant] mean ▸ **il lui a fait un coup vache** he stabbed him in the back.

vachement [vaʃmɑ̃] **adv** *fam* dead UK, real US ▸ **c'est vachement bien** it's really good ▸ **il est vachement sympa** he's dead nice.

vacherie [vaʃri] **nf** *fam* nastiness ▸ **faire / dire une vacherie** to do / say something nasty.

vacherin [vaʃrɛ̃] **nm 1.** [gâteau] *meringue filled with ice cream and whipped* *cream* **2.** [fromage] *soft cheese made from cow's milk.*

vagabond, e [vagabɔ̃, ɔ̃d] **nm, f** vagrant.

vagin [vaʒɛ̃] **nm** vagina.

vague [vag] ◆ **adj** [peu précis] vague. ◆ **nf** wave ▸ **vague de chaleur** heat wave.

vaguement [vagmɑ̃] **adv** vaguely.

vaille etc **1re et 3e pers. du sg du subj. prés.** → **valoir**.

vain [vɛ̃] ◆ **en vain adv** in vain.

vaincre [114] [vɛ̃kr] **vt 1.** [ennemi] to defeat **2.** [peur, obstacle] to overcome.

vaincu, e [vɛ̃ky] **nm, f 1.** [équipe] losing team **2.** [sportif] loser.

vainqueur [vɛ̃kœr] **nm 1.** [d'un match] winner **2.** [d'une bataille] victor.

vais [vɛ] **1re pers. du sg de l'ind. prés.** → **aller**.

vaisseau [vɛso] (*pl* **-x**) **nm** [veine] vessel ▸ **vaisseau spatial** spaceship.

vaisselle [vɛsɛl] **nf** [assiettes] crockery ▸ **faire la vaisselle** to wash up ▸ **vaisselle jetable** paper plates and cups.

valable [valabl] **adj** valid.

valait 3e pers. du sg de l'ind. imparfait → **valoir**.

valent [val] **3e pers. du pl de l'ind. prés.** → **valoir**.

valet [valɛ] **nm** [aux cartes] jack.

valeur [valœr] **nf** value ▸ **sans valeur** worthless.

valider [3] [valide] **vt** [ticket] to validate.

validité [validite] **nf : date limite de validité** expiry date.

valise [valiz] **nf** case, suitcase ▸ **faire ses valises** to pack.

vallée [vale] **nf** valley.

vallonné, e [valɔne] **adj** undulating.

valoche [valɔʃ] **nf** *vulg* [valise] case, bag.

valoir [60] [valwar] ◆ **vi 1.** [coûter, avoir comme qualité] to be worth **2.** [dans un magasin] to cost. ◆ **v impers : il vaut mieux faire qqch** it's best to do sthg ▸ **il vaut mieux que tu restes** you had better stay ▸ **ça vaut combien ?** how much is it? ▸ **ça ne vaut pas la peine** OU **le coup** it's not worth it ▸ **ça vaut la peine** OU **le coup d'y aller** it's worth going.

valse [vals] **nf** waltz.

valu [valy] **pp** → **valoir**.

vandale [vɑ̃dal] **nm** vandal.

vandalisme [vɑ̃dalism] **nm** vandalism.

vanille [vanij] **nf** vanilla.

vaniteux, euse [vanitø, øz] **adj** vain.

vannerie [vanʀi] **nf** basketwork.

vanter [3] [vɑ̃te] **vt** [vanter] to praise. ◆ **se vanter vp** to boast.

vapeur [vapœr] **nf** steam ▸ **fer à vapeur** steam iron ▸ **(à la) vapeur** CULIN steamed.

vaporisateur [vapɔrizatœr] **nm** atomizer.

vaporiser [3] [vapɔʀize] **vt** to spray.

varappe [varap] **nf** rock climbing.

variable [varjabl] **adj 1.** [chiffre] varying **2.** [temps] changeable.

variant [varjɑ̃] **nf** MÉD variant.

varice [vaʀis] **nf** varicose vein.

varicelle [varisɛl] **nf** chickenpox.

varices [varis] **nfpl** varicose veins.

varié, e [varje] **adj 1.** [travail] varied **2.** [paysage] diverse ▸ **'hors-d'œuvre variés'** 'a selection of starters'.

varier [9] [vaʀje] **vt & vi** to vary.

variété [varjete] **nf** variety. ◆ **variétés nfpl** [musique] easy listening *sg* ▸ **variétés françaises** French easy listening music ▸ **variétés internationales** international easy listening music.

variole [varjɔl] **nf** smallpox.

Varsovie [vaʀsɔvi] **n** Warsaw.

vas [va] **2e pers. du sg de l'ind. prés.** → **aller**.

vase [vaz] ◆ **nf** mud. ◆ **nm** vase.

vaseux, euse [vazø, øz] **adj 1.** [boueux] muddy **2.** *fam* [malade] under the weather.

vasistas [vazistas] **nm** fanlight.

vaste [vast] **adj** vast.

Vatican [vatikɑ̃] **nm : le Vatican** the Vatican ▸ **l'État de la cité du Vatican** Vatican City.

vaudra 3e pers. du sg de l'ind. fut. → **valoir**.

vaut [vo] **3e pers. du sg de l'ind. prés.** → **valoir**.

vautour [votur] **nm** vulture.

veau [vo] (*pl* **-x**) **nm 1.** calf **2.** CULIN veal.

vécu, e [veky] ◆ **pp** → **vivre.** ◆ **adj** [histoire] true.

vedette [vədɛt] **nf 1.** [acteur, sportif] star **2.** [bateau] launch.

vegan [vegan] **adj & nmf inv** vegan.

végétal, e, aux [veʒetal, o] ◆ **adj** [huile, teinture] vegetable. ◆ **nm** plant.

végétalien, enne [veʒetaljɛ̃, ɛn] **adj & nm, f** vegan.

végétarien, enne [veʒetarjɛ̃, ɛn] **adj & nm, f** vegetarian.

végétation [veʒetasjɔ̃] **nf** vegetation. ◆ **végétations nfpl** MÉD adenoids.

véhicule [veikyl] **nm** vehicle.

veille [vɛj] **nf** [jour précédent] day before, eve ▸ **la veille au soir** the evening before.

veillée [veje] **nf** [en colonie de vacances] *evening entertainment where children stay up late.*

veiller [4] [veje] **vi** [rester éveillé] to stay up ▸ **veillez à ne rien oublier** make sure you don't forget anything ▸ **veiller à ce que** to see (to it) that ▸ **veiller sur qqn** to look after sb.

veilleur [vejœr] **nm : veilleur de nuit** night watchman.

veilleuse [vejøz] **nf 1.** [lampe] night light **2.** [flamme] pilot light.

veine [vɛn] **nf** ANAT vein ▸ **avoir de la veine** *fam* to be lucky.

Velcro® [vɛlkro] **nm** Velcro®.

véliplanchiste [veliplɑ̃ʃist] **nmf** windsurfer.

vélo [velo] **nm** bicycle, bike ▸ **faire du vélo** to cycle ▸ **vélo de course** racing bike ▸ **vélo tout terrain** mountain bike.

vélomoteur [velɔmɔtœr] **nm** moped.

velours [vəlur] **nm** velvet ▸ **velours côtelé** corduroy.

velouté [vəlute] **nm : velouté d'asperge** cream of asparagus soup.

vendange [vɑ̃dɑ̃ʒ] **nf 1.** [récolte] grape harvest, wine harvest **2.** [période] **: les vendanges** (grape) harvest time *sg*.

vendeur, euse [vɑ̃dœr, øz] **nm, f 1.** [de grand magasin] sales assistant UK, sales clerk US **2.** [sur un marché, ambulant] salesman (saleswoman).

vendre [73] [vɑ̃dr] **vt** to sell▸ **vendre qqch à qqn** to sell sb sthg▸ **'à vendre'** 'for sale'.

vendredi [vɑ̃drədi] **nm** Friday▸ **vendredi saint** Good Friday▸ **nous sommes** OU **c'est vendredi** it's Friday today▸ **vendredi 13 septembre** Friday 13 September▸ **nous sommes partis vendredi** we left on Friday▸ **vendredi dernier** last Friday▸ **vendredi prochain** next Friday▸ **vendredi matin** on Friday morning▸ **le vendredi** on Fridays▸ **à vendredi !** see you Friday!

vénéneux, euse [venenø, øz] **adj** poisonous.

Venezuela [venezɥela] **nm : le Venezuela** Venezuela.

vengeance [vɑ̃ʒɑ̃s] **nf** revenge.

venger [17] [vɑ̃ʒe]◆ **se venger vp** to get one's revenge.

venimeux, euse [vənimø, øz] **adj** poisonous.

venin [vənɛ̃] **nm** venom.

venir [40] [vənir] **vi** to come▸ **venir de** to come from▸ **venir de faire qqch** to have just done sthg▸ **nous venons d'arriver** we've just arrived▸ **faire venir qqn** [docteur, réparateur] to send for sb.

Venise [vəniz] **n** Venice.

vent [vɑ̃] **nm** wind▸ **il y a** OU **il fait du vent** it's windy▸ **vent d'ouest** west wind.

vente [vɑ̃t] **nf** sale▸ **être en vente** to be up for sale▸ **mettre qqch en vente** to put sthg for sale▸ **vente par correspondance** mail order▸ **vente aux enchères** auction.

venté, e [vɑ̃te] **adj 1.** [où le vent souffle] windswept, windy **2.** [exposé] windswept.

venteux, euse [vɑ̃tø, øz] **adj** windy.

ventilateur [vɑ̃tilatœr] **nm** fan.

ventiler [3] [vɑ̃tile] **vt** [pièce] to ventilate.

ventouse [vɑ̃tuz] **nf** [en caoutchouc] suction pad.

ventre [vɑ̃tr] **nm** stomach▸ **avoir du ventre** to have a bit of a paunch.

venu, e [vəny] **pp→ venir**.

venue [vəny] **nf** arrival.

ver [vɛr] **nm 1.** [de fruit] maggot **2.** worm▸ **ver luisant** glow worm▸ **ver (de terre)** (earth)worm.

véranda [verɑ̃da] **nf 1.** [pièce vitrée] conservatory **2.** [espace ouvert] veranda(h) UK, porch US.

verbe [vɛrb] **nm** verb.

verdâtre [vɛʀdatʀ] **adj** greenish.

verdict [vɛrdikt] **nm** verdict.

verdoyant, e [vɛʀdwajɑ̃, ɑ̃t] **adj** green.

verdure [vɛrdyr] **nf** greenery.

véreux, euse [verø, øz] **adj** [fruit] worm-eaten.

verger [vɛrʒe] **nm** orchard.

verglacé, e [vɛrglase] **adj** icy.

verglas [vɛrgla] **nm** (black) ice.

vérification [verifikasjɔ̃] **nf** checking.

vérifier [9] [verifje] **vt** to check.

véritable [veritabl] **adj** real.

vérité [verite] **nf** truth▸ **dire la vérité** to tell the truth.

verlan [vɛʀlɑ̃] **nm** back slang.

vermicelle [vɛrmisɛl] **nm** vermicelli.

verni, e [vɛrni] **adj 1.** [chaussure] patent-leather **2.** [meuble] varnished.

vernir [32] [vɛʀniʀ] **vt** to varnish.

vernis [vɛrni] **nm** varnish ▸ **vernis à ongles** nail varnish.

vernissage [vɛʀnisaʒ] **nm** private viewing.

verra 3ᵉ pers. du sg de l'ind. fut. → **voir**.

verre [vɛr] **nm** glass ▸ **boire** OU **prendre un verre** to have a drink ▸ **verre à pied** wine glass ▸ **verre à vin** wine glass ▸ **verres de contact** contact lenses.

verrière [vɛrjɛr] **nf** [toit] glass roof.

verrine [vɛʀin] **nf** *appetizer or dessert served in a small glass.*

verrou [vɛru] **nm** bolt.

verrouillage [vɛʀujaʒ] **nm** [téléphone, ordinateur portable & AUTO] locking ▸ **verrouillage centralisé** central locking.

verrouiller [3] [vɛruje] **vt** **1.** [porte] to bolt **2.** [téléphone, ordinateur portable] to lock.

verrue [vɛry] **nf** wart.

vers [vɛr] ◆ **nm** line. ◆ **prép** **1.** [direction] towards **2.** [époque] around.

Versailles [vɛrsaj] **n** Versailles.

> ⓘ **Versailles**
>
> France's greatest palace, by Le Vau and Mansart, with gardens by Le Nôtre. Built at enormous cost by Louis XIV and added to in the 18th century, it was the home of the French court until the Revolution.

versant [vɛrsɑ̃] **nm** side.

versatile [vɛrsatil] **adj** fickle.

verse [vɛrs] ◆ **à verse adv : il pleut à verse** it's pouring down.

Verseau [vɛrso] **nm** Aquarius.

versement [vɛrsəmɑ̃] **nm** payment.

verser [3] [vɛrse] ◆ **vt** **1.** [liquide] to pour **2.** [argent] to pay. ◆ **vi** *fig* **: verser dans qqch** to lapse into sthg.

verseur [vɛrsœr] **adj m** → **bec**.

version [vɛrsjɔ̃] **nf** **1.** version **2.** [traduction] translation ▸ **version française** version dubbed into French ▸ **version originale** version in original language.

verso [vɛrso] **nm** back ▸ **'voir au verso'** 'see overleaf'.

vert, e [vɛr, vɛrt] ◆ **adj** **1.** green **2.** [fruit] unripe **3.** [vin] young. ◆ **nm** green ▸ **vert bouteille** bottle green ▸ **vert émeraude** emerald green.

vertébrale [vɛrtebral] **adj f** → **colonne**.

vertèbre [vɛrtɛbr] **nf** vertebra.

vertical, e, aux [vɛrtikal, o] **adj** vertical.

verticalement [vɛrtikalmɑ̃] **adv** vertically.

vertige [vɛrtiʒ] **nm : avoir le vertige** to be dizzy.

vertigineux, euse [vɛʀtiʒinø, øz] **adj** [vitesse, vue] breathtaking.

verveine [vɛrvɛn] **nf** [infusion] verbena tea.

vessie [vesi] **nf** bladder.

veste [vɛst] **nf** jacket.

vestiaire [vɛstjɛr] **nm** [d'un musée, d'un théâtre] cloakroom.

vestibule [vɛstibyl] **nm** hall.

vestiges [vɛstiʒ] **nmpl** remains.

vestimentaire [vɛstimɑ̃tɛʀ] **adj : style vestimentaire** style in clothing OU in clothes.

veston [vɛstɔ̃] **nm** jacket.

vêtements [vɛtmɑ̃] **nmpl** clothes.
vétérinaire [veterinɛr] **nmf** vet.
vététiste [vetetist] **nmf** mountain biker.
vêtu, e [vɛty] **adj : vêtu (de)** dressed (in).
vétuste [vetyst] **adj** dilapidated.
veuf, veuve [vœf, vœv] ◆ **adj** widowed. ◆ **nm, f** widower (widow).
veuille etc **3ᵉ pers. du sg du subj. prés.** → **vouloir**.
veuve adj f & nf → **veuf**.
veux [vø] **1ʳᵉ et 2ᵉ pers. du sg de l'ind. prés.** → **vouloir**.
vexant, e [vɛksɑ̃, ɑ̃t] **adj** hurtful.
vexer [4] [vɛkse] **vt** to offend. ◆ **se vexer vp** to take offence.
VF *abr de* **version française**.
viaduc [vjadyk] **nm** viaduct.
viande [vjɑ̃d] **nf** meat ▸ **viande séchée des Grisons** *dried salt beef* ▸ **viande grillée** grilled UK ou broiled US meat.
vibration [vibrasjɔ̃] **nf** vibration.
vibrer [3] [vibre] **vi** to vibrate.
vibreur [vibʀœʀ] **nm** VibraCall® ▸ **mettre son téléphone portable en mode vibreur** to switch one's phone to virbrate.
vice [vis] **nm** vice.
vice versa [vis(e)vɛrsa] **adv** vice versa.
vicieux, euse [visjø, øz] **adj** [pervers] perverted.
victime [viktim] **nf 1.** victim **2.** [d'un accident] casualty ▸ **être victime de** to be the victim of.
victoire [viktwar] **nf** victory.
vidange [vidɑ̃ʒ] **nf** [d'une auto] oil change.
vide [vid] ◆ **adj** empty. ◆ **nm 1.** [espace] gap **2.** [absence d'air] vacuum ▸ **sous vide** [aliment] vacuum-packed.
vide-greniers [vidgʀənje] **nm inv** second-hand goods sale, car-boot sale UK, yard sale US.
vidéo [video] **adj inv & nf** video.
vidéoclip [videɔklip] (*pl* **vidéoclips**) **nm** (music) video.
vidéoconférence [videokɔ̃ferɑ̃s] **nf** = **visioconférence**.
vidéoprojecteur [videɔpʀɔʒektœʀ] **nm** video projector.
vide-ordures [vidɔrdyr] **nm inv** rubbish chute UK, garbage chute US.
vide-poches [vidpɔʃ] **nm inv** [dans une voiture] pocket.
vider [3] [vide] **vt 1.** to empty **2.** [poulet, poisson] to gut ▸ **vider son sac** *fam & fig* to get things off one's chest. ◆ **se vider vp** [salle, baignoire] to empty.
videur [vidœr] **nm** [de boîte de nuit] bouncer.
vie [vi] **nf** life ▸ **en vie** alive.
vieil adj m → **vieux**.
vieillard [vjɛjar] **nm** old man.
vieille adj f → **vieux**.
vieillesse [vjejɛs] **nf** old age.
vieillir [32] [vjejir] ◆ **vi 1.** to get old **2.** [vin] to age. ◆ **vt : ça le vieillit** [en apparence] it makes him look old(er).
viendra etc **3ᵉ pers. du sg de l'ind. fut.** → **venir**.
Vienne [vjɛn] **n** [en Autriche] Vienna.
viennoiserie [vjenwazʀi] **nf** *pastry made with sweetened dough like croissant, brioche, etc.*

viens etc 1re et 2e pers. du sg de l'ind. prés. → **venir**.

vierge [vjɛrʒ] **adj** [cassette, CD, DVD] blank. ◆ **Vierge nf** [signe du zodiaque] Virgo.

Vietnam [vjɛtnam] **nm : le Vietnam** Vietnam.

vieux, vieille [vjø, vjɛj] (*mpl* **vieux** [vjø]) *(***vieil** [vjɛj] *devant voyelle ou h muet)* **adj** old ▸ **vieux jeu** old-fashioned.

vif, vive [vif, viv] **adj 1.** [geste] sharp **2.** [pas] brisk **3.** [regard, couleur] bright **4.** [esprit] lively.

vigile [viʒil] **nm** watchman.

Vigipirate [viʒipiʀat] **n : le plan Vigipirate** *measures to protect the public from terrorist attacks.*

vigne [viɲ] **nf 1.** [plante] vine **2.** [terrain] vineyard.

vignette [viɲɛt] **nf 1.** [automobile] tax disc **2.** [de médicament] price sticker *(for reimbursement of cost of medicine by the social security services).*

vignoble [viɲɔbl] **nm** vineyard.

vigoureux, euse [vigurø, øz] **adj** sturdy.

vigueur [vigœr] **nf : les prix en vigueur** current prices ▸ **entrer en vigueur** to come into force.

VIH, V.I.H. (*abr de* virus d'immunodéficience humaine) **nm** HIV *(human immunodeficiency virus).*

vilain, e [vilɛ̃, ɛn] **adj 1.** [méchant] naughty **2.** [laid] ugly.

villa [vila] **nf** villa.

village [vilaʒ] **nm** village.

villageois, e [vilaʒwa, az] **nm, f** villager.

ville [vil] **nf 1.** [petite, moyenne] town **2.** [importante] city ▸ **aller en ville** to go into town.

Villette [vilɛt] **nf : (le parc de) la Villette** *cultural park in the north of Paris, including a science museum.*

Vilnius [vilnjys] **n** Vilnius.

vin [vɛ̃] **nm** wine ▸ **vin blanc** white wine ▸ **vin doux** sweet wine ▸ **vin rosé** rosé wine ▸ **vin rouge** red wine ▸ **vin sec** dry wine ▸ **vin de table** table wine ▸ **vin chaud** mulled wine.

ⓘ Le vin

French wines are officially divided into four categories: wines labelled Appellation d'Origine Contrôlée (AOC) are of the highest quality; next in quality come those classed as Vins De Qualité Supérieure (VDQS); then vins de pays, local wines from an identifiable region; and lastly vins de table, generic table wines. France produces red, white and rosé wines as well as sparkling and dessert wines. The major wine-producing regions include Alsace, Bordeaux, Burgundy, the Loire Valley, the Rhone Valley and Champagne.

vinaigre [vinɛgr] **nm** vinegar.

vinaigrette [vinɛgrɛt] **nf** French dressing UK, vinaigrette.

vingt [vɛ̃] **num** twenty ▸ **(au) vingt rue Lepic** (at) twenty Rue Lepic ▸ **ils étaient vingt** there were twenty of them ▸ **le vingt janvier** the twentieth of January.

vingtaine [vɛ̃tɛn] **nf : une vingtaine (de)** about twenty.

vingtième [vɛ̃tjɛm] **num** twentieth.

vinicole [vinikɔl] **adj** wine-growing, wine-producing.

vintage [vɛ̃taʒ, vintɛdʒ] ◆ **adj inv** vintage. ◆ **nm : le vintage est très tendance aujourd'hui** vintage fashions are very much in vogue.

vinyle [vinil] **nm** vinyl.

viol [vjɔl] **nm** rape.

violemment [vjɔlamɑ̃] **adv** violently.

violence [vjɔlɑ̃s] **nf** violence.

violent, e [vjɔlɑ̃, ɑ̃t] **adj** violent.

violer [3] [vjɔle] **vt** [personne] to rape.

violet, ette [vjɔlɛ, ɛt] **adj & nm** purple.

violette [vjɔlɛt] **nf** violet.

violon [vjɔlɔ̃] **nm** violin.

violoncelle [vjɔlɔ̃sɛl] **nm** cello.

violoniste [vjɔlɔnist] **nmf** violinist.

vipère [vipɛr] **nf** viper.

virage [viraʒ] **nm 1.** [sur la route] bend **2.** [en voiture, à ski] turn.

viral, e, aux [viʀal, o] **adj** viral.

virement [virmɑ̃] **nm** [sur un compte] transfer.

virer [3] [vire] ◆ **vi 1.** [tourner] to turn **2. : virer de bord a)** NAUT to veer **b)** [voilier] to tack **c)** *fig* to do a U-turn. ◆ **vt** [argent] to transfer.

virgule [virgyl] **nf 1.** [entre mots] comma **2.** [entre chiffres] (decimal) point.

viril, e [viril] **adj** virile.

virtuel, elle [viʀtɥɛl] **adj** potential.

virtuelle [virtɥɛl] **adj f → réalité**.

virtuose [virtɥoz] **nmf** virtuoso.

virus [virys] **nm** virus.

vis [vis] **nf** screw.

visa [viza] **nm** [de séjour] visa.

visage [vizaʒ] **nm** face.

vis-à-vis [vizavi] ◆ **vis-à-vis de prép : vis-à-vis de qqn** towards sb.

viser [3] [vize] **vt 1.** [cible] to aim at **2.** [suj : loi] to apply to **3.** [suj : remarque] to be aimed at.

viseur [vizœr] **nm 1.** [de carabine] sights *pl* **2.** [d'appareil photo] viewfinder.

visibilité [vizibilite] **nf** visibility.

visible [vizibl] **adj** visible.

visière [vizjɛr] **nf** [de casquette] peak.

visioconférence [vizjokɔ̃ferɑ̃s], **vidéoconférence** [videokɔ̃ferɑ̃s] **nf** videoconference.

vision [vizjɔ̃] **nf** [vue] vision.

visionneuse [vizjɔnøz] **nf** projector.

visiophone [vizjɔfɔn] **nm** videophone, viewphone.

visite [vizit] **nf** visit ▸ **rendre visite à qqn** to visit sb ▸ **visite guidée** guided tour ▸ **visite guidée audio** audio tour ▸ **visite médicale** medical.

visiter [3] [vizite] **vt** to visit ▸ **faire visiter qqch à qqn** to show sb round sthg.

visiteur, euse [vizitœr, øz] **nm, f** visitor.

visqueux, euse [viskø, øz] **adj** sticky.

visser [3] [vise] **vt 1.** [vis] to screw in **2.** [couvercle] to screw on.

visuel, elle [vizɥɛl] **adj** visual.

vital, e, aux [vital, o] **adj** vital.

vitalité [vitalite] **nf** vitality.

vitamine [vitamin] **nf** vitamin.

vite [vit] **adv** fast, quickly.

vitesse [vitɛs] **nf 1.** speed **2.** TECH [d'une voiture, d'un vélo] gear ▸ **à toute vitesse** at top speed.

viticulteur, trice [vitikyltœʀ, tʀis] **nm, f** wine-grower.

vitrage [vitʀaʒ] **nm : fenêtre à double vitrage** double-glazed window.

vitrail [vitraj] (*pl*-**aux**) **nm** stained-glass window.

vitre [vitr] **nf** **1.** [de fenêtre] window pane **2.** [de voiture] window.

vitré, e [vitre] **adj** [porte] glass.

vitrine [vitrin] **nf** **1.** [de magasin] (shop) window **2.** [meuble] display cabinet ▸ **en vitrine** in the window ▸ **faire les vitrines** to window-shop.

vivable [vivabl] **adj** [appartement] livable-in ; [situation] bearable, tolerable.

vivacité [vivasite] **nf** vivacity.

vivant, e [vivɑ̃, ɑ̃t] **adj** **1.** [en vie] alive **2.** [animé] lively.

vive [viv] ◆ **adj f** → **vif.** ◆ **interj : vive les vacances !** hurray for the holidays!

vivement [vivmɑ̃] ◆ **adv** quickly. ◆ **interj : vivement demain !** roll on tomorrow!

vivifiant, e [vivifiɑ̃, ɑ̃t] **adj** invigorating.

vivre [90] [vivr] ◆ **vi** to live. ◆ **vt** [passer] to experience ▸ **vivre des moments difficiles** to go through a difficult time.

VO *abr de* **version originale**.

vocabulaire [vɔkabylɛr] **nm** vocabulary.

vocales [vɔkal] **adj f pl** → **corde**.

vodka [vɔdka] **nf** vodka.

vœu [vø] (*pl*-**x**) **nm** [souhait] wish ▸ **meilleurs vœux** best wishes.

voici [vwasi] **prép** here is /are ▸ **le voici** here he /it is ▸ **voici ma fille** this is my daughter ▸ **voici votre clef** here's your key.

voie [vwa] **nf** **1.** [chemin] road **2.** [sur une route] lane **3.** [de gare] platform ▸ **être en voie d'amélioration** to be improving ▸ **voie ferrée** railway track UK , railroad track US ▸ **voie sans issue** dead end ▸ **'par voie orale'** 'to be taken orally'.

voilà [vwala] **prép** there is /are ▸ **voilà ce qui s'est passé** this is what happened ▸ **voilà Pierre** there's Pierre.

voile [vwal] ◆ **nm** veil. ◆ **nf** [de bateau] sail ▸ **faire de la voile** to go sailing.

voilé, e [vwale] **adj** **1.** [roue] buckled **2.** [femme] veiled **3.** [ciel] overcast **4.** [son] muffled.

voiler [3] [vwale] ◆ **se voiler vp** [ciel] to cloud over.

voilier [vwalje] **nm** sailing boat UK , sailboat US .

voir [62] [vwar] **vt** to see ▸ **ça n'a rien à voir** that's got nothing to do with it ▸ **voyons !** [pour reprocher] come on now! ▸ **faire voir qqch à qqn** to show sb sthg. ◆ **se voir vp** **1.** [être visible] to show **2.** [se rencontrer] to see one another.

voisin, e [vwazɛ̃, in] ◆ **adj** **1.** [ville] neighbouring **2.** [maison] next-door. ◆ **nm, f** neighbour.

voisinage [vwazinaʒ] **nm** **1.** [quartier] neighbourhood UK , neighborhood US **2.** [environs] vicinity.

voiture [vwatyr] **nf** **1.** car **2.** [wagon] carriage ▸ **voiture de sport** sports car.

voix [vwa] **nf** **1.** voice **2.** [vote] vote ▸ **à voix basse** in a low voice ▸ **à voix haute** in a loud voice.

vol [vɔl] **nm** **1.** [groupe d'oiseaux] flock **2.** [trajet en avion] flight **3.** [délit] theft ▸ **attraper qqch au vol** to grab sthg ▸ **à vol d'oiseau** as the crow flies ▸ **en vol** [dans un avion] during the flight ▸ **vol régulier** scheduled flight.

volage [vɔlaʒe] **adj** fickle.

volaille [vɔlaj] **nf** [oiseau] fowl ▸ **de la volaille** poultry.

volant [vɔlɑ̃] **nm 1.** [de voiture] steering wheel **2.** [de nappe, de jupe] flounce **3.** [de badminton] shuttlecock ▸ **une jupe à volants** a flounced skirt.

volante [vɔlɑ̃t] **adj f** → **soucoupe**.

vol-au-vent [vɔlovɑ̃] **nm inv** vol-au-vent.

volcan [vɔlkɑ̃] **nm** volcano.

voler [3] [vɔle] ◆ **vt 1.** [argent, objet] to steal **2.** [personne] to rob. ◆ **vi** [oiseau, avion] to fly.

volet [vɔlɛ] **nm 1.** [de fenêtre] shutter **2.** [d'imprimé] tear-off section.

voleur, euse [vɔlœr, øz] **nm, f** thief ▸ **au voleur !** stop thief!

volière [vɔljɛr] **nf** aviary.

volley(-ball) [vɔlɛ(bol)] **nm** volleyball.

volontaire [vɔlɔ̃tɛr] ◆ **adj** [geste, engagement] deliberate. ◆ **nmf** volunteer.

volontairement [vɔlɔ̃tɛrmɑ̃] **adv** [exprès] deliberately.

volonté [vɔlɔ̃te] **nf 1.** [énergie] will **2.** [désir] wish ▸ **bonne volonté** goodwill ▸ **mauvaise volonté** unwillingness ▸ **'frites à volonté'** unlimited chips UK ou French fries.

volontiers [vɔlɔ̃tje] **adv** willingly ▸ **volontiers !** [à table] yes, please!

volt [vɔlt] **nm** volt.

volume [vɔlym] **nm** volume ▸ **réglage du volume** volume adjustment.

volumineux, euse [vɔlyminø, øz] **adj** bulky.

volupté [vɔlypte] **nf** sensual ou voluptuous pleasure.

vomir [32] [vɔmir] ◆ **vi** to be sick. ◆ **vt** to bring up.

vomissement [vɔmismɑ̃] **nm 1.** [action] vomiting **2.** [vomissure] vomit ▸ **il a été pris de vomissements** he started vomiting.

vont [vɔ̃] **3ᵉ pers. du pl de l'ind. prés.** → **aller**.

vos **adj pl** → **votre**.

Vosges [voʒ] **nfpl : les Vosges** the Vosges.

vote [vɔt] **nm** vote.

voter [3] [vɔte] **vi** to vote.

votre [vɔtr] (*pl* **vos** [vo]) **adj** your.

vôtre [votr] ◆ **le vôtre, la vôtre** [ləvotr, lavotr] (*pl* **les vôtres** [levotr]) **pron** yours ▸ **à la vôtre !** your good health!

voudra [vudra] **3ᵉ pers. du sg de l'ind. fut.** → **vouloir**.

vouloir [57] [vulwar] ◆ **vt 1.** [désirer] to want ▸ **voulez-vous boire quelque chose ?** would you like something to drink? ▸ **je veux qu'il parte** I want him to go ▸ **si tu veux** if you like ▸ **sans le vouloir** unintentionally ▸ **je voudrais…** I would like… **2.** [accepter] **: tu prends un verre ? — oui, je veux bien** would you like a drink? — yes, I'd love one ▸ **veuillez vous asseoir** please sit down **3.** [dans des expressions] **: ne pas vouloir de qqn / qqch** not to want sb / sthg ▸ **en vouloir à qqn** to have a grudge against sb ▸ **vouloir dire** to mean

◆ **s'en vouloir vp : s'en vouloir (de faire qqch)** to be annoyed with o.s. (for doing sthg).

voulu, e [vuly] **pp** → **vouloir**.

vous [vu] **pron 1.** you **2.** [objet indirect] (to) you **3.** [réciproque] each other **4.** [réfléchi] **: vous vous êtes lavés ?** have you washed? ▸ **vous-même** yourself ▸ **vous-mêmes** yourselves.

> **ⓘ vous**
>
> The **vous** form of "you" is used among people who have just been introduced or don't know each other well, but also in the professional world, particularly among colleagues at different levels in a hierarchy. Students from primary school to university level are expected to use **vous** with their teachers, even though professors often address students as **tu**. **Tu** is reserved for friends, animals, inanimate objects and often colleagues whom one regards as equals.

voûte [vut] **nf** vault.

voûté, e [vute] **adj** [personne, dos] hunched.

vouvoyer [13] [vuvwaje] **vt : vouvoyer qqn** to address sb as "vous". ◆ **se vouvoyer vp** to use the formal "vous" form with each other.

voyage [vwajaʒ] **nm 1.** [déplacement] journey **2.** [trajet] trip ▸ **bon voyage !** have a good trip! ▸ **partir en voyage** to go away ▸ **voyage de noces** honeymoon ▸ **voyage organisé** package tour.

voyager [17] [vwajaʒe] **vi** to travel.

voyageur, euse [vwajaʒœr, øz] **nm, f** traveller.

voyagiste [vwajaʒist] **nm** tour operator.

voyant, e [vwajɑ̃, ɑ̃t] ◆ **adj** [couleur, vêtement] gaudy. ◆ **nm : voyant lumineux** light.

voyelle [vwajɛl] **nf** vowel.

voyons [vwajɔ̃] **1re pers. du pl de l'ind. prés.** → **voir**.

voyou [vwaju] **nm** yob.

vrac [vrak] **nm : en vrac a)** [en désordre] higgledy-piggledy **b)** [thé] loose.

vrai, e [vrɛ] **adj 1.** [exact] true **2.** [véritable] real ▸ **à vrai dire** to tell the truth.

vraiment [vrɛmɑ̃] **adv** really.

vraisemblable [vrɛsɑ̃blabl] **adj** likely.

VTT *abr de* **vélo tout terrain**.

vu, e [vy] ◆ **pp** → **voir.** ◆ **prép** in view of. ◆ **adj : être bien /mal vu (de qqn) a)** [personne] to be popular /unpopular (with sb) **b)** [attitude] to be acceptable / unacceptable (to sb) ▸ **vu que** seeing as.

vue [vy] **nf 1.** [sens] eyesight **2.** [panorama] view **3.** [vision, spectacle] sight ▸ **avec vue sur…** overlooking… ▸ **connaître qqn de vue** to know sb by sight ▸ **en vue de faire qqch** with a view to doing sthg ▸ **à vue d'œil** visibly.

vulgaire [vylgɛr] **adj 1.** [grossier] vulgar **2.** [quelconque] plain.

vulnérable [vylnerabl] **adj** vulnerable.

Ww

wagon [vagɔ̃] **nm 1.** [de passagers] carriage UK, car US **2.** [de marchandises] wagon.

wagon-lit [vagɔ̃li] (*pl* **wagons-lits**) **nm** sleeping car.

wagon-restaurant [vagɔ̃rɛstɔrɑ̃] (*pl* **wagons-restaurants**) **nm** restaurant car.

wallon, onne [walɔ̃, ɔn] **adj** Walloon. ◆ **Wallon, onne nm, f** Walloon.

Wap nm WAP.

wasabi [wazabi] nm wasabi.

Washington [waʃiŋtɔn] n Washington D.C.

waterproof [watɛʀpʀuf] adj inv waterproof.

waters [watɛr] nmpl toilet *sg*.

waterz(o)oi [watɛrzɔj] nm [Belg] *chicken or fish with vegetables, cooked in a cream sauce, a Flemish speciality.*

watt [wat] nm watt.

WAV nm WAV.

W-C [vese] nmpl toilets.

Web [wɛb] nm : **le Web** the Web, the web.

webcam [wɛbkam] nf webcam.

webcast [wɛbkast] nm webcast.

webcasting [wɛbkastiŋ] nm webcasting.

webmail [wɛbmɛl] nm webmail.

webmaster [wɛbmastœʀ] nm webmaster.

webmestre [wɛbmɛstʀ] nm webmaster.

webtélé [wɛbtele] nf web TV station.

webzine [wɛbzin] nm webzine.

week-end [wikɛnd] (*pl* **week-ends**) nm weekend ▸ **bon week-end !** have a nice weekend!

western [wɛstɛrn] nm western.

whisky [wiski] nm whisky.

Wi-Fi [wifi] nm Wi-Fi.

WWW (*abr écrite de* **World Wide Web**) www.

X x

xénophobe [gzenɔfɔb] adj xenophobic.

xérès [gzerɛs] nm sherry.

XML (*abr de* **Extensible Markup Language**) nm XML.

xylophone [ksilɔfɔn] nm xylophone.

Y y

y [i] ◆ adv **1.** [indique le lieu] there ▸ **j'y vais demain** I'm going there tomorrow ▸ **maintenant que j'y suis** now (that) I'm here **2.** [dedans] in (it / them) ▸ **mets-y du sel** put some salt in it **3.** [dessus] on it / them ▸ **va voir sur la table si les clefs y sont** go and see if the keys are on the table → **aller, avoir**.
◆ pron : **pensez-y** think about it ▸ **n'y comptez pas** don't count on it.

yacht [jot] nm yacht.

Yaoundé [jaunde] n Yaoundé, Yaunde.

yaourt [jaurt] nm yoghurt.

Yémen [jemɛn] **nm : le Yémen** Yemen ▸ **le Yémen du Nord** North Yemen ▸ **le Yémen du Sud** South Yemen.

yeux n pl → **œil**.

yoga [jɔga] **nm** yoga.

yoghourt [jɔgurt] **nm** = **yaourt**.

yougoslave [jugɔslav] **adj** Yugoslav, Yugoslavian. ◆ **Yougoslave nmf** Yugoslav, Yugoslavian.

Yougoslavie [jugɔslavi] **nf : la Yougoslavie** Yugoslavia.

youpi [jupi] **interj** yippee!

Yo-Yo® [jojo] **nm inv** yo-yo.

Zz

Zambie [zɑ̃bi] **nf : (la) Zambie** Zambia.

zapper [3] [zape] **vi** to channel-hop.

zèbre [zɛbr] **nm** zebra.

zèle [zɛl] **nm** zeal ▸ **faire du zèle** *péj* to be over-zealous.

zelé, e [zele] **adj** zealous.

zélé, e [zele] **adj** zealous.

zen [zɛn] **adj inv** Zen ▸ **rester zen** to keep cool.

zéro [zero] **nm 1.** zero **2.** SPORT nil **3.** SCOL nought.

zeste [zɛst] **nm** peel.

zigzag [zigzag] **nm** zigzag ▸ **en zigzag** [route] winding.

zigzaguer [3] [zigzage] **vi** [route, voiture] to zigzag.

Zimbabwe [zimbabwe] **nm : le Zimbabwe** Zimbabwe.

ZIP [zip] **nm** zip ▸ **fichier zip** zip file.

zipper [3] [zipe] **vt** to zip.

zizanie [zizani] **nf** ill-feeling ▸ **semer la zizanie** to stir things up.

zizi [zizi] **nm** *fam* willy UK, peter US.

zodiaque [zɔdjak] **nm** → **signe**.

zona [zɔna] **nm** shingles.

zone [zon] **nf** area ▸ **zone bleue** restricted parking zone ▸ **zone industrielle** industrial estate UK, industrial park US ▸ **zone euro** euro zone ▸ **zone piétonne** ou **piétonnière** pedestrian precinct UK, pedestrian zone US.

zoo [zo(o)] **nm** zoo.

zoologique [zɔɔlɔʒik] **adj** → **parc**.

zoom [zum] **nm : zoom numérique / optique** digital / optical zoom.

zut [zyt] **interj** damn!

Grammaire du français

French Grammar

Sommaire Contents

1. Nouns

1.1. Nouns and their gender

- In French, all nouns are either masculine or feminine. Nouns relating to *animate beings* usually take the gender of the sex of the person or animal to which they refer:

  un garçon a boy — **une fille** a girl
  un lion a lion — **une lionne** a lioness

- Although all *inanimate nouns* (objects, ideas and the like are either masculine or feminine, there are no fixed rules for their gender. If you are uncertain, you should look them up in the dictionary:

  un bâtiment a building — **une maison** a house
  un concept a concept — **une idée** an idea

- In general, the feminine is formed by adding an ***-e*** to the end of the masculine form of a noun:

  un cousin a male cousin — **une cousine** a female cousin
  un Français a Frenchman — **une Française** a Frenchwoman

- However, some masculine nouns already ending in ***-e*** do not change in the feminine:

  un / une adulte an adult — **un / une artiste** an artist

- In certain cases, even though the base is the same for the masculine and the feminine forms of the noun, their endings are different.

  un époux a husband — **une épou*se*** a wife
  un veuf a widower — **une veu*ve*** a widow
  un chanteur a singer — **une chant*euse*** a singer

- In other cases, the masculine and the feminine are completely different:

  un monsieur a gentleman — **une dame** a lady
  un cerf a stag — **une biche** a doe

- In general, the following endings are masculine:

-age*, *-eau*, *-eu*, *-i*, *-ier*, *-illon*, *-in*, *-isme*, *-ment*, *-oi*, *-oir*, *-ou

- whereas feminine nouns usually end in:

***-aison*, *-ance*, *-e*, *-ence*, *-ense*, *-gion*, *-tion*, *-sion*, *té*.**

1.2. Regular plurals of nouns

- In most cases, the plural of nouns is indicated by adding an ***-s*** at the end of the singular form:

  un lit a bed — **des lits** beds
  une maison a house — **des maisons** houses

- When the pronunciation of a noun is the same, the article can help to determine if the noun is singular or plural.

1.3. Irregular plurals

- Nouns ending in ***-s***, ***-x***, ***-z*** do not change in the plural:

un fils a son	**des fils** sons
un prix a price	**des prix** prices
un nez a nose	**des nez** noses

- Nouns ending in ***-eau***, ***-au***, ***-eu*** form their plural in ***-eaux***, ***-aux***, ***-eux***:

un cadeau a gift	**des cadeaux** gifts
un feu a fire	**des feux** fires

- There are exceptions:

un pneu a tyre	**des pneus** tyres

- Seven words ending in ***-ou*** form their plural by adding an ***-x***: **bijou, caillou, chou, genou, hibou, joujou** and **pou.**
- Most nouns ending in ***-ail*** change the ***-ail*** to ***-aux*** in the plural:

  un émail an enamel   **des ém*aux*** enamels
  un vitrail a stained-glass window
  des vitr*aux* stained-glass windows

- However, a few form their plural with ***-ails***:

un détail a detail	**des détails** details

- Certain nouns ending in ***-al*** change to ***-aux***:

un journal a newspaper	**des journ*aux*** newspapers
un cheval a horse	**des chev*aux*** horses

- Some nouns have a unique plural:

un œil an eye	**des *yeux*** eyes
Monsieur Sir	***Messieurs*** Sirs

- Some nouns exist only in the plural: **des annales** annals, **environs** surroundings.
- Certain nouns exist only in the plural in French and in the singular in English:

  les fiançailles engagement   **des frais** expenditure

- Whereas others exist in the singular in French and the plural in English :

  un pantalon trousers

2. Articles

three types of articles exist in French: the definite article, the indefinite article and the partitive.

2.1. The definite article

The definite article in English is *the*. In French, there are several forms of the definite article depending on whether the noun is masculine or feminine, singular or plural.

Uses:

- The definite article is used in the same way in French as it is in English with: official titles ***le* pape** / *the* pope, unique things ***la* Tour Eiffel** / *the* Eiffel Tower, names of rivers, mountain ranges and oceans, as well as any noun referring to an object that is clearly identified or which has already been mentioned.
- However, there are many uses of the definite article in French which are different from the way it is used in English. For example, in French it is used with:

  - abstract nouns (i.e. nouns relating to ideas, concepts etc., rather than concrete objects) ***le* courage** / courage

  - concrete nouns used in a general sense **Elle n'aime pas *le* fromage.** / She doesn't like cheese.

  - nouns relating to a part of the body **Il s'est fait mal *au* bras.** / He has hurt *his* arm.

  - names of countries and continents ***La* Tunisie** / Tunisia, **L'Afrique** / Africa

Forms:

	singular		*plural*
	masc.	*fem.*	*masc. & fem.*
standard	le	la	les
vowel or mute h	l'	l'	

- Before a singular noun beginning with a vowel or a mute *h*, the definite article is always ***l'***:

  masc. ***l'*homme** *the* man
  fem. ***l'*orange** *the* orange

- But if the *h* is aspirate, this change does not occur:
  le hérisson the hedgehog
  la hache the axe
- The masculine definite article ***le*** combines with the preposition ***à*** to form ***au***, while ***les*** (both masculine and feminine) combines with à to form ***aux*** (pl.).
  Likewise, ***le*** combines with the preposition ***de*** to form ***du***, while **les** combines with **de** to form **des** (pl.).
  Je vais *au* marché. (***à*** + ***le*** = ***au***) I'm going to the market.
  Le ministre a parlé *aux* journalistes. (***à*** + ***les*** = ***aux***) The minister spoke *to the* journalists.
  Le château *du* comte est à vendre. (***de*** + ***le*** = ***du***) The count's castle is for sale.
  Il aime bien parler *des* voitures. (***de*** + ***les*** = ***des***) He really likes talking *about* cars.

2.2. The indefinite article

The indefinite article in English is *a* or *an*. In French there are forms of the indefinite article for the masculine singular, feminine singular and for the plural.

Uses:

- In general, the uses of the indefinite article are the same in French as in English. However, French requires the indefinite article to be used with abstract nouns if they are described by an adjective:
  Elle a fait preuve d'*une* patience remarquable.
  She showed remarkable patience.

Forms:

	singular	*plural*
masc.	**un**	**des**
fem.	**une**	

un parapluie an umbrella
une rue a street **des chats** cats

- In a negative sentence, the indefinite articles ***un***, ***une*** and ***des*** change to ***de*** or ***d'*** before a vowel or mute h:
  Ils ont *un* yacht. They have *a* yacht.
  Ils n'ont pas *de* yacht. They don't have *a* yacht.

- The plural article ***des*** changes to ***de*** when an adjective is used before a plural noun:

  Il m'offre *des* fleurs tous les jours.
  He brings me flowers every day.
  Il m'offre *de* belles fleurs tous les jours.
  He brings me beautiful flowers every day.

2.3. The partitive article

- There is no partitive article in English, though the adjectives *some* and *many* come close to expressing the same idea. The partitive article is used to express an indefinite amount of something. These nouns are termed uncountable because they cannot be determined in units unless one indicates a specific amount (i.e. a glass of water, a spoonful of sugar):

  Je voudrais *de* l'eau. I would like *some* water.
  Il me faut *du* pain, *de l'*eau, *de l'*air.
  I need bread, water and air.

Forms:

singular		*plural*
masc.	*fem.*	
du	**de la**	**des**
de l'	**de l'**	

3. Personal pronouns

- pronouns replace nouns. For example, Pam went to school. *She* was late. The pronoun *She* replaces *Pam*.

Forms:

	Subject	*Direct Object*	*Indirect Object*	*Stressed Direct & Indirect Object*
singular				
1st person	je	me, m'	me, m'	moi
2nd person	tu	te, t'	te, t'	toi
3rd person (m)	il	le, l'	lui	lui
3rd person (f)	elle	la, l'	lui	elle

	Subject	Direct Object	Indirect Object	Stressed Direct & Indirect Object
plural				
1st person	**nous**	**nous**	**nous**	**nous**
2nd person	**vous**	**vous**	**vous**	**vous**
3rd person (m)	**ils**	**les**	**leur**	**eux**
3rd person (f)	**elles**	**les**	**leur**	**elles**

- ***Vous*** is also used as a polite form to address a person.
- ***Il*** is also used as an impersonal form: ***Il* pleut.** *It*'s raining.

3.1. Direct object pronouns

- A direct object pronoun is the person or thing on whom the subject of the verb carries out the action. In French, it is placed before the verb. A direct object does not take a preposition of any kind. ***Me***, ***te***, ***le***, ***la***, ***nous***, ***vous*** and ***le*s** represent the direct object of the verb.

  Il *le* connaît. (connaître quelqu'un)
  He knows *him*. (to know someone)
  Il ne *les* voit pas. (voir quelqu'un)
  He doesn't see *them*. (to see someone)

3.2. Indirect object pronouns

- An indirect object pronoun is a person or thing that receives the action of the verb indirectly. The verb always takes the preposition **à**.
- In French, the indirect object pronoun is placed before the verb. ***Me***, ***te***, ***lui***, ***nous***, ***vous*** and ***leur*** are indirect object pronouns.

  Elle *lui* parle. (parler *à* quelqu'un)
  She's speaking to *him*. (to speak *to* someone)
  Il *leur* a donné un livre. (donner qqch. *à* qqn.)
  He gave *them* a book. (to give sthg. *to* sb.)

3.3. Stressed direct and indirect object pronouns

Stressed direct and indirect object pronouns ***moi***, ***toi***, ***lui***, ***elle***, ***nous***, ***vous***, ***eux***, ***elles*** are used after a preposition. They are also used to emphasize the object of the verb.

- Following a preposition:

  Ma femme travaille avec *moi*. My wife works with *me*.
  Je fais un effort pour *toi*. I'm making an effort for *you*.

- For stress:

  ***Moi*, j'adore nager. Mes amies, *elles*, ne pensent qu'à danser.** I love swimming. My friends, *however*, only think about dancing.

3.4. Adverbial pronouns *en* & *y*

En

- There is no real equivalent for the pronoun ***en*** in English. It can refer to people, things or abstract nouns. ***En*** usually stands for the preposition ***de*** + *noun* or *pronoun*. It includes any of the three meanings of ***de***: about, from, of. (***En*** = ***de***, ***de la***, ***du***, or ***des*** + *noun* or *pronoun*).

  As-tu acheté *du* pain ? Oui, j'*en* ai acheté.
  Did you buy bread? Yes, I did./ Yes, I bought *some* bread.
  A-t-elle mangé *du* gâteau ? Oui, elle *en* a mangé.
  Did she eat *some* cake? Yes, she ate *some* of it.
  Il parle *de* l'accident. Il *en* parle souvent.
  He's talking *about the* accident. He frequently talks *about it*.
  Elle est revenue *de* Paris. Elle *en* est revenue hier.
  She's back *from* Paris. She came back (*from there*) yesterday.

Y

- ***Y*** often means there. It can also replace the prepositions ***à***, ***dans*** or ***sur*** + pronoun or noun.

  Je vais *à* Nice. J'*y* vais. I'm going *to* Nice. I'm going *there*.
  Pensez *à* mon offre. Pensez-*y*. Think *about* my offer. Think *about it*.

3.5. Reflexive pronouns

In English, reflexive pronouns are myself, yourself, himself etc. They are used when the object of the verb is the same as the subject of the verb. In French they precede the verb. They are used more frequently in French than in English.

Form:

	singular	*plural*
1st person	**me, m'**	**nous**
2nd person	**te, t'**	**vous**
3rd person	**se, s'**	**se, s'**

Je *me* suis acheté un microscope. I bought *myself* a microscope.

Il *s'* ennuie souvent. He's often bored.
Tu *t'* es endormi dans la voiture. You fell asleep in the car.

4. Adjectives

Uses:

- In general, adjectives describe nouns. In French, adjectives usually follow nouns, though there are exceptions such as: ***grand***, ***bon***, ***beau***, ***joli***, ***petit***, ***gros***, ***nouveau***, ***premier***, etc.

Forms:

- In French, the adjective agrees with the noun it is describing; it is masculine or feminine, singular or plural:
  un **stylo bleu** *a* blue pen ***une*** **voiture bleue** *a* blue car
  des **gants bleus** blue gloves ***des*** **chemises bleues** blue shirts

Making an adjective feminine:

- In most cases, an adjective is made feminine by adding an ***-e*** to the masculine form of the adjective. If the masculine form ends in an ***-e***, the masculine and feminine forms are the same.

grand big	**grand*e*** big
voisin neighbouring	**voisin*e*** neighbouring

But:

jeune young	**jeune** young

- In some cases, the adjective drops the final ***-x*** or ***-f***, replacing them with ***-se***, ***-ce*** or ***-ve***:

heureux happy	**heureu*se*** happy
doux soft/sweet	**dou*ce*** soft/sweet
actif active	**acti*ve*** active

- There are particular cases:

beau handsome	**belle** beautiful
nouveau new	**nouvelle** new
vieux old	**vieille** old

- The aforementioned masculine adjectives change when preceding a vowel or mute ***h***:
  un bel homme a handsome man
  un nouvel appartement a new apartment
  le vieil arbre the old tree

Making an adjective plural:

- In most cases, an adjective is made plural by adding ***-s***. However, adjectives which already end with ***-x*** or ***-s*** in the singular, do not change in the masculine plural:

  chaud hot / **chaud(e)*s*** hot

But:

  un homme sérieux a serious man /
  des hommes sérieux serious men

- To form the plural masculine adjectives ending in ***-eau*** take a final ***-x***, endings in ***-al*** change to ***-aux***:

  beau handsome — **beau*x*** handsome
  principal principal — **princip*aux*** principal

4.1 The comparative and the superlative of adjectives

- the *comparative of superiority* (i.e. when something is bigger, heavier, more interesting, etc., than something else) is formed as follows:

plus + *adjective* + ***que***

  Michelle est *plus* grande *que* Claire. Michelle is taller *than* Claire.
  Il est *plus* jeune *que* son frère. He's younger *than* his brother.

- the *comparative of inferiority* (i.e. something is less expensive, less exciting etc., than something else) is formed as follows:

moins + *adjective* + ***que***

  C'est *moins* cher *que* l'avion. It's *less* expensive than flying.
  Il a *moins* de bagages *que* toi. He has *less* luggage than you do.

- the *comparative of equality* (i.e. something is as good, as bad etc., as something else) is formed as follows:

aussi + *adjective* + ***que***

  Il est *aussi* bon musicien *que* ma tante. He's *as* good a musician *as* my aunt.
  Elle est *aussi* grande *que* Monika. She is *as* tall *as* Monika.

- the *superlative* (i.e. biggest, oldest, most beautiful) is formed as follows:

le / la / les plus + *adjective*

  Il est *le plus* courageux. He is *the most* courageous.

If the superlative comes immediately after the noun, the definite article is repeated both before the noun and before the adjective. **Elle est *l'*élève *la* plus intelligente de la classe.** She is the most intelligent student in the class.

- Four adjectives have an irregular comparative and superlative:

	comparative	*superlative*
bon good	**meilleur(e)**	**le/la/les meilleur(e)(s)**
bien well	**mieux**	le mieux etc.
mauvais bad	**pire**	le pire etc.
petit small	**moindre**	le moindre etc.

5. Possessive adjectives and pronouns

5.1. Uses of possessive adjectives

- The *possessive adjective* comes before the noun with which it agrees in gender and number.
  ***Mon* sac est jaune.** *My* bag is yellow.
  ***Ma* cousine dort**. *My* cousin is sleeping.

Forms:

Possessive Adjectives			
Person	*singular*		*plural*
	masculine	feminine	masculine + feminine
1st sing.	**mon**	**ma**	**mes**
2nd sing.	**ton**	**ta**	**tes**
3rd sing.	**son**	**sa**	**ses**
1st plural	**notre**	**notre**	**nos**
2nd plural	**votre**	**votre**	**vos**
3rd plural	**leur**	**leur**	**leurs**

5.2. Uses of possessive pronouns

- *Possessive pronouns* are always preceded by the definite article. They are equivalent to *mine, yours*, etc., in English. The gender of the possessive pronoun is the same as the gender of the noun it stands for, in other words the thing or things owned.

Ce parapluie est à toi ? Oui, c'est *le mien*. Is this umbrella yours? Yes, it is *mine*.
Ces gants sont-ils à vous ? Non, ce ne sont pas les *nôtres*, ce sont les *leurs*. Are these gloves yours? No, they are not *ours*, they are *theirs*.

Forms:

Possessive Pronouns				
	singular		*plural*	
Person	*masculine*	*feminine*	*masculine*	*feminine*
1st sing.	**le mien**	**la mienne**	**les miens**	**les miennes**
2nd sing.	**le tien**	**la tienne**	**les tiens**	**les tiennes**
3rd sing.	**le sien**	**la sienne**	**les siens**	**les siennes**
1st plural	**le nôtre**	**la nôtre**	**les nôtres**	**les nôtres**
2nd plural	**le vôtre**	**la vôtre**	**les vôtres**	**les vôtres**
3rd plural	**le leur**	**la leur**	**les leurs**	**les leurs**

6. Prepositions

6.1 Prepositions used to indicate place

- Dans — **Le billet est *dans* ma poche.** The ticket is *in* my pocket.
- Derrière — **Il est assis *derrière* moi.** He is sitting *behind* me.
- Devant — **Il y a un camion *devant* nous.** There is a truck in front of us.
- À côté de — **La boucherie se trouve *à côté* de la librairie.** The butcher's is *next to* the bookshop.
- Près de — **La ville de Rome est *près de* la mer.** The city of Rome is *near* the sea.
- Entre — **L'école est *entre* le marché et l'église.** The school is *between* the market and the church.
- Sur / dessus — **J'ai posé ton verre *sur* la table.** I placed your glass *on* the table.
  Je l'ai mis *dessus*. I put it *on top*.
- Sous / dessous — **Tes pantoufles *sont* sous le lit.** Your slippers are *under* the bed.

- **Je les ai rangées *dessous*.** I put them away *underneath*.
- En face de **Nous sommes *en face de* la mairie.** We are *opposite* the town hall.
- Chez **J'ai emmené la voiture *chez* le garagiste.** I took the car *to* the garage.
- Contre **Appuie-toi *contre* le mur.** Lean *against* the wall.

6.2 Prepositions used to indicate movement

- En haut **Elle est montée *en haut* de l'échelle.** She climbed *to the top* of the ladder.
- En bas **Je t'attends *en bas* des escaliers.** I'm waiting for you *at the bottom* of the stairs.
- À l'intérieur **Nous entrons *à l'intérieur* de l'immeuble.** We go *into* the building.
- À l'extérieur **Passons *à l'extérieur.*** Let's go *outside*.
- Par **L'autoroute passe *par* Naples.** The motorway passes *by* Naples.

7. Adverbs

uses:

Adverbs most commonly provide information about the verb, though they can also be used to qualify adjectives and other adverbs.

Forms:

- The vast majority of adverbs ending in ***-ment*** are derived from the feminine form of the adjective, to which the ending ***-ment*** is added:

Adjective (feminine) + **-ment**

masculine	*feminine*	*adverb*
doux soft	**douce**	**doucement** softly
clair bright	**claire**	**clairement** brightly

- Some adverbs ending in ***-ment***, however, are based on the masculine form of the adjective, to which the ending ***-ment*** is added:

absolu absolute **absolument** absolutely
vrai true **vraiment** truly

- Adjectives ending in ***-ant*** and ***-ent*** form adverbs in ***-amment*** and ***-emment***:

viol*ent* violent	**viole*mment*** violently
const*ant* constant	**const*amment*** constantly

Except:

l*ent* slow	**l*entement*** slowly
prés*ent* present	**prés*entement*** presently

The following adverbs are irregular:

bref brief	**brièvement** briefly
gentil kind	**gentiment** kindly
précis precise	**précisément** precisely
énorme enormous	**énormément** enormously
intense intense	**intensément** intensely
profond deep	**profondément** deeply
commun common	**communément** commonly
aveugle blind	**aveuglément** blindly

- An adverb used with a verb is placed after the verb:
  Il marche *lentement*. He walks *slowly*.
- But when an adverb is used with an adjective or another adverb, the adverb comes first:
  Elle est *très* douée. She is *very* gifted.

8. Verbs

In French, verbs are divided into three groups or conjugations. The group they belong to depends primarily on the ending of the infinitive:

- First group: verbs ending in ***-er*** like **chanter** to sing.
- Second group: verbs ending in ***-ir*** (present participle ends in ***-issant***) like **finir** to end.
- Third group: verbs ending in ***-oir*** or ***-ir*** (present participle ends in ***-ant***) like **apercevoir** to perceive, **mourir** to die, **naître** to be born.

8.1. Verb tenses

The present:

- The present tense is used to present an action which is currently taking place.

First group	*Second group*	*Third group*
je chante	**je fin**is	**j'aperç**ois
tu chantes	**tu fin**is	**tu aperç**ois
il / elle chante	**il / elle fin**it	**il / elle aperç**oit
nous chantons	**nous fin**issons	**nous aperc**evons
vous chantez	**vous fin**issez	**vous aperc**evez
ils / elles chantent	**ils / elles fin**issent	**ils / elles aperç**oivent

- However, for verbs in the first group, the following spelling changes occur:

- verbs ending in ***-ger*** (**manger, protéger**); an ***-e*** must be added if the ending begins with ***-o***:

nous mangeons we eat

- verbs ending in ***-cer*** (**commencer, lancer**); before ***-a***, ***-o*** or ***-u***, the original ***-c*** changes to ***-ç***:

nous commençons we begin

- verbs endings in ***-yer*** (**essayer** to try, **payer** to pay); the forms finishing in ***-ye*** or ***-yent*** (**j'essaye, ils payent**) can also be spelled with ***-ie*** or ***-ient*** for **je, tu, il, elle, ils** and **elles** but not for the **nous** and **vous** forms:

j'essaye, j'essaie but **nous essayons** and **vous essayez**

- **appeler** and **jeter** (to call and to throw) double the ***-l*** or ***-t*** for ***je***, ***tu***, ***il***, ***elle***, ***ils*** and ***elles*** but not for the ***nous*** and ***vous*** forms:

j'appel*l*e **tu appel*l*es** **il appel*l*e**
je jet*t*e **tu jet*t*es** **il jet*t*e** etc.

but:

nous appe*l*ons **vous appe*l*ez**
nous je*t*ons **vous je*t*ez**

Note: In French there is only one form of the present tense. **Je parle**, for example, can signify not only I speak **but also** I am speaking **and** I do speak. **To stress the idea that something is actually happening, you can use the phrase être en train de** + *the infinitive*:

Il *est en train de* manger. He is eating right now.

The imperfect:

- The imperfect is a past tense. It shows that an action or state in the past was still in progress when something else happened. The imperfect is formed by the endings given below to the stem of the verb:

First group	*Second group*	*Third group*
je chant -ais	**Je finiss** -ais	**J'apercev** -ais
tu chant -ais	**Tu finiss** -ais	**Tu apercev** -ais
il / elle chant -ait	**Il / elle finiss** -ait	**il / elle apercev** -ait
nous chant -ions	**nous finiss** -ions	**nous apercev** -ions
vous chant -iez	**vous finiss** -iez	**vous apercev** -iez
ils / elles chant -aient	**ils / elles finiss** -aient	**ils / elles apercev** -aient

The perfect:

- The perfect tense ***passé composé*** indicates that the action or state referred to occurred in the past and is over and done with. It is usually formed with the auxiliary verb **avoir** to have:
  J'*ai parlé* avec le chef. I *spoke* to the boss.
- Verbs expressing a state **(rester)**, a change of state (**devenir**, **mourir**, etc.) or movement (**sortir, monter**, etc.) are conjugated with ***être*** to be in the ***passé composé***. In this case the past participle agrees with the subject:
  Elle *est restée* en France. She *stayed* in France.
  Il *est devenu* plus raisonnable. He *became* more sensible.
  Elle *est tombée*. She fell.
- Reflexive verbs also take ***être*** as an auxiliary.
  Elle *s'est* vite *changée*. She *changed* quickly.
- The verbs **descendre** to descend, **monter** to go up, **sortir** to go out, **passer** to pass are conjugated with **avoir** when they have a direct object:
  Elle *a passé* une merveilleuse soirée. She *spent* a wonderful evening.

The future:

- The future tense is used to refer to actions or states which will happen or come about in the future, whether or not they are seen as likely. It is formed by adding the endings given below to the infinitive of the verb:

First group	*Second group*	*Third group*
je chanter-ai	**je finir**-ai	**je partir**-ai
tu chanter-as	**tu finir**-as	**tu partir**-as
il / elle chanter-a	**il / elle finir**-a	**il / elle partir**-a
nous chanter-ons	**nous finir**-ons	**nous partir**-ons
vous chanter-ez	**vous finir**-ez	**vous partir**-ez
ils / elles chanter-ont	**ils / elles finir**-ont	**ils / elles partir**-ont

- Some irregular verbs from the third group:

Faire to do — **je *fer*-ai, tu feras, il / elle fera, nous ferons, vous ferez, ils / elles feront.**

Aller to go — **j'*ir*-ai, tu iras, il / elle ira, nous irons, vous irez, ils / elles iront.**

Voir to see — **je *verr*-ai, tu verras, il / elle verra, nous verrons, vous verrez, ils / elles verront.**

8.2. Particular uses

- In many expressions we find the impersonal form:
  ***il* faut que** *one* must / *you* have to
  ***il* me semble que** *it* seems to me that
  ***il* a l'air** *he* looks / *he* seems
- for the weather:
  ***Il* pleut.** *It*'s raining.
  ***Il* neigera.** *It* will snow.

These verbs are conjugated with the auxiliary ***avoir***:
Il a plu. It rained.

- ***Être en train de*** + *infinitive* is the equivalent of *to be* + *present participle*.
  Je *suis en train de* mettre la table. I'*m setting* the table.
- ***Aller*** + *infinitive* translates as *to be* + *infinitive*.
  J'*allais* sortir. I *was going to* go out.
- ***Venir de*** + *infinitive* can be translated as *just* + *past participle*.
  Je *viens de* finir ce travail difficile. I *just finished* this difficult job.

Auxiliary verbs:

- The verbs ***être*** and ***avoir*** can be used as auxiliary verbs in order to form certain tenses of other verbs.

- **Être** is used as an auxiliary verb to form the compound tenses of most verbs indicating motion or a change of state of some kind. The most commonly used of these verbs are: **aller** to go, **arriver** to arrive, **entrer** to enter, **monter** to go up, **venir** to come etc.
- **Avoir** is used as an auxiliary verb to form the compound tenses of the verb **être** and the verb **avoir** itself:

  J'*ai été* malade. I *have been* ill.

The following are the auxiliary forms of the verbs **être** and **avoir** (present tense).

Être	*Avoir*
je suis	j'ai
tu es	tu as
il / elle est	il / elle a
nous sommes	nous avons
vous êtes	vous avez
ils / elles sont	ils / elles ont

- Other verbs can function as auxiliaries: **venir** to come, **faire** to do, **laisser** to leave, **savoir** to know, **pouvoir** to be able to, **devoir** to have to do something, etc.

They are followed by the infinitive:

Tu *peux* manger avec moi. You *can* eat with me.
Il *doit* arriver cette nuit. He *should* arrive this evening.
Elle *a fait* rire tout le monde. She *made* everyone laugh.
Tu *viens* danser avec moi ? *Will* you dance with me?

Reflexive verbs:

- Reflexive verbs are preceded by a reflexive pronoun. The reflexive pronoun always corresponds to the subject. Most reflexive verbs indicate that the subject carries out the action of the verb on himself, herself etc.

  Ils *se* sont amusés. They enjoyed *themselves*.
  Elle *se* regarde. She looks at *herself*.
- In French, there are many more reflexive verbs than in English. Some verbs change meaning when they are used reflexively:

apercevoir to see	**s'apercevoir** to realize
appeler to call	**s'appeler** to be called = named
douter to doubt	**se douter** to suspect

Conjugaison des verbes français

French verbs

Abréviations: ind prés = présent de l'indicatif ; **ind fut** = futur de l'indicatif ; subj prés = présent du subjonctif ; **imp** = imparfait ; **pprés** = participe présent ; **pp** = participe passé

The number preceding each conjugated example verb corresponds to the number indicated in square brackets in the dictionary.

1. avoir

ind prés ai, as, a, avons, avez, ont ; **imparfait** avais, avais, avait, avions aviez, avaient ; **ind fut** aurai, auras, aura, aurons, aurez, auront ; **subj prés** que j'aie, que tu aies, qu'il ait, que nous ayons, que vous ayez, qu'ils aient ; **imp** aie, ayons ; **pprés** ayant ; **pp** eu

2. être

ind prés suis, es, est, sommes, êtes, sont ; **imparfait** étais, étais, était, étions, étiez, étaient ; **ind fut** serai, seras, sera, serons, serez, seront ; **subj prés** que je sois, que tu sois, qu'il soit, que nous soyons, que vous soyez, qu'ils soient ; **imp** sois, soyons ; **pprés** étant ; **pp** été

3. chanter

ind prés chante, chantes, chante, chantons, chantez, chantent ; **imparfait** chantais, chantais chantait, chantions, chantiez, chantaient ; **ind fut** chanterai, chanteras, chantera, chanterons, chanterez, chanteront ; **subj prés** que je chante, que tu chantes, qu'il chante, que nous chantions, que vous chantiez, qu'ils chantent ; **imp** chante, chantons ; **pprés** chantant ; **pp** chanté

4. baisser

ind prés baisse, baissons ; **imparfait** baissais ; **ind fut** baisserai ; **subj prés** que je baisse ; **imp** baisse, baissons ; **pprés** baissant ; **pp** baissé

5. pleurer

ind prés pleure, pleurons ; **imparfait** pleurais ; **ind fut** pleurerai ; **subj prés** que je pleure ; **imp** pleure, pleurons ; **pprés** pleurant ; **pp** pleuré

6. jouer

ind prés joue, jouons ; **imparfait** jouais ; **ind fut** jouerai ; **subj prés** que je joue ; **imp** joue, jouons ; **pprés** jouant ; **pp** joué

7. saluer

ind prés salue; saluons ; **imparfait** saluais ; **ind fut** saluerai ; **subj prés** que je salue ; **imp** salue, saluons ; **pprés** saluant ; **pp** salué

8. arguer

ind prés argue, arguons **imparfait** arguais ; **ind fut** arguerai ; **subj prés** que j'argue ; **imp** argue, arguons ; **pprés** arguant ; **pp** argué

9. copier

ind prés copie, copions ; **imparfait** copiais ; **ind fut** copierai ; **subj prés** que je copie ; **imp** copie, copions ; **pprés** copiant ; **pp** copié

10. prier

ind prés prie, prions ; **imparfait** priais ; **ind fut** prierai ; **subj prés** que je prie ; **imp** prie, prions ; **pprés** priant ; **pp** prié

11. payer

ind prés paie, payons, paient ; **imparfait** payais ; **ind fut** paierai ; **subj prés** que je paie ; **imp** paie, payons ; **pprés** payant ; **pp** payé

12. grasseyer

ind prés grasseye, grasseyons ; **imparfait** grasseyais ; **ind fut** grasseyerai ; **subj prés** que je grasseye ; **imp** grasseye, grasseyons ; **pprés** grasseyant ; **pp** grasseyé

13. ployer

ind prés ploie, ployons, ploient ; **imparfait** ployais ; **ind fut** ploierai ; **subj prés** que je ploie ; **imp** ploie, ployons ; **pprés** ployant ; **pp** ployé

14. essuyer

ind prés essuie, essuyons, essuient ; **imparfait** essuyais ; **ind fut** essuirai ; **subj prés** que j'essuie, que nous essuyions ; **imp** essuie, essuyons ; **pprés** essuyant ; **pp** essuyé

15. créer

ind prés crée, créons ; **imparfait** créais ; **ind fut** créerai ; **subj prés** que je crée ; **imp** crée, créons ; **pprés** créant ; **pp** créé

16. avancer

ind prés avance, avançons, avancent ; **imparfait** avançais ; **ind fut** avancerai ; **subj prés** que j'avance ; **imp** avance, avançons ; **pprés** avançant ; **pp** avancé

17. manger

ind prés mange, mangeons ; **imparfait** mangeais ; **ind fut** mangerai ; **subj prés** que je mange ; **imp** mange, mangeons ; **pprés** mangeant ; **pp** mangé

18. céder

ind prés cède, cédons, cèdent ; **imparfait** cédais ; **ind fut** céderai ; **subj prés** que je cède ; **imp** cède, cédons ; **pprés** cédant ; **pp** cédé

19. semer

ind prés sème, semons sèment ; **imparfait** semais ; **ind fut** sèmerai ; **subj prés** que je sème ; **imp** sème, semons ; **pprés** semant ; **pp** semé

20. rapiécer

ind prés rapièce, rapiéçons, rapiècent ; **imparfait** rapiéçais ; **ind fut** rapiécerai ; **subj prés** que je rapièce ; **imp** rapièce, rapiéçons ; **pprés** rapiéçant ; **pp** rapiécé

21. acquiescer

ind prés acquiesce, acquiesçons, acquiescent ; **imparfait** acquiesçais ; **ind fut** acquiescerai ; subj prés que j'acquiesce ; **imp** acquiesce, acquiesçons ; **pprés** acquiesçant ; **pp** acquiescé

22. siéger

ind prés siège, siégeons, siègent ; **imparfait** siégeais ; **ind fut** siégerai ; **subj prés** que je siège ; **imp** siège, siégeons ; **pprés** siégeant ; **pp** siégé

23. déneiger

ind prés déneige, déneigeons ; **imparfait** déneigeais ; **ind fut** déneigerai ; **subj prés** que je déneige ; **imp** déneige, déneigeons ; **pprés** déneigeant ; **pp** déneigé

24. appeler

ind prés appelle, appelons, appellent ; **imparfait** appelais ; **ind fut** appellerai ; **subj prés** que j'appelle ; **imp** appelle, appelons ; **pprés** appelant ; **pp** appelé

25. peler

ind prés pèle, pelons, pèlent ; **imparfait** pelais ; **ind fut** pèlerai ; **subj prés** que je pèle ; **imp** pèle, pelons ; **pprés** pelant ; **pp** pelé

26. interpeller

ind prés interpelle, interpellons ; **imparfait** interpellais ; **ind fut** interpellerai ; **subj prés** que j'interpelle ; **imp** interpelle, interpellons ; **pprés** interpellant ; **pp** interpellé

27. jeter

ind prés jette, jetons, jettent ; **imparfait** jetais ; **ind fut** jetterai ; **subj prés** que je jette ; **imp** jette, jetons ; **pprés** jetant ; **pp** jeté

28. acheter

ind prés achète, achetons, achètent ; **imparfait** achetais ; **ind fut** achèterai ; **subj prés** que j'achète ; **imp** achète, achetons ; **pprés** achetant ; **pp** acheté

29. dépecer

ind prés dépèce, dépeçons, dépècent ; **imparfait** dépeçais ; **ind fut** dépècerai ; **subj prés** que je dépèce ; **imp** dépèce, dépeçons ; **pprés** dépeçant ; **pp** dépecé

30. envoyer

ind prés envoie, envoyons, envoient ; **imparfait** envoyais ; **ind fut** enverrai ; **subj prés** que j'envoie ; **imp** envoie, envoyons ; **pprés** envoyant ; **pp** envoyé

31. aller

ind prés vais, allons, vont ; **imparfait** allais ; **ind fut** irai ; **subj prés** que j'aille ; **imp** va, allons ; **pprés** allant ; **pp** allé

32. finir

ind prés finis, finis, finit, finissons, finissez, finissent ; **imparfait** finissais, finissais, finissait, finissions, finissiez, finissaient; **ind fut** finirai, finiras, finira, finirons, finirez, finiront ; **subj prés** que je finisse, que tu finisses, qu'il finisse, que nous finissions, que vous finissiez, qu'ils finissent ; **imp** finis, finissons ; **pprés** finissant ; **pp** fini

33. haïr

ind prés je hais, haïssons ; **imparfait** haïssais ; **ind fut** haïrai ; **subj prés** que je haïsse ; **imp** hais, haïssons ; **pprés** haïssant ; **pp** haï

34. ouvrir

ind prés ouvre, ouvrons ; **imparfait** ouvrais ; **ind fut** ouvrirai ; **subj prés** que j'ouvre ; **imp** ouvre, ouvrons ; **pprés** ouvrant ; **pp** ouvert

35. fuir

ind prés fuis, fuyons, fuient ; **imparfait** fuyais ; **ind fut** fuirai ; **subj prés** que je fuie ; **imp** fuis, fuyons ; **pprés** fuyant ; **pp** fui

36. dormir

ind prés dors, dormons ; **imparfait** dormais ; **ind fut** dormirai ; **subj prés** que je dorme ; **imp** dors, dormons ; **pprés** dormant ; **pp** dormi

37. mentir

ind prés mens, mentons ; **imparfait** mentais ; **ind fut** mentirai ; **subj prés** que je mente ; **imp** mentais ; **pprés** mentant ; **pp** menti

38. servir

ind prés sers, servons ; **imparfait** servais ; **ind fut** servirai ; **subj prés** que je serve ; **imp** sers, servons ; **pprés** servant ; **pp** servi

39. acquérir

ind prés acquiers, acquérons, acquièrent ; **imparfait** acquérais ; **ind fut** acquerrai ; **subj prés** que j'acquière ; **imp** acquiers, acquérons ; **pprés** acquérant ; **pp** acquis

40 venir

ind prés viens, venons, viennent ; **imparfait** venais ; **ind fut** viendrai ; **subj prés** que je vienne ; **imp** viens, venons ; **pprés** venant ; **pp** venu

41. cueillir

ind prés cueille, cueillons ; **imparfait** cueillais ; **ind fut** cueillerai ; **subj prés** que je cueille ; **imp** cueille, cueillons ; **pprés** cueillant ; **pp** cueilli

42. mourir

ind prés meurs, mourons, meurent ; **imparfait** mourais ; **ind fut** mourrai ; **subj prés** que je meure ; **imp** meurs, mourons ; **pprés** mourant ; **pp** mort

43. partir

ind prés pars, partons ; **imparfait** partais ; **ind fut** partirai ; **subj prés** que je parte ; **imp** pars, partons ; **pprés** partant ; **pp** parti

44. revêtir

ind prés revêts, revêtons ; **imparfait** revêtais ; **ind fut** revêtirai ; **subj prés** que je revête ; **imp** revêts, revêtons ; **pprés** revêtant ; **pp** revêtu

45. courir

ind prés cours, courons ; **imparfait** courais ; **ind fut** courrai ; **subj prés** que je coure ; **imp** cours, courons ; **pprés** courant; **pp** couru

46. faillir

ind prés faillis, faillissons ; **imparfait** faillissais ; **ind fut** faillirai ; **subj prés** que je faillisse ; **pprés** faillissant ; **pp** failli

47. défaillir

ind prés défaille, défaillons ; **imparfait** défaillais ; **ind fut** défaillirai ; **subj prés** que je défaille ; **imp** défaille, défaillons ; **pprés** défaillant ; **pp** défailli

48. bouillir

ind prés bous, bouillons ; **imparfait** bouillais ; **ind fut** bouillirai ; **subj prés** que je bouille ; **imp** bous, bouillons ; **pprés** bouillant ; **pp** bouilli

49. gésir

ind prés gis, gisons ; **imparfait** gisais ; **pprés** gisant

50. saillir

ind prés il saille, ils saillent ; **imparfait** il saillait ; **ind fut** il saillera ; **subj prés** qu'il saille, qu'ils saillent ; **pprés** saillant ; **pp** sailli

51. ouïr

ind prés ouïs, ouïssons ; **imparfait** ouïssais ; **ind fut** ouïrai ; **subj prés** que j'ouïsse ; **imp** ouïs, ouïssons ; **pprés** oyant ; **pp** ouï

52. recevoir

ind prés reçois, recevons, reçoivent ; **imparfait** recevais ; **ind fut** recevrai ; **subj prés** que je reçoive ; **imp** reçois, recevons ; **pprés** recevant ; **pp** reçu

53. devoir

ind prés dois, devons, doivent ; **imparfait** devais ; **ind fut** devrai ; **subj prés** que je doive ; **pprés** devant ; **pp** dû

54. mouvoir

ind prés meus, mouvons, meuvent ; **imparfait** mouvais ; **ind fut** mouvrai ; **subj prés** meuve, mouvions, meuvent ; **imp** meus, mouvons ; **pprés** mouvant ; **pp** mû

55. émouvoir

ind prés émeus, émouvons, émeuvent ; **imparfait** émouvais ; **ind fut** émouvrai ; **subj prés** que j'émeuve ; **imp** émeus, émouvons ; **pprés** émouvant ; **pp** ému

56. promouvoir

ind prés promeus, promouvons, promeuvent ; **imparfait** promouvais ; **ind fut** promouvrai ; subj prés que je promeuve ; **imp** promeus, promouvons ; **pprés** promouvant ; **pp** promu

57. vouloir

ind prés veux, voulons, veulent ; **imparfait** voulais ; **ind fut** voudrai ; **subj prés** que je veuille, que nous voulions, qu'ils veuillent ; **imp** veuille, veuillons ; **pprés** voulant ; **pp** voulu

58. pouvoir

ind prés peux, pouvons, peuvent ; **imparfait** pouvais ; **ind fut** pourrai ; **subj prés** que je puisse ; **pprés** pouvant ; **pp** pu

59. savoir

ind prés sais, savons ; **imparfait** savais ; **ind fut** saurai ; **subj prés** que je sache ; **imp** sache, sachons ; **pprés** sachant ; **pp** su

60. valoir

ind prés vaux, valons ; **imparfait** valais ; **ind fut** vaudrai ; **subj prés** que je vaille ; **imp** vaux, valons ; **pprés** valant ; **pp** valu

61. prévaloir

ind prés prévaux, prévalons ; **imparfait** prévalais ; **nd fut** prévaudrai ; **subj prés** que je prévale ; **imp** prévaux, prévalons ; **pprés** prévalant ; **pp** prévalu

62. voir

ind prés vois, voyons, voient ; **imparfait** voyais ; **ind fut** verrai ; **subj prés** que je voie ; **imp** vois, voyons ; **pprés** voyant ; **pp** vu

63. prévoir

ind prés prévois, prévoyons, prévoient ; **imparfait** prévoyais ; **ind fut** prévoirai ; **subj prés** que je prévoie ; **imp** prévois, prévoyons ; **pprés** prévoyant ; **pp** prévu

64. pourvoir

ind prés pourvois, pourvoyons, pourvoient ; **imparfait** pourvoyais ; **ind fut** pourvoirai ; **subj prés** que je pourvoie ; **imp** pourvois, pourvoyons ; **pprés** pourvoyant ; **pp** pourvu

65. asseoir

ind prés assieds, asseyons, assoient ; **imparfait** asseyais ; **ind fut** assiérai ; **subj prés** que j'asseye ; **imp** assieds, asseyons ; **pprés** asseyant ; **pp** assis

66. surseoir

ind prés sursois, sursoyons, sursoient ; **imparfait** sursoyais ; **ind fut** surseoirai ; **subj prés** que je surseoie ; **imp** sursois, sursoyons ; **pprés** sursoyant ; **pp** sursis

67. seoir

ind prés il sied, ils siéent ; **imparfait** il seyait ; **ind fut** il siéra ; **subj prés** qu'il siée, qu'ils siéent ; **pprés** seyant

68. pleuvoir

ind prés il pleut ; **imparfait** il pleuvait ; **ind fut** il pleuvra ; **subj prés** qu'il pleuve ; **pprés** pleuvant ; **pp** plu

69. falloir

ind prés il faut ; **imparfait** il fallait ; **ind fut** il faudra ; **subj prés** qu'il faille ; **pp** fallu

70. échoir

ind prés il échoit, ils échoient ; **imparfait** il échoyait ; **ind fut** il échoira ; **subj prés** qu'il échoie ; **pprés** échéant ; **pp** échu

71. déchoir

ind prés déchois, déchoyons, déchoient ; **ind fut** déchoirai ; **subj prés** que je déchoie, qu'ils déchoient ; **pp** déchu

72. choir

ind prés je chois, ils choient ; **ind fut** choirai ; **pp** chu

73. vendre

ind prés vends, vends, vend, vendons, vendez, vendent ; **imparfait** vendais, vendais, vendait, vendions, vendiez, vendaient ; **ind fut** vendrai, vendras, vendra, vendrons, vendrez, vendront ; **subj prés** que je vende, que tu vendes, qu'il vende, que nous vendions, que vous vendiez, qu'ils vendent ; **imp** vends, vendons ; **pprés** vendant ; **pp** vendu

74. répandre

ind prés répands, répandons ; **imparfait** répandais ; **ind fut** répandrai; **subj prés** que je répande ; **imp** répands, répandons ; **pprés** répandant ; **pp** répandu

75. répondre

ind prés réponds, répondons ; **imparfait** répondais ; **ind**

fut répondrai ; **subj prés** que je réponde ; **imp** réponds, répondons ; **pprés** répondant ; **pp** répondu

76. mordre

ind prés mors, mordons ; **imparfait** mordais ; **ind fut** mordrai ; **subj prés** que je morde ; **imp** mors, mordons ; **pprés** mordant ; **pp** mordu

77. perdre

ind prés perds, perdons ; **imparfait** perdais ; **ind fut** perdrai ; **subj prés** que je perde ; **imp** perds, perdons ; **pprés** perdant ; **pp** perdu

78. rompre

ind prés romps, rompons **imparfait** rompais ; **ind fut** romprai ; **subj prés** que je rompe ; **imp** romps, rompons ; **pprés** rompant ; **pp** rompu

79. prendre

ind prés prends, prenons, prennent ; **imparfait** prenais ; **ind fut** prendrai ; **subj prés** que je prenne ; **imp** prends, prenons ; **pprés** prenant ; **pp** pris

80. craindre

ind prés crains, craignons ; **imparfait** craignais ; **ind fut** craindrai ; **subj prés** que je craigne ; **imp** crains, craignons ; **pprés** craignant ; **pp** craint

81. peindre

ind prés peins, peignons ; **imparfait** peignais ; **ind fut** peindrai ; **subj prés** que je peigne ; **imp** peins, peignons ; **pprés** peignant ; **pp** peint

82. joindre

ind prés joins, joignons ; **imparfait** joignais ; **ind fut** joindrai ; **subj prés** que je joigne ; **imp** joins, joignons ; **pprés** joignant ; **pp** joint

83. battre

ind prés bats, battons ; **imparfait** battais ; **ind fut** battrai ; **subj prés** que je batte ; **imp** bats, battons ; **pprés** battant ; **pp** battu

84. mettre

ind prés mets, mettons ; **imparfait** mettais ; **ind fut** mettrai ; **subj prés** que je mette ; **imp** mets, mettons ; **pprés** mettant ; **pp** mis

85. moudre

ind prés mouds, moulons ; **imparfait** moulais ; **ind fut** moudrai ; **subj prés** que je moule ; **imp** mouds, moulons ; **pprés** moulant ; **pp** moulu

86. coudre

ind prés couds, cousons ; **imparfait** cousait ; **ind fut** coudrai ; **subj prés** que je couse ; **imp** couds, cousons ; **pprés** cousant ; **pp** cousu

87. absoudre

ind prés absous, absolvons ; **imparfait** absolvais ; **ind fut** absoudrai ; **subj prés** que j'absolve ; **imp** absous, absolvons ; **pprés** absolvant ; **pp** absous

88. résoudre

ind prés résous, résolvons ; **imparfait** résolvais ; **ind fut** résoudrai ; **subj prés** que je résolve ; **imp** résous, résolvons ; **pprés** résolvant ; **pp** résolu

89. suivre

ind prés suis, suivons ; **imparfait** suivais ; **ind fut** suivrai ; **subj prés** que je suive ; **imp** suis, suivons ; **pprés** suivant ; **pp** suivi

90. vivre

ind prés vis, vivons ; **imparfait** vivais ; **ind fut** vivrai ; **subj prés** que je vive, que nous vivions ; **imp** vis, vivons ; **pprés** vivant ; **pp** vécu

91. paraître

ind prés parais, paraissons ; **imparfait** paraissais ; **ind fut** paraîtrai ; **subj prés** que je paraisse ; **imp** parais, paraissons ; **pprés** paraissant ; **pp** paru

92. naître

ind prés nais, naissons ; **imparfait** naissais ; **ind fut** naîtrai ; **subj prés** que je naisse ; **imp** nais, naissons ; **pprés** naissant ; **pp** né

93. croître

ind prés croîs, croissons ; **imparfait** croissait ; **ind fut** croîtrai ; **subj prés** que je croisse ; **imp** croîs, croissons ; **pprés** croissant ; **pp** crû

94. accroître

ind prés accrois, accroissons ; **imparfait** accroissait ; **ind fut** accroîtrai ; **subj prés** que j'accroisse ; **imp** accrois, accroissons ; **pprés** accroissant ; **pp** accru

95. rire

ind prés ris, rions ; **imparfait** riais ; **ind fut** rirai ; **subj prés** que je rie ; **imp** ris, rions ; **pprés** riant ; **pp** ri

96. conclure

ind prés conclus, concluons ; **imparfait** concluais ; **ind fut** conclurai ; **subj prés** que je conclue ; **imp** conclus, concluons ; **pprés** concluant ; **pp** conclu

97. nuire

ind prés nuis, nuisons ; **imparfait** nuisais ; **ind fut** nuirai ; **subj prés** que je nuise ; **imp** nuis, nuisons ; **pprés** nuisant ; **pp** nui

98. conduire

ind prés conduis, conduisons ; **imparfait** conduisais ; **ind fut** conduirai ; **subj prés** que je conduise ; **imp** conduis, conduisons ; **pprés** conduisant ; **pp** conduit

99. écrire

ind prés écris, écrivons ; **imparfait** écrivais ; **ind fut** écrirai ; **subj prés** que j'écrive ; **imp** écris, écrivons ; **pprés** écrivant ; **pp** écrit

100. suffire

ind prés suffis, suffisons ; **imparfait** suffisais ; **ind fut** suffirai ; **subj prés** que je suffise ; **pprés** suffisant ; **pp** suffi

101. confire

ind prés confis, confisons ; **imparfait** confisais ; **ind fut** confirai ; **subj prés** que je confise ; **imp** confis, confisons ; **pprés** confisant ; **pp** confit

102. dire

ind prés dis, disons ; **imparfait** disais ; **ind fut** dirai ; **subj prés** que je dise ; **imp** dis, disons ; **pprés** disant ; **pp** dit

103. contredire

ind prés contredis, contredisons ; **imparfait** contredisais ; **ind fut** contredirai ; **subj prés** que je contredise ; **imp** contredis, contredisons ; **pprés** contredisant ; **pp** contredit

104. maudire

ind prés maudis, maudissons ; **imparfait** maudissais ; **ind fut** maudirai ; **subj prés** que je maudisse ; **imp** maudis, maudissons ; **pprés** maudissant ; **pp** maudit

105. bruire

ind prés bruis ; **imparfait** bruyais ; **ind fut** bruirai ; **pp** bruit

106. lire

ind prés lis, lisons ; **imparfait** lisais ; **ind fut** lirai ; **subj prés** que je lise, que nous lisions ; **imp** lis, lisons ; **pprés** lisant ; **pp** lu

107. croire

ind prés crois, croyons, croient ; **imparfait** croyais ; **ind fut** croirai ; **subj prés** que je croie ; **imp** crois, croyons ; **pprés** croyant ; **pp** cru

108. boire

ind prés bois, buvons, boivent ; **imparfait** buvais ; **ind fut** boirai ; **subj prés** que je boive ; **imp** bois, buvons ; **pprés** buvant ; **pp** bu

109. faire

ind prés fais, faisons, font ; **imparfait** faisais ; **ind fut** ferai ; **subj prés** que je fasse ; **imp** fais, faisons, faites ; **pprés** faisant ; **pp** fait

110. plaire

ind prés plais, plaisons ; **imparfait** plaisais ; **ind fut** plairai ; **subj prés** que je plaise ; **imp** plais, plaisons ; **pprés** plaisant ; **pp** plu

111. taire

ind prés tais, taisons ; **imparfait** taisais ; **ind fut** tairai ; **subj prés** que je taise ; **imp** tais, taisons ; **pprés** taisant ; **pp** tu

112. extraire

ind prés extrais, extrayons, extraient ; **imparfait** extrayais ; **ind fut** extrairai ; **subj prés** que j'extraie ; **imp** extrais, extrayons ; **pprés** extrayant ; **pp** extrait

113. clore

ind prés clos, closons ; **ind fut** clorai ; **subj prés** que je close ; **imp** clos ; **pprés** closant ; **pp** clos

114. vaincre

ind prés vaincs, vainquons ; **imparfait** vainquais ; **ind fut** vaincrai ; **subj prés** que je vainque ; **imp** vaincs, vainquons ; **pprés** vainquant ; **pp** vaincu

115. frire

ind prés fris ; **ind fut** frirai ; **imp** fris ; **pp** frit

116. foutre

ind prés fous, foutons ; **imparfait** foutais ; **ind fut** foutrai ; **subj prés** que je foute ; **imp** fous, foutons ; **pprés** foutant ; **pp** foutu

Grammaire de l'anglais

English grammar

Sommaire — Contents

1. Les articles

Les *articles* n'ont pas de genre en anglais.

1.1. L'article indéfini

- L'*article indéfini* s'écrit ***a*** devant une consonne ou un ***h*** aspiré :

  a **restaurant** un restaurant

  a **chair** une chaise

- ***a*** devient ***an*** devant une voyelle

  an apple une pomme

- On emploie ***a*** ou ***an*** devant un nom de métier :

  I am *a* painter je suis peintre

1.2. L'article défini

- Il n'y a, en anglais, qu'un seul *article défini*, valable pour les noms singuliers et pluriels :

  the **book** le livre

  the **keys** les clés

1.3. Les cas particuliers

- Les noms propres et les titres sont employés sans article :

  Doctor Allen le docteur Allen

  King Louis XIV le Roi Louis XIV

  President Kennedy le Président Kennedy

  mais il y a des exceptions :

  the President of the United States

  le Président des États-Unis.

- Il n'y a pas d'article non plus devant les noms de pays, sauf s'ils sont formés à partir d'un nom commun :

  France la France

  England l'Angleterre

  mais

  the British Isles les îles Britanniques

  the United States les États-Unis

- Et on n'utilise pas d'article devant la plupart des notions abstraites :

  happiness le bonheur

2. Les noms

Les *noms* sont neutres en anglais.

2.1. La formation du pluriel

- Au pluriel, la majorité des noms prend un *-s* :

  book books, livre livres
  hat hats, chapeau chapeaux
  car cars, voiture voitures

- Quand le nom se termine par *-s*, *-ss*, *-sh*, *-ch* ou *-x*, on ajoute *-es* :

  bus buses **box boxes**
  kiss kisses **watch watches**

- Quand le nom se termine par *-y*, on ajoute *-ies* :

  baby babies

- Attention, quelques noms ont un *pluriel irrégulier* :

  man men **child children**
  foot feet **mouse mice**
  sheep sheep **fish fish**

2.2. Indénombrables

- Certains noms n'ont pas de pluriel, on les appelle *indénombrables* : **water, money, furniture, work...** On les traduit avec ***de*** en français :

  Give me some *water* donne-moi *de l'eau*
  I have no *money* left je n'ai plus d'*argent*

2.3. Les exceptions

- La terminaison en *-s* n'est pas forcément la marque du pluriel.
- Certains noms en *-s*, (des noms de jeux, de maladies et de matières), sont des indénombrables toujours suivis d'un verbe au singulier :

  news nouvelle
  mathematics mathématiques
  the United States les États-Unis
  The *news* is bad. C'est une mauvaise *nouvelle*.
  ***The United States* is a very big country.**
  Les États-Unis sont un très grand pays.

- Les noms qui font référence à des groupes peuvent être suivis d'un verbe singulier ou pluriel :

government gouvernement
team équipe
***England* is/are winning 2-0.** *L'Angleterre* mène 2-0.

- Certains noms, terminés ou non par *-s*, sont suivis d'un verbe au pluriel :

people les gens
police la police
scissors les ciseaux
Some *people* are never tired!
Il y a des *gens* qui ne sont jamais fatigués !

3. Les adjectifs

- Ils sont *invariables* en genre et en nombre et se placent toujours *devant le nom* :

a *little* girl une *petite* fille
***little* girls** des *petites* filles

- S'il y a plusieurs adjectifs *épithètes*, l'ordre est généralement le suivant : taille, âge, couleur, origine, matière.

A *large black* London taxi. Un grand taxi noir de Londres.
A *small metal* toy. Un petit jouet en métal.

3.1. Les comparatifs et les superlatifs

Le *comparatif* et le *superlatif* se forment différemment selon la longueur de l'adjectif :

- – Adjectifs courts (une syllabe) : on ajoute *-er* pour le comparatif et *-est* pour le superlatif.

small smaller smallest

Attention, la consonne finale redouble lorsqu'elle est précédée d'une voyelle.

big bigger biggest

- Les adjectifs en *-y* voient celui-ci se transformer en *-i*.

silly sillier silliest

- Adjectifs longs (deux syllabes ou plus) : on emploie ***more*** et ***most***.

difficult	**more difficult**	**most difficult**
beautiful	**more beautiful**	**most beautiful**

Remarque : certains adjectifs de deux syllabes prennent ***-er*** :

funny **funn*ier*** **funn*iest***
narrow **narrow*er*** **narrow*est***

3.2. Les comparatifs et les superlatifs irréguliers

adjectif	*comparatif*	*superlatif*
bad	**worse**	**worst**
far	**farther/further**	**farthest/furthest**
good	**better**	**best**
little	**less**	**least**
much/many	**more**	**most**
old	**older/elder***	**oldest/eldest***

* Remarque : quand on parle des membres d'une famille.

3.3. Les adjectifs possessifs

		singulier	*pluriel*
1re personne	*masc. ou fém.*	**my**	**our**
2e personne	*masc. ou fém.*	**your**	**your**
3e personne	*masculin*	**his**	**their**
	féminin	**her**	**their**
	indéfini	**one's**	
	neutre	**its**	

- C'est le possesseur, et non la chose possédée, qui détermine le choix de l'*adjectif possessif*.

Par exemple, si le possesseur est un homme :

***his* coat** *son* manteau
***his* car** *sa* voiture
***his* keys** *ses* clés

3.4. Le possessif

- En anglais on utilise la construction ***'s*** pour exprimer la possession quand le possesseur est une personne.

Martin*'s* bicycle le vélo de Martin

Lorsque le nom se termine déjà par ***-s*** (notamment les pluriels réguliers), on ajoute simplement une apostrophe :

the boys*'* father le père des garçons

- On utilise ***of*** quand le possesseur est une chose :
  the tyre *of* the car la roue de la voiture

3.5. Nationalité

- Les adjectifs de nationalité s'écrivent avec une majuscule.
  French wine du vin français

4. Les pronoms

4.1. Les pronoms personnels

pronom sujet	*pronom complément d'objet*
I je	**me** me
you tu/vous	**you** te
he il	**him** le/lui
she elle	**her** la/lui
it il/elle/cela	**it** le/la/lui
we nous	**us** nous
you vous	**you** vous
they ils/elles	**them** les/leur

- ***You*** (tu/vous) désigne à la fois le singulier et le pluriel ; on l'emploie indistinctement pour tutoyer ou vouvoyer quelqu'un.
- ***He*** et ***him*** s'emploient pour une personne ou un animal de sexe masculin, ***she*** et ***her*** pour une personne ou un animal de sexe féminin :
  There's Mark's brother. *He*'s a student.
  Do you know *him*?
  C'est le frère de Mark. *Il* est étudiant. Tu *le* connais ?

  There's Lucy's mother. *She*'s a dentist.
  Have you met *her*?
  C'est la mère de Lucy. *Elle* est dentiste. Tu *la* connais ?
- ***It*** s'emploie pour une chose, une notion ou encore un animal dont on ne connait pas le sexe :
  Here is my house. *It*'s not big. I like *it*.
  Voici ma maison. *Elle* n'est pas grande. Je *l'*aime bien.

4.2. Les pronoms possessifs

mine	le mien / la mienne / les miens / les miennes
yours	le tien / la tienne / les tiens / les tiennes
his	le sien / la sienne / les siens / les siennes
hers	le sien / la sienne / les siens / les siennes
ours	le/la nôtre / les nôtres
yours	le/la vôtre / les vôtres
theirs	le/la leur / les leurs

- À la troisième personne du singulier, comme pour l'adjectif possessif, le pronom s'accorde avec le possesseur et non avec la chose possédée :

  This is your book. *Hers* is over there.
  C'est ton livre. *Le sien* (à elle) est là-bas.

5. Some et any

- ***Some*** et ***any*** s'emploient comme déterminants devant un nom pluriel dénombrable ou indénombrable.

Ils désignent une quantité (ou une qualité) indéterminée.

- On emploie ***some*** à la forme affirmative et ***any*** aux formes négative et interrogative.

  There are *some* books on the table.
  Il y a *des* livres sur la table.
  Are there *any* good films on television tonight?
  Y a-t-il *de* bons films à la télévision ce soir ?
  I don't want *any* sugar.
  Je ne veux pas *de* sucre.

5.1. Dans les affirmations

- On peut employer ***some*** dans une question si la réponse attendue est affirmative :

  Would you like *some* cake? Tu veux *du* gâteau ?

- ***Any*** peut avoir le sens de « n'importe lequel ».

Il s'emploie alors également à la forme affirmative.

5.2. Les pronoms indéfinis

- ***Some*** et ***any*** s'emploient également comme pronoms indéfinis. Ils peuvent dans cet emploi, se combiner avec ***-body***, ***-one***, ***-thing*** et ***-where*** pour former des pronoms indéfinis composés :

Something strange happened yesterday.
Quelque chose d'étrange est arrivé hier.

She lives _somewhere_ in Milton Keynes.
Elle habite *quelque part* à Milton Keynes.

6. Les prépositions

6.1. Prépositions de lieu courantes

The cat is _on_ / _under_ the table.
Le chat est *sur* / *sous* la table.

The lorry is _in front of_ / _behind_ the car.
Le camion est *devant* / *derrière* la voiture.

Mark is _next to_ Lucy.
Mark est *à côté de* Lucy.

Mark and Lucy are standing _near_ Tom.
Mark et Lucy sont *près de* Tom.

Lucy is _between_ Mark and Tom.
Lucy est *entre* Mark et Tom.

Lucy is _in_ the tent. She's _inside_ / _outside_.
Lucy est *dans* la tente. Elle est *à l'intérieur* / *à l'extérieur.*

The car went _above_ / _below_ the bridge.
La voiture est passé *au-dessus*, *au-dessous* du pont.

I am _at_ Lucy's.
Je suis *chez* Lucy.

6.2. Prépositions de mouvement courantes

We are going _to_ London.
Nous allons *à* Londres.

Insert the card _into_ the machine.
Insérez la carte *dans* la machine.

He sees her _through_ the window.
Il la voit *par* / *à travers* la fenêtre.

I'm *across* the street.
Je suis *de l'autre côté de* la rue.

The post office is *past* the traffic lights.
La poste est *après* le feu.

Go *toward(s)* the river.
Allez *vers* / *en direction de* la rivière.

6.3. Prépositions de temps courantes

Mark arrived *before* / *after* us.
Mark est arrivé *avant* / *après* nous.

« Depuis » se traduit par ***for*** (durée) ou ***since*** (début de durée).

Jane has been at home *for* two hours.
Jane est à la maison *depuis* deux heures. (durée)

Jane has been at home *since* half past five.
Jane est à la maison *depuis* 17h30. (début de durée)

We waited *until* ten.
Nous avons attendu *jusqu'à* 10 h.

We arrived *in* the morning / *in* the evening / *at* night.
Nous sommes arrivés le matin / le soir / la nuit.

In the beginning au début

At the end à la fin

6.4. Les verbes prépositionnels

- Ils sont formés d'une base verbale et d'une préposition.
- Ils sont toujours suivis d'un complément :

  look at (a picture) regarder (un tableau)
  ask for (some money) demander (de l'argent)
  wait for (someone) attendre (quelqu'un)
  put on (some clothes) mettre (des vêtements).

- Le complément d'objet se place toujours après la préposition :

  She *looked* at my car. Elle a regardé ma voiture.

- Dans les questions et les propositions relatives, la préposition reste derrière le verbe :

  Who are you *thinking about*? À qui penses-tu ?

7. Le discours indirect

- On utilise un verbe introductif tel que ***say*** ou ***tell***, mais il en existe d'autres tels que ***add***, ***answer***, ***declare***, ***promise***, ***wonder***, ***explain***.

7.1. Le verbe introductif au présent

- Il n'y a aucune modification de temps dans la phrase rapportée :

  I *don't like* cakes.
  Je *n'aime pas* les gâteaux.

  Fred says that he *doesn't like* cakes.
  Fred dit qu'il *n'aime pas* les gateaux.

7.2. Le verbe introductif au prétérit

- Les verbes rapportés se mettent au prétérit ou au ***past perfect*** :

  He said he *didn't like* cakes.
  Il a dit qu'il *n'aimait pas* les gâteaux.

  You told me you *didn't like* cakes.
  Tu m'as dit que tu *n'aimais pas* les gâteaux.

- Il n'y a pas de modification de temps si le verbe renvoie à quelque chose de toujours valable au moment où l'on parle, ou à un état :

  He said he *doesn't like* cakes.
  Il m'a dit qu'il *n'aime pas* les gâteaux.

7.3. L'interrogation indirecte

- L'énonciateur emploie le verbe ***ask*** pour rapporter des questions. ***Ask*** est suivi de ***if*** dans le cas des ***yes/no questions***, et d'une forme en ***wh-*** dans le cas des questions ouvertes.

  She asked him if he *likes* cakes.
  Elle lui a demandé s'il *aimait* les gâteaux.

  Wayne asked Fred if *he liked* cakes.
  Wayne a demandé à Fred s'il *aimait* les gâteaux.

8. Les nombres, la date et l'heure

8.1. Les nombres
Voir le tableau page : 471

- Remarque : en anglais, on sépare les milliers des centaines, les millions des milliers, avec une virgule ou parfois un espace : **1,000** ou **1 000** ; **40,000,000** ou **40 000 000**.

8.2. La date

What date is it today?	**It's July fifth.** (US)
What's the date today?	**It's July the fifth.** (Br)
What's today's date?	**It's the fifth of July.** (Br)
Quel jour est-on aujourd'hui ?	Nous sommes le cinq juillet.

- On écrit la date différemment en Grande-Bretagne et aux États-Unis :
- **8/10/2011** signifie en Grande-Bretagne (comme en France) le huit octobre 2011, mais aux États-Unis, cela signifie le dix août 2011.

lundi	**Monday**	janvier	**January**
mardi	**Tuesday**	février	**February**
mercredi	**Wednesday**	mars	**March**
jeudi	**Thursday**	avril	**April**
vendredi	**Friday**	mai	**May**
samedi	**Saturday**	juin	**June**
dimanche	**Sunday**	juillet	**July**
		août	**August**
		septembre	**September**
		octobre	**October**
		novembre	**November**
		décembre	**December**

Remarque : en anglais, les jours de la semaine et les mois prennent toujours une majuscule.

8.3. L'heure
Voir le tableau page : 478

8.4. Les adverbes

- La plupart des *adverbes* se forme en ajoutant le suffixe ***-ly*** à l'adjectif :

slow → slow*ly*	doux, douce → doucement
quick → quick*ly*	rapide → rapidement
clear → clear*ly*	clair, claire → clairement
careful → careful*ly*	prudent, prudente → prudemment

- Quand l'adjectif se termine en **-*y***, on le remplace par ***-ily***

happy → happ*ily*	heureux, heureuse→ heureusement

- Quand l'adjectif se termine en **-*le***, on le remplace par ***-ly***

simple → simp*ly*	simple → simplement

- Quand l'adjectif se termine en **-*ll***, on ajoute ***y***

full → fully	plein, pleine → pleinement

- Quelques *adverbes* ont la même forme que l'adjectif :

late	tardif/tardive, tardivement
fast	rapide, rapidement,
hard	dur/dure, durement
wrong	mauvais/mauvaise, mal,
righ	exact/exacte, bien

L'*adverbe* de ***good*** bon/bonne **est *well*** bien.

- En général, les *adverbes* se placent directement avant ou après le verbe, ou après le complément d'objet quand il y en a un.

  Mark works *slowly*.
  Mark travaille *lentement*.

  I *simply* can't come.
  Je ne peux *vraiment* pas venir.

  Lucy finished her homework *quickly*.
  Lucy a terminé ses devoirs *rapidement*.

9. Les verbes

- La plupart des *verbes* anglais n'ont pas plus de cinq formes :

Forme de base ou base verbale	***write***
Forme en ***-s*** (troisième pers. du singulier)	**Lucy *writes* letters**
Forme en ***-ing*** (participe présent)	**I'm *writing* a letter**
Prétérit	**I *wrote* a letter**
Participe passé	**I have *written* a letter**

9.1. Le présent simple

- Base verbale (infinitif sans ***to***) à toutes les personnes, excepté à la troisième personne du singulier, qui prend un ***-s***.

base verbale : **play** jouer

singulier	**I/you play**	je joue/tu joues
	He/she/it plays	il/elle/on joue
pluriel	**we/you/they play**	nous jouons/vous jouez/ ils/elles jouent

- Le ***-s*** final se transforme en ***-es*** si le verbe se termine en ***-o***, ***-ss***, ***-sh***, ***-ch***, ***-x*** ou ***z***.

do	**he/she/it do*es***
kiss	**he/she/it kiss*es***
crash	**he/she/it crash*es***

- Le ***-s*** final devient ***-ies*** si le verbe se termine par « consonne + ***-y*** ».

cry	**he/she/it cr*ies***

- Le présent simple s'emploie pour parler :

– d'une caractéristique permanente

I *am* from Brazil.
Je *viens* du Brésil.

– d'une action habituelle

She *plays* tennis every Saturday.
Elle *joue* au tennis tous les samedis.

– de goûts et d'opinions

They *love* chocolate.
Ils *adorent* le chocolat.

9.2. Le présent progressif

- Be conjugué à toutes les personnes, + ***-ing***.

La forme en ***-ing*** s'obtient en ajoutant ***-ing*** à la base verbale :

watch → watching
I am *watching* TV.
Je *regarde* la télé.

- Quand la base verbale se termine par :

– une consonne + ***-e***, on remplace ***-e*** par ***-ing***

have → hav*ing*
come → com*ing*

– ***-ie***, on remplace ***-ie*** par ***-ying***

die → d*ying*

– une voyelle précédée d'une seule consonne, on redouble la consonne

sit → sit*ting*

- On emploie le *présent progressif* pour parler :

– d'une action qui se déroule au moment où l'on parle

It's *snowing*.

Il *neige*.

– d'une action qui se déroule dans le présent pour une période de temps limitée

I'm *learning* English.

J'*apprends* l'anglais.

– d'un futur proche

I'm *playing* football tomorrow.

Je *joue* au football demain.

9.3. Le prétérit

- Base verbale + -ed.

I/you/he/she/it/we/you/they *watched* TV

- Quand la base verbale se termine par :

– une consonne + ***-e***, on ajoute seulement ***-d***

like → like*d*

– une consonne + ***-y***, on remplace ***-y*** par ***-ied***

try → trie*d*

– une voyelle précédée d'une seule consonne, on redouble la consonne

drop → drop*ped*

- On emploie le prétérit pour décrire une action ou une situation complètement terminée.

I *lived* in Mexico for two years.

J'*ai habité* au Mexique pendant deux ans.

Lucy *tidied* her room yesterday.

Lucy *a rangé* sa chambre hier.

9.4. Le present perfect

Have / has + participe passé.

- Le participe passé des verbes réguliers se forme comme le prétérit. Le *present perfect* s'emploie pour désigner :

– une action récente

Tom *has finished* his homework.
Tom *a fini* ses devoirs.

– un événement passé qui continue dans le présent et est toujours valable au moment où l'on parle

I *have lived* in Brazil for ten years.
J'*habite* au Brésil depuis 10 ans.

- Lorsqu'il n'y a pas de lien avec le présent, ou qu'on emploie un marqueur de temps exprimant une action terminée, on doit employer le prétérit : **last year** (l'année dernière), **at one o'clock** (à une heure), **when I was young** (quand j'étais jeune), **in 1977** (en 1977)...

Tom *finished* his homework *yesterday* / two hours *ago* / on Tuesday.
Tom *a fini* ses devoirs *hier* / *il y a* deux heures / mardi.

- Le *present perfect* s'emploie avec des repères temporels qui englobent le moment présent : ***so far, until now*** (jusqu'à maintenant), ***since, for*** (depuis), et se traduit souvent par le présent en français.

He'*s known* Marie for five years / since 2000.
Il *connaît* Marie depuis cinq ans / depuis 2000.

- Cependant, si le complément de temps introduit par ***for*** désigne une durée qui renvoie exclusivement au passé, on utilise le prétérit :

He *lived* in San Francisco *for* five years *during the 1980s.*
Il *a vécu* à San Francisco *pendant* cinq ans dans les années 1980.

- Il est employé avec des adverbes de fréquence comme ***always*** (toujours) et ***never*** (jamais), ***already*** (déjà), ***yet*** (encore), ***not yet*** (pas encore), ***recently*** (récemment), ***just*** (juste), **it's the first time** (c'est la première fois que) :

I'*ve always wanted* to go to Australia.
J'*ai toujours voulu* aller en Australie.

9.5. Used to

Cette expression se traduit par l'imparfait en français.

- Elle s'emploie pour parler de quelque chose qui a eu lieu pendant un certain temps dans le passé et qui a pris fin.

  He *used to* be responsible for the technical operations.
  Il *était* responsable des opérations techniques.

9.6. Le futur

Il n'y a, en anglais, qu'une seule forme de futur simple pour toutes les personnes : ***will*** + base verbale.

- Forme contractée ***'ll***, forme négative contractée ***won't***.

  ***Will* you *come* back?**
  Est-ce que tu *reviendras* ?

  They'*ll be* here soon.
  Ils *seront* bientôt là.

  I *won't* be late.
  Je ne *serai* pas en retard.

Mais il existe d'autres manières d'exprimer le futur :

- ***be going to*** + base verbale

  It'*s going* to rain.
  Il *va* pleuvoir.

- ***will*** + ***be*** + ***-ing***

  I'*ll be working* late tomorrow.
  Je *travaillerai* tard demain.

- ***be about to*** + base verbale

Cette forme indique que l'événement est imminent.

  They'*re about to* leave.
  Ils *sont sur le point* de partir.

9.7. Verbes auxiliaires

Ce sont les verbes ***to be*** (être), ***to have*** (avoir) et ***to do*** (faire).

- ***Be*** s'utilise pour former le présent progressif (***be*** + ***-ing***) et la forme passive (***be*** + participe passé).

1re pers. du singulier : **I am**
2e pers. du singulier : **you are**
3e pers. du singulier : **he/she/it is**
1re/2e/3e pers. du pluriel : **we/you/they are**

forme entière	*forme contractée*	*forme négative contractée*
am	**'m**	-
are	**'re**	**aren't**
is	**'s**	**isn't**

- **Have** s'utilise pour le *present perfect* (**have** + participe passé).

Troisième personne du singulier : **he/she/it has**

forme entière	*forme contractée*	*forme négative contractée*
have	**'ve**	**haven't**
has	**'s**	**hasn't**

- **Do** s'utilise pour former les phrases négatives et interrogatives au présent simple et au prétérit.

Troisième personne du singulier : **he/she/it does**

forme entière	*forme négative contractée*
do	**don't**
does	**doesn't**

***Do* you *speak* English?** *Est-ce que* vous *parlez* anglais ?
Jane *doesn't smoke*. Jane *ne fume pas*.

Verbes irréguliers anglais

English Irregular Verbs

infinitive	*past tense*	*past participle*
arise	arose	arisen
awake	awoke	awoken
be	was/were	been
bear	bore	born(e)
beat	beat	beaten
begin	began	begun
bend	bent	bent
bet	bet/betted	bet/betted
bid	bid	bid
bind	bound	bound
bite	bit	bitten
bleed	bled	bled
blow	blew	blown
break	broke	broken
breed	bred	bred
bring	brought	brought
build	built	built
burn	burnt/burned	burnt/burned
burst	burst	burst
buy	bought	bought
can	could	-
cast	cast	cast
catch	caught	caught
choose	chose	chosen
come	came	come
cost	cost	cost
creep	crept	crept
cut	cut	cut
deal	dealt	dealt

infinitive	*past tense*	*past participle*
dig	dug	dug
do	did	done
draw	drew	drawn
dream	dreamed/dreamt	dreamed/dreamt
drink	drank	drunk
drive	drove	driven
eat	ate	eaten
fall	fell	fallen
feed	fed	fed
feel	felt	felt
fight	fought	fought
find	found	found
fling	flung	flung
fly	flew	flown
forget	forgot	forgotten
freeze	froze	frozen
get	got	got
give	gave	given
go	went	gone
grind	ground	ground
grow	grew	grown
hang	hung/hanged	hung/hanged
have	had	had
hear	heard	heard
hide	hid	hidden
hit	hit	hit
hold	held	held
hurt	hurt	hurt
keep	kept	kept

infinitive	*past tense*	*past participle*
kneel	knelt/kneeled	knelt/kneeled
know	knew	known
lay	laid	laid
lead	led	led
lean	leant/leaned	leant/leaned
leap	leapt/leaped	leapt/leaped
learn	learnt/learned	learnt/learned
leave	left	left
lend	lent	lent
let	let	let
lie	lay	lain
light	lit/lighted	lit/lighted
lose	lost	lost
make	made	made
may	might	-
mean	meant	meant
meet	met	met
mow	mowed	mown/mowed
pay	paid	paid
put	put	put
quit	quit/quitted	quit/quitted
read	read	read
rid	rid	rid
ride	rode	ridden
ring	rang	rung
rise	rose	risen
run	ran	run
saw	sawed	sawn
say	said	said

infinitive	*past tense*	*past participle*
see	saw	seen
seek	sought	sought
sell	sold	sold
send	sent	sent
set	set	set
shake	shook	shaken
shall	should	-
shed	shed	shed
shine	shone	shone
shoot	shot	shot
show	showed	shown
shrink	shrank	shrunk
shut	shut	shut
sing	sang	sung
sink	sank	sunk
sit	sat	sat
sleep	slept	slept
slide	slid	slid
sling	slung	slung
smell	smelt/smelled	smelt/smelled
sow	sowed	sown/sowed
speak	spoke	spoken
speed	sped/speeded	sped/speeded
spell	spelt/spelled	spelt/spelled
spend	spent	spent
spill	spilt/spilled	spilt/spilled
spin	spun	spun
spit	spat	spat
split	split	split

infinitive	*past tense*	*past participle*
spoil	spoiled/spoilt	spoiled/spoilt
spread	spread	spread
spring	sprang	sprung
stand	stood	stood
steal	stole	stolen
stick	stuck	stuck
sting	stung	stung
stink	stank	stunk
strike	struck/stricken	struck
swear	swore	sworn
sweep	swept	swept
swell	swelled	swollen/swelled
swim	swam	swum
swing	swung	swung
take	took	taken
teach	taught	taught
tear	tore	torn
tell	told	told
think	thought	thought
throw	threw	thrown
tread	trod	trodden
wake	woke/waked	woken/waked
wear	wore	worn
weave	wove/weaved	woven/weaved
weep	wept	wept
win	won	won
wind	wound	wound
wring	wrung	wrung
write	wrote	written

Guide de conversation

Communication Guide

Sommaire — Content

Sommaire / Content

Saluer quelqu'un	Greeting s.o.
• Bonjour !	Good morning! [le matin] Good afternoon! [l'après-midi]
• Bonsoir !	Good evening!
• Salut !	Hello! Hi!
• Comment vas-tu ? [to a friend]/Comment allez-vous ? [polite form]	How are you?
• Très bien, merci.	Very well, thank you.
• Bien, merci.	Fine, thank you.
• Et toi ?/Et vous ?	And you?
• Ça va ? [sans attendre de réponse]	How's it going? How are you doing?
• Bien, et vous ? [idem]	Fine, and you?

Se présenter	Introducing yourself
• Je m'appelle Pierre.	My name is Pierre.
• Je suis français.	I'm French.
• Je viens de Paris.	I come from Paris.
• Salut, moi c'est Marc.	Hello, I'm Marc.
• Je me présente, je m'appelle Lola.	Allow me to introduce myself, I'm Lola.
• Je ne crois pas que nous nous connaissons.	I don't think we've met.

Présenter quelqu'un	Making introductions
• Voici M. Durand.	This is Mr Durand.
• Je vous présente M. Durand.	I'd like to introduce Mr Durand.
• Enchanté/enchantée.	Pleased to meet you.

• Ravi de vous connaître/ faire votre connaissance.	Pleased to meet you.
• J'espère que vous avez fait bon voyage.	I hope you had a good trip.
• Bienvenue.	Welcome.
• Je vais faire les présentations.	Shall I do the introductions?

Prendre congé	Saying goodbye
• Au revoir.	Goodbye. ou Bye.
• À tout à l'heure.	See you later.
• À bientôt.	See you soon.
• À plus.	See you ou so long.
• À plus tard.	See you later.
• À un de ces jours.	See you again sometime.
• Bonsoir.	Good evening./Good night.
• Bonne nuit.	Good night.
• Je vous souhaite un bon voyage.	Enjoy your trip.
• Heureux d'avoir fait votre connaissance.	It was nice to meet you.
• Je vais devoir vous laisser.	I'm afraid I have to go now.
• Salut la compagnie.	Bye everybody.
• Mes amitiés à…	Give my best regards to…
• Bonne continuation.	All the best.

Remercier	Saying thank you
• Merci.	Thank you.
• Merci beaucoup.	Thank you very much.
• Vous de même.	You too.

• Merci de votre aide.	Thank you for your help.
• Un grand merci pour tout.	Thanks a lot for everything.
• Je ne sais comment vous remercier.	I can't thank you enough.
• Je vous suis très reconnaissant de…	I'm very grateful for…

Répondre à des remerciements	Replying to thanks
• Il n'y a pas de quoi.	Don't mention it.
• De rien.	Not at all.
• Je vous en prie. [polite form]	You're welcome my pleasure.
• Je t'en prie. [to a friend]	You're welcome.
• Ce n'est rien.	It was nothing.
• C'est la moindre des choses.	That's the least I can do.

Présenter ses excuses	Apologizing
• Excusez-moi.	Excuse me.
• Pardon.	Excuse me.
• Je suis désolé.	I'm sorry.
• Je suis vraiment désolé.	I'm very ou terribly UK sorry.
• Désolé.	Sorry.
• Je suis désolé d'être en retard.	I'm sorry I'm late.
• Je suis désolé de vous déranger.	I'm sorry to bother you.
• J'ai bien peur de devoir annuler le rendez-vous.	I'm afraid I have to cancel our appointment.
• Toutes mes excuses.	I apologize.

Accepter des excuses	Accepting an apology
• Ce n'est pas grave.	It doesn't matter/it's ou that's OK.
• Ça ne fait rien.	That's all right.
• Il n'y a pas de mal.	No harm done.
• C'est oublié.	Forget it ou don't worry about it.
• N'en parlons plus.	Let's say no more about it.
• Ne vous excusez pas.	There's no need to apologize.

Exprimer des vœux	Wishes and greetings
• Bonne chance !	Good luck!
• Amuse-toi bien !	Have fun! Enjoy yourself!
• Bon appétit !	Enjoy your meal!
• Bon anniversaire !	Happy birthday!
• Joyeuses Pâques !	Happy Easter!
• Joyeux Noël !	Merry Christmas!
• Bonne année !	Happy New Year!
• Bon week-end !	Have a good weekend!
• Bonnes vacances !	Enjoy your holiday UK ou vacation US!
• Meilleurs vœux !	Best wishes!
• Passe une bonne journée !	Have a nice day!
• Santé !	Cheers!
• À votre santé !	To your health!
• Bonne continuation !	All the best!
• Félicitations !	Congratulations!

Le temps	The weather
• Il fait très beau aujourd'hui.	It's a beautiful day.
• Il fait beau.	It's nice.
• Il y a du soleil.	It's sunny.
• Il pleut.	It's raining.
• Le ciel est couvert.	It's cloudy.
• On annonce de la pluie pour demain.	It's supposed to rain tomorrow.
• Quel temps épouvantable !	What horrible ou awful weather!
• Il fait (très) chaud/froid.	It's (very) hot/cold.
• Quel temps fait-il ?	What's the weather like?
• Il y a une éclaircie.	Here's a sunny spell.
• Le temps est humide.	It's humid.
• Le temps est très lourd.	It's very oppressive/sultry/ close UK.
• Pensez-vous que les températures vont remonter ?	Do you think the temperature is going to rise?
• J'espère que le temps va changer !	I hope the weather's going to change!

Exprimer une opinion	Expressing likes and dislikes
• Ça me plaît.	I like it.
• Ça ne me plaît pas.	I don't like it.
• Oui, volontiers.	Yes, please.
• Non merci.	No, thanks. No, thank you.
• Cela vous dirait-il de venir au cinéma avec nous ?	Would you like to come to the cinema UK ou movies US with us?
• Oui, avec grand plaisir.	Yes, I'd love to.

• Je ne suis pas d'accord.	I don't agree.
• Je suis totalement de votre avis.	I totally agree with you.
• Ce n'est pas ma tasse de thé.	This is not my cup of tea.
• Cela me tenterait bien.	That sounds very tempting I'd really like that.
• Je préférerais quelque chose d'autre.	I'd prefer something else.
• J'adore la voile.	I have a passion for sailing.
• À mon avis…	In my opinion…
• En ce qui me concerne…	As far as I'm concerned…

Au téléphone	**Phoning**
• Allô !	Hello!
• Anne Martin à l'appareil.	Anne Martin speaking.
• Je voudrais parler à M. Gladstone.	I'd like to speak to Mr Gladstone.
• J'appelle de la part de Mme Smith.	I'm calling on behalf of Mrs Smith.
• Je rappellerai dans dix minutes.	I'll call back in ten minutes.
• Je préfère patienter.	I'd rather hold the line.
• Puis-je lui laisser un message ?	Can I leave him a message?
• Excusez-moi, j'ai dû faire un mauvais numéro.	Sorry, I must have dialled the wrong number.
• Qui est à l'appareil ?	Who's calling?
• Ne quittez pas, je vous le passe.	Hold the line, I'll put you through.

• Pouvez-vous rappeler dans une heure ?	Could you call back in an hour?
• Elle est sortie.	She's out.
• Elle est absente jusqu'à demain.	She won't be back until tomorrow.
• Je pense que vous faites erreur.	I think you've got the wrong number.

Relations professionnelles	**Business**
• Bonjour, je fais partie de Biotech Ltd.	Hello, I'm from Biotech Ltd.
• J'ai rendez-vous avec M. Martin à 14 h 30.	I have an appointment with Mr Martin at 2:30.
• Voici ma carte de visite.	Here's my business card.
• Je voudrais voir le directeur.	I'd like to see the managing director.
• Mon adresse e-mail est paul@easyconnect.com.	My e-mail address is paul@easyconnect.com.
• J'appelle pour prendre rendez-vous.	I'm calling to make an appointment.
• Seriez-vous libre pour déjeuner ?	Are you free for lunch?
• Ma secrétaire vous rappellera pour fixer une date.	My secretary will call you back to arrange a date.

Louer une voiture	**Hiring** UK ou **renting** US **a car**
• Je voudrais louer une voiture climatisée pour une semaine.	I'd like to hire UK ou rent US a car with air-conditioning for a week.
• Quel est le tarif pour une journée ?	What's the cost per day?
• Le kilométrage est-il illimité ?	Is the mileage unlimited?

• Combien coûte l'assurance tous risques ?	How much does it cost for comprehensive insurance?
• Est-il possible de rendre la voiture à l'aéroport ?	Can I leave the car at the airport?
• Voici mon permis de conduire	Here's my driving licence UK ou driver's license US

Circuler en voiture — In the car

• Comment rejoint-on le centre-ville/l'autoroute ?	How do we get downtown US ou to the city centre UK/ motorway?
• Y a-t-il un parking près d'ici ?	Is there a car park nearby?
• Est-ce que je peux stationner ici ?	Can I park here?
• Je cherche une station-service	I'm looking for a petrol UK ou gas US station.
• Où se trouve le garage le plus proche ?	Where's the nearest garage?
• Est-ce bien la direction de la gare ?	Is this the way to the train station?
• Est-ce que c'est loin en voiture ?	Is it far by car?

À la station-service — At the petrol UK ou gas US station

• Le plein, s'il vous plaît.	Fill it up, please.
• Je voudrais vérifier la pression des pneus.	I'd like to check the tyre pressure.
• Pompe (numéro) 3.	Pump number three.
• Vous ne vendez pas de GPL ?	Don't you sell LPG?
• Je voudrais une paire d'essuie-glaces.	I'd like a pair of windscreen wipers UK ou windshield wipers US.

Chez le garagiste	At the garage
• Je suis en panne.	My car has broken down.
• Je suis en panne d'essence.	I've run out of petrol UK ou gas US.
• L'air conditionné ne marche pas.	The air-conditioning doesn't work.
• J'ai perdu le pot d'échappement.	The exhaust pipe has fallen off.
• Ma voiture perd de l'huile.	My car has an oil leak.
• Le moteur chauffe.	The engine is overheating.
• Le moteur fait un drôle de bruit.	The engine is making strange sounds.
• Pourriez-vous vérifier les freins ?	Could you check the brakes?
• Pourriez-vous vérifier le niveau d'eau ?	Could you check the water level?
• La batterie est à plat.	The battery is flat UK ou dead US.
• J'ai crevé.	I've got a puncture UK ou a flat tire US.
• Il faut réparer le pneu.	The tyre needs to be repaired.
• Combien vont coûter les réparations ?	How much will the repairs cost?

Prendre un taxi	Taking a taxi UK ou cab US
• Pourriez-vous m'appeler un taxi ?	Could you call a taxi UK ou cab US for me?
• Où est la station de taxis ?	Where is there a taxi stand?
• Je voudrais réserver un taxi pour 8 heures.	I'd like to book a taxi UK ou cab US for 8:00 a.m.
• Combien coûte un taxi d'ici au centre-ville ?	How much does a taxi to the city centre cost?

• Combien de temps met-on pour aller à l'aéroport ?	How long does it take to get to the airport?
• Puis-je monter devant ?	Can I ride up front US ou in the front (seat)?
• À la gare routière/à la gare/à l'aéroport, s'il vous plaît.	To the bus station/train station/ airport, please.
• Veuillez vous arrêter ici/ au feu/au coin de la rue.	Stop here/at the lights/at the corner, please.
• Pourriez-vous m'attendre ?	Can you wait for me?
• Je vous dois combien ?	How much is it?
• Pourrais-je avoir une fiche ?	Can I have a receipt, please?
• Gardez la monnaie	Keep the change.

Prendre le car	Taking the coach UK ou bus US
• Quand part le prochain car pour Oxford ?	What time is the next coach UK ou bus US to Oxford?
• De quel quai part-il ?	From which platform does the bus leave?
• Combien de temps met le car pour Brighton ?	How long does the coach UK ou bus US take to get to Brighton?
• Combien coûte un aller-retour pour Chicago ?	How much is a return UK ou round-trip US ticket to Chicago?
• Vous avez des tarifs réduits ?	Do you have any reduced fares UK ou discounts US?
• Y a-t-il des toilettes dans le car ?	Is there a toilet UK ou restroom US ou bathroom US on the bus?
• Le car est-il climatisé ?	Is the coach UK ou bus US air-conditioned?
• Excusez-moi, cette place est-elle occupée ?	Excuse me, is the seat taken?

• Cela vous ennuie si je baisse le store ?	Would it bother you if I lowered the blind UK ou shade US?
• Arrêt demandé.	Next stop.

Prendre le train	Taking the train
• Où se trouvent les guichets ?	Where is the ticket office?
• À quelle heure part le prochain train pour Paris ?	When does the next train for Paris leave?
• De quel quai part-il ?	From which platform does it leave?
• Combien coûte un aller-retour pour Boston ?	How much is a return ticket to Boston?
• Y a-t-il un tarif jeune ?	Is there a youth fare?
• Y a-t-il une consigne ?	Is there a left-luggage office UK ou baggage storage US ?
• Une place côté fenêtre (dans un wagon) non-fumeur(s) dans le sens de la marche, s'il vous plaît.	A window seat facing forward in a non-smoking coach UK ou car US, please.
• Je voudrais réserver une couchette dans le train de 21h pour Paris.	I'd like to reserve a sleeper on the 9:00 p.m. train to Paris.
• Où puis-je composter mon billet ?	Where do I validate my ticket?
• Excusez-moi, cette place est-elle libre ?	Excuse me, is this seat free ?
• Où est la voiture restaurant ?	Where is the restaurant car?

À l'aéroport	At the airport
• Où se trouve le terminal 1 /la porte 2 ?	Where is terminal 1/gate number 2?
• Où est le comptoir Air France ?	Where is the Air France desk?

• Où dois-je enregistrer mes bagages ?	Where is the check-in desk?
• J'aimerais une place côté couloir/hublot.	I'd like an aisle/window seat.
• À quelle heure est l'embarquement ?	What time is boarding?
• J'ai raté ma correspondance.	I've missed my connection.
• J'ai perdu ma carte d'embarquement.	I've lost my boarding card.
• Quand part le prochain vol pour Seattle ?	when is the next flight to Seattle?
• Où récupère-t-on les bagages ?	Where is the baggage reclaim UK ou claim US?
• Où se trouve la navette pour le centre-ville ?	Where's the shuttle bus downtown US/to the city centre UK?

Se déplacer en ville — Getting around town

• Quel est le bus pour l'aéroport ?	Which bus goes to the airport?
• Où puis-je prendre le bus pour la gare ?	Where do I catch the bus for the (railway) station?
• J'aimerais un aller simple/un aller-retour pour Boston.	I'd like a single UK ou one-way US/ return UK ou round-trip US ticket to Boston.
• Pourriez-vous me prévenir quand nous serons arrivés/à cet arrêt ?	Could you tell me when we get there/to the stop?
• Est-ce que ce bus va à la gare ?	Does this bus go to the train station?
• Où faut-il prendre la ligne 63 vers Coventry ?	Where can one get line 63 to Coventry?
• À quelle heure est le dernier métro/tramway ?	What time is the last train/tram?

Au café	At the café
• Cette table/chaise est-elle libre ?	Is this table/seat free?
• S'il vous plaît !	Excuse me!
• Pourriez-vous nous apporter la carte des consommations ?	Could you please bring us the drinks list ?
• Deux cafés noirs, s'il vous plaît.	Two cups of black coffee, please.
• Je voudrais un café crème/ au lait.	I'd like a coffee with cream/milk US ou white coffee UK .
• Un thé nature/citron/au lait.	A tea/lemon tea/tea with milk.
• Qu'est-ce que vous avez comme boissons chaudes/ fraîches ?	What have you got that's warm/ cold to drink?
• Avez-vous du soda sans sucre ?	Do you have any light sodas US ou soft-drinks?
• Pourrais-je avoir des glaçons ?	Could I have some ice?
• Un jus d'orange./ Une eau minérale.	An orange juice./ A mineral water.
• Puis-je avoir une autre bière ?	Can I have another beer, please?
• Où sont les toilettes ?	Where is the toilet UK ou rest-room US ou bathroom US?
• Y a-t-il une zone fumeur ?	Is there a smoking section?

Au restaurant	At the restaurant
• J'aimerais réserver une table pour 20 heures.	I'd like to reserve a table for 8 p.m.
• Une table pour deux personnes.	A table for two, please.
• Le café avec l'addition, s'il vous plaît !	Could we have the bill UK ou check US with our coffee, please?

• Avez-vous un menu enfant/végétarien ?	Do you have a children's/vegetarian menu?
• Nous aimerions prendre un apéritif.	We'd like a drink before dinner.
• Une bouteille/un verre de vin blanc/rouge de la cuvée du patron, s'il vous plaît.	A bottle/a glass of house white/red, please.
• Quelle est votre plat du jour ?	What is the special of the day?
• Saignant./À point./Bien cuit.	Rare./Medium./Well-done.
• Qu'est-ce que vous avez comme desserts ?	What desserts do you have?
• L'addition, s'il vous plaît.	Can I have the bill UK ou check US, please?

À l'hôtel	**At the hotel**
• Nous voudrions une chambre double/deux chambres simples.	We'd like a double room/two single rooms.
• J'aimerais une chambre pour deux nuits.	I'd like a room for two nights, please.
• J'ai réservé une chambre au nom de Berger.	I have a reservation in the name of Berger.
• J'ai réservé une chambre avec douche/avec salle de bains.	I reserved a room with a shower/bathroom.
• Y a-t-il un parking réservé aux clients de l'hôtel ?	Is there a car park for hotel guests?
• La clé de la chambre 121, s'il vous plaît.	Could I have the key for room 121, please?
• Pourrais-je avoir un oreiller/une couverture supplémentaire ?	Could I have an extra pillow/blanket, please?

• Est-ce qu'il y a des messages pour moi ?	Are there any messages for me?
• À quelle heure est le petit déjeuner ?	What time is breakfast served?
• J'aimerais prendre le petit déjeuner dans ma chambre.	I'd like breakfast in my room.
• Pourriez-vous me réveiller à 7 heures ?	I'd like a wake-up call at 7 a.m., please.
• Je voudrais régler	I'd like to check out now.

Les achats	At the shops
• Combien ça coûte ? /C'est combien ?	How much is this?
• Je cherche des lunettes de soleil/un maillot de bain.	I'd like to buy sunglasses/a swimsuit US ou bathing suit UK.
• Je fais du 38.	I'm a size 10. [vêtements]
• Je chausse du 40.	I take a size 7. [chaussures]
• Est-ce que je peux l'essayer ?	Can I try it on?
• Est-ce que je peux l'échanger/ le faire rembourser ?	Can I exchange it/get a refund?
• Où se trouvent les cabines d'essayage ?	Where are the fitting rooms UK ou changing rooms US?
• Avez-vous la taille au-dessus/ en dessous ?	Do you have this in a bigger/ smaller size?
• L'avez-vous en bleu ?	Do you have this in blue?
• Vendez-vous des enveloppes/ des plans de la ville ?	Do you sell envelopes/street maps?
• Une pellicule photo, s'il vous plaît.	I'd like to buy a roll of film for my camera, please.

À l'office de tourisme	Out and about
• À quelle heure le musée ferme-t-il ?	What time does the museum close?
• Où se trouve la piscine la plus proche ?	Where is the nearest public swimming pool?
• Pourriez-vous m'indiquer une église (catholique/ baptiste) à proximité ?	Could you tell me where the nearest (Catholic/Baptist) church is?
• Savez-vous quand a lieu la messe/le prochain office religieux ?	Do you know what time mass/ the next service is?
• Y a-t-il un cinéma près d'ici ?	Is there a cinema UK ou movie theatre US nearby?
• À quelle distance se trouve la plage ?	How far is it to the beach?
• Avez-vous un plan de la ville ?	Have you got a city map?
• e cherche un hôtel pas trop cher.	I'm looking for an hotel that's not too expensive.
• Pouvez-vous me recommander un hôtel près du centre ?	Could you recommend a hotel near the centre UK ou close to town US?
• Avez-vous un guide des restaurants de la ville ?	Have you got a town restaurant guide?

La certitude	Certaintly
• Elle va réussir, j'en suis sûr et certain.	I'm convinced she'll pass.
• Je suis persuadé qu'il va revenir.	I'm sure he'll come back.

• Je suis convaincu de sa bonne foi.	I'm sure he acted in good faith.
• Tu es sûr que c'était elle ?	Are you sure it was her?
• On va les retrouver, c'est sûr.	We'll definitely find them.
• Bien sûr qu'il va venir.	Of course he'll come.
• Je sais qu'il ne le fera pas.	I know that he won't do it.
• Je t'assure, c'est quelqu'un de très bien.	Believe me, he's/she's a really nice person.
• Il n'y a pas de doute, c'est bien lui.	There's no doubt about it, it is him.

Inviter quelqu'un	Invitations
• J'organise une fête pour mon anniversaire samedi 22. Vous viendrez, j'espère?	I'm having a birthday party on Saturday 22. I hope you'll be able to come.
• Tu viens boire un verre après le match ?	Why don't you come for a drink with after the match?
• Tu es libre pour déjeuner demain ?	Are you free for lunch tomorrow?
• Je me demandais si tu aimerais venir dîner ce soir avec Catherine?	I was wondering if you and Catherine would like to come to dinner this evening?
• Pourquoi ne viendrais-tu pas avec nous?	Why don't you come with us?
• Une partie de tennis, ça te tente?	Do you feel like a game of tennis?

Demander des explications	Asking for explanations
• Qu'est-ce que tu veux dire, exactement ?	What do you mean exactly?
• C'est-à-dire ?	Meaning?

Demander des explications	Asking for explanations
• Pourriez-vous être plus précis ?	Could you be a little more specific?
• Qu'entendez-vous par là ?	What do you mean by that?
• Comment ça ?	How do you mean?

Donner des explications	Giving explanations
• Je veux/voulais dire que...	I mean/meant that...
• Je vais tâcher d'être plus clair...	Let me try to explain a little more clearly...
• Je m'explique : ...	Let me explain: ...
• Ce que j'essaie de dire, c'est...	What I'm trying to say is...

Encourager quelqu'un	Encouraging
• Vas-y, demande-lui !	Go on, ask her!
• Allez, tu sais bien que ça va te plaire.	Oh, come on – you know you'll enjoy it.
• Je trouve tout cela très positif.	I have a good feeling about this.
• Tu es très bien.	You look just fine.
• Tu ne vas pas laisser tomber maintenant !	You can't give up now!

Demander la permission	Asking permission
• Est-ce que je peux me servir de l'ordinateur?	Could I use the computer?
• Je peux utiliser votre téléphone?	Do you mind if I use your phone?

• J'emprunte ta voiture, d'accord?	Is it OK if I borrow your car?
• Ça pose un problème si je pars maintenant?	Would it be all right if I left now?

Donner la permission	Giving permission
• Oui, bien sûr.	Yes, of course.
• Allez-y.	Go ahead.
• Mais certainement.	Yes, feel free.
• Je vous en prie.	Please do.
• Servez-vous.	Help yourself.
• Non, ça ne me dérange pas.	No, I don't mind.

Exprimer un refus	To express refusal
• Non, je suis désolé, je ne peux pas.	No, I'm sorry, I can't.
• Je regrette, mais je ne peux vraiment pas.	I'm afraid I can't possibly do that.
• Je regrette, mais ce n'est pas possible.	I'm afraid that's not possible.
• J'aimerais mieux pas.	I'd rather you didn't.
• En fait, je préférerais que vous restiez.	Actually, I'd prefer you to stay.
• Désolé, ça ne dépend pas de moi.	I'm sorry, but it's not up to me.
• Je ne peux vraiment rien faire.	There's really nothing I can do.
• Je regrette, mais je ne peux pas accepter votre suggestion.	I am afraid I cannot accept your suggestion.
• Je refuse de faire son travail à sa place.	I refuse to do her job for her.

• Il n'en est pas question.	It's out of the question.
• Certainement pas !	Certainly not!
• Pas question !	No way!
• Alors là, tu peux toujours courir !	Forget it!

Le sport	Sports
• Nous aimerions voir un match de football, y en a-t-il un ce soir ?	We'd like to see a football match UK ou soccer game US, is there one on tonight?
• Où se trouve le stade ?	Where's the stadium?
• Où peut-on louer des vélos ?	Where can we hire UK ou rent US bicycles?
• Je voudrais réserver un court (de tennis) pour 19 heures.	I'd like to book a tennis court for 7:00 p.m.
• C'est combien pour une heure de cours ?	How much does a one-hour lesson cost?
• La piscine est-elle ouverte tous les jours ?	Is the pool open every day?
• Où peut-on se changer ?	Where can we change?
• Peut-on louer du matériel ?	Can we hire UK ou rent US equipment?
• Est-ce que vous louez des bateaux ?	Do you rent boats?
• Où peut-on faire un bowling par ici ?	Where can we go bowling around here?
• J'aimerais faire une randonnée (à vélo).	I'd like to go on a bike ride.

À la banque	At the bank
• Je voudrais changer 100 euros en dollars/livres sterling.	I'd like to change 100 euros into dollars/pounds, please.
• En petites coupures, s'il vous plaît.	In small denominations ou notes UK ou bills US, please.
• Quel est le taux de change pour le dollar ?	What is the exchange rate for dollars?
• Quel est le montant de la commission ?	How much is the commission?
• En euros, cela fait combien ?	How much is that in euros?
• Je voudrais encaisser des chèques de voyage.	I'd like to cash some traveller's cheques.
• Je voudrais faire un transfert d'argent.	I'd like to transfer some money.
• Où se trouve le distributeur de billets ?	Where is the cash point UK ou ATM US?
• Le distributeur a avalé ma carte de crédit.	The cash machine UK ou ATM US retained my credit card.
• Ma carte de crédit ne fonctionne pas.	My credit card isn't working.

Au bureau de poste	At the post office
• Combien ça coûte pour envoyer une lettre/une carte postale à Paris ?	How much is it to send a letter/ postcard to Paris?
• Je voudrais dix timbres pour la France.	I'd like ten stamps for France.
• Je voudrais envoyer ce paquet en recommandé.	I'd like to send this parcel by registered post UK ou mail US.
• Quel est le tarif pour un courrier urgent ?	How much is it to send an urgent letter?

• Combien de temps mettra-t-il pour arriver ?	How long will it take to get there?
• J'aurais voulu une télécarte à 50 unités.	I'd like a 50-unit phonecard.
• Puis-je envoyer un fax ?	Can I send a fax?
• Je voudrais envoyer un e-mail, pouvez-vous m'indiquer un cybercentre ?	I'd like to send an e-mail, can you tell me where I can find an Internet cafe?
• Je voudrais consulter l'annuaire.	I'd like to have the telephone directory UK ou phone book US.

Chez le médecin — At the doctor's

• J'ai vomi.	I've been vomiting.
• J'ai la diarrhée.	I have diarrhoea.
• J'ai mal là.	It hurts here ou there.
• J'ai mal à la tête.	I have a headache.
• J'ai mal à la gorge.	I have a sore throat.
• J'ai mal au ventre.	My stomach hurts.
• Je ne peux plus marcher.	I can't walk.
• Mon fils tousse.	My son has a cough.
• Il a de la fièvre.	He has a fever.
• Je suis allergique à la pénicilline.	I'm allergic to penicillin.
• Je ne supporte pas bien les antibiotiques.	Antibiotics don't agree with me.
• Je crois que j'ai une otite.	I think I have an ear infection.
• Je fais de l'hypertension.	I've got high blood pressure.
• Je suis diabétique.	I'm diabetic.

• Je crois que je me suis cassé le poignet.	I think I may have broken my wrist.
• Jusqu'à quand dois-je suivre le traitement ?	For how long should I follow the treatment?

Chez le dentiste	At the dentist's
• J'ai une rage de dents	I have a toothache
• C'est une molaire qui me fait mal	One of my molars hurts
• J'ai perdu un plombage	I've lost a filling
• J'ai certainement une carie	I'm sure I have a cavity
• Une de mes incisives s'est cassée	I've broken an incisor
• Mes dents de sagesse me font souffrir	My wisdom teeth are really bothering me
• Mon bridge est cassé	I've broken my dental bridge
• J'ai perdu mon appareil dentaire	I've lost my dentures
• Pourriez-vous me faire une anesthésie locale ?	Could you give me a local anaesthetic?

À la pharmacie	At the chemist's UK ou drugstore US
• Je voudrais un médicament contre les maux de tête/le mal de gorge/la diarrhée	Can you give me something for a headache/sore throat/diarrhoea?
• Il me faudrait de l'aspirine/des pansements	Can I have some aspirin/band-aids® US ou plasters UK, please?
• j'aurais voulu une crème solaire haute protection	I need some high-protection sunscreen

• Auriez-vous une lotion contre les piqûres d'insectes ?	Do you have any insect repellent?
• J'ai une ordonnance de mon médecin français	I have a prescription from my doctor in France
• Vendez-vous ce médicament sans ordonnance ?	Do you sell this medicine without a prescription?
• Pourriez-vous me recommander un médecin ?	Could you recommend a doctor?
• Où est le médecin de garde ?	Where is there a doctor on duty?

Urgences	Emergencies
• Appelez un médecin/les pompiers/la police !	Call a doctor/the fire brigade UK ou department US/the police!
• Appelez une ambulance !	Call an ambulance!
• Pouvez-vous nous emmener aux urgences ?	Can you please take us to the Casualty Department UK ou Emergency Room US?
• Où est l'hôpital le plus proche ?	Where is the nearest hospital?
• Le groupe sanguin de mon fils est O+	My son's blood group UK ou blood type US is O positive
• Je dois voir un médecin /un dentiste de toute urgence	I have to see a doctor/a dentist, urgently
• J'ai été volé	I've been robbed
• Il y a eu un accident	There's been an accident
• On m'a volé ma voiture	My car's been stolen
• Nous avons été agressés	We've been assaulted ou mugged

Les chiffres et l'heure

Numbers and time

Sommaire / Content

Nombres cardinaux / Cardinal numbers

zéro	0	zero
un	1	one
deux	2	two
trois	3	three
quatre	4	four
cinq	5	five
six	6	six
sept	7	seven
huit	8	eight
neuf	9	nine
dix	10	ten
onze	11	eleven
douze	12	twelve
treize	13	thirteen
quatorze	14	fourteen
quinze	15	fifteen
seize	16	sixteen
dix-sept	17	seventeen
dix-huit	18	eighteen
dix-neuf	19	nineteen
vingt	20	twenty
vingt et un	21	twenty-one
vingt-deux	22	twenty-two
vingt-trois	23	twenty-three
vingt-quatre	24	twenty-four
vingt-cinq	25	twenty-five
vingt-six	26	twenty-six
vingt-sept	27	twenty-seven
vingt-huit	28	twenty-eight
vingt-neuf	29	twenty-nine
trente	30	thirty
cinquante	50	fifty
cent	100	one hundred
mille	1 000/1000	one thousand

Nombres ordinaux / Ordinal numbers

premier	1er/1st	first
deuxième	2e/2nd	second
troisième	3e/3rd	third
quatrième	4e/4th	fourth
cinquième	5e/5th	fifth
septième	6e/7th	seventh
huitième	8e/8th	eighth
neuvième	9e/9th	ninth
dixième	10e/10th	tenth
onzième	11e/11th	eleventh
douzième	12e/12th	twelfth
treizième	13e/13th	thirteenth
quatorzième	14e/14th	fourteenth
quinzième	15e/15th	fifteenth
seizième	16e/16th	sixteenth
dix-septième	17e/17th	seventeenth
dix-huitième	18e/18th	eighteenth
dix-neuvième	19e/19th	nineteenth
vingtième	20e/20th	twentieth
vingt et unième	21e/21st	twenty-first
vingt-deuxième	22e/22nd	twenty-second
vingt-troisième	23e/23rd	twenty-third
vingt-quatrième	24e/24th	twenty-fourth
vingt-cinquième	25e/25th	twenty-fifth
vingt-sixième	26e/26th	twenty-sixth
vingt-septième	27e/27th	twenty-seventh
vingt-huitième	28e/28th	twenty-eighth
vingt-neuvième	29e/29th	twenty-ninth
trentième	30e/30th	thirtieth
cinquantième	50e/50th	fiftieth
centième	100e/100th	(one) hundredth
millième	1 000e/1000th	(one) thousandth

Valeurs mathématiques / Fractional, decimal and negative numbers

un demi	½	(one) half
deux tiers	2/3	two thirds*
trois quarts	¾	three quarters/three fourths*
six cinquièmes	6/5	six fifths*
trois et sept cinquièmes	3 7/5	three and seven fifths
un dixième	1/10	one tenth
un centième	1/100	one hundredth
zéro virgule un	0,1/0.1	(zero) point one
deux virgule cinq	2,5/2.5	two point five
six virgule zéro trois	6,03/6.03	six point zero three
moins un	-1	minus/negative one
moins douze	-12	minus/negative twelve

[*avec trait d'union (two-thirds etc.) en adjectif]

Le calcul / Mathematical operations

huit plus deux égal dix	8+2=10	eight plus two equals ten
neuf moins trois égal six	9-3=6	nine minus three equals six
sept fois trois égal vingt et un	7×3=21	seven times three equals twenty-one/seven multiplied by three equals twenty-one
vingt divisé par quatre égal cinq	20:4=5	twenty divided by four equals five
la racine carrée de neuf est trois	$\sqrt{9}=3$	the square root of nine is three
cinq au carré égal vingt-cinq	$5^2=25$	five squared equals twenty-five

Le calcul / Mathematical operations (suite)

quatre puissance vingt-neuf	4^{29}	four to the power of twenty-nine/four to the twenty-ninth
f est supérieur à x	$f>x$	f is greater than x
f est inférieur à x	$f<x$	f is less than x

Longueur / Length

millimètre	mm	millimetre*
centimètre	cm	centimetre*
mètre	m	metre*
kilomètre	km	kilometre *

* US : meter

pouce	1 in = 2.54 cm	inch
pied	1 ft = 0.304 m	foot
yard	1 yd = 0.9144 m	yard
mile	1 m = 1.609 km	mile

Superficie / Area

centimètre carré	cm^2	square centimetre*
mètre carré	m^2	square metre*
are (= 100 m^2)	a	are (= 100 m^2)
hectare (= 10 000 m^2)	ha	hectare (= 10,000 m^2)
kilomètre carré	km^2	square kilometre*

* US : meter

pouce carré	$6.45\ cm^2 = 1\ in^2$	square inch
pied carré	$0.09290\ m^2 = 1\ ft^2$	square foot
yard carré	$0.836\ m^2 = 1\ yd^2$	square yard
mille carré	$2.59\ km^2 = 1\ m^2$	square mile

Capacité / Capacity

décilitre	dl	decilitre UK / deciliter US
litre	l	litre UK / liter US
once	oz	**ounce**
UK	1 oz = 28.41 ml	
US	1 oz = 29.6 ml	
pinte	pt	**pint**
UK	1pt = 0.125 gal = 0.56 l	
US	1pt = 0.124 gal = 0.47 l	
gallon	gal	**gallon**
UK	1 gal = 4.546 l	
US	1 gal = 3.785 l	

Volume / Volume

centimètre cube	cm^3	cubic centimetre*
mètre cube	m^3	cubic metre*

* US : meter

pied cube	0,028 m^3 = 1 ft3	cubic foot
yard cube	0,765 m^3 = 1 yd3	cubic yard

Poids / Weight

milligramme	mg/mg	milligramme*
gramme	g/g	gramme*
hectogramme	hg/hg	hectogramme*
livre	500 g/lb	pound
kilo(gramme)	kg/kg	(kilo)gramme*
quintal	q/q	quintal
tonne	t/t	(metric) ton(ne)

* ou gram

Unités anglo-saxonnes

once	1 oz = 28,35 g	ounce
livre	lb	pound
	UK 1 lb = 11.99oz = 0.373kg	
	US 1 lb = 16.01oz = 0.454kg	

La monnaie britannique / British currency

pièces		coins
un penny	1p	a penny
deux pence	2p	two pence
cinq pence	5p	five pence
dix pence	10p	ten pence
vingt pence	20p	twenty pence
cinquante pence	50p	fifty pence
une livre	£1	a pound/a quid (fam)
banknotes		billets
cinq livres	£5	five pounds
dix livres	£10	ten pounds
vingt livres	£20	twenty pounds
cinquante livres	£50	fifty pounds

La monnaie américaine / American currency

pièces		coins
un cent	1¢	one cent/a penny
cinq cents	5¢	five cents/a nickel
dix cents	10¢	ten cents/a dime
vingt-cinq cents	25¢	twenty-five cents/a quarter
cinquante cents	50¢	fifty cents/a half dollar

billets		banknotes
un dollar	$1	one dollar/a buck (fam)
cinq dollars	$5	five dollars
dix dollars	$10	ten dollars
vingt dollars	$20	twenty dollars
cinquante dollars	$50	fifty dollars
cent dollars	$100	a hundred dollars

La monnaie européenne / European currency

pièces		coins
un centime	1 cent	a cent
deux centimes	2 cents	two cents
cinq centimes	5 cents	five cents
dix centimes	10 cents	ten cents
vingt centimes	20 cents	twenty cents
cinquante centimes	50 cents	fifty cents
un euro	1€/€1	a euro
deux euros	2€/€2	two euros

billets		banknotes
cinq euros	5 €/€5	five euros
dix euros	10 €/€10	ten euros
vingt euros	20 €/€20	twenty euros
cinquante euros	50 €/€50	fifty euros
cent euros	100 €/€100	a hundred euros
deux cents euros	200 €/€200	two hundred euros
cinq cents euros	500 €/€500	five hundred euros

L'heure / Time

cinq heures		five o'clock
sept heures cinq		five past seven
huit heures dix		ten past eight
neuf heures et quart/ neuf heures quinze		a quarter past nine
onze heures et demie		half past eleven
midi		noon/twelve p.m. (post meridiem)/midday
midi et demie		half past twelve/twelve thirty
minuit		twelve a.m. (ante meridiem)/midnight
une heure or une heure (du matin)		one p.m. (post meridiem) ou one a.m./one in the morning
deux heures /quatorze heures		two o'clock
quatre heures moins le quart/quinze heures quarante-cinq		a quarter to four/three forty-five

Anglais-Français

English-French

Aa

a *(stressed* [eɪ], *unstressed* [ə]*)* ◆ **art** **1.** [gen] un (une) ▸ **a restaurant** un restaurant ▸ **a chair** une chaise ▸ **a friend** un ami ▸ **an apple** une pomme **2.** [instead of the number one] **: a month ago** il y a un mois ▸ **a thousand** mille ▸ **four and a half** quatre et demi **3.** [in prices, ratios] **: three times a year** trois fois par an ▸ **£2 a kilo** 2 livres le kilo.

A3 **n** [paper size] format *m* A3.

AA *(abbr of* **Automobile Association***)* **n** UK ≃ ACF *(Automobile Club de France) m*.

aback [ə'bæk] **adj : to be taken aback** être décontenancé(e).

abandon [ə'bændən] **vt** abandonner.

abattoir ['æbətwɑːʳ] **n** UK abattoir *m*.

abbey ['æbɪ] **n** abbaye *f*.

abbreviation [əˌbriːvɪ'eɪʃn] **n** abréviation *f*.

abdomen ['æbdəmən] **n** abdomen *m*.

abide [ə'baɪd] **vt : I can't abide him** je ne peux pas le supporter. ◆ **abide by** **vt insep** respecter.

ability [ə'bɪlətɪ] **n** *(U)* capacité *f*.

abjectly ['æbdʒektlɪ] **adv** [act, refuse] de manière abjecte.

able ['eɪbl] **adj** compétent(e) ▸ **to be able to do sthg** pouvoir faire qqch.

abnormal [æb'nɔːml] **adj** anormal(e).

aboard [ə'bɔːd] ◆ **adv** à bord. ◆ **prep** **1.** [ship, plane] à bord de **2.** [train, bus] dans.

abode [ə'bəʊd] **n** *fml* demeure *f*.

abolish [ə'bɒlɪʃ] **vt** abolir.

aborigine [ˌæbə'rɪdʒənɪ] **n** aborigène *m ou f* (d'Australie).

abort [ə'bɔːt] **vt** [call off] abandonner.

abortion [ə'bɔːʃn] **n** avortement *m* ▸ **to have an abortion** se faire avorter.

about [ə'baʊt] ◆ **adv** **1.** [approximately] environ ▸ **about 50** environ 50 ▸ **at about six o'clock** vers 6 h **2.** [referring to place] çà et là ▸ **to walk about** se promener **3.** [on the point of] **: to be about to do sthg** être sur le point de faire qqch ▸ **it's about to rain** il va pleuvoir ◆ **prep** **1.** [concerning] au sujet de ▸ **a book about Scotland** un livre sur l'Écosse ▸ **what's it about?** de quoi s'agit-il ? ▸ **what about a drink?** et si on prenait un verre ? **2.** [referring to place] **: about the town** dans la ville.

above [ə'bʌv] ◆ **prep** au-dessus de. ◆ **adv** **1.** [higher] au-dessus **2.** [more] plus ▸ **above all** avant tout.

abroad [ə'brɔːd] **adv** à l'étranger.

abrupt [ə'brʌpt] **adj** [sudden] brusque.

abs [æbz] **npl** *inf* [abdominal muscles] abdos *mpl*.

ABS *(abbr of* **Anti-lock braking system***)* **n** ABS *m*.

abscess ['æbses] **n** abcès *m*.

abseiling ['æbseɪlɪŋ] **n** UK (descente *f* en) rappel *m*.

absence ['æbsəns] **n** *(U)* absence *f*.

absent ['æbsənt] **adj** absent(e).

absent-minded ['maɪndɪd] **adj** distrait(e).

absolute ['æbsəlu:t] **adj** absolu(e).

absolutely ◆ **adv** ['æbsəlu:tlɪ] vraiment. ◆ **excl** [,æbsə'lu:tlɪ] absolument !

absorb [əb'sɔ:b] **vt** absorber.

absorbed [əb'sɔ:bd] **adj : to be absorbed in a book** être absorbé par un livre.

absorbent [əb'sɔ:bənt] **adj** absorbant(e).

abstain [əb'steɪn] **vi** s'abstenir ▸ **to abstain from doing sthg** s'abstenir de faire qqch.

absurd [əb'sɜ:d] **adj** absurde.

ABTA ['æbtə] **n** *association des agences de voyage britanniques.*

abuse ◆ **n** [ə'bju:s] **1.** *(U)* [insults] injures *fpl*, insultes *fpl* **2.** [wrong use] abus *m* **3.** *(U)* [maltreatment] mauvais traitements *mpl*. ◆ **vt** [ə'bju:z] **1.** [insult] injurier, insulter **2.** [use wrongly] abuser de **3.** [maltreat] maltraiter.

abusive [ə'bju:sɪv] **adj** injurieux(euse).

AC *abbr of* **alternating current**.

academic [,ækə'demɪk] ◆ **adj 1.** [of school] scolaire **2.** [of college, university] universitaire. ◆ **n** universitaire *m ou f*.

academy [ə'kædəmɪ] **n 1.** école *f* **2.** [of music] conservatoire *m* **3.** [military] académie *f*.

accelerate [ək'seləreɪt] **vi** accélérer.

accelerator [ək'seləreɪtə^r] **n** accélérateur *m*.

accent ['æksent] **n** accent *m*.

accept [ək'sept] **vt** accepter.

acceptable [ək'septəbl] **adj** acceptable.

access ['ækses] **n** accès *m*.

access card **n** carte *f* d'accès.

access code **n** code *m* d'accès.

accessible [ək'sesəbl] **adj** accessible.

accessory [ək'sesərɪ] **n** accessoire *m*.

access ramp **n** bretelle *f* d'accès.

access road **n** voie *f* d'accès.

accident ['æksɪdənt] **n** accident *m* ▸ **by accident** par accident.

accidental [,æksɪ'dentl] **adj** accidentel(elle).

accidentally [,æksɪ'dentəlɪ] **adv 1.** [drop, break] par mégarde **2.** [meet] par hasard.

accident insurance **n** *(U)* assurance *f* accidents.

accident-prone **adj** prédisposé aux accidents ▸ **to be accident-prone** être prédisposé aux accidents.

acclimatize [ə'klaɪmətaɪz] **vi** s'acclimater.

accommodate [ə'kɒmədeɪt] **vt** loger.

accommodation [ə,kɒmə'deɪʃn] **n** *(U)* logement *m*.

accommodations [ə,kɒmə'deɪʃnz] US **npl** = **accommodation**.

accompany [ə'kʌmpənɪ] **vt** accompagner.

accomplish [ə'kʌmplɪʃ] **vt** accomplir.

accomplishment [ə'kʌmplɪʃmənt] **n** [achievement] réussite *f*. ◆ **accomplishments** **npl** talents *mpl*.

accord [ə'kɔ:d] **n : of one's own accord** de soi-même.

accordance [ə'kɔ:dəns] **n : in accordance with** conformément à.

accordingly [ə'kɔ:dɪŋlɪ] **adv** [appropriately] en conséquence.

according to **prep** selon.

accordion [əˈkɔːdɪən] n accordéon *m*.

account [əˈkaʊnt] n **1.** [at bank, shop] compte *m* **2.** [report] compte-rendu *m* ▸ **to take sthg into account** prendre qqch en compte ▸ **on no account** en aucun cas ▸ **on account of** à cause de. ◆ **account for** vt insep **1.** [explain] expliquer **2.** [constitute] représenter.

accountable [əˈkaʊntəbl] adj [responsible] **: accountable (for)** responsable (de).

accountant [əˈkaʊntənt] n comptable *m ou f*.

account balance n [status] situation *f* de compte.

account executive n responsable *mf* grands comptes.

account holder n titulaire *mf* du compte.

account manager n = **account executive**.

account number n numéro *m* de compte.

accrual [əˈkruːəl] n *fml* accumulation *f*.

accumulate [əˈkjuːmjʊleɪt] vt accumuler.

accurate [ˈækjʊrət] adj exact(e).

accuse [əˈkjuːz] vt **: to accuse sb of murder** accuser qqn de meurtre.

accused [əˈkjuːzd] n **: the accused** l'accusé *m*, -e *f*.

ace [eɪs] n as *m*.

ache [eɪk] ◆ vi [person] avoir mal. ◆ n douleur *f* ▸ **my head aches** j'ai mal à la tête.

achieve [əˈtʃiːv] vt **1.** [victory, success] remporter **2.** [aim] atteindre **3.** [result] obtenir.

⚠ Achever is a false friend, it means ***to finish***, not "to achieve".

achievement [əˈtʃiːvmənt] n [success] réussite *f*.

acid [ˈæsɪd] ◆ adj acide. ◆ n acide *m*.

acid house n MUS house *f* (music).

acid rain n *(U)* pluies *fpl* acides.

acknowledge [əkˈnɒlɪdʒ] vt **1.** [accept] reconnaître **2.** [letter] accuser réception de.

acknowledg(e)ment [əkˈnɒlɪdʒmənt] n **1.** [admission] reconnaissance *f* **2.** [letter, receipt] accusé *m* de réception. ◆ **acknowledg(e)ments** npl [in article, book] remerciements *mpl*.

acne [ˈæknɪ] n *(U)* acné *f*.

acorn [ˈeɪkɔːn] n gland *m*.

acoustic [əˈkuːstɪk] adj acoustique.

acquaintance [əˈkweɪntəns] n [person] connaissance *f*.

acquire [əˈkwaɪə^r] vt acquérir.

acre [ˈeɪkə^r] n = 4 046,9 m^2 ; ≃ demi-hectare *m*.

acrobat [ˈækrəbæt] n acrobate *m ou f*.

across [əˈkrɒs] ◆ prep **1.** [from one side to the other of] en travers de **2.** [on other side of] de l'autre côté de. ◆ adv **: to walk / drive across sthg** traverser qqch ▸ **10 miles across** 16 km de large ▸ **across from** en face de.

acrylic [əˈkrɪlɪk] n acrylique *m*.

act [ækt] ◆ vi **1.** agir **2.** [in play, film] jouer. ◆ n **1.** [action, of play] acte *m* **2.** POL loi *f* **3.** [performance] numéro *m* ▸ **to act as** [serve as] servir de.

acting [ˈæktɪŋ] adj par intérim.

action [ˈækʃn] n **1.** action *f* **2.** *(U)* MIL combat *m* ▸ **to take action** agir ▸ **to put**

a plan into action mettre un plan à exécution ▸ **out of action** [machine, person] hors service.

action movie n film *m* d'action.

activate ['æktɪveɪt] vt activer.

activated ['æktɪveɪtɪd] pp activé.

active ['æktɪv] adj actif(ive).

activewear ['æktɪvweəʳ] n vêtements *mpl* de sport.

activity [æk'tɪvətɪ] n activité *f*.

activity centre n centre *m* d'activités ; [specifically for children] centre *m* aéré OR de loisirs.

activity holiday n UK *vacances organisées pour enfants, avec activités sportives*.

act of God n cas *m* de force majeure.

actor ['æktəʳ] n acteur *m*, -trice *f*.

actress ['æktrɪs] n actrice *f*.

actual ['æktʃʊəl] adj **1.** [real] réel(elle) **2.** [for emphasis] même.

actually ['æktʃʊəlɪ] adv **1.** [really] vraiment **2.** [in fact] en fait.

⚠ **Actuellement** is a false friend, it means ***at the moment***, not "actually".

acupressure ['ækjʊpreʃəʳ] n MED acupressing *m*.

acupuncture ['ækjʊpʌŋktʃəʳ] n *(U)* acupuncture *f*.

acute [ə'kjuːt] adj **1.** aigu(ë) **2.** [feeling] vif (vive) ▸ **acute accent** accent aigu.

ad [æd] n **1.** *inf* [on TV] pub *f* **2.** [in newspaper] petite annonce *f*.

AD (*abbr of* Anno Domini) ap. J-C *(après Jésus Christ)*.

adapt [ə'dæpt] ◆ vt adapter. ◆ vi s'adapter.

adapter [ə'dæptəʳ] n **1.** [for foreign plug] adaptateur *m* **2.** [for several plugs] prise *f* multiple.

adaptor [ə'dæptəʳ] = **adapter**.

add [æd] vt **1.** ajouter **2.** [numbers, prices] additionner. ◆ **add up** vt sep additionner. ◆ **add up to** vt insep [total] se monter à.

adder ['ædəʳ] n vipère *f*.

addict ['ædɪkt] n drogué *m*, -e *f*.

addicted [ə'dɪktɪd] adj **: to be addicted to sthg** être accro à qqch.

addiction [ə'dɪkʃn] n dépendance *f*.

addition [ə'dɪʃn] n **1.** [added thing] ajout *m* **2.** *(U)* [in maths] addition *f* ▸ **in addition (to)** en plus (de).

additional [ə'dɪʃənl] adj supplémentaire.

additive ['ædɪtɪv] n additif *m*.

address [ə'dres] ◆ n [on letter] adresse *f*. ◆ vt **1.** [speak to] s'adresser à **2.** [letter] adresser.

address book n carnet *m* d'adresses.

addressee [ˌædre'siː] n destinataire *m ou f*.

adequate ['ædɪkwət] adj **1.** [sufficient] suffisant(e) **2.** [satisfactory] adéquat(e).

adhere [əd'hɪəʳ] vi **: to adhere to** a) [stick to] adhérer à b) [obey] respecter.

adhesive [əd'hiːsɪv] ◆ adj adhésif(ive). ◆ n adhésif *m*.

adjacent [ə'dʒeɪsənt] adj **1.** [room] contigu(ë) **2.** [street] adjacent(e).

adjective ['ædʒɪktɪv] n adjectif *m*.

adjoining [ə'dʒɔɪnɪŋ] adj [rooms] contigu(ë).

adjust [ə'dʒʌst] ◆ vt **1.** régler **2.** [price] ajuster. ◆ vi **: to adjust to** s'adapter à.

adjustable [ə'dʒʌstəbl] **adj** réglable.

adjustment [ə'dʒʌstmənt] **n 1.** réglage **2.** [to price] ajustement *m*.

ad lib [,æd'lɪb] **adj** improvisé(e). ◆ **ad-lib vi** improviser.

administration [əd,mɪnɪ'streɪʃn] **n 1.** *(U)* administration *f* **2.** US [government] gouvernement *m*.

administrative costs npl frais *mpl* d'administration OR de gestion.

administrator [əd'mɪnɪstreɪtəʳ] **n** administrateur *m*, -trice *f*.

admiral ['ædmərəl] **n** amiral *m*.

admire [əd'maɪəʳ] **vt** admirer.

admission [əd'mɪʃn] **n 1.** *(U)* [permission to enter] admission *f* **2.** *(U)* [entrance cost] entrée *f* **3.** [confession] aveu *m*.

admission charge n entrée *f*.

admit [əd'mɪt] **vt** admettre ▸ **to admit to a crime** admettre OR reconnaître un crime ▸ **'admits one'** [on ticket] 'valable pour une personne'.

admittance [əd'mɪtəns] **n** admission *f* ▸ **'no admittance'** 'entrée interdite'.

adolescent [,ædə'lesnt] **n** adolescent *m*, -e *f*.

adopt [ə'dɒpt] **vt** adopter.

adopted [ə'dɒptɪd] **adj** adopté(e).

adoption [ə'dɒpʃn] **n** adoption *f*.

adorable [ə'dɔːrəbl] **adj** adorable.

adore [ə'dɔːʳ] **vt** adorer.

Adriatic [,eɪdrɪ'ætɪk] **n : the Adriatic (Sea)** l'Adriatique *f*, la mer Adriatique.

ADSL (*abbr of* **Asymmetric Digital Subscriber Line**) **n** ADSL *m*.

adult ['ædʌlt] ◆ **n** adulte *m ou f*. ◆ **adj 1.** [entertainment, films] pour adultes **2.** [animal] adulte.

adult education n *(U)* enseignement *m* pour adultes.

adultery [ə'dʌltərɪ] **n** *(U)* adultère *m*.

advance [əd'vɑːns] ◆ **n** avance *f*. ◆ **adj** [payment] anticipé(e). ◆ **vt & vi** avancer ▸ **to give sb advance warning** prévenir qqn.

advance booking n réservation à l'avance *f*.

advanced [əd'vɑːnst] **adj 1.** [student] avancé(e) **2.** [level] supérieur(e).

advantage [əd'vɑːntɪdʒ] **n** avantage *m* ▸ **to take advantage of** profiter de.

adventure [əd'ventʃəʳ] **n** aventure *f*.

adventurous [əd'ventʃərəs] **adj** aventureux(euse).

adverb ['ædvɜːb] **n** adverbe *m*.

adverse ['ædvɜːs] **adj** défavorable.

advert ['ædvɜːt] = **advertisement**.

advertise ['ædvətaɪz] **vt** [product, event] faire de la publicité pour.

advertisement [əd'vɜːtɪsmənt] **n 1.** [on TV, radio] publicité *f* **2.** [in newspaper] annonce *f*.

advice [əd'vaɪs] **n** *(U)* conseils *mpl* ▸ **a piece of advice** un conseil.

advice slip n reçu *m (du distributeur de billets)*.

advisable [əd'vaɪzəbl] **adj** conseillé(e).

advise [əd'vaɪz] **vt** conseiller ▸ **to advise sb to do sthg** conseiller à qqn de faire qqch ▸ **to advise sb against doing sthg** déconseiller à qqn de faire qqch.

advocate ◆ **n** ['ædvəkət] LAW avocat *m*, -e *f*. ◆ **vt** ['ædvəkeɪt] préconiser.

adware ['ædweəʳ] **n** publiciel *m*.

aerial ['eərɪəl] **n** UK antenne *f*.

aerobics [eə'rəʊbɪks] **n** *(U)* aérobic *m*.

aerodynamic [ˌeərəʊdaɪ'næmɪk] **adj** aérodynamique.

aeroplane ['eərəpleɪn] **n** avion *m*.

aerosol ['eərəsɒl] **n** aérosol *m*.

affair [ə'feəʳ] **n** **1.** affaire *f* **2.** [love affair] liaison *f*.

affect [ə'fekt] **vt** [influence] affecter.

affection [ə'fekʃn] **n** *(U)* affection *f*.

affectionate [ə'fekʃnət] **adj** affectueux(euse).

affluence ['æfluəns] **n** prospérité *f*.

affluent ['æfluənt] **adj** riche.

afford [ə'fɔːd] **vt : can you afford to go on holiday?** peux-tu te permettre de partir en vacances ? ▸ **I can't afford it** je n'en ai pas les moyens ▸ **I can't afford the time** je n'ai pas le temps.

affordability [əˌfɔːdə'bɪlɪtɪ] **n** prix *m* raisonnable.

affordable [ə'fɔːdəbl] **adj** abordable.

Afghanistan [æf'gænɪstæn] **n** Afghanistan *m*.

afloat [ə'fləʊt] **adj** à flot.

afraid [ə'freɪd] **adj : to be afraid of** avoir peur de ▸ **I'm afraid so** j'en ai bien peur ▸ **I'm afraid not** j'ai bien peur que non.

afresh [ə'freʃ] **adv** de nouveau.

Africa ['æfrɪkə] **n** l'Afrique *f*.

African ['æfrɪkən] ◆ **adj** africain(e). ◆ **n** Africain *m*, -e *f*.

African American **n** Noir américain *m*, Noire américaine *f* *(ressortissants américains d'origine africaine)*. ◆ **African(-)American** **adj** noir américain (noire américaine).

African Union **n** POL Union *f* africaine.

after ['ɑːftəʳ] ◆ **prep & adv** après. ◆ **conj** après que ▸ **a quarter after ten** US dix heures et quart ▸ **to be after** [in search of] chercher ▸ **after all** après tout. ◆ **afters** **npl** dessert *m*.

aftercare ['ɑːftəkeəʳ] **n** *(U)* postcure *f*.

aftereffects ['ɑːftərɪˌfekts] **npl** suites *fpl*.

afternoon [ˌɑːftə'nuːn] **n** après-midi *m inv* ou *f inv* ▸ **good afternoon!** bonjour !

afternoon tea **n** *le thé de cinq heures*.

after-party **n** after *m*.

aftershave ['ɑːftəʃeɪv] **n** *(U)* après-rasage *m*.

after-shaving lotion US **n** = **aftershave**.

aftersun ['ɑːftəsʌn] **n** *(U)* après-soleil *m*.

afterwards ['ɑːftəwədz] UK, **afterward** ['ɑːftəwəd] US **adv** après.

again [ə'gen] **adv** encore, à nouveau ▸ **again and again** à plusieurs reprises ▸ **never... again** ne... plus jamais.

against [ə'genst] **prep** contre ▸ **against the law** contraire à la loi.

age [eɪdʒ] **n** âge *m* ▸ **to be under age** être mineur(e) ▸ **I haven't seen him for ages** [inf] ça fait une éternité que je ne l'ai pas vu.

aged [eɪdʒd] **adj : aged eight** âgé de huit ans.

age group **n** tranche *f* d'âge.

age limit **n** limite *f* d'âge.

agency ['eɪdʒənsɪ] **n** agence *f*.

agenda [ə'dʒendə] **n** ordre *m* du jour.

agent ['eɪdʒənt] **n** agent *m*.

aggression [ə'greʃn] **n** *(U)* violence *f* ▸ **act of aggression** agression.

aggressive [ə'gresɪv] **adj** agressif(ive).

agile [UK 'ædʒaɪl, US 'ædʒəl] **adj** agile.

agility [ə'dʒɪlətɪ] **n** *(U)* agilité *f.*

agitated ['ædʒɪteɪtɪd] **adj** agité(e).

ago [ə'gəʊ] **adv : a month ago** il y a un mois **› how long ago?** il y a combien de temps ?

agonizing ['ægənaɪzɪŋ] **adj** déchirant(e).

agony ['ægənɪ] **n 1.** *(U)* [physical] douleur *f* atroce **2.** [mental] angoisse *f.*

agree [ə'griː] **vi 1.** être d'accord **2.** [correspond] concorder **› it doesn't agree with me** [food] ça ne me réussit pas **› to agree to sthg** accepter qqch **› to agree to do sthg** accepter de faire qqch **› we agreed to meet at six o'clock** nous avons décidé de nous retrouver à 6 h.
◆ **agree on vt insep** [time, price] se mettre d'accord sur.

agreed [ə'griːd] **adj** [price] convenu(e) **› to be agreed** [person] être d'accord.

agreement [ə'griːmənt] **n** accord *m* **› in agreement with** en accord avec.

agriculture ['ægrɪkʌltʃəʳ] **n** *(U)* agriculture *f.*

agritourism ['ægrɪtʊərɪzəm] **n** agritourisme *m.*

agro-industry ['ægrəʊ-] **n** agro-industrie *f.*

agroterrorism ['ægrəʊterərɪzəm] **n** agro-terrorisme *m.*

ahead [ə'hed] **adv** [in front] devant **› go straight ahead** allez tout droit **› the months ahead** les mois à venir **› to be ahead** [winning] être en tête **› ahead of a)** [in front of] devant **b)** [in time] avant **› ahead of schedule** en avance.

AICE [eɪs] *(abbr of* **Advanced International Certificate of Education***)* **n** SCH *diplôme international d'études secondaires qui donne accès aux études universitaires, délivré par l'université de Cambridge.*

aid [eɪd] ◆ **n** aide *f.* ◆ **vt** aider **› in aid of** au profit de **› with the aid of** à l'aide de.

AIDS [eɪdz] **n** *(U)* SIDA *m.*

ailment ['eɪlmənt] **n** *fml* mal *m.*

aim [eɪm] ◆ **n** [purpose] but *m.* ◆ **vt** [gun, camera, hose] braquer. ◆ **vi : to aim (at)** viser **› to aim to do sthg** avoir pour but de faire qqch.

ain't [eɪnt] *inf* **→ am not, are not, is not, has not, have not**.

air [eəʳ] ◆ **n** air *m.* ◆ **vt** [room] aérer. ◆ **adj** [terminal, travel] aérien(enne) **› by air** par avion.

airbag ['eabæg] **n** AUT Airbag® *m.*

airbed ['eəbed] **n** matelas *m* pneumatique.

airborne ['eəbɔːn] **adj** [plane] en vol **› whilst we are airborne** pendant le vol **› airborne particles** particules aéroportées.

air-conditioned [-kən'dɪʃnd] **adj** climatisé(e).

air-conditioning [-kən'dɪʃnɪŋ] **n** *(U)* climatisation *f.*

aircraft ['eəkrɑːft] *(pl inv)* **n** avion *m.*

aircraft carrier [-ˌkærɪəʳ] **n** porte-avions *m inv.*

airfield ['eəfiːld] **n** aérodrome *m.*

air force, airforce ['eəfɔːs] **n** armée *f* de l'air **› air force base** base *f* aérienne.

Air Force One n *nom de l'avion officiel du président des États-Unis.*

air freshener [-ˌfreʃnəʳ] **n** désodorisant *m.*

airhostess ['eəˌhəʊstɪs] **n** hôtesse *f* de l'air.

airing cupboard ['eərɪŋ-] n UK armoire *f* sèche-linge.

airletter ['eəˌletəʳ] n aérogramme *m*.

airline ['eəlaɪn] n compagnie *f* aérienne.

airliner ['eəˌlaɪnəʳ] n avion *m* de ligne.

airmail ['eəmeɪl] n *(U)* poste *f* aérienne ▸ **by airmail** par avion.

air mattress n matelas *m* pneumatique.

airplane ['eərpleɪn] n US avion *m*.

airport ['eəpɔːt] n aéroport *m*.

air raid n raid *m* aérien.

airship ['eəʃɪp] n (ballon *m*) dirigeable *m*.

airsick ['eəsɪk] adj **: to be airsick** avoir le mal de l'air.

air steward n steward *m*.

air stewardess n hôtesse *f* de l'air.

airtight ['eətaɪt] adj hermétique.

air traffic control n *(U)* contrôle *m* aérien.

airy ['eərɪ] adj aéré(e).

aisle [aɪl] n **1.** [in plane] couloir *m* **2.** [in cinema, supermarket] allée *f* **3.** [in church] bas-côté *m*.

aisle seat n fauteuil *m* côté couloir.

ajar [əˈdʒɑːʳ] adj entrebâillé(e).

à la carte adv à la carte.

alarm [əˈlɑːm] ◆ n alarme *f*. ◆ vt alarmer.

alarm clock n réveil *m*.

alarmed [əˈlɑːmd] adj **1.** inquiet **2.** [door, car] protégé par une alarme.

alarming [əˈlɑːmɪŋ] adj alarmant(e).

Albania [ælˈbeɪnjə] n Albanie *f*.

Albert Hall ['ælbət-] n **: the Albert Hall** l'Albert Hall.

album ['ælbəm] n album *m*.

alcohol ['ælkəhɒl] n *(U)* alcool *m* ▸ **alcohol level** taux d'alcoolémie.

alcohol-free adj sans alcool.

alcoholic [ˌælkəˈhɒlɪk] ◆ adj [drink] alcoolisé(e). ◆ n alcoolique *m ou f*.

Alcoholics Anonymous n Alcooliques *mpl* anonymes, ligue *f* antialcoolique.

alcoholism ['ælkəhɒlɪzm] n *(U)* alcoolisme *m*.

alcove ['ælkəʊv] n renfoncement *m*.

ale [eɪl] n bière *f*.

alert [əˈlɜːt] ◆ adj vigilant(e). ◆ vt alerter.

A-level n UK ≃ baccalauréat *m*.

algebra ['ældʒɪbrə] n *(U)* algèbre *f*.

Algeria [ælˈdʒɪərɪə] n l'Algérie *f*.

Algerian [ælˈdʒɪərɪən] ◆ adj algérien(enne). ◆ n Algérien *m*, -enne *f*.

Algiers [ælˈdʒɪəz] n Alger.

alias ['eɪlɪəs] adv alias.

aliasing ['eɪlɪəsɪŋ] n COMPUT aliassage *m*, crénelage *m*.

alibi ['ælɪbaɪ] n alibi *m*.

alien ['eɪlɪən] n **1.** [foreigner] étranger *m*, -ère *f* **2.** [from outer space] extraterrestre *m ou f*.

alight [əˈlaɪt] ◆ adj [on fire] en feu. ◆ vi *fml* [from train, bus] **: to alight (from)** descendre (de).

align [əˈlaɪn] vt aligner.

alike [əˈlaɪk] ◆ adj semblable. ◆ adv de la même façon ▸ **to look alike** se ressembler.

A-list n [in Hollywood] *liste des stars les plus en vue du moment* ▸ **an A-list celebrity** une star très en vogue.

alive [əˈlaɪv] **adj** [living] vivant(e).

all [ɔːl] ◆ **adj 1.** [with singular noun] tout (toute) ▸ **all the money** tout l'argent ▸ **all the time** tout le temps ▸ **all day** toute la journée **2.** [with plural noun] tous (toutes) ▸ **all the houses** toutes les maisons ▸ **all trains stop at Tonbridge** tous les trains s'arrêtent à Tonbridge
◆ **adv 1.** [completely] complètement ▸ **all alone** tout seul (toute seule) **2.** [in scores] **: it's two all** ça fait deux partout **3.** [in phrases] **: all but empty** presque vide ▸ **all over** [finished] terminé(e)
◆ **pron 1.** [everything] tout ▸ **is that all?** [in shop] ce sera tout ? ▸ **all of the work** tout le travail ▸ **the best of all** le meilleur de tous **2.** [everybody] **: all of the guests** tous les invités ▸ **all of us went** nous y sommes tous allés **3.** [in phrases] **: can I help you at all?** puis-je vous aider en quoi que ce soit ? ▸ **in all** en tout.

Allah [ˈælə] **n** Allah *m*.

all-consuming **adj** [passion, ambition] dévorant(e).

allege [əˈledʒ] **vt** prétendre.

allegedly [əˈledʒɪdlɪ] **adv** prétendument.

allergenic [æləˈdʒenɪk] **adj** allergisant(e).

allergic [əˈlɜːdʒɪk] **adj : to be allergic to** être allergique à.

allergy [ˈælədʒɪ] **n** allergie *f*.

alleviate [əˈliːvɪeɪt] **vt** [pain] alléger.

all-expenses-paid **adj** tous frais payés.

alley [ˈælɪ] **n** [narrow street] ruelle *f*.

alligator [ˈælɪgeɪtəʳ] **n** alligator *m*.

all-in **adj** UK [inclusive] tout compris.

all-night **adj** [bar, petrol station] ouvert la nuit.

allocate [ˈæləkeɪt] **vt** attribuer.

allotment [əˈlɒtmənt] **n** UK [for vegetables] potager *m (loué par la commune à un particulier)*.

allow [əˈlaʊ] **vt 1.** [permit] autoriser **2.** [time, money] prévoir ▸ **to allow sb to do sthg** autoriser qqn à faire qqch ▸ **to be allowed to do sthg** avoir le droit de faire qqch. ◆ **allow for vt insep** tenir compte de.

allowance [əˈlaʊəns] **n 1.** [state benefit] allocation *f* **2.** [for expenses] indemnité *f* **3.** US [pocket money] argent *m* de poche.

all-party talks **n** POL *discussions entre tous les partis*.

all right ◆ **adj** pas mal *inv*. ◆ **adv 1.** [satisfactorily] bien **2.** [yes, okay] d'accord ▸ **is everything all right?** est-ce que tout va bien ? ▸ **is it all right if I smoke?** cela ne vous dérange pas si je fume ? ▸ **are you all right?** ça va ? ▸ **how are you? — I'm all right** comment vas-tu ? — bien.

ally [ˈælaɪ] **n** allié *m*, -e *f*.

almond [ˈɑːmənd] **n** [nut] amande *f*.

almost [ˈɔːlməʊst] **adv** presque ▸ **we almost missed the train** nous avons failli rater le train.

alone [əˈləʊn] **adj** & **adv** seul(e) ▸ **to leave sb alone** [in peace] laisser qqn tranquille ▸ **to leave sthg alone** laisser qqch tranquille.

along [əˈlɒŋ] ◆ **prep** le long de. ◆ **adv : to walk along** se promener ▸ **to bring**

sthg along apporter qqch ▸ **all along** [knew, thought] depuis le début ▸ **along with** avec.

alongside [ə,lɒŋ'saɪd] **prep** à côté de ▸ **to come alongside** accoster.

aloof [ə'lu:f] **adj** distant(e).

aloud [ə'laʊd] **adv** à haute voix, à voix haute.

alphabet ['ælfəbet] **n** alphabet *m*.

alpha male **n** mâle *m* alpha.

Alps [ælps] **npl : the Alps** les Alpes *fpl*.

already [ɔ:l'redɪ] **adv** déjà.

alright [,ɔ:l'raɪt] = **all right**.

also ['ɔ:lsəʊ] **adv** aussi.

altar ['ɔ:ltə^r] **n** autel *m*.

alter ['ɔ:ltə^r] **vt** modifier.

alteration [,ɔ:ltə'reɪʃn] **n** **1.** [to plan, timetable] modification *f* **2.** [to house] aménagement *m*.

alternate [UK ɔ:l'tɜ:nət, US 'ɔ:ltərnət] **adj : on alternate days** tous les deux jours, un jour sur deux.

alternating current ['ɔ:ltəneɪtɪŋ-] **n** courant *m* alternatif.

alternative [ɔ:l'tɜ:nətɪv] ◆ **adj** **1.** [accommodation, route] autre **2.** [medicine, music, comedy] alternatif(ive). ◆ **n** choix *m*.

alternatively [ɔ:l'tɜ:nətɪvlɪ] **adv** ou bien.

alternator ['ɔ:ltəneɪtə^r] **n** alternateur *m*.

although [ɔ:l'ðəʊ] **conj** bien que *(+ subjunctive)*.

altitude ['æltɪtju:d] **n** altitude *f*.

altogether [,ɔ:ltə'geðə^r] **adv** **1.** [completely] tout à fait **2.** [in total] en tout.

aluminium [,ælju'mɪnɪəm] **n** UK aluminium *m*.

aluminum [ə'lu:mɪnəm] US = **aluminium**.

always ['ɔ:lweɪz] **adv** toujours.

Alzheimer's disease ['ælts,haɪməz -] **n** maladie *f* d'Alzheimer.

am [æm] → **be**.

a.m. (*abbr of* ante meridiem) **: at 2 a.m.** à 2 h du matin.

amateur ['æmətə^r] **n** amateur *m*.

amaze [ə'meɪz] **vt** étonner, stupéfier.

amazed [ə'meɪzd] **adj** stupéfait(e).

amazing [ə'meɪzɪŋ] **adj** extraordinaire.

Amazon ['æməzn] **n** [river] **: the Amazon** l'Amazone *f*.

ambassador [æm'bæsədə^r] **n** ambassadeur *m*, -drice *f*.

amber ['æmbə^r] **adj** **1.** [traffic lights] orange *inv* **2.** [jewellery] d'ambre.

ambiguous [æm'bɪgjʊəs] **adj** ambigu(ë).

ambition [æm'bɪʃn] **n** *(U)* ambition *f*.

ambitious [æm'bɪʃəs] **adj** [person] ambitieux(euse).

ambulance ['æmbjʊləns] **n** ambulance *f*.

ambush ['æmbʊʃ] **n** embuscade *f*.

amenities [ə'mi:nətɪz] **npl** équipements *mpl*.

America [ə'merɪkə] **n** l'Amérique *f*.

American [ə'merɪkən] ◆ **adj** américain(e). ◆ **n** [person] Américain *m*, -e *f*.

amiable ['eɪmɪəbl] **adj** aimable.

ammunition [,æmjʊ'nɪʃn] **n** *(U)* munitions *fpl*.

amnesia [æm'ni:zɪə] **n** amnésie *f*.

among(st) [ə'mʌŋ(st)] **prep 1.** parmi **2.** [when sharing] entre.

amount [ə'maʊnt] **n 1.** [quantity] quantité *f* **2.** [sum] montant *m*. ◆ **amount to** vt insep [total] se monter à.

amp [æmp] **n** ampère *m* ▸ **a 13-amp plug** une prise 13 ampères.

ample ['æmpl] **adj** [time] largement assez de.

amplifier ['æmplɪfaɪəʳ] **n** amplificateur *m*.

amputate ['æmpjʊteɪt] **vt** amputer.

Amtrak ['æmtræk] **n** *société nationale de chemins de fer aux États-Unis.*

amuse [ə'mju:z] **vt 1.** [make laugh] amuser **2.** [entertain] occuper.

amusement [ə'mju:zmənt] **n** [diversion, game] distraction *f*.

amusement arcade [ə'mju:zmənt-] **n** UK galerie *f* de jeux.

amusement park [ə'mju:zmənt-] **n** parc *m* d'attractions.

amusements [ə'mju:zmənts] **npl** distractions *fpl*.

amusing [ə'mju:zɪŋ] **adj** amusant(e).

an *(stressed* [æn], *unstressed* [ən]*)* → **a**

anaemic [ə'ni:mɪk] **adj** UK [person] anémique.

anaesthetic [,ænɪs'θetɪk] **n** UK anesthésie *f*.

analgesic [,ænæl'dʒi:sɪk] **n** analgésique *m*.

analogue UK, **analog** ['ænəlɒg] **adj** analogique.

analyse UK, **analyze** US ['ænəlaɪz] **vt** analyser.

analyst ['ænəlɪst] **n** [psychoanalyst] psychanalyste *m ou f*.

analyze ['ænəlaɪz] US = **analyse**.

anaphylactic [ænəfə'læktɪk] **adj** [shock] anaphylactique.

anarchist ['ænəkɪst] **n** anarchiste *mf*.

anarchy ['ænəkɪ] **n** *(U)* anarchie *f*.

anatomy [ə'nætəmɪ] **n** *(U)* anatomie *f*.

ancestor ['ænsestəʳ] **n** ancêtre *m ou f*.

anchor ['æŋkəʳ] **n** ancre *f*.

anchovy ['æntʃəvɪ] **n** anchois *m*.

ancient ['eɪnʃənt] **adj** ancien(enne).

and *(strong form* [ænd], *weak form* [ənd], [ən]*)* **conj** et ▸ **more and more** de plus en plus ▸ **and you?** et toi ? ▸ **a hundred and one** cent un ▸ **to try and do sthg** essayer de faire qqch ▸ **to go and see** aller voir.

Andalusia [,ændə'lu:zjə] **n** Andalousie *f* ▸ **in Andalusia** en Andalousie.

Andes ['ændi:z] **npl : the Andes** les Andes *fpl*.

Andorra [æn'dɔ:rə] **n** Andorre *f*.

anecdote ['ænɪkdəʊt] **n** anecdote *f*.

anemic [ə'ni:mɪk] US = **anaemic**.

anesthetic [,ænɪs'θetɪk] US = **anaesthetic**.

angel ['eɪndʒl] **n** ange *m*.

angel investor **n** FIN ange *m* investisseur.

anger ['æŋgəʳ] **n** *(U)* colère *f*.

anger management **n** *thérapie pour aider les gens coléreux à mieux se maîtriser.*

angina [æn'dʒaɪnə] **n** *(U)* angine *f* de poitrine.

angle ['æŋgl] **n** angle *m* ▸ **at an angle** en biais.

angler ['æŋgləʳ] **n** pêcheur *m* (à la ligne).

Anglican [ˈæŋglɪkən] ◆ adj anglican(e). ◆ n anglican *m*, -e *f*.

angling [ˈæŋglɪŋ] n *(U)* pêche *f* (à la ligne).

angry [ˈæŋgrɪ] adj **1.** en colère **2.** [words] violent(e) ▸ **to get angry (with sb)** se mettre en colère (contre qqn).

animal [ˈænɪml] n animal *m*.

animate ◆ vt [ˈænɪmeɪt] **1.** [give life to & TV] animer **2.** *fig* égayer **3.** [move to action] inciter. ◆ adj vivant(e).

anime [ˈænɪmeɪ] n anime *m*, animé *m*.

anise [ˈænɪs] n anis *m*.

aniseed [ˈænɪsiːd] n *(U)* anis *m*.

ankle [ˈæŋkl] n cheville *f*.

anklet [ˈæŋklɪt] n [chain] bracelet *m* de cheville.

annex [ˈæneks] n [building] annexe *f*.

annihilate [əˈnaɪəleɪt] vt anéantir.

anniversary [ˌænɪˈvɜːsərɪ] n anniversaire *m (d'un événement)*.

announce [əˈnaʊns] vt annoncer.

announcement [əˈnaʊnsmənt] n annonce *f*.

announcer [əˈnaʊnsəʳ] n [on TV, radio] présentateur *m*, -trice *f*.

annoy [əˈnɔɪ] vt agacer.

annoyed [əˈnɔɪd] adj agacé(e) ▸ **to get annoyed (with)** s'énerver (contre).

annoying [əˈnɔɪɪŋ] adj agaçant(e).

annual [ˈænjʊəl] adj annuel(elle).

annual earnings npl **1.** [of company] recette *f* annuelle, recettes *fpl* annuelles **2.** [of person] revenu *m* annuel.

annual income n revenu *m* annuel.

annually [ˈænjʊəlɪ] adv annuellement.

anonymous [əˈnɒnɪməs] adj anonyme.

anorak [ˈænəræk] n anorak *m*.

another [əˈnʌðəʳ] adj & pron un autre (une autre) ▸ **can I have another (one)?** puis-je en avoir un autre ? ▸ **to help one another** s'entraider ▸ **to talk to one another** se parler ▸ **one after another** l'un après l'autre (l'une après l'autre).

answer [ˈɑːnsəʳ] ◆ n **1.** réponse *f* **2.** [solution] solution *f*. ◆ vt répondre à. ◆ vi répondre ▸ **to answer the door** aller ouvrir la porte. ◆ **answer back** vi répondre.

answering machine [ˈɑːnsərɪŋ-] = **answerphone**.

answerphone [ˈɑːnsəfəʊn] n répondeur *m*.

ant [ænt] n fourmi *f*.

Antarctic [ænˈtɑːktɪk] n : **the Antarctic** l'Antarctique *m*.

Antarctica [æntˈɑːktɪkə] n Antarctique *f*, le continent *m* antarctique.

antenna [ænˈtenə] n US [aerial] antenne *f*.

anthem [ˈænθəm] n hymne *m*.

antibiotics [ˌæntɪbaɪˈɒtɪks] npl antibiotiques *mpl*.

antibodies [ˈæntɪbɒdɪz] npl anticorps.

antibody test [ˈæntɪbɒdɪtest] n test *m* sérologique.

anticipate [ænˈtɪsɪpeɪt] vt **1.** [expect] s'attendre à **2.** [guess correctly] anticiper.

anticlimax [æntɪˈklaɪmæks] n déception *f*.

anticlockwise [ˌæntɪˈklɒkwaɪz] adv UK dans le sens inverse des aiguilles d'une montre.

anticompetitive [ˌæntɪkəmˈpetɪtɪv] adj COMM anticoncurrentiel(elle).

antidote [ˈæntɪdəʊt] n antidote *m*.

antidumping [ˌæntɪˈdʌmpɪŋ] adj [law, legislation] antidumping.

antifreeze ['æntɪfriːz] **n** *(U)* antigel *m*.

antiglobalization, antiglobalisation [,æntɪgləʊbəlaɪ'zeɪʃən] **n** POL antimondialisation *f*.

antihistamine [,æntɪ'hɪstəmɪn] **n** *(U)* antihistaminique *m*.

antioxidant [,æntɪ'ɔksɪdənt] **n** antioxydant *m*.

antiperspirant [,æntɪ'pɜːspərənt] **n** déodorant *m*.

antiquarian bookshop [,æntɪ'kweərɪən-] **n** *librairie spécialisée dans les livres anciens*.

antique [æn'tiːk] **n** antiquité *f*.

antique shop **n** magasin *m* d'antiquités.

antiseptic [,æntɪ'septɪk] **n** *(U)* antiseptique *m*.

antisocial [,æntɪ'səʊʃl] **adj** **1.** [person] sauvage **2.** [behaviour] antisocial(e).

antiterrorist [,æntɪ'terərɪst] **adj** antiterroriste.

antivirus ['æntɪvaɪrəs] **adj** antivirus.

antivirus software **n** antivirus *m*.

antlers ['æntləz] **npl** bois *mpl*.

anxiety [æŋ'zaɪətɪ] **n** *(U)* [worry] anxiété *f*.

anxious ['æŋkʃəs] **adj** **1.** [worried] anxieux(euse) **2.** [eager] impatient(e).

any ['enɪ] ◆ **adj** **1.** [in questions] du, de l', de la, des *pl* ▸ **is there any milk left?** est-ce qu'il reste du lait ? ▸ **have you got any money?** as-tu de l'argent ? ▸ **have you got any postcards?** avez-vous des cartes postales ? **2.** [in negatives] de, d' ▸ **I haven't got any money** je n'ai pas d'argent ▸ **we don't have any rooms** nous n'avons plus de chambres libres **3.** [no matter which] n'importe quel (n'importe quelle) ▸ **any box will do** n'importe quelle boîte fera l'affaire ▸ **take any one you like** prends celui qui te plaît
◆ **pron** **1.** [in questions] en ▸ **I'm looking for a hotel, are there any nearby?** je cherche un hôtel, est-ce qu'il y en a par ici ? **2.** [in negatives] en ▸ **I don't want any (of them)** je n'en veux aucun ▸ **I don't want any (of it)** je n'en veux pas **3.** [no matter which one] n'importe lequel (n'importe laquelle) ▸ **you can sit at any of the tables** vous pouvez vous asseoir à n'importe quelle table
◆ **adv** **1.** [in questions] **: is that any better?** est-ce que c'est mieux comme ça ? ▸ **any other questions?** d'autres questions ? **2.** [in negatives] **: he's not any better** il ne va pas mieux ▸ **we can't wait any longer** nous ne pouvons plus attendre.

anybody ['enɪ,bɒdɪ] = **anyone**.

anyhow ['enɪhaʊ] **adv** **1.** [carelessly] n'importe comment **2.** [in any case] de toute façon **3.** [in spite of that] quand même.

any more, anymore US ['enɪmɔːʳ] **adv : they don't live here any more** ils n'habitent plus ici.

anyone ['enɪwʌn] **pron** **1.** [any person] n'importe qui **2.** [in questions] quelqu'un **3.** [in negatives] **: there wasn't anyone in** il n'y avait personne.

anything ['enɪθɪŋ] **pron** **1.** [no matter what] n'importe quoi **2.** [in questions] quelque chose **3.** [in negatives] **: I don't want anything to eat** je ne veux rien manger ▸ **have you anything bigger?** vous n'avez rien de plus grand ?

anytime ['enɪtaɪm] **adv** **1.** [at any time] n'importe quand **2.** [you're welcome] je t'en prie, je vous en prie.

anyway ['enɪweɪ] **adv** **1.** de toute façon **2.** [in spite of that] quand même.

anywhere ['enɪweə^r] **adv** **1.** [no matter where] n'importe où **2.** [in questions] quelque part **3.** [in negatives] **: I can't find it anywhere** je ne le trouve nulle part **▸ anywhere else** ailleurs.

apart [ə'pɑːt] **adv** [separated] **: the towns are 5 miles apart** les deux villes sont à 8 km l'une de l'autre **▸ to come apart** [break] se casser **▸ apart from** à part.

apartheid [ə'pɑːtheɪt] **n** *(U)* apartheid *m*.

apartment [ə'pɑːtmənt] **n** appartement *m*.

apathetic [ˌæpə'θetɪk] **adj** apathique.

ape [eɪp] **n** singe *m*.

aperitif [əˌperə'tiːf] **n** apéritif *m*.

aperture ['æpətʃə^r] **n** [of camera] ouverture *f*.

apeshit ['eɪpʃɪt] **adj** US *vulg* **: to go apeshit** péter les plombs.

APEX ['eɪpeks] **n** **1.** [plane ticket] **: APEX ticket** UK billet *m* APEX **2.** UK [train ticket] *billet à tarif réduit sur longues distances et sur certains trains seulement, la réservation devant être effectuée à l'avance*.

apiece [ə'piːs] **adv** chacun(e) **▸ they cost £5 apiece** ils coûtent 5 £ pièce.

aplenty [ə'plentɪ] **adj** [literary] **: she's always had money aplenty** elle a toujours eu beaucoup OR énormément d'argent.

apocryphal [ə'pɒkrɪfl] **adj** apocryphe.

apologetic [əˌpɒlə'dʒetɪk] **adj : to be apologetic** s'excuser.

apologize, apologise UK [ə'pɒlədʒaɪz] **vi** s'excuser **▸ to apologize (to sb for sthg)** s'excuser (auprès de qqn de qqch) **▸ to apologize to sb for one's behaviour** s'excuser auprès de qqn de son comportement.

apology [ə'pɒlədʒɪ] **n** excuses *fpl*.

apostrophe [ə'pɒstrəfɪ] **n** apostrophe *f*.

app [æp] (*abbr of* **application**) **n** COMPUT application *f*.

appal [ə'pɔːl] **vt** UK horrifier.

appall [ə'pɔːl] US = **appal**.

appalling [ə'pɔːlɪŋ] **adj** épouvantable.

apparatus [ˌæpə'reɪtəs] **n** appareil *m*.

apparently [ə'pærəntlɪ] **adv** apparemment.

appeal [ə'piːl] ◆ **n** **1.** LAW appel *m* **2.** [fundraising campaign] collecte *f*. ◆ **vi** LAW faire appel **▸ to appeal to sb for help** demander de l'aide à qqn **▸ it doesn't appeal to me** ça ne me dit rien.

appealing [ə'piːlɪŋ] **adj** [attractive] attirant(e).

appear [ə'pɪə^r] **vi** **1.** [come into view] apparaître **2.** [seem] sembler **3.** [in play] jouer **4.** [before court] comparaître **▸ to appear on TV** passer à la télé **▸ it appears that** il semble que.

appearance [ə'pɪərəns] **n** **1.** *(U)* [arrival] apparition *f* **2.** [look] apparence *f*.

appendices [ə'pendɪsiːz] **pl** → **appendix**.

appendicitis [əˌpendɪ'saɪtɪs] **n** appendicite *f*.

appendix [ə'pendɪks] (*pl* **-dices**) **n** appendice *m*.

appetite ['æpɪtaɪt] **n** appétit *m*.

appetizer ['æpɪtaɪzə^r] **n** amuse-gueule *m inv*.

appetizing ['æpɪtaɪzɪŋ] **adj** appétissant(e).

applaud [ə'plɔːd] **vt & vi** applaudir.

applause [ə'plɔːz] **n** *(U)* applaudissements *mpl*.

apple ['æpl] **n** pomme *f*.

apple charlotte [-'ʃuːlət] **n** charlotte *f* aux pommes.

apple crumble **n** *dessert consistant en une compote de pommes recouverte de pâte sablée.*

apple juice **n** *(U)* jus *m* de pomme.

apple pie **n** *tarte aux pommes recouverte d'une couche de pâte.*

apple sauce **n** *(U) compote de pommes, accompagnement traditionnel du rôti de porc.*

apple strudel **n** UK strudel *m* aux pommes.

apple tart **n** tarte *f* aux pommes.

apple turnover [-'tɜːn,əʊvə[r]] **n** chausson *m* aux pommes.

appliance [ə'plaɪəns] **n** appareil *m* ▸ **electrical / domestic appliance** appareil électrique / ménager.

applicable [ə'plɪkəbl] **adj : to be applicable (to)** s'appliquer (à) ▸ **if applicable** s'il y a lieu.

applicant ['æplɪkənt] **n** candidat *m*, -e *f*.

application [,æplɪ'keɪʃn] **n 1.** [for job, membership] demande *f* **2.** COMPUT application *f*.

application form **n** formulaire *m*.

applications program [,æplɪ'keɪʃns -] **n** COMPUT programme *m* d'application.

apply [ə'plaɪ] ◆ **vt** appliquer. ◆ **vi : to apply to sb** [make request] s'adresser à qqn ▸ **to apply (to sb)** [be applicable] s'appliquer (à qqn) ▸ **to apply the brakes** freiner ▸ **to apply to the bank for a loan** faire une demande de prêt à la banque.

appointment [ə'pɔɪntmənt] **n** rendez-vous *m* ▸ **to have / make an appointment (with)** avoir / prendre rendez-vous (avec) ▸ **by appointment** sur rendez-vous.

appreciable [ə'priːʃəbl] **adj** appréciable.

appreciate [ə'priːʃɪeɪt] **vt 1.** [be grateful for] être reconnaissant de **2.** [understand] comprendre **3.** [like, admire] apprécier.

apprehensive [,æprɪ'hensɪv] **adj** inquiet(iète).

apprentice [ə'prentɪs] **n** apprenti *m*, -e *f*.

apprenticeship [ə'prentɪsʃɪp] **n** apprentissage *m*.

approach [ə'prəʊtʃ] ◆ **n 1.** [road] voie *f* d'accès **2.** [of plane] descente *f* **3.** [to problem, situation] approche *f*. ◆ **vt 1.** s'approcher de **2.** [problem, situation] aborder. ◆ **vi 1.** [person, vehicle] s'approcher **2.** [event] approcher.

appropriate [ə'prəʊprɪət] **adj** approprié(e).

approval [ə'pruːvl] **n** *(U)* approbation *f*.

approve [ə'pruːv] **vi : to approve of sb's behaviour** approuver le comportement de qqn.

approximate [ə'prɒksɪmət] **adj** approximatif(ive).

approximately [ə'prɒksɪmətlɪ] **adv** environ, à peu près.

Apr. (*abbr of* **April**) avr. *(avril)*.

apricot ['eɪprɪkɒt] **n** abricot *m*.

April ['eɪprəl] n avril *m* ▸ **at the beginning of April** début avril ▸ **at the end of April** fin avril ▸ **during April** en avril ▸ **every April** tous les ans en avril ▸ **in April** en avril ▸ **last April** en avril (dernier) ▸ **next April** en avril de l'année prochaine ▸ **this April** en avril (prochain) ▸ **2 April 2012** [in letters, etc.] le 2 avril 2012.

April Fools' Day n le premier avril.

apron ['eɪprən] n [for cooking] tablier *m*.

apt [æpt] adj [appropriate] approprié(e) ▸ **to be apt to do sthg** avoir tendance à faire qqch.

aquaculture ['ækwə,kʌltʃəʳ] n aquaculture *f*.

aquarium [ə'kweərɪəm] (*pl* **-ria**) n aquarium *m*.

Aquarius [ə'kweərɪəs] n Verseau *m*.

aquarobics [,ækwə'rəʊbɪks] n aquagym *f*.

aqueduct ['ækwɪdʌkt] n aqueduc *m*.

Arab ['ærəb] ◆ adj arabe. ◆ n [person] Arabe *m ou f*.

Arabic ['ærəbɪk] ◆ adj arabe. ◆ n [language] arabe *m*.

arbitrary ['ɑːbɪtrərɪ] adj arbitraire.

arc [ɑːk] n arc *m*.

arcade [ɑː'keɪd] n **1.** [for shopping] galerie *f* marchande **2.** [of video games] galerie *f* de jeux.

arch [ɑːtʃ] n arc *m*.

archaeology [,ɑːkɪ'ɒlədʒɪ] n *(U)* archéologie *f*.

archbishop [,ɑːtʃ'bɪʃəp] n archevêque *m*.

archery ['ɑːtʃərɪ] n *(U)* tir *m* à l'arc.

archipelago [,ɑːkɪ'peləgəʊ] n archipel *m*.

architect ['ɑːkɪtekt] n architecte *m ou f*.

architecture ['ɑːkɪtektʃəʳ] n *(U)* architecture *f*.

archive ['ɑːkaɪv] n archives *fpl*.

archives ['ɑːkaɪvz] npl archives *fpl*.

Arctic ['ɑːktɪk] n **: the Arctic** l'Arctique *m*.

are *(weak form* [əʳ], *strong form* [ɑːʳ]*)* → **be**.

area ['eərɪə] n **1.** [region] région *f* **2.** [space, zone] aire *f* **3.** [surface size] superficie *f* ▸ **dining area** coin *m* de repas.

area code n indicatif *m* de zone.

arena [ə'riːnə] n **1.** [at circus] chapiteau *m* **2.** [sportsground] stade *m*.

aren't [ɑːnt] → **are not**.

Argentina [,ɑːdʒən'tiːnə] n l'Argentine *f*.

Argentine ['ɑːdʒəntaɪn], **Argentinian** [,ɑːdʒən'tɪnɪən] ◆ adj argentin(e). ◆ n Argentin *m*, -e *f*.

argue ['ɑːgjuː] vi **1.** [quarrel] se disputer **2.** [maintain] **: to argue (that)...** soutenir que... ▸ **to argue with one's partner about money** se disputer avec son conjoint / son partenaire pour des questions d'argent.

argument ['ɑːgjʊmənt] n **1.** [quarrel] dispute *f* **2.** [reason] argument *m*.

arid ['ærɪd] adj aride.

Aries ['eəriːz] n Bélier *m*.

arise [ə'raɪz] (*pt* **arose**, *pp* **arisen** [ə'rɪzn]) vi surgir ▸ **to arise from** résulter de.

aristocracy [,ærɪ'stɒkrəsɪ] n aristocratie *f*.

arithmetic [ə'rɪθmətɪk] n *(U)* arithmétique *f*.

arm [ɑːm] n **1.** bras *m* **2.** [of garment] manche *f*.

armbands ['ɑːmbændz] **npl** [for swimming] bouées *fpl (autour des bras)*.

armchair ['ɑːmtʃeəʳ] n fauteuil *m*.

armed [ɑːmd] **adj** [person] armé(e).

armed forces npl **: the armed forces** les forces *fpl* armées.

armor ['ɑːmər] US = **armour**.

armour ['ɑːməʳ] n UK armure *f*.

armpit ['ɑːmpɪt] n aisselle *f*.

armrest ['ɑːmrest] n accoudoir *m*.

arms [ɑːmz] **npl** [weapons] armes *fpl*.

army ['ɑːmɪ] n armée *f*.

A-road n UK ≃ (route) nationale *f*.

aroma [ə'rəʊmə] n arôme *m*.

aromatherapist [əˌrəʊmə'θerəpɪst] n spécialiste *mf* en aromathérapie.

aromatherapy [əˌrəʊmə'θerəpɪ] n aromathérapie *f*.

aromatic [ˌærə'mætɪk] **adj** aromatique.

arose [ə'rəʊz] **pt** → **arise**.

around [ə'raʊnd] ◆ **adv** [present] dans le coin. ◆ **prep 1.** autour de **2.** [approximately] environ ▸ **to get around an obstacle** contourner un obstacle ▸ **at around two o'clock in the morning** vers 2 h du matin ▸ **around here** [in the area] par ici ▸ **to look around a)** [turn head] regarder autour de soi **b)** [in shop] jeter un coup d'œil **c)** [in city] faire un tour ▸ **to turn around** se retourner ▸ **to walk around** se promener.

arouse [ə'raʊz] **vt** [cause] provoquer.

arrange [ə'reɪndʒ] **vt 1.** arranger **2.** [meeting, event] organiser ▸ **to arrange to go to the cinema with a friend** convenir d'aller au cinéma avec un ami.

arrangement [ə'reɪndʒmənt] **n 1.** [agreement] arrangement *m* **2.** [layout] disposition *f* ▸ **by arrangement** [tour, service] sur réservation ▸ **travel arrangements** organisation du voyage.

arrest [ə'rest] ◆ n arrestation *f*. ◆ **vt** arrêter ▸ **under arrest** en état d'arrestation.

arrival [ə'raɪvl] n arrivée *f* ▸ **on arrival** à l'arrivée ▸ **new arrival** [person] nouveau venu *m*, nouvelle venue *f*.

arrive [ə'raɪv] **vi** arriver.

arrogant ['ærəgənt] **adj** arrogant(e).

arrow ['ærəʊ] n flèche *f*.

arse [ɑːs] UK, **ass** [æs] US n *vulg* cul *m*.

arson ['ɑːsn] n *(U)* incendie *m* criminel.

art [ɑːt] n *(U)* art *m*. ◆ **arts npl** [humanities] ≃ lettres *fpl* ▸ **the arts** [fine arts] l'art *m*.

artefact ['ɑːtɪfækt] n objet *m* fabriqué.

artery ['ɑːtərɪ] n artère *f*.

art gallery n **1.** [shop] galerie *f* d'art **2.** [museum] musée *m* d'art.

arthritis [ɑː'θraɪtɪs] n *(U)* arthrite *f*.

artichoke ['ɑːtɪtʃəʊk] n artichaut *m*.

article ['ɑːtɪkl] n article *m*.

articulate [ɑː'tɪkjʊlət] **adj 1.** [personne] qui s'exprime bien **2.** [speech] clair(e).

artifact ['ɑːtɪfækt] n objet *m* fabriqué.

artificial [ˌɑːtɪ'fɪʃl] **adj** artificiel(elle).

artist ['ɑːtɪst] n artiste *m ou f*.

artistic [ɑː'tɪstɪk] **adj 1.** [design] artistique **2.** [person] artiste.

arts centre n centre *m* culturel.

artsy ['ɑːtzɪ] (*compar* **artsier**, *superl* **artsiest**) **adj** *inf* = **arty**.

arty ['ɑːtɪ] **adj** *pej* qui se veut artiste.

as *(unstressed* [əz], *stressed* [æz]*)* ◆ **adv** [in comparisons] **: as… as** aussi… que ▸ **he's as tall as I am** il est aussi grand que moi ▸ **as many as** autant que ▸ **as much as** autant que. ◆ **conj 1.** comme **2.** [in phrases] **: as for** quant à ▸ **as from** à partir de ▸ **as if** comme si. ◆ **prep** [referring to function, job] comme ▸ **as the plane was coming in to land** comme l'avion s'apprêtait à atterrir ▸ **do as you like** faites comme tu veux ▸ **as expected,…** comme prévu ▸ **as you know…** comme tu sais… ▸ **I work as a teacher** je suis professeur.

asap (*abbr of* **as soon as possible**) dès que possible.

ascent [ə'sent] **n** [climb] ascension *f*.

ascribe [ə'skraɪb] **vt : to ascribe sthg to sb** [quality] attribuer qqch à qqn ▸ **to ascribe her success to luck** attribuer son succès à la chance.

ash [æʃ] **n 1.** *(U)* [from cigarette, fire] cendre *f* **2.** [tree] frêne *m*.

ashamed [ə'ʃeɪmd] **adj** honteux(euse) ▸ **to be ashamed (of)** avoir honte (de).

ashore [ə'ʃɔːʳ] **adv** à terre ▸ **to go ashore** débarquer.

ashtray ['æʃtreɪ] **n** cendrier *m*.

Asia [UK 'eɪʃə, US 'eɪʒə] **n** l'Asie *f*.

Asian [UK 'eɪʃn, US 'eɪʒn] ◆ **adj** asiatique. ◆ **n** Asiatique *m ou f*.

aside [ə'saɪd] **adv** de côté ▸ **to move aside** s'écarter.

ask [ɑːsk] ◆ **vt 1.** [person] demander à **2.** [question] poser **3.** [request] demander **4.** [invite] inviter. ◆ **vi : to ask about train times** se renseigner sur les horaires de train ▸ **I asked him his name** je lui ai demandé son nom ▸ **did you ask her about her new job?** tu lui as posé des questions sur son nouveau travail ? ▸ **she asked them to help** elle leur a demandé de l'aide ▸ **to ask one's boss for a rise** demander une augmentation à son patron ▸ **to ask questions** poser des questions. ◆ **ask for** **vt insep** demander ▸ **to ask for information** se renseigner.

asleep [ə'sliːp] **adj** endormi(e) ▸ **to fall asleep** s'endormir.

AS level **n** UK *examen facultatif complétant les A-levels.*

asparagus [ə'spærəgəs] **n** *(U)* asperge *f*.

asparagus tips **npl** pointes *fpl* d'asperge.

aspect ['æspekt] **n** aspect *m*.

aspirin ['æsprɪn] **n** aspirine *f*.

ass [æs] **n** [animal] âne *m*.

assassinate [ə'sæsɪneɪt] **vt** assassiner.

assault [ə'sɔːlt] ◆ **n** [on person] agression *f*. ◆ **vt** agresser.

assemble [ə'sembl] ◆ **vt** [bookcase, model] monter. ◆ **vi** se rassembler.

assembly [ə'semblɪ] **n** [at school] *réunion quotidienne, avant le début des cours, des élèves d'un établissement.*

assembly hall **n** *salle de réunion des élèves dans une école.*

assembly point **n** [at airport, in shopping centre] point *m* de rassemblement.

assert [ə'sɜːt] **vt** affirmer ▸ **to assert o.s.** s'imposer.

assess [ə'ses] **vt** évaluer.

assessment [ə'sesmənt] **n** évaluation *f*.

asset ['æset] **n** [valuable person, thing] atout *m*.

assign [ə'saɪn] **vt : to assign a task to an employee** assigner une tâche à un employé ▸ **to assign police officers to watch a building** [designate] désigner des policiers pour surveiller un immeuble.

assignment [ə'saɪnmənt] **n 1.** [task] mission *f* **2.** SCH devoir *m*.

assist [ə'sɪst] **vt** assister, aider.

assistance [ə'sɪstəns] **n** *(U)* aide *f* ▸ **to be of assistance (to sb)** être utile (à qqn).

assistance dog n chien *m* guide.

assistant [ə'sɪstənt] n assistant *m*, -e *f*.

assistant headmaster [ə'sɪstənt ˌhed'mɑːstəʳ] UK, **assistant principal** [ə'sɪstənt ˌprɪnsəpl] US n SCH principal *m* adjoint, principale *f* adjointe.

associate ◆ n [ə'səʊʃɪət] associé *m*, -e *f*. ◆ **vt** [ə'səʊʃɪeɪt] **: to associate a product with a particular image** associer un produit à une image spécifique ▸ **to be associated with** [attitude, person] être associé à.

association [əˌsəʊsɪ'eɪʃn] **n** association *f*.

assorted [ə'sɔːtɪd] **adj** [sweets, chocolates] assortis(ties).

assortment [ə'sɔːtmənt] **n** assortiment *m*.

assume [ə'sjuːm] **vt 1.** [suppose] supposer **2.** [control, responsibility] assumer.

assumption [ə'sʌmpʃn] **n** [supposition] supposition *f*.

assurance [ə'ʃʊərəns] **n** assurance *f*.

assure [ə'ʃʊəʳ] **vt** assurer ▸ **to assure sb (that)…** assurer qqn que….

assuredly [ə'ʃʊərɪdlɪ] **adv** assurément, sans aucun doute.

asterisk ['æstərɪsk] **n** astérisque *m*.

asthma ['æsmə] **n** *(U)* asthme *m*.

asthmatic [æs'mætɪk] **adj** asthmatique.

astonish [ə'stɒnɪʃ] **vt** étonner.

astonished [ə'stɒnɪʃt] **adj** stupéfait(e).

astonishing [ə'stɒnɪʃɪŋ] **adj** stupéfiant(e).

astound [ə'staʊnd] **vt** stupéfier.

astray [ə'streɪ] **adv : to go astray** s'égarer.

astrology [ə'strɒləʤɪ] **n** *(U)* astrologie *f*.

astronomy [ə'strɒnəmɪ] **n** *(U)* astronomie *f*.

asylum [ə'saɪləm] **n** asile *m*.

asylum-seeker n demandeur *m*, -euse *f* d'asile.

asymptomatic [ˌeɪsɪmptə'mætɪk] **adj** asymptomatique ▸ **asymptomatic carrier** porteur asymptomatique.

at *(unstressed* [ət], *stressed* [æt]*)* ◆ **prep 1.** [indicating place, position] à ▸ **at the supermarket** au supermarché ▸ **at school** à l'école ▸ **at the hotel** à l'hôtel ▸ **at home** à la maison, chez moi / toi etc ▸ **at my mother's** chez ma mère **2.** [indicating direction] **: to throw stones at a dog** jeter des pierres à un chien ▸ **to look at a painting** regarder un tableau ▸ **to smile at a neighbour** sourire à un voisin **3.** [indicating time] à ▸ **at nine o'clock** à 9 h ▸ **at night** la nuit **4.** [indicating rate, level, speed] à ▸ **it works out at £5 each** ça revient à 5 livres chacun ▸ **at 60 km / h** à 60 km / h **5.** [indicating activity] **: to be at lunch** être en train de déjeuner ▸ **to be good / bad at sthg** être bon / mauvais en qqch **6.** [indicating cause] de ▸ **shocked at sthg** choqué par qqch ▸ **angry at sb** fâché contre qqn ▸ **delighted at sthg** ravi de qqch.

ate [UK et, US eɪt] **pt → eat**.

atheist ['eɪθɪɪst] n athée *m ou f*.

athlete ['æθliːt] n athlète *m ou f*.

athletics [æθ'letɪks] n *(U)* athlétisme *m*.

Atlantic [ət'læntɪk] n **: the Atlantic (Ocean)** l'(océan) Atlantique *m*.

atlas ['ætləs] n atlas *m*.

ATM *(abbr of* **automatic** OR **automated teller machine***)* n US DAB *(distributeur automatique de billets)*.

atmosphere ['ætməsfɪəʳ] n atmosphère *f*.

atom ['ætəm] n atome *m*.

A to Z n UK [map] plan *m* de ville.

at-risk adj **: an at-risk group** un groupe OR une population à risque.

atrocious [ə'trəʊʃəs] adj [very bad] atroce.

atrophy ['ætrəfɪ] *(pt & pp* **-ied***)* vi s'atrophier.

at(') sign n arobase *m*.

attach [ə'tætʃ] vt attacher ▸ **to attach a padlock to a bicycle** attacher un cadenas à un vélo.

attachment [ə'tætʃmənt] n **1.** [device] accessoire *m* **2.** COMPUT pièce *f* jointe.

attack [ə'tæk] ◆ n **1.** attaque *f* **2.** [fit, bout] crise *f*. ◆ vt attaquer.

attack dog n chien *m* d'attaque.

attacker [ə'tækəʳ] n agresseur *m*.

attain [ə'teɪn] vt *fml* atteindre.

attempt [ə'tempt] ◆ n tentative *f*. ◆ vt tenter ▸ **to attempt to do sthg** tenter de faire qqch.

attempted [ə'temptɪd] adj **: attempted murder / suicide** tentative de meurtre / suicide.

attend [ə'tend] vt **1.** [meeting, mass] assister à **2.** [school] aller à. ◆ **attend to** vt insep [deal with] s'occuper de.

attendance [ə'tendəns] n **1.** [people at concert, match] spectateurs *mpl* **2.** *(U)* [at school] présence *f*.

attendant [ə'tendənt] n **1.** [at museum] gardien *m*, -enne *f* **2.** [at petrol station] pompiste *m ou f* **3.** [at public toilets, cloakroom] préposé *m*, -e *f*.

attention [ə'tenʃn] n *(U)* attention *f* ▸ **to pay attention (to)** prêter attention (à).

attention-seeking n **: it's just attention-seeking** il / elle etc. essaie juste de se faire remarquer.

attic ['ætɪk] n grenier *m*.

attire [ə'taɪəʳ] n *(U)* *fml* tenue *f*.

attitude ['ætɪtjuːd] n attitude *f*.

attorney [ə'tɜːnɪ] n US avocat *m*, -e *f*.

Attorney General *(pl* **Attorneys General** OR **Attorney Generals***)* n [in England, Wales and Northern Ireland] *principal avocat de la Couronne* ; [in US] ≃ ministre *m* de la Justice.

attract [ə'trækt] vt attirer.

attraction [ə'trækʃn] n **1.** *(U)* [liking] attirance *f* **2.** [attractive feature] attrait *m* **3.** [of town, resort] attraction *f*.

attractive [ə'træktɪv] adj séduisant(e).

attribute [ə'trɪbjuːt] vt **: to attribute his success to hard work** attribuer son succès à un travail acharné.

aubergine ['əʊbəʒiːn] n UK aubergine *f*.

auburn ['ɔːbən] adj auburn *inv*.

auction ['ɔːkʃn] n vente *f* aux enchères.

audience ['ɔːdɪəns] **n** **1.** [of play, concert, film] public *m* **2.** [of TV] téléspectateurs *mpl* **3.** [of radio] auditeurs *mpl*.

audio ['ɔːdɪəʊ] **adj** audio *inv*.

audioblog ['ɔːdɪəʊblɒg] **n** audioblog *m*.

audiobook ['ɔːdɪəʊbʊk] **n** livre *m* audio.

audio socket **n** prise *f* audio.

audio tour **n** visite *f* guidée audio.

audio(-)visual [,ɔːdɪəʊvɪzjʊəl] **adj** audiovisuel(elle).

auditorium [,ɔːdɪ'tɔːrɪəm] **n** salle *f*.

Aug. *abbr of* **August**

August ['ɔːgəst] **n** août *m* ▸ **at the beginning of August** début août ▸ **at the end of August** fin août ▸ **during August** en août ▸ **every August** tous les ans en août ▸ **in August** en août ▸ **last August** en août (dernier) ▸ **next August** en août de l'année prochaine ▸ **this August** en août (prochain) ▸ **2 August 2012** [in letters, etc.] le 2 août 2012.

aunt [ɑːnt] **n** tante *f*.

auntie, aunty ['ɑːntɪ] **n** *inf* tata *f*, tantine *f*.

au pair [,əʊ'peəʳ] **n** jeune fille *f* au pair.

aural ['ɔːrəl] **adj** auditif(ive) ▸ **an aural exam** un test de compréhension orale.

Australia [ɒ'streɪljə] **n** l'Australie *f*.

Australian [ɒ'streɪljən] ◆ **adj** australien(enne). ◆ **n** Australien(enne).

Austria ['ɒstrɪə] **n** l'Autriche *f*.

Austrian ['ɒstrɪən] ◆ **adj** autrichien(enne). ◆ **n** Autrichien(enne).

autarchy ['ɔːtɑːkɪ] (*pl* **-ies**) **n** = **autocracy**.

authentic [ɔː'θentɪk] **adj** authentique.

author ['ɔːθəʳ] **n** auteur *m*.

authoring ['ɔːθərɪŋ] **n** [of DVD] authoring *m* *(création des menus et du système de navigation)*.

authoritarianism [ɔː,θɒrɪ'teərɪənɪzm] **n** autoritarisme *m*.

authority [ɔː'θɒrətɪ] **n** *(U)* autorité *f* ▸ **the authorities** les autorités.

authorization [,ɔːθəraɪ'zeɪʃn] **n** *(U)* autorisation *f*.

authorize ['ɔːθəraɪz] **vt** autoriser ▸ **to authorize one's son to act on one's behalf** autoriser son fils à agir en son nom.

autobiography [,ɔːtəbaɪ'ɒgrəfɪ] **n** autobiographie *f*.

autocorrect [,ɔːtəʊkə'rekt] **n** correction *f* automatique.

autocracy [ɔː'tɒkrəsɪ] (*pl* **-ies**) **n** autocratie *f*.

autoformat ['ɔːtəʊ,fɔːmæt] **n** COMPUT composition *f* automatique.

autograph ['ɔːtəgrɑːf] **n** autographe *m*.

automatic [,ɔːtə'mætɪk] ◆ **adj** **1.** [machine] automatique **2.** [fine] systématique. ◆ **n** [car] voiture *f* à boîte automatique.

automatically [,ɔːtə'mætɪklɪ] **adv** automatiquement.

automatic teller **n** US distributeur *m* de billets.

automobile ['ɔːtəməbiːl] **n** US voiture *f*.

autumn ['ɔːtəm] **n** automne *m* ▸ **in (the) autumn** en automne.

auxiliary (verb) [ɔːg'zɪljərɪ-] **n** auxiliaire *m*.

availability [ə,veɪlə'bɪlətɪ] **n** disponibilité *f*.

available [ə'veɪləbl] **adj** disponible.

avalanche ['ævəlɑːnʃ] n avalanche *f.*

Ave. (*abbr of* **avenue**) av.

avenue ['ævənjuː] n avenue *f.*

average ['ævərɪdʒ] ◆ adj moyen(enne). ◆ n moyenne *f* ▸ **on average** en moyenne.

aversion [ə'vɜːʃn] n aversion *f.*

aviation [ˌeɪvɪ'eɪʃn] n *(U)* aviation *f.*

avid ['ævɪd] adj avide.

avocado [ˌævə'kɑːdəʊ] n [fruit] avocat *m.*

avoid [ə'vɔɪd] vt éviter ▸ **to avoid doing sthg** éviter de faire qqch.

await [ə'weɪt] vt attendre.

awake [ə'weɪk] (*pt* **awoke**, *pp* **awoken**) ◆ adj réveillé(e). ◆ vi se réveiller.

award [ə'wɔːd] ◆ n [prize] prix *m.* ◆ vt : **to award a student a prize** décerner un prix à un étudiant ▸ **to award an accident victim compensation** accorder une compensation à une victime d'accident.

aware [ə'weə^r] adj conscient(e) ▸ **to be aware of** être conscient de.

awareness [ə'weənɪs] n *(U)* conscience *f.*

away [ə'weɪ] adv [not at home, in office] absent(e) ▸ **to put one's things away** ranger ses affaires ▸ **to look away** détourner les yeux ▸ **to turn away** se détourner ▸ **to walk / drive away** s'éloigner ▸ **to take a knife away from an attacker** enlever son couteau à un agresseur ▸ **far away** loin ▸ **it's 10 miles away (from here)** c'est à une quinzaine de kilomètres (d'ici) ▸ **it's two weeks away** c'est dans deux semaines.

awesome ['ɔːsəm] adj **1.** [impressive] impressionnant(e) **2.** *inf* [excellent] génial(e).

awful ['ɔːfəl] adj affreux(euse) ▸ **I feel awful** je ne me sens vraiment pas bien ▸ **an awful lot of** énormément de.

awfully ['ɔːflɪ] adv [very] terriblement.

awkward ['ɔːkwəd] adj **1.** [uncomfortable] inconfortable **2.** [movement] maladroit(e) **3.** [shape, size] peu pratique **4.** [embarrassing] embarrassant(e) **5.** [question, task] difficile.

awning ['ɔːnɪŋ] n auvent *m.*

awoke [ə'wəʊk] pt → **awake.**

awoken [ə'wəʊkən] pp → **awake.**

axe, ax US [æks] n hache *f.*

axle ['æksl] n essieu *m.*

AZERTY keyboard [ə'zɜːtɪ-] n clavier *m* AZERTY.

Bb

B & B *abbr of* **bed and breakfast.**

BA (*abbr of* **Bachelor of Arts**) *(titulaire d'une) licence de lettres.*

babble ['bæbl] vi marmonner.

baby ['beɪbɪ] n bébé *m* ▸ **to have a baby** avoir un enfant ▸ **baby sweetcorn** jeunes épis *mpl* de maïs.

baby carriage n US landau *m.*

baby food n *(U)* aliments *mpl* pour bébé.

baby-sit vi faire du baby-sitting.

baby-sitter n baby-sitter *mf.*

baby wipe n lingette *f.*

bachelor ['bætʃələʳ] n célibataire *m*.

Bachelor of Medicine n UK [degree] ≃ licence *f* de médecine.

bachelor party n US enterrement *m* de vie de garçon.

back [bæk] ◆ adv en arrière. ◆ n **1.** dos *m* **2.** [of chair] dossier *m* **3.** [of room] fond *m* **4.** [of car] arrière *m*. ◆ adj [wheels] arrière *inv*. ◆ vi [car, driver] faire marche arrière. ◆ vt [support] soutenir ▸ **to arrive back** rentrer ▸ **to give sthg back** rendre qqch ▸ **to put sthg back** remettre qqch ▸ **to stand back** reculer ▸ **at the back of** derrière ▸ **in back of** US derrière ▸ **back to front** devant derrière. ◆ **back up** ◆ vt sep [support] appuyer. ◆ vi [car, driver] faire marche arrière.

backache ['bækeɪk] n *(U)* mal *m* au dos.

backbone ['bækbəʊn] n colonne *f* vertébrale.

back door n porte *f* de derrière.

backfire [ˌbæk'faɪəʳ] vi [car] pétarader.

background ['bækgraʊnd] n **1.** [in picture, on stage] arrière-plan *m* **2.** [to situation] contexte *m* **3.** [of person] milieu *m*.

backlist ['bæklɪst] n liste *f* des ouvrages disponibles.

backlog ['bæklɒg] n accumulation *f* ▸ **a backlog of work** beaucoup de travail en retard.

backpack ['bækpæk] n sac *m* à dos.

backpacker ['bækpækəʳ] n routard *m*, -e *f*.

back seat n siège *m* arrière.

backside [ˌbæk'saɪd] n *inf* fesses *fpl*.

backslash ['bækslæʃ] n antislash *m*.

back street n ruelle *f*.

backstreet ['bækstriːt] adj [underhanded] louche.

backstroke ['bækstrəʊk] n *(U)* dos *m* crawlé.

backup ['bækʌp] n sauvegarde *f*.

backup copy n copie *f* de sauvegarde.

backward ['bækwəd] ◆ adj [movement, look] en arrière. ◆ adv US = **backwards**.

backwards ['bækwədz], **backward** ['bækwərd, US] adv **1.** [move, go] en arrière, à reculons **2.** [the wrong way round] à l'envers **3.** [read list] à rebours, à l'envers.

bacon ['beɪkən] n *(U)* bacon *m* ▸ **bacon and eggs** œufs *mpl* frits au bacon.

bacteria [bæk'tɪərɪə] npl bactéries *fpl*.

bad [bæd] (*compar* **worse**, *superl* **worst**) adj **1.** mauvais(e) **2.** [serious] grave **3.** [naughty] méchant(e) **4.** [rotten, off] pourri(e) ▸ **to have a bad back** avoir mal au dos ▸ **to have a bad cold** avoir un gros rhume ▸ **to go bad** [milk, yoghurt] tourner ▸ **not bad** pas mauvais, pas mal.

badge [bædʒ] n **1.** [metal, plastic] badge *m* **2.** [sewn-on] écusson *m*. ◆ **badge in** vi badger *(en entrant)*. ◆ **badge out** vi badger *(en sortant)*.

badger ['bædʒəʳ] n blaireau *m*.

badly ['bædlɪ] (*compar* **worse**, *superl* **worst**) adv **1.** mal **2.** [seriously] gravement ▸ **to badly need sthg** avoir sérieusement besoin de qqch.

badly paid [peɪd] adj mal payé(e).

badminton ['bædmɪntən] n *(U)* badminton *m*.

bad-tempered ['tempəd] adj **1.** [by nature] qui a mauvais caractère **2.** [in a bad mood] de mauvaise humeur.

Bafta ['bæftə] (*abbr of* **British Academy of Film and Television Awards**) n :

Bafta (award) *prix récompensant les meilleurs films et émissions de télévision en Grande-Bretagne.*

bag [bæg] **n 1.** sac *m* **2.** [piece of luggage] bagage *m* ▸ **a bag of crisps** un paquet de chips.

bagboy ['bægbɔɪ] **n** US commis *m (qui aide à l'emballage des achats).*

bagel ['beɪgəl] **n** *petit pain en couronne.*

baggage ['bægɪdʒ] **n** *(U)* bagages *mpl.*

baggage allowance n franchise *f* de bagages.

baggage control n contrôle *m* des bagages.

baggage reclaim UK, **baggage claim** US **n 1.** retrait *m* des bagages **2.** UK livraison *f* des bagages ▸ **'baggage claim area'** livraison des bagages.

baggy ['bægɪ] **adj** ample.

bagpipes ['bægpaɪps] **npl** cornemuse *f.*

bail [beɪl] **n** *(U)* caution *f.*

bait [beɪt] **n** *(U)* appât *m.*

bake [beɪk] ◆ **vt** faire cuire (au four). ◆ **n** CULIN gratin *m* ▸ **vegetable bake** gratin de légumes.

baked [beɪkt] **adj** cuit au four.

baked Alaska [ə'læskə] **n** omelette *f* norvégienne.

baked beans npl haricots *mpl* blancs à la tomate.

baked potato n pomme de terre *f* en robe de chambre.

baker ['beɪkə^r] **n** boulanger(ère) ▸ **baker's** [shop] boulangerie *f.*

bakery ['beɪkərɪ] **n** boulangerie *f.*

Bakewell tart ['beɪkwel-] **n** *gâteau constitué d'une couche de confiture prise entre deux couches de génoise à l'amande, avec un glaçage décoré de vagues.*

baking powder n levure *f* (chimique).

balance ['bæləns] ◆ **n 1.** [of person] équilibre *m* **2.** [of bank account] solde *m* **3.** [remainder] reste *m.* ◆ **vt** [object] maintenir en équilibre.

balcony ['bælkənɪ] **n** balcon *m.*

bald [bɔːld] **adj** chauve.

balderdash ['bɔːldədæʃ] **n** *(U)* [dated] âneries *fpl.*

bald spot n : to have a bald spot avoir un début de calvitie.

bale [beɪl] **n** [of cloth, hay] balle *f.*

Balearic Islands [,bælɪ'ærɪk-], **Balearics** [,bælɪ'ærɪks] **npl : the Balearic Islands** les Baléares *fpl.*

ball [bɔːl] **n 1.** SPORT balle *f* **2.** [in football, rugby] ballon *m* **3.** [in snooker, pool] boule *f* **4.** [of wool, string] pelote *f* **5.** [of paper] boule *f* **6.** [dance] bal *m* ▸ **on the ball** *fig* vif (vive).

ballad ['bæləd] **n** ballade *f.*

ballerina [,bælə'riːnə] **n** ballerine *f.*

ballet ['bæleɪ] **n 1.** *(U)* [dancing] danse *f* (classique) **2.** [work] ballet *m.*

ballet dancer n danseur classique.

ball game n US [baseball match] match *m* de base-ball.

balloon [bə'luːn] **n** ballon *m.*

balloon loan n crédit-ballon *m.*

ballot ['bælət] **n** scrutin *m.*

ballpark ['bɔːlpɑːk] **n 1.** US [stadium] stade *m* de base-ball **2.** *inf* [approximate range] ordre *m* de grandeur ▸ **his guess was in the right ballpark** il avait plutôt bien deviné.

ballpoint pen ['bɔːlpɔɪnt-] **n** stylo *m* (à) bille.

ballroom ['bɔːlrʊm] **n** salle *f* de bal.

ballroom dancing **n** *(U)* danse *f* de salon.

ballsy ['bɔːlzɪ] **adj** US *vulg* culotté(e).

bamboo [bæm'buː] **n** *(U)* bambou *m*.

bamboo shoots **npl** pousses *fpl* de bambou.

ban [bæn] ◆ **n** interdiction *f*. ◆ **vt** interdire ▸ **to ban sb from driving** interdire à qqn de conduire.

banana [bə'nɑːnə] **n** banane *f*.

banana split **n** banana split *m*.

band [bænd] **n** **1.** [musical group] groupe *m* **2.** [strip of paper, rubber] bande *f*.

bandage ['bændɪʤ] ◆ **n** bandage *m*, bande *f*. ◆ **vt** mettre un bandage sur.

Band-Aid® **n** pansement *m* adhésif.

B and B *abbr of* **bed and breakfast**

bandstand ['bændstænd] **n** kiosque *m* à musique.

bang [bæŋ] ◆ **n** **1.** [of gun] détonation *f* **2.** [of door] claquement *m*. ◆ **vt** **1.** cogner **2.** [door] claquer ▸ **to bang one's head** se cogner la tête.

banger ['bæŋəʳ] **n** UK *inf* [sausage] saucisse *f* ▸ **bangers and mash** saucisses-purée.

bangle ['bæŋgl] **n** bracelet *m*.

bangs [bæŋz] **npl** US frange *f*.

banister ['bænɪstəʳ] **n** rampe *f*.

banjo ['bænʤəʊ] **n** banjo *m*.

bank [bæŋk] **n** **1.** [for money] banque *f* **2.** [of river, lake] berge *f* **3.** [slope] talus *m*.

ⓘ Bank holiday

Au Royaume-Uni, ce jour férié, qui coïncide avec les jours de fermeture des banques, est traditionnellement célébré un lundi. La plupart des Britanniques prennent un jour de congé à cette date sauf s'ils travaillent dans les services publics. Les principaux **bank holidays** se situent à Noël, Pâques, au mois de mai et fin août.

bank account **n** compte *m* bancaire.

bank balance **n** UK solde *m* bancaire.

bank book **n** livret *m* d'épargne.

bank card = **banker's card**

bank charges **npl** frais *mpl* bancaires.

bank clerk **n** employé *m* de banque.

bank details **n** relevé *m* d'identité bancaire, RIB *m*.

bank draft **n** traite *f* bancaire.

banker ['bæŋkəʳ] **n** banquier *m*.

banker's card **n** *carte à présenter, en guise de garantie, par le titulaire d'un compte lorsqu'il paye par chèque.*

bank holiday **n** UK jour *m* férié.

bank manager **n** directeur *m*, -trice *f* d'agence bancaire.

bank note **n** billet *m* de banque.

bankrupt ['bæŋkrʌpt] **adj** en faillite.

bankruptcy ['bæŋkrəptsɪ] **n** faillite *f*.

bank statement **n** relevé *m* de compte.

banner ['bænəʳ] **n** **1.** [flag] banderole *f* **2.** COMPUT bandeau *m*.

banner ad **n** bannière *f* publicitaire.

bannister ['bænɪstəʳ] = **banister**.

banquet ['bæŋkwɪt] n **1.** banquet *m* **2.** [at Indian restaurant, etc.] *menu pour plusieurs personnes.*

bap [bæp] n UK petit pain *m.*

baptism ['bæptɪzm] n baptême *m.*

baptize [UK bæp'taɪz, US 'bæptaɪz] vt baptiser.

bar [bɑːʳ] ◆ n **1.** [pub, in hotel] bar *m* **2.** [counter in pub] comptoir *m* **3.** [of metal, wood] barre *f* **4.** [of chocolate] tablette *f.* ◆ vt [obstruct] barrer ▸ **a bar of soap** une savonnette.

barbarism ['bɑːbərɪzm] n [state] barbarie *f.*

barbarity [bɑː'bærətɪ] n [brutality] barbarie *f*, inhumanité *f.*

barbecue ['bɑːbɪkjuː] ◆ n barbecue *m.* ◆ vt faire griller au barbecue.

barbecue sauce n *(U) sauce épicée servant elever viandes et poissons.*

barbed wire [bɑːbd-] n *(U)* fil *m* de fer barbelé.

barber ['bɑːbəʳ] n coiffeur *m* (pour hommes) ▸ **barber's** [shop] salon *m* de coiffure (pour hommes).

barbershop ['bɑːbəʃɒp] ◆ n US salon *m* de coiffure (pour hommes). ◆ adj MUS [songs] *chanté en harmonie étroite* ▸ **barbershop quartet** *quatuor d'hommes chantant en harmonie étroite.*

barbie ['bɑːbɪ] n AUSTR *inf* barbecue *m.*

bar code n code-barres *m.*

bare [beəʳ] adj **1.** [feet, head, arms] nu(e) **2.** [room, cupboard] vide ▸ **the bare minimum** le strict minimum.

barefoot [,beə'fʊt] adv pieds nus.

barely ['beəlɪ] adv à peine.

barf [bɑːf] vi US *vulg* vomir.

bargain ['bɑːgɪn] ◆ n affaire *f.* ◆ vi [haggle] marchander. ◆ **bargain for** vt insep s'attendre à.

bargain basement n *sous-sol d'un magasin où sont regroupés les soldes.*

barge [bɑːdʒ] n péniche *f.* ◆ **barge in** vi faire irruption ▸ **to barge in on sb** interrompre qqn.

barhop ['bɑːhɒp] vi US faire la tournée des bars.

bark [bɑːk] ◆ n *(U)* [of tree] écorce *f.* ◆ vi aboyer.

barley ['bɑːlɪ] n *(U)* orge *f.*

barmaid ['bɑːmeɪd] n serveuse *f.*

barman ['bɑːmən] (*pl* **-men**) n barman *m*, serveur *m.*

bar meal n *repas léger servi dans un bar ou un pub.*

barn [bɑːn] n grange *f.*

barometer [bə'rɒmɪtəʳ] n baromètre *m.*

baron ['bærən] n baron *m.*

baroque [bə'rɒk] adj baroque.

barracks ['bærəks] npl caserne *f.*

barrage ['bærɑːʒ] n [of questions, criticism] avalanche *f.*

barrel ['bærəl] n **1.** [of beer, wine] tonneau *m* **2.** [of oil] baril *m* **3.** [of gun] canon *m.*

barren ['bærən] adj [land, soil] stérile.

barricade [,bærɪ'keɪd] n barricade *f.*

barrier ['bærɪəʳ] n barrière *f.*

barrister ['bærɪstəʳ] n UK avocat(e).

bar staff n personnel *m* de bar.

bartender ['bɑːtendəʳ] n US barman *m*, serveur *m.*

barter ['bɑːtəʳ] vi faire du troc.

base [beɪs] ◆ n **1.** [of lamp, pillar, mountain] pied *m* **2.** MIL base *f*. ◆ vt **: to base sthg on** fonder qqch sur ▸ **to be based** [located] être installé(e).

baseball ['beɪsbɔːl] n *(U)* base-ball *m*.

baseball cap n casquette *f*.

base-jump vi pratiquer le base-jump.

basement ['beɪsmənt] n sous-sol *m*.

bases ['beɪsiːz] pl → **basis**.

bash [bæʃ] vt *inf* **: to bash one's head** se cogner la tête.

basic ['beɪsɪk] adj **1.** [fundamental] de base **2.** [accommodation, meal] rudimentaire. ◆ **basics** npl **: the basics** les bases.

basically ['beɪsɪklɪ] adv **1.** en fait **2.** [fundamentally] au fond.

basil ['bæzl] n *(U)* basilic *m*.

basilica [bə'zɪlɪkə] n basilique *f*.

basin ['beɪsn] n **1.** [washbasin] lavabo *m* **2.** [bowl] cuvette *f*.

basis ['beɪsɪs] (*pl* **-ses**) n base *f* ▸ **on a weekly basis** une fois par semaine ▸ **on the basis of** [according to] d'après.

basket ['bɑːskɪt] n **1.** corbeille *f* **2.** [with handle] panier *m*.

basketball ['bɑːskɪtbɔːl] n *(U)* [game] basket(-ball) *m*.

basmati rice [bəz'mæti-] n *(U)* riz *m* basmati.

Basque [bɑːsk] ◆ adj basque. ◆ n **1.** [person] Basque *mf* **2.** [language] basque *m*.

Basque Country n **: the Basque Country** le Pays basque ▸ **in the Basque Country** au Pays basque.

bass[1] [beɪs] ◆ n [singer] basse *f*. ◆ adj **: a bass guitar** une basse.

bass[2] [bæs] n **1.** [freshwater fish] perche *f* **2.** [sea fish] bar *m*.

bass guitar [beɪs-] n basse *f*.

bassist ['beɪsɪst] n bassiste *mf*.

bassoon [bə'suːn] n basson *m*.

bastard ['bɑːstəd] n *vulg* salaud *m*.

bat [bæt] n **1.** [in cricket, baseball] batte *f* **2.** [in table tennis] raquette *f* **3.** [animal] chauve-souris *f*.

batch [bætʃ] n **1.** [of papers, letters] liasse *f* **2.** [of people] groupe *m*.

bath [bɑːθ] ◆ n **1.** bain *m* **2.** [tub] baignoire *f*. ◆ vt donner un bain à ▸ **to have a bath** UK prendre un bain. ◆ **baths** npl UK [public swimming pool] piscine *f*.

bathe [beɪð] vi **1.** UK [swim] se baigner **2.** US [have bath] prendre un bain.

bathing ['beɪðɪŋ] n *(U)* UK baignade *f*.

bathing costume UK, **bathing suit** n maillot *m* de bain.

bathrobe ['bɑːθrəʊb] n peignoir *m*.

bathroom ['bɑːθrʊm] n **1.** salle *f* de bains **2.** US [toilet] toilettes *fpl*.

bathroom cabinet n armoire *f* à pharmacie.

bath towel n serviette *f* de bain.

bathtub ['bɑːθtʌb] n baignoire *f*.

baton ['bætən] n **1.** [of conductor] baguette *f* **2.** [truncheon] matraque *f*.

batter ['bætə^r] ◆ n *(U)* pâte *f*. ◆ vt [wife, child] battre.

battered ['bætəd] adj CULIN *cuit dans un enrobage de pâte à frire*.

battery ['bætərɪ] n **1.** [for radio, torch, etc.] pile *f* **2.** [for car] batterie *f*.

battery charger [ˌtʃɑːdʒə^r] n chargeur *m*.

battery life n autonomie *f*.

battle ['bætl] n **1.** bataille *f* **2.** [struggle] lutte *f*.

battlefield ['bætlfi:ld] n champ *m* de bataille.

battlements ['bætlmənts] npl remparts *mpl*.

battleship ['bætlʃɪp] n cuirassé *m*.

Bavaria [bə'veərɪə] n Bavière *f* ▸ **in Bavaria** en Bavière.

bay [beɪ] n **1.** [on coast] baie *f* **2.** [for parking] place *f* (de stationnement).

bay leaf n feuille *f* de laurier.

bay window n fenêtre *f* en saillie.

BC (*abbr of* **before Christ**) av. J-C *(avant Jésus-Christ)*.

Bcc (*abbr of* **blind carbon copy**) n Cci *m (copie conforme invisible)*.

be [bi:] (*pt* **was, were** *pp* **been** [bi:n]) ◆ vi **1.** [exist] être ▸ **there is / are** il y a ▸ **are there any shops near here?** y a-t-il des magasins près d'ici ? **2.** [referring to location] être ▸ **the hotel is near the airport** l'hôtel est OR se trouve près de l'aéroport **3.** [referring to movement] aller ▸ **has the postman been?** est-ce que le facteur est passé ? ▸ **have you ever been to Ireland?** êtes-vous déjà allé en Irlande ? ▸ **I'll be there in ten minutes** j'y serai dans dix minutes **4.** [occur] être ▸ **my birthday is in November** mon anniversaire est en novembre **5.** [identifying, describing] être ▸ **he's a doctor** il est médecin ▸ **I'm British** je suis britannique ▸ **I'm hot / cold** j'ai chaud / froid **6.** [referring to health] aller ▸ **how are you?** comment allez-vous ? ▸ **I'm fine** je vais bien, ça va ▸ **she's ill** elle est malade **7.** [referring to age] : **how old are you?** quel âge as-tu ? ▸ **I'm 14 (years old)** j'ai 14 ans **8.** [referring to cost] coûter, faire ▸ **how much is it?** a) [item] combien ça coûte ? b) [meal, shopping] ça fait combien ? ▸ **it's £10** a) [item] ça coûte 10 livres b) [meal, shopping] ça fait 10 livres **9.** [referring to time, dates] être ▸ **what time is it?** quelle heure est-il ? ▸ **it's ten o'clock** il est dix heures **10.** [referring to measurement] faire ▸ **it's 2 m wide** ça fait 2 m de large ▸ **I'm 6 feet tall** je mesure 1 mètre 80 **11.** [referring to weather] faire ▸ **it's hot / cold** il fait chaud / froid ▸ **it's going to be nice today** il va faire beau aujourd'hui ▸ **it's sunny / windy** il y a du soleil / du vent
◆ aux vb **1.** [forming continuous tense] : **I'm learning French** j'apprends le français ▸ **we've been visiting the museum** nous avons visité le musée ▸ **I was eating when…** j'étais en train de manger quand… **2.** [forming passive] être ▸ **the flight was delayed** le vol a été retardé **3.** [with infinitive to express order] : **all rooms are to be vacated by 10 a.m.** toutes les chambres doivent être libérées avant 10 h **4.** [with infinitive to express future tense] : **the race is to start at noon** le départ de la course est prévu pour midi **5.** [in tag questions] : **it's Monday today, isn't it?** c'est lundi aujourd'hui, n'est-ce pas ?

beach [bi:tʃ] n plage *f* ▸ **beach umbrella / sunshade** parasol.

bead [bi:d] n [of glass, wood, etc.] perle *f*.

beak [bi:k] n bec *m*.

beaker ['bi:kə^r] n gobelet *m*.

beam [bi:m] ◆ n **1.** [of light] rayon *m* **2.** [of wood, concrete] poutre *f*. ◆ vi [smile] faire un sourire radieux.

bean [bi:n] n **1.** haricot *m* **2.** [of coffee] grain *m*.

beanbag ['bi:nbæg] n [chair] sacco *m*.

bean curd [kɜːd] **n** *(U)* pâte *f* de soja.

beansprouts ['biːnspraʊts] **npl** germes *mpl* de soja.

bear [beəʳ] (*pt* **bore**, *pp* **borne**) ◆ **n** [animal] ours *m*. ◆ **vt** supporter ▸ **to bear left / right** se diriger vers la gauche / la droite. ◆ **bear on, bear upon vt insep** [be relevant to] se rapporter à.

bearable ['beərəbl] **adj** supportable.

beard [bɪəd] **n** barbe *f*.

bearer ['beərəʳ] **n 1.** [of cheque] porteur *m* **2.** [of passport] titulaire *m ou f*.

bearing ['beərɪŋ] **n** *(U)* [relevance] rapport *m* ▸ **to get one's bearings** se repérer.

beast [biːst] **n** bête *f*.

beat [biːt] (*pt* **beat**, *pp* **beaten** ['biːtn]) ◆ **n 1.** [of heart, pulse] battement *m* **2.** MUS rythme *m*. ◆ **vt** battre. ◆ **beat down** ◆ **vi 1.** [sun] taper **2.** [rain] tomber à verse. ◆ **vt sep : I beat him down to £20** je lui ai fait baisser son prix à 20 livres. ◆ **beat up vt sep** tabasser.

beautiful ['bjuːtɪfʊl] **adj** beau (belle).

beauty ['bjuːtɪ] **n** *(U)* beauté *f*.

beauty parlor US = **beauty parlour**.

beauty parlour **n** salon *m* de beauté.

beauty salon = **beauty parlour**.

beauty spot **n** [place] site *m* touristique.

beaver ['biːvəʳ] **n** castor *m*.

became [bɪ'keɪm] **pt** → **become**.

because [bɪ'kɒz] **conj** parce que ▸ **because of** à cause de.

beckon ['bekən] **vi : to beckon (to)** faire signe (à).

become [bɪ'kʌm] (*pt* **became**, *pp* **become**) **vi** devenir ▸ **what became of him?** qu'est-il devenu ?

bed [bed] **n 1.** lit *m* **2.** [of sea] fond *m* ▸ **in bed** au lit ▸ **to get out of bed** se lever ▸ **to go to bed** aller au lit, se coucher ▸ **to go to bed with sb** coucher avec qqn ▸ **to make the bed** faire le lit.

bed and breakfast **n** UK ≃ chambre *f* d'hôte *(avec petit déjeuner)*.

ⓘ Bed and breakfast

Établissements privés typiquement britanniques (même s'ils existent aussi aux États-Unis, au Canada, en Australie et en Nouvelle-Zélande), reconnaissables à leurs enseignes B & B. Situés dans de grandes demeures ou dans des logements plus simples, les B & B proposent des prix raisonnables incluant le petit déjeuner. Certains B & B abritent également un bar et proposent des repas le soir.

bedclothes ['bedkləʊðz] **npl** draps *mpl* et couvertures.

bedding ['bedɪŋ] **n** *(U)* draps *mpl* et couvertures.

bed linen **n** *(U)* draps *mpl* (et taies d'oreiller).

bedroom ['bedrʊm] **n** chambre *f*.

bedside manner **n** [of doctor] comportement *m* envers les malades.

bedside table ['bedsaɪd-] **n** table *f* de nuit OR de chevet.

bedsit ['bed,sɪt] **n** UK chambre *f* meublée.

bedspread ['bedspred] **n** dessus-de-lit *m inv*, couvre-lit *m*.

bedtime ['bedtaɪm] **n** *(U)* heure *f* du coucher.

bee [biː] **n** abeille *f*.

beech [biːtʃ] **n** hêtre *m*.

beef [biːf] n *(U)* bœuf *m* ▸ **beef Wellington** *morceau de bœuf enveloppé de pâte feuilletée et servi en tranches.*

beefburger ['biːf,bɜːgə^r] n UK hamburger *m*.

beehive ['biːhaɪv] n ruche *f*.

beekeeper ['biː,kiːpə^r] n apiculteur *m*, -trice *f*.

been [biːn] pp → **be**.

beep [biːp] *inf* ◆ n bip *m*. ◆ vi faire bip.

beeper n = **bleeper**.

beer [bɪə^r] n bière *f*.

beer garden n *jardin d'un pub, où l'on peut prendre des consommations.*

beer mat n dessous-de-verre *m*.

beet [biːt] n US betterave *f*.

beetle ['biːtl] n scarabée *m*.

beetroot ['biːtruːt] n UK betterave *f*.

before [bɪ'fɔː^r] ◆ adv avant. ◆ prep **1.** avant **2.** *fml* [in front of] devant. ◆ conj : **before it gets too late** avant qu'il ne soit trop tard ▸ **before doing sthg** avant de faire qqch ▸ **the day before** la veille ▸ **the week before last** il y a deux semaines.

beforehand [bɪ'fɔːhænd] adv à l'avance.

befriend [bɪ'frend] vt prendre en amitié.

beg [beg] ◆ vi mendier. ◆ vt : **to beg sb to help** implorer de l'aide à qqn ▸ **to beg for money** mendier de l'argent.

began [bɪ'gæn] pt → **begin**.

beggar ['begə^r] n mendiant *m*, -e *f*.

begin [bɪ'gɪn] (*pt* **began**, *pp* **begun**) vt & vi commencer ▸ **to begin doing** OR **to do sthg** commencer à faire qqch ▸ **to begin by doing sthg** commencer par faire qqch ▸ **to begin with** pour commencer.

beginner [bɪ'gɪnə^r] n débutant *m*, -e *f*.

beginning [bɪ'gɪnɪŋ] n début *m*.

begun [bɪ'gʌn] pp → **begin**.

behalf [bɪ'hɑːf] n : **on behalf of** au nom de.

behave [bɪ'heɪv] vi se comporter, se conduire ▸ **to behave (o.s.)** [be good] se tenir bien.

behavior [bɪ'heɪvjə^r] US = **behaviour**.

behaviour [bɪ'heɪvjə^r] n *(U)* comportement *m*.

behind [bɪ'haɪnd] ◆ adv **1.** derrière **2.** [late] en retard. ◆ prep derrière. ◆ n *inf* derrière *m* ▸ **to leave sthg behind** oublier qqch ▸ **to stay behind** rester.

beige [beɪʒ] adj beige.

being ['biːɪŋ] n être *m* ▸ **to come into being** naître.

belated [bɪ'leɪtɪd] adj tardif(ive).

belch [beltʃ] vi roter.

Belgian ['beldʒən] ◆ adj belge. ◆ n Belge *m ou f*.

Belgian waffle n US gaufre *f* de Bruxelles.

Belgium ['beldʒəm] n la Belgique.

belief [bɪ'liːf] n **1.** [faith] croyance *f* **2.** [opinion] opinion *f*.

believe [bɪ'liːv] ◆ vt croire. ◆ vi : **to believe in** [God] croire en ▸ **to believe in always telling the truth** être convaincu qu'il faut toujours dire la vérité.

believer [bɪ'liːvə^r] n croyant *m*, -e *f*.

bell [bel] n **1.** [of church] cloche *f* **2.** [of phone] sonnerie *f* **3.** [of door] sonnette *f*.

bellboy ['belbɔɪ] n chasseur *m*.

belle [bel] n beauté *f*.

bellhop ['belhɒp] n US groom *m*, chasseur *m*.

bellow ['beləʊ] vi meugler.

bell pepper n US poivron *m.*

belly ['belɪ] n *inf* ventre *m.*

belly button n *inf* nombril *m.*

belly-up adv *inf* **: to go belly-up** a) [project] tomber à l'eau b) [company] faire faillite.

belong [bɪ'lɒŋ] vi [be in right place] être à sa place ▸ **to belong to** a) [property] appartenir à b) [to club, party] faire partie de.

belongings [bɪ'lɒŋɪŋz] npl affaires *fpl* ▸ **personal belongings** effets personnels.

below [bɪ'ləʊ] ◆ adv **1.** en bas, en dessous **2.** [downstairs] au-dessous **3.** [in text] ci-dessous. ◆ prep au-dessous de ▸ **children below the age of ten** des enfants de moins de dix ans.

below-average adj en dessous de la moyenne.

belt [belt] n **1.** [for clothes] ceinture *f* **2.** TECH courroie *f.*

beltway ['belt,weɪ] n US route *f* périphérique.

bench [bentʃ] n banc *m.*

benchmarking ['bentʃmɑːkɪŋ] n benchmarking *m*, étalonnage *m* concurrentiel.

benchwarmer ['bentʃwɔːməʳ] n US *inf* SPORT *joueur qui se trouve souvent sur le banc des remplaçants.*

bend [bend] (*pt & pp* **bent**) ◆ n **1.** [in road] tournant *m* **2.** [in river, pipe] coude *m.* ◆ vt plier. ◆ vi [road, river, pipe] faire un coude. ◆ **bend down** vi s'incliner. ◆ **bend over** vi se pencher.

bender ['bendəʳ] n *inf* [drinking binge] beuverie *f.*

beneath [bɪ'niːθ] ◆ adv en dessous, en bas. ◆ prep sous.

beneficial [,benɪ'fɪʃl] adj bénéfique.

benefit ['benɪfɪt] ◆ n **1.** [advantage] avantage *m* **2.** *(U)* [money] allocation *f.* ◆ vi **: to benefit from** profiter de ▸ **for the benefit of** dans l'intérêt de.

benefits agency n caisse *f* des allocations sociales.

benign [bɪ'naɪn] adj MED bénin(igne).

bent [bent] pt & pp → **bend**.

bereaved [bɪ'riːvd] adj en deuil ▸ **the bereaved** la famille du défunt.

beret ['bereɪ] n béret *m.*

Berlin [bɜː'lɪn] n Berlin.

Bermuda shorts [bə'mjuːdə-] npl bermuda *m.*

berry ['berɪ] n baie *f.*

berserk [bə'zɜːk] adj **: to go berserk** devenir fou (folle).

berth [bɜːθ] n **1.** [for ship] mouillage *m* **2.** [in ship, train] couchette *f.*

beside [bɪ'saɪd] prep [next to] à côté de ▸ **that's beside the point** ça n'a rien à voir.

besides [bɪ'saɪdz] ◆ adv en plus. ◆ prep en plus de.

best [best] ◆ adj meilleur(e). ◆ adv le mieux. ◆ n **: the best** le meilleur (la meilleure) ▸ **a pint of best** UK [beer] ≃ un demi-litre de bière brune ▸ **the best thing to do is...** la meilleure chose à faire est... ▸ **to make the best of things** faire contre mauvaise fortune bon cœur ▸ **to do one's best** faire de son mieux ▸ **'best before...'** 'à consommer avant...' ▸ **at best** au mieux ▸ **all the best!** a) [at end of letter] amicalement b) [spoken] bonne continuation !

best-before date n date *f* limite de consommation.

best man n témoin *m* du marié.

ⓘ Best man

Nom donné au témoin d'un futur jeune marié, auquel incombent diverses responsabilités. Il organise son « enterrement de vie de garçon » dans le cercle de ses amis proches puis, lors de la réception du mariage, il fait une allocution retraçant les souvenirs cocasses ou embarrassants de la vie du jeune marié et porte un toast aux nouveaux mariés.

best-seller [-'seləʳ] n [book] best-seller *m*.

bet [bet] (*pt & pp* **bet**) ◆ n pari *m*. ◆ vt parier. ◆ **vi : to bet (on)** parier (sur), miser (sur) ▸ **I bet (that) you can't do it** je parie que tu ne peux pas le faire.

beta test n test *m* bêta.

betray [bɪ'treɪ] vt trahir.

better ['betəʳ] ◆ adj meilleur(e). ◆ adv mieux ▸ **you had better...** tu ferais mieux de... ▸ **to get better** a) [in health] aller mieux b) [improve] s'améliorer.

better off adj [in better situation] mieux.

betting ['betɪŋ] n *(U)* paris *mpl*.

betting shop n UK ≃ PMU® *m*.

between [bɪ'twiːn] ◆ prep entre. ◆ adv [in time] entre-temps ▸ **in between** a) [in space] entre b) [in time] entre-temps.

beverage ['bevərɪdʒ] n *fml* boisson *f*.

beware [bɪ'weəʳ] **vi : to beware of** se méfier de ▸ **'beware of the dog'** 'attention, chien méchant'.

bewildered [bɪ'wɪldəd] adj perplexe.

bewitch [bɪ'wɪtʃ] vt [cast spell over] ensorceler, enchanter.

beyond [bɪ'jɒnd] ◆ adv au-delà. ◆ prep au-delà de ▸ **beyond reach** hors de portée.

bia(s)sed ['baɪəst] adj partial(e).

bib [bɪb] n [for baby] bavoir *m*.

bible ['baɪbl] n bible *f*.

bicarbonate [baɪ'kɑːbənət] n bicarbonate *m* ▸ **bicarbonate of soda** bicarbonate *m* de soude.

biceps ['baɪseps] n biceps *m*.

bicycle ['baɪsɪkl] n vélo *m*.

bicycle path n piste *f* cyclable.

bicycle pump n pompe *f* à vélo.

bicycler ['baɪsɪkləʳ] n US cycliste *mf*.

bid [bɪd] (*pt & pp* **bid**) ◆ n 1. [at auction] enchère *f* 2. [attempt] tentative *f*. ◆ vt [money] faire une offre de. ◆ **vi : to bid (for)** faire une offre (pour).

bidet ['biːdeɪ] n bidet *m*.

big [bɪg] adj 1. grand(e) 2. [problem, book] gros (grosse) ▸ **my big brother** mon grand frère ▸ **how big is it?** quelle taille cela fait-il ?

ⓘ Big Ben

Symbole de Londres, **Big Ben** désigne la cloche de la tour de l'horloge du Palais de Westminster, siège du Parlement britannique, et est souvent utilisé à tort pour désigner la tour elle-même. Le 31 décembre, la nouvelle année débute traditionnellement par le tintement particulier de son carillon. Les quatre côtés de l'horloge s'illuminent lorsque se tient une session parlementaire.

big-budget adj à gros budget.

bike [baɪk] **n** **1.** *inf* [bicycle] vélo *m* **2.** [motorcycle] moto *f* **3.** [moped] Mobylette® *f*.

bike lane **n** piste *f* cyclable.

bike shed **n** cabane *f* OR remise *f* à vélos.

biking [ˈbaɪkɪŋ] **n : to go biking** faire du vélo.

bikini [bɪˈkiːnɪ] **n** bikini *m*.

bikini bottom **n** bas *m* de maillot de bain.

bikini top **n** haut *m* de maillot de bain.

bilingual [baɪˈlɪŋgwəl] **adj** bilingue.

bill [bɪl] **n** **1.** [for hotel room] note *f* **2.** [in restaurant] addition *f* **3.** [for electricity, etc.] facture *f* **4.** US [bank note] billet *m* (de banque) **5.** [at cinema, theatre] programme *m* **6.** POL projet *m* de loi ▸ **can I have the bill please?** l'addition, s'il vous plaît !

billboard [ˈbɪlbɔːd] **n** panneau *m* d'affichage.

billfold [ˈbɪlfəʊld] **n** US portefeuille *m*.

billiards [ˈbɪljədz] **n** *(U)* billard *m*.

billing [ˈbɪlɪŋ] **n** **1.** [theatre] **: to get** OR **to have top / second billing** être en tête d'affiche / en deuxième place à l'affiche **2.** US [advertising] **: to give sthg advance billing** annoncer qqch.

billion [ˈbɪljən] **n** **1.** [thousand million] milliard *m* **2.** UK [million million] billion *m*.

billionth [ˈbɪljənθ] **adj & n** milliardième.

bin [bɪn] **n** **1.** [rubbish bin] poubelle *f* **2.** [wastepaper bin] corbeille *f* à papier **3.** [for bread] huche *f* **4.** [on plane] compartiment *m* à bagages.

binary [ˈbaɪnərɪ] **adj** binaire.

bind [baɪnd] (*pt & pp* **bound**) **vt** [tie up] attacher.

binding [ˈbaɪndɪŋ] **n** **1.** [for book] reliure *f* **2.** [for ski] fixation *f*.

binge drinking **n** *fait de boire de très grandes quantités d'alcool en une soirée, de façon régulière.*

binge eating **n** *consommation compulsive de nourriture.*

bingo [ˈbɪŋgəʊ] **n** *(U)* ≃ loto *m*.

binoculars [bɪˈnɒkjʊləz] **npl** jumelles *fpl*.

bio [ˈbaɪəʊ] **adj** bio *(inv)*.

biodegradable [ˌbaɪəʊdɪˈgreɪdəbl] **adj** biodégradable.

biodiesel [ˈbaɪəʊdiːzəl] **n** biodiesel *m*.

biofuel [ˈbaɪəʊfjuːl] **n** biocarburant *m*.

biography [baɪˈɒgrəfɪ] **n** biographie *f*.

biological [ˌbaɪəˈlɒdʒɪkl] **adj** biologique.

biological weapon **n** arme *f* biologique.

biology [baɪˈɒlədʒɪ] **n** *(U)* biologie *f*.

biometric [ˌbaɪəʊˈmetrɪk] **adj** biométrique.

biotechnology [ˌbaɪəʊtekˈnɒlədʒɪ] **n** biotechnologie *f*.

bioterrorism [ˌbaɪəʊˈterərɪzm] **n** bioterrorisme *m*.

bioweapon [ˈbaɪəʊwepən] **n** arme *f* biologique.

birch [bɜːtʃ] **n** bouleau *m*.

bird [bɜːd] **n** **1.** oiseau *m* **2.** UK *inf* [woman] nana *f*.

bird flu **n** grippe *f* aviaire.

bird-watching [-ˌwɒtʃɪŋ] **n** *(U)* ornithologie *f* ▸ **to go bird-watching** aller observer des oiseaux.

Biro® ['baɪərəʊ] n stylo *m* (à) bille.

birth [bɜːθ] n naissance *f* ▸ **by birth** de naissance ▸ **to give birth to** donner naissance à.

birth certificate n extrait *m* de naissance.

birth control n *(U)* contraception *f*.

birthday ['bɜːθdeɪ] n anniversaire *m* ▸ **Happy birthday!** joyeux anniversaire !

birthday card n carte *f* d'anniversaire.

birthday party n fête *f* d'anniversaire.

birthparent ['bɜːθpeərənt] n parent *m* biologique.

birthplace ['bɜːθpleɪs] n lieu *m* de naissance.

birth sign n signe *m* du zodiaque.

biscuit ['bɪskɪt] n **1.** UK biscuit *m* **2.** US [scone] *petit gâteau de pâte non levée que l'on mange avec de la confiture ou un plat salé.*

bishop ['bɪʃəp] n **1.** RELIG évêque *m* **2.** [in chess] fou *m*.

bistro ['biːstrəʊ] n bistrot *m*.

bit [bɪt] ◆ pt → **bite.** ◆ n **1.** [piece] morceau *m*, bout *m* **2.** [of drill] mèche *f* **3.** [of bridle] mors *m* **4.** COMPUT bit *m* ▸ **a bit** un peu ▸ **a bit of money** un peu d'argent ▸ **bit by bit** petit à petit ▸ **not a bit** pas du tout ▸ **to do a bit of walking** marcher un peu.

bitch [bɪtʃ] n **1.** *vulg* [woman] salope *f* **2.** [dog] chienne *f*.

bite [baɪt] (*pt* **bit**, *pp* **bitten** ['bɪtn]) ◆ n **1.** [when eating] bouchée *f* **2.** [from insect] piqûre *f* **3.** [from dog, snake] morsure *f*. ◆ vt **1.** mordre **2.** [subj: insect] piquer ▸ **to have a bite to eat** manger un morceau.

bitrate ['bɪtreɪt] n COMPUT débit *m* binaire, bitrate *m*.

bitter ['bɪtə^r] ◆ adj **1.** amer(ère) **2.** [weather, wind] glacial(e) **3.** [argument, conflict] violent(e). ◆ n *(U)* UK [beer] ≃ bière *f* brune.

bitter lemon n *(U)* Schweppes® *m* au citron.

bizarre [bɪ'zɑː^r] adj bizarre.

black [blæk] ◆ adj **1.** noir(e) **2.** [tea] nature *inv.* ◆ n **1.** noir *m* **2.** [person] Noir *m*, -e *f*. ◆ **black out** vi perdre connaissance.

black and white adj noir et blanc *inv.*

blackberry ['blækbrɪ] n mûre *f*.

blackbird ['blækbɜːd] n merle *m*.

blackboard ['blækbɔːd] n tableau *m* (noir).

black cab n taxi *m* londonien.

black cherry n cerise *f* noire.

blackcurrant [,blæk'kʌrənt] n cassis *m*.

black eye n œil *m* au beurre noir.

Black Forest n **: the Black Forest** la Forêt-Noire.

Black Forest gâteau n forêt-noire *f*.

black ice n *(U)* verglas *m*.

blackmail ['blækmeɪl] ◆ n *(U)* chantage *m*. ◆ vt faire chanter.

blackout ['blækaʊt] n [power cut] coupure *f* de courant.

black pepper n *(U)* poivre *m* noir.

black pudding n UK boudin *m* noir.

blacksmith ['blæksmɪθ] n **1.** [for horses] maréchal-ferrant *m* **2.** [for tools] forgeron *m*.

bladder ['blædə^r] n vessie *f*.

blade [bleɪd] n **1.** [of knife, saw] lame *f* **2.** [of propeller, oar] pale *f* **3.** [of grass] brin *m*.

blame [bleɪm] ◆ n *(U)* responsabilité *f*, faute *f*. ◆ vt rejeter la responsabilité sur ▸ **to blame sb for the failure of a plan** reprocher à qqn d'avoir fait échouer un plan ▸ **to blame the bombings on extremists** attribuer aux extrémistes la responsabilité des attentats.

bland [blænd] adj [food] fade.

blank [blæŋk] ◆ adj **1.** [space, page] blanc (blanche) **2.** [cassette] vierge **3.** [expression] vide. ◆ n [empty space] blanc *m*.

blank check US = **blank cheque**.

blank cheque n chèque *m* en blanc.

blanket ['blæŋkɪt] n couverture *f*.

blast [blɑːst] ◆ n **1.** [explosion] explosion *f* **2.** [of air, wind] souffle *m*. ◆ excl *inf* zut ! ▸ **at full blast** à fond.

blaze [bleɪz] ◆ n [fire] incendie *m*. ◆ vi **1.** [fire] flamber **2.** [sun, light] resplendir.

blazer ['bleɪzəʳ] n blazer *m*.

bleach [bliːtʃ] ◆ n *(U)* eau *m* de Javel. ◆ vt **1.** [hair] décolorer **2.** [clothes] blanchir à l'eau de Javel.

bleak [bliːk] adj triste.

bleed [bliːd] (*pt & pp* **bled** [bled]) vi saigner.

bleeper ['bliːpəʳ] n UK bip *m*, biper *m*.

blend [blend] ◆ n [of coffee, whisky] mélange *m*. ◆ vt mélanger.

blender ['blendəʳ] n mixer *m*.

bless [bles] vt bénir ▸ **bless you!** [said after sneeze] à tes / vos souhaits !

blessing ['blesɪŋ] n bénédiction *f*.

blew [bluː] pt → **blow**.

blind [blaɪnd] ◆ adj aveugle. ◆ n [for window] store *m*. ◆ npl **: the blind** les aveugles *mpl*.

blind alley n impasse *f*.

blind corner n virage *m* sans visibilité.

blindfold ['blaɪndfəʊld] ◆ n bandeau *m*. ◆ vt bander les yeux à.

blind side n AUT angle *m* mort.

blind spot n AUT angle *m* mort.

blind testing n tests *mpl* aveugles.

bling ['blɪŋ], **bling-bling** ['blɪŋ'blɪŋ] *inf* ◆ n [jewellery] bijoux *mpl* lourds et clinquants. ◆ adj [ostentatious] bling(-) bling, tape-à-l'œil.

blink [blɪŋk] vi cligner des yeux.

blinkers ['blɪŋkəz] npl UK œillères *fpl*.

bliss [blɪs] n *(U)* bonheur *m* absolu.

blister ['blɪstəʳ] n ampoule *f*.

blisteringly ['blɪstərɪŋlɪ] adv **: it was blisteringly hot** il faisait une chaleur étouffante.

blitzed [blɪtst] adj US *inf* bourré(e) *(ivre)*.

blizzard ['blɪzəd] n tempête *f* de neige.

bloated ['bləʊtɪd] adj ballonné(e).

blob [blɒb] n [of cream, paint] goutte *f*.

block [blɒk] ◆ n **1.** [of stone, wood, ice] bloc *m* **2.** [building] immeuble *m* **3.** [in town, city] pâté *m* de maison. ◆ vt bloquer ▸ **to have a blocked(-up) nose** avoir le nez bouché. ◆ **block up** vt sep boucher.

blockage ['blɒkɪdʒ] n obstruction *f*.

blockbuster ['blɒkbʌstəʳ] n *inf* **1.** [book] best-seller *m* **2.** [film] film *m* à succès.

block capitals npl capitales *fpl*.

block of flats n UK immeuble *m*.

blog ['blɒg] n blogue *m*.

blogger ['blɒgə[r]] n bloggeur *m*, -euse *f*.

blogging ['blɒgɪŋ] n blogging *m*, création *f* de blogs.

blogosphere ['blɒgəʊsfɪə[r]] n blogosphère *f*.

bloke [bləʊk] n UK *inf* type *m*.

blond [blɒnd] ◆ adj blond(e). ◆ n blond *m*.

blonde [blɒnd] ◆ adj blond(e). ◆ n blonde *f*.

blood [blʌd] n *(U)* sang *m*.

blood donor n donneur *m* de sang, donneuse de sang *f*.

blood group n groupe *m* sanguin.

blood poisoning n *(U)* septicémie *f*.

blood pressure n tension *f* (artérielle) ▸ **to have high blood pressure** avoir de la tension ▸ **to have low blood pressure** faire de l'hypotension.

bloodshot ['blʌdʃɒt] adj injecté de sang.

blood test n analyse *f* de sang.

blood transfusion n transfusion *f* (sanguine).

blood type n groupe *m* sanguin.

bloody ['blʌdɪ] ◆ adj **1.** ensanglanté(e) **2.** UK *vulg* [damn] foutu(e). ◆ adv UK *vulg* vachement.

Bloody Mary [-'meərɪ] n bloody mary *m inv*.

bloom [blu:m] ◆ n fleur *f*. ◆ vi fleurir ▸ **in bloom** en fleur.

bloomer ['blu:mə[r]] n [plant] plante *f* fleurie.

blossom ['blɒsəm] n *(U)* fleurs *fpl*.

blot [blɒt] n tache *f*.

blotch [blɒtʃ] n tache *f*.

blotting paper ['blɒtɪŋ-] n *(U)* papier *m* buvard.

blouse [blaʊz] n chemisier *m*.

blow [bləʊ] (*pt* **blew**, *pp* **blown**) ◆ vt **1.** [subj: wind] faire s'envoler **2.** [whistle, trumpet] souffler dans **3.** [bubbles] faire. ◆ vi **1.** souffler **2.** [fuse] sauter. ◆ n [hit] coup *m* ▸ **to blow one's nose** se moucher. ◆ **blow away** vt sep **1.** [subj: wind] chasser **2.** US *inf* [defeat completely] écraser, battre à plate couture **3.** US *inf* [impress] **: it really blew me away!** j'ai trouvé ça génial ! ◆ **blow off** ◆ vi s'envoler. ◆ vt US *inf* **: to blow sb off a)** [not turn up] poser un lapin à qqn **b)** [ignore] snober qqn. ◆ **blow up** ◆ vt sep **1.** [cause to explode] faire exploser **2.** [inflate] gonfler. ◆ vi [explode] exploser.

blow-dry ◆ n brushing *m*. ◆ vt faire un brushing à.

blown [bləʊn] pp → **blow**.

blow out n crevaison *f*.

BLT n *sandwich au bacon, à la laitue et à la tomate.*

blue [blu:] ◆ adj **1.** bleu(e) **2.** [film] porno *inv*. ◆ n bleu *m*. ◆ **blues** n MUS blues *m*.

bluebell ['blu:bel] n jacinthe *f* des bois.

blueberry ['blu:bərɪ] n myrtille *f*.

bluebottle ['blu:ˌbɒtl] n mouche *f* bleue.

blue cheese n *(U)* bleu *m*.

blue-collar adj manuel(elle).

Bluetooth ['blu:tu:θ] n technologie *f* Bluetooth.

bluff [blʌf] ◆ n [cliff] falaise *f*. ◆ vi bluffer.

blunder ['blʌndəʳ] n gaffe *f*.

blunt [blʌnt] adj **1.** [knife] émoussé(e) **2.** [pencil] mal taillé(e) **3.** *fig* [person] brusque.

blurred [blɜːd] adj **1.** [vision] trouble **2.** [photo] flou(e).

blush [blʌʃ] vi rougir.

blusher ['blʌʃəʳ] n *(U)* blush *m*.

blustery ['blʌstəri] adj venteux(euse).

board [bɔːd] ◆ n **1.** [plank] planche *f* **2.** [notice board] panneau *m* **3.** [for games] plateau *m* **4.** [blackboard] tableau *m* **5.** [of company] conseil *m* **6.** [hardboard] contreplaqué *m*. ◆ vt [plane, ship, bus] monter dans ▸ **board and lodging** pension *f* ▸ **full board** pension complète ▸ **half board** demi-pension ▸ **on board** à bord ▸ **on board sthg a)** [plane, ship] à bord de qqch **b)** [bus] dans qqch.

board game n jeu *m* de société.

boarding ['bɔːdɪŋ] n *(U)* embarquement *m*.

boarding card n carte *f* d'embarquement.

boardinghouse ['bɔːdɪŋhaʊs] *(pl* [-haʊzɪz]*)* n pension *f* de famille.

boarding school n pensionnat *m*, internat *m*.

board of directors n conseil *m* d'administration.

board sports npl sports *mpl* de glisse.

boast [bəʊst] vi : **to boast (about sthg)** se vanter (de qqch).

boat [bəʊt] n **1.** [large] bateau *m* **2.** [small] canot *m* ▸ **by boat** en bateau.

boating lake n *lac où l'on peut faire du bateau*.

boatswain ['bəʊsn] n maître *m* d'équipage.

boat train n *train qui assure la correspondance avec un bateau*.

bob [bɒb] n [hairstyle] coupe *f* au carré.

bobby pin ['bɒbɪ-] n US épingle *f* à cheveux.

bodice ['bɒdɪs] n corsage *m*.

body ['bɒdɪ] n **1.** corps *m* **2.** [of car] carrosserie *f* **3.** [organization] organisme *m*.

bodyguard ['bɒdɪgɑːd] n garde *m* du corps.

body piercing n piercing *m*.

bodysurf ['bɒdɪsɜːf] vi SPORT body-surfer.

bodysurfing ['bɒdɪsɜːfɪŋ] n SPORT body-surfing *m*.

bodywork ['bɒdɪwɜːk] n *(U)* carrosserie *f*.

bog[1] [bɒg] ◆ **bog off** vi UK *vulg* : **oh, bog off!** dégage !

bog[2] [bɒg] n marécage *m*.

bogged down [ˌbɒgd-] adj *fig* [in work] : **bogged down (in)** submergé(e) (de).

bogus ['bəʊgəs] adj faux (fausse).

boil [bɔɪl] ◆ vt **1.** [water] faire bouillir **2.** [kettle] mettre à chauffer **3.** [food] faire cuire à l'eau. ◆ vi bouillir. ◆ n [on skin] furoncle *m*.

boiled egg [bɔɪld-] n œuf *m* à la coque.

boiled potatoes [bɔɪld-] npl pommes de terre *fpl* à l'eau.

boiler ['bɔɪləʳ] n chaudière *f*.

boiling (hot) ['bɔɪlɪŋ-] adj **1.** *inf* [water] bouillant(e) **2.** [weather] très chaud(e) ▸ **I'm boiling hot** je crève de chaud.

bold [bəʊld] adj [brave] audacieux(euse).

Bolivia [bə'lɪvɪə] n Bolivie *f* ▸ **in Bolivia** en Bolivie.

Bolivian [bə'lɪvɪən] ◆ adj bolivien(enne). ◆ n Bolivien *m*, -enne *f*.

bollard ['bɒlɑːd] n UK [on road] borne *f*.

bolt [bəʊlt] ◆ n **1.** [on door, window] verrou *m* **2.** [screw] boulon *m*. ◆ vt [door, window] fermer au verrou.

bomb [bɒm] ◆ n bombe *f*. ◆ vt bombarder.

bombard [bɒm'bɑːd] vt bombarder.

bombed-out adj *inf* **1.** [exhausted] crevé(e), nase **2.** [drunk] bourré(e) **3.** [on drugs] défoncé(e).

bombing ['bɒmɪŋ] n **1.** MIL bombardement *m* **2.** [from terrorist] attentat *m*.

bomb scare n alerte *f* à la bombe.

bomb shelter n abri *m* *(antiaérien)*.

bond [bɒnd] n [tie, connection] lien *m*.

bonding ['bɒndɪŋ] n **1.** [in psychology] liens *mpl* affectifs **2.** [of two objects] collage *m*.

bone [bəʊn] n **1.** [of person, animal] os *m* **2.** [of fish] arête *f*.

boned [bəʊnd] adj **1.** [chicken] désossé(e) **2.** [fish] sans arêtes.

boneless ['bəʊnləs] adj [chicken, pork] désossé(e).

boner ['bəʊnə^r] n **1.** US [blunder] gaffe *f* **2.** *vulg* [erection] **: to have a boner** bander.

bonfire ['bɒn,faɪə^r] n feu *m*.

bonnet ['bɒnɪt] n UK [of car] capot *m*.

bonus ['bəʊnəs] (*pl* **-es**) n **1.** [extra money] prime *f* **2.** [additional advantage] plus *m*.

bony ['bəʊnɪ] adj **1.** [hand, face] maigre, osseux(euse) **2.** [fish] plein(e) d'arêtes **3.** [chicken] plein(e) d'os.

boo [buː] vi siffler.

boogie ['buːgɪ] vi *inf* guincher.

book [bʊk] ◆ n **1.** livre *m* **2.** [of stamps, tickets] carnet *m* **3.** [of matches] pochette *f*. ◆ vt [reserve] réserver. ◆ **book in** vi [at hotel] se faire enregistrer.

bookable ['bʊkəbl] adj [seats, flight] qu'on peut réserver.

bookcase ['bʊkkeɪs] n bibliothèque *f*.

book group n club *m* de lecture.

bookie ['bʊkɪ] n *inf* bookmaker *m*.

booking ['bʊkɪŋ] n [reservation] réservation *f*.

booking office n UK bureau *m* de location.

bookkeeping ['bʊk,kiːpɪŋ] n *(U)* comptabilité *f*.

booklet ['bʊklɪt] n brochure *f*.

bookmaker ['bʊk,meɪkə^r] n bookmaker *m*.

bookmaker's ['bʊk,meɪkəz] n [shop] ≃ PMU® *m*.

bookmark ['bʊkmɑːk] n marque-page *m*.

bookshelf ['bʊkʃelf] (*pl* **-shelves**) n **1.** [shelf] étagère *f*, rayon *m* **2.** [bookcase] bibliothèque *f*.

bookshop ['bʊkʃɒp] n librairie *f*.

bookstall ['bʊkstɔːl] n kiosque *m* à journaux.

bookstore ['bʊkstɔː^r] = **bookshop**.

book token n UK bon *m* d'achat de livres.

boom [buːm] ◆ n [sudden growth] boom *m*. ◆ vi [voice, guns] tonner.

boost [buːst] **vt 1.** [profits, production] augmenter **2.** [confidence] renforcer ▸ **to boost sb's spirits** remonter le moral à qqn.

booster ['buːstəʳ] **n** [injection] rappel *m*.

boot [buːt] **n 1.** [shoe] botte *f* **2.** [for walking, sport] chaussure *f* **3.** UK [of car] coffre *m*.

bootcut ['buːtkʌt] **adj** [pantalon, jean] trompette.

boot disk n COMPUT disque *m* de démarrage.

booth [buːð] **n 1.** [for telephone] cabine *f* **2.** [at fairground] stand *m*.

booze [buːz] ◆ **n** *(U) inf* alcool *m*. ◆ **vi** *inf* picoler.

booze-up n UK *inf* beuverie *f*.

bop [bɒp] **n** *inf* [dance] **: to have a bop** guincher.

border ['bɔːdəʳ] **n 1.** [of country] frontière *f* **2.** [edge] bord *m* ▸ **the Borders** *région du sud-est de l'Écosse.*

bore [bɔːʳ] ◆ **pt** → **bear.** ◆ **n 1.** *inf* [boring person] raseur *m*, -euse *f* **2.** [boring thing] corvée *f*. ◆ **vt 1.** [person] ennuyer **2.** [hole] creuser.

bored [bɔːd] **adj : to be bored** s'ennuyer.

boredom ['bɔːdəm] **n** *(U)* ennui *m*.

boring ['bɔːrɪŋ] **adj** ennuyeux(euse).

born [bɔːn] **adj : to be born** naître.

borne [bɔːn] **pp** → **bear.**

borough ['bʌrə] **n** municipalité *f*.

borrow ['bɒrəʊ] **vt** emprunter ▸ **to borrow money from a friend** emprunter de l'argent à un ami.

bosom ['bʊzəm] **n** poitrine *f*.

boss [bɒs] **n** chef *m ou f*. ◆ **boss around vt sep** donner des ordres à.

bossy ['bɒsɪ] **adj** autoritaire.

bosun ['bəʊsn] = **boatswain.**

bot [bɒt] **n** COMPUT bot *m* informatique.

botanical garden [bə'tænɪkl-] **n** jardin *m* botanique.

both [bəʊθ] ◆ **adj** & **pron** les deux. ◆ **adv : both… and…** à la fois… et… ▸ **both of them** tous les deux ▸ **both of us** nous deux, tous les deux.

bother ['bɒðəʳ] ◆ **vt 1.** [worry] inquiéter **2.** [annoy] déranger **3.** [pester] embêter. ◆ **n** [trouble] ennui *m*. ◆ **vi : don't bother!** ne te dérange pas ! ▸ **I can't be bothered** UK *inf* je n'ai pas envie ▸ **it's no bother!** ça ne me dérange pas !

Botox® ['bəʊtɒks] **n** *(U)* MED Botox *m*.

bottle ['bɒtl] **n 1.** bouteille *f* **2.** [for baby] biberon *m*.

bottle bank n UK *conteneur pour le verre usagé.*

bottled ['bɒtld] **adj** [beer, water] en bouteille ▸ **bottled beer** bière en bouteille ▸ **bottled water** eau en bouteille.

bottleneck ['bɒtlnek] **n** [in traffic] bouchon *m*, embouteillage *m*.

bottle(-)opener ['bɒtl,əʊpnəʳ] **n** ouvre-bouteilles *m inv*, décapsuleur *m*.

bottom ['bɒtəm] ◆ **adj 1.** [lowest] du bas **2.** [last] dernier(ière) **3.** [worst] plus mauvais(e). ◆ **n 1.** [of sea, bag, glass] fond *m* **2.** [of page, hill, stairs] bas *m* **3.** [of street, garden] bout *m* **4.** [buttocks] derrière *m* ▸ **bottom floor** rez-de-chaussée *m inv* ▸ **bottom gear** première *f*.

bottom-of-the-range adj bas de gamme.

bottom-up adj [design, approach, democracy] ascendant(e).

bought [bɔːt] pt & pp → **buy**.

boulder ['bəʊldəʳ] n rocher *m*.

bounce [baʊns] vi **1.** [rebound] rebondir **2.** [jump] bondir ▸ **his cheque bounced** il a fait un chèque sans provision.

bounce message n rapport *m* de non livraison *(d'un e-mail)*.

bouncer ['baʊnsəʳ] n *inf* videur *m*.

bouncy ['baʊnsɪ] adj **1.** [person] dynamique **2.** [ball] qui rebondit.

bound [baʊnd] ◆ pt & pp → **bind.** ◆ vi bondir. ◆ adj **: we're bound to be late** nous allons être en retard, c'est sûr ▸ **it's bound to rain** il va certainement pleuvoir ▸ **to be bound for a)** être en route pour **b)** [plane] être à destination de ▸ **out of bounds** interdit(e).

boundary ['baʊndrɪ] n frontière *f*.

bouquet [bʊ'keɪ] n bouquet *m*.

bourbon ['bɜːbən] n bourbon *m*.

bout [baʊt] n **1.** [of illness] accès *m* **2.** [of activity] période *f*.

boutique [buː'tiːk] n boutique *f*.

bow¹ [baʊ] ◆ n **1.** [of head] salut *m* **2.** [of ship] proue *f*. ◆ vi incliner la tête.

bow² [bəʊ] n **1.** [knot] nœud *m* **2.** [weapon] arc *m* **3.** MUS archet *m*.

bowels ['baʊəlz] npl ANAT intestins *mpl*.

bowl [bəʊl] n **1.** [container] bol *m* **2.** [for fruit, salad] saladier *m* **3.** [for washing up, of toilet] cuvette *f* ▸ **sugar bowl** sucrier. ◆ **bowls** npl boules *fpl (sur gazon)*.

bowling ['bəʊlɪŋ] n *(U)* bowling *m*.

bowling alley ['bəʊlɪŋ-] n bowling *m*.

bowling green ['bəʊlɪŋ-] n terrain *m* de boules *(sur gazon)*.

bow tie [ˌbəʊ-] n nœud *m* papillon.

box [bɒks] ◆ n **1.** boîte *f* **2.** [on form] case *f* **3.** [in theatre] loge *f*. ◆ vi boxer ▸ **a box of chocolates** une boîte de chocolats.

boxer ['bɒksəʳ] n boxeur *m*.

boxer shorts npl caleçon *m*.

box file n boîte *f* archive.

boxing ['bɒksɪŋ] n *(U)* boxe *f*.

Boxing Day n *le 26 décembre*.

> **ⓘ Boxing Day**
>
> Au Royaume-Uni, le 26 décembre est un jour férié au cours duquel l'on rend visite à ses proches. Ce terme remonte au XIXᵉ siècle : on offrait alors des « boîtes de Noël » contenant des friandises ou des boissons aux employés ou commerçants ayant rendu des services durant l'année. Aujourd'hui, il est d'usage de donner des étrennes ou d'offrir un petit cadeau aux livreurs de lait ou de journaux.

boxing gloves npl gants *mpl* de boxe.

boxing ring n ring *m*.

box office n bureau *m* de location.

boy [bɔɪ] ◆ n garçon *m*. ◆ excl *inf* **: (oh) boy!** la vache !

boy band n boy's band *m*.

boycott ['bɔɪkɒt] vt boycotter.

boyfriend ['bɔɪfrend] n copain *m*.

boy scout n scout *m*.

boy wonder n petit génie *m*.

BR *(abbr of* **British Rail***)* n *ancienne société des chemins de fer britanniques*.

bra [brɑː] n soutien-gorge *m*.

brace [breɪs] n UK [for teeth] appareil *m* (dentaire). ◆ **braces** npl **1.** UK bretelles *fpl* **2.** US [for teeth] appareil *m* (dentaire).

bracelet ['breɪslɪt] n bracelet *m*.

bracken ['brækn] n *(U)* fougère *f*.

bracket ['brækɪt] n **1.** [written symbol] parenthèse *f* **2.** [support] équerre *f*.

bracketing ['brækɪtɪŋ] n [in parentheses] mise *f* entre parenthèses.

brag [bræg] vi se vanter.

braid [breɪd] n **1.** [hairstyle] natte *f*, tresse *f* **2.** *(U)* [on clothes] galon *m*.

brain [breɪn] n cerveau *m*.

brainy ['breɪnɪ] adj *inf* futé(e).

braised [breɪzd] adj braisé(e).

brake [breɪk] ◆ n frein *m*. ◆ vi freiner.

brake block n patin *m* de frein.

brake fluid n *(U)* liquide *m* de freins.

brake light n feu *m* de stop.

brake pad n plaquette *f* de frein.

brake pedal n pédale *f* de frein.

bran [bræn] n *(U)* son *m*.

branch [brɑːntʃ] n **1.** branche *f* **2.** [of company] filiale *f* **3.** [of bank] agence *f*. ◆ **branch off** vi bifurquer.

branch line n ligne *f* secondaire.

brand [brænd] ◆ n marque *f*. ◆ vt : **to brand sb (as)** étiqueter qqn (comme).

brand building n création *f* de marque.

brand loyalty n fidélité *f* à la marque.

brand-new adj tout neuf (toute neuve).

brand recognition n identification *f* de la marque.

brandy ['brændɪ] n cognac *m*.

brash [bræʃ] adj *pej* effronté(e).

brass [brɑːs] n *(U)* laiton *m*.

brass band n fanfare *f*.

brasserie ['bræsərɪ] n brasserie *f*.

brassiere [UK 'bræsɪəʳ, US brə'zɪr] n soutien-gorge *m*.

brat [bræt] n *inf* sale gosse *m* ou *f*.

brave [breɪv] adj courageux(euse).

bravery ['breɪvərɪ] n *(U)* courage *m*.

bravo [,brɑː'vəʊ] excl bravo !

brawl [brɔːl] n bagarre *f*.

brazenness ['breɪznnɪs] n effronterie *f*.

Brazil [brə'zɪl] n le Brésil.

Brazilian [brə'zɪljən] ◆ adj brésilien(enne). ◆ n Brésilien *m*, -enne *f*.

Brazil nut n noix *f* du Brésil.

breach [briːtʃ] vt [contract] rompre.

bread [bred] n *(U)* pain *m* ▸ **bread and butter** pain *m* beurré.

breadbasket ['bred,bɑːskɪt] n **1.** [basket] corbeille *f* à pain **2.** [in geography] région *f* céréalière.

bread bin n UK huche *f* à pain.

breadboard ['bredbɔːd] n planche *f* à pain.

bread box US = **bread bin**.

breadcrumb ['bredkrʌm] n miette *f* de pain.

breadcrumbs ['bredkrʌmbz] npl CULIN chapelure *f*, panure *f* ▸ **fish fried in breadcrumbs** (du) poisson pané.

breaded ['bredɪd] adj pané(e).

bread knife n couteau *m* à pain.

bread roll n petit pain *m*.

breadth [bretθ] n largeur *f*.

break [breɪk] (*pt* **broke**, *pp* **broken**) ◆ **n** **1.** [interruption] interruption *f* **2.** [rest, pause] pause *f* **3.** *(U)* SCH récréation *f*. ◆ **vt** **1.** casser **2.** [rule, law] ne pas respecter **3.** [promise] manquer à **4.** [a record] battre **5.** [news] annoncer. ◆ **vi** **1.** se casser **2.** [voice] se briser ▸ **without a break** sans interruption ▸ **a lucky break** un coup de bol ▸ **to break one's journey** faire étape ▸ **to break one's leg** se casser une jambe. ◆ **break down** ◆ **vi** [car, machine] tomber en panne. ◆ **vt sep** [door, barrier] enfoncer. ◆ **break in** **vi** entrer par effraction. ◆ **break off** ◆ **vt** **1.** [detach] détacher **2.** [holiday] interrompre. ◆ **vi** [stop suddenly] s'interrompre. ◆ **break out** **vi** [fire, war, panic] éclater ▸ **to break out in a rash** se couvrir de boutons. ◆ **break up** **vi** **1.** [with spouse, partner] rompre **2.** [meeting, marriage] prendre fin **3.** [school] finir.

breakage ['breɪkɪdʒ] **n** casse *f*.

breakdown ['breɪkdaʊn] **n** **1.** [of car] panne *f* **2.** [in communications, negotiations] rupture *f* **3.** [mental] dépression *f*.

breakdown truck **n** UK dépanneuse *f*.

breakfast ['brekfəst] **n** petit déjeuner *m* ▸ **to have breakfast** prendre le petit déjeuner ▸ **to have cereal for breakfast** prendre des céréales au petit déjeuner.

breakfast cereal **n** céréales *fpl*.

break-in **n** cambriolage *m*.

breakthrough ['breɪkθruː] **n** percée *f*.

breakwater ['breɪk,wɔːtəʳ] **n** digue *f*.

breast [brest] **n** **1.** sein *m* **2.** [of chicken, duck] blanc *m*.

breastbone ['brestbəʊn] **n** sternum *m*.

breast-feed **vt** allaiter.

breaststroke ['breststrəʊk] **n** *(U)* brasse *f*.

breath [breθ] **n** **1.** *(U)* haleine *f* **2.** [air inhaled] inspiration *f* ▸ **out of breath** hors d'haleine ▸ **to go for a breath of fresh air** aller prendre l'air.

Breathalyser® ['breθəlaɪzəʳ] **n** UK ≃ Alcootest® *m*.

Breathalyzer® ['breθəlaɪzər] US = **Breathalyser®**

breathe [briːð] **vi** respirer. ◆ **breathe in** **vi** inspirer. ◆ **breathe out** **vi** expirer.

breath freshener **n** purificateur *m* d'haleine.

breathlessness ['breθlɪsnɪs] **n** essoufflement *m*.

breathtaking ['breθ,teɪkɪŋ] **adj** à couper le souffle.

breathtakingly ['breθ,teɪkɪŋlɪ] **adv** de manière impressionnante.

breath test **n** Alcootest® *m*.

bred[1] [bred] ◆ **pt & pp** → **breed**. ◆ **adj** élevé *m*, -e *f*.

-bred[2] **adj** *(in compounds)* élevé ▸ **ill / well-bred** mal / bien élevé.

breed [briːd] (*pt & pp* **bred** [bred]) ◆ **n** espèce *f*. ◆ **vt** [animals] élever. ◆ **vi** se reproduire.

breeze [briːz] **n** brise *f*.

breezy ['briːzɪ] **adj** [weather, day] venteux(euse) ▸ **it's breezy** il y a un peu de vent.

brew [bruː] ◆ **vt** **1.** [beer] brasser **2.** [tea, coffee] faire. ◆ **vi** **1.** [tea] infuser **2.** [coffee] se faire.

brewery ['brʊərɪ] **n** brasserie *f (usine)*.

bribe [braɪb] ◆ **n** pot-de-vin *m*. ◆ **vt** acheter.

bric-a-brac ['brɪkəbræk] **n** *(U)* bric-à-brac *m inv.*

brick [brɪk] **n** brique *f.*

bricklayer ['brɪk,leɪə^r] **n** maçon *m.*

brickwork ['brɪkwɜːk] **n** *(U)* maçonnerie *f (en briques).*

bride [braɪd] **n** mariée *f.*

bridegroom ['braɪdgrʊm] **n** marié *m.*

bridesmaid ['braɪdzmeɪd] **n** demoiselle *f* d'honneur.

bridge [brɪdʒ] **n** **1.** pont *m* **2.** [of ship] passerelle *f* **3.** *(U)* [card game] bridge *m.*

bridle ['braɪdl] **n** bride *f.*

bridle path **n** piste *f* cavalière.

brief [briːf] ◆ **adj** bref(ève). ◆ **vt** mettre au courant ▸ **in brief** en bref. ◆ **briefs** **npl** **1.** [for men] slip *m* **2.** UK [for women] culotte *f.*

briefcase ['briːfkeɪs] **n** serviette *f.*

briefly ['briːflɪ] **adv** brièvement.

brigade [brɪ'geɪd] **n** brigade *f.*

bright [braɪt] **adj** **1.** [light, sun, colour] vif (vive) **2.** [weather, room] clair(e) **3.** [clever] intelligent(e) **4.** [lively, cheerful] gai(e).

brightly-coloured **adj** aux couleurs vives.

brightness ['braɪtnɪs] **n** luminosité *f.*

brilliant ['brɪljənt] **adj** **1.** [colour, light, sunshine] éclatant(e) **2.** [idea, person] brillant(e) **3.** *inf* [wonderful] génial(e).

brim [brɪm] **n** bord *m* ▸ **it's full to the brim** c'est plein à ras bord.

brine [braɪn] **n** *(U)* saumure *f.*

bring [brɪŋ] *(pt & pp* **brought***)* **vt** **1.** apporter **2.** [person] amener. ◆ **bring along** **vt sep** **1.** [object] apporter **2.** [person] amener. ◆ **bring back** **vt sep** rapporter. ◆ **bring in** **vt sep** **1.** [introduce] introduire **2.** [earn] rapporter. ◆ **bring out** **vt sep** [new product] sortir. ◆ **bring up** **vt sep** **1.** [child] élever **2.** [subject] mentionner **3.** [food] rendre, vomir.

brink [brɪŋk] **n** : **on the brink of** au bord de.

brisk [brɪsk] **adj** **1.** [quick] vif (vive) **2.** [person] énergique **3.** [wind] frais (fraîche).

bristle ['brɪsl] **n** poil *m.*

Brit [brɪt] *(abbr of* **Briton***)* **n** *inf* Britannique *mf.*

Britain ['brɪtn] **n** la Grande-Bretagne.

British ['brɪtɪʃ] ◆ **adj** britannique. ◆ **npl** : **the British** les Britanniques *mpl.*

British Council **n** : **the British Council** *organisme public chargé de promouvoir la langue et la culture anglaises.*

> **ⓘ British Council**
>
> Le British Council est un organisme international chargé de promouvoir la langue et la culture anglaises par le biais de son réseau de centres répartis dans plus de 100 pays. Il organise ainsi de nombreuses activités culturelles et d'enseignement dans les pays où il est présent, notamment des cours de langue anglaise, et prépare aux examens de l'IELTS et aux différents niveaux de l'examen d'anglais de Cambridge.

British Isles **npl** : **the British Isles** les îles *fpl* Britanniques.

British Rail **n** *ancienne société des chemins de fer britanniques.*

British Telecom [-'telɪkɒm] **n** *(U)* ≃ France Télécom.

Briton ['brɪtn] **n** Britannique *m ou f.*

Brittany ['brɪtənɪ] **n** la Bretagne.

brittle ['brɪtl] **adj** cassant(e).

broad [brɔːd] **adj 1.** large **2.** [description, outline] général(e) **3.** [accent] fort(e).

B road n UK ≃ route *f* départementale.

broadband ['brɔːdbænd] **n** COMPUT ≃ ADSL *m (Asymmetric Digital Subscriber Line)*. ◆ **broadband adj** à haut débit ; ≃ ADSL.

broad bean n fève *f*.

broadcast ['brɔːdkɑːst] *(pt & pp* **broadcast**) ◆ n émission *f*. ◆ vt diffuser.

broadly ['brɔːdlɪ] **adv** [in general] en gros ▸ **broadly speaking** en gros.

broadsheet ['brɔːdʃiːt] n UK journal *m* de qualité.

> ⓘ **Broadsheet**
>
> Nom des journaux britanniques de grand format (appelés **broadside** aux États-Unis), dont le contenu journalistique est synonyme de qualité, par opposition à la futilité de la presse à sensation des **tabloids** (magazines de petit format consacrés aux scandales touchant des personnalités ou des stars). Cependant, la plupart de ces quotidiens (**The Independent, The Times**) ont aujourd'hui adopté ce format réduit, plus pratique pour les usagers des transports en commun.

Broadway ['brɔːdweɪ] n Broadway *(rue des théâtres à Manhattan)*.

> ⓘ **Broadway**
>
> **Broadway** est le nom donné au quartier des théâtres de New York, le **theater district** qui se situe autour de **Times Square** et sur une partie de l'avenue de Broadway. Avec 40 salles de théâtre de plus de 500 places, c'est l'un des centres les plus importants de production théâtrale commerciale du monde anglophone ainsi que l'un des endroits les plus visités par les touristes qui viennent y voir des spectacles et des comédies musicales à succès ou des acteurs de cinéma connus jouer dans des pièces.

broccoli ['brɒkəlɪ] n *(U)* brocoli *m*.

brochure ['brəʊʃəʳ] n brochure *f*.

broil [brɔɪl] **vt** US griller.

broiled [brɔɪld] **adj** US grillé(e).

broke [brəʊk] ◆ **pt** → **break.** ◆ **adj** *inf* fauché(e).

broken ['brəʊkn] ◆ **pp** → **break.** ◆ **adj 1.** cassé(e) **2.** [English, French] hésitant(e).

brokenhearted [,brəʊkn'hɑːtɪd] **adj** au cœur brisé.

bronchitis [brɒŋ'kaɪtɪs] **n** *(U)* bronchite *f*.

bronze [brɒnz] **n** *(U)* bronze *m*.

brooch [brəʊtʃ] **n** broche *f*.

brook [brʊk] **n** ruisseau *m*.

broom [bruːm] **n** balai *m*.

broomstick ['bruːmstɪk] **n** manche *m* à balai.

broth [brɒθ] **n** *(U)* bouillon *m* épais.

brother ['brʌðəʳ] **n** frère *m*.

brother-in-law n beau-frère *m*.

brought [brɔːt] **pt & pp** → **bring**.

brow [braʊ] **n 1.** [forehead] front *m* **2.** [eyebrow] sourcil *m*.

brown [braʊn] ◆ **adj 1.** brun(e) **2.** [paint, eyes] marron *inv* **3.** [tanned] bronzé(e). ◆ **n 1.** brun *m* **2.** [paint, eyes] marron *m*.

brown bread n *(U)* pain *m* complet.

brownfield site ['braʊnfi:ld-] **n** terrain *m* à bâtir *(après démolition de bâtiments préexistants)*.

brownie ['braʊnɪ] **n** CULIN *petit gâteau au chocolat et aux noix*.

Brownie ['braʊnɪ] **n** ≃ jeannette *f*.

brown rice **n** *(U)* riz *m* complet.

brown sauce **n** *(U)* UK *sauce épicée servant de condiment*.

brown sugar **n** *(U)* sucre *m* roux.

browse [braʊz] ◆ **vi** [in shop] regarder. ◆ **vi** COMPUT naviguer. ◆ **vt** [file, document] parcourir ▸ **to browse through** [book, paper] feuilleter ▸ **to browse a site** naviguer sur un site.

browser ['braʊzəʳ] **n** **1.** COMPUT navigateur *m*, browser *m* **2.** [in shop] : **'browsers welcome'** 'entrée libre'.

bruise [bru:z] **n** bleu *m*.

brunch [brʌntʃ] **n** brunch *m*.

brunette [bru:'net] **n** brune *f*.

brush [brʌʃ] ◆ **n** **1.** brosse *f* **2.** [for painting] pinceau *m*. ◆ **vt** **1.** [clothes] brosser **2.** [floor] balayer ▸ **to brush one's hair** se brosser les cheveux ▸ **to brush one's teeth** se brosser les dents.

Brussels ['brʌslz] **n** Bruxelles.

Brussels sprouts **npl** choux *mpl* de Bruxelles.

brutal ['bru:tl] **adj** brutal(e).

BSc (*abbr of* **Bachelor of Science**) **n** *(titulaire d'une) licence de sciences*.

BT *abbr of* **British Telecom**.

bubble ['bʌbl] **n** bulle *f*.

bubble bath **n** *(U)* bain *m* moussant.

bubble gum **n** *(U) chewing-gum avec lequel on peut faire des bulles*.

bubbly ['bʌblɪ] **n** *inf* champ *m*.

buck [bʌk] **n** **1.** US *inf* [dollar] dollar *m* **2.** [male animal] mâle *m*.

bucket ['bʌkɪt] **n** seau *m*.

Buckingham Palace ['bʌkɪŋəm-] **n** le palais de Buckingham.

> **ⓘ Buckingham Palace**
>
> Résidence officielle londonienne de la famille royale britannique, érigée en 1703 par le duc de Buckingham. L'édifice a été largement modifié à la fin du XVIIIe siècle (apports néoclassiques de l'architecte John Nash) et reste un monument incontournable pour les touristes. Les appartements royaux (**State Rooms**) sont ouverts au public en août et septembre ; les visiteurs viennent notamment y assiter à la célèbre « relève de la garde », qui se tient tous les deux jours à 11 h 30 devant le palais.

buckle ['bʌkl] ◆ **n** boucle *f*. ◆ **vt** [fasten] boucler. ◆ **vi** **1.** [metal] plier **2.** [wheel] se voiler. ◆ **buckle up** **vi insep** US : **buckle up!** attachez vos ceintures !

Buck's Fizz **n** UK *cocktail à base de champagne et de jus d'orange*.

bud [bʌd] ◆ **n** bourgeon *m*. ◆ **vi** bourgeonner.

Buddhist ['bʊdɪst] **n** bouddhiste *m ou f*.

buddy ['bʌdɪ] **n** *inf* pote *m*.

budge [bʌdʒ] **vi** bouger.

budgerigar ['bʌdʒərɪgɑ:ʳ] **n** perruche *f*.

budget ['bʌdʒɪt] ◆ **adj** [holiday, travel] économique. ◆ **n** budget *m*. ◆ **budget for** **vt insep** : **to budget for doing sthg** prévoir de faire qqch.

budgie ['bʌdʒɪ] **n** *inf* perruche *f*.

buff [bʌf] n (U) *inf* fana *m ou f*.

buffalo ['bʌfələʊ] n buffle *m*.

buffalo wings npl US *ailes de poulet frites et épicées*.

buffer ['bʌfə^r] n [on train] tampon *m*.

buffering ['bʌfərɪŋ] n COMPUT [storage] stockage *m* en mémoire tampon.

buffer memory n mémoire *f* tampon.

buffet [UK 'bʊfeɪ, US bə'feɪ] n buffet *m*.

buffet car ['bʊfeɪ-] n wagon-restaurant *m*.

bug [bʌg] ◆ n **1.** [insect] insecte *m* **2.** *inf* [mild illness] microbe *m* **3.** COMPUT bug *m*, bogue *m* QUEBEC. ◆ vt *inf* [annoy] embêter ▸ **bug off!** US *vulg* dégage ! ▸ **to catch a bug** attraper une maladie.

buggy ['bʌgɪ] n **1.** UK [pushchair] poussette *f* **2.** US [pram] landau *m*.

bugle ['bju:gl] n clairon *m*.

bug-ridden adj **1.** [room, hotel] infesté(e) de vermine **2.** [software] plein(e) de bugs OR de bogues.

build [bɪld] (pt & pp **built**) ◆ n carrure *f*. ◆ vt construire. ◆ **build up** ◆ vi augmenter. ◆ vt sep : **to build up speed** accélérer.

builder ['bɪldə^r] n entrepreneur *m (en bâtiment)*.

building ['bɪldɪŋ] n bâtiment *m*.

building site n chantier *m*.

building society n UK *société d'investissements et de prêts immobiliers*.

built [bɪlt] pt & pp → **build**.

built-in adj encastré(e).

built-up adj : **built-up area** agglomération *f*.

built-up area n agglomération *f*.

bulb [bʌlb] n **1.** [for lamp] ampoule *f* **2.** [of plant] bulbe *m*.

Bulgaria [bʌl'geərɪə] n la Bulgarie.

bulge [bʌldʒ] vi être gonflé.

bulk [bʌlk] n : **the bulk of** la majeure partie de ▸ **in bulk** en gros.

bulky ['bʌlkɪ] adj volumineux(euse).

bull [bʊl] n taureau *m*.

bulldog ['bʊldɒg] n bouledogue *m*.

bulldozer ['bʊldəʊzə^r] n bulldozer *m*.

bullet ['bʊlɪt] n balle *f*.

bulletin ['bʊlətɪn] n bulletin *m*.

bulletin board n US tableau *m* d'affichage.

bullfight ['bʊlfaɪt] n corrida *f*.

bull's-eye n centre *m* (de la cible).

bully ['bʊlɪ] ◆ n *enfant qui maltraite ses camarades*. ◆ vt tyranniser.

bum [bʌm] n **1.** UK *inf* [bottom] derrière *m* **2.** US *inf* [tramp] clodo *m*.

bum bag n UK banane *f (sac)*.

bumblebee ['bʌmblbi:] n bourdon *m*.

bump [bʌmp] ◆ n **1.** [lump] bosse *f* **2.** [sound] bruit *m* sourd **3.** [minor accident] choc *m*. ◆ vt [head, leg] cogner ▸ **to bump one's head** se cogner la tête. ◆ **bump into** vt insep **1.** [hit] rentrer dans **2.** [meet] tomber sur.

bumper ['bʌmpə^r] n **1.** [on car] pare-chocs *m inv* **2.** US [on train] tampon *m*.

bumper car n auto *f* tamponneuse.

bumpkin ['bʌmpkɪn] n *inf* & *pej* plouc *m*.

bumpy ['bʌmpɪ] adj [road] cahoteux(euse) ▸ **the flight was bumpy** il y a eu des turbulences pendant le vol.

bun [bʌn] n **1.** [cake] petit gâteau *m* **2.** [bread roll] petit pain *m* rond **3.** [hairstyle] chignon *m*.

bunch [bʌntʃ] n **1.** [of people] bande *f* **2.** [of flowers] bouquet *m* **3.** [of grapes] grappe *f* **4.** [of bananas] régime *m* **5.** [of keys] trousseau *m*.

bundle ['bʌndl] n paquet *m*.

bundling ['bʌndlɪŋ] n [of products] groupage *m*.

bung [bʌŋ] n bonde *f*.

bungalow ['bʌŋgələʊ] n bungalow *m*.

bungee ['bʌndʒiː] n : **bungee (cord)** tendeur *m* ▸ **bungee jump(ing)** saut *m* à l'élastique.

bunion ['bʌnjən] n oignon *m (au pied)*.

bunk [bʌŋk] n [berth] couchette *f*.

bunk bed n lit *m* superposé.

bunk beds npl lits *mpl* superposés.

bunker ['bʌŋkəʳ] n **1.** bunker *m* **2.** [for coal] coffre *m*.

bunny ['bʌnɪ] n *inf* lapin *m*.

buoy [UK bɔɪ, US 'buːɪ] n bouée *f*.

buoyant ['bɔɪənt] adj qui flotte bien.

BUPA ['buːpə] n *(U) organisme britannique d'assurance maladie privée.*

burden ['bɜːdn] n charge *f*.

bureaucracy [bjʊə'rɒkrəsɪ] n bureaucratie *f*.

bureau de change [ˌbjʊərəʊdə'ʃɒndʒ] n bureau *m* de change.

burgeoning ['bɜːdʒənɪŋ] adj [industry, population] en expansion, en plein essor.

burger ['bɜːgəʳ] n **1.** steak *m* haché **2.** [made with nuts, vegetables, etc.] croquette *f*.

burglar ['bɜːgləʳ] n cambrioleur *m*, -euse *f*.

burglar alarm n système *m* d'alarme.

burglarize ['bɜːgləraɪz] US = **burgle**.

burglary ['bɜːglərɪ] n cambriolage *m*.

burgle ['bɜːgl] vt cambrioler.

Burgundy ['bɜːgəndɪ] n la Bourgogne.

burial ['berɪəl] n enterrement *m*.

burial chamber n caveau *m*.

burlesque [bɜː'lesk] ◆ n **1.** [literature, theater] burlesque *m* **2.** US [striptease show] revue *f* déshabillée. ◆ adj burlesque.

burn [bɜːn] (*pt & pp* **burnt** OR **burned**) ◆ n brûlure *f*. ◆ vt & vi **1.** brûler **2.** COMPUT graver ▸ **to burn one's hand** se brûler la main. ◆ **burn down** ◆ vt sep incendier. ◆ vi brûler complètement.

burning (hot) ['bɜːnɪŋ-] adj brûlant(e).

Burns' Night [bɜːnz-] n *fête célébrée en l'honneur du poète écossais Robert Burns, le 25 janvier.*

burnt [bɜːnt] pt & pp → **burn**.

burp [bɜːp] vi roter.

burrow ['bʌrəʊ] n terrier *m*.

burst [bɜːst] (*pt & pp* **burst**) ◆ n salve *f*. ◆ vt faire éclater. ◆ vi éclater ▸ **he burst into the room** il a fait irruption dans la pièce ▸ **to burst into tears** éclater en sanglots ▸ **to burst open** s'ouvrir brusquement.

bursting ['bɜːstɪŋ] adj [full] plein(e) ▸ **to be bursting to do sthg** [eager] mourir d'envie de faire qqch ▸ **to be full to bursting** être plein à craquer.

bury ['berɪ] vt enterrer.

bus [bʌs] n bus *m*, autobus *m* ▸ **by bus** en bus.

busboy ['bʌsbɔɪ] n US aide-serveur *m.*

bus conductor [-ˌkən'dʌktəʳ] n receveur *m*, -euse *f.*

bus driver n conducteur *m*, -trice *f* d'autobus.

bush [bʊʃ] n buisson *m.*

bushy ['bʊʃɪ] adj touffu(e).

business ['bɪznɪs] n **1.** *(U)* affaires *fpl* **2.** [shop, firm, affair] affaire *f* ▸ **mind your own business!** occupe-toi de tes affaires ! ▸ **'business as usual'** 'le magasin reste ouvert'.

business account n compte *m* professionnel OR commercial.

business card n carte *f* de visite.

business class n *(U)* classe *f* affaires.

business hours npl **1.** [of office] heures *fpl* de bureau **2.** [of shop] heures *fpl* d'ouverture.

businessman ['bɪznɪsmæn] (*pl* **-men**) n homme *m* d'affaires.

business model n modèle *m* économique.

business park n zone *f* d'activités.

business partner n associé *m*, -e *f.*

business reply card n carte-réponse *f.*

business studies npl études *fpl* de commerce.

business-to-business adj interentreprises, B to B.

businesswoman ['bɪznɪsˌwʊmən] (*pl* **-women**) n femme *f* d'affaires.

busker ['bʌskəʳ] n UK musicien *m*, -ienne *f* qui fait la manche.

bus lane n couloir *m* de bus.

bus pass n carte *f* d'abonnement (de bus).

bus shelter n Abribus® *m.*

bus station n gare *f* routière.

bus stop n arrêt *m* de bus.

bust [bʌst] ◆ n [of woman] poitrine *f.* ◆ adj **: to go bust** *inf* faire faillite.

buster[1] ['bʌstəʳ] n US *inf* [pal] **: thanks, buster** merci, mon pote.

-buster[2] adj *(in compounds) inf* **: crime-busters** superflics *mpl.*

bustle ['bʌsl] n *(U)* [activity] agitation *f.*

bus tour n voyage *m* en autocar.

busty ['bʌstɪ] (*compar* **-ier**, *superl* **-iest**) adj qui a une forte poitrine.

busy ['bɪzɪ] adj **1.** occupé(e) **2.** [day, schedule] chargé(e) **3.** [street, office] animé(e) ▸ **to be busy doing sthg** être occupé à faire qqch.

busybody ['bɪzɪˌbɒdɪ] n *inf & pej* mouche *f* du coche.

busy signal n US tonalité *f* occupé.

but [bʌt] ◆ conj mais. ◆ prep sauf ▸ **the last but one** l'avant-dernier *m*, -ière *f* ▸ **but for** sans.

butcher ['bʊtʃəʳ] n boucher *m*, -ère *f* ▸ **butcher's** [shop] boucherie *f.*

butt[1] [bʌt] ◆ **butt out** vi insep US *inf* **: why don't you just butt out?** fiche-moi la paix ! ◆ **butt in** vi [interrupt] **: to butt in on sb** interrompre qqn.

butt[2] [bʌt] n **1.** [of rifle] crosse *f* **2.** [of cigarette, cigar] mégot *m.*

butter ['bʌtəʳ] ◆ n *(U)* beurre *m.* ◆ vt beurrer.

butter bean n haricot *m* beurre.

buttercup ['bʌtəkʌp] n bouton-d'or *m.*

butterfly ['bʌtəflaɪ] n papillon *m.*

butterscotch ['bʌtəskɒtʃ] **n** *(U) caramel dur au beurre.*

buttery ['bʌtərɪ] **adj** [smell, taste] de beurre.

buttocks ['bʌtəks] **npl** fesses *fpl.*

button ['bʌtn] **n** **1.** bouton *m* **2.** US [badge] badge *m.*

buttonhole ['bʌtnhəʊl] **n** [hole] boutonnière *f.*

button mushroom **n** champignon *m* de Paris.

buttress ['bʌtrɪs] **n** contrefort *m.*

buy [baɪ] (*pt & pp* **bought**) ◆ **vt** acheter. ◆ **n : a good buy** une bonne affaire ▸ **to buy a bike for one's son, to buy one's son a bike** acheter un vélo à son fils.

buyer ['baɪə^{r}] **n** acheteur *m,* -euse *f.*

buy-to-let **n** investissement *m* locatif.

buzz [bʌz] ◆ **vi** bourdonner. ◆ **n** *inf* [phone call] **: to give sb a buzz** passer un coup de fil à qqn.

buzzer ['bʌzə^{r}] **n** sonnerie *f.*

buzz word **n** mot *m* à la mode.

by [baɪ] ◆ **prep** **1.** [expressing cause, agent] par ▸ **he was hit by a car** il s'est fait renverser par une voiture ▸ **a book by A.R. Scott** un livre de A.R. Scott **2.** [expressing method, means] par ▸ **by car / bus** en voiture / bus ▸ **to pay by credit card** payer par carte de crédit ▸ **to win by cheating** gagner en trichant **3.** [near to, beside] près de ▸ **by the sea** au bord de la mer **4.** [past] **: a car went by the house** une voiture est passée devant la maison **5.** [via] par ▸ **exit by the door on the left** sortez par la porte de gauche **6.** [with time] **: be there by nine** soyez-y pour neuf heures ▸ **by day** le jour ▸ **by now** déjà **7.** [expressing quantity] **: they're sold by the dozen** ils sont vendus à la douzaine ▸ **prices fell by 20 %** les prix ont baissé de 20 % ▸ **paid by the hour** payé à l'heure **8.** [expressing meaning] **: what do you mean by that?** qu'entendez-vous par là ? **9.** [in sums, measurements] par ▸ **divide / multiply twenty by two** divisez / multipliez vingt par deux ▸ **two metres by five** deux mètres sur cinq **10.** [according to] selon ▸ **by law** selon la loi ▸ **it's fine by me** ça me va **11.** [expressing gradual process] **: one by one** un par un ▸ **day by day** de jour en jour **12.** [in phrases] **: by mistake** par erreur ▸ **by oneself** a) [alone] seul b) [unaided] tout seul ▸ **by profession** de métier ◆ **adv** [past] **: to go by** passer.

bye(-bye) [baɪ(baɪ)] **excl** *inf* salut !

bypass ['baɪpɑːs] **n** rocade *f.*

byte [baɪt] **n** octet *m.*

Cc

C **1.** (*abbr of* Celsius,) C **2.** (*abbr of* centigrade) cgr.

cab [kæb] **n** **1.** [taxi] taxi *m* **2.** [of lorry] cabine *f.*

cabaret ['kæbəreɪ] **n** spectacle *m* de cabaret.

cabbage ['kæbɪdʒ] **n** chou *m.*

cabin ['kæbɪn] **n** **1.** cabine *f* **2.** [wooden house] cabane *f.*

cabin crew **n** équipage *m.*

cabinet ['kæbɪnɪt] n **1.** [cupboard] meuble *m* (de rangement) **2.** POL cabinet *m*.

cable ['keɪbl] n câble *m*.

cable car n téléphérique *m*.

cablecast ['keɪblkɑːst] vt US TV transmettre par câble.

cable television, cable TV n télévision *f* par câble.

cache [kæʃ] n cache *m*.

cache memory ['kæʃ,memərɪ] n mémoire *f* cache.

cactus ['kæktəs] (*pl* **-tuses** OR **-ti**) n cactus *m*.

cadaverous [kə'dævərəs] adj *fml* cadavéreux, cadavérique.

Caesar salad [,siːzə-] n *salade de laitue, anchois, croûtons et parmesan.*

cafe ['kæfeɪ] n café *m*.

cafeteria [,kæfɪ'tɪərɪə] n cafétéria *f*.

cafetiere, cafetière [kæfə'tjeə^r] n UK cafetière *f* à piston.

caffeine ['kæfiːn] n *(U)* caféine *f*.

cage [keɪdʒ] n cage *f*.

cagoule [kə'guːl] n UK K-way® *m inv.*

Cajun ['keɪdʒən] adj cajun.

ⓘ Cajun

Issu du mot **Acadien**, ce terme désigne les descendants des Français de l'ancienne **Acadie** — colonie fondée en 1604 et actuelle province canadienne de la Nouvelle-Écosse — qui furent chassés par les Anglais en 1755. Désormais installée dans les régions marécageuses du sud de la Louisiane aux États-Unis, la communauté cajun se démarque par un dialecte hérité du vieux français, un folklore musical particulièrement riche et des spécialités culinaires épicées, très appréciées par les Américains.

cake [keɪk] n **1.** gâteau *m* **2.** [of soap] pain *m* ▸ **fish cake** croquette de poisson.

calculate ['kælkjʊleɪt] vt **1.** calculer **2.** [risks, effect] évaluer.

calculation [,kælkjʊ'leɪʃn] n calcul *m*.

calculator ['kælkjʊleɪtə^r] n calculatrice *f*.

calendar ['kælɪndə^r] n calendrier *m*.

calf [kɑːf] (*pl* **calves**) n **1.** [of cow] veau *m* **2.** [part of leg] mollet *m*.

call [kɔːl] ◆ n **1.** [visit] visite *f* **2.** [phone call] coup *m* de fil **3.** [of bird] cri *m* **4.** [at airport] appel *m*. ◆ vt **1.** appeler **2.** [summon] convoquer **3.** [meeting] convoquer. ◆ vi **1.** [visit] passer **2.** [phone] appeler ▸ **to call sb a liar** traiter qqn de menteur ▸ **to be called** s'appeler ▸ **what is he called?** comment s'appelle-t-il ? ▸ **on call** [nurse, doctor] de garde ▸ **to pay sb a call** rendre visite à qqn ▸ **this train calls at…** ce train desservira les gares de… ▸ **who's calling?** qui est à l'appareil ? ◆ **call back** ◆ vt sep rappeler. ◆ vi **1.** [phone again] rappeler **2.** [visit again] repasser. ◆ **call for** vt insep **1.** [come to fetch] passer prendre **2.** [demand] demander **3.** [require] exiger. ◆ **call on** vt insep [visit] passer voir ▸ **to call on the government to take action** demander instamment au gouvernement d'intervenir. ◆ **call out** ◆ vt sep **1.** [name, winner] annoncer **2.** [doctor, fire brigade] appeler. ◆ vi crier. ◆ **call up** vt sep appeler.

call box n cabine *f* téléphonique.

call centre UK, **call center** US n centre *m* d'appels.

caller ['kɔːlə^r] n **1.** [visitor] visiteur *m*, -euse *f* **2.** [on phone] *personne qui passe un appel téléphonique.*

call screening n filtrage *m* d'appels.

calm [kɑːm] ◆ adj calme. ◆ vt calmer. ◆ **calm down** ◆ vt sep calmer. ◆ vi se calmer.

Calor gas® ['kælə-] n *(U)* UK butane *m*.

calorie ['kælərɪ] n calorie *f*.

calorie-conscious adj : **she's very calorie-conscious** elle fait très attention au nombre de calories qu'elle absorbe.

calorie-controlled adj [diet] faible en calories.

calorie-free adj sans calories.

calves [kɑːvz] pl → **calf**.

camcorder ['kæm,kɔːdə^r] n Caméscope® *m*.

came [keɪm] pt → **come**.

camel ['kæml] n chameau *m*.

camembert ['kæməmbeə^r] n *(U)* camembert *m*.

camera ['kæmərə] n **1.** appareil *m* photo **2.** [for filming] caméra *f*.

cameraman ['kæmərəmæn] (*pl* **-men**) n cameraman *m*.

camera phone n téléphone *m* avec appareil photo.

camera shop n photographe *m*.

camisole ['kæmɪsəʊl] n caraco *m*.

camp [kæmp] ◆ n camp *m*. ◆ vi camper.

campaign [kæm'peɪn] ◆ n campagne *f*. ◆ vi : **to campaign (for / against)** faire campagne (pour / contre).

campaign trail n tournée *f* électorale.

camp bed n UK lit *m* de camp.

camper ['kæmpə^r] n **1.** [person] campeur *m*, -euse *f* **2.** [van] camping-car *m*.

campfire ['kæmp,faɪə^r] n feu *m* de camp.

camping ['kæmpɪŋ] n *(U)* : **to go camping** faire du camping.

camping stove n Camping-Gaz® *m inv*.

campsite ['kæmpsaɪt] n camping *m*.

campus ['kæmpəs] (*pl* **-es**) n campus *m*.

can¹ [kæn] n **1.** [of food] boîte *f* **2.** [of drink] can(n)ette *f* **3.** [of oil, paint] bidon *m*.

can² ***(weak form*** [kən], ***strong form*** [kæn], ***conditional and preterit form*** **could***)* aux vb **1.** pouvoir **2.** [know how to] savoir **3.** [be allowed to] pouvoir **4.** [in polite requests] pouvoir **5.** [expressing occasional occurrence] pouvoir **6.** [expressing possibility] pouvoir ▸ **can you help me?** tu peux m'aider ? ▸ **I can see you** je te vois ▸ **can you drive?** tu sais conduire ? ▸ **I can speak French** je parle (le) français ▸ **you can't smoke here** il est interdit de fumer ici ▸ **can you tell me the time?** pourriez-vous me donner l'heure ? ▸ **can I speak to the manager?** puis-je parler au directeur ? ▸ **it can get cold at night** il arrive qu'il fasse froid la nuit ▸ **they could be lost** il se peut qu'ils se soient perdus.

Canada ['kænədə] n le Canada.

Canadian [kə'neɪdɪən] ◆ adj canadien(ienne). ◆ n Canadien *m*, -ienne *f*.

canal [kə'næl] n canal *m*.

canapé ['kænəpeɪ] n canapé *m (pour l'apéritif)*.

Canaries [kə'neərɪz] pl : **the Canaries** les Canaries *fpl*.

Canary Islands npl : **the Canary Islands** les îles *fpl* Canaries ▸ **in the Canary Islands** aux Canaries.

cancel ['kænsl] vt **1.** annuler **2.** [cheque] faire opposition à.

cancellation [,kænsə'leɪʃn] n annulation *f.*

cancer ['kænsəʳ] n *(U)* cancer *m.*

Cancer ['kænsəʳ] n Cancer *m.*

candidate ['kændɪdət] n candidat *m*, -e *f.*

candle ['kændl] n bougie *f.*

candlelit, candlelight ['kændllɪt] adj aux chandelles ▸ **candlelit dinner** dîner aux chandelles.

candlestick ['kændlstɪk] n bougeoir *m.*

can-do ['kændu:] adj : **can-do spirit** esprit *m* de battant OR de gagneur.

candy ['kændɪ] n US **1.** *(U)* [confectionery] confiserie *f* **2.** [sweet] bonbon *m.*

candy apple n US pomme *f* d'amour.

candy bar n US [chocolate] barre *f* de chocolat ; [muesli] barre *f* de céréales.

candyfloss ['kændɪflɒs] n *(U)* UK barbe *f* à papa.

cane [keɪn] n **1.** [for walking] canne *f* **2.** [for punishment] verge *f* **3.** *(U)* [for furniture, baskets] rotin *m.*

canister ['kænɪstəʳ] n **1.** [for tea] boîte *f* **2.** [for gas] bombe *f.*

cannabis ['kænəbɪs] n *(U)* cannabis *m.*

canned [kænd] adj **1.** [food] en boîte **2.** [drink] en can(n)ette.

cannon ['kænən] n canon *m.*

cannot ['kænɒt] = **can not**.

canoe [kə'nu:] n canoë *m.*

canoeing [kə'nu:ɪŋ] n *(U)* : **to go canoeing** faire du canoë.

canopy ['kænəpɪ] n [over bed, etc.] baldaquin *m.*

can't [kɑ:nt] = **cannot**.

cantaloup(e) ['kæntəlu:p] n cantaloup *m.*

canteen [kæn'ti:n] n cantine *f.*

canvas ['kænvəs] n *(U)* [for tent, bag] toile *f.*

cap [kæp] n **1.** [hat] casquette *f* **2.** [of pen] capuchon *m* **3.** [of bottle] capsule *f* **4.** [for camera] cache *m* **5.** [contraceptive] diaphragme *m.*

capability [,keɪpə'bɪlətɪ] n capacité *f.*

capable ['keɪpəbl] adj [competent] capable ▸ **to be capable of doing sthg** être capable de faire qqch.

capacity [kə'pæsɪtɪ] n capacité *f.*

cape [keɪp] n **1.** [of land] cap *m* **2.** [cloak] cape *f.*

capers ['keɪpəz] npl câpres *fpl.*

capital ['kæpɪtl] n **1.** [of country] capitale *f* **2.** *(U)* [money] capital *m* **3.** [letter] majuscule *f.*

capital punishment n *(U)* peine *f* capitale.

cappuccino [,kæpʊ'tʃi:nəʊ] n cappuccino *m.*

Capricorn ['kæprɪkɔ:n] n Capricorne *m.*

capsicum ['kæpsɪkəm] n **1.** [sweet] poivron *m* **2.** [hot] piment *m.*

capsize [kæp'saɪz] vi chavirer.

capsule ['kæpsju:l] n [for medicine] gélule *f.*

captain ['kæptɪn] n **1.** capitaine *m* **2.** [of plane] commandant *m.*

caption ['kæpʃn] n légende *f.*

capture ['kæptʃəʳ] vt 1. capturer 2. [town, castle] s'emparer de.
car [kɑːʳ] n voiture *f*.
carafe [kə'ræf] n carafe *f*.
car alarm n AUT alarme *f* de voiture.
caramel ['kærəmel] n caramel *m*.
carat ['kærət] n carat *m* ▸ **24-carat gold** de l'or 24 carats.
caravan ['kærəvæn] n UK caravane *f*.
caravanning ['kærəvænɪŋ] n *(U)* UK : **to go caravanning** faire du caravaning.
caravan site n UK camping *m* pour caravanes.
carbohydrates [,kɑːbəʊ'haɪdreɪt] npl [in foods] glucides *mpl*.
carbon ['kɑːbən] n *(U)* carbone *m*.
carbon copy n carbone *m*.
carbon dioxide [-daɪ'ɒksaɪd] n *(U)* gaz *m* carbonique.
carbon footprint n empreinte *f* carbone.
carbon monoxide [-mɒ'nɒksaɪd] n *(U)* oxyde *m* de carbone.
carbon neutral ◆ adj à bilan carbone neutre. ◆ n *(U)* écologique *m*.
carbon neutrality [-njuː'træləti] n neutralité *f* carbone.
carbon paper n (papier *m*) carbone *m*.
car boot sale n UK *brocante en plein air où les coffres des voitures servent d'étal.*
carburetor [,kɑːbə'retəʳ] US = **carburettor**.
carburettor [,kɑːbə'retəʳ] n UK carburateur *m*.
car crash n accident *m* de voiture OR de la route.
card [kɑːd] n 1. carte *f* 2. [for filing, notes] fiche *f* 3. *(U)* [cardboard] carton *m*.
cardboard ['kɑːdbɔːd] n *(U)* carton *m*.
car deck n pont *m* des voitures.
card game n jeu *m* de cartes.
cardiac arrest [,kɑːdɪæk-] n arrêt *m* cardiaque.
cardigan ['kɑːdɪgən] n cardigan *m*.
cardiologist [,kɑːdɪ'ɒlədʒɪst] n cardiologue *mf*.
cardphone ['kɑːdfəʊn] n UK téléphone *m* à carte.
cards npl : **to play cards** jouer aux cartes.
care [keəʳ] ◆ n *(U)* 1. [attention] soin *m* 2. [treatment] soins *mpl*. ◆ vi : **I don't care** ça m'est égal ▸ **to take care of** s'occuper de ▸ **would you care to...?** *fml* voudriez-vous... ? ▸ **to take care to do sthg** prendre soin de faire qqch ▸ **to take care not to do sthg** prendre garde de ne pas faire qqch ▸ **take care!** *expression affectueuse que l'on utilise lorsqu'on quitte quelqu'un* ▸ **with care** avec soin ▸ **to care about** a) [think important] se soucier de b) [person] aimer.
career [kə'rɪəʳ] n carrière *f*.
career-minded adj ambitieux(euse).
carefree ['keəfriː] adj insouciant(e).
careful ['keəfʊl] adj 1. [cautious] prudent(e) 2. [thorough] soigneux(euse) ▸ **be careful!** (fais) attention !
carefully ['keəflɪ] adv 1. [cautiously] prudemment 2. [thoroughly] soigneusement.
caregiver ['keəgɪvəʳ] n [professional] aide-soignant *m*, -e *f*.
care home [keəhəʊm] n ehpad *f*.
careless ['keələs] adj 1. [inattentive] négligent(e) 2. [unconcerned] insouciant(e).
carer ['keərəʳ] n [professional] aide-soignant *m*, -e *f*.

caretaker ['keə,teɪkəʳ] n UK gardien *m*, -ienne *f*.

care worker n aide-soignant *m*, -e *f*.

car ferry n ferry *m*.

cargo ['kɑːgəʊ] (*pl* **-es** OR **-s**) n cargaison *f*.

car hire n UK location *f* de voitures.

Caribbean [UK ,kærɪ'biːən, US kə'rɪbɪən] n : **the Caribbean** [area] les Caraïbes *fpl*.

caring ['keərɪŋ] adj attentionné(e).

carlot [kɑːlɒt] n US parking *m (d'un garage automobile)*.

carnation [kɑː'neɪʃn] n œillet *m*.

carnival ['kɑːnɪvl] n carnaval *m*.

carousel [,kærə'sel] n **1.** [for luggage] tapis *m* roulant **2.** US [merry-go-round] manège *m*.

carp [kɑːp] n carpe *f*.

car park n UK parking *m*.

carpenter ['kɑːpəntəʳ] n **1.** [on building site] charpentier *m* **2.** [for furniture] menuisier *m*.

carpentry ['kɑːpəntrɪ] n *(U)* **1.** [on building site] charpenterie *f* **2.** [furniture] menuiserie *f*.

carpet ['kɑːpɪt] n **1.** [fitted] moquette *f* **2.** [rug] tapis *m*.

carpool ['kɑːpuːl] n covoiturage *m*.

carport ['kɑː,pɔːt] n appentis *m* (pour voitures).

car rental n US location *f* de voitures.

carriage ['kærɪdʒ] n **1.** UK [of train] wagon *m* **2.** [horse-drawn] calèche *f*.

carriageway ['kærɪdʒweɪ] n UK chaussée *f*.

carrier (bag) ['kærɪəʳ-] n UK sac *m* (en plastique).

carrot ['kærət] n carotte *f*.

carrot cake n *gâteau à la carotte*.

carry ['kærɪ] ◆ vt **1.** porter **2.** [transport] transporter **3.** [disease] être porteur de **4.** [cash, passport, map] avoir sur soi. ◆ vi porter. ◆ **carry on** ◆ vi continuer. ◆ vt insep **1.** [continue] continuer **2.** [conduct] réaliser ▸ **to carry on doing sthg** continuer à faire qqch. ◆ **carry out** vt sep **1.** [work, repairs] effectuer **2.** [plan] réaliser **3.** [promise] tenir **4.** [order] exécuter.

carrycot ['kærɪkɒt] n UK couffin *m*.

carryout ['kærɪaʊt] n US SCOT repas *m* à emporter.

carsick ['kɑː,sɪk] adj malade (en voiture).

cart [kɑːt] n **1.** [for transport] charrette *f* **2.** US [in supermarket] caddie *m* **3.** *inf* [video game cartridge] cartouche *f*.

carton ['kɑːtn] n **1.** [of milk, juice] carton *m* **2.** [of yoghurt] pot *m*.

cartoon [kɑː'tuːn] n **1.** [drawing] dessin *m* humoristique **2.** [film] dessin *m* animé.

cartoon character n personnage *m* de bande dessinée.

cartoon strip n bande *f* dessinée.

cartridge ['kɑːtrɪdʒ] n cartouche *f*.

carve [kɑːv] vt **1.** [wood, stone] sculpter **2.** [meat] découper.

carvery ['kɑːvərɪ] n UK *restaurant où l'on mange, en aussi grande quantité que l'on veut, de la viande découpée à table.*

car wash n station *f* de lavage de voitures.

case [keɪs] n **1.** UK [suitcase] valise *f* **2.** [for glasses, camera] étui *m* **3.** [for jewellery] écrin *m* **4.** [instance, patient] cas *m* **5.** LAW [trial] affaire *f* ▸ **in any case**

de toute façon ▸ **in case** au cas où ▸ **in case of** en cas de ▸ **(just) in case** au cas où ▸ **in that case** dans ce cas.

case fatality rate n taux *m* de létalité.

case-sensitive adj : **this password is case-sensitive** le respect des majuscules et des minuscules est nécessaire pour ce mot de passe.

cash [kæʃ] ◆ n *(U)* **1.** [coins, notes] argent *m* liquide **2.** [money in general] argent *m*. ◆ vt : **to cash a cheque** encaisser un chèque ▸ **to pay cash** payer comptant OR en espèces.

cashback ['kæʃbæk] n UK [in supermarket] *espèces retirées à la caisse d'un supermarché lors d'un paiement par carte.*

cash card n carte *f* de retrait.

cash desk n caisse *f*.

cash dispenser [-ˌdɪ'spensəʳ] n UK distributeur *m* (automatique) de billets.

cashew (nut) ['kæʃuː-] n (noix *f* de) cajou *m*.

cashier [kæ'ʃɪəʳ] n caissier *m*, -ière *f*.

cashless ['kæʃlɪs] adj sans argent ▸ **cashless pay system** système *m* de paiement électronique ▸ **cashless society** société *f* de l'argent virtuel.

cash machine n UK distributeur *m* de billets.

cashmere [kæʃ'mɪəʳ] n *(U)* cachemire *m*.

cash point, cashpoint ['kæʃpɔɪnt] n UK [cash dispenser] distributeur *m* (automatique de billets), DAB *m*.

cash register n caisse *f* enregistreuse.

casino [kə'siːnəʊ] (*pl* **-s**) n casino *m*.

cask [kɑːsk] n tonneau *m*.

cask-conditioned [-ˌkən'dɪʃnd] adj *se dit de la 'real ale', dont la fermentation se fait en fûts.*

casserole ['kæsərəʊl] n [stew] ragoût *m* ▸ **casserole (dish)** cocotte *f*.

cassette [kæ'set] n cassette *f*.

cassette recorder n magnétophone *m*.

cast [kɑːst] (*pt & pp* **cast**) ◆ n **1.** [actors] distribution *f* **2.** [for broken bone] plâtre *m*. ◆ vt [shadow, light, look] jeter ▸ **to cast one's vote** voter ▸ **to cast doubt on** jeter le doute sur. ◆ **cast off** vi larguer les amarres.

caster ['kɑːstəʳ] n [wheel] roulette *f*.

caster sugar n *(U)* UK sucre *m* en poudre.

cast iron n fonte *f*. ◆ **cast-iron** adj [made of cast iron] en OR de fonte.

castle ['kɑːsl] n **1.** château *m* **2.** [in chess] tour *f*.

casual ['kæʒʊəl] adj **1.** [relaxed] désinvolte **2.** [offhand] sans-gêne *inv* **3.** [clothes] décontracté(e) ▸ **casual work** travail temporaire.

casualization, casualisation UK [ˌkæʒʊəlaɪ'zeɪʃən] n précarisation *f*.

casualty ['kæʒjʊəltɪ] n **1.** [injured] blessé *m*, -e *f* **2.** [dead] mort *m*, -e *f* ▸ **casualty (department)** UK urgences *fpl*.

cat [kæt] n chat *m*.

Catalan ['kætəˌlæn] ◆ adj catalan(e). ◆ n **1.** [person] Catalan *m*, -e *f* **2.** [language] catalan *m*.

catalog ['kætəlɒg] US = **catalogue**.

catalogue ['kætəlɒg] n catalogue *m*.

Catalonia [ˌkætə'ləʊnɪə] n Catalogne *f* ▸ **in Catalonia** en Catalogne.

Catalonian [ˌkætə'ləʊnʃən] ◆ adj catalan. ◆ n [person] catalan *m*, -e *f*.

catapult ['kætəpʌlt] n lance-pierres *m inv*.

cataract ['kætərækt] n [in eye] cataracte *f*.

catarrh [kə'tɑːʳ] n *(U)* catarrhe *m*.

catastrophe [kə'tæstrəfɪ] n catastrophe *f*.

catch [kætʃ] *(pt & pp* **caught***)* ◆ vt **1.** attraper **2.** [falling object] rattraper **3.** [surprise] surprendre **4.** [hear] saisir **5.** [attention] attirer. ◆ vi [become hooked] s'accrocher. ◆ n **1.** [of window, door] loquet *m* **2.** [snag] hic *m*. ◆ **catch up** ◆ vt sep rattraper. ◆ vi rattraper son retard ▸ **to catch up with sb** rattraper qqn.

catching ['kætʃɪŋ] adj *inf* contagieux(ieuse).

category ['kætəgərɪ] n catégorie *f*.

cater ['keɪtəʳ] ◆ **cater for** vt insep **1.** UK [needs, tastes] satisfaire **2.** [anticipate] prévoir.

caterpillar ['kætəpɪləʳ] n chenille *f*.

catfight ['kætfaɪt] n crêpage *m* de chignon.

cathedral [kə'θiːdrəl] n cathédrale *f*.

Catholic ['kæθlɪk] ◆ adj catholique. ◆ n catholique *m ou f*.

cat litter n litière *f* (pour chats).

Catseyes® ['kætsaɪz] npl UK catadioptres *mpl*.

cattle ['kætl] npl bétail *m*.

cattle grid, cattle guard US n [sur une route] *grille au sol destinée à empêcher le passage du bétail mais non celui des voitures.*

caught [kɔːt] pt & pp → **catch**.

cauldron ['kɔːldrən] n chaudron *m*.

cauliflower ['kɒlɪˌflaʊəʳ] n chou-fleur *m*.

cauliflower cheese n *(U)* chou-fleur *m* au gratin.

cause [kɔːz] ◆ n **1.** cause *f* **2.** *(U)* [justification] motif *m*. ◆ vt causer ▸ **to cause sb to make a mistake** faire faire une erreur à qqn.

causeway ['kɔːzweɪ] n chaussée *f (aménagée sur l'eau)*.

caustic soda [ˌkɔːstɪk-] n *(U)* soude *f* caustique.

caution ['kɔːʃn] n **1.** *(U)* [care] précaution *f* **2.** [warning] avertissement *m*.

cautious ['kɔːʃəs] adj prudent(e).

cave [keɪv] n caverne *f*. ◆ **cave in** vi s'effondrer.

caveat ['kævɪæt] n avertissement *m* ; LAW notification *f* d'opposition.

cave painting [keɪv-] n peinture *f* rupestre.

caviar(e) ['kævɪɑːʳ] n *(U)* caviar *m*.

cavity ['kævətɪ] n [in tooth] cavité *f*.

cayenne (pepper) [keɪ'en-] n poivre *m* de cayenne.

CD *(abbr of* **compact disc***)* n CD *m*.

CD burner n COMPUT graveur *m* de CD.

CDI *(abbr of* **compact disc interactive***)* n CD-I *m inv (Compact Disc Interactif)*.

CD player n lecteur *m* laser OR de CD.

CD-ROM [ˌsiːdiː'rɒm] n Cédérom *m*.

CDW *(abbr of* **collision damage waiver***)* n franchise *f*.

CD writer n graveur *m* de CD.

cease [siːs] vt & vi *fml* cesser.

ceasefire ['siːsˌfaɪəʳ] n cessez-le-feu *m inv*.

ceilidh ['keɪlɪ] n *bal folklorique écossais ou irlandais.*

ceiling ['siːlɪŋ] n plafond *m*.

celeb [sɪ'leb] n *inf* célébrité *f*.

celebrate ['selɪbreɪt] ◆ **vt 1.** fêter **2.** [Mass] célébrer. ◆ **vi** faire la fête.

celebration [,selɪ'breɪʃn] **n** [event] fête *f*. ◆ **celebrations npl** [festivities] cérémonies *fpl*.

celebratory [,selə'breɪtərɪ] **adj** [dinner] de fête ; [marking official occasion] commémoratif.

celebrity [sɪ'lebrətɪ] **n** [person] célébrité *f*.

celeriac [sɪ'lerɪæk] **n** *(U)* céleri-rave *m*.

celery ['selərɪ] **n** *(U)* céleri *m*.

cell [sel] **n** cellule *f*.

cellar ['selə^r] **n** cave *f*.

cello ['tʃeləʊ] **n** violoncelle *m*.

Cellophane® ['seləfeɪn] **n** *(U)* Cellophane® *f*.

cellphone, cell phone ['selfəʊn], **cellular phone** ['seljʊlə^r-] US **n** (téléphone *m*) portable *m*, (téléphone *m*) mobile *m*.

cell phone mast US **n** antenne-relais *f*.

Celsius ['selsɪəs] **adj** Celsius.

cement [sɪ'ment] **n** *(U)* ciment *m*.

cement mixer n bétonnière *f*.

cemetery ['semɪtrɪ] **n** cimetière *m*.

census ['sensəs] (*pl* **-es**) **n** recensement *m*.

cent [sent] **n** cent *m*.

centaur ['sentɔː^r] **n** centaure *m*.

centenarian [,sentɪ'neərɪən] **n & adj** centenaire.

center ['sentə^r] US = **centre**.

centered ['sentəd] **adj** US **: he's not very centered** il est un peu paumé.

center strip n US terre-plein *m* central.

centigrade ['sentɪgreɪd] **adj** centigrade.

centimeter US = **centimetre**.

centimetre ['sentɪ,miːtə^r] **n** UK centimètre *m*.

centipede ['sentɪpiːd] **n** mille-pattes *m inv*.

central ['sentrəl] **adj** central(e).

Central America n Amérique *f* centrale.

central heating n *(U)* chauffage *m* central.

centralization, centralisation UK [,sentrəlaɪ'zeɪʃn] **n** centralisation *f*.

central locking [-'lɒkɪŋ] **n** *(U)* verrouillage *m* centralisé.

central processing unit n processeur *m*, unité centrale (de traitement).

central reservation n UK terre-plein *m* central.

centre ['sentə^r] ◆ **n** UK centre *m*. ◆ **adj** UK central(e) ▸ **the centre of attention** le centre d'attention.

century ['sentʃʊrɪ] **n** siècle *m*.

CEO (*abbr of* **chief executive officer**) **n** US P-DG *m inv* (*président-directeur général*).

ceramic [sɪ'ræmɪk] **adj** en céramique. ◆ **ceramics npl** [objects] céramiques *fpl*.

cereal ['sɪərɪəl] **n** céréales *fpl*.

ceremony ['serɪmənɪ] **n** cérémonie *f*.

certain ['sɜːtn] **adj** certain(e) ▸ **we're certain to be late** nous allons être en retard, c'est sûr ▸ **to be certain of sthg** être certain de qqch ▸ **to make certain (that)** s'assurer que.

certainly ['sɜːtnlɪ] **adv 1.** [without doubt] vraiment **2.** [of course] bien sûr, certainement.

certificate [sə'tɪfɪkət] n certificat *m*.

certified check n US chèque *m* de banque.

certify ['sɜːtɪfaɪ] vt [declare true] certifier.

CFO ['siːef'əʊ] (*abbr of* **Chief Financial Officer**) n US contrôleur *m*, -euse *f* de gestion.

CGI n **1.** COMPUT (*abbr of* **common gateway interface**) CGI *f*, interface *f* commune de passerelle **2.** COMPUT (*abbr of* **computer-generated imagery**) images *fpl* créées par ordinateur.

chad [tʃæd] n US [residue from punched paper] confettis *mpl*.

chain [tʃeɪn] ◆ n **1.** chaîne *f* **2.** [of islands] chapelet *m*. ◆ vt : **to chain a bike to a lamppost** attacher un vélo à un réverbère (avec une chaîne).

chain reaction n réaction *f* en chaîne.

chain store n grand magasin *m* (*à succursales multiples*).

chair [tʃeəʳ] n **1.** chaise *f* **2.** [armchair] fauteuil *m*.

chairlift n télésiège *m*.

chairman ['tʃeəmən] (*pl* **-men**) n président *m*, -e *f*.

chairperson ['tʃeəˌpɜːsn] n président *m*, -e *f*.

chairwoman ['tʃeəˌwʊmən] (*pl* **-women**) n présidente *f*.

chalet ['ʃæleɪ] n **1.** chalet *m* **2.** [at holiday camp] bungalow *m*.

chalk [tʃɔːk] n craie *f* ▸ **a piece of chalk** une craie.

chalkboard ['tʃɔːkbɔːd] n US tableau *m* (noir).

challenge ['tʃælɪndʒ] ◆ n défi *m*. ◆ vt [question] remettre en question ▸ **to challenge sb to a fight** défier qqn à se battre.

chamber ['tʃeɪmbəʳ] n chambre *f*.

chambermaid ['tʃeɪmbəmeɪd] n femme *f* de chambre.

champagne [ˌʃæm'peɪn] n (*U*) champagne *m*.

champion ['tʃæmpjən] n champion *m*, -ionne *f*.

championship ['tʃæmpjənʃɪp] n championnat *m*.

chance [tʃɑːns] ◆ n **1.** (*U*) [luck] hasard *m* **2.** [possibility] chance *f* **3.** [opportunity] occasion *f*. ◆ vt : **to chance it** *inf* tenter le coup ▸ **to take a chance** prendre un risque ▸ **by chance** par hasard ▸ **on the off chance** à tout hasard.

Chancellor of the Exchequer [ˌtʃɑːnsələrəvðəɪks'tʃekəʳ] n UK ≃ ministre *m* des Finances.

chandelier [ˌʃændə'lɪəʳ] n lustre *m*.

change [tʃeɪndʒ] ◆ n **1.** changement *m* **2.** (*U*) [money] monnaie *f*. ◆ vt **1.** changer **2.** [switch] changer de **3.** [exchange] échanger. ◆ vi **1.** changer **2.** [change clothes] se changer ▸ **a change of clothes** des vêtements de rechange ▸ **do you have change for a pound?** avez-vous la monnaie d'une livre ? ▸ **for a change** pour changer ▸ **to get changed** se changer ▸ **to change money** changer de l'argent ▸ **to change a nappy** changer une couche ▸ **to change trains / planes** changer de train / d'avion ▸ **to change a wheel** changer une roue ▸ **all change!** [on train] tout le monde descend !

changeable ['tʃeɪndʒəbl] adj [weather] variable.

change machine n monnayeur *m*.

changing room ['ʧeɪnʤɪŋ-] **n** **1.** [for sport] vestiaire *m* **2.** UK [in shop] cabine *f* d'essayage.

channel ['ʧænl] **n** **1.** [on TV] chaîne *f* **2.** [on radio] station *f* **3.** [in sea] chenal *m* **4.** [for irrigation] canal *m* ▸ **the (English) Channel** la Manche.

channel-hopper ['ʧænlhɒpəʳ] **n** zappeur *m*, -euse *f*.

Channel Islands **npl : the Channel Islands** les îles *fpl* Anglo-Normandes.

Channel Tunnel **n : the Channel Tunnel** le tunnel sous la Manche.

chant [ʧɑːnt] **vt** **1.** RELIG chanter **2.** [words, slogan] scander.

chaos ['keɪɒs] **n** *(U)* chaos *m*.

chaotic [keɪ'ɒtɪk] **adj** chaotique.

chap [ʧæp] **n** UK *inf* type *m*.

chapat(t)i [ʧə'pætɪ] **n** galette *f* de pain indienne.

chapel ['ʧæpl] **n** chapelle *f*.

chapped [ʧæpt] **adj** gercé(e).

chapter ['ʧæptəʳ] **n** chapitre *m*.

character ['kærəktəʳ] **n** **1.** caractère *m* **2.** [in film, book, play] personnage *m* **3.** *inf* [person, individual] individu *m*.

characteristic [,kærəktə'rɪstɪk] ◆ **adj** caractéristique. ◆ **n** caractéristique *f*.

char-broil **vt** US CULIN griller au charbon de bois.

charcoal ['ʧɑːkəʊl] **n** *(U)* [for barbecue] charbon *m* de bois.

charge [ʧɑːʤ] ◆ **n** **1.** [cost] frais *mpl* **2.** LAW chef *m* d'accusation. ◆ **vt** **1.** [money, customer] faire payer **2.** LAW inculper **3.** [battery] recharger. ◆ **vi** **1.** [ask money] faire payer **2.** [rush] se précipiter ▸ **to be in charge (of)** être responsable (de) ▸ **to take charge** prendre les choses en main ▸ **to take charge of** prendre en charge ▸ **free of charge** gratuitement ▸ **extra charge** supplément *m* ▸ **there is no charge for service** le service est gratuit.

charger ['ʧɑːʤəʳ] **n** [for batteries] chargeur *m*, -euse *f*.

char(-)grilled ['ʧɑːgrɪld] **adj** grillé(e) au charbon de bois.

charity ['ʧærətɪ] **n** association *f* caritative ▸ **to give to charity** donner aux œuvres.

charity shop **n** UK *magasin aux employés bénévoles, dont les bénéfices sont versés à une œuvre.*

charm [ʧɑːm] ◆ **n** *(U)* [attractiveness] charme *m*. ◆ **vt** charmer.

charming ['ʧɑːmɪŋ] **adj** charmant(e).

charmless ['ʧɑːmlɪs] **adj** sans charme.

chart [ʧɑːt] **n** **1.** [diagram] graphique *m* **2.** [map] carte *f* ▸ **the charts** le hit-parade.

chartered accountant [,ʧɑːtəd-] **n** expert-comptable *m*.

charter flight ['ʧɑːtə-] **n** vol *m* charter.

chase [ʧeɪs] ◆ **n** poursuite *f*. ◆ **vt** poursuivre.

chat [ʧæt] ◆ **n** **1.** conversation *f* **2.** COMPUT clavardage *m* QUÉBEC, chat *m*. ◆ **vi** **1.** causer, bavarder **2.** COMPUT (t)chatter, clavarder QUÉBEC ▸ **to have a chat (with)** bavarder (avec). ◆ **chat up** **vt sep** UK *inf* baratiner.

château ['ʃætəʊ] **n** château *m*.

chatline ['ʧætlaɪn] **n** **1.** [gen] réseau *m* téléphonique (payant) **2.** [for sexual encounters] téléphone *m* rose.

chat room **n** COMPUT forum *m* de discussion.

chat show **n** UK talk-show *m*.

chatty ['ʧætɪ] adj bavard(e).

chauffeur ['ʃəʊfə^r] n chauffeur *m*.

chav ['ʧæv] n UK *inf* & *pej* racaille *f*.

cheap [ʧi:p] adj bon marché *inv*.

cheap day return n UK *billet aller-retour dans la journée, sur certains trains seulement*.

cheaply ['ʧi:plɪ] adv à bon marché.

cheat [ʧi:t] ◆ n tricheur *m*, -euse *f*. ◆ vi tricher. ◆ vt escroquer ▸ **to cheat sb out of their inheritance** escroquer l'héritage de qqn.

Chechnya ['ʧeʧnɪə] n Tchétchénie *f*.

check [ʧek] ◆ n **1.** [inspection] contrôle *m* **2.** US = **cheque 3.** US [bill] addition *f* **4.** US [tick] ≃ croix *f*. ◆ vt **1.** [inspect] contrôler **2.** [verify] vérifier. ◆ vi vérifier ▸ **to check for sthg** vérifier qqch. ◆ **check in** ◆ vt sep [luggage] enregistrer. ◆ vi **1.** [at hotel] se présenter à la réception **2.** [at airport] se présenter à l'enregistrement. ◆ **check off** vt sep cocher. ◆ **check out** vi **1.** [pay hotel bill] régler sa note **2.** [leave hotel] quitter l'hôtel. ◆ **check up** vi : **to check up on sthg** vérifier qqch ▸ **to check up on sb** se renseigner sur qqn.

checkbook US = **chequebook**.

check box n case *f* (à cocher).

check card US = **cheque card**.

checked [ʧekt] adj à carreaux.

checked luggage n bagage *m* enregistré.

checkers ['ʧekəz] n *(U)* US jeu *m* de dames.

check-in n enregistrement *m*.

check-in desk n comptoir *m* d'enregistrement.

checking account ['ʧekɪŋ-] n US compte *m* courant.

checkout ['ʧekaʊt] n caisse *f*.

checkpoint ['ʧekpɔɪnt] n poste *m* de contrôle.

checkroom ['ʧekrʊm] n US consigne *f*.

checkup ['ʧekʌp] n bilan *m* de santé.

cheddar (cheese) ['ʧedə^r-] n *(U) variété très commune de fromage de vache*.

cheek [ʧi:k] n joue *f* ▸ **what a cheek!** UK quel culot !

cheeky ['ʧi:kɪ] adj UK culotté(e).

cheep [ʧi:p] vi pépier.

cheer [ʧɪə^r] ◆ n acclamation *f*. ◆ vi applaudir et crier.

cheerful ['ʧɪəfʊl] adj gai(e).

cheerio [ˌʧɪərɪ'əʊ] excl UK *inf* salut !

cheerleader ['ʧɪəˌli:də^r] n *majorette qui stimule l'enthousiasme des supporters des équipes sportives, surtout aux États-Unis*.

cheers [ʧɪəz] excl **1.** [when drinking] à la tienne / vôtre ! **2.** UK *inf* [thank you] merci !

cheese [ʧi:z] n fromage *m* ▸ **a piece of cheese** un morceau de fromage.

cheeseboard ['ʧi:zbɔ:d] n plateau *m* de fromages.

cheeseburger ['ʧi:zˌbɜ:gə^r] n cheeseburger *m*.

cheesecake ['ʧi:zkeɪk] n *gâteau au fromage blanc*.

cheesemonger ['ʧi:zmʌŋgə^r] n fromager *m*, -ère *f*.

chef [ʃef] n chef *m* (cuisinier).

chef's special n spécialité *f* du chef.

chemical ['kemɪkl] ◆ adj chimique. ◆ n produit *m* chimique.

chemist ['kemɪst] n **1.** UK [pharmacist] pharmacien *m*, -ienne *f* **2.** [scientist] chimiste *m ou f* ▸ **chemist's** UK [shop] pharmacie *f*.

chemistry ['kemɪstrɪ] n *(U)* chimie *f*.

cheque [tʃek] n UK chèque *m* ▸ **to pay by cheque** payer par chèque.

chequebook ['tʃekbʊk] n UK chéquier *m*, carnet *m* de chèques.

cheque card n UK *carte à présenter, en guise de garantie, par le titulaire d'un compte lorsqu'il paye par chèque.*

cherry ['tʃerɪ] n cerise *f*.

chess [tʃes] n *(U)* échecs *mpl*.

chest [tʃest] n **1.** poitrine *f* **2.** [box] coffre *m*.

chestnut ['tʃesnʌt] ◆ n châtaigne *f*. ◆ adj [colour] châtain *inv*.

chest of drawers n commode *f*.

chew [tʃuː] ◆ vt mâcher. ◆ n UK [sweet] bonbon *m* mou.

chewing gum ['tʃuːɪŋ-] n *(U)* chewing-gum *m*.

chic [ʃiːk] adj chic.

chicken ['tʃɪkɪn] n poulet *m*.
◆ **chicken out** vi *inf* se dégonfler.

chicken breast n blanc *m* de poulet.

chicken Kiev [-'kiːev] n *(U) blancs de poulet farcis de beurre à l'ail et enrobés de chapelure.*

chickenpox ['tʃɪkɪnpɒks] n *(U)* varicelle *f*.

chick flick n *inf film qui cible les jeunes femmes.*

chick lit n *inf littérature populaire, en général écrite par des femmes, qui cible les jeunes femmes.*

chickpea ['tʃɪkpiː] n pois *m* chiche.

chicory ['tʃɪkərɪ] n *(U)* endive *f*.

chief [tʃiːf] ◆ adj **1.** [highest-ranking] en chef **2.** [main] principal(e). ◆ n chef *m*.

chiefly ['tʃiːflɪ] adv **1.** [mainly] principalement **2.** [especially] surtout.

chief operating officer n directeur *m* général adjoint, directrice *f* générale adjointe.

child [tʃaɪld] (*pl* **children**) n enfant *m ou f*.

child abuse n *(U)* maltraitance *f* (à enfant).

child benefit n *(U)* UK allocations *fpl* familiales.

child care n **1.** UK [administration] protection *f* de l'enfance **2.** US [day care] : **child care center** crèche *f*.

child directory n COMPUT sous-répertoire *m*.

childfree ['tʃaɪldfriː] adj US [couple, household] sans enfants.

childhood ['tʃaɪldhʊd] n enfance *f*.

childish ['tʃaɪldɪʃ] adj *pej* puéril(e).

child maintenance n pension *f* alimentaire.

childminder ['tʃaɪld,maɪndəʳ] n UK nourrice *f*.

children ['tʃɪldrən] pl → **child**.

childrenswear ['tʃɪldrənzweəʳ] n *(U)* vêtements *mpl* pour enfant.

child seat n [in car] siège *m* auto.

child support n US LAW pension *f* alimentaire.

Chile ['tʃɪlɪ] n le Chili.

Chilean ['tʃɪlɪən] ◆ adj chilien(enne). ◆ n Chilien *m*, -enne *f*.

chili US = **chilli**.

chili con carne US = **chilli con carne**.

chill [ʧɪl] ◆ n [illness] coup *m* de froid. ◆ vt mettre au frais ▸ **there's a chill in the air** il fait un peu frais. ◆ **chill out** vi *inf* décompresser ▸ **chill out!** du calme !

chilled [ʧɪld] adj frais (fraîche) ▸ **'serve chilled'** 'servir frais'.

chilli ['ʧɪlɪ] (*pl* **-ies**) n UK **1.** [vegetable] piment *m* **2.** [dish] chili *m* con carne.

chilli con carne ['ʧɪlɪkɒn'kɑːnɪ] n *(U)* UK chili *m* con carne.

chilly ['ʧɪlɪ] adj froid(e).

chimney ['ʧɪmnɪ] n cheminée *f*.

chimneypot ['ʧɪmnɪpɒt] n tuyau *m* de cheminée.

chimpanzee [,ʧɪmpən'ziː] n chimpanzé *m*.

chin [ʧɪn] n menton *m*.

china ['ʧaɪnə] n *(U)* [material] porcelaine *f*.

China ['ʧaɪnə] n la Chine.

Chinese [,ʧaɪ'niːz] ◆ adj chinois(e). ◆ n [language] chinois *m*. ◆ npl : **the Chinese** les Chinois *mpl* ▸ **a Chinese restaurant** un restaurant chinois.

chino ['ʧiːnəʊ] n [trousers] chino *m*.

chip [ʧɪp] ◆ n **1.** [small piece] éclat *m* **2.** [mark] ébréchure *f* **3.** [counter] jeton *m* **4.** COMPUT puce *f*. ◆ vt ébrécher. ◆ **chips** npl **1.** UK [French fries] frites *fpl* **2.** US [crisps] chips *fpl*.

chip-and-pin n UK paiement *m* par carte à puce.

chip shop n UK friterie *f*.

chiropodist [kɪ'rɒpədɪst] n pédicure *m ou f*.

chisel ['ʧɪzl] n ciseau *m*.

chives [ʧaɪvz] npl ciboulette *f*.

chlorine ['klɔːriːn] n *(U)* chlore *m*.

chocaholic n = **chocoholic**.

choc-ice ['ʧɒkaɪs] n UK Esquimau® *m*.

chocoholic ['ʧɒkə,hɒlɪk] n *inf* accro *mf* au chocolat.

chocolate ['ʧɒkələt] ◆ n chocolat *m*. ◆ adj au chocolat ▸ **a bar of chocolate** une barre de chocolat.

chocolate biscuit n UK biscuit *m* au chocolat.

choice [ʧɔɪs] ◆ n choix *m*. ◆ adj [meat, ingredients] de choix ▸ **the topping of your choice** la garniture de votre choix.

choir ['kwaɪə^r] n chœur *m*.

choke [ʧəʊk] ◆ n AUT starter *m*. ◆ vt **1.** [strangle] étrangler **2.** [block] boucher. ◆ vi s'étrangler.

choker ['ʧəʊkə^r] n [necklace] collier *m* (court).

cholera ['kɒlərə] n *(U)* choléra *m*.

choose [ʧuːz] (*pt* **chose**, *pp* **chosen**) vt & vi choisir ▸ **to choose to do sthg** choisir de faire qqch.

chop [ʧɒp] ◆ n [of meat] côtelette *f*. ◆ vt couper. ◆ **chop down** vt sep abattre. ◆ **chop up** vt sep couper en morceaux.

chopper ['ʧɒpə^r] n *inf* [helicopter] hélico *m*.

chopping board ['ʧɒpɪŋ-] n UK planche *f* à découper.

choppy ['ʧɒpɪ] adj agité(e).

chopsticks ['ʧɒpstɪks] npl baguettes *fpl*.

chop suey [,ʧɒp'suːɪ] n *(U)* chop suey *m (émincé de porc ou de poulet avec riz, légumes et germes de soja)*.

chord [kɔːd] n accord *m*.

chore [ʧɔː^r] n corvée *f* ▸ **household chores** tâches ménagères.

chorus ['kɔːrəs] **n 1.** [part of song] refrain *m* **2.** [singers] troupe *f.*

chose [tʃəʊz] **pt** → **choose.**

chosen ['tʃəʊzn] **pp** → **choose.**

choux pastry [ʃuː-] **n** pâte *f* à choux.

chowder ['tʃaʊdəʳ] **n** *soupe de poisson ou de fruits de mer.*

chow mein [ˌtʃaʊ'meɪn] **n** *(U)* chow mein *m (nouilles frites avec légumes, viande ou fruits de mer).*

Christ [kraɪst] **n** le Christ.

christen ['krɪsn] **vt** [baby] baptiser.

christening ['krɪsnɪŋ] **n** baptême *m.*

Christian ['krɪstʃən] ◆ **adj** chrétien(ienne). ◆ **n** chrétien *m,* -ienne *f.*

Christian name **n** prénom *m.*

Christmas ['krɪsməs] **n** Noël *m* ▸ **Happy Christmas!** joyeux Noël !

Christmas card **n** carte *f* de vœux.

Christmas carol [-'kærəl] **n** chant *m* de Noël.

Christmas Day **n** le jour de Noël.

Christmas Eve **n** la veille de Noël.

Christmas pudding **n** *pudding traditionnel de Noël.*

Christmas tree **n** sapin *m* de Noël.

chrome [krəʊm] **n** *(U)* chrome *m.*

chubby ['tʃʌbɪ] **adj** [person, hands] potelé(e).

chuck [tʃʌk] **vt** *inf* **1.** [throw] balancer **2.** UK [boyfriend, girlfriend] plaquer. ◆ **chuck away** **vt sep** *inf* balancer.

chunk [tʃʌŋk] **n** gros morceau *m.*

church [tʃɜːtʃ] **n** église *f* ▸ **to go to church** aller à l'église.

churchyard ['tʃɜːtʃjɑːd] **n** cimetière *m.*

chute [ʃuːt] **n** toboggan *m.*

chutney ['tʃʌtnɪ] **n** chutney *m.*

CIA (*abbr of* Central Intelligence Agency) **n** CIA *f.*

cider ['saɪdəʳ] **n** cidre *m.*

cigar [sɪ'gɑːʳ] **n** cigare *m.*

cigarette [ˌsɪgə'ret] **n** cigarette *f.*

cigarette lighter **n** briquet *m.*

cinema ['sɪnəmə] **n** cinéma *m.*

cinnamon ['sɪnəmən] **n** *(U)* cannelle *f.*

circle ['sɜːkl] ◆ **n 1.** cercle *m* **2.** [in theatre] balcon *m.* ◆ **vt 1.** [draw circle around] encercler **2.** [move round] tourner autour de. ◆ **vi** [plane] tourner en rond.

circuit ['sɜːkɪt] **n 1.** [track] circuit *m* **2.** [lap] tour *m.*

circular ['sɜːkjʊləʳ] ◆ **adj** circulaire. ◆ **n** circulaire *f.*

circulation [ˌsɜːkjʊ'leɪʃn] **n 1.** *(U)* [of blood] circulation *f* **2.** [of newspaper, magazine] tirage *m.*

circumcised ['sɜːkəmsaɪzd] **adj** circoncis(e).

circumstances ['sɜːkəmstənsɪz] **npl** circonstances *fpl* ▸ **in** OR **under the circumstances** étant donné les circonstances.

circus ['sɜːkəs] **n** cirque *m.*

cistern ['sɪstən] **n** [of toilet] réservoir *m.*

citadel ['sɪtədəl] **n** citadelle *f.*

citizen ['sɪtɪzn] **n 1.** [of country] citoyen *m,* -enne *f* **2.** [of town] habitant *m,* -e *f.*

city ['sɪtɪ] **n** ville *f* ▸ **the City** UK la City.

city centre **n** UK centre-ville *m.*

city council **n** US conseil *m* municipal.

city hall **n** US mairie *f.*

civic ['sɪvɪk] **adj** [leader, event] municipal(e) ; [duty, pride] civique.

civil ['sɪvl] **adj 1.** [public] civil(e) **2.** [polite] courtois(e), poli(e).

civilian [sɪ'vɪljən] **n** civil *m*, -e *f*.

civilization, civilisation UK [,sɪvəlaɪ'zeɪʃn] **n** civilisation *f*.

civilized, civilised UK ['sɪvəlaɪzd] **adj** civilisé(e).

civil partner n conjoint *m*, -e *f* (par union civile).

civil partnership n *loi britannique qui garantit aux couples homosexuels les mêmes droits qu'aux couples mariés en matière de succession, de retraite, et pour les questions de garde et d'éducation des enfants.*

civil rights [,sɪvl-] **npl** droits *mpl* civiques.

civil servant [,sɪvl-] **n** fonctionnaire *m ou f*.

civil service [,sɪvl-] **n** fonction *f* publique.

civil union n union *f* civile.

civil war [,sɪvl-] **n** guerre *f* civile.

cl (*abbr of* **centilitre**) cl (*centilitre*).

claim [kleɪm] ◆ **n 1.** [assertion] affirmation *f* **2.** [demand] revendication *f* **3.** [for insurance] demande *f* d'indemnité. ◆ **vt 1.** [allege] prétendre **2.** [benefit, responsibility] revendiquer. ◆ **vi** [on insurance] faire une demande d'indemnité.

claimant ['kleɪmənt] **n** [of benefit] demandeur *m*, -euse *f*.

claim form n formulaire *m* de déclaration de sinistre.

clam [klæm] **n** palourde *f*.

clamp [klæmp] ◆ **n** UK [for car] sabot *m* de Denver. ◆ **vt** UK [car] poser un sabot (de Denver) à.

clap [klæp] **vi** applaudir.

claret ['klærət] **n** bordeaux *m* rouge.

clarify ['klærɪfaɪ] **vt** [explain] éclaircir, clarifier.

clarinet [,klærə'net] **n** clarinette *f*.

clash [klæʃ] ◆ **n 1.** [noise] fracas *m* **2.** [confrontation] affrontement *m*. ◆ **vi 1.** [colours] jurer **2.** [events, dates] tomber en même temps.

clasp [klɑːsp] ◆ **n** [fastener] fermoir *m*. ◆ **vt** serrer.

class [klɑːs] ◆ **n 1.** classe *f* **2.** [teaching period] cours *m*. ◆ **vt : to class cocaine as a hard drug** classer la cocaïne comme drogue dure.

classic ['klæsɪk] ◆ **adj** classique. ◆ **n** classique *m*.

classical ['klæsɪkl] **adj** classique.

classical music n *(U)* musique *f* classique.

classification [,klæsɪfɪ'keɪʃn] **n 1.** *(U)* classification *f* **2.** [category] catégorie *f*.

classified ads [,klæsɪfaɪd-] **npl** petites annonces *fpl*.

classmate ['klɑːsmeɪt] **n** camarade *mf* de classe.

classroom ['klɑːsrʊm] **n** salle *f* de classe.

clause [klɔːz] **n** [in document] clause *f*.

claustrophobic [,klɔːstrə'fəʊbɪk] **adj 1.** [person] claustrophobe **2.** [place] étouffant(e).

claw [klɔː] **n 1.** [of bird, cat, dog] griffe *f* **2.** [of crab, lobster] pince *f*.

clay [kleɪ] **n** *(U)* argile *f*.

clean [kliːn] ◆ **vt 1.** [gen] nettoyer **2.** [teeth] **: to clean one's teeth** se laver les dents. ◆ **adj 1.** propre **2.** [unused] vierge ▸ **I have a clean driving licence** je n'ai jamais eu de contraventions graves. ◆ **clean up vt sep** [clear up] nettoyer.

clean-burning adj [fuel] *brûlant sans résidu de combustible.*

cleaner ['kliːnəʳ] **n 1.** [woman] femme *f* de ménage **2.** [man] agent *m* d'entretien **3.** [substance] produit *m* d'entretien.

cleanse [klenz] **vt** nettoyer.

cleanser ['klenzəʳ] **n 1.** [for skin] démaquillant *m* **2.** [detergent] détergent *m*.

clear [klɪəʳ] ◆ **adj 1.** clair(e) **2.** [glass] transparent(e) **3.** [easy to see] net (nette) **4.** [easy to hear] distinct(e) **5.** [road, path] dégagé(e). ◆ **vt 1.** [road, path] dégager **2.** [jump over] franchir **3.** [declare not guilty] innocenter **4.** [authorize] autoriser **5.** [cheque] compenser. ◆ **vi** [weather, fog] se lever ▸ **to be clear (about sthg)** être sûr (de qqch) ▸ **to clear one's throat** s'éclaircir la voix ▸ **to clear the table** débarrasser la table ▸ **clear soup** bouillon *m*. ◆ **clear up** ◆ **vt sep 1.** [room, toys] ranger **2.** [problem, confusion] éclaircir. ◆ **vi 1.** [weather] s'éclaircir **2.** [tidy up] ranger.

clearance ['klɪərəns] **n** *(U)* **1.** [authorization] autorisation *f* **2.** [free distance] espace *m* **3.** [for takeoff] autorisation de décollage.

clearance sale n soldes *mpl*.

cleared cheque n UK chèque *m* compensé.

clearing ['klɪərɪŋ] **n** clairière *f*.

clearly ['klɪəlɪ] **adv 1.** clairement **2.** [obviously] manifestement.

clearway ['klɪəweɪ] **n** UK route *f* à stationnement interdit.

clementine ['kleməntaɪn] **n** clémentine *f*.

clerk [UK klɑːk, US klɜːrk] **n 1.** [in office] employé *m*, -e *f* (de bureau) **2.** US [in shop] vendeur *m*, -euse *f*.

clever ['klevəʳ] **adj 1.** [intelligent] intelligent(e) **2.** [skilful] adroit(e) **3.** [idea, device] ingénieux(ieuse).

click [klɪk] ◆ **n** déclic *m*. ◆ **vi** faire un déclic.

clickable ['klɪkəbl] **adj** cliquable.

click-through adj : click-through licence OR **agreement** contrat *m* de licence en ligne ▸ **click-through rate** taux *m* de clics.

client ['klaɪənt] **n** client *m*, -e *f*.

cliff [klɪf] **n** falaise *f*.

climate ['klaɪmɪt] **n** climat *m*.

climate action n action *f* pour le climat.

climate change n changement *m* climatique.

climate control n US AUT climatiseur *m*.

climate crisis n crise *f* climatique.

climatologist [ˌklaɪmə'tɒlədʒɪst] **n** climatologue *mf*.

climax ['klaɪmæks] **n** apogée *m*.

climb [klaɪm] ◆ **vt 1.** [steps] monter **2.** [hill] grimper **3.** [tree, ladder] grimper à. ◆ **vi 1.** grimper **2.** [plane] prendre de l'altitude. ◆ **climb down** ◆ **vt insep** descendre de. ◆ **vi** descendre. ◆ **climb up vt insep 1.** [steps] monter **2.** [hill] grimper **3.** [tree, ladder] grimper à.

climber ['klaɪməʳ] **n 1.** [mountaineer] alpiniste *m ou f* **2.** [rock climber] varappeur *m*, -euse *f*.

climbing ['klaɪmɪŋ] **n 1.** [mountaineering] alpinisme *m* **2.** [rock climbing] varappe *f* ▸ **to go climbing a)** [mountaineering] faire de l'alpinisme **b)** [rock climbing] faire de la varappe.

climbing frame n UK cage *f* à poules.

clingfilm ['klɪŋfɪlm] n *(U)* UK film *m* alimentaire.

clinic ['klɪnɪk] n clinique *f*.

clip [klɪp] ◆ n **1.** [fastener] pince *f* **2.** [for paper] trombone *m* **3.** [of film, programme] extrait *m*. ◆ vt **1.** [fasten] attacher **2.** [cut] couper.

cloak [kləʊk] n cape *f*.

cloakroom ['kləʊkrʊm] n **1.** [for coats] vestiaire *m* **2.** UK [toilet] toilettes *fpl*.

clock [klɒk] n **1.** [small] pendule *f* **2.** [large] horloge *f* **3.** [mileometer] compteur *m* ▸ **round the clock** 24 heures sur 24.

clockface ['klɒkfeɪs] n cadran *m*.

clockwise ['klɒkwaɪz] adv dans le sens des aiguilles d'une montre.

clog [klɒg] ◆ n sabot *m*. ◆ vt boucher.

close[1] [kləʊs] ◆ adj **1.** proche **2.** [contact, link] étroit(e) **3.** [examination] approfondi(e) **4.** [race, contest] serré(e). ◆ adv près ▸ **close by** tout près ▸ **close to a)** [near] près de **b)** [on the verge of] au bord de.

close[2] [kləʊz] ◆ vt fermer. ◆ vi **1.** [door, eyes] se fermer **2.** [shop, office] fermer **3.** [deadline, offer, meeting] prendre fin. ◆ **close down** vt sep & vi fermer.

closed [kləʊzd] adj fermé(e).

closely ['kləʊslɪ] adv **1.** [related] étroitement **2.** [follow, examine] de près.

closet ['klɒzɪt] n US placard *m*.

close-up ['kləʊs-] n gros plan *m*.

closing-down sale UK, **closing-out sale** US n liquidation *f*.

closing time ['kləʊzɪŋ-] n *(U)* heure *f* de fermeture.

clot [klɒt] n [of blood] caillot *m*.

cloth [klɒθ] n **1.** *(U)* [fabric] tissu *m* **2.** [piece of cloth] chiffon *m*.

clothes [kləʊðz] npl vêtements *mpl*.

clothesline ['kləʊðzlaɪn] n corde *f* à linge.

clothes peg n UK pince *f* à linge.

clothespin ['kləʊðzpɪn] US = **clothes peg**.

clothes rack n US portant *m* à vêtements.

clothes shop n UK magasin *m* de vêtements.

clothing ['kləʊðɪŋ] n *(U)* vêtements *mpl*.

clotted cream [,klɒtɪd-] n *(U) crème fraîche très épaisse, typique du sud-ouest de l'Angleterre.*

cloud [klaʊd] n nuage *m*.

cloudy ['klaʊdɪ] adj **1.** nuageux(euse) **2.** [liquid] trouble.

clove [kləʊv] n [of garlic] gousse *f*. ◆ **cloves** npl [spice] clous *mpl* de girofle.

clown [klaʊn] n clown *m*.

club [klʌb] n **1.** [organization] club *m* **2.** [nightclub] boîte *f* (de nuit) **3.** [stick] massue *f*. ◆ **clubs** npl [in cards] trèfle *m*.

clubbing ['klʌbɪŋ] n *(U)* **: to go clubbing** *inf* aller en boîte.

club class n *(U)* classe *f* club.

club sandwich n *sandwich à deux ou plusieurs étages.*

club soda n US eau *f* de Seltz.

clue [kluː] n **1.** [information] indice *m* **2.** [in crossword] définition *f* ▸ **I haven't got a clue!** aucune idée !

clumsy ['klʌmzɪ] **adj** [person] maladroit(e).
clunky ['klʌŋkɪ] **adj 1.** [shoes] gros (grosse) **2.** [furniture] encombrant(e).
clutch [klʌtʃ] ◆ **n** embrayage *m.* ◆ **vt** agripper.
cluttered ['klʌtəd] **adj** encombré(e).
cluster ['klʌstəʳ] **n** foyer *m* de contagion ou épidémique, cluster *m.*
cm (*abbr of* centimetre) cm *(centimètre).*
c/o (*abbr of* care of) a/s *(aux soins de).*
Co. (*abbr of* company) Cie *(compagnie).*
coach [kəʊtʃ] **n 1.** UK [bus] car *m*, autocar *m* **2.** UK [of train] voiture *f* **3.** SPORT entraîneur *m*, -euse *f.*
coach party n UK groupe *m* d'excursionnistes en car.
coach station n UK gare *f* routière.
coach trip n UK excursion *f* en car.
coal [kəʊl] **n** *(U)* charbon *m.*
coal mine n mine *f* de charbon.
coarse [kɔːs] **adj** grossier(ière).
coast [kəʊst] **n** côte *f.*
coaster ['kəʊstəʳ] **n** [for glass] dessous *m* de verre.
coastguard ['kəʊstgɑːd] **n 1.** [person] garde-côte *m* **2.** [organization] gendarmerie *f* maritime.
coastline ['kəʊstlaɪn] **n** littoral *m.*
coat [kəʊt] ◆ **n 1.** manteau *m* **2.** [of animal] pelage *m.* ◆ **vt : to coat sthg (with)** recouvrir qqch (de).
-coated [kəʊtɪd] **adj** *(in compounds)* **1.** plaqué(e) **2.** [plastic] plastifié(e).
coat hanger n cintre *m.*
coating ['kəʊtɪŋ] **n 1.** [on surface] couche *f* **2.** [on food] enrobage *m.*
cobbled street ['kɒbld-] **n** rue *f* pavée.
cobbles ['kɒblz] **npl** pavés *mpl.*
cobweb ['kɒbweb] **n** toile *f* d'araignée.
Coca-Cola® [,kəʊkə'kəʊlə] **n** Coca-Cola® *m inv.*
cocaine [kəʊ'keɪn] **n** *(U)* cocaïne *f.*
cock [kɒk] **n** [male chicken] coq *m.*
cock-a-doodle-doo [,kɒkəduːdl'duː] **n** cocorico.
cock-a-leekie [,kɒkə'liːkɪ] **n** *potage typiquement écossais aux poireaux et au poulet.*
cockerel ['kɒkrəl] **n** jeune coq *m.*
cockles ['kɒklz] **npl** coques *fpl.*
Cockney ['kɒknɪ] (*pl* Cockneys) **n** [person] Cockney *mf (personne issue des quartiers populaires de l'est de Londres).*
cockpit ['kɒkpɪt] **n** cockpit *m.*
cockroach ['kɒkrəʊtʃ] **n** cafard *m.*
cocktail ['kɒkteɪl] **n** cocktail *m.*
cocktail party n cocktail *m.*
cock-up n UK *inf* **: to make a cock-up of sthg** faire foirer qqch.
cocoa ['kəʊkəʊ] **n** [drink] cacao *m.*
coconut ['kəʊkənʌt] **n** noix *f* de coco.
cod [kɒd] (*pl inv*) **n** *(U)* morue *f.*
code [kəʊd] **n 1.** code *m* **2.** [dialling code] indicatif *m.*
cod-liver oil n *(U)* huile *f* de foie de morue.
coeducational [,kəʊedjuː'keɪʃənl] **adj** mixte.
coeliac UK**, celiac** US ['siːlɪæk] **adj** cœliaque.
coffee ['kɒfɪ] **n** café *m* ▸ **black / white coffee** café noir / au lait ▸ **ground / instant coffee** café moulu / soluble ▸ **a cup of coffee** une tasse de café ▸ **two coffees, please** deux café, s'il-vous-plait.
coffee bar n cafétéria *f.*

coffee break n pause-café *f.*

coffee maker n cafetière *f* électrique.

coffeepot ['kɒfɪpɒt] n cafetière *f.*

coffee shop n **1.** [cafe] café *m* **2.** [in store, etc.] cafétéria *f.*

coffee table n table *f* basse.

coffin ['kɒfɪn] n cercueil *m.*

cog(wheel) ['kɒg(wi:l)] n roue *f* dentée.

coherence [kəʊ'hɪərəns] n **1.** [cohesion] adhérence *f* **2.** [logical consistency] cohérence *f.*

co-host ◆ n coprésentateur *m*, -trice *f.* ◆ vt coprésenter.

coil [kɔɪl] ◆ n **1.** [of rope] rouleau *m* **2.** UK [contraceptive] stérilet *m.* ◆ vt enrouler.

coin [kɔɪn] n pièce *f* (de monnaie).

coinbox ['kɔɪnbɒks] n UK cabine *f* (téléphonique) à pièces.

coincide [ˌkəʊɪn'saɪd] vi **: to coincide (with)** coïncider (avec).

coincidence [kəʊ'ɪnsɪdəns] n coïncidence *f.*

Coke® [kəʊk] n Coca® *m inv.*

cokehead ['kəʊkhed] n *inf* **: to be a cokehead** être accro à la coke.

colander ['kʌləndəʳ] n passoire *f.*

cold [kəʊld] ◆ adj froid(e). ◆ n **1.** [illness] rhume *m (U)* **2.** [low temperature] froid *m* ▸ **to be cold** [person] avoir froid ▸ **to get cold** [food, water, weather] se refroidir ▸ **to catch (a) cold** attraper un rhume.

cold cuts US = **cold meats.**

cold meats npl viandes *fpl* froides.

cold turkey n **: to go cold turkey** **a)** [stop taking drugs] arrêter de se droguer d'un seul coup **b)** [suffer withdrawal symptoms] être en manque.

coleslaw ['kəʊlslɔː] n *(U) salade de chou et de carottes râpés à la mayonnaise.*

colic ['kɒlɪk] n *(U)* colique *f.*

collaborate [kə'læbəreɪt] vi collaborer.

collapse [kə'læps] vi s'effondrer.

collar ['kɒləʳ] n **1.** [of shirt, coat] col *m* **2.** [of dog, cat] collier *m.*

collarbone ['kɒləbəʊn] n clavicule *f.*

colleague ['kɒliːg] n collègue *m ou f.*

collect [kə'lekt] ◆ vt **1.** [gather] ramasser **2.** [information] recueillir **3.** [as a hobby] collectionner **4.** [go and get] aller chercher **5.** [money] collecter. ◆ vi [dust, leaves, crowd] s'amasser. ◆ adv US **: to call (sb) collect** appeler (qqn) en PCV.

collection [kə'lekʃn] n **1.** [of stamps, coins] collection *f* **2.** [of stories, poems] recueil *m* **3.** [of money] collecte *f* **4.** [of mail] levée *f.*

collector [kə'lektəʳ] n [as a hobby] collectionneur *m*, -euse *f.*

college ['kɒlɪdʒ] n **1.** [school] école *f* d'enseignement supérieur **2.** UK [of university] *organisation indépendante d'étudiants et de professeurs au sein d'une université* **3.** US [university] université *f.*

> ⚠ Collège is a is a false friend, it refers to a ***secondary school*** for 11-16 year olds, not to "university".

collide [kə'laɪd] vi **: to collide (with)** entrer en collision (avec).

collision [kə'lɪʒn] n collision *f.*

cologne [kə'ləʊn] n eau *f* de Cologne.

Colombia [kə'lɒmbɪə] n Colombie *f.*

Colombian [kə'lɒmbɪən] ◆ adj colombien(enne). ◆ n Colombien *m*, -enne *f*.

colon ['kəʊlən] n GRAM deux-points *m*.

colonel ['kɜːnl] n colonel *m*.

colony ['kɒlənɪ] n colonie *f*.

color ['kʌlər] US = **colour**.

colorful US = **colourful**.

coloring US = **colouring**.

colour ['kʌlə^r] UK ◆ n couleur *f*. ◆ adj [photograph, film] en couleur. ◆ vt [hair, food] colorer. ◆ **colour in** vt sep colorier.

colour-blind adj UK daltonien (ienne).

colourful ['kʌləfʊl] adj UK coloré(e).

colouring ['kʌlərɪŋ] n UK **1.** [of food] colorant *m* **2.** *(U)* [complexion] teint *m*.

colouring book n UK album *m* de coloriages.

colour supplement n UK supplément *m* en couleur.

colour television n UK télévision *f* couleur.

column ['kɒləm] n **1.** colonne *f* **2.** [newspaper article] rubrique *f*.

column break n saut *m* (de colonne).

coma ['kəʊmə] n coma *m*.

comb [kəʊm] ◆ n peigne *m*. ◆ vt : **to comb one's hair** se peigner.

combats ['kɒmbæts], **combat trousers** [,kɒmbæt'traʊzəz] npl pantalon *m* treillis.

combination [,kɒmbɪ'neɪʃn] n combinaison *f*.

combine [kəm'baɪn] vt : **to combine sthg (with)** combiner qqch (avec).

combine harvester ['kɒmbaɪn-'hɑːvɪstə^r] n moissonneuse-batteuse *f*.

come [kʌm] (*pt* **came**, *pp* **come**) ◆ vi **1.** [move] venir ▸ **we came by taxi** nous sommes venus en taxi ▸ **come and see!** venez voir ! ▸ **come here!** viens ici ! **2.** [arrive] arriver ▸ **they still haven't come** ils ne sont toujours pas arrivés ▸ **to come home** rentrer chez soi ▸ **'coming soon'** 'prochainement' **3.** [in order] : **to come first a)** [in sequence] venir en premier **b)** [in competition] se classer premier ▸ **to come last a)** [in sequence] venir en dernier **b)** [in competition] se classer dernier **4.** [reach] : **to come down to** arriver à ▸ **to come up to** arriver à **5.** [become] : **to come undone** se défaire ▸ **to come true** se réaliser **6.** [be sold] être vendu ▸ **they come in packs of six** ils sont vendus par paquets de six

◆ **come across** vt insep tomber sur.

◆ **come along** vi [progress] avancer ; [arrive] arriver ▸ **come along!** allez !

◆ **come apart** vi tomber en morceaux.

◆ **come around** vi [visit] passer ; US [regain consciousness] reprendre connaissance.

◆ **come back** vi revenir.

◆ **come down** vi [price] baisser.

◆ **come down with** vt insep [illness] attraper.

◆ **come from** vt insep venir de.

◆ **come in** vi [enter] entrer ; [arrive] arriver ; [tide] monter ▸ **come in!** entrez !

◆ **come off** vi [button, top] tomber ; [succeed] réussir.

◆ **come on** vi [progress] progresser ▸ **come on!** allez !

◆ **come out** vi sortir ; [stain] partir ; [sun, moon] paraître.

◆ **come over** vi [visit] venir (en visite).

→

◆ **come round** vi UK [visit] passer ; [regain consciousness] reprendre connaissance.

◆ **come to** vt insep [subj: bill] s'élever à.

◆ **come up** vi [go upstairs] monter ; [be mentioned] être soulevé ; [happen, arise] se présenter ; [sun, moon] se lever.

◆ **come up with** vt insep [idea] avoir.

comedian [kə'miːdjən] n comique *m ou f*.

comedy ['kɒmədɪ] n **1.** [TV programme, film, play] comédie *f* **2.** *(U)* [humour] humour *m*.

comfort ['kʌmfət] ◆ n *(U)* **1.** confort *m* **2.** [consolation] réconfort *m*. ◆ vt réconforter.

comfortable ['kʌmftəbl] adj **1.** [chair, shoes, hotel] confortable **2.** [person] à l'aise ▸ **to be comfortable** [after operation, illness] aller bien.

comforter ['kʌmfətə'] n US [duvet] couette *f*.

comfort zone n : **to stay within one's comfort zone** rester en terrain connu ▸ **to step out of one's comfort zone** prendre des risques.

comic ['kɒmɪk] ◆ adj comique. ◆ n **1.** [person] comique *m ou f* **2.** [magazine] bande *f* dessinée.

comical ['kɒmɪkl] adj comique.

comic book n magazine *m* de bandes dessinées.

comic strip n bande *f* dessinée.

coming out n [of homosexual] coming-out *m*.

comma ['kɒmə] n virgule *f*.

command [kə'maːnd] ◆ n **1.** [order] ordre *m* **2.** *(U)* [mastery] maîtrise *f*. ◆ vt **1.** [order] commander à **2.** [be in charge of] commander.

commander [kə'maːndə'] n **1.** [army officer] commandant *m* **2.** UK [in navy] capitaine *m* de frégate.

commemorate [kə'meməreɪt] vt commémorer.

commence [kə'mens] vi *fml* débuter.

comment ['kɒment] ◆ n commentaire *m*. ◆ vi faire des commentaires.

commentary ['kɒməntrɪ] n [on TV, radio] commentaire *m*.

commentator ['kɒmənteɪtə'] n [on TV, radio] commentateur *m*, -trice *f*.

commerce ['kɒmɜːs] n *(U)* commerce *m*.

commercial [kə'mɜːʃl] ◆ adj commercial(e). ◆ n publicité *f*.

commercial break n page *f* de publicité.

commercial-use adj à usage commercial.

commission [kə'mɪʃn] n commission *f*.

commit [kə'mɪt] vt [crime, sin] commettre ▸ **to commit o.s. (to doing sthg)** s'engager (à faire qqch) ▸ **to commit suicide** se suicider.

commitment [kə'mɪtmənt] n **1.** *(U)* [dedication] engagement *m* **2.** [responsibility] obligation *f*.

committee [kə'mɪtɪ] n comité *m*.

commodity [kə'mɒdətɪ] n marchandise *f*.

common ['kɒmən] ◆ adj commun(e). ◆ n UK [land] terrain *m* communal ▸ **in common** [shared] en commun.

common gateway interface n COMPUT interface *f* commune de passerelle.

commonly ['kɒmənlɪ] adv [generally] communément.

Common Market n : **the Common Market** le Marché commun.

commonplace ['kɒmənpleɪs] adj banal(e), ordinaire.

common room n **1.** [for students] salle *f* commune **2.** [for teachers] salle *f* des professeurs.

common sense n *(U)* bon sens *m*.

Commonwealth ['kɒmənwelθ] n : **the Commonwealth** le Commonwealth.

> **ⓘ Commonwealth Games**
>
> Les Commonwealth Games désignent un événement sportif international qui a lieu tous les 4 ans et qui réunit des athlètes du Commonwealth, une association de 54 pays, anciennes colonies ou protectorats britanniques pour la plupart. Ces jeux comportent de nombreux sports olympiques ainsi que des sports spécifiques aux pays du Commonwealth, tels que le badminton, le rugby sevens ou le netball. Contrairement à ce qui passe aux Jeux olympiques, les athlètes du Royaume-Uni ne participent pas tous sous le même drapeau, le Pays de Galles, l'Écosse, l'Angleterre et l'Irlande du Nord étant représentés par des équipes distinctes.

communal ['kɒmjʊnl] adj [bathroom, kitchen] commun(e).

communicate [kə'mjuːnɪkeɪt] vi : **to communicate (with)** communiquer (avec).

communication [kə,mjuːnɪ'keɪʃn] n *(U)* communication *f*.

communication cord n UK sonnette *f* d'alarme.

communist ['kɒmjʊnɪst] n communiste *m ou f*.

community [kə'mjuːnətɪ] n communauté *f*.

community center US = **community centre**.

community centre n UK ≃ foyer *m* municipal.

commute [kə'mjuːt] vi *faire chaque jour la navette entre son domicile et son travail.*

commuter [kə'mjuːtə^r] n *personne qui fait tous les jours la navette de banlieue en ville pour se rendre à son travail.*

comorbidity [kə'mɔːbɪdətɪ] n comorbité *f*.

compact ◆ adj [kəm'pækt] compact(e). ◆ n ['kɒmpækt] **1.** [for make-up] poudrier *m* **2.** US [car] petite voiture *f*.

compact disc [,kɒmpækt-] n Compact Disc® *m*, compact *m*.

compact disc player n lecteur *m* CD.

company ['kʌmpənɪ] n **1.** [business] société *f* *(U)* **2.** [companionship] compagnie *f* **3.** *(U)* [guests] visite *f* ▸ **to keep sb company** tenir compagnie à qqn.

company car n voiture *f* de fonction.

comparable ['kɒmprəbl] adj : **comparable (to** OR **with)** comparable (à).

comparatively [kəm'pærətɪvlɪ] adv [relatively] relativement.

compare [kəm'peə^r] vt : **to compare sthg (with)** comparer qqch (à OR avec) ▸ **compared with** par rapport à.

comparison [kəm'pærɪsn] n comparaison *f* ▸ **in comparison with** par rapport à.

compartment [kəm'pɑːtmənt] n compartiment *m*.

compass ['kʌmpəs] n [magnetic] boussole *f* ▸ **(a pair of) compasses** un compas.

compatibility [kəm,pætə'bɪlətɪ] **n** compatibilité *f.*

compatible [kəm'pætəbl] **adj** compatible.

compensate ['kɒmpenseɪt] ◆ **vt** compenser. ◆ **vi : to compensate (for sthg)** compenser (qqch) ▸ **to compensate sb for the damage** dédommager qqn du préjudice subi.

compensation [,kɒmpen'seɪʃn] **n** *(U)* [money] dédommagement *m.*

compete [kəm'pi:t] **vi : to compete in** participer à ▸ **to compete with ten other teams for the cup** rivaliser avec dix autres équipes pour remporter la coupe.

competent ['kɒmpɪtənt] **adj** compétent(e).

competition [,kɒmpɪ'tɪʃn] **n 1.** compétition *f* **2.** [contest] concours *m* **3.** *(U)* [between firms] concurrence *f* ▸ **the competition** [rivals] la concurrence.

competitive [kəm'petətɪv] **adj 1.** [price] compétitif(ive) **2.** [person] qui a l'esprit de compétition.

competitor [kəm'petɪtə^r] **n** concurrent *m*, -e *f.*

complain [kəm'pleɪn] **vi : to complain (about)** se plaindre (de).

complaint [kəm'pleɪnt] **n 1.** [statement] plainte *f* **2.** [in shop] réclamation *f* **3.** [illness] maladie *f.*

complement ['kɒmplɪ,ment] **vt** compléter.

complete [kəm'pli:t] ◆ **adj 1.** complet(ète) **2.** [finished] achevé(e). ◆ **vt 1.** [finish] achever **2.** [a form] remplir **3.** [make whole] compléter ▸ **complete with** équipé(e) de.

completely [kəm'pli:tlɪ] **adv** complètement.

complex ['kɒmpleks] ◆ **adj** complexe. ◆ **n** [buildings, mental] complexe *m.*

complexion [kəm'plekʃn] **n** [of skin] teint *m.*

compliance [kəm'plaɪəns] **n : compliance (with)** conformité *f* (à).

complicated ['kɒmplɪkeɪtɪd] **adj** compliqué(e).

compliment ◆ **n** ['kɒmplɪmənt] compliment *m.* ◆ **vt** ['kɒmplɪment] **1.** [on dress] faire des compliments à **2.** [on attitude] féliciter.

complimentary [,kɒmplɪ'mentərɪ] **adj 1.** [seat, ticket] gratuit(e) **2.** [words, person] élogieux(ieuse).

comply [kəm'plaɪ] **vi : to comply with** se conformer à.

component [kəm'pəʊnənt] **n** composant *m.*

compose [kəm'pəʊz] **vt 1.** composer **2.** [letter] écrire ▸ **to be composed of** se composer de.

composed [kəm'pəʊzd] **adj** calme.

composer [kəm'pəʊzə^r] **n** compositeur *m*, -trice *f.*

composition [,kɒmpə'zɪʃn] **n** [essay] composition *f.*

compound ['kɒmpaʊnd] **n** composé *m.*

comprehend [,kɒmprɪ'hend] **vt** [understand] comprendre.

comprehensive [,kɒmprɪ'hensɪv] **adj 1.** complet(ète) **2.** [insurance] tous risques.

comprehensive (school) **n** UK *établissement public d'enseignement secondaire.*

compress [kəm'pres] **vt** compresser.

compressed air [kəm'prest-] **n** *(U)* air *m* comprimé.

compression [kəm'preʃn] **n** compression *f*.

comprise [kəm'praɪz] **vt** comprendre.

compromise ['kɒmprəmaɪz] **n** compromis *m*.

compulsory [kəm'pʌlsərɪ] **adj** obligatoire.

computer [kəm'pju:təʳ] **n** ordinateur *m*.

computer-aided learning **n** enseignement *m* assisté par ordinateur.

computer game **n** jeu *m* électronique.

computer-generated [-'dʒenəreɪtɪd] **adj** créé(e) par ordinateur.

computerized [kəm'pju:təraɪzd] **adj** informatisé(e).

computer-literate **adj** qui a des compétences en informatique.

computer operator **n** opérateur *m*, -trice *f* de saisie.

computer programmer [-'prəʊgræməʳ] **n** programmeur *m*, -euse *f*.

computer scientist **n** informaticien *m*, -enne *f*.

computer virus **n** virus *m* informatique.

computing [kəm'pju:tɪŋ] **n** *(U)* informatique *f*.

con [kɒn] **n** *inf* [trick] arnaque *f*.

conceal [kən'si:l] **vt** dissimuler.

concealer [kən'si:ləʳ] **n** correcteur *m* *(pour imperfections)*.

concede [kən'si:d] ◆ **vt** concéder. ◆ **vi** céder.

conceited [kən'si:tɪd] **adj** *pej* suffisant(e).

conceive [kən'si:v] **vt** concevoir.

concentrate ['kɒnsəntreɪt] ◆ **vi** se concentrer. ◆ **vt : to be concentrated** [in one place] être concentré ▸ **to concentrate on sthg** se concentrer sur qqch.

concentrated ['kɒnsəntreɪtɪd] **adj** [juice, soup, baby food] concentré(e).

concentration [ˌkɒnsən'treɪʃn] **n** concentration *f*.

concern [kən'sɜ:n] ◆ **vt** 1. [be about] traiter de 2. [worry] inquiéter 3. [involve] concerner. ◆ **n** 1. [worry] inquiétude *f* 2. [interest] intérêt *m* 3. COMM affaire *f* ▸ **it's no concern of yours** ça ne te regarde pas ▸ **to be concerned about** s'inquiéter pour ▸ **to be concerned with** [be about] traiter de ▸ **to concern o.s. with sthg** se préoccuper de qqch ▸ **as far as I'm concerned** en ce qui me concerne.

concerned [kən'sɜ:nd] **adj** [worried] inquiet(iète).

concerning [kən'sɜ:nɪŋ] **prep** concernant.

concert ['kɒnsət] **n** concert *m*.

concession [kən'seʃn] **n** [reduced price] tarif *m* réduit.

concise [kən'saɪs] **adj** concis(e).

conclude [kən'klu:d] ◆ **vt** *fml* conclure. ◆ **vi** *fml* [end] se conclure.

conclusion [kən'klu:ʒn] **n** conclusion *f*.

concrete ['kɒŋkri:t] ◆ **adj** 1. [building] en béton 2. [path] cimenté(e) 3. [idea, plan] concret(ète). ◆ **n** béton *m*.

concussion [kən'kʌʃn] **n** commotion *f* cérébrale.

condensation [ˌkɒnden'seɪʃn] **n** *(U)* condensation *f*.

condensed milk [kən'denst-] **n** *(U)* lait *m* condensé.

condescension [ˌkɒndɪ'senʃn] **n** condescendance *f*.

condition [kən'dɪʃn] **n 1.** [state] état *m* **2.** [proviso] condition *f* **3.** [illness] maladie *f* ▸ **to be out of condition** ne pas être en forme ▸ **on condition that** à condition que *(+ subjunctive)*. ◆ **conditions** **npl** [circumstances] conditions *fpl* ▸ **driving conditions** conditions atmosphériques.

conditioner [kən'dɪʃnəʳ] **n 1.** [for hair] après-shampo(o)ing *m inv* **2.** [for clothes] assouplissant *m*.

condo ['kɒndəʊ] US *inf* = **condominium**.

condolence [kən'dəʊləns] **n** condoléance *f*.

condom ['kɒndəm] **n** préservatif *m*.

condominium [ˌkɒndə'mɪnɪəm] **n** US **1.** [flat] appartement *m* dans un immeuble en copropriété **2.** [block of flats] immeuble *m* en copropriété.

conduct ◆ **vt** [kən'dʌkt] **1.** [investigation, business] mener **2.** MUS diriger. ◆ **n** ['kɒndʌkt] *(U) fml* [behaviour] conduite *f* ▸ **to conduct o.s.** *fml* se conduire.

conductivity [ˌkɒndʌk'tɪvətɪ] **n** conductivité *f*.

conductor [kən'dʌktəʳ] **n 1.** MUS chef *m* d'orchestre **2.** [on bus] receveur *m*, -euse *f* **3.** US [on train] chef *m* de train.

cone [kəʊn] **n 1.** [shape] cône *m* **2.** [for ice cream] cornet *m (biscuit)* **3.** UK [on roads] cône de signalisation.

cone-shaped [-ʃeɪpt] **adj** en forme de cône, conique.

confectioner's [kən'fekʃnəz] **n** [shop] confiserie *f*.

confectionery [kən'fekʃnərɪ] **n** *(U)* confiserie *f*.

Confederate [kən'fedərət] ◆ **n** sudiste *mf (pendant la guerre de Sécession américaine)*. ◆ **adj : the Confederate flag** *drapeau des sudistes américains, considéré aujourd'hui comme un symbole raciste* ▸ **the Confederate States** les États *mpl* confédérés *(pendant la guerre de Sécession américaine)*. ◆ **Confederates** **npl : the Confederates** les Confédérés.

conference ['kɒnfərəns] **n** conférence *f*.

confess [kən'fes] **vi : to confess (to)** avouer.

confession [kən'feʃn] **n 1.** [admission] aveu *m* **2.** RELIG confession *f*.

confidence ['kɒnfɪdəns] **n** *(U)* **1.** [self-assurance] confiance *f* en soi, assurance *f* **2.** [trust] confiance ▸ **to have confidence in** avoir confiance en.

confidence-building **adj** [exercise, activity] *qui vise à stimuler la confiance en soi*.

confident ['kɒnfɪdənt] **adj 1.** [self-assured] sûr(e) de soi **2.** [certain] certain(e).

confidentiality agreement **n** accord *m* de confidentialité.

configuration [kənˌfɪgə'reɪʃn] **n** configuration *f*.

configure [kən'fɪgə] **vt** configurer.

confined [kən'faɪnd] **adj** [space] réduit(e).

confirm [kən'fɜːm] **vt** confirmer.

confirmation [ˌkɒnfə'meɪʃn] **n** confirmation *f*.

confiscate ['kɒnfɪskeɪt] **vt** confisquer.

conflict ◆ **n** ['kɒnflɪkt] conflit *m*. ◆ **vi** [kən'flɪkt] **: to conflict (with)** être en contradiction (avec).

conform [kən'fɔːm] **vi** se plier à la règle ▸ **to conform to** se conformer à.

confuse [kən'fjuːz] **vt** [person] dérouter ▸ **to confuse kindness with weakness** confondre la gentillesse avec la faiblesse.

confused [kən'fjuːzd] **adj 1.** [person] dérouté(e) **2.** [situation] confus(e).

confusing [kən'fjuːzɪŋ] **adj** déroutant(e).

confusion [kən'fjuːʒn] **n** *(U)* confusion *f*.

congested [kən'dʒestɪd] **adj** [street] encombré(e).

congestion [kən'dʒestʃn] **n** *(U)* [traffic] encombrements *mpl*.

congestion charge n UK taxe *f* anti-embouteillages.

congestion zone n UK *zone du centre et autour du centre de Londres où la circulation est payante.*

congrats [kən'græts] **excl** *inf* bravo !

congratulate [kən'grætʃʊleɪt] **vt** féliciter ▸ **to congratulate the team on its success** féliciter l'équipe de son succès.

congratulations [kən,grætʃʊ'leɪʃənz] **excl** félicitations !

congregate ['kɒŋgrɪgeɪt] **vi** se rassembler.

Congress ['kɒŋgres] **n** US le Congrès.

ⓘ Congress

Parlement américain siégeant au Capitole de Washington, créé en 1789 par l'article 1 de la Constitution. Le Congrès est composé du Sénat (cent représentants, avec deux sénateurs par État, qui ratifient les traités, corroborent les décisions du Président et peuvent destituer ce dernier par la procédure de l'**impeachment**) et de la Chambre des représentants (435 membres, répartis parmi les États en fonction de leur population, qui votent les lois du budget de l'État fédéral). Toute nouvelle loi doit être approuvée par les deux chambres puisqu'elles ont un pouvoir égal en matière de législation.

congressman ['kɒŋgresmən] (*pl* **-men**) **n** US POL membre *m* du Congrès.

congresswoman ['kɒŋgres,wʊmən] (*pl* **-women**) **n** US POL membre *m* (féminin) du Congrès.

conifer ['kɒnɪfəʳ] **n** conifère *m*.

conjoined twins [kən'dʒɔɪnd-] **npl** jumeaux *mpl* conjoints OR siamois.

conjugate ◆ **vt** ['kɒndʒʊgeɪt] conjuguer. ◆ **vi** se conjuguer.

conjugation [,kɒndʒʊ'geɪʃn] **n** GRAM conjugaison *f*.

conjunction [kən'dʒʌŋkʃn] **n** GRAM conjonction *f*.

conjurer ['kʌndʒərəʳ] **n** prestidigitateur *m*, -trice *f*.

connect [kə'nekt] ◆ **vt 1.** relier **2.** [telephone, machine] brancher **3.** [caller on phone] mettre en communication. ◆ **vi : to connect with** [train, plane] assurer la correspondance avec ▸ **to connect one event with another** [associate] associer un événement à un autre.

connecting flight [kə'nektɪŋ-] **n** correspondance *f*.

connection [kə'nekʃn] **n 1.** [link] rapport *m* **2.** [train, plane] correspondance *f* **3.** COMPUT branchement *m*, connexion *f* ▸ **it's a bad connection** [on phone] la communication est mauvaise ▸ **a loose connection** [in machine] un faux contact ▸ **in connection with** au sujet de.

connectivity [ˌkɒnek'tɪvɪtɪ] **n** connectivité *f*.

conquer ['kɒŋkəʳ] **vt** [country] conquérir.

conscience ['kɒnʃəns] **n** conscience *f*.

conscientious [ˌkɒnʃɪ'enʃəs] **adj** consciencieux(ieuse).

conscious ['kɒnʃəs] **adj** **1.** [awake] conscient(e) **2.** [deliberate] délibéré(e) ▸ **to be conscious of** [aware] être conscient de.

consecrated ['kɒnsɪkreɪtɪd] **adj** RELIG consacré(e).

consent [kən'sent] **n** accord *m*.

consequence ['kɒnsɪkwəns] **n** [result] conséquence *f*.

consequently ['kɒnsɪkwəntlɪ] **adv** par conséquent.

conservation [ˌkɒnsə'veɪʃn] **n** *(U)* protection *f* de l'environnement.

conservative [kən'sɜːvətɪv] **adj** conservateur(trice). ◆ **Conservative** ◆ **adj** conservateur(trice). ◆ **n** conservateur *m*, -trice *f*.

conservatory [kən'sɜːvətrɪ] **n** [of house] véranda *f*.

consider [kən'sɪdəʳ] **vt** **1.** [think about] étudier **2.** [take into account] tenir compte de **3.** [judge] considérer ▸ **to consider doing sthg** envisager de faire qqch.

considerable [kən'sɪdrəbl] **adj** considérable.

considerably [kən'sɪdrəblɪ] **adv** considérablement.

consideration [kənˌsɪdə'reɪʃn] **n** **1.** *(U)* [careful thought] attention *f* **2.** [factor] considération *f* ▸ **to take sthg into consideration** tenir compte de qqch.

considering [kən'sɪdərɪŋ] **prep** étant donné.

consignor [kən'saɪnəʳ] **n** expéditeur *m*, -trice *f*.

consist [kən'sɪst] ◆ **consist in** **vt insep** consister en ▸ **to consist in doing sthg** consister à faire qqch. ◆ **consist of** **vt insep** se composer de.

consistent [kən'sɪstənt] **adj** **1.** [coherent] cohérent(e) **2.** [worker, performance] régulier(ière).

consolation [ˌkɒnsə'leɪʃn] **n** consolation *f*.

console ['kɒnsəʊl] **n** console *f*.

consonant ['kɒnsənənt] **n** consonne *f*.

conspicuous [kən'spɪkjʊəs] **adj** qui attire l'attention.

constable ['kʌnstəbl] **n** UK agent *m* de police.

constant ['kɒnstənt] **adj** constant(e).

constantly ['kɒnstəntlɪ] **adv** constamment.

constipated ['kɒnstɪpeɪtɪd] **adj** constipé(e).

constitution [ˌkɒnstɪ'tjuːʃn] **n** constitution *f*.

constriction [kən'strɪkʃn] **n** [in chest, throat] constriction *f*.

construct [kən'strʌkt] **vt** construire.

construction [kən'strʌkʃn] **n** construction *f* ▸ **under construction** en construction.

consul ['kɒnsəl] **n** consul *m*.

consulate ['kɒnsjʊlət] **n** consulat *m*.

consult [kən'sʌlt] **vt** consulter.

consultant [kən'sʌltənt] **n** UK [doctor] spécialiste *m ou f*.

consumable hardware **n** consommable *m*.

consume [kən'sjuːm] **vt** consommer.

consumer [kən'sjuːməʳ] **n** consommateur *m*, -trice *f*.

cont. *abbr of* **continued**.

contact ['kɒntækt] ◆ **n** contact *m*. ◆ **vt** contacter ▸ **in contact with** en contact avec.

contact case **n** cas *m* contact.

contact lens **n** verre *m* de contact, lentille *f*.

contagious [kən'teɪdʒəs] **adj** contagieux(ieuse).

contagiousness [kən'teɪdʒəsnɪs] **n** contagion *f*.

contain [kən'teɪn] **vt** contenir.

container [kən'teɪnəʳ] **n** [box, etc.] récipient *m*.

contaminate [kən'tæmɪneɪt] **vt** contaminer.

cont'd *written abbr of* **continued**.

contemporary [kən'tempərərɪ] ◆ **adj** contemporain(e). ◆ **n** contemporain *m*, -e *f*.

contempt [kən'tempt] **n** [scorn] **: contempt (for)** mépris *m* (pour).

contend [kən'tend] ◆ **contend with** **vt insep** faire face à.

content ◆ **adj** [kən'tent] satisfait(e). ◆ **n** ['kɒntent] [of vitamins, fibre, etc.] teneur *f*. ◆ **contents** **npl** **1.** [things inside] contenu *m* **2.** [at beginning of book] table *f* des matières.

contest ◆ **n** ['kɒntest] **1.** [competition] concours *m* **2.** [struggle] lutte *f*. ◆ **vt** [kən'test] **1.** [election, match] disputer **2.** [decision, will] contester.

context ['kɒntekst] **n** contexte *m*.

context-dependent **adj : to be context-dependent** dépendre du contexte.

continent ['kɒntɪnənt] **n** continent *m* ▸ **the Continent** UK l'Europe *f* continentale.

continental [,kɒntɪ'nentl] **adj** UK [European] d'Europe continentale.

continental breakfast **n** petit déjeuner *m* à la française.

continental quilt **n** UK couette *f*.

continual [kən'tɪnjʊəl] **adj** continuel(elle).

continually [kən'tɪnjʊəlɪ] **adv** continuellement.

continue [kən'tɪnjuː] ◆ **vt** **1.** continuer **2.** [start again] poursuivre, reprendre. ◆ **vi** **1.** continuer **2.** [start again] poursuivre, reprendre ▸ **to continue doing sthg** continuer à faire qqch ▸ **to continue with sthg** poursuivre qqch.

continuing [kən'tɪnjuːɪŋ] **adj** continu(e).

continuous [kən'tɪnjʊəs] **adj** **1.** [uninterrupted] continuel(elle) **2.** [unbroken] continu(e).

continuously [kən'tɪnjʊəslɪ] **adv** continuellement.

contraception [,kɒntrə'sepʃn] **n** *(U)* contraception *f*.

contraceptive [,kɒntrə'septɪv] **n** contraceptif *m*.

contract ◆ **n** ['kɒntrækt] contrat *m*. ◆ **vt** [kən'trækt] *fml* [illness] contracter.

contractor [kən'træktəʳ] **n** entrepreneur *m*.

contradict [,kɒntrə'dɪkt] **vt** contredire.

contraflow ['kɒntrəfləʊ] **n** UK *système temporaire de circulation à contre-sens sur une autoroute.*

contrary ['kɒntrərɪ] **n : on the contrary** au contraire.

contrast ◆ n ['kɒntrɑːst] contraste *m*. ◆ vt [kən'trɑːst] mettre en contraste ▸ **in contrast to** par contraste avec.

contribute [kən'trɪbjuːt] ◆ vt [help, money] apporter. ◆ **vi : to contribute to** contribuer à.

contribution [,kɒntrɪ'bjuːʃn] n contribution *f*.

contributor [kən'trɪbjutəʳ] n **1.** [of money] donateur *m*, -trice *f* **2.** [to magazine, newspaper] collaborateur *m*, -trice *f*.

control [kən'trəʊl] ◆ n **1.** *(U)* [power] contrôle *m* **2.** *(U)* [over emotions] maîtrise *f* de soi **3.** [operating device] bouton *m* de réglage. ◆ vt contrôler ▸ **to be in control** contrôler la situation ▸ **out of control** impossible à maîtriser ▸ **everything's under control** tout va bien ▸ **to keep under control** [dog, child] tenir. ◆ **controls** npl **1.** [of TV, video] télécommande *f* **2.** [of plane] commandes *fpl*.

control tower n tour *f* de contrôle.

controversial [,kɒntrə'vɜːʃl] adj controversé(e).

convenience [kən'viːnjəns] n *(U)* commodité *f* ▸ **at your convenience** quand cela vous conviendra.

convenience store n US *petit supermarché de quartier*.

convenient [kən'viːnjənt] adj **1.** [suitable] commode **2.** [well-situated] bien situé(e) ▸ **would two thirty be convenient?** est-ce que 14 h 30 vous conviendrait ?

convent ['kɒnvənt] n couvent *m*.

conventional [kən'venʃənl] adj conventionnel(elle).

conversation [,kɒnvə'seɪʃn] n conversation *f*.

conversely [kən'vɜːslɪ] adv *fml* inversement.

conversion [kən'vɜːʃn] n **1.** [change] transformation *f* **2.** [of currency] conversion *f* **3.** [to building] aménagement *m*.

convert [kən'vɜːt] vt **1.** [change] transformer **2.** [currency, person] convertir ▸ **to convert sthg into** transformer qqch en.

converted [kən'vɜːtɪd] adj [barn, loft] aménagé(e).

convertible [kən'vɜːtəbl] n (voiture) décapotable *f*.

convey [kən'veɪ] vt **1.** *fml* [transport] transporter **2.** [idea, impression] transmettre.

convict ◆ n ['kɒnvɪkt] détenu *m*, -e *f*. ◆ vt [kən'vɪkt] **: to convict sb (of)** déclarer qqn coupable (de).

convince [kən'vɪns] vt convaincre, persuader ▸ **to convince sb of one's innocence** convaincre OR persuader qqn que qqch est vrai ▸ **to convince sb to do sthg** convaincre OR persuader qqn de faire qqch.

convoy ['kɒnvɔɪ] n convoi *m*.

COO n *abbr of* **chief operating officer**.

cook [kʊk] ◆ n cuisinier *m*, -ière *f*. ◆ vt **1.** [meal] préparer **2.** [food] cuire. ◆ vi **1.** [person] faire la cuisine, cuisiner **2.** [food] cuire.

cookbook ['kʊk,bʊk] = **cookery book**.

cooker ['kʊkəʳ] n UK cuisinière *f*.

cookery ['kʊkərɪ] n *(U)* cuisine *f*.

cookery book n UK livre *m* de cuisine.

cookie ['kʊkɪ] n **1.** US biscuit *m* **2.** COMPUT cookie *m*, mouchard *m*.

cooking ['kʊkɪŋ] n *(U)* cuisine *f*.

cooking apple n pomme *f* à cuire.

cooking oil n huile *f* (alimentaire).

cool [ku:l] ◆ **adj 1.** [temperature] frais (fraîche) **2.** [calm] calme **3.** [unfriendly] froid(e) **4.** *inf* [great] génial(e). ◆ **vt** refroidir. ◆ **cool down vi 1.** [food, liquid] refroidir **2.** [after exercise] se rafraîchir **3.** [become calmer] se calmer.

cooler n US glacière *f*.

cooperate [kəʊ'ɒpəreɪt] **vi** coopérer.

cooperation [kəʊ,ɒpə'reɪʃn] **n** *(U)* coopération *f*.

cooperative [kəʊ'ɒpərətɪv] **adj** coopératif(ive).

coordinates [kəʊ'ɔ:dɪnəts] **npl** coordonnés *mpl*.

cop [kɒp] n *inf* flic *m*.

co-parenting n coparentalité *f*.

cope [kəʊp] **vi** se débrouiller ▸ **to cope with a)** [problem] faire face à **b)** [situation] se sortir de.

copilot ['kəʊ,paɪlət] n copilote *m*.

copper ['kɒpəʳ] n **1.** *(U)* [metal] cuivre *m* **2.** UK *inf* [coins] petite monnaie *f*.

copy ['kɒpɪ] ◆ n **1.** copie *f* **2.** [of newspaper, book] exemplaire *m*. ◆ **vt 1.** copier **2.** [photocopy] photocopier.

copy and paste n copier-coller *m inv*.

copy-editing n préparation *f* de copie.

copyright ['kɒpɪraɪt] n copyright *m*, droit *m* d'auteur.

cord(uroy) ['kɔ:d(ərɔɪ)] n *(U)* velours *m* côtelé.

core [kɔ:ʳ] n [of fruit] trognon *m*.

coriander [,kɒrɪ'ændəʳ] n *(U)* UK coriandre *f*.

cork [kɔ:k] n [in bottle] bouchon *m*.

corkscrew ['kɔ:kskru:] n tire-bouchon *m*.

corn [kɔ:n] n **1.** *(U)* UK [crop] céréales *fpl* **2.** *(U)* US [maize] maïs *m* **3.** [on foot] cor *m*.

corn bread n pain *m* à la farine de maïs.

corn dog n US *saucisse enrobée de pâte à la farine de maïs et frite à l'huile.*

corned beef [,kɔ:nd-] n *(U)* corned-beef *m inv*.

corner ['kɔ:nəʳ] n **1.** coin *m* **2.** [bend in road] virage *m* **3.** [in football] corner *m* ▸ **it's just around the corner** c'est tout près.

corner shop n UK magasin *m* de quartier.

cornet ['kɔ:nɪt] n UK [ice-cream cone] cornet *m (biscuit)*.

cornfed ['kɔ:nfed] **adj** US *inf* rustre.

cornflakes ['kɔ:nfleɪks] **npl** corn flakes *mpl*.

corn-on-the-cob n épi *m* de maïs.

corn rows npl coiffure *f* tressée à l'africaine.

Cornwall ['kɔ:nwɔ:l] n Cornouailles *f*.

coronavirus [kə'rəʊnəvaɪrəs] n coronavirus *m*.

corporal ['kɔ:pərəl] n caporal *m*.

corporate ['kɔ:pərət] **adj** [business] de société.

corpse [kɔ:ps] n cadavre *m*, corps *m*.

correct [kə'rekt] ◆ **adj 1.** [accurate] correct(e), exact(e) **2.** [most suitable] bon (bonne). ◆ **vt** corriger.

correction [kə'rekʃn] n correction *f*.

correspond [,kɒrɪ'spɒnd] **vi : to correspond (to)** [match] correspondre (à) ▸ **to correspond (with)** [exchange letters] correspondre (avec).

correspondence [ˌkɒrɪ'spɒndəns] n : **correspondence (with)** correspondance *f* (avec).

corresponding [ˌkɒrɪ'spɒndɪŋ] adj correspondant(e).

corridor ['kɒrɪdɔːʳ] n couloir *m*.

corrugated iron ['kɒrəgeɪtɪd-] n *(U)* tôle *f* ondulée.

corrupt [kə'rʌpt] adj **1.** [dishonest] corrompu(e) **2.** [morally wicked] dépravé(e).

Corsica ['kɔːsɪkə] n Corse *f*.

cosmetics [kɒz'metɪks] npl produits *mpl* de beauté.

cost [kɒst] (*pt & pp* **cost**) ◆ n coût *m*. ◆ vt coûter ▸ **how much does it cost?** combien est-ce que ça coûte ?

Costa Rica [ˌkɒstə'riːkə] n Costa Rica *m*.

Costa Rican [ˌkɒstə'riːkən] ◆ adj costaricien(enne). ◆ n Costaricien *m*, -enne *f*.

costly ['kɒstlɪ] adj [expensive] coûteux(euse).

cost of living n coût *m* de la vie.

costume ['kɒstjuːm] n costume *m*.

cosy UK, **cozy** US ['kəʊzɪ] adj **1.** [room, house] douillet(ette) **2.** [atmosphere] chaleureux(euse).

cot [kɒt] n **1.** UK [for baby] lit *m* d'enfant **2.** US [camp bed] lit *m* de camp.

cottage ['kɒtɪdʒ] n petite maison *f* (à la campagne).

cottage cheese n *(U) fromage frais granuleux*.

cottage pie n UK hachis *m* Parmentier.

cotton ['kɒtn] ◆ adj en coton. ◆ n *(U)* **1.** [cloth] coton *m* **2.** [thread] fil *m* de coton.

cotton candy n *(U)* US barbe *f* à papa.

cotton wool n *(U)* UK coton *m* (hydrophile).

couch [kaʊtʃ] n **1.** canapé *m* **2.** [at doctor's] lit *m*.

couchette [kuː'ʃet] n couchette *f*.

cough [kɒf] ◆ n toux *f*. ◆ vi tousser ▸ **to have a cough** tousser.

cough mixture n UK sirop *m* pour la toux.

cough syrup n = **cough mixture**.

could [kʊd] pt → **can**.

couldn't ['kʊdnt] → **could not**.

could've ['kʊdəv] → **could have**.

council ['kaʊnsl] n **1.** conseil *m* **2.** [of town] ≃ conseil municipal **3.** [of county] ≃ conseil régional.

council estate n UK quartier *m* de logements sociaux.

council house n UK ≃ HLM *m inv* ou *f inv*.

councillor ['kaʊnsələʳ] n UK **1.** [of town] ≃ conseiller *m* municipal, conseillère municipale **2.** [of county] ≃ conseiller *m* régional, conseillère régionale.

councilor US = **councillor**.

council tax n UK ≃ impôts *mpl* locaux.

count [kaʊnt] ◆ vt & vi compter. ◆ n [nobleman] comte *m*. ◆ **count on** vt insep **1.** [rely on] compter sur **2.** [expect] s'attendre à.

counter ['kaʊntəʳ] n **1.** [in shop] comptoir *m* **2.** [in bank] guichet *m* **3.** [in board game] pion *m*.

counterclockwise [ˌkaʊntə'klɒkwaɪz] adv US dans le sens inverse des aiguilles d'une montre.

counterfeit ['kaʊntəfɪt] ◆ adj faux (fausse). ◆ n contrefaçon *f*.

counterfoil ['kaʊntəfɔɪl] n talon *m*.

counterintuitive [,kaʊntərɪn'tju:ɪtɪv] adj qui va contre l'intuition.

counterproposal ['kaʊntəprə,pəʊzl] n contre-proposition *f*.

countess ['kaʊntɪs] n comtesse *f*.

country ['kʌntrɪ] ◆ n **1.** pays *m* **2.** [countryside] campagne *f*. ◆ adj **1.** [pub] de campagne **2.** [people] de la campagne.

country and western n *(U)* musique *f* country.

country folk ['kʌntrɪfəʊk] npl gens *mpl* de la campagne.

country house n manoir *m*.

country road n route *f* de campagne.

countryside ['kʌntrɪsaɪd] n *(U)* campagne *f*.

county ['kaʊntɪ] n comté *m*.

couple ['kʌpl] n couple *m* ▸ **a couple (of) a)** [two] deux **b)** [a few] deux ou trois.

coupon ['ku:pɒn] n coupon *m*.

courage ['kʌrɪdʒ] n *(U)* courage *m*.

courgette [kɔ:'ʒet] n UK courgette *f*.

courier ['kʊrɪəʳ] n **1.** [for holidaymakers] accompagnateur *m*, -trice *f* **2.** [for delivering letters] coursier *m*, -ière *f*.

course [kɔ:s] n **1.** [of meal] plat *m* **2.** [at college, of classes] cours *mpl* **3.** [of injections] série *f* **4.** [of river] cours *m* **5.** [of ship, plane] route *f* **6.** [for golf] terrain *m* ▸ **a course of treatment** un traitement ▸ **of course** bien sûr ▸ **of course not** bien sûr que non ▸ **in the course of** au cours de.

course in the classroom n cours *m* en présentiel.

court [kɔ:t] n **1.** LAW [building, room] tribunal *m* **2.** [for tennis] court *m* **3.** [for basketball, badminton] terrain *m* **4.** [for squash] salle *f* **5.** [of king, queen] cour *f*.

courteous ['kɜ:tjəs] adj courtois(e), poli(e).

courtesy bus ['kɜ:tɪsɪ-] n navette *f* gratuite.

courtesy car n voiture *f* de courtoisie *(voiture mise gratuitement à la disposition du client)*.

courtesy coach ['kɜ:tɪsɪ-] n navette *f* gratuite.

courtroom ['kɔ:trʊm] n salle *f* de tribunal.

court shoes npl UK escarpins *mpl*.

courtyard ['kɔ:tjɑ:d] n cour *f*.

cousin ['kʌzn] n cousin *m*, -e *f*.

cover ['kʌvəʳ] ◆ n **1.** [for furniture, car] housse *f* **2.** [lid] couvercle *m* **3.** [of magazine, blanket, insurance] couverture *f*. ◆ vt couvrir ▸ **to be covered in** être couvert de ▸ **to cover the body with a blanket** recouvrir le corps d'une couverture ▸ **to take cover** s'abriter. ◆ **cover up** vt sep **1.** [put cover on] couvrir **2.** [facts, truth] cacher.

cover charge n couvert *m*.

covered ['kʌvəd] adj couvert(e).

cover note n UK attestation *f* provisoire d'assurance.

COVID-19, covid-19 [,kəʊvɪdnaɪn'ti:n] n COVID-19, Covid-19.

cow [kaʊ] n [animal] vache *f*.

coward ['kaʊəd] n lâche *m ou f*.

cowboy ['kaʊbɔɪ] n cow-boy *m*.

coz TEXTING *written abbr of* **because**.

cozy US = **cosy**.

CPU *(abbr of* central processing unit*)* *abbr of* **central processing unit**.

crab [kræb] n crabe *m*.

crack [kræk] ◆ n **1.** [in cup, glass] fêlure *f* **2.** [in wood, wall] fissure *f* **3.** [gap] fente *f*. ◆ vt **1.** [cup, glass] fêler **2.** [wood, wall] fissurer **3.** [nut, egg] casser **4.** *inf* [joke] faire **5.** [whip] faire claquer. ◆ vi **1.** [cup, glass] se fêler **2.** [wood, wall] se fissurer.

cracker ['krækəʳ] n **1.** [biscuit] biscuit *m* salé **2.** UK [for Christmas] *papillote contenant un pétard et une surprise, traditionnelle au moment des fêtes.*

cradle ['kreɪdl] n berceau *m*.

craft [krɑːft] n **1.** [skill] art *m* **2.** [trade] artisanat *m* **3.** [boat: pl inv] embarcation *f*.

craftsman ['krɑːftsmən] (*pl* **-men**) n artisan *m*.

craftsmanship ['krɑːftsmənʃɪp] n *(U)* [skill] dextérité *f*, art *m*.

cram [kræm] vt : **to cram sthg into** entasser qqch dans ▸ **to be crammed with** être bourré de.

cramp [kræmp] n *(U)* crampe *f* ▸ **stomach cramps** crampes d'estomac.

cranberry ['krænbərɪ] n airelle *f*.

cranberry sauce n *(U)* sauce *f* aux airelles.

crane [kreɪn] n [machine] grue *f*.

crap [kræp] ◆ adj *vulg* de merde, merdique. ◆ n *vulg* merde *f* ▸ **to have a crap** chier.

crash [kræʃ] ◆ n **1.** [accident] accident *m* **2.** COMPUT plantage *m* **3.** [noise] fracas *m*. ◆ vi **1.** [plane] s'écraser **2.** [car] avoir un accident **3.** COMPUT planter. ◆ vt : **to crash one's car** avoir un accident de voiture. ◆ **crash into** vt insep rentrer dans.

crash course n cours *m* intensif.

crash helmet n casque *m*.

crash landing n atterrissage *m* forcé.

crate [kreɪt] n cageot *m*.

crawl [krɔːl] ◆ vi **1.** [baby, person] marcher à quatre pattes **2.** [insect] ramper **3.** [traffic] avancer au pas. ◆ n [swimming stroke] crawl *m*.

crawler lane ['krɔːləʳ-] n UK file *f* pour véhicules lents.

crayfish ['kreɪfɪʃ] (*pl inv*) n écrevisse *f*.

crayon ['kreɪɒn] n crayon *m* de couleur.

craze [kreɪz] n mode *f*.

crazy ['kreɪzɪ] adj fou (folle) ▸ **to be crazy about** être fou de.

crazy golf n *(U)* UK golf *m* miniature.

cream [kriːm] ◆ n *(U)* crème *f*. ◆ adj [in colour] blanc cassé *inv*.

cream cake n UK gâteau *m* à la crème.

cream cheese n *(U)* fromage *m* frais.

cream sherry n xérès *m* doux.

cream tea n UK *goûter se composant de thé et de scones servis avec de la crème et de la confiture.*

creamy ['kriːmɪ] adj **1.** [food] à la crème **2.** [texture] crémeux(euse).

crease [kriːs] n pli *m*.

creased [kriːst] adj froissé(e).

create [kriː'eɪt] vt **1.** créer **2.** [interest] susciter.

creative [kriː'eɪtɪv] adj créatif(ive).

creature ['kriːtʃəʳ] n être *m*.

crèche [kreʃ] n UK crèche *f*, garderie *f*.

cred [kred] n : **to have (street) cred** UK *inf* [credibility] être branché OR dans le coup ▸ **he wants to get some (street) cred** il veut faire branché OR dans le coup.

credit ['kredɪt] n **1.** *(U)* [praise] mérite *m* **2.** *(U)* [money] crédit *m* **3.** [at school, university] unité *f* de valeur ▸ **to**

be in credit [account] être approvisionné. ◆ **credits** npl [of film] générique *m*.

credit card n carte *f* de crédit ▸ **to pay by credit card** payer par carte de crédit ▸ **'all major credit cards accepted'** 'on accepte les cartes de crédit'.

credit crunch n crise *f* du crédit.

credit rating n degré *m* de solvabilité.

credit score US n = **credit rating**.

creek [kriːk] n **1.** [inlet] crique *f* **2.** US [river] ruisseau *m*.

creep [kriːp] (*pt & pp* **crept**) ◆ vi [person] se glisser. ◆ n *inf* [groveller] lèche-bottes *m inv* ou *f inv*.

cremate [krɪˈmeɪt] vt incinérer.

crematorium [ˌkreməˈtɔːrɪəm] n crématorium *m*.

crepe [kreɪp] n [pancake] crêpe *f*.

crept [krept] pt & pp → **creep**.

cress [kres] n cresson *m*.

crest [krest] n **1.** [of hill, wave] crête *f* **2.** [emblem] blason *m*.

crew [kruː] n équipage *m*.

crew neck n encolure *f* ras du cou.

crib [krɪb] n US lit *m* d'enfant.

cricket [ˈkrɪkɪt] n **1.** (*U*) [game] cricket *m* **2.** [insect] grillon *m*.

crime [kraɪm] n **1.** [offence] délit *m* (*U*) **2.** (*U*) [illegal activity] criminalité *f*.

criminal [ˈkrɪmɪnl] ◆ adj criminel(elle). ◆ n criminel *m*, -elle *f* ▸ **criminal offence** délit.

cripple [ˈkrɪpl] ◆ n infirme *m ou f*. ◆ vt [subj: disease, accident] estropier.

crisis [ˈkraɪsɪs] (*pl* **crises** [ˈkraɪsiːz]) n crise *f*.

crisp [krɪsp] adj **1.** [bacon, pastry] croustillant(e) **2.** [fruit, vegetable] croquant(e). ◆ **crisps** npl UK chips *fpl*.

crispness [ˈkrɪspnɪs] n **1.** [of food, paper] craquant *m* **2.** [of clothing, sheets, weather] fraîcheur *f* **3.** [of wine] caractère *m* vif **4.** [of style] précision *f*.

crispy [ˈkrɪspɪ] adj **1.** [bacon, pastry] croustillant(e) **2.** [fruit, vegetable] croquant(e).

critic [ˈkrɪtɪk] n critique *m ou f*.

critical [ˈkrɪtɪkl] adj critique.

criticize [ˈkrɪtɪsaɪz] vt critiquer.

Croatia [krəʊˈeɪʃə] n Croatie *f*.

crockery [ˈkrɒkərɪ] n (*U*) vaisselle *f*.

crocodile [ˈkrɒkədaɪl] n crocodile *m*.

crocus [ˈkrəʊkəs] (*pl* **-es**) n crocus *m*.

crooked [ˈkrʊkɪd] adj [bent, twisted] tordu(e).

crop [krɒp] n **1.** [kind of plant] culture *f* **2.** [harvest] récolte *f*. ◆ **crop up** vi se présenter.

cropped [ˈkrɒpt] adj : **cropped hair** cheveux coupés ras ▸ **cropped trousers** pantacourt *m*.

cross [krɒs] ◆ adj fâché(e). ◆ vt **1.** [road, river, ocean] traverser **2.** [arms, legs] croiser **3.** UK [cheque] barrer. ◆ vi [intersect] se croiser. ◆ n croix *f* ▸ **a cross between** a) [animals] un croisement entre b) [things] un mélange de. ◆ **cross out** vt sep barrer. ◆ **cross over** vt insep [road] traverser.

crossbar [ˈkrɒsbɑːʳ] n **1.** [of bicycle] barre *f* **2.** [of goal] barre transversale.

cross-Channel ferry n ferry *m* transmanche.

cross-country (running) n cross *m*.

crossing [ˈkrɒsɪŋ] n **1.** [on road] passage *m* clouté **2.** [sea journey] traversée *f*.

crossing guard n US *employé municipal qui fait traverser les enfants.*

cross-platform adj multiplateforme.

cross-reference n renvoi *m*.

crossroads ['krɒsrəʊdz] (*pl inv*) n croisement *m*, carrefour *m*.

crosstown street n rue *f* transversale.

crosswalk ['krɒswɔːk] n US passage *m* clouté.

crossword (puzzle) ['krɒswɜːd-] n mots croisés *mpl*.

crotch [krɒtʃ] n entrejambe *m*.

crouton ['kruːtɒn] n croûton *m*.

crow [krəʊ] n corbeau *m*.

crowbar ['krəʊbɑːʳ] n pied-de-biche *m*.

crowd [kraʊd] n **1.** foule *f* **2.** [at match] public *m*.

crowded ['kraʊdɪd] adj **1.** [bus] bondé(e) **2.** [street] plein(e) de monde.

crown [kraʊn] n **1.** couronne *f* **2.** [of head] sommet *m*.

Crown Jewels npl joyaux *mpl* de la couronne.

crucial ['kruːʃl] adj crucial(e).

crude [kruːd] adj grossier(ière).

cruel [krʊəl] adj cruel(elle).

cruelty ['krʊəltɪ] n *(U)* cruauté *f*.

cruet (set) ['kruːɪt-] n service *m* à condiments.

cruise [kruːz] ◆ n croisière *f*. ◆ vi **1.** [car] rouler **2.** [plane] voler **3.** [ship] croiser.

cruiser ['kruːzəʳ] n bateau *m* de croisière.

cruising ['kruːzɪŋ] n [in boat] croisière *f*.

crumb [krʌm] n miette *f*.

crumble ['krʌmbl] ◆ n UK *dessert composé d'une couche de fruits cuits recouverts de pâte sablée.* ◆ vi **1.** [building] s'écrouler **2.** [cliff] s'effriter.

crumpet ['krʌmpɪt] n UK *petite crêpe épaisse qui se mange généralement chaude et beurrée.*

crumpled ['krʌmpld] adj froissé(e) ▸ **to be lying in a crumpled heap** **a)** [clothes] être jeté en boule **b)** [person] être recroquevillé par terre.

crunchy ['krʌntʃɪ] adj croquant(e).

crush [krʌʃ] ◆ n [drink] jus *m* de fruit. ◆ vt **1.** écraser **2.** [ice] piler.

crust [krʌst] n croûte *f*.

crusty ['krʌstɪ] adj croustillant(e).

crutch [krʌtʃ] n **1.** [stick] béquille *f* **2.** UK [between legs] = **crotch**.

cry [kraɪ] ◆ n cri *m*. ◆ vi **1.** pleurer **2.** [shout] crier. ◆ **cry out** vi [in pain, horror] pousser un cri.

cryosphere ['kraɪəˌsfɪəʳ] n cryosphère *f*.

crystal ['krɪstl] n cristal *m*.

CSR (*abbr of* **corporate social responsibility**) n RSE.

CU (*written abbr of* **see you**) TEXTING @+ *(à plus)*.

cub [kʌb] n [animal] petit *m*.

Cub [kʌb] n ≃ louveteau *m*.

Cuba ['kjuːbə] n Cuba.

Cuban ['kjuːbən] ◆ adj cubain(e). ◆ n Cubain *m*, -e *f*.

cube [kjuːb] n **1.** [shape] cube *m* **2.** [of sugar] morceau *m*.

cubicle ['kjuːbɪkl] n cabine *f*.

Cub Scout = **Cub**.

cuckoo ['kʊkuː] n coucou *m*.

cucumber ['kjuːkʌmbəʳ] n concombre *m*.

cuddle ['kʌdl] n câlin *m*.

cuddly toy ['kʌdlɪ-] n UK jouet *m* en peluche.

cue [kjuː] n [in snooker, pool] queue *f* (de billard).

cuff [kʌf] n **1.** [of sleeve] poignet *m* **2.** US [of trousers] revers *m*.

cuff link n bouton *m* de manchette.

cuisine [kwɪ'ziːn] n cuisine *f*.

cul-de-sac ['kʌldəsæk] n impasse *f*.

CUL8R (*written abbr of* **see you later**) TEXTING @+ (*à plus*).

cult [kʌlt] ◆ n RELIG culte *m*. ◆ adj culte.

cultivate ['kʌltɪveɪt] vt cultiver.

cultivated ['kʌltɪveɪtɪd] adj cultivé(e).

cultural ['kʌltʃərəl] adj culturel(elle).

cultural attaché n attaché *m* culturel, attachée *f* culturelle.

culture ['kʌltʃəʳ] n culture *f*.

cum [kʌm] prep avec.

cumbersome ['kʌmbəsəm] adj encombrant(e).

cumin ['kjuːmɪn] n (*U*) cumin *m*.

cunning ['kʌnɪŋ] adj malin(igne).

cunt [kʌnt] n *vulg* **1.** [vagina] con *m*, chatte *f* **2.** [man] enculé *m* ; [woman] salope *f*.

cup [kʌp] n **1.** tasse *f* **2.** [trophy, competition] coupe *f* **3.** [of bra] bonnet *m*.

cupboard ['kʌbəd] n placard *m*.

cupcake [kʌpkeɪk] n US [cake] cupcake *m* (*petit gâteau*).

curator [ˌkjʊə'reɪtəʳ] n conservateur *m*, -trice *f*.

curb [kɜːb] US = **kerb**.

curd cheese [ˌkɜːd-] n (*U*) fromage *m* blanc battu.

cure [kjʊəʳ] ◆ n remède *m*. ◆ vt **1.** [illness, person] guérir **2.** [with salt] saler **3.** [with smoke] fumer **4.** [by drying] sécher.

curfew ['kɜːfjuː] n couvre-feu *m*.

curious ['kjʊərɪəs] adj curieux(ieuse).

curl [kɜːl] ◆ n [of hair] boucle *f*. ◆ vt [hair] friser.

curler ['kɜːləʳ] n bigoudi *m*.

curly ['kɜːlɪ] adj frisé(e).

currant ['kʌrənt] n raisin *m* sec.

currency ['kʌrənsɪ] n **1.** [cash] monnaie *f* **2.** [foreign] devise *f*.

current ['kʌrənt] ◆ adj actuel(elle). ◆ n courant *m*.

current account n UK compte *m* courant.

current affairs npl l'actualité *f*.

currently ['kʌrəntlɪ] adv actuellement.

curriculum [kə'rɪkjələm] n programme *m* (d'enseignement).

curriculum vitae [-'viːtaɪ] n UK curriculum vitae *m inv*.

curried ['kʌrɪd] adj au curry.

curry ['kʌrɪ] n curry *m*.

curry powder n poudre *f* de curry.

curse [kɜːs] vi jurer.

curse word n US juron *m*.

cursor ['kɜːsəʳ] n curseur *m*.

curtain ['kɜːtn] n rideau *m*.

curve [kɜːv] ◆ n courbe *f*. ◆ vi faire une courbe.

curved [kɜːvd] adj courbe.

cushion ['kʊʃn] n coussin *m*.

custard ['kʌstəd] n (*U*) crème *f* anglaise (*épaisse*).

custom ['kʌstəm] n [tradition] coutume *f* ▸ **'thank you for your custom'** 'merci de votre visite'.

customary ['kʌstəmrɪ] adj habituel(elle).

custom-designed adj : **custom-designed vacations** vacances *fpl* sur mesure.

customer ['kʌstəmə^r] n [of shop] client *m*, -e *f*.

customer care n service *m* client.

customer loyalty n fidélité *f* de la clientèle.

customer profile n profil *m* du client OR du consommateur.

customer services n *(U)* [department] service *m* clients.

customs ['kʌstəmz] n douane *f* ▸ **to go through customs** passer à la douane.

customs duty n *(U)* droit *m* de douane.

customs officer n douanier *m*, -ière *f*.

cut [kʌt] *(pt & pp* **cut***)* ◆ n **1.** [in skin] coupure *f* **2.** [in cloth] accroc *m* **3.** [reduction] réduction *f* **4.** [piece of meat] morceau *m* **5.** [hairstyle, of clothes] coupe *f*. ◆ vi couper. ◆ vt **1.** couper **2.** [reduce] réduire ▸ **to cut one's hand** se couper à la main ▸ **cut and blow-dry** coupe-brushing *f* ▸ **to cut o.s.** se couper ▸ **to have one's hair cut** se faire couper les cheveux ▸ **to cut the grass** tondre la pelouse ▸ **to cut sthg open** ouvrir qqch. ◆ **cut back** vi : **to cut back (on)** faire des économies (sur). ◆ **cut down** vt sep [tree] abattre. ◆ **cut down on** vt insep réduire. ◆ **cut in** vi faire une queue de poisson. ◆ **cut off** vt sep couper ▸ **I've been cut off** [on phone] j'ai été coupé ▸ **to be cut off** [isolated] être isolé. ◆ **cut out** ◆ vt sep [newspaper article, photo] découper. ◆ vi [engine] caler ▸ **to cut out smoking** arrêter de fumer ▸ **cut it out!** *inf* ça suffit ! ◆ **cut up** vt sep couper.

cutback ['kʌtbæk] n : **cutback (in)** réduction *f* (de).

cute [kju:t] adj mignon(onne).

cut-glass adj en cristal taillé.

cutlery ['kʌtlərɪ] n *(U)* couverts *mpl*.

cutlet ['kʌtlɪt] n **1.** [of meat] côtelette *f* **2.** [of nuts, vegetables] croquette *f*.

cut-price adj à prix réduit.

cutting ['kʌtɪŋ] n UK [from newspaper] coupure *f* de presse.

cutting-edge adj [technology] de pointe.

CV (abbr of **curriculum vitae**) n UK CV *m*.

cyberbanking ['saɪbə,bæŋkɪŋ] n COMPUT transactions *fpl* bancaires en ligne.

cyberbullying ['saɪbəbʊlɪɪŋ] n cyberagression *f*.

cybercafé ['saɪbə,kæfeɪ] n cybercafé *m*.

cybercrime ['saɪbəkraɪm] n cybercrime *m*.

cyber harassment [saɪbə'hærəsmənt] n cyberharcèlement *m*.

cybernaut ['saɪbə,nɔ:t] n cybernaute *m ou f*.

cyberpet ['saɪbə,pet] n animal *m* virtuel.

cybersex ['saɪbə,seks] n cybersexe *m*.

cyber shop n boutique *f* en ligne.

cybershopping ['saɪbəʃɒpɪŋ] n achats *mpl* en ligne.

cyberspace ['saɪbəspeɪs] n cyberespace *m*.

cybersquatting ['saɪbəskwɒtɪŋ] n cybersquatting *m*.

cyberstalking ['saɪbəstɔ:kɪŋ] n harcèlement *m* en ligne.

cybersurfer ['saɪbə,sɜ:fə^r] n cybernaute *m ou f*.

cycle ['saɪkl] ◆ n **1.** [bicycle] vélo *m* **2.** [series] cycle *m.* ◆ vi aller en vélo.

cycle hire n location *f* de vélos.

cycle lane n piste *f* cyclable *(sur la route).*

cycle path n piste *f* cyclable.

cycling ['saɪklɪŋ] n *(U)* cyclisme *m* ▸ **to go cycling** faire du vélo.

cycling shorts npl cycliste *m.*

cyclist ['saɪklɪst] n cycliste *m ou f.*

cylinder ['sɪlɪndəʳ] n **1.** [container] bouteille *f* **2.** [in engine] cylindre *m.*

cynical ['sɪnɪkl] adj cynique.

Cyprus ['saɪprəs] n Chypre.

Czech [tʃek] ◆ adj tchèque. ◆ n **1.** [person] Tchèque *m ou f* **2.** [language] tchèque *m.*

Czechoslovakia [ˌtʃekəslə'vækɪə] n Tchécoslovaquie *f.*

Czech Republic n : **the Czech Republic** la République tchèque.

D

dab [dæb] vt [wound] tamponner.

dad [dæd] n *inf* papa *m.*

daddy ['dædɪ] n *inf* papa *m.*

daddy longlegs [-'lɒŋlegz] (*pl inv*) n faucheux *m.*

daffodil ['dæfədɪl] n jonquille *f.*

daft [dɑːft] adj UK *inf* idiot(e).

daily ['deɪlɪ] ◆ adj quotidien(ienne). ◆ adv quotidiennement. ◆ n : **a daily (newspaper)** un quotidien.

dairy ['deərɪ] n **1.** [on farm] laiterie *f* **2.** [shop] crémerie *f.*

dairy product n produit *m* laitier.

daisy ['deɪzɪ] n pâquerette *f.*

dally ['dælɪ] (*pt & pp* **-ied**) vi [dawdle] lanterner.

dam [dæm] n barrage *m.*

damage ['dæmɪdʒ] ◆ n *(U)* **1.** dégâts *mpl* **2.** *fig* [to reputation] tort *m.* ◆ vt **1.** abîmer **2.** *fig* [reputation] nuire à **3.** *fig* [chances] compromettre.

damn [dæm] ◆ excl *inf* zut ! ◆ adj *inf* sacré(e) ▸ **I don't give a damn** je m'en fiche pas mal.

damp [dæmp] ◆ adj humide. ◆ n *(U)* humidité *f.*

damson ['dæmzn] n *petite prune acide.*

dance [dɑːns] ◆ n **1.** danse *f* **2.** [social event] bal *m.* ◆ vi danser ▸ **to have a dance** danser.

dance floor n [in club] piste *f* de danse.

dancer ['dɑːnsəʳ] n danseur *m,* -euse *f.*

dancing ['dɑːnsɪŋ] n *(U)* danse *f* ▸ **to go dancing** aller danser.

dandelion ['dændɪlaɪən] n pissenlit *m.*

dander ['dændəʳ] n *inf* [dated] : **to get one's / sb's dander up** se mettre / mettre qqn en rogne.

dandruff ['dændrʌf] n *(U)* pellicules *fpl.*

Dane [deɪn] n Danois *m,* -e *f.*

danger ['deɪndʒəʳ] n danger *m* ▸ **in danger** en danger.

dangerous ['deɪndʒərəs] adj dangereux(euse).

Danish ['deɪnɪʃ] ◆ **adj** danois(e). ◆ **n** [language] danois *m*.

Danish pastry n *feuilleté glacé sur le dessus, fourré généralement à la confiture de pommes ou de cerises*.

Danube ['dænju:b] **n : the Danube** le Danube.

dare [deəʳ] **vt : to dare to do sthg** oser faire qqch ▸ **I dare you to dive in** je te défie de plonger ▸ **how dare you!** comment oses-tu !

daring ['deərɪŋ] **adj** audacieux(ieuse).

dark [dɑ:k] ◆ **adj 1.** [room, night] sombre **2.** [colour, skin] foncé(e) **3.** [person] brun(e). ◆ **n** *(U)* **: after dark** après la tombée de la nuit ▸ **the dark** le noir.

dark chocolate n *(U)* chocolat *m* noir.

dark glasses **npl** lunettes *fpl* noires.

darkness ['dɑ:knɪs] **n** *(U)* obscurité *f*.

darling ['dɑ:lɪŋ] **n** chéri *m*, -e *f*.

dart [dɑ:t] **n** fléchette *f*. ◆ **darts n** [game] fléchettes *fpl*.

dartboard ['dɑ:tbɔ:d] **n** cible *f* (de jeu de fléchettes).

dash [dæʃ] ◆ **n 1.** [of liquid] goutte *f* **2.** [in writing] tiret *m*. ◆ **vi** se précipiter.

dashboard ['dæʃbɔ:d] **n** tableau *m* de bord.

data ['deɪtə] **n** *(U)* données *fpl*.

database ['deɪtəbeɪs] **n** base *f* de données.

data protection n protection *f* de l'information.

date [deɪt] ◆ **n 1.** [day] date *f* **2.** [meeting] rendez-vous *m* **3.** US [person] petit ami *m*, petite amie *f* **4.** [fruit] datte *f*. ◆ **vt 1.** [cheque, letter] dater **2.** [person] sortir avec. ◆ **vi** [become unfashionable] dater ▸ **what's the date?** quel jour sommes-nous ? ▸ **to have a date with sb** avoir rendez-vous avec qqn.

datebook ['deɪtbʊk] **n** US agenda *m*.

date of birth n date *f* de naissance.

daughter ['dɔ:təʳ] **n** fille *f*.

daughter-in-law n belle-fille *f*.

dawn [dɔ:n] **n** aube *f*.

day [deɪ] **n 1.** [of week] jour *m* **2.** [period, working day] journée *f* ▸ **what day is it today?** quel jour sommes-nous ? ▸ **what a lovely day!** quelle belle journée ! ▸ **to have a day off** avoir un jour de congé ▸ **to have a day out** aller passer une journée quelque part ▸ **by day** [travel] de jour ▸ **the day after tomorrow** après-demain ▸ **the day before** la veille ▸ **the day before yesterday** avant-hier ▸ **the following day** le jour suivant ▸ **have a nice day!** bonne journée !

day care n **1.** [for elderly, disabled] service *m* d'accueil de jour **2.** [for children] service *m* de garderie. ◆ **day-care adj 1.** [for elderly, disabled] d'accueil de jour **2.** [for children] de garderie.

daylight ['deɪlaɪt] **n** *(U)* jour *m*.

day return n UK [railway ticket] *aller-retour valable pour une journée*.

dayshift ['deɪʃɪft] **n : to be on dayshift** travailler de jour.

daytime ['deɪtaɪm] **n** *(U)* journée *f*.

day-to-day **adj** [everyday] quotidien(ienne).

day trip n excursion *f (d'une journée)*.

dazzle ['dæzl] **vt** éblouir.

DC *abbr of* **direct current**.

dead [ded] ◆ **adj 1.** mort(e) **2.** [telephone line] coupé(e). ◆ **adv** *inf* [very] super ▸ **dead in the middle** en plein milieu ▸ **dead on time** pile à l'heure ▸ **it's**

dead ahead c'est droit devant ▸ **'dead slow'** 'roulez au pas'.

dead cat bounce n FIN *brève remontée d'un marché en forte baisse.*

dead end n [street] impasse *f*, cul-de-sac *m*.

deadline ['dedlaɪn] n date *f* limite.

deadly ['dedlɪ] **adj** [poison, enemy] mortel(elle).

dead tree edition n *inf* édition *f* papier, édition *f* imprimée.

dead tree media npl *inf* médias *mpl* imprimés.

deaf [def] ◆ adj sourd(e). ◆ **npl : the deaf** les sourds *mpl*.

deal [diːl] (*pt & pp* **dealt**) ◆ n [agreement] marché *m*, affaire *f*. ◆ **vt** [cards] donner ▸ **a good / bad deal** une bonne / mauvaise affaire ▸ **a great deal of** beaucoup de ▸ **it's a deal!** marché conclu ! ◆ **deal in** vt insep faire le commerce de. ◆ **deal with** vt insep **1.** [handle] s'occuper de **2.** [be about] traiter de.

deal-breaker ['diːlbreɪkəʳ] n élément *m* rédhibitoire *(pour l'achat d'un produit).*

dealer ['diːləʳ] n **1.** COMM marchand *m*, -e *f* **2.** [in drugs] dealer *m*.

dealt [delt] pt & pp → **deal**.

dean ['diːn] n doyen *m*, -enne *f* d'université.

dear [dɪəʳ] ◆ adj cher (chère). ◆ **n : my dear a)** [to friend] mon cher **b)** [to lover] mon chéri ▸ **Dear Sir** cher Monsieur ▸ **Dear Madam** chère Madame ▸ **Dear John** cher John ▸ **oh dear!** mon Dieu !

death [deθ] n mort *f*.

debate [dɪ'beɪt] ◆ n débat *m*. ◆ **vt** [wonder] se demander.

debit ['debɪt] ◆ n débit *m*. ◆ **vt** [account] débiter.

debit card n carte *f* de paiement à débit immédiat.

debt [det] n dette *f* ▸ **to be in debt** être endetté.

debug [ˌdiː'bʌg] **vt** déboguer.

Dec. (*abbr of* **December**) déc. *(décembre).*

decade ['dekeɪd] n décennie *f*.

decaff ['diːkæf] n *inf* déca *m*.

decaffeinated [dɪ'kæfɪneɪtɪd] **adj** décaféiné(e).

decanter [dɪ'kæntəʳ] n carafe *f*.

decarbonization [ˌdiːˌkɑːbənaɪ'zeɪʃn] n décarbonation *f*, décarbonisation *f*.

decay [dɪ'keɪ] ◆ n *(U)* **1.** [of building] délabrement *m* **2.** [of wood] pourrissement *m* **3.** [of tooth] carie *f*. ◆ **vi** [rot] pourrir.

deceive [dɪ'siːv] **vt** tromper.

decelerate [ˌdiː'seləreɪt] **vi** ralentir.

December [dɪ'sembəʳ] n décembre *m* ▸ **at the beginning of December** début décembre ▸ **at the end of December** fin décembre ▸ **during December** en décembre ▸ **every December** tous les ans en décembre ▸ **in December** en décembre ▸ **last December** en décembre (dernier) ▸ **next December** en décembre de l'année prochaine ▸ **this December** en décembre (prochain) ▸ **2 December 2012** [in letters, etc.] le 2 décembre 2012.

decent ['diːsnt] **adj** **1.** [meal, holiday] vrai(e) **2.** [price, salary] correct(e) **3.** [respectable] décent(e) **4.** [kind] gentil(ille).

decentralization, decentralisation UK [diːˌsentrəlaɪ'zeɪʃn] n décentralisation *f*.

deception [dɪ'sepʃn] n [lie, pretence] tromperie *f*, duperie *f*.

decide [dɪ'saɪd] ◆ vt décider. ◆ vi (se) décider ▸ **to decide to do sthg** décider de faire qqch. ◆ **decide on** vt insep se décider pour.

decimal ['desɪml] adj décimal(e).

decimal point n virgule *f*.

decipher [dɪ'saɪfəʳ] vt déchiffrer.

decision [dɪ'sɪʒn] n décision *f* ▸ **to make a decision** prendre une décision.

decisive [dɪ'saɪsɪv] adj **1.** [person] décidé(e) **2.** [event, factor] décisif(ive).

deck [dek] n **1.** [of ship] pont *m* **2.** [of bus] étage *m* **3.** [of cards] jeu *m* (de cartes).

deckchair ['dektʃeəʳ] n chaise *f* longue.

-decker ['dekəʳ] suffix : **double-decker bus** bus *m* à impériale ▸ **double-decker sandwich** sandwich *m* double.

decking ['dekɪŋ] n terrasse *f* en bois.

declamatory [dɪ'klæmətrɪ] adj [style] déclamatoire.

declare [dɪ'kleəʳ] vt déclarer ▸ **to declare that** déclarer que ▸ **'nothing to declare'** 'rien à déclarer'.

declension [dɪ'klenʃn] n GRAM déclinaison *f*.

decline [dɪ'klaɪn] ◆ n déclin *m*. ◆ vi **1.** [get worse] décliner **2.** [refuse] refuser.

declutter [diː'klʌtəʳ] vt [room, computer, one's life] désencombrer.

decompress [ˌdiːkəm'pres] vt décompresser.

decorate ['dekəreɪt] vt décorer.

decoration [ˌdekə'reɪʃn] n décoration *f*.

decorator ['dekəreɪtəʳ] n décorateur *m*, -trice *f*.

decrease ◆ n ['diːkriːs] diminution *f*. ◆ vi [diː'kriːs] diminuer.

dedicated ['dedɪkeɪtɪd] adj [committed] dévoué(e).

deduce [dɪ'djuːs] vt déduire, conclure.

deduct [dɪ'dʌkt] vt déduire.

deduction [dɪ'dʌkʃn] n déduction *f*.

deed [diːd] n **1.** [action] action *f* **2.** LAW acte *m* notarié.

deep [diːp] ◆ adj profond(e). ◆ adv profond ▸ **the swimming pool is 2 m deep** la piscine fait 2 m de profondeur.

deep end n [of swimming pool] *côté le plus profond*.

deep freeze n congélateur *m*.

deep-fried [-'fraɪd] adj frit(e).

deep-fry vt faire frire.

deep-pan adj [pizza] à pâte épaisse.

Deep South n : **the Deep South** [in the US] *l'extrême sud conservateur (Alabama, Floride, Géorgie, Louisiane, Mississippi, Caroline du Sud, partie orientale du Texas).*

deep vein thrombosis n thrombose *f* veineuse profonde.

deer [dɪəʳ] (*pl inv*) n cerf *m*.

defeat [dɪ'fiːt] ◆ n défaite *f*. ◆ vt battre.

defect ['diːfekt] n défaut *m*.

defective [dɪ'fektɪv] adj défectueux(euse).

defence [dɪ'fens] n UK défense *f*.

defend [dɪ'fend] vt défendre.

defense [dɪ'fens] US = **defence**.

deficiency [dɪ'fɪʃnsɪ] n [lack] manque *m*.

deficit ['defɪsɪt] n déficit *m*.

define [dɪ'faɪn] vt définir.

definite ['defɪnɪt] **adj 1.** [clear] net (nette) **2.** [certain] certain(e).

definite article n article *m* défini.

definitely ['defɪnɪtlɪ] **adv** [certainly] sans aucun doute ▸ **I'll definitely come** je viens, c'est sûr.

definition [defɪ'nɪʃn] **n** définition *f*.

deflate [dɪ'fleɪt] **vt** [tyre] dégonfler.

deflect [dɪ'flekt] **vt** [ball] dévier.

defogger [ˌdiː'fɒgər] **n** US dispositif *m* antibuée.

deformed [dɪ'fɔːmd] **adj** difforme.

defragment [ˌdiːfræg'ment] **vt** défragmenter.

defrost [ˌdiː'frɒst] **vt 1.** [food] décongeler **2.** [fridge] dégivrer **3.** US [demist] désembuer.

degree [dɪ'griː] **n 1.** [unit of measurement] degré *m* **2.** [qualification] ≃ licence *f* **3.** [amount] **: a degree of difficulty** une certaine difficulté ▸ **to have a degree in sthg** ≃ avoir une licence de qqch.

dehydrated [ˌdiːhaɪ'dreɪtɪd] **adj** déshydraté(e).

de-ice [diː'aɪs] **vt** dégivrer.

de-icer [diː'aɪsəʳ] **n** dégivreur *m*.

dejected [dɪ'dʒektɪd] **adj** découragé(e).

delay [dɪ'leɪ] ◆ **n** retard *m*. ◆ **vt** retarder. ◆ **vi** tarder ▸ **without delay** sans délai.

⚠ Délai is a false friend, it means ***the time it takes to perform a task, make a delivery***, etc., not "lateness".

delayed [dɪ'leɪd] **adj** retardé(e).

delegate ◆ **n** ['delɪgət] délégué *m*, -e *f*. ◆ **vt** ['delɪgeɪt] [person] déléguer.

delete [dɪ'liːt] **vt** effacer, supprimer.

deli ['delɪ] *inf* **n** = **delicatessen**.

deliberate [dɪ'lɪbərət] **adj** [intentional] délibéré(e).

deliberately [dɪ'lɪbərətlɪ] **adv** [intentionally] délibérément.

delicacy ['delɪkəsɪ] **n** [food] mets *m* fin.

delicate ['delɪkət] **adj** délicat(e).

delicatessen [ˌdelɪkə'tesn] **n** épicerie *f* fine.

delicious [dɪ'lɪʃəs] **adj** délicieux(ieuse).

delight [dɪ'laɪt] ◆ **n** *(U)* [feeling] plaisir *m*. ◆ **vt** enchanter ▸ **to take (a) delight in doing sthg** prendre plaisir à faire qqch.

delighted [dɪ'laɪtɪd] **adj** ravi(e).

delightful [dɪ'laɪtfʊl] **adj** charmant(e).

deliver [dɪ'lɪvəʳ] **vt 1.** [goods] livrer **2.** [letters, newspaper] distribuer **3.** [speech, lecture] faire **4.** [baby] mettre au monde.

delivery [dɪ'lɪvərɪ] **n 1.** [of goods] livraison *f* **2.** [of letters] distribution *f* **3.** [birth] accouchement *m*.

delivery vehicle n véhicule *m* de livraison.

delude [dɪ'luːd] **vt** tromper.

de luxe [də'lʌks] **adj** de luxe.

demand [dɪ'mɑːnd] ◆ **n 1.** [request] revendication *f* **2.** *(U)* COMM demande *f* **3.** [requirement] exigence *f*. ◆ **vt** exiger ▸ **to demand to do sthg** exiger de faire qqch ▸ **in demand** demandé.

⚠ Demander is a false friend, it means ***to ask***, not "to demand".

demanding [dɪ'mɑːndɪŋ] adj astreignant(e).

demand-led adj COMM tiré(e) par la demande.

demerara sugar [deməˈreərə-] n *(U)* UK cassonade *f*.

demist [ˌdiːˈmɪst] vt UK désembuer.

demister [ˌdiːˈmɪstə^r] n UK dispositif *m* antibuée.

democracy [dɪˈmɒkrəsɪ] n démocratie *f*.

Democrat [ˈdeməkræt] n US démocrate *m ou f*.

democratic [deməˈkrætɪk] adj démocratique.

Democratic Party n US **: the Democratic Party** le Parti démocrate.

demolish [dɪˈmɒlɪʃ] vt démolir.

demonize, demonise [ˈdiːməˌnaɪz] vt diaboliser.

demonstrate [ˈdemənstreɪt] ◆ vt **1.** [prove] démontrer **2.** [machine, appliance] faire une démonstration de. ◆ vi manifester.

demonstration [demənˈstreɪʃn] n **1.** [protest] manifestation *f* **2.** [proof, of machine] démonstration *f*.

⚠ Démonstration is a false friend, it means ***a presentation of a proof*** or ***of a product***, not a "protest march".

demonstrator [ˈdemənstreɪtə^r] n **1.** [in march] manifestant *m*, -e *f* **2.** [of machine, product] démonstrateur *m*, -trice *f*.

demoralized, demoralised UK [dɪˈmɒrəlaɪzd] adj démoralisé(e).

demoralizing, demoralising UK [dɪˈmɒrəlaɪzɪŋ] adj démoralisant(e).

den [den] n [of animal] antre *m*, tanière *f*.

denial [dɪˈnaɪəl] n démenti *m*.

denim [ˈdenɪm] n *(U)* denim *m*.
◆ **denims** npl jean *m*.

denim jacket n veste *f* en jean.

Denmark [ˈdenmɑːk] n le Danemark.

denounce [dɪˈnaʊns] vt dénoncer.

dense [dens] adj dense.

density [ˈdensətɪ] n densité *f*.

dent [dent] n bosse *f*.

dental [ˈdentl] adj dentaire.

dental floss [-flɒs] n *(U)* fil *m* dentaire.

dental surgeon n chirurgien-dentiste *m*.

dental surgery n UK [place] cabinet *m* dentaire.

dentist [ˈdentɪst] n dentiste *m* ▸ **to go to the dentist's** aller chez le dentiste.

dentures [ˈdentʃəz] npl dentier *m*.

deny [dɪˈnaɪ] vt **1.** nier **2.** [refuse] refuser.

deodorant [diːˈəʊdərənt] n déodorant *m*.

deodorizer [diːˈəʊdəraɪzə^r] n [for home] désodorisant *m*.

depart [dɪˈpɑːt] vi partir.

department [dɪˈpɑːtmənt] n **1.** [of business] service *m* **2.** [of government] ministère *m* **3.** [of shop] rayon *m* **4.** [of school, university] département *m*.

department store n grand magasin *m*.

departure [dɪˈpɑːtʃə^r] n départ *m* ▸ **'departures'** [at airport] 'départs'.

departure lounge n salle *f* d'embarquement.

depend [dɪ'pend] **vi : it depends** ça dépend. ◆ **depend on vt insep** dépendre de ▸ **depending on** selon.

dependable [dɪ'pendəbl] **adj** fiable.

dependant [dɪ'pendənt] **n** personne *f* à charge.

dependency culture n *situation d'une société dont les membres ont une mentalité d'assistés.*

dependent [dɪ'pendənt] **adj** [reliant] **: dependent (on)** dépendant(e) (de).

deplorable [dɪ'plɔːrəbl] **adj** déplorable.

deport [dɪ'pɔːt] **vt** expulser.

deposit [dɪ'pɒzɪt] ◆ **n 1.** [in bank, substance] dépôt *m* **2.** [part-payment] acompte *m* **3.** [against damage] caution *f* **4.** [on bottle] consigne *f*. ◆ **vt** déposer.

deposit account n UK compte *m* sur livret.

depot ['diːpəʊ] **n** US [for buses, trains] gare *f*.

depressed [dɪ'prest] **adj** déprimé(e).

depressing [dɪ'presɪŋ] **adj** déprimant(e).

depression [dɪ'preʃn] **n** dépression *f*.

deprive [dɪ'praɪv] **vt : to deprive sb of a right** priver qqn d'un droit.

dept. *abbr of* **department**.

depth [depθ] **n** profondeur *f* ▸ **to be out of one's depth a)** [when swimming] ne pas avoir pied **b)** *fig* perdre pied ▸ **depth of field** [in photography] profondeur de champ.

deputy ['depjʊtɪ] **adj** adjoint(e).

derailleur [də'reɪljəʳ] **n** dérailleur *m*.

derailment [dɪ'reɪlmənt] **n** déraillement *m*.

derelict ['derəlɪkt] **adj** abandonné(e).

derv [dɜːv] **n** *(U)* UK gas-oil *m*.

descend [dɪ'send] **vt & vi** descendre.

descendant [dɪ'sendənt] **n** descendant *m*, -e *f*.

descent [dɪ'sent] **n** descente *f*.

describe [dɪ'skraɪb] **vt** décrire.

description [dɪ'skrɪpʃn] **n** description *f*.

deseed [ˌdiː'siːd] **vt** [fruit] épépiner.

desert ◆ **n** ['dezət] désert *m*. ◆ **vt** [dɪ'zɜːt] abandonner.

deserted [dɪ'zɜːtɪd] **adj** désert(e).

deserve [dɪ'zɜːv] **vt** mériter.

design [dɪ'zaɪn] ◆ **n 1.** [pattern, art] dessin *m* **2.** [of machine, building] conception *f*. ◆ **vt 1.** [building, dress] dessiner **2.** [machine] concevoir ▸ **to be designed for** être conçu pour.

Design and Technology n UK SCH technologie *f (matière scolaire)*, techno *f inf*.

designer [dɪ'zaɪnəʳ] ◆ **n 1.** [of clothes] couturier *m*, -ière *f* **2.** [of building] architecte *m ou f* **3.** [of product] designer *m*. ◆ **adj** [clothes, sunglasses] de marque.

desirable [dɪ'zaɪərəbl] **adj** souhaitable.

desire [dɪ'zaɪəʳ] ◆ **n** désir *m*. ◆ **vt** désirer ▸ **it leaves a lot to be desired** ça laisse à désirer.

desk [desk] **n 1.** [in home, office] bureau *m* **2.** [in school] table *f* **3.** [at airport] comptoir *m* **4.** [at hotel] réception *f*.

desktop ['desktɒp] **n** bureau *m*.

desktop publishing ['deskˌtɒp-] **n** publication *f* assistée par ordinateur.

despair [dɪ'speəʳ] **n** *(U)* désespoir *m*.

despatch [dɪ'spætʃ] = **dispatch**.

desperate ['desprət] **adj** désespéré(e) ▸ **to be desperate for sthg** avoir absolument besoin de qqch.

despicable [dɪ'spɪkəbl] **adj** méprisable.

despise [dɪ'spaɪz] **vt** mépriser.

despite [dɪ'spaɪt] **prep** malgré.

dessert [dɪ'zɜːt] **n** dessert *m*.

dessertspoon [dɪ'zɜːtspuːn] **n** **1.** cuillère *f* à dessert **2.** [spoonful] cuillerée *f* à dessert.

destination [ˌdestɪ'neɪʃn] **n** destination *f*.

destroy [dɪ'strɔɪ] **vt** détruire.

destruction [dɪ'strʌkʃn] **n** destruction *f*.

detach [dɪ'tætʃ] **vt** détacher.

detached house [dɪ'tætʃt-] **n** maison *f* individuelle.

detail ['diːteɪl] **n** *(U)* détail *m* ▸ **in detail** en détail. ◆ **details npl** [facts] renseignements *mpl*.

detailed ['diːteɪld] **adj** détaillé(e).

detailing ['diːteɪlɪŋ] **n** US [thorough cleaning] nettoyage *m* complet.

detect [dɪ'tekt] **vt** détecter.

detective [dɪ'tektɪv] **n** détective *m* ▸ **a detective story** une histoire policière.

detention [dɪ'tenʃn] **n** SCH retenue *f*.

detergent [dɪ'tɜːdʒənt] **n** détergent *m*.

deteriorate [dɪ'tɪərɪəreɪt] **vi** se détériorer.

determination [dɪˌtɜːmɪ'neɪʃn] **n** *(U)* détermination *f*.

determine [dɪ'tɜːmɪn] **vt** déterminer.

determined [dɪ'tɜːmɪnd] **adj** déterminé(e) ▸ **to be determined to do sthg** être déterminé à faire qqch.

deterrent [dɪ'terənt] **n** moyen *m* de dissuasion.

detest [dɪ'test] **vt** détester.

detour ['diːˌtʊə^r] **n** détour *m*.

detrain [ˌdiː'treɪn] **vi** *fml* descendre (du train).

Dettol® ['detɒl] **n** *solution antiseptique.*

deuce [djuːs] **n** [in tennis] égalité *f*.

devastate ['devəsteɪt] **vt** dévaster.

develop [dɪ'veləp] ◆ **vt** **1.** développer **2.** [land] exploiter **3.** [machine, method] mettre au point **4.** [illness, habit] contracter. ◆ **vi** se développer.

developed [dɪ'veləpt] **adj** [country] développé(e).

developing country [dɪ'veləpɪŋ-] **n** pays *m* en voie de développement.

development [dɪ'veləpmənt] **n** *(U)* développement *m* ▸ **a housing development** US une cité.

device [dɪ'vaɪs] **n** appareil *m*.

device-agnostic **adj** [application] universel(elle) *(fonctionnant sur n'importe quel type d'ordinateur, de téléphone, etc.)*.

devil ['devl] **n** diable *m* ▸ **what the devil...?** *inf* que diable... ?

devise [dɪ'vaɪz] **vt** concevoir.

devolution [ˌdiːvə'luːʃn] **n** POL décentralisation *f*.

devote [dɪ'vəʊt] **vt** : **to devote sthg to sthg** consacrer qqch à qqch.

devoted [dɪ'vəʊtɪd] **adj** dévoué(e) ▸ **to be devoted to sb** être dévoué à qqn.

dew [djuː] **n** *(U)* rosée *f*.

diabetes [ˌdaɪə'biːtiːz] **n** *(U)* diabète *m*.

diabetic [ˌdaɪə'betɪk] ◆ **adj** **1.** [person] diabétique **2.** [chocolate] pour diabétiques. ◆ **n** diabétique *m ou f*.

diagnose ['daɪəgnəʊz] **vt** diagnostiquer.

diagnosis [ˌdaɪəg'nəʊsɪs] (*pl* **-oses**) **n** diagnostic *m*.

diagonal [daɪ'ægənl] **adj** diagonal(e).

diagram ['daɪəgræm] **n** diagramme *m*.

dial ['daɪəl] ◆ **n** cadran *m*. ◆ **vt** composer.

dialling code ['daɪəlɪŋ-] **n** UK indicatif *m*.

dialling tone ['daɪəlɪŋ-] **n** UK tonalité *f*.

dial tone US = **dialling tone**.

dial-up **n : dial-up access** accès *m* commuté ▸ **dial-up connection** connexion *f* par téléphone ▸ **dial-up modem** modem *m* téléphonique.

diameter [daɪ'æmɪtə^r] **n** diamètre *m*.

diamond ['daɪəmənd] **n** [gem] diamant *m*. ◆ **diamonds npl** [in cards] carreau *m*.

diaper ['daɪpə^r] **n** US couche *f*.

diarrhea US = **diarrhoea**.

diarrhoea [ˌdaɪə'rɪə] **n** *(U)* UK diarrhée *f*.

diary ['daɪərɪ] **n 1.** [for appointments] agenda *m* **2.** [journal] journal *m*.

dice [daɪs] (*pl inv*) **n** dé *m*.

diced [daɪst] **adj** [food] coupé(e) en dés.

dick [dɪk] **n 1.** *vulg* [penis] queue *f* **2.** UK *vulg* [idiot] con *m*.

dictate [dɪk'teɪt] **vt** dicter.

dictation [dɪk'teɪʃn] **n** dictée *f*.

dictator [dɪk'teɪtə^r] **n** dictateur *m*.

dictionary ['dɪkʃənrɪ] **n** dictionnaire *m*.

did [dɪd] **pt** → **do**.

didn't ['dɪdnt] → **did not**.

die [daɪ] (*pt & pp* **died**, *cont* **dying** ['daɪɪŋ]) **vi** mourir ▸ **to be dying for sthg** *inf* avoir une envie folle de qqch ▸ **to be dying to do sthg** *inf* mourir d'envie de faire qqch. ◆ **die away vi 1.** [sound] s'éteindre **2.** [wind] tomber. ◆ **die out** vi disparaître.

diesel ['di:zl] **n** *(U)* diesel *m*.

diet ['daɪət] ◆ **n 1.** [for slimming, health] régime *m* **2.** [food eaten] alimentation *f*. ◆ **vi** faire (un) régime. ◆ **adj** de régime.

diet Coke® **n** Coca® *m inv* light.

differ ['dɪfə^r] **vi** [disagree] être en désaccord ▸ **to differ (from)** [be dissimilar] différer (de).

difference ['dɪfrəns] **n** différence *f* ▸ **it makes no difference** ça ne change rien ▸ **a difference of opinion** une divergence d'opinion.

different ['dɪfrənt] **adj** différent(e) ▸ **to be different (from)** être différent (de) ▸ **a different route** un autre itinéraire.

differently ['dɪfrəntlɪ] **adv** différemment.

difficult ['dɪfɪkəlt] **adj** difficile.

difficulty ['dɪfɪkəltɪ] **n** difficulté *f*.

dig [dɪg] (*pt & pp* **dug**) ◆ **vt 1.** [hole, tunnel] creuser **2.** [garden, land] retourner. ◆ **vi** creuser. ◆ **dig out vt sep 1.** [rescue] dégager **2.** [find] dénicher. ◆ **dig up vt sep** [from ground] déterrer.

digest [dɪ'dʒest] **vt** digérer.

digestion [dɪ'dʒestʃn] **n** *(U)* digestion *f*.

digestive (biscuit) [dɪ'dʒestɪv-] **n** UK *biscuit à la farine complète*.

digger ['dɪgə^r] **n 1.** [machine] pelleteuse *f* **2.** *inf* [Australian] Australien *m*, -enne *f* ; [New Zealander] Néo-Zélandais *m*, -e *f*.

digibox ['dɪdʒɪbɒks] **n** UK TV décodeur *m* numérique.

digit ['dɪdʒɪt] **n** 1. [figure] chiffre *m* 2. [finger, toe] doigt *m*.

digital ['dɪdʒɪtl] **adj** numérique.

digital broadcasting **n** diffusion *f* numérique.

digital camcorder **n** Caméscope® *m* numérique.

digital camera **n** appareil *m* photo numérique.

digitally remastered **adj** remixé en numérique.

digital radio **n** radio *f* numérique.

digital signature **n** signature *f* électronique OR numérique.

digitise UK, **digitize** US ['dɪdʒɪtaɪz] **vt** numériser.

digs [dɪgz] **npl** UK *inf* piaule *f*.

dill [dɪl] **n** aneth *m*.

dilute [daɪ'luːt] **vt** diluer.

dim [dɪm] ◆ **adj** 1. [light] faible 2. [room] sombre 3. *inf* [stupid] borné(e). ◆ **vt** [light] baisser.

dime [daɪm] **n** US pièce *f* de dix cents.

dimensions [dɪ'menʃnz] **npl** dimensions *fpl*.

dimple ['dɪmpl] **n** fossette *f*.

din [dɪn] **n** *(U)* vacarme *m*.

dine [daɪn] **vi** dîner. ◆ **dine out** **vi** dîner dehors.

diner ['daɪnəʳ] **n** 1. US [restaurant] ≃ relais *m* routier 2. [person] dîneur *m*, -euse *f*.

dinghy ['dɪŋgɪ] **n** 1. [with sail] dériveur *m* 2. [with oars] canot *m*.

dingy ['dɪndʒɪ] **adj** miteux(euse).

dining car ['daɪnɪŋ-] **n** wagon-restaurant *m*.

dining hall ['daɪnɪŋ-] **n** réfectoire *m*.

dining room ['daɪnɪŋ-] **n** salle *f* à manger.

dinner ['dɪnəʳ] **n** 1. [at lunchtime] déjeuner *m* 2. [in evening] dîner *m* ▸ **to have dinner** a) [at lunchtime] déjeuner b) [in evening] dîner.

dinner jacket **n** veste *f* de smoking.

dinner party **n** dîner *m*.

dinner service **n** service *m* de table.

dinner set **n** service *m* de table.

dinner suit **n** smoking *m*.

dinnertime ['dɪnətaɪm] **n** *(U)* 1. [at lunchtime] heure *f* du déjeuner 2. [in evening] heure *f* du dîner.

dinosaur ['daɪnəsɔːʳ] **n** dinosaure *m*.

dip [dɪp] ◆ **n** 1. [in road, land] déclivité *f* 2. [food] *mélange crémeux, souvent à base de mayonnaise, dans lequel on trempe des chips ou des légumes crus.* ◆ **vt** [into liquid] tremper. ◆ **vi** [road, land] descendre ▸ **to have a dip** [swim] se baigner ▸ **to dip one's headlights** UK se mettre en codes.

diploma [dɪ'pləʊmə] **n** diplôme *m*.

diplomat ['dɪpləmæt] **n** diplomate *m*.

dipped headlights **npl** feux *mpl* de croisement.

dipstick ['dɪpstɪk] **n** jauge *f* (de niveau d'huile).

direct [dɪ'rekt] ◆ **adj** direct(e). ◆ **adv** directement. ◆ **vt** 1. [aim, control] diriger 2. [a question] adresser 3. [film, play, TV programme] mettre en scène ▸ **can you direct me to the railway station?** pourriez-vous m'indiquer le chemin de la gare ?

direct current n courant *m* continu.
direct debit n UK prélèvement *m* automatique.
direction [dɪ'rekʃn] **n** [of movement] direction *f* ▸ **to ask for directions** demander son chemin. ◆ **directions npl** [instructions] instructions *fpl.*
directly [dɪ'rektlɪ] **adv 1.** [exactly] exactement **2.** [soon] immédiatement.
director [dɪ'rektəʳ] **n 1.** [of company] directeur *m*, -trice *f* **2.** [of film, play, TV programme] metteur *m* en scène **3.** [organizer] organisateur *m*, -trice *f.*
directory [dɪ'rektərɪ] **n 1.** [of telephone numbers] annuaire *m* **2.** COMPUT répertoire *m.*
directory assistance US **n** = **directory enquiries.**
directory enquiries n UK renseignements *mpl* (téléphoniques).
dirt [dɜːt] **n** *(U)* **1.** crasse *f* **2.** [earth] terre *f.*
dirty ['dɜːtɪ] **adj 1.** sale **2.** [joke] cochon(onne).
dirty bomb n bombe *f* sale.
dis [dɪs] US *inf* **vt** = **diss.**
disability [ˌdɪsə'bɪlətɪ] **n** handicap *m.*
disabled [dɪs'eɪbld] ◆ **adj** handicapé(e). ◆ **npl : the disabled** les handicapés *mpl* ▸ **'disabled toilet'** 'toilettes handicapés'.
disadvantage [ˌdɪsəd'vɑːntɪdʒ] **n** inconvénient *m.*
disagree [ˌdɪsə'griː] **vi** ne pas être d'accord ▸ **to disagree with sb (about)** ne pas être d'accord avec qqn (sur) ▸ **those mussels disagreed with me** ces moules ne m'ont pas réussi.
disagreement [ˌdɪsə'griːmənt] **n 1.** [argument] désaccord *m* **2.** *(U)* [dissimilarity] différence *f.*
disappear [ˌdɪsə'pɪəʳ] **vi** disparaître.
disappearance [ˌdɪsə'pɪərəns] **n** disparition *f.*
disappoint [ˌdɪsə'pɔɪnt] **vt** décevoir.
disappointed [ˌdɪsə'pɔɪntɪd] **adj** déçu(e).
disappointing [ˌdɪsə'pɔɪntɪŋ] **adj** décevant(e).
disappointment [ˌdɪsə'pɔɪntmənt] **n** déception *f.*
disapprove [ˌdɪsə'pruːv] **vi : to disapprove of** désapprouver.
disarmament [dɪs'ɑːməmənt] **n** *(U)* désarmement *m.*
disaster [dɪ'zɑːstəʳ] **n** désastre *m.*
disastrous [dɪ'zɑːstrəs] **adj** désastreux(euse).
disc [dɪsk] **n 1.** UK disque *m* **2.** [CD] CD *m* ▸ **to slip a disc** se déplacer une vertèbre.
discard [dɪ'skɑːd] **vt** jeter.
discharge [dɪs'tʃɑːdʒ] **vt 1.** [prisoner] libérer **2.** [patient] laisser sortir **3.** [smoke, gas] émettre **4.** [liquid] laisser s'écouler.
disciple [dɪ'saɪpl] **n** disciple *m.*
discipline ['dɪsɪplɪn] **n** *(U)* discipline *f.*
disc jockey n disc-jockey *m.*
disclose [dɪs'kləʊz] **vt** révéler, divulguer.
disco ['dɪskəʊ] **n 1.** [place] boîte *f* (de nuit) **2.** [event] soirée *f* dansante *(où l'on passe des disques).*
discoloured UK, **discolored** US [dɪs'kʌləd] **adj 1.** décoloré(e) **2.** [teeth] jauni(e).
discomfort [dɪs'kʌmfət] **n** gêne *f.*

disconnect [ˌdɪskəˈnekt] **vt 1.** [device, pipe] débrancher **2.** [telephone, gas supply] couper.

discontinue [ˌdɪskənˈtɪnjuː] **vt** cesser, interrompre.

discontinued [ˌdɪskənˈtɪnjuːd] **adj** [product] qui ne se fait plus.

discotheque [ˈdɪskəʊtek] **n 1.** [place] discothèque *f* **2.** [event] soirée *f* dansante *(où l'on passe des disques)*.

discount [ˈdɪskaʊnt] ◆ **n** remise *f*. ◆ **vt** [product] faire une remise sur.

discover [dɪˈskʌvəʳ] **vt** découvrir.

discovery [dɪˈskʌvərɪ] **n** découverte *f*.

discreet [dɪˈskriːt] **adj** discret(ète).

discrepancy [dɪˈskrepənsɪ] **n** divergence *f*.

discriminate [dɪˈskrɪmɪneɪt] **vi : to discriminate against sb** faire de la discrimination envers qqn.

discrimination [dɪˌskrɪmɪˈneɪʃn] **n** *(U)* discrimination *f*.

discuss [dɪˈskʌs] **vt** discuter de.

discussion [dɪˈskʌʃn] **n** discussion *f*.

discussion group **n** groupe *m* de discussion.

disease [dɪˈziːz] **n** maladie *f*.

disembark [ˌdɪsɪmˈbɑːk] **vi** débarquer.

disgrace [dɪsˈgreɪs] **n** *(U)* [shame] honte *f* ▸ **it's a disgrace!** c'est une honte !

disgraceful [dɪsˈgreɪsfʊl] **adj** honteux(euse).

disguise [dɪsˈgaɪz] ◆ **n** déguisement *m*. ◆ **vt** déguiser ▸ **in disguise** déguisé.

disgust [dɪsˈgʌst] ◆ **n** *(U)* dégoût *m*. ◆ **vt** dégoûter.

disgusting [dɪsˈgʌstɪŋ] **adj** dégoûtant(e).

dish [dɪʃ] **n 1.** plat *m* **2.** US [plate] assiette *f* ▸ **to do the dishes** faire la vaisselle ▸ **'dish of the day'** 'plat du jour'. ◆ **dish up** **vt sep** servir.

dishcloth [ˈdɪʃklɒθ] **n** lavette *f*.

disheveled [dɪˈʃevəld] US = **dishevelled**.

dishevelled [dɪˈʃevəld] **adj** UK **1.** [hair] ébouriffé(e) **2.** [person] débraillé(e).

dishonest [dɪsˈɒnɪst] **adj** malhonnête.

dish rack **n** égouttoir *m* (à vaisselle).

dish towel **n** US torchon *m*.

dishwasher [ˈdɪʃˌwɒʃəʳ] **n** [machine] lave-vaisselle *m inv*.

dishwashing liquid **n** US liquide *m* vaisselle.

dishwater [ˈdɪʃˌwɔːtəʳ] **n** eau *f* de vaisselle.

disinfect [ˌdɪsɪnˈfekt] **vt** désinfecter.

disinfectant [ˌdɪsɪnˈfektənt] **n** désinfectant *m*.

disintegrate [dɪsˈɪntɪgreɪt] **vi** se désintégrer.

disk [dɪsk] **n 1.** US = **disc 2.** [hard disk] disque *m* **3.** [floppy disk] disquette *f*.

disk drive **n** lecteur *m* (de disquettes).

disk space **n** espace *m* disque.

dislike [dɪsˈlaɪk] ◆ **n** *(U)* aversion *f*. ◆ **vt** ne pas aimer ▸ **to take a dislike to sb / sthg** prendre qqn /qqch en grippe.

dislocate [ˈdɪsləkeɪt] **vt : to dislocate one's shoulder** se déboîter l'épaule.

dismal [ˈdɪzml] **adj 1.** [weather, place] lugubre **2.** [terrible] très mauvais(e).

dismantle [dɪsˈmæntl] **vt** démonter.

dismay [dɪsˈmeɪ] **n** *(U)* consternation *f*.

dismiss [dɪs'mɪs] **vt 1.** [not consider] écarter **2.** [from job] congédier **3.** [from classroom] laisser sortir.

disobedient [,dɪsə'biːdjənt] **adj** désobéissant(e).

disobey [,dɪsə'beɪ] **vt** désobéir à.

disorder [dɪs'ɔːdəʳ] **n 1.** *(U)* [confusion] désordre *m (U)* **2.** *(U)* [violence] troubles *mpl* **3.** [illness] trouble *m*.

disorganization, disorganisation UK [dɪs,ɔːgənaɪ'zeɪʃn] **n** désorganisation *f*.

disorganized [dɪs'ɔːgənaɪzd] **adj** désorganisé(e).

disorienting [dɪs'ɔːrɪəntɪŋ] US **adj** déroutant(e).

dispatch [dɪ'spætʃ] **vt** envoyer.

dispense [dɪ'spens] ◆ **dispense with vt insep** se passer de.

dispenser [dɪ'spensəʳ] **n** distributeur *m*.

dispensing chemist [dɪ'spensɪŋ-] **n** UK pharmacie *f*.

disperse [dɪ'spɜːs] ◆ **vt** disperser. ◆ **vi** se disperser.

display [dɪ'spleɪ] ◆ **n 1.** [of goods] étalage *m* **2.** [public event] spectacle *m* **3.** [readout] affichage *m* **4.** COMPUT affichage *m*. ◆ **vt 1.** [goods] exposer **2.** [feeling, quality] faire preuve de **3.** [information] afficher ▸ **on display** exposé.

displeased [dɪs'pliːzd] **adj** mécontent(e).

disposable [dɪ'spəʊzəbl] **adj** jetable.

disposable camera n appareil *m* (jetable).

disposal [dɪ'spəʊzl] **n 1.** [removal] enlèvement *m* **2.** [availability] **: at sb's disposal** à la disposition de qqn.

dispute [dɪ'spjuːt] ◆ **n 1.** [argument] dispute *f* **2.** [industrial] conflit *m*. ◆ **vt 1.** [debate] débattre (de) **2.** [question] contester.

disqualify [,dɪs'kwɒlɪfaɪ] **vt** disqualifier ▸ **he is disqualified from driving** UK on lui a retiré son permis de conduire.

disregard [,dɪsrɪ'gɑːd] **vt** ne pas tenir compte de, ignorer.

disrupt [dɪs'rʌpt] **vt** perturber.

disruption [dɪs'rʌpʃn] **n** perturbation *f*.

diss [dɪs] **vt 1.** US *inf* faire semblant de ne pas voir, ignorer **2.** (*written abbr of* **disrespect**) insulter.

dissatisfaction ['dɪs,sætɪs'fækʃn] **n** mécontentement *m*.

dissatisfied [,dɪs'sætɪsfaɪd] **adj** mécontent(e).

dissertation [,dɪsə'teɪʃn] **n 1.** thèse *f (de doctorat)* **2.** [at the university] mémoire *m*.

dissolve [dɪ'zɒlv] ◆ **vt** dissoudre. ◆ **vi** se dissoudre.

dissuade [dɪ'sweɪd] **vt : to dissuade sb from doing sthg** dissuader qqn de faire qqch.

distance ['dɪstəns] **n** distance *f* ▸ **from a distance** de loin ▸ **in the distance** au loin.

distant ['dɪstənt] **adj 1.** lointain(e) **2.** [reserved] distant(e).

distilled water [dɪ'stɪld-] **n** *(U)* eau *f* distillée.

distillery [dɪ'stɪlərɪ] **n** distillerie *f*.

distinct [dɪ'stɪŋkt] **adj 1.** [separate] distinct(e) **2.** [noticeable] net (nette).

distinction [dɪ'stɪŋkʃn] **n 1.** [difference] distinction *f* **2.** [mark for work] mention *f* très bien.

distinctive [dɪ'stɪŋktɪv] **adj** distinctif(ive).

distinguish [dɪ'stɪŋgwɪʃ] **vt** distinguer ▸ **to distiguish one thing from another** distinguer une chose d'une autre.

distorted [dɪ'stɔːtɪd] **adj** déformé(e).

distract [dɪ'strækt] **vt** distraire.

distraction [dɪ'strækʃn] **n** distraction *f*.

distress [dɪ'stres] **n** *(U)* **1.** [pain] souffrance *f* **2.** [anxiety] angoisse *f*.

distressing [dɪ'stresɪŋ] **adj** pénible.

distribute [dɪ'strɪbjuːt] **vt 1.** [hand out] distribuer **2.** [spread evenly] répartir.

distribution [ˌdɪstrɪ'bjuːʃn] **n 1.** [gen] distribution *f* **2.** [spreading out] répartition *f*.

distributor [dɪ'strɪbjʊtəʳ] **n** distributeur *m*.

district ['dɪstrɪkt] **n 1.** région *f* **2.** [of town] quartier *m*.

district attorney **n** US ≃ procureur *m* de la République.

disturb [dɪ'stɜːb] **vt 1.** [interrupt, move] déranger **2.** [worry] inquiéter ▸ **'do not disturb'** 'ne pas déranger'.

disturbance [dɪ'stɜːbəns] **n** [violence] troubles *mpl*.

ditch [dɪtʃ] **n** fossé *m*.

dithering ['dɪðərɪŋ] **n** COMPUT tramage *m*.

ditto ['dɪtəʊ] **adv** idem.

divan [dɪ'væn] **n** divan *m*.

dive [daɪv] (US *pt* **-d** OR **dove**, UK *pt* **-d**) ◆ **n** plongeon *m*. ◆ **vi** plonger.

diver ['daɪvəʳ] **n** plongeur *m*, -euse *f*.

diverse [daɪ'vɜːs] **adj** divers(e).

diversion [daɪ'vɜːʃn] **n 1.** [of traffic] déviation *f* **2.** [amusement] distraction *f*.

diversity [daɪ'vɜːsətɪ] **n** diversité *f*.

divert [daɪ'vɜːt] **vt** détourner.

divide [dɪ'vaɪd] **vt 1.** diviser **2.** [share out] partager. ◆ **divide up** **vt sep 1.** diviser **2.** [share out] partager.

diving ['daɪvɪŋ] **n** *(U)* **1.** [from diving-board, rock] plongeon *m* **2.** [under sea] plongée *f* (sous-marine) ▸ **to go diving** faire de la plongée.

diving board **n** plongeoir *m*.

division [dɪ'vɪʒn] **n 1.** division *f* **2.** COMM service *m*.

divorce [dɪ'vɔːs] ◆ **n** divorce *m*. ◆ **vt** divorcer de OR d'avec.

divorced [dɪ'vɔːst] **adj** divorcé(e).

DIY *(U)* UK *abbr of* **do-it-yourself**.

dizzy ['dɪzɪ] **adj : to feel dizzy** avoir la tête qui tourne.

DJ (*abbr of* **disc jockey**) **n** DJ *m (disc-jockey)*.

DNA (*abbr of* **deoxyribonucleic acid**) **n** ADN *m (acide désoxyribonucléique)*.

do [duː] (*pt* **did**, *pp* **done**, *pl* **dos**) ◆ **aux vb 1.** [in negatives] **: don't do that!** ne fais pas ça ! ▸ **she didn't listen** elle n'a pas écouté **2.** [in questions] **: did he like it?** est-ce qu'il a aimé ? ▸ **how do you do it?** comment fais-tu ça ? **3.** [referring to previous verb] **: I eat more than you do** je mange plus que toi ▸ **you made a mistake — no I didn't!** tu t'es trompé — non, ce n'est pas vrai ! ▸ **so do I** moi aussi **4.** [in question tags] **: so, you like Scotland, do you?** alors, tu aimes bien l'Écosse ? ▸ **the train leaves at five o'clock, doesn't it?** le train part à cinq heures, n'est-ce pas ? **5.** [for emphasis] **:**

I do like this bedroom j'aime vraiment cette chambre ▸ **do come in!** entrez donc !
◆ **vt 1.** [perform] faire ▸ **to do one's homework** faire ses devoirs ▸ **what is she doing?** qu'est-ce qu'elle fait ? ▸ **what can I do for you?** je peux vous aider ? **2.** [clean, brush, etc.] **: to do one's hair** se coiffer ▸ **to do one's make-up** se maquiller ▸ **to do one's teeth** se laver les dents **3.** [cause] faire ▸ **to do damage** faire des dégâts ▸ **the rest will do you good** le repos te fera du bien **4.** [have as job] **: what do you do?** qu'est-ce que vous faites dans la vie ? **5.** [provide, offer] faire ▸ **we do pizzas for under £4** nos pizzas sont à moins de 4 livres **6.** [study] faire **7.** [subj: vehicle] **: the car was doing 50 mph** la voiture faisait du 80 à l'heure **8.** *inf* [visit] faire ▸ **we're doing Scotland next week** on fait l'Écosse la semaine prochaine
◆ **vi 1.** [behave, act] faire ▸ **do as I say** fais ce que je te dis **2.** [progress, get on] **: to do well** [business] marcher bien ▸ **I'm not doing very well** ça ne marche pas très bien **3.** [be sufficient] aller, être suffisant ▸ **will £5 do?** 5 livres, ça ira ? **4.** [in phrases] **: how do you do? a)** [greeting] enchanté ! **b)** [answer] de même ! ▸ **how are you doing?** comment ça va ? ▸ **what has that got to do with it?** qu'est-ce que ça a à voir ?
◆ **n** [party] fête *f*, soirée *f* ▸ **the dos and don'ts** les choses à faire et à ne pas faire

◆ **do out of** **vt sep** *inf* **: to do sb out of £10** entuber qqn de 10 livres.

◆ **do up** **vt sep** [coat, shirt] boutonner ; [shoes, laces] attacher ; [zip] remonter ; [decorate] refaire.

◆ **do with** **vt insep** [need] **: I could do with a drink** un verre ne serait pas de refus.

◆ **do without** **vt insep** se passer de.

dock [dɒk] ◆ **n 1.** [for ships] dock *m* **2.** LAW banc *m* des accusés. ◆ **vi** arriver à quai.

docking station **n** station *f* d'accueil *(d'un appareil électronique)*.

doctor ['dɒktə^r] **n 1.** [of medicine] docteur *m*, médecin *m* **2.** [academic] docteur *m* ▸ **to go to the doctor's** aller chez le docteur OR le médecin.

document ['dɒkjʊmənt] **n** document *m*.

documentary [,dɒkjʊ'mentərɪ] **n** documentaire *m*.

docusoap ['dɒkju:səʊp] **n** docudrame *m* *(sous forme de feuilleton)*.

Dodgems® ['dɒdʒəmz] **npl** UK autos *fpl* tamponneuses.

dodgy ['dɒdʒɪ] **adj** UK *inf* **1.** [plan] douteux(euse) **2.** [machine] pas très fiable.

does *(weak form* [dəz], *strong form* [dʌz]*)* → **do**.

doesn't ['dʌznt] → **does not**.

dog [dɒg] **n** chien *m*.

dog food **n** *(U)* nourriture *f* pour chien.

doggone ['dɑ:gɑ:n] **excl** US *inf* **: doggone (it)!** zut !

doggy bag ['dɒgɪ-] **n** *sachet servant aux clients d'un restaurant à emporter les restes de leur repas.*

dog mess **n** UK crottes *fpl* de chien.

do-it-yourself **n** *(U)* bricolage *m*.

dole [dəʊl] **n : to be on the dole** UK être au chômage.

doll [dɒl] **n** poupée *f*.

dollar ['dɒlə^r] **n** dollar *m*.

Dolomites ['dɒləmaɪts] **pl : the Dolomites** les Dolomites *fpl*, les Alpes *fpl* dolomitiques.

dolphin ['dɒlfɪn] n dauphin *m*.

dome [dəʊm] n dôme *m*.

domestic [də'mestɪk] adj **1.** [of house] ménager(ère) **2.** [of family] familial(e) **3.** [of country] intérieur(e).

domestic appliance n appareil *m* ménager.

domestic flight n vol *m* intérieur.

domestic science n *(U)* enseignement *m* ménager.

dominate ['dɒmɪneɪt] vt dominer.

Dominican Republic n **: the Dominican Republic** la République dominicaine.

dominoes ['dɒmɪnəʊz] n *(U)* dominos *mpl*.

donate [də'neɪt] vt donner.

donation [də'neɪʃn] n don *m*.

done [dʌn] ◆ pp → **do.** ◆ adj **1.** [finished] fini(e) **2.** [cooked] cuit(e).

donkey ['dɒŋkɪ] n âne *m*.

donor ['dəʊnə^r] n **1.** MED donneur *m*, -euse *f* **2.** [to charity] donateur *m*, -trice *f*.

don't [dəʊnt] → **do not**.

donut ['dəʊnʌt] US = **doughnut**.

door [dɔː^r] n **1.** porte *f* **2.** [of vehicle] portière *f*.

doorbell ['dɔːbel] n sonnette *f*.

doorknob ['dɔːnɒb] n bouton *m* de porte.

doorman ['dɔːmən] (*pl* **-men**) n portier *m*.

doormat ['dɔːmæt] n paillasson *m*.

doormen ['dɔːmən] pl → **doorman**.

doorstep ['dɔːstep] n **1.** pas *m* de la porte **2.** UK [piece of bread] tranche *f* de pain épaisse.

doorway ['dɔːweɪ] n embrasure *f* de la porte.

dope [dəʊp] n *(U) inf* **1.** [any drug] dope *f* **2.** [marijuana] herbe *f*.

dork [dɔːk] n US *inf* [idiot] niais *m*, -e *f* ; [studious person] binoclard *m*, -e *f*.

dorm US *inf* n = **dormitory**.

dormitory ['dɔːmətrɪ] n dortoir *m*.

Dormobile® ['dɔːmə,biːl] n UK camping-car *m*.

dosage ['dəʊsɪdʒ] n dosage *m*.

dose [dəʊs] n dose *f*.

dot [dɒt] n point *m* ▸ **on the dot** *fig* (à l'heure) pile.

dotcom ['dɒtkɒm] n dot com *f*.

dotted line ['dɒtɪd-] n ligne *f* pointillée.

double ['dʌbl] ◆ adv deux fois. ◆ n **1.** double *m* **2.** [alcohol] double dose *f*. ◆ vt & vi doubler. ◆ adj double ▸ **double three, two, eight** trente-trois, vingt-huit ▸ **double "l"** deux « l » ▸ **to bend sthg double** plier qqch en deux ▸ **a double whisky** un double whisky. ◆ **doubles** n double *m*.

double bed n grand lit *m*.

double-breasted [-'brestɪd] adj croisé(e).

double click n double-clic *m*.

double-click vi double-cliquer.

double cream n *(U)* UK crème *f* fraîche épaisse.

double-decker (bus) [-'dekə^r-] n autobus *m* à impériale.

double doors npl porte *f* à deux battants.

double-glazing [-'gleɪzɪŋ] n UK double vitrage *m*.

double-page spread n [newspaper, typography] double page *f.*

double room n chambre *f* double.

double yellow (line) n UK **: to be parked on a double yellow (line)** être en stationnement interdit.

doubt [daʊt] ◆ n doute *m.* ◆ vt douter de ▸ **I doubt it** j'en doute ▸ **I doubt she'll be there** je doute qu'elle soit là ▸ **in doubt** incertain ▸ **no doubt** sans aucun doute.

doubtful ['daʊtfʊl] **adj** [uncertain] incertain(e) ▸ **it's doubtful that...** il est peu probable que... *(+ subjunctive).*

dough [dəʊ] **n** *(U)* pâte *f.*

doughnut ['dəʊnʌt] **n** beignet *m.*

dove[1] [dʌv] **n** [bird] colombe *f.*

dove[2] [dəʊv] US **pt** → **dive**.

Dover ['dəʊvə^r] **n** Douvres.

Dover sole n sole *f.*

down [daʊn] ◆ **adv 1.** [towards the bottom] vers le bas ▸ **down here** ici en bas ▸ **down there** là en bas ▸ **to fall down** tomber ▸ **to go down** descendre **2.** [along] **: I'm going down to the shops** je vais jusqu'aux magasins **3.** [downstairs] **: I'll come down later** je descendrai plus tard **4.** [southwards] **: we're going down to London** nous descendons à Londres **5.** [in writing] **to write sthg down** écrire OR noter qqch
◆ **prep 1.** [towards the bottom of] **: they ran down the hill** ils ont descendu la colline en courant **2.** [along] le long de ▸ **I was walking down the street** je descendais la rue
◆ **adj** *inf* [depressed] cafardeux(euse)
◆ **n** [feathers] duvet *m*
◆ **downs npl** UK collines *fpl.*

downhill [ˌdaʊn'hɪl] **adv : to go downhill** descendre.

Downing Street ['daʊnɪŋ-] **n** Downing Street.

ⓘ Downing Street

Le numéro 10 de cette rue de Westminster, à Londres, est la résidence officielle du Premier ministre, où se tiennent les réunions protocolaires du Conseil des ministres et où sont reçus les dignitaires étrangers (l'expression est également utilisée par les médias pour faire référence au gouvernement britannique). Tony Blair est le premier chef d'État à avoir choisi de résider au numéro 11 de la même rue, résidence habituelle du ministre des Finances.

download [ˌdaʊn'ləʊd] **vt** télécharger.

downloadable [ˌdaʊn'ləʊdəbl] **adj** COMPUT téléchargeable.

downloading [ˌdaʊn'ləʊdɪŋ] **n** téléchargement *m.*

downpour ['daʊnpɔː^r] **n** grosse averse *f.*

Down's syndrome n trisomie *f* 21.

downstairs [ˌdaʊn'steəz] ◆ **adj** [room] du bas. ◆ **adv** en bas ▸ **to go downstairs** descendre.

downstream [ˌdaʊn'striːm] **adv** en aval.

downtown [ˌdaʊn'taʊn] ◆ **adj** US **1.** [hotel] du centre-ville **2.** [train] en direction du centre-ville. ◆ **adv** US en ville ▸ **downtown New York** US le centre de New York.

down under adv UK *inf* [in Australia] en Australie.

downward-compatible adj COMPUT compatible vers le bas.

downwards ['daʊnwədz] **adv** vers le bas.

doz. *abbr of* **dozen**.

doze [dəʊz] **vi** sommeiller.

dozen ['dʌzn] **n** douzaine *f* ▸ **a dozen eggs** une douzaine d'œufs.

dpi *abbr of* **dots per inch**.

Dr (*abbr of* **Doctor**) Dr (*docteur*).

drab [dræb] **adj** terne.

draft [drɑːft] **n 1.** [early version] brouillon *m* **2.** [money order] traite *f* **3.** US = **draught**.

draft beer US = **draught beer**.

drafty US = **draughty**.

drag [dræg] ◆ **vt** [pull along] tirer. ◆ **vi** [along ground] traîner (par terre) ▸ **what a drag!** *inf* quelle barbe ! ◆ **drag on vi** s'éterniser.

dragonfly ['drægnflaɪ] **n** libellule *f*.

drain [dreɪn] ◆ **n 1.** [sewer] égout *m* **2.** [in street] bouche *f* d'égout. ◆ **vt 1.** [field] drainer **2.** [tank] vidanger. ◆ **vi** [vegetables, washing-up] s'égoutter.

draining board ['dreɪnɪŋ-] **n** UK égouttoir *m*.

drainpipe ['dreɪnpaɪp] **n** tuyau *m* d'écoulement.

drama ['drɑːmə] **n 1.** [play] pièce *f* de théâtre **2.** *(U)* [art] théâtre *m* **3.** *(U)* [excitement] drame *m*.

drama queen **n** *inf* : **he's a real drama queen** il en fait des tonnes ▸ **don't be such a drama queen** arrête ton cinéma.

dramatic [drə'mætɪk] **adj** [impressive] spectaculaire.

dramatization, dramatisation UK [ˌdræmətaɪ'zeɪʃn] **n** adaptation *f* pour la télévision / la scène / l'écran.

drank [dræŋk] **pt** → **drink**.

drapes [dreɪps] **npl** US rideaux *mpl*.

drastic ['dræstɪk] **adj 1.** radical(e) **2.** [improvement] spectaculaire.

drastically ['dræstɪklɪ] **adv** radicalement.

draught [drɑːft] **n** UK [of air] courant *m* d'air.

draught beer **n** UK bière *f* (à la) pression.

draughts [drɑːfts] **n** *(U)* UK dames *fpl*.

draughty ['drɑːftɪ] **adj** UK plein(e) de courants d'air.

draw [drɔː] (*pt* **drew**, *pp* **drawn**) ◆ **vt 1.** [with pen, pencil] dessiner **2.** [line] tracer **3.** [pull] tirer **4.** [attract] attirer **5.** [conclusion] tirer **6.** [comparison] établir. ◆ **vi 1.** dessiner **2.** UK SPORT faire match nul. ◆ **n 1.** UK SPORT [result] match *m* nul **2.** [lottery] tirage *m* ▸ **to draw the curtains a)** [open] ouvrir les rideaux **b)** [close] tirer les rideaux. ◆ **draw out vt sep** [money] retirer. ◆ **draw up** ◆ **vt sep** [list, plan] établir. ◆ **vi** [car, bus] s'arrêter.

drawback ['drɔːbæk] **n** inconvénient *m*.

drawer [drɔːʳ] **n** tiroir *m*.

drawing ['drɔːɪŋ] **n** dessin *m*.

drawing board **n** planche *f* à dessin.

drawing pin **n** UK punaise *f*.

drawing room **n** salon *m*.

drawn [drɔːn] **pp** → **draw**.

dreadful ['dredfʊl] **adj** épouvantable.

dreadlocks ['dredlɒks] **npl** coiffure *f* rasta.

dreads [dredz] **npl** = **dreadlocks**.

dream [dri:m] ◆ **n** rêve *m*. ◆ **vt** **1.** [when asleep] rêver **2.** [imagine] imaginer. ◆ **vi : to dream (of)** rêver (de) ▸ **a dream house** une maison de rêve.

dress [dres] ◆ **n 1.** robe *f* **2.** *(U)* [clothes] tenue *f*. ◆ **vt 1.** habiller **2.** [wound] panser **3.** [salad] assaisonner. ◆ **vi** s'habiller ▸ **to be dressed in** être vêtu de ▸ **to get dressed** s'habiller. ◆ **dress up vi** s'habiller (élégamment).

dress circle **n** premier balcon *m*.

dressed ['drest] **adj** habillé(e) ▸ **to be appropriately dressed** avoir une tenue appropriée ▸ **to be dressed to kill** *inf* [phrase] avoir un look d'enfer.

dresser ['dresə^r] **n 1.** UK [for crockery] buffet *m* **2.** US [chest of drawers] commode *f*.

dressing ['dresɪŋ] **n 1.** [for salad] assaisonnement *m* **2.** [for wound] pansement *m*.

dressing gown **n** robe *f* de chambre.

dressing room **n 1.** SPORT vestiaire *m* **2.** [in theatre] loge *f*.

dressing table **n** coiffeuse *f*.

dressmaker ['dres,meɪkə^r] **n** couturier *m*, -ière *f*.

dress rehearsal **n** répétition *f* générale.

drew [dru:] **pt** → **draw**.

dribble ['drɪbl] **vi 1.** [liquid] tomber goutte à goutte **2.** [baby] baver.

drier ['draɪə^r] = **dryer**.

drift [drɪft] ◆ **n** [of snow] congère *f*. ◆ **vi 1.** [in wind] s'amonceler **2.** [in water] dériver.

drill [drɪl] ◆ **n 1.** [electric tool] perceuse *f* **2.** [manual tool] chignole *f* **3.** [of dentist] roulette *f*. ◆ **vt** [hole] percer.

drilling ['drɪlɪŋ] **n 1.** *(U)* [in metal, wood] forage *m*, perçage *m* **2.** [by dentist] fraisage *m*.

drilling platform **n** plate-forme *f* (de forage).

drilling rig **n** [on land] derrick *m*, tour *f* de forage.

drink [drɪŋk] (*pt* **drank**, *pp* **drunk**) ◆ **n 1.** boisson *f* **2.** [alcoholic] verre *m*. ◆ **vt & vi** boire ▸ **would you like a drink?** voulez-vous quelque chose à boire ? ▸ **to have a drink** [alcoholic] prendre un verre.

drinkable ['drɪŋkəbl] **adj 1.** [safe to drink] potable **2.** [wine] buvable.

drink-driver **n** UK conducteur *m*, -trice *f* ivre.

drinking water ['drɪŋkɪŋ-] **n** *(U)* eau *f* potable.

drip [drɪp] ◆ **n 1.** [drop] goutte *f* **2.** MED goutte-à-goutte *m inv*. ◆ **vi 1.** goutter **2.** [tap] fuir ▸ **to be on a drip** être sous perfusion.

drip-dry **adj** qui ne se repasse pas.

dripping (wet) ['drɪpɪŋ-] **adj** trempé(e).

drive [draɪv] (*pt* **drove**, *pp* **driven** ['drɪvn]) ◆ **n 1.** [journey] trajet *m* (en voiture) **2.** [in front of house] allée *f*. ◆ **vt 1.** [car, bus, train, passenger] conduire **2.** [operate, power] faire marcher. ◆ **vi 1.** [drive car] conduire **2.** [travel in car] aller en voiture ▸ **to go for a drive** faire un tour en voiture ▸ **to drive sb to do sthg** pousser qqn à faire qqch ▸ **to drive sb mad** rendre qqn fou.

drivel ['drɪvl] **n** *(U)* bêtises *fpl*.

driven ['drɪvn] **pp** → **drive**.

driver ['draɪvəʳ] n **1.** conducteur *m*, -trice *f* **2.** COMPUT pilote *m*.

driver's license US = **driving licence**.

driveshaft ['draɪvʃɑːft] n arbre *m* de transmission.

driveway ['draɪvweɪ] n allée *f*.

driving instructor n moniteur *m*, -trice *f* d'auto-école.

driving lesson ['draɪvɪŋ-] n leçon *f* de conduite.

driving licence ['draɪvɪŋ-] n UK permis *m* de conduire.

driving test ['draɪvɪŋ-] n examen *m* du permis de conduire.

drizzle ['drɪzl] n *(U)* bruine *f*.

drop [drɒp] ◆ n **1.** [of liquid] goutte *f* **2.** [distance down] dénivellation *f* **3.** [decrease] chute *f*. ◆ vt **1.** laisser tomber **2.** [reduce] baisser **3.** [from vehicle] déposer. ◆ vi **1.** [fall] tomber **2.** [decrease] chuter ▸ **to drop a hint that** laisser entendre que ▸ **to drop sb a line** écrire un mot à qqn. ◆ **drop in** vi *inf* passer. ◆ **drop off** ◆ vt sep [from vehicle] déposer. ◆ vi **1.** [fall asleep] s'endormir **2.** [fall off] tomber. ◆ **drop out** vi [of college, race] abandonner.

drop-off n **1.** [decrease] baisse *f*, diminution *f* **2.** US [descent] à-pic *m inv*.

drought [draʊt] n sécheresse *f*.

drove [drəʊv] pt → **drive**.

drown [draʊn] vi se noyer.

drug [drʌg] ◆ n **1.** MED médicament *m* **2.** [illegal] drogue *f*. ◆ vt droguer.

drug addict n drogué *m*, -e *f*.

druggie ['drʌgɪ] n *inf* [addict] toxico *mf*.

druggist ['drʌgɪst] n US pharmacien *m*, -ienne *f*.

drugstore ['drʌgstɔːʳ] n US drugstore *m*.

drum [drʌm] n **1.** MUS tambour *m* **2.** [container] bidon *m*.

drummer ['drʌməʳ] n **1.** joueur *m*, -euse *f* de tambour **2.** [in band] batteur *m*, -euse *f*.

drums [drʌmz] npl MUS batterie *f*.

drumstick ['drʌmstɪk] n [of chicken] pilon *m*.

drunk [drʌŋk] ◆ pp → **drink**. ◆ adj saoul(e), soûl(e). ◆ n ivrogne *m ou f* ▸ **to get drunk** se saouler, se soûler.

dry [draɪ] ◆ adj **1.** sec (sèche) **2.** [day] sans pluie. ◆ vt **1.** [hands, clothes] sécher **2.** [washing-up] essuyer. ◆ vi sécher ▸ **to dry o.s.** se sécher ▸ **to dry one's hair** se sécher les cheveux. ◆ **dry up** vi **1.** [become dry] s'assécher **2.** [dry the dishes] essuyer la vaisselle.

dry-clean vt nettoyer à sec.

dry cleaner's n pressing *m*.

dry-cleaning n nettoyage *m* à sec.

dryer ['draɪəʳ] n **1.** [for clothes] séchoir *m* **2.** [for hair] séchoir *m* à cheveux, sèche-cheveux *m inv*.

dry-roasted peanuts [-'rəʊstɪd-] npl cacahuètes *fpl* grillées à sec.

DTP (*abbr of* desktop publishing) n PAO *f (publication assistée par ordinateur)*.

dual-band adj bibande.

dual carriageway ['djuːəl-] n UK route *f* à quatre voies.

dual-core processor n processeur *m* à double cœur.

dual-heritage adj métis(isse).

dub [dʌb] (*pt & pp* **-bed**, *cont* **-bing**) vt [in foreign language] doubler.

dubbed [dʌbd] **adj** [film] doublé(e).

dubious ['dju:bjəs] **adj** [suspect] douteux(euse).

duchess ['dʌtʃɪs] **n** duchesse *f.*

duck [dʌk] ◆ **n** canard *m.* ◆ **vi** se baisser.

dude [dju:d] **n** US *inf* [man] gars *m*, type *m*.

due [dju:] **adj 1.** [expected] attendu(e) **2.** [money, bill] dû (due) ▸ **the train is due to leave at eight o'clock** le départ du train est prévu pour huit heures ▸ **in due course** en temps voulu ▸ **due to** en raison de.

due diligence **n** FIN due-diligence *f.*

duet [dju:'et] **n** duo *m*.

duffel bag ['dʌfl-] **n** sac *m* marin.

duffel coat ['dʌfl-] **n** duffel-coat *m*.

dug [dʌg] **pt & pp** → **dig**.

duke [dju:k] **n** duc *m*.

dull [dʌl] **adj 1.** [boring] ennuyeux(euse) **2.** [not bright] terne **3.** [weather] maussade **4.** [pain] sourd(e).

dumb [dʌm] **adj 1.** *inf* [stupid] idiot(e) **2.** [unable to speak] muet(ette).

dummy ['dʌmɪ] **n 1.** UK [of baby] tétine *f* **2.** [for clothes] mannequin *m*.

dump [dʌmp] ◆ **n 1.** [for rubbish] dépotoir *m* **2.** *inf* [town] trou *m* **3.** *inf* [room, flat] taudis *m*. ◆ **vt 1.** [drop carelessly] laisser tomber **2.** [get rid of] se débarrasser de.

dumpling ['dʌmplɪŋ] **n** *boulette de pâte cuite à la vapeur et servie avec les ragoûts.*

dune [dju:n] **n** dune *f.*

dungarees [,dʌŋgə'ri:z] **npl 1.** UK [for work] bleu *m* (de travail) **2.** UK [fashion item] salopette *f* **3.** US [jeans] jean *m*.

dungeon ['dʌndʒən] **n** cachot *m*.

duo ['dju:əʊ] **n** duo *m*.

duplicate ['dju:plɪkət] **n** double *m*.

duration [djʊ'reɪʃn] **n** durée *f* ▸ **duration of stay** durée du séjour ▸ **for the duration of** pour une durée de.

during ['djʊərɪŋ] **prep** pendant, durant.

dusk [dʌsk] **n** *(U)* crépuscule *m*.

dust [dʌst] ◆ **n** *(U)* poussière *f.* ◆ **vt** épousseter.

dustbin ['dʌstbɪn] **n** UK poubelle *f.*

dustcart ['dʌstkɑ:t] **n** UK camion *m* des éboueurs.

duster ['dʌstəʳ] **n** chiffon *m* (à poussière).

dustman ['dʌstmən] (*pl* **-men**) **n** UK éboueur *m*.

dustpan ['dʌstpæn] **n** pelle *f.*

dusty ['dʌstɪ] **adj** poussiéreux(euse).

Dutch [dʌtʃ] ◆ **adj** hollandais(e), néerlandais(e). ◆ **n** *(U)* [language] néerlandais *m*. ◆ **npl : the Dutch** les Hollandais *mpl.*

Dutchman ['dʌtʃmən] (*pl* **-men**) **n** Hollandais *m*.

Dutchwoman ['dʌtʃ,wʊmən] (*pl* **-women**) **n** Hollandaise *f.*

duty ['dju:tɪ] **n 1.** [moral obligation] devoir *m* **2.** [tax] droit *m* ▸ **to be on duty** être de service ▸ **to be off duty** ne pas être de service. ◆ **duties** **npl** [job] fonctions *fpl.*

duty chemist's **n** pharmacie *f* de garde.

duty-free ◆ adj détaxé(e). ◆ n articles *mpl* détaxés.

duty-free shop n boutique *f* hors taxe.

duty of care n devoir *m* de diligence.

duvet ['du:veɪ] n UK couette *f*.

DVD (*abbr of* Digital Video OR Versatile Disc) n DVD *m*.

DVD burner n graveur *m* de DVD.

DVD player n lecteur *m* de DVD.

DVD-ROM (*abbr of* Digital Video OR Versatile Disc read only memory) n DVD-ROM *m*.

dwarf [dwɔ:f] (*pl* **dwarves** [dwɔ:vz]) n nain *m*, naine *f*.

dwelling ['dwelɪŋ] n *fml* logement *m*.

dye [daɪ] ◆ n teinture *f*. ◆ vt teindre.

dying ['daɪɪŋ] **cont** → **die**.

dynamite ['daɪnəmaɪt] n *(U)* dynamite *f*.

dynamo ['daɪnəməʊ] (*pl* **-s**) n [on bike] dynamo *f*.

dyslexic [dɪs'leksɪk] adj dyslexique.

E e

E (*abbr of* east) E *(Est)*.

E111 n UK formulaire *m* E111.

each [i:tʃ] ◆ adj chaque. ◆ pron chacun *m*, -e *f* ▸ **each one** chacun ▸ **each of them** chacun d'entre eux ▸ **to know each other** se connaître ▸ **one each** un chacun ▸ **one of each** un de chaque.

eager ['i:gə^r] adj enthousiaste ▸ **to be eager to do sthg** vouloir à tout prix faire qqch.

eagle ['i:gl] n aigle *m*.

ear [ɪə^r] n **1.** oreille *f* **2.** [of corn] épi *m*.

earache ['ɪəreɪk] n **: to have earache** avoir mal aux oreilles.

earbashing ['ɪəbæʃɪŋ] n UK *inf* **: to get an earbashing** se faire passer un savon, se faire souffler dans les bronches.

eardrum ['ɪədrʌm] n tympan *m*.

earl [ɜ:l] n comte *m*.

early ['ɜ:lɪ] ◆ adv **1.** de bonne heure, tôt **2.** [before usual or arranged time] tôt. ◆ adj en avance ▸ **in early June** au début du mois de juin ▸ **at the earliest** au plus tôt ▸ **early on** tôt ▸ **to have an early night** se coucher tôt.

earn [ɜ:n] vt **1.** [money] gagner **2.** [praise] s'attirer **3.** [success] remporter ▸ **to earn a living** gagner sa vie.

earnings ['ɜ:nɪŋz] npl revenus *mpl*.

earphones ['ɪəfəʊnz] npl écouteurs *mpl*.

earplugs ['ɪəplʌgz] npl [wax] boules *fpl* Quiès®.

earrings ['ɪərɪŋz] npl boucles *fpl* d'oreille.

earth [ɜ:θ] ◆ n terre *f*. ◆ vt UK [appliance] relier à la terre ▸ **how on earth...?** comment diable... ?

earthed [ɜ:θt] adj UK [cable] mis(e) à la terre ▸ **earthed conductor** conducteur *m* au sol.

earthenware ['ɜ:θnweə^r] adj en terre cuite.

earthquake ['ɜ:θkweɪk] n tremblement *m* de terre.

ease [i:z] ◆ n *(U)* facilité *f*. ◆ vt **1.** [pain] soulager **2.** [problem] arranger ▸ **at ease**

à l'aise ▸ **with ease** facilement. ◆ **ease off** vi [pain, rain] diminuer.

easily ['i:zɪlɪ] adv **1.** facilement **2.** [by far] de loin.

east [i:st] ◆ n est *m*. ◆ adv **1.** [fly, walk] vers l'est **2.** [be situated] à l'est ▸ **in the east of England** à OR dans l'est de l'Angleterre ▸ **the East** [Asia] l'Orient *m*.

eastbound ['i:stbaʊnd] adj en direction de l'est.

Easter ['i:stə^r] n Pâques *m*.

Easter egg n œuf *m* de Pâques.

eastern ['i:stən] adj oriental(e), est *inv*. ◆ **Eastern** adj [Asian] oriental(e).

Eastern Europe n l'Europe *f* de l'Est.

East Germany n : **(former) East Germany** (l'ex-)Allemagne *f* de l'Est.

eastward ['i:stwəd] ◆ adj vers l'est. ◆ adv = **eastwards**.

eastwards ['i:stwədz] adv vers l'est.

easy ['i:zɪ] adj facile ▸ **to take it easy** ne pas s'en faire.

easygoing [ˌi:zɪ'gəʊɪŋ] adj facile à vivre.

eat [i:t] (*pt* **ate** [UK et, US eɪt], *pp* **eaten** ['i:tn]) vt & vi manger. ◆ **eat out** vi manger dehors.

eating ['i:tɪŋ] adj [of eating] alimentaire.

eating apple ['i:tɪŋ-] n pomme *f* à couteau.

ebony ['ebənɪ] n *(U)* ébène *f*.

e-book n livre *m* électronique, e-book *m*.

e-book reader n liseuse *f*.

e-business n **1.** [company] cyberentreprise *f* **2.** *(U)* [trade] cybercommerce *m*, commerce *m* électronique.

EC (*abbr of* European Community) n CE *f* *(Communauté européenne)*.

e-card n COMPUT carte *f* électronique.

e-cash n argent *m* virtuel OR électronique.

ECB (*abbr of* European Central Bank) n BCE *(Banque centrale européenne) f*.

eccentric [ɪk'sentrɪk] adj excentrique.

echo ['ekəʊ] (*pl* **-es**) ◆ n écho *m*. ◆ vi résonner.

eco-friendly adj qui respecte l'environnement.

ecological [ˌi:kə'lɒdʒɪkl] adj écologique.

ecological transition n transition *f* écologique.

ecology [ɪ'kɒlədʒɪ] n *(U)* écologie *f*.

e-commerce n *(U)* commerce *m* électronique, cybercommerce *m*.

economic [ˌi:kə'nɒmɪk] adj économique. ◆ **economics** n économie *f*.

economical [ˌi:kə'nɒmɪkl] adj **1.** [car, system] économique **2.** [person] économe.

economize [ɪ'kɒnəmaɪz] vi faire des économies.

economy [ɪ'kɒnəmɪ] n économie *f*.

economy class n classe *f* touriste.

economy size adj taille économique *inv*.

ecoterrorism ['i:kəʊˌterərɪzm] n écoterrorisme *m*.

ecotourism ['i:kəʊˌtʊərɪzm] n écotourisme *m*, tourisme *m* vert.

ecstasy ['ekstəsɪ] n *(U)* **1.** [great joy] extase *f* **2.** [drug] ecstasy *f*.

Ecuador ['ekwədɔ:^r] n Équateur *m* ▸ **in Ecuador** en Équateur.

Ecuadoran [ˌekwə'dɔ:rən], **Ecuadorian** [ˌekwə'dɔ:rɪən] ◆ n Équatorien *m*, -enne *f*. ◆ adj équatorien.

eczema ['eksɪmə] n *(U)* eczéma *m*.

edge [edʒ] n **1.** bord *m* **2.** [of knife] tranchant *m*.

edible ['edɪbl] adj comestible.

Edinburgh ['edɪnbrə] n Édimbourg.

Edinburgh Festival n **: the Edinburgh Festival** le festival d'Édimbourg.

edition [ɪ'dɪʃn] n **1.** [of book, newspaper] édition *f* **2.** [of TV programme] diffusion *f*.

editor ['edɪtə^r] n **1.** [of newspaper, magazine] rédacteur *m*, -trice *f* en chef **2.** [of film] monteur *m*, -euse *f*.

editorial [,edɪ'tɔːrɪəl] n éditorial *m*.

educate ['edʒʊkeɪt] vt instruire.

education [,edʒʊ'keɪʃn] n *(U)* éducation *f*.

ⓘ US Education

Aux États-Unis, l'école élémentaire débute à l'âge de cinq ans et comporte six niveaux. Dès douze ans les élèves intègrent la **Junior High School**, enseignement secondaire comprenant deux niveaux (**seventh** et **eight grades**), avant d'entrer à la **High School**, composée des **ninth** et **tenth grades**. À la fin du cursus scolaire, l'obtention du diplôme (équivalent français du baccalauréat), donne lieu à une importante cérémonie à laquelle assistent parents et amis, la **graduation**. Les élèves poursuivent ensuite leurs études dans des **Graduate schools** (établissements supérieurs publics ou privés).

edutainment [,edʒʊ'teɪnmənt] ◆ n **1.** [TV programmes] émissions *fpl* éducatives pour les enfants **2.** [software] logiciels *mpl* ludo-éducatifs. ◆ adj ludo-éducatif(ive).

EEA (*abbr of* **European Economic Area**) n EEE *m (Espace économique européen)*.

EEC (*abbr of* **European Economic Community**) n CEE *f (Communauté économique européenne)*.

eel [iːl] n anguille *f*.

effect [ɪ'fekt] n effet *m* ▸ **to put sthg into effect** mettre qqch en application ▸ **to take effect** prendre effet.

effective [ɪ'fektɪv] adj **1.** efficace **2.** [law, system] en vigueur.

effectively [ɪ'fektɪvlɪ] adv **1.** [successfully] efficacement **2.** [in fact] effectivement.

efficient [ɪ'fɪʃənt] adj efficace.

effort ['efət] n *(U)* effort *m* ▸ **to make an effort to do sthg** faire un effort pour faire qqch ▸ **it's not worth the effort** ça ne vaut pas la peine.

E-fit® ['iːfɪt] n portrait-robot *m* électronique.

EFTPOS ['eftpɒs] (*abbr of* **electronic funds transfer at point of sale**) n *transfert électronique de fonds au point de vente.*

e.g. adv p. ex.

egalitarianism [ɪ,gælɪ'teərɪənɪzm] n égalitarisme *m*.

egg [eg] n œuf *m*.

egg cup n coquetier *m*.

egg mayonnaise n œuf *m* mayonnaise.

eggplant ['egplɑːnt] n US aubergine *f*.

egg white n blanc *m* d'œuf.

eggy ['egɪ] adj **: an eggy taste / smell** un goût / une odeur d'œuf ▸ **eggy bread** pain *m* perdu.

egg yolk n jaune *m* d'œuf.

ego-surfing n *recherche de son propre nom sur Internet.*

Egypt ['iːdʒɪpt] n l'Égypte *f.*

eiderdown ['aɪdədaʊn] n UK édredon *m.*

eight [eɪt] num huit ▸ **to be eight (years old)** avoir huit ans ▸ **it's eight (o'clock)** il est huit heures ▸ **a hundred and eight** cent huit ▸ **eight Hill St** 8 Hill St ▸ **it's minus eight (degrees)** il fait moins huit (degrés).

eighteen [,eɪ'tiːn] num dix-huit ▸ **to be eighteen (years old)** avoir dix-huit ans ▸ **a hundred and eighteen** cent dix-huit ▸ **eighteen Hill St** 18 Hill St ▸ **it's minus eighteen (degrees)** il fait moins dix-huit (degrés).

eighteenth [,eɪ'tiːnθ] ◆ **num adj & adv** dix-huitième. ◆ **num pron** dix-huitième *m ou f.* ◆ **num n** [fraction] dix-huitième *m* ▸ **the eighteenth (of September)** le dix-huit (septembre).

eighth [eɪtθ] ◆ **num adj & adv** huitième. ◆ **num pron** huitième *m ou f.* ◆ **num n** [fraction] huitième *m* ▸ **the eighth (of September)** le huit (septembre).

eighth grade n US SCH *classe de l'enseignement secondaire correspondant à la quatrième (13-14 ans).*

eightieth ['eɪtɪɪθ] ◆ **num adj & adv** quatre-vingtième. ◆ **num pron** quatre-vingtième *m ou f.* ◆ **num n** [fraction] quatre-vingtième *m.*

eighty ['eɪtɪ] num quatre-vingt(s) ▸ **to be eighty (years old)** avoir quatre-vingts ans ▸ **a hundred and eighty** cent quatre-vingts ▸ **eighty Hill St** 80 Hill St ▸ **it's minus eighty (degrees Farenheit)** il fait moins quatre-vingts (degrés Farenheit).

Eire ['eərə] n l'Eire *f,* l'Irlande *f.*

Eisteddfod [aɪ'stedfəd] n *festival culturel gallois.*

either ['aɪðə^r^, 'iːðə^r^] ◆ **adj : either book will do** n'importe lequel des deux livres fera l'affaire. ◆ **adv : I can't either** je ne peux pas non plus ▸ **either… or** soit… soit, ou… ou ▸ **on either side** des deux côtés. ◆ **pron : I'll take either (of them)** je prendrai n'importe lequel ▸ **I don't like either (of them)** je n'aime ni l'un ni l'autre.

eject [ɪ'dʒekt] vt [cassette] éjecter.

elaborate [ɪ'læbrət] adj compliqué(e).

elastic [ɪ'læstɪk] n *(U)* élastique *m.*

elastic band n UK élastique *m.*

elbow ['elbəʊ] n [of person] coude *m.*

elder ['eldə^r^] adj aîné(e).

elderly ['eldəlɪ] ◆ **adj** âgé(e). ◆ **npl : the elderly** les personnes *fpl* âgées.

eldest ['eldɪst] adj aîné(e).

elect [ɪ'lekt] vt élire ▸ **to elect to do sthg** *fml* [choose] choisir de faire qqch.

election [ɪ'lekʃn] n élection *f* ▸ **to have** OR **hold an election** procéder à une élection.

ⓘ Elections

Les élections présidentielles américaines, dont les dates sont fixées par la Constitution, ont lieu tous les quatre ans. Le Président est élu par de grands électeurs, eux-mêmes élus au suffrage universel, et ne peut renouveler plus d'une fois son mandat. Les élections générales britanniques sont organisées tous les cinq ans mais le Premier ministre peut les provoquer à tout moment de la législature. L'abstention est autorisée en Grande-Bretagne comme aux Etats-Unis.

electric [ɪ'lektrɪk] **adj** électrique.

electrical goods [ɪ'lektrɪkl-] **npl** appareils *mpl* électriques.

electric blanket **n** couverture *f* chauffante.

electric drill **n** perceuse *f* électrique.

electric fence **n** clôture *f* électrifiée.

electric hook-up **n** branchement *m* électrique.

electrician [,ɪlek'trɪʃn] **n** électricien *m*, -ienne *f*.

electricity [,ɪlek'trɪsətɪ] **n** *(U)* électricité *f*.

electric shock **n** décharge *f* électrique.

electroacoustic [ɪ,lektrəʊə'ku:stɪk] **adj** électroacoustique.

electrocute [ɪ'lektrəkju:t] **vt** électrocuter.

electrocution [ɪ,lektrə'kju:ʃn] **n** électrocution *f*.

electronic [,ɪlek'trɒnɪk] **adj** électronique.

electronic mail **n** messagerie *f* (électronique).

elegant ['elɪgənt] **adj** élégant(e).

element ['elɪmənt] **n** **1.** élément *m* **2.** [amount] part *f* **3.** [of fire, kettle] résistance *f* ▸ **the elements** [weather] les éléments.

elementary [,elɪ'mentərɪ] **adj** élémentaire.

elementary school **n** US école *f* primaire.

elephant ['elɪfənt] **n** éléphant *m*.

elevator ['elɪveɪtə^r] **n** US ascenseur *m*.

eleven [ɪ'levn] **num** onze ▸ **to be eleven (years old)** avoir onze ans ▸ **it's eleven (o'clock)** il est onze heures ▸ **a hundred and eleven** cent onze ▸ **eleven Hill St** 11 Hill St ▸ **it's minus eleven (degrees)** il fait moins onze.

eleventh [ɪ'levnθ] ◆ **num adj & adv** onzième. ◆ **num pron** onzième *m ou f*. ◆ **num n** [fraction] onzième *m* ▸ **the eleventh (of September)** le onze (septembre).

eleventh grade **n** US SCH *classe de l'enseignement secondaire correspondant à la première (16-17 ans).*

eligible ['elɪdʒəbl] **adj** admissible.

eliminate [ɪ'lɪmɪneɪt] **vt** éliminer.

Elizabethan [ɪ,lɪzə'bi:θn] **adj** élisabéthain(e) *(deuxième moitié du XVIe siècle).*

elm [elm] **n** orme *m*.

El Salvador [el'sælvədɔ:^r] **n** Salvador *m* ▸ **in El Salvador** au Salvador.

else [els] **adv : I don't want anything else** je ne veux rien d'autre ▸ **anything else?** désirez-vous autre chose ? ▸ **everyone else** tous les autres ▸ **nobody else** personne d'autre ▸ **nothing else** rien d'autre ▸ **somebody else** quelqu'un d'autre ▸ **something else** autre chose ▸ **somewhere else** ailleurs ▸ **what else?** quoi d'autre ? ▸ **what else is there to do?** qu'est-ce qu'il y a d'autre à faire ? ▸ **who else?** qui d'autre ? ▸ **or else** sinon.

elsewhere [els'weə^r] **adv** ailleurs.

e-mail ◆ **n** courriel *m*, courrier *m* électronique, mail *m*, e-mail *m*. ◆ **vt : to e-mail sb** envoyer un e-mail à qqn ▸ **I'll e-mail the details to you** je vous enverrai les détails par e-mail.

e-mail address **n** adresse *f* électronique, adresse *f* e-mail.

e-marketing **n** e-marketing *m*.

embankment [ɪm'bæŋkmənt] **n** **1.** [next to river] berge *f* **2.** [next to road, railway] talus *m*.

embark [ɪm'bɑːk] **vi** [board ship] embarquer.
embarkation card [ˌembɑː'keɪʃn-] **n** carte *f* d'embarquement.
embarrass [ɪm'bærəs] **vt** embarrasser.
embarrassed [ɪm'bærəst] **adj** embarrassé(e).
embarrassing [ɪm'bærəsɪŋ] **adj** embarrassant(e).
embarrassment [ɪm'bærəsmənt] **n** *(U)* embarras *m*.
embassy ['embəsɪ] **n** ambassade *f*.
embitter [ɪm'bɪtəʳ] **vt** [person] remplir d'amertume, aigrir.
emblem ['embləm] **n** emblème *m*.
embrace [ɪm'breɪs] **vt** serrer dans ses bras.
embroidered [ɪm'brɔɪdəd] **adj** brodé(e).
embroidery [ɪm'brɔɪdərɪ] **n** *(U)* broderie *f*.
emerald ['emərəld] **n** émeraude *f*.
emerge [ɪ'mɜːdʒ] **vi** émerger.
emergency [ɪ'mɜːdʒənsɪ] ◆ **n** urgence *f*. ◆ **adj** d'urgence ▸ **in an emergency** en cas d'urgence.
emergency brake **n** frein *m* de secours ; US [handbrake] frein *m* à main.
emergency exit **n** sortie *f* de secours.
emergency landing **n** atterrissage *m* forcé.
emergency services **npl** services *mpl* d'urgence.
emergency telephone **n** téléphone *m* d'urgence.
emerging market **n** COMM marché *m* émergent.
emigrate ['emɪgreɪt] **vi** émigrer.
emissions target **n** cible *f* de réduction des émissions.
emit [ɪ'mɪt] **vt** émettre.
e-money **n** argent *m* électronique.
emoticon [ɪ'məʊtɪkɒn] **n** emoticon *m*.
emotion [ɪ'məʊʃn] **n** **1.** *(U)* [strength of feeling] émotion *f* **2.** [particular feeling] sentiment *m*.
emotional [ɪ'məʊʃənl] **adj** **1.** [situation] émouvant(e) **2.** [person] émotif(ive).
emphasis ['emfəsɪs] (*pl* **-ases**) **n** accent *m* ▸ **to put the emphasis on sthg** mettre l'accent sur.
emphasize ['emfəsaɪz] **vt** souligner.
empire ['empaɪəʳ] **n** empire *m*.
employ [ɪm'plɔɪ] **vt** employer.
employed [ɪm'plɔɪd] **adj** employé(e).
employee [ɪm'plɔɪiː] **n** employé *m*, -e *f*.
employer [ɪm'plɔɪəʳ] **n** employeur *m*, -euse *f*.
employment [ɪm'plɔɪmənt] **n** *(U)* emploi *m*.
employment agency **n** agence *f* de placement.
empowerment [ɪm'paʊəmənt] **n** : **the empowerment of minorities** l'autonomisation des minorités.
empty ['emptɪ] ◆ **adj** **1.** vide **2.** [threat, promise] vain(e). ◆ **vt** vider.
EMU (*abbr of* Economic and Monetary Union) **n** UEM *f (Union Economique et Monétaire)*.
emulsion (paint) [ɪ'mʌlʃn-] **n** émulsion *f*.
enable [ɪ'neɪbl] **vt** : **to enable sb to do sthg** permettre à qqn de faire qqch.

enabled [ɪ'neɪbəld] **adj** COMPUT [option] activé(e).

enamel [ɪ'næml] **n** *(U)* émail *m*.

enchanting [ɪn'tʃɑːntɪŋ] **adj** enchanteur(eresse).

enc(l). *abbr of* **enclosed**.

enclose [ɪn'kləʊz] **vt 1.** [surround] entourer **2.** [with letter] joindre ▸ **please find enclosed...** veuillez trouver ci-joint....

enclosed [ɪn'kləʊzd] **adj** [space] clos(e).

encore ['ɒŋkɔːʳ] **excl** bis !, une autre !

encounter [ɪn'kaʊntəʳ] **vt** rencontrer.

encourage [ɪn'kʌrɪdʒ] **vt** encourager ▸ **to encourage sb to do sthg** encourager qqn à faire qqch.

encouragement [ɪn'kʌrɪdʒmənt] **n** *(U)* encouragement *m*.

encrypt [en'krɪpt] **vt 1.** COMPUT crypter **2.** TV coder.

encryption [en'krɪpʃn] **n** *(U)* **1.** COMPUT cryptage *m* **2.** TV codage *m*, encodage *m*.

encyclopedia [ɪn,saɪklə'piːdjə] **n** encyclopédie *f*.

end [end] ◆ **n 1.** [furthest point] bout *m* **2.** [of book, list, year, holiday] fin *f* **3.** [purpose] but *m*. ◆ **vt 1.** [story, evening, holiday] finir, terminer **2.** [war, practice] mettre fin à. ◆ **vi** finir, se terminer ▸ **at the end of April** (à la) fin avril ▸ **end to end** [with ends adjacent] bout à bout ▸ **for days on end** (pendant) des journées entières ▸ **from end to end** d'un bout à l'autre ▸ **in the end** finalement ▸ **to come to an end** se terminer ▸ **to put an end to sthg** mettre fin à qqch ▸ **to make ends meet** arriver à joindre les deux bouts. ◆ **end up** vi finir ▸ **to end up doing sthg** finir par faire qqch.

endangered species [ɪn'deɪndʒəd-] **n** espèce *f* en voie de disparition.

ending ['endɪŋ] **n 1.** [of story, film, book] fin *f* **2.** GRAM terminaison *f*.

endive ['endaɪv] **n 1.** [curly] frisée *f* **2.** [chicory] endive *f*.

endless ['endlɪs] **adj** sans fin.

endocrinology [,endəʊkraɪ'nɒlədʒɪ] **n** MED endocrinologie *f*.

end-of-year **adj** [gen] de fin d'année.

endorse [ɪn'dɔːs] **vt** [approve] approuver.

endorsement [ɪn'dɔːsmənt] **n** UK [of driving licence] *contravention indiquée sur le permis de conduire*.

endurance [ɪn'djʊərəns] **n** *(U)* endurance *f*.

endure [ɪn'djʊəʳ] **vt** endurer.

enemy ['enɪmɪ] **n** ennemi *m*, -e *f*.

enemy-occupied **adj** [territory] occupé(e) par l'ennemi.

energy ['enədʒɪ] **n** *(U)* énergie *f*.

energy-saving **adj** [device] pour économiser l'énergie ▸ **energy-saving bulb** ampoule à économie d'énergie.

enforce [ɪn'fɔːs] **vt** [law] appliquer.

enforcer [ɪn'fɔːsəʳ] **n** US agent *m* de police.

engaged [ɪn'geɪdʒd] **adj 1.** [to be married] fiancé(e) **2.** UK [phone] occupé(e) **3.** [toilet] occupé(e) ▸ **to get engaged** se fiancer.

engaged tone **n** UK tonalité *f* occupé.

engagement [ɪn'geɪdʒmənt] **n 1.** [to marry] fiançailles *fpl* **2.** [appointment] rendez-vous *m*.

engagement ring **n** bague *f* de fiançailles.

engine ['enʤɪn] **n 1.** [of vehicle] moteur *m* **2.** [of train] locomotive *f*.

engineer [ˌenʤɪ'nɪəʳ] **n** ingénieur *m*.

engineering [ˌenʤɪ'nɪərɪŋ] **n** *(U)* ingénierie *f*.

engineering works npl [on railway line] travaux *mpl*.

England ['ɪŋglənd] **n** l'Angleterre *f*.

English ['ɪŋglɪʃ] ◆ **adj** anglais(e). ◆ **n** *(U)* [language] anglais *m*. ◆ **npl : the English** les Anglais *mpl*.

English breakfast n *petit déjeuner anglais traditionnel composé de bacon, d'œufs, de saucisses et de toasts, accompagnés de thé ou de café.*

English Channel n : the English Channel la Manche.

Englishman ['ɪŋglɪʃmən] (*pl* **-men**) **n** Anglais *m*.

Englishwoman ['ɪŋglɪʃˌwʊmən] (*pl* **-women**) **n** Anglaise *f*.

engrave [ɪn'greɪv] **vt** graver.

engraving [ɪn'greɪvɪŋ] **n** gravure *f*.

enhance [ɪn'hɑːns] **vt** améliorer.

enhanced [ɪn'hɑːnst] **adj** amélioré(e).

enjoy [ɪn'ʤɔɪ] **vt** aimer ▸ **to enjoy doing sthg** aimer faire qqch ▸ **to enjoy o.s.** s'amuser ▸ **enjoy your meal!** bon appétit !

enjoyable [ɪn'ʤɔɪəbl] **adj** agréable.

enjoyment [ɪn'ʤɔɪmənt] **n** *(U)* plaisir *m*.

enlarged [ɪn'lɑːʤd] **adj** [photograph] agrandi(e).

enlargement [ɪn'lɑːʤmənt] **n** [of photo] agrandissement *m*.

enormous [ɪ'nɔːməs] **adj** énorme.

enough [ɪ'nʌf] ◆ **adj** assez de. ◆ **pron & adv** assez ▸ **enough time** assez de temps ▸ **is that enough?** ça suffit ? ▸ **it's not big enough** ça n'est pas assez gros ▸ **to have had enough (of)** en avoir assez (de).

enquire [ɪn'kwaɪəʳ] **vi** se renseigner.

enquiry [ɪn'kwaɪərɪ] **n** [investigation] enquête *f* ▸ **to make an enquiry** demander un renseignement ▸ **'Enquiries'** 'Renseignements'.

enquiry desk n accueil *m*.

enrol [ɪn'rəʊl] **vi** UK s'inscrire.

enroll [ɪn'rəʊl] US = **enrol**.

en suite bathroom [ɒn'swiːt-] **n** salle *f* de bains particulière.

ensure [ɪn'ʃʊəʳ] **vt** assurer.

ENT (*abbr of* **Ear, Nose & Throat**) **n** ORL *f* *(oto-rhino-laryngologiste)*.

entail [ɪn'teɪl] **vt** entraîner.

enter ['entəʳ] ◆ **vt 1.** entrer dans **2.** [college] entrer à **3.** [competition] s'inscrire à **4.** [on form] inscrire. ◆ **vi 1.** entrer **2.** [in competition] s'inscrire.

enter key n touche *f* entrée.

enterprise ['entəpraɪz] **n** entreprise *f*.

entertain [ˌentə'teɪn] **vt** [amuse] divertir.

entertainer [ˌentə'teɪnəʳ] **n** fantaisiste *m ou f*.

entertaining [ˌentə'teɪnɪŋ] **adj** amusant(e).

entertainment [ˌentə'teɪnmənt] **n** *(U)* divertissement *m*.

enthusiasm [ɪn'θjuːzɪæzm] **n** *(U)* enthousiasme *m*.

enthusiast [ɪn'θjuːzɪæst] **n** passionné *m*, -e *f*.

enthusiastic [ɪnˌθjuːzɪ'æstɪk] **adj** enthousiaste.

entire [ɪn'taɪəʳ] **adj** entier(ière).

entirely [ɪn'taɪəlɪ] **adv** entièrement.

entitle [ɪn'taɪtl] **vt : to entitle sb to do sthg** autoriser qqn à faire qqch ▸ **this ticket entitles you to a free drink** ce ticket vous donne droit à une consommation gratuite.

entrance ['entrəns] **n** entrée *f.*

entrance fee **n** entrée *f.*

entry ['entrɪ] **n 1.** entrée *f* **2.** [in competition] objet *m* soumis ▸ **'no entry'** a) [sign on door] 'entrée interdite' b) [road sign] 'sens interdit'.

entry-level **adj** [bottom-of-the-range] d'entrée de gamme.

envelope ['envələʊp] **n** enveloppe *f.*

enviably ['envɪəblɪ] **adv** d'une manière enviable.

envious ['envɪəs] **adj** envieux(ieuse).

environment [ɪn'vaɪərənmənt] **n** milieu *m*, cadre *m* ▸ **the environment** l'environnement *m.*

environmental [ɪn,vaɪərən'mentl] **adj** de l'environnement.

environmentally friendly [ɪn,vaɪərən'mentəlɪ-] **adj** qui préserve l'environnement.

envy ['envɪ] **vt** envier.

epic ['epɪk] **n** épopée *f.*

epidemic [,epɪ'demɪk] **n** épidémie *f.*

epilepsy ['epɪlepsɪ] **n** épilepsie *f.*

epileptic [,epɪ'leptɪk] **adj** épileptique ▸ **epileptic fit** crise *f* d'épilepsie.

episode ['epɪsəʊd] **n** épisode *m.*

equal ['iːkwəl] ◆ **adj** égal(e). ◆ **vt** égaler ▸ **to be equal to** être égal à.

equality [ɪ'kwɒlətɪ] **n** *(U)* égalité *f.*

equalize ['iːkwəlaɪz] **vi** égaliser.

equally ['iːkwəlɪ] **adv 1.** [pay, treat] pareil **2.** [share] en parts égales **3.** [at the same time] en même temps ▸ **they're equally good** ils sont aussi bons l'un que l'autre.

equation [ɪ'kweɪʒn] **n** équation *f.*

equator [ɪ'kweɪtəʳ] **n : the equator** l'équateur *m.*

equip [ɪ'kwɪp] **vt : to equip troops with new weapons** équiper les troupes de nouvelles armes.

equipment [ɪ'kwɪpmənt] **n** *(U)* équipement *m.*

equipped [ɪ'kwɪpt] **adj : to be equipped with** être équipé(e) de.

equivalent [ɪ'kwɪvələnt] ◆ **adj** équivalent(e). ◆ **n** équivalent *m.*

ER 1. *(written abbr of* Elizabeth Regina*) emblème de la reine Élisabeth* **2.** US *(abbr of* Emergency Room*)* urgences *fpl.*

era ['ɪərə] *(pl* **-s***)* **n** ère *f*, période *f.*

erase [ɪ'reɪz] **vt** [letter, word] effacer, gommer.

eraser [ɪ'reɪzəʳ] **n** gomme *f.*

e-reader = **e-book reader**.

erect [ɪ'rekt] ◆ **adj** [person, posture] droit(e). ◆ **vt 1.** [tent] monter **2.** [monument] élever.

ERM *(abbr of* Exchange Rate Mechanism*)* **n** mécanisme *m* de change (du SME).

erotic [ɪ'rɒtɪk] **adj** érotique.

errand ['erənd] **n** course *f.*

erratic [ɪ'rætɪk] **adj** irrégulier(ière).

error ['erəʳ] **n** erreur *f.*

erudition [,eruː'dɪʃn] **n** érudition *f.*

escalator ['eskəleɪtəʳ] **n** Escalator® *m.*

escalope ['eskəlɒp] **n** escalope *f* panée.

escape [ɪ'skeɪp] ◆ n fuite *f*. ◆ vi s'échapper ▸ **to escape from** a) [from prison] s'échapper de b) [from danger] échapper à.

escort ◆ n ['eskɔːt] [guard] escorte *f*. ◆ vt [ɪ'skɔːt] escorter.

e-signature n signature *f* électronique.

ESOL ['iːsɒl] (*abbr of* English for Speakers of Other Languages) n US SCH anglais *m* langue seconde.

espadrilles ['espəˌdrɪlz] npl espadrilles *fpl*.

especially [ɪ'speʃəlɪ] adv 1. [in particular] surtout 2. [on purpose] exprès 3. [very] particulièrement.

esplanade [ˌesplə'neɪd] n esplanade *f*.

essay ['eseɪ] n [at school, university] dissertation *f*.

essence ['esns] n 1. [nature] essence *f* 2. CULIN extrait *m*.

essential [ɪ'senʃl] adj [indispensable] essentiel(ielle). ◆ **essentials** npl : **the essentials** l'essentiel ▸ **the bare essentials** le strict minimum.

essentially [ɪ'senʃəlɪ] adv essentiellement.

establish [ɪ'stæblɪʃ] vt établir.

establishment [ɪ'stæblɪʃmənt] n établissement *m*.

estate [ɪ'steɪt] n 1. [land in country] propriété *f* 2. UK [for housing] lotissement *m* 3. UK [car] = **estate car**.

estate agent n UK agent *m* immobilier.

estate car n UK break *m*.

estimate ◆ n ['estɪmət] 1. [guess] estimation *f* 2. [from builder, plumber] devis *m*. ◆ vt ['estɪmeɪt] estimer.

estuary ['estjʊərɪ] n estuaire *m*.

etc. (*abbr of* et cetera) etc.

Ethernet ['iːθərnet] n Ethernet *m*.

Ethernet cable n câble *m* Ethernet.

ethic ['eθɪk] n éthique *f*. ◆ **ethics** n *(U)* [study] éthique *f*.

ethical ['eθɪkl] adj moral(e).

ethnic ['eθnɪk] adj [traditions, groups] ethnique.

ethnic minority ['eθnɪk-] n minorité *f* ethnique.

e-ticket n e-billet *m*.

e-trade n *(U)* cybercommerce *m*, commerce *m* électronique.

EU (*abbr of* European Union) n UE *f* *(Union Européenne)* ▸ **EU policy** la politique de l'Union Européenne.

Eucharist ['juːkərɪst] n Eucharistie *f*.

euro ['jʊərəʊ] n euro *m*.

euro area n zone *f* euro.

eurocent ['jʊərəʊsent] n centime *m* (d'euro).

Eurocheque ['jʊərəʊˌtʃek] n eurochèque *m*.

Euroland ['jʊərəʊlænd] n POL euroland *m*.

Europe ['jʊərəp] n l'Europe *f*.

European [ˌjʊərə'pɪən] ◆ adj européen(enne). ◆ n Européen *m*, -enne *f*.

European Central Bank n Banque *f* centrale européenne.

European Commission n Commission *f* des communautés européennes.

European Community n Communauté *f* européenne.

European Single Market n Marché *m* unique européen.

European Union n Union *f* européenne.

Euro-rebel n POL anti-Européen *m*, -enne *f*.

Eurostar® ['jʊərəʊstɑːʳ] n Eurostar® *m*.

euro zone n zone *f* euro.

evacuate [ɪ'vækjʊeɪt] vt évacuer.

evade [ɪ'veɪd] vt **1.** [person] échapper à **2.** [issue, responsibility] éviter.

evaporated milk [ɪ'væpəreɪtɪd-] n *(U)* lait *m* condensé (non sucré).

eve [iːv] n : **on the eve of** à la veille de.

even ['iːvn] ◆ adj **1.** [uniform, flat] régulier(ière) **2.** [equal] égal(e) **3.** [number] pair(e). ◆ adv **1.** même **2.** [in comparisons] encore ▸ **even bigger** encore plus grand ▸ **to break even** rentrer dans ses frais ▸ **even so** quand même ▸ **even though** même si.

evening ['iːvnɪŋ] n **1.** soir *m* **2.** [event, period] soirée *f* ▸ **good evening!** bonsoir ! ▸ **in the evening** le soir.

evening classes npl cours *mpl* du soir.

evening dress n **1.** *(U)* [formal clothes] tenue *f* de soirée **2.** [of woman] robe *f* du soir.

evening meal n repas *m* du soir.

evening wear n *(U)* = **evening dress**.

event [ɪ'vent] n **1.** événement *m* **2.** SPORT épreuve *f* ▸ **in the event of** *fml* dans l'éventualité de.

eventual [ɪ'ventʃʊəl] adj final(e).

eventually [ɪ'ventʃʊəlɪ] adv finalement.

> ⚠ **Éventuellement** is a false friend, it means ***possibly***, not "eventually".

ever ['evəʳ] adv jamais ▸ **have you ever been to Wales?** êtes-vous déjà allé au pays de Galles ? ▸ **he was ever so angry** UK il était vraiment en colère ▸ **for ever a)** [eternally] pour toujours **b)** [for a long time] un temps fou ▸ **hardly ever** pratiquement jamais ▸ **ever since a)** [since then] depuis **b)** [starting from] depuis **c)** [since the time that] depuis que.

evermore [,evə'mɔːʳ] adv US toujours.

every ['evrɪ] adj chaque ▸ **every day** tous les jours, chaque jour ▸ **every other day** un jour sur deux ▸ **one in every ten** un sur dix ▸ **we make every effort...** nous faisons tout notre possible... ▸ **every so often** de temps en temps.

everybody ['evrɪ,bɒdɪ] = **everyone**.

everyday ['evrɪdeɪ] adj quotidien(ienne).

everyone ['evrɪwʌn] pron tout le monde.

everyplace ['evrɪ,pleɪs] US = **everywhere**.

everything ['evrɪθɪŋ] pron tout.

everywhere ['evrɪweəʳ] adv partout.

evidence ['evɪdəns] n *(U)* preuve *f*.

evident ['evɪdənt] adj évident(e).

evidently ['evɪdəntlɪ] adv manifestement.

evil ['iːvl] ◆ adj mauvais(e). ◆ n *(U)* mal *m*.

e-wallet n portefeuille *m* électronique.

ewe [juː] n brebis *f*.

ex [eks] n *inf* [wife, husband, partner] ex *m ou f*.

ex- [eks] prefix ex-.

exact [ɪg'zækt] adj exact(e) ▸ **'exact fare ready please'** 'faites l'appoint'.

exactly [ɪɡ'zæktli] **adv & excl** exactement.

exaggerate [ɪɡ'zædʒəreɪt] **vt & vi** exagérer.

exaggeration [ɪɡ,zædʒə'reɪʃn] **n** exagération *f*.

exalt [ɪɡ'zɔːlt] **vt** [praise highly] exalter, chanter les louanges de.

exam [ɪɡ'zæm] **n** examen *m* ▸ **to take an exam** passer un examen.

examination [ɪɡ,zæmɪ'neɪʃn] **n** examen *m*.

examine [ɪɡ'zæmɪn] **vt** examiner.

example [ɪɡ'zɑːmpl] **n** exemple *m* ▸ **for example** par exemple.

exceed [ɪk'siːd] **vt** dépasser.

excellent ['eksələnt] **adj** excellent(e).

except [ɪk'sept] **prep & conj** sauf, à part ▸ **except for** sauf, à part ▸ **'except for access'** 'sauf riverains' ▸ **'except for loading'** 'sauf livraisons'.

exception [ɪk'sepʃn] **n** exception *f*.

exceptionable [ɪk'sepʃnəbl] **adj** [objectionable] offensant(e).

exceptional [ɪk'sepʃnəl] **adj** exceptionnel(elle).

excerpt ['eksɜːpt] **n** extrait *m*.

excess [ɪk'ses] *(before n* ['ekses]*)* ◆ **adj** excédentaire. ◆ **n** excès *m*.

excess baggage **n** excédent *m* de bagages.

excess fare **n** UK supplément *m*.

excessive [ɪk'sesɪv] **adj** excessif(ive).

exchange [ɪks'tʃeɪndʒ] ◆ **n 1.** [of telephones] central *m* téléphonique **2.** [of students] échange *m* scolaire. ◆ **vt** échanger ▸ **to exchange pounds for euros** échanger des livres contre des euros ▸ **to be on an exchange** prendre part à un échange scolaire.

exchangeable [ɪks'tʃeɪndʒəbl] **adj** échangeable.

exchange rate **n** taux *m* de change.

Exchange Rate Mechanism **n** mécanisme *m* de change (du SME).

excises products **npl** produits *mpl* taxés.

excite [ɪk'saɪt] **vt** exciter.

excited [ɪk'saɪtɪd] **adj** excité(e).

excitement [ɪk'saɪtmənt] **n 1.** *(U)* excitation *f* **2.** [exciting thing] animation *f*.

exciting [ɪk'saɪtɪŋ] **adj** passionnant(e).

exclamation mark [,eksklə'meɪʃn-] **n** point *m* d'exclamation.

exclamation point [,eksklə'meɪʃn-] US = **exclamation mark**.

exclamatory [ɪk'sklæmətrɪ] **adj** exclamatif(ive).

exclude [ɪk'skluːd] **vt** exclure.

excluding [ɪk'skluːdɪŋ] **prep** sauf, à l'exception de.

exclusive [ɪk'skluːsɪv] ◆ **adj 1.** [high-class] chic **2.** [sole] exclusif(ive). ◆ **n** exclusivité *f* ▸ **exclusive of VAT** TVA non comprise.

exclusive rights **n** droits *mpl* exclusifs.

excursion [ɪk'skɜːʃn] **n** excursion *f*.

excuse ◆ **n** [ɪk'skjuːs] excuse *f*. ◆ **vt** [ɪk'skjuːz] **1.** [forgive] excuser **2.** [let off] dispenser ▸ **excuse me!** excusez-moi !

ex-directory **adj** UK sur la liste rouge.

executable ['eksɪkjʊtəbl] **adj** COMPUT exécutable.

execute ['eksɪkjuːt] **vt** [kill] exécuter.

executive [ɪg'zekjʊtɪv] ◆ **adj** [room] pour cadres. ◆ **n** [person] cadre *m*.

exempt [ɪg'zempt] **adj : exempt from** exempt(e) de.

exemption [ɪg'zempʃn] **n** exemption *f*.

exercise ['eksəsaɪz] ◆ **n** exercice *m*. ◆ **vi** faire de l'exercice ▸ **to do exercises** faire des exercices.

exercise book n cahier *m*.

exert [ɪg'zɜːt] **vt** exercer.

exfoliant [eks'fəʊlɪənt] **n** exfoliant *m*.

exhaust [ɪg'zɔːst] ◆ **vt** épuiser. ◆ **n : exhaust (pipe)** pot *m* d'échappement.

exhausted [ɪg'zɔːstɪd] **adj** épuisé(e).

exhibit [ɪg'zɪbɪt] ◆ **n** [in museum, gallery] objet *m* exposé. ◆ **vt** exposer.

exhibition [,eksɪ'bɪʃn] **n** [of art] exposition *f*.

exist [ɪg'zɪst] **vi** exister.

existence [ɪg'zɪstəns] **n** existence *f* ▸ **to be in existence** exister.

existing [ɪg'zɪstɪŋ] **adj** existant(e).

exit ['eksɪt] ◆ **n** sortie *f*. ◆ **vi** sortir.

exotic [ɪg'zɒtɪk] **adj** exotique.

expand [ɪk'spænd] **vi** se développer.

expect [ɪk'spekt] **vt 1.** s'attendre à **2.** [await] attendre ▸ **to expect to do sthg** compter faire qqch ▸ **I expect you to get to work on time** [require] j'attends de vous que vous arriviez à l'heure au travail ▸ **to be expecting** [be pregnant] être enceinte.

expectation [,ekspek'teɪʃn] **n** [hope] espoir *m*, attente *f*.

expedition [,ekspɪ'dɪʃn] **n** expédition *f*.

expel [ɪk'spel] **vt** [from school] renvoyer.

expense [ɪk'spens] **n *(U)*** dépense *f* ▸ **at the expense of** *fig* aux dépens de. ◆ **expenses npl** [of business trip] frais *mpl*.

expensive [ɪk'spensɪv] **adj** cher (chère).

experience [ɪk'spɪərɪəns] ◆ **n** expérience *f*. ◆ **vt** connaître.

experienced [ɪk'spɪərɪənst] **adj** expérimenté(e).

experiment [ɪk'sperɪmənt] ◆ **n** expérience *f*. ◆ **vi** expérimenter.

expert ['ekspɜːt] ◆ **adj** [advice] d'expert. ◆ **n** expert *m*.

expiration date [,ekspɪ'reɪʃn-] US = **expiry date**.

expire [ɪk'spaɪəʳ] **vi** expirer.

expiry date [ɪk'spaɪərɪ-] **n** UK date *f* d'expiration.

explain [ɪk'spleɪn] **vt** expliquer.

explanation [,eksplə'neɪʃn] **n** explication *f*.

explicable [ɪk'splɪkəbl] **adj** explicable.

explode [ɪk'spləʊd] **vi** exploser.

exploit [ɪk'splɔɪt] **vt** exploiter.

explore [ɪk'splɔːʳ] **vt** [place] explorer.

explosion [ɪk'spləʊʒn] **n** explosion *f*.

explosive [ɪk'spləʊsɪv] **n** explosif *m*.

export ◆ **n** ['ekspɔːt] exportation *f*. ◆ **vt** [ɪk'spɔːt] exporter.

exposed [ɪk'spəʊzd] **adj** [place] exposé(e).

exposure [ɪk'spəʊʒəʳ] **n 1.** [photograph] pose *f* **2.** *(U)* MED exposition *f* au froid **3.** *(U)* [to heat, radiation] exposition *f*.

express [ɪk'spres] ◆ **adj 1.** [letter, delivery] exprès **2.** [train] express. ◆ **n** [train] express *m*. ◆ **vt** exprimer. ◆ **adv** en exprès.

expression [ɪk'spreʃn] n expression *f*.

expresso [ɪk'spresəʊ] n expresso *m*.

expressway [ɪk'spresweɪ] n US autoroute *f*.

extend [ɪk'stend] ◆ vt **1.** prolonger **2.** [hand] tendre. ◆ vi s'étendre.

extension [ɪk'stenʃn] n **1.** [of building] annexe *f* **2.** [for phone] poste *m* **3.** [for permit, essay] prolongation *f*.

extension cable n rallonge *f*.

extension cord US = **extension lead**.

extension lead n UK rallonge *f*.

extensive [ɪk'stensɪv] adj **1.** [damage] important(e) **2.** [area] vaste **3.** [selection] large.

extent [ɪk'stent] n [of damage, knowledge] étendue *f* ▸ **to a certain extent** jusqu'à un certain point ▸ **to what extent...?** dans quelle mesure... ?

exterior [ɪk'stɪərɪə^r] ◆ adj extérieur(e). ◆ n extérieur *m*.

external [ɪk'stɜːnl] adj externe.

extinct [ɪk'stɪŋkt] adj **1.** [species] disparu(e) **2.** [volcano] éteint(e).

extinction [ɪk'stɪŋkʃn] n *(U)* extinction *f*.

extinguish [ɪk'stɪŋgwɪʃ] vt éteindre.

extinguisher [ɪk'stɪŋgwɪʃə^r] n extincteur *m*.

extortionate [ɪk'stɔːʃnət] adj exorbitant(e).

extra ['ekstrə] ◆ adj supplémentaire. ◆ n **1.** [bonus] plus *m* **2.** [optional thing] option *f*. ◆ adv [especially] encore plus ▸ **to pay extra** payer un supplément ▸ **extra charge** supplément *m* ▸ **extra large** XL. ◆ **extras** npl [in price] suppléments *mpl*.

extract ◆ n ['ekstrækt] extrait *m*. ◆ vt [ɪk'strækt] extraire.

extractor fan [ɪk'stræktə-] n UK ventilateur *m*.

extranet ['ekstrənet] n extranet *m*.

extraordinary [ɪk'strɔːdnrɪ] adj extraordinaire.

extravagant [ɪk'strævəgənt] adj **1.** [wasteful] dépensier(ière) **2.** [expensive] coûteux(euse).

extra-virgin adj [olive oil] extra vierge.

extreme [ɪk'striːm] ◆ adj extrême. ◆ n extrême *m*.

extremely [ɪk'striːmlɪ] adv extrêmement.

extreme sport n sport *m* extrême.

extrovert ['ekstrəvɜːt] n extraverti *m*, -e *f*.

eye [aɪ] ◆ n **1.** œil *m* **2.** [of needle] chas *m*. ◆ vt lorgner ▸ **to keep an eye on** surveiller.

eyebrow ['aɪbraʊ] n sourcil *m*.

eye candy n [woman] belle fille *f* ; [man] beau mec *m*.

eye drops npl gouttes *fpl* pour les yeux.

eyeglasses ['aɪglɑːsɪz] npl US *fml* lunettes *fpl*.

eyelash ['aɪlæʃ] n cil *m*.

eyelid ['aɪlɪd] n paupière *f*.

eyeliner ['aɪˌlaɪnə^r] n eye-liner *m*.

eye-opening adj *inf* révélateur(trice).

eye shadow n ombre *f* à paupières.

eyesight ['aɪsaɪt] n *(U)* vue *f*.

eye test n examen *m* des yeux.

eyewitness [ˌaɪ'wɪtnɪs] n témoin *m* oculaire.

F (*abbr of* Fahrenheit) F.

fab [fæb] **adj** *inf* super.

fabric ['fæbrɪk] **n** tissu *m*.

fabulous ['fæbjʊləs] **adj** fabuleux(euse).

facade [fə'sɑːd] **n** façade *f*.

face [feɪs] ◆ **n** **1.** visage *m* **2.** [expression] mine *f* **3.** [of cliff, mountain] face *f* **4.** [of clock, watch] cadran *m*. ◆ **vt** **1.** faire face à **2.** [facts] regarder en face ▸ **to be faced with** être confronté à. ◆ **face up to vt insep** faire face à.

facecloth ['feɪsklɒθ] **n** ≃ gant *m* de toilette.

facial ['feɪʃl] **n** soins *mpl* du visage.

facilitate [fə'sɪlɪteɪt] **vt** *fml* faciliter.

facilities [fə'sɪlɪtɪz] **npl** équipements *mpl*.

facsimile [fæk'sɪmɪlɪ] **n** [fax] fax *m*.

fact [fækt] **n** fait *m* ▸ **in fact** en fait.

factor ['fæktəʳ] **n** **1.** facteur *m* **2.** [of suntan lotion] indice *m* (de protection) ▸ **factor ten suntan lotion** crème solaire indice dix.

factory ['fæktərɪ] **n** usine *f*.

faculty ['fækltɪ] **n** [at university] faculté *f*.

FA Cup **n** *championnat anglais de football dont la finale se joue à Wembley.*

fade [feɪd] **vi** **1.** [light, sound] baisser **2.** [flower] faner **3.** [jeans, wallpaper] se décolorer.

faded ['feɪdɪd] **adj** [jeans] délavé(e).

fag [fæg] **n** UK *inf* [cigarette] clope *f*.

Fahrenheit ['færənhaɪt] **adj** Fahrenheit *inv*.

fail [feɪl] ◆ **vt** [exam] rater, échouer à. ◆ **vi** **1.** échouer **2.** [engine] tomber en panne ▸ **to fail to do sthg** [not do] ne pas faire qqch.

failing ['feɪlɪŋ] ◆ **n** défaut *m*. ◆ **prep** : **failing that** à défaut.

failure ['feɪljəʳ] **n** **1.** échec *m* **2.** [person] raté *m*, -e *f* **3.** [act of neglecting] manquement *m* ▸ **failure to comply with the regulations** non-respect de la réglementation.

faint [feɪnt] ◆ **vi** s'évanouir. ◆ **adj** **1.** [sound] faible **2.** [colour] pâle **3.** [outline] vague ▸ **to feel faint** se sentir mal ▸ **I haven't the faintest idea** je n'en ai pas la moindre idée.

fair [feəʳ] ◆ **n** **1.** [funfair] fête *f* foraine **2.** [trade fair] foire *f*. ◆ **adj** **1.** [just] juste **2.** [quite good] assez bon (bonne) **3.** [skin] clair(e) **4.** [person, hair] blond(e) **5.** [weather] beau (belle) ▸ **a fair number of** un nombre assez important de ▸ **fair enough!** d'accord !

fairground ['feəgraʊnd] **n** champ *m* de foire.

fair-haired [-'heəd] **adj** blond(e).

fairly ['feəlɪ] **adv** [quite] assez.

fair trade **n** commerce *m* équitable.

fairy ['feərɪ] **n** fée *f*.

fairy tale **n** conte *m* de fées.

faith [feɪθ] **n** **1.** *(U)* [confidence] confiance *f* **2.** [religious] foi *f*.

faithful ['feɪθful] **adj 1.** [person] fidèle **2.** [account, translation] exact(e).

faithfully ['feɪθfʊlɪ] **adv : Yours faithfully** ≃ veuillez agréer mes salutations distinguées.

faith school n UK SCH école *f* confessionnelle.

fake [feɪk] ◆ **n** [painting, etc.] faux *m.* ◆ **vt** imiter.

falafel [fə'læfəl] = **felafel**.

falcon ['fɔːlkən] **n** faucon *m.*

fall [fɔːl] (*pt* **fell**, *pp* **fallen** ['fɔːln]) ◆ **vi 1.** tomber **2.** [decrease] chuter. ◆ **n 1.** chute *f* **2.** US [autumn] automne *m* ▸ **to fall asleep** s'endormir ▸ **to fall ill** tomber malade ▸ **to fall in love** tomber amoureux. ◆ **falls npl** [waterfall] chutes *fpl.* ◆ **fall behind vi** [with work, rent] être en retard. ◆ **fall down vi** tomber. ◆ **fall off vi** tomber. ◆ **fall out vi 1.** [hair, teeth] tomber **2.** [argue] se brouiller. ◆ **fall over vi** tomber. ◆ **fall through vi** échouer.

false [fɔːls] **adj** faux (fausse).

false alarm n fausse alerte *f.*

false teeth npl dentier *m.*

fame [feɪm] **n** *(U)* renommée *f.*

familiar [fə'mɪljə^r] **adj** familier(ière) ▸ **to be familiar with** [know] connaître.

familiarize, familiarise UK [fə'mɪljəraɪz] **vt : to familiarize o.s. with sthg** se familiariser avec qqch.

family ['fæmlɪ] ◆ **n** famille *f.* ◆ **adj 1.** [size] familial(e) **2.** [film] tous publics **3.** [holiday] en famille.

family-friendly adj 1. [hôtel, camping] qui accueille volontiers les familles **2.** [spectacle] pour toute la famille.

family leave n congé *m* parental.

family planning n planning *m* familial.

family planning clinic [-'plænɪŋ-] **n** centre *m* de planning familial.

family room n UK **1.** [at hotel] chambre *f* familiale **2.** [at pub, airport] *salle réservée aux familles avec de jeunes enfants.*

family-size(d) adj [jar, packet] familial(e).

famine ['fæmɪn] **n** famine *f.*

famished ['fæmɪʃt] **adj** *inf* affamé(e).

famous ['feɪməs] **adj** réputé(e).

fan [fæn] **n 1.** [held in hand] éventail *m* **2.** [electric] ventilateur *m* **3.** [enthusiast] fana *m ou f* **4.** [supporter] fan *m ou f.*

fan belt n courroie *f* de ventilateur.

fancy ['fænsɪ] ◆ **adj** [elaborate] recherché(e). ◆ **vt** UK *inf* [feel like] avoir envie de ▸ **I fancy him** UK il me plaît ▸ **fancy (that)!** ça alors !

fancy dress n *(U)* déguisement *m.*

fan heater n radiateur *m* soufflant.

fanlight ['fænlaɪt] **n** imposte *f.*

fan-shaped adj en éventail.

fantastic [fæn'tæstɪk] **adj** fantastique.

fantasy ['fæntəsɪ] **n** [dream] fantasme *m.*

FAQ [fak, efeɪ'kjuː] (*abbr of* **frequently asked questions**) **n** COMPUT FAQ *f*, foire *f* aux questions.

far [fɑː^r] (*compar* **further** OR **farther**, *superl* **furthest** OR **farthest**) ◆ **adv 1.** loin **2.** [in degree] bien, beaucoup. ◆ **adj** [end, side] autre ▸ **how far is it to Paris?** à combien sommes-nous de Paris ? ▸ **as far as** [place] jusqu'à ▸ **as far as I'm concerned** en ce qui me concerne ▸ **as far as I know** pour autant que je sache ▸ **far better** beaucoup mieux ▸ **by far** de loin

▸ **so far** [until now] jusqu'ici ▸ **to go too far** [behave unacceptably] aller trop loin.

farce [fɑːs] **n** [ridiculous situation] farce *f*.

fare [feəʳ] ◆ **n 1.** [on bus, train, etc.] tarif *m* **2.** *(U) fml* [food] nourriture *f*. ◆ **vi** se débrouiller.

Far East n : the Far East l'Extrême-Orient *m*.

fare stage n UK section *f*.

farm [fɑːm] **n** ferme *f*.

farmer ['fɑːməʳ] **n** fermier *m*, -ière *f*.

farmers' market n marché *m* de producteurs.

farmhouse ['fɑːmhaʊs] *(pl* [-haʊzɪz]*)* **n** ferme *f*.

farming ['fɑːmɪŋ] **n** *(U)* agriculture *f*.

farmland ['fɑːmlænd] **n** *(U)* terres *fpl* cultivées.

farmyard ['fɑːmjɑːd] **n** cour *f* de ferme.

farsighted [ˌfɑː'saɪtɪd] **adj 1.** [person] prévoyant(e) **2.** US [longsighted] hypermétrope.

fart [fɑːt] **vi** *vulg* péter.

farther ['fɑːðəʳ] **compar** → **far**.

farthest ['fɑːðəst] **superl** → **far**.

fascinate ['fæsɪneɪt] **vt** fasciner.

fascinating ['fæsɪneɪtɪŋ] **adj** fascinant(e).

fascination [ˌfæsɪ'neɪʃn] **n** *(U)* fascination *f*.

fashion ['fæʃn] **n 1.** [trend, style] mode *f* **2.** [manner] manière *f* ▸ **to be in fashion** être à la mode ▸ **to be out of fashion** être démodé.

fashionable ['fæʃnəbl] **adj** à la mode.

fashionista [fæʃə'nɪstə] **n** *inf* fashionista *mf*.

fashion show n défilé *m* de mode.

fast [fɑːst] ◆ **adv 1.** [quickly] vite **2.** [securely] solidement. ◆ **adj** rapide ▸ **to be fast** [clock] avancer ▸ **fast asleep** profondément endormi ▸ **a fast train** un (train) rapide.

fasten ['fɑːsn] **vt 1.** attacher **2.** [coat, door] fermer.

fastener ['fɑːsnəʳ] **n 1.** [on jewellery] fermoir *m* **2.** [zip] fermeture *f* Éclair® **3.** [press stud] bouton-pression *m*.

fast food n *(U)* fast-food *m*.

fast-paced [-'peɪst] **adj** [novel, film, TV show] au rythme trépidant.

fat [fæt] ◆ **adj 1.** [person] gros (grosse) **2.** [meat] gras (grasse). ◆ **n 1.** *(U)* [on body] graisse *f* **2.** *(U)* [on meat] gras *m* **3.** [for cooking] matière *f* grasse **4.** [chemical substance] lipide *m*.

fatal ['feɪtl] **adj** [accident, disease] mortel(elle).

fate [feɪt] **n 1.** destin *m* **2.** [result, end] sort *m*.

fat-free adj sans matières grasses.

father ['fɑːðəʳ] **n** père *m*.

Father Christmas n UK le père Noël.

father-in-law n beau-père *m*.

fatten ['fætn] **vt** engraisser.

fattening ['fætnɪŋ] **adj** qui fait grossir.

fatty ['fætɪ] **adj** gras (grasse).

faucet ['fɔːsɪt] **n** US robinet *m*.

fault ['fɔːlt] **n 1.** *(U)* [responsibility] faute *f* **2.** [defect] défaut *m* ▸ **it's your fault** c'est de ta faute.

faulty ['fɔːltɪ] **adj** défectueux(euse).

favor ['feɪvər] US = **favour**.

favorable US = **favourable**.

favorite ['feɪvrɪt] US = **favourite**.

favorites npl COMPUT favoris *mpl*, signets *mpl*.

favour ['feɪvəʳ] ◆ n UK [kind act] faveur *f*. ◆ vt [prefer] préférer ▸ **to be in favour of** être en faveur de ▸ **to do sb a favour** rendre un service à qqn.

favourable ['feɪvrəbl] adj UK favorable.

favourite ['feɪvrɪt] ◆ adj UK préféré(e). ◆ n UK préféré *m*, -e *f*.

fawn [fɔːn] adj fauve.

fax [fæks] ◆ n fax *m*. ◆ vt **1.** [document] faxer **2.** [person] envoyer un fax à.

fax machine n fax *m*, télécopieur *m*.

fear [fɪəʳ] ◆ n peur *f*. ◆ vt [be afraid of] avoir peur de ▸ **for fear of** de peur de.

feast [fiːst] n [meal] festin *m*.

feather ['feðəʳ] n plume *f*.

feature ['fiːtʃəʳ] ◆ n **1.** [characteristic] caractéristique *f* **2.** [of face] trait *m* **3.** [in newspaper] article *m* de fond **4.** [on radio, TV] reportage *m*. ◆ vt [subj: film] : **'featuring…'** 'avec…'.

feature film n long métrage *m*.

Feb. [feb] (*abbr of* **February**) fév. (*février*).

February ['februərɪ] n février *m* ▸ **at the beginning of February** début février ▸ **at the end of February** fin février ▸ **during February** en février ▸ **every February** tous les ans en février ▸ **in February** en février ▸ **last February** en février (dernier) ▸ **next February** en février de l'année prochaine ▸ **this February** en février (prochain) ▸ **2 February 2012** [in letters, etc.] le 2 février 2012.

fed [fed] pt & pp → **feed**.

Federal Agent n US agent *m* fédéral, agente *f* fédérale.

fed up adj : **to be fed up** avoir le cafard ▸ **to be fed up with** en avoir assez de.

fee [fiː] n **1.** [to doctor] honoraires *mpl* **2.** [for membership] cotisation *f*.

feeble ['fiːbəl] adj faible.

feed [fiːd] (*pt & pp* **fed**) vt **1.** nourrir **2.** [insert] insérer.

feedback ['fiːdbæk] n *(U)* [reaction] réactions *fpl*.

feel [fiːl] (*pt & pp* **felt**) ◆ vt **1.** [touch] toucher **2.** [experience] sentir **3.** [think] penser. ◆ n [touch] toucher *m*. ◆ vi se sentir ▸ **it feels cold** il fait froid ▸ **it feels strange** ça fait drôle ▸ **to feel hot / cold** avoir chaud / froid ▸ **to feel like sthg** [fancy] avoir envie de qqch ▸ **to feel up to doing sthg** se sentir le courage de faire qqch.

feeling ['fiːlɪŋ] n **1.** [emotion] sentiment *m* **2.** [sensation] sensation *f* **3.** [belief] opinion *f* ▸ **to hurt sb's feelings** blesser qqn.

feet [fiːt] pl → **foot**.

feigned [feɪnd] adj [surprise, innocence] feint(e).

felafel [fə'læfəl] n CULIN falafel *m*.

fell [fel] ◆ pt → **fall**. ◆ vt [tree] abattre.

fellow ['feləʊ] ◆ n [man] homme *m*. ◆ adj : **fellow students** camarades *mpl* de classe.

felony ['felənɪ] n LAW crime *m*, forfait *m*.

felt [felt] ◆ pt & pp → **feel**. ◆ n *(U)* feutre *m*.

felt-tip pen n (stylo-)feutre *m*.

female ['fi:meɪl] ◆ adj **1.** féminin(e) **2.** [animal] femelle. ◆ n [animal] femelle *f.*

feminine ['femɪnɪn] adj féminin(e).

feminist ['femɪnɪst] n féministe *m ou f.*

fence [fens] n barrière *f.*

fencing ['fensɪŋ] n *(U)* SPORT escrime *f.*

fend [fend] vi : **to fend for o.s.** se débrouiller tout seul.

fender ['fendəʳ] n **1.** [for fireplace] pare-feu *m inv* **2.** US [on car] aile *f.*

fennel ['fenl] n *(U)* fenouil *m.*

fern [fɜ:n] n fougère *f.*

ferocious [fə'rəʊʃəs] adj féroce.

Ferris wheel ['ferɪs-] n US grande roue *f.*

ferry ['ferɪ] n ferry *m.*

fertile ['fɜ:taɪl] adj [land] fertile.

fertilizer ['fɜ:tɪlaɪzəʳ] n engrais *m.*

festering ['festrɪŋ] adj [wound] suppurant(e).

festival ['festəvl] n **1.** [of music, arts, etc.] festival *m* **2.** [holiday] fête *f.*

feta cheese ['fetə-] n *(U)* feta *f.*

fetch [fetʃ] vt **1.** [object] apporter **2.** [go and get] aller chercher **3.** [be sold for] rapporter.

fete [feɪt] n fête *f.*

fetus ['fi:təs] US = **foetus**.

fever ['fi:vəʳ] n fièvre *f* ▸ **to have a fever** avoir de la fièvre.

feverish ['fi:vərɪʃ] adj fiévreux(euse).

few [fju:] ◆ adj peu de. ◆ pron peu ▸ **the first few times** les premières fois ▸ **a few** quelques, quelques-uns ▸ **quite a few of them** pas mal d'entre eux.

fewer ['fju:əʳ] ◆ adj moins de. ◆ pron : **fewer than ten items** moins de dix articles.

fiancé [fɪ'ɒnseɪ] n fiancé *m.*

fiancée [fɪ'ɒnseɪ] n fiancée *f.*

fib [fɪb] n *inf* bobard *m.*

fiber ['faɪbər] US = **fibre**.

fiberglass US = **fibreglass**.

fibre ['faɪbəʳ] n UK **1.** fibre *f (U)* **2.** [in food] fibres *fpl.*

fibreglass ['faɪbəglɑ:s] n *(U)* UK fibre *f* de verre.

fickle ['fɪkl] adj capricieux(ieuse).

fiction ['fɪkʃn] n *(U)* fiction *f.*

fiddle ['fɪdl] ◆ n [violin] violon *m.* ◆ vi : **to fiddle with sthg** tripoter qqch.

fiddlesticks ['fɪdlstɪks] excl *inf* [dated] [in disagreement] balivernes *fpl.*

fidget ['fɪdʒɪt] vi remuer.

field [fi:ld] n **1.** champ *m* **2.** [for sport] terrain *m* **3.** [subject] domaine *m.*

field glasses npl jumelles *fpl.*

field hockey n US hockey *m* (sur gazon).

field trip n SCH voyage *m* d'étude.

fierce [fɪəs] adj **1.** féroce **2.** [storm] violent(e) **3.** [heat] torride.

FIFO *(abbr of* **first in first out***)* n PEPS *m (premier entré, premier sorti).*

fifteen [fɪf'ti:n] num adj & n quinze ▸ **to be fifteen (years old)** avoir quinze ans ▸ **a hundred and fifteen** cent quinze ▸ **fifteen Hill St** 15 Hill St ▸ **it's minus fifteen (degrees)** il fait moins quinze (degrés).

fifteenth [ˌfɪf'ti:nθ] ◆ num adj & adv quinzième. ◆ num pron quinzième *m ou f.* ◆ num n [fraction] quinzième *m*

▸ **the fifteenth (of September)** le quinze (septembre).

fifth [fɪfθ] ◆ **num adj & adv** cinquième. ◆ **num pron** cinquième *m ou f.* ◆ **num n** [fraction] cinquième *m* ▸ **the fifth (of September)** le cinq (septembre).

fifth grade n US SCH *classe de l'enseignement primaire correspondant au CM2 (9-10 ans).*

fiftieth ['fɪftɪəθ] ◆ **num adj & adv** cinquantième. ◆ **num pron** cinquantième *m ou f.* ◆ **num n** [fraction] cinquantième *m.*

fifty ['fɪftɪ] **num adj & n** cinquante ▸ **to be fifty (years old)** avoir cinquante ans ▸ **a hundred and fifty** cent cinquante ▸ **fifty Hill St** 50 Hill St ▸ **it's minus fifty (degrees Fahrenheit)** il fait moins cinquante (degrés Fahrenheit).

fifty-fifty adj moitié-moitié, fifty-fifty.

fig [fɪg] n figue *f.*

fight [faɪt] (*pt & pp* **fought**) ◆ **n 1.** bagarre *f* **2.** [argument] dispute *f* **3.** [struggle] lutte *f.* ◆ **vt 1.** se battre avec OR contre **2.** [combat] combattre. ◆ **vi 1.** se battre **2.** [quarrel] se disputer **3.** [struggle] lutter ▸ **to have a fight with sb** se battre avec qqn. ◆ **fight back** vi riposter. ◆ **fight off** vt sep **1.** [attacker] repousser **2.** [illness] lutter contre.

fighting ['faɪtɪŋ] n *(U)* **1.** bagarre *f* **2.** [military] combats *mpl.*

figure [UK 'fɪgəʳ, US 'fɪgjər] **n 1.** [digit, statistic] chiffre *m* **2.** [number] nombre *m* **3.** [of person] silhouette *f* **4.** [diagram] figure *f.* ◆ **figure out** vt sep comprendre.

file [faɪl] ◆ **n 1.** dossier *m* **2.** COMPUT fichier *m* **3.** [tool] lime *f.* ◆ **vt 1.** [complaint, petition] déposer **2.** [nails] limer ▸ **in single file** en file indienne.

file format n format *m* de fichier.

file-sharing n partage *m* de fichiers.

filing cabinet ['faɪlɪŋ-] n classeur *m* *(meuble).*

Filipino [,fɪlɪ'piːnəʊ] ◆ **adj** philippin(e). ◆ **n** (*pl* **-s**) Philippin *m*, -e *f.*

fill [fɪl] **vt 1.** remplir **2.** [tooth] plomber ▸ **to fill sthg with** remplir qqch de. ◆ **fill in** vt sep [form] remplir. ◆ **fill out** vt sep = **fill in.** ◆ **fill up** vt sep remplir ▸ **fill her up!** [with petrol] le plein !

filled roll ['fɪld-] n petit pain *m* garni.

fillet ['fɪlɪt] n filet *m.*

fillet steak n filet *m* de bœuf.

filling ['fɪlɪŋ] ◆ **n 1.** [of cake, sandwich] garniture *f* **2.** [in tooth] plombage *m.* ◆ **adj** nourrissant(e).

filling station n station-service *f.*

film [fɪlm] ◆ **n 1.** [at cinema] film *m* **2.** [for camera] pellicule *f.* ◆ **vt** filmer. ◆ **film over** vi insep s'embuer.

film star n vedette *f* de cinéma.

filter ['fɪltəʳ] n filtre *m.*

filthy ['fɪlθɪ] **adj** dégoûtant(e).

fin [fɪn] **n 1.** [of fish] nageoire *f* **2.** US [of swimmer] palme *f.*

final ['faɪnl] ◆ **adj 1.** [last] dernier(ière) **2.** [decision, offer] final(e). ◆ **n** finale *f.*

final cut n [cinema] montage *m* définitif.

finalist ['faɪnəlɪst] n finaliste *m ou f.*

finally ['faɪnəlɪ] **adv** enfin.

finance ◆ **n** ['faɪnæns] *(U)* **1.** [money] financement *m* **2.** [profession] finance *f.* ◆ **vt** [faɪ'næns] financer. ◆ **finances** npl finances *fpl.*

financial [fɪ'nænʃl] adj financier(ière).

find [faɪnd] (*pt & pp* **found**) ◆ vt **1.** trouver **2.** [find out] découvrir. ◆ n trouvaille *f* ▸ **to find the time to do sthg** trouver le temps de faire qqch. ◆ **find out** ◆ vt sep [fact, truth] découvrir. ◆ vi : **to find out about sthg** a) [learn] apprendre qqch b) [get information] se renseigner sur qqch.

fine [faɪn] ◆ adv **1.** [thinly] fin **2.** [well] très bien. ◆ n amende *f*. ◆ vt donner une amende à. ◆ adj **1.** [good] excellent(e) **2.** [weather, day] beau (belle) **3.** [satisfactory] bien **4.** [thin] fin(e) ▸ **to be fine** [in health] aller bien.

fine art n *(U)* beaux-arts *mpl*.

finger ['fɪŋgəʳ] n doigt *m*.

fingerless glove ['fɪŋgələs-] n mitaine *f*.

fingernail ['fɪŋgəneɪl] n ongle *m* (de la main).

fingertip ['fɪŋgətɪp] n bout *m* du doigt.

finish ['fɪnɪʃ] ◆ n **1.** fin *f* **2.** [of race] arrivée *f* **3.** [on furniture] fini *m*. ◆ vt finir, terminer. ◆ vi **1.** finir, se terminer **2.** [in race] finir ▸ **to finish doing sthg** finir de faire qqch. ◆ **finish off** vt sep finir, terminer. ◆ **finish up** vi finir, terminer ▸ **to finish up doing sthg** finir par faire qqch.

Finland ['fɪnlənd] n la Finlande.

Finn [fɪn] n Finlandais *m*, -e *f*.

Finnan haddock ['fɪnən-] n SCOT type de haddock écossais.

Finnish ['fɪnɪʃ] ◆ adj finlandais(e). ◆ n *(U)* [language] finnois *m*.

fir [fɜːʳ] n sapin *m*.

fire ['faɪəʳ] ◆ n **1.** feu *m* **2.** [out of control] incendie *m* **3.** [device] appareil *m* de chauffage. ◆ vt **1.** [gun] décharger **2.** [bullet] tirer **3.** [from job] renvoyer ▸ **on fire** en feu ▸ **to catch fire** prendre feu ▸ **to make a fire** faire du feu.

fire alarm n alarme *f* d'incendie.

fire brigade n UK pompiers *mpl*.

fire department US = **fire brigade**.

fire engine n voiture *f* de pompiers.

fire escape n escalier *m* de secours.

fire exit n issue *f* de secours.

fire extinguisher n extincteur *m*.

fire hazard n : **to be a fire hazard** présenter un risque d'incendie.

fireman ['faɪəmən] (*pl* **-men**) n pompier *m*.

fireplace ['faɪəpleɪs] n cheminée *f*.

fire regulations npl consignes *fpl* d'incendie.

fire-retardant adj ignifuge.

fire service = **fire brigade**.

fire station n caserne *f* de pompiers.

firewall ['faɪəwɔːl] n pare-feu *m*, firewall *m*.

firewood ['faɪəwʊd] n *(U)* bois *m* de chauffage.

fireworks ['faɪəwɜːks] npl [rockets, etc.] feux *mpl* d'artifice.

firework(s) display ['faɪəwɜːk(s)-] n feu *m* d'artifice.

firm [fɜːm] ◆ adj **1.** ferme **2.** [structure] solide. ◆ n société *f*.

first [fɜːst] ◆ adj premier(ière). ◆ adv **1.** [in order] en premier **2.** [at the start] premièrement, d'abord **3.** [for the first time] pour la première fois. ◆ pron premier *m*, -ière *f*. ◆ n [event] première *f* ▸ **first (gear)** première *f* ▸ **first thing (in the morning)** à la première heure ▸ **for the first time** pour la première fois ▸ **the**

first of January le premier janvier ▸ **at first** au début ▸ **first of all** premièrement, tout d'abord.

first aid n *(U)* premiers secours *mpl*.

first-aid kit n trousse *f* de premiers secours.

first class n *(U)* **1.** [mail] tarif *m* normal **2.** [on train, plane, ship] première classe *f*.

first-class adj **1.** [stamp] au tarif normal **2.** [ticket] de première classe **3.** [very good] excellent(e).

first floor n **1.** UK premier étage *m* **2.** US rez-de-chaussée *m inv*.

first grade n US SCH *classe de l'école primaire correspondant au CP (5-6 ans).*

firstly ['fɜːstlɪ] adv premièrement.

First Minister n [in Scottish Parliament] président *m* du Parlement écossais.

first name n prénom *m*.

First Secretary n [in Welsh Assembly] président *m* de l'Assemblée galloise.

First World War n **: the First World War** UK la Première Guerre mondiale.

fish [fɪʃ] (*pl inv*) ◆ n poisson *m*. ◆ vi pêcher.

fish and chips n *(U)* poisson *m* frit et frites.

fishcake ['fɪʃkeɪk] n croquette *f* de poisson.

fisherman ['fɪʃəmən] (*pl* **-men**) n pêcheur *m*.

fish farm n établissement *m* piscicole.

fish fingers npl UK bâtonnets *mpl* de poisson pané.

fishing ['fɪʃɪŋ] n *(U)* pêche *f* ▸ **to go fishing** aller à la pêche.

fishing boat n bâteau *m* de pêche.

fishing rod n canne *f* à pêche.

fishmonger's ['fɪʃ,mʌŋgəz] n UK [shop] poissonnerie *f*.

fish sticks US = **fish fingers**.

fish supper n SCOT poisson *m* frit et frites.

fishy ['fɪʃɪ] adj **1.** [smell, taste] de poisson **2.** [suspicious] louche.

fist [fɪst] n poing *m*.

fit [fɪt] ◆ adj [healthy] en forme. ◆ vt **1.** [subj: clothes, shoes] aller à **2.** [a lock, kitchen, bath] installer **3.** [insert] insérer. ◆ vi aller. ◆ n **1.** [of coughing, anger] crise *f* **2.** [epileptic] crise *f* d'épilepsie ▸ **it's a good fit** [clothes] c'est la bonne taille ▸ **to be fit for sthg** [suitable] être bon pour qqch ▸ **fit to eat** comestible ▸ **it doesn't fit a)** [jacket, skirt] ça ne va pas **b)** [object] ça ne rentre pas ▸ **to get fit** se remettre en forme ▸ **to keep fit** garder la forme. ◆ **fit in** ◆ vt sep [find time to do] caser. ◆ vi [belong] s'intégrer.

fitness ['fɪtnɪs] n *(U)* [health] forme *f*.

fitted ['fɪtəd] adj **1.** [suited] **: fitted for** OR **to** apte à **2.** [tailored shirt, jacket] ajusté(e).

fitted carpet n UK moquette *f*.

fitted sheet n UK drap-housse *m*.

fitting room ['fɪtɪŋ-] n cabine *f* d'essayage.

five [faɪv] num cinq ▸ **to be five (years old)** avoir cinq ans ▸ **it's five (o'clock)** il est cinq heures ▸ **a hundred and five** cent cinq ▸ **five Hill St** 5 Hill St ▸ **it's minus five (degrees)** il fait moins cinq.

fiver ['faɪvər] n UK *inf* **1.** cinq livres *fpl* **2.** [note] billet *m* de cinq livres.

fix [fɪks] **vt 1.** [attach, decide on] fixer **2.** [mend] réparer **3.** [drink, food] préparer **4.** [arrange] arranger. ◆ **fix up vt sep : to fix sb up with a lift home** faire raccompagner qqn chez lui.

fixed price n prix *m* fixe.

fixture ['fɪkstʃəʳ] n SPORT rencontre *f* ▸ **fixtures and fittings** équipements *mpl*.

fizzy ['fɪzɪ] adj pétillant(e).

flag [flæg] n drapeau *m*.

flake [fleɪk] ◆ n [of snow] flocon *m*. ◆ vi s'écailler.

flame [fleɪm] n flamme *f*.

flame-grilled adj CULIN grillé(e) au feu de bois.

flammable ['flæməbl] adj inflammable.

flan [flæn] n tarte *f*.

flannel ['flænl] n **1.** *(U)* [material] flanelle *f* **2.** UK [for face] ≃ gant *m* de toilette. ◆ **flannels** npl pantalon *m* de flanelle.

flap [flæp] ◆ n rabat *m*. ◆ vt [wings] battre de.

flapjack ['flæpdʒæk] n **1.** UK *pavé à l'avoine* **2.** US crêpe *f* épaisse.

flare [fleəʳ] n [signal] signal *m* lumineux.

flared [fleəd] adj **1.** [trousers] à pattes d'éléphant **2.** [skirt] évasé(e).

flash [flæʃ] ◆ n **1.** [of light] éclair *m* **2.** [for camera] flash *m*. ◆ vi [lamp] clignoter ▸ **a flash of lightning** un éclair ▸ **to flash one's headlights** faire un appel de phares.

flash drive n COMPUT clé *f* USB.

flashlight ['flæʃlaɪt] n US lampe *f* électrique, torche *f*.

flask [flɑːsk] n **1.** [Thermos] Thermos® *f* **2.** [hip flask] flasque *f*.

flat [flæt] ◆ adj **1.** plat(e) **2.** [surface] plan(e) **3.** [battery] à plat **4.** [drink] éventé(e) **5.** [rate, fee] fixe. ◆ adv à plat. ◆ n UK [apartment] appartement *m* ▸ **a flat (tyre)** un pneu à plat ▸ **flat out a)** [run] à fond **b)** [work] d'arrache-pied.

flatline ['flætlaɪn] vi US *inf* [die] mourir.

flat-pack n meuble *m* en kit.

flat rate n forfait *m* de base.

flatter ['flætəʳ] vt flatter.

flavor ['fleɪvər] US = **flavour**.

flavored US = **flavoured**.

flavoring US = **flavouring**.

flavour ['fleɪvəʳ] n **1.** *(U)* UK goût *m* **2.** [of ice cream] parfum *m*.

flavoured ['fleɪvəd] adj UK aromatisé(e) ▸ **lemon-flavoured** citronné.

flavouring ['fleɪvərɪŋ] n UK arôme *m*.

flaw [flɔː] n défaut *m*.

flea [fliː] n puce *f*.

flea market n marché *m* aux puces.

fleece [fliːs] n **1.** [of sheep] toison *m* **2.** *(U)* [material] fourrure *f* polaire **3.** UK [garment] polaire *f*, gilet *m* en polaire.

fleet [fliːt] n flotte *f*.

Fleet Street n *rue de Londres dont le nom est utilisé pour désigner la presse britannique*.

ⓘ Fleet Street

Cette rue de la City est traditionnellement associée à la presse. Même si aujourd'hui de nombreux journaux sont établis dans d'autres quartiers de Londres, notamment les **Docklands**, **Fleet Street** continue à désigner le monde du journalisme.

Flemish ['flemɪʃ] ◆ **adj** flamand(e). ◆ **n** *(U)* [language] flamand *m*.

flesh [fleʃ] **n** *(U)* chair *f*.

flew [flu:] **pt** → **fly**.

flex [fleks] **n** UK cordon *m* électrique.

flexible ['fleksəbl] **adj** flexible.

flexitarian [,fleksə'teəriən] **adj & n** flexitarien, enne.

flexitime ['fleksɪtaɪm], **flextime** ['flekstaɪm] US **n** *(U)* horaire *m* à la carte OR flexible.

flick [flɪk] **vt 1.** [a switch] appuyer sur **2.** [with finger] donner une chiquenaude à. ◆ **flick through vt insep** feuilleter.

flies [flaɪz] **npl** UK [of trousers] braguette *f*.

flight [flaɪt] **n** vol *m* ▸ **a flight (of stairs)** une volée de marches.

flight attendant n 1. [female] hôtesse *f* de l'air **2.** [male] steward *m*.

flimsy ['flɪmzɪ] **adj 1.** [object] fragile **2.** [clothes] léger(ère).

fling [flɪŋ] (*pt & pp* **flung**) **vt** jeter.

flint [flɪnt] **n** [of lighter] pierre *f*.

flip-flop [flɪp-] **n** [shoe] tong *f*.

flipper ['flɪpəʳ] **n** [of swimmer] palme *f*.

flip phone n téléphone *m* à clapet.

flirt [flɜ:t] **vi : to flirt (with sb)** flirter (avec qqn).

float [fləʊt] ◆ **n 1.** [for swimming] planche *f* **2.** [for fishing] bouchon *m* **3.** [in procession] char *m* **4.** US [drink] *soda avec une boule de glace.* ◆ **vi** flotter.

flock [flɒk] ◆ **n 1.** [of sheep] troupeau *m* **2.** [of birds] vol *m*. ◆ **vi** [people] affluer.

flood [flʌd] ◆ **n** inondation *f*. ◆ **vt** inonder. ◆ **vi** déborder.

floodgate ['flʌdgeɪt] **n** vanne *f*, porte *f* d'écluse.

floodlight ['flʌdlaɪt] **n** projecteur *m*.

floor [flɔ:ʳ] **n 1.** [of room] plancher *m*, sol *m* **2.** [storey] étage *m* **3.** [of nightclub] piste *f*.

floorboard ['flɔ:bɔ:d] **n** latte *f* (de plancher).

floor show n spectacle *m* de cabaret.

flop [flɒp] **n** *inf* [failure] fiasco *m*.

floppy disk ['flɒpɪ-] **n** disquette *f*.

floral ['flɔ:rəl] **adj** [pattern] à fleurs.

Florida Keys ['flɒrɪdə-] **npl** *îles au large de la Floride.*

florist ['flɒrɪst] **n** fleuriste *mf* ▸ **florist's (shop)** magasin *m* de fleuriste.

florist's ['flɒrɪsts] **n** [shop] fleuriste *m*.

flouncy ['flaʊnsɪ] **adj** [dress, skirt] froufroutant(e).

flour ['flaʊəʳ] **n** *(U)* farine *f*.

flow [fləʊ] ◆ **n** courant *m*. ◆ **vi** couler.

flower ['flaʊəʳ] **n** fleur *f*.

flowerbed ['flaʊəbed] **n** parterre *m* de fleurs.

flowerpot ['flaʊəpɒt] **n** pot *m* de fleurs.

flown [fləʊn] **pp** → **fly**.

fl oz *abbr of* **fluid ounce**.

flu [flu:] **n** *(U)* grippe *f*.

fluent ['flu:ənt] **adj : to be fluent in French, to speak fluent French** parler couramment français.

fluff [flʌf] **n** *(U)* [on clothes] peluches *fpl*.

fluid ounce ['flu:ɪd-] **n** = 0,03 litre.

flume [flu:m] **n** toboggan *m*.

flung [flʌŋ] **pt & pp** → **fling**.

flunk [flʌŋk] **vt** US *inf* [exam] rater.

fluorescent [flʊəˈresənt] **adj** fluorescent(e).

flush [flʌʃ] **vt : to flush the toilet** tirer la chasse d'eau.

flute [fluːt] **n** flûte *f*.

fly [flaɪ] (*pt* **flew**, *pp* **flown**) ◆ **n 1.** [insect] mouche *f* **2.** [of trousers] braguette *f*. ◆ **vt 1.** [plane, helicopter] piloter **2.** [airline] voyager avec **3.** [transport] transporter (par avion). ◆ **vi 1.** voler **2.** [passenger] voyager en avion **3.** [pilot a plane] piloter **4.** [flag] flotter.

fly-drive **n** UK formule *f* avion plus voiture.

flying [ˈflaɪɪŋ] **n** *(U)* voyages *mpl* en avion.

flyover [ˈflaɪˌəʊvəʳ] **n** UK saut-de-mouton *m*.

flypaper [ˈflaɪˌpeɪpəʳ] **n** *(U)* papier *m* tue-mouches.

flysheet [ˈflaɪʃiːt] **n** auvent *m*.

FM **n** FM *f*.

foal [fəʊl] **n** poulain *m*.

foam [fəʊm] **n** *(U)* mousse *f*.

focus [ˈfəʊkəs] ◆ **n** [of camera] mise *f* au point. ◆ **vi** [with camera, binoculars] faire la mise au point ▸ **in focus** net ▸ **out of focus** flou.

foetus UK, **fetus** US [ˈfiːtəs] **n** fœtus *m*.

fog [fɒg] **n** *(U)* brouillard *m*.

fogbound [ˈfɒgbaʊnd] **adj** bloqué(e) par le brouillard.

foggy [ˈfɒgɪ] **adj** brumeux(euse).

fog lamp UK = **fog light**.

fog light **n** feu *m* de brouillard.

foil [fɔɪl] **n** *(U)* [thin metal] papier *m* aluminium.

fold [fəʊld] ◆ **n** pli *m*. ◆ **vt 1.** plier **2.** [wrap] envelopper ▸ **to fold one's arms** (se) croiser les bras. ◆ **fold up** **vi** [chair, bed, bicycle] se plier.

folder [ˈfəʊldəʳ] **n 1.** chemise *f* (cartonnée) **2.** COMPUT dossier *m*.

folding [ˈfəʊldɪŋ] **adj** [table, umbrella] pliant(e).

foliage [ˈfəʊlɪɪdʒ] **n** *(U)* feuillage *m*.

folk [fəʊk] ◆ **npl** [people] gens *mpl*. ◆ **n : folk (music)** *(U)* folk *m*. ◆ **folks** **npl** *inf* [relatives] famille *f*.

folklore [ˈfəʊklɔːʳ] **n** folklore *m*.

follow [ˈfɒləʊ] **vt & vi** suivre ▸ **followed by** [in time] suivi par OR de ▸ **as follows** comme suit. ◆ **follow on** **vi** [come later] suivre.

following [ˈfɒləʊɪŋ] ◆ **adj** suivant(e). ◆ **prep** après.

follow on call **n** *appel téléphonique permettant d'utiliser la monnaie restant d'un précédent appel.*

follow-up **n** suite *f*.

fond [fɒnd] **adj : to be fond of** aimer beaucoup.

fondue [ˈfɒnduː] **n 1.** [with cheese] fondue *f* (savoyarde) **2.** [with meat] fondue bourguignonne.

font [fɒnt] **n** [printing] police *f*.

food [fuːd] **n 1.** *(U)* nourriture *f* **2.** [type of food] aliment *m*.

food hall **n** rayon *m* alimentation.

food miles **npl** kilomètres *mpl* alimentaires.

food mixer **n** mixer *m*.

food poisoning [-ˌpɔɪznɪŋ] **n** *(U)* intoxication *f* alimentaire.

food processor [-ˌprəʊsesəʳ] **n** robot *m* ménager.

food stamp n US bon *m* alimentaire *(accordé aux personnes sans ressources).*

foodstuffs ['fu:dstʌfs] **npl** denrées *fpl* alimentaires.

food technology n technologie *f* alimentaire.

fool [fu:l] ◆ **n** 1. [idiot] idiot *m*, -e *f* 2. [pudding] mousse *f*. ◆ **vt** tromper.

foolish ['fu:lɪʃ] **adj** idiot(e), bête.

foot [fʊt] (*pl* **feet**) **n** 1. pied *m* 2. [of animal] patte *f* 3. [measurement] = 30,48 cm, pied ▸ **by foot** à pied ▸ **on foot** à pied.

foot-and-mouth disease n fièvre *f* aphteuse.

football ['fʊtbɔ:l] **n** 1. UK [soccer] football *m* 2. US [American football] football *m* américain 3. [ball] ballon *m* de football.

footballer ['fʊtbɔ:lər] **n** UK footballeur *m*, -euse *f*.

football field n US terrain *m* de football américain.

football pitch n UK terrain *m* de football.

football player = **footballer**.

footbridge ['fʊtbrɪdʒ] **n** passerelle *f*.

foothills ['fʊthɪlz] **npl** contreforts *mpl*.

footnote ['fʊtnəʊt] **n** note *f* de OU en bas de page.

footpath ['fʊtpɑ:θ] *(pl* [-pɑ:ðz]*)* **n** sentier *m*.

footprint ['fʊtprɪnt] **n** empreinte *f* de pas.

footstep ['fʊtstep] **n** pas *m*.

footwear ['fʊtweər] **n** *(U)* chaussures *fpl*.

for [fɔ:r] ◆ **prep** 1. [expressing purpose, reason, destination] pour ▸ **this book is for you** ce livre est pour toi ▸ **a ticket for Manchester** un billet pour Manchester ▸ **a town famous for its wine** une ville réputée pour son vin ▸ **what did you do that for?** pourquoi as-tu fait ça ? ▸ **what's it for?** ça sert à quoi ? ▸ **to go for a walk** aller se promener ▸ **'for sale'** 'à vendre' 2. [during] pendant ▸ **I've lived here for ten years** j'habite ici depuis dix ans, ça fait dix ans que j'habite ici ▸ **we talked for hours** on a parlé pendant des heures 3. [by, before] pour ▸ **I'll do it for tomorrow** je le ferai pour demain 4. [on the occasion of] pour ▸ **I got socks for Christmas** on m'a offert des chaussettes pour Noël ▸ **what's for dinner?** qu'est-ce qu'il y a pour OR à dîner ? 5. [on behalf of] pour ▸ **I'd do anything for you** je ferais n'importe quoi pour toi 6. [with time and space] pour ▸ **there's no room for your suitcase** il n'y a pas de place pour ta valise ▸ **it's time for dinner** c'est l'heure du dîner ▸ **have you got time for a drink?** tu as le temps de prendre un verre ? 7. [expressing distance] pendant, sur ▸ **'road works for 20 miles'** travaux sur 32 kilomètres 8. [expressing price] : **I bought it for five pounds** je l'ai payé cinq livres 9. [expressing meaning] : **what's the French for "boy"?** comment dit-on « boy » en français ? 10. [with regard to] pour ▸ **it's warm for November** il fait chaud pour novembre ▸ **it's easy for you** c'est facile pour toi ▸ **it's too far for us to walk** c'est trop loin pour y aller à pied.

forbid [fə'bɪd] (*pt* **-bade**, *pp* **-bidden**) **vt** interdire, défendre ▸ **I forbid you to go there** je t'interdis d'aller là-bas.

forbidden [fəˈbɪdn] **adj** interdit(e), défendu(e).

force [fɔːs] ◆ **n** *(U)* force *f*. ◆ **vt** **1.** [push] mettre de force **2.** [lock, door] forcer ▸ **to force sb to do sthg** forcer qqn à faire qqch ▸ **to force one's way through** se frayer un chemin ▸ **the forces** les forces armées.

ford [fɔːd] **n** gué *m*.

forecast [ˈfɔːkɑːst] **n** prévision *f*.

foreclosure [fɔːˈkləʊʒəʳ] **n** forclusion *f*.

forecourt [ˈfɔːkɔːt] **n** devant *m*.

forefinger [ˈfɔːˌfɪŋgəʳ] **n** index *m*.

foreground [ˈfɔːgraʊnd] **n** premier plan *m*.

forehead [ˈfɔːhed] **n** front *m*.

foreign [ˈfɒrən] **adj** **1.** étranger(ère) **2.** [travel, visit] à l'étranger.

foreign currency **n** devises *fpl* (étrangères).

foreigner [ˈfɒrənəʳ] **n** étranger *m*, -ère *f*.

foreign exchange **n** *(U)* change *m*.

Foreign Office **n** UK **: the Foreign Office** ≃ le ministère des Affaires étrangères.

Foreign Secretary **n** UK ministre *m* des Affaires étrangères.

foreman [ˈfɔːmən] (*pl* **-men**) **n** [of workers] contremaître *m*.

foremost [ˈfɔːməʊst] ◆ **adj** principal(e). ◆ **adv : first and foremost** tout d'abord.

forename [ˈfɔːneɪm] **n** *fml* prénom *m*.

foresee [fɔːˈsiː] (*pt* **-saw**, *pp* **-seen**) **vt** prévoir.

forest [ˈfɒrɪst] **n** forêt *f*.

forever [fəˈrevəʳ] **adv** **1.** [eternally] (pour) toujours **2.** [continually] continuellement.

forewarning [ˌfɔːˈwɔːnɪŋ] **n** avertissement *m*.

foreword [ˈfɔːwɜːd] **n** avant-propos *m inv*.

forgave [fəˈgeɪv] **pt** → **forgive**.

forge [fɔːdʒ] **vt** [copy] contrefaire.

forgery [ˈfɔːdʒərɪ] **n** contrefaçon *f*.

forget [fəˈget] (*pt* **-got**, *pp* **-gotten**) **vt & vi** oublier ▸ **to forget about sthg** oublier qqch ▸ **to forget how to do sthg** oublier comment faire qqch ▸ **to forget to do sthg** oublier de faire qqch ▸ **forget it!** laisse tomber !

forgetful [fəˈgetfʊl] **adj** distrait(e).

forgive [fəˈgɪv] (*pt* **-gave**, *pp* **-given**) **vt** pardonner ▸ **to forgive sb for sthg** pardonner qqch à qqn.

forgot [fəˈgɒt] **pt** → **forget**.

forgotten [fəˈgɒtn] **pp** → **forget**.

fork [fɔːk] **n** **1.** [for eating with] fourchette *f* **2.** [for gardening] fourche *f* **3.** [of road, path] embranchement *m*. ◆ **forks** **npl** [of bike, motorbike] fourche *f*.

form [fɔːm] ◆ **n** **1.** [type, shape] forme *f* **2.** [piece of paper] formulaire *m* **3.** UK SCH classe *f*. ◆ **vt** former. ◆ **vi** se former ▸ **off form** pas en forme ▸ **on form** en forme ▸ **to form part of** faire partie de.

formal [ˈfɔːml] **adj** **1.** [occasion] officiel(ielle) **2.** [language, word] soutenu(e) **3.** [person] solennel(elle) ▸ **formal dress** tenue *f* de soirée.

formality [fɔːˈmælətɪ] **n** formalité *f* ▸ **it's just a formality** ça n'est qu'une formalité.

format [ˈfɔːmæt] **n** format *m*.

former ['fɔːmə^r] ◆ **adj** **1.** [previous] précédent(e) **2.** [first] premier(ière). ◆ **pron : the former** celui-là (celle-là), le premier (la première).

formerly ['fɔːməlɪ] **adv** autrefois.

formula ['fɔːmjʊlə] (*pl* **-as** OR **-ae**) **n** formule *f*.

fornication [,fɔːnɪ'keɪʃn] **n** *fml* fornication *f*.

fort [fɔːt] **n** fort *m*.

forthcoming [fɔːθ'kʌmɪŋ] **adj** [future] à venir.

fortieth ['fɔːtɪɪθ] ◆ **num adj & adv** quarantième. ◆ **num pron** quarantième *m ou f*. ◆ **num n** [fraction] quarantième *m*.

fortnight ['fɔːtnaɪt] **n** UK quinzaine *f*, quinze jours *mpl*.

fortnightly ['fɔːt,naɪtlɪ] **adv** tous les quinze jours.

fortress ['fɔːtrɪs] **n** forteresse *f*.

fortunate ['fɔːtʃnət] **adj** chanceux(euse).

fortunately ['fɔːtʃnətlɪ] **adv** heureusement.

fortune ['fɔːtʃuːn] **n** **1.** [money] fortune *f* **2.** *(U)* [luck] chance *f* ▸ **it costs a fortune** *inf* ça coûte une fortune.

forty ['fɔːtɪ] **num adj & n** quarante ▸ **to be forty (years old)** avoir quarante ans ▸ **a hundred and forty** cent quarante ▸ **forty Hill St** 40 Hill St ▸ **it's minus forty (degrees Fahrenheit)** il fait moins quarante (degrés Fahrenheit).

forum ['fɔːrəm] **n** forum *m*.

forward ['fɔːwəd] ◆ **adv** en avant. ◆ **n** SPORT avant *m*. ◆ **vt** **1.** [letter & COMPUT] faire suivre **2.** [goods] expédier ▸ **to look forward to sthg** attendre qqch avec impatience ▸ **I'm looking forward to seeing you** il me tarde de vous voir.

forwarding address ['fɔːwədɪŋ-] **n** adresse *f* de réexpédition.

forward slash **n** COMPUT barre *f* oblique.

fossil ['fɒsəl] **n & adj** fossile.

fossil fuel **n** énergie *f* fossile.

foster ['fɒstə^r] **adj** [family] d'accueil.

fought [fɔːt] **pt & pp** → **fight**.

foul [faʊl] ◆ **adj** [unpleasant] infect(e). ◆ **n** faute *f*.

found [faʊnd] ◆ **pt & pp** → **find.** ◆ **vt** fonder.

foundation [faʊn'deɪʃn] **n** **1.** [creation, organization] fondation *f* **2.** [basis] fondement *m*, base *f*.

foundation (cream) [faʊn'deɪʃn-] **n** fond de teint *m*.

fountain ['faʊntɪn] **n** fontaine *f*.

fountain pen **n** stylo *m* (à) plume.

four [fɔː^r] **num** quatre ▸ **to be four (years old)** avoir quatre ans ▸ **it's four (o'clock)** il est quatre heures ▸ **a hundred and four** cent quatre ▸ **four Hill St** 4 Hill St ▸ **it's minus four (degrees)** il fait moins quatre (degrés).

four-letter word **n** mot *m* grossier.

four-star (petrol) **n** *(U)* UK super *m*.

fourteen [,fɔː'tiːn] **num adj & n** quatorze ▸ **to be fourteen (years old)** avoir quatorze ans ▸ **a hundred and fourteen** cent quatorze ▸ **fourteen Hill St** 14 Hill St ▸ **it's minus fourteen (degrees)** il fait moins quatorze (degrés).

fourteenth [,fɔː'tiːnθ] ◆ **num adj & adv** quatorzième. ◆ **num pron** quatorzième *m ou f*. ◆ **num n** [fraction] quatorzième *m* ▸ **the fourteenth (of September)** le quatorze (septembre).

fourth [fɔːθ] ◆ **num adj & adv** quatrième. ◆ **num pron** quatrième *m ou f*.

◆ num n [fraction] quatrième *m* ▸ **the fourth (of September)** le quatre (septembre).

ⓘ Fourth of July

Fête nationale américaine célébrée le 4 juillet, également appelée **Independence Day** (jour de l'Indépendance), en commémoration de la signature en 1776 à Philadelphie (Pennsylvanie) de la Déclaration d'indépendance américaine par le Congrès continental. Galvanisé par l'esprit patriotique, cet anniversaire donne lieu à des festivités hautes en couleur (feux d'artifice, grandes parades, concerts en plein air, etc.) et est suivi d'un week-end de trois jours durant lequel les Américains en profitent pour voyager.

fourth grade n US SCH *classe de l'école primaire correspondant au CM1 (8-9 ans).*

four-wheel drive n quatre-quatre *m inv.*

fowl [faʊl] *(pl inv)* n volaille *f.*

fox [fɒks] n renard *m.*

foyer ['fɔɪeɪ] n hall *m.*

fraction ['frækʃn] n fraction *f.*

fracture ['fræktʃəʳ] ◆ n fracture *f.* ◆ vt fracturer.

fragile ['frædʒaɪl] adj fragile.

fragment ['frægmənt] n fragment *m.*

fragrance ['freɪgrəns] n parfum *m.*

fragrance-free adj non parfumé(e), sans parfum.

frail [freɪl] adj fragile.

frame [freɪm] ◆ n **1.** [of window, door] encadrement *m* **2.** [of bicycle, bed, for photo] cadre *m* **3.** [of glasses] monture *f* **4.** [of tent] armature *f.* ◆ vt [photo, picture] encadrer.

framework ['freɪmwɜːk] n structure *f*, cadre *m.*

France [frɑːns] n la France.

frank [fræŋk] adj franc (franche).

frankfurter ['fræŋkfɜːtəʳ] n saucisse *f* de Francfort.

frankly ['fræŋklɪ] adv franchement.

frantic ['fræntɪk] adj **1.** [person] fou (folle) **2.** [activity, pace] frénétique.

fraternity [frə'tɜːnətɪ] n **1.** [community] confrérie *f* **2.** *(U)* [friendship] fraternité *f.*

fraud [frɔːd] n *(U)* [crime] fraude *f.*

freak [friːk] ◆ adj insolite. ◆ n *inf* [fanatic] fana *m ou f.*

freckles ['freklz] npl taches *fpl* de rousseur.

free [friː] ◆ adj **1.** libre **2.** [costing nothing] gratuit(e). ◆ vt [prisoner] libérer. ◆ adv [without paying] gratuitement ▸ **free of charge** gratuitement ▸ **to be free to do sthg** être libre de faire qqch.

freedom ['friːdəm] n *(U)* liberté *f.*

freefone ['friːfəʊn] n *(U)* UK ≃ numéro *m* vert.

free-form adj de forme libre.

free gift n cadeau *m.*

free house n UK *pub non lié à une brasserie particulière.*

free kick n coup franc *m.*

freelance ['friːlɑːns] adj indépendant(e), free-lance *inv.*

freely ['friːlɪ] adv librement ▸ **freely available** facile à se procurer.

free period n SCH heure *f* libre.

freepost ['fri:pəʊst] n *(U)* UK port *m* payé.

free-range adj **1.** [chicken] fermier(ière) **2.** [eggs] de ferme.

free time n *(U)* temps *m* libre.

freeway ['fri:weɪ] n US autoroute *f*.

freeze [fri:z] (*pt* **froze**, *pp* **frozen**) ◆ vt **1.** [food] congeler **2.** [prices] geler. ◆ vi geler. ◆ impers vb : **it's freezing** il gèle.

freezer ['fri:zəʳ] n **1.** [deep freeze] congélateur *m* **2.** [part of fridge] freezer *m*.

freezing ['fri:zɪŋ] adj **1.** [temperature, water] glacial(e) **2.** [person, hands] gelé(e) ▸ **it's freezing** ça gèle.

freezing point n : **below freezing point** au-dessous de zéro.

freight [freɪt] n *(U)* fret *m*.

freight train n US train *m* de marchandises.

French [frentʃ] ◆ adj français(e). ◆ n *(U)* [language] français *m*. ◆ npl : **the French** les Français *mpl*.

French bean n haricot *m* vert.

French bread n *(U)* baguette *f*.

French dressing n *(U)* **1.** [in UK] vinaigrette *f* **2.** [in US] *assaisonnement pour salade à base de mayonnaise et de ketchup*.

French fries npl frites *fpl*.

Frenchman ['frentʃmən] (*pl* **-men**) n Français *m*.

French stick n UK baguette *f*.

French toast n *(U)* pain *m* perdu.

French windows npl porte-fenêtre *f*.

Frenchwoman ['frentʃ,wʊmən] (*pl* **-women**) n Française *f*.

frenemy ['frenəmɪ] n *ennemi qui se fait passer pour un ami* ▸ **they're frenemies** ils se détestent cordialement.

frequency ['fri:kwənsɪ] n fréquence *f*.

frequent ['fri:kwənt] adj fréquent(e).

frequently ['fri:kwəntlɪ] adv fréquemment.

fresh [freʃ] adj **1.** [food, flowers, weather] frais (fraîche) **2.** [refreshing] rafraîchissant(e) **3.** [water] doux (douce) **4.** [recent] récent(e) **5.** [new] nouveau(elle) ▸ **to get some fresh air** prendre l'air.

fresh cream n *(U)* crème *f* fraîche.

freshen ['freʃn] ◆ **freshen up** vi se rafraîchir.

fresh-faced adj [person] au teint frais.

freshly ['freʃlɪ] adv fraîchement.

freshman ['freʃmæn] (*pl* **-men**) n US SCH étudiant *m*, -e *f (de première année)*.

fresh orange (juice) n jus *m* d'orange.

freshwater ['freʃ,wɔ:təʳ] adj d'eau douce.

Fri. (*written abbr of* **Friday**) ven. *(vendredi)*.

Friday ['fraɪdɪ] n vendredi ▸ **it's Friday** on est vendredi ▸ **Friday morning** vendredi matin ▸ **on Friday** vendredi ▸ **on Fridays** le vendredi ▸ **last Friday** vendredi dernier ▸ **this Friday** vendredi ▸ **next Friday** vendredi prochain ▸ **Friday week** UK, **a week on Friday** UK, **a week from Friday** US vendredi en huit.

fridge [frɪdʒ] n réfrigérateur *m*.

fried egg [fraɪd-] n œuf *m* sur le plat.

fried rice [fraɪd-] n *(U)* riz *m* cantonais.

friend [frend] n ami *m*, -e *f* ▸ **to be friends with sb** être ami avec qqn ▸ **to**

make friends with sb se lier d'amitié avec qqn.

friendly ['frendlɪ] adj aimable ▸ **to be friendly with sb** être ami avec qqn.

friendship ['frendʃɪp] n amitié *f.*

fries [fraɪz] = **French fries.**

fright [fraɪt] n *(U)* peur *f* ▸ **to give sb a fright** faire peur à qqn.

frighten ['fraɪtn] vt faire peur à.

frightened ['fraɪtnd] adj [scared] effrayé(e) ▸ **to be frightened (that)…** [worried] avoir peur que… *(+ subjunctive)* ▸ **to be frightened of** avoir peur de.

frightening ['fraɪtnɪŋ] adj effrayant(e).

frightful ['fraɪtfʊl] adj [very bad] horrible.

frilly ['frɪlɪ] adj à volants.

fringe [frɪndʒ] n frange *f.*

frisk [frɪsk] vt fouiller.

fritter ['frɪtə^r] n beignet *m.*

fro [frəʊ] adv → **to.**

frock [frɒk] n [dated] robe *f.*

frog [frɒg] n grenouille *f.*

from [frɒm] ◆ prep **1.** [expressing origin, source] de ▸ **the train from Manchester** le train en provenance de Manchester ▸ **I'm from England** je suis anglais ▸ **I bought it from a supermarket** je l'ai acheté dans un supermarché **2.** [expressing removal, deduction] de ▸ **away from home** loin de chez soi ▸ **the policeman took the knife (away) from the man** le policier retira son couteau à l'homme ▸ **10 % will be deducted from the total** 10 % seront retranchés du total **3.** [expressing distance] de ▸ **five miles from London** à huit kilomètres de Londres ▸ **it's not far from here** ce n'est pas loin (d'ici) **4.** [expressing position] de ▸ **from here you can see the valley** d'ici on voit la vallée **5.** [expressing starting time] à partir de ▸ **from next year** à partir de l'année prochaine ▸ **open from nine to five** ouvert de neuf heures à dix-sept heures **6.** [expressing change] de ▸ **the price has gone up from £1 to £2** le prix est passé d'une livre à deux livres **7.** [expressing range] de ▸ **it could take from two to six months** ça peut prendre de deux à six mois ▸ **tickets are from £10** les billets les moins chers commencent à 10 livres **8.** [as a result of] de ▸ **I'm tired from walking** je suis fatigué d'avoir marché **9.** [expressing protection] de ▸ **sheltered from the wind** à l'abri du vent **10.** [in comparisons] **: different from** différent de.

fromage frais [ˌfrɒmɑːʒ'freɪ] n *(U)* fromage *m* blanc.

front [frʌnt] ◆ adj **1.** [row, part] de devant **2.** [wheel] avant *inv.* ◆ n **1.** [of dress, queue] devant *m* **2.** [of car, train, plane] avant *m* **3.** [of building] façade *f* **4.** [of weather] front *m* **5.** [by the sea] front *m* de mer ▸ **in front a)** [further forward] devant **b)** [in vehicle] à l'avant ▸ **in front of** devant.

front door n porte *f* d'entrée.

frontier [frʌn'tɪə^r] n frontière *f.*

front page n une *f.*

front seat n siège *m* avant.

front-wheel drive n traction *f* avant.

front yard n US jardin *m (devant une maison).*

frost [frɒst] n **1.** *(U)* [on ground] givre *m* **2.** [cold weather] gelée *f.*

frost-free adj [refrigerator, freezer] à dégivrage automatique.

frosting ['frɒstɪŋ] n *(U)* US glaçage *m*.

frosty ['frɒstɪ] adj [morning, weather] glacial(e).

froth [frɒθ] n *(U)* 1. [on beer] mousse *f* 2. [on sea] écume *f*.

frown [fraʊn] ◆ n froncement *m* de sourcils. ◆ vi froncer les sourcils.

froze [frəʊz] pt → **freeze**.

frozen [frəʊzn] ◆ pp → **freeze**. ◆ adj 1. gelé(e) 2. [food] surgelé(e).

fructose ['frʌktəʊs] n fructose *m*.

fruit [fruːt] n 1. *(U)* [food] fruits *mpl* 2. [variety, single fruit] fruit *m* ▸ **a piece of fruit** un fruit ▸ **fruits of the forest** fruits des bois.

fruit bowl n compotier *m*.

fruit cake n cake *m*.

fruiterer ['fruːtərə^r] n UK marchand *m*, -e *f* de fruits.

fruit juice n jus *m* de fruit.

fruit machine n UK machine *f* à sous.

fruit salad n salade *f* de fruits.

frumpily ['frʌmpɪlɪ] adv : **frumpily dressed** mal fagoté.

frustrating [frʌ'streɪtɪŋ] adj frustrant(e).

frustration [frʌ'streɪʃn] n *(U)* frustration *f*.

fry [fraɪ] vt (faire) frire.

frying pan ['fraɪɪŋ-] n poêle *f* (à frire).

ft *abbr of* **foot, feet**.

FTSE ['futsi] (*abbr of* Financial Times Stock Exchange) n : **the FTSE 100 index** l'index FTSE 100.

fuck all n *vulg* que dalle.

fudge [fʌdʒ] n *(U)* caramel *m*.

fuel [fjʊəl] n 1. [petrol] carburant *m* 2. [coal, gas] combustible *m*.

fuel pump n pompe *f* d'alimentation.

fulfil [fʊl'fɪl] vt UK 1. remplir 2. [promise] tenir 3. [instructions] obéir à.

fulfill [fʊl'fɪl] US = **fulfil**.

full [fʊl] ◆ adj 1. plein(e) 2. [hotel, train, name] complet(ète) 3. [maximum] maximum 4. [week] chargé(e) 5. [flavour] riche. ◆ adv [directly] en plein ▸ **I'm full (up)** je n'en peux plus ▸ **at full speed** à toute vitesse ▸ **in full** a) [pay] intégralement b) [write] en toutes lettres.

full board n *(U)* UK pension *f* complète.

full-cream milk n *(U)* UK lait *m* entier.

full-fat adj entier(ère).

full-length adj [skirt, dress] long (longue).

full moon n pleine lune *f*.

full stop n UK point *m*.

full-time adj & adv à temps plein.

fully ['fʊlɪ] adv 1. entièrement 2. [understand] tout à fait ▸ **fully booked** complet.

fully-equiped adj totalement équipé.

fully-fitted adj [kitchen] intégré(e).

fully-licensed adj *habilité à vendre tous types d'alcools*.

fumble ['fʌmbl] vi 1. [search clumsily] farfouiller 2. [in the dark] tâtonner ▸ **to fumble for sthg** chercher qqch à tâtons.

fumigation [ˌfjuːmɪgeɪʃn] n fumigation *f*.

fun [fʌn] n *(U)* : **it's good fun** c'est très amusant ▸ **for fun** pour le plaisir ▸ **to**

have fun s'amuser ▸ **to make fun of** se moquer de.

function ['fʌŋkʃn] ◆ **n 1.** [role & COMPUT] fonction *f* **2.** [formal event] réception *f.* ◆ **vi** fonctionner.

fund [fʌnd] ◆ **n** [of money] fonds *m.* ◆ **vt** financer. ◆ **funds npl** fonds *mpl.*

fundamental [ˌfʌndə'mentl] **adj** fondamental(e).

funeral ['fju:nərəl] **n** enterrement *m.*

funeral parlour UK, **funeral home** US **n** entreprise *f* de pompes funèbres.

funfair ['fʌnfeəʳ] **n** fête *f* foraine.

fun-filled adj divertissant(e).

fungus ['fʌŋgəs] (*pl* **-gi** OR **-guses**) **n** champignon *m.*

funky ['fʌŋkɪ] **adj** *inf* funky *inv.*

funnel ['fʌnl] **n 1.** [for pouring] entonnoir *m* **2.** [on ship] cheminée *f.*

funny ['fʌnɪ] **adj 1.** [amusing] drôle **2.** [strange] bizarre ▸ **to feel funny** [ill] ne pas être dans son assiette.

fun-packed adj divertissant(e).

fur [fɜ:ʳ] **n** fourrure *f.*

fur coat n manteau *m* de fourrure.

furious ['fjʊərɪəs] **adj** furieux(ieuse).

furnished ['fɜ:nɪʃt] **adj** meublé(e).

furnishings ['fɜ:nɪʃɪŋz] **npl** mobilier *m.*

furniture ['fɜ:nɪtʃəʳ] **n** *(U)* meubles *mpl* ▸ **a piece of furniture** un meuble.

furry ['fɜ:rɪ] **adj 1.** [animal] à fourrure **2.** [toy] en peluche **3.** [material] pelucheux(euse).

further ['fɜ:ðəʳ] ◆ **compar** → **far.** ◆ **adv 1.** plus loin **2.** [more] plus. ◆ **adj** [additional] autre ▸ **until further notice** jusqu'à nouvel ordre.

furthermore [ˌfɜ:ðə'mɔ:ʳ] **adv** de plus.

furthest ['fɜ:ðɪst] ◆ **superl** → **far.** ◆ **adj** le plus éloigné (la plus éloignée). ◆ **adv** le plus loin.

fuse [fju:z] ◆ **n 1.** [of plug] fusible *m* **2.** [on bomb] détonateur *m.* ◆ **vi : the plug has fused** les plombs ont sauté.

fuse box n boîte *f* à fusibles.

fuss [fʌs] **n** histoires *fpl.*

fussy ['fʌsɪ] **adj** [person] difficile.

future ['fju:tʃəʳ] ◆ **n 1.** avenir *m* **2.** GRAM futur *m.* ◆ **adj** futur(e) ▸ **in future** à l'avenir.

future-proof adj COMPUT évolutif(ive).

FYI (*abbr of* **for your information**) pi *(pour information).*

Gg

g (*abbr of* **gram**) g *(gramme).*

G7 n le G7.

G8 n le G8.

gable ['geɪbl] **n** pignon *m.*

gadget ['gædʒɪt] **n** gadget *m.*

Gaelic ['geɪlɪk] **n** *(U)* gaélique *m.*

gag [gæg] **n** *inf* [joke] histoire *f* drôle.

gain [geɪn] ◆ **vt 1.** gagner **2.** [weight, speed, confidence] prendre **3.** [subj: clock, watch] avancer de. ◆ **vi** [benefit] y gagner. ◆ n gain *m* ▸ **to gain from sthg** profiter de qqch.

gala ['gɑːlə] n [celebration] gala *m*.

gale [geɪl] n grand vent *m*.

gallery ['gælərɪ] n **1.** [public] musée *m* **2.** [private, at theatre] galerie *f*.

gallon ['gælən] n **1.** UK = 4,546 l, gallon *m* **2.** US = 3,79 l, gallon.

gallop ['gæləp] vi galoper.

gallstone ['gɔːlstəʊn] n calcul *m* biliaire.

gamble ['gæmbl] ◆ n coup *m* de poker. ◆ vi [bet money] jouer.

gambling ['gæmblɪŋ] n *(U)* jeu *m*.

game [geɪm] n **1.** jeu *m* **2.** [of football, tennis, cricket] match *m* **3.** [of chess, cards, snooker] partie *f* **4.** *(U)* [wild animals, meat] gibier *m*. ◆ **games** ◆ n *(U)* UK SCH sport *m*. ◆ npl [sporting event] jeux *mpl*.

game port n port *m* jeu.

gamer ['geɪmə^r] n [who plays computer games] *amateur de jeux vidéo*.

games console [geɪmz-] n COMPUT console *f* de jeux.

game show n jeu *m* télévisé.

gameware ['geɪmweə^r] n COMPUT ludiciel *m*.

gammon ['gæmən] n *(U)* UK *jambon cuit, salé ou fumé*.

gang [gæŋ] n **1.** [of criminals] gang *m* **2.** [of friends] bande *f*.

gangplank ['gæŋplæŋk] n passerelle *f*.

gangsta ['gæŋstə] n **1.** [music] **: gangsta (rap)** gangsta rap *m* **2.** US [gang member] membre d'un gang.

gangster ['gæŋstə^r] n gangster *m*.

gangway ['gæŋweɪ] n **1.** [for ship] passerelle *f* **2.** UK [in bus, aeroplane] couloir *m* **3.** UK [in theatre] allée *f*.

gaol [dʒeɪl] UK = **jail**.

gap [gæp] n **1.** [space] espace *m* **2.** [crack] interstice *m* **3.** [of time] intervalle *m* **4.** [difference] fossé *m*.

gap year n UK *année d'interruption volontaire des études, avant l'entrée à l'université*.

garage ['gærɑːʒ, 'gærɪdʒ] n **1.** garage *m* **2.** [for petrol] station-service *f*.

garage sale [gə'rɑːʒ] n US *vente d'occasion chez un particulier* ; ≃ vide-grenier *m*.

garbage ['gɑːbɪdʒ] n *(U)* US [refuse] ordures *fpl*.

garbage bag n US sac-poubelle *m*.

garbage can n US poubelle *f*.

garbage truck n US camion-poubelle *m*.

garden ['gɑːdn] ◆ n jardin *m*. ◆ vi faire du jardinage. ◆ **gardens** npl [public park] jardin *m* public.

garden center US = **garden centre**.

garden centre n UK jardinerie *f*.

gardener ['gɑːdnə^r] n jardinier *m*, -ière *f*.

gardening ['gɑːdnɪŋ] n *(U)* jardinage *m*.

garden peas npl petits pois *mpl*.

garlic ['gɑːlɪk] n *(U)* ail *m*.

garlic bread n *(U) pain aillé et beurré servi chaud*.

garlic butter n *(U)* beurre *m* d'ail.

garment ['gɑːmənt] n *fml* vêtement *m*.

garnish ['gɑːnɪʃ] ◆ n **1.** [for decoration] garniture *f* **2.** [sauce] *sauce servant à relever un plat*. ◆ vt garnir.

gas [gæs] n 1. gaz *m inv* 2. US [petrol] essence *f*.

gas cooker n UK cuisinière *f* à gaz.

gas cylinder n bouteille *f* de gaz.

gas fire n radiateur *m* à gaz.

gasket ['gæskɪt] n joint *m* (d'étanchéité).

gas mask n masque *m* à gaz.

gasoline ['gæsəli:n] n *(U)* US essence *f*.

gasp [gɑ:sp] vi [in shock] avoir le souffle coupé.

gas pedal n US accélérateur *m*.

gas-permeable adj : **gas-permeable (contact) lenses** lentilles *fpl* (de contact) perméables au gaz.

gas refill n recharge *f* de gaz.

gas station n US station-service *f*.

gas stove = **gas cooker**.

gas tank n US réservoir *m* (à essence).

gastropub ['gæstrəupʌb] n UK pub *m* gastronomique.

gasworks ['gæswɜ:ks] *(pl inv)* n usine *f* à gaz.

gate [geɪt] n 1. [to garden, at airport] porte *f* 2. [to building] portail *m* 3. [to field] barrière *f*.

gâteau ['gætəu] *(pl* -x) n UK *gros gâteau à la crème*.

gatecrash ['geɪtkræʃ] vi *inf* [at party] s'inviter, jouer les pique-assiette.

gateway ['geɪtweɪ] n [entrance] portail *m*.

gather ['gæðə^r] ◆ vt 1. [belongings] ramasser 2. [information] recueillir 3. [speed] prendre 4. [understand] déduire. ◆ vi se rassembler.

gaudy ['gɔ:dɪ] adj voyant(e).

gauge [geɪdʒ] ◆ n 1. jauge *f* 2. [of railway track] écartement *m*. ◆ vt [calculate] évaluer.

gauze [gɔ:z] n *(U)* gaze *f*.

gave [geɪv] pt → **give**.

gay [geɪ] adj [homosexual] homosexuel(elle).

gaze [geɪz] vi : **to gaze at** regarder fixement.

GB *(abbr of* Great Britain) GB *(Grande-Bretagne)*.

GCSE *(abbr of* General Certificate of Secondary Education) n *examen de fin de premier cycle*.

gear [gɪə^r] n 1. [wheel] roue *f* dentée 2. [speed] vitesse *f* 3. *(U)* [belongings] affaires *fpl* 4. *(U)* [equipment] équipement *m* 5. *(U)* [clothes] tenue *f* ▸ **in gear** en prise.

gearbox ['gɪəbɒks] n boîte *f* de vitesses.

gear lever n UK levier *m* de vitesse.

gear shift US = **gear lever**.

gear stick UK = **gear lever**.

geek [gi:k] n *inf* débile *m ou f* ▸ **a movie / computer geek** un dingue de cinéma / d'informatique.

geeky ['gi:ki] adj *inf caractéristique de jeunes obsédés par l'informatique ou les sciences et socialement inaptes* ▸ **some geeky guy** un type ringard.

geese [gi:s] pl → **goose**.

gel [dʒel] n gel *m*.

gelatine [,dʒelə'ti:n] n *(U)* gélatine *f*.

gem [dʒem] n pierre *f* précieuse.

Gemini ['dʒemɪnaɪ] n Gémeaux *mpl*.

gender ['dʒendə^r] n genre *m*.

gender-specific adj propre à l'un des deux sexes.

general ['dʒenərəl] ◆ **adj** général(e). ◆ **n** général *m* ▸ **in general** en général.

general anaesthetic **n** UK anesthésie *f* générale.

general anesthetic US = **general anaesthetic**.

general election **n** élections *fpl* législatives.

generally ['dʒenərəlɪ] **adv** généralement.

general practitioner [-præk'tɪʃənəʳ] **n** (médecin) généraliste *m*.

general store **n** US bazar *m*.

generate ['dʒenəreɪt] **vt** **1.** [cause] susciter **2.** [electricity] produire.

generation [ˌdʒenə'reɪʃn] **n** génération *f*.

generator ['dʒenəreɪtəʳ] **n** générateur *m*.

generosity [ˌdʒenə'rɒsətɪ] **n** *(U)* générosité *f*.

generous ['dʒenərəs] **adj** généreux(euse).

genetically [dʒɪ'netɪklɪ] **adv** génétiquement ▸ **genetically modified** génétiquement modifié(e) ▸ **genetically modified organism** organisme *m* génétiquement modifié.

genetic code **n** code *m* génétique.

Geneva [dʒɪ'niːvə] **n** Genève.

genitals ['dʒenɪtlz] **npl** parties *fpl* génitales.

genius ['dʒiːnjəs] **n** génie *m*.

gent [dʒent] **n** UK *inf* [dated] gentleman *m*. ◆ **gents** **n** UK [toilets] toilettes *fpl* pour hommes.

gentle ['dʒentl] **adj** **1.** doux (douce) **2.** [movement, breeze] léger(ère).

gentleman ['dʒentlmən] (*pl* **-men**) **n** **1.** monsieur *m* **2.** [with good manners] gentleman *m* ▸ **'gentlemen'** [men's toilets] 'messieurs'.

gently ['dʒentlɪ] **adv** [carefully] doucement.

gentrified ['dʒentrɪfaɪd] **adj** UK [area, street] qui s'est embourgeoisé(e).

gents [dʒents] **n** UK toilettes *fpl* pour hommes.

genuine ['dʒenjʊɪn] **adj** **1.** [authentic] authentique **2.** [sincere] sincère.

geographical [dʒɪə'græfɪkl] **adj** géographique.

geography [dʒɪ'ɒgrəfɪ] **n** *(U)* géographie *f*.

geology [dʒɪ'ɒlədʒɪ] **n** *(U)* géologie *f*.

geometry [dʒɪ'ɒmətrɪ] **n** *(U)* géométrie *f*.

Georgian ['dʒɔːdʒən] **adj** [architecture, etc.] georgien(ienne) *(du règne des rois George I-IV, 1714-1830)*.

geothermics [ˌdʒiːəʊ'θɜːmɪks] **n** *(U)* géothermie *f*.

geranium [dʒɪ'reɪnjəm] **n** géranium *m*.

geriatric [ˌdʒerɪ'ætrɪk] **adj** **1.** MED gériatrique **2.** *pej* [person] décrépit(e) ; [object] vétuste.

germ [dʒɜːm] **n** **1.** [bacterium] germe *m*, microbe *m* **2.** *fig* [of idea, plan] embryon *m*.

German ['dʒɜːmən] ◆ **adj** allemand(e). ◆ **n** **1.** [person] Allemand *m*, -e *f* *(U)* **2.** [language] allemand *m*.

German measles **n** *(U)* rubéole *f*.

Germany ['dʒɜːmənɪ] **n** l'Allemagne *f*.

germproof ['dʒɜːmpruːf] **adj** résistant(e) aux microbes.

germs [dʒɜːmz] **npl** germes *mpl*.

gesture ['ʤesʧəʳ] **n** [movement] geste *m*.

get [get] (*pt & pp* **got**, US *pp* **gotten**)
◆ **vt 1.** [obtain] obtenir ; [buy] acheter ▸ **she got a job** elle a trouvé un travail **2.** [receive] recevoir ▸ **I got a book for Christmas** on m'a offert OR j'ai eu un livre pour Noël **3.** [train, plane, bus, etc.] prendre **4.** [fetch] aller chercher ▸ **could you get me the manager?** a) [in shop] pourriez-vous m'appeler le directeur ? b) [on phone] pourriez-vous me passer le directeur ? **5.** [illness] attraper ▸ **I've got a cold** j'ai un rhume **6.** [cause to become] **: to get sthg done** faire faire qqch ▸ **can I get my car repaired here?** est-ce que je peux faire réparer ma voiture ici ? **7.** [ask, tell] **: I'll get him to call you** je m'assurerai qu'il t'appelle **8.** [move] **: I can't get it through the door** je n'arrive pas à le faire passer par la porte **9.** [understand] comprendre, saisir **10.** [time, chance] avoir ▸ **we didn't get the chance to see everything** nous n'avons pas pu tout voir **11.** [idea, feeling] avoir **12.** [phone] répondre à **13.** [in phrases] **: you get a lot of rain here in winter** il pleut beaucoup ici en hiver
◆ **vi 1.** [become] **: to get lost** se perdre ▸ **get lost!** *inf* fiche le camp ! ▸ **to get ready** se préparer ▸ **it's getting late** il se fait tard **2.** [into particular state, position] **: to get into trouble** s'attirer des ennuis ▸ **how do you get to Luton from here?** comment va-t-on à Luton ? ▸ **to get into the car** monter dans la voiture **3.** [arrive] arriver ▸ **when does the train get here?** à quelle heure arrive le train ? **4.** [in phrases] **to get to do sthg** avoir l'occasion de faire qqch
◆ **aux vb : to get delayed** être retardé ▸ **to get killed** se faire tuer
◆ **get back vi** [return] rentrer.
◆ **get in vi** [arrive] arriver ; [enter] entrer.
◆ **get off vi** [leave train, bus] descendre ; [depart] partir.
◆ **get on vi** [enter train, bus] monter ; [in relationship] s'entendre ; [progress] **: how are you getting on?** comment tu t'en sors ?
◆ **get out vi** [of car, bus, train] descendre.
◆ **get through vi** [on phone] obtenir la communication.
◆ **get up vi** se lever.

get-together n *inf* réunion *f*.

G-force n pesanteur *f*.

ghastly ['gɑːstlɪ] **adj** *inf* affreux(euse).

gherkin ['gɜːkɪn] **n** cornichon *m*.

ghetto ['getəʊ] (*pl* **-s** OR **-es**) **n** ghetto *m*.

ghetto blaster ['getəʊ,blɑːstəʳ] **n** *inf grand radiocassette portatif.*

ghost [gəʊst] **n** fantôme *m*.

ghosting ['gəʊstɪŋ] **n TV** image *f* fantôme.

ghostlike ['gəʊst,laɪk] **adj** spectral(e).

giant ['ʤaɪənt] ◆ **adj** géant(e). ◆ **n** [in stories] géant *m*, -e *f*.

giblets ['ʤɪblɪts] **npl** abats *mpl* de volaille.

giddy ['gɪdɪ] **adj : to feel giddy** avoir la tête qui tourne.

gift [gɪft] **n 1.** cadeau *m* **2.** [talent] don *m*.

gift certificate US = **gift token**.

gifted ['gɪftɪd] **adj** doué(e).

gift shop n boutique *f* de cadeaux.

gift token n UK chèque-cadeau *m*.

gift voucher UK = **gift token**.

gift wrap n emballage *m* cadeau.

gig [gɪg] n *inf* [concert] concert *m*.

gigabyte ['gaɪgəbaɪt] n COMPUT giga-octet *m*.

gigantic [dʒaɪ'gæntɪk] adj gigantesque.

giggle ['gɪgl] vi glousser.

gill [dʒɪl] n [measurement] = 0,142 l, quart *m* de pinte.

gimmick ['gɪmɪk] n astuce *f*.

gimp [gɪmp] n US *inf* **1.** *pej* [person] gogol *vulg mf* **2.** [object] scoubidou *m*.

gin [dʒɪn] n gin *m* ▸ **gin and tonic** gin tonic.

ginger ['dʒɪndʒə^r] ◆ n *(U)* gingembre *m*. ◆ adj [colour] roux (rousse).

ginger ale n *boisson gazeuse non alcoolisée au gingembre, souvent utilisée en cocktail.*

ginger beer n *boisson gazeuse non alcoolisée au gingembre.*

gingerbread ['dʒɪndʒəbred] n *(U)* pain *m* d'épice.

gipsy ['dʒɪpsɪ] n *(U)* gitan *m*, -e *f*.

giraffe [dʒɪ'rɑːf] n girafe *f*.

girdle ['gɜːdl] n gaine *f*.

girl [gɜːl] n fille *f*.

girlfriend ['gɜːlfrend] n copine *f*, amie *f*.

girl guide n UK éclaireuse *f*.

girl scout US = **girl guide**.

giro ['dʒaɪrəʊ] n *(U)* UK [system] virement *m* bancaire.

git [gɪt] n UK *vulg* connard *m*, connasse *f*.

give [gɪv] (*pt* **gave**, *pp* **given** ['gɪvn]) vt **1.** donner **2.** [a smile, a speech] faire **3.** [a look] jeter **4.** [attention, time] consacrer ▸ **to give sb a sweet** donner un bonbon à qqn ▸ **to give sb a present** offrir un cadeau à qqn ▸ **to give sb a message** transmettre un message à qqn ▸ **to give sthg a push** pousser qqch ▸ **to give sb a kiss** embrasser qqn ▸ **give or take a few days** à quelques jours près ▸ **'give way'** 'cédez le passage'. ◆ **give away** vt sep **1.** [get rid of] donner **2.** [reveal] révéler. ◆ **give back** vt sep rendre. ◆ **give in** vi céder. ◆ **give off** vt insep **1.** [smell] exhaler **2.** [gas] émettre. ◆ **give out** vt sep [distribute] distribuer. ◆ **give up** ◆ vt sep **1.** [cigarettes, chocolate] renoncer à **2.** [seat] laisser. ◆ vi [admit defeat] abandonner ▸ **to give up smoking** arrêter de fumer.

given name n US prénom *m*.

glacier ['glæsjə^r] n glacier *m*.

glad [glæd] adj content(e) ▸ **to be glad to do sthg** faire qqch volontiers OR avec plaisir.

gladly ['glædlɪ] adv [willingly] volontiers, avec plaisir.

glamorous ['glæmərəs] adj **1.** [woman] séduisant(e) **2.** [job, place] prestigieux(ieuse).

glance [glɑːns] ◆ n coup *m* d'œil. ◆ vi : **to glance at** jeter un coup d'œil à.

gland [glænd] n glande *f*.

glandular fever ['glændjʊlə-] n *(U)* UK mononucléose *f* (infectieuse).

glare [gleə^r] vi **1.** [person] jeter un regard noir **2.** [sun, light] être éblouissant(e).

glass [glɑːs] ◆ n *(U)* verre *m*. ◆ adj **1.** en verre **2.** [door] vitré(e). ◆ **glasses** npl lunettes *fpl*.

glassware ['glɑːsweəʳ] **n** *(U)* verrerie *f*.

glen [glen] **n** SCOT vallée *f*.

glider ['glaɪdəʳ] **n** planeur *m*.

glimpse [glɪmps] **vt** apercevoir.

glitter ['glɪtəʳ] **vi** scintiller.

glitterball ['glɪtəbɔːl] **n** boule *f* à facettes.

global ['gləʊbl] **adj** [worldwide] mondial(e).

globalization, globalisation UK [ˌgləʊbəlaɪ'zeɪʃn] **n** mondialisation *f*.

global market **n** marché *m* mondial OR international.

global warming [ˌgləʊbl'wɔːmɪŋ] **n** *(U)* réchauffement *m* de la planète.

globe [gləʊb] **n** [with map] globe *m* (terrestre) ▸ **the globe** [Earth] le globe.

gloomy ['gluːmɪ] **adj 1.** [room, day] lugubre **2.** [person] triste.

glorious ['glɔːrɪəs] **adj 1.** [weather, sight] splendide **2.** [victory, history] glorieux(ieuse).

glory ['glɔːrɪ] **n** *(U)* gloire *f*.

gloss [glɒs] **n** *(U)* [shine] brillant *m*, lustre *m* ▸ **gloss (paint)** peinture *f* brillante.

glossary ['glɒsərɪ] **n** glossaire *m*.

glossy ['glɒsɪ] **adj** [magazine] sur papier glacé.

glove [glʌv] **n** gant *m*.

glove compartment **n** boîte *f* à gants.

glow [gləʊ] ◆ **n** lueur *f*. ◆ **vi** briller.

glucose ['gluːkəʊs] **n** *(U)* glucose *m*.

glue [gluː] ◆ **n** *(U)* colle *f*. ◆ **vt** coller.

glug [glʌg] (*pt & pp* **-ged**, *cont* **-ging**) *inf* ◆ **n : glug (glug)** glouglou *m*. ◆ **vi** faire glouglou.

glutes [gluːts] **npl** *inf* muscles *mpl* fessiers.

GM (*abbr of* **genetically modified**) **adj** génétiquement modifié(e).

GMT (*abbr of* **Greenwich Mean Time**) **n** GMT *m*.

gnat [næt] **n** moustique *m*.

gnaw [nɔː] **vt** ronger.

GNVQ (*abbr of* **general national vocational qualification**) **n** UK *diplôme sanctionnant deux années d'études professionnelles à la fin du secondaire* ; ≃ baccalauréat *m* professionnel.

go [gəʊ] (*pt* **went**, *pp* **gone**, *pl* **goes**) ◆ **vi 1.** [move, travel] aller ▸ **to go for a walk** aller se promener ▸ **to go and do sthg** aller faire qqch ▸ **to go home** rentrer chez soi ▸ **to go to Spain** aller en Espagne ▸ **to go by bus** prendre le bus ▸ **to go swimming** aller nager **2.** [leave] partir, s'en aller ▸ **when does the bus go?** quand part le bus ? ▸ **go away!** allez vous-en ! **3.** [become] devenir ▸ **she went pale** elle a pâli ▸ **the milk has gone sour** le lait a tourné **4.** [expressing future tense] **: to be going to do sthg** aller faire qqch **5.** [function] marcher ▸ **the car won't go** la voiture ne veut pas démarrer **6.** [stop working] tomber en panne ▸ **the fuse has gone** les plombs ont sauté **7.** [break] se casser **8.** [time] passer **9.** [progress] aller, se passer ▸ **to go well** aller bien, bien se passer **10.** [bell, alarm] se déclencher **11.** [match] aller bien ensemble ▸ **to go with** aller (bien) avec ▸ **red wine doesn't go with fish** le vin rouge ne va pas bien avec le poisson **12.** [be sold] se vendre ▸ **'everything must go'** 'tout doit disparaître' **13.** [fit] rentrer **14.** [lead] aller ▸ **where does this path go?** où va ce chemin ? **15.** [belong] aller

16. [in phrases] **: to let go of sthg** [drop] lâcher qqch ▸ **to go** US [to take away] à emporter ▸ **there are two weeks to go** il reste deux semaines

◆ **n 1.** [turn] tour *m* ▸ **it's your go** c'est ton tour, c'est à toi **2.** [attempt] coup *m* ▸ **to have a go at sthg** essayer qqch ▸ **'50p a go'** [for game] '50p la partie'

◆ **go ahead vi** [begin] y aller ; [take place] avoir lieu.

◆ **go around vi** [revolve] tourner.

◆ **go back vi** [return] retourner.

◆ **go down vi** [decrease] baisser ; [sun] se coucher ; [tyre] se dégonfler.

◆ **go down with vt insep** *inf* [illness] attraper.

◆ **go in vi** entrer.

◆ **go off vi** [alarm, bell] se déclencher ; [food] se gâter ; [milk] tourner ; [light, heating] s'éteindre.

◆ **go on vi** [happen] se passer ; [light, heating] s'allumer ; [continue] **: to go on doing sthg** continuer à faire qqch ▸ **go on!** allez !

◆ **go out vi** [leave house] sortir ; [light, fire, cigarette] s'éteindre ; [have relationship] **: to go out with sb** sortir avec qqn ▸ **to go out for a meal** dîner dehors.

◆ **go over vt insep** [check] vérifier.

◆ **go round vi** UK = **go around**.

◆ **go through vt insep** [experience] vivre ; [spend] dépenser ; [search] fouiller.

◆ **go up vi** [increase] augmenter.

◆ **go without vt insep** se passer de.

goal [gəʊl] **n 1.** but *m* **2.** [posts] buts *mpl*.

goal-driven adj volontariste.

goalkeeper ['gəʊl,ki:pəʳ] **n** gardien *m* (de but).

goalpost ['gəʊlpəʊst] **n** poteau *m* (de but).

goat [gəʊt] **n** chèvre *f*.

gob [gɒb] **n** UK *inf* [mouth] gueule *f*.

gobby ['gɒbɪ] **adj** UK *inf* **: to be gobby** être une grande gueule.

go-cart US = **go-kart**.

god [gɒd] **n** dieu *m*. ◆ **God n** Dieu *m*.

goddammit [,gɒd'dæmɪt] **excl** *vulg* bordel !

goddaughter ['gɒd,dɔ:təʳ] **n** filleule *f*.

godfather ['gɒd,fɑ:ðəʳ] **n** parrain *m*.

godmother ['gɒd,mʌðəʳ] **n** marraine *f*.

gods [gɒdz] **npl : the gods** UK *inf* [in theatre] le poulailler.

godson ['gɒdsʌn] **n** filleul *m*.

goes [gəʊz] → **go**.

go-getting [-'getɪŋ] **adj** *inf* [person] entreprenant(e).

goggles ['gɒglz] **npl 1.** [for swimming] lunettes *fpl* de natation **2.** [for skiing] lunettes *fpl* de ski.

going ['gəʊɪŋ] **adj** [available] disponible ▸ **the going rate** le tarif en vigueur.

going-away adj [party, present] d'adieu.

go-kart [kɑ:t] **n** UK kart *m*.

gold [gəʊld] ◆ **n** *(U)* or *m*. ◆ **adj** en or.

goldfish ['gəʊldfɪʃ] (*pl inv*) **n** poisson *m* rouge.

gold-plated [-'pleɪtɪd] **adj** plaqué(e) or.

golf [gɒlf] **n** *(U)* golf *m*.

golf ball n balle *f* de golf.

golf club n club *m* de golf.

golf course n terrain *m* de golf.

golfer ['gɒlfəʳ] n joueur *m*, -euse *f* de golf.

gone [gɒn] ◆ pp → **go.** ◆ prep UK [past] : **it's gone ten** il est dix heures passées.

good [gʊd] (*compar* **better**, *superl* **best**) ◆ adj **1.** bon (bonne) **2.** [kind] gentil(ille) **3.** [well-behaved] sage. ◆ n *(U)* bien *m* ▸ **the weather is good** il fait beau ▸ **to have a good time** s'amuser ▸ **to be good at sthg** être bon en qqch ▸ **a good ten minutes** dix bonnes minutes ▸ **in good time** à temps ▸ **to make good sthg a)** [damage] payer qqch **b)** [loss] compenser qqch ▸ **for good** pour de bon ▸ **for the good of** pour le bien de ▸ **a walk will do you good** une promenade te fera du bien ▸ **it's no good** [there's no point] ça ne sert à rien ▸ **good afternoon!** bonjour ! ▸ **good evening!** bonsoir ! ▸ **good morning!** bonjour ! ▸ **good night!** bonne nuit ! ◆ **goods** npl marchandises *fpl*.

goodbye [,gʊd'baɪ] excl au revoir !

Good Friday n le Vendredi saint.

good-looking [-'lʊkɪŋ] adj beau (belle).

goods train [gʊdz-] n UK train *m* de marchandises.

goods vehicle n poids lourd *m*, véhicule *m* utilitaire.

goof [gu:f] US *inf* ◆ n [mistake] gaffe *f*. ◆ vi faire une gaffe. ◆ **goof around** vi US *inf* déconner.

google ['gu:gl] vt [look up] rechercher avec Google®.

goose [gu:s] (*pl* **geese**) n oie *f*.

gooseberry ['gʊzbərɪ] n groseille *f* à maquereau.

gorge [gɔ:dʒ] n gorge *f*.

gorgeous ['gɔ:dʒəs] adj **1.** [good-looking] magnifique, superbe **2.** [day, countryside] splendide **3.** [meal] délicieux(ieuse).

gorilla [gə'rɪlə] n gorille *m*.

gossip ['gɒsɪp] ◆ vi **1.** [about someone] cancaner **2.** [chat] bavarder. ◆ n *(U)* [about someone] commérages *mpl* ▸ **to have a gossip** [chat] bavarder.

gossip column n échos *mpl*.

got [gɒt] pt & pp → **get**.

gotten ['gɒtn] US pp → **get**.

goujons ['gu:dʒɒnz] npl *fines lamelles de poisson enrobées de pâte à crêpe et frites.*

goulash ['gu:læʃ] n goulasch *m*.

gourmet ['gʊəmeɪ] ◆ n gourmet *m*. ◆ adj [food, restaurant] gastronomique.

govern ['gʌvən] vt **1.** [country] gouverner **2.** [city] administrer.

government ['gʌvnmənt] n gouvernement *m*.

government-funded adj subventionné(e) par l'État.

governor ['gʌvənəʳ] n POL gouverneur *m*.

gown [gaʊn] n [dress] robe *f*.

GP *abbr of* **general practitioner**.

grab [græb] vt **1.** saisir **2.** [person] attraper.

graceful ['greɪsfʊl] adj gracieux(ieuse).

grade [greɪd] n **1.** [quality] qualité *f* **2.** [in exam] note *f* **3.** US [year at school] année *f*.

grade crossing n US passage *m* à niveau.

grade school n US école *f* primaire.

gradient ['greɪdjənt] n pente *f*.

gradual ['grædʒʊəl] **adj** graduel(elle), progressif(ive).

gradually ['grædʒʊəlɪ] **adv** graduellement, progressivement.

graduate ◆ **n** ['grædʒʊət] **1.** [from university] ≃ licencié *m*, licenciée **2.** US [from high school] ≃ bachelier *m*, bachelière. ◆ **vi** ['grædʒʊeɪt] **1.** [from university] ≃ obtenir sa licence **2.** US [from high school] ≃ obtenir son baccalauréat.

graduate school **n** US troisième *m* cycle d'université.

graduation [,grædʒʊ'eɪʃn] **n** *(U)* remise *f* des diplômes.

graffiti [grə'fi:tɪ] **n** *(U)* graffiti *mpl*.

graham cracker ['greɪəm-] **n** US *biscuit légèrement sucré.*

grain [greɪn] **n** **1.** grain *m* **2.** *(U)* [crop] céréales *fpl*.

gram [græm] **n** gramme *m*.

grammar ['græməʳ] **n** *(U)* grammaire *f*.

grammar school **n** [in UK] *école secondaire publique, plus sélective et plus traditionnelle que les autres.*

gramme [græm] = **gram**.

gramophone ['græməfəʊn] **n** [dated] gramophone *m*, phonographe *m*.

gran [græn] **n** UK *inf* mamie *f*.

grand [grænd] ◆ **adj** [impressive] grandiose. ◆ **n** *inf* **1.** [£1,000] mille livres *fpl* **2.** [$1,000] mille dollars *mpl*.

grandad ['grændæd] **n** *inf* = **granddad**.

grandchild ['grænt∫aɪld] (*pl* **-children**) **n** **1.** [boy] petit-fils *m* **2.** [girl] petite-fille *f* ▸ **grandchildren** petits-enfants *mpl*.

granddad ['grændæd] **n** *inf* papi *m*.

granddaughter ['græn,dɔ:təʳ] **n** petite-fille *f*.

grandfather ['grænd,fɑ:ðəʳ] **n** grand-père *m*.

grandma ['grænmɑ:] **n** *inf* mamie *f*.

grandmother ['græn,mʌðəʳ] **n** grand-mère *f*.

grandpa ['grænpɑ:] **n** *inf* papi *m*.

grandparents ['græn,peərənts] **npl** grands-parents *mpl*.

grandson ['grænsʌn] **n** petit-fils *m*.

granite ['grænɪt] **n** *(U)* granit *m*.

granny ['grænɪ] **n** *inf* mamie *f*.

grant [grɑ:nt] ◆ **n** **1.** POL subvention *f* **2.** [for university] bourse *f*. ◆ **vt** *fml* [give] accorder ▸ **to take sthg for granted** considérer qqch comme un fait acquis ▸ **he takes her for granted** il ne se rend pas compte de tout ce qu'elle fait pour lui.

grape [greɪp] **n** raisin *m*.

grapefruit ['greɪpfru:t] **n** pamplemousse *m*.

grapefruit juice **n** jus *m* de pamplemousse.

graph [grɑ:f] **n** graphique *m*.

graphical user interface **n** interface *f* graphique.

graphics card ['græfɪks-] **n** carte *f* graphique.

graph paper **n** *(U)* papier *m* millimétré.

grasp [grɑ:sp] **vt** saisir.

grass [grɑ:s] **n** *(U)* herbe *f* ▸ **'keep off the grass'** 'pelouse interdite'.

grasshopper ['grɑ:s,hɒpəʳ] **n** sauterelle *f*.

grate [greɪt] **n** grille *f* de foyer.

grated ['greɪtɪd] **adj** râpé(e).

grateful ['greɪtful] **adj** reconnaissant(e).

grater ['greɪtəʳ] **n** râpe *f*.

gratitude ['grætɪtju:d] **n** *(U)* gratitude *f*.

gratuity [grə'tju:ɪtɪ] **n** *fml* pourboire *m*.

grave[1] [greɪv] ◆ **adj 1.** [mistake, news] grave **2.** [concern] sérieux(ieuse). ◆ **n** tombe *f*.

grave[2] [grɑ:v] **adj** [accent] grave.

gravel ['grævl] **n** *(U)* **1.** gravier *m* **2.** [smaller] gravillon *m*.

graveyard ['greɪvjɑ:d] **n** cimetière *m*.

gravitas ['grævɪtæs] **n** sérieux *m*.

gravity ['grævətɪ] **n** *(U)* gravité *f*.

gravy ['greɪvɪ] **n** *(U)* jus *m* de viande.

gray [greɪ] US = **grey**.

graze [greɪz] **vt** [injure] égratigner.

grease [gri:s] **n** *(U)* graisse *f*.

greaseproof paper ['gri:spru:f-] **n** *(U)* papier *m* sulfurisé.

greasy ['gri:sɪ] **adj 1.** [tools, clothes] graisseux(euse) **2.** [food, skin, hair] gras (grasse).

great [greɪt] **adj 1.** grand(e) **2.** [very good] super *inv*, génial(e) ▸ **(that's) great!** (c'est) super OR génial !

Great Britain **n** la Grande-Bretagne.

Greater London **n** le Grand Londres.

great-grandfather **n** arrière-grand-père *m*.

great-grandmother **n** arrière-grand-mère *f*.

greatly ['greɪtlɪ] **adv 1.** [a lot] beaucoup **2.** [very] très.

Greece [gri:s] **n** la Grèce.

greed [gri:d] **n** *(U)* **1.** [for food] gloutonnerie *f* **2.** [for money] avidité *f*.

greedy ['gri:dɪ] **adj 1.** [for food] glouton(onne) **2.** [for money] avide.

Greek [gri:k] ◆ **adj** grec (grecque). ◆ **n 1.** [person] Grec *m*, Grecque *f* *(U)* **2.** [language] grec *m*.

Greek salad **n** *salade composée de laitue, tomates, concombre, feta et olives noires.*

green [gri:n] ◆ **adj 1.** vert(e) **2.** [person, product] écolo **3.** *inf* [inexperienced] jeune. ◆ **n 1.** [colour] vert *m* **2.** [in village] terrain *m* communal **3.** [on golf course] green *m* ▸ **the Greens** les Verts. ◆ **greens** **npl** [vegetables] légumes *mpl* verts.

green beans **npl** haricots *mpl* verts.

green card **n 1.** UK [for car] carte *f* verte **2.** US [work permit] carte *f* de séjour.

ⓘ Green card

Document administratif exigé de la part de tout citoyen étranger désireux de vivre et de travailler aux États-Unis (la « carte verte » n'arbore plus cette couleur aujourd'hui). Son obtention, longue et compliquée, concerne les proches directs des citoyens américains (notamment les époux), les personnes ayant obtenu une offre d'emploi permanent (après parrainage de leur employeur), les réfugiés politiques résidant depuis plus d'un an aux États-Unis et souhaitant changer de statut et les personnes souhaitant investir aux États-Unis.

green channel **n** *dans un port ou un aéroport, sortie réservée aux voyageurs n'ayant rien à déclarer.*

green energy ['gri:nenədʒɪ] n énergie verte.

greengage ['gri:ngeɪdʒ] n reine-claude *f*.

greengrocer's ['gri:n,grəʊsəz] n UK [shop] magasin *m* de fruits et de légumes.

greenhouse ['gri:nhaʊs] *(pl* [-haʊzɪz]*)* n serre *f*.

greenhouse effect n effet *m* de serre.

green light n feu *m* vert ▸ **to give sb the green light** donner le feu vert à qqn.

green pepper n poivron *m* vert.

Greens [gri:nz] npl **: the Greens** les écologistes *mpl*.

green salad n salade *f* verte.

green shoots npl COMM [signs of recovery] premiers signes *mpl* de reprise.

green tax n taxe *f* verte.

Greenwich Mean Time ['grenɪdʒ-] n heure *f* (du méridien) de Greenwich.

greet [gri:t] vt saluer.

greeting ['gri:tɪŋ] n salut *m*.

greetings card UK**, greeting card** US n carte *f* de vœux.

grenade [grə'neɪd] n grenade *f*.

grew [gru:] pt → **grow**.

grey [greɪ] ◆ adj gris(e). ◆ n gris *m* ▸ **to go grey** grisonner.

greyhound ['greɪhaʊnd] n lévrier *m*.

Greyhound® n **: Greyhound buses** *réseau d'autocars couvrant tous les États-Unis.*

ⓘ Greyhound

La célèbre compagnie de cars américaine dessert toutes les régions et villes des États-Unis et est le moyen de transport le plus rentable pour sillonner et découvrir le pays.

grid [grɪd] n **1.** [grating] grille *f* **2.** [on map, etc.] quadrillage *m*.

gridlock ['grɪdlɒk] n embouteillage *m*.

gridlocked ['grɪdlɒkt] adj bloqué(e).

grief [gri:f] n *(U)* chagrin *m* ▸ **to come to grief** [person] échouer.

grieve [gri:v] vi être en deuil ▸ **to grieve for** pleurer.

grill [grɪl] ◆ n **1.** [on cooker, over fire] gril *m* **2.** [part of restaurant] grill *m*. ◆ vt (faire) griller.

grille [grɪl] n AUT calandre *f*.

grilled [grɪld] adj grillé(e).

grilling ['grɪlɪŋ] n UK [of food] cuisson *f* sur le OR au gril.

grim [grɪm] adj **1.** [expression] sévère **2.** [place, news] sinistre.

grimace ['grɪməs] n grimace *f*.

grimy ['graɪmɪ] adj crasseux(euse).

grin [grɪn] ◆ n grand sourire *m*. ◆ vi faire un grand sourire.

grind [graɪnd] *(pt & pp* **ground***)* vt [pepper, coffee] moudre.

grip [grɪp] ◆ n **1.** [hold] prise *f (U)* **2.** [of tyres] adhérence *f* **3.** [handle] poignée *f* **4.** [bag] sac *m* de voyage. ◆ vt [hold] saisir ▸ **to have a grip on sthg** avoir qqch bien en mains.

gristle ['grɪsl] n *(U)* nerfs *mpl*.

groan [grəʊn] ◆ n [of pain] gémissement *m*. ◆ vi **1.** [in pain] gémir **2.** [complain] ronchonner.

groceries ['grəʊsərɪz] npl épicerie *f*.

grocer's ['grəʊsəz] n UK [shop] épicerie *f*.

grocery ['grəʊsərɪ] n [shop] épicerie *f*.

grocery shop UK, **grocery store** US n épicerie *f*.

groin [grɔɪn] n aine *f*.

groove [gru:v] n rainure *f*.

groovy ['gru:vɪ] adj *inf* **1.** [excellent] super, génial(e) **2.** [fashionable] branché(e).

grope [grəʊp] vi tâtonner ▸ **to grope for sthg** chercher qqch à tâtons.

gross [grəʊs] adj [weight, income] brut(e).

grossly ['grəʊslɪ] adv [extremely] extrêmement.

grotty ['grɒtɪ] adj UK *inf* minable.

ground [graʊnd] ◆ pt & pp → **grind.** ◆ n **1.** *(U)* [surface of earth] sol *m* **2.** *(U)* [soil] terre *f* **3.** SPORT terrain *m*. ◆ adj [coffee] moulu(e). ◆ vt : **to be grounded** a) [plane] être interdit de vol b) US [electrical connection] être relié à la terre ▸ **on the ground** par terre. ◆ **grounds** npl **1.** [of building] terrain *m* **2.** [of coffee] marc *m* **3.** [reason] motif *m*.

ground beef n US steak *m* haché.

grounded ['graʊndɪd] adj : **to be grounded** être privé(e) de sortie.

ground floor n UK rez-de-chaussée *m*.

groundsheet ['graʊndʃi:t] n UK tapis *m* de sol.

ground speed ['graʊndspi:d] n [for plane, wind] vitesse *f* au sol.

ground-to-air adj MIL [missile] sol-air *(inv)*.

group [gru:p] n groupe *m*.

group leader n [on package tour] accompagnateur *m*, -trice *f* ; [for group of children] moniteur *m*, -trice *f*.

grouse [graʊs] (*pl inv*) n [bird] grouse *f*.

grovel ['grɒvl] vi ramper.

grow [grəʊ] (*pt* **grew**, *pp* **grown**) ◆ vi **1.** [person, animal] grandir **2.** [plant] pousser **3.** [increase] augmenter **4.** [become] devenir. ◆ vt **1.** [plant, crop] cultiver **2.** [beard] laisser pousser ▸ **to grow old** vieillir. ◆ **grow up** vi grandir.

growl [graʊl] vi [dog] grogner.

grown [grəʊn] pp → **grow**.

grown-up ◆ adj adulte. ◆ n adulte *m ou f*, grande personne *f*.

growth [grəʊθ] n **1.** [increase] augmentation *f* **2.** MED grosseur *f*.

growth area n secteur *m* en expansion OR en croissance.

grub [grʌb] n *(U) inf* [food] bouffe *f*.

grubby ['grʌbɪ] adj *inf* pas net (nette).

grudge [grʌdʒ] ◆ n : **to bear sb a grudge** en vouloir à qqn. ◆ vt : **she grudges him his success** elle lui envie son succès.

grueling ['grʊəlɪŋ] US = **gruelling**.

gruelling ['grʊəlɪŋ] adj UK exténuant(e).

gruesome ['gru:səm] adj macabre.

grumble ['grʌmbl] vi [complain] grommeler.

grumpy ['grʌmpɪ] adj *inf* grognon(onne).

grunge [grʌndʒ] n **1.** *inf* [dirt] crasse *f* **2.** [music, fashion] grunge *m*.

grunt [grʌnt] vi **1.** [pig] grogner **2.** [person] pousser un grognement.

guarantee [ˌgærən'ti:] ◆ n garantie *f*. ◆ vt garantir.

guard [gɑ:d] ◆ n **1.** [of prisoner] gardien *m*, -ienne *f* **2.** [of politician, palace] garde *m* **3.** UK [on train] chef *m* de train **4.** [protective cover] protection *f*. ◆ vt [watch over] garder ▸ **to be on one's guard** être sur ses gardes.

Guatemala [ˌgwɑːtəˈmɑːlə] **n** Guatemala *m* ▸ **in Guatemala** au Guatemala.

Guatemalan [ˌgwɑːtəˈmɑːlən] ◆ **adj** guatémaltèque. ◆ **n** Guatémaltèque *mf*.

guess [ges] ◆ **vt & vi** (essayer de) deviner. ◆ **n : to have a guess at sthg** (essayer de) deviner qqch ▸ **I guess (so)** je suppose (que oui).

guest [gest] **n** **1.** invité *m*, -e *f* **2.** [in hotel] client *m*, -e *f*.

guesthouse [ˈgesthaus] *(pl* [-hauzɪz]*)* **n** pension *f* de famille.

guestroom [ˈgestrum] **n** chambre *f* d'amis.

guidance [ˈgaɪdəns] **n** *(U)* conseils *mpl*.

guide [gaɪd] ◆ **n** **1.** [for tourists] guide *m ou f* **2.** [guidebook] guide *m* (touristique). ◆ **vt** conduire. ◆ **Guide** **n** UK ≃ éclaireuse *f*.

guidebook [ˈgaɪdbuk] **n** guide *m* (touristique).

guide dog **n** UK chien *m* d'aveugle.

guided tour [ˈgaɪdɪd-] **n** visite *f* guidée.

guidelines [ˈgaɪdlaɪnz] **npl** lignes *fpl* directrices.

guilt [gɪlt] **n** *(U)* culpabilité *f*.

guilty [ˈgɪltɪ] **adj** coupable.

guinea pig [ˈgɪnɪ-] **n** cochon *m* d'Inde.

guitar [gɪˈtɑːʳ] **n** guitare *f*.

guitarist [gɪˈtɑːrɪst] **n** guitariste *m ou f*.

gulf [gʌlf] **n** [of sea] golfe *m*.

Gulf War **n : the Gulf War** la guerre du Golfe.

gull [gʌl] **n** mouette *f*.

gullible [ˈgʌləbl] **adj** crédule.

gulp [gʌlp] **n** goulée *f*.

gum [gʌm] **n** **1.** *(U)* [chewing gum] chewing-gum *m* **2.** *(U)* [bubble gum] *chewing-gum avec lequel on peut faire des bulles* **3.** [adhesive] gomme *f*. ◆ **gums** **npl** [in mouth] gencives *fpl*.

gun [gʌn] **n** **1.** [pistol] revolver *m* **2.** [rifle] fusil *m* **3.** [cannon] canon *m*.

gunfire [ˈgʌnfaɪəʳ] **n** *(U)* coups *mpl* de feu.

gunshot [ˈgʌnʃɒt] **n** coup *m* de feu.

gust [gʌst] **n** rafale *f*.

gut [gʌt] **n** *inf* [stomach] estomac *m*. ◆ **guts** **npl** *inf* **1.** [intestines] boyaux *mpl* **2.** [courage] cran *m*.

gutter [ˈgʌtəʳ] **n** **1.** [beside road] rigole *f* **2.** [of house] gouttière *f*.

guy [gaɪ] **n** *inf* [man] type *m*. ◆ **guys** **npl** *inf* [people] **: you guys** vous.

Guyana [gaɪˈænə] **n** Guyana *m*.

Guy Fawkes Night [-ˈfɔːks-] **n** *le 5 novembre*.

ⓘ Guy Fawkes Night

Fête populaire anglaise, célébrée chaque année le 5 novembre, commémorant la Conspiration des poudres de 1605 – un complot dont fit partie le catholique Guy Fawkes – qui visait à assassiner le roi Jacques Ier en faisant exploser le Parlement londonien. Aujourd'hui, les enfants confectionnent de petites effigies de Fawkes (les guys) et les font brûler le soir venu dans d'immenses feux de joie (les bonfires), la célébration étant également accompagnée de nombreux feux d'artifice.

guy rope **n** corde *f* de tente.

gym [dʒɪm] n **1.** gymnase *m* **2.** [school lesson] gym *f.*

gymnasium [dʒɪm'neɪzjəm] (*pl* **-iums** OR **-ia**) n gymnase *m.*

gymnast ['dʒɪmnæst] n gymnaste *m ou f.*

gymnastics [dʒɪm'næstɪks] n *(U)* gymnastique *f.*

gym shoes npl tennis *mpl* en toile.

gynaecologist [,gaɪnə'kɒlədʒɪst] n UK gynécologue *m ou f.*

gynecologist US = **gynaecologist**.

gypsy ['dʒɪpsɪ] = **gipsy**.

Hh

H (*abbr of* **hospital**) H *(hôpital)*.

haberdashery ['hæbədæʃərɪ] n UK mercerie *f.*

habit ['hæbɪt] n habitude *f.*

habitat ['hæbɪtæt] n habitat *m.*

hacksaw ['hæksɔː] n scie *f* à métaux.

had [hæd] pt & pp → **have**.

haddock ['hædək] (*pl inv*) n églefin *m.*

hadn't ['hædnt] → **had not**.

haemophiliac [,hiːmə'fɪlɪæk] n UK hémophile *m.*

haemorrhage ['hemərɪdʒ] n UK hémorragie *f.*

haggis ['hægɪs] n *plat typique écossais consistant en une panse de brebis farcie, le plus souvent accompagné de pommes de terre et de navets en purée.*

haggle ['hægl] vi marchander.

hail [heɪl] ◆ n *(U)* grêle *f.* ◆ impers vb grêler.

hailstone ['heɪlstəʊn] n grêlon *m.*

hair [heə^r] n **1.** *(U)* [on head] cheveux *mpl* **2.** *(U)* [on skin] poils *mpl* **3.** [individual hair on head] cheveu *m* **4.** [individual hair on skin, of animal] poil *m* ▸ **to have one's hair cut** se faire couper les cheveux.

hairband ['heəbænd] n bandeau *m.*

hairbrush ['heəbrʌʃ] n brosse *f* à cheveux.

hairclip ['heəklɪp] n barrette *f.*

hair conditioner n après-shampooing *m.*

haircut ['heəkʌt] n [style] coupe *f* (de cheveux) ▸ **to have a haircut** se faire couper les cheveux.

hairdo ['heəduː] (*pl* **-s**) n *inf* coiffure *f.*

hairdresser ['heə,dresə^r] n coiffeur *m*, -euse *f* ▸ **hairdresser's** [salon] salon *m* de coiffure ▸ **to go to the hairdresser's** aller chez le coiffeur.

hairdryer ['heə,draɪə^r] n sèche-cheveux *m inv.*

hair gel n *(U)* gel *m* coiffant.

hairgrip ['heəgrɪp] n UK épingle *f* à cheveux.

hairnet ['heənet] n résille *f.*

hairpin ['heəpɪn] n épingle *f* à cheveux.

hairpin bend ['heəpɪn-] n UK virage *m* en épingle à cheveux.

hairpin curve US = **hairpin bend**.

hair remover [-rɪ,muːvə^r] n *(U)* crème *f* dépilatoire.

hair rollers [-'rəʊləz] npl bigoudis *mpl*.

hair slide n UK barrette *f*.

hairspray ['heəspreɪ] n *(U)* laque *f*.

hairstyle ['heəstaɪl] n coiffure *f*.

hairy ['heərɪ] adj poilu(e).

half [UK hɑːf, US hæf] (*pl* **halves**) ◆ n **1.** moitié *f* **2.** [of match] mi-temps *f inv* **3.** UK [half pint] ≃ demi *m* **4.** [child's ticket] demi-tarif *m*. ◆ adv à moitié. ◆ adj : **half a day** une demi-journée ▸ **half of them** la moitié d'entre eux ▸ **four and a half** quatre et demi ▸ **half past seven** sept heures et demie ▸ **half as big as** moitié moins grand que ▸ **an hour and a half** une heure et demie ▸ **half an hour** une demi-heure ▸ **half a dozen** une demi-douzaine.

half board n *(U)* UK demi-pension *f*.

half-bottle n demi-bouteille *f*.

half-brother n demi-frère *m*.

half-day n demi-journée *f*.

half fare n demi-tarif *m*.

half portion n demi-portion *f*.

half-price adj à moitié prix.

half-sister n demi-sœur *f*.

half term n UK vacances *fpl* de mi-trimestre.

half time, half-time n *(U)* mi-temps *f inv*.

halfway [hɑːf'weɪ] adv **1.** [in space] à mi-chemin **2.** [in time] à la moitié ▸ **halfway through the film** au milieu du film.

halibut ['hælɪbət] (*pl inv*) n flétan *m*.

hall [hɔːl] n **1.** [of house] entrée *f* **2.** [building, large room] salle *f* **3.** [country house] manoir *m*.

hallmark ['hɔːlmɑːk] n [on silver, gold] poinçon *m*.

hallo [hə'ləʊ] UK = **hello**.

hall of residence n UK résidence *f* universitaire.

Halloween [,hæləʊ'iːn] n Halloween *f*.

ⓘ Halloween

Aux États-Unis comme au Royaume-Uni, cette fête a lieu le 31 octobre, la veille de la Toussaint. Les enfants se déguisent en sorcières, fantômes, ou autres personnages de l'au-delà, font du porte à porte pour réclamer des friandises ou de l'argent et jouent des tours aux récalcitrants. Aux États-Unis, cette tradition est connue sous le nom de **treat or trick**. Aujourd'hui, les adultes célèbrent aussi cette fête et organisent des soirées sur le même thème.

hallway ['hɔːlweɪ] n vestibule *m*.

halt [hɔːlt] ◆ vi s'arrêter. ◆ n : **to come to a halt** s'arrêter.

halve [UK hɑːv, US hæv] vt **1.** [reduce] réduire de moitié **2.** [cut] couper en deux.

halves [UK hɑːvz, US hævz] pl → **half**.

ham [hæm] n *(U)* [meat] jambon *m*.

hamburger ['hæmbɜːgəʳ] n **1.** steak *m* haché **2.** *(U)* US [mince] viande *f* hachée.

hamlet ['hæmlɪt] n hameau *m*.

hammer ['hæməʳ] ◆ n marteau *m*. ◆ vt [nail] enfoncer à coups de marteau.

hammock ['hæmək] n hamac *m*.

hamper ['hæmpəʳ] n panier *m*.

hamster ['hæmstəʳ] n hamster *m*.

hamstring ['hæmstrɪŋ] n tendon *m* du jarret.

hand [hænd] n **1.** main *f* **2.** [of clock, watch, dial] aiguille *f* ▸ **to give sb a hand** donner un coup de main à qqn ▸ **to get**

out of hand échapper à tout contrôle ▸ **by hand** à la main ▸ **in hand** [time] devant soi ▸ **on the one hand** d'un côté ▸ **on the other hand** d'un autre côté. ◆ **hand in** vt sep remettre. ◆ **hand out** vt sep distribuer. ◆ **hand over** vt sep [give] remettre.

handbag ['hændbæg] n sac *m* à main.

hand baggage = **hand luggage**.

handbasin ['hændbeɪsn] n UK lavabo *m*.

handbook ['hændbʊk] n guide *m*.

handbrake ['hændbreɪk] n UK frein *m* à main.

hand cream n crème *f* pour les mains.

handcuffs ['hændkʌfs] npl menottes *fpl*.

handful ['hændfʊl] n poignée *f*.

handheld PC [hænd'held-] n PC *m* de poche.

handicap ['hændɪkæp] n handicap *m* ▸ **handicap accessible** accessible aux handicapés.

handicapped ['hændɪkæpt] ◆ adj handicapé(e). ◆ npl : **the handicapped** les handicapés *mpl*.

handkerchief ['hæŋkətʃɪf] (*pl* **-chiefs** OR **-chieves**) n mouchoir *m*.

handle ['hændl] ◆ n **1.** [of door, window, suitcase] poignée *f* **2.** [of knife, pan] manche *m* **3.** [of cup] anse *f*. ◆ vt **1.** [touch] manipuler **2.** [deal with] s'occuper de **3.** [crisis] faire face à ▸ **'handle with care'** 'fragile'.

handlebars ['hændlbɑːz] npl guidon *m*.

handling ['hændlɪŋ] n **1.** maniement *m* **2.** [of order] traitement *m*.

hand luggage n *(U)* bagages *mpl* à main.

handmade [,hænd'meɪd] adj fait à la main.

handout ['hændaʊt] n [leaflet] prospectus *m*.

handrail ['hændreɪl] n rampe *f*.

handset ['hændset] n combiné *m* ▸ **'please replace the handset'** 'raccrochez'.

hands-free [hænds-] adj [phone] mains libres.

hands-free kit n (kit) main libre *m*.

handshake ['hændʃeɪk] n poignée *f* de main.

handsome ['hænsəm] adj beau (belle).

handstand ['hændstænd] n équilibre *m* sur les mains.

handwriting ['hænd,raɪtɪŋ] n *(U)* écriture *f*.

handy ['hændɪ] adj **1.** [useful] pratique **2.** [person] adroit(e) **3.** [near] tout près ▸ **to come in handy** *inf* être utile.

hang[1] [hæŋ] (*pt & pp* **hung** OR **hanged**) ◆ vt **1.** [gen] suspendre, accrocher **2.** (*pt & pp* **hanged**) [execute] pendre. ◆ vi pendre. ◆ **hang about** vi UK *inf* traîner. ◆ **hang around** vi *inf* = **hang about**. ◆ **hang down** vi pendre. ◆ **hang on** vi *inf* [wait] attendre. ◆ **hang out** ◆ vt sep [washing] étendre. ◆ vi *inf* traîner. ◆ **hang up** vi [on phone] raccrocher.

hang[2] [hæŋ] n : **to get the hang of sthg** *inf* attraper le coup pour faire qqch.

hangar ['hæŋəʳ] n hangar *m* (à avions).

hanger ['hæŋəʳ] n cintre *m*.

hang gliding n *(U)* deltaplane *m*.

hangover ['hæŋ,əʊvəʳ] n gueule *f* de bois.

hankie ['hæŋkɪ] (*abbr of* **handkerchief**) **n** *inf* mouchoir *m*.

hanky ['hæŋkɪ] **n** = **hankie**.

happen ['hæpən] **vi** arriver ▸ **I happened to be there** je me trouvais là par hasard.

happily ['hæpɪlɪ] **adv** [luckily] heureusement.

happiness ['hæpɪnɪs] **n** *(U)* bonheur *m*.

happy ['hæpɪ] **adj** heureux(euse) ▸ **to be happy about sthg** être content de qqch ▸ **to be happy to do sthg** [willing] être heureux de faire qqch ▸ **to be happy with sthg** être content de qqch.

happy-clappy [-'klæpɪ] **adj** UK *inf* & *pej* [service, meeting, Christian] exubérant(e).

happy hour **n** *inf période, généralement en début de soirée, où les boissons sont moins chères.*

harassment ['hærəsmənt] **n** *(U)* harcèlement *m*.

harbor ['hɑːbər] US = **harbour**.

harbour ['hɑːbəʳ] **n** UK port *m*.

hard [hɑːd] ◆ **adj** **1.** dur(e) **2.** [winter] rude **3.** [water] calcaire. ◆ **adv** **1.** [listen] avec attention **2.** [work] dur **3.** [hit, rain] fort ▸ **to try hard** faire de son mieux.

hardback ['hɑːdbæk] **n** livre *m* relié.

hardboard ['hɑːdbɔːd] **n** *(U)* panneau *m* de fibres.

hard-boiled egg [-bɔɪld-] **n** œuf *m* dur.

hardcover ['hɑːd,kʌvəʳ] **n** = **hardback**.

hard disk **n** disque *m* dur.

hard-hit **adj** gravement atteint(e) OR touché(e).

hardly ['hɑːdlɪ] **adv** à peine ▸ **hardly ever** presque jamais.

hardness ['hɑːdnɪs] **n** [firmness] dureté *f*.

hardship ['hɑːdʃɪp] **n** **1.** *(U)* [conditions] épreuves *fpl* **2.** [difficult circumstance] épreuve *f*.

hard shoulder **n** UK bande *f* d'arrêt d'urgence.

hard up **adj** *inf* fauché(e).

hardware ['hɑːdweəʳ] **n** *(U)* **1.** [tools, equipment] quincaillerie *f* **2.** COMPUT hardware *m*.

hardware shop UK, **hardware store** US **n** quincaillerie *f*.

hardwearing [,hɑːd'weərɪŋ] **adj** UK résistant(e).

hardworking [,hɑːd'wɜːkɪŋ] **adj** travailleur(euse).

hare [heəʳ] **n** lièvre *m*.

harm [hɑːm] ◆ **n** *(U)* mal *m*. ◆ **vt** **1.** [person] faire du mal à **2.** [chances, reputation] nuire à **3.** [fabric] endommager.

harmful ['hɑːmfʊl] **adj** nuisible.

harmless ['hɑːmlɪs] **adj** inoffensif(ive).

harmonica [hɑː'mɒnɪkə] **n** harmonica *m*.

harmony ['hɑːmənɪ] **n** harmonie *f*.

harness ['hɑːnɪs] **n** harnais *m*.

harp [hɑːp] **n** harpe *f*.

harsh [hɑːʃ] **adj** **1.** [severe] rude **2.** [cruel] dur(e) **3.** [sound, voice] discordant(e).

harvest ['hɑːvɪst] **n** **1.** [time of year, crops] récolte *f* **2.** [of wheat] moisson *f* **3.** [of grapes] vendanges *fpl*.

has (*weak form* [həz], *strong form* [hæz]) → **have**.

hash browns [hæʃ-] **npl** croquettes *fpl* de pommes de terre.

hash key **n** touche *f* dièse.

hasn't ['hæznt] → **has not**.

hassle ['hæsl] **n** *inf* embêtement *m*.

hastily ['heɪstɪlɪ] **adv** sans réfléchir.

hasty ['heɪstɪ] **adj** hâtif(ive).

hat [hæt] **n** chapeau *m*.

hatch [hætʃ] ◆ **n** [for food] passe-plat *m inv*. ◆ **vi** [egg] éclore.

hatchback ['hætʃ,bæk] **n** [car] cinq portes *f*.

hatchet ['hætʃɪt] **n** hachette *f*.

hate [heɪt] ◆ **n** *(U)* haine *f*. ◆ **vt** détester ▸ **to hate doing sthg** détester faire qqch.

hate crime **n** délit *m* de haine.

hatred ['heɪtrɪd] **n** *(U)* haine *f*.

haul [hɔːl] ◆ **vt** traîner. ◆ **n** : **a long haul** un long trajet.

haunted ['hɔːntɪd] **adj** hanté(e).

Havana [hə'vænə] ◆ **n** [city] La Havane. ◆ **n** [cigar, tobacco] havane *m*.

have [hæv] (*pt & pp* **had**) ◆ **aux vb** **1.** [to form perfect tenses] avoir / être ▸ **I have finished** j'ai terminé ▸ **have you been there? — no, I haven't** tu y es allé ? — non ▸ **we had already left** nous étions déjà partis **2.** [must] : **to have (got) to do sthg** devoir faire qqch ▸ **I have to go** je dois y aller, il faut que j'y aille ▸ **do you have to pay?** est-ce que c'est payant ?
◆ **vt** **1.** [possess] : **to have (got)** avoir ▸ **do you have** OR **have you got a double room?** avez-vous une chambre double ? ▸ **she has (got) brown hair** elle a les cheveux bruns, elle est brune **2.** [experience] avoir ▸ **to have a cold** avoir un rhume, être enrhumé ▸ **we had a great time** on s'est beaucoup amusés **3.** [replacing other verbs] : **to have breakfast** prendre le petit déjeuner ▸ **to have lunch** déjeuner ▸ **to have a drink** boire OR prendre un verre ▸ **to have a shower** prendre une douche ▸ **to have a swim** nager ▸ **to have a walk** faire une promenade **4.** [feel] avoir ▸ **I have no doubt about it** je n'ai aucun doute là-dessus **5.** [cause to be] : **to have sthg done** faire faire qqch ▸ **to have one's hair cut** se faire couper les cheveux **6.** [be treated in a certain way] : **I've had my wallet stolen** on m'a volé mon portefeuille.

haversack ['hævəsæk] **n** UK sac *m* à dos.

havoc ['hævək] **n** *(U)* chaos *m*.

hawk [hɔːk] **n** faucon *m*.

hawker ['hɔːkə^r] **n** démarcheur *m*, -euse *f*.

hay [heɪ] **n** *(U)* foin *m*.

hay fever **n** *(U)* rhume *m* des foins.

haystack ['heɪ,stæk] **n** meule *f* de foin.

hazard ['hæzəd] **n** risque *m*.

hazard lights = **hazard warning lights**.

hazardous ['hæzədəs] **adj** dangereux(euse).

hazard warning lights **npl** UK feux *mpl* de détresse.

haze [heɪz] **n** brume *f*.

hazel ['heɪzl] **adj** noisette *inv*.

hazelnut ['heɪzl,nʌt] **n** noisette *f*.

hazy ['heɪzɪ] **adj** [misty] brumeux(euse).

HD **adj** **1.** COMPUT (*abbr of* **high density**) HD (*haute densité*) **2.** (*abbr of* **high definition**) HD (*haute définition*).

HDMI (*abbr of* **high definition multimedia interface**) n HDMI *m*.

HDTV (*abbr of* **high-definition television**) n TVHD *f (télévision haute définition)*.

he [hiː] pron il ▸ **he's tall** il est grand.

head [hed] ◆ n **1.** tête *f* **2.** [of page] haut *m* **3.** [of table] bout *m* **4.** [of company, department] chef *m* **5.** UK [head teacher] directeur *m* (d'école) **6.** [of beer] mousse *f*. ◆ vt **1.** [list] être en tête de **2.** [organization] être à la tête de. ◆ vi se diriger ▸ **£10 a head** 10 livres par personne ▸ **heads or tails?** pile ou face ?
◆ **head for** vt insep se diriger vers.

headache ['hedeɪk] n [pain] mal *m* de tête ▸ **to have a headache** avoir mal à la tête.

head band, headband ['hedbænd] n US bandeau *m*.

headbang ['hedbæŋ] vi *inf secouer violemment la tête en rythme (sur du heavy metal)*.

-headed ['hedɪd] adj *(in compounds)* à tête….

headed notepaper ['hedɪd-] n UK papier *m* à en-tête.

header and footer n en-tête et pied de page *m*.

heading ['hedɪŋ] n titre *m*.

headlamp ['hedlæmp] UK = **headlight**.

headlight ['hedlaɪt] n phare *m*.

headline ['hedlaɪn] n **1.** [in newspaper] gros titre *m* **2.** [on TV, radio] titre *m*.

headmaster [ˌhed'mɑːstəʳ] n UK directeur *m* (d'école).

headmistress [ˌhed'mɪstrɪs] n UK directrice *f* (d'école).

head of state n chef *m* d'État.

headphones ['hedfəʊnz] npl casque *m* (à écouteurs).

headquarters [ˌhed'kwɔːtəz] npl siège *m*.

headrest ['hedrest] n appui-tête *m*.

headroom ['hedrʊm] n *(U)* hauteur *f*.

headscarf ['hedskɑːf] (*pl* **-scarves**) n foulard *m*.

head start n longueur *f* d'avance.

head teacher n directeur *m* (d'école).

head-up adj [in aeroplane, car] **: head-up display** affichage *m* tête haute.

head waiter n maître *m* d'hôtel.

heal [hiːl] ◆ vt **1.** [person] guérir **2.** [wound] cicatriser. ◆ vi cicatriser.

health [helθ] n *(U)* santé *f* ▸ **to be in good health** être en bonne santé ▸ **to be in poor health** être en mauvaise santé ▸ **your (very) good health!** à la vôtre !

health care n *(U)* services *mpl* médicaux.

health care worker n soignant *m*, -e *f*.

health center US = **health centre**.

health centre n UK centre *m* médico-social.

health club n club *m* de remise en forme.

health crisis n crise *f* sanitaire.

health food n produits *mpl* diététiques.

health food shop n magasin *m* de produits diététiques.

health insurance n assurance *f* maladie.

health professional n soignant *m*, -e *f*, professionnel *m*, -elle *f* de santé.

healthy ['helθɪ] adj **1.** [person] en bonne santé **2.** [skin, food] sain(e).

heap [hiːp] n tas *m* ▸ **heaps of a)** *inf* [people, objects] des tas de **b)** [time, money] plein de.

hear [hɪəʳ] (*pt & pp* **heard** [hɜːd]) ◆ **vt** **1.** entendre **2.** [news] apprendre. ◆ **vi** entendre ▸ **to hear about sthg** entendre parler de qqch ▸ **to hear from sb** avoir des nouvelles de qqn ▸ **to have heard of** avoir entendu parler de.

hearing [ˈhɪərɪŋ] **n 1.** *(U)* [sense] ouïe *f* **2.** [at court] audience *f* ▸ **to be hard of hearing** être dur d'oreille.

hearing aid **n** audiophone *m*.

heart [hɑːt] **n** cœur *m* ▸ **to know sthg (off) by heart** savoir OR connaître qqch par cœur ▸ **to lose heart** perdre courage. ◆ **hearts** **npl** [in cards] cœur *m*.

heart attack **n** crise *f* cardiaque.

heartbeat [ˈhɑːtbiːt] **n** battement *m* de cœur.

heartburn [ˈhɑːtbɜːn] **n** *(U)* brûlures *fpl* d'estomac.

heart condition **n : to have a heart condition** être cardiaque.

heart disease **n** maladie *f* de cœur.

hearth [hɑːθ] **n** foyer *m*.

hearty [ˈhɑːtɪ] **adj** [meal] copieux(ieuse).

heat [hiːt] **n 1.** *(U)* chaleur *f* **2.** [of oven] température *f*. ◆ **heat up** **vt sep** réchauffer.

heater [ˈhiːtəʳ] **n 1.** [for room] appareil *m* de chauffage **2.** [for water] chauffe-eau *m inv*.

heath [hiːθ] **n** lande *f*.

heather [ˈheðəʳ] **n** *(U)* bruyère *f*.

heating [ˈhiːtɪŋ] **n** *(U)* chauffage *m*.

heat wave **n** canicule *f*.

heave [hiːv] **vt 1.** [push] pousser avec effort **2.** [pull] tirer avec effort.

Heaven [ˈhevn] **n** *(U)* le paradis.

heavily [ˈhevɪlɪ] **adv 1.** [smoke, drink] beaucoup **2.** [rain] à verse.

heavy [ˈhevɪ] **adj 1.** lourd(e) **2.** [rain] battant(e) ▸ **how heavy is it?** ça pèse combien ? ▸ **to be a heavy smoker** être un grand fumeur.

heavy cream **n** US crème *f* fraîche épaisse.

heavy goods vehicle **n** UK poids lourd *m*.

heavy industry **n** *(U)* industrie *f* lourde.

heavy metal **n** *(U)* MUS heavy metal *m*.

Hebrew [ˈhiːbruː] ◆ **adj** hébreu, hébraïque. ◆ **n 1.** [person] Hébreu *m*, Israélite *mf* **2.** [language] hébreu *m*.

Hebrides [ˈhebrɪdiːz] **npl : the Hebrides** les (îles *fpl*) Hébrides *fpl*.

heckle [ˈhekl] **vt** interrompre bruyamment.

hectare [ˈhekteəʳ] **n** hectare *m*.

hectic [ˈhektɪk] **adj** mouvementé(e).

he'd [hiːd] → **he had, he would**.

hedge [hedʒ] **n** haie *f*.

hedgehog [ˈhedʒhɒg] **n** hérisson *m*.

heel [hiːl] **n** talon *m*.

hefty [ˈheftɪ] **adj 1.** [person] costaud **2.** [fine] gros (grosse).

height [haɪt] **n 1.** hauteur *f* **2.** [of person] taille *f* ▸ **at the height of the season** en pleine saison ▸ **what height is it?** ça fait quelle hauteur ?

heir [eəʳ] **n** héritier *m*.

heiress [ˈeərɪs] **n** héritière *f*.

held [held] **pt & pp** → **hold**.

helicopter [ˈhelɪkɒptəʳ] **n** hélicoptère *m*.

hell [hel] n *(U)* enfer *m*.

he'll [hi:l] → **he will**.

hello [hə'ləʊ] excl **1.** [as greeting] bonjour ! **2.** [on phone] allô ! **3.** [to attract attention] ohé !

hell-raiser n *inf* fouteur *m*, -euse *f* de merde.

helmet ['helmɪt] n casque *m*.

help [help] ◆ n *(U)* aide *f*. ◆ vt aider. ◆ vi être utile. ◆ excl à l'aide !, au secours ! ▸ **I can't help it** je ne peux pas m'en empêcher ▸ **let me help you (to) carry that** je vais vous aider à porter cela ▸ **help yourself (to some more)** (res)servez-vous ▸ **can I help you?** [in shop] je peux vous aider ? ◆ **help out** vi aider.

help button n COMPUT case *f* d'aide.

help desk n service *m* d'assistance technique, help-desk *m*.

helper ['helpə^r] n **1.** [assistant] aide *m* ou *f* **2.** US [cleaning woman] femme *f* de ménage **3.** US [cleaning man] agent *m* d'entretien.

helpful ['helpfʊl] adj **1.** [person] serviable **2.** [useful] utile.

helping ['helpɪŋ] n portion *f*.

helpless ['helplɪs] adj impuissant(e).

helpline ['helplaɪn] n ligne *f* d'assistance téléphonique.

help menu n COMPUT menu *m* d'aide.

hem [hem] n ourlet *m*.

hemophiliac US = **haemophiliac**.

hemorrhage US = **haemorrhage**.

hen [hen] n poule *f*.

hen night, hen party n *inf* [gen] soirée entre copines.

hepatitis [ˌhepə'taɪtɪs] n *(U)* hépatite *f*.

her [hɜ:^r] ◆ adj son, sa *f*, ses *pl*. ◆ pron **1.** la **2.** [after prep] elle ▸ **I know her** je la connais ▸ **it's her** c'est elle ▸ **send it to her** envoie-le lui ▸ **tell her** dis-(le) lui ▸ **he's worse than her** il est pire qu'elle.

herb [hɜ:b] n herbe *f* ▸ **herbs** fines herbes *fpl*.

herbal [UK 'hɜ:bl, US 'ɜ:rbl] adj à base de plantes.

herbal tea ['hɜ:bl-] n tisane *f*.

herd [hɜ:d] n troupeau *m*.

here [hɪə^r] adv ici ▸ **here's your book** voici ton livre ▸ **here you are** voilà.

herein [ˌhɪər'ɪn] adv *fml* **1.** [in this respect] en ceci, en cela **2.** LAW [in this document] ci-inclus.

heritage ['herɪtɪdʒ] n *(U)* patrimoine *m*.

heritage centre n UK ecomusée *m*.

hernia ['hɜ:njə] n hernie *f*.

hero ['hɪərəʊ] (*pl* **-es**) n héros *m*.

heroin ['herəʊɪn] n *(U)* héroïne *f*.

heroine ['herəʊɪn] n héroïne *f*.

heron ['herən] n héron *m*.

herring ['herɪŋ] n hareng *m*.

hers [hɜ:z] pron le sien (la sienne) ▸ **these shoes are hers** ces chaussures sont à elle ▸ **a friend of hers** un ami à elle.

herself [hɜ:'self] pron **1.** [reflexive] se **2.** [after prep] elle ▸ **she did it herself** elle l'a fait elle-même.

he's [hi:z] → **he is, he has**.

hesitant ['hezɪtənt] adj hésitant(e).

hesitate ['hezɪteɪt] vi hésiter.

hesitation [ˌhezɪ'teɪʃn] n hésitation *f*.

heterosexual [ˌhetərəʊ'sekʃʊəl] ◆ adj hétérosexuel(elle). ◆ n hétérosexuel *m*, -elle *f*.

heterosexuality ['hetərə‚sekʃʊ'ælətɪ] n hétérosexualité *f*.

hey [heɪ] excl *inf* hé !

HGV UK *abbr of* **heavy goods vehicle**.

hi [haɪ] excl *inf* salut !

hiccup ['hɪkʌp], **hiccough** ◆ n hoquet *m*. ◆ vi hoqueter ▸ **to have (the) hiccups** avoir le hoquet.

hide [haɪd] (*pt* **hid** [hɪd], *pp* **hidden** [hɪdn]) ◆ vt cacher. ◆ vi se cacher. ◆ n [of animal] peau *f*.

hideous ['hɪdɪəs] adj **1.** [ugly] hideux(euse) **2.** [unpleasant] atroce.

hi-fi ['haɪfaɪ] n chaîne *f* (hi-fi).

high [haɪ] ◆ adj **1.** haut(e) **2.** [number, temperature, standard] élevé(e) **3.** [speed] grand(e) **4.** [risk] important(e) **5.** [winds] fort(e) **6.** [good] bon (bonne) **7.** [sound, voice] aigu(ë) **8.** *inf* [from drugs] défoncé(e). ◆ n [weather front] anticyclone *m*. ◆ adv haut ▸ **how high is it?** ça fait combien de haut ? ▸ **it's 10 metres high** ça fait 10 mètres de haut OR de hauteur.

high chair n chaise *f* haute.

high-class adj de luxe.

high-definition adj (à) haute définition.

Higher ['haɪəʳ] n *examen de fin d'études secondaires en Écosse*.

higher education n enseignement *m* supérieur.

high-fibre adj [food, diet] riche en fibres.

high heels npl talons *mpl* hauts.

high jump n saut *m* en hauteur.

Highland Games ['haɪlənd-] npl jeux *mpl* écossais.

Highlands ['haɪləndz] npl : **the Highlands** les Highlands *fpl (région montagneuse du nord de l'Écosse)*.

highlight ['haɪlaɪt] ◆ n [best part] temps *m* fort. ◆ vt [emphasize] mettre en relief. ◆ **highlights** npl **1.** [of football match, etc.] temps *mpl* forts **2.** [in hair] mèches *fpl*.

highly ['haɪlɪ] adv **1.** [extremely] extrêmement **2.** [very well] très bien ▸ **to think highly of sb** penser du bien de qqn.

high-pitched [-'pɪtʃt] adj aigu(ë).

high-rise adj : **high-rise block of flats** tour *f*.

high-rise building n tour *f (d'habitation)*.

high school n *établissement d'enseignement sécondaire*.

high season n *(U)* haute saison *f*.

high-speed train n (train) rapide *m*.

high street n UK rue *f* principale.

high-tech [-'tek] adj [method, industry] de pointe.

high tide n *(U)* marée *f* haute.

highway ['haɪweɪ] n **1.** US [between towns] autoroute *f* **2.** UK [any main road] route *f*.

Highway Code n UK code *m* de la route.

hijack ['haɪdʒæk] vt détourner.

hijacker ['haɪdʒækəʳ] n [of plane] pirate *m* de l'air.

hike [haɪk] ◆ n randonnée *f*. ◆ vi faire une randonnée.

hiker ['haɪkəʳ] n randonneur *m*, -euse *f*.

hiking ['haɪkɪŋ] n *(U)* : **to go hiking** faire de la randonnée.

hiking boots npl chaussures *mpl* de randonnée.

hilarious [hɪ'leərɪəs] adj hilarant(e).

hill [hɪl] n colline *f*.

hillside ['hɪlsaɪd] n coteau *m*.

hillwalker ['hɪl,wɔːkəʳ] n UK randonneur *m*, -euse *f*.

hillwalking ['hɪlwɔːkɪŋ] n *(U)* randonnée *f*.

hilly ['hɪlɪ] adj vallonné(e).

him [hɪm] pron **1.** le **2.** [after prep] lui ▸ **I know him** je le connais ▸ **it's him** c'est lui ▸ **send it to him** envoie-le lui ▸ **tell him** dis-(le) lui ▸ **she's worse than him** elle est pire que lui.

himself [hɪm'self] pron **1.** [reflexive] se **2.** [after prep] lui ▸ **he did it himself** il l'a fait lui-même.

hinder ['hɪndəʳ] vt gêner.

Hindu ['hɪnduː] (*pl* **-s**) ◆ adj hindou(e). ◆ n [person] hindou *m*, -e *f*.

hinge [hɪndʒ] n **1.** charnière *f* **2.** [of door] gond *m*.

hint [hɪnt] ◆ n **1.** [indirect suggestion] allusion *f* **2.** [piece of advice] conseil *m* **3.** [slight amount] soupçon *m*. ◆ vi : **to hint at sthg** faire allusion à qqch.

hip [hɪp] n hanche *f*.

hippopotamus [,hɪpə'pɒtəməs] n hippopotame *m*.

hippy ['hɪpɪ] n hippie *m ou f*.

hire ['haɪəʳ] vt louer ▸ **for hire** a) [boats] à louer b) [taxi] libre. ◆ **hire out** vt sep louer.

hire car n UK voiture *f* de location.

hired help ['haɪəd-] n [for housework] aide *f* ménagère.

hire purchase n *(U)* UK achat *m* à crédit.

hi-res ['haɪrez] (*abbr of* **high-resolution**) adj *inf* COMPUT (à) haute résolution.

his [hɪz] ◆ adj son, sa *f*, ses *pl*. ◆ pron le sien (la sienne) ▸ **these shoes are his** ces chaussures sont à lui ▸ **a friend of his** un ami à lui.

his and hers adj : **his and hers towels** des serviettes brodées « lui » et « elle ».

hissy fit ['hɪsɪ-] n *inf* : **to have a hissy fit** piquer une crise.

historic [hɪ'stɒrɪk] adj **1.** [day, occasion, meeting, etc.] historique **2.** [of time past] passé ▸ **historic building** monument *m* historique.

historical [hɪ'stɒrɪkəl] adj historique.

history ['hɪstərɪ] n **1.** *(U)* histoire *f* **2.** [record] antécédents *mpl*.

hit [hɪt] (*pt & pp* **hit**) ◆ vt **1.** frapper **2.** [collide with] heurter **3.** [bang] cogner **4.** [a target] atteindre. ◆ n **1.** [record, play, film] succès *m* **2.** COMPUT visite *f* (d'un site Internet) ▸ **to hit one's head** se cogner la tête ▸ **to hit the target** toucher la cible.

hit-and-run adj [accident] avec délit de fuite.

hitch [hɪtʃ] ◆ n [problem] problème *m*. ◆ vi faire du stop. ◆ vt : **to hitch a lift** se faire prendre en stop.

hitchhike ['hɪtʃhaɪk] vi faire du stop.

hitchhiker ['hɪtʃhaɪkəʳ] n auto-stoppeur *m*, -euse *f*.

hive [haɪv] n [of bees] ruche *f*.

HIV-positive adj séropositif(ive).

hoarding ['hɔːdɪŋ] n UK [for adverts] panneau *m* publicitaire.

hoarse [hɔːs] adj enroué(e).

hoax [həʊks] n canular *m*.

hob [hɒb] n UK plaque *f* (chauffante).

hobby ['hɒbɪ] **n** passe-temps *m inv.*

hock [hɒk] **n** [wine] *vin blanc sec allemand.*

hockey ['hɒkɪ] **n** *(U)* **1.** UK [on grass] hockey *m* sur gazon *(U)* **2.** US [ice hockey] hockey *m* (sur glace).

hoe [həʊ] **n** binette *f.*

Hogmanay ['hɒgməneɪ] **n** *la Saint-Sylvestre en Écosse.*

> ⓘ **Hogmanay**
>
> Nom donné au Nouvel An écossais, dont la principale coutume est le **first-footing** (première foulée), qui consiste à rendre visite à ses amis et voisins à l'issue des douze coups de minuit pour leur souhaiter la bonne année. Chacun se présente avec un petit cadeau, un shortbread ou du whishy, puis les festivités se poursuivent en privé ou dans des pubs.

hold [həʊld] (*pt & pp* **held**) ◆ **vt 1.** tenir **2.** [organize] organiser **3.** [contain] contenir **4.** [possess] avoir. ◆ **vi 1.** [weather, offer] se maintenir **2.** [on telephone] patienter. ◆ **n 1.** [grip] prise *f* **2.** [of ship, aircraft] cale *f* ▸ **to hold sb prisoner** retenir qqn prisonnier ▸ **hold the line, please** ne quittez pas, je vous prie. ◆ **hold back** **vt sep 1.** [restrain] retenir **2.** [keep secret] cacher. ◆ **hold on** **vi** [wait] patienter ▸ **to hold on to sthg** [grip] s'accrocher à qqch. ◆ **hold out** **vt sep** [hand] tendre. ◆ **hold up** **vt sep** [delay] retarder.

holdall ['həʊldɔːl] **n** UK fourre-tout *m inv.*

holder ['həʊldəʳ] **n** [of passport, licence] titulaire *m ou f.*

holdup ['həʊldʌp] **n** [delay] retard *m.*

hole [həʊl] **n** trou *m.*

holiday ['hɒlɪdeɪ] ◆ **n 1.** UK [period of time] vacances *fpl* **2.** [day] jour *m* férié. ◆ **vi** UK passer les vacances ▸ **to be on holiday** être en vacances ▸ **to go on holiday** partir en vacances.

> ⓘ **Holidays**
>
> Les jours saints ne sont pas des fêtes nationales en Angleterre, à l'exception du Vendredi saint et du jour de Noël, mais le 1er de l'An, la Saint-Patrick (Irlande du Nord), le lundi de Pâques, le 1er mai, les congés de printemps et d'été et le lendemain de Noël (**Boxing Day**) sont des jours fériés. Aux États-Unis, la plupart des congés sont dédiés à des personnages célèbres (Martin Luther King, Christophe Colomb, les présidents Lincoln et Washington), aux victimes de guerre (**Memorial Day** le dernier lundi de mai, **Veterans' Day**, le 11 novembre), ou bien commémorent la fête nationale (**Independence Day**), la fête du travail (**Labor Day**) ou **Thanksgiving**.

holidaymaker ['hɒlɪdɪ,meɪkəʳ] **n** UK vacancier *m*, -ière *f.*

holiday pay **n** *(U)* UK congés *mpl* payés.

Holland ['hɒlənd] **n** la Hollande.

hollow ['hɒləʊ] **adj** creux (creuse).

holly ['hɒlɪ] **n** *(U)* houx *m.*

Hollywood ['hɒlɪwʊd] **n** Hollywood *m.*

holy ['həʊlɪ] **adj** saint(e).

home [həʊm] ◆ **n 1.** maison *f* **2.** [own country] pays *m* natal **3.** [own town] ville *f* natale **4.** [for old people] maison *f* de retraite. ◆ **adv** à la maison, chez soi. ◆ **adj 1.** [not foreign] national(e) **2.** [cooking, life] familial(e) ▸ **at home** [in one's house] à la maison, chez soi

▸ **to make o.s. at home** faire comme chez soi ▸ **to go home** rentrer chez soi ▸ **home address** adresse *f* personnelle ▸ **home number** numéro *m* personnel.

home economics n *(U)* économie *f* domestique.

home help n UK aide *f* ménagère.

homeless ['həʊmlɪs] **npl : the homeless** les sans-abri *mpl*.

homemade [ˌhəʊm'meɪd] **adj** [food] fait à la maison.

Home Office n UK **: the Home Office** ≃ le ministère de l'Intérieur.

homeopathic [ˌhəʊmɪəʊ'pæθɪk] **adj** homéopathique.

homeschooling ['həʊmˌsku:lɪŋ] **n** US SCH instruction *f* à la maison.

Home Secretary n *ministre de l'Intérieur britannique*.

homesick ['həʊmsɪk] **adj** qui a le mal du pays.

homeware n *(U)* objets *mpl* pour la maison.

homework ['həʊmwɜ:k] **n** *(U)* **1.** devoirs *mpl* **2.** [of employee] télétravail *m*.

homeworking ['həʊmˌwɜ:kɪŋ] **n** travail *m* à domicile, télétravail *m*.

homonym ['hɒmənɪm] **n** homonyme *m*.

homosexual [ˌhɒmə'sekʃʊəl] ◆ **adj** homosexuel(elle). ◆ **n** homosexuel *m*, -elle *f*.

honcho ['hɒntʃəʊ] **n** US *inf* [boss] chef *m*.

Honduran [hɒn'djʊərən] ◆ **n** Hondurien *m*, -enne *f*. ◆ **adj** hondurien.

Honduras [hɒn'djʊərəs] **n** Honduras *m* ▸ **in Honduras** au Honduras.

honest ['ɒnɪst] **adj** honnête.

honestly ['ɒnɪstlɪ] **adv** honnêtement.

honey ['hʌnɪ] **n** *(U)* miel *m*.

honeymoon ['hʌnɪmu:n] **n** lune *f* de miel.

honeysuckle ['hʌnɪˌsʌkl] **n** chèvrefeuille *m*.

honor ['ɒnər] US = **honour**.

honorable US = **honourable**.

honour ['ɒnə^r] **n** *(U)* UK honneur *m*.

honourable ['ɒnrəbl] **adj** UK honorable.

hood [hʊd] **n 1.** [of jacket, coat] capuche *f* **2.** [on convertible car] capote *f* **3.** US [car bonnet] capot *m*.

hoodie ['hʊdɪ] **n** *inf* **1.** [top] sweat-shirt *m* à capuche **2.** UK [person] *jeune qui porte un sweat-shirt à capuche*.

hoof [hu:f] **n** sabot *m*.

hook [hʊk] **n 1.** crochet *m* **2.** [for fishing] hameçon *m* ▸ **off the hook** [telephone] décroché.

hooligan ['hu:lɪgən] **n** vandale *m*.

hoop [hu:p] **n** cerceau *m*.

hoot [hu:t] **vi** [driver] klaxonner.

Hoover® ['hu:və^r] **n** aspirateur *m*.

hop [hɒp] **vi** sauter.

hope [həʊp] ◆ **n** espoir *m*. ◆ **vt** espérer ▸ **to hope for sthg** espérer qqch ▸ **to hope to do sthg** espérer faire qqch ▸ **I hope so** je l'espère.

hopeful ['həʊpfʊl] **adj** [optimistic] plein d'espoir.

hopefully ['həʊpfəlɪ] **adv** [with luck] avec un peu de chance.

hopeless ['həʊplɪs] **adj 1.** *inf* [useless] nul (nulle) **2.** [without any hope] désespéré(e).

hops [hɒps] **npl** houblon *m*.

horizon [həˈraɪzn] n horizon *m*.
horizontal [ˌhɒrɪˈzɒntl] adj horizontal(e).
horn [hɔːn] n **1.** [of car] Klaxon® *m* **2.** [on animal] corne *f*.
horoscope [ˈhɒrəskəʊp] n horoscope *m*.
horrible [ˈhɒrəbl] adj horrible.
horrid [ˈhɒrɪd] adj affreux(euse).
horrific [hɒˈrɪfɪk] adj horrible.
horrified [ˈhɒrɪfaɪd] adj horrifié(e).
hors d'œuvre n hors-d'œuvre *m inv*.
horse [hɔːs] n cheval *m*.
horseback [ˈhɔːsbæk] n **: on horseback** à cheval.
horseback riding US = **horse riding**.
horse chestnut n marron *m* d'Inde.
horse-drawn carriage n voiture *f* à chevaux.
horsepower [ˈhɔːsˌpaʊəʳ] n *(U)* cheval-vapeur *m*.
horse racing n *(U)* courses *fpl* (de chevaux).
horseradish [ˈhɔːsˌrædɪʃ] n [plant] raifort *m*.
horseradish (sauce) [ˈhɔːsˌrædɪʃ-] n *(U) sauce piquante au raifort accompagnant traditionnellement le rosbif.*
horse riding n *(U)* UK équitation *f*.
horseshoe [ˈhɔːsʃuː] n fer *m* à cheval.
hose [həʊz] n tuyau *m*.
hosepipe [ˈhəʊzpaɪp] n tuyau *m*.
hospitable [hɒˈspɪtəbl] adj accueillant(e).
hospital [ˈhɒspɪtl] n hôpital *m* ▸ **in hospital** UK, **in the hospital** US à l'hôpital ▸ **hospital admission** [covid figure] hospitalisation *f*.
hospitality [ˌhɒspɪˈtæləti] n *(U)* hospitalité *f*.
hospitalization [ˌhɒspɪtælaɪˈzeɪʃn] n [covid figure] hospitalisation *f*.
host [həʊst] n **1.** [of party, event] hôte *m (qui reçoit)* **2.** [of show, TV programme] animateur *m*, -trice *f*.
hostage [ˈhɒstɪdʒ] n otage *m*.
hostage-taking n prise *f* d'otages.
hostel [ˈhɒstl] n [youth hostel] auberge *f* de jeunesse.
hostess [ˈhəʊstes] n hôtesse *f*.
host family n famille *f* d'accueil.
hostile [UK ˈhɒstaɪl, US ˈhɒstl] adj hostile.
hostile takeover bid n OPA *f* hostile.
hostility [hɒˈstɪləti] n *(U)* hostilité *f*.
hosting [ˈhəʊstɪŋ] n COMPUT [of web site] hébergement *m*.
host name n COMPUT nom *m* d'hôte.
hot [hɒt] adj **1.** chaud(e) **2.** [spicy] épicé(e) ▸ **to be hot** [person] avoir chaud ▸ **it's hot** [weather] il fait chaud.
hot chocolate n chocolat *m* chaud.
hot-cross bun n *petite brioche aux raisins et aux épices que l'on mange à Pâques.*
hot dog n hot dog *m*.
hotel [həʊˈtel] n hôtel *m* ▸ **three / four-star hotel** hôtel trois / quatre étoiles.
hot line n *ligne directe ouverte vingt-quatre heures sur vingt-quatre.*
hotlist [ˈhɒtlɪst] n COMPUT hotlist *f*.
hotplate [ˈhɒtpleɪt] n plaque *f* chauffante.
hotpot [ˈhɒtpɒt] n UK *ragoût de viande garni de pommes de terre en lamelles.*
hotspot [hɒtspɒt] n [dangerous area] point *m* chaud OR névralgique.

hot ticket n *inf* **: to be a hot ticket** être très populaire.

hot-water bottle n bouillotte *f*.

hour ['aʊəʳ] n heure *f* ▸ **I've been waiting for hours** ça fait des heures que j'attends.

hourly ['aʊəlɪ] ◆ **adv** toutes les heures. ◆ **adj : hourly flights** un vol toute les heures.

house ◆ n [haʊs] *(pl* ['haʊzɪz]*)* **1.** maison *f* **2.** SCH *au sein d'un lycée, groupe d'élèves affrontant d'autres « houses », notamment dans des compétitions sportives* **3.** *(U)* MUS = **house music.** ◆ **vt** [haʊz] [person] loger.

household ['haʊshəʊld] n ménage *m*.

housekeeping ['haʊsˌkiːpɪŋ] n *(U)* ménage *m*.

house music n *(U)* house music *f*.

House of Commons n UK Chambre *f* des communes.

House of Lords n UK Chambre *f* des lords.

House of Representatives n US **: the House of Representatives** la Chambre des représentants.

house-sitter n *personne qui garde une maison en l'absence de ses occupants.*

Houses of Parliament npl Parlement *m* britannique.

> ⓘ **Houses of Parliament**
>
> Le Parlement britannique du palais de Westminster se compose de la Chambre des communes et de la Chambre des lords. La première, qui compte 659 membres élus au suffrage universel direct pour cinq ans, détient l'essentiel des pouvoirs législatifs. La seconde est la plus haute instance judiciaire du royaume (à l'exception de l'Écosse qui possède son propre système) et se compose de « pairs héréditaires », ayant hérité de leur titre, de « pairs à vie », nommés par la reine, et d'évêques ; elle dispose d'un droit de veto suspensif en cas de conflit sur le vote d'une loi et peut retarder l'adoption d'un texte budgétaire.

housewife ['haʊswaɪf] *(pl* **-wives***)* n femme *f* au foyer.

house wine n ≃ vin *m* en pichet.

housework ['haʊswɜːk] n *(U)* ménage *m*.

housing ['haʊzɪŋ] n *(U)* logement *m*.

housing development n US ensemble *m* immobilier.

housing estate n UK cité *f*.

housing project US = **housing estate**.

hovercraft ['hɒvəkrɑːft] n hovercraft *m*.

hoverport ['hɒvəpɔːt] n hoverport *m*.

how [haʊ] ◆ **adv 1.** [asking about way or manner] comment ▸ **how do you get there?** comment y va-t-on ? ▸ **tell me how to do it** dis-moi comment faire **2.** [asking about health, quality] comment ▸ **how are you?** comment allez-vous ? ▸ **how are you doing?** comment ça va ? ▸ **how are things?** comment ça va ? ▸ **how do you do?** enchanté (de faire votre connaissance) ▸ **how is your room?** comment est ta chambre ? **3.** [asking about degree, amount] **: how far is it?** c'est loin ? ▸ **how long have you been waiting?** ça fait combien de temps que vous attendez ? ▸ **how many...?** combien de... ? ▸ **how much is it?** combien est-ce que ça coûte ? ▸ **how old are you?** quel âge as-tu ?

→

4. [in phrases] **: how about a drink?** si on prenait un verre ? ▸ **how lovely!** que c'est joli !

however [haʊ'evəʳ] **adv** cependant ▸ **however hard I try** malgré tous mes efforts.

howl [haʊl] **vi** hurler.

HP UK *inf abbr of* **hire purchase**.

HQ (*abbr of* **headquarters**) **n** QG *(Quartier Général) m.*

HR (*abbr of* **human resources**) **n** RH *(ressources humaines).*

hub airport [hʌb-] **n** aéroport *m* important.

hubcap ['hʌbkæp] **n** enjoliveur *m*.

hug [hʌg] ◆ **vt** serrer dans ses bras. ◆ **n : to give sb a hug** serrer qqn dans ses bras.

huge [hju:dʒ] **adj** énorme.

hull [hʌl] **n** coque *f*.

hum [hʌm] **vi** **1.** [machine] vrombir **2.** [bee] bourdonner **3.** [person] chantonner.

human ['hju:mən] ◆ **adj** humain(e). ◆ **n : human (being)** (être) humain *m*.

humanities [hju:'mænətɪz] **npl** lettres *fpl* et sciences humaines.

humanize, humanise ['hju:mənaɪz] **vt** humaniser.

human race **n : the human race** la race humaine.

human rights **npl** droits *mpl* de l'homme.

human trafficking **n** trafic *m* OR traite *f* d'êtres humains.

humble ['hʌmbl] **adj** humble.

humbling ['hʌmblɪŋ] **adj** [experience] qui rend humble.

humid ['hju:mɪd] **adj** humide.

humidity [hju:'mɪdətɪ] **n** *(U)* humidité *f*.

humiliating [hju:'mɪlɪeɪtɪŋ] **adj** humiliant(e).

humiliation [hju:ˌmɪlɪ'eɪʃn] **n** humiliation *f*.

hummus ['hʊməs] **n** *(U)* houmous *m*.

humor ['hju:mər] US = **humour**.

humorous ['hju:mərəs] **adj** humoristique.

humour ['hju:məʳ] **n** *(U)* UK humour *m* ▸ **a sense of humour** le sens de l'humour.

hump [hʌmp] **n** bosse *f*.

humpbacked bridge ['hʌmpbækt-] **n** UK pont *m* en dos d'âne.

hunch [hʌntʃ] **n** intuition *f*.

hundred ['hʌndrəd] **num adj & n** cent ▸ **a hundred** cent ▸ **a hundred and six** cent six ▸ **to be a hundred (years old)** avoir cent ans ▸ **a hundred Hill St** 100 Hill St ▸ **it's minus a hundred (degrees Fahrenheit)** il fait moins cent.

hundredth ['hʌndrətθ] ◆ **num adj & adv** centième. ◆ **num pron** centième *m* ou *f*. ◆ **num n** [fraction] centième *m*.

hundredweight ['hʌndrədweɪt] **n** **1.** [in UK] = 50,8 kg **2.** [in US] = 45,4 kg.

hung [hʌŋ] **pt & pp** → **hang**.

Hungarian [hʌŋ'geərɪən] ◆ **adj** hongrois(e). ◆ **n** **1.** [person] Hongrois *m*, -e *f* *(U)* **2.** [language] hongrois *m*.

Hungary ['hʌŋgərɪ] **n** la Hongrie.

hunger ['hʌŋgəʳ] **n** *(U)* faim *f*.

hungry ['hʌŋgrɪ] **adj : to be hungry** avoir faim.

hunt [hʌnt] ◆ **n** UK [for foxes] chasse *f* au renard. ◆ **vt & vi** chasser ▸ **to hunt**

(for sthg) [search] chercher partout (qqch).

hunting ['hʌntɪŋ] n *(U)* **1.** [for wild animals] chasse *f* **2.** UK [for foxes] chasse *f* au renard.

hurdle ['hɜːdl] n SPORT haie *f*.

hurl [hɜːl] vt lancer violemment.

hurling ['hɜːlɪŋ] n SPORT *jeu irlandais voisin du hockey sur gazon.*

hurricane ['hʌrɪkən] n ouragan *m*.

hurry ['hʌrɪ] ◆ vt [person] presser. ◆ vi se dépêcher. ◆ n : **to be in a hurry** être pressé ▸ **to do sthg in a hurry** faire qqch à la hâte. ◆ **hurry up** vi se dépêcher.

hurt [hɜːt] (*pt & pp* **hurt**) ◆ vt **1.** faire mal à **2.** [emotionally] blesser. ◆ vi faire mal ▸ **to hurt o.s.** se faire mal ▸ **my head hurts** j'ai mal à la tête ▸ **to hurt one's leg** se blesser à la jambe.

husband ['hʌzbənd] n mari *m*.

hustle ['hʌsl] n : **hustle and bustle** *(U)* agitation *f*.

hustler ['hʌsləʳ] n *inf* [swindler] arnaqueur *m*, -euse *f*.

hut [hʌt] n hutte *f*.

hyacinth ['haɪəsɪnθ] n jacinthe *f*.

hydrangea [haɪ'dreɪndʒə] n hortensia *m*.

hydrofoil ['haɪdrəfɔɪl] n hydrofoil *m*.

hydrogenated [haɪ'drɒdʒɪneɪtɪd] adj hydrogéné(e).

hygiene ['haɪdʒiːn] n *(U)* hygiène *f*.

hygienic [haɪ'dʒiːnɪk] adj hygiénique.

hymn [hɪm] n hymne *m*.

hyperbola [haɪ'pɜːbələ] n [in mathematics] hyperbole *f*.

hyperlink ['haɪpəlɪŋk] n lien *m* hypertexte, hyperlien *m*.

hypermarket ['haɪpəˌmɑːkɪt] n hypermarché *m*.

hypermedia ['haɪpəmiːdɪə] npl hypermédia *mpl*.

hypertext ['haɪpətekst] n hypertexte *m*.

hyphen ['haɪfn] n trait *m* d'union.

hypnotherapist [ˌhɪpnəʊ'θerəpɪst] n hypnothérapeute *mf*.

hypocrite ['hɪpəkrɪt] n hypocrite *m* ou *f*.

hypodermic [ˌhaɪpə'dɜːmɪk] adj hypodermique.

hypodermic needle [ˌhaɪpə'dɜːmɪk-] n aiguille *f* hypodermique.

hysterical [hɪs'terɪkl] adj **1.** [person] hystérique **2.** *inf* [very funny] tordant(e).

I i

I [aɪ] pron **1.** je, j' **2.** [stressed] moi ▸ **my friend and I** mon ami et moi.

IAP (*abbr of* **Internet Adress Provider**) n FAI *m (fournisseur d'accès à Internet)*.

IBS n *abbr of* **irritable bowel syndrome**.

ice [aɪs] n *(U)* **1.** glace *f* **2.** [on road] verglas *m*.

iceberg ['aɪsbɜːg] n iceberg *m*.

iceberg lettuce n laitue *f* iceberg.

icebox ['aɪsbɒks] n US [fridge] réfrigérateur *m*.

ice-cold adj glacé(e).

ice cream n crème *f* glacée, glace *f*.

ice cube n glaçon *m*.

ice hockey n *(U)* hockey *m* sur glace.

Iceland ['aɪslənd] n l'Islande *f*.

ice lolly n UK sucette *f* glacée.

ice rink n patinoire *f*.

ice skates npl patins *mpl* à glace.

ice-skating n *(U)* patinage *m* (sur glace) ▸ **to go ice-skating** faire du patinage.

icicle ['aɪsɪkl] n glaçon *m*.

icing ['aɪsɪŋ] n *(U)* glaçage *m*.

icing sugar n *(U)* UK sucre *m* glace.

icon ['aɪkɒn] n icône *f*.

icy ['aɪsɪ] adj **1.** [covered with ice] recouvert(e) de glace **2.** [road] verglacé(e) **3.** [very cold] glacé(e).

ID *(U) abbr of* **identification**.

I'd [aɪd] → **I would, I had**.

ID card n carte *f* d'identité.

IDD code n *international et indicatif du pays*.

idea [aɪ'dɪə] n idée *f* ▸ **I've no idea** je n'en ai aucune idée.

ideal [aɪ'dɪəl] ◆ adj idéal(e). ◆ n idéal *m*.

ideally [aɪ'dɪəlɪ] adv **1.** idéalement **2.** [in an ideal situation] dans l'idéal.

identical [aɪ'dentɪkl] adj identique.

identification [aɪˌdentɪfɪ'keɪʃn] n *(U)* [document] pièce *f* d'identité.

identify [aɪ'dentɪfaɪ] vt identifier.

identity [aɪ'dentətɪ] n *(U)* identité *f*.

identity card n carte *f* d'identité.

identity theft n vol *m* d'identité.

idiom ['ɪdɪəm] n expression *f* idiomatique.

idiot ['ɪdɪət] n idiot *m*, -e *f*.

idle ['aɪdl] ◆ adj **1.** [lazy] paresseux(euse) **2.** [not working] désœuvré(e). ◆ vi [engine] tourner au ralenti.

idol ['aɪdl] n [person] idole *f*.

idyllic [ɪ'dɪlɪk] adj idyllique.

i.e. *(abbr of* **id est**) c.-à-d. *(c'est-à-dire)*.

if [ɪf] conj si ▸ **if I were you** si j'étais toi ▸ **if not** [otherwise] sinon.

IFA *(abbr of* **independent financial adviser**) n conseiller *m* financier indépendant, conseillère *f* financière indépendante.

ignition [ɪg'nɪʃn] n AUT allumage *m*.

ignorant ['ɪgnərənt] adj **1.** ignorant(e) **2.** *pej* [stupid] idiot(e) ▸ **to be ignorant of** ignorer.

ignore [ɪg'nɔːʳ] vt ignorer.

ill [ɪl] adj **1.** malade **2.** [bad] mauvais(e) ▸ **ill luck** malchance *f*.

I'll [aɪl] → **I will, I shall**.

illegal [ɪ'liːgl] adj illégal(e).

illegible [ɪ'ledʒəbl] adj illisible.

illegitimate [ˌɪlɪ'dʒɪtɪmət] adj illégitime.

ill-fitting adj [garment, lid, window] mal ajusté(e).

ill-humoured, ill-humored US adj caractériel(elle).

ill-intentioned [-ɪn'tenʃənd] adj malintentionné(e).

illiterate [ɪ'lɪtərət] adj illettré(e) ▸ **to be illiterate** être analphabète.

ill-kempt [-kempt] adj [person, appearance, etc.] négligé(e).

ill-matched adj mal assorti(e).

illness ['ɪlnɪs] **n** maladie *f*.

illuminate [ɪ'lu:mɪneɪt] **vt** illuminer.

illusion [ɪ'lu:ʒn] **n** illusion *f*.

illustration [,ɪlə'streɪʃn] **n** illustration *f*.

I'm [aɪm] → **I am**.

image ['ɪmɪdʒ] **n** image *f*.

imaginary [ɪ'mædʒɪnrɪ] **adj** imaginaire.

imagination [ɪ,mædʒɪ'neɪʃn] **n** *(U)* imagination *f*.

imagine [ɪ'mædʒɪn] **vt** imaginer.

imitate ['ɪmɪteɪt] **vt** imiter.

imitation [,ɪmɪ'teɪʃn] ◆ **n** imitation *f*. ◆ **adj : imitation leather** Skaï® *m*.

immaculate [ɪ'mækjʊlət] **adj** impeccable.

immature [,ɪmə'tjʊəʳ] **adj** immature.

immediate [ɪ'mi:djət] **adj** immédiat(e).

immediately [ɪ'mi:djətlɪ] ◆ **adv** [at once] immédiatement. ◆ **conj** UK dès que.

immense [ɪ'mens] **adj** immense.

immersion heater [ɪ'mɜ:ʃn-] **n** chauffe-eau *m inv* électrique.

immigrant ['ɪmɪgrənt] **n** immigré *m*, -e *f*.

immigrate ['ɪmɪgreɪt] **vi** immigrer.

immigration [,ɪmɪ'greɪʃn] **n** *(U)* immigration *f*.

imminent ['ɪmɪnənt] **adj** imminent(e).

immune [ɪ'mju:n] **adj : to be immune to** MED être immunisé(e) contre.

immune system **n** système *m* immunitaire.

immunity [ɪ'mju:nətɪ] **n** *(U)* MED immunité *f* ▸ **herd immunity** immunité collective.

immunize ['ɪmju:naɪz] **vt** immuniser.

impact ['ɪmpækt] **n** impact *m*.

impair [ɪm'peəʳ] **vt** affaiblir.

impatient [ɪm'peɪʃnt] **adj** impatient(e) ▸ **to be impatient to do sthg** être impatient de faire qqch.

imperative [ɪm'perətɪv] **n** GRAM impératif *m*.

imperfect [ɪm'pɜ:fɪkt] **n** GRAM imparfait *m*.

impersonate [ɪm'pɜ:səneɪt] **vt** [for amusement] imiter.

impertinent [ɪm'pɜ:tɪnənt] **adj** impertinent(e).

implausibly [ɪm'plɔ:zəblɪ] **adv** invraisemblablement.

implement ◆ **n** ['ɪmplɪmənt] outil *m*. ◆ **vt** ['ɪmplɪment] mettre en œuvre.

implication [,ɪmplɪ'keɪʃn] **n** implication *f*.

imply [ɪm'plaɪ] **vt** sous-entendre.

impolite [,ɪmpə'laɪt] **adj** impoli(e).

import ◆ **n** ['ɪmpɔ:t] importation *f*. ◆ **vt** [ɪm'pɔ:t] importer.

importance [ɪm'pɔ:tns] **n** *(U)* importance *f*.

important [ɪm'pɔ:tnt] **adj** important(e).

impose [ɪm'pəʊz] **vt** imposer ▸ **to impose sthg on** imposer qqch à.

impossible [ɪm'pɒsəbl] **adj** impossible.

impractical [ɪm'præktɪkl] **adj** irréaliste.

imprecision [,ɪmprɪ'sɪʒn] **n** imprécision *f*.

impress [ɪm'pres] **vt** impressionner.

impression [ɪm'preʃn] **n** impression *f*.

impressive [ɪm'presɪv] adj impressionnant(e).

improbability [ɪm,prɒbə'bɪlətɪ] (*pl* **-ies**) n [of event] improbabilité *f*.

improbable [ɪm'prɒbəbl] adj improbable.

improper [ɪm'prɒpə^r] adj **1.** [incorrect] mauvais(e) **2.** [illegal] abusif(ive) **3.** [rude] déplacé(e).

improve [ɪm'pru:v] ◆ vt améliorer. ◆ vi s'améliorer. ◆ **improve on** vt insep améliorer.

improvement [ɪm'pru:vmənt] n amélioration *f*.

improvise ['ɪmprəvaɪz] vi improviser.

impulse ['ɪmpʌls] n impulsion *f* ▸ **on impulse** sur un coup de tête.

impulsive [ɪm'pʌlsɪv] adj impulsif(ive).

in [ɪn] ◆ prep **1.** [expressing place, position] dans ▸ **it comes in a box** c'est présenté dans une boîte ▸ **in the street** dans la rue ▸ **in hospital** UK, **in the hospital** US à l'hôpital ▸ **in Scotland** en Écosse ▸ **in Sheffield** à Sheffield ▸ **in the rain** sous la pluie ▸ **in the middle** au milieu **2.** [participating in] dans ▸ **who's in the play?** qui joue dans la pièce ? **3.** [expressing arrangement] : **in a row / circle** en rang / cercle ▸ **they come in packs of three** ils sont vendus par paquets de trois **4.** [during] : **in April** en avril ▸ **in summer** en été ▸ **in the morning** le matin ▸ **ten o'clock in the morning** dix heures du matin ▸ **in 2012** en 2012 **5.** [within] en ▸ **she did it in ten minutes** elle l'a fait en dix minutes **6.** [after] dans ▸ **it'll be ready in an hour** ce sera prêt dans une heure **7.** [expressing means] : **to write in ink** écrire à l'encre ▸ **in writing** par écrit ▸ **they were talking in English** ils parlaient (en) anglais **8.** [wearing] en **9.** [expressing state] en ▸ **in ruins** en ruine ▸ **in a hurry** pressé ▸ **to be in pain** souffrir **10.** [with regard to] de ▸ **a rise in prices** une hausse des prix ▸ **to be 50 metres in length** faire 50 mètres de long **11.** [with numbers] : **one in ten** un sur dix **12.** [expressing age] : **she's in her twenties** elle a une vingtaine d'années **13.** [with colours] : **it comes in green or blue** nous l'avons en vert ou en bleu **14.** [with superlatives] de ▸ **the best in the world** le meilleur du monde ◆ adv **1.** [inside] dedans ▸ **you can go in now** vous pouvez entrer maintenant **2.** [at home, work] là ▸ **she's not in** elle n'est pas là **3.** [train, bus, plane] : **the train's not in yet** le train n'est pas encore arrivé **4.** [tide] : **the tide is in** la marée est haute ◆ adj *inf* [fashionable] à la mode.

inability [,ɪnə'bɪlətɪ] n : **inability to do sthg** incapacité *f* à faire qqch.

inaccessible [,ɪnək'sesəbl] adj inaccessible.

inaccurate [ɪn'ækjʊrət] adj inexact(e).

inadequate [ɪn'ædɪkwət] adj [insufficient] insuffisant(e).

inappropriate [ɪnə'prəʊprɪət] adj inapproprié(e).

inauguration [ɪ,nɔ:gjʊ'reɪʃn] n inauguration *f*.

inbox ['ɪnbɒks] n COMPUT boîte *f* de réception.

Inc. [ɪŋk] (*abbr of* **incorporated**) US ≃ SARL *(société à responsabilité limitée)*.

incapable [ɪn'keɪpəbl] adj : **to be incapable of doing sthg** être incapable de faire qqch.

incense ['ɪnsens] n *(U)* encens *m*.

incentive [ɪn'sentɪv] n motivation *f.*

inch [ɪntʃ] n = 2,5 cm, pouce *m.*

incidence ['ɪnsɪdəns] **n : incidence rate** MED taux *m* d'incidence.

incident ['ɪnsɪdənt] n incident *m.*

incidentally [ˌɪnsɪ'dentəlɪ] **adv** à propos.

incline ['ɪnklaɪn] n pente *f.*

inclined [ɪn'klaɪnd] adj incliné(e) **› to be inclined to do sthg** avoir tendance à faire qqch.

include [ɪn'klu:d] vt inclure.

included [ɪn'klu:dɪd] **adj** [in price] compris(e) **› to be included in sthg** être compris dans qqch.

including [ɪn'klu:dɪŋ] **prep** y compris.

inclusive [ɪn'klu:sɪv] **adj : from the 8th to the 16th inclusive** du 8 au 16 inclus **› inclusive of VAT** TVA comprise.

income ['ɪŋkʌm] n revenu *m.*

income support n UK *allocation supplémentaire pour les faibles revenus.*

income tax n impôt *m* sur le revenu.

incoming ['ɪnˌkʌmɪŋ] **adj 1.** [train, plane] à l'arrivée **2.** [phone call] de l'extérieur.

incompetent [ɪn'kɒmpɪtənt] **adj** incompétent(e).

incomplete [ˌɪnkəm'pli:t] **adj** incomplet(ète).

incongruity [ˌɪnkɒŋ'gru:ətɪ] (*pl* **-ies**) **n** [strangeness, discordancy] incongruité *f.*

incongruously [ɪn'kɒŋgrʊəslɪ] **adv : the incongruously named Palace Hotel** le Palace Hôtel, le mal nommé.

inconsiderate [ˌɪnkən'sɪdərət] **adj** qui manque de prévenance.

inconsistent [ˌɪnkən'sɪstənt] **adj** incohérent(e).

incontinent [ɪn'kɒntɪnənt] **adj** incontinent(e).

inconvenient [ˌɪnkən'vi:njənt] **adj 1.** [place] mal situé(e) **2.** [time] **: it's inconvenient** ça tombe mal.

incorporate [ɪn'kɔ:pəreɪt] **vt** incorporer.

incorrect [ˌɪnkə'rekt] **adj** incorrect(e).

increase ◆ n ['ɪnkri:s] augmentation *f.* **◆ vt & vi** [ɪn'kri:s] augmenter **› an increase in sthg** une augmentation de qqch.

increasingly [ɪn'kri:sɪŋlɪ] **adv** de plus en plus.

incredible [ɪn'kredəbl] **adj** incroyable.

incredibly [ɪn'kredəblɪ] **adv** [very] incroyablement.

incremental [ˌɪnkrɪ'mentl] **adj** [increasing] croissant(e).

incur [ɪn'kɜ:ʳ] **vt 1.** [expenses] engager **2.** [fine] recevoir.

indecisive [ˌɪndɪ'saɪsɪv] **adj** indécis(e).

indeed [ɪn'di:d] **adv 1.** [for emphasis] en effet **2.** [certainly] certainement **› very big indeed** vraiment très grand.

indefinite [ɪn'defɪnɪt] **adj 1.** [time, number] indéterminé(e) **2.** [answer, opinion] vague.

indefinitely [ɪn'defɪnətlɪ] **adv** [closed, delayed] indéfiniment.

independence [ˌɪndɪ'pendəns] **n** *(U)* indépendance *f.*

Independence Day n *fête de l'indépendance américaine, le 4 juillet.*

independent [ˌɪndɪ'pendənt] **adj** indépendant(e).

independently [ˌɪndɪ'pendəntlɪ] **adv** indépendamment.

independent school n UK école *f* privée.

index [ˈɪndeks] n **1.** [of book] index *m* **2.** [in library] fichier *m*.
index finger n index *m*.
India [ˈɪndjə] n l'Inde *f*.
Indian [ˈɪndjən] ◆ adj indien(ienne). ◆ n Indien *m*, -ienne *f* ▸ **an Indian restaurant** un restaurant indien.
Indian Ocean n l'océan *m* Indien.
indicate [ˈɪndɪkeɪt] ◆ vi UK AUT mettre son clignotant. ◆ vt indiquer.
indicator [ˈɪndɪkeɪtəʳ] n UK AUT clignotant *m*.
indifferent [ɪnˈdɪfrənt] adj indifférent(e).
indigenous [ɪnˈdɪdʒɪnəs] adj indigène.
indigestion [ˌɪndɪˈdʒestʃn] n *(U)* indigestion *f*.
indigo [ˈɪndɪgəʊ] adj indigo *inv*.
indirect [ˌɪndɪˈrekt] adj indirect(e).
indiscernible [ˌɪndɪˈsɜːnəbl] adj indiscernable.
individual [ˌɪndɪˈvɪdʒʊəl] ◆ adj individuel(elle). ◆ n individu *m*.
individually [ˌɪndɪˈvɪdʒʊəlɪ] adv individuellement.
Indonesia [ˌɪndəˈniːzjə] n l'Indonésie *f*.
indoor [ˈɪndɔːʳ] adj **1.** [swimming pool] couvert(e) **2.** [sports] en salle.
indoors [ˌɪnˈdɔːz] adv à l'intérieur.
indulge [ɪnˈdʌldʒ] vi **: to indulge in** se permettre.
industrial [ɪnˈdʌstrɪəl] adj industriel(ielle).
industrial estate n UK zone *f* industrielle.
industrial park US = **industrial estate**.
industry [ˈɪndəstrɪ] n industrie *f*.
inedible [ɪnˈedɪbl] adj **1.** [unpleasant] immangeable **2.** [unsafe] non comestible.
inefficient [ˌɪnɪˈfɪʃnt] adj inefficace.
inequality [ˌɪnɪˈkwɒlətɪ] n inégalité *f*.
inevitable [ɪnˈevɪtəbl] adj inévitable.
inevitably [ɪnˈevɪtəblɪ] adv inévitablement.
inexpensive [ˌɪnɪkˈspensɪv] adj bon marché *inv*.
inexpressible [ˌɪnɪkˈspresəbl] adj indicible.
infamous [ˈɪnfəməs] adj notoire.
infant [ˈɪnfənt] n **1.** [baby] nourrisson *m* **2.** [young child] jeune enfant *m*.
infant school n UK maternelle *f (de 5 à 7 ans)*.
infatuated [ɪnˈfætjʊeɪtɪd] adj **: to be infatuated with** être entiché(e) de.
infect [ɪnˈfekt] vt MED infecter.
infected [ɪnˈfektɪd] adj infecté(e).
infectious [ɪnˈfekʃəs] adj infectieux(ieuse).
inferior [ɪnˈfɪərɪəʳ] adj inférieur(e).
infinite [ˈɪnfɪnət] adj infini(e).
infinitely [ˈɪnfɪnətlɪ] adv infiniment.
infinitive [ɪnˈfɪnɪtɪv] n infinitif *m*.
infinity [ɪnˈfɪnətɪ] n *(U)* infini *m*.
infirmary [ɪnˈfɜːmərɪ] n [hospital] hôpital *m*.
inflamed [ɪnˈfleɪmd] adj MED enflammé(e).
inflammation [ˌɪnfləˈmeɪʃn] n MED inflammation *f*.
inflatable [ɪnˈfleɪtəbl] adj gonflable.
inflate [ɪnˈfleɪt] vt gonfler.
inflation [ɪnˈfleɪʃn] n *(U)* [of prices] inflation *f*.

inflict [ɪn'flɪkt] **vt** infliger.

in-flight **adj** en vol.

influence ['ɪnflʊəns] ◆ **vt** influencer. ◆ **n : influence (on)** influence *f* (sur).

inform [ɪn'fɔːm] **vt** informer.

informal [ɪn'fɔːml] **adj** [occasion, dress] simple.

information [,ɪnfə'meɪʃn] **n** *(U)* informations *fpl*, renseignements *mpl* ▸ **a piece of information** une information.

information desk **n** bureau *m* des renseignements.

information highway **n** autoroute *f* de l'information.

information office **n** bureau *m* des renseignements.

information superhighway = **information highway**.

information system **n** système *m* d'information.

information technology **n** informatique *f*.

informative [ɪn'fɔːmətɪv] **adj** instructif(ive).

infrared [,ɪnfrə'red] **n** infrarouge *m*.

infrequent [ɪn'friːkwənt] **adj** peu fréquent(e).

infuriating [ɪn'fjʊərɪeɪtɪŋ] **adj** exaspérant(e).

ingenious [ɪn'dʒiːnjəs] **adj** ingénieux(ieuse).

ingredient [ɪn'griːdjənt] **n** ingrédient *m*.

inhabit [ɪn'hæbɪt] **vt** habiter.

inhabitant [ɪn'hæbɪtənt] **n** habitant *m*, -e *f*.

inhale [ɪn'heɪl] **vi** inspirer.

inhaler [ɪn'heɪləʳ] **n** inhalateur *m*.

inherit [ɪn'herɪt] **vt** hériter (de).

inhibition [,ɪnhɪ'bɪʃn] **n** inhibition *f*.

initial [ɪ'nɪʃl] ◆ **adj** initial(e). ◆ **vt** parapher. ◆ **initials** **npl** initiales *fpl*.

initialization [ɪ,nɪʃəlaɪ'zeɪʃn] **n** initialisation *f*.

initialize [ɪ'nɪʃəlaɪz] **vt** initialiser.

initially [ɪ'nɪʃəlɪ] **adv** initialement.

initiative [ɪ'nɪʃətɪv] **n** *(U)* initiative *f*.

injection [ɪn'dʒekʃn] **n** injection *f*.

injure ['ɪndʒəʳ] **vt** blesser ▸ **to injure one's arm** se blesser au bras ▸ **to injure o.s.** se blesser.

injured ['ɪndʒəd] **adj** blessé(e).

injury ['ɪndʒərɪ] **n** blessure *f*.

ink [ɪŋk] **n** encre *f*.

inkjet [ɪŋkdʒet] **adj** à jet d'encre.

inland ◆ **adj** ['ɪnlənd] intérieur(e). ◆ **adv** [ɪn'lænd] vers l'intérieur des terres.

Inland Revenue **n** UK ≃ fisc *m*.

in-laws **npl** *inf* [parents-in-law] beaux-parents *mpl* ; [others] belle-famille *f*.

inn [ɪn] **n** auberge *f*.

inner ['ɪnəʳ] **adj** intérieur(e).

inner city **n** *quartiers proches du centre, généralement synonymes de problèmes sociaux.*

inner tube **n** chambre *f* à air.

innkeeper ['ɪn,kiːpəʳ] **n** aubergiste *mf*.

innocence ['ɪnəsəns] **n** *(U)* innocence *f*.

innocent ['ɪnəsənt] **adj** innocent(e).

innovate ['ɪnəveɪt] **vi & vt** innover.

inoculate [ɪ'nɒkjʊleɪt] **vt** vacciner ▸ **to inoculate sb against smallpox** vacciner qqn contre la variole.

inoculation [ɪˌnɒkjʊ'leɪʃn] n vaccination *f*.

in-patient n malade hospitalisé *m*, malade hospitalisée *f*.

in-person class n cours *m* en présentiel.

input ['ɪnpʊt] vt COMPUT entrer.

inquire [ɪn'kwaɪəʳ] = **enquire**.

inquiry [ɪn'kwaɪərɪ] = **enquiry**.

insane [ɪn'seɪn] adj fou (folle).

insect ['ɪnsekt] n insecte *m*.

insect repellent [-rə'pelənt] n produit *m* anti-insectes.

insensitive [ɪn'sensətɪv] adj insensible.

insert [ɪn'sɜːt] vt introduire, insérer.

insertion [ɪn'sɜːʃn] n insertion *f*.

inside [ɪn'saɪd] ◆ prep à l'intérieur de, dans. ◆ adv à l'intérieur. ◆ adj [internal] intérieur(e). ◆ n : **the inside** a) [interior] l'intérieur *m* b) AUT [in UK] la gauche c) AUT [in Europe, US] la droite ▸ **to go inside** entrer ▸ **inside out** [clothes] à l'envers.

inside lane n 1. AUT [in UK] voie *f* de gauche 2. AUT [in Europe, US] voie *f* de droite.

inside leg n UK hauteur *f* à l'entrejambe.

insight ['ɪnsaɪt] n [glimpse] aperçu *m*.

insignificant [ˌɪnsɪg'nɪfɪkənt] adj insignifiant(e).

insinuate [ɪn'sɪnjʊeɪt] vt insinuer.

insist [ɪn'sɪst] vi insister ▸ **to insist on doing sthg** tenir à faire qqch.

insole ['ɪnsəʊl] n semelle *f* intérieure.

insolent ['ɪnsələnt] adj insolent(e).

insomnia [ɪn'sɒmnɪə] n (U) insomnie *f*.

inspect [ɪn'spekt] vt 1. [object] inspecter 2. [ticket, passport] contrôler.

inspection [ɪn'spekʃn] n 1. [of object] inspection *f* 2. [of ticket, passport] contrôle *m*.

inspector [ɪn'spektəʳ] n 1. [on bus, train] contrôleur *m*, -euse *f* 2. [in police force] inspecteur *m*, -trice *f*.

inspiration [ˌɪnspə'reɪʃn] n (U) inspiration *f*.

inspire [ɪn'spaɪəʳ] vt inspirer ▸ **to inspire sb to do sthg** pousser OR encourager qqn à faire qqch.

instal [ɪn'stɔːl] US = **install**.

install [ɪn'stɔːl] vt installer.

installation [ˌɪnstə'leɪʃn] n installation *f*.

installment [ɪn'stɔːlmənt] US = **instalment**.

instalment [ɪn'stɔːlmənt] n UK 1. [payment] acompte *m* 2. [episode] épisode *m*.

instance ['ɪnstəns] n exemple *m* ▸ **for instance** par exemple.

instant ['ɪnstənt] ◆ adj 1. [results, success] immédiat(e) 2. [food] instantané(e). ◆ n [moment] instant *m*.

instant access adj [bank account] à accès immédiat.

instant coffee n café *m* instantané OR soluble.

instant messaging n messagerie *f* instantanée.

instead [ɪn'sted] adv plutôt ▸ **instead of** au lieu de ▸ **instead of sb** à la place de qqn.

instep ['ɪnstep] n cou-de-pied *m*.

instinct ['ɪnstɪŋkt] n instinct *m*.

institute ['ɪnstɪtjuːt] n institut *m*.

institution [ˌɪnstɪ'tjuːʃn] **n** institution *f.*

instruct [ɪn'strʌkt] **vt 1.** [tell, order] : **to instruct sb to do sthg** charger qqn de faire qqch **2.** [teach] instruire ▸ **to instruct sb in sthg** enseigner qqch à qqn.

instructions [ɪn'strʌkʃnz] **npl** [for use] mode *m* d'emploi.

instructor [ɪn'strʌktəʳ] **n** moniteur *m*, -trice *f.*

instrument ['ɪnstrʊmənt] **n** instrument *m.*

insufficient [ˌɪnsə'fɪʃnt] **adj** insuffisant(e).

insulate ['ɪnsjʊleɪt] **vt** [loft, cable] isoler ; [hot water tank] calorifuger.

insulating tape ['ɪnsjʊleɪtɪŋ-] **n** *(U)* UK chatterton *m.*

insulation [ˌɪnsjʊ'leɪʃn] **n** *(U)* [material] isolant *m.*

insulin ['ɪnsjʊlɪn] **n** *(U)* insuline *f.*

insult ◆ **n** ['ɪnsʌlt] insulte *f.* ◆ **vt** [ɪn'sʌlt] insulter.

insurance [ɪn'ʃʊərəns] **n** *(U)* assurance *f.*

insurance certificate **n** attestation *f* d'assurance.

insurance company **n** compagnie *f* d'assurance.

insurance policy **n** police *f* d'assurance.

insure [ɪn'ʃʊəʳ] **vt** assurer.

insured [ɪn'ʃʊəd] **adj** : **to be insured** être assuré(e).

intact [ɪn'tækt] **adj** intact(e).

integer ['ɪntɪdʒəʳ] **n** [in mathematics] (nombre *m*) entier *m.*

intel ['ɪntel] **n** US renseignements *mpl* militaires.

intellectual [ˌɪntə'lektjʊəl] ◆ **adj** intellectuel(elle). ◆ **n** intellectuel *m*, -elle *f.*

intelligence [ɪn'telɪdʒəns] **n** *(U)* intelligence *f.*

intelligent [ɪn'telɪdʒənt] **adj** intelligent(e).

intend [ɪn'tend] **vt** : **to intend to do sthg** avoir l'intention de faire qqch ▸ **to be intended to do sthg** être destiné à faire qqch.

intense [ɪn'tens] **adj** intense.

intensity [ɪn'tensətɪ] **n** *(U)* intensité *f.*

intensive [ɪn'tensɪv] **adj** intensif(ive).

intensive care **n** *(U)* réanimation *f.*

intensive care unit **n** service *m* de réanimation, unité *f* de soins intensifs ▸ **number of patients in intensive care unit** nombre de patients en réanimation.

intent [ɪn'tent] **adj** : **to be intent on doing sthg** être déterminé(e) à faire qqch.

intention [ɪn'tenʃn] **n** intention *f.*

intentional [ɪn'tenʃənl] **adj** intentionnel(elle).

intentionally [ɪn'tenʃənəlɪ] **adv** intentionnellement.

interactive [ˌɪntər'æktɪv] **adj** interactif.

interactive whiteboard **n** tableau *m* blanc interactif.

interchange ['ɪntətʃeɪndʒ] **n** [on motorway] échangeur *m.*

Intercity® [ˌɪntə'sɪtɪ] **n** *système de trains rapides reliant les grandes villes en Grande-Bretagne.*

intercom ['ɪntəkɒm] **n** Interphone® *m.*

interest ['ɪntrəst] ◆ **n 1.** intérêt *m* **2.** [pastime] centre *m* d'intérêt. ◆ **vt** intéresser ▸ **to take an interest in sthg** s'intéresser à qqch.

interested ['ɪntrəstɪd] **adj** intéressé(e) ▸ **to be interested in sthg** être intéressé par qqch.

interesting ['ɪntrəstɪŋ] **adj** intéressant(e).

interest rate **n** taux *m* d'intérêt.

interface [ˌɪntə'feɪs] **n** interface *f*.

interfere [ˌɪntə'fɪəʳ] **vi** [meddle] se mêler des affaires d'autrui ▸ **to interfere with sthg** [damage] toucher à qqch.

interference [ˌɪntə'fɪərəns] **n** *(U)* [on TV, radio] parasites *mpl*.

interior [ɪn'tɪərɪəʳ] ◆ **adj** intérieur(e). ◆ **n** intérieur *m*.

intermediate [ˌɪntə'mi:djət] **adj** intermédiaire.

intermission [ˌɪntə'mɪʃn] **n** [at cinema, theatre] entracte *m*.

intern ['ɪntɜ:n] **n** US [gen] stagiaire *mf*.

internal [ɪn'tɜ:nl] **adj** **1.** [not foreign] intérieur(e) **2.** [on the inside] interne.

internal flight **n** vol *m* intérieur.

Internal Revenue Service **n** US : **the Internal Revenue Service** ≃ le fisc.

international [ˌɪntə'næʃənl] **adj** international(e).

international flight **n** vol *m* international.

International Standards Organization **n** Organisation *f* internationale de normalisation.

internet, Internet ['ɪntənet] **n** internet.

Internet address **n** adresse *f* Internet.

internet café, Internet café **n** cybercafé *m*.

Internet economy **n** netéconomie *f*.

Internet Presence Provider **n** *fournisseur d'accès à Internet proposant l'hébergement de sites Web.*

Internet Service Provider **n** fournisseur *m* d'accès.

Internet user **n** internaute *mf*.

interpret [ɪn'tɜ:prɪt] **vi** servir d'interprète.

interpreter [ɪn'tɜ:prɪtəʳ] **n** interprète *m ou f*.

interrogate [ɪn'terəgeɪt] **vt** interroger.

interrupt [ˌɪntə'rʌpt] **vt** interrompre.

intersection [ˌɪntə'sekʃn] **n** [of roads] carrefour *m*, intersection *f*.

interstate ['ɪntəsteɪt] **n** US autoroute *f*.

interval ['ɪntəvl] **n** **1.** intervalle *m* **2.** UK [at cinema, theatre] entracte *m*.

intervene [ˌɪntə'vi:n] **vi** **1.** [person] intervenir **2.** [event] avoir lieu.

interview ['ɪntəvju:] ◆ **n** **1.** [on TV, in magazine] interview *f* **2.** [for job] entretien *m*. ◆ **vt** **1.** [on TV, in magazine] interviewer **2.** [for job] faire passer un entretien à.

interviewer ['ɪntəvju:əʳ] **n** [on TV, in magazine] intervieweur *m*, -euse *f*.

intestine [ɪn'testɪn] **n** intestin *m*.

intimate ['ɪntɪmət] **adj** intime.

intimidate [ɪn'tɪmɪdeɪt] **vt** intimider.

into ['ɪntʊ] **prep** **1.** [inside] dans **2.** [against] dans, contre **3.** [concerning] sur ▸ **4 into 20 goes 5 (times)** 20 divisé par 4 égale 5 ▸ **to translate into French** traduire en français ▸ **to change into sthg** se transformer en qqch ▸ **to be into sthg** *inf* [like] être un fan de qqch.

intolerable [ɪn'tɒlrəbl] **adj** intolérable.

intranet, Intranet ['ɪntrənet] **n** intranet *m*.

intransitive [ɪn'trænzətɪv] **adj** intransitif(ive).

intricate ['ɪntrɪkət] **adj** compliqué(e).

intriguing [ɪn'tri:gɪŋ] **adj** fascinant(e).

introduce [ˌɪntrə'dju:s] **vt** présenter ▸ **I'd like to introduce you to Fred** j'aimerais vous présenter Fred.

introduction [ˌɪntrə'dʌkʃn] **n 1.** [to book, programme] introduction *f* **2.** [to person] présentation *f*.

introverted ['ɪntrəˌvɜ:tɪd] **adj** introverti(e).

intrude [ɪn'tru:d] **vi** faire intrusion.

intruder [ɪn'tru:dər] **n** intrus *m*, -e *f*.

intuition [ˌɪntju:'ɪʃn] **n** intuition *f*.

invade [ɪn'veɪd] **vt** envahir.

invalid ◆ **adj** [ɪn'vælɪd] [ticket, cheque] non valable. ◆ **n** ['ɪnvəlɪd] invalide *m ou f*.

invaluable [ɪn'væljʊəbl] **adj** inestimable.

invariably [ɪn'veərɪəblɪ] **adv** invariablement.

invasion [ɪn'veɪʒn] **n** invasion *f*.

invent [ɪn'vent] **vt** inventer.

invention [ɪn'venʃn] **n** invention *f*.

inventory ['ɪnventrɪ] **n 1.** [list] inventaire *m* **2.** US [stock] stock *m*.

inverted commas [ɪn'vɜ:tɪd-] **npl** UK guillemets *mpl*.

invest [ɪn'vest] ◆ **vt** investir. ◆ **vi : to invest in sthg** investir dans qqch.

investigate [ɪn'vestɪgeɪt] **vt** enquêter sur.

investigation [ɪnˌvestɪ'geɪʃn] **n** enquête *f*.

investment [ɪn'vestmənt] **n** [of money] investissement *m*.

invigorate [ɪn'vɪgəreɪt] **vt** revigorer.

invisible [ɪn'vɪzɪbl] **adj** invisible.

invitation [ˌɪnvɪ'teɪʃn] **n** invitation *f*.

invite [ɪn'vaɪt] **vt** inviter ▸ **to invite sb to do sthg** [ask] inviter qqn à faire qqch ▸ **to invite sb round** inviter qqn chez soi.

inviting [ɪn'vaɪtɪŋ] **adj** attrayant(e), agréable.

invoice ['ɪnvɔɪs] **n** facture *f*.

invoicing ['ɪnvɔɪsɪŋ] **n** COMM [of goods, etc.] facturation *f*.

involve [ɪn'vɒlv] **vt** [entail] impliquer ▸ **what does it involve?** en quoi est-ce que cela consiste ? ▸ **to be involved in a scheme** prendre part à un projet ▸ **to be involved in an accident** être impliqué dans un accident.

involved [ɪn'vɒlvd] **adj : what's involved?** qu'est-ce que cela implique ?

involvement [ɪn'vɒlvmənt] **n** [participation] **: involvement (in)** participation *f* (à).

inward ['ɪnwəd] ◆ **adj** [towards the inside] vers l'intérieur. ◆ **adv** US = **inwards**.

inwards ['ɪnwədz] **adv** vers l'intérieur.

IOU (*abbr of* **I owe you**) **n** reconnaissance *f* de dette.

IP (*abbr of* **Internet Protocol**) **n : IP address** adresse *f* IP.

IP address **n** adresse IP *f*.

iPod® ['aɪpɒd] **n** iPod® *m*.

IQ (*abbr of* **Intelligence Quotient**) **n** QI *m* (*quotient intellectuel*).

Iran [ɪ'rɑ:n] **n** l'Iran *m*.

Iranian [ɪ'reɪnjən] ◆ **adj** iranien(enne). ◆ **n** Iranien *m*, -enne *f*.

Iraq [ɪ'rɑːk] n l'Iraq *m*.

Iraqi [ɪ'rɑːkɪ] ◆ adj iraquien(enne), irakien(enne). ◆ n Iraquien *m*, -enne *f*, Irakien *m*, -enne *f*.

IRC (*abbr of* **Internet Relay Chat**) n IRC *m* *(dialogue en temps réel)*.

Ireland ['aɪələnd] n l'Irlande *f*.

iris ['aɪərɪs] (*pl* **-es**) n [flower] iris *m*.

Irish ['aɪrɪʃ] ◆ adj irlandais(e). ◆ n [language] irlandais *m*. ◆ npl : **the Irish** les Irlandais *mpl*.

Irish coffee n irish-coffee *m*.

Irishman ['aɪrɪʃmən] (*pl* **-men**) n Irlandais *m*.

Irish stew n *ragoût de mouton aux pommes de terre et aux oignons*.

Irishwoman ['aɪrɪʃ,wʊmən] (*pl* **-women**) n Irlandaise *f*.

iron ['aɪən] ◆ n **1.** *(U)* fer *m* **2.** [for clothes] fer *m* à repasser. ◆ vt repasser.

ironic [aɪ'rɒnɪk] adj ironique.

ironing board ['aɪənɪŋ-] n planche *f* à repasser.

ironmonger's ['aɪən,mʌŋgəz] n UK quincaillier *m*.

iron-willed adj à la volonté de fer.

irony ['aɪrənɪ] n ironie *f*.

irreconcilably [ɪ,rekən'saɪləblɪ] adv : **they are irreconcilably different** ils sont radicalement différents ▸ **they are irreconcilably divided** il y a entre eux des divisions irréconciliables.

irrefutably [,ɪrɪ'fjuːtəblɪ] adv irréfutablement.

irrelevant [ɪ'reləvənt] adj hors de propos.

irresistible [,ɪrɪ'zɪstəbl] adj irrésistible.

irrespective [,ɪrɪ'spektɪv] ◆ **irrespective of** prep indépendamment de.

irresponsible [,ɪrɪ'spɒnsəbl] adj irresponsable.

irrigation [,ɪrɪ'geɪʃn] n *(U)* irrigation *f*.

irritable ['ɪrɪtəbl] adj irritable.

irritable bowel syndrome n syndrome *m* du côlon irritable.

irritate ['ɪrɪteɪt] vt irriter.

irritating ['ɪrɪteɪtɪŋ] adj irritant(e).

IRS (*abbr of* **Internal Revenue Service**) n US ≃ fisc *m*.

is [ɪz] → **be**.

ISA (*abbr of* **individual savings account**) n UK plan *m* d'épargne défiscalisé.

Islam ['ɪzlɑːm] n *(U)* l'islam *m*.

Islamic [ɪz'læmɪk] adj islamique.

Islamophobia [ɪz,læmə'fəʊbɪə] n islamophobie *f*.

Islamophobic [ɪz,læmə'fəʊbɪk] adj islamophobe.

island ['aɪlənd] n **1.** île *f* **2.** [in road] refuge *m*.

isle [aɪl] n île *f*.

isn't ['ɪznt] → **is not**.

ISO (*abbr of* **International Organization for Standarization**) n ISO *f*.

isolated ['aɪsəleɪtɪd] adj isolé(e).

ISP n *abbr of* **Internet Service Provider**.

Israel ['ɪzreɪəl] n Israël *m*.

Israeli [ɪz'reɪlɪ] ◆ adj israélien(enne). ◆ n Israélien *m*, -enne *f*.

issue ['ɪʃuː] ◆ n **1.** [problem, subject] problème *m* **2.** [of newspaper, magazine] numéro *m*. ◆ vt **1.** [statement] faire **2.** [passport, document] délivrer **3.** [stamps, bank notes] émettre.

issuing ['ɪʃuɪŋ] **adj** FIN [company] émetteur.

it [ɪt] ◆ **pron 1.** [referring to specific thing: subject] il (elle) ; [direct object] le (la), l' ; [indirect object] lui ▸ **it's big** il est grand ▸ **she missed it** elle l'a manqué ▸ **give it to me** donne-le moi ▸ **tell me about it** parlez-m'en ▸ **we went to it** nous y sommes allés **2.** [nonspecific] ce, c' ▸ **it's nice here** c'est joli ici ▸ **it's me** c'est moi ▸ **who is it?** qui est-ce ? **3.** [used impersonally] **: it's hot** il fait chaud ▸ **it's six o'clock** il est six heures ▸ **it's Sunday** nous sommes dimanche.

Italian [ɪ'tæljən] ◆ **adj** italien(ienne). ◆ **n 1.** [person] Italien *m*, -ienne *f* **2.** [language] italien *m* ▸ **an Italian restaurant** un restaurant italien.

Italy ['ɪtəlɪ] **n** l'Italie *f*.

itch [ɪtʃ] **vi : my arm itches** mon bras me démange.

itchy ['ɪtʃɪ] **adj** qui démange.

it'd ['ɪtəd] → **it would, it had**.

item ['aɪtəm] **n 1.** [object] article *m*, objet *m* **2.** [of news, on agenda] question *f*, point *m* ▸ **a news item** une information.

itemized bill ['aɪtəmaɪzd-] **n** facture *f* détaillée.

it-girl **n** *inf jeune femme fortement médiatisée* ▸ **she's the it-girl** c'est la fille dont on parle.

itinerary [aɪ'tɪnərərɪ] **n** itinéraire *m*.

it'll [ɪtl] → **it will**.

its [ɪts] **adj** son (sa), ses *pl*.

it's [ɪts] → **it is, it has**.

itself [ɪt'self] **pron 1.** [reflexive] se **2.** [after prep] lui (elle) ▸ **the house itself is fine** la maison elle-même n'a rien.

I've [aɪv] → **I have**.

ivory ['aɪvərɪ] **n** *(U)* ivoire *m*.

ivy ['aɪvɪ] **n** *(U)* lierre *m*.

ⓘ Ivy League

Expression désignant les huit universités privées les plus prestigieuses de la côte est des États-Unis : en tête, Harvard, puis Yale, Princeton, Columbia, Dartmouth, Cornell, Brown et Pennsylvanie. Particulièrement sélectives, synonymes d'excellence académique et d'élitisme, elles accueillent des étudiants, des professeurs et des chercheurs brillants.

J j

jab [dʒæb] **n** UK *inf* [injection] piqûre *f*.

jack [dʒæk] **n 1.** [for car] cric *m* **2.** [playing card] valet *m*.

jacket ['dʒækɪt] **n 1.** [garment] veste *f* **2.** [of book] jaquette *f* **3.** US [of record] pochette *f* **4.** [of potato] peau *f*.

jacket potato **n** UK pomme de terre *f* en robe des champs.

jackknife ['dʒæknaɪf] **n** (*pl* **jackknives** [-naɪvz]) couteau *m* de poche.

jack-knife **vi** se mettre en travers de la route.

Jacuzzi® [dʒə'ku:zɪ] **n** Jacuzzi® *m*.

jade [dʒeɪd] **n** *(U)* jade *m*.

jail [dʒeɪl] **n** prison *f*.

jam [dʒæm] ◆ n **1.** [food] confiture *f* **2.** [of traffic] embouteillage *m* **3.** *inf* [difficult situation] pétrin *m*. ◆ vt [pack tightly] entasser. ◆ vi [get stuck] se coincer ▸ **the roads are jammed** les routes sont bouchées.

Jamaica [dʒə'meɪkə] n Jamaïque *f*.

jam-packed [-'pækt] adj *inf* bourré(e) à craquer.

Jan. [dʒæn] (*abbr of* **January**) janv. (*janvier*).

janitor ['dʒænɪtəʳ] n US SCOT concierge *m ou f*.

January ['dʒænjʊərɪ] n janvier *m* ▸ **at the beginning of January** début janvier ▸ **at the end of January** fin janvier ▸ **during January** en janvier ▸ **every January** tous les ans en janvier ▸ **in January** en janvier ▸ **last January** en janvier (dernier) ▸ **next January** en janvier de l'année prochaine ▸ **this January** en janvier (prochain) ▸ **2 January 2012** [in letters, etc.] le 2 janvier 2012.

Japan [dʒə'pæn] n le Japon.

Japanese [ˌdʒæpə'niːz] ◆ adj japonais(e). ◆ n [language] japonais *m*. ◆ npl : **the Japanese** les Japonais *mpl*.

jar [dʒɑːʳ] n pot *m*.

javelin ['dʒævlɪn] n javelot *m*.

jaw [dʒɔː] n mâchoire *f*.

jazz [dʒæz] n *(U)* jazz *m*.

jealous ['dʒeləs] adj jaloux(ouse).

jeans [dʒiːnz] npl jean *m*.

Jeep® [dʒiːp] n Jeep® *f*.

jeez [dʒiːz] excl US *inf* purée !

Jello® ['dʒeləʊ] n *(U)* US gelée *f*.

jelly ['dʒelɪ] n UK gelée *f*.

jellyfish ['dʒelɪfɪʃ] (*pl inv*) n méduse *f*.

jeopardize ['dʒepədaɪz] vt mettre en danger.

jerk [dʒɜːk] n **1.** [movement] secousse *f* **2.** *inf* [idiot] abruti *m*, -e *f*.

jersey ['dʒɜːzɪ] (*pl* **-s**) n UK [garment] pull *m*.

jet [dʒet] n **1.** jet *m* **2.** [for gas] brûleur *m*.

jetfoil ['dʒetfɔɪl] n hydroglisseur *m*.

jet lag n décalage *m* horaire.

jet-ski n scooter *m* des mers.

jetty ['dʒetɪ] n jetée *f*.

Jew [dʒuː] n Juif *m*, -ive *f*.

jewel ['dʒuːəl] n joyau *m*, pierre *f* précieuse. ◆ **jewels** npl [jewellery] bijoux *mpl*.

jeweler's ['dʒuːələz] US = **jeweller's**.

jeweller's ['dʒuːələz] n UK bijouterie *f*.

jewellery ['dʒuːəlrɪ] n *(U)* UK bijoux *mpl*.

jewelry ['dʒuːəlrɪ] US = **jewellery**.

Jewish ['dʒuːɪʃ] adj juif(ive).

jigsaw (puzzle) ['dʒɪgsɔː-] n puzzle *m*.

jingle ['dʒɪŋgl] n [of advert] jingle *m*.

JIT (*abbr of* **just in time**) adj juste à temps, JAT.

job [dʒɒb] n **1.** [regular work] emploi *m* **2.** [task, function] travail *m* ▸ **to lose one's job** perdre son travail.

job centre n UK agence *f* pour l'emploi.

job-share ◆ n partage *m* du travail. ◆ vi partager le travail.

jockey ['dʒɒkɪ] (*pl* **-s**) n jockey *m*.

jog [dʒɒg] ◆ vt pousser. ◆ vi courir, faire du jogging. ◆ n : **to go for a jog** faire du jogging.

jogging ['dʒɒgɪŋ] **n** *(U)* jogging *m* ▸ **to go jogging** faire du jogging.

join [dʒɔɪn] **vt 1.** [club, organization] adhérer à **2.** [fasten together] joindre **3.** [other people] rejoindre **4.** [connect] relier **5.** [participate in] participer à ▸ **to join a queue** faire la queue. ◆ **join in** ◆ **vt insep** participer à. ◆ **vi** participer.

joint [dʒɔɪnt] ◆ **adj** commun(e). ◆ **n 1.** [of body] articulation *f* **2.** [of meat] rôti *m* **3.** [in structure] joint *m*.

joke [dʒəʊk] ◆ **n** plaisanterie *f*. ◆ **vi** plaisanter.

joker ['dʒəʊkəʳ] **n** [playing card] joker *m*.

jolly ['dʒɒlɪ] ◆ **adj** [cheerful] gai(e). ◆ **adv** UK *inf* [very] drôlement.

jolt [dʒəʊlt] **n** secousse *f*.

jot [dʒɒt] ◆ **jot down vt sep** noter.

journal ['dʒɜːnl] **n 1.** [professional magazine] revue *f* **2.** [diary] journal *m* (intime).

journalist ['dʒɜːnəlɪst] **n** journaliste *m ou f*.

journey ['dʒɜːnɪ] (*pl* -s) **n** voyage *m*.

joy [dʒɔɪ] **n** *(U)* joie *f*.

joypad ['dʒɔɪpæd] **n** [of video game] *boîtier de commandes de jeu vidéo*.

joyrider ['dʒɔɪraɪdəʳ] **n** *personne qui vole une voiture pour aller faire un tour*.

joystick ['dʒɔɪstɪk] **n** [of video game] manette *f* (de jeux).

JPEG ['dʒeɪ,peg] (*abbr of* **joint picture expert group**) **n** COMPUT (format *m*) JPEG *m*.

judge [dʒʌdʒ] ◆ **n** juge *m*. ◆ **vt 1.** [competition] arbitrer **2.** [evaluate] juger.

judg(e)ment ['dʒʌdʒmənt] **n** jugement *m*.

judo ['dʒuːdəʊ] **n** *(U)* judo *m*.

jug [dʒʌg] **n 1.** [for water] carafe *f* **2.** [for milk] pot *m*.

juggernaut ['dʒʌgənɔːt] **n** UK poids *m* lourd.

juggle ['dʒʌgl] **vi** jongler.

juice [dʒuːs] **n** jus *m* ▸ **(fruit) juice** jus *m* de fruit.

juicy ['dʒuːsɪ] **adj** [food] juteux(euse).

jukebox ['dʒuːkbɒks] **n** juke-box *m inv*.

Jul. (*abbr of* **July**) juill. *(juillet)*.

July [dʒuː'laɪ] **n** juillet *m* ▸ **at the beginning of July** début juillet ▸ **at the end of July** fin juillet ▸ **during July** en juillet ▸ **every July** tous les ans en juillet ▸ **in July** en juillet ▸ **last July** en juillet (dernier) ▸ **next July** en juillet de l'année prochaine ▸ **this July** en juillet (prochain) ▸ **2 July 2012** [in letters, etc.] le 2 juillet 2012.

jumble sale ['dʒʌmbl-] **n** UK vente *f* de charité.

jumbo ['dʒʌmbəʊ] **adj** *inf* [big] énorme.

jumbo jet n jumbo-jet *m*.

jump [dʒʌmp] ◆ **n 1.** bond *m* **2.** COMPUT saut *m*. ◆ **vi 1.** sauter **2.** [with fright] sursauter **3.** [increase] faire un bond. ◆ **vt** US [train, bus] prendre sans payer ▸ **to jump the queue** UK ne pas attendre son tour.

jumper ['dʒʌmpəʳ] **n 1.** UK [pullover] pull-over *m* **2.** US [dress] robe *f* chasuble.

jumper cables US **npl** = **jump leads**.

jump leads npl UK câbles *mpl* de démarrage.

Jun. *abbr of* **June**.

junction ['dʒʌŋkʃn] **n** embranchement *m*.

June [dʒuːn] **n** juin *m* ▸ **at the beginning of June** début juin ▸ **at the end**

of June fin juin ▸ **during June** en juin ▸ **every June** tous les ans en juin ▸ **in June** en juin ▸ **last June** en juin (dernier) ▸ **next June** en juin de l'année prochaine ▸ **this June** en juin (prochain) ▸ **2 June 2012** [in letters, etc.] le 2 juin 2012.

June beetle, June bug n hanneton *m*.

jungle ['dʒʌŋgl] n jungle *f*.

junior ['dʒuːnjər] ◆ adj **1.** [of lower rank] subalterne **2.** [after name] junior. ◆ n [younger person] cadet *m*, -ette *f* ▸ **to be sb's junior** être plus jeune que qqn.

junior high school n US ≃ collège *m* d'enseignement secondaire.

junior school n UK école *f* primaire.

junk [dʒʌŋk] n *(U)* *inf* [unwanted things] bric-à-brac *m inv*.

junk e-mail, junkmail n spams *mpl*, pourriels *mpl*.

junk food n *(U)* *inf* cochonneries *fpl*.

junkie ['dʒʌŋkɪ] n *inf* drogué *m*, -e *f*.

junk shop n magasin *m* de brocante.

jury ['dʒʊərɪ] n jury *m*.

just [dʒʌst] adj & adv juste ▸ **I'm just coming** j'arrive tout de suite ▸ **we were just leaving** nous étions sur le point de partir ▸ **to be just about to do sthg** être sur le point de faire qqch ▸ **to have just done sthg** venir de faire qqch ▸ **just as good (as)** tout aussi bien (que) ▸ **just about** [almost] pratiquement, presque ▸ **only just** tout juste ▸ **just a minute!** une minute !

justice ['dʒʌstɪs] n *(U)* justice *f*.

justify ['dʒʌstɪfaɪ] vt justifier.

jut [dʒʌt] ◆ **jut out** vi faire saillie.

juvenile ['dʒuːvənaɪl] adj **1.** [young] juvénile **2.** [childish] enfantin(e).

Kk

kalashnikov [kə'læʃnɪkov] n kalachnikov *f*.

kangaroo [,kæŋgə'ruː] n kangourou *m*.

karaoke [,kærə'əʊkɪ] n karaoké *m*.

karate [kə'rɑːtɪ] n *(U)* karaté *m*.

kebab [kɪ'bæb] n UK : **(shish) kebab** brochette *f* de viande ▸ **(doner) kebab** ≃ sandwich *m* grec *(viande de mouton servie en tranches fines dans du pita, avec salade et sauce)*.

keel [kiːl] n quille *f*.

keen [kiːn] adj **1.** [enthusiastic] passionné(e) **2.** [hearing] fin(e) **3.** [eyesight] perçant(e) ▸ **to be keen on** UK aimer beaucoup ▸ **to be keen to do sthg** UK tenir à faire qqch.

keep [kiːp] (*pt & pp* **kept**) ◆ vt **1.** garder **2.** [promise, record, diary] tenir **3.** [delay] retarder. ◆ vi **1.** [food] se conserver **2.** [remain] rester ▸ **to keep (on) doing sthg a)** [continuously] continuer à faire qqch **b)** [repeatedly] ne pas arrêter de faire qqch ▸ **to keep someone waiting** faire attendre qqn ▸ **to keep sb from doing sthg** empêcher qqn de faire qqch ▸ **keep back!** n'approchez pas ! ▸ **to keep clear (of)** ne pas s'approcher (de) ▸ **'keep in lane!'** 'conservez votre file' ▸ **'keep left'** 'serrez à gauche' ▸ **'keep off the grass!'** 'pelouse interdite' ▸ **'keep out!'** 'entrée interdite'

▸ **'keep your distance!'** 'gardez vos distances'. ◆ **keep up** ◆ vt sep **1.** [maintain] maintenir **2.** [continue] continuer. ◆ vi : **to keep up (with)** suivre.

keep-fit n *(U)* UK gymnastique *f*.

kennel ['kenl] n niche *f*.

kept [kept] pt & pp → **keep**.

kerb [kɜ:b] n UK bordure *f* du trottoir.

kerosene ['kerəsi:n] n *(U)* US kérosène *m*.

ketchup ['ketʃəp] n *(U)* ketchup *m*.

kettle ['ketl] n bouilloire *f* ▸ **to put the kettle on** UK mettre la bouilloire à chauffer.

key [ki:] ◆ n **1.** clé *f*, clef *f* **2.** [of piano, typewriter & COMPUT] touche *f* **3.** [of map] légende *f*. ◆ adj clé, clef.

keyboard ['ki:bɔ:d] n clavier *m*.

keyboard shortcut n raccourci *m* clavier.

keyhole ['ki:həʊl] n serrure *f*.

keypad ['ki:pæd] n pavé *m* numérique.

key ring n porte-clefs *m inv*, porte-clés *m inv*.

Key Stage ['ki:steɪdʒ] n UK SCH *une des cinq étapes-clés du parcours scolaire en Grande-Bretagne*.

kg (*abbr of* **kilogram**) kg *(kilogramme)*.

kick [kɪk] ◆ n [of foot] coup *m* de pied. ◆ vt **1.** [ball] donner un coup de pied dans **2.** [person] donner un coup de pied à.

kickoff ['kɪkɒf] n coup *m* d'envoi.

kid [kɪd] ◆ n *inf* gamin *m*, -e *f*. ◆ vi [joke] blaguer.

kidnap ['kɪdnæp] vt kidnapper.

kidnaper ['kɪdnæpər] US = **kidnapper**.

kidnapper ['kɪdnæpə^r] n UK kidnappeur *m*, -euse *f*.

kidney ['kɪdnɪ] (*pl* **-s**) n **1.** [organ] rein *m* **2.** [food] rognon *m*.

kidney bean n haricot *m* rouge.

kill [kɪl] vt tuer ▸ **my feet are killing me!** mes pieds me font souffrir le martyre !

killer ['kɪlə^r] n tueur *m*, -euse *f*.

kilo ['ki:ləʊ] (*pl* **-s**) n kilo *m*.

kilogram ['kɪlə,græm] n kilogramme *m*.

kilometer US = **kilometre**.

kilometre ['kɪlə,mi:tə^r] n UK kilomètre *m*.

kilt [kɪlt] n kilt *m*.

kind [kaɪnd] ◆ adj gentil(ille). ◆ n genre *m* ▸ **kind of** *inf* plutôt.

kindergarten ['kɪndə,gɑ:tn] n jardin *m* d'enfants.

kindly ['kaɪndlɪ] adv : **would you kindly...?** auriez-vous l'amabilité de... ?

kindness ['kaɪndnɪs] n *(U)* gentillesse *f*.

king [kɪŋ] n roi *m*.

kingfisher ['kɪŋ,fɪʃə^r] n martin-pêcheur *m*.

king prawn n gamba *f*.

king-size bed n ≃ lit *m* de plus de 160 cm.

kiosk ['ki:ɒsk] n **1.** [for newspapers, etc.] kiosque *m* **2.** UK [phone box] cabine *f* (téléphonique).

kipper ['kɪpə^r] n hareng *m* saur.

kirby grip ['kɜ:bɪ-] n UK pince *f* à cheveux.

kiss [kɪs] ◆ n baiser *m*. ◆ vt embrasser.

kiss of life n bouche-à-bouche *m inv*.

kit [kɪt] n **1.** [set] trousse *f* **2.** *(U)* UK [clothes] tenue *f* **3.** [for assembly] kit *m*.

kitchen ['kɪtʃɪn] n cuisine *f*.

kitchen unit n élément *m* (de cuisine).

kite [kaɪt] n [toy] cerf-volant *m*.

kitesurfing ['kaɪtsɜːfɪŋ] n kitesurf *m*.

kitten ['kɪtn] n chaton *m*.

kitten heel n petit talon *m*.

kitty ['kɪtɪ] n [of money] cagnotte *f*.

kiwi fruit ['kiːwiː-] n kiwi *m*.

Kleenex® ['kliːneks] n Kleenex® *m*.

km (*abbr of* **kilometre**) km *(kilomètre)*.

km / h (*abbr of* **kilometres per hour**) km / h *(kilomètre par heure)*.

knack [næk] n **: to have the knack of doing sthg** avoir le chic pour faire qqch.

knackered ['nækəd] adj UK *inf* crevé(e).

knapsack ['næpsæk] n sac *m* à dos.

knee [niː] n genou *m*.

kneecap ['niːkæp] n rotule *f*.

kneel [niːl] (*pt & pp* **knelt** [nelt]) vi **1.** [be on one's knees] être à genoux **2.** [go down on one's knees] s'agenouiller.

knew [njuː] pt → **know**.

knickers ['nɪkəz] npl UK [underwear] culotte *f*.

knife [naɪf] (*pl* **knives**) n couteau *m*.

knife crime n attaques *fpl* à l'arme blanche.

knight [naɪt] n **1.** [in history] chevalier *m* **2.** [in chess] cavalier *m*.

knit [nɪt] vt tricoter.

knitted ['nɪtɪd] adj tricoté(e).

knitting ['nɪtɪŋ] n *(U)* tricot *m*.

knitting needle n aiguille *f* à tricoter.

knitwear ['nɪtweəʳ] n *(U)* lainages *mpl*.

knives [naɪvz] pl → **knife**.

knob [nɒb] n bouton *m*.

knock [nɒk] ◆ n [at door] coup *m*. ◆ vt [hit] cogner. ◆ vi [at door, etc.] frapper. ◆ **knock down** vt sep **1.** UK [pedestrian] renverser **2.** [building] démolir **3.** [price] baisser. ◆ **knock out** vt sep **1.** [make unconscious] assommer **2.** [of competition] éliminer. ◆ **knock over** vt sep UK renverser.

knocker ['nɒkəʳ] n [on door] heurtoir *m*.

knot [nɒt] n nœud *m*.

know [nəʊ] (*pt* **knew**, *pp* **known**) vt **1.** savoir **2.** [person, place] connaître ▸ **to get to know sb** faire connaissance avec qqn ▸ **to know about sthg** **a)** [understand] s'y connaître en qqch **b)** [have heard] être au courant de qqch ▸ **to know how to do sthg** savoir (comment) faire qqch ▸ **to know of** connaître ▸ **to be known as** être appelé ▸ **to let sb know sthg** informer qqn de qqch ▸ **you know** [for emphasis] tu sais.

know-how n savoir-faire *m*, technique *f*.

knowledge ['nɒlɪdʒ] n *(U)* connaissance *f* ▸ **to my knowledge** pour autant que je sache.

knowledgeable ['nɒlɪdʒəbl] adj bien informé(e).

known [nəʊn] pp → **know**.

knuckle ['nʌkl] n **1.** [of hand] articulation *f* du doigt **2.** [of pork] jarret *m*.

Koran [kɒ'rɑːn] n **: the Koran** le Coran.

Korea [kə'rɪə] n Corée *f*.

kosher ['kəʊʃəʳ] **adj 1.** [meat] kasher *(inv)* **2.** *inf* [reputable] O.K. *(inv)*, réglo *(inv)*.

Kosovar [kɔsɔvaʳ] **n** kosovar *m ou f*.

Kosovo [kɔsɔvɔ] **n** Kosovo *m*.

kph (*written abbr of* **kilometres per hour**) km / h *(kilomètre par heure)*.

Ll

l (*abbr of* **litre**) l.

L (*abbr of* **learner**) *en Grande-Bretagne, lettre apposée à l'arrière d'une voiture et signalant que le conducteur est en conduite accompagnée.*

lab [læb] **n** *inf* labo *m*.

label ['leɪbl] **n** étiquette *f*.

labor ['leɪbər] US = **labour**.

laboratory [UK lə'bɒrətrɪ, US 'læbrə,tɔːrɪ] **n** laboratoire *m*.

laboratory-tested **adj** testé(e) en laboratoire.

Labor Day **n** *fête du travail américaine (premier lundi de septembre)*.

ⓘ Labor Day

Jour férié américain institutionnalisé en 1894, la « fête du Travail » (l'équivalent du 1er mai en France) est célébrée chaque année le premier lundi de septembre en l'honneur de tous les salariés. Ce jour de congé marque à la fois la fin de l'été – les stations balnéaires étant particulièrement fréquentées durant ce dernier long week-end – ainsi que la rentrée scolaire — la plupart des écoles rouvrant leurs portes la semaine suivante.

laborer US = **labourer**.

labor-saving US = **labour-saving**.

labour ['leɪbəʳ] **n** *(U)* UK travail *m* ▸ **in labour** MED en travail.

labourer ['leɪbərəʳ] **n** UK ouvrier *m*, -ière *f*.

Labour Party **n** UK parti *m* travailliste.

labour-saving **adj** UK qui fait gagner du temps.

lace [leɪs] **n 1.** *(U)* [material] dentelle *f* **2.** [for shoe] lacet *m*.

lace-ups **npl** chaussures *fpl* à lacets.

lack [læk] ◆ **n** manque *m*. ◆ **vt** manquer de. ◆ **vi : to be lacking** faire défaut.

lacquer ['lækəʳ] **n** *(U)* laque *f*.

lad [læd] **n** UK *inf* [boy] gars *m*.

ladder ['lædəʳ] **n 1.** échelle *f* **2.** UK [in tights] maille *f* filée.

laddish ['lædɪʃ] **adj** UK macho.

ladies ['leɪdɪz] UK, **ladies(') room** US **n** toilettes *fpl* (pour dames).

ladieswear ['leɪdɪz,weəʳ] **n** *(U)* *fml* vêtements *mpl* pour femme.

ladle ['leɪdl] **n** louche *f*.

lady ['leɪdɪ] **n** dame *f*.

ladybird ['leɪdɪbɜːd] **n** UK coccinelle *f*.

ladybug US = **ladybird**.

lag [læg] **vi** traîner ▸ **to lag behind** traîner.

lager ['lɑːgəʳ] **n** bière *f* blonde.

lagoon [lə'guːn] n lagune *f*.

laid [leɪd] pt & pp → **lay**.

lain [leɪn] pp → **lie**.

lake [leɪk] n lac *m*.

Lake District n : **the Lake District** la région des lacs *(au nord-ouest de l'Angleterre)*.

lamb [læm] n agneau *m*.

lamb chop n côtelette *f* d'agneau.

lame [leɪm] adj boiteux(euse).

lamp [læmp] n **1.** lampe *f* **2.** [in street] réverbère *m*.

lamppost ['læmppəʊst] n réverbère *m*.

lampshade ['læmpʃeɪd] n abat-jour *m inv*.

land [lænd] ◆ n **1.** *(U)* terre *f* **2.** [nation] pays *m*. ◆ vi **1.** atterrir **2.** [passengers] débarquer.

landing ['lændɪŋ] n **1.** [of plane] atterrissage *m* **2.** [on stairs] palier *m*.

landing card n carte *f* de débarquement.

landlady ['lænd,leɪdɪ] n **1.** [of house] propriétaire *f* **2.** UK [of pub] patronne *f*.

land line n (téléphone *m*) fixe *m*.

landlord ['lændlɔːd] n **1.** [of house] propriétaire *m* **2.** UK [of pub] patron *m*.

landmark ['lændmɑːk] n point *m* de repère.

landscape ['lændskeɪp] n paysage *m*.

landslide ['lændslaɪd] n glissement *m* de terrain.

lane [leɪn] n **1.** [in town] ruelle *f* **2.** [in country] chemin *m* **3.** [on road, motorway] file *f*, voie *f* ▸ **'get in lane'** *panneau indiquant aux automobilistes de se placer dans la file appropriée.*

langoustine ['læŋgəstiːn] n langoustine *f*.

language ['læŋgwɪdʒ] n **1.** [of a people, country] langue *f* **2.** [system, words] langage *m* ▸ **bad language** gros mots.

lantern ['læntən] n lanterne *f*.

Lanzarote [,lænzə'rɒtɪ] n Lanzarote ▸ **in Lanzarote** à Lanzarote.

lap [læp] n **1.** [of person] genoux ***mpl*** **2.** [of race] tour *m* (de piste).

lap dancing n lap dance *f (danse érotique exécutée sur les genoux des clients).*

lapel [lə'pel] n revers *m*.

lapse [læps] vi **1.** [passport] être périmé(e) **2.** [membership] prendre fin.

laptop (computer) ['læptɒp-] n (ordinateur *m*) portable *m*.

lard [lɑːd] n *(U)* saindoux *m*.

larder ['lɑːdə^r] n UK garde-manger *m inv*.

large [lɑːdʒ] adj **1.** grand(e) **2.** [person, problem, sum] gros (grosse).

largely ['lɑːdʒlɪ] adv en grande partie.

large-scale adj à grande échelle.

lark [lɑːk] n alouette *f*.

laryngitis [,lærɪn'dʒaɪtɪs] n *(U)* laryngite *f*.

lasagna [lə'zænjə] n = **lasagne**.

lasagne [lə'zænjə] n *(U)* lasagne(s) ***fpl***.

laser ['leɪzə^r] n laser *m*.

lass [læs] n UK *inf* [girl] nana *f*.

last [lɑːst] ◆ adj dernier(ière). ◆ adv **1.** [most recently] pour la dernière fois **2.** [at the end] en dernier. ◆ pron : **the last to come** le dernier arrivé ▸ **the last but one** l'avant-dernier ▸ **the day before last** avant-hier ▸ **last year** l'année dernière ▸ **the last year** la dernière année ▸ **at last** enfin.

lastly ['lɑːstlɪ] **adv** enfin.

last-minute **adj** de dernière minute.

last name **n** nom *m* de famille.

latch [lætʃ] **n** loquet *m* ▸ **the door is on the latch** la porte n'est pas fermée à clef.

late [leɪt] ◆ **adj** 1. [not on time] en retard 2. [after usual time] tardif(ive). ◆ **adv** 1. [not on time] en retard 2. [after usual time] tard ▸ **in the late afternoon** en fin d'après-midi ▸ **in late June** fin juin ▸ **my late wife** feue ma femme.

lately ['leɪtlɪ] **adv** dernièrement.

late-night **adj** [chemist, supermarket] ouvert(e) tard.

late payment **n** retard *m* de paiement.

later ['leɪtəʳ] ◆ **adj** [train] qui part plus tard. ◆ **adv** : **later (on)** plus tard, ensuite ▸ **at a later date** plus tard.

latest ['leɪtɪst] **adj** : **the latest** [in series] le plus récent (la plus récente) ▸ **the latest fashion** la dernière mode ▸ **at the latest** au plus tard.

lather ['lɑːðəʳ] **n** mousse *f*.

Latin ['lætɪn] **n** *(U)* [language] latin *m*.

Latin America **n** l'Amérique *f* latine.

Latin American ◆ **adj** latino-américain(e). ◆ **n** Latino-Américain *m*, -e *f*.

latitude ['lætɪtjuːd] **n** latitude *f*.

latte ['læteɪ] **n** café *m* au lait.

latter ['lætəʳ] **n** : **the latter** ce dernier (cette dernière), celui-ci (celle-ci).

laugh [lɑːf] ◆ **n** rire *m*. ◆ **vi** rire ▸ **to have a laugh** UK *inf* [have fun] s'éclater, rigoler. ◆ **laugh at** **vt insep** se moquer de.

laughter ['lɑːftəʳ] **n** *(U)* rires *mpl*.

launch [lɔːntʃ] **vt** 1. [boat] mettre à la mer 2. [new product] lancer.

laund(e)rette, Launderette® [lɔːn'dret] **n** laverie *f* automatique.

Laundromat® ['lɔːndrəmæt] US **n** = **launderette**.

laundry ['lɔːndrɪ] **n** 1. *(U)* [washing] lessive *f* 2. [shop] blanchisserie *f*.

lavatory ['lævətrɪ] **n** toilettes *fpl*.

lavender ['lævəndəʳ] **n** *(U)* lavande *f*.

lavish ['lævɪʃ] **adj** 1. [meal] abondant(e) 2. [decoration] somptueux(euse).

law [lɔː] **n** 1. loi *f* 2. *(U)* [study] droit *m* ▸ **to be against the law** être illégal.

lawn [lɔːn] **n** pelouse *f*, gazon *m*.

lawnmower ['lɔːn,məʊəʳ] **n** tondeuse *f* (à gazon).

lawyer ['lɔːjəʳ] **n** 1. [in court] avocat *m*, -e *f* 2. [solicitor] notaire *m*.

laxative ['læksətɪv] **n** laxatif *m*.

lay [leɪ] (*pt & pp* **laid**) ◆ **pt** → **lie**. ◆ **vt** 1. [place] mettre, poser 2. [egg] pondre ▸ **to lay the table** UK mettre la table. ◆ **lay off** **vt sep** [worker] licencier. ◆ **lay on** **vt sep** UK 1. [transport, entertainment] organiser 2. [food] fournir. ◆ **lay out** **vt sep** [display] disposer.

lay-by (*pl* **lay-bys**) **n** UK aire *f* de stationnement.

layer ['leɪəʳ] **n** couche *f*.

layman ['leɪmən] (*pl* **-men**) **n** profane *m*.

layout ['leɪaʊt] **n** [of building, streets] disposition *f*.

lazy ['leɪzɪ] **adj** paresseux(euse).

lb *abbr of* **pound**.

L-driver UK **n** *abbr of* **learner driver**.

lead[1] [li:d] (*pt & pp* **led**) ◆ **vt 1.** [take] conduire **2.** [team, company] diriger **3.** [race, demonstration] être en tête de. ◆ **vi** [be winning] mener. ◆ **n 1.** UK [for dog] laisse *f* **2.** UK [cable] cordon *m* ▸ **to lead sb to do sthg** amener qqn à faire qqch ▸ **to lead to** mener à ▸ **to lead the way** montrer le chemin ▸ **to be in the lead** [in race, match] être en tête.

lead[2] [led] ◆ **n 1.** *(U)* [metal] plomb *m* **2.** [for pencil] mine *f*. ◆ **adj** en plomb.

leaded gas US = **leaded petrol**.

leaded petrol ['ledɪd-] **n** *(U)* UK essence *f* au plomb.

leader ['li:dəʳ] **n 1.** [person in charge] chef *m* **2.** [in race] premier *m*, -ière *f*.

leadership ['li:dəʃɪp] **n** *(U)* [position] direction *f*.

lead-free [led-] **adj** sans plomb.

leading ['li:dɪŋ] **adj** [most important] principal(e).

lead singer [li:d-] **n** chanteur *m*, -euse *f*.

leaf [li:f] (*pl* **leaves**) **n** feuille *f*.

leaflet ['li:flɪt] **n** dépliant *m*.

leafy ['li:fɪ] (*compar* **-ier**, *superl* **-iest**) **adj** [suburb] verdoyant(e).

league [li:g] **n** ligue *f*.

leak [li:k] ◆ **n** fuite *f*. ◆ **vi** fuir.

lean [li:n] (*pt & pp* **leant** [lent] OR **-ed**) ◆ **adj 1.** [meat] maigre **2.** [person, animal] mince. ◆ **vi 1.** [person] se pencher **2.** [object] être penché. ◆ **vt** : **to lean a ladder against a wall** appuyer une échelle contre un mur ▸ **to lean on** s'appuyer sur ▸ **to lean forward** se pencher en avant ▸ **to lean over** se pencher.

leap [li:p] (*pt & pp* **leapt** [lept] OR **-ed**) **vi** [jump] sauter, bondir.

leap year **n** année *f* bissextile.

learn [lɜ:n] (*pt & pp* **learnt** OR **-ed**) **vt** apprendre ▸ **to learn (how) to do sthg** apprendre à faire qqch ▸ **to learn about sthg** apprendre qqch.

learner ['lɜ:nəʳ] **n** débutant *m*, -e *f*.

learner (driver) ['lɜ:nəʳ-] **n** conducteur *m* débutant, conductrice débutante *f (qui n'a pas encore son permis)*.

learnt [lɜ:nt] **pt & pp** → **learn**.

lease [li:s] ◆ **n** bail *m*. ◆ **vt** louer ▸ **to lease a house from sb** louer une maison à qqn *(à un propriétaire)* ▸ **to lease a house to sb** louer une maison à qqn *(à un locataire)*.

leash [li:ʃ] **n** US laisse *f*.

least [li:st] ◆ **adv** [with verb] le moins. ◆ **adj** le moins de. ◆ **pron** : **(the) least** le moins ▸ **at least** au moins ▸ **the least expensive** le moins cher (la moins chère).

leather ['leðəʳ] **n** *(U)* cuir *m*. ◆ **leathers** **npl** [of motorcyclist] tenue *f* de motard.

leave [li:v] (*pt & pp* **left**) ◆ **vt 1.** laisser **2.** [place, person, job] quitter. ◆ **vi** partir. ◆ **n** *(U)* [time off work] congé *m* ▸ **to leave a message** laisser un message. → **left** ◆ **leave behind** **vt sep** laisser. ◆ **leave out** **vt sep** omettre.

leaves [li:vz] **pl** → **leaf**.

Lebanon ['lebənən] **n** le Liban.

lecture ['lektʃəʳ] **n 1.** [at university] cours *m* (magistral) **2.** [at conference] exposé *m*.

lecture hall = **lecture theatre**.

lecturer ['lektʃərəʳ] **n** conférencier *m*, -ière *f*.

lecture theatre **n** UK amphithéâtre *m*.

led [led] **pt & pp** → **lead**.

ledge [ledʒ] n rebord *m*.

leek [li:k] n poireau *m*.

left [left] ◆ pt & pp → **leave.** ◆ adj [not right] gauche. ◆ adv à gauche. ◆ n gauche *f* ▸ **on the left** [direction] à gauche ▸ **there are none left** il n'en reste plus.

left click n clic *m* gauche.

left-hand adj **1.** [lane] de gauche **2.** [side] gauche.

left-hand drive n conduite *f* à gauche.

left-handed [-'hændɪd] adj [person] gaucher(ère).

left luggage n **1.** *(U)* UK [cases] bagages *mpl* en consigne **2.** [office] consigne *f* ▸ **the left luggage lockers** la consigne automatique.

left-luggage locker n UK consigne *f* automatique.

left-luggage office n UK consigne *f*.

leftovers npl restes *mpl*.

left-wing adj de gauche.

leg [leg] n **1.** [of person, trousers] jambe *f* **2.** [of animal] patte *f* **3.** [of table, chair] pied *m* ▸ **leg of lamb** gigot *m* d'agneau.

legal ['li:gl] adj **1.** [procedure, language] juridique **2.** [lawful] légal(e).

legal aid n *(U)* assistance *f* judiciaire.

legal costs npl frais *mpl* de procédure.

legal fees npl frais *mpl* de procédure.

legal holiday n US jour *m* férié, fête *f* légale.

legalize ['li:gəlaɪz] vt légaliser.

legal system n système *m* judiciaire.

legend ['ledʒənd] n légende *f*.

leggings ['legɪŋz] npl caleçon *m*.

legible ['ledʒɪbl] adj lisible.

legislation [,ledʒɪs'leɪʃn] n *(U)* législation *f*.

legitimate [lɪ'dʒɪtɪmət] adj légitime.

leisure [UK 'leʒə^r, US 'li:ʒər] n *(U)* loisir *m*.

leisure centre n UK centre *m* de loisirs.

leisure pool n *piscine avec toboggans, vagues, etc.*

lemon ['lemən] n citron *m*.

lemonade [,lemə'neɪd] n limonade *f*.

lemon curd [-kɜ:d] n *(U)* UK crème *f* au citron.

lemon juice n *(U)* jus *m* de citron.

lemon meringue pie n tarte *f* au citron meringuée.

lemon sole n limande-sole *f*.

lemon tea n thé *m* au citron.

lend [lend] (*pt & pp* **lent**) vt prêter ▸ **can you lend me some money?** peux-tu me prêter de l'argent ?

length [leŋθ] n **1.** longueur *f* **2.** [in time] durée *f*.

lengthen ['leŋθən] vt allonger.

lengthy ['leŋθɪ] adj très long (longue).

lens [lenz] n **1.** [of camera] objectif *m* **2.** [of glasses] verre *m* **3.** [contact lens] lentille *f*.

lent [lent] pt & pp → **lend**.

Lent [lent] n *(U)* le carême.

lentils ['lentlz] npl lentilles *fpl*.

Leo ['li:əʊ] n Lion.

leopard ['lepəd] n léopard *m*.

leopard-skin adj léopard *inv*.

leotard ['li:ətɑ:d] n justaucorps *m*.

leper ['lepə^r] n lépreux *m*, -euse *f*.

leprosy ['leprəsɪ] n lèpre *f.*

lesbian ['lezbɪən] ◆ adj lesbien(ienne). ◆ n lesbienne *f.*

less [les] ◆ adj moins de. ◆ adv & prep moins ▸ **less than 20** moins de 20.

less-developed country n pays *m* moins développé.

lessen ['lesn] vi [gen] diminuer ; [pain] s'atténuer.

lesson ['lesn] n [class] leçon *f.*

less-than sign n signe *m* inférieur à.

let [let] (*pt & pp* **let**) vt **1.** [allow] laisser **2.** UK [rent out] louer ▸ **to let sb do sthg** laisser qqn faire qqch ▸ **to let go of sthg** lâcher qqch ▸ **let me have the newspaper** donne-moi le journal ▸ **I'll let you know my decision** je vous ferai connaître ma décision ▸ **let's go!** allons-y ! ▸ **'to let'** UK [for rent] 'à louer'. ◆ **let in** vt sep [allow to enter] faire entrer. ◆ **let off** vt sep UK [excuse] **: will you let me off the washing up?** tu veux bien me dispenser de faire la vaisselle ? ▸ **can you let me off at the station?** pouvez-vous me déposer à la gare ? ◆ **let out** vt sep [allow to go out] laisser sortir.

letdown ['letdaʊn] n *inf* déception *f.*

lethargic [ləˈθɑːdʒɪk] adj léthargique.

letter ['letəʳ] n lettre *f.*

letterbox ['letəbɒks] n UK boîte *f* à OR aux lettres.

letter carrier n US facteur *m*, -trice *f.*

lettuce ['letɪs] n laitue *f.*

leukaemia [luːˈkiːmɪə] n leucémie *f.*

leukemia [luːˈkiːmɪə] US = **leukaemia**.

level ['levl] ◆ adj **1.** [horizontal] horizontal(e) **2.** [flat] plat(e). ◆ n niveau *m* ▸ **to be level with** être au même niveau que.

level crossing n UK passage *m* à niveau.

lever [UK 'liːvəʳ, US 'levər] n levier *m.*

leverage [UK 'liːvərɪdʒ, US 'levərɪdʒ] n *(U)* **1.** [force] prise sur **2.** *fig* [influence] influence *f.*

lever arch file n classeur *m* à levier.

LFD antigen test n test *m* antigénique.

LGBT [ˌeldʒiːbiːˈtiː] (*abbr of* **lesbian, gay, bisexual, transgender**) adj LGBT.

liability [ˌlaɪəˈbɪlətɪ] n responsabilité *f.*

liable ['laɪəbl] adj **: to be liable to do sthg** [likely] risquer de faire qqch ▸ **to be liable for sthg** [responsible] être responsable de qqch.

liaise [lɪˈeɪz] vi **: to liaise with** assurer la liaison avec.

liar ['laɪəʳ] n menteur *m*, -euse *f.*

Lib Dem [-dem] n *abbr of* **Liberal Democrat**.

liberal ['lɪbərəl] adj libéral(e).

Liberal Democrat n *adhérent du principal parti centriste britannique.*

Liberal Democrat Party n *parti centriste britannique.*

liberate ['lɪbəreɪt] vt libérer.

liberty ['lɪbətɪ] n *(U)* liberté *f.*

Libra ['liːbrə] n Balance *f.*

librarian [laɪˈbreərɪən] n bibliothécaire *m ou f.*

library ['laɪbrərɪ] n bibliothèque *f.*

Libya ['lɪbɪə] n la Libye.

lice [laɪs] npl poux *mpl.*

licence ['laɪsəns] ◆ n UK **1.** [official document] permis *m*, autorisation *f* **2.** [for television] redevance *f.* ◆ vt US = **license**.

license ['laɪsəns] ◆ vt autoriser. ◆ n US = **licence**.

licensed ['laɪsənst] **adj** UK [restaurant, bar] autorisé(e) à vendre des boissons alcoolisées.

license plate **n** US plaque *f* d'immatriculation.

licensing hours ['laɪsənsɪŋ-] **npl** UK *heures d'ouverture des pubs.*

lick [lɪk] **vt** lécher.

licorice ['lɪkərɪs] US = **liquorice.**

lid [lɪd] **n** couvercle *m.*

lie [laɪ] ◆ **n** mensonge *m.* ◆ **vi** **1.** *(pt & pp* **lied***, cont* **lying***)* [tell lie] mentir **2.** *(pt* **lay***, pp* **lain***, cont* **lying***)* [be horizontal] être allongé **3.** [lie down] s'allonger **4.** *(pt* **lay***, pp* **lain***, cont* **lying***)* [be situated] se trouver ▸ **to tell lies** mentir, dire des mensonges ▸ **to lie about sthg** mentir sur qqch. ◆ **lie down** **vi** [on bed, floor] s'allonger.

lie-in **n** UK **: to have a lie-in** faire la grasse matinée.

lieutenant [UK lef'tenənt, US luː'tenənt] **n** lieutenant *m.*

life [laɪf] *(pl* **lives***)* **n** vie *f.*

life assurance **n** *(U)* UK assurance-vie *f.*

life belt **n** bouée *f* de sauvetage.

lifeboat ['laɪfbəʊt] **n** canot *m* de sauvetage.

lifeguard ['laɪfgɑːd] **n** maître *m* nageur.

life insurance **n** assurance-vie *f.*

life jacket **n** gilet *m* de sauvetage.

lifelike ['laɪflaɪk] **adj** ressemblant(e).

life preserver [-prɪ'zɜːvər] **n** US **1.** [life belt] bouée *f* de sauvetage **2.** [life jacket] gilet *m* de sauvetage.

life raft **n** canot *m* (pneumatique) de sauvetage.

life-saving **adj : life-saving apparatus** appareils *mpl* de sauvetage ▸ **life-saving vaccine** vaccin *m* qui sauve la vie.

life-size **adj** grandeur nature *inv.*

lifespan ['laɪfspæn] **n** espérance *f* de vie.

lifestyle ['laɪfstaɪl] **n** mode *m* de vie.

lifetime ['laɪftaɪm] **n** vie *f* ▸ **in my lifetime** de mon vivant.

lift [lɪft] ◆ **n** UK [elevator] ascenseur *m.* ◆ **vt** [raise] soulever. ◆ **vi** se lever ▸ **to give sb a lift** emmener qqn (en voiture) ▸ **to lift one's head** lever la tête. ◆ **lift up** **vt sep** soulever.

lifting ['lɪftɪŋ] **n** **1.** [of weight] levage *m* **2.** [of blockade, embargo, etc.] levée *f* ▸ **I can't do any heavy lifting** je ne peux pas porter de charges lourdes.

light [laɪt] *(pt & pp* **lit** OR **-ed***)* ◆ **adj** **1.** léger(ère) **2.** [not dark] clair(e) **3.** [traffic] fluide. ◆ **n** **1.** *(U)* lumière *f* **2.** [of car, bike] feu *m* **3.** [headlight] phare *m* **4.** [cigarette] (cigarette) légère *f.* ◆ **vt** **1.** [fire, cigarette] allumer **2.** [room, stage] éclairer ▸ **have you got a light?** [for cigarette] avez-vous du feu ? ▸ **to set light to sthg** mettre le feu à qqch. ◆ **lights** **npl** [traffic lights] feu *m* (de signalisation). ◆ **light up** ◆ **vt sep** [house, road] éclairer. ◆ **vi** *inf* [light a cigarette] allumer une cigarette.

light bulb **n** ampoule *f.*

lighter ['laɪtər] **n** [for cigarettes] briquet *m.*

light-hearted [-'hɑːtɪd] **adj** gai(e).

lighthouse ['laɪthaʊs] *(pl* [-haʊzɪz]*)* **n** phare *m.*

lighting ['laɪtɪŋ] **n** *(U)* éclairage *m.*

light meter **n** posemètre *m.*

lightning ['laɪtnɪŋ] **n** *(U)* foudre *f* ▸ **flash of lightning** éclair *m*.

lightweight ['laɪtweɪt] **adj** [clothes, object] léger(ère).

like [laɪk] ◆ **vt** aimer. ◆ **prep** comme ▸ **it's not like him** ça ne lui ressemble pas ▸ **to like doing sthg** aimer faire qqch ▸ **what's it like?** c'est comment ? ▸ **he looks like his father** il ressemble à son père ▸ **I'd like to sit down** j'aimerais m'asseoir ▸ **I'd like a double room** je voudrais une chambre double.

likelihood ['laɪklɪhʊd] **n** *(U)* probabilité *f*.

likely ['laɪklɪ] **adj** probable.

likeness ['laɪknɪs] **n** ressemblance *f*.

likewise ['laɪkwaɪz] **adv** de même.

lilac ['laɪlək] **adj** lilas.

Lilo® ['laɪləʊ] (*pl* **-s**) **n** UK matelas *m* pneumatique.

lily ['lɪlɪ] **n** lis *m*.

lily of the valley **n** muguet *m*.

limb [lɪm] **n** membre *m*.

lime [laɪm] **n** [fruit] citron *m* vert ▸ **lime (juice)** jus *m* de citron vert.

limestone ['laɪmstəʊn] **n** *(U)* calcaire *m*.

limit ['lɪmɪt] ◆ **n** limite *f*. ◆ **vt** limiter ▸ **the city limits** le périmètre urbain.

limited ['lɪmɪtɪd] **adj** **1.** [restricted] limité(e) **2.** UK [in company name] ≃ SARL.

limp [lɪmp] ◆ **adj** mou (molle). ◆ **vi** boiter.

line [laɪn] ◆ **n** **1.** ligne *f* **2.** [row] rangée *f* **3.** [of vehicles, people] file *f* **4.** US [queue] queue *f* **5.** [of poem, song] vers *m* **6.** [rope, string] corde *f* **7.** [railway track] voie *f* **8.** [of business, work] domaine *m* **9.** [type of product] gamme *f*. ◆ **vt** [coat, drawers] doubler ▸ **in line** [aligned] aligné ▸ **it's a bad line** [on phone] la communication est mauvaise ▸ **the line is engaged** la ligne est occupée ▸ **to drop sb a line** *inf* écrire un mot à qqn ▸ **to stand in line** US faire la queue. ◆ **line up** ◆ **vt sep** [arrange] aligner. ◆ **vi** s'aligner.

lined [laɪnd] **adj** [paper] réglé(e).

linen ['lɪnɪn] **n** *(U)* **1.** [cloth] lin *m* **2.** [tablecloths, sheets] linge *m* (de maison).

liner ['laɪnə^{r}] **n** [ship] paquebot *m*.

linesman ['laɪnzmən] (*pl* **-men**) **n** juge *m* de touche.

linger ['lɪŋgə^{r}] **vi** s'attarder.

lingerie ['lænʒərɪ] **n** *(U)* lingerie *f*.

lining ['laɪnɪŋ] **n** **1.** [of coat, jacket] doublure *f* **2.** [of brake] garniture *f*.

link [lɪŋk] ◆ **n** [connection] lien *m*. ◆ **vt** relier ▸ **rail link** liaison *f* ferroviaire ▸ **road link** liaison routière.

lino ['laɪnəʊ] **n** *(U)* UK lino *m*.

linseed ['lɪnsiːd] **n** graine *f* de lin.

lint [lɪnt] **n** *(U)* US [fluff] peluches *fpl*.

lion ['laɪən] **n** lion *m*.

lioness ['laɪənes] **n** lionne *f*.

lip [lɪp] **n** lèvre *f*.

lip salve [-sælv] **n** *(U)* pommade *f* pour les lèvres.

lipstick ['lɪpstɪk] **n** *(U)* rouge *m* à lèvres.

liqueur [lɪ'kjʊə^{r}] **n** liqueur *f*.

liquid ['lɪkwɪd] **n** liquide *m*.

liquidizer, liquidiser ['lɪkwɪdaɪzə^{r}] **n** UK mixer *m*.

liquor ['lɪkər] **n** *(U)* US alcool *m*.

liquorice ['lɪkərɪs] **n** *(U)* réglisse *f*.

liquor store n US magasin *m* de vins et d'alcools.

lisp [lɪsp] **n : to have a lisp** zézayer.

list [lɪst] ◆ **n** liste *f.* ◆ **vt** faire la liste de.

listen ['lɪsn] **vi : to listen (to)** écouter.

listener ['lɪsnəʳ] **n** [to radio] auditeur *m*, -trice *f.*

lit [lɪt] **pt & pp** → **light**.

liter ['li:tər] US = **litre**.

literally ['lɪtərəlɪ] **adv** littéralement.

literary ['lɪtərərɪ] **adj** littéraire.

literature ['lɪtrətʃəʳ] **n** *(U)* **1.** littérature *f* **2.** [printed information] documentation *f.*

litmus ['lɪtməs] **n** tournesol *m.*

litre ['li:təʳ] **n** UK litre *m.*

litter ['lɪtəʳ] **n** *(U)* [rubbish] détritus *mpl.*

litterbin, litter bin ['lɪtəbɪn] **n** UK poubelle *f.*

little ['lɪtl] ◆ **adj 1.** petit(e) **2.** [not much] peu de. ◆ **pron & adv** peu ▸ **as little as possible** aussi peu que possible ▸ **little by little** petit à petit, peu à peu ▸ **a little** un peu.

little finger n petit doigt *m.*

live[1] [lɪv] **vi 1.** [have home] habiter **2.** [be alive, survive] vivre ▸ **I live in Luton** j'habite (à) Luton ▸ **to live with sb** vivre avec qqn. ◆ **live together vi** vivre ensemble.

live[2] [laɪv] ◆ **adj 1.** [alive] vivant(e) **2.** [performance] live *inv* **3.** [programme] en direct **4.** [wire] sous tension. ◆ **adv** en direct.

lively ['laɪvlɪ] **adj 1.** [person] vif (vive) **2.** [place, atmosphere] animé(e).

liver ['lɪvəʳ] **n** foie *m.*

lives [laɪvz] **pl** → **life**.

living ['lɪvɪŋ] ◆ **adj** vivant(e). ◆ **n : to earn a living** gagner sa vie ▸ **what do you do for a living?** que faites-vous dans la vie ?

living room n salle *f* de séjour.

lizard ['lɪzəd] **n** lézard *m.*

load [ləʊd] ◆ **n** chargement *m.* ◆ **vt** charger ▸ **loads of** *inf* des tonnes de.

loading bay ['ləʊdɪŋ-] **n** aire *f* de chargement.

loaf [ləʊf] (*pl* **loaves**) **n : a loaf (of bread)** un pain.

loan [ləʊn] ◆ **n 1.** [money given] prêt *m* **2.** [money borrowed] emprunt *m.* ◆ **vt** prêter.

loathe [ləʊð] **vt** détester.

loaves [ləʊvz] **pl** → **loaf**.

lobby ['lɒbɪ] **n** [hall] hall *m.*

lobster ['lɒbstəʳ] **n** *(U)* homard *m.*

local ['ləʊkl] ◆ **adj** local(e). ◆ **n 1.** UK *inf* [pub] bistrot *m* du coin **2.** US *inf* [train] omnibus *m* **3.** US *inf* [bus] bus *m* local ▸ **the locals** les gens *mpl* du coin.

local anaesthetic n *(U)* UK anesthésie *f* locale.

local anesthetic US = **local anaesthetic**.

local authority n UK autorités *fpl* locales.

local call n communication *f* locale.

local government n *(U)* l'administration *f* locale.

local network n réseau *m* local.

locate [UK ləʊ'keɪt, US 'ləʊkeɪt] **vt** [find] localiser ▸ **to be located** se situer.

location [ləʊ'keɪʃn] n emplacement *m*.

loch [lɒk] n SCOT lac *m*.

lock [lɒk] ◆ n **1.** [on door, drawer] serrure *f* **2.** [for bike] antivol *m* **3.** [on canal] écluse *f*. ◆ vt **1.** [door, window, car] verrouiller, fermer à clef **2.** [keep safely] enfermer. ◆ vi [become stuck] se bloquer. ◆ **lock in** vt sep enfermer. ◆ **lock out** vt sep enfermer dehors. ◆ **lock up** ◆ vt sep [imprison] enfermer. ◆ vi fermer à clef.

lockdown ['lɒkdaʊn] n MÉD confinement *m* ▸ **end of lockdown** déconfinement.

locker ['lɒkəʳ] n casier *m*.

locker room n vestiaire *m*.

locket ['lɒkɪt] n médaillon *m*.

locksmith ['lɒksmɪθ] n serrurier *m*, -ière *f*.

locomotive [,ləʊkə'məʊtɪv] n locomotive *f*.

locum ['ləʊkəm] n [doctor] remplaçant *m*, -e *f*.

locust ['ləʊkəst] n criquet *m*.

lodge [lɒdʒ] ◆ n [in mountains] chalet *m*. ◆ vi **1.** [stay] loger **2.** [get stuck] se loger.

lodger ['lɒdʒəʳ] n UK locataire *m ou f*.

lodging ['lɒdʒɪŋ] n → **board.** ◆ **lodgings** npl chambre *f* meublée.

lodgings ['lɒdʒɪŋz] npl chambre *f* meublée.

loft [lɒft] n grenier *m*.

log [lɒg] n [piece of wood] bûche *f*. ◆ **log on** vi COMPUT ouvrir une session. ◆ **log off** vi COMPUT fermer une session, déconnecter.

logbook ['lɒgbʊk] n **1.** [of ship] journal *m* de bord ; [of plane] carnet *m* de vol **2.** UK [of car] ≃ carte *f* grise.

logic ['lɒdʒɪk] n *(U)* logique *f*.

logical ['lɒdʒɪkl] adj logique.

login [lɒgɪn] n login *m*.

log-in name n identifiant *m*.

logo ['ləʊgəʊ] (*pl* -s) n logo *m*.

loin [lɔɪn] n *(U)* filet *m*.

loiter ['lɔɪtəʳ] vi traîner.

LOL 1. TEXTING (*written abbr of* **laughing out loud**) LOL, MDR *(mort de rire)* **2.** TEXTING (*written abbr of* **lots of love**) grosses bises.

lollipop ['lɒlɪpɒp] n sucette *f*.

lollipop lady n UK *dame qui fait traverser la rue aux enfants à la sortie des écoles.*

lollipop man n UK *monsieur qui fait traverser la rue aux enfants à la sortie des écoles.*

lolly ['lɒlɪ] n UK **1.** *inf* [lollipop] sucette *f* **2.** [ice lolly] Esquimau® *m*.

London ['lʌndən] n Londres.

Londoner ['lʌndənəʳ] n Londonien *m*, -ienne *f*.

lonely ['ləʊnlɪ] adj **1.** [person] solitaire **2.** [place] isolé(e).

long [lɒŋ] ◆ adj long (longue). ◆ adv longtemps ▸ **will you be long?** en as-tu pour longtemps ? ▸ **it's 2 metres long** cela fait 2 mètres de long ▸ **it's two hours long** ça dure deux heures ▸ **how long is it?** a) [in length] ça fait combien de long ? b) [journey, film] ça dure combien ? ▸ **a long time** longtemps ▸ **all day long** toute la journée ▸ **as long as** du moment que, tant que ▸ **for long** longtemps ▸ **no longer** ne… plus ▸ **I can't wait any longer** je ne peux plus attendre ▸ **so long!** *inf* salut ! ◆ **long for** vt insep attendre avec impatience.

long-distance adj [phone call] interurbain(e).

long-distance call n communication *f* interurbaine.

long drink n long drink *m*.

long-grain rice n riz *m* long.

long-haul adj long-courrier.

longitude ['lɒndʒɪtjuːd] n longitude *f*.

long jump n saut *m* en longueur.

long-life adj UK **1.** [milk, fruit juice] longue conservation *inv* **2.** [battery] longue durée *inv*.

longsighted [ˌlɒŋ'saɪtɪd] adj UK hypermétrope.

long-term adj à long terme.

long view n prévisions *fpl* à long terme.

long wave n *(U)* grandes ondes *fpl*.

longwearing [ˌlɒŋ'weərɪŋ] adj US résistant(e).

loo [luː] (*pl* **-s**) n UK *inf* cabinets *mpl*.

look [lʊk] ◆ n **1.** [glance] regard *m* **2.** [appearance] apparence *f*, air *m*. ◆ vi **1.** regarder **2.** [seem] avoir l'air ▸ **to look onto** [building, room] donner sur ▸ **to have a look** regarder ▸ **(good) looks** beauté *f* ▸ **I'm just looking** [in shop] je regarde ▸ **look out!** attention ! ◆ **look after** vt insep s'occuper de. ◆ **look around** ◆ vt insep faire le tour de. ◆ vi regarder. ◆ **look at** vt insep regarder. ◆ **look for** vt insep chercher. ◆ **look forward to** vt insep attendre avec impatience. ◆ **look onto** vt insep [building, room] donner sur. ◆ **look out** vi prendre garde, faire attention ▸ **look out!** attention ! ◆ **look out for** vt insep essayer de repérer. ◆ **look round** vt insep & vi UK = **look around.** ◆ **look up** vt sep [in dictionary, phone book] chercher.

lookup ['lʊkʌp] n COMPUT recherche *f*.

loom [luːm] n métier *m* à tisser.

loony ['luːnɪ] n *inf* cinglé *m*, -e *f*.

loop [luːp] n boucle *f*.

loose [luːs] adj **1.** [joint, screw] lâche **2.** [tooth] qui bouge **3.** [sheets of paper] volant(e) **4.** [sweets] en vrac **5.** [clothes] ample ▸ **to let sb / sthg loose** lâcher qqn / qqch.

loosen ['luːsn] vt desserrer.

lop(-)sided [-'saɪdɪd] adj **1.** [gen] de travers **2.** [table] bancal(e).

lord [lɔːd] n lord *m*.

lorry ['lɒrɪ] n UK camion *m*.

lorry driver n UK camionneur *m*.

lose [luːz] (*pt & pp* **lost**) ◆ vt **1.** perdre **2.** [subj: watch, clock] retarder de. ◆ vi perdre ▸ **to lose weight** perdre du poids.

loser ['luːzə^r] n [in contest] perdant *m*, -e *f*.

loss [lɒs] n perte *f* ▸ **loss of smell** perte de l'odorat ▸ **loss of taste** perte du goût.

loss-making adj UK COMM qui tourne à perte.

lost [lɒst] ◆ pt & pp → **lose.** ◆ adj perdu(e) ▸ **to get lost** [lose way] se perdre.

lost-and-found n US (bureau *m* des) objets *mpl* trouvés.

lost-and-found office US = **lost property office.**

lost property n *(U)* UK objets *mpl* trouvés.

lost property office n UK bureau *m* des objets trouvés.

lot [lɒt] n **1.** [group] paquet *m* **2.** [at auction] lot *m* **3.** US [car park] parking *m* ▸ **the lot** [everything] tout ▸ **a lot (of)** beaucoup (de) ▸ **lots (of)** beaucoup (de).

lotion ['ləʊʃn] **n** lotion *f*.

lottery ['lɒtərɪ] **n** loterie *f*.

lottery ticket ['lɒtərɪtɪkɪt] **n** billet *m* de loterie.

loud [laʊd] **adj 1.** [voice, music, noise] fort(e) **2.** [colour, clothes] voyant(e).

loudspeaker [ˌlaʊd'spi:kər] **n** haut-parleur *m*.

lounge [laʊndʒ] **n 1.** [in house] salon *m* **2.** [at airport] salle *f* d'attente.

lounge bar **n** UK *salon dans un pub, plus confortable et plus cher que le « public bar ».*

lousy ['laʊzɪ] **adj** *inf* [poor-quality] minable.

lout [laʊt] **n** brute *f*.

love [lʌv] ◆ **n** *(U)* **1.** amour *m* **2.** [in tennis] zéro *m*. ◆ **vt 1.** aimer **2.** [sport, food, film, etc.] aimer beaucoup ▸ **love at first sight** coup de foudre ▸ **to be in love (with)** être amoureux (de) ▸ **to love doing sthg** adorer faire qqch ▸ **(with) love from** [in letter] affectueusement.

love affair **n** liaison *f*.

love handles **npl** *inf* poignées *fpl* d'amour.

lovely ['lʌvlɪ] **adj 1.** [very beautiful] adorable **2.** [very nice] très agréable.

lover ['lʌvər] **n 1.** [sexual partner] amant *m*, maîtresse *f* **2.** [enthusiast] amoureux *m*, -euse *f*.

loving ['lʌvɪŋ] **adj** aimant(e).

low [ləʊ] ◆ **adj 1.** bas (basse) **2.** [level, speed, income] faible **3.** [standard, quality, opinion] mauvais(e) **4.** [depressed] déprimé(e). ◆ **n** [area of low pressure] dépression *f* ▸ **we're low on petrol** nous sommes à court d'essence.

low-alcohol **adj** à faible teneur en alcool.

low-calorie **adj** basses calories.

low-cut **adj** décolleté(e).

low-density housing **n** zones *fpl* d'habitation peu peuplées.

low-energy **adj** à basse consommation ▸ **low-energy light bulb** ampoule basse consommation.

lower ['ləʊər] ◆ **adj** inférieur(e). ◆ **vt** abaisser, baisser.

lower sixth **n** UK ≃ première *f*.

low-fat **adj** [crisps, yoghurt] allégé(e).

low-income **adj** à faibles revenus.

low-interest **adj** FIN [credit, loan] à taux réduit.

low-maintenance **adj** qui ne demande pas beaucoup d'entretien.

low-octane fuel **n** carburant *m* à faible indice d'octane.

low-resolution **adj** à basse résolution.

low tide **n** marée *f* basse.

low-voltage **adj** à faible voltage.

loyal ['lɔɪəl] **adj** loyal(e).

loyalty ['lɔɪəltɪ] **n** *(U)* loyauté *f*.

loyalty card **n** carte *f* de fidélité.

lozenge ['lɒzɪndʒ] **n** [sweet] pastille *f*.

LP **n** 33 tours *m*.

L-plate **n** UK *plaque signalant que le conducteur du véhicule est en conduite accompagnée.*

Ltd *(abbr of* **limited***)* UK ≃ SARL *(société à responsabilité limitée).*

lubricate ['lu:brɪkeɪt] **vt** lubrifier.

luck [lʌk] **n** *(U)* chance *f* ▸ **bad luck** malchance *f* ▸ **good luck!** bonne chance ! ▸ **with luck** avec un peu de chance.

luckily ['lʌkɪlɪ] **adv** heureusement.

lucky ['lʌkɪ] **adj 1.** [person] chanceux(euse) **2.** [event, situation, escape] heureux(euse) **3.** [number, colour] porte-bonheur *inv* ▸ **to be lucky** avoir de la chance.

ludicrous ['lu:dɪkrəs] **adj** ridicule.

lug [lʌg] **vt** *inf* traîner.

luggage ['lʌgɪdʒ] **n** *(U)* bagages *mpl.*

luggage allowance **n** poids *m* maximal autorisé.

luggage compartment **n** compartiment *m* à bagages.

luggage locker **n** casier *m* de consigne automatique.

luggage rack **n** [on train] filet *m* à bagages.

lukewarm ['lu:kwɔ:m] **adj** tiède.

lull [lʌl] **n 1.** [in storm] accalmie *f* **2.** [in conversation] pause *f.*

lullaby ['lʌləbaɪ] **n** berceuse *f.*

lumbago [lʌm'beɪgəʊ] **n** *(U)* lumbago *m.*

lumber ['lʌmbər] **n** *(U)* US [timber] bois *m.*

luminescent [ˌlu:mɪ'nesənt] **adj** luminescent(e).

luminous ['lu:mɪnəs] **adj** lumineux(euse).

lump [lʌmp] **n 1.** [of mud, butter] motte *f* **2.** [of sugar, coal] morceau *m* **3.** [on body] bosse *f* **4.** MED grosseur *f.*

lump sum **n** somme *f* globale.

lumpy ['lʌmpɪ] **adj 1.** [sauce] grumeleux(euse) **2.** [mattress] défoncé(e).

lunatic ['lu:nətɪk] **n** fou *m*, folle *f.*

lunch [lʌntʃ] **n** déjeuner *m* ▸ **to have lunch** déjeuner.

luncheon ['lʌntʃən] **n** *fml* déjeuner *m.*

luncheon meat **n** *(U) sorte de mortadelle.*

lunch hour **n** heure *f* du déjeuner.

lunchtime ['lʌntʃtaɪm] **n** *(U)* heure *f* du déjeuner.

lung [lʌŋ] **n** poumon *m.*

lunge [lʌndʒ] **vi : to lunge at** se précipiter sur.

lurch [lɜ:tʃ] **vi 1.** [person] tituber **2.** [car] faire une embardée.

lure [ljʊər] **vt** attirer.

lurk [lɜ:k] **vi** [person] se cacher.

lurker [lɜ:kər] **n** [on Internet] *personne qui suit les chats dans un forum sans y participer.*

lush [lʌʃ] **adj** luxuriant(e).

lust [lʌst] **n** *(U)* désir *m.*

Luxembourg ['lʌksəmbɜ:g] **n** le Luxembourg.

luxurious [lʌg'ʒʊərɪəs] **adj** luxueux(euse).

luxury ['lʌkʃərɪ] ◆ **adj** de luxe. ◆ **n** luxe *m.*

luxury hotel **n** palace *m.*

lying ['laɪɪŋ] **cont** → **lie**.

lying-in **n** MED couches *fpl.*

lyrics ['lɪrɪks] **npl** paroles *fpl.*

Mm

m 1. (*abbr of* **metre**) m (*mètre*) **2.** *abbr of* **mile**.

M 1. UK (*abbr of* **motorway**) ≃ A (*autoroute*) **2.** (*abbr of* **medium**) M (*medium*).

MA (*abbr of* **Master of Arts**) **n** (*titulaire d'une*) *maîtrise de lettres*.

mac [mæk] **n** UK *inf* [coat] imper *m*.

macaque [mə'kɑːk] **n** macaque *m*.

macaroni [ˌmækə'rəʊnɪ] **n** *(U)* macaronis *mpl*.

macaroni and cheese US = **macaroni cheese**.

macaroni cheese **n** *(U)* UK macaronis *mpl* au gratin.

Macedonia [ˌmæsɪ'dəʊnjə] **n** Macédoine *f* ▸ **in Macedonia** en Macédoine.

machine [mə'ʃiːn] **n** machine *f*.

machinegun [mə'ʃiːngʌn] **n** mitrailleuse *f*.

machinery [mə'ʃiːnərɪ] **n** *(U)* machinerie *f*.

machine-washable **adj** lavable en machine.

mackerel ['mækrəl] (*pl inv*) **n** maquereau *m*.

mackintosh ['mækɪntɒʃ] **n** UK imperméable *m*.

macro ['mækrəʊ] **n** macro *f*.

mad [mæd] **adj 1.** fou (folle) **2.** [angry] furieux(ieuse) ▸ **to be mad about** *inf* être fou de ▸ **like mad** comme un fou.

Madam ['mædəm] **n** [form of address] Madame.

mad cow disease **n** *inf* maladie *f* de la vache folle.

made [meɪd] **pt & pp** → **make**.

madeira [mə'dɪərə] **n** *(U)* madère *m*.

made-to-measure **adj** sur mesure *inv*.

madness ['mædnɪs] **n** *(U)* folie *f*.

Madrid [mə'drɪd] **n** Madrid.

magazine [ˌmægə'ziːn] **n** magazine *m*, revue *f*.

maggot ['mægət] **n** asticot *m*.

magic ['mædʒɪk] **n** *(U)* magie *f*.

magician [mə'dʒɪʃn] **n** [conjurer] magicien *m*, -ienne *f*.

magistrate ['mædʒɪstreɪt] **n** magistrat *m*.

magnet ['mægnɪt] **n** aimant *m*.

magnetic [mæg'netɪk] **adj** magnétique.

magnificent [mæg'nɪfɪsənt] **adj 1.** [very good] excellent(e) **2.** [very beautiful] magnifique.

magnifying glass ['mægnɪfaɪɪŋ-] **n** loupe *f*.

mahogany [mə'hɒgənɪ] **n** *(U)* acajou *m*.

maid [meɪd] **n** domestique *f*.

maiden name ['meɪdn-] **n** nom *m* de jeune fille.

mail [meɪl] ◆ **n** *(U)* **1.** [letters] courrier *m* **2.** [system] poste *f*. ◆ **vt** US **1.** [parcel, goods] envoyer par la poste **2.** [letter] poster.

mailbox ['meɪlbɒks] **n** US boîte *f* aux OR à lettres.

mailing list **n** liste *f* d'adresses.

mailman ['meɪlmən] (*pl* **-men**) **n** US facteur *m*.

mail order **n** *(U)* vente *f* par correspondance.

mail server **n** serveur *m* mail.

main [meɪn] **adj** principal(e).

main course **n** plat *m* principal.

main deck **n** [on ship] pont *m* principal.

mainland ['meɪnlənd] **n : the mainland** le continent.

main line **n** [of railway] grande ligne *f*.

mainly ['meɪnlɪ] **adv** principalement.

main road **n** grande route *f*.

mains [meɪnz] **npl : the mains** UK le secteur.

mains power cable **n** (cable *m* d') alimentation *f*.

main street **n** US rue *f* principale.

maintain [meɪn'teɪn] **vt 1.** [keep] maintenir **2.** [car, house] entretenir.

maintenance ['meɪntənəns] **n** *(U)* **1.** [of car, machine] entretien *m* **2.** [money] pension *f* alimentaire.

maisonette [,meɪzə'net] **n** UK duplex *m*.

maize [meɪz] **n** *(U)* UK maïs *m*.

major ['meɪdʒəʳ] ◆ **adj 1.** [important] majeur(e) **2.** [most important] principal(e). ◆ **n** MIL commandant *m*. ◆ **vi** US **: to major in** se spécialiser en.

majority [mə'dʒɒrətɪ] **n** majorité *f*.

major road **n** route *f* principale.

make [meɪk] (*pt & pp* **made**) ◆ **vt 1.** [produce] faire ; [manufacture] fabriquer ▸ **to be made of** être en ▸ **to make lunch / supper** préparer le déjeuner / le dîner ▸ **made in Japan** fabriqué en Japon **2.** [perform, do] faire ; [decision] prendre ▸ **to make a mistake** faire une erreur, se tromper ▸ **to make a phone call** passer un coup de fil **3.** [cause to be] rendre ▸ **to make sthg better** améliorer qqch ▸ **to make sb happy** rendre qqn heureux **4.** [cause to do, force] faire ▸ **to make sb do sthg** faire faire qqch à qqn ▸ **it made her laugh** ça l'a fait rire **5.** [amount to, total] faire ▸ **that makes £5** ça fait 5 livres **6.** [calculate] **: I make it £4** d'après mes calculs, ça fait 4 livres ▸ **I make it seven o'clock** il est sept heures (à ma montre) **7.** [money] gagner ; [profit] faire **8.** *inf* [arrive in time for] **: we didn't make the 10 o'clock train** nous n'avons pas réussi à avoir le train de 10 heures **9.** [friend, enemy] se faire **10.** [have qualities for] faire ▸ **this would make a lovely bedroom** ça ferait une très jolie chambre **11.** [bed] faire **12.** [in phrases] **: to make do** se débrouiller ▸ **to make good** [damage] compenser ▸ **to make it a)** [arrive in time] arriver à temps **b)** [be able to go] se libérer
◆ **n** [of product] marque *f*
◆ **make out vt sep** [cheque, receipt] établir ; [see, hear] distinguer.
◆ **make up vt sep** [invent] inventer ; [comprise] composer, constituer ; [difference] apporter.
◆ **make up for vt insep** compenser.

makeover ['meɪkəʊvəʳ] **n** transformation *f*.

makeshift ['meɪkʃɪft] **adj** de fortune.

make-up **n** *(U)* [cosmetics] maquillage *m*.

malaria [mə'leərɪə] **n** *(U)* malaria *f*.

Malaysia [məˈleɪzɪə] n la Malaysia.

male [meɪl] ◆ adj mâle. ◆ n mâle *m*.

malfunction [mælˈfʌŋkʃn] vi *fml* mal fonctionner.

malignant [məˈlɪgnənt] adj [disease, tumour] malin(igne).

malingering [məˈlɪŋgərɪŋ] n simulation *f* (de maladie).

mall [mɔːl] n [shopping centre] centre *m* commercial.

mallet [ˈmælɪt] n maillet *m*.

malnutrition [ˌmælnjuːˈtrɪʃn] n malnutrition *f*.

malt [mɔːlt] n *(U)* malt *m*.

Malta [ˈmɔːltə] n Malte *f*.

Maltese [ˌmɔːlˈtiːz] ◆ adj maltais(e). ◆ n (*pl inv*) 1. [person] Maltais *m*, -e *f* 2. [language] maltais *m*.

maltreat [ˌmælˈtriːt] vt maltraiter.

malt whiskey US = **malt whisky**.

malt whisky n UK whisky *m* au malt.

malware [ˈmælweəʳ] n logiciels *mpl* malveillants.

mammal [ˈmæml] n mammifère *m*.

mammy [ˈmæmɪ] (*pl* -ies) n *inf* [mother] maman *f*.

man [mæn] (*pl* men) ◆ n homme *m*. ◆ vt [phones, office] assurer la permanence de.

manage [ˈmænɪdʒ] ◆ vt 1. [company, business] diriger 2. [task] arriver à faire. ◆ vi [cope] y arriver, se débrouiller ▸ **can you manage Friday?** est-ce que vendredi vous irait ? ▸ **to manage to do sthg** réussir à faire qqch.

management [ˈmænɪdʒmənt] n *(U)* direction *f*.

manager [ˈmænɪdʒəʳ] n 1. [of business, bank, shop] directeur *m*, -trice *f* 2. [of sports team] manager *m*.

manageress [ˌmænɪdʒəˈres] n [of business, bank, shop] directrice *f*.

managing director [ˈmænɪdʒɪŋ-] n directeur *m* général, directrice générale *f*.

mandarin [ˈmændərɪn] n mandarine *f*.

mane [meɪn] n crinière *f*.

maneuver [məˈnuːvər] US = **manoeuvre**.

mangetout [ˌmɒnʒˈtuː] n UK mangetout *m inv*.

mangle [ˈmæŋgl] vt déchiqueter.

mango [ˈmæŋgəʊ] (*pl* -es OR -s) n mangue *f*.

Manhattan [mænˈhætən] n Manhattan *m*.

manhole [ˈmænhəʊl] n regard *m*.

maniac [ˈmeɪnɪæk] n *inf* fou *m*, folle *f*.

manicure [ˈmænɪkjʊəʳ] n soins *mpl* des mains.

manifold [ˈmænɪfəʊld] n AUT tubulure *f*.

manipulate [məˈnɪpjʊleɪt] vt manipuler.

mankind [ˌmænˈkaɪnd] n *(U)* hommes *mpl*, humanité *f*.

manky [ˈmæŋkɪ] (*compar* -ier, *superl* -iest) adj UK *vulg* [dirty] miteux(euse).

manly [ˈmænlɪ] adj viril(e).

man-made adj [synthetic] synthétique.

manner [ˈmænəʳ] n [way] manière *f*. ◆ **manners** npl manières *fpl*.

manoeuvre [məˈnuːvəʳ] ◆ n UK manœuvre *f*. ◆ vt UK manœuvrer.

manor ['mænəʳ] n manoir *m*.
mansion ['mænʃn] n manoir *m*.
manslaughter ['mæn,slɔːtəʳ] n homicide *m* involontaire.
mantelpiece ['mæntlpiːs] n cheminée *f*.
manual ['mænjʊəl] ◆ adj manuel(elle). ◆ n [book] manuel *m*.
manufacture [,mænjʊ'fæktʃəʳ] ◆ n *(U)* fabrication *f*. ◆ vt fabriquer.
manufacturer [,mænjʊ'fæktʃərəʳ] n fabricant *m*, -e *f*.
manure [mə'njʊəʳ] n *(U)* fumier *m*.
many ['menɪ] (*compar* **more**, *superl* **most**) ◆ adj beaucoup de. ◆ pron beaucoup ▸ **there aren't as many people this year** il n'y a pas autant de gens cette année ▸ **I don't have many** je n'en ai pas beaucoup ▸ **how many?** combien ? ▸ **how many beds are there?** combien y a-t-il de lits ? ▸ **so many** tant de ▸ **too many** trop de ▸ **there are too many people** il y a trop de monde.
map [mæp] n carte *f* ▸ **ordnance survey map** carte d'état-major.
maple syrup n sirop *m* d'érable.
Mar. *abbr of* **March**.
marathon ['mærəθn] n marathon *m*.
marble ['mɑːbl] n **1.** *(U)* [stone] marbre *m* **2.** [glass ball] bille *f*.
march [mɑːtʃ] ◆ n [demonstration] marche *f*. ◆ vi [walk quickly] marcher d'un pas vif.
March [mɑːtʃ] n mars *m* ▸ **at the beginning of March** début mars ▸ **at the end of March** fin mars ▸ **during March** en mars ▸ **every March** tous les ans en mars ▸ **in March** en mars ▸ **last March** en mars (dernier) ▸ **next March** en mars de l'année prochaine ▸ **this March** en mars (prochain) ▸ **2 March 2012** [in letters, etc.] le 2 mars 2012.
mare [meəʳ] n jument *f*.
margarine [,mɑːdʒə'riːn] n *(U)* margarine *f*.
margin ['mɑːdʒɪn] n marge *f*.
marina [mə'riːnə] n marina *f*.
marinate ['mærɪneɪt] vt & vi mariner.
marinated ['mærɪneɪtɪd] adj mariné(e).
marine [mə'riːn] adj marin(e).
marital status ['mærɪtl-] n *(U)* situation *f* de famille.
maritime ['mærɪtaɪm] adj maritime.
marjoram ['mɑːdʒərəm] n marjolaine *f*.
mark [mɑːk] ◆ n **1.** marque *f* **2.** SCH note *f*. ◆ vt **1.** marquer **2.** [correct] noter ▸ **(gas) mark five** UK thermostat cinq.
marker ['mɑːkəʳ] n **1.** [sign] repère *m* **2.** [pen] marqueur *m*.
marker pen ['mɑːkə-] n marqueur *m*.
market ['mɑːkɪt] n marché *m*.
market conditions n conditions *fpl* du marché.
market-driven adj orienté(e) marché.
market economy n économie *f* de marché OR libérale.
marketing ['mɑːkɪtɪŋ] n *(U)* marketing *m*.
marketing campaign n campagne *f* marketing.
marketing department n département *m* marketing.
market intelligence n **1.** [knowledge] connaissance *f* du marché **2.** [data] données *fpl* marché.

marketplace ['mɑ:kɪtpleɪs] n [place] place *f* du marché.

market survey n étude *f* de marché.

market trader n marchand *m*, -e *f*.

markings ['mɑ:kɪŋz] npl **1.** [on road] signalisation *f* horizontale **2.** [on animal, flower] taches *fpl*.

marmalade ['mɑ:məleɪd] n *(U)* confiture *f* d'oranges.

marquee [mɑ:'ki:] n grande tente *f*.

marriage ['mærɪdʒ] n mariage *m*.

marriage certificate n acte *m* OR certificat *m* de mariage.

married ['mærɪd] adj marié(e) ▸ **to get married** se marier.

marrow ['mærəʊ] n UK [vegetable] courge *f*.

marry ['mærɪ] ◆ vt épouser. ◆ vi se marier.

marsh [mɑ:ʃ] n marais *m*.

martial arts [,mɑ:ʃl-] npl arts *mpl* martiaux.

marvellous ['mɑ:vələs] adj UK merveilleux(euse).

marvelous ['mɑ:vələs] US = **marvellous**.

marzipan ['mɑ:zɪpæn] n *(U)* pâte *f* d'amandes.

mascara [mæs'kɑ:rə] n *(U)* mascara *m*.

masculine ['mæskjʊlɪn] adj masculin(e).

mash [mæʃ] vt UK *inf* faire une purée de.

mashed potatoes [mæʃt-] npl purée *f* (de pommes de terre).

mask [mɑ:sk] n masque *m*.

masonry ['meɪsnrɪ] n *(U)* maçonnerie *f*.

mass [mæs] n **1.** [large amount] masse *f* **2.** RELIG messe *f* ▸ **masses (of)** *inf* [lots] des tonnes (de).

massacre ['mæsəkər] n massacre *m*.

massage [UK 'mæsɑ:ʒ, US mə'sɑ:ʒ] ◆ n massage *m*. ◆ vt masser.

masseur [mæ'sɜ:r] n masseur *m*.

masseuse [mæ'sɜ:z] n masseuse *f*.

massive ['mæsɪv] adj massif(ive).

mass mailing n envoi *m* en nombre, publipostage *m*.

mass-produced adj fabriqué(e) en série.

mast [mɑ:st] n mât *m*.

master ['mɑ:stər] ◆ n maître *m*. ◆ vt [skill, language] maîtriser.

masterpiece ['mɑ:stəpi:s] n chef-d'œuvre *m*.

mat [mæt] n **1.** [small rug] carpette *f* **2.** [on table] set *m* de table.

match [mætʃ] ◆ n **1.** [for lighting] allumette *f* **2.** [game] match *m*. ◆ vt **1.** [in colour, design] aller avec **2.** [be the same as] correspondre à **3.** [be as good as] égaler. ◆ vi [in colour, design] aller ensemble.

matchbox ['mætʃbɒks] n boîte *f* d'allumettes.

match-fixing n UK : **they were accused of match-fixing** on les a accusés d'avoir truqué le match.

matching ['mætʃɪŋ] adj assorti(e).

mate [meɪt] ◆ n UK *inf* **1.** [friend] pote *m* **2.** [form of address] mon vieux. ◆ vi s'accoupler.

material [mə'tɪərɪəl] n **1.** matériau *m* *(U)* **2.** [cloth] tissu *m*. ◆ **materials** npl [equipment] matériel *m*.

maternity [mə'tɜ:nətɪ] n maternité *f*.

maternity leave [məˈtɜːnətɪ-] n *(U)* congé *m* de maternité.

maternity ward [məˈtɜːnətɪ-] n maternité *f*.

math [mæθ] *(U)* US = **maths**.

mathematics [ˌmæθəˈmætɪks] n *(U)* mathématiques *fpl*.

maths [mæθs] n *(U)* UK maths *fpl*.

matinée [ˈmætɪneɪ] n matinée *f*.

matt UK, **matte** US [mæt] adj mat(e).

matte [mæt] adj mat(e).

matter [ˈmætəʳ] ◆ n **1.** [issue, situation] affaire *f* **2.** *(U)* [physical material] matière *f*. ◆ vi importer ▸ **it doesn't matter** ça ne fait rien ▸ **no matter what happens** quoi qu'il arrive ▸ **there's something the matter with my car** ma voiture a quelque chose qui cloche ▸ **what's the matter?** qu'est-ce qui se passe ? ▸ **as a matter of course** naturellement ▸ **as a matter of fact** en fait.

mattress [ˈmætrɪs] n matelas *m*.

mature [məˈtjʊəʳ] adj **1.** [person, behaviour] mûr(e) **2.** [cheese] fait(e) **3.** [wine] arrivé(e) à maturité.

mature student n UK [at university] *étudiant qui a commencé ses études sur le tard*.

maul [mɔːl] vt mutiler.

mauve [məʊv] adj mauve.

max [mæks] adv *inf* maximum. ◆ **max out** vt sep US : **I maxed out my credit card** j'ai atteint la limite sur ma carte de crédit.

max. [mæks] (*abbr of* **maximum**) max.

maximum [ˈmæksɪməm] ◆ adj maximum. ◆ n maximum *m*.

maximum headroom n hauteur *f* maximale.

maximum load n charge *f* limite.

may [meɪ] ◆ aux vb **1.** [expressing possibility] : **it may be done as follows** on peut procéder comme suit ▸ **it may rain** il se peut qu'il pleuve ▸ **they may have got lost** ils se sont peut-être perdus **2.** [expressing permission] pouvoir ▸ **may I smoke?** est-ce que je peux fumer ? ▸ **you may sit, if you wish** vous pouvez vous asseoir, si vous voulez **3.** [when conceding a point] : **it may be a long walk, but it's worth it** ça fait peut-être loin à pied, mais ça vaut le coup.

May [meɪ] n mai *m* ▸ **at the beginning of May** début mai ▸ **at the end of May** fin mai ▸ **during May** en mai ▸ **every May** tous les ans en mai ▸ **in May** en mai ▸ **last May** en mai (dernier) ▸ **next May** en mai de l'année prochaine ▸ **this May** en mai (prochain) ▸ **2 May 2012** [in letters, etc.] le 2 mai 2012.

maybe [ˈmeɪbiː] adv peut-être.

May Day n le Premier mai.

mayonnaise [ˌmeɪəˈneɪz] n *(U)* mayonnaise *f*.

mayor [meəʳ] n maire *m*.

mayoress [ˈmeərɪs] n **1.** [female mayor] femme *f* maire **2.** [mayor's wife] femme *f* du maire.

maze [meɪz] n labyrinthe *m*.

MD n UK *abbr of* **managing director**.

MDF (*abbr of* **medium-density fibreboard**) n médium *m*, aggloméré *m*.

me [miː] pron **1.** me **2.** [after prep] moi ▸ **she knows me** elle me connaît ▸ **it's me** c'est moi ▸ **send it to me** envoie-le-moi ▸ **tell me** dis-moi ▸ **he's worse than me** il est pire que moi.

meadow [ˈmedəʊ] n pré *m*.

meal [miːl] n repas *m*.

mealtime ['mi:ltaɪm] n heure *f* du repas.

mean [mi:n] (*pt & pp* **meant**) ◆ adj [miserly, unkind] mesquin(e). ◆ vt **1.** [signify, matter] signifier **2.** [intend, subj: word] vouloir dire ▸ **I don't mean it** je ne le pense pas vraiment ▸ **to mean to do sthg** avoir l'intention de faire qqch ▸ **to be meant to do sthg** être censé faire qqch ▸ **it's meant to be good** il paraît que c'est bon.

meaning ['mi:nɪŋ] n [of word, phrase] sens *m*.

meaningless ['mi:nɪŋlɪs] adj qui n'a aucun sens.

means [mi:nz] (*pl inv*) ◆ n moyen *m*. ◆ npl [money] moyens *mpl* ▸ **by all means!** bien sûr ! ▸ **by means of** au moyen de.

meant [ment] pt & pp → **mean**.

meantime ['mi:n,taɪm] ◆ **in the meantime** adv pendant ce temps, entre-temps.

meanwhile ['mi:n,waɪl] adv **1.** [at the same time] pendant ce temps **2.** [in the time between] en attendant.

measles ['mi:zlz] n *(U)* rougeole *f*.

measure ['meʒəʳ] ◆ vt mesurer. ◆ n **1.** mesure *f* **2.** [of alcohol] dose *f* ▸ **the room measures 10 m²** la pièce fait 10 m².

measurement ['meʒəmənt] n mesure *f*. ◆ **measurements** npl [of person] mensurations *fpl*.

meat [mi:t] n viande *f* ▸ **red meat** viande rouge ▸ **white meat** viande blanche.

meatball ['mi:tbɔ:l] n boulette *f* de viande.

Mecca ['mekə] n La Mecque.

mechanic [mɪ'kænɪk] n mécanicien *m*, -ienne *f*.

mechanical [mɪ'kænɪkl] adj [device] mécanique.

mechanism ['mekənɪzm] n mécanisme *m*.

medal ['medl] n médaille *f*.

media ['mi:djə] n OR npl : **the media** les médias *mpl*.

media centre UK, **media center** US n centre *m* multimédia.

media player n lecteur *m* multimédia.

Medicaid ['medɪkeɪd] n US *assistance médicale aux personnes sans ressources*.

ⓘ Medicaid / Medicare

En 1965, deux programmes d'assurances santé sont instaurés aux États-Unis : le Medicaid, une aide médicale entièrement subventionnée par le gouvernement, destinée aux plus démunis (enfants, invalides et personnes âgées), et le Medicare, une « sécurité sociale » américaine destinée aux assurés de plus de 65 ans, financée par leurs cotisations et leurs primes mensuelles, même s'ils doivent aujourd'hui compléter eux-mêmes de près de 30 % leurs frais médicaux.

medical ['medɪkl] ◆ adj médical(e). ◆ n visite *f* médicale.

medical certificate n certificat *m* médical.

Medicare ['medɪkeəʳ] n US *programme fédéral d'assistance médicale pour personnes âgées*.

medicated ['medɪkeɪtɪd] adj traitant(e).

medication [ˌmedɪ'keɪʃn] **n** *(U)* médicaments *mpl*.

medicine ['medsɪn] **n 1.** [substance] médicament *m* **2.** *(U)* [science] médecine *f*.

medicine cabinet n armoire *f* à pharmacie.

medieval [ˌmedɪ'i:vl] **adj** médiéval(e).

mediocre [ˌmi:dɪ'əʊkəʳ] **adj** médiocre.

Mediterranean [ˌmedɪtə'reɪnjən] **n : the Mediterranean** [region] les pays *mpl* méditerranéens ▸ **the Mediterranean (Sea)** la (mer) Méditerranée.

medium ['mi:djəm] **adj 1.** moyen (enne) **2.** [wine] demi-sec **3.** CULIN à point ▸ **medium rare** rosé.

medium-dry adj demi-sec.

medium-sized [-saɪzd] **adj** de taille moyenne.

medley ['medlɪ] **n : medley of seafood** plateau *m* de fruits de mer.

meet [mi:t] (*pt & pp* **met**) ◆ **vt 1.** rencontrer **2.** [by arrangement] retrouver **3.** [go to collect] aller chercher **4.** [need, requirement] répondre à **5.** [cost, expenses] prendre en charge. ◆ **vi 1.** se rencontrer **2.** [by arrangement] se retrouver **3.** [intersect] se croiser. ◆ **meet up vi** se retrouver. ◆ **meet with vt insep 1.** [problems, resistance] rencontrer **2.** US [by arrangement] retrouver.

meeting ['mi:tɪŋ] **n** [for business] réunion *f*.

meeting place n lieu *m* de réunion.

meeting point n [at airport, station] point *m* rencontre.

megabucks ['megəbʌks] **n** *inf* un fric fou.

megabyte ['megəbaɪt] **n** COMPUT méga-octet *m*.

megapixel ['megəpɪksl] **n** mégapixel *m*.

megastore ['megəstɔ:ʳ] **n** (très) grand magasin *m*.

melody ['melədɪ] **n** mélodie *f*.

melon ['melən] **n** melon *m*.

melt [melt] **vi** fondre.

member ['membəʳ] **n** membre *m*.

Member of Congress [-'kɒŋgres] **n** membre *m* du Congrès.

Member of Parliament n ≃ député *m*.

Member of the Scottish Parliament n membre *m* du Parlement écossais.

membership ['membəʃɪp] **n 1.** *(U)* adhésion *f* **2.** [members] membres *mpl*.

membership card n carte *f* d'adhésion.

memo ['meməʊ] (*pl* **-s**) **n** note *f* de service.

memorial [mɪ'mɔ:rɪəl] **n** mémorial *m*.

memorize ['meməraɪz] **vt** mémoriser.

memory ['memərɪ] **n 1.** mémoire *f* **2.** [thing remembered] souvenir *m*.

memory card n carte *f* mémoire.

memory module n barrette *f* (de mémoire).

memory stick n carte *f* mémoire.

men [men] **pl** → **man**.

menacing ['menəsɪŋ] **adj** menaçant(e).

mend [mend] **vt** réparer.

meningitis [ˌmenɪn'dʒaɪtɪs] **n** *(U)* méningite *f*.

menopause ['menəpɔ:z] **n** ménopause *f*.

men's room n US toilettes *fpl* (pour hommes).

menstruate ['menstrueit] vi avoir ses règles.

menstruation [,menstru'eɪʃn] n MED menstruation *f*.

menswear ['menzweəʳ] n *(U)* vêtements *mpl* pour hommes.

mental ['mentl] adj mental(e).

mental hospital n hôpital *m* psychiatrique.

mentally handicapped ['mentəlɪ-] ◆ adj handicapé(e) mental(e). ◆ npl : **the mentally handicapped** les handicapés *mpl* mentaux.

mentally ill ['mentəlɪ-] adj malade *(mentalement)*.

mention ['menʃn] vt mentionner ▸ **don't mention it!** de rien !

menu ['menju:] n menu *m* ▸ **children's menu** menu enfant.

merchandise ['mɜ:tʃəndaɪz] n *(U)* marchandises *fpl*.

merchant marine [,mɜ:tʃənt-mə'ri:n] US = **merchant navy**.

merchant navy [,mɜ:tʃənt-] n UK marine *f* marchande.

mercury ['mɜ:kjʊrɪ] n *(U)* mercure *m*.

mercy ['mɜ:sɪ] n *(U)* pitié *f*.

mere [mɪəʳ] adj simple ▸ **it costs a mere £5** ça ne coûte que 5 livres.

merely ['mɪəlɪ] adv seulement.

merge [mɜ:dʒ] vi [rivers, roads] se rejoindre ▸ **'merge'** US *panneau indiquant aux automobilistes débouchant d'une bretelle d'accès qu'ils doivent rejoindre la file de droite*.

merger ['mɜ:dʒəʳ] n fusion *f*.

meringue [mə'ræŋ] n **1.** [egg white] meringue *f* **2.** [cake] *petit gâteau meringué*.

merit ['merɪt] n **1.** *(U)* mérite *m* **2.** [in exam] ≃ mention *f* bien.

merry ['merɪ] adj gai(e) ▸ **Merry Christmas!** joyeux Noël !

merry-go-round n manège *m*.

mess [mes] n **1.** [untidiness] désordre *m* **2.** [difficult situation] pétrin *m* ▸ **in a mess** [untidy] en désordre. ◆ **mess about** vi UK *inf* = **mess around.** ◆ **mess around** vi *inf* **1.** [have fun] s'amuser **2.** [behave foolishly] faire l'imbécile ▸ **to mess around with sthg** [interfere] tripoter qqch. ◆ **mess up** vt sep *inf* [ruin, spoil] ficher en l'air.

message ['mesɪdʒ] n message *m*.

messaging ['mesɪdʒɪŋ] n COMPUT messagerie *f*.

messenger ['mesɪndʒəʳ] n messager *m*, -ère *f*.

Messrs, Messrs. ['mesəz] *(abbr of* **messieurs***)* MM.

messy ['mesɪ] adj en désordre.

met [met] pt & pp → **meet**.

metal ['metl] ◆ adj en métal. ◆ n métal *m*.

metalwork ['metəlwɜ:k] n *(U)* [craft] ferronnerie *f*.

meter ['mi:təʳ] n **1.** [device] compteur *m* **2.** US = **metre**.

method ['meθəd] n méthode *f*.

methodical [mɪ'θɒdɪkl] adj méthodique.

meticulous [mɪ'tɪkjʊləs] adj méticuleux(euse).

metre ['mi:təʳ] n UK mètre *m*.

metric ['metrɪk] adj métrique.

metrosexual [ˌmetrə'sekʃʊəl] ◆ n métrosexuel *m*. ◆ adj métrosexuel(elle).
mews [mju:z] (*pl inv*) n UK *ruelle bordée d'anciennes écuries, souvent transformées en appartements de standing*.
Mexican ['meksɪkn] ◆ adj mexicain(e). ◆ n Mexicain *m*, -e *f*.
Mexico ['meksɪkəʊ] n le Mexique.
mg (*abbr of* **milligram**) mg (*milligramme*).
miaow [mi:'aʊ] vi UK miauler.
mice [maɪs] pl → **mouse**.
microchip ['maɪkrəʊtʃɪp] n puce *f*.
microphone ['mɪkrəfəʊn] n microphone *m*, micro *m*.
microscope ['maɪkrəskəʊp] n microscope *m*.
microwave (oven) ['maɪkrəweɪv-] n four *m* à micro-ondes, micro-ondes *m inv*.
midday [ˌmɪd'deɪ] n (*U*) midi *m*.
middle ['mɪdl] ◆ n milieu *m*. ◆ adj [central] du milieu ▸ **in the middle of the road** au milieu de la route ▸ **in the middle of April** à la mi-avril ▸ **to be in the middle of doing sthg** être en train de faire qqch.
middle-aged adj d'âge moyen ▸ **a middle-aged woman** une dame d'un certain âge.
Middle Ages npl : **the Middle Ages** le Moyen Âge.
middle-class adj bourgeois(e).
Middle East n : **the Middle East** le Moyen-Orient.
middle name n deuxième prénom *m*.
middle school n [in UK] *école pour enfants de 8 à 13 ans*.
midge [mɪdʒ] n moucheron *m*.
midget ['mɪdʒɪt] n nain *m*, naine *f*.
Midlands ['mɪdləndz] npl : **the Midlands** *les comtés du centre de l'Angleterre*.
midnight ['mɪdnaɪt] n (*U*) **1.** [twelve o'clock] minuit *m* **2.** [middle of the night] milieu *m* de la nuit.
midsummer ['mɪd'sʌmə^r] n (*U*) : **in midsummer** en plein été.
midway [ˌmɪd'weɪ] adv **1.** [in space] à mi-chemin **2.** [in time] au milieu.
midweek ◆ adj ['mɪdwi:k] de milieu de semaine. ◆ adv [mɪd'wi:k] en milieu de semaine.
midwife ['mɪdwaɪf] (*pl* **-wives**) n sage-femme *f*.
midwinter ['mɪd'wɪntə^r] n (*U*) : **in midwinter** en plein hiver.
might[1] [maɪt] n (*U*) force *f*.

might[2] [maɪt] ◆ aux vb **1.** [expressing possibility] : **they might still come** il se peut encore qu'ils viennent ▸ **they might have been killed** ils seraient peut-être morts **2.** *fml* [expressing permission] pouvoir ▸ **might I have a few words?** puis-je vous parler un instant ? **3.** [when conceding a point] : **it might be expensive, but it's good quality** c'est peut-être cher, mais c'est de la bonne qualité **4.** [would] : **I hoped you might come too** j'espérais que vous viendriez aussi.

mighty ['maɪtɪ] adj UK [powerful] puissant(e).
migraine ['mi:greɪn, 'maɪgreɪn] n migraine *f* migratoire.
migrant ['maɪgrənt] n migrant, e.
migration crisis n crise *f* migratoire.
mild [maɪld] ◆ adj **1.** doux (douce) **2.** [pain, illness] léger(ère). ◆ n (*U*) UK [beer] *bière moins riche en houblon et plus foncée que la « bitter »*.

mile [maɪl] n = 1,609 km, mile *m* ▸ **it's miles away** c'est à des kilomètres.

mileage ['maɪlɪdʒ] n *(U)* ≃ kilométrage *m*.

mileometer [maɪ'lɒmɪtəʳ] n UK ≃ compteur *m* (kilométrique).

military ['mɪlɪtrɪ] adj militaire.

milk [mɪlk] ◆ n *(U)* lait *m*. ◆ vt [cow] traire.

milk chocolate n *(U)* chocolat *m* au lait.

milkman ['mɪlkmən] (*pl* **-men**) n laitier *m*.

milk shake n milk-shake *m*.

milky ['mɪlkɪ] adj [tea, coffee] avec beaucoup de lait.

mill [mɪl] n **1.** moulin *m* **2.** [factory] usine *f*.

millennium [mɪ'lenɪəm] (*pl* **millennia** [mɪ'lenɪə]) n millénaire *m*.

milligram ['mɪlɪgræm] n milligramme *m*.

milliliter US = **millilitre**.

millilitre ['mɪlɪˌliːtəʳ] n UK millilitre *m*.

millimeter US = **millimetre**.

millimetre ['mɪlɪˌmiːtəʳ] n UK millimètre *m*.

million ['mɪljən] n million *m* ▸ **millions of** *fig* des millions de.

millionaire [ˌmɪljə'neəʳ] n millionnaire *m ou f*.

mime [maɪm] vi faire du mime.

min. [mɪn] **1.** (*abbr of* **minute**) min., mn **2.** (*abbr of* **minimum**) min.

mince [mɪns] n *(U)* UK viande *f* hachée.

mincemeat ['mɪnsmiːt] n **1.** *(U)* [sweet filling] *mélange de fruits secs et d'épices utilisé en pâtisserie* **2.** [mince] viande *f* hachée.

mince pie n *tartelette de Noël, fourrée avec un mélange de fruits secs et d'épices.*

mind [maɪnd] ◆ n **1.** esprit *m* **2.** [memory] mémoire *f*. ◆ vt **1.** [be careful of] faire attention à **2.** [look after] garder. ◆ vi : **I don't mind** ça m'est égal ▸ **it slipped my mind** ça m'est sorti de l'esprit ▸ **to my mind** à mon avis ▸ **to bear sthg in mind** garder qqch en tête ▸ **to change one's mind** changer d'avis ▸ **to have sthg in mind** avoir qqch en tête ▸ **to have sthg on one's mind** être préoccupé par qqch ▸ **to make one's mind up** se décider ▸ **do you mind waiting?** est-ce que ça vous gêne d'attendre ? ▸ **do you mind if…?** est-ce que ça vous dérange si… ? ▸ **I wouldn't mind a drink** je boirais bien quelque chose ▸ **'mind the gap!'** UK [on underground] *annonce indiquant aux usagers du métro de faire attention à l'espace entre le quai et la rame* ▸ **never mind!** [don't worry] ça ne fait rien !

mind-numbing [-nʌmɪŋ] adj abrutissant(e).

mine[1] [maɪn] pron le mien (la mienne) ▸ **these shoes are mine** ces chaussures sont à moi ▸ **a friend of mine** un ami à moi.

mine[2] [maɪn] n [bomb, for coal, etc.] mine *f*.

miner ['maɪnəʳ] n mineur *m*.

mineral ['mɪnərəl] n minéral *m*.

mineral water n eau *f* minérale.

minestrone [ˌmɪnɪ'strəʊnɪ] n *(U)* minestrone *m*.

mingle ['mɪŋgl] vi se mélanger.

miniature ['mɪnətʃəʳ] ◆ adj miniature. ◆ n [bottle] bouteille *f* miniature.

minibar ['mɪnɪbɑːʳ] n minibar *m*.

mini-break n mini-séjour *m*.

minibus ['mɪnɪbʌs] (*pl* **-es**) n minibus *m*.

minicab ['mɪnɪkæb] n UK radio-taxi *m*.

minicam ['mɪnɪkæm] n caméra *f* de télévision miniature.

minidisk ['mɪnɪdɪsk] n minidisque *m*.

minigolf ['mɪnɪgɒlf] n minigolf *m*.

minimal ['mɪnɪml] adj minimal(e).

minimize ['mɪnɪˌmaɪz] vt réduire.

minimum ['mɪnɪməm] ◆ adj minimum. ◆ n minimum *m*.

minimum charge n tarif *m* minimum.

minimum payment n paiement *m* minimum.

mini-roundabout [mɪnɪ'raʊndəbaʊt] n UK petit rond-point *m*.

miniskirt ['mɪnɪskɜːt] n minijupe *f*.

minister ['mɪnɪstəʳ] n **1.** [in government] ministre *m* **2.** [in church] pasteur *m*.

ministry ['mɪnɪstrɪ] n [of government] ministère *m*.

minor ['maɪnəʳ] ◆ adj mineur(e). ◆ n *fml* mineur *m*, -e *f*.

minority [maɪ'nɒrətɪ] n minorité *f*.

minor road n route *f* secondaire.

mint [mɪnt] n **1.** [sweet] bonbon *m* à la menthe **2.** *(U)* [plant] menthe *f*.

minus ['maɪnəs] prep moins ▸ **it's minus 10 (degrees C)** il fait moins 10 (degrés Celsius).

minuscule ['mɪnəskjuːl] adj minuscule.

minute¹ ['mɪnɪt] n minute *f* ▸ **any minute** d'une minute à l'autre ▸ **just a minute!** (une) minute !

minute² [maɪ'njuːt] adj minuscule.

minute steak [ˌmɪnɪt-] n entrecôte *f* minute.

miracle ['mɪrəkl] n miracle *m*.

miraculous [mɪ'rækjʊləs] adj miraculeux(euse).

mirror ['mɪrəʳ] n **1.** miroir *m*, glace *f* **2.** [on car] rétroviseur *m*.

misbehave [ˌmɪsbɪ'heɪv] vi [person] se conduire mal.

miscarriage [ˌmɪs'kærɪdʒ] n fausse couche *f*.

miscellaneous [ˌmɪsə'leɪnjəs] adj divers(es).

mischievous ['mɪstʃɪvəs] adj espiègle.

misconduct [ˌmɪs'kɒndʌkt] n *(U)* mauvaise conduite *f*.

miser ['maɪzəʳ] n avare *m ou f*.

miserable ['mɪzrəbl] adj **1.** [unhappy] malheureux(euse) **2.** [place, news] sinistre **3.** [weather] épouvantable **4.** [amount] misérable.

miserly ['maɪzəlɪ] adj avare.

misery ['mɪzərɪ] n *(U)* **1.** [unhappiness] malheur *m* **2.** [poor conditions] misère *f*.

misery guts n *inf* rabat-joie *m*.

misfire [ˌmɪs'faɪəʳ] vi [car] avoir des ratés.

misfortune [mɪs'fɔːtʃuːn] n *(U)* [bad luck] malchance *f*.

mishap ['mɪshæp] n mésaventure *f*.

misjudge [ˌmɪs'dʒʌdʒ] vt mal juger.

mislay [ˌmɪs'leɪ] (*pt & pp* **-laid**) vt égarer.

mislead [ˌmɪs'liːd] (*pt & pp* **-led**) vt tromper.

misogynistic [mɪ'sɒdʒɪnɪstɪk], **misogynous** [mɪ'sɒdʒɪnəs] adj misogyne.

miss [mɪs] ◆ vt 1. rater 2. [regret absence of] regretter. ◆ vi manquer son but ▸ **I miss him** il me manque. ◆ **miss out** ◆ vt sep 1. UK [by accident] oublier 2. UK [deliberately] omettre. ◆ vi insep rater quelque chose.

Miss [mɪs] n Mademoiselle.

missile [UK 'mɪsaɪl, US 'mɪsl] n 1. [weapon] missile *m* 2. [thing thrown] projectile *m*.

missing ['mɪsɪŋ] adj [lost] manquant(e) ▸ **there are two missing** il en manque deux.

missing person n personne *f* disparue.

mission ['mɪʃn] n mission *f*.

missionary ['mɪʃənrɪ] n missionnaire *m ou f*.

mist [mɪst] n brume *f*.

mistake [mɪ'steɪk] (*pt* **-took**, *pp* **-taken**) ◆ n erreur *f*. ◆ vt [misunderstand] mal comprendre ▸ **by mistake** par erreur ▸ **to make a mistake** faire une erreur ▸ **I mistook him for his brother** je l'ai pris pour son frère.

Mister ['mɪstəʳ] n Monsieur.

mistletoe ['mɪsltəʊ] n gui *m*.

mistook [mɪ'stʊk] pt → **mistake**.

mistress ['mɪstrɪs] n maîtresse *f*.

mistrust [,mɪs'trʌst] vt se méfier de.

misty ['mɪstɪ] adj brumeux(euse).

misunderstand [,mɪsʌndə'stænd] (*pt & pp* **-stood**) vt & vi mal comprendre.

misunderstanding [,mɪsʌndə'stændɪŋ] n 1. [misinterpretation] malentendu *m* 2. [quarrel] discussion *f*.

misuse [,mɪs'ju:s] n *(U)* usage *m* abusif.

mitten ['mɪtn] n 1. moufle *f* 2. [without fingers] mitaine *f*.

mix [mɪks] ◆ vt 1. mélanger 2. [drink] préparer. ◆ n [for cake, sauce] préparation *f* ▸ **to mix the butter with the flour** mélanger le beurre avec la farine. ◆ **mix up** vt sep 1. [confuse] confondre 2. [put into disorder] mélanger.

mixed [mɪkst] adj [school] mixte.

mixed grill n UK mixed grill *m*.

mixed salad n salade *f* mixte.

mixed vegetables npl légumes *mpl* variés.

mixer ['mɪksəʳ] n 1. [for food] mixe(u)r *m* 2. [drink] *boisson accompagnant les alcools dans la préparation des cocktails.*

mixture ['mɪkstʃəʳ] n mélange *m*.

mix-up n *inf* confusion *f*.

ml (*abbr of* **millilitre**) ml (*millilitre*).

mm (*abbr of* **millimetre**) mm (*millimètre*).

MMR [,emem'ɑ:ʳ] (*abbr of* **measles, mumps & rubella**) n MED ROR *m* (*rougeole-oreillons-rubéole*).

moan [məʊn] vi 1. [in pain, grief] gémir 2. *inf* [complain] rouspéter.

moat [məʊt] n douves *fpl*.

mobile ['məʊbaɪl] ◆ adj mobile. ◆ n UK téléphone *m* mobile.

mobile home n auto-caravane *f*.

mobile phone n UK téléphone *m* mobile.

mobile phone mast n UK antenne-relais *f*.

mobility [mə'bɪlətɪ] n mobilité *f*.

mock [mɒk] ◆ adj faux (fausse). ◆ vt se moquer de. ◆ n UK [exam] examen *m* blanc.

mod cons [ˌmɒd-] (*abbr of* modern conveniences) **npl** UK *inf* **: all mod cons** tout confort.

mode [məʊd] **n** mode *m*.

model ['mɒdl] **n 1.** modèle *m* **2.** [small copy] modèle *m* réduit **3.** [fashion model] mannequin *m*.

modem ['məʊdem] **n** modem *m*.

moderate ['mɒdərət] **adj** modéré(e).

modern ['mɒdən] **adj** moderne.

modernized ['mɒdənaɪzd] **adj** modernisé(e).

modern languages npl langues *fpl* vivantes.

modest ['mɒdɪst] **adj** modeste.

modify ['mɒdɪfaɪ] **vt** modifier.

mohair ['məʊheə^r] **n** *(U)* mohair *m*.

moist [mɔɪst] **adj 1.** moite **2.** [cake] moelleux(euse).

moisture ['mɔɪstʃə^r] **n** *(U)* humidité *f*.

moisturizer ['mɔɪstʃəraɪzə^r] **n** crème *f* hydratante.

mojo ['məʊdʒəʊ] **n** US *inf* [energy] peps *m*.

molar ['məʊlə^r] **n** molaire *f*.

mold [məʊld] US = **mould**.

moldy US = **mouldy**.

mole [məʊl] **n 1.** [animal] taupe *f* **2.** [spot] grain *m* de beauté.

molest [mə'lest] **vt 1.** [child] abuser de **2.** [woman] agresser.

mom [mɒm] **n** US *inf* maman *f*.

moment ['məʊmənt] **n** moment *m* ▸ **at the moment** en ce moment ▸ **for the moment** pour le moment.

momentarily ['məʊməntərɪlɪ] **adv 1.** [for a short time] momentanément **2.** US [soon] très bientôt.

momma ['mɒmə], **mommy** ['mɒmɪ] **n** US *inf* maman *f*.

Mon. *abbr of* **Monday**.

monarchy ['mɒnəkɪ] **n : the monarchy** [royal family] la famille royale.

monastery ['mɒnəstrɪ] **n** monastère *m*.

Monday ['mʌndɪ] **n** lundi *m* ▸ **it's Monday** on est lundi ▸ **Monday morning** lundi matin ▸ **on Monday** lundi ▸ **on Mondays** le lundi ▸ **last Monday** lundi dernier ▸ **this Monday** lundi ▸ **next Monday** lundi prochain ▸ **Monday week** UK, **a week on Monday** UK, **a week from Monday** US lundi en huit.

money ['mʌnɪ] **n** *(U)* argent *m*.

money back offer n offre *f* de remboursement.

money belt n ceinture *f* portefeuille.

money order n mandat *m*.

moneys, monies ['mʌnɪz] **npl** LAW [sums] sommes *fpl* (d'argent).

mongrel ['mʌŋgrəl] **n** bâtard *m*.

monitor ['mɒnɪtə^r] ◆ **n** [computer screen] moniteur *m*. ◆ **vt** [check, observe] contrôler.

monk [mʌŋk] **n** moine *m*.

monkey ['mʌŋkɪ] (*pl* **monkeys**) **n** singe *m*.

monkey bars n US cage *f* d'écureuil.

monkfish ['mʌŋkfɪʃ] **n** *(U)* lotte *f*.

monopoly [mə'nɒpəlɪ] **n** monopole *m*.

monorail ['mɒnəʊreɪl] **n** monorail *m*.

monosodium glutamate [ˌmɒnə'səʊdjəm'glu:təmeɪt] **n** glutamate *m* (de sodium).

monotonous [mə'nɒtənəs] **adj** monotone.

monsoon [mɒn'su:n] **n** mousson *f*.

monster ['mɒnstəʳ] n monstre *m*.

month [mʌnθ] n mois *m* ▸ **every month** tous les mois ▸ **in a month's time** dans un mois.

monthly ['mʌnθlɪ] ◆ adj mensuel(elle). ◆ adv tous les mois.

monument ['mɒnjʊmənt] n monument *m*.

moo [mu:] ◆ n (*pl* -s) meuglement *m*. ◆ vi meugler.

mood [mu:d] n humeur *f* ▸ **to be in a (bad) mood** être de mauvaise humeur ▸ **to be in a good mood** être de bonne humeur.

moody ['mu:dɪ] adj **1.** [bad-tempered] de mauvaise humeur **2.** [changeable] lunatique.

moon [mu:n] n lune *f*.

moonlight ['mu:nlaɪt] n (*U*) clair *m* de lune.

moor [mɔ:ʳ] ◆ n UK lande *f*. ◆ vt amarrer.

moose [mu:s] (*pl inv*) n orignal *m*.

mop [mɒp] ◆ n [for floor] balai *m* à franges. ◆ vt [floor] laver. ◆ **mop up** vt sep [clean up] éponger.

moped ['məʊped] n Mobylette® *f*.

moral ['mɒrəl] ◆ adj moral(e). ◆ n [lesson] morale *f*.

morality [mə'rælɪtɪ] n (*U*) moralité *f*.

more [mɔ:ʳ] ◆ adj **1.** [a larger amount of] plus de, davantage de ▸ **there are more tourists than usual** il y a plus de touristes que d'habitude **2.** [additional] encore de ▸ **are there any more cakes?** est-ce qu'il y a encore des gâteaux ? ▸ **I'd like two more bottles** je voudrais deux autres bouteilles ▸ **there's no more wine** il n'y a plus de vin **3.** [in phrases] : **more and more** de plus en plus de
◆ adv **1.** [in comparatives] plus ▸ **it's more difficult than before** c'est plus difficile qu'avant ▸ **speak more clearly** parlez plus clairement **2.** [to a greater degree] plus ▸ **we ought to go to the cinema more** nous devrions aller plus souvent au cinéma **3.** [in phrases] : **not... any more** ne... plus ▸ **I don't go there any more** je n'y vais plus ▸ **once more** encore une fois, une fois de plus ▸ **more or less** plus ou moins ▸ **we'd be more than happy to help** nous serions enchantés de vous aider
◆ pron **1.** [a larger amount] plus, davantage ▸ **I've got more than you** j'en ai plus que toi ▸ **more than 20 types of pizza** plus de 20 sortes de pizza **2.** [an additional amount] encore ▸ **is there any more?** est-ce qu'il y en a encore ? ▸ **there's no more** il n'y en a plus.

moreish ['mɔ:rɪʃ] adj UK *inf* appétissant(e).

moreover [mɔ:'rəʊvəʳ] adv *fml* de plus.

morning ['mɔ:nɪŋ] n **1.** matin *m* **2.** [period] matinée *f* ▸ **two o'clock in the morning** deux heures du matin ▸ **good morning!** bonjour ! ▸ **in the morning a)** [early in the day] le matin **b)** [tomorrow morning] demain matin.

morning-after pill n pilule *f* du lendemain.

morning sickness n (*U*) nausées *fpl* matinales.

Moroccan [mə'rɒkən] ◆ adj marocain(e). ◆ n Marocain *m*, -e *f*.

Morocco [mə'rɒkəʊ] n le Maroc.

moron ['mɔ:rɒn] n *inf* [idiot] abruti *m*, -e *f*.

morph [mɔ:f] vi se transformer.

morphine ['mɔːfiːn] n morphine *f*.

morphing ['mɔːfɪŋ] n COMPUT morphing *m*.

morris dancing ['mɒrɪs-] n *(U) danse folklorique anglaise*.

Morse (code) [mɔːs-] n morse *m*.

mortgage ['mɔːgɪdʒ] n prêt *m* immobilier.

mortgage lender n prêteur *m* hypothécaire.

mosaic [mə'zeɪɪk] n mosaïque *f*.

mosey ['məʊzɪ] vi US *inf* [amble] marcher d'un pas tranquille.

Moslem ['mɒzləm] = **Muslim**.

mosque [mɒsk] n mosquée *f*.

mosquito [mə'skiːtəʊ] (*pl* **-es**) n moustique *m*.

mosquito net n moustiquaire *f*.

moss [mɒs] n *(U)* mousse *f*.

most [məʊst] ◆ adj **1.** [the majority of] la plupart de ▸ **most people agree** la plupart des gens sont d'accord **2.** [the largest amount of] le plus de ▸ **I drank (the) most beer** c'est moi qui ai bu le plus de bière
◆ adv **1.** [in superlatives] le plus (la plus) ▸ **the most expensive hotel in town** l'hôtel le plus cher de la ville **2.** [to the greatest degree] le plus ▸ **I like this one most** c'est celui-ci que j'aime le plus **3.** *fml* [very] très ▸ **they were most welcoming** ils étaient très accueillants
◆ pron **1.** [the majority] la plupart ▸ **most of the villages** la plupart des villages ▸ **most of the journey** la plus grande partie du voyage **2.** [the largest amount] le plus ▸ **she earns (the) most** c'est elle qui gagne le plus **3.** [in phrases] **: at most** au plus, au maximum ▸ **to make the most of sthg** profiter de qqch au maximum.

mostly ['məʊstlɪ] adv principalement.

MOT n UK [test] ≃ contrôle *m* technique *(annuel)*.

motel [məʊ'tel] n motel *m*.

moth [mɒθ] n **1.** papillon *m* de nuit **2.** [in clothes] mite *f*.

mother ['mʌðəʳ] n mère *f*.

motherboard ['mʌðəbɔːd] n carte *f* mère.

mother-in-law n belle-mère *f*.

mother-of-pearl n *(U)* nacre *f*.

Mother's Day n fête *f* des Mères.

mother tongue n langue *f* maternelle.

motif [məʊ'tiːf] n motif *m*.

motion ['məʊʃn] ◆ n mouvement *m*.
◆ vi **: to motion to sb** faire signe à qqn.

motionless ['məʊʃənlɪs] adj immobile.

motivate ['məʊtɪveɪt] vt motiver.

motive ['məʊtɪv] n motif *m*.

motor ['məʊtəʳ] n moteur *m*.

Motorail® ['məʊtəreɪl] n train *m* autocouchette(s).

motorbike ['məʊtəbaɪk] n UK moto *f*.

motorboat ['məʊtəbəʊt] n canot *m* à moteur.

motorcar ['məʊtəkɑːʳ] n UK automobile *f*.

motorcycle ['məʊtə,saɪkl] n motocyclette *f*.

motorcyclist ['məʊtə,saɪklɪst] n motocycliste *m ou f*.

motor home n camping-car *m*.

motorist ['məʊtərɪst] n automobiliste *m ou f*.

motormouth ['məʊtə,maʊθ] n *vulg* **: he's a bit of a motormouth** c'est un véritable moulin à paroles.

motor racing n *(U)* course *f* automobile.

motorway ['məʊtəweɪ] n UK autoroute *f*.

motto ['mɒtəʊ] (*pl* -s) n devise *f*.

mould [məʊld] ◆ n UK **1.** [shape] moule *m* **2.** *(U)* [substance] moisissure *f*. ◆ vt UK mouler.

mouldy ['məʊldɪ] adj UK moisi(e).

mound [maʊnd] n **1.** [hill] butte *f* **2.** [pile] tas *m*.

mount [maʊnt] ◆ n **1.** [for photo] support *m* **2.** [mountain] mont *m*. ◆ vt monter. ◆ vi [increase] augmenter.

mountain ['maʊntɪn] n montagne *f*.

mountain bike n VTT *m*.

mountaineer [,maʊntɪ'nɪəʳ] n alpiniste *m ou f*.

mountaineering [,maʊntɪ'nɪərɪŋ] n *(U)* **: to go mountaineering** faire de l'alpinisme.

mountainous ['maʊntɪnəs] adj montagneux(euse).

Mount Rushmore [-'rʌʃmɔːʳ] n le mont Rushmore.

mourning ['mɔːnɪŋ] n *(U)* **: to be in mourning** être en deuil.

mouse [maʊs] (*pl* **mice**) n souris *f*.

mouse mat n UK tapis *m* (de) souris.

mouse pad n US tapis *m* (de) souris.

mouse pointer n pointeur *m* (de la souris).

moussaka [muː'sɑːkə] n moussaka *f*.

mousse [muːs] n mousse *f*.

moustache [mə'stɑːʃ] n UK moustache *f*.

mouth [maʊθ] n **1.** bouche *f* **2.** [of animal] gueule *f* **3.** [of cave, tunnel] entrée *f* **4.** [of river] embouchure *f*.

mouthful ['maʊθfʊl] n **1.** [of food] bouchée *f* **2.** [of drink] gorgée *f*.

mouthorgan ['maʊθ,ɔːgən] n harmonica *m*.

mouthpiece ['maʊθpiːs] n **1.** [of telephone] microphone *m* **2.** [of musical instrument] embouchure *f*.

mouthwash ['maʊθwɒʃ] n bain *m* de bouche.

move [muːv] ◆ n **1.** [change of house] déménagement *m* **2.** [movement] mouvement *m* **3.** [in games] coup *m* **4.** [turn to play] tour *m* **5.** [course of action] démarche *f*. ◆ vt **1.** [shift] déplacer **2.** [arm, head] bouger **3.** [emotionally] émouvoir. ◆ vi **1.** [shift] bouger **2.** [person] se déplacer ▸ **to move (house)** déménager ▸ **to make a move** [leave] partir, y aller. ◆ **move along** vi se déplacer. ◆ **move in** vi [to house] emménager. ◆ **move off** vi [train, car] partir. ◆ **move on** vi [after stopping] repartir. ◆ **move out** vi [from house] déménager. ◆ **move over** vi se pousser. ◆ **move up** vi se pousser.

movement ['muːvmənt] n mouvement *m*.

movie ['muːvɪ] n film *m*.

movie theater n US cinéma *m*.

moving ['muːvɪŋ] adj [emotionally] émouvant(e).

mow [məʊ] vt **: to mow the lawn** tondre la pelouse.

mozzarella [,mɒtsə'relə] n *(U)* mozzarelle *f*.

MP (*abbr of* **Member of Parliament**) n UK ≃ député *m*.

MP3 [ˌempiːˈθriː] (*abbr of* **moving picture experts group audio layer 3**) n COMPUT MP3 *m*.

MP4 (*abbr of* **moving picture experts group audio layer 4**) n COMPUT MP4.

mpg (*abbr of* **miles per gallon**) n miles *mpl* au gallon.

mph (*abbr of* **miles per hour**) miles *mpl* à l'heure.

MP3 player n lecteur *m* (de) MP3.

Mr (*written abbr of* **Mister**) M. *(Monsieur)*.

MRI (*abbr of* **magnetic resonance imaging**) n IRM *f (imagerie par résonnance magnétique)*.

Mrs [ˈmɪsɪz] Mme *(Madame)*.

MRSA [ˌemɑːresˈeɪ] (*abbr of* **methicillin resistant Staphylococcus aureus**) n SARM *m*.

Ms [mɪz] *titre que les femmes peuvent utiliser au lieu de madame ou mademoiselle pour éviter la distinction entre femmes mariées et célibataires.*

MSc (*abbr of* **Master of Science**) n *(titulaire d'une) maîtrise de sciences.*

MSP UK n *written abbr of* **Member of the Scottish Parliament**.

much [mʌtʃ] (*compar* **more**, *superl* **most**) ◆ adj beaucoup de ▸ **I haven't got much money** je n'ai pas beaucoup d'argent ▸ **as much food as you can eat** autant de nourriture que tu peux en avaler ▸ **how much time is left?** combien de temps reste-t-il ? ▸ **they have so much money** ils ont tant d'argent ▸ **we have too much work** nous avons trop de travail
◆ adv **1.** [to a great extent] beaucoup, bien ▸ **it's much better** c'est bien OR beaucoup mieux ▸ **I like it very much** j'aime beaucoup ça ▸ **it's not much good** *inf* ce n'est pas terrible ▸ **thank you very much** merci beaucoup **2.** [often] beaucoup, souvent ▸ **we don't go there much** nous n'y allons pas souvent
◆ pron beaucoup ▸ **I haven't got much** je n'en ai pas beaucoup ▸ **as much as you like** autant que tu voudras ▸ **how much is it?** c'est combien ?

much-loved adj bien-aimé(e).

muck [mʌk] n *(U)* [dirt] boue *f*. ◆ **muck about** vi UK *inf* **1.** [have fun] s'amuser **2.** [behave foolishly] faire l'imbécile. ◆ **muck up** vt sep *inf* saloper.

mud [mʌd] n *(U)* boue *f*.

muddle [ˈmʌdl] n : **to be in a muddle** **a)** [confused] ne plus s'y retrouver **b)** [in a mess] être en désordre.

muddy [ˈmʌdɪ] adj boueux(euse).

mud flap US n = **mudguard**.

mudguard [ˈmʌdgɑːd] n garde-boue *m inv*.

muesli [ˈmjuːzlɪ] n *(U)* muesli *m*.

muffin [ˈmʌfɪn] n **1.** UK [roll] *petit pain rond* **2.** [cake] muffin *m (sorte de grosse madeleine ronde)*.

muffler [ˈmʌfləʳ] n US [silencer] silencieux *m*.

mug [mʌg] ◆ n [cup] grande tasse *f*. ◆ vt [attack] agresser.

mugger [ˈmʌgəʳ] n agresseur *m*.

mugging [ˈmʌgɪŋ] n agression *f*.

muggy [ˈmʌgɪ] adj lourd(e).

mule [mjuːl] n mule *f*.

multicast [ˈmʌltɪkɑːst], **multicasting** [ˈmʌltɪkɑːstɪŋ] n multicasting *m*.

multicoloured, multicolored US [ˈmʌltɪˌkʌləd] adj multicolore.

multifunction [ˌmʌltɪˈfʌŋkʃən] adj multifonction(s).

multiplatform [ˌmʌltɪˈplætfɔːm] adj multiplateforme.

multiple [ˈmʌltɪpl] adj multiple.

multiple-choice examination [ˈmʌltɪpl tʃɔɪs ɪgˌzæmɪˈneɪʃn] n [at the university & SCH] QCM *m*, questionnaire *m* à choix multiple.

multiple sclerosis [-sklɪˈrəʊsɪs] n sclérose *f* en plaques.

multiplex [ˈmʌltɪpleks] n [cinema] complexe *m* multisalles.

multiplex cinema [ˈmʌltɪpleks-] n cinéma *m* multisalles.

multiplication [ˌmʌltɪplɪˈkeɪʃn] n *(U)* multiplication *f*.

multiply [ˈmʌltɪplaɪ] ◆ vt multiplier. ◆ vi se multiplier.

multi-region adj multizone.

multi-speed adj à plusieurs vitesses.

multistorey UK, **multistory** US [ˌmʌltɪˈstɔːrɪ] adj à étages.

multistorey (car park) [ˌmʌltɪˈstɔːrɪ-] n UK parking *m* à plusieurs niveaux.

multi-talented adj aux talents multiples.

multivitamin [UK ˈmʌltɪvɪtəmɪn, US ˈmʌltɪvaɪtəmɪn] n multivitamine *f*.

mum [mʌm] n UK *inf* maman *f*.

mummy [ˈmʌmɪ] n UK *inf* [mother] maman *f*.

mumps [mʌmps] n *(U)* oreillons *mpl*.

munch [mʌntʃ] vt mâcher.

municipal [mjuːˈnɪsɪpl] adj municipal(e).

mural [ˈmjuːərəl] n peinture *f* murale.

murder [ˈmɜːdə^r] ◆ n meurtre *m*. ◆ vt assassiner.

murderer [ˈmɜːdərə^r] n meurtrier *m*, -ière *f*.

muscle [ˈmʌsl] n muscle *m*.

muscle strain n MED élongation *f*.

museum [mjuːˈziːəm] n musée *m*.

mushroom [ˈmʌʃrʊm] n champignon *m*.

music [ˈmjuːzɪk] n *(U)* musique *f*.

musical [ˈmjuːzɪkl] ◆ adj **1.** musical(e) **2.** [person] musicien(ienne). ◆ n comédie *f* musicale.

musical instrument n instrument *m* de musique.

musician [mjuːˈzɪʃn] n musicien *m*, -ienne *f*.

Muslim [ˈmʊzlɪm] ◆ adj musulman(e). ◆ n musulman *m*, -e *f*.

mussels [ˈmʌslz] npl moules *fpl*.

must [mʌst] ◆ aux vb devoir. ◆ n *inf* : **it's a must** c'est un must ▸ **I must go** je dois y aller, il faut que j'y aille ▸ **the room must be vacated by ten** la chambre doit être libérée avant dix heures ▸ **you must have seen it** tu l'as sûrement vu ▸ **you must see that film** il faut que tu voies ce film ▸ **you must be joking!** tu plaisantes !

mustache [ˈmʌstæʃ] US = **moustache**.

mustard [ˈmʌstəd] n *(U)* moutarde *f*.

must-have n must *m*.

mustn't [ˈmʌsənt] → **must not**.

must-see n : **that film is a must-see** c'est un film à ne pas manquer.

mutation [mjuːˈteɪʃən] n MED mutation *f*.

mutter [ˈmʌtə^r] vt marmonner.

mutton [ˈmʌtn] n *(U)* mouton *m*.

mutual ['mjuːtʃʊəl] **adj 1.** [feeling] mutuel(elle) **2.** [friend, interest] commun(e).

muzzle ['mʌzl] **n** [for dog] muselière *f.*

my [maɪ] **adj** mon (ma), mes *pl.*

myself [maɪ'self] **pron 1.** [reflexive] me **2.** [after prep] moi ▸ **I washed myself** je me suis lavé ▸ **I did it myself** je l'ai fait moi-même.

mysterious [mɪ'stɪərɪəs] **adj** mystérieux(ieuse).

mystery ['mɪstərɪ] **n** mystère *m.*

myth [mɪθ] **n** mythe *m.*

Nn

N (*abbr of* North) N (*Nord*).

n/a, N/A (*written abbr of* not applicable) s.o. (*sans objet*).

nag [næg] **vt** harceler.

nail [neɪl] ◆ **n 1.** [of finger, toe] ongle *m* **2.** [metal] clou *m.* ◆ **vt** [fasten] clouer.

nail-biter **n** *fig* [situation] situation *f* au suspense insoutenable.

nailbrush ['neɪlbrʌʃ] **n** brosse *f* à ongles.

nail enamel US **n** = **nail polish**.

nail file **n** lime *f* à ongles.

nail polish **n** vernis *m* à ongles.

nail polish remover **n** dissolvant *m.*

nail scissors **npl** ciseaux *mpl* à ongles.

nail varnish **n** *(U)* UK vernis *m* à ongles.

nail varnish remover [-rə'muːvər] **n** *(U)* UK dissolvant *m.*

naive [naɪ'iːv] **adj** naïf(ïve).

naked ['neɪkɪd] **adj** [person] nu(e).

name [neɪm] ◆ **n** nom *m.* ◆ **vt 1.** nommer **2.** [date, price] fixer ▸ **first name** prénom *m* ▸ **last name** nom de famille ▸ **what's your name?** comment vous appelez-vous ? ▸ **my name is...** je m'appelle....

name-dropper **n : she's an awful name-dropper** à la croire, elle connaît tout le monde.

namely ['neɪmlɪ] **adv** c'est-à-dire.

nan bread [næn-] **n** *pain indien en forme de grande galette ovale, servi tiède.*

nanny ['nænɪ] **n 1.** [childminder] nurse *f* **2.** UK *inf* [grandmother] mamie *f.*

nap [næp] **n : to have a nap** faire un petit somme.

napkin ['næpkɪn] **n** serviette *f* (de table).

nappy ['næpɪ] **n** UK couche *f.*

nappy liner **n** UK protège-couches *m inv.*

narcodollars ['nɑːkəʊˌdɒləz] **npl** narcodollars *mpl.*

narcosis [nɑː'kəʊsɪs] **n** narcose *f.*

narcotic [nɑː'kɒtɪk] **n** stupéfiant *m.*

narrow ['nærəʊ] ◆ **adj** étroit(e). ◆ **vi** se rétrécir.

narrow-minded [-'maɪndɪd] **adj** borné(e).

nasty ['nɑːstɪ] **adj** méchant(e), mauvais(e).

nation ['neɪʃn] **n** nation *f.*

national ['næʃənl] ◆ **adj** national(e). ◆ **n** [person] ressortissant *m*, -e *f*.

national anthem n hymne *m* national.

National Health Service n UK ≃ Sécurité *f* sociale.

ⓘ National Health Service

Depuis 1948, en Grande-Bretagne, le **National Health Service** anglais, dont la principale vocation est de répondre aux besoins de chacun quels que soient ses moyens financiers, dispense des soins médicaux à tout citoyen britannique. Les consultations médicales et les soins hospitaliers sont gratuits pour les enfants et les personnes âgées ; les assurés n'entrant pas dans cette catégorie doivent simplement s'acquitter d'une contribution personnelle pour les ordonnances et les consultations de spécialistes (dentistes, opticiens, etc.).

National Insurance n *(U)* UK cotisations *fpl* sociales.

ⓘ National Insurance

L'Assurance nationale anglaise est basée sur un système de cotisations obligatoires à la fois pour les employés et les employeurs, dont le montant est proportionnel aux revenus annuels. Pour pouvoir travailler légalement au Royaume-Uni, il est indispensable d'avoir un numéro d'immatriculation individuel (l'équivalent français du numéro de Sécurité sociale), qui donne droit aux allocations, aux remboursements des frais de santé et aux cotisations pour les pensions de retraite.

nationality [ˌnæʃə'nælətɪ] **n** nationalité *f*.

National Lottery n Loto *m* britannique.

national park n parc *m* national.

ⓘ National Park

Les parcs nationaux aux Etats-Unis sont de grands espaces naturels ouverts au public et protégés pour conserver l'intégrité du paysage, de la faune et de la flore qu'ils abritent. Les plus connus sont Bryce, Grand Canyon, Yellowstone, Yosemite et Death Valley. On peut y faire de la randonnée et même du camping.

national press n presse *f* nationale.

National Trust n UK : **the National Trust** *organisme non gouvernemental assurant la conservation de certains sites et monuments historiques.*

nationwide ['neɪʃənwaɪd] **adj** national(e).

native ['neɪtɪv] ◆ **adj** local(e). ◆ **n** natif *m*, -ive *f* ▸ **to be a native speaker of English** être anglophone ▸ **my native country** mon pays natal.

Native American n Indien *m*, -enne *f* d'Amérique, Amérindien *m*, -enne *f*.

ⓘ Native American

Ce terme désigne les premiers habitants des États-Unis avant la colonisation par opposition aux américains d'origine européenne. On parle également d'**American Indians** (ou indiens d'Amérique) car Christophe Colomb pensait avoir accosté en Inde après avoir rencontré ces autochtones lors de la découverte de l'Amérique. Longtemps confinées dans des zones spécifiques, leurs différentes communautés font désormais partie intégrante de la société américaine.

native speaker n locuteur *m* natif, locutrice *f* native.

NATO ['neɪtəʊ] n OTAN *f*.

natural ['nætʃrəl] adj naturel(elle).

natural gas n *(U)* gaz *m* naturel.

naturalized, naturalised UK ['nætʃrəlaɪzd] adj [person] naturalisé(e).

naturally ['nætʃrəlɪ] adv [of course] naturellement.

natural yoghurt n yaourt *m* nature.

nature ['neɪtʃəʳ] n nature *f*.

nature reserve n réserve *f* naturelle.

naughty ['nɔːtɪ] adj [child] vilain(e).

nausea ['nɔːzɪə] n *(U)* nausée *f*.

navel ['neɪvl] n nombril *m*.

navigate ['nævɪgeɪt] vi **1.** naviguer **2.** [in car] lire la carte.

navy ['neɪvɪ] ◆ n marine *f*. ◆ adj : **navy (blue)** (bleu) marine *inv*.

NB (*abbr of* **nota bene**) NB.

near [nɪəʳ] ◆ adv près. ◆ adj proche. ◆ prep : **near (to)** près de ▸ **in the near future** dans un proche avenir.

nearby [nɪə'baɪ] ◆ adv tout près, à proximité. ◆ adj proche.

nearly ['nɪəlɪ] adv presque ▸ **I nearly fell over** j'ai failli tomber.

nearside ['nɪəsaɪd] n UK [right-hand drive] côté *m* gauche ; [left-hand drive] côté droit.

nearsighted [ˌnɪə'saɪtɪd] adj US myope.

neat [niːt] adj **1.** [room] rangé(e) **2.** [writing, work] soigné(e) **3.** [whisky, etc.] pur(e).

neatly ['niːtlɪ] adv soigneusement.

necessarily [ˌnesə'serɪlɪ, UK 'nesəsrəlɪ] adv : **not necessarily** pas forcément.

necessary ['nesəsrɪ] adj nécessaire ▸ **it is necessary to do sthg** il faut faire qqch.

necessity [nɪ'sesətɪ] n nécessité *f*. ◆ **necessities** npl strict minimum *m*.

neck [nek] n **1.** cou *m* **2.** [of garment] encolure *f*.

necklace ['neklɪs] n collier *m*.

necktie ['nektaɪ] n US *fml* cravate *f*.

nectarine ['nektərɪn] n nectarine *f*.

need [niːd] ◆ n besoin *m*. ◆ vt avoir besoin de ▸ **to need to do sthg** avoir besoin de faire qqch ▸ **we need to be back by ten** il faut que nous soyons rentrés pour dix heures.

needle ['niːdl] n **1.** aiguille *f* **2.** [for record player] pointe *f*.

needlework ['niːdlwɜːk] n couture *f*.

needn't ['niːdənt] → **need not**.

needy ['niːdɪ] adj dans le besoin.

negative ['negətɪv] ◆ adj négatif(ive). ◆ n **1.** [in photography] négatif *m* **2.** GRAM négation *f*.

neglect [nɪ'glekt] vt négliger.

negligence ['neglɪdʒəns] n *(U)* négligence *f*.

negotiations [nɪˌgəʊʃɪ'eɪʃnz] npl négociations *fpl*.

negro ['niːgrəʊ] (*pl* **-es**) n nègre *m*, négresse *f*.

neighbor US = **neighbour**.

neighborhood US = **neighbourhood**.

neighboring US = **neighbouring**.

neighbour ['neɪbəʳ] n UK voisin *m*, -e *f*.

neighbourhood ['neɪbəhʊd] n UK voisinage *m*.

neighbouring ['neɪbərɪŋ] **adj** UK voisin(e).

neither ['naɪðəʳ] ◆ **adj : neither bag is big enough** aucun des deux sacs n'est assez grand. ◆ **pron : neither of us** aucun de nous deux. ◆ **conj : neither do I** moi non plus ▸ **neither… nor…** ni… ni….

neon light ['niːɒn-] **n** néon *m*.

nephew ['nefjuː] **n** neveu *m*.

nerve [nɜːv] **n 1.** nerf *m* **2.** *(U)* [courage] cran *m* ▸ **what a nerve!** quel culot !

nervous ['nɜːvəs] **adj** nerveux(euse).

nervous breakdown n dépression *f* nerveuse.

nest [nest] **n** nid *m*.

nested ['nestɪd] **adj** [typography & COMPUT] imbriqué(e).

net [net] ◆ **n** filet *m*. ◆ **adj** net (nette) ▸ **the Net** la Toile.

netball ['netbɔːl] **n** *(U) sport féminin proche du basket-ball.*

Netherlands ['neðələndz] **npl : the Netherlands** les Pays-Bas *mpl*.

netiquette ['netiket] **n** nétiquette *f*.

net surfer n internaute *m ou f*.

nettle ['netl] **n** ortie *f*.

network ['netwɜːk] **n** réseau *m*.

neurotic [ˌnjʊə'rɒtɪk] **adj** névrosé(e).

neurotoxin ['njʊərəʊˌtɒksɪn] **n** neurotoxine *f*.

neutral ['njuːtrəl] ◆ **adj** neutre. ◆ **n** AUT **: in neutral** au point mort.

never ['nevəʳ] **adv** (ne…) jamais ▸ **she's never late** elle n'est jamais en retard ▸ **never mind!** ça ne fait rien !

never-never adj *inf* **: never-never land** pays *m* de cocagne.

nevertheless [ˌnevəðə'les] **adv** cependant, pourtant.

new [njuː] **adj 1.** nouveau(elle) **2.** [brand new] neuf (neuve).

New Age traveller n UK voyageur *m* New Age.

newborn ['njuːbɔːn] **adj** nouveau-né(e).

new-build adj neuf (neuve).

new-look adj new-look *(inv)*.

newly ['njuːlɪ] **adv** récemment.

new media npl : the new media les nouveaux médias.

new potatoes npl pommes de terre *fpl* nouvelles.

news [njuːz] **n 1.** [information] nouvelle *f*, nouvelles *fpl* **2.** [on TV, radio] informations *fpl* ▸ **a piece of news** une nouvelle.

newsagent ['njuːzeɪdʒənt] **n** UK marchand *m* de journaux.

newspaper ['njuːzˌpeɪpəʳ] **n** journal *m*.

newsstand ['njuːzstænd] **n** kiosque *m* à journaux.

New Year n le nouvel an ▸ **Happy New Year!** bonne année !

New Year's Day n le jour de l'an.

New Year's Eve n la Saint-Sylvestre.

New York n 1. [city] **: New York (City)** New York **2.** [state] **: New York (State)** l'État *m* de New York.

New Zealand [-'ziːlənd] **n** la Nouvelle-Zélande.

next [nekst] ◆ **adj 1.** prochain(e) **2.** [room, house] d'à côté. ◆ **adv 1.** ensuite, après **2.** [on next occasion] la prochaine fois ▸ **when does the next bus leave?** quand part le prochain bus ? ▸ **the**

week after next dans deux semaines ▸ **the next week** la semaine suivante ▸ **next to** [by the side of] à côté de.

next door **adv** à côté.

next of kin [-kɪn] **n** plus proche parent *m*.

NHS UK *abbr of* **National Health Service**.

nib [nɪb] **n** plume *f*.

nibble ['nɪbl] **vt** grignoter.

Nicaragua [,nɪkə'ræɡjʊə] **n** Nicaragua *m*.

Nicaraguan [,nɪkə'ræɡjʊən] ◆ **adj** nicaraguayen(enne). ◆ **n** Nicaraguayen *m*, -enne *f*.

nice [naɪs] **adj** **1.** [pleasant] bon (bonne) **2.** [pretty] joli(e) **3.** [kind] gentil(ille) ▸ **to have a nice time** se plaire ▸ **nice to see you!** (je suis) content de te voir !

nickel ['nɪkl] **n** **1.** *(U)* [metal] nickel *m* **2.** US [coin] pièce *f* de cinq cents.

nickname ['nɪkneɪm] **n** surnom *m*.

niece [ni:s] **n** nièce *f*.

night [naɪt] **n** **1.** nuit *f* **2.** [evening] soir *m* ▸ **at night** **a)** la nuit **b)** [in evening] le soir.

nightclub ['naɪtklʌb] **n** boîte *f* (de nuit).

nightdress ['naɪtdres] **n** chemise *f* de nuit.

nightgown ['naɪtgaʊn] **n** chemise *f* de nuit.

nightie ['naɪtɪ] **n** *inf* chemise *f* de nuit.

nightlife ['naɪtlaɪf] **n** vie *f* nocturne.

nightly ['naɪtlɪ] **adv** **1.** toutes les nuits **2.** [every evening] tous les soirs.

nightmare ['naɪtmeə[r]] **n** cauchemar *m*.

night safe **n** UK coffre *m* de nuit.

night school **n** cours *mpl* du soir.

nightshift ['naɪtʃɪft] **n** : **to be on nightshift** travailler de nuit.

nil [nɪl] **n** zéro *m*.

Nile [naɪl] **n** : **the Nile** le Nil.

nine [naɪn] **num adj & n** neuf ▸ **to be nine (years old)** avoir neuf ans ▸ **it's nine (o'clock)** il est neuf heures ▸ **a hundred and nine** cent neuf ▸ **nine Hill St** 9 Hill St ▸ **it's minus nine (degrees)** il fait moins neuf.

911 [,naɪn'wʌn'wʌn] *numéro de téléphone des urgences dans certains États des États-Unis.*

nineteen [,naɪn'ti:n] **num adj & n** dix-neuf ▸ **to be nineteen (years old)** avoir dix-neuf ans ▸ **a hundred and nineteen** cent dix-neuf ▸ **nineteen Hill St** 19 Hill St ▸ **it's minus nineteen (degrees)** il fait moins dix-neuf (degrés) ▸ **nineteen ninety-five** mille neuf cent quatre-vingt-quinze.

nineteenth [,naɪn'ti:nθ] ◆ **num pron** dix-neuvième *m ou f*. ◆ **num n** [fraction] dix-neuvième *m* ▸ **the nineteenth (of September)** le dix-neuf (septembre).

ninetieth ['naɪntɪəθ] ◆ **num pron** quatre-vingt-dixième *m ou f*. ◆ **num n** [fraction] quatre-vingt-dixième *m*.

ninety ['naɪntɪ] **num adj & n** quatre-vingt-dix ▸ **to be ninety (years old)** avoir quatre-vingt-dix ans ▸ **a hundred and ninety** cent quatre-vingt-dix ▸ **ninety Hill St** 90 Hill St ▸ **it's minus ninety (degrees)** il fait moins quatre-vingt-dix (degrés).

ninth [naɪnθ] ◆ **num pron** neuvième *m ou f*. ◆ **num n** [fraction] neuvième *m* ▸ **the ninth (of September)** le neuf (septembre).

ninth grade n US SCH *classe de l'enseignement secondaire correspondant à la troisième (13-14 ans).*

nip [nɪp] **vt** [pinch] pincer.

nipple ['nɪpl] **n 1.** mamelon *m* **2.** US [of bottle] tétine *f.*

nitrogen ['naɪtrədʒən] **n** *(U)* azote *m.*

no [nəʊ] ◆ **adv** non. ◆ **adj** pas de, aucun(e) ▸ **I've got no money left** je n'ai plus d'argent.

noble ['nəʊbl] **adj** noble.

nobody ['nəʊbədɪ] **pron** personne ▸ **there's nobody in** il n'y a personne.

no-brainer [nəʊ'breɪnə^r] **n** US *inf décision facile* ▸ **it's a no-brainer!** la solution est claire !

nod [nɒd] **vi** [in agreement] faire signe que oui.

no-fault **adj** US LAW **: no-fault divorce** divorce *m* par consentement mutuel ▸ **no-fault insurance** assurance *f* à remboursement automatique.

noise [nɔɪz] **n** bruit *m.*

noisy ['nɔɪzɪ] **adj** bruyant(e).

nominate ['nɒmɪneɪt] **vt** nommer.

nonalcoholic [ˌnɒnælkə'hɒlɪk] **adj** non alcoolisé(e).

none [nʌn] **pron** aucun *m*, -e *f* ▸ **none of us** aucun d'entre nous.

nonetheless [ˌnʌnðə'les] **adv** néanmoins.

nonfiction [ˌnɒn'fɪkʃn] **n** *(U)* ouvrages *mpl* non romanesques.

non-iron **adj : 'non-iron'** 'repassage interdit'.

non-polluting [nɒnpə'luːtɪŋ] **adj** non polluant(e), propre.

nonsense ['nɒnsəns] **n** *(U)* bêtises *fpl.*

nonsmoker [ˌnɒn'sməʊkə^r] **n** non-fumeur *m*, -euse *f.*

nonstick [ˌnɒn'stɪk] **adj** [saucepan] antiadhésif(ive).

nonstop [ˌnɒn'stɒp] ◆ **adj 1.** [flight] direct **2.** [talking, arguing] continuel(elle). ◆ **adv 1.** [fly, travel] sans escale **2.** [rain] sans arrêt.

nonverbal [nɒnvɜːbl] **adj** non verbal(e).

noodles ['nuːdlz] **npl** nouilles *fpl.*

noon [nuːn] **n** *(U)* midi *m.*

no one, no-one = **nobody**.

nor [nɔː^r] **conj** ni ▸ **nor do I** moi non plus.

normal ['nɔːml] **adj** normal(e).

normally ['nɔːməlɪ] **adv** normalement.

north [nɔːθ] ◆ **n** nord *m.* ◆ **adv 1.** [fly, walk] vers le nord **2.** [be situated] au nord ▸ **in the north of England** au OR dans le nord de l'Angleterre.

North Africa **n** Afrique *f* du Nord.

North African ◆ **n** Nord-Africain *m*, -e *f.* ◆ **adj** nord-africain(e), d'Afrique du Nord.

North America **n** l'Amérique *f* du Nord.

North American **adj** nord-américain(e), d'Amérique du Nord.

northbound ['nɔːθbaʊnd] **adj** en direction du nord.

northeast [ˌnɔːθ'iːst] **n** nord-est *m.*

northeastern [ˌnɔːθ'iːstən] **adj** nord-est *(inv)*, du nord-est.

northern ['nɔːðən] **adj** du nord.

Northern Ireland **n** l'Irlande *f* du Nord.

North Korea **n** Corée *f* du Nord.

North Pole **n** pôle *m* Nord.

North Sea n mer *f* du Nord.

northward ['nɔːθwəd] ◆ adj au nord. ◆ adv = **northwards**.

northwards ['nɔːθwədz] adv vers le nord.

northwest [ˌnɔːθ'west] n nord-ouest *m*.

northwestern [ˌnɔːθ'westən] adj nord-ouest *(inv)*, du nord-ouest.

Norway ['nɔːweɪ] n la Norvège.

Norwegian [nɔː'wiːdʒən] ◆ adj norvégien(ienne). ◆ n **1.** [person] Norvégien *m*, -ienne *f* **2.** [language] norvégien *m*.

nose [nəʊz] n nez *m*.

nosebleed ['nəʊzbliːd] n **: to have a nosebleed** saigner du nez.

nose stud n piercing *m* OR boucle *f* de nez.

no-show n [for flight, journey] *passager qui ne se présente pas à l'embarquement* ; [for show] *spectateur qui a réservé sa place et qui n'assiste pas au spectacle.*

no smoking area n zone *f* non-fumeurs.

nostril ['nɒstrəl] n narine *f*.

no-strings adj [relationship] sans lendemain.

nosy ['nəʊzɪ] adj (trop) curieux(ieuse).

not [nɒt] adv ne… pas ▸ **she's not there** elle n'est pas là ▸ **not yet** pas encore ▸ **not at all a)** [pleased, interested] pas du tout **b)** [in reply to thanks] je vous en prie.

notably ['nəʊtəblɪ] adv [in particular] notamment.

note [nəʊt] ◆ n **1.** [message] mot *m* **2.** [in music, comment] note *f* **3.** UK [bank note] billet *m*. ◆ vt **1.** [notice] remarquer **2.** [write down] noter ▸ **to take notes** prendre des notes.

notebook ['nəʊtbʊk] n calepin *m*, carnet *m*.

noted ['nəʊtɪd] adj célèbre, réputé(e).

notepaper ['nəʊtpeɪpəʳ] n *(U)* papier *m* à lettres.

not-for-profit adj US à but non lucratif.

nothing ['nʌθɪŋ] pron rien ▸ **he did nothing** il n'a rien fait ▸ **nothing new / interesting** rien de nouveau / d'intéressant ▸ **for nothing** pour rien.

notice ['nəʊtɪs] ◆ vt remarquer. ◆ n avis *m* ▸ **to take notice of** faire OR prêter attention à ▸ **to hand in one's notice** donner sa démission.

noticeable ['nəʊtɪsəbl] adj perceptible.

notice board n UK panneau *m* d'affichage.

notify ['nəʊtɪfaɪ] vt **: to notify sb (of sthg)** avertir OR aviser qqn (de qqch).

notion ['nəʊʃn] n notion *f*.

notorious [nəʊ'tɔːrɪəs] adj notoire.

nougat ['nuːgɑː] n *(U)* nougat *m*.

nought [nɔːt] n zéro *m*.

noun [naʊn] n nom *m*.

nourishment ['nʌrɪʃmənt] n *(U)* nourriture *f*.

Nov. (*abbr of* **November**) nov. *(novembre)*.

novel ['nɒvl] ◆ n roman *m*. ◆ adj original(e).

novelist ['nɒvəlɪst] n romancier *m*, -ière *f*.

November [nə'vembəʳ] n novembre *m* ▸ **at the beginning of November** début novembre ▸ **at the end of November** fin novembre ▸ **during November** en novembre ▸ **every November** tous les ans en novembre ▸ **in November** en novembre ▸ **last November** en novembre (dernier) ▸ **next November** en novembre de l'année prochaine ▸ **this November** en novembre (prochain) ▸ **2 November 2012** [in letters, etc.] le 2 novembre 2012.

now [naʊ] ◆ **adv** [at this time] maintenant. ◆ **conj : now (that)** maintenant que ▸ **just now** en ce moment ▸ **right now a)** [at the moment] en ce moment **b)** [immediately] tout de suite ▸ **by now** déjà, maintenant ▸ **from now on** dorénavant, à partir de maintenant.

nowadays ['naʊədeɪz] **adv** de nos jours.

nowhere ['nəʊweəʳ] **adv** nulle part.

nozzle ['nɒzl] **n** embout *m*.

NQT (*abbr of* **newly qualified teacher**) **n** UK jeune enseignant *m*, -e *f* (*qui a eu son diplôme récemment*).

nuclear ['nju:klɪəʳ] **adj 1.** nucléaire **2.** [bomb] atomique.

nude [nju:d] **adj** nu(e).

nudge [nʌdʒ] **vt** pousser du coude.

nuisance ['nju:sns] **n : it's a real nuisance!** c'est vraiment embêtant ! ▸ **he's such a nuisance!** il est vraiment cassepieds !

numb [nʌm] **adj** engourdi(e).

number ['nʌmbəʳ] ◆ **n 1.** [numeral] chiffre *m* **2.** [of telephone, house] numéro *m* **3.** [quantity] nombre *m*. ◆ **vt** numéroter.

numberplate ['nʌmbəpleɪt] **n** UK plaque *f* d'immatriculation.

number portability n [telephone] portage *m* OR conservation *f* du numéro.

number shop n US ≃ kiosque *m* de loterie.

Number Ten n *la résidence officielle du Premier ministre britannique.*

numeral ['nju:mərəl] **n** chiffre *m*.

numeric keypad n pavé *m* numérique.

numerous ['nju:mərəs] **adj** nombreux(euses).

nun [nʌn] **n** religieuse *f*.

nunnery ['nʌnərɪ] (*pl* **-ies**) **n** couvent *m* OR monastère *m* (de femmes).

nurse [nɜ:s] ◆ **n** infirmier *m*, -ère *f*. ◆ **vt** [look after] soigner ▸ **male nurse** infirmier *m*.

nursery ['nɜ:sərɪ] **n 1.** [in hospital] nursery *f* **2.** [in house] chambre *f* de bébé **3.** [for plants] pépinière *f* **4.** SCH **: nursery (school)** (école *f*) maternelle *f*.

nursery slope n UK piste *f* pour débutants ; ≃ piste verte.

nursing ['nɜ:sɪŋ] **n** *(U)* métier *m* d'infirmier.

nursing home n 1. [for old people] maison *f* de retraite privée **2.** UK [for childbirth] maternité *f* privée.

nut [nʌt] **n 1.** [to eat] fruit *m* sec *(noix, noisette, etc.)* **2.** [of metal] écrou *m*.

nutcrackers ['nʌt,krækəz] **npl** cassenoix *m inv*.

nutmeg ['nʌtmeg] **n** *(U)* noix *f* de muscade.

nutritious [nju:'trɪʃəs] **adj** nourrissant(e).

NVQ (*abbr of* **National Vocational Qualification**) **n** UK *examen sanctionnant une formation professionnelle.*

nylon ['naɪlɒn] ◆ **n** *(U)* Nylon® *m*. ◆ **adj** en Nylon®.

NYPD [,enwaɪpi:'di:] (*abbr of* **New York Police Department**) **n** police *f* new-yorkaise.

O **n** [zero] zéro *m*.

o' [ə] *abbr of* **of**.

oak [əʊk] ◆ **n** chêne *m*. ◆ **adj** en chêne.

OAP UK *abbr of* **old age pensioner**.

oar [ɔːʳ] **n** rame *f*.

oatcake ['əʊtkeɪk] **n** galette *f* d'avoine.

oath [əʊθ] **n** [promise] serment *m*.

oatmeal ['əʊtmiːl] **n** *(U)* flocons *mpl* d'avoine.

oats [əʊts] **npl** avoine *f*.

obedient [ə'biːdjənt] **adj** obéissant(e).

obey [ə'beɪ] **vt** obéir à.

object ◆ **n** ['ɒbdʒɪkt] **1.** [thing] objet *m* **2.** [purpose] but *m* **3.** GRAM complément *m* d'objet. ◆ **vi** [ɒb'dʒekt] **: to object (to)** protester (contre).

objectify [əb'dʒektɪfaɪ] **vt** objectiver.

objection [əb'dʒekʃn] **n** objection *f*.

objective [əb'dʒektɪv] **n** objectif *m*.

obligation [,ɒblɪ'geɪʃn] **n** obligation *f*.

obligatory [ə'blɪgətrɪ] **adj** obligatoire.

oblige [ə'blaɪdʒ] **vt : to oblige sb to do sthg** obliger qqn à faire qqch.

oblique [ə'bliːk] **adj** oblique.

oblong ['ɒblɒŋ] ◆ **adj** rectangulaire. ◆ **n** rectangle *m*.

obnoxious [əb'nɒkʃəs] **adj 1.** [person] odieux(ieuse) **2.** [smell] infect(e).

oboe ['əʊbəʊ] **n** hautbois *m*.

obscene [əb'siːn] **adj** obscène.

obscure [əb'skjʊəʳ] **adj** obscur(e).

observant [əb'zɜːvnt] **adj** observateur(trice).

observation [,ɒbzə'veɪʃn] **n** *(U)* observation *f*.

observatory [əb'zɜːvətrɪ] **n** observatoire *m*.

observe [əb'zɜːv] **vt** [watch, see] observer.

obsessed [əb'sest] **adj** obsédé(e).

obsession [əb'seʃn] **n** obsession *f*.

obsessive-compulsive **adj** obsessionnel-compulsif (obsessionnelle-compulsive).

obsolete ['ɒbsəliːt] **adj** obsolète.

obstacle ['ɒbstəkl] **n** obstacle *m*.

obstinate ['ɒbstənət] **adj** obstiné(e).

obstruct [əb'strʌkt] **vt** obstruer.

obstruction [əb'strʌkʃn] **n** obstacle *m*.

obtain [əb'teɪn] **vt** obtenir.

obtainable [əb'teɪnəbl] **adj** que l'on peut obtenir.

obvious ['ɒbvɪəs] **adj** évident(e).

obviously ['ɒbvɪəslɪ] **adv 1.** [of course] évidemment **2.** [clearly] manifestement.

occasion [ə'keɪʒn] **n 1.** [instance, opportunity] occasion *f* **2.** [important event] événement *m*.

occasional [ə'keɪʒənl] **adj** occasionnel(elle).

occasionally [ə'keɪʒnəlɪ] **adv** occasionnellement.

occupant ['ɒkjʊpənt] n occupant *m*, -e *f*.

occupation [,ɒkjʊ'peɪʃn] n **1.** [job] profession *f* **2.** [pastime] occupation *f*.

occupied ['ɒkjʊpaɪd] adj [toilet] occupé(e).

occupy ['ɒkjʊpaɪ] vt occuper.

occur [ə'kɜːʳ] vi **1.** [happen] arriver, avoir lieu **2.** [exist] exister.

occurrence [ə'kʌrəns] n événement *m*.

OCD (*abbr of* **obsessive-compulsive disorder**) n TOC *m (trouble obsessionnel-compulsif)*.

ocean ['əʊʃn] n océan *m* ▸ **the ocean** US [sea] la mer.

o'clock [ə'klɒk] adv **: three o'clock** trois heures.

Oct. (*abbr of* **October**) oct. *(octobre)*.

October [ɒk'təʊbəʳ] n octobre *m* ▸ **at the beginning of October** début octobre ▸ **at the end of October** fin octobre ▸ **during October** en octobre ▸ **every October** tous les ans en octobre ▸ **in October** en octobre ▸ **last October** en octobre (dernier) ▸ **next October** en octobre de l'année prochaine ▸ **this October** en octobre (prochain) ▸ **2 October 2012** [in letters, etc.] le 2 octobre 2012.

octopus ['ɒktəpəs] n pieuvre *f*.

odd [ɒd] adj **1.** [strange] étrange, bizarre **2.** [number] impair(e) **3.** [not matching] dépareillé(e) ▸ **I have the odd cigarette** je fume de temps en temps ▸ **60 odd miles** environ 60 miles ▸ **some odd bits of paper** quelques bouts de papier ▸ **odd jobs** petits boulots *mpl*.

odds [ɒdz] npl **1.** [in betting] cote *f* **2.** [chances] chances *fpl* ▸ **odds and ends** objets *mpl* divers.

odor ['əʊdər] US = **odour**.

odour ['əʊdəʳ] n UK odeur *f*.

of [ɒv] ◆ prep **1.** [gen] de ▸ **the handle of the door** la poignée de la porte ▸ **a group of schoolchildren** un groupe d'écoliers ▸ **a love of art** la passion de l'art **2.** [expressing amount] de ▸ **a piece of cake** un morceau de gâteau ▸ **a fall of 20 %** une baisse de 20 % ▸ **a town of 50,000 people** une ville de 50 000 habitants **3.** [made from] en ▸ **a house of stone** une maison en pierre ▸ **it's made of wood** c'est en bois **4.** [referring to time] **: the summer of 1969** l'été 1969 ▸ **the 26th of August** le 26 août **5.** [indicating cause] de ▸ **he died of cancer** il est mort d'un cancer **6.** [on the part of] **: that's very kind of you** c'est très aimable à vous OR de votre part **7.** US [in telling the time] **: it's ten of four** il est quatre heures moins dix.

off [ɒf] ◆ adv **1.** [away] **: to drive off** démarrer ▸ **to get off** [from bus, train, plane] descendre ▸ **we're off to Austria next week** nous partons pour l'Autriche la semaine prochaine **2.** [expressing removal] **: to cut a piece off** couper un morceau ▸ **to take the lid off** ôter le couvercle **3.** [so as to stop working] **: to turn the TV off** éteindre la télévision ▸ **to turn the tap off** fermer le robinet ▸ **to turn the engine off** couper le moteur **4.** [expressing distance or time away] **: it's 10 miles off** c'est à 16 kilomètres ▸ **it's two months off** c'est dans deux mois ▸ **it's a long way off** c'est loin **5.** [not at work] en congé ▸ **I'm taking a week off** je prends une semaine de congé
◆ prep **1.** [away from] de ▸ **to get off the bus** descendre du bus ▸ **off the coast** au large de la côte ▸ **just off the**

main road tout près de la grand-route **2.** [indicating removal] de ▸ **take the lid off the jar** enlève le couvercle du pot ▸ **they've taken £20 off the price** ils ont retranché 20 livres du prix normal **3.** [absent from] **: to be off work** ne pas travailler **4.** *inf* [from] à ▸ **I bought it off her** je le lui ai acheté **5.** *inf* [no longer liking] **: I'm off my food** je n'ai pas d'appétit
◆ **adj 1.** UK [meat, cheese] avarié(e) ; [milk] tourné(e) ; [beer] éventé(e) **2.** [not working] éteint(e) ; [engine] coupé(e) **3.** [cancelled] annulé(e) **4.** [not available] pas disponible ▸ **the soup's off** il n'y a plus de soupe.

off-air adj hors-antenne.

offence [ə'fens] **n** UK [crime] délit *m* ▸ **to cause sb offence** [upset] offenser qqn.

offend [ə'fend] **vt** [upset] offenser.

offender [ə'fendəʳ] **n** [criminal] délinquant *m*, -e *f*.

offense [ə'fens] US = **offence**.

offensive [ə'fensɪv] **adj 1.** [language, behaviour] choquant(e) **2.** [person] très déplaisant(e).

offer ['ɒfəʳ] ◆ **n** offre *f*. ◆ **vt** offrir ▸ **on offer** [at reduced price] en promotion ▸ **to offer to do sthg** offrir OR proposer de faire qqch ▸ **he offered her a drink** il lui a offert un verre.

office ['ɒfɪs] **n** [room] bureau *m*.

office automation ◆ **adj** bureautique. ◆ **n** bureautique *f*.

office block **n** UK immeuble *m* de bureaux.

office equipment **n** bureautique *f*.

office hours **npl** heures *fpl* de bureau.

officer ['ɒfɪsəʳ] **n 1.** [MIL] officier *m* **2.** [policeman] agent *m*.

official [ə'fɪʃl] ◆ **adj** officiel(ielle). ◆ **n** fonctionnaire *m ou f*.

officially [ə'fɪʃəlɪ] **adv** officiellement.

off-licence **n** UK *magasin autorisé à vendre des boissons alcoolisées à emporter.*

off-line **adj** COMPUT [website] hors ligne.

off-peak **adj** [train, ticket] ≃ de période bleue.

off-road **adj** [driving] hors route *(inv)* ▸ **off-road vehicle** véhicule *m* tout-terrain.

off sales **npl** UK *vente à emporter de boissons alcoolisées.*

off-season **n** basse saison *f*.

offshore ['ɒfʃɔːʳ] **adj** [breeze] de terre.

offshoot ['ɒfʃuːt] **n** MED nouvelle souche *f*, sous-variant *m*.

off side **n 1.** [for right-hand drive] côté *m* droit **2.** [for left-hand drive] côté gauche.

off-the-peg UK, **off-the-rack** US **adj** de prêt-à-porter.

off-the-shelf **adj** [goods] disponible dans le commerce.

often ['ɒfn, 'ɒftn] **adv** souvent ▸ **how often do you go to the cinema?** tu vas souvent au cinéma ? ▸ **how often do the buses run?** quelle est la fréquence des bus ? ▸ **every so often** de temps en temps.

oh [əʊ] **excl** oh !

oil [ɔɪl] **n 1.** huile *f* **2.** [fuel] pétrole *m* **3.** [for heating] mazout *m*.

oilcan ['ɔɪlkæn] **n** burette *f* (d'huile).

oil filter **n** filtre *m* à huile.

oil rig **n** plate-forme *f* pétrolière.

oily ['ɔɪlɪ] **adj 1.** [cloth, hands] graisseux(euse) **2.** [food] gras (grasse).

ointment ['ɔɪntmənt] n pommade *f.*

OK [,əʊ'keɪ] ◆ **adj** *inf* [of average quality] pas mal *inv.* ◆ **adv 1.** *inf* [expressing agreement] d'accord **2.** [satisfactorily, well] bien ▸ **is everything OK?** est-ce que tout va bien ? ▸ **are you OK?** ça va ?

okay [,əʊ'keɪ] = **OK.**

old [əʊld] **adj 1.** vieux (vieille) **2.** [former] ancien(ienne) ▸ **how old are you?** quel âge as-tu ? ▸ **I'm 36 years old** j'ai 36 ans ▸ **to get old** vieillir.

old age n vieillesse *f.*

old age pensioner n UK retraité *m,* -e *f.*

old-fashioned [-'fæʃnd] **adj** [outmoded] démodé(e), passé(e) de mode.

old people's home n maison *f* de retraite.

O level n UK *examen actuellement remplacé par le « GCSE » ;* ≃ DNP *m (Diplôme National du Brevet).*

olive ['ɒlɪv] n olive *f.*

olive oil n huile *f* d'olive.

Olympic Games [ə'lɪmpɪk-] **npl** jeux *mpl* Olympiques.

omelette ['ɒmlɪt] n omelette *f* ▸ **mushroom omelette** omelette aux champignons.

OMG (*written abbr of* **oh my God**) oh mon Dieu.

ominous ['ɒmɪnəs] **adj** inquiétant(e).

omit [ə'mɪt] **vt** omettre.

on [ɒn] ◆ **prep 1.** [expressing position, location] sur ▸ **it's on the table** il est sur la table ▸ **on my right** à OR sur ma droite ▸ **on the right** à droite ▸ **we stayed on a farm** nous avons séjourné dans une ferme ▸ **a hotel on the boulevard Saint-Michel** un hôtel (sur le) boulevard Saint-Michel ▸ **the exhaust on the car** l'échappement de la voiture **2.** [with forms of transport] **: on the train / plane** dans le train / l'avion ▸ **to get on a bus** monter dans un bus **3.** [expressing means, method] **: on foot** à pied ▸ **on TV / the radio** à la télé / la radio ▸ **on the piano** au piano **4.** [using] **: it runs on unleaded petrol** elle marche à l'essence sans plomb ▸ **to be on medication** être sous traitement **5.** [about] sur ▸ **a book on Germany** un livre sur l'Allemagne **6.** [expressing time] **: on arrival** à mon / leur arrivée ▸ **on Tuesday** mardi ▸ **on 25th August** le 25 août **7.** [with regard to] **to spend time on sthg** consacrer du temps à qqch ▸ **the effect on Britain** l'effet sur la Grande-Bretagne **8.** [describing activity, state] en ▸ **on holiday** en vacances ▸ **on offer** en réclame ▸ **on sale** en vente **9.** [in phrases] **: do you have any money on you?** *inf* tu as de l'argent sur toi ? ▸ **the drinks are on me** c'est ma tournée
◆ **adv 1.** [in place, covering] **: to have a coat on** porter un manteau ▸ **put the lid on** mets le couvercle ▸ **to put one's clothes on** s'habiller, mettre ses vêtements **2.** [film, play, programme] **: the news is on** il y a les informations à la télé ▸ **what's on at the cinema?** qu'est-ce qui passe au cinéma ? **3.** [with transport] **: to get on** monter **4.** [functioning] **: to turn the TV on** allumer la télévision ▸ **to turn the tap on** ouvrir le robinet ▸ **to turn the engine on** mettre le moteur en marche **5.** [taking place] **: how long is the festival on?** combien de temps dure le festival ? **6.** [further forward] **: to drive on** continuer à rouler

7. [in phrases] **: to have a lot on** être très occupé
◆ **adj** [TV, radio, light] allumé(e) ; [tap] ouvert(e) ; [engine] en marche.

on-air **adj & adv** TV & RADIO à l'antenne.

on-camera **adj & adv** TV à l'image.

once [wʌns] ◆ **adv** **1.** [one time] une fois **2.** [in the past] jadis. ◆ **conj** une fois que, dès que ▸ **at once** **a)** [immediately] immédiatement **b)** [at the same time] en même temps ▸ **for once** pour une fois ▸ **once more** une fois de plus.

oncoming ['ɒn,kʌmɪŋ] **adj** [traffic] venant en sens inverse.

one [wʌn] ◆ **num** [the number 1] un. ◆ **adj** [only] seul(e). ◆ **pron** **1.** [object, person] un (une) **2.** *fml* [you] on ▸ **thirty-one** trente et un ▸ **one fifth** un cinquième ▸ **I like that one** j'aime bien celui-là ▸ **I'll take this one** je prends celui-ci ▸ **which one?** lequel ? ▸ **the one I told you about** celui dont je t'ai parlé ▸ **one of my friends** un de mes amis ▸ **one day** [in past, future] un jour ▸ **to be one (year old)** avoir un an ▸ **it's one (o'clock)** il est une heure ▸ **a hundred and one** cent un ▸ **one Hill St** 1 Hill St ▸ **it's minus one (degree)** il fait moins un (degrés).

one-armed bandit **n** *inf* machine *f* à sous.

one-hit wonder **n** *groupe ou chanteur qui n'a eu qu'un seul tube.*

one-off **adj** UK *inf* [offer, event, product] unique.

one-piece (swimsuit) **n** maillot *m* de bain une pièce.

oneself [wʌn'self] **pron** **1.** [reflexive] se **2.** [after prep] soi ▸ **to wash oneself** se laver.

one-up **adj : we're one-up on our competitors** nous avons pris l'avantage sur nos concurrents.

one-way **adj** **1.** [street] à sens unique **2.** [ticket] aller *inv.*

ongoing ['ɒn,gəʊɪŋ] **adj** en cours.

onion ['ʌnjən] **n** oignon *m.*

onion rings **npl** *rondelles d'oignon en beignets.*

online ['ɒnlaɪn] **adj & adv** COMPUT en ligne.

online banking **n** *(U)* banque *f* en ligne.

online community **n** communauté *f* en ligne.

online course **n** cours *m* en ligne.

online harassment **n** cyberharcèlement *m.*

online retailer **n** détaillant *m* en ligne.

online shopping **n** *(U)* achats *mpl* par OR sur Internet.

only ['əʊnlɪ] ◆ **adj** seul(e). ◆ **adv** seulement, ne… que ▸ **an only child** un enfant unique ▸ **the only one** le seul (la seule) ▸ **I only want one** je n'en veux qu'un ▸ **we've only just arrived** nous venons juste d'arriver ▸ **there's only just enough** il y en a tout juste assez ▸ **not only** non seulement ▸ **'members only'** 'réservé aux membres'.

onto ['ɒntu:] **prep** [with verbs of movement] sur ▸ **to get onto sb** [telephone] contacter qqn.

on-trend **adj** dans le vent.

onward ['ɒnwəd] ◆ **adv** = **onwards.** ◆ **adj : the onward journey** la fin du parcours.

onwards ['ɒnwədz] **adv** [forwards] en avant ▸ **from now onwards** à partir de maintenant, dorénavant ▸ **from October onwards** à partir d'octobre.

oomph [ʊmf] n *inf* [energy] punch *m inv*.

oops [ʊps, uːps] excl *inf* houp !, hop là !

opal ['əʊpl] n opale *f*.

opaque [əʊ'peɪk] adj opaque.

open ['əʊpn] ◆ adj **1.** ouvert(e) **2.** [space] dégagé(e) **3.** [honest] franc (franche). ◆ vt ouvrir. ◆ vi **1.** [door, window, lock] s'ouvrir **2.** [shop, office, bank] ouvrir **3.** [start] commencer ▸ **are you open at the weekend?** [shop] êtes-vous ouverts le week-end ? ▸ **wide open** grand ouvert ▸ **in the open (air)** en plein air. ◆ **open onto** vt insep donner sur. ◆ **open up** vi ouvrir.

open-air adj en plein air.

opening ['əʊpnɪŋ] n **1.** [gap] ouverture *f* **2.** [beginning] début *m* **3.** [opportunity] occasion *f*.

opening hours npl heures *fpl* d'ouverture.

opening time n UK [of pub] heure *f* d'ouverture.

open-minded [-'maɪndɪd] adj tolérant(e).

open-plan adj paysagé(e).

open sandwich n UK canapé *m*.

open-toe, open-toed [-təʊd] adj [shoe] ouvert(e).

open-top adj décapotable.

Open University n UK : **the Open University** centre *m* national d'enseignement à distance.

opera ['ɒpərə] n opéra *m*.

opera house n opéra *m*.

operate ['ɒpəreɪt] ◆ vt [machine] faire fonctionner. ◆ vi [work] fonctionner ▸ **to operate on sb** opérer qqn.

operating room ['ɒpəreɪtɪŋ-] US = **operating theatre**.

operating theatre ['ɒpəreɪtɪŋ-] n UK salle *f* d'opération.

operation [,ɒpə'reɪʃn] n opération *f* ▸ **to be in operation** [law, system] être appliqué ▸ **to have an operation** se faire opérer.

operator ['ɒpəreɪtə^r] n [on phone] opérateur *m*, -trice *f*.

opinion [ə'pɪnjən] n opinion *f* ▸ **in my opinion** à mon avis.

opponent [ə'pəʊnənt] n adversaire *m ou f*.

opportunity [,ɒpə'tjuːnətɪ] n occasion *f*.

oppose [ə'pəʊz] vt s'opposer à.

opposed [ə'pəʊzd] adj : **to be opposed to sthg** être opposé(e) à qqch.

opposite ['ɒpəzɪt] ◆ adj **1.** opposé(e) **2.** [building] d'en face. ◆ prep en face de. ◆ n : **the opposite (of)** le contraire (de).

opposition [,ɒpə'zɪʃn] n *(U)* **1.** [objections] opposition *f* **2.** SPORT adversaire *m ou f*.

opt [ɒpt] vt : **to opt to do sthg** choisir de faire qqch.

optical media npl supports *mpl* optiques.

optical mouse n souris *f* optique.

optical zoom n zoom *m* optique.

optician [ɒp'tɪʃn] n **1.** [who sells glasses] opticien *m*, -enne *f* **2.** [ophthalmologist] ophtalmologiste *mf*.

optician's [ɒp'tɪʃns] n [shop] opticien *m*.

optimist ['ɒptɪmɪst] **n** optimiste *m ou f.*

optimistic [,ɒptɪ'mɪstɪk] **adj** optimiste.

option ['ɒpʃn] **n 1.** [alternative] choix *m* **2.** [optional extra] option *f.*

optional ['ɒpʃənl] **adj** optionnel(elle).

opt-out **n** POL [of school, hospital] *décision de choisir l'autonomie vis-à-vis des pouvoirs publics.*

or [ɔːʳ] **conj 1.** ou **2.** [after negative] ni ▸ **I can't read or write** je ne sais ni lire ni écrire.

oral ['ɔːrəl] ◆ **adj** oral(e). ◆ **n** [exam] oral *m.*

orange ['ɒrɪndʒ] ◆ **adj** orange *inv.* ◆ **n 1.** [fruit] orange *f* **2.** [colour] orange *m.*

orange juice **n** jus *m* d'orange.

orange squash **n** UK orangeade *f.*

orbit ['ɔːbɪt] **n** orbite *f.*

orbital (motorway) ['ɔːbɪtl-] **n** UK rocade *f.*

orchard ['ɔːtʃəd] **n** verger *m.*

orchestra ['ɔːkɪstrə] **n** orchestre *m.*

ordeal [ɔː'diːl] **n** épreuve *f.*

order ['ɔːdəʳ] ◆ **n 1.** *(U)* ordre *m* **2.** [in restaurant, for goods] commande *f.* ◆ **vt 1.** [command] ordonner **2.** [food, taxi, goods] commander. ◆ **vi** [in restaurant] commander ▸ **in order to do sthg** de façon à OR afin de faire qqch ▸ **out of order** [not working] en panne ▸ **in working order** en état de marche ▸ **to order sb to do sthg** ordonner à qqn de faire qqch.

order form **n** bon *m* de commande.

ordinary ['ɔːdənrɪ] **adj** ordinaire.

ore [ɔːʳ] **n** minerai *m.*

oregano [UK ,ɒrɪ'gɑːnəʊ, US ə'regənəʊ] **n** *(U)* origan *m.*

organ ['ɔːgən] **n 1.** MUS orgue *m* **2.** [in body] organe *m.*

organ grinder **n** joueur *m,* -euse *f* d'orgue de Barbarie.

organic [ɔː'gænɪk] **adj** [food] biologique.

organization [,ɔːgənaɪ'zeɪʃn] **n** organisation *f.*

organize ['ɔːgənaɪz] **vt** organiser.

organizer ['ɔːgənaɪzəʳ] **n 1.** [person] organisateur *m,* -trice *f* **2.** [diary] organiseur *m.*

orient ['ɔːrɪənt] = **orientate.**

oriental [,ɔːrɪ'entl] **adj** oriental(e).

orientate ['ɔːrɪənteɪt] **vt** UK **: to orientate o.s.** s'orienter.

origin ['ɒrɪdʒɪn] **n** origine *f.*

original [ə'rɪdʒənl] **adj 1.** [first] d'origine **2.** [novel] original(e).

originally [ə'rɪdʒənəlɪ] **adv** [formerly] à l'origine.

originate [ə'rɪdʒəneɪt] **vi : to originate from** venir de.

ornament ['ɔːnəmənt] **n** [object] bibelot *m.*

ornamental [,ɔːnə'mentl] **adj** décoratif(ive).

ornate [ɔː'neɪt] **adj** orné(e).

orphan ['ɔːfn] **n** orphelin *m,* -e *f.*

orthodox ['ɔːθədɒks] **adj** orthodoxe.

Oscar-winning **adj : an Oscar-winning picture** un film primé aux oscars.

ostentatious [,ɒstən'teɪʃəs] **adj** ostentatoire.

ostrich ['ɒstrɪtʃ] **n** autruche *f.*

other ['ʌðəʳ] ◆ **adj** autre. ◆ **pron** autre *m ou f.* ◆ **adv : other than** à part ▸ **the other (one)** l'autre ▸ **the other day**

l'autre jour ▸ **one after the other** l'un après l'autre.

otherwise ['ʌðəwaɪz] **adv 1.** [or else] autrement, sinon **2.** [apart from that] à part ça **3.** [differently] autrement.

otter ['ɒtəʳ] **n** loutre *f.*

ouch [aʊtʃ] **excl** aïe !, ouïe !

ought [ɔːt] **aux vb** devoir ▸ **you ought to have gone** tu aurais dû y aller ▸ **you ought to see a doctor** tu devrais voir un médecin ▸ **the car ought to be ready by Friday** la voiture devrait être prête vendredi.

ounce [aʊns] **n** [unit of measurement] = 28,35 g, once *f.*

our ['aʊəʳ] **adj** notre, nos *pl.*

ours ['aʊəz] **pron** le nôtre (la nôtre) ▸ **this is ours** c'est à nous ▸ **a friend of ours** un ami à nous.

ourselves [aʊə'selvz] **pron** [reflexive, after prep] nous ▸ **we did it ourselves** nous l'avons fait nous-mêmes.

out [aʊt] ◆ **adj** [light, cigarette] éteint(e)
◆ **adv 1.** [outside] dehors ▸ **to get out (of)** sortir (de) ▸ **to go out (of)** sortir (de) ▸ **it's cold out** il fait froid dehors **2.** [not at home, work] dehors ▸ **to be out** être sorti ▸ **to go out** sortir **3.** [so as to be extinguished] **: to turn the light out** éteindre la lumière ▸ **put your cigarette out** éteignez votre cigarette **4.** [expressing removal] **: to fall out** tomber ▸ **he took his wallet out (of his pocket)** il sortit son portefeuille (de sa poche) ▸ **to take money out (of an account)** retirer de l'argent (d'un compte) **5.** [outwards] **: to stick out** dépasser **6.** [expressing distribution] **: to hand exercise books out** distribuer des cahiers **7.** [wrong] faux (fausse) ▸ **the bill's £10 out** il y a une erreur de 10 livres dans l'addition **8.** [in phrases] **: stay out of the sun** évitez le soleil ▸ **made out of wood** en bois ▸ **five out of ten women** cinq femmes sur dix ▸ **I'm out of cigarettes** je n'ai plus de cigarettes.

outback ['aʊtbæk] **n : the outback** l'arrière-pays *m (en Australie).*

outboard (motor) ['aʊtbɔːd-] **n** moteur *m* hors-bord.

outbox [aʊtbɒks] **n** [for e-mail] boîte *f* de départ.

outbreak ['aʊtbreɪk] **n** [of disease] épidémie *f*, foyer *m* épidémique, cluster *m*.

outburst ['aʊtbɜːst] **n** explosion *f.*

outcome ['aʊtkʌm] **n** résultat *m.*

outcrop ['aʊtkrɒp] **n** affleurement *m.*

outdated [,aʊt'deɪtɪd] **adj** démodé(e).

outdo [,aʊt'duː] **vt** surpasser.

outdoor ['aʊtdɔːʳ] **adj 1.** [swimming pool] en plein air **2.** [activities] de plein air.

outdoors [aʊt'dɔːz] **adv** en plein air, dehors ▸ **to go outdoors** sortir.

outer ['aʊtəʳ] **adj** extérieur(e).

outer space n *(U)* l'espace *m.*

outfit ['aʊtfɪt] **n** [clothes] tenue *f.*

outing ['aʊtɪŋ] **n** sortie *f.*

outlet ['aʊtlet] **n** [pipe] sortie *f* ▸ **'no outlet'** US 'voie sans issue'.

outline ['aʊtlaɪn] **n 1.** [shape] contour *m* **2.** [description] grandes lignes *fpl.*

outlook ['aʊtlʊk] **n 1.** [for future] perspective *f* **2.** [of weather] prévision *f* **3.** [attitude] conception *f.*

out-of-date adj 1. [old-fashioned] démodé(e) **2.** [passport, licence] périmé(e).

out-of-doors UK ◆ adv = **outdoors.** ◆ adj = **outdoor.**

out-of-hand adj US *inf* [extraordinary] géant(e).

out-of-sync adj désynchronisé(e).

out-of-town adj [shopping centre, retail park] situé(e) à la périphérie d'une ville.

outpatient ['aʊt,peɪʃnt] n malade *mf* en consultation externe.

outpatients' (department) ['aʊt,peɪʃnts-] n service *m* des consultations externes.

output ['aʊtpʊt] n **1.** [of factory] production *f* **2.** COMPUT [printout] sortie *f* papier.

output device n périphérique *m*.

outrage ['aʊtreɪdʒ] n atrocité *f*.

outrageous [aʊt'reɪdʒəs] adj scandaleux(euse).

outreach vt [,aʊt'ri:tʃ] [exceed] dépasser.

outright [,aʊt'raɪt] adv **1.** [tell, deny] franchement **2.** [own] complètement.

outside ◆ adv [,aʊt'saɪd] dehors. ◆ prep ['aʊtsaɪd] **1.** en dehors de **2.** [door] de l'autre côté de **3.** [in front of] devant. ◆ adj ['aʊtsaɪd] extérieur(e). ◆ n ['aʊtsaɪd] **: the outside a)** [of building, car, container] l'extérieur *m* **b)** AUT [in UK] la droite **c)** AUT [in Europe, US] la gauche ▸ **an outside line** une ligne extérieure ▸ **outside of** US en dehors de.

outside lane n **1.** AUT [in UK] voie *f* de droite **2.** AUT [in Europe, US] voie *f* de gauche.

outsize ['aʊtsaɪz] adj [clothes] grande taille *inv*.

outskirts ['aʊtskɜ:ts] npl [of town] périphérie *f*, banlieue *f*.

outsource ['aʊtsɔ:s] vt COMM sous-traiter, externaliser.

outsourcing ['aʊtsɔ:sɪŋ] n externalisation *f*, sous-traitance *f*.

outstanding [,aʊt'stændɪŋ] adj **1.** [remarkable] remarquable **2.** [problem] à régler **3.** [debt] impayé(e).

outward ['aʊtwəd] adj **1.** [journey] aller *inv* **2.** [external] extérieur(e).

outwards ['aʊtwədz] adv vers l'extérieur.

oval ['əʊvl] adj ovale.

ovary ['əʊvərɪ] n ovaire *m*.

ovation [əʊ'veɪʃn] n ovation *f*.

oven ['ʌvn] n four *m*.

oven glove n UK gant *m* de cuisine.

ovenproof ['ʌvnpru:f] adj qui va au four.

oven-ready adj prêt(e) à mettre au four.

over ['əʊvə^r] ◆ prep **1.** [above] au-dessus de ▸ **a bridge over the river** un pont sur la rivière **2.** [across] par-dessus ▸ **to walk over sthg** traverser qqch (à pied) ▸ **it's just over the road** c'est juste de l'autre côté de la route ▸ **a view over the square** une vue sur la place **3.** [covering] sur ▸ **put a plaster over the wound** mettez un pansement sur la plaie **4.** [more than] plus de ▸ **it cost over £1,000** ça a coûté plus de 1 000 livres **5.** [during] pendant ▸ **over the past two years** ces deux dernières années **6.** [with regard to] sur ▸ **an argument over the price** une dispute au sujet du prix
◆ adv **1.** [downwards] **: to fall over** tomber ▸ **to lean over** se pencher **2.** [referring to position, movement] **: to fly over to Canada** aller au Canada en

avion ▸ **over here** ici ▸ **over there** là-bas **3.** [round to other side] **: to turn the paper over** retourner le papier **4.** [more] **: children aged 12 and over** les enfants de 12 ans et plus OR au-dessus **5.** [remaining] **: how many are there (left) over?** combien en reste-t-il ? **6.** [to one's house] chez soi ▸ **to come over** venir à la maison ▸ **to invite sb over for dinner** inviter qqn à dîner (chez soi) **7.** [in phrases] **: all over** [finished] fini(e), terminé(e) ▸ **all over the world / country** dans le monde / pays entier ◆ **adj** [finished] **: to be over** être fini(e), être terminé(e).

overall ◆ **adv** [,əuvər'ɔ:l] [in general] en général. ◆ **n** ['əuvərɔ:l] **1.** UK [coat] blouse *f* **2.** US [boiler suit] bleu *m* de travail ▸ **how much does it cost overall?** combien est-ce que ça coûte en tout ? ◆ **overalls npl 1.** UK [boiler suit] bleu *m* de travail **2.** US [dungarees] salopette *f*.

overboard ['əuvəbɔ:d] **adv** par-dessus bord.

overbooked [,əuvə'bukt] **adj** surréservé(e).

overcame [,əuvə'keɪm] **pt** → **overcome**.

overcast [,əuvə'kɑ:st] **adj** couvert(e).

overcharge [,əuvə'tʃɑ:dʒ] **vt** [customer] faire payer trop cher à.

overcoat ['əuvəkəut] **n** pardessus *m*.

overcome [,əuvə'kʌm] (*pt* **-came**, *pp* **-come**) **vt** vaincre.

overcooked [,əuvə'kukt] **adj** trop cuit(e).

overcritical [,əuvə'krɪtɪkəl] **adj** trop critique.

overcrowded [,əuvə'kraudɪd] **adj** bondé(e).

overdo [,əuvə'du:] (*pt* **-did**, *pp* **-done**) **vt** [exaggerate] exagérer ▸ **to overdo it** se surmener.

overdone [,əuvə'dʌn] ◆ **pp** → **overdo.** ◆ **adj** [food] trop cuit(e).

overdose ['əuvədəus] **n** overdose *f*.

overdraft ['əuvədrɑ:ft] **n** découvert *m*.

overdrawn ['əuvədrɔ:n] = **overdraft**.

overdue [,əuvə'dju:] **adj** en retard.

over easy adj US [egg] cuit(e) des deux côtés.

overexposed [,əuvərɪk'spəuzd] **adj** [photograph] surexposé(e).

overfish [,əuvə'fɪʃ] **vt** [fishing ground] surexploiter.

overfishing [,əuvə'fɪʃɪŋ] **n** surpêche *f*.

overflow ◆ **vi** [,əuvə'fləu] déborder. ◆ **n** ['əuvəfləu] [pipe] trop-plein *m*.

overgrown [,əuvə'grəun] **adj** [garden, path] envahi(e) par les mauvaises herbes.

overhaul [,əuvə'hɔ:l] **n** révision *f*.

overhead ◆ **adj** ['əuvəhed] aérien(ienne). ◆ **adv** [,əuvə'hed] au-dessus.

overhead comparment n = **overhead locker**.

overhead locker n [on plane] compartiment *m* à bagages.

overhear [,əuvə'hɪə^r] (*pt & pp* **-heard**) **vt** entendre par hasard.

overheat [,əuvə'hi:t] **vi** surchauffer.

overland ['əuvəlænd] **adv** par voie de terre.

overlap [,əuvə'læp] **vi** se chevaucher.

overlapping [,əuvə'læpɪŋ] **adj 1.** [tiles, planks, etc.] qui se chevauchent **2.** [responsibilities] qui se recoupent.

overleaf [,əuvə'li:f] **adv** au verso, au dos.

overload [ˌəʊvəˈləʊd] **vt** surcharger.

overlook ◆ **vt** [ˌəʊvəˈlʊk] **1.** [subj: building, room] donner sur **2.** [miss] oublier. ◆ **n** [ˈəʊvəlʊk] **: (scenic) overlook** US point *m* de vue.

overnight ◆ **adv** [ˌəʊvəˈnaɪt] **1.** [during the night] pendant la nuit **2.** [until next day] pour la nuit. ◆ **adj** [ˈəʊvənaɪt] [train, journey] de nuit.

overnight bag **n** sac *m* de voyage.

overoptimistic [ˌəʊvəˌrɒptɪˈmɪstɪk] **adj** excessivement OR par trop optimiste.

overpass [ˈəʊvəpɑːs] **n** US saut-de-mouton *m*.

overpowering [ˌəʊvəˈpaʊərɪŋ] **adj** **1.** [heat] accablant(e) **2.** [smell] suffocant(e).

oversaw [ˌəʊvəˈsɔː] **pt** → **oversee**.

overseas ◆ **adv** [ˌəʊvəˈsiːz] à l'étranger. ◆ **adj** [ˈəʊvəsiːz] **1.** étranger(ère) **2.** [holiday] à l'étranger.

oversee [ˌəʊvəˈsiː] (*pt* **-saw**, *pp* **-seen**) **vt** [supervise] superviser.

overshoot [ˌəʊvəˈʃuːt] (*pt & pp* **-shot**) **vt** [turning, motorway exit] manquer.

oversight [ˈəʊvəsaɪt] **n** oubli *m*.

oversize(d) [ˌəʊvəˈsaɪz(d)] **adj** [very big] énorme, démesuré(e).

oversleep [ˌəʊvəˈsliːp] (*pt & pp* **-slept**) **vi** ne pas se réveiller à temps.

overtake [ˌəʊvəˈteɪk] (*pt* **-took**, *pp* **-taken**) **vt & vi** UK doubler ▸ **'no overtaking'** UK 'dépassement interdit'.

overtime [ˈəʊvətaɪm] **n** *(U)* heures *fpl* supplémentaires.

overtook [ˌəʊvəˈtʊk] **pt** → **overtake**.

overture [ˈəʊvəˌtjʊə^r] **n** ouverture *f*.

overturn [ˌəʊvəˈtɜːn] **vi** se retourner.

overweight [ˌəʊvəˈweɪt] **adj** trop gros (grosse).

overwhelm [ˌəʊvəˈwelm] **vt** **1.** [with joy] combler **2.** [with sadness] accabler.

owe [əʊ] **vt** devoir ▸ **you owe me £50** tu me dois 50 £ ▸ **owing to** en raison de.

owl [aʊl] **n** chouette *f*.

own [əʊn] ◆ **adj** propre. ◆ **vt** avoir, posséder. ◆ **pron : a room of my own** une chambre pour moi tout seul ▸ **on my own** (tout) seul ▸ **to get one's own back** prendre sa revanche. ◆ **own up** **vi : to own up (to sthg)** avouer (qqch).

owner [ˈəʊnə^r] **n** propriétaire *m ou f*.

ownership [ˈəʊnəʃɪp] **n** *(U)* propriété *f*.

ox [ɒks] (*pl* **oxen** [ˈɒksən]) **n** bœuf *m*.

Oxbridge [ˈɒksbrɪdʒ] **n** *désignation collective des universités d'Oxford et de Cambridge.*

ⓘ Oxbridge

Terme désignant les universités anglaises d'Oxford et de Cambridge, qui, depuis leur création au XIIIe siècle, sont les plus prestigieuses au Royaume-Uni. Elles sont synonymes d'excellence et d'élitisme pour les professeurs, les chercheurs et les étudiants issus d'écoles publiques ou privées ayant été reçus aux concours d'admission particulièrement sélectifs.

oxtail soup [ˈɒksteɪl-] **n** *(U)* soupe *f* à la queue de bœuf.

oxygen [ˈɒksɪdʒən] **n** *(U)* oxygène *m*.

oyster [ˈɔɪstə^r] **n** huître *f*.

oz *abbr of* **ounce**.

ozone [ˈəʊzəʊn] **n** ozone *m*.

ozone-friendly [ˈəʊzəʊn-] **adj** qui préserve la couche d'ozone.

P p

p 1. (*abbr of* **page**) p. **2.** *abbr of* **penny, pence**.

pace [peɪs] n **1.** [speed] vitesse *f*, allure *f* **2.** [step] pas *m*.

pacemaker ['peɪs,meɪkəʳ] n [for heart] pacemaker *m*.

Pacific [pə'sɪfɪk] n **: the Pacific (Ocean)** le Pacifique, l'océan Pacifique *m*.

pacifier ['pæsɪfaɪəʳ] n US [for baby] tétine *f*.

pacifist ['pæsɪfɪst] n pacifiste *m ou f*.

pack [pæk] ◆ n **1.** [packet] paquet *m* **2.** UK [of cards] paquet, jeu *m* **3.** [rucksack] sac *m* à dos. ◆ vt **1.** emballer **2.** [suitcase, bag] faire. ◆ vi [for journey] faire ses valises ▸ **a pack of lies** un tissu de mensonges ▸ **they packed all their possessions into the van** ils ont entassé toutes leurs affaires dans la camionnette ▸ **to pack one's bags** faire ses valises. ◆ **pack away** vt sep [tidy up] ranger. ◆ **pack up** vi **1.** [pack suitcase] faire sa valise **2.** [tidy up] ranger **3.** UK *inf* [machine, car] tomber en rade.

package ['pækɪdʒ] ◆ n **1.** [parcel] paquet *m* **2.** COMPUT progiciel *m*. ◆ vt emballer.

package holiday n UK voyage *m* organisé OR à prix forfaitaire.

package tour n voyage *m* organisé.

packaging ['pækɪdʒɪŋ] n *(U)* [material] emballage *m*.

packed [pækt] adj [crowded] bondé(e).

packed lunch n UK panier-repas *m*.

packet ['pækɪt] n paquet *m* ▸ **it cost a packet** UK *inf* ça a coûté un paquet.

packing ['pækɪŋ] n *(U)* [material] emballage *m* ▸ **to do one's packing** [for journey] faire ses valises.

pad [pæd] n **1.** [of paper] bloc *m* **2.** [of cloth, cotton wool] tampon *m* ▸ **knee pad** genouillère *f*.

padded ['pædɪd] adj [jacket, seat] rembourré(e).

padded envelope n enveloppe *f* matelassée.

paddle ['pædl] ◆ n [pole] pagaie *f*. ◆ vi **1.** UK [wade] barboter **2.** [in canoe] pagayer.

paddling pool ['pædlɪŋ-] n UK pataugeoire *f*.

paddock ['pædək] n [at racecourse] paddock *m*.

padlock ['pædlɒk] n cadenas *m*.

page [peɪdʒ] ◆ n page *f*. ◆ vt [call] appeler (par haut-parleur) ▸ **'paging Mr Hill'** 'on demande M. Hill'.

page break n saut *m* de page.

pager ['peɪdʒəʳ] n récepteur *m* de poche.

page-turner n *inf* livre *m* captivant.

paid [peɪd] ◆ pt & pp → **pay**. ◆ adj [holiday, work] payé(e).

pain [peɪn] n douleur *f* ▸ **to be in pain** [physical] souffrir ▸ **he's such a pain!** *inf* il est vraiment pénible ! ◆ **pains** npl [trouble] peine *f*.

painful ['peɪnfʊl] adj douloureux(euse) ▸ **my leg is painful** j'ai mal à la jambe.

painkiller ['peɪn,kɪləʳ] n analgésique *m*.

painless ['peɪnlɪs] adj indolore.

pain relief n soulagement *m*.

paint [peɪnt] ◆ n *(U)* peinture *f*. ◆ vt & vi peindre ▸ **to paint one's nails** se mettre du vernis à ongles. ◆ **paints** npl [tubes, pots, etc.] couleurs *fpl*.

paintball ['peɪntbɔːl] n paintball *m*.

paintbrush ['peɪntbrʌʃ] n pinceau *m*.

painter ['peɪntəʳ] n peintre *m*.

painting ['peɪntɪŋ] n peinture *f*.

pair [peəʳ] n [of two things] paire *f* ▸ **in pairs** par deux ▸ **a pair of pliers** une pince ▸ **a pair of scissors** une paire de ciseaux ▸ **a pair of shorts** un short ▸ **a pair of tights** un collant ▸ **a pair of trousers** un pantalon.

pajamas [pə'dʒɑːməz] US = **pyjamas**.

Pakistan [UK ,pɑːkɪ'stɑːn, US ,pækɪ'stæn] n le Pakistan.

Pakistani [UK ,pɑːkɪ'stɑːnɪ, US ,pækɪ'stænɪ] ◆ adj pakistanais(e). ◆ n [person] Pakistanais *m*, -e *f*.

pakora [pə'kɔːrə] npl *petits beignets de légumes épicés (spécialité indienne généralement servie en hors-d'œuvre avec une sauce elle-même épicée).*

pal [pæl] n *inf* pote *m*.

palace ['pælɪs] n palais *m*.

palatable ['pælətəbl] adj [food, drink] bon (bonne).

palate ['pælət] n palais *m*.

pale [peɪl] adj pâle.

pale ale n bière *f* blonde légère.

Palestine ['pælə,staɪn] n Palestine *f*.

Palestinian [,pælə'stɪnɪən] ◆ adj palestinien(enne). ◆ n Palestinien *m*, -enne *f*.

palm [pɑːm] n [of hand] paume *f* ▸ **palm (tree)** palmier *m*.

palpitations [,pælpɪ'teɪʃnz] npl palpitations *fpl*.

pamphlet ['pæmflɪt] n brochure *f*.

pan [pæn] n **1.** [saucepan] casserole *f* **2.** [frying pan] poêle *f*.

Panama ['pænəmɑː] n Panama *m*.

Panamanian [,pænə'meɪnjən] ◆ adj panaméen(enne). ◆ n Panaméen *m*, -enne *f*.

pancake ['pænkeɪk] n crêpe *f*.

pancake roll n UK rouleau *m* de printemps.

panda ['pændə] n panda *m*.

panda car n UK voiture *f* de patrouille.

pandemic [pæn'demɪk] n pandémie *f*.

pane [peɪn] n **1.** [large] vitre *f* **2.** [small] carreau *m*.

panel ['pænl] n **1.** [of wood] panneau *m* **2.** [group of experts] comité *m* **3.** [on TV, radio] invités *mpl*.

paneling ['pænəlɪŋ] US = **panelling**.

panelling ['pænəlɪŋ] n *(U)* UK lambris *m*.

panic ['pænɪk] (*pt & pp* **-ked**, *cont* **-king**) ◆ n panique *f*. ◆ vi paniquer.

panic selling n ventes *fpl* de panique.

panniers ['pænɪəz] npl [for bicycle] sacoches *fpl*.

panoramic [,pænə'ræmɪk] adj panoramique.

pant [pænt] vi haleter.

panties ['pæntɪz] npl *inf* culotte *f*.

pantomime ['pæntəmaɪm] n UK *spectacle de Noël.*

pantry ['pæntrɪ] n garde-manger *m inv.*

pants [pænts] npl **1.** UK [underwear] slip *m* **2.** US [trousers] pantalon *m.*

panty hose ['pæntɪ-], **pantyhose** ['pæntɪhəʊz] npl US collant *m.*

papadum ['pæpədəm] n *galette indienne très fine et croustillante.*

paper ['peɪpəʳ] ◆ n **1.** *(U)* [material] papier *m* **2.** [newspaper] journal *m* **3.** [exam] épreuve *f.* ◆ adj **1.** en papier **2.** [cup, plate] en carton. ◆ vt tapisser ▸ **a piece of paper a)** [sheet] une feuille de papier **b)** [scrap] un bout de papier. ◆ **papers** npl [documents] papiers *mpl.*

paperback ['peɪpəbæk] n livre *m* de poche.

paper bag n sac *m* en papier.

paperboy ['peɪpəbɔɪ] n livreur *m* de journaux.

paper clip n trombone *m.*

papergirl ['peɪpəgɜːl] n livreuse *f* de journaux.

paper handkerchief n mouchoir *m* en papier.

paper shop n UK marchand *m* de journaux.

paperweight ['peɪpəweɪt] n presse-papiers *m inv.*

paprika ['pæprɪkə] n *(U)* paprika *m.*

papyrus [pə'paɪərəs] (*pl* **papyruses** OR **papyri** [-raɪ]) n papyrus *m.*

par [pɑːʳ] n [in golf] par *m.*

paracetamol [ˌpærə'siːtəmɒl] n UK paracétamol *m.*

parachute ['pærəʃuːt] n parachute *m.*

parade [pə'reɪd] n **1.** [procession] parade *f* **2.** UK [of shops] rangée *f* de magasins.

paradise ['pærədaɪs] n paradis *m.*

paraffin ['pærəfɪn] n *(U)* paraffine *f.*

paraglider ['pærəglaɪdəʳ] n **1.** [person] parapentiste *mf* **2.** [parachute] parapente *m.*

paragraph ['pærəgrɑːf] n paragraphe *m.*

Paraguay ['pærəgwaɪ] n Paraguay *m.*

Paraguayan [ˌpærə'gwaɪən] ◆ adj paraguayen(enne). ◆ n Paraguayen *m*, -enne *f.*

parallel ['pærəlel] adj : **parallel (to)** parallèle (à).

Paralympics [ˌpærə'lɪmpɪks] npl : **the Paralympics** les jeux *mpl* Paralympiques.

paralysed ['pærəlaɪzd] adj UK paralysé(e).

paralyzed ['pærəlaɪzd] US = **paralysed**.

paramedic [ˌpærə'medɪk] n aide-soignant *m*, -e *f.*

paranoid ['pærənɔɪd] adj paranoïaque.

parasite ['pærəsaɪt] n parasite *m.*

parasol ['pærəsɒl] n **1.** [above table, on beach] parasol *m* **2.** [hand-held] ombrelle *f.*

parcel ['pɑːsl] n UK paquet *m.*

parcel post n *(U)* : **to send sthg by parcel post** envoyer qqch par colis postal.

pardon ['pɑːdn] excl : **pardon?** pardon ? ▸ **pardon (me)!** pardon !, excusez-moi ! ▸ **I beg your pardon!** [apologizing] je vous demande pardon ! ▸ **I**

beg your pardon? [asking for repetition] je vous demande pardon ?

pared-down ['peəd-] **adj** [style, design] dépouillé(e).

parent ['peərənt] **n 1.** [father] père *m* **2.** [mother] mère *f* ▸ **parents** parents *mpl*.

Paris ['pærɪs] **n** Paris.

parish ['pærɪʃ] **n 1.** [of church] paroisse *f* **2.** [village area] commune *f*.

park [pɑːk] ◆ **n** parc *m*. ◆ **vt** [vehicle] garer. ◆ **vi** se garer.

park and ride **n** *système de contrôle de la circulation qui consiste à se garer à l'extérieur des grandes villes, puis à utiliser des navettes pour aller au centre.*

parking ['pɑːkɪŋ] **n** *(U)* stationnement *m* ▸ **'no parking'** 'stationnement interdit', 'défense de stationner'.

parking brake **n** US frein *m* à main.

parking lot **n** US parking *m*.

parking meter **n** parcmètre *m*.

parking space **n** place *f* de parking.

parking ticket **n** contravention *f* *(pour stationnement interdit)*.

parkway ['pɑːkweɪ] **n** US *voie principale dont le terre-plein central est planté d'arbres, de fleurs, etc.*

parliament ['pɑːləmənt] **n** parlement *m*.

Parmesan (cheese) [pɑːmɪ'zæn-] **n** *(U)* parmesan *m*.

parrot ['pærət] **n** perroquet *m*.

parsley ['pɑːslɪ] **n** *(U)* persil *m*.

parsnip ['pɑːsnɪp] **n** panais *m*.

parson ['pɑːsn] **n** pasteur *m*.

part [pɑːt] ◆ **n 1.** partie *f* **2.** [of machine, car] pièce *f* **3.** [in play, film] rôle *m* **4.** US [in hair] raie *f*. ◆ **adv** [partly] en partie. ◆ **vi** [couple] se séparer ▸ **in this part of France** dans cette partie de la France ▸ **to form part of sthg** faire partie de qqch ▸ **to play a part in sthg** jouer un rôle dans qqch ▸ **to take part in sthg** prendre part à qqch ▸ **for my part** pour ma part ▸ **for the most part** dans l'ensemble ▸ **in these parts** dans cette région.

partial ['pɑːʃl] **adj** partiel(ielle) ▸ **to be partial to sthg** avoir un faible pour qqch.

participant [pɑː'tɪsɪpənt] **n** participant *m*, -e *f*.

participate [pɑː'tɪsɪpeɪt] **vi : to participate (in)** participer (à).

particular [pə'tɪkjʊlə^r] **adj 1.** particulier(ière) **2.** [fussy] difficile ▸ **in particular** en particulier ▸ **nothing in particular** rien de particulier. ◆ **particulars** **npl** [details] coordonnées *fpl*.

particularly [pə'tɪkjʊləlɪ] **adv** particulièrement.

parting ['pɑːtɪŋ] **n** UK [in hair] raie *f*.

partition [pɑː'tɪʃn] **n** [wall] cloison *f*.

partly ['pɑːtlɪ] **adv** en partie.

partner ['pɑːtnə^r] **n 1.** [husband, wife] conjoint *m*, -e *f* **2.** [lover] compagnon *m*, compagne *f* **3.** [in game, dance] partenaire *m ou f* **4.** COMM associé *m*, -e *f*.

partnership ['pɑːtnəʃɪp] **n** association *f*.

partridge ['pɑːtrɪdʒ] **n** perdrix *f*.

part-time **adj & adv** à temps partiel.

party ['pɑːtɪ] **n 1.** [for fun] fête *f* **2.** POL parti *m* **3.** [group of people] groupe *m* ▸ **to have a party** organiser une fête.

partying ['pɑːtɪɪŋ] **n** *inf* **: to be a great one for partying** adorer faire la fête.

pass [pɑːs] ◆ vt **1.** passer **2.** [move past] passer devant **3.** [person in street] croiser **4.** [test, exam] réussir **5.** [overtake] dépasser, doubler **6.** [law] voter. ◆ vi **1.** passer **2.** [overtake] dépasser, doubler **3.** [in test, exam] réussir. ◆ n **1.** [document] laissez-passer *m inv* **2.** [in mountain] col *m* **3.** [in exam] mention *f* passable **4.** SPORT passe *f* ▸ **please pass me the salt** passe-moi le sel, s'il te plaît. ◆ **pass away** vi [euphemism] s'éteindre. ◆ **pass by** ◆ vt insep [building, window, etc.] passer devant. ◆ vi passer. ◆ **pass on** vt sep [message] faire passer. ◆ **pass out** vi [faint] s'évanouir. ◆ **pass through** vt ▸ **to pass through the security check** passer le contrôle de sécurité. ◆ **pass up** vt sep [opportunity] laisser passer.

⚠ Passer un examen means ***to take an exam***, not "to pass an exam".

passable ['pɑːsəbl] adj **1.** [road] praticable **2.** [satisfactory] passable.

passage ['pæsɪdʒ] n **1.** passage *m* **2.** [sea journey] traversée *f*.

passageway ['pæsɪdʒweɪ] n passage *m*.

passenger ['pæsɪndʒəʳ] n passager *m*, -ère *f*.

passerby [ˌpɑːsə'baɪ] n passant *m*, -e *f*.

passing place ['pɑːsɪŋ-] n aire *f* de croisement.

passion ['pæʃn] n passion *f*.

passionate ['pæʃənət] adj passionné(e).

passion fruit n fruit *m* de la passion.

passive ['pæsɪv] n GRAM passif *m*.

passive-aggressive adj MED passif-agressif (passive-aggressive).

passport ['pɑːspɔːt] n passeport *m*.

passport control n *(U)* contrôle *m* des passeports.

passport photo n photo *f* d'identité.

password ['pɑːswɜːd] n mot *m* de passe.

password-protected adj COMPUT protégé(e) par mot de passe.

past [pɑːst] ◆ adj **1.** [earlier, finished] passé(e) **2.** [last] dernier(ière) **3.** [former] ancien(ienne). ◆ prep **1.** [further than] après **2.** [in front of] devant. ◆ n [former time] passé *m*. ◆ adv **: to go past** passer devant ▸ **past (tense)** GRAM passé *m* ▸ **the past month** le mois dernier ▸ **the past few days** ces derniers jours ▸ **twenty past four** quatre heures vingt ▸ **she walked past the window** elle est passée devant la fenêtre ▸ **in the past** autrefois.

pasta ['pæstə] n *(U)* pâtes *fpl*.

paste [peɪst] ◆ n **1.** [spread] pâte *f* **2.** [glue] colle *f*. ◆ vt coller.

pastel ['pæstl] n pastel *m*.

pasteurized ['pɑːstʃəraɪzd] adj pasteurisé(e).

pastille ['pæstɪl] n pastille *f*.

pastime ['pɑːstaɪm] n passe-temps *m inv*.

pastrami [pə'strɑːmɪ] n pastrami *m*.

pastry ['peɪstrɪ] n **1.** *(U)* [for pie] pâte *f* **2.** [cake] pâtisserie *f*.

pasture ['pɑːstʃəʳ] n pâturage *m*.

pasty ['pæstɪ] n UK friand *m*.

pat [pæt] vt tapoter.

patch [pætʃ] n **1.** [for clothes] pièce *f* **2.** [of colour, damp] tache *f* **3.** MED & COMPUT patch *m* **4.** [for skin] pansement *m* **5.** [for eye] bandeau *m* ▸ **a bad patch** *fig* une mauvaise passe.

pâté ['pæteɪ] n pâté *m*.

patent [UK 'peɪtənt, US 'pætənt] n brevet *m*.

path [pɑːθ] n **1.** [in country] sentier *m* **2.** [in garden, park] allée *f*.

pathetic [pə'θetɪk] adj *pej* [useless] minable.

patience ['peɪʃns] n **1.** [quality] patience *f* **2.** UK [card game] patience *f*, réussite *f*.

patient ['peɪʃnt] ◆ adj patient(e). ◆ n patient *m*, -e *f*.

patio ['pætɪəʊ] n patio *m*.

patriotic [UK ˌpætrɪ'ɒtɪk, US ˌpeɪtrɪ'ɒtɪk] adj **1.** [person] patriote **2.** [song] patriotique.

patrol [pə'trəʊl] ◆ vt patrouiller dans. ◆ n [group] patrouille *f*.

patrol car n voiture *f* de patrouille.

patron ['peɪtrən] n *fml* [customer] client *m*, -e *f* ▸ **'patrons only'** 'réservé aux clients'.

patronizing [UK 'pætrənaɪzɪŋ, US 'peɪtrənaɪzɪŋ] adj condescendant(e).

pattern ['pætn] n **1.** dessin *m* **2.** [for sewing] patron *m*.

patterned ['pætənd] adj à motifs.

pause [pɔːz] ◆ n pause *f*. ◆ vi faire une pause.

pavement ['peɪvmənt] n **1.** UK [beside road] trottoir *m* **2.** US [roadway] chaussée *f*.

pavilion [pə'vɪljən] n pavillon *m*.

paving stone ['peɪvɪŋ-] n pavé *m*.

pavlova [pæv'ləʊvə] n vacherin *m*.

paw [pɔː] n patte *f*.

pawn [pɔːn] ◆ vt mettre en gage. ◆ n [in chess] pion *m*.

pay [peɪ] (*pt & pp* **paid**) ◆ vt & vi payer. ◆ n [salary] paie *f* ▸ **I paid £30 for these shoes** j'ai payé ces chaussures 30 livres ▸ **have you paid the waiter for the drinks?** tu as réglé les boissons au serveur ? ▸ **to pay money into an account** verser de l'argent sur un compte ▸ **to pay attention (to)** faire attention (à) ▸ **to pay sb a visit** rendre visite à qqn ▸ **to pay by credit card** payer OR régler par carte de crédit. ◆ **pay back** vt sep rembourser. ◆ **pay for** vt insep [purchase] payer. ◆ **pay in** vt sep [cheque, money] déposer sur un compte. ◆ **pay out** vt sep [money] verser. ◆ **pay up** vi payer.

payable ['peɪəbl] adj payable ▸ **payable to** [cheque] à l'ordre de.

pay channel n chaîne *f* payante.

payment ['peɪmənt] n paiement *m*.

pay-per-view ◆ n TV *système de télévison à la carte* OR *à la séance*. ◆ adj à la carte, à la séance.

payphone ['peɪfəʊn] n téléphone *m* public.

pay television, pay TV n télévison *f* à la carte OR à la séance.

PC ◆ n **1.** (*abbr of* **personal computer**) PC *m* **2.** UK *abbr of* **police constable.** ◆ adj *abbr of* **politically correct**.

PC-compatible adj COMPUT compatible PC.

PCR test n test *m* PCR.

PDA (*abbr of* **Personal Digital Assistant**) n PDA *m*.

PDF (*abbr of* **Portable Document Format**) n PDF *m*.

PE (*abbr of* **physical education**) n *(U)* EPS *(éducation physique et sportive) f*.

pea [piː] n petit pois *m*.

peace [piːs] n *(U)* **1.** [no anxiety] tranquillité *f* **2.** [no war] paix *f* ▸ **to leave sb**

in peace laisser qqn tranquille ▸ **peace and quiet** tranquillité.

peaceful ['pi:sfʊl] **adj 1.** [place, day] tranquille **2.** [demonstration] pacifique.

peach [pi:tʃ] **n** pêche *f*.

peach melba [-'melbə] **n** pêche *f* Melba.

peacock ['pi:kɒk] **n** paon *m*.

peak [pi:k] **n 1.** [of mountain] sommet *m* **2.** [of hat] visière *f* **3.** *fig* [highest point] point *m* culminant ▸ **peak in the epidemic** pic *m* épidémique.

peak hours npl 1. [of traffic] heures *fpl* de pointe **2.** [for telephone, electricity] période *f* de pointe.

peak rate **n** tarif *m* normal.

peanut ['pi:nʌt] **n** cacah(o)uète *f*.

peanut butter **n** *(U)* beurre *m* de cacah(o)uète.

pear [peəʳ] **n** poire *f*.

pearl [pɜ:l] **n** perle *f*.

peasant ['peznt] **n** paysan *m*, -anne *f*.

pebble ['pebl] **n** galet *m*.

pecan pie ['pi:kæn-] **n** tarte *f* aux noix de pécan.

peck [pek] **vi** picorer.

peculiar [pɪ'kju:ljəʳ] **adj** [strange] bizarre ▸ **to be peculiar to** [exclusive] être propre à.

peculiarity [pɪ,kju:lɪ'ærətɪ] **n** [special feature] particularité *f*.

pedal ['pedl] ◆ **n** pédale *f*. ◆ **vi** pédaler.

pedal bin **n** UK poubelle *f* à pédale.

pedalo ['pedələʊ] **n** UK pédalo *m*.

pedestrian [pɪ'destrɪən] **n** piéton *m*.

pedestrian crossing **n** UK passage *m* clouté, passage *m* (pour) piétons.

pedestrianized [pɪ'destrɪənaɪzd] **adj** piétonnier(ière).

pedestrian precinct **n** UK zone *f* piétonnière.

pedestrian zone US = **pedestrian precinct**.

pee [pi:] ◆ **vi** *inf* faire pipi. ◆ **n : to have a pee** *inf* faire pipi.

peel [pi:l] ◆ **n** *(U)* **1.** [of banana] peau *f* **2.** [of apple, onion] pelure *f* **3.** [of orange, lemon] écorce *f*. ◆ **vt** [fruit, vegetables] éplucher, peler. ◆ **vi 1.** [paint] s'écailler **2.** [skin] peler.

peep [pi:p] **n : to have a peep** jeter un coup d'œil.

peer [pɪəʳ] **vi** regarder attentivement.

peer-to-peer **adj** peer-to-peer.

peg [peg] **n 1.** [for tent] piquet *m* **2.** [hook] patère *f* **3.** UK [for washing] pince *f* à linge.

pelican crossing ['pelɪkən-] **n** UK *passage clouté où l'arrêt des véhicules peut être commandé par les piétons en appuyant sur un bouton.*

pelvis ['pelvɪs] **n** bassin *m*.

pen [pen] **n 1.** [ballpoint pen] stylo *m* (à) bille **2.** [fountain pen] stylo *m* (à) plume **3.** [for animals] enclos *m*.

penalty ['penltɪ] **n 1.** [fine] amende *f* **2.** [in football] penalty *m*.

pence [pens] **npl** pence *mpl* ▸ **it costs 20 pence** ça coûte 20 pence.

pencil ['pensl] **n** crayon *m*.

pencil case **n** trousse *f*.

pencil sharpener **n** taille-crayon *m*.

pendant ['pendənt] **n** [on necklace] pendentif *m*.

pending ['pendɪŋ] **prep** *fml* en attendant.

penetrate ['penɪtreɪt] vt pénétrer dans.

penfriend ['penfrend] n UK correspondant *m*, -e *f*.

penguin ['peŋgwɪn] n pingouin *m*.

penicillin [ˌpenɪ'sɪlɪn] n *(U)* pénicilline *f*.

peninsula [pə'nɪnsjʊlə] n péninsule *f*.

penis ['piːnɪs] n pénis *m*.

penknife ['pennaɪf] (*pl* **-knives**) n canif *m*.

penny ['penɪ] (*pl* **pennies**) n **1.** [in UK] penny *m* **2.** [in US] cent *m*.

pen pal n *inf* correspondant *m*, -e *f* *(épistolaire)*.

pension ['penʃn] n **1.** [for retired people] retraite *f* **2.** [for disabled people] pension *f*.

pensioner ['penʃənəʳ] n retraité *m*, -e *f*.

penthouse ['penthaʊs] *(pl* [-haʊzɪz]*)* n *appartement de luxe au dernier étage d'un immeuble*.

penultimate [pe'nʌltɪmət] adj avant-dernier(ière).

people ['piːpl] ◆ npl **1.** personnes *fpl* **2.** [in general] gens *mpl*. ◆ n [nation] peuple *m* ▸ **the people** [citizens] la population ▸ **French people** les Français *mpl*.

people carrier n UK monospace *m*.

pepper ['pepəʳ] n **1.** *(U)* [spice] poivre *m* **2.** [sweet vegetable] poivron *m* **3.** [hot vegetable] piment *m*.

peppercorn ['pepəkɔːn] n grain *m* de poivre.

peppermint ['pepəmɪnt] ◆ adj à la menthe. ◆ n [sweet] bonbon *m* à la menthe.

pepper pot UK, **pepper shaker** US, **pepperbox** ['pepəbɒks] US n poivrier *m*, poivrière *f*.

pepper steak n steak *m* au poivre.

Pepsi® ['pepsɪ] n Pepsi® *m*.

per [pɜːʳ] prep par ▸ **80p per kilo** 80 pence le kilo ▸ **per person** par personne ▸ **three times per week** trois fois par semaine ▸ **£20 per night** 20 livres la nuit.

perceive [pə'siːv] vt percevoir.

per cent adv pour cent.

percentage [pə'sentɪdʒ] n pourcentage *m*.

perch [pɜːtʃ] n perchoir *m*.

percolator ['pɜːkəleɪtəʳ] n cafetière *f* à pression.

perfect ◆ adj ['pɜːfɪkt] parfait(e). ◆ vt [pə'fekt] perfectionner. ◆ n ['pɜːfɪkt] **: the perfect (tense)** le parfait.

perfection [pə'fekʃn] n **: to do sthg to perfection** faire qqch à la perfection.

perfectly ['pɜːfɪktlɪ] adv parfaitement.

perform [pə'fɔːm] ◆ vt **1.** [task, operation] exécuter **2.** [play] jouer **3.** [concert] donner. ◆ vi **1.** [actor, band] jouer **2.** [singer] chanter.

performance [pə'fɔːməns] n **1.** [of play] représentation *f* **2.** [of film] séance *f* **3.** [by actor, musician] interprétation *f* **4.** [of car] performances *fpl*.

performance-enhancing drug n produit *m* dopant.

performer [pə'fɔːməʳ] n artiste *m ou f*.

perfume ['pɜːfjuːm] n parfum *m*.

perhaps [pə'hæps] adv peut-être.

perimeter [pərɪmɪtəʳ] n périmètre *m*.

period ['pɪərɪəd] ◆ n **1.** [of time] période *f* **2.** SCH heure *f* **3.** [menstruation] règles *fpl* **4.** [of history] époque *f* **5.** US [full stop] point *m*. ◆ **adj** [costume, furniture] d'époque ▸ **sunny periods** éclaircies *fpl*.

periodic [ˌpɪərɪ'ɒdɪk] **adj** périodique.

periodical [ˌpɪərɪ'ɒdɪkl] ◆ **adj** = **periodic.** ◆ **n** [magazine] périodique *m*.

period pains **npl** règles *fpl* douloureuses.

periphery [pə'rɪfərɪ] **n** périphérie *f*.

perishable ['perɪʃəbl] **adj** périssable.

perk [pɜːk] **n** avantage *m* en nature.

perm [pɜːm] ◆ **n** permanente *f*. ◆ **vt :** **to have one's hair permed** se faire faire une permanente.

permalink ['pɜːməlɪŋk] **n** COMPUT lien *m* permanent.

permanent ['pɜːmənənt] **adj** permanent(e).

permanent address **n** adresse *f* permanente.

permanently ['pɜːmənəntlɪ] **adv** en permanence.

permissible [pə'mɪsəbl] **adj** *fml* autorisé(e).

permission [pə'mɪʃn] **n** *(U)* permission *f*, autorisation *f*.

permit ◆ **vt** [pə'mɪt] [allow] permettre, autoriser. ◆ **n** ['pɜːmɪt] permis *m* ▸ **to permit sb to do sthg** permettre à qqn de faire qqch, autoriser qqn à faire qqch ▸ **'permit holders only'** *panneau ou inscription sur la chaussée indiquant qu'un parking n'est accessible que sur permis spécial.*

perpendicular [ˌpɜːpən'dɪkjʊləʳ] **adj** perpendiculaire.

persevere [ˌpɜːsɪ'vɪəʳ] **vi** persévérer.

Persian ['pɜːʃn] **adj** **1.** [modern times] persan(e) **2.** [in history] perse.

persist [pə'sɪst] **vi** persister ▸ **to persist in doing sthg** persister à faire qqch.

persistent [pə'sɪstənt] **adj** **1.** persistant(e) **2.** [person] obstiné(e).

person ['pɜːsn] (*pl* **people**) **n** personne *f* ▸ **she's an interesting person** c'est quelqu'un d'intéressant ▸ **in person** en personne.

personal ['pɜːsənl] **adj** **1.** personnel(elle) **2.** [life] privé(e) **3.** [rude] désobligeant(e) **4.** [question] indiscret(ète) ▸ **a personal friend** un ami intime.

personal assistant **n** secrétaire *m* particulier, secrétaire particulière *f*.

personal belongings **npl** objets *mpl* personnels.

personal computer **n** PC *m*.

personality [ˌpɜːsə'nælətɪ] **n** personnalité *f*.

personalize ['pɜːsənəlaɪz] **vt** personnaliser.

personally ['pɜːsnəlɪ] **adv** personnellement.

personal property **n** *(U)* objets *mpl* personnels.

personal stereo **n** baladeur *m*, Walkman® *m*.

personal trainer **n** coach *m* personnel.

personnel [ˌpɜːsə'nel] **npl** personnel *m*.

perspective [pə'spektɪv] **n** **1.** [of drawing] perspective *f* **2.** [opinion] point *m* de vue.

Perspex® ['pɜːspeks] **n** UK ≃ Plexiglas® *m*.

perspiration [ˌpɜːspə'reɪʃn] **n** *(U)* transpiration *f*.

persuade [pə'sweɪd] **vt : to persuade sb (to do sthg)** persuader qqn (de faire qqch) ▸ **to persuade sb that...** persuader qqn que....

persuasive [pə'sweɪsɪv] **adj** persuasif(ive).

Peru [pə'ruː] **n** Pérou *m*.

Peruvian [pə'ruːvjən] ◆ **adj** péruvien(enne). ◆ **n** [person] Péruvien *m*, -enne *f*.

pervert ['pɜːvɜːt] **n** pervers *m*, -e *f*.

pessimist ['pesɪmɪst] **n** pessimiste *m ou f*.

pessimistic [ˌpesɪ'mɪstɪk] **adj** pessimiste.

pest [pest] **n 1.** [insect, animal] nuisible *m* **2.** *inf* [person] casse-pieds *m inv* ou *f inv*.

pester ['pestəʳ] **vt** harceler.

pesticide ['pestɪsaɪd] **n** pesticide *m*.

pesto ['pestəʊ], **pesto sauce** **n** pesto *m*.

pet [pet] **n** animal *m* (domestique) ▸ **the teacher's pet** le chouchou du professeur.

petal ['petl] **n** pétale *m*.

pet food **n** *(U)* nourriture *f* pour animaux (domestiques).

petition [pɪ'tɪʃn] **n** [letter] pétition *f*.

petrified ['petrɪfaɪd] **adj** [frightened] pétrifié(e) de peur.

petrol ['petrəl] **n** *(U)* UK essence *f*.

petrol can **n** UK bidon *m* à essence.

petrol cap **n** UK bouchon *m* du réservoir d'essence.

petrol gauge **n** UK jauge *f* à essence.

petrol pump **n** UK pompe *f* à essence.

petrol station **n** UK station-service *f*.

petrol tank **n** UK réservoir *m* d'essence.

pet shop **n** animalerie *f*.

petticoat ['petɪkəʊt] **n** jupon *m*.

petty ['petɪ] **adj** *pej* [person, rule] mesquin(e).

petty cash **n** *(U)* caisse *f* des dépenses courantes.

pew [pjuː] **n** banc *m* (d'église).

pewter ['pjuːtəʳ] **adj** en étain.

PG (*abbr of* **parental guidance**) *sigle indiquant qu'un film peut être vu par des enfants sous contrôle de leurs parents.*

pharmacist ['fɑːməsɪst] **n** pharmacien *m*, -ienne *f*.

pharmacy ['fɑːməsɪ] **n** [shop] pharmacie *f*.

phase [feɪz] **n** phase *f*.

PhD **n** doctorat *m* de troisième cycle.

pheasant ['feznt] **n** faisan *m*.

phenomena [fɪ'nɒmɪnə] **pl** → **phenomenon**.

phenomenal [fɪ'nɒmɪnl] **adj** phénoménal(e).

phenomenon [fɪ'nɒmɪnən] (*pl* **-mena**) **n** phénomène *m*.

Philippines ['fɪlɪpiːnz] **npl** : **the Philippines** les Philippines *fpl*.

philosophy [fɪ'lɒsəfɪ] **n** philosophie *f*.

phishing ['fɪʃɪŋ] **n** COMPUT phishing *m*.

phlegm [flem] **n** *(U)* glaire *f*.

phone [fəʊn] ◆ **n** téléphone *m*. ◆ **vt** téléphoner à. ◆ **vi** téléphoner ▸ **to be on the phone a)** [talking] être au téléphone **b)** UK [connected] avoir le téléphone. ◆ **phone in** **vi** téléphoner. ◆ **phone up** ◆ **vt sep** téléphoner à. ◆ **vi** téléphoner.

phone book n annuaire *m* (téléphonique).

phone booth n cabine *f* téléphonique.

phone box n UK cabine *f* téléphonique.

phone call n coup *m* de téléphone.

phonecard ['fəʊnkɑːd] n Télécarte® *f*.

phone number n numéro *m* de téléphone.

phoney, phony ['fəʊnɪ] adj *inf* [passport, address] bidon *(inv)*.

photo ['fəʊtəʊ] n photo *f* ▸ **to take a photo of the family** prendre la famille en photo.

photo album n album *m* (de) photos.

photocopier [,fəʊtəʊ'kɒpɪər] n photocopieuse *f*.

photocopy ['fəʊtəʊ,kɒpɪ] ◆ n photocopie *f*. ◆ vt photocopier.

photo frame n cadre *m* photo.

photograph ['fəʊtəgrɑːf] ◆ n photographie *f*. ◆ vt photographier.

⚠ Photographe is a false friend, it means ***photographer***, not "photograph".

photographer [fə'tɒgrəfər] n photographe *m ou f*.

photography [fə'tɒgrəfɪ] n *(U)* photographie *f*.

phrase [freɪz] n expression *f*.

phrasebook ['freɪzbʊk] n guide *m* de conversation.

physical ['fɪzɪkl] ◆ adj physique. ◆ n visite *f* médicale.

physical distance n distance *f* physique.

physical education n *(U)* éducation *f* physique.

physically handicapped ['fɪzɪklɪ-] adj handicapé(e) physique.

physician [fɪ'zɪʃn] n *fml* médecin *m*.

physics ['fɪzɪks] n *(U)* physique *f*.

physiotherapy [,fɪzɪəʊ'θerəpɪ] n *(U)* UK kinésithérapie *f*.

pianist ['pɪənɪst] n pianiste *m ou f*.

piano [pɪ'ænəʊ] (*pl* -s) n piano *m*.

pick [pɪk] ◆ vt **1.** [select] choisir **2.** [fruit, flowers] cueillir. ◆ n [pickaxe] pioche *f* ▸ **to pick a fight** chercher la bagarre ▸ **to pick one's nose** se mettre les doigts dans le nez ▸ **to take one's pick** faire son choix. ◆ **pick on** vt insep s'en prendre à. ◆ **pick out** vt sep **1.** [select] choisir **2.** [see] repérer. ◆ **pick up** ◆ vt sep **1.** [fallen object] ramasser **2.** [fallen person] relever **3.** [collect] passer prendre **4.** [skill, language] apprendre **5.** [hitchhiker] prendre **6.** [collect in car] aller chercher **7.** *inf* [woman, man] draguer. ◆ vi [improve] reprendre.

pickax US = **pickaxe**.

pickaxe ['pɪkæks] n UK pioche *f*.

pickle ['pɪkl] n **1.** *(U)* UK [food] pickles *mpl* **2.** US [gherkin] cornichon *m*.

pickled onion ['pɪkld-] n oignon *m* au vinaigre.

pickpocket ['pɪk,pɒkɪt] n pickpocket *m*.

pick-up (truck) n camionnette *f*.

picnic ['pɪknɪk] n pique-nique *m*.

picnic area n aire *f* de pique-nique.

picture ['pɪktʃər] n **1.** [painting] tableau *m* **2.** [drawing] dessin *m* **3.** [photograph] photo *f* **4.** [in book, on TV] image *f* **5.** [film] film *m*. ◆ **pictures** npl : **the pictures** UK le cinéma.

picture frame n cadre *m*.

picturesque [ˌpɪktʃəˈresk] **adj** pittoresque.

pie [paɪ] **n 1.** [savoury] tourte *f* **2.** [sweet] tarte *f*.

piece [piːs] **n 1.** morceau *m* **2.** [component, in chess] pièce *f* ▸ **a piece of furniture** un meuble ▸ **a 20p piece** une pièce de 20 pence ▸ **a piece of advice** un conseil ▸ **to fall to pieces** tomber en morceaux ▸ **in one piece a)** [intact] intact **b)** [unharmed] sain et sauf.

pier [pɪəʳ] **n** jetée *f*.

pierce [pɪəs] **vt** percer ▸ **to have one's ears pierced** se faire percer les oreilles.

pig [pɪg] **n 1.** cochon *m*, porc *m* **2.** *inf* [greedy person] goinfre *m ou f*.

pigeon [ˈpɪdʒɪn] **n** pigeon *m*.

pigeonhole [ˈpɪdʒɪnhəʊl] **n** casier *m*.

pigskin [ˈpɪgskɪn] **adj** peau *f* de porc.

pigsty [ˈpɪgstaɪ], **pigpen** [ˈpɪgpen] US **n** porcherie *f*.

pigtail [ˈpɪgteɪl] **n** natte *f*.

pike [paɪk] **n** [fish] brochet *m*.

pilau rice [ˈpɪlaʊ-] **n** *(U)* riz *m* pilaf.

pilchard [ˈpɪltʃəd] **n** pilchard *m*.

pile [paɪl] ◆ **n 1.** [heap] tas *m* **2.** [neat stack] pile *f*. ◆ **vt 1.** entasser **2.** [neatly] empiler ▸ **piles of** *inf* [a lot] des tas de. ◆ **pile on** ◆ **vi insep** *inf* [onto bus, train] s'entasser, monter en s'entassant. ◆ **vt sep** [increase suspense] faire durer. ◆ **pile up** ◆ **vt sep 1.** entasser **2.** [neatly] empiler. ◆ **vi** [accumulate] s'entasser.

piles [paɪlz] **npl** MED hémorroïdes *fpl*.

pileup [ˈpaɪlʌp] **n** carambolage *m*.

pill [pɪl] **n** pilule *f*.

pillar [ˈpɪləʳ] **n** pilier *m*.

pillar box **n** UK boîte *f* aux lettres.

pillion [ˈpɪljən] **n : to ride pillion** monter derrière.

pillow [ˈpɪləʊ] **n 1.** [for bed] oreiller *m* **2.** US [on chair, sofa] coussin *m*.

pillowcase [ˈpɪləʊkeɪs] **n** taie *f* d'oreiller.

pilot [ˈpaɪlət] **n** pilote *m*.

pilot light **n** veilleuse *f*.

pimple [ˈpɪmpl] **n** bouton *m*.

pin [pɪn] ◆ **n 1.** [for sewing] épingle *f* **2.** [drawing pin] punaise *f* **3.** [safety pin] épingle *f* de nourrice **4.** US [brooch] broche *f* **5.** US [badge] badge *m*. ◆ **vt** épingler ▸ **a two-pin plug** une prise à deux fiches ▸ **to have pins and needles** avoir des fourmis.

pinafore [ˈpɪnəfɔːʳ] **n** UK **1.** [apron] tablier *m* **2.** [dress] robe *f* chasuble.

pinball [ˈpɪnbɔːl] **n** *(U)* flipper *m*.

pincers [ˈpɪnsəz] **npl** [tool] tenailles *fpl*.

pinch [pɪntʃ] ◆ **vt 1.** [squeeze] pincer **2.** UK *inf* [steal] piquer. ◆ **n** [of salt] pincée *f*.

pine [paɪn] ◆ **n** pin *m*. ◆ **adj** en pin.

pineapple [ˈpaɪnæpl] **n** ananas *m*.

pink [pɪŋk] ◆ **adj** rose. ◆ **n** rose *m*.

pinkie [ˈpɪŋkɪ] **n** *inf* petit doigt *m*.

PIN (number) **n** code *m* confidentiel, code *m* PIN.

pinpoint [ˈpɪnpɔɪnt] **vt** [cause, problem] définir, mettre le doigt sur.

pint [paɪnt] **n 1.** [in UK] = 0,568 l ; ≃ demi-litre *m* **2.** [in US] = 0,473 l ; ≃ demi-litre *m* ▸ **a pint (of beer)** UK *un verre de bière de 0,568 l.*

pip [pɪp] **n** UK pépin *m*.

pipe [paɪp] **n 1.** [for smoking] pipe *f* **2.** [for gas, water] tuyau *m*.

pipe cleaner **n** cure-pipe *m*.

pipeline ['paɪplaɪn] **n 1.** [for gas] gazoduc *m* **2.** [for oil] oléoduc *m*.

pipe tobacco n *(U)* tabac *m* pour pipe.

pirate ['paɪrət] n pirate *m*.

Pisces ['paɪsi:z] n Poissons *mpl*.

piss [pɪs] ◆ vi *vulg* pisser. ◆ n : **to have a piss** *vulg* pisser ▸ **it's pissing down** *vulg* il pleut comme vache qui pisse.

pissed [pɪst] adj **1.** UK *vulg* [drunk] bourré(e) **2.** US *vulg* [angry] en rogne.

pissed off adj *vulg* : **to be pissed off** en avoir ras le bol.

pistachio [pɪ'stɑ:ʃɪəʊ] ◆ n pistache *f*. ◆ adj [flavour] à la pistache.

pistol ['pɪstl] n pistolet *m*.

piston ['pɪstən] n piston *m*.

pit [pɪt] n **1.** [hole] trou *m* **2.** [coalmine] mine *f* **3.** [for orchestra] fosse *f* **4.** US [in fruit] noyau *m*.

pita (bread) US = **pitta (bread)**.

pitch [pɪtʃ] ◆ n UK SPORT terrain *m*. ◆ vt [throw] jeter ▸ **to pitch a tent** monter une tente.

pitcher ['pɪtʃər] n **1.** UK [large jug] cruche *f* **2.** US [small jug] pot *m*.

pitfall ['pɪtfɔ:l] n piège *m*.

pith [pɪθ] n *(U)* [of orange] peau *f* blanche.

pitta (bread) ['pɪtə-] n UK (pain *m*) pita *m*.

pitted ['pɪtɪd] adj [olives] dénoyauté(e).

pity ['pɪtɪ] n *(U)* [compassion] pitié *f* ▸ **to have pity on sb** avoir pitié de qqn ▸ **it's a pity (that)...** c'est dommage que... ▸ **what a pity!** quel dommage !

pivot ['pɪvət] n pivot *m*.

pixel ['pɪksl] n pixel *m*.

pixelate ['pɪksəleɪt], **pixelize** ['pɪksəlaɪz] US vt pixelliser.

pixelation ['pɪksleɪʃn] n pixellisation *f*.

pixellated, pixelated ['pɪksəleɪtɪd] US adj COMPUT [image] pixellisé(e).

pizza ['pi:tsə] n pizza *f*.

pizzeria [,pi:tsə'ri:ə] n pizzeria *f*.

Pl. (*abbr of* **Place**) Pl.

placard ['plækɑ:d] n placard *m*.

place [pleɪs] ◆ n **1.** [location] endroit *m* **2.** [house] maison *f* **3.** [flat] appartement *m* **4.** [seat, position, in race, list] place *f* **5.** [at table] couvert *m*. ◆ vt **1.** [put] placer **2.** [an order] passer ▸ **at my place** [house, flat] chez moi ▸ **in the first place** premièrement ▸ **to take place** avoir lieu ▸ **to take sb's place** [replace] prendre la place de qqn ▸ **all over the place** partout ▸ **in place of** au lieu de ▸ **to place a bet** parier.

place mat n set *m* (de table).

placement ['pleɪsmənt] n UK [work experience] stage *m* (en entreprise).

place of birth n lieu *m* de naissance.

plague [pleɪg] n peste *f*.

plaice [pleɪs] n carrelet *m*.

plain [pleɪn] ◆ adj **1.** [not decorated] uni(e) **2.** [simple] simple **3.** [yoghurt] nature *inv* **4.** [clear] clair(e) **5.** [paper] non réglé(e) **6.** *pej* [not attractive] quelconque. ◆ n plaine *f*.

plain chocolate n *(U)* UK chocolat *m* à croquer.

plainly ['pleɪnlɪ] adv **1.** [obviously] manifestement **2.** [distinctly] clairement.

plain text n COMPUT texte *m* seul.

plait [plæt] ◆ n UK natte *f*. ◆ vt UK tresser.

plan [plæn] ◆ n **1.** plan *m*, projet *m* **2.** [drawing] plan. ◆ vt [organize] organiser ▸ **have you any plans for tonight?** as-tu quelque chose de prévu pour ce soir ? ▸ **according to plan** comme prévu ▸ **to plan to do sthg, to plan on doing sthg** avoir l'intention de faire qqch.

plane [pleɪn] n **1.** [aeroplane] avion *m* **2.** [tool] rabot *m*.

planet ['plænɪt] n planète *f*.

plank [plæŋk] n planche *f*.

planned [plænd] **adj 1.** [crime] prémédité(e) **2.** [economy] planifié(e).

plant [plɑ:nt] ◆ n **1.** plante *f* **2.** [factory] usine *f*. ◆ vt planter ▸ **'heavy plant crossing'** 'sortie d'engins'.

plantation [plæn'teɪʃn] n plantation *f*.

plaque [plɑ:k] n **1.** [plate] plaque *f (U)* **2.** [on teeth] plaque *f* dentaire.

plasma screen n écran *m* (à) plasma.

plasma TV n télévision *f* (à) plasma.

plaster ['plɑ:stə^r] n **1.** UK [for cut] pansement *m* **2.** *(U)* [for walls] plâtre *m* ▸ **in plaster** [arm, leg] dans le plâtre.

plaster cast n plâtre *m*.

plastic ['plæstɪk] ◆ n *(U)* plastique *m*. ◆ adj en plastique.

plastic bag n sac *m* (en) plastique.

Plasticine® ['plæstɪsi:n] n *(U)* UK pâte *f* à modeler.

plate [pleɪt] n **1.** assiette *f* **2.** [for serving food] plat *m* **3.** [of metal, glass] plaque *f*.

plateau ['plætəʊ] n plateau *m*.

plate-glass adj fait(e) d'une seule vitre.

platform ['plætfɔ:m] n **1.** [at railway station] quai *m* **2.** [raised structure] plateforme *f*.

platinum ['plætɪnəm] n *(U)* platine *m*.

platter ['plætə^r] n [of food] plateau *m*.

play [pleɪ] ◆ n **1.** [in theatre] pièce *f* (de théâtre) **2.** [on TV] dramatique *f* **3.** [button on CD, tape recorder] bouton *m* de mise en marche. ◆ vt **1.** [sport, game] jouer à **2.** [musical instrument] jouer de **3.** [piece of music, role] jouer **4.** [opponent] jouer contre **5.** [CD, tape, record] passer. ◆ vi jouer. ◆ **play about** vi insep UK [have fun: children] jouer, s'amuser. ◆ **play about with** vt insep jouer avec. ◆ **play back** vt sep repasser. ◆ **play out** vt sep [enact a scene] jouer. ◆ **play up** vi [machine, car] faire des siennes.

player ['pleɪə^r] n joueur *m*, -euse *f* ▸ **piano player** pianiste *m ou f*.

playful ['pleɪfʊl] adj joueur(euse).

playground ['pleɪgraʊnd] n **1.** [in school] cour *f* de récréation **2.** [in park, etc.] aire *f* de jeux.

playgroup ['pleɪgru:p] n UK jardin *m* d'enfants.

playing card ['pleɪɪŋ-] n carte *f* à jouer.

playing field ['pleɪɪŋ-] n terrain *m* de sport.

playroom ['pleɪrʊm] n salle *f* de jeux.

playschool ['pleɪsku:l] UK = **playgroup**.

playtime ['pleɪtaɪm] n récréation *f*.

playwright ['pleɪraɪt] n auteur *m* dramatique.

PLC, plc *(abbr of* **public limited company***)* UK ≃ SARL *(société à responsabilité limitée)*.

pleasant ['pleznt] adj agréable.

please [pli:z] ◆ adv s'il te / vous plaît. ◆ vt faire plaisir à ▸ **'please shut the**

door' 'veuillez fermer la porte' ▸ **whatever you please** ce que vous voulez ▸ **yes please!** oui, s'il te /vous plaît !

pleased [pli:zd] **adj** content(e) ▸ **to be pleased with** être content de ▸ **pleased to meet you!** enchanté(e) !

pleasure ['pleʒəʳ] **n** *(U)* plaisir *m* ▸ **with pleasure** avec plaisir, volontiers ▸ **it's a pleasure!** je vous en prie !

pleat [pli:t] **n** pli *m*.

pleated ['pli:tɪd] **adj** plissé(e).

pledge [pledʒ] **n 1.** promesse *f*, serment *m* **2.** [token] gage *m*.

plentiful ['plentɪfʊl] **adj** abondant(e).

plenty ['plentɪ] **pron : there's plenty** il y en a largement assez ▸ **plenty of** beaucoup de.

pliers ['plaɪəz] **npl** pince *f*.

plimsoll ['plɪmsəl] **n** UK tennis *m* *(chaussure)*.

plonk [plɒŋk] **n** UK *inf* [wine] pinard *m*.

plot [plɒt] **n 1.** [scheme] complot *m* **2.** [of story, film, play] intrigue *f* **3.** [of land] parcelle *f* de terrain.

plough [plaʊ] ◆ **n** UK charrue *f*. ◆ **vt** UK labourer.

ploughman's (lunch) ['plaʊmənz-] **n** UK *assiette composée de fromage et de pickles accompagnés de pain, généralement servie dans les pubs*.

plow [plaʊ] US = **plough**.

ploy [plɔɪ] **n** ruse *f*.

pluck [plʌk] **vt 1.** [eyebrows] épiler **2.** [chicken] plumer.

plug [plʌg] **n 1.** [electrical] prise *f* (de courant) **2.** [for bath, sink] bonde *f*. ◆ **plug in** **vt sep** brancher.

plug-and-play **adj** COMPUT plug-and-play.

plughole ['plʌghəʊl] **n** UK bonde *f*.

plug-in **n** plug-in *m*.

plum [plʌm] **n** prune *f*.

plumber ['plʌməʳ] **n** plombier *m*.

plumbing ['plʌmɪŋ] **n** *(U)* [pipes] plomberie *f*.

plump [plʌmp] **adj** dodu(e).

plum tomato **n** olivette *f*.

plunge [plʌndʒ] **vi 1.** [fall, dive] plonger **2.** [decrease] dégringoler.

plunge pool **n** petite piscine *f*.

plunger ['plʌndʒəʳ] **n** [for unblocking pipe] déboucheur *m* à ventouse.

pluperfect (tense) [ˌplu:'pɜ:fɪkt-] **n : the pluperfect tense** le plus-que-parfait.

plural ['plʊərəl] **n** pluriel *m* ▸ **in the plural** au pluriel.

plus [plʌs] ◆ **prep** plus. ◆ **adj : 30 plus** 30 ou plus.

plush [plʌʃ] **adj** luxueux(euse).

pluto [plu:təʊ] **vt** US dévaluer *(qqn ou qqch)*.

Pluto ['plu:təʊ] **n** [planet] Pluton *f*.

plywood ['plaɪwʊd] **n** *(U)* contreplaqué *m*.

p.m. *(abbr of* **post meridiem***)* **: 3 p.m.** 15 h.

PMS *(abbr of* **premenstrual syndrome***)* = **PMT**.

PMT *(abbr of* **premenstrual tension***)* **n** *(U)* UK syndrome *m* prémenstruel.

pneumatic drill [nju:'mætɪk-] **n** UK marteau *m* piqueur.

pneumonia [nju:'məʊnjə] **n** *(U)* pneumonie *f*.

poached egg [pəʊtʃt-] **n** œuf *m* poché.

poached salmon [pəʊtʃt-] n *(U)* saumon *m* poché.

poacher ['pəʊtʃəʳ] n braconnier *m*.

PO Box (*abbr of* Post Office Box) n BP *(boîte postale) f*.

pocket ['pɒkɪt] ◆ n **1.** poche *f* **2.** [on car door] vide-poche *m*. ◆ adj [camera, calculator] de poche.

pocketbook ['pɒkɪtbʊk] n **1.** [notebook] carnet *m* **2.** US [handbag] sac *m* à main.

pocket money n *(U)* UK argent *m* de poche.

podcast ['pɒdkæst] n COMPUT podcast *m*.

podiatrist [pə'daɪətrɪst] n US pédicure *m ou f*.

poem ['pəʊɪm] n poème *m*.

poet ['pəʊɪt] n poète *m*.

poetry ['pəʊɪtrɪ] n *(U)* poésie *f*.

point [pɔɪnt] ◆ n **1.** point *m* **2.** [tip] pointe *f* **3.** [place] endroit *m* **4.** [moment] moment *m* **5.** [purpose] but *m* **6.** UK [for plug] prise *f*. ◆ vi : **to point to a)** [with finger] montrer du doigt **b)** [arrow, sign] pointer vers ▸ **five point seven** cinq virgule sept ▸ **what's the point?** à quoi bon ? ▸ **there's no point** ça ne sert à rien ▸ **to be on the point of doing sthg** être sur le point de faire qqch. ◆ **points** npl UK [on railway] aiguillage *m*. ◆ **point out** vt sep **1.** [object, person] montrer **2.** [fact, mistake] signaler.

point-and-click n pointer-cliquer *m*.

pointed ['pɔɪntɪd] adj [in shape] pointu(e).

pointless ['pɔɪntlɪs] adj inutile.

point of view n point *m* de vue.

poison ['pɔɪzn] ◆ n poison *m*. ◆ vt empoisonner.

poisoning ['pɔɪznɪŋ] n *(U)* empoisonnement *m*.

poisonous ['pɔɪznəs] adj **1.** [food, gas, substance] toxique **2.** [snake, spider] venimeux(euse) **3.** [plant, mushroom] vénéneux(euse).

poke [pəʊk] vt pousser.

poker ['pəʊkəʳ] n *(U)* [card game] poker *m*.

Poland ['pəʊlənd] n la Pologne.

polar bear ['pəʊlə-] n ours *m* blanc OR polaire.

Polaroid® ['pəʊlərɔɪd] n Polaroid® *m*.

pole [pəʊl] n poteau *m*.

Pole [pəʊl] n [person] Polonais *m*, -e *f*.

pole dancing n danse *f* de poteau.

police [pə'liːs] npl : **the police** la police.

police car n voiture *f* de police.

police constable n UK agent *m* de police.

police department n US service *m* de police.

police force n police *f*.

policeman [pə'liːsmən] (*pl* **-men**) n policier *m*.

police officer n policier *m*.

police station n poste *m* de police, commissariat *m*.

policewoman [pə'liːs,wʊmən] (*pl* **-women**) n femme *f* policier.

policy ['pɒləsɪ] n **1.** [approach, attitude] politique *f* **2.** [for insurance] police *f*.

policy(-)holder ['pɒləsɪ,həʊldəʳ] n assuré *m*, -e *f*.

polio ['pəʊlɪəʊ] n *(U)* polio *f*.

polish ['pɒlɪʃ] ◆ n **1.** *(U)* [for shoes] cirage *m* **2.** [for floor, furniture] cire *f.* ◆ vt cirer.

Polish ['pəulɪʃ] ◆ adj polonais(e). ◆ n [language] polonais *m.* ◆ npl **: the Polish** les Polonais *mpl.*

polite [pə'laɪt] adj poli(e).

political [pə'lɪtɪkl] adj politique.

politically correct [pəˌlɪtɪklɪ-] adj politiquement correct(e).

politician [ˌpɒlɪ'tɪʃn] n homme *m* politique, femme *f* politique.

politics ['pɒlətɪks] n *(U)* politique *f.*

poll [pəul] n [survey] sondage *m* ▸ **the polls** [election] les élections.

pollen ['pɒlən] n *(U)* pollen *m.*

Poll Tax n UK [formerly] ≃ impôts *mpl* locaux.

pollute [pə'lu:t] vt polluer.

pollution [pə'lu:ʃn] n *(U)* pollution *f.*

polo neck ['pəuləu-] n UK [jumper] pull *m* à col roulé.

polyester [ˌpɒlɪ'estəʳ] n *(U)* polyester *m.*

polystyrene [ˌpɒlɪ'staɪri:n] n *(U)* polystyrène *m.*

polytechnic [ˌpɒlɪ'teknɪk] n *en Grande-Bretagne, établissement supérieur ; depuis 1993, la plupart ont acquis le statut d'université.*

polythene ['pɒlɪθi:n] UK**, polyethylene** [ˌpɒlɪ'eθɪli:n] US n polyéthylène *m.*

polythene bag ['pɒlɪθi:n-] n UK sac *m* (en) plastique.

pomegranate ['pɒmɪˌgrænɪt] n grenade *f.*

pompous ['pɒmpəs] adj prétentieux(ieuse).

pond [pɒnd] n **1.** mare *f* **2.** [in park] bassin *m.*

pontoon [pɒn'tu:n] n UK [card game] vingt-et-un *m inv.*

pony ['pəunɪ] n poney *m.*

ponytail ['pəunɪteɪl] n queue-de-cheval *f.*

pony-trekking [-ˌtrekɪŋ] n *(U)* UK randonnée *f* à dos de poney.

poo [pu:] n & vi *inf* = **pooh**.

poodle ['pu:dl] n caniche *m.*

pooh [pu:] UK *inf* ◆ excl [with disgust] pouah, berk ; [with disdain] peuh. ◆ n [baby talk] caca *m.* ◆ vi [baby talk] faire caca.

pool [pu:l] n **1.** [for swimming] piscine *f* **2.** [of water, blood, milk] flaque *f* **3.** [small pond] mare *f* **4.** *(U)* [game] billard *m* américain. ◆ **pools** npl UK **: the pools** ≃ le loto sportif.

poor [pɔ:ʳ] ◆ adj **1.** pauvre **2.** [bad] mauvais(e). ◆ npl **: the poor** les pauvres *mpl.*

poorly ['pɔ:lɪ] ◆ adj UK [ill] malade. ◆ adv mal.

pop [pɒp] ◆ n *(U)* [music] pop *f.* ◆ vt *inf* [put] mettre. ◆ vi [balloon] éclater ▸ **my ears popped** mes oreilles se sont débouchées. ◆ **pop in** vi UK [visit] faire un saut.

popadum ['pɒpədəm] n poppadum *m.*

popcorn ['pɒpkɔ:n] n *(U)* pop-corn *m inv.*

Pope [pəup] n **: the Pope** le pape.

pop group n groupe *m* pop.

poplar (tree) ['pɒpləʳ-] n peuplier *m.*

pop music n *(U)* pop *f.*

poppadom, poppadum ['pɒpədəm] n = **popadum**.

popper ['pɒpəʳ] n UK bouton-pression *m*.
poppy ['pɒpɪ] n coquelicot *m*.
Popsicle® ['pɒpsɪkl] n US sucette *f* glacée.
pop socks npl mi-bas *mpl*.
pop star n pop star *f*.
popular ['pɒpjʊləʳ] adj populaire.
popularity [,pɒpjʊ'lærətɪ] n *(U)* popularité *f*.
populated ['pɒpjʊleɪtɪd] adj peuplé(e).
population [,pɒpjʊ'leɪʃn] n population *f*.
populous ['pɒpjʊləs] adj populeux(euse).
pop-up ◆ adj **1.** [toaster] automatique **2.** [book] dont les images se déplient. ◆ n COMPUT pop-up *m*.
porcelain ['pɔːsəlɪn] n *(U)* porcelaine *f*.
porch [pɔːtʃ] n **1.** UK [entrance] porche *m* **2.** US [outside house] véranda *f*.
pork [pɔːk] n *(U)* porc *m*.
pork chop n côte *f* de porc.
pork pie n UK *petit pâté de porc en croûte.*
porky ['pɔːkɪ] (*compar* **-ier**, *superl* **-iest**) adj *inf* & *pej* [fat] gros (grosse).
pornographic [,pɔːnə'græfɪk] adj pornographique.
porridge ['pɒrɪdʒ] n *(U)* UK porridge *m*.
port [pɔːt] n **1.** port *m* **2.** [drink] porto *m*.
portable ['pɔːtəbl] adj portable.
portal ['pɔːtl] n portail *m*.
portentous [pɔː'tentəs] adj **1.** [ominous sign] de mauvais présage OR augure **2.** [momentous event] capital(e).
porter ['pɔːtəʳ] n **1.** [at hotel, museum] portier *m* **2.** [at station, airport] porteur *m*.
porthole ['pɔːthəʊl] n hublot *m*.
portion ['pɔːʃn] n portion *f*.
portrait ['pɔːtreɪt] n portrait *m*.
Portugal ['pɔːtʃʊgl] n le Portugal.
Portuguese [,pɔːtʃʊ'giːz] ◆ adj portugais(e). ◆ n [language] portugais *m*. ◆ npl : **the Portuguese** les Portugais *mpl*.
POS (*abbr of* **point of sale**) n PDV *m* *(point de vente)*.
pose [pəʊz] ◆ vt **1.** [problem] poser **2.** [threat] représenter. ◆ vi [for photo] poser.
posh [pɒʃ] adj *inf* chic.
position [pə'zɪʃn] n **1.** position *f* **2.** [place, situation, job] situation *f* ▸ **'position closed'** [in bank, post office, etc.] 'guichet fermé'.
positioning [pə'zɪʃnnɪŋ] n [of product] positionnement *m*.
positive ['pɒzətɪv] adj **1.** positif(ive) **2.** [certain, sure] certain(e).
possess [pə'zes] vt posséder.
possession [pə'zeʃn] n possession *f*.
possessive [pə'zesɪv] adj possessif(ive).
possibility [,pɒsə'bɪlətɪ] n possibilité *f*.
possible ['pɒsəbl] adj possible ▸ **it's possible that we may be late** il se peut que nous soyons en retard ▸ **would it be possible...?** serait-il possible ... ? ▸ **as much as possible** autant que possible ▸ **if possible** si possible.

possibly ['pɒsəblɪ] **adv** [perhaps] peut-être.

post [pəʊst] ◆ **n 1.** *(U)* UK [system] poste *f* **2.** *(U)* UK [letters and parcels, delivery] courrier *m* **3.** [pole] poteau *m* **4.** *fml* [job] poste *m*. ◆ **vt 1.** UK [letter, parcel] poster **2.** COMPUT [message, question, advertisement] envoyer sur Internet ▸ **by post** UK par la poste.

postage ['pəʊstɪdʒ] **n** *(U)* affranchissement *m* ▸ **postage and packing** UK frais de port et d'emballage ▸ **postage paid** port payé.

postage stamp **n** *fml* timbre-poste *m*.

postal order ['pəʊstl-] **n** UK mandat *m* postal.

postbox ['pəʊstbɒks] **n** UK boîte *f* aux OR à lettres.

postcard ['pəʊstkɑːd] **n** carte *f* postale.

postcode ['pəʊstkəʊd] **n** UK code *m* postal.

poster ['pəʊstə^r] **n 1.** poster *m* **2.** [for advertising] affiche *f*.

poste restante [ˌpəʊstres'tɑːnt] **n** *(U)* UK poste *f* restante.

post-free **adv** UK en port payé.

postgraduate [ˌpəʊst'grædʒʊət] **n** étudiant *m*, -e *f* de troisième cycle.

Post-it (note)® **n** Post-it® *m*.

postman ['pəʊstmən] (*pl* **-men**) **n** UK facteur *m*.

postmark ['pəʊstmɑːk] **n** cachet *m* de la poste.

post office **n** [building] bureau *m* de poste ▸ **the Post Office** UK la poste.

postpone [ˌpəʊst'pəʊn] **vt** reporter.

posture ['pɒstʃə^r] **n** posture *f*.

postwoman ['pəʊstˌwʊmən] (*pl* **-women**) **n** UK factrice *f*.

pot [pɒt] **n 1.** [for cooking] marmite *f* **2.** [for jam, paint] pot *m* **3.** [for coffee] cafetière *f* **4.** [for tea] théière *f* **5.** *(U)* *inf* [cannabis] herbe *f* ▸ **a pot of tea for two** du thé pour deux personnes.

potato [pə'teɪtəʊ] (*pl* **-es**) **n** pomme *f* de terre.

potato chip **n 1.** UK [French fry] (pomme *f*) frite *f* **2.** US [crisp] (pomme *f*) chips *f*.

potato salad **n** *(U)* salade *f* de pommes de terre.

potbelly ['pɒtˌbelɪ] (*pl* **-ies**) **n 1.** [stomach] ventre *m*, bedon *m* **2.** US [stove] poêle *m*.

potential [pə'tenʃl] ◆ **adj** potentiel(ielle). ◆ **n** *(U)* possibilités *fpl*.

pothole ['pɒthəʊl] **n** [in road] nid-de-poule *m*.

pot plant **n** UK plante *f* d'appartement.

pot scrubber [-'skrʌbə^r] **n** UK tampon *m* à récurer.

potted ['pɒtɪd] **adj 1.** [meat, fish] en terrine **2.** [plant] en pot.

pottery ['pɒtərɪ] **n** *(U)* **1.** [clay objects] poteries *fpl* **2.** [craft] poterie *f*.

potty ['pɒtɪ] **n** pot *m* (de chambre).

pouch [paʊtʃ] **n** [for money] bourse *f*.

poultry ['pəʊltrɪ] **n & npl** *(U)* [meat, animals] volaille *f*.

pound [paʊnd] ◆ **n 1.** [unit of money] livre *f* **2.** [unit of weight] ≃ livre *f* = 453,6 grammes. ◆ **vi** [heart] battre fort.

pour [pɔː^r] ◆ **vt** verser. ◆ **vi** [flow] couler à flot ▸ **it's pouring (with rain)** il pleut à verse. ◆ **pour out** **vt sep** [drink] verser.

POV *written abbr of* **point of view**.

poverty ['pɒvətɪ] n *(U)* pauvreté *f*.

powder ['paʊdəʳ] n poudre *f*.

powdered milk n lait *m* en poudre.

power ['paʊəʳ] ◆ n *(U)* 1. pouvoir *m* 2. [strength, force] puissance *f* 3. [energy] énergie *f* 4. [electricity] courant *m*. ◆ vt faire marcher ▸ **to be in power** être au pouvoir.

power cut n UK coupure *f* de courant.

power failure n US panne *f* de courant.

powerful ['paʊəfʊl] adj puissant(e).

power plant n [factory] centrale *f* électrique.

power point n UK prise *f* de courant.

power station n UK centrale *f* électrique.

power steering n *(U)* direction *f* assistée.

practical ['præktɪkl] adj pratique.

practically ['præktɪklɪ] adv pratiquement.

practice ['præktɪs] ◆ n 1. *(U)* [training] entraînement *m* 2. [of doctor] cabinet *m* 3. [of lawyer] étude *f* 4. [regular activity, custom] pratique *f*. ◆ vt US = **practise** ▸ **to be out of practice** manquer d'entraînement.

practise ['præktɪs] ◆ vt UK 1. [sport, technique] s'entraîner à 2. [music] s'exercer à. ◆ vi 1. [train] s'entraîner 2. [musician] s'exercer 3. [doctor, lawyer] exercer. ◆ n US = **practice**.

praise [preɪz] ◆ n *(U)* éloge *m*. ◆ vt louer.

pram [præm] n UK landau *m*.

prank [præŋk] n farce *f*.

prawn [prɔːn] n crevette *f* (rose).

prawn cocktail n UK *hors-d'œuvre froid à base de crevettes et de mayonnaise au ketchup.*

prawn cracker n *beignet de crevette.*

prawn crackers npl chips *fpl* aux crevettes.

pray [preɪ] vi prier ▸ **to pray for good weather** prier pour qu'il fasse beau.

prayer [preəʳ] n prière *f*.

precarious [prɪ'keərɪəs] adj précaire.

precaution [prɪ'kɔːʃn] n précaution *f*.

precede [prɪ'siːd] vt *fml* précéder.

preceding [prɪ'siːdɪŋ] adj précédent(e).

precinct ['priːsɪŋkt] n 1. UK [for shopping] quartier *m* 2. US [area of town] circonscription *f* administrative.

precious ['preʃəs] adj précieux(ieuse).

precious stone n pierre *f* précieuse.

precipice ['presɪpɪs] n précipice *m*.

precise [prɪ'saɪs] adj précis(e).

precisely [prɪ'saɪslɪ] adv précisément.

predecessor ['priːdɪsesəʳ] n prédécesseur *m*.

predicament [prɪ'dɪkəmənt] n situation *f* difficile.

predict [prɪ'dɪkt] vt prédire.

predictable [prɪ'dɪktəbl] adj prévisible.

prediction [prɪ'dɪkʃn] n prédiction *f*.

predictive text(ing) [prɪ'dɪktɪv-] n COMPUT écriture *f* prédictive, T9 *m*.

preface ['prefɪs] n préface *f*.

prefect ['priːfekt] n UK [at school] *élève choisi parmi les plus âgés pour prendre en charge la discipline.*

prefer [prɪ'fɜːʳ] **vt : to prefer sthg (to)** préférer qqch (à) ▸ **to prefer to do sthg** préférer faire qqch.

preferable ['prefrəbl] **adj** préférable ▸ **to be preferable (to)** être préférable (à).

preferably ['prefrəblɪ] **adv** de préférence.

preference ['prefərəns] **n** préférence *f* ▸ **to have a preference for sthg** avoir une préférence pour qqch.

prefix ['priːfɪks] **n** préfixe *m*.

pregnancy ['pregnənsɪ] **n** grossesse *f*.

pregnant ['pregnənt] **adj** enceinte.

pre-installed [ˌpriːɪn'stɔːld] **adj** [software] préinstallé(e).

prejudice ['predʒʊdɪs] **n** *(U)* préjugé *m* ▸ **to have a prejudice against sb / sthg** avoir un préjugé contre qqn / qqch.

prejudiced ['predʒʊdɪst] **adj** plein(e) de préjugés ▸ **to be prejudiced against** avoir un préjugé contre.

preliminary [prɪ'lɪmɪnərɪ] **adj** préliminaire.

premature ['preməˌtjʊəʳ] **adj** prématuré(e).

premier ['premjəʳ] ◆ **adj** le plus prestigieux (la plus prestigieuse). ◆ **n** UK Premier ministre *m*.

premiere ['premɪeəʳ] **n** première *f*.

premises ['premɪsɪz] **npl** locaux *mpl* ▸ **on the premises** dans les locaux.

premium ['priːmjəm] **n** [for insurance] prime *f*.

premium-quality **adj** [meat] de première qualité.

preoccupied [priː'ɒkjʊpaɪd] **adj** préoccupé(e).

pre-owned **adj** d'occasion.

prepacked [ˌpriː'pækt] **adj** préemballé(e).

prepaid ['priːpeɪd] **adj** [envelope] prétimbré(e).

preparation [ˌprepə'reɪʃn] **n** *(U)* préparation *f*. ◆ **preparations** **npl** [arrangements] préparatifs *mpl*.

preparatory school [prɪ'pærətrɪ-] **n** **1.** [in UK] école *f* primaire privée **2.** [in US] *école privée qui prépare à l'enseignement supérieur.*

prepare [prɪ'peəʳ] ◆ **vt** préparer. ◆ **vi** se préparer.

prepared [prɪ'peəd] **adj** prêt(e) ▸ **to be prepared to do sthg** être prêt à faire qqch.

preposition [ˌprepə'zɪʃn] **n** préposition *f*.

prep school [prep-] = **preparatory school**.

preschool [ˌpriː'skuːl] ◆ **adj** préscolaire. ◆ **n** US école *f* maternelle.

prescribe [prɪ'skraɪb] **vt** prescrire.

prescription [prɪ'skrɪpʃn] **n** **1.** [paper] ordonnance *f* **2.** [medicine] médicaments *mpl*.

presence ['prezns] **n** *(U)* présence *f* ▸ **in sb's presence** en présence de qqn.

present ◆ **adj** ['preznt] **1.** [in attendance] présent(e) **2.** [current] actuel(elle). ◆ **n** ['preznt] [gift] cadeau *m*. ◆ **vt** [prɪ'zent] **1.** présenter **2.** [give] remettre **3.** [problem] poser ▸ **the present (tense)** GRAM le présent ▸ **at present** actuellement ▸ **the present** le présent ▸ **may I present you to the mayor?** permettez-moi de vous présenter au maire.

presentable [prɪ'zentəbl] **adj** présentable.

presentation [,prezn'teɪʃn] n **1.** présentation *f* **2.** [ceremony] remise *f.*

presenter [prɪ'zentəʳ] n UK présentateur *m*, -trice *f.*

presently ['prezəntlɪ] adv **1.** [soon] bientôt **2.** [now] actuellement.

preservation [,prezə'veɪʃn] n *(U)* conservation *f.*

preservative [prɪ'zɜːvətɪv] n conservateur *m.*

preserve [prɪ'zɜːv] ◆ n **1.** [jam] confiture *f* **2.** [vegetables] pickles *mpl*, condiments *mpl.* ◆ vt **1.** conserver **2.** [peace, dignity] préserver.

president ['prezɪdənt] n président *m.*

President's Day n *jour férié aux États-Unis, le troisième lundi de février, en l'honneur des anniversaires des présidents Washington et Lincoln.*

press [pres] ◆ vt **1.** [push] presser, appuyer sur **2.** [iron] repasser. ◆ n : **the press** la presse ▸ **to press a key** appuyer sur une touche ▸ **to press sb to do sthg** presser qqn de faire qqch.

press conference n conférence *f* de presse.

press-stud n UK bouton-pression *m.*

press-up n UK pompe *f.*

pressure ['preʃəʳ] n *(U)* pression *f.*

pressure cooker n Cocotte-Minute® *f.*

prestigious [pre'stɪdʒəs] adj prestigieux(ieuse).

presumably [prɪ'zjuːməblɪ] adv vraisemblablement.

presume [prɪ'zjuːm] vt [assume] supposer.

pretend [prɪ'tend] vt : **to pretend to do sthg** faire semblant de faire qqch.

pretentious [prɪ'tenʃəs] adj prétentieux(ieuse).

pretty ['prɪtɪ] ◆ adj [attractive] joli(e). ◆ adv *inf* **1.** [quite] assez **2.** [very] très.

prevent [prɪ'vent] vt empêcher ▸ **they prevented him from leaving** ils l'ont empêché de partir.

prevention [prɪ'venʃn] n *(U)* prévention *f.*

preview ['priːvjuː] n **1.** [of film] avant-première *f* **2.** [short description] aperçu *m.*

previous ['priːvjəs] adj **1.** [earlier] antérieur(e) **2.** [preceding] précédent(e).

previously ['priːvjəslɪ] adv auparavant.

price [praɪs] ◆ n prix *m.* ◆ vt : **to be priced at** coûter.

price increase n hausse *f* OR augmentation *f* des prix.

priceless ['praɪslɪs] adj **1.** [expensive] hors de prix **2.** [valuable] inestimable.

price list n tarif *m.*

pricey ['praɪsɪ] adj *inf* chérot *inv.*

pricing ['praɪsɪŋ] n fixation *f* du prix.

prick [prɪk] vt piquer.

prickly ['prɪklɪ] adj [plant, bush] épineux(euse).

prickly heat n *(U)* boutons *mpl* de chaleur.

pride [praɪd] ◆ n **1.** *(U)* [satisfaction] fierté *f* **2.** [self-respect, arrogance] orgueil *m.* ◆ vt : **to pride o.s. on sthg** être fier de qqch.

priest [priːst] n prêtre *m.*

primarily ['praɪmərɪlɪ] adv principalement.

primary carer, primary caregiver n *personne qui s'occupe d'un proche dépendant.*

primary school ['praɪmərɪ-] n école *f* primaire.

prime [praɪm] adj **1.** [chief] principal(e) **2.** [beef, cut] de premier choix ▸ **prime quality** qualité supérieure.

prime minister n Premier ministre *m*.

primitive ['prɪmɪtɪv] adj primitif(ive).

primrose ['prɪmrəʊz] n primevère *f*.

prince [prɪns] n prince *m*.

Prince of Wales n Prince *m* de Galles.

princess [prɪn'ses] n princesse *f*.

principal ['prɪnsəpl] ◆ adj principal(e). ◆ n **1.** US [of school] directeur *m*, -trice *f* **2.** UK [of university] doyen *m*, -enne *f*.

principle ['prɪnsəpl] n principe *m* ▸ **in principle** en principe.

print [prɪnt] ◆ n **1.** *(U)* [words] caractères *mpl* **2.** [photo] tirage *m* **3.** [of painting] reproduction *f* **4.** [mark] empreinte *f*. ◆ vt **1.** [book, newspaper] imprimer **2.** [publish] publier **3.** [write] écrire (en caractères d'imprimerie) **4.** [photo] tirer ▸ **out of print** épuisé. ◆ **print out** vt sep imprimer.

printed matter ['prɪntɪd-] n *(U)* imprimés *mpl*.

printer ['prɪntəʳ] n **1.** [machine] imprimante *f* **2.** [person] imprimeur *m*.

printout ['prɪntaʊt] n sortie *f* papier.

print preview n aperçu *m* avant impression.

prior ['praɪəʳ] adj [previous] précédent(e) ▸ **prior to** *fml* avant.

priority [praɪ'ɒrətɪ] n priorité *f* ▸ **to have priority over** avoir la priorité sur.

prison ['prɪzn] n prison *f*.

prisoner ['prɪznəʳ] n prisonnier *m*, -ière *f*.

prisoner of war n prisonnier *m* de guerre.

prison officer n gardien *m* de prison.

privacy [UK 'prɪvəsɪ, US 'praɪəsɪ] n *(U)* intimité *f*.

private ['praɪvɪt] ◆ adj **1.** privé(e) **2.** [bathroom, lesson] particulier(ière) **3.** [confidential] confidentiel(ielle) **4.** [place] tranquille. ◆ n MIL (simple) soldat *m* ▸ **in private** en privé.

private health care n *(U)* assurance-maladie *f* privée.

private property n *(U)* propriété *f* privée.

private school n école *f* privée.

privilege ['prɪvɪlɪdʒ] n privilège *m* ▸ **it's a privilege!** c'est un honneur !

prize [praɪz] n prix *m*.

prize-giving [-,gɪvɪŋ] n UK remise *f* des prix.

PRM (*written abbr of* **Persons with Reduced Mobility**) PMR *(personne à mobilité réduite)*.

pro [prəʊ] (*pl* **-s**) n *inf* [professional] pro *m ou f*. ◆ **pros** npl : **the pros and cons** le pour et le contre.

probability [,prɒbə'bɪlətɪ] n probabilité *f*.

probable ['prɒbəbl] adj probable.

probably ['prɒbəblɪ] adv probablement.

probation officer [prə'beɪʃn-] n ≃ agent *m* de probation.

problem ['prɒbləm] n problème *m* ▸ **no problem!** *inf* pas de problème !

procedure [prə'siːdʒəʳ] n procédure *f*.

proceed [prə'siːd] vi *fml* **1.** [continue] continuer **2.** [act] procéder **3.** [advance] avancer ▸ **'proceed with caution'** 'ralentir'.

proceeds ['prəʊsiːdz] npl recette *f*.

process ['prəʊses] n **1.** [series of events] processus *m* **2.** [method] procédé *m* ▸ **to be in the process of doing sthg** être en train de faire qqch.

processed cheese ['prəʊsest-] n **1.** [for spreading] fromage *m* à tartiner **2.** [in slices] fromage en tranches.

procession [prə'seʃn] n procession *f*.

prod [prɒd] vt [poke] pousser.

produce ◆ vt [prə'djuːs] **1.** produire **2.** [cause] provoquer. ◆ n ['prɒdjuːs] *(U)* produits *mpl* (alimentaires).

producer [prə'djuːsəʳ] n producteur *m*, -trice *f*.

product ['prɒdʌkt] n produit *m*.

production [prə'dʌkʃn] n production *f*.

productivity [ˌprɒdʌk'tɪvətɪ] n *(U)* productivité *f*.

product placement n [cinema & TV] placement *m* de produits.

product range n gamme *f* de produits.

product testing n essais *mpl* de produits.

profession [prə'feʃn] n profession *f*.

professional [prə'feʃənl] ◆ adj professionnel(elle). ◆ n professionnel *m*, -elle *f*.

professor [prə'fesəʳ] n **1.** [in UK] professeur *m* (d'université) **2.** [in US] ≃ maître *m* de conférences.

profile ['prəʊfaɪl] n **1.** [silhouette, outline] profil *m* **2.** [description] portrait *m*.

profit ['prɒfɪt] ◆ n profit *m*. ◆ **vi : to profit (from)** profiter (de).

profitable ['prɒfɪtəbl] adj profitable.

profiteroles [prə'fɪtərəʊlz] npl profiteroles *fpl*.

profound [prə'faʊnd] adj profond(e).

program ['prəʊgræm] ◆ n **1.** COMPUT programme *m* **2.** US = **programme.** ◆ vt COMPUT programmer.

programme ['prəʊgræm] n UK **1.** [of events, booklet] programme *m* **2.** [on TV, radio] émission *f*.

progress ◆ n ['prəʊgres] *(U)* **1.** [improvement] progrès *m* **2.** [forward movement] progression *f*. ◆ vi [prə'gres] **1.** [work, talks, student] progresser **2.** [day, meeting] avancer ▸ **to make progress a)** [improve] faire des progrès **b)** [in journey] avancer ▸ **in progress** en progrès.

progressive [prə'gresɪv] adj [forward-looking] progressiste.

prohibit [prə'hɪbɪt] vt interdire ▸ **'smoking strictly prohibited'** 'défense absolue de fumer'.

project ['prɒdʒekt] n projet *m*.

projector [prə'dʒektəʳ] n projecteur *m*.

prolong [prə'lɒŋ] vt prolonger.

prom [prɒm] n US [dance] bal *m* (d'étudiants).

promenade [ˌprɒmə'nɑːd] n [by the sea] promenade *f*.

prominent ['prɒmɪnənt] adj **1.** [person] important(e) **2.** [teeth, chin] proéminent(e).

promise ['prɒmɪs] ◆ n promesse *f.* ◆ vt & vi promettre ▸ **to show promise** promettre ▸ **I promise (that) I'll come** je promets que je viendrai ▸ **you promised me a lift home** tu as promis de me raccompagner ▸ **to promise to do sthg** promettre de faire qqch.

promising ['prɒmɪsɪŋ] adj prometteur(euse).

promote [prə'məʊt] vt promouvoir.

promotion [prə'məʊʃn] n promotion *f.*

prompt [prɒmpt] ◆ adj rapide. ◆ adv : **at six o'clock prompt** à six heures pile.

prone [prəʊn] adj : **to be prone to sthg** être sujet à qqch ▸ **to be prone to do sthg** avoir tendance à faire qqch.

prong [prɒŋ] n [of fork] dent *f.*

pronoun ['prəʊnaʊn] n pronom *m.*

pronounce [prə'naʊns] vt prononcer.

pronto ['prɒntəʊ] adv *inf* illico.

pronunciation [prə,nʌnsɪ'eɪʃn] n prononciation *f.*

proof [pru:f] n *(U)* [evidence] preuve *f* ▸ **12 % proof** 12 degrés ▸ **proof of origin** certificat d'origine.

prop [prɒp] ◆ **prop up** vt sep soutenir.

propeller [prə'peləʳ] n hélice *f.*

proper ['prɒpəʳ] adj **1.** [suitable] adéquat(e) **2.** [correct] bon (bonne) **3.** [behaviour] correct(e).

properly ['prɒpəlɪ] adv correctement.

property ['prɒpətɪ] n *(U)* propriété *f.*

property ladder n : **to get a foot on the property ladder** devenir propriétaire.

proportion [prə'pɔ:ʃn] n **1.** [part, amount] partie *f* **2.** [ratio, in art] proportion *f.*

proposal [prə'pəʊzl] n proposition *f.*

propose [prə'pəʊz] ◆ vt proposer. ◆ vi : **to propose to sb** demander qqn en mariage.

proposition [,prɒpə'zɪʃn] n proposition *f.*

proprietor [prə'praɪətəʳ] n *fml* propriétaire *f.*

prose [prəʊz] n **1.** *(U)* [not poetry] prose *f* **2.** SCH thème *m.*

prosecute ['prɒsɪkju:t] vt poursuivre (en justice).

prosecution [,prɒsɪ'kju:ʃn] n LAW [charge] accusation *f.*

prospect ['prɒspekt] n [possibility] possibilité *f* ▸ **I don't relish the prospect** cette perspective ne m'enchante guère. ◆ **prospects** npl [for the future] perspectives *fpl.*

prospectus [prə'spektəs] (*pl* **-es**) n prospectus *m.*

prosperous ['prɒspərəs] adj prospère.

prostitute ['prɒstɪtju:t] n prostitué *m*, -e *f.*

protect [prə'tekt] vt protéger ▸ **to protect sb from harm** mettre qqn à l'abri du danger ▸ **a plan to protect the country against attack** un plan pour protéger le pays contre des attentats.

protection [prə'tekʃn] n *(U)* protection *f.*

protection factor n [of suntan lotion] indice *m* de protection.

protective [prəˈtektɪv] **adj** protecteur(trice).

protein [ˈprəʊtiːn] **n** protéines *fpl.*

protest ◆ **n** [ˈprəʊtest] **1.** [complaint] protestation *f* **2.** [demonstration] manifestation *f.* ◆ **vt** [prəˈtest] US [protest against] protester contre. ◆ **vi : to protest (against)** protester (contre).

Protestant [ˈprɒtɪstənt] **n** protestant *m,* -e *f.*

protester [prəˈtestəʳ] **n** manifestant *m,* -e *f.*

protractor [prəˈtræktəʳ] **n** rapporteur *m.*

protrude [prəˈtruːd] **vi** dépasser.

proud [praʊd] **adj** fier (fière) ▸ **to be proud of** être fier de.

prove [pruːv] (*pp* **-d** OR **proven** [pruːvn]) **vt** **1.** prouver **2.** [turn out to be] se révéler.

proverb [ˈprɒvɜːb] **n** proverbe *m.*

provide [prəˈvaɪd] **vt** fournir ▸ **to provide sb with information** fournir des informations à qqn. ◆ **provide for vt insep** [person] subvenir aux besoins de.

provided (that) [prəˈvaɪdɪd-] **conj** pourvu que.

providing (that) [prəˈvaɪdɪŋ-] = **provided (that).**

province [ˈprɒvɪns] **n** province *f.*

provisional [prəˈvɪʒənl] **adj** provisoire.

provisions [prəˈvɪʒnz] **npl** provisions *fpl.*

provocative [prəˈvɒkətɪv] **adj** provocant(e).

provoke [prəˈvəʊk] **vt** provoquer.

prowl [praʊl] **vi** rôder.

prune [pruːn] ◆ **n** pruneau *m.* ◆ **vt** [tree, bush] tailler.

PS (*abbr of* **postscript**) PS (*postscriptum*).

psychiatrist [saɪˈkaɪətrɪst] **n** psychiatre *m ou f.*

psychic [ˈsaɪkɪk] **adj** doué(e) de seconde vue.

psychological [ˌsaɪkəˈlɒdʒɪkl] **adj** psychologique.

psychologist [saɪˈkɒlədʒɪst] **n** psychologue *m ou f.*

psychology [saɪˈkɒlədʒɪ] **n** *(U)* psychologie *f.*

psychotherapist [ˌsaɪkəʊˈθerəpɪst] **n** psychothérapeute *m ou f.*

pt *abbr of* **pint.**

PTO (*abbr of* **please turn over**) TSVP (*tournez s'il vous plaît*).

pub [pʌb] **n** UK pub *m.*

ⓘ Pub

Anciennement appelés **public houses** (maisons publiques), ces bars britanniques, grands foyers de la vie sociale, accueillent une clientèle qui veut prendre un verre, écouter un concert, jouer aux fléchettes ou au billard. On y sert de la bière locale (la **real ale**, une bière pression brassée selon des méthodes traditionnelles), des bières étrangères, de nombreuses boissons alcoolisées ou non, accompagnées de petits en-cas. Aujourd'hui, les nouveaux **gastropubs** proposent des repas complets.

puberty [ˈpjuːbətɪ] **n** *(U)* puberté *f.*

pubes [ˈpjuːbiːz] (*pl inv*) **n** **1.** [region] pubis *m* **2.** [hair] poils *mpl* pubiens **3.** [bones] (os *m* du) pubis *m.*

public ['pʌblɪk] ◆ adj public(ique). ◆ n : **the public** le public ▸ **in public** en public.

publican ['pʌblɪkən] n UK patron *m*, -onne *f* de pub.

publication [ˌpʌblɪ'keɪʃn] n publication *f*.

public bar n UK bar *m* *(salle moins confortable et moins chère que le « lounge bar » ou le « saloon bar »)*.

public convenience n UK toilettes *fpl* publiques.

public footpath n UK sentier *m* public.

public gathering n rassemblement *m* public.

public holiday n jour *m* férié.

public house n UK *fml* pub *m*.

publicity [pʌb'lɪsɪtɪ] n *(U)* publicité *f*.

public relations n *(U)* relations *fpl* publiques.

public school n **1.** [in UK] école *f* privée **2.** [in US] école *f* publique.

> **ⓘ Public school**
>
> Au Royaume-Uni, les écoles privées (appelées **public schools**, même si elles ne bénéficient d'aucune subvention gouvernementale) offrent une alternative aux parents fortunés souhaitant inscrire leurs enfants dans ces institutions élitistes réputées pour leur excellent niveau. Mixtes ou non, la plupart de ces établissements accueillent traditionnellement des pensionnaires et proposent également des programmes adaptés aux élèves en difficulté.

public telephone n téléphone *m* public.

public transport n *(U)* UK transports *mpl* en commun.

public transportation US = **public transport**.

publish ['pʌblɪʃ] vt publier.

publisher ['pʌblɪʃəʳ] n **1.** [person] éditeur *m*, -trice *f* **2.** [company] maison *f* d'édition.

publishing ['pʌblɪʃɪŋ] n *(U)* [industry] édition *f*.

pub lunch n UK *repas de midi servi dans un pub*.

pudding ['pʊdɪŋ] n **1.** [sweet dish] pudding *m* **2.** UK [course] dessert *m*.

puddle ['pʌdl] n flaque *f*.

Puerto Rico [ˌpwɜːtəʊ'riːkəʊ] n Porto Rico, Puerto Rico.

puff [pʌf] ◆ vi [breathe heavily] souffler. ◆ n [of air, smoke] bouffée *f* ▸ **to puff at** [cigarette, pipe] tirer sur.

Puffa jacket® ['pʌfə-] n blouson *m* de rappeur.

puff pastry n *(U)* pâte *f* à choux.

pull [pʊl] ◆ vt **1.** tirer **2.** [trigger] appuyer sur. ◆ vi tirer. ◆ n : **to give sthg a pull** tirer sur qqch ▸ **'pull'** [on door] 'tirez' ▸ **to pull a face** faire une grimace ▸ **to pull a muscle** se froisser un muscle. ◆ **pull apart** vt sep **1.** [book] mettre en pièces **2.** [machine] démonter. ◆ **pull down** vt sep **1.** [blind] baisser **2.** [demolish] démolir. ◆ **pull in** vi **1.** [train] entrer en gare **2.** [car] se ranger. ◆ **pull out** ◆ vt sep [tooth, cork, plug] enlever. ◆ vi **1.** [train] partir **2.** [car] déboîter **3.** [withdraw] se retirer. ◆ **pull over** vi [car] se ranger. ◆ **pull up** ◆ vt sep [socks, trousers, sleeve] remonter. ◆ vi [stop] s'arrêter.

pull-down menu n menu *m* déroulant.

pulley ['pʊlɪ] *(pl* **-s***)* n poulie *f*.

pull-out n US [beside road] aire *f* de stationnement.

pullover ['pʊl,əʊvəʳ] n pull(-over) *m*.

pulpit ['pʊlpɪt] n chaire *f*.

pulse [pʌls] n MED pouls *m*.

pump [pʌmp] n pompe *f*. ◆ **pumps** npl UK [sports shoes] tennis *mpl*. ◆ **pump up** vt sep gonfler.

pumped [pʌmpt] adj US *inf* excité(e).

pumpkin ['pʌmpkɪn] n potiron *m*.

pun [pʌn] n jeu *m* de mots.

punch [pʌntʃ] ◆ n **1.** [blow] coup *m* de poing **2.** *(U)* [drink] punch *m*. ◆ vt **1.** [hit] donner un coup de poing à **2.** [ticket] poinçonner.

Punch and Judy show [-'dʒu:dɪ-] n ≃ guignol *m*.

punctual ['pʌŋktʃʊəl] adj ponctuel(elle).

punctuation [,pʌŋktʃʊ'eɪʃn] n *(U)* ponctuation *f*.

puncture ['pʌŋktʃəʳ] ◆ n crevaison *f*. ◆ vt crever.

punish ['pʌnɪʃ] vt punir ▸ **to punish sb for a crime** punir qqn pour un crime.

punishment ['pʌnɪʃmənt] n punition *f*.

punk [pʌŋk] n **1.** [person] punk *m ou f* **2.** *(U)* [music] punk *m*.

punnet ['pʌnɪt] n UK barquette *f*.

pup [pʌp] n [young dog] chiot *m*.

pupil ['pju:pl] n **1.** [student] élève *m ou f* **2.** [of eye] pupille *f*.

puppet ['pʌpɪt] n marionnette *f*.

puppy ['pʌpɪ] n chiot *m*.

purchase ['pɜ:tʃəs] ◆ vt *fml* acheter. ◆ n *fml* achat *m*.

pure [pjʊəʳ] adj pur(e).

puree ['pjʊəreɪ] n purée *f*.

purely ['pjʊəlɪ] adv purement.

purity ['pjʊərətɪ] n *(U)* pureté *f*.

purple ['pɜ:pl] adj violet(ette).

purpose ['pɜ:pəs] n **1.** [reason] motif *m* **2.** [use] usage *m* ▸ **on purpose** exprès.

purr [pɜ:ʳ] vi ronronner.

purse [pɜ:s] n **1.** UK [for money] porte-monnaie *m inv* **2.** US [handbag] sac *m* à main.

pursuant [pə'sjʊənt] adj *fml* : **pursuant to a)** [following] suivant **b)** [in accordance with] conformément à.

pursue [pə'sju:] vt poursuivre.

pus [pʌs] n *(U)* pus *m*.

push [pʊʃ] ◆ vt **1.** [shove] pousser **2.** [button] appuyer sur, presser **3.** [product] promouvoir. ◆ vi pousser. ◆ n : **to give a car a push** pousser une voiture ▸ **'push'** [on door] 'poussez' ▸ **to push sb into doing sthg** pousser qqn à faire qqch. ◆ **push in** vi UK [in queue] se faufiler. ◆ **push off** vi UK *inf* [go away] dégager.

push-button telephone n téléphone *m* à touches.

pushchair ['pʊʃtʃeəʳ] n UK poussette *f*.

pushed [pʊʃt] adj *inf* : **to be pushed (for time)** être pressé(e).

pusher ['pʊʃəʳ] n [drug slang] dealer *m*.

push technology n COMPUT technologie *f* du push de données.

push-ups npl US pompes *fpl*.

put [pʊt] *(pt & pp* **put***)* ◆ vt **1.** [place] poser, mettre ▸ **to put a child to bed** mettre un enfant au lit ▸ **to put money into an account** mettre de l'argent sur un compte **2.** [responsibility] rejeter **3.** [express] exprimer **4.** [write] mettre, écrire **5.** [a question] poser **6.** [estimate] estimer

◆ **put aside** vt sep [money] mettre de côté.

→

◆ **put away** vt sep [tidy up] ranger.

◆ **put back** vt sep **1.** [replace] remettre **2.** [postpone] repousser **3.** [clock, watch] retarder.

◆ **put down** vt sep **1.** [on floor, table] poser **2.** [passenger] déposer **3.** [animal] piquer **4.** [deposit] verser.

◆ **put forward** vt sep avancer.

◆ **put in** vt sep **1.** [insert] introduire **2.** [install] installer **3.** [in container, bags] mettre dedans.

◆ **put off** vt sep **1.** [postpone] reporter **2.** [distract] distraire **3.** [repel] dégoûter **4.** [passenger] déposer.

◆ **put on** vt sep **1.** [clothes, make-up, CD] mettre **2.** [weight] prendre ▸ **to put on weight** grossir **3.** [television, light, radio] allumer ▸ **to put the kettle on** UK mettre la bouilloire à chauffer **4.** [play, show] monter.

◆ **put out** vt sep **1.** [cigarette, fire, light] éteindre **2.** [publish] publier **3.** [arm, leg] étendre **4.** [hand] tendre **5.** [inconvenience] déranger ▸ **to put one's back out** se déplacer une vertèbre.

◆ **put together** vt sep **1.** [assemble] monter **2.** [combine] réunir.

◆ **put up** ◆ vt sep **1.** [building] construire **2.** [statue] ériger **3.** [erect] monter ▸ **to put up a tent** monter une tente **4.** [umbrella] ouvrir **5.** [a notice] afficher **6.** [price, rate] augmenter **7.** [provide with accommodation] loger. ◆ vi [in hotel] descendre.

◆ **put up with** vt insep supporter.

putt [pʌt] n putt *m*.

putter ['pʌtəʳ] n [club] putter *m*.

putting ['pʌtɪŋ] n SPORT putting *m*.

putting green ['pʌtɪŋ-] n green *m*.

putty ['pʌtɪ] n *(U)* mastic *m*.

puzzle ['pʌzl] ◆ n **1.** [game] casse-tête *m inv* **2.** [jigsaw] puzzle *m* **3.** [mystery] énigme *f*. ◆ vt rendre perplexe.

puzzling ['pʌzlɪŋ] adj déconcertant(e).

pyjamas [pə'dʒɑːməz] npl UK pyjama *m*.

pylon ['paɪlən] n pylône *m*.

pyramid ['pɪrəmɪd] n pyramide *f*.

Pyrenees [ˌpɪrə'niːz] npl **: the Pyrenees** les Pyrénées *fpl*.

Pyrex® ['paɪreks] n *(U)* Pyrex® *m*.

Qq

quad bike n (moto *f*) quad *m*.

quadruple [kwɒ'druːpl] ◆ adj quadruple. ◆ vt & vi quadrupler.

quail [kweɪl] n *(U)* caille *f*.

quail's eggs npl œufs *mpl* de caille.

quaint [kweɪnt] adj pittoresque.

qualification [ˌkwɒlɪfɪ'keɪʃn] n **1.** [diploma] diplôme *m* **2.** [ability] qualification *f*.

qualified ['kwɒlɪfaɪd] adj qualifié(e).

qualify ['kwɒlɪfaɪ] vi **1.** [for competition] se qualifier **2.** [pass exam] obtenir un diplôme.

quality ['kwɒlətɪ] ◆ n qualité *f*. ◆ adj de qualité.

qualm [kwɑːm] n **1.** [scruple] scrupule *m* **2.** [pang of nausea] haut-le-cœur *m inv*.

quarantine ['kwɒrəntiːn] n *(U)* quarantaine *f*.

quarrel ['kwɒrəl] ◆ n dispute *f*. ◆ vi se disputer.

quarry ['kwɒrɪ] n carrière *f*.

quart [kwɔːt] n **1.** [in UK] = 1,136 litres ; ≃ litre *m* **2.** [in US] = 0,946 litre ; ≃ litre.

quarter ['kwɔːtəʳ] n **1.** [fraction] quart *m* **2.** US [coin] pièce *f* de 25 cents **3.** UK [4 ounces] = 0,1134 kg ; ≃ quart **4.** [three months] trimestre *m* **5.** [part of town] quartier *m* ▸ **(a) quarter to five** UK cinq heures moins le quart ▸ **(a) quarter of five** US cinq heures moins le quart ▸ **(a) quarter past five** UK cinq heures et quart ▸ **(a) quarter after five** US cinq heures et quart ▸ **(a) quarter of an hour** un quart d'heure.

quarterpounder [ˌkwɔːtə'paʊndəʳ] n gros hamburger *m*.

quartet [kwɔː'tet] n [group] quatuor *m*.

quartz [kwɔːts] adj [watch] à quartz.

quay [kiː] n quai *m*.

queasy ['kwiːzɪ] adj *inf* : **to feel queasy** avoir mal au cœur.

queen [kwiːn] n **1.** reine *f* **2.** [in cards] dame *f*.

queer [kwɪəʳ] adj **1.** [strange] bizarre **2.** *inf* [ill] patraque **3.** *inf* & *pej* [homosexual] homo.

quench [kwentʃ] vt : **to quench one's thirst** étancher sa soif.

query ['kwɪərɪ] n **1.** question *f* **2.** COMPUT requête *f*.

question ['kwestʃn] ◆ n question *f*. ◆ vt [person] interroger ▸ **it's out of the question** c'est hors de question.

question mark n point *m* d'interrogation.

questionnaire [ˌkwestʃə'neəʳ] n questionnaire *m*.

queue [kjuː] ◆ n UK queue *f*. ◆ vi UK faire la queue. ◆ **queue up** vi UK faire la queue.

quiche [kiːʃ] n quiche *f*.

quick [kwɪk] ◆ adj rapide. ◆ adv rapidement, vite.

quickfire ['kwɪkfaɪəʳ] adj : **he directed quickfire questions at me** il m'a mitraillé de questions ▸ **a series of quickfire questions** un feu roulant de questions.

quickie ['kwɪkɪ] n *inf* [gen] truc *m* vite fait.

quickie divorce n divorce *m* rapide.

quickly ['kwɪklɪ] adv rapidement, vite.

quicksand ['kwɪksænd] n sables *mpl* mouvants.

quid [kwɪd] (*pl inv*) n UK *inf* [pound] livre *f*.

quiet ['kwaɪət] ◆ adj **1.** silencieux(ieuse) **2.** [calm, peaceful] tranquille. ◆ n *(U)* calme *m* ▸ **in a quiet voice** à voix basse ▸ **keep quiet!** chut !, taisez-vous ! ▸ **to keep quiet** [not say anything] se taire ▸ **to keep quiet about sthg** ne pas parler de qqch.

quieten ['kwaɪətn] ◆ **quieten down** vi se calmer.

quietly ['kwaɪətlɪ] adv **1.** silencieusement **2.** [calmly] tranquillement.

quilt [kwɪlt] n **1.** UK [duvet] couette *f* **2.** [eiderdown] édredon *m*.

quince [kwɪns] n coing *m*.

quirk [kwɜːk] n bizarrerie *f*.

quit [kwɪt] (*pt & pp* **quit**) ◆ vi **1.** [resign] démissionner **2.** [give up] abandonner. ◆ vt [school, job] quitter ▸ **to quit doing sthg** arrêter de faire qqch.

quite [kwaɪt] **adv 1.** [fairly] assez **2.** [completely] tout à fait ▸ **not quite** pas tout à fait ▸ **quite a lot (of)** pas mal (de).

quits [kwɪts] **adj** *inf* **: to be quits (with sb)** être quitte (envers qqn).

quiz [kwɪz] (*pl* **-zes**) **n** jeu *m (basé sur des questions de culture générale)*.

quota ['kwəʊtə] **n** quota *m*.

quotation [kwəʊ'teɪʃn] **n 1.** [phrase] citation *f* **2.** [estimate] devis *m*.

quotation marks npl guillemets *mpl*.

quote [kwəʊt] ◆ **vt 1.** [phrase, writer] citer **2.** [price] indiquer. ◆ **n 1.** [phrase] citation *f* **2.** [estimate] devis *m*.

Rr

rabbi ['ræbaɪ] **n** rabbin *m*.

rabbit ['ræbɪt] **n** lapin *m*.

rabies ['reɪbiːz] **n** *(U)* rage *f*.

RAC (*abbr of* **Royal Automobile Club**) **n** UK ≃ ACF *m (Automobile Club de France)*.

rac(c)oon [rə'kuːn] **n** raton *m* laveur, chat *m* sauvage QUÉBEC.

race [reɪs] ◆ **n 1.** [competition] course *f* **2.** [ethnic group] race *f*. ◆ **vi 1.** [compete] faire la course **2.** [go fast] aller à toute vitesse **3.** [engine] s'emballer. ◆ **vt** faire la course avec.

racecourse ['reɪskɔːs] **n** UK champ *m* de courses.

racehorse ['reɪshɔːs] **n** cheval *m* de course.

racetrack ['reɪstræk] **n** US [for horses] champ *m* de courses.

racial ['reɪʃl] **adj** racial(e).

racing ['reɪsɪŋ] **n** *(U)* **: (horse) racing** courses *fpl* (de chevaux).

racing car n voiture *f* de course.

racism ['reɪsɪzm] **n** *(U)* racisme *m*.

racist ['reɪsɪst] **n** raciste *m ou f*.

rack [ræk] **n 1.** [for bottles] casier *m* **2.** [for coats] portemanteau *m* **3.** [for plates] égouttoir *m* **4.** [on car] galerie *f* **5.** [on train] filet *m* à bagages ▸ **(luggage) rack a)** [on car] galerie *f* **b)** [on bike] porte-bagages *m inv* ▸ **rack of lamb** carré *m* d'agneau.

racket ['rækɪt] **n 1.** raquette *f* **2.** *inf* [noise] raffut *m*.

racquet ['rækɪt] **n** raquette *f*.

radar ['reɪdɑːʳ] **n** radar *m*.

radiation [ˌreɪdɪ'eɪʃn] **n** *(U)* radiations *fpl*.

radiator ['reɪdɪeɪtəʳ] **n** radiateur *m*.

radical ['rædɪkl] **adj** radical(e).

radii ['reɪdɪaɪ] **pl** → **radius**.

radio ['reɪdɪəʊ] (*pl* **-s**) ◆ **n** radio *f*. ◆ **vt** [person] appeler par radio ▸ **on the radio** à la radio.

radioactive [ˌreɪdɪəʊ'æktɪv] **adj** radioactif(ive).

radio alarm(clock) n radio(-)réveil *m*.

radish ['rædɪʃ] **n** radis *m*.

radius ['reɪdɪəs] (*pl* **radii**) **n** rayon *m*.

RAF UK **n** *abbr of* **Royal Air Force**.

raffle ['ræfl] **n** tombola *f*.

raft ['rɑ:ft] **n 1.** [of wood] radeau *m* **2.** [inflatable] canot *m* pneumatique.

rafter ['rɑ:ftəʳ] **n** chevron *m*.

rag [ræg] **n** [old cloth] chiffon *m*.

rage [reɪdʒ] **n** rage *f*.

ragtop ['rægtɒp] **n** US *inf* AUT décapotable *f*.

raid [reɪd] ◆ **n 1.** [attack] raid *m* **2.** [by police] descente *f* **3.** [robbery] hold-up *m inv.* ◆ **vt 1.** [subj: police] faire une descente dans **2.** [subj: thieves] faire un hold-up dans.

rail [reɪl] ◆ **n 1.** [bar] barre *f* **2.** [for curtain] tringle *f* **3.** [on stairs] rampe *f* **4.** [for train, tram] rail *m*. ◆ **adj 1.** [transport, network] ferroviaire **2.** [travel] en train ▸ **by rail** en train.

railcard ['reɪlkɑ:d] **n** UK *carte de réduction des chemins de fer pour jeunes et retraités.*

railings ['reɪlɪŋz] **npl** grille *f*.

railroad ['reɪlrəʊd] US = **railway**.

railway ['reɪlweɪ] **n** UK **1.** [system] chemin *m* de fer **2.** [route] ligne *f* de chemin de fer ; [track] voie *f* ferrée.

railway line n UK **1.** [route] ligne *f* de chemin de fer **2.** [track] voie *f* ferrée.

railway station n UK gare *f*.

rain [reɪn] ◆ **n** *(U)* pluie *f*. ◆ **impers vb** pleuvoir ▸ **it's raining** il pleut.

rainbow ['reɪnbəʊ] **n** arc-en-ciel *m*.

raincoat ['reɪnkəʊt] **n** imperméable *m*.

raindrop ['reɪndrɒp] **n** goutte *f* de pluie.

rainfall ['reɪnfɔ:l] **n** *(U)* précipitations *fpl*.

rainforest ['reɪn,fɒrɪst] **n** forêt *f* pluviale.

rainy ['reɪnɪ] **adj** pluvieux(ieuse).

raise [reɪz] ◆ **vt 1.** [lift] lever **2.** [increase] augmenter **3.** [money] collecter **4.** [child, animals] élever **5.** [question, subject] soulever. ◆ **n** US [pay increase] augmentation *f*.

raisin ['reɪzn] **n** raisin *m* sec.

rake [reɪk] **n** râteau *m*.

rally ['rælɪ] **n 1.** [public meeting] rassemblement *m* **2.** [motor race] rallye *m* **3.** [in tennis, badminton, squash] échange *m*.

ram [ræm] ◆ **n** [sheep] bélier *m*. ◆ **vt** percuter.

Ramadan [,ræmə'dæn] **n** Ramadan *m*.

ramble ['ræmbl] **n** randonnée *f*.

ramp [ræmp] **n 1.** [slope] rampe *f* **2.** [in road] ralentisseur *m* **3.** US [to freeway] bretelle *f* d'accès ▸ **'ramp'** UK [bump] *panneau annonçant une dénivellation due à des travaux.*

ramparts ['ræmpɑ:ts] **npl** remparts *mpl*.

ran [ræn] **pt** → **run**.

ranch [rɑ:ntʃ] **n** ranch *m*.

ranch dressing n US *sauce mayonnaise liquide légèrement épicée.*

rancid ['rænsɪd] **adj** rance.

random ['rændəm] ◆ **adj** [choice, number] aléatoire. ◆ **n : at random** au hasard.

rang [ræŋ] **pt** → **ring**.

range [reɪndʒ] ◆ **n 1.** [of radio, telescope] portée *f* **2.** [of prices, temperatures, ages] éventail *m* **3.** [of goods, services] gamme *f* **4.** [of hills, mountains] chaîne *f* **5.** [for shooting] champ *m* de tir **6.** US [cooker] fourneau *m*. ◆ **vi** [vary] varier.

ranger ['reɪndʒəʳ] **n** [of park, forest] garde *m* forestier.

rank [ræŋk] ◆ n grade *m.* ◆ adj [smell, taste] ignoble.

ransom ['rænsəm] n rançon *f.*

rap [ræp] n *(U)* [music] rap *m.*

rape [reɪp] ◆ n viol *m.* ◆ vt violer.

rapid ['ræpɪd] adj rapide. ◆ **rapids** npl rapides *mpl.*

rapidly ['ræpɪdlɪ] adv rapidement.

rapist ['reɪpɪst] n violeur *m.*

rare [reəʳ] adj **1.** rare **2.** [meat] saignant(e).

rarely ['reəlɪ] adv rarement.

rash [ræʃ] ◆ n éruption *f* cutanée. ◆ adj imprudent(e).

rasher ['ræʃəʳ] n tranche *f.*

raspberry ['rɑːzbərɪ] n framboise *f.*

rat [ræt] n rat *m.*

ratatouille [rætə'tuːɪ] n ratatouille *f.*

rate [reɪt] ◆ n **1.** [level] taux *m* **2.** [charge] tarif *m* **3.** [speed & COMPUT] vitesse *f*, débit *m.* ◆ vt **1.** [consider] considérer **2.** [deserve] mériter ▸ **rate of exchange** taux de change ▸ **at any rate** en tout cas ▸ **at this rate** à ce rythme-là.

rather ['rɑːðəʳ] adv plutôt ▸ **I'd rather stay in** je préférerais ne pas sortir ▸ **I'd rather not** j'aimerais mieux pas ▸ **would you rather...?** préférerais-tu... ? ▸ **rather a lot of** pas mal de ▸ **rather than** plutôt que.

rating ['reɪtɪŋ] n [of popularity] cote *f.*

ratio ['reɪʃɪəʊ] (*pl* **-s**) n rapport *m.*

ration ['ræʃn] n [share] ration *f.* ◆ **rations** npl [food] vivres *mpl.*

rational ['ræʃnl] adj rationnel(elle).

rattle ['rætl] ◆ n [of baby] hochet *m.* ◆ vi faire du bruit.

rave [reɪv] n UK rave *f.*

raven ['reɪvn] n corbeau *m.*

ravioli [ˌrævɪ'əʊlɪ] n *(U)* ravioli(s) *mpl.*

raw [rɔː] adj **1.** cru(e) **2.** [sugar] non raffiné(e) **3.** [silk] sauvage.

raw material n matière *f* première.

ray [reɪ] n rayon *m.*

razor ['reɪzəʳ] n rasoir *m.*

razor blade n lame *f* de rasoir.

Rd (*abbr of* **Road**) Rte *(route).*

RDA n *abbr of* **recommended daily allowance**.

re [riː] prep concernant.

RE (*abbr of* **religious education**) n *(U)* instruction *f* religieuse.

reach [riːtʃ] ◆ vt **1.** atteindre **2.** [contact] joindre **3.** [agreement, decision] parvenir à. ◆ n : **out of reach** hors de portée ▸ **within reach of the beach** à proximité de la plage. ◆ **reach out** vi : **to reach out (for)** tendre le bras (vers).

react [rɪ'ækt] vi réagir.

reaction [rɪ'ækʃn] n réaction *f.*

read [riːd] (*pt & pp* **read** [red]) ◆ vt **1.** lire **2.** [subj: sign, note] dire **3.** [subj: meter, gauge] indiquer. ◆ vi lire ▸ **to read about sthg** apprendre qqch dans les journaux. ◆ **read out** vt sep lire à haute voix.

reader ['riːdəʳ] n lecteur *m*, -trice *f.*

readies ['redɪz] npl UK *inf* [cash] fric *m.*

readily ['redɪlɪ] adv **1.** [willingly] volontiers **2.** [easily] facilement.

readiness ['redɪnɪs] n **1.** [preparedness] état *m* de préparation **2.** [willingness] empressement *m* ▸ **to be in readiness** être prêt OR préparé.

reading ['riːdɪŋ] n **1.** *(U)* [of books, papers] lecture *f* **2.** [of meter, gauge] données *fpl.*

reading light n liseuse *f.*

reading matter n *(U)* lecture *f.*

ready ['redɪ] adj prêt(e) ▸ **to be ready for sthg** [prepared] être prêt pour qqch ▸ **to be ready to do sthg** être prêt à faire qqch ▸ **to get ready** se préparer ▸ **to get sthg ready** préparer qqch.

ready cash n *(U)* liquide *m.*

ready-cooked [-kʊkt] adj précuit(e).

ready-to-wear adj de prêt à porter.

real ['rɪəl] ◆ adj **1.** vrai(e) **2.** [world] réel(elle). ◆ adv US *inf* vraiment, très.

real ale n UK *bière rousse de fabrication traditionnelle, fermentée en fûts.*

real estate n *(U)* US immobilier *m.*

realistic [,rɪə'lɪstɪk] adj réaliste.

reality [rɪ'ælətɪ] n *(U)* réalité *f* ▸ **in reality** en réalité.

reality TV n *(U)* télévision / TV *f* réalité.

realize ['rɪəlaɪz] vt **1.** [become aware of] se rendre compte de **2.** [know] savoir **3.** [ambition, goal] réaliser.

really ['rɪəlɪ] adv vraiment ▸ **not really** pas vraiment.

realtor ['rɪəltər] n US agent *m* immobilier.

rear [rɪəʳ] ◆ adj arrière *inv.* ◆ n [back] arrière *m.*

rearrange [,riːə'reɪndʒ] vt **1.** [room, furniture] réarranger **2.** [meeting] déplacer.

rearview mirror ['rɪəvjuː-] n rétroviseur *m.*

rear-wheel drive n traction *f* arrière.

reason ['riːzn] n raison *f* ▸ **for some reason** pour une raison ou pour une autre.

reasonable ['riːznəbl] adj raisonnable.

reasonably ['riːznəblɪ] adv [quite] assez.

reasoning ['riːznɪŋ] n *(U)* raisonnement *m.*

reassure [,riːə'ʃɔːʳ] vt rassurer.

reassuring [,riːə'ʃɔːrɪŋ] adj rassurant(e).

rebate ['riːbeɪt] n rabais *m.*

rebel ◆ n ['rebl] rebelle *m ou f.* ◆ vi [rɪ'bel] se rebeller.

rebooting [riː'buːtɪŋ] n réinitialisation *f.*

rebound [rɪ'baʊnd] vi [ball, etc.] rebondir.

rebuild [,riː'bɪld] (*pt & pp* **rebuilt** [,riː'bɪlt]) vt reconstruire.

rebuke [rɪ'bjuːk] vt réprimander.

recall [rɪ'kɔːl] vt [remember] se souvenir de.

receipt [rɪ'siːt] n reçu *m* ▸ **on receipt of** à réception de.

receive [rɪ'siːv] vt recevoir.

receiver [rɪ'siːvəʳ] n [of phone] combiné *m.*

recent ['riːsnt] adj récent(e).

recently ['riːsntlɪ] adv récemment.

receptacle [rɪ'septəkl] n *fml* récipient *m.*

reception [rɪ'sepʃn] n **1.** *(U)* réception *f* **2.** [welcome] accueil *m.*

reception desk n réception *f.*

receptionist [rɪ'sepʃənɪst] n réceptionniste *m ou f.*

recess ['riːses] n **1.** [in wall] renfoncement *m (U)* **2.** US SCH récréation *f.*

recession [rɪ'seʃn] n récession *f.*

recharge [,riː'tʃɑːdʒ] vt recharger.

recipe ['resɪpɪ] n recette *f.*

recipient [rɪ'sɪpɪənt] **n 1.** [of letter] destinataire *mf* **2.** [of cheque] bénéficiaire *mf*.

recite [rɪ'saɪt] **vt 1.** [poem] réciter **2.** [list] énumérer.

reckless ['reklɪs] **adj** imprudent(e).

reckon ['rekn] **vt** *inf* [think] penser. ◆ **reckon on vt insep** compter sur. ◆ **reckon with vt insep** [expect] s'attendre à.

reclaim [rɪ'kleɪm] **vt** [baggage] récupérer.

recliner [rɪ'klaɪnə^r] **n 1.** [for sunbathing] chaise *f* longue **2.** [armchair] fauteuil *m* à dossier inclinable.

reclining seat [rɪ'klaɪnɪŋ-] **n** siège *m* inclinable.

recognition [,rekəg'nɪʃn] **n** *(U)* reconnaissance *f*.

recognize ['rekəgnaɪz] **vt** reconnaître.

recollect [,rekə'lekt] **vt** se rappeler.

recommend [,rekə'mend] **vt** recommander ▸ **to recommend sb to do sthg** recommander à qqn de faire qqch.

recommendation [,rekəmen'deɪʃn] **n** recommandation *f*.

recommended daily allowance n [food] apport *m* journalier recommandé.

reconquest [,riː'kɒŋkwest] **n** reconquête *f*.

reconsider [,riːkən'sɪdə^r] **vt** reconsidérer.

reconstruct [,riːkən'strʌkt] **vt** reconstruire.

record ◆ **n** ['rekɔːd] **1.** MUS disque *m* **2.** [best performance, highest level] record *m* **3.** [account] rapport *m*. ◆ **vt** [rɪ'kɔːd] enregistrer. ◆ **records npl 1.** [of government, police, hospital] archives *fpl* **2.** [register] registre *m* ▸ **public records office** archives *fpl* nationales.

recorded delivery [rɪ'kɔːdɪd-] **n** *(U)* UK **: to send sthg (by) recorded delivery** envoyer qqch en recommandé.

recorder [rɪ'kɔːdə^r] **n 1.** [tape recorder] magnétophone *m* **2.** [instrument] flûte *f* à bec.

recording [rɪ'kɔːdɪŋ] **n** enregistrement *m*.

record player n tourne-disque *m*.

record shop n disquaire *m*.

recover [rɪ'kʌvə^r] **vt & vi** récupérer.

recovery [rɪ'kʌvərɪ] **n** [from illness] guérison *f*.

recovery vehicle n UK dépanneuse *f*.

recreation [,rekrɪ'eɪʃn] **n** *(U)* récréation *f*.

recreational vehicle US = **RV**.

recreation ground n UK terrain *m* de jeux.

recruit [rɪ'kruːt] ◆ **n** recrue *f*. ◆ **vt** recruter.

rectangle ['rek,tæŋgl] **n** rectangle *m*.

rectangular [rek'tæŋgjʊlə^r] **adj** rectangulaire.

recyclable [,riː'saɪkləbl] **adj** recyclable.

recycle [,riː'saɪkl] **vt** recycler.

recycle bin n COMPUT poubelle *f*, corbeille *f*.

red [red] ◆ **adj 1.** rouge **2.** [hair] roux (rousse). ◆ **n** [colour] rouge *m* ▸ **in the red** [bank account] à découvert.

red cabbage n chou *m* rouge.

Red Cross n Croix-Rouge *f*.

redcurrant ['redkʌrənt] **n** groseille *f*.

redecorate [ˌriːˈdekəreɪt] **vt** refaire.

redhead [ˈredhed] **n** rouquin *m*, -e *f*.

red-hot **adj** [metal] chauffé(e) à blanc.

redial [riːˈdaɪəl] **vi** recomposer le numéro.

redirect [ˌriːdɪˈrekt] **vt** **1.** [letter] réexpédier **2.** [traffic, plane] dérouter.

red pepper **n** poivron *m* rouge.

reduce [rɪˈdjuːs] ◆ **vt** **1.** réduire **2.** [make cheaper] solder. ◆ **vi** US [slim] maigrir.

reduced price [rɪˈdjuːst-] **n** prix *m* réduit.

reduction [rɪˈdʌkʃn] **n** réduction *f*.

redundancy [rɪˈdʌndənsɪ] **n** UK licenciement *m*.

redundant [rɪˈdʌndənt] **adj** UK **: to be made redundant** être licencié(e).

red wine **n** vin *m* rouge.

reed [riːd] **n** [plant] roseau *m*.

reef [riːf] **n** écueil *m*.

reek [riːk] **vi** puer.

reel [riːl] **n** **1.** [of thread] bobine *f* **2.** [on fishing rod] moulinet *m*.

refectory [rɪˈfektərɪ] **n** réfectoire *m*.

refer [rɪˈfɜːʳ] ◆ **refer to** **vt insep** **1.** faire référence à **2.** [consult] se référer à.

referee [ˌrefəˈriː] **n** SPORT arbitre *m*.

reference [ˈrefrəns] ◆ **n** **1.** [mention] allusion *f* **2.** [letter for job] référence *f*. ◆ **adj** [book] de référence ▸ **with reference to** suite à.

referendum [ˌrefəˈrendəm] **n** référendum *m*.

refill ◆ **n** [ˈriːfɪl] **1.** [for pen] recharge *f* **2.** *inf* [drink] autre verre *m*. ◆ **vt** [ˌriːˈfɪl] remplir.

refinery [rɪˈfaɪnərɪ] **n** raffinerie *f*.

reflect [rɪˈflekt] **vt & vi** réfléchir.

reflection [rɪˈflekʃn] **n** [image] reflet *m*.

reflector [rɪˈflektəʳ] **n** réflecteur *m*.

reflex [ˈriːfleks] **n** réflexe *m*.

reflexive [rɪˈfleksɪv] **adj** réfléchi(e).

reflexologist [ˌriːflekˈsɒlədʒɪst] **n** réflexologiste *mf*, réflexologue *mf*.

reform [rɪˈfɔːm] ◆ **n** réforme *f*. ◆ **vt** réformer.

refresh [rɪˈfreʃ] **vt** rafraîchir.

refreshing [rɪˈfreʃɪŋ] **adj** **1.** rafraîchissant(e) **2.** [change] agréable.

refreshments [rɪˈfreʃmənts] **npl** rafraîchissements *mpl*.

refrigerator [rɪˈfrɪdʒəreɪtəʳ] **n** réfrigérateur *m*.

refuel [ˌriːˈfjʊəl] ◆ **vt** ravitailler. ◆ **vi** se ravitailler en carburant.

refugee [ˌrefjʊˈdʒiː] **n** réfugié *m*, -e *f*.

refund ◆ **n** [ˈriːfʌnd] remboursement *m*. ◆ **vt** [rɪˈfʌnd] rembourser.

refundable [rɪˈfʌndəbl] **adj** remboursable.

refurbish [ˌriːˈfɜːbɪʃ] **vt** remettre à neuf, rénover.

refusal [rɪˈfjuːzl] **n** refus *m*.

refuse¹ [rɪˈfjuːz] **vt & vi** refuser ▸ **to refuse to do sthg** refuser de faire qqch.

refuse² [ˈrefjuːs] **n** *(U)* *fml* ordures *fpl*.

refuse collection [ˈrefjuːs-] **n** *fml* ramassage *m* des ordures.

regard [rɪˈgɑːd] ◆ **vt** [consider] considérer. ◆ **n : with regard to** concernant ▸ **as regards** en ce qui concerne. ◆ **regards** **npl** [in greetings] amitiés *fpl*

▸ **give them my regards** transmettez-leur mes amitiés.
regarding [rɪ'gɑːdɪŋ] **prep** concernant.
regardless [rɪ'gɑːdlɪs] **adv** quand même ▸ **regardless of** sans tenir compte de.
regenerate [rɪ'dʒenəreɪt] **vt 1.** [economy, project] relancer **2.** [district, urban area] réhabiliter.
reggae ['regeɪ] **n** *(U)* reggae *m*.
regiment ['redʒɪmənt] **n** régiment *m*.
region ['riːdʒən] **n** région *f* ▸ **in the region of** environ.
regional ['riːdʒənl] **adj** régional(e).
register ['redʒɪstə^r] ◆ **n** [official list] registre *m*. ◆ **vt 1.** [record officially] enregistrer **2.** [subj: machine, gauge] indiquer. ◆ **vi 1.** [at hotel] se présenter à la réception **2.** [put one's name down] s'inscrire.
registered ['redʒɪstəd] **adj** [letter, parcel] recommandé(e).
registration [ˌredʒɪ'streɪʃn] **n** *(U)* [for course, at conference] inscription *f*.
registration (number) **n** [of car] numéro *m* d'immatriculation.
registry office ['redʒɪstrɪ-] **n** UK bureau *m* de l'état civil.
regret [rɪ'gret] ◆ **n** regret *m*. ◆ **vt** regretter ▸ **to regret doing sthg** regretter d'avoir fait qqch ▸ **we regret any inconvenience caused** nous vous prions de nous excuser pour la gêne occasionnée.
regrettable [rɪ'gretəbl] **adj** regrettable.
regular ['regjʊlə^r] ◆ **adj 1.** régulier(ière) **2.** [normal, in size] normal(e). ◆ **n** [customer] habitué *m*, -e *f*.
regularly ['regjʊləlɪ] **adv** régulièrement.
regulate ['regjʊleɪt] **vt** régler.
regulation [ˌregjʊ'leɪʃn] **n** [rule] réglementation *f*.
rehearsal [rɪ'hɜːsl] **n** répétition *f*.
rehearse [rɪ'hɜːs] **vt** répéter.
reign [reɪn] ◆ **n** règne *m*. ◆ **vi** [monarch] régner.
reimburse [ˌriːɪm'bɜːs] **vt** *fml* rembourser.
reindeer ['reɪnˌdɪə^r] (*pl inv*) **n** renne *m*.
reinforce [ˌriːɪn'fɔːs] **vt** renforcer.
reinforcements [ˌriːɪn'fɔːsmənts] **npl** renforts *mpl*.
reins [reɪnz] **npl 1.** [for horse] rênes *mpl* **2.** UK [for child] harnais *m*.
reinsert [ˌriːɪn'sɜːt] **vt** réinsérer.
reinvent [ˌriːɪn'vent] **vt** réinventer.
reject [rɪ'dʒekt] **vt 1.** [proposal, request] rejeter **2.** [applicant, coin] refuser.
rejection [rɪ'dʒekʃn] **n 1.** [of proposal, request] rejet *m* **2.** [of applicant] refus *m*.
rejoin [ˌriː'dʒɔɪn] **vt** [motorway] rejoindre.
relapse [rɪ'læps] **n** rechute *f*.
relate [rɪ'leɪt] ◆ **vt** [connect] lier. ◆ **vi : to relate to a)** [be connected with] être lié à **b)** [concern] concerner.
related [rɪ'leɪtɪd] **adj 1.** [of same family] apparenté(e) **2.** [connected] lié(e).
relation [rɪ'leɪʃn] **n 1.** [member of family] parent *m*, -e *f* **2.** [connection] lien *m*, rapport *m* ▸ **in relation to** au sujet de. ◆ **relations npl** rapports *mpl*.
relationship [rɪ'leɪʃnʃɪp] **n 1.** relations *fpl* **2.** [connection] relation *f*.
relative ['relətɪv] ◆ **adj** relatif(ive). ◆ **n** parent *m*, -e *f*.

relatively ['relətɪvlɪ] **adv** relativement.

relax [rɪ'læks] **vi** se détendre.

relaxation [ˌriːlæk'seɪʃn] **n** *(U)* détente *f.*

relaxed [rɪ'lækst] **adj** détendu(e).

relaxing [rɪ'læksɪŋ] **adj** reposant(e).

relay ['riːleɪ] **n** [race] relais *m.*

release [rɪ'liːs] ◆ **vt 1.** [set free] relâcher **2.** [let go of] lâcher **3.** [record, film] sortir **4.** [brake, catch] desserrer. ◆ **n** [record, film] nouveauté *f* ▸ **a new release** [film] une nouvelle sortie.

relegate ['relɪgeɪt] **vt : to be relegated** SPORT être relégué à la division inférieure.

relevant ['reləvənt] **adj 1.** [connected] en rapport **2.** [important] important(e) **3.** [appropriate] approprié(e).

reliable [rɪ'laɪəbl] **adj** [person, machine] fiable.

relic ['relɪk] **n** relique *f.*

relief [rɪ'liːf] **n** *(U)* **1.** [gladness] soulagement *m* **2.** [aid] assistance *f.*

relief road **n** UK itinéraire *m* de délestage.

relieve [rɪ'liːv] **vt** [pain, headache] soulager.

relieved [rɪ'liːvd] **adj** soulagé(e).

religion [rɪ'lɪdʒn] **n** religion *f.*

religious [rɪ'lɪdʒəs] **adj** religieux(ieuse).

relish ['relɪʃ] **n** [sauce] condiment *m.*

reluctant [rɪ'lʌktənt] **adj** réticent(e).

rely [rɪ'laɪ] ◆ **rely on** **vt insep 1.** [trust] compter sur **2.** [depend on] dépendre de.

remain [rɪ'meɪn] **vi** rester. ◆ **remains** **npl** restes *mpl.*

remainder [rɪ'meɪndəʳ] **n** reste *m.*

remaining [rɪ'meɪnɪŋ] **adj** restant(e) ▸ **to be remaining** rester.

remark [rɪ'mɑːk] ◆ **n** remarque *f.* ◆ **vt** faire remarquer.

remarkable [rɪ'mɑːkəbl] **adj** remarquable.

remedy ['remədɪ] **n** remède *m.*

remember [rɪ'membəʳ] ◆ **vt 1.** se rappeler, se souvenir de **2.** [not forget] ne pas oublier. ◆ **vi** se souvenir ▸ **to remember doing sthg** se rappeler avoir fait qqch ▸ **to remember to do sthg** penser à faire qqch.

Remembrance Day, Remembrance Sunday UK **n** l'Armistice *m.*

remind [rɪ'maɪnd] **vt : to remind sb of sthg** rappeler qqch à qqn ▸ **to remind sb to do sthg** rappeler à qqn de faire qqch.

reminder [rɪ'maɪndəʳ] **n** rappel *m.*

remittance [rɪ'mɪtns] **n** *fml* versement *m.*

remix ◆ **vt** [ˌriː'mɪks] [song, recording] remixer. ◆ **n** ['riːmɪks] remix *m.*

remnant ['remnənt] **n** reste *m.*

remote [rɪ'məʊt] **adj 1.** [isolated] éloigné(e) **2.** [chance] faible.

remote control **n** télécommande *f.*

remote course **n** cours *m* en distanciel.

remote working **n** travail *f* à distance.

removal [rɪ'muːvl] **n** enlèvement *m.*

removal van **n** UK camion *m* de déménagement.

remove [rɪ'muːv] **vt** enlever.

rename [ˌriː'neɪm] **vt** renommer.

renew [rɪ'njuː] **vt 1.** [licence, membership] renouveler **2.** [library book] prolonger l'emprunt de.

renovate ['renəveɪt] vt rénover.

renowned [rɪ'naʊnd] adj renommé(e).

rent [rent] ◆ n loyer *m.* ◆ vt louer.

rental ['rentl] n location *f.*

repaginate [,riː'pædʒɪneɪt] vt repaginer.

repaid [riː'peɪd] pt & pp → **repay**.

repair [rɪ'peəʳ] ◆ vt réparer. ◆ n : **in good repair** en bon état. ◆ **repairs** npl réparations *mpl.*

repair kit n [for bicycle] trousse *f* à outils.

repay [riː'peɪ] (*pt & pp* **repaid**) vt **1.** [money] rembourser **2.** [favour, kindness] rendre.

repayment [riː'peɪmənt] n remboursement *m.*

repayment mortgage n prêt logement *m.*

repeat [rɪ'piːt] ◆ vt répéter. ◆ n [on TV, radio] rediffusion *f.*

repetition [,repɪ'tɪʃn] n répétition *f.*

repetitive [rɪ'petɪtɪv] adj répétitif(ive).

replace [rɪ'pleɪs] vt **1.** remplacer **2.** [put back] replacer.

replacement [rɪ'pleɪsmənt] n remplacement *m.*

replay ['riːpleɪ] n **1.** [rematch] match *m* rejoué **2.** [on TV] ralenti *m.*

reply [rɪ'plaɪ] ◆ n réponse *f.* ◆ vt & vi répondre.

repopulate [,riː'pɒpjʊleɪt] vt repeupler.

report [rɪ'pɔːt] ◆ n **1.** [account] rapport *m* **2.** [in newspaper, on TV, radio] reportage *m* **3.** UK SCH bulletin *m.* ◆ vt **1.** [announce] annoncer **2.** [theft, disappearance] signaler **3.** [person] dénoncer. ◆ vi **1.** [give account] faire un rapport **2.** [for newspaper, TV, radio] faire un reportage ▸ **to report to sb** [go to] se présenter à qqn.

report card n US SCOT bulletin *m* scolaire.

reporter [rɪ'pɔːtəʳ] n reporter *m.*

repositioning [,repə'zɪʃnnɪŋ] n [of brand, product] repositionnement *m.*

represent [,reprɪ'zent] vt représenter.

representative [,reprɪ'zentətɪv] n représentant *m*, -e *f.*

repress [rɪ'pres] vt réprimer.

reprieve [rɪ'priːv] n [delay] sursis *m.*

reprimand ['reprɪmɑːnd] vt réprimander.

reproach [rɪ'prəʊtʃ] vt : **to reproach sb for sthg** reprocher qqch à qqn.

reproduction [,riːprə'dʌkʃn] n reproduction *f.*

reptile ['reptaɪl] n reptile *m.*

republic [rɪ'pʌblɪk] n république *f.*

Republican [rɪ'pʌblɪkən] ◆ n républicain *m*, -e *f.* ◆ adj républicain(e).

repulsive [rɪ'pʌlsɪv] adj repoussant(e).

reputable ['repjʊtəbl] adj qui a bonne réputation.

reputation [,repjʊ'teɪʃn] n réputation *f.*

reputedly [rɪ'pjuːtɪdlɪ] adv à ce qu'on dit.

request [rɪ'kwest] ◆ n demande *f.* ◆ vt demander ▸ **to request sb to do sthg** demander à qqn de faire qqch ▸ **available on request** disponible sur demande.

request stop n UK arrêt *m* facultatif.

require [rɪ'kwaɪəʳ] vt **1.** [subj: person] avoir besoin de **2.** [subj: situation] exiger

▸ **to be required to do sthg** être tenu de faire qqch.

requirement [rɪ'kwaɪəmənt] **n** besoin *m*.

rerun ◆ **n** ['riːrʌn] [of TV programme] rediffusion *f*. ◆ **vt** [ˌriː'rʌn] (*pt* **-ran**, *pp* **-run**) [race] réorganiser.

resat [ˌriː'sæt] **pt & pp** → **resit**.

rescue ['reskjuː] **vt** secourir.

research [ˌrɪ'sɜːtʃ] **n** *(U)* **1.** [scientific] recherche *f* **2.** [studying] recherches *fpl*.

resemblance [rɪ'zembləns] **n** ressemblance *f*.

resemble [rɪ'zembl] **vt** ressembler à.

resent [rɪ'zent] **vt** ne pas apprécier.

reservation [ˌrezə'veɪʃn] **n** **1.** [booking] réservation *f* **2.** [doubt] réserve *f* ▸ **to make a reservation** réserver.

reserve [rɪ'zɜːv] ◆ **n** **1.** SPORT remplaçant *m*, -e *f* **2.** UK [for wildlife] réserve *f*. ◆ **vt** réserver.

reserved [rɪ'zɜːvd] **adj** réservé(e).

reservoir ['rezəvwɑːʳ] **n** réservoir *m*.

reset [ˌriː'set] (*pt & pp* **reset**) **vt** **1.** [meter, device] remettre à zéro **2.** [watch] remettre à l'heure.

reside [rɪ'zaɪd] **vi** *fml* [live] résider.

residence ['rezɪdəns] **n** *fml* résidence *f* ▸ **place of residence** domicile *m*.

residence permit **n** permis *m* de séjour.

resident ['rezɪdənt] **n** **1.** [of country] résident *m*, -e *f* **2.** [of hotel] pensionnaire *m ou f* **3.** [of area, house] habitant *m*, -e *f* ▸ **'residents only'** [for parking] 'réservé aux résidents'.

residential [ˌrezɪ'denʃl] **adj** [area] résidentiel(ielle).

residue ['rezɪdjuː] **n** restes *mpl*.

resign [rɪ'zaɪn] ◆ **vi** démissionner. ◆ **vt : to resign o.s. to sthg** se résigner à qqch.

resignation [ˌrezɪg'neɪʃn] **n** [from job] démission *f*.

resilient [rɪ'zɪlɪənt] **adj** résistant(e).

resist [rɪ'zɪst] **vt** résister à ▸ **I can't resist cream cakes** je ne peux pas résister aux gâteaux à la crème ▸ **to resist doing sthg** résister à l'envie de faire qqch.

resistance [rɪ'zɪstəns] **n** *(U)* résistance *f*.

resit [ˌriː'sɪt] (*pt & pp* **resat**) **vt** UK [exam] repasser.

resize [ˌriː'saɪz] **vt** redimensionner.

resolution [ˌrezə'luːʃn] **n** résolution *f*.

resolve [rɪ'zɒlv] **vt** résoudre.

resort [rɪ'zɔːt] **n** [for holidays] station *f* ▸ **as a last resort** en dernier recours. ◆ **resort to vt insep** recourir à ▸ **to resort to doing sthg** en venir à faire qqch.

resource [rɪ'sɔːs] **n** ressource *f*.

resourceful [rɪ'sɔːsfʊl] **adj** ingénieux(ieuse).

resources [rɪ'sɔːsɪz] **npl** ressources *fpl*.

respect [rɪ'spekt] ◆ **n** **1.** *(U)* respect *m* **2.** [aspect] égard *m*. ◆ **vt** respecter ▸ **in some respects** à certains égards ▸ **with respect to** en ce qui concerne.

respectable [rɪ'spektəbl] **adj** respectable.

respective [rɪ'spektɪv] **adj** respectif(ive).

respond [rɪ'spɒnd] **vi** répondre.

response [rɪ'spɒns] **n** réponse *f*.

responsibility [rɪˌspɒnsə'bɪlətɪ] **n** responsabilité *f*.

responsible [rɪ'spɒnsəbl] adj responsable ▸ **to be responsible for** [accountable] être responsable de.

rest [rest] ◆ n **1.** *(U)* [relaxation] repos *m* **2.** [support] appui *m.* ◆ vi [relax] se reposer ▸ **the rest** [remainder] le restant, le reste ▸ **to have a rest** se reposer ▸ **to rest against** reposer contre.

restaurant ['restərɒnt] n restaurant *m.*

restaurant car n UK wagon-restaurant *m.*

restful ['restful] adj reposant(e).

restless ['restlɪs] adj **1.** [bored, impatient] impatient(e) **2.** [fidgety] agité(e).

restore [rɪ'stɔːʳ] vt restaurer.

restrain [rɪ'streɪn] vt retenir.

restrict [rɪ'strɪkt] vt restreindre.

restricted [rɪ'strɪktɪd] adj restreint(e).

restriction [rɪ'strɪkʃn] n limitation *f.*

rest room n US toilettes *fpl.*

result [rɪ'zʌlt] ◆ n résultat *m.* ◆ vi : **to result in** aboutir à ▸ **as a result of** à cause de.

resume [rɪ'zjuːm] vi reprendre.

⚠ Résumer is a false friend, it means ***to sum up***, not "to resume".

résumé ['rezjuːmeɪ] n **1.** [summary] résumé *m* **2.** US [curriculum vitae] curriculum vitae *m inv.*

retail ['riːteɪl] ◆ n *(U)* détail *m.* ◆ vt [sell] vendre au détail. ◆ vi : **to retail at** se vendre (à).

retailer ['riːteɪləʳ] n détaillant *m*, -e *f.*

retail park n UK centre *m* commercial.

retail price n prix *m* de détail.

retail therapy n : **to do some retail therapy** *inf* faire du shopping pour se remonter le moral.

retain [rɪ'teɪn] vt *fml* conserver.

retaliate [rɪ'tælɪeɪt] vi riposter.

retire [rɪ'taɪəʳ] vi [stop working] prendre sa retraite.

retired [rɪ'taɪəd] adj retraité(e).

retirement [rɪ'taɪəmənt] n retraite *f.*

retreat [rɪ'triːt] ◆ vi se retirer. ◆ n [place] retraite *f.*

retrieve [rɪ'triːv] vt récupérer.

return [rɪ'tɜːn] ◆ n **1.** retour *m* **2.** UK [ticket] aller-retour *m.* ◆ vt **1.** [put back] remettre **2.** [give back] rendre **3.** [ball, serve] renvoyer. ◆ vi **1.** revenir **2.** [go back] retourner. ◆ adj [journey] de retour ▸ **the police returned the wallet to its owner** [give back] la police rendit le portefeuille à son propriétaire ▸ **by return of post** UK par retour du courrier ▸ **many happy returns!** bon anniversaire ! ▸ **in return (for)** en échange (de).

return flight n vol *m* retour.

return ticket n UK billet *m* aller-retour.

reunification [ˌriːjuːnɪfɪ'keɪʃn] n réunification *f.*

reunite [ˌriːjuː'naɪt] vt réunir.

revamp [ˌriː'væmp] vt *inf* rénover.

reveal [rɪ'viːl] vt révéler.

revelation [ˌrevə'leɪʃn] n révélation *f.*

revenge [rɪ'vendʒ] n *(U)* vengeance *f.*

revenue ['revənjuː] n revenu *m.*

reverse [rɪ'vɜːs] ◆ adj inverse. ◆ n **1.** *(U)* AUT marche *f* arrière **2.** [of document] verso *m* **3.** [of coin] revers *m.* ◆ vt **1.** [car] mettre en marche arrière **2.** [decision] annuler. ◆ vi [car, driver] faire marche arrière ▸ **the reverse** [opposite] l'inverse ▸ **in reverse order** en ordre inverse ▸ **to reverse the charges** UK téléphoner en PCV.

reverse-charge call n UK appel *m* en PCV.

revert [rɪ'vɜːt] vi **: to revert to** retourner à.

review [rɪ'vjuː] ◆ n **1.** [of book, record, film] critique *f* **2.** [examination] examen *m*. ◆ vt US [for exam] réviser.

revise [rɪ'vaɪz] vt & vi réviser.

revision [rɪ'vɪʒn] n *(U)* UK [for exam] révision *f*.

revive [rɪ'vaɪv] vt **1.** [person] ranimer **2.** [economy, custom] relancer.

revolt [rɪ'vəʊlt] n révolte *f*.

revolting [rɪ'vəʊltɪŋ] adj dégoûtant(e).

revolution [ˌrevə'luːʃn] n révolution *f*.

revolutionary [revə'luːʃnərɪ] adj révolutionnaire.

revolver [rɪ'vɒlvər] n revolver *m*.

revolving door [rɪ'vɒlvɪŋ-] n porte *f* à tambour.

revue [rɪ'vjuː] n revue *f*.

reward [rɪ'wɔːd] ◆ n récompense *f*. ◆ vt récompenser.

rewind [ˌriː'waɪnd] (*pt & pp* **rewound**) vt rembobiner.

rewritable [ˌriː'raɪtəbl] adj reinscriptible.

rheumatism ['ruːmətɪzm] n *(U)* rhumatisme *m*.

Rhine [raɪn] n **: the (River) Rhine** le Rhin.

rhinoceros [raɪ'nɒsərəs] (*pl* **-es**) n rhinocéros *m*.

rhubarb ['ruːbɑːb] n *(U)* rhubarbe *f*.

rhyme [raɪm] ◆ n [poem] poème *m*. ◆ vi rimer.

rhythm ['rɪðm] n rythme *m*.

rib [rɪb] n côte *f*.

ribbon ['rɪbən] n ruban *m*.

Ribena® [raɪ'biːnə] n sirop *m* de cassis.

rice [raɪs] n *(U)* riz *m*.

rice pudding n *(U)* riz *m* au lait.

rich [rɪtʃ] ◆ adj riche. ◆ npl **: the rich** les riches *mpl* ▸ **to be rich in sthg** être riche en qqch.

ricotta cheese [rɪ'kɒtə-] n *(U)* ricotta *f*.

rid [rɪd] vt **: to get rid of** se débarrasser de.

ridden ['rɪdn] pp → **ride**.

riddle ['rɪdl] n **1.** [puzzle] devinette *f* **2.** [mystery] énigme *f*.

ride [raɪd] (*pt* **rode**, *pp* **ridden**) ◆ n promenade *f*. ◆ vt [horse] monter. ◆ vi **1.** [on bike] aller en OR à vélo **2.** [on horse] aller à cheval **3.** [on bus] aller en bus ▸ **can you ride a bike?** est-ce que tu sais faire du vélo ? ▸ **to ride horses** monter à cheval ▸ **can you ride (a horse)?** est-ce que tu sais monter (à cheval) ? ▸ **to go for a ride** [in car] faire un tour en voiture.

rider ['raɪdər] n **1.** [on horse] cavalier *m*, -ière *f* **2.** [on bike] cycliste *m ou f* **3.** [on motorbike] motard *m*, -e *f*.

ridge [rɪdʒ] n **1.** [of mountain] crête *f* **2.** [raised surface] arête *f*.

ridiculous [rɪ'dɪkjʊləs] adj ridicule.

riding ['raɪdɪŋ] n *(U)* équitation *f*.

riding school n école *f* d'équitation.

rifle ['raɪfl] n carabine *f*.

rig [rɪg] ◆ n **1.** [oilrig at sea] plate-forme *f* pétrolière **2.** [on land] derrick *m*. ◆ vt [fix] truquer.

right [raɪt] ◆ adj **1.** [correct] bon (bonne) ▸ **to be right** avoir raison ▸ **to be right to do sthg** avoir raison de faire qqch ▸ **have you got the right time?** avez-vous l'heure exacte ? ▸ **is this the right way?** est-ce que c'est la bonne route ? ▸ **that's right!** c'est exact ! **2.** [fair] juste ▸ **that's not right!** ce n'est pas juste ! **3.** [on the right] droit(e) ▸ **the right side of the road** le côté droit de la route
◆ n **1.** [side] **: the right** la droite **2.** [entitlement] droit *m* ▸ **to have the right to do sthg** avoir le droit de faire qqch
◆ adv **1.** [towards the right] à droite ▸ **the party is moving further right** le parti est en train de virer plus à droite **2.** [correctly] bien, comme il faut ▸ **am I pronouncing it right?** est-ce que je le prononce bien ? **3.** [for emphasis] **: right down / up** tout en bas / en haut ▸ **right here** ici même ▸ **right at the top** tout en haut ▸ **I'll be right back** je reviens tout de suite ▸ **right away** immédiatement
◆ **rights** npl droits *mpl*.

right angle n angle *m* droit.

right click n clic *m* droit.

right-click vt COMPUT cliquer avec le bouton droit de la souris.

right-hand adj **1.** [side] droit(e) **2.** [lane] de droite.

right-hand drive n conduite *f* à droite.

right-handed [-'hændɪd] adj **1.** [person] droitier(ière) **2.** [implement] pour droitiers.

rightly ['raɪtlɪ] adv **1.** [correctly] correctement **2.** [justly] à juste titre.

right of access n droit *m* d'accès.

right of way n **1.** *(U)* AUT priorité *f* **2.** [path] chemin *m* public.

right-wing adj de droite.

rigid ['rɪdʒɪd] adj rigide.

rim [rɪm] n **1.** [of cup] bord *m* **2.** [of glasses] monture *f* **3.** [of wheel] jante *f*.

rind [raɪnd] n **1.** [of fruit] peau *f* **2.** [of bacon] couenne *f* **3.** [of cheese] croûte *f*.

ring [rɪŋ] (*pt* **rang**, *pp* **rung**) ◆ n **1.** [for finger, curtain] anneau *m* **2.** [with gem] bague *f* **3.** [circle] cercle *m* **4.** [sound] sonnerie *f* **5.** [on cooker] brûleur *m* **6.** [electric] plaque *f* **7.** [for boxing] ring *m* **8.** [in circus] piste *f*. ◆ vt **1.** UK [make phone call to] appeler **2.** [church bell] sonner. ◆ vi **1.** [bell, telephone] sonner **2.** UK [make phone call] appeler ▸ **to give sb a ring** UK [phone call] appeler qqn ▸ **to ring the bell** [of house, office] sonner. ◆ **ring back** vt sep & vi UK rappeler. ◆ **ring off** vi UK raccrocher. ◆ **ring up** vt sep & vi UK appeler.

ringing tone ['rɪŋɪŋ-] n sonnerie *f*.

ring road n UK boulevard *m* périphérique.

ringtone ['rɪŋtəʊn] n sonnerie *f*.

rink [rɪŋk] n patinoire *f*.

rinse [rɪns] vt rincer. ◆ **rinse out** vt sep rincer.

riot ['raɪət] n émeute *f*.

rip [rɪp] ◆ n déchirure *f*. ◆ vt déchirer. ◆ vi se déchirer. ◆ **rip off** vt sep *inf* [person] arnaquer. ◆ **rip up** vt sep déchirer.

ripe [raɪp] adj **1.** mûr(e) **2.** [cheese] à point.

ripen ['raɪpn] vi mûrir.

rip-off n *inf* arnaque *f*.

ripped [rɪpt] adj US *inf* **: to be ripped, to have a ripped body** être super musclé(e).

rise [raɪz] (*pt* **rose**, *pp* **risen** ['rɪzn]) ◆ **vi 1.** [move upwards] s'élever **2.** [sun, moon, stand up] se lever **3.** [increase] augmenter. ◆ **n 1.** [increase] augmentation *f* **2.** UK [pay increase] augmentation (de salaire) **3.** [slope] montée *f*, côte *f*.

risk [rɪsk] ◆ **n** risque *m*. ◆ **vt** risquer ▸ **to take a risk** prendre un risque ▸ **at your own risk** à vos risques et périls ▸ **to risk doing sthg** prendre le risque de faire qqch ▸ **to risk it** tenter le coup.

risky ['rɪskɪ] **adj** risqué(e).

risotto [rɪ'zɒtəʊ] (*pl* **-s**) **n** risotto *m*.

ritual ['rɪtʃʊəl] **n** rituel *m*.

rival ['raɪvl] ◆ **adj** rival(e). ◆ **n** rival *m*, -e *f*.

river ['rɪvəʳ] **n 1.** rivière *f* **2.** [flowing into sea] fleuve *m*.

river bank **n** berge *f*.

riverside ['rɪvəsaɪd] **n** berge *f*.

Riviera [,rɪvɪ'eərə] **n : the (French) Riviera** la Côte d'Azur.

roach [rəʊtʃ] **n** US [cockroach] cafard *m*.

road [rəʊd] **n 1.** route *f* **2.** [in town] rue *f* ▸ **by road** par la route.

roadblock ['rəʊdblɒk] **n** barrage *m* routier.

road book **n** guide *m* routier.

road map **n** carte *f* routière.

road safety **n** *(U)* sécurité *f* routière.

roadside ['rəʊdsaɪd] **n : the roadside** le bord de la route.

road sign **n** panneau *m* routier.

road tax **n** UK ≃ vignette *f*.

road trip ['rəʊdtrɪp] **n** US [short] promenade *f* en voiture ; [longer] voyage *m* en voiture.

roadway ['rəʊdweɪ] **n** chaussée *f*.

roadwork [rəʊdwɜːk] *(U)* US = **roadworks**.

roadworks [rəʊdwɜːks] **npl** UK travaux *mpl*.

roam [rəʊm] **vi** errer.

roaming ['rəʊmɪŋ] **n 1.** [vagrancy] vagabondage *m* **2.** [telecommunications] itinérance *f*.

roar [rɔːʳ] ◆ **n 1.** [of aeroplane] grondement *m* **2.** [of crowd] hurlements *mpl*. ◆ **vi 1.** [lion] rugir **2.** [person] hurler.

roast [rəʊst] ◆ **n** rôti *m*. ◆ **vt** faire rôtir. ◆ **adj** rôti(e) ▸ **roast beef** rosbif *m* ▸ **roast chicken** poulet *m* rôti ▸ **roast lamb** rôti d'agneau ▸ **roast pork** rôti de porc ▸ **roast potatoes** pommes de terre *fpl* au four.

rob [rɒb] **vt 1.** [house, bank] cambrioler **2.** [person] voler ▸ **they robbed him of his wallet** ils lui ont volé son portefeuille.

robber ['rɒbəʳ] **n** voleur *m*, -euse *f*.

robbery ['rɒbərɪ] **n** vol *m*.

robe [rəʊb] **n** US [bathrobe] peignoir *m*.

robin ['rɒbɪn] **n** rouge-gorge *m*.

robot ['rəʊbɒt] **n** robot *m*.

rock [rɒk] ◆ **n 1.** [boulder] rocher *m* **2.** US [stone] pierre *f* **3.** *(U)* [substance] roche *f* **4.** *(U)* [music] rock *m* **5.** UK [sweet] sucre *m* d'orge. ◆ **vt** [baby, boat] bercer ▸ **'falling rocks'** 'chute de pierres' ▸ **on the rocks** [drink] avec (des) glaçons.

rock climbing **n** *(U)* varappe *f* ▸ **to go rock climbing** faire de la varappe.

rocket ['rɒkɪt] **n 1.** [missile] roquette *f* **2.** [space rocket, firework] fusée *f*.

rocking chair ['rɒkɪŋ-] **n** rocking-chair *m*.

rock 'n' roll [,rɒkən'rəʊl] **n** *(U)* rock *m*.

rock star **n** rock star *f*.

rocky ['rɒkɪ] **adj** rocheux(euse).

rod [rɒd] **n 1.** [pole] barre *f* **2.** [for fishing] canne *f*.

rode [rəʊd] **pt → ride**.

rodent ['rəʊdənt] **n** rongeur *m*.

roe [rəʊ] **n** *(U)* œufs *mpl* de poisson.

role [rəʊl] **n** rôle *m*.

roll [rəʊl] ◆ **n 1.** [of bread] petit pain *m* **2.** [of film, paper] rouleau *m*. ◆ **vi** rouler. ◆ **vt 1.** faire rouler **2.** [cigarette] rouler ▸ **to roll the dice** lancer les dés. ◆ **roll out** **vi insep** sortir ▸ **to roll out of bed** [person] sortir du lit. ◆ **roll over** **vi** se retourner. ◆ **roll up** **vt sep 1.** [map, carpet] rouler **2.** [sleeves, trousers] remonter.

Rollerblades® ['rəʊləbleɪd] **npl** rollers *mpl*, patins *mpl* en ligne.

rollerblading ['rəʊləbleɪdɪŋ] **n** *(U)* roller *m* ▸ **to go rollerblading** faire du roller.

roller coaster ['rəʊlə,kəʊstə^r] **n** montagnes *fpl* russes.

roller skate ['rəʊlə-] **n** patin *m* à roulettes.

roller skates **npl** patins *mpl* à roulettes.

roller-skating ['rəʊlə-] **n** *(U)* patin *m* à roulettes ▸ **to go roller-skating** faire du patin à roulettes.

rolling pin ['rəʊlɪŋ-] **n** rouleau *m* à pâtisserie.

ROM [rɒm] (*abbr of* read only memory) **n** ROM *f*.

Roman ['rəʊmən] ◆ **adj** romain(e). ◆ **n** Romain *m*, -e *f*.

Roman Catholic **n** catholique *m ou f*.

romance [rəʊ'mæns] **n 1.** *(U)* [love] amour *m* **2.** [love affair] liaison *f* **3.** [novel] roman *m* d'amour.

Romania [ru:'meɪnjə] **n** la Roumanie.

romantic [rəʊ'mæntɪk] **adj** romantique.

Rome [rəʊm] **n** Rome.

romper suit ['rɒmpə-] **n** UK barboteuse *f*.

roof [ru:f] **n 1.** toit *m* **2.** [of cave, tunnel] plafond *m*.

roof rack **n** UK galerie *f*.

rooftop ['ru:ftɒp] **n** toit *m*.

room [ru:m, rʊm] **n 1.** [in building] pièce *f* **2.** [larger] salle *f* **3.** [bedroom, in hotel] chambre *f* **4.** *(U)* [space] place *f* ▸ **a room with a view** une chambre avec vue.

roomie ['ru:mɪ] **n** US *inf* colocataire *mf*.

roommate ['ru:mmeɪt] **n 1.** [sharing room] camarade *mf* de chambre **2.** US [sharing house, flat] colocataire *mf*.

room number **n** numéro *m* de chambre.

room service **n** *(U)* service *m* dans les chambres.

room temperature **n** *(U)* température *f* ambiante.

roomy ['ru:mɪ] **adj** spacieux(ieuse).

root [ru:t] **n** racine *f*.

rope [rəʊp] ◆ **n** corde *f*. ◆ **vt** attacher avec une corde.

rose [rəʊz] ◆ pt → **rise.** ◆ n [flower] rose *f*.

rosé ['rəʊzeɪ] n rosé *m*.

rosemary ['rəʊzmərɪ] n *(U)* romarin *m*.

rot [rɒt] vi pourrir.

rota ['rəʊtə] n roulement *m*.

rotate [rəʊ'teɪt] vi tourner.

rotten ['rɒtn] adj pourri(e) ▸ **I feel rotten** [ill] je ne me sens pas bien du tout.

rouge [ruːʒ] n *(U)* rouge *m* (à joues).

rough [rʌf] ◆ adj **1.** [surface, skin, cloth] rugueux(euse) **2.** [road, ground] accidenté(e) **3.** [sea, crossing] agité(e) **4.** [person] dur(e) **5.** [approximate] approximatif(ive) **6.** [conditions] rude **7.** [area, town] mal fréquenté(e) **8.** [wine] ordinaire. ◆ n [on golf course] rough *m* ▸ **to have a rough time** en baver.

roughly ['rʌflɪ] adv **1.** [approximately] à peu près **2.** [push, handle] rudement.

roulade [ruː'lɑːd] n roulade *f*.

roulette [ruː'let] n *(U)* roulette *f*.

round¹ [raʊnd] adj rond(e).

round² [raʊnd] ◆ n **1.** [of drinks] tournée *f* **2.** UK [of sandwiches] *ensemble de sandwiches au pain de mie* **3.** [of toast] tranche *f* **4.** [of competition] manche *f* **5.** [in golf] partie *f* ; [in boxing] round *m* **6.** [of policeman, postman, milkman] tournée *f*

◆ adv UK **1.** [in a circle] **: to go round** tourner ▸ **to spin round** pivoter **2.** [surrounding] **: all (the way) round** tout autour **3.** [near] **: round about** aux alentours **4.** [to someone's house] **: to ask some friends round** inviter des amis (chez soi) ▸ **we went round to her place** nous sommes allés chez elle **5.** [continuously] **: all year round** toute l'année

◆ prep UK **1.** [surrounding, circling] autour de ▸ **we walked round the lake** nous avons fait le tour du lac à pied ▸ **to go round the corner** tourner au coin **2.** [visiting] **: to go round a museum** visiter un musée ▸ **to show guests round the house** faire visiter la maison à des invités **3.** [approximately] environ ▸ **round (about) 100** environ 100 ▸ **round ten o'clock** vers dix heures **4.** [near] aux alentours de ▸ **round here** par ici **5.** [in phrases] **: it's just round the corner** [nearby] c'est tout près ▸ **round the clock** 24 heures sur 24

◆ **round off** vt sep [meal, day] terminer.

roundabout ['raʊndəbaʊt] n UK **1.** [in road] rond-point *m* **2.** [in playground] tourniquet *m* **3.** [at fairground] manège *m*.

rounders ['raʊndəz] n *(U)* UK *sport proche du base-ball, pratiqué par les enfants*.

round trip n aller-retour *m*.

route [ruːt, US raʊt] ◆ n **1.** [way] route *f* **2.** [of bus, train, plane] trajet *m*. ◆ vt [change course of] détourner.

router ['ruːtə, US 'raʊtəʳ] n routeur *m*.

routine [ruː'tiːn] ◆ n **1.** [usual behaviour] habitudes *fpl* **2.** *pej* [drudgery] routine *f*. ◆ adj de routine.

row¹ [rəʊ] ◆ n rangée *f*. ◆ vt [boat] faire avancer à la rame. ◆ vi ramer ▸ **in a row** [in succession] à la file, de suite.

row² [raʊ] n **1.** [argument] dispute *f* **2.** *inf* [noise] raffut *m* ▸ **to have a row** se disputer.

rowboat ['rəʊbəʊt] US = **rowing boat**.

rowdy ['raʊdɪ] adj chahuteur(euse).

rowing ['rəʊɪŋ] n *(U)* aviron *m*.

rowing boat n UK canot *m* à rames.

royal ['rɔɪəl] adj royal(e).

Royal Air Force n : **the Royal Air Force** l'armée *f* de l'air britannique.

royal family n famille *f* royale.

royalty ['rɔɪəltɪ] n famille *f* royale.

rpm (*abbr of* **revolutions per minute**) npl tr/min. (*tours par minute*).

RRP (*abbr of* **recommended retail price**) prix *m* conseillé.

rub [rʌb] vt & vi frotter ▸ **to rub one's eyes/arm** se frotter les yeux/le bras ▸ **my shoes are rubbing** mes chaussures me font mal. ◆ **rub in** vt sep [lotion, oil] faire pénétrer en frottant. ◆ **rub out** vt sep effacer.

rubber ['rʌbəʳ] ◆ adj en caoutchouc. ◆ n **1.** *(U)* [material] caoutchouc *m* **2.** UK [eraser] gomme *f* **3.** US *inf* [condom] capote *f*.

rubber band n élastique *m*.

rubber gloves npl gants *mpl* en caoutchouc.

rubber ring n bouée *f*.

rubbish ['rʌbɪʃ] n *(U)* UK **1.** [refuse] ordures *fpl* **2.** *inf* [worthless thing] camelote *f* **3.** *inf* [nonsense] idioties *fpl*.

rubbish bin n UK poubelle *f*.

rubbish dump n UK décharge *f*.

rubbish tip = **rubbish dump**.

rubble ['rʌbl] n *(U)* décombres *mpl*.

ruby ['ru:bɪ] n rubis *m*.

rucksack ['rʌksæk] n sac *m* à dos.

rudder ['rʌdəʳ] n gouvernail *m*.

rude [ru:d] adj **1.** grossier(ière) **2.** [picture] obscène.

> ⚠ **Rude** is a false friend, it means ***rough***, ***harsh*** or ***tough***, not "rude".

rug [rʌg] n **1.** carpette *f* **2.** UK [blanket] couverture *f*.

rugby ['rʌgbɪ] n *(U)* rugby *m*.

rugrat ['rʌgræt] n US *inf* [child] mioche *mf*.

ruin ['ru:ɪn] vt gâcher. ◆ **ruins** npl [of building] ruines *fpl*.

ruined ['ru:ɪnd] adj **1.** [building] en ruines **2.** [meal, holiday] gâché(e) **3.** [clothes] abîmé(e).

rule [ru:l] ◆ n règle *f*. ◆ vt [country] diriger ▸ **to be the rule** [normal] être la règle ▸ **against the rules** contre les règles ▸ **as a rule** en règle générale. ◆ **rule out** vt sep exclure.

ruler ['ru:ləʳ] n **1.** [of country] dirigeant *m*, -e *f* **2.** [for measuring] règle *f*.

rum [rʌm] n rhum *m*.

rumor ['ru:mər] US = **rumour**.

rumour ['ru:məʳ] n UK rumeur *f*.

rump steak [,rʌmp-] n rumsteck *m*.

run [rʌn] (*pt* **ran**, *pp* **run**) ◆ vi **1.** [on foot] courir **2.** [train, bus] circuler ▸ **the bus runs every hour** il y a un bus toutes les heures ▸ **the train is running an hour late** le train a une heure de retard **3.** [operate] marcher, fonctionner ▸ **to run on diesel** marcher au diesel **4.** [liquid, tap, nose] couler **5.** [river] couler ▸ **to run through** [river, road] traverser ▸ **the path runs along the coast** le sentier longe la côte **6.** [play] se jouer ▸ **'now running at the Palladium'** 'actuellement au Palladium' **7.** [colour, dye, clothes] déteindre
◆ vt **1.** [on foot] courir **2.** [compete in] : **to run a race** participer à une course **3.** [business, hotel] gérer **4.** [bus, train] : **they run a shuttle bus service** ils assurent une navette **5.** [take in car] conduire ▸ **I'll run you home** je vais te

ramener (en voiture) **6.** [bath, water] faire couler
◆ **n 1.** [on foot] course *f* ▸ **to go for a run** courir **2.** [in car] tour *m* ▸ **to go for a run** aller faire un tour (en voiture) **3.** [for skiing] piste *f* **4.** US [in tights] maille *f* filée **5.** [in phrases] **: in the long run** à la longue

◆ **run away** vi s'enfuir.

◆ **run down** ◆ **vt sep** [run over] écraser ; [criticize] critiquer. ◆ **vi** [battery] se décharger.

◆ **run into vt insep** [meet] tomber sur ; [hit] rentrer dans ; [problem, difficulty] se heurter à.

◆ **run out vi** [supply] s'épuiser.

◆ **run out of vt insep** manquer de.

◆ **run over vt sep** [hit] écraser.

runaway ['rʌnəweɪ] **n** fugitif *m*, -ive *f*.

rundown ['rʌndaʊn] **n** [report] bref résumé *m*. ◆ **run-down adj 1.** [building] délabré(e) **2.** [person] épuisé(e).

rung [rʌŋ] ◆ **pp** → **ring.** ◆ **n** [of ladder] barreau *m*.

runner ['rʌnəʳ] **n 1.** [person] coureur *m*, -euse *f* **2.** [for door, drawer] glissière *f* **3.** [for sledge] patin *m*.

runner bean n haricot *m* à rames.

runner-up (*pl* **runners-up**) **n** second *m*, -e *f*.

running ['rʌnɪŋ] ◆ **n** *(U)* **1.** SPORT course *f* **2.** [management] gestion *f*.
◆ **adj : three days running** trois jours d'affilée OR de suite ▸ **to go running** courir.

running order n ordre *m* de passage.

running water n *(U)* eau *f* courante.

runny ['rʌnɪ] **adj 1.** [omelette] baveux(euse) **2.** [sauce] liquide **3.** [nose, eye] qui coule.

runway ['rʌnweɪ] **n** piste *f*.

rural ['rʊərəl] **adj** rural(e).

rush [rʌʃ] ◆ **n 1.** [hurry] précipitation *f* **2.** [of crowd] ruée *f*. ◆ **vi** se précipiter. ◆ **vt 1.** [meal, work] expédier **2.** [goods] envoyer d'urgence **3.** [injured person] transporter d'urgence ▸ **to be in a rush** être pressé ▸ **there's no rush!** rien ne presse ! ▸ **don't rush me!** ne me bouscule pas !

rush hour n heure *f* de pointe.

Russia ['rʌʃə] **n** la Russie.

Russian ['rʌʃn] ◆ **adj** russe. ◆ **n 1.** [person] Russe *m* ou *f* **2.** [language] russe *m*.

rust [rʌst] ◆ **n** rouille *f*. ◆ **vi** rouiller.

rustic ['rʌstɪk] **adj** rustique.

rustle ['rʌsl] **vi** bruire.

rustproof ['rʌstpruːf] **adj** inoxydable.

rusty ['rʌstɪ] **adj** rouillé(e).

RV (*abbr of* **recreational vehicle**) **n** US mobile home *m*.

rye [raɪ] **n** *(U)* seigle *m*.

rye bread n *(U)* pain *m* de seigle.

S s

S 1. [direction] (*abbr of* **south,**) S *(Sud)* **2.** [vêtements] (*abbr of* **small**) S.

Sabbath ['sæbəθ] **n : the Sabbath** le sabbat.

saccharin(e) ['sækərɪn] **n** *(U)* saccharine *f*.

sachet ['sæʃeɪ] **n** sachet *m*.

sack [sæk] ◆ n [bag] sac *m.* ◆ vt UK *inf* virer ▸ **to get the sack** UK *inf* se faire virer.

sacrifice ['sækrɪfaɪs] n sacrifice *m.*

sad [sæd] adj triste.

saddle ['sædl] n selle *f.*

saddlebag ['sædlbæg] n sacoche *f.*

sadly ['sædlɪ] adv **1.** [unfortunately] malheureusement **2.** [unhappily] tristement.

sadness ['sædnɪs] n *(U)* tristesse *f.*

s.a.e. (*abbr of* **stamped addressed envelope**) n UK *enveloppe timbrée avec adresse pour la réponse.*

safari park [sə'fɑːrɪ-] n parc *m* animalier.

safe [seɪf] ◆ adj **1.** [activity, sport] sans danger **2.** [vehicle, structure] sûr(e) **3.** [after accident] sain et sauf (saine et sauve) **4.** [in safe place] en sécurité. ◆ n [for money, valuables] coffre-fort *m* ▸ **a safe place** un endroit sûr ▸ **(have a) safe journey!** (fais / faites) bon voyage ! ▸ **safe and sound** sain et sauf.

safe-deposit box US = **safety-deposit box**.

safely ['seɪflɪ] adv **1.** [not dangerously] sans danger **2.** [arrive] sans encombre **3.** [out of harm] en lieu sûr.

safe sex n sexe *m* sans risques, S.S.R. *m.*

safety ['seɪftɪ] n *(U)* sécurité *f.*

safety belt n ceinture *f* de sécurité.

safety-deposit box n UK coffre *m.*

safety pin n épingle *f* de nourrice.

sag [sæg] vi s'affaisser.

sage [seɪdʒ] n *(U)* [herb] sauge *f.*

Sagittarius [ˌsædʒɪ'teərɪəs] n Sagittaire *m.*

said [sed] pt & pp → **say**.

sail [seɪl] ◆ n voile *f.* ◆ vi **1.** naviguer **2.** [depart] prendre la mer. ◆ vt : **to sail a boat** piloter un bateau ▸ **to set sail** prendre la mer.

sailboat ['seɪlbəʊt] US = **sailing boat**.

sailing ['seɪlɪŋ] n **1.** *(U)* voile *f* **2.** [departure] départ *m* ▸ **to go sailing** faire de la voile.

sailing boat n UK voilier *m.*

sailor ['seɪlə^r] n marin *m.*

saint [seɪnt] n saint *m*, -e *f.*

Saint Patrick's Day [-'pætrɪks-] n la Saint-Patrick.

ⓘ St Patrick's Day

La fête de la Saint-Patrick, patron des Irlandais, est célébrée annuellement le 17 mars en Irlande et dans les communautés irlandaises américaines et britanniques. Elle commémore la mort en 461 de cet évêque atypique qui utilisait le symbole du trèfle à trois feuilles dans ses prêches pour expliquer le mystère de la Sainte Trinité. Lors des grandes parades organisées pour l'occasion, les Irlandais s'habillent en vert (couleur nationale) et dégustent la célèbre bière brune Guinness, en s'adonnant aux danses et chants folkloriques.

sake [seɪk] n : **for my / their sake** pour moi / eux ▸ **for God's sake!** bon sang !

salad ['sæləd] n salade *f.*

salad bar n **1.** *dans un restaurant, buffet de salades en self-service* **2.** [restaurant] *restaurant spécialisé dans les salades.*

salad bowl n saladier *m.*

salad cream n *(U)* UK *mayonnaise liquide utilisée en assaisonnement pour salades.*

salad dressing n vinaigrette *f.*

salami [sə'lɑːmɪ] n salami *m.*

salary ['sælərɪ] n salaire *m.*

sale [seɪl] n **1.** [selling] vente *f* **2.** [at reduced prices] soldes *mpl* ▸ **on sale** en vente ▸ **'for sale'** 'à vendre'. ◆ **sales** npl COMM ventes *fpl* ▸ **the sales** [at reduced prices] les soldes.

sales assistant ['seɪlz-] n UK vendeur *m*, -euse *f.*

salesclerk ['seɪlzklɜːrk] US = **sales assistant**.

salesman ['seɪlzmən] (*pl* **-men**) n **1.** [in shop] vendeur *m* **2.** [rep] représentant *m.*

sales rep(resentative) n représentant *m*, -e *f.*

sales slip n US [receipt] ticket *m* de caisse.

sales tax n taxe *f* à l'achat.

saleswoman ['seɪlz,wʊmən] (*pl* **-women**) n **1.** [in shop] vendeuse *f* **2.** [rep] représentante *f.*

saliva [sə'laɪvə] n *(U)* salive *f.*

salmon ['sæmən] (*pl inv*) n saumon *m.*

salon ['sælɒn] n [hairdresser's] salon *m* de coiffure.

saloon [sə'luːn] n **1.** UK [car] berline *f* **2.** US [bar] saloon *m* ▸ **saloon (bar)** UK salon *m (salle de pub, généralement plus confortable et plus chère que le « public bar »).*

salopettes [,sælə'pets] npl combinaison *f* de ski.

salt [sɔːlt, sɒlt] n *(U)* sel *m.*

saltcellar ['sɔːlt,seləʳ] n UK salière *f.*

salted peanuts ['sɔːltɪd-] npl cacahuètes *fpl* salées.

salt shaker [-,ʃeɪkəʳ] US = **saltcellar**.

saltwater ['sɔːlt,wɔːtəʳ] ◆ n eau *f* de mer. ◆ adj de mer.

salty ['sɔːltɪ] adj salé(e).

salute [sə'luːt] ◆ n salut *m.* ◆ vi saluer.

Salvation Army n : **the Salvation Army** l'Armée *f* du Salut.

same [seɪm] ◆ adj même. ◆ pron : **the same a)** [unchanged] le même (la même) **b)** [in comparisons] la même chose, pareil ▸ **they dress the same** ils s'habillent de la même façon ▸ **I'll have the same as her** je prendrai la même chose qu'elle ▸ **you've got the same book as me** tu as le même livre que moi ▸ **it's all the same to me** ça m'est égal.

same-sex adj entre personnes du même sexe.

samosa [sə'məʊsə] n *sorte de beignet triangulaire garni de légumes et /ou de viande épicés (spécialité indienne).*

sample ['sɑːmpl] ◆ n échantillon *m.* ◆ vt [food, drink] goûter.

sanctions ['sæŋkʃnz] npl POL sanctions *fpl.*

sanctuary ['sæŋktʃʊərɪ] n [for birds, animals] réserve *f.*

sand [sænd] ◆ n *(U)* sable *m.* ◆ vt [wood] poncer. ◆ **sands** npl [beach] plage *f.*

sandal ['sændl] n sandale *f.*

sandcastle ['sænd,kɑːsl] n château *m* de sable.

sandpaper ['sænd,peɪpəʳ] n *(U)* papier *m* de verre.

sandpit ['sændpɪt] UK, **sandbox** ['sændbɒks] US n bac *m* à sable.

sandwich ['sænwɪdʒ] n sandwich *m.*

sandwich bar n UK ≃ snack(-bar) *m*.
sandy ['sændɪ] adj **1.** [beach] de sable **2.** [hair] blond(e).
sang [sæŋ] pt → **sing**.
sanitary ['sænɪtrɪ] adj **1.** sanitaire **2.** [hygienic] hygiénique.
sanitary napkin US = **sanitary towel**.
sanitary towel n UK serviette *f* hygiénique.
sank [sæŋk] pt → **sink**.
Santa (Claus) ['sæntə(,klɔːz)] n le père Noël.
sapphire ['sæfaɪə^{r}] n saphir *m*.
sarcastic [sɑː'kæstɪk] adj sarcastique.
sardine [sɑː'diːn] n sardine *f*.
Sardinia [sɑː'dɪnjə] n Sardaigne *f*.
SARS ['særz] (*abbr of* severe acute respiratory syndrome) n SRAS *m (syndrome respiratoire aigu sévère)*.
SASE n US (*abbr of* self-addressed stamped envelope) *enveloppe timbrée avec adresse pour la réponse*.
sat [sæt] pt & pp → **sit**.
Sat. (*abbr of* Saturday) sam. *(samedi)*.
satchel ['sætʃəl] n cartable *m*.
satellite ['sætəlaɪt] n satellite *m*.
satellite dish n antenne *f* parabolique.
satellite TV n télé *f* par satellite.
satin ['sætɪn] n *(U)* satin *m*.
satisfaction [,sætɪs'fækʃn] n *(U)* satisfaction *f*.
satisfactory [,sætɪs'fæktərɪ] adj satisfaisant(e).
satisfied ['sætɪsfaɪd] adj satisfait(e).
satisfy ['sætɪsfaɪ] vt satisfaire.
satnav ['sætnæv] n GPS *m*.
satsuma [,sæt'suːmə] n UK mandarine *f*.
saturate ['sætʃəreɪt] vt tremper.
Saturday ['sætədɪ] n samedi *m* ▸ **it's Saturday** on est samedi ▸ **Saturday morning** samedi matin ▸ **on Saturday** samedi ▸ **on Saturdays** le samedi ▸ **last Saturday** samedi dernier ▸ **this Saturday** samedi ▸ **next Saturday** samedi prochain ▸ **Saturday week** UK, **a week on Saturday** UK, **a week from Saturday** US samedi en huit.
Saturday girl n vendeuse *f (travaillant le samedi)*.
sauce [sɔːs] n sauce *f*.
saucepan ['sɔːspən] n casserole *f*.
saucer ['sɔːsə^{r}] n soucoupe *f*.
Saudi Arabia [,saudɪə'reɪbjə] n l'Arabie *f* Saoudite.
sauna ['sɔːnə] n sauna *m*.
sausage ['sɒsɪdʒ] n saucisse *f*.
sausage roll n UK friand *m* à la saucisse.
sauté [UK 'səuteɪ, US səu'teɪ] adj sauté(e).
savage ['sævɪdʒ] adj féroce.
save [seɪv] ◆ vt **1.** [rescue] sauver **2.** [money] économiser **3.** [time, space] gagner **4.** [reserve] garder **5.** SPORT arrêter **6.** COMPUT sauvegarder. ◆ n SPORT arrêt *m*. ◆ **save up** vi économiser ▸ **to save up for a holiday** économiser pour des vacances.
saver ['seɪvə^{r}] n UK [ticket] billet *m* à tarif réduit.
savings ['seɪvɪŋz] npl économies *fpl*.
savings account n US compte *m* d'épargne.

savings and loan association n US *société d'investissements et de prêts immobiliers.*

savings bank n caisse *f* d'épargne.

savory ['seɪvərɪ] US = **savoury**.

savoury ['seɪvərɪ] adj UK [not sweet] salé(e).

saw¹ [sɔː] pt → **see**.

saw² [sɔː] (UK *pt* **-ed**, *pp* **sawn**, US *pt & pp* **-ed**) ◆ n [tool] scie *f*. ◆ vt scier.

sawdust ['sɔːdʌst] n *(U)* sciure *f*.

sawn [sɔːn] pp → **saw**.

saxophone ['sæksəfəʊn] n saxophone *m*.

say [seɪ] (*pt & pp* **said**) ◆ vt **1.** dire **2.** [subj: clock, sign, meter] indiquer. ◆ n : **to have a say in sthg** avoir son mot à dire dans qqch ▸ **could you say that again?** tu pourrais répéter ça ? ▸ **say we met at nine?** disons qu'on se retrouve à neuf heures ? ▸ **what did you say?** qu'avez-vous dit ?

saying ['seɪɪŋ] n dicton *m*.

scab [skæb] n croûte *f*.

scaffolding ['skæfəldɪŋ] n *(U)* échafaudage *m*.

scald [skɔːld] vt ébouillanter.

scale [skeɪl] n **1.** échelle *f* **2.** MUS gamme *f* **3.** [of fish, snake] écaille *f* **4.** *(U)* [in kettle] tartre *m*. ◆ **scales** npl [for weighing] balance *f*.

scallion ['skæljən] n US oignon *m* blanc.

scallop ['skɒləp] n coquille *f* Saint-Jacques.

scalp [skælp] n cuir *m* chevelu.

scampi ['skæmpɪ] n *(U)* UK scampi *mpl*.

scan [skæn] ◆ vt **1.** [consult quickly] parcourir **2.** COMPUT scanner. ◆ n MED & COMPUT scanner *m*, scanneur *m*.

scandal ['skændl] n **1.** [disgrace] scandale *m* **2.** *(U)* [gossip] ragots *mpl*.

Scandinavia [ˌskændɪ'neɪvjə] n la Scandinavie.

Scandinavian [ˌskændɪ'neɪvjən] ◆ adj scandinave. ◆ n [person] Scandinave *mf*.

scar [skɑːʳ] n cicatrice *f*.

scarce ['skeəs] adj rare.

scarcely ['skeəslɪ] adv [hardly] à peine.

scare [skeəʳ] vt effrayer.

scarecrow ['skeəkrəʊ] n épouvantail *m*.

scared ['skeəd] adj effrayé(e) ▸ **to be scared (of)** avoir peur (de).

scare story n histoire *f* pour faire peur.

scarf ['skɑːf] (*pl* **scarves**) n **1.** écharpe *f* **2.** [silk, cotton] foulard *m*.

scarlet ['skɑːlət] adj écarlate.

scarves [skɑːvz] pl → **scarf**.

scary ['skeərɪ] adj *inf* effrayant(e).

scatter ['skætəʳ] ◆ vt éparpiller. ◆ vi s'éparpiller.

scatterbrain ['skætəbreɪn] n tête *f* de linotte.

scene [siːn] n **1.** [in play, film, book] scène *f* **2.** [of crime, accident] lieux *mpl* **3.** [view] vue *f* ▸ **the music scene** le monde de la musique ▸ **to make a scene** faire une scène.

scenery ['siːnərɪ] n *(U)* **1.** [countryside] paysage *m* **2.** [in theatre] décor *m*.

scenic ['siːnɪk] adj pittoresque.

scent [sent] n **1.** odeur *f* **2.** [perfume] parfum *m*.

sceptical ['skeptɪkl] adj UK sceptique.

schedule [UK 'ʃedju:l, US 'skedʒʊl] ◆ n **1.** [of work, things to do] planning *m* **2.** US [timetable] horaire *m* **3.** [of prices] barème *m*. ◆ vt [plan] planifier ▸ **according to schedule** comme prévu ▸ **behind schedule** en retard ▸ **on schedule a)** [at expected time] à l'heure (prévue) **b)** [on expected day] à la date prévue, en retard.

scheduled flight [UK 'ʃedju:ld-, US 'skedʒʊld-] n vol *m* régulier.

scheduling [UK 'ʃedju:lɪŋ, US 'skedʒu:lɪŋ] n TV & RADIO programmation *f*.

scheme [ski:m] n **1.** UK [plan] plan *m* **2.** *pej* [dishonest plan] combine *f*.

scholarship ['skɒləʃɪp] n [award] bourse *f* d'études.

school [sku:l] ◆ n **1.** école *f* **2.** [university department] faculté *f* **3.** US *inf* [university] université *f*. ◆ adj [age, holiday, report] scolaire ▸ **at school** à l'école.

ⓘ School year

En Grande-Bretagne, l'année scolaire du système public varie suivant les régions mais se divise généralement en trois parties : de début septembre aux fêtes de Noël, du Nouvel An à la mi-avril et de fin avril à juillet. Les élèves ont six semaines de congés d'été et de deux semaines pour Noël et Pâques. Aux États-Unis, l'année comprend deux semestres : les élèves ont une semaine de congés entre Noël et le jour de l'An, ainsi qu'une semaine à Pâques, avant d'achever l'année scolaire la troisième semaine de juin.

schoolbag ['sku:lbæg] n cartable *m*.

schoolbook ['sku:lbʊk] n manuel *m* scolaire.

schoolboy ['sku:lbɔɪ] n écolier *m*.

school bus n car *m* de ramassage scolaire.

schoolchild ['sku:ltʃaɪld] (*pl* **-children**) n élève *m ou f*.

schoolgirl ['sku:lgɜ:l] n écolière *f*.

schoolmaster ['sku:l,mɑ:stə^r] n UK maître *m* d'école, instituteur *m*.

schoolmistress ['sku:l,mɪstrɪs] n UK maîtresse *f* d'école, institutrice *f*.

school run n UK : **to do the school run** emmener les enfants à l'école.

schoolteacher ['sku:l,ti:tʃə^r] n **1.** [primary] instituteur *m*, -trice *f* **2.** [secondary] professeur *m*.

school uniform n uniforme *m* scolaire.

schtum [ʃtʊm] adj UK *inf* : **to keep schtum** ne pas piper mot.

science ['saɪəns] n **1.** science *f* **2.** *(U)* SCH sciences *fpl*.

science fiction n *(U)* science-fiction *f*.

scientific [,saɪən'tɪfɪk] adj scientifique.

scientist ['saɪəntɪst] n scientifique *m ou f*.

sci-fi [,saɪ'faɪ] (*abbr of* **science fiction**) n *inf* science-fiction *f*, S.F. *f*.

scissors ['sɪzəz] npl : **(a pair of) scissors** (une paire de) ciseaux *mpl*.

scold [skəʊld] vt gronder.

scone [skɒn] n *petit gâteau rond, souvent aux raisins secs, que l'on mange avec du beurre et de la confiture.*

scoop [sku:p] n **1.** [for ice cream] cuillère *f* à glace **2.** [of ice cream] boule *f* **3.** [in media] scoop *m*.

scooter ['skuːtəʳ] **n** [motor vehicle] scooter *m*.

scope [skəʊp] **n** *(U)* **1.** [possibility] possibilités *fpl* **2.** [range] étendue *f*. ◆ **scope out vt sep** US [look at] observer.

scorch [skɔːtʃ] **vt** brûler.

score [skɔːʳ] ◆ **n** score *m*. ◆ **vt 1.** SPORT marquer **2.** [in test] obtenir. ◆ **vi** SPORT marquer ▸ **what's the score?** où en est le jeu ?

scorn [skɔːn] **n** *(U)* mépris *m*.

Scorpio ['skɔːpɪəʊ] **n** Scorpion *m*.

scorpion ['skɔːpjən] **n** scorpion *m*.

Scot [skɒt] **n** Écossais *m*, -e *f*.

scotch [skɒtʃ] **n** scotch *m*.

Scotch broth n *(U) potage à base de mouton, de légumes et d'orge.*

Scotch® tape n *(U)* US Scotch® *m*.

Scotland ['skɒtlənd] **n** l'Écosse *f*.

Scotsman ['skɒtsmən] (*pl* **-men**) **n** Écossais *m*.

Scotswoman ['skɒtswʊmən] (*pl* **-women**) **n** Écossaise *f*.

Scottish ['skɒtɪʃ] **adj** écossais(e).

Scottish Parliament n Parlement *m* écossais.

ⓘ Scottish Parliament

C'est, depuis l'Acte d'union de 1707, le premier Parlement écossais : il voit le jour après la décentralisation approuvée par referendum en 1998. Il bénéficie d'un pouvoir législatif autonome dans des domaines tels que l'éducation, la santé ou les prisons, et compte 129 membres élus au suffrage universel direct, les MSPs. Il siège près du palais de Holyrood au centre de la capitale, Édimbourg.

scout [skaʊt] **n** [boy scout] scout *m*.

scowl [skaʊl] **vi** se renfrogner.

scrambled eggs [ˌskræmbld-] **npl** œufs *mpl* brouillés.

scrap [skræp] **n 1.** [of paper, cloth] bout *m* **2.** *(U)* [old metal] ferraille *f*.

scrapbook ['skræpbʊk] **n** album *m* *(pour coupures de journaux, collages, etc.)*.

scrape [skreɪp] **vt 1.** [rub] gratter **2.** [scratch] érafler.

scrap paper n *(U)* UK brouillon *m*.

scratch [skrætʃ] ◆ **n** éraflure *f*. ◆ **vt 1.** érafler **2.** [rub] gratter ▸ **to be up to scratch** être à la hauteur ▸ **to start from scratch** partir de zéro.

scratch paper US = **scrap paper**.

scream [skriːm] ◆ **n** cri *m* perçant. ◆ **vi** [person] hurler.

screen [skriːn] ◆ **n 1.** écran *m* **2.** [hall in cinema] salle *f*. ◆ **vt 1.** [film] projeter **2.** [TV programme] diffuser.

screening ['skriːnɪŋ] **n 1.** [of film] projection *f* **2.** COMPUT filtrage *m*.

screenshot ['skriːnʃɒt] **n** capture *f* d'écran.

screen wash n *(U)* liquide *m* lave-glace.

screw [skruː] ◆ **n** vis *f*. ◆ **vt** visser.

screwdriver ['skruːˌdraɪvəʳ] **n** tournevis *m*.

scribble ['skrɪbl] **vi** gribouiller.

script [skrɪpt] **n** [of play, film] script *m*.

scroll [skrəʊl] **vi** faire défiler.

scroll bar n barre *f* de défilement.

scroller mouse n souris *f* à molette.

scrolling ['skrəʊlɪŋ] **n** défilement *m*.

scrub [skrʌb] **vt** brosser.

scruffy ['skrʌfɪ] **adj** peu soigné(e).

scrum [skrʌm] (*pt & pp* **-med**, *cont* **-ming**) ◆ **n** [in rugby] mêlée *f.* ◆ **vi** former une mêlée.

scrumpy ['skrʌmpɪ] **n** *(U) cidre à fort degré d'alcool typique du sud-ouest de l'Angleterre.*

scrunchie, scrunchy ['skrʌntʃɪ] **n** chouchou *m.*

scuba ['sku:bə] **n** scaphandre *m* autonome.

scuba diving ['sku:bə-] **n** *(U)* plongée *f* (sous-marine).

sculptor ['skʌlptə^r] **n** sculpteur *m.*

sculpture ['skʌlptʃə^r] **n** sculpture *f.*

scum [skʌm] **n** *(U)* **1.** [froth] écume *f*, mousse *f* **2.** *inf* & *pej* [people] racaille *f.*

sea [si:] **n** mer *f* ▸ **by sea** par mer ▸ **by the sea** au bord de la mer.

seafood ['si:fu:d] **n** *(U)* poissons *mpl* et crustacés.

seafront ['si:frʌnt] **n** front *m* de mer.

seagull ['si:gʌl] **n** mouette *f.*

seal [si:l] ◆ **n 1.** [animal] phoque *m* **2.** [on bottle, container] joint *m* d'étanchéité **3.** [official mark] cachet *m.* ◆ **vt 1.** [envelope] cacheter **2.** [container] fermer.

seam [si:m] **n** [in clothes] couture *f.*

seamless ['si:mlɪs] **adj 1.** sans couture **2.** *fig* homogène.

search [sɜ:tʃ] ◆ **n** recherche *f.* ◆ **vt** fouiller, rechercher. ◆ **vi : to search for** chercher ▸ **to search someone** fouiller qqn.

searchable ['sɜ:tʃabal] **adj** interrogeable.

search engine **n** COMPUT moteur *m* de recherche.

seashell ['si:ʃel] **n** coquillage *m.*

seashore ['si:ʃɔ:^r] **n** rivage *m.*

seasick ['si:sɪk] **adj : to be seasick** avoir le mal de mer.

seaside ['si:saɪd] **n : the seaside** le bord de mer.

seaside resort **n** station *f* balnéaire.

season ['si:zn] ◆ **n** saison *f.* ◆ **vt** [food] assaisonner ▸ **in season a)** [fruit, vegetables] de saison **b)** [holiday] en saison haute ▸ **out of season** hors saison.

seasonal ['si:zənl] **adj** saisonnier(ère).

seasoning ['si:znɪŋ] **n** *(U)* assaisonnement *m.*

season ticket **n** abonnement *m.*

seat [si:t] ◆ **n 1.** siège *m* **2.** [in theatre, cinema] fauteuil *m* **3.** [ticket, place] place *f.* ◆ **vt** [subj: building, vehicle] contenir ▸ **'please wait to be seated'** 'veuillez patienter et attendre que l'on vous installe'.

seat belt **n** ceinture *f* de sécurité.

seating ['si:tɪŋ] **n** *(U)* [capacity] sièges *mpl*, places *fpl* (assises).

seat-of-the-pants **adj** *inf* **: the project has been a bit of a seat-of-the-pants operation** le projet a été mené au pif.

seaweed ['si:wi:d] **n** *(U)* algues *fpl.*

secluded [sɪ'klu:dɪd] **adj** retiré(e).

second ['sekənd] ◆ **n** seconde *f.* ◆ **num** second(e), deuxième ▸ **second gear** seconde *f* ▸ **the second (of September)** le deux (septembre). ◆ **seconds npl 1.** [goods] articles *mpl* de second choix **2.** *inf* [of food] rab *m.*

secondary ['sekəndrɪ] **adj** secondaire.

secondary school ['sekəndrɪ-] **n** *école secondaire comprenant collège et lycée.*

second-class **adj** **1.** [ticket] de seconde (classe) **2.** [stamp] tarif lent **3.** [inferior] de qualité inférieure.

second grade **n** US SCH *classe de l'enseignement primaire correspondant au CE1 (6-7 ans).*

second-hand **adj** d'occasion.

second-rate ['sekənd-] **adj** *pej* de deuxième ordre.

Second World War **n : the Second World War** UK la Seconde Guerre mondiale.

secret ['siːkrɪt] ◆ **adj** secret(ète). ◆ **n** secret *m*.

secretary [UK 'sekrətrɪ, US 'sekrəˌterɪ] **n** secrétaire *m ou f*.

Secretary of State **n** **1.** US ministre *m* des Affaires étrangères **2.** UK ministre *m*.

section ['sekʃn] **n** section *f*.

sector ['sektəʳ] **n** secteur *m*.

secure [sɪ'kjʊəʳ] ◆ **adj** **1.** [safe] en sécurité **2.** [place, building] sûr(e) **3.** [firmly fixed] qui tient bien **4.** [free from worry] sécurisé(e). ◆ **vt** **1.** [fix] attacher **2.** *fml* [obtain] obtenir.

security [sɪ'kjʊərətɪ] **n** *(U)* sécurité *f*.

security check(point) **n** contrôle *m* de sécurité.

security guard **n** garde *m*.

sedan [sɪ'dæn] **n** US berline *f*.

sedative ['sedətɪv] **n** sédatif *m*.

seduce [sɪ'djuːs] **vt** séduire.

see [siː] (*pt* **saw**, *pp* **seen**) ◆ **vt** **1.** voir **2.** [accompany] raccompagner. ◆ **vi** voir ▸ **I see** [understand] je vois ▸ **to see if one can do sthg** voir si on peut faire qqch ▸ **to see to sthg** **a)** [deal with] s'occuper de qqch **b)** [repair] réparer qqch ▸ **see you later!** à plus tard ! ▸ **see you (soon)!** à bientôt ! ▸ **see p 14** voir p. 14. ◆ **see off** **vt sep** [say goodbye to] dire au revoir à.

seed [siːd] **n** graine *f*.

seedy ['siːdɪ] **adj** miteux(euse).

seeing (as) ['siːɪŋ-] **conj** vu que.

seek [siːk] (*pt & pp* **sought**) **vt** *fml* **1.** [look for] rechercher **2.** [request] demander.

seem [siːm] ◆ **vi** sembler. ◆ **impers vb : it seems (that)...** il semble que... ▸ **she seems nice** elle a l'air sympathique.

seen [siːn] **pp** → **see**.

seesaw ['siːsɔː] **n** bascule *f*.

segment ['segmənt] **n** [of fruit] quartier *m*.

seize [siːz] **vt** saisir. ◆ **seize up** **vi** **1.** [machine] se gripper **2.** [leg] s'ankyloser **3.** [back] se bloquer.

seldom ['seldəm] **adv** rarement.

select [sɪ'lekt] ◆ **vt** sélectionner, choisir. ◆ **adj** sélect(e).

selection [sɪ'lekʃn] **n** choix *m*.

self [self] (*pl* **selves** [selvz]) **n** [psychology] **: the self** le moi.

self-appraisal **n** auto-évaluation *f*.

self-assertiveness **n** affirmation *f* de soi.

self-assessment **n** [gen] auto-évaluation *f*.

self-assured [ˌselfə'ʃʊəd] **adj** sûr(e) de soi.

self-belief **n** confiance *f* en soi.

self-catering [ˌselfˈkeɪtərɪŋ] **adj** UK [flat] indépendant(e) *(avec cuisine)* ▸ **a self-catering holiday** UK des vacances *fpl* en location.

self-confidence n confiance *f* en soi, assurance *f*.

self-confident [ˌself-] **adj** sûr(e) de soi.

self-conscious [ˌself-] **adj** mal à l'aise.

self-contained [ˌselfkənˈteɪnd] **adj** [flat] indépendant(e).

self-defence [ˌself-] **n** *(U)* UK autodéfense *f*.

self-defense US = **self-defence**.

self-delusion n illusion *f* ▸ **il is nothing but self-delusion** elle se fait des illusions.

self-employed [ˌself-] **adj** indépendant(e).

self-employment n travail *m* en indépendant.

self-harm ◆ n automutilation *f*. ◆ **vi** s'automutiler.

selfish [ˈselfɪʃ] **adj** égoïste.

self-isolate [ˌselfˈaɪsəleɪt] **vi** MED s'isoler.

self-loathing n dégoût *m* de soi-même.

self-motivated adj capable de prendre des initiatives.

self-motivation n motivation *f*.

self-obsessed adj obsédé(e) par soi-même.

self-protection n autoprotection *f*.

self-publicist n : **he is an accomplished self-publicist** il sait soigner sa publicité.

self-raising flour [ˌselfˈreɪzɪŋ-] **n** *(U)* UK farine *f* à gâteaux.

self-reliance n indépendance *f*.

self-respect n respect *m* de soi.

self-rising flour [ˌselfˈraɪzɪŋ-] US = **self-raising flour**.

self-satisfaction n contentement *m* de soi.

self-serve US adj = **self-service**.

self-service [ˌself-] **adj** en self-service.

sell [sel] (*pt & pp* **sold**) ◆ **vt** vendre. ◆ **vi** se vendre ▸ **it sells for £20** ça se vend 20 livres ▸ **he sold me the car for £2,000** il m'a vendu la voiture pour 2 000 livres.

sell-by date n UK date *f* limite de vente.

seller [ˈseləʳ] **n** [person] vendeur *m*, -euse *f*.

Sellotape® [ˈseləteɪp] **n** *(U)* UK ≃ Scotch® *m*.

semester [sɪˈmestəʳ] **n** semestre *m*.

semicircle [ˈsemɪˌsɜːkl] **n** demi-cercle *m*.

semicolon [ˌsemɪˈkəʊlən] **n** point-virgule *m*.

semidetached [ˌsemɪdɪˈtætʃt] **adj** [houses] jumeaux(elles).

semifinal [ˌsemɪˈfaɪnl] **n** demi-finale *f*.

seminar [ˈsemɪnɑːʳ] **n** séminaire *m*.

semi-skimmed [-skɪmd] **adj** [milk] demi-écrémé.

semolina [ˌseməˈliːnə] **n** *(U)* semoule *f*.

send [send] (*pt & pp* **sent**) **vt** envoyer ▸ **to send a letter to sb** envoyer une lettre à qqn. ◆ **send back** vt sep renvoyer. ◆ **send off** ◆ vt sep **1.** [letter, parcel] expédier **2.** UK SPORT expulser. ◆ **vi : to send off for sthg** commander qqch par correspondance.

sender [ˈsendəʳ] **n** expéditeur *m*, -trice *f*.

senile [ˈsiːnaɪl] **adj** sénile.

senior ['siːnjəʳ] ◆ adj **1.** [high-ranking] haut placé(e) **2.** [higher-ranking] plus haut placé(e). ◆ n **1.** UK SCH grand *m*, -e *f* **2.** US SCH ≃ élève *m ou f* de terminale.

senior citizen n personne *f* âgée.

senior high school n US ≃ lycée *m*.

sensation [sen'seɪʃn] n sensation *f* ▸ **to cause a sensation** faire sensation.

sensational [sen'seɪʃənl] adj sensationnel(elle).

sense [sens] ◆ n **1.** sens *m* **2.** *(U)* [common sense] bon sens **3.** *(U)* [usefulness] utilité *f*. ◆ vt sentir ▸ **there's no sense in waiting** ça ne sert à rien d'attendre ▸ **to make sense** avoir un sens ▸ **sense of direction** sens de l'orientation ▸ **sense of humour** sens de l'humour.

sensible ['sensəbl] adj **1.** [person] sensé(e) **2.** [clothes, shoes] pratique.

> ⚠ Sensible is a false friend, it means ***sensitive*** not "wise" or "prudent".

sensitive ['sensɪtɪv] adj sensible.

sent [sent] pt → **send**.

sentence ['sentəns] ◆ n **1.** GRAM phrase *f* **2.** [for crime] sentence *f*. ◆ vt condamner.

sentimental [,sentɪ'mentl] adj sentimental(e).

Sep. (*abbr of* **September**) sept. *(septembre)*.

separate ◆ adj ['seprət] **1.** séparé(e) **2.** [different] distinct(e). ◆ vt ['sepəreɪt] séparer. ◆ vi se séparer. ◆ **separates** npl coordonnés *mpl*.

separately ['seprətlɪ] adv séparément.

separation [,sepə'reɪʃn] n séparation *f*.

Sept. (*abbr of* **September**) sept *(septembre)*.

September [sep'tembəʳ] n septembre *m* ▸ **at the beginning of September** début septembre ▸ **at the end of September** fin septembre ▸ **during September** en septembre ▸ **every September** tous les ans en septembre ▸ **in September** en septembre ▸ **last September** en septembre (dernier) ▸ **next September** en septembre de l'année prochaine ▸ **this September** en septembre (prochain) ▸ **2 September 2012** [in letters, etc.] le 2 septembre 2012.

septic ['septɪk] adj infecté(e).

septic tank n fosse *f* septique.

sequel ['siːkwəl] n [to book, film] suite *f*.

sequence ['siːkwəns] n **1.** [series] suite *f* **2.** [order] ordre *m*.

sequin ['siːkwɪn] n paillette *f*.

Serbia ['sɜːbjə] n Serbie *f*.

sergeant ['sɑːdʒənt] n **1.** [in police force] brigadier *m* **2.** [in army] sergent *m*.

serial ['sɪərɪəl] n feuilleton *m*.

serial port n port *m* série.

series ['sɪəriːz] (*pl inv*) n série *f*.

serious ['sɪərɪəs] adj **1.** sérieux(ieuse) **2.** [illness, injury] grave.

seriously ['sɪərɪəslɪ] adv **1.** sérieusement **2.** [wounded, damaged] gravement.

sermon ['sɜːmən] n sermon *m*.

serological test n test *m* sérologique.

servant ['sɜːvənt] n domestique *m ou f*.

serve [sɜːv] ◆ vt & vi servir. ◆ n SPORT service *m* ▸ **to serve as** [be used for] servir de ▸ **the town is served by two airports** la ville est desservie par deux aéroports ▸ **it serves you right** (c'est) bien fait pour toi ▸ **'serves two'** [on packaging, menu] 'pour deux personnes'.

server ['sɜːvəʳ] n serveur *m*.

service ['sɜːvɪs] ◆ n **1.** service *m* **2.** [of car] révision *f*. ◆ vt [car] réviser ▸ **to be of service to sb** *fml* être utile à qqn ▸ **'out of service'** 'hors service' ▸ **'service included'** 'service compris' ▸ **'service not included'** 'service non compris'. ◆ **services** npl UK [on motorway] aire *f* de service.

service area n UK aire *f* de service.

service charge n service *m*.

service department n atelier *m* de réparation.

service provider n COMPUT fournisseur *m* d'accès, provider *m*.

service station n station-service *f*.

serviette [ˌsɜːvɪ'et] n UK serviette *f* (de table).

serving ['sɜːvɪŋ] n [helping] part *f*.

serving spoon n cuillère *f* de service.

sesame seeds ['sesəmɪ-] npl graines *fpl* de sésame.

session ['seʃn] n séance *f*.

set [set] (*pt & pp* set) ◆ adj **1.** [price, time] fixe ▸ **a set lunch** un menu **2.** [text, book] au programme **3.** [situated] situé(e)
◆ n **1.** [of keys, tools] jeu *m* ▸ **a chess set** un jeu d'échecs **2.** [TV] **: a (TV) set** un poste (de télé), une télé **3.** [in tennis] set *m* **4.** UK SCH groupe *m* de niveau **5.** [of play] décor *m* **6.** [at hairdresser's] **: a shampoo and set** un shampo(o)ing et mise en plis
◆ vt **1.** [put] poser ▸ **to set the table** mettre la table OR le couvert **2.** [cause to be] **: to set a machine going** mettre une machine en marche ▸ **to set fire to sthg** mettre le feu à qqch **3.** [clock, alarm, controls] régler ▸ **set the alarm for 7 a.m.** mets le réveil à (sonner pour) 7 h **4.** [price, time] fixer **5.** [a record] établir **6.** [homework, essay] donner **7.** [play, film, story] **: to be set** se passer, se dérouler
◆ vi **1.** [sun] se coucher **2.** [glue, jelly] prendre
◆ **set down** vt sep UK [passengers] déposer.
◆ **set off** ◆ vt sep [alarm] déclencher. ◆ vi [on journey] se mettre en route.
◆ **set out** ◆ vt sep [arrange] disposer. ◆ vi [on journey] se mettre en route.
◆ **set up** vt sep [barrier] mettre en place ; [equipment] installer.

set meal n menu *m*.

set menu n menu *m*.

settee [se'tiː] n UK canapé *m*.

setting ['setɪŋ] n **1.** [on machine] réglage *m* **2.** [surroundings] décor *m*.

settle ['setl] ◆ vt **1.** régler **2.** [stomach, nerves] calmer. ◆ vi **1.** [start to live] s'installer **2.** [come to rest] se poser **3.** [sediment, dust] se déposer. ◆ **settle down** vi **1.** [calm down] se calmer **2.** [sit comfortably] s'installer. ◆ **settle up** vi [pay bill] régler.

settlement ['setlmənt] n **1.** [agreement] accord *m* **2.** [place] colonie *f*.

set-top box n boîtier *m* électronique.

seven ['sevn] num adj & n sept ▸ **to be seven (years old)** avoir sept ans ▸ **it's seven (o'clock)** il est sept heures ▸ **a hundred and seven** cent sept ▸ **seven Hill St** 7 Hill St ▸ **it's minus seven (degrees)** il fait moins sept (degrés).

seventeen [ˌsevn'tiːn] num adj & n dix-sept ▸ **to be seventeen (years old)**

avoir dix-sept ans ▸ **a hundred and seventeen** cent dix-sept ▸ **seventeen Hill St** 17 Hill St ▸ **it's minus seventeen (degrees)** il fait moins dix-sept (degrés).

seventeenth [ˌsevn'tiːnθ] ◆ **num adj & adv** dix-septième. ◆ **num pron** dix-septième *m ou f.* ◆ **num n** [fraction] dix-septième *m* ▸ **the seventeenth (of September)** le dix-sept (septembre).

seventh ['sevnθ] ◆ **num adj & adv** septième. ◆ **num pron** septième *m ou f.* ◆ **num n** [fraction] septième *m* ▸ **the seventh (of September)** le sept (septembre).

seventh grade **n** US SCH *classe de l'enseignement secondaire correspondant à la cinquième (11-12 ans).*

seventieth ['sevntjəθ] ◆ **num adj & adv** soixante-dixième. ◆ **num pron** soixante-dixième *m ou f.* ◆ **num n** [fraction] soixante-dixième *m.*

seventy ['sevntɪ] **num adj & n** soixante-dix ▸ **to be seventy (years old)** avoir soixante-dix ans ▸ **a hundred and seventy** cent soixante-dix ▸ **seventy Hill St** 70 Hill St ▸ **it's minus seventy (degrees)** il fait moins soixante-dix (degrés).

several ['sevrəl] **adj & pron** plusieurs.

severe [sɪ'vɪəʳ] **adj 1.** [conditions, illness] grave **2.** [person, punishment] sévère **3.** [pain] aigu(uë).

sew [səʊ] (*pp* **sewn**) **vt & vi** coudre.

sewage ['suːɪdʒ] **n** *(U)* eaux *fpl* usées.

sewer ['sʊəʳ] **n** égout *m.*

sewing ['səʊɪŋ] **n** *(U)* couture *f.*

sewing machine **n** machine *f* à coudre.

sewn [səʊn] **pp** → **sew**.

sex [seks] **n 1.** [gender] sexe *m* **2.** *(U)* [sexual intercourse] rapports *mpl* sexuels ▸ **to have sex with sb** coucher avec qqn.

sexist ['seksɪst] **n** sexiste *m ou f.*

sexting ['sekstɪŋ] **n** US *envoi de SMS à caractère sexuel.*

sexual ['sekʃʊəl] **adj** sexuel(elle).

sexy ['seksɪ] **adj** sexy *inv.*

shabby ['ʃæbɪ] **adj 1.** [clothes, room] miteux(euse) **2.** [person] pauvrement vêtu(e).

shade [ʃeɪd] ◆ **n 1.** *(U)* [shadow] ombre *f* **2.** [lampshade] abat-jour *m inv* **3.** [of colour] teinte *f.* ◆ **vt** [protect] abriter. ◆ **shades npl** *inf* [sunglasses] lunettes *fpl* noires OR de soleil.

shadow ['ʃædəʊ] **n** ombre *f.*

shadow cabinet **n** UK cabinet *m* fantôme *(composé des parlementaires du principal parti de l'opposition).*

shady ['ʃeɪdɪ] **adj 1.** [place] ombragé(e) **2.** *inf* [person, deal] louche.

shaft [ʃɑːft] **n 1.** [of machine] axe *m* **2.** [of lift] cage *f.*

shake [ʃeɪk] (*pt* **shook**, *pp* **shaken** ['ʃeɪkn]) ◆ **vt** secouer. ◆ **vi** trembler ▸ **to shake hands (with sb)** échanger une poignée de mains (avec qqn) ▸ **to shake one's head** secouer la tête.

shaky ['ʃeɪkɪ] **adj** [building, table] branlant(e) ; [argument, start] incertain(e).

shall (*weak form* [ʃəl], *strong form* [ʃæl]) ◆ **aux vb 1.** [expressing future] **: I shall be ready soon** je serai bientôt prêt **2.** [in questions] **: shall I buy some wine?** j'achète du vin ? ▸ **shall we listen to the radio?** si on écoutait la radio ? ▸ **where shall we go?** où est-ce qu'on va ? **3.** *fml* [expressing order] **: payment** →

shall be made within a week le paiement devra être effectué sous huitaine.

shallot [ʃə'lɒt] **n** échalote *f*.

shallow ['ʃæləʊ] **adj** peu profond(e).

shallow end **n** [of swimming pool] *côté le moins profond*.

shambles ['ʃæmblz] **n** désordre *m*.

shambolic [ʃæm'bɒlɪk] **adj** UK désordonné(e).

shame [ʃeɪm] **n** *(U)* honte *f* ▸ **it's a shame** c'est dommage ▸ **what a shame!** quel dommage !

shampoo [ʃæm'puː] (*pl* **-s**) **n** shampo(o)ing *m*.

shandy ['ʃændɪ] **n** panaché *m*.

shan't [ʃɑːnt] → **shall not**.

shanty ['ʃæntɪ] (*pl* **-ies**) **n** **1.** [shack] baraque *f*, cabane *f* **2.** [song] chanson *f* de marins.

shape [ʃeɪp] **n** forme *f* ▸ **to be in good shape** être en forme ▸ **to be in bad shape** ne pas être en forme.

share [ʃeəʳ] ◆ **n** **1.** [part] part *f* **2.** [in company] action *f*. ◆ **vt** partager. ◆ **share out** **vt sep** partager.

shark [ʃɑːk] **n** requin *m*.

sharp [ʃɑːp] ◆ **adj** **1.** [knife, razor] aiguisé(e) **2.** [pointed] pointu(e) **3.** [clear] net (nette) **4.** [quick, intelligent] vif (vive) **5.** [rise, change, bend] brusque **6.** [painful] aigu(uë) **7.** [food, taste] acide. ◆ **adv** : **at ten o'clock sharp** à dix heures pile.

sharpen ['ʃɑːpn] **vt** **1.** [pencil] tailler **2.** [knife] aiguiser.

shatter ['ʃætəʳ] ◆ **vt** [break] briser. ◆ **vi** se fracasser.

shattered ['ʃætəd] **adj** UK *inf* [tired] crevé(e).

shave [ʃeɪv] ◆ **vt** raser. ◆ **vi** se raser. ◆ **n** : **to have a shave** se raser ▸ **to shave one's legs** se raser les jambes.

shaver ['ʃeɪvəʳ] **n** rasoir *m* électrique.

shaver point **n** UK prise *f* pour rasoirs.

shaving brush ['ʃeɪvɪŋ-] **n** blaireau *m*.

shaving cream ['ʃeɪvɪŋ-] **n** crème *f* à raser.

shaving foam ['ʃeɪvɪŋ-] **n** mousse *f* à raser.

shawl [ʃɔːl] **n** châle *m*.

she [ʃiː] **pron** elle ▸ **she's tall** elle est grande.

sheaf [ʃiːf] (*pl* **sheaves**) **n** [of paper, notes] liasse *f*.

shear [ʃɪəʳ] (*pt* **-ed**, *pp* **-ed** OR **shorn**) **vt** [sheep] tondre. ◆ **shears** **npl** [for garden] sécateur *m*, cisaille *f*. ◆ **shear off** ◆ **vt sep** [branch] couper. ◆ **vi** se détacher.

shears [ʃɪəz] **npl** sécateur *m*.

sheaves [ʃiːvz] **pl** → **sheaf**.

shed [ʃed] (*pt* & *pp* **shed**) ◆ **n** remise *f*. ◆ **vt** [tears, blood] verser.

she'd (*weak form* [ʃɪd], *strong form* [ʃiːd]) → **she had, she would**.

sheep [ʃiːp] (*pl inv*) **n** mouton *m*.

sheepdog ['ʃiːpdɒg] **n** chien *m* de berger.

sheepskin ['ʃiːpskɪn] **adj** en peau de mouton.

sheer [ʃɪəʳ] **adj** **1.** [pure, utter] pur(e) **2.** [cliff] abrupt(e) **3.** [stockings] fin(e).

sheet [ʃiːt] **n** **1.** [for bed] drap *m* **2.** [of paper] feuille *f* **3.** [of glass, metal, wood] plaque *f*.

shelf [ʃelf] (*pl* **shelves**) **n** **1.** étagère *f* **2.** [in shop] rayon *m*.

shell [ʃel] n **1.** [of egg, nut] coquille *f* **2.** [on beach] coquillage *m* **3.** [of animal] carapace *f* **4.** [bomb] obus *m*.

she'll [ʃi:l] → **she will, she shall**.

shellfish ['ʃelfɪʃ] n *(U)* [food] fruits *mpl* de mer.

shell suit n UK survêtement *m (en synthétique froissé)*.

shelter ['ʃeltəʳ] ◆ n abri *m*. ◆ vt abriter. ◆ vi s'abriter ▸ **to take shelter** s'abriter.

sheltered ['ʃeltəd] adj abrité(e).

shelves [ʃelvz] pl → **shelf**.

shepherd ['ʃepəd] n berger *m*.

shepherd's pie ['ʃepədz-] n ≃ hachis *m* Parmentier.

sheriff ['ʃerif] n [in US] shérif *m*.

sherry ['ʃeri] n xérès *m*.

she's [ʃi:z] → **she is, she has**.

shield [ʃi:ld] ◆ n bouclier *m*. ◆ vt protéger.

shift [ʃɪft] ◆ n **1.** [change] changement *m* **2.** [period of work] équipe *f*. ◆ vt déplacer. ◆ vi **1.** [move] se déplacer **2.** [change] changer.

shift key n touche *f* majuscule.

shin [ʃɪn] n tibia *m*.

shindig ['ʃɪndɪg] n *inf* [party] (grande) fête *f*.

shine [ʃaɪn] (*pt & pp* **shone**) ◆ vi briller. ◆ vt **1.** [shoes] astiquer **2.** [torch] braquer.

shiny ['ʃaɪnɪ] adj brillant(e).

ship [ʃɪp] n **1.** bateau *m* **2.** [larger] navire *m* ▸ **by ship** par bateau.

shipping ['ʃɪpɪŋ] n *(U)* [transport] transport *m*.

shipwreck ['ʃɪprek] n **1.** [accident] naufrage *m* **2.** [wrecked ship] épave *f*.

shirt [ʃɜ:t] n chemise *f*.

shit [ʃɪt] n *(U) vulg* merde *f*.

shitty ['ʃɪtɪ] (*compar* **-ier**, *superl* **-iest**) adj *vulg* **1.** [worthless] merdique **2.** [mean] dégueulasse.

shiver ['ʃɪvəʳ] vi frissonner.

shock [ʃɒk] ◆ n choc *m*. ◆ vt **1.** [surprise] stupéfier **2.** [horrify] choquer ▸ **to be in shock** MED être en état de choc.

shock absorber [-əb,zɔ:bəʳ] n amortisseur *m*.

shock-horror adj *inf* [story, headline] à sensation.

shocking ['ʃɒkɪŋ] adj [very bad] épouvantable.

shoe [ʃu:] n chaussure *f*.

shoelace ['ʃu:leɪs] n lacet *m*.

shoe polish n *(U)* cirage *m*.

shoe repairer's [-rɪ,peərəz] n cordonnerie *f*.

shoe shop n magasin *m* de chaussures.

shone [ʃɒn] pt & pp → **shine**.

shook [ʃʊk] pt → **shake**.

shoot [ʃu:t] (*pt & pp* **shot**) ◆ vt **1.** [kill] tuer **2.** [injure] blesser **3.** [gun] tirer un coup de **4.** [arrow] décocher **5.** [film] tourner. ◆ n [of plant] pousse *f*. ◆ vi tirer ▸ **to shoot past** passer en trombe.

shoot-em-up n jeu *m* vidéo violent.

shop [ʃɒp] ◆ n **1.** magasin *m* **2.** [small] boutique *f*. ◆ vi faire les courses.

shop assistant n UK vendeur *m*, -euse *f*.

shop floor n atelier *m*.

shopkeeper ['ʃɒp,ki:pəʳ] n UK commerçant *m*, -e *f*.
shoplifter ['ʃɒp,lɪftəʳ] n voleur *m*, -euse *f* à l'étalage.
shoplifting ['ʃɒp,lɪftɪŋ] n *(U)* vol *m* à l'étalage.
shopper ['ʃɒpəʳ] n acheteur *m*, -euse *f*.
shopping ['ʃɒpɪŋ] n *(U)* **1.** [activity] courses *fpl* **2.** UK [purchases] achats *mpl* ▸ **to do the shopping** faire les courses ▸ **to go shopping** aller faire des courses.
shopping bag n sac *m* à provisions.
shopping basket n panier *m* à provisions.
shopping cart US = **shopping trolley**.
shopping center US = **shopping centre**.
shopping centre n UK centre *m* commercial.
shopping channel n TV chaîne *f* de télé-achat.
shopping list n liste *f* des courses.
shopping mall n centre *m* commercial.
shopping trolley n chariot *m*.
shop steward n délégué *m* syndical, déléguée syndicale *f*.
shop window n UK vitrine *f*.
shore [ʃɔ:ʳ] n rivage *m* ▸ **on shore** à terre.
short [ʃɔ:t] ◆ adj **1.** court(e) **2.** [not tall] petit(e). ◆ adv [cut] court. ◆ n **1.** UK [drink] alcool *m* fort **2.** [film] court-métrage *m* ▸ **to be short of time** manquer de temps ▸ **to be short of breath** être hors d'haleine ▸ **Liz is short for Elizabeth** Liz est un diminutif de Elizabeth ▸ **in short** (en) bref. ◆ **shorts** npl **1.** [short trousers] short *m* **2.** US [underpants] caleçon *m*.
shortage ['ʃɔ:tɪdʒ] n manque *m*.
shortbread ['ʃɔ:tbred] n *(U)* ≃ sablé *m* au beurre.
short-circuit vi se mettre en court-circuit.
shortcrust pastry ['ʃɔ:tkrʌst-] n *(U)* UK pâte *f* brisée.
short cut n raccourci *m*.
shorten ['ʃɔ:tn] vt **1.** [in time] écourter **2.** [in length] raccourcir.
shorthand ['ʃɔ:thænd] n *(U)* sténographie *f*.
shortly ['ʃɔ:tlɪ] adv [soon] bientôt ▸ **shortly before** peu avant.
shortsighted [,ʃɔ:t'saɪtɪd] adj myope.
short-sleeved [-,sli:vd] adj à manches courtes.
short-stay car park n UK parking *m* courte durée.
short story n nouvelle *f*.
short-term adj [effects, solution] à court terme ; [problem] de courte durée.
short wave n *(U)* ondes *fpl* courtes.
shot [ʃɒt] ◆ pt & pp → **shoot.** ◆ n **1.** [of gun] coup *m* de feu **2.** [in football] tir *m* **3.** [in tennis, golf, etc.] coup *m* **4.** [photo] photo *f* **5.** [in film] plan *m* **6.** *inf* [attempt] essai *m* **7.** [drink] petit verre *m*.
shotgun ['ʃɒtgʌn] n fusil *m* de chasse.
should [ʃʊd] ◆ aux vb **1.** [expressing desirability] **: we should leave now** nous devrions OR il faudrait partir maintenant **2.** [asking for advice] **: should I go too?** est-ce que je dois y aller aussi ? **3.** [expressing probability] **: she should**

be home soon elle devrait être bientôt rentrée **4.** [ought to] **: they should have won the match** ils auraient dû gagner le match **5.** *fml* [in conditionals] **: should you need anything, call reception** si vous avez besoin de quoi que ce soit, appelez la réception **6.** *fml* [expressing wish] **: I should like to come with you** j'aimerais bien venir avec vous.

shoulder ['ʃəʊldəʳ] **n 1.** épaule *f* **2.** US [of road] bande *f* d'arrêt d'urgence.

shoulder pad **n** épaulette *f*.

shouldn't ['ʃʊdnt] → **should not**.

should've ['ʃʊdəv] → **should have**.

shout [ʃaʊt] ◆ **n** cri *m*. ◆ **vt & vi** crier.
◆ **shout out** **vt sep** crier.

shove [ʃʌv] **vt 1.** [push] pousser **2.** [put carelessly] flanquer.

shovel ['ʃʌvl] **n** pelle *f*.

show [ʃəʊ] (*pp* **-ed** OR **shown**) ◆ **n 1.** [on TV, radio] émission *f* **2.** [at theatre] spectacle *m* **3.** [exhibition] exposition *f*. ◆ **vt 1.** montrer **2.** [accompany] accompagner **3.** [film, TV programme] passer. ◆ **vi 1.** [be visible] se voir **2.** [film] passer, être à l'affiche ▸ **I showed my ticket to the inspector** j'ai montré mon ticket au contrôleur ▸ **to show sb how to do sthg** montrer à qqn comment faire qqch. ◆ **show off** **vi** faire l'intéressant.
◆ **show up** **vi 1.** [come along] arriver **2.** [be visible] se voir.

showcase ['ʃəʊkeɪs] **n** vitrine *f*.

shower ['ʃaʊəʳ] ◆ **n 1.** [for washing] douche *f* **2.** [of rain] averse *f*. ◆ **vi** prendre une douche ▸ **to take a shower, to have a shower** UK prendre une douche.

shower curtain **n** rideau *m* de douche.

shower gel **n** gel *m* douche.

shower unit **n** cabine *f* de douche.

showing ['ʃəʊɪŋ] **n** [of film] séance *f*.

shown [ʃəʊn] **pp** → **show**.

showroom ['ʃəʊrʊm] **n** salle *f* d'exposition.

show-stopping **adj** sensationnel(elle).

shrank [ʃræŋk] **pt** → **shrink**.

shrimp [ʃrɪmp] **n** crevette *f*.

shrine [ʃraɪn] **n** lieu *m* saint.

shrink [ʃrɪŋk] (*pt* **shrank**, *pp* **shrunk**) ◆ **n** *inf* [psychoanalyst] psy *m ou f*. ◆ **vi** [clothes] rapetisser.

shrink-wrapped **adj** emballé(e) sous film plastique.

shrivelled ['ʃrɪvəld] **adj** ratatiné(e).

shrub [ʃrʌb] **n** arbuste *m*.

shrug [ʃrʌg] ◆ **n** haussement *m* d'épaules. ◆ **vi** hausser les épaules.

shrunk [ʃrʌŋk] **pp** → **shrink**.

shtum = **schtum**.

shuffle ['ʃʌfl] ◆ **vt** [cards] battre. ◆ **vi** [cards] battre les cartes.

shut [ʃʌt] (*pt & pp* **shut**) ◆ **adj** fermé(e). ◆ **vt** fermer. ◆ **vi 1.** [door, mouth, eyes] se fermer **2.** [shop, restaurant] fermer.
◆ **shut down** **vt sep** fermer. ◆ **shut up** **vi** *inf* [stop talking] la fermer.

shutter ['ʃʌtəʳ] **n 1.** [on window] volet *m* **2.** [on camera] obturateur *m*.

shuttle ['ʃʌtl] **n** navette *f*.

shuttlecock ['ʃʌtlkɒk] **n** UK volant *m*.

shy [ʃaɪ] **adj** timide.

Sicily ['sɪsɪlɪ] **n** Sicile *f*.

sick [sɪk] **adj** malade ▸ **to be sick** [vomit] vomir ▸ **to feel sick** avoir mal au cœur ▸ **to be sick of** [fed up with] en avoir assez de.

sick bag n *sachet mis à la disposition des passagers malades sur les avions et les bateaux.*

sickie ['sɪkɪ] n UK AUSTR *inf* **: to pull a sickie** se faire porter pâle *(lorsqu'on est bien portant).*

sickness ['sɪknɪs] n maladie *f.*

sick pay n *(U)* indemnité *f* de maladie.

side [saɪd] ◆ n **1.** côté *m* **2.** [of hill] versant *m* **3.** [of road, river, pitch] bord *m* **4.** [of tape, record] face *f* **5.** [team] camp *m* **6.** UK [TV channel] chaîne *f* **7.** [page of writing] page *f.* ◆ adj [door, pocket] latéral(e) ▸ **at the side of** a) à côté de b) [river, road] au bord de ▸ **on the other side** de l'autre côté ▸ **on the side** à côté ▸ **on this side** de ce côté ▸ **side by side** côte à côte.

sideboard ['saɪdbɔːd] n buffet *m.*

sidecar ['saɪdkɑːʳ] n side-car *m.*

side dish n garniture *f.*

side effect n effet *m* secondaire.

sidelight ['saɪdlaɪt] n UK [of car] feu *m* de position.

side order n portion *f.*

side salad n *salade servie en garniture.*

side street n petite rue *f.*

sidewalk ['saɪdwɔːk] n US trottoir *m.*

sideways ['saɪdweɪz] adv de côté.

sieve [sɪv] n **1.** passoire *f* **2.** [for flour] tamis *m.*

sift [sɪft] vt [flour, sand] tamiser.

sigh [saɪ] ◆ n soupir *m.* ◆ vi soupirer.

sight [saɪt] n **1.** *(U)* [eyesight] vision *f,* vue *f* **2.** [thing seen] spectacle *m* ▸ **at first sight** à première vue ▸ **to catch sight of** apercevoir ▸ **in sight** en vue ▸ **to lose sight of** perdre de vue ▸ **out of sight** hors de vue. ◆ **sights** npl [of city, country] attractions *fpl* touristiques.

sight-read [-riːd] (*pt & pp* **sight-read** [-red]) vi & vt MUS déchiffrer.

sightseeing ['saɪt,siːɪŋ] n *(U)* **: to go sightseeing** faire du tourisme.

sign [saɪn] ◆ n **1.** [next to road, in shop, station] panneau *m* **2.** [symbol, indication] signe *m* **3.** [signal] signal *m.* ◆ vt & vi signer ▸ **there's no sign of her** il n'y a aucune trace d'elle. ◆ **sign in** vi [at hotel, club] signer le registre. ◆ **sign off** vi insep **1.** RADIO & TV terminer l'émission **2.** [in letter] **: I'll sign off now** je vais conclure ici.

signal ['sɪgnl] ◆ n **1.** signal *m* **2.** US [traffic lights] feux *mpl* de signalisation. ◆ vi **1.** [in car] mettre son clignotant **2.** [on bike] tendre le bras.

signature ['sɪgnətʃəʳ] n signature *f.*

significant [sɪg'nɪfɪkənt] adj significatif(ive).

signify ['sɪgnɪfaɪ] vt signifier, indiquer.

sign language n langage *m* des signes.

signpost ['saɪnpəʊst] n poteau *m* indicateur.

Sikh [siːk] n Sikh *m ou f.*

silence ['saɪləns] n silence *m.*

silencer ['saɪlənsəʳ] n UK AUT silencieux *m.*

silent ['saɪlənt] adj silencieux(ieuse).

silicon ['sɪlɪkən] n silicium *m.*

Silicon Valley n Silicon Valley *f.*

silk [sɪlk] n soie *f.*

sill [sɪl] n rebord *m.*

silly ['sɪlɪ] adj idiot(e).

silver ['sɪlvəʳ] ◆ n *(U)* **1.** argent *m* **2.** [coins] monnaie *f.* ◆ adj en argent.

silver foil, silver paper n *(U)* UK papier *m* aluminium.

silver-plated [-'pleɪtɪd] adj plaqué(e) argent.

silver surfer n *inf* internaute *mf* senior.

SIM card n carte *f* SIM.

similar ['sɪmɪlə^r] adj similaire ▸ **to be similar to** être semblable à.

similarity [,sɪmɪ'lærətɪ] n similitude *f*.

similarly ['sɪmɪləlɪ] adv de la même manière, pareillement.

simmer ['sɪmə^r] vi mijoter.

simple ['sɪmpl] adj simple.

simplify ['sɪmplɪfaɪ] vt simplifier.

simply ['sɪmplɪ] adv simplement.

simulate ['sɪmjʊleɪt] vt simuler.

simultaneous [UK ,sɪməl'teɪnjəs, US ,saɪməl'teɪnjəs] adj simultané(e).

simultaneously [UK ,sɪməl'teɪnjəslɪ, US ,saɪməl'teɪnjəslɪ] adv simultanément.

sin [sɪn] ◆ n péché *m*. ◆ vi pécher.

since [sɪns] ◆ adv & prep depuis. ◆ conj **1.** [in time] depuis que **2.** [as] puisque ▸ **since we've been here** depuis que nous sommes ici ▸ **ever since then** depuis lors ▸ **ever since he found out** depuis qu'il a appris.

sincere [sɪn'sɪə^r] adj sincère.

sincerely [sɪn'sɪəlɪ] adv sincèrement ▸ **Yours sincerely** veuillez agréer, Monsieur / Madame, mes sentiments les meilleurs.

sing [sɪŋ] (*pt* **sang**, *pp* **sung**) vt & vi chanter.

singer ['sɪŋə^r] n chanteur *m*, -euse *f*.

single ['sɪŋgl] ◆ adj **1.** [just one] seul(e) **2.** [not married] célibataire. ◆ n **1.** UK [ticket] aller *m* simple **2.** [CD] single *m* ▸ **every single** chaque. ◆ **singles** ◆ n SPORT simple *m*. ◆ adj [bar, club] pour célibataires.

single bed n petit lit *m*, lit *m* à une place.

single cream n *(U)* UK crème *f* fraîche liquide.

single currency n monnaie *f* unique.

single parent n père *m* OR mère *f* célibataire.

single room n chambre *f* simple.

single track road n route *f* très étroite.

singular ['sɪŋgjʊlə^r] n singulier *m* ▸ **in the singular** au singulier.

sinister ['sɪnɪstə^r] adj sinistre.

sink [sɪŋk] (*pt* **sank**, *pp* **sunk**) ◆ n **1.** [in kitchen] évier *m* **2.** [washbasin] lavabo *m*. ◆ vi **1.** [in water] couler **2.** [decrease] décroître.

sink unit n bloc-évier *m*.

sinuses ['saɪnəsɪz] npl sinus *mpl*.

sinusitis [,saɪnə'saɪtɪs] n *(U)* sinusite *f*.

sip [sɪp] ◆ n petite gorgée *f*. ◆ vt siroter.

siphon ['saɪfn] ◆ n siphon *m*. ◆ vt siphonner.

sir [sɜː^r] n Monsieur ▸ **Dear Sir** Cher Monsieur ▸ **Sir Richard Blair** UK sir Richard Blair.

siren ['saɪərən] n sirène *f*.

sirloin steak [,sɜːlɔɪn-] n bifteck *m* d'aloyau.

sister ['sɪstə^r] n **1.** sœur *f* **2.** UK [nurse] infirmière *f* en chef.

sister-in-law n belle-sœur *f*.

sit [sɪt] (*pt & pp* **sat**) ◆ vi **1.** s'asseoir **2.** [be situated] être situé. ◆ vt **1.** asseoir **2.** UK [exam] passer ▸ **to be sitting** être assis. ◆ **sit down** vi s'asseoir ▸ **to be sitting down** être assis. ◆ **sit up** vi **1.** [after lying down] se redresser **2.** [stay up late] veiller.

sitcom ['sɪtkɒm] n *inf* sitcom *m ou f*.

site [saɪt] n **1.** site *m* **2.** [building site] chantier *m*.

sitting ['sɪtɪŋ] n **1.** [of meal] service *m* **2.** [of court, parliament] séance *f*.

sitting room ['sɪtɪŋ-] n UK salon *m*.

situated ['sɪtjʊeɪtɪd] adj **: to be situated** être situé(e).

situation [ˌsɪtjʊ'eɪʃn] n situation *f* ▸ **'situations vacant'** UK 'offres d'emploi'.

six [sɪks] num adj & n six ▸ **to be six (years old)** avoir six ans ▸ **it's six (o'clock)** il est six heures ▸ **a hundred and six** cent six ▸ **six Hill St** 6 Hill St ▸ **it's minus six (degrees)** il fait moins six (degrés).

sixteen [sɪks'tiːn] num adj & n seize ▸ **to be sixteen (years old)** avoir seize ans ▸ **a hundred and sixteen** cent seize ▸ **sixteen Hill St** 16 Hill St ▸ **it's minus sixteen (degrees)** il fait moins seize (degrés).

sixteenth [sɪks'tiːnθ] ◆ num adj & adv seizième. ◆ num pron seizième *m ou f*. ◆ num n [fraction] seizième *m* ▸ **the sixteenth (of September)** le seize (septembre).

sixth [sɪksθ] ◆ num adj & adv sixième. ◆ num pron sixième *m ou f*. ◆ num n [fraction] sixième *m* ▸ **the sixth (of September)** le six (septembre).

sixth form n UK ≃ terminale *f*.

sixth-form college n UK *établissement préparant aux « A levels »*.

sixth grade n US SCH *classe du primaire pour les 10-11 ans*.

sixtieth ['sɪkstɪəθ] ◆ num adj & adv soixantième. ◆ num pron soixantième *m ou f*. ◆ num n [fraction] soixantième *m*.

sixty ['sɪkstɪ] num adj & n soixante ▸ **to be sixty (years old)** avoir soixante ans ▸ **a hundred and sixty** cent soixante ▸ **sixty Hill St** 60 Hill St ▸ **it's minus sixty (degrees)** il fait moins soixante (degrés).

size [saɪz] n **1.** taille *f* **2.** [of shoes] pointure *f* ▸ **what size do you take?** quelle taille / pointure faites-vous ? ▸ **what size is this?** c'est quelle taille ?

sizeable ['saɪzəbl] adj assez important(e).

skanky ['skæŋkɪ] adj US *inf* moche.

skate [skeɪt] ◆ n **1.** patin *m* **2.** [fish] raie *f*. ◆ vi patiner.

skateboard ['skeɪtbɔːd] n skateboard *m*.

skater ['skeɪtə^r] n patineur *m*, -euse *f*.

skating ['skeɪtɪŋ] n *(U)* **: to go skating a)** [ice-skating] faire du patin (à glace) **b)** [roller-skating] faire du patin (à roulettes).

skeleton ['skelɪtn] n squelette *m*.

skeptical ['skeptɪkl] US = **sceptical**.

sketch [sketʃ] ◆ n **1.** [drawing] croquis *m* **2.** [humorous] sketch *m*. ◆ vt dessiner.

skewer ['skjʊə^r] n brochette *f*.

ski [skiː] (*pt & pp* **skied**, *cont* **skiing**) ◆ n ski *m*. ◆ vi skier.

ski boots npl chaussures *fpl* de ski.

skid [skɪd] ◆ n dérapage *m*. ◆ vi déraper.

skier ['skiːə^r] n skieur *m*, -ieuse *f*.

skiing ['skiːɪŋ] **n** *(U)* ski *m* ▸ **to go skiing** faire du ski ▸ **to go on a skiing holiday** partir aux sports d'hiver.

skilful ['skɪlfʊl] **adj** UK adroit(e).

ski lift **n** remonte-pente *m*.

skill [skɪl] **n** **1.** *(U)* [ability] adresse *f* **2.** [technique] technique *f*.

skilled [skɪld] **adj** **1.** [worker, job] qualifié(e) **2.** [driver, chef] expérimenté(e).

skillful ['skɪlfʊl] US = **skilful**.

skimmed milk ['skɪmd-] **n** *(U)* lait *m* écrémé.

skim milk **n** = **skimmed milk**.

skin [skɪn] **n** peau *f*.

skin freshener [-ˌfreʃnəʳ] **n** *(U)* lotion *f* rafraîchissante.

skinny ['skɪnɪ] **adj** maigre.

skip [skɪp] ◆ **vi** **1.** [with rope] sauter à la corde **2.** [jump] sauter. ◆ **vt** [omit] sauter. ◆ **n** UK [container] benne *f*.

ski pants **npl** fuseau *m*, pantalon *m* de ski.

ski pass **n** forfait *m*.

ski pole **n** bâton *m* de ski.

skipping rope ['skɪpɪŋ-] **n** UK corde *f* à sauter.

skirt [skɜːt] **n** jupe *f*.

ski slope **n** piste *f* de ski.

ski tow **n** téléski *m*.

skittles ['skɪtlz] **n** UK quilles *fpl*.

skull [skʌl] **n** crâne *m*.

skunk [skʌŋk] **n** [animal] mouffette *f*.

sky [skaɪ] **n** ciel *m*.

skylight ['skaɪlaɪt] **n** lucarne *f*.

skyscraper ['skaɪˌskreɪpəʳ] **n** gratte-ciel *m inv*.

slab [slæb] **n** dalle *f*.

slack [slæk] **adj** **1.** [rope] lâche **2.** [careless] négligent(e) **3.** [not busy] calme.

slacker ['slækəʳ] **n** *inf* fainéant *m*, -e *f*.

slacks [slæks] **npl** pantalon *m*.

slam [slæm] **vt & vi** claquer.

slander ['slɑːndəʳ] **n** *(U)* calomnie *f*.

slang [slæŋ] **n** argot *m*.

slant [slɑːnt] ◆ **n** inclinaison *f*. ◆ **vi** pencher.

slap [slæp] ◆ **n** [smack] claque *f*. ◆ **vt** [person on face] gifler.

slaphead ['slæphed] **n** *vulg* chauve *m*, crâne *m* d'œuf.

slapper ['slæpəʳ] **n** UK *vulg* salope *f*.

slash [slæʃ] ◆ **vt** **1.** [cut] entailler **2.** *fig* [prices] casser. ◆ **n** [written symbol] barre *f* oblique.

slate [sleɪt] **n** ardoise *f*.

slatternly ['slætənlɪ] **adj** mal soigné(e).

slaughter ['slɔːtəʳ] **vt** **1.** [animal] abattre **2.** [people] massacrer **3.** *fig* [defeat] battre à plates coutures.

slave [sleɪv] **n** esclave *m ou f*.

sleazebag ['sliːzbæg], **sleazeball** ['sliːzbɔːl] **n** *inf* [despicable person] raclure *f*.

sled [sled] US = **sledge**.

sledge [sledʒ] **n** UK **1.** [for fun, sport] luge *f* **2.** [for transport] traîneau *m*.

sleep [sliːp] (*pt & pp* **slept**) ◆ **n** **1.** *(U)* sommeil *m* **2.** [nap] somme *m*. ◆ **vi** dormir. ◆ **vt** : **the house sleeps six** la maison permet de coucher six personnes ▸ **did you sleep well?** as-tu bien dormi ? ▸ **I couldn't get to sleep** je n'arrivais pas à m'endormir ▸ **to go to sleep** s'endormir ▸ **to sleep with sb** coucher avec qqn.

sleeper ['sli:pəʳ] n **1.** [train] train-couchettes *m* **2.** [sleeping car] wagon-lit *m* **3.** UK [on railway track] traverse *f* **4.** UK [earring] clou *m*.

sleeping bag ['sli:pɪŋ-] n sac *m* de couchage.

sleeping car ['sli:pɪŋ-] n wagon-lit *m*.

sleeping pill ['sli:pɪŋ-] n somnifère *m*.

sleeping policeman ['sli:pɪŋ-] n UK ralentisseur *m*.

sleep mode n COMPUT mode *m* veille.

sleepy ['sli:pɪ] adj **: to be sleepy** avoir sommeil.

sleet [sli:t] ◆ n *(U)* neige *f* fondue. ◆ impers vb **: it's sleeting** il tombe de la neige fondue.

sleeve [sli:v] n **1.** manche *f* **2.** [of record] pochette *f*.

sleeveless ['sli:vlɪs] adj sans manches.

slender ['slendəʳ] adj [thin] mince.

slept [slept] pt & pp → **sleep**.

slice [slaɪs] ◆ n **1.** [of bread, meat] tranche *f* **2.** [of cake, pizza] part *f*. ◆ vt **1.** [bread, meat] couper en tranches **2.** [cake] découper **3.** [vegetables] couper en rondelles.

sliced bread [ˌslaɪst-] n *(U)* pain *m* en tranches.

slide [slaɪd] (*pt & pp* **slid** [slɪd]) ◆ n **1.** [in playground] toboggan *m* **2.** [of photograph] diapositive *f* **3.** UK [hair slide] barrette *f*. ◆ vi [slip] glisser.

sliding door [ˌslaɪdɪŋ-] n porte *f* coulissante.

slight [slaɪt] adj léger(ère) ▸ **the slightest** le moindre ▸ **not in the slightest** pas le moins du monde.

slightly ['slaɪtlɪ] adv légèrement ▸ **I know him slightly** je le connais un peu.

slim [slɪm] ◆ adj mince. ◆ vi maigrir.

slimeball ['slaɪmbɔːl] US *vulg* n = **sleazebag**.

slimming ['slɪmɪŋ] n *(U)* amaigrissement *m*.

sling [slɪŋ] (*pt & pp* **slung**) ◆ n écharpe *f*. ◆ vt *inf* [throw] balancer ▸ **to have one's arm in a sling** avoir le bras en écharpe.

slip [slɪp] ◆ vi glisser. ◆ n **1.** [mistake] erreur *f* **2.** [form] coupon *m* **3.** [petticoat] jupon *m* **4.** [from shoulders] combinaison *f*. ◆ **slip up** vi [make a mistake] faire une erreur.

slipped disc UK, **slipped disk** US [ˌslɪpt-] n hernie *f* discale.

slipper ['slɪpəʳ] n chausson *m*.

slippery ['slɪpərɪ] adj glissant(e) ▸ **slippery surface** surface glissante.

slippy ['slɪpɪ] (*compar* **-ier**, *superl* **-iest**) adj [slippery] glissant(e).

slip road n UK bretelle *f* d'accès.

slit [slɪt] n fente *f*.

slob [slɒb] n *inf* **1.** [dirty] crado *m* ou *f* **2.** [lazy] flemmard *m*, -e *f*.

slogan ['sləʊgən] n slogan *m*.

slo-mo ['sləʊməʊ] n *inf* ralenti *m*.

slope [sləʊp] ◆ n **1.** [incline] pente *f* **2.** [hill] côte *f* **3.** [for skiing] piste *f*. ◆ vi être en pente.

sloping ['sləʊpɪŋ] adj en pente.

slot [slɒt] n **1.** [for coin] fente *f* **2.** [groove] rainure *f*.

slot machine n **1.** UK [vending machine] distributeur *m* **2.** [for gambling] machine *f* à sous.

Slovakia [slə'vækɪə] n la Slovaquie.

Slovenia [slə'viːnjə] n Slovénie *f* ▸ **in Slovenia** en Slovénie.

slow [sləʊ] ◆ **adv** lentement. ◆ **adj** **1.** lent(e) **2.** [business] calme **3.** [clock, watch] **: to be slow** retarder ▸ **a slow train** un omnibus ▸ **'slow'** [sign on road] 'ralentir'. ◆ **slow down** **vt sep** & **vi** ralentir.

slow-burning **adj** [fuse, fuel] à combustion lente.

slow-cook **vt** mitonner, mijoter.

slowly ['sləʊlɪ] **adv** lentement.

slug [slʌg] **n** [animal] limace *f.*

slum [slʌm] **n** [building] taudis *m.* ◆ **slums** **npl** [district] quartiers *mpl* défavorisés.

slung [slʌŋ] **pt** & **pp** → **sling.**

slush [slʌʃ] **n** neige *f* fondue.

slushy ['slʌʃɪ] (*compar* **-ier**, *superl* **-iest**) **adj** **1.** [snow] fondu(e) **2.** [path] couvert(e) de neige fondue.

sly [slaɪ] **adj** **1.** [cunning] malin(igne) **2.** [deceitful] sournois(e).

smack [smæk] ◆ **n** [slap] claque *f.* ◆ **vt** donner une claque à.

small [smɔːl] **adj** petit(e).

small ads [-ædz] **npl** UK petites annonces *fpl.*

small change **n** *(U)* petite monnaie *f.*

smallpox ['smɔːlpɒks] **n** *(U)* variole *f.*

smart [smɑːt] **adj** **1.** UK [elegant] élégant(e) **2.** [clever] intelligent(e) **3.** UK [posh] chic.

smart card **n** carte *f* à puce.

smarty-pants (*pl inv*) **n** *inf* **: you're a real smarty-pants, aren't you?** tu crois vraiment tout savoir, hein !

smash [smæʃ] ◆ **n** **1.** SPORT smash *m* **2.** *inf* [car crash] accident *m.* ◆ **vt** [plate, window] fracasser. ◆ **vi** [plate, vase, etc.] se fracasser.

smashing ['smæʃɪŋ] **adj** UK *inf* génial(e).

smattering ['smætərɪŋ] **n : to have a smattering of German** connaître quelques mots d'allemand.

smear test ['smɪə-] **n** UK frottis *m.*

smell [smel] (*pt* & *pp* **-ed** OR **smelt**) ◆ **n** odeur *f.* ◆ **vt** sentir. ◆ **vi** **1.** [have odour] sentir **2.** [have bad odour] puer ▸ **it smells of lavender / burning** ça sent la lavande / le brûlé.

smelly ['smelɪ] **adj** qui pue.

smelt [smelt] **pt** & **pp** → **smell.**

smile [smaɪl] ◆ **n** sourire *m.* ◆ **vi** sourire.

smiley ['smaɪlɪ] **n** smiley *m.*

smoke [sməʊk] ◆ **n** *(U)* fumée *f.* ◆ **vt** & **vi** fumer ▸ **to have a smoke** fumer une cigarette.

smoke alarm **n** détecteur *m* de fumée.

smoked [sməʊkt] **adj** fumé(e).

smoked salmon **n** *(U)* saumon *m* fumé.

smoker ['sməʊkə^r] **n** fumeur *m*, -euse *f.*

smoking ['sməʊkɪŋ] **n** *(U)* **: 'no smoking'** 'défense de fumer'.

smoking area **n** zone *f* fumeurs.

smoking compartment **n** compartiment *m* fumeurs.

smoky ['sməʊkɪ] **adj** [room] enfumé(e).

smooth [smuːð] **adj** **1.** [surface, skin, road] lisse **2.** [takeoff, landing] en douceur **3.** [life] calme **4.** [journey] sans incidents **5.** [mixture, liquid] onctueux(euse) **6.** [wine, beer] mœlleux(euse) **7.** *pej* [suave] doucereux(euse). ◆ **smooth down** **vt sep** lisser.

smoothie ['smu:ðɪ] **n** CULIN smoothie *m (boisson glacée aux fruits).*

smother ['smʌðəʳ] **vt** [cover] couvrir.

SMS [,esem'es] (*abbr of* short message service) **n** sms *m*, texto *m*, mini-message *m*.

smudge [smʌdʒ] **n** tache *f*.

smuggle ['smʌgl] **vt** passer clandestinement.

snack [snæk] **n** casse-croûte *m inv.*

snack bar **n** snack-bar *m*.

snail [sneɪl] **n** escargot *m*.

snake [sneɪk] **n** [animal] serpent *m*.

snakebite ['sneɪkbaɪt] **n 1.** [literally] morsure *f* de serpent **2.** [drink] *mélange de cidre et de bière blonde.*

snakeskin ['sneɪkskɪn] **n** [animal] peau *m* de serpent ▸ **snakeskin shoes** chaussures en (peau de) serpent.

snap [snæp] ◆ **vt** [break] casser net. ◆ **vi** [break] se casser net. ◆ **n 1.** UK *inf* [photo] photo *f* **2.** [card game] ≃ bataille *f*.

snare [sneəʳ] **n** [trap] piège *m*.

snatch [snætʃ] **vt 1.** [grab] saisir **2.** [steal] voler.

sneakers ['sni:kəz] **npl** US tennis *mpl.*

sneakily ['sni:kɪlɪ] **adv** [slyly] sournoisement.

sneeze [sni:z] ◆ **n** éternuement *m*. ◆ **vi** éternuer.

sneezing ['sni:zɪŋ] **n** éternuement *m*.

sniff [snɪf] **vt & vi** renifler.

sniffer dog ['snɪfəʳ-] **n** UK chien *m* renifleur.

snip [snɪp] **vt** couper.

snob [snɒb] **n** snob *m ou f*.

snog [snɒg] **vi** UK *inf* s'embrasser.

snooker ['snu:kəʳ] **n** *sorte de billard joué avec 22 boules.*

snooze [snu:z] **n** petit somme *m*.

snore [snɔ:ʳ] **vi** ronfler.

snorkel ['snɔ:kl] **n** tuba *m*.

snorkelling UK, **snorkeling** US ['snɔ:klɪŋ] **n : to go snorkelling** faire du snorkelling.

snout [snaʊt] **n** museau *m*.

snow [snəʊ] ◆ **n** *(U)* neige *f*. ◆ **impers vb : it's snowing** il neige.

snowball ['snəʊbɔ:l] **n** boule *f* de neige.

snowboard ['snəʊ,bɔ:d] **n** surf *m* des neiges, surf *m* des neiges.

snowboarding ['snəʊ,bɔ:dɪŋ] **n** *(U)* surf *m* des neiges.

snowdrift ['snəʊdrɪft] **n** congère *f*.

snowflake ['snəʊfleɪk] **n** flocon *m* de neige.

snowman ['snəʊmæn] (*pl* **-men**) **n** bonhomme *m* de neige.

snowplough ['snəʊplaʊ] **n** UK chasse-neige *m inv.*

snowplow US = **snowplough**.

snowstorm ['snəʊstɔ:m] **n** tempête *f* de neige.

snug [snʌg] **adj 1.** [person] au chaud **2.** [place] douillet(ette).

so [səʊ] ◆ **adv 1.** [emphasizing degree] si, tellement ▸ **it's so difficult (that…)** c'est si difficile (que)… **2.** [referring back] **: I don't think so** je ne crois pas ▸ **I'm afraid so** j'en ai bien peur ▸ **if so** si c'est le cas **3.** [also] **: so do I** moi aussi **4.** [in this way] comme ça, ainsi **5.** [expressing agreement] **: so there is** en effet **6.** [in phrases] **: or so** environ

› **so as** afin de, pour *(+ infinitive)* › **so that** afin OR pour que *(+ subjunctive)* ◆ **conj** **1.** [therefore] donc, alors › **it might rain, so take an umbrella** il se pourrait qu'il pleuve, alors prends un parapluie **2.** [summarizing] alors › **so what have you been up to?** alors, qu'est-ce que tu deviens ? **3.** [in phrases] : **so what?** *inf* et alors ?, et après ? › **so there!** *inf* na !

soak [səuk] ◆ **vt** **1.** [leave in water] faire tremper **2.** [make very wet] tremper. ◆ **vi** : **to soak through sthg** s'infiltrer dans qqch. ◆ **soak up** **vt sep** absorber.

soaked [səukt] **adj** trempé(e).

soaking ['səukɪŋ] **adj** [very wet] trempé(e).

so-and-so **n** *inf* [to replace a name] : **Mr so-and-so** Monsieur Untel.

soap [səup] **n** savon *m*.

soap opera **n** soap opera *m*.

soap powder **n** lessive *f* en poudre.

sob [sɒb] ◆ **n** sanglot *m*. ◆ **vi** sangloter.

sober ['səubəʳ] **adj** [not drunk] à jeun.

so-called [-kɔːld] **adj** [misleadingly named] soi-disant *(inv)*.

soccer ['sɒkəʳ] **n** *(U)* football *m*.

sociable ['səuʃəbl] **adj** sociable.

social ['səuʃl] **adj** social(e).

social club **n** club *m*.

social distancing [səuʃl'dɪstənsɪŋ] **n** distanciation *f* sociale.

socialist ['səuʃəlɪst] ◆ **adj** socialiste. ◆ **n** socialiste *m* ou *f*.

socialize, socialise UK ['səuʃəlaɪz] **vi** fréquenter des gens.

social life **n** vie *f* sociale.

social network ['səuʃl] **n** réseau *m* social.

social networking **n** réseautage *m* social.

social security **n** *(U)* aide *f* sociale.

social security number **n** US numéro *m* de sécurité sociale.

social services **npl** services *mpl* sociaux.

social welfare **n** protection *f* sociale.

social worker **n** assistant *m* social, assistante sociale *f*.

society [sə'saɪətɪ] **n** société *f*.

sociology [ˌsəusɪ'ɒlədʒɪ] **n** *(U)* sociologie *f*.

sock [sɒk] **n** chaussette *f*.

socket ['sɒkɪt] **n** **1.** [for plug] prise *f* **2.** [for light bulb] douille *f*.

sod [sɒd] **n** UK *vulg* con *m*, conne *f*.

soda ['səudə] **n** **1.** *(U)* [soda water] eau *f* de Seltz *(U)* **2.** US [fizzy drink] soda *m*.

soda water **n** *(U)* eau *f* de Seltz.

sodomy ['sɒdəmɪ] **n** sodomie *f*.

sofa ['səufə] **n** sofa *m*, canapé *m*.

sofa bed **n** canapé-lit *m*.

soft [sɒft] **adj** **1.** [bed, food] mou (molle) **2.** [skin, fabric, voice] doux (douce) **3.** [touch, sound] léger(ère).

soft-centre **n** [chocolate] chocolat *m* fourré.

soft cheese **n** fromage *m* à pâte molle.

soft drink **n** boisson *f* non alcoolisée.

softie ['sɒftɪ] **n** *inf* **1.** [weak] mauviette *f* **2.** [softhearted] sentimental *m*, -e *f*.

software ['sɒftweəʳ] **n** *(U)* logiciel *m*.

software developer **n** développeur *m*.

soil [sɔɪl] **n** *(U)* [earth] sol *m*.

solarium [sə'leərɪəm] n solarium *m*.

solar panel ['səʊlə-] n panneau *m* solaire.

solar power, solar energy n énergie *f* solaire.

solar system n système *m* solaire.

sold [səʊld] pt & pp → **sell**.

soldier ['səʊldʒəʳ] n soldat *m*.

sold out adj **1.** [product] épuisé(e) **2.** [concert, play] complet(ète).

sole [səʊl] ◆ adj **1.** [only] unique **2.** [exclusive] exclusif(ive). ◆ n **1.** [of shoe] semelle *f* **2.** [of foot] plante *f* **3.** [fish: pl inv] sole *f*.

solemn ['sɒləm] adj solennel(elle).

solicitor [sə'lɪsɪtəʳ] n UK notaire *m*.

solid ['sɒlɪd] adj **1.** solide **2.** [not hollow] plein(e) **3.** [gold, silver, oak] massif(ive) ▸ **three hours solid** trois heures d'affilée.

solo ['səʊləʊ] (*pl* **-s**) n solo *m* ▸ **'solo m / cs'** [traffic sign] *signalisation sur chaussée indiquant qu'un parking est réservé aux deux-roues.*

soluble ['sɒljʊbl] adj soluble.

solution [sə'lu:ʃn] n solution *f*.

solve [sɒlv] vt résoudre.

some [sʌm] ◆ adj **1.** [certain amount of] : **some meat** de la viande ▸ **some milk** du lait ▸ **some money** de l'argent ▸ **I had some difficulty getting here** j'ai eu quelque mal à arriver jusqu'ici **2.** [certain number of] des ▸ **some sweets** des bonbons ▸ **I've known him for some years** je le connais depuis pas mal d'années **3.** [not all] certains (certaines) ▸ **some jobs are better paid than others** certains emplois sont mieux payés que d'autres **4.** [in imprecise statements] quelconque ▸ **she married some Italian** elle a épousé un Italien quelconque
◆ pron **1.** [certain amount] : **can I have some?** je peux en prendre ? ▸ **some of the money** une partie de l'argent **2.** [certain number] certains (certaines) ▸ **some (of them) left early** quelques-uns (d'entre eux) sont partis tôt
◆ adv [approximately] environ ▸ **there were some 7,000 people there** il y avait environ 7 000 personnes.

somebody ['sʌmbədɪ] = **someone**.

somehow ['sʌmhaʊ] adv **1.** [some way or other] d'une manière ou d'une autre **2.** [for some reason] pour une raison ou pour une autre.

someone ['sʌmwʌn] pron quelqu'un.

someplace ['sʌmpleɪs] US = **somewhere**.

somersault ['sʌməsɔ:lt] n saut *m* périlleux.

something ['sʌmθɪŋ] pron quelque chose ▸ **it's really something!** c'est vraiment quelque chose ! ▸ **or something** *inf* ou quelque chose comme ça ▸ **something like** [approximately] quelque chose comme.

sometime ['sʌmtaɪm] adv : **sometime in May** en mai.

sometimes ['sʌmtaɪmz] adv quelquefois, parfois.

somewhat ['sʌmwɒt] adv quelque peu.

somewhere ['sʌmweəʳ] adv **1.** quelque part **2.** [approximately] environ.

son [sʌn] n fils *m*.

song [sɒŋ] n chanson *f*.

songbird ['sɒŋbɜ:d] n oiseau *m* chanteur.

son-in-law n gendre *m*.

soon [suːn] **adv 1.** bientôt **2.** [early] tôt ▸ **how soon can you do it?** pour quand pouvez-vous le faire ? ▸ **as soon as I know** dès que je le saurai ▸ **as soon as possible** dès que possible ▸ **soon after** peu après ▸ **sooner or later** tôt ou tard.

soot [sʊt] **n** *(U)* suie *f*.

soothe [suːð] **vt** calmer.

sophisticated [səˈfɪstɪkeɪtɪd] **adj** sophistiqué(e).

sophomore [ˈsɒfəmɔːʳ] **n** US [in high school, university] étudiant *m*, -e *f* de deuxième année.

sorbet [ˈsɔːbeɪ] **n** sorbet *m*.

sore [sɔːʳ] ◆ **adj 1.** [painful] douloureux(euse) **2.** US *inf* [angry] fâché(e). ◆ **n** plaie *f* ▸ **to have a sore throat** avoir mal à la gorge.

sorry [ˈsɒrɪ] **adj** désolé(e) ▸ **I'm sorry!** désolé ! ▸ **I'm sorry I'm late** je suis désolé d'être en retard ▸ **sorry?** [asking for repetition] pardon ? ▸ **to feel sorry for sb** plaindre qqn ▸ **to be sorry about sthg** être désolé de qqch.

sort [sɔːt] ◆ **n** sorte *f*. ◆ **vt** trier ▸ **sort of** plutôt. ◆ **sort out vt sep 1.** [classify] trier **2.** [resolve] résoudre.

sorted [ˈsɔːtɪd] UK *inf* ◆ **adj : to be sorted a)** [psychologically] être bien dans ses baskets **b)** [have everything one needs] être paré(e). ◆ **excl** super !

so-so ◆ **adj** *inf* quelconque. ◆ **adv** *inf* couci-couça.

soufflé [ˈsuːfleɪ] **n** soufflé *m*.

sought [sɔːt] **pt & pp** → **seek**.

soul [səʊl] **n 1.** [spirit] âme *f (U)* **2.** [music] soul *f*.

sound [saʊnd] ◆ **n 1.** bruit *m* **2.** [volume] son *m*. ◆ **vi 1.** [alarm, bell] retentir **2.** [seem to be] avoir l'air, sembler. ◆ **adj 1.** [in good condition] solide **2.** [reliable] valable. ◆ **vt : to sound one's horn** klaxonner ▸ **the engine sounds odd** le moteur fait un drôle de bruit ▸ **you sound cheerful** tu as l'air content ▸ **to sound like a)** [make a noise like] ressembler à **b)** [seem to be] sembler être.

soundcard [ˈsaʊndkɑːd] **n** COMPUT carte *f* son.

soundproof [ˈsaʊndpruːf] **adj** insonorisé(e).

soup [suːp] **n** soupe *f*.

soup spoon n cuillère *f* à soupe.

sour [ˈsaʊəʳ] **adj** aigre ▸ **to go sour** tourner.

source [sɔːs] **n** source *f*.

sour cream n *(U)* crème *f* aigre.

south [saʊθ] ◆ **n** sud *m*. ◆ **adj** du sud. ◆ **adv 1.** [fly, walk] vers le sud **2.** [be situated] au sud ▸ **in the south of England** dans le sud de l'Angleterre.

South Africa n l'Afrique *f* du Sud.

South America n l'Amérique *f* du Sud.

South American adj sud-américain, d'Amérique du Sud.

southbound [ˈsaʊθbaʊnd] **adj** en direction du sud.

southeast [ˌsaʊθˈiːst] **n** sud-est *m*.

southeastern [ˌsaʊθˈiːstən] **adj** du sud-est, au sud-est.

southern [ˈsʌðən] **adj** méridional(e), du sud.

South Korea n Corée *f* du Sud.

South Pole n pôle *m* Sud.

southward [ˈsaʊθwəd] ◆ **adj** au sud, du sud. ◆ **adv** = **southwards**.

southwards [ˈsaʊθwədz] **adv** vers le sud.

southwest [,saʊθ'west] **n** sud-ouest *m*.

southwestern [,saʊθ'westən] **adj** au sud-ouest, du sud-ouest.

souvenir [,su:və'nɪəʳ] **n** souvenir *m* *(objet)*.

Soviet Union [,səʊvɪət-] **n : the Soviet Union** l'Union *f* soviétique.

sow[1] [səʊ] (*pp* **sown** [səʊn]) **vt** [seeds] semer.

sow[2] [saʊ] **n** [pig] truie *f*.

soy [,sɔɪ] **n** = **soy sauce**.

soya ['sɔɪə] **n** *(U)* soja *m*.

soya bean **n** graine *f* de soja.

soy sauce [,sɔɪ-] **n** *(U)* sauce *f* au soja.

spa [spɑ:] **n** station *f* thermale.

space [speɪs] ◆ **n 1.** *(U)* [room, empty place] place *f* **2.** [gap, in astronomy, etc.] espace *m* **3.** [period] intervalle *m*. ◆ **vt** espacer.

space bar **n** barre *f* d'espace(ment).

spaced-out **adj** *vulg* shooté(e).

spaceship ['speɪsʃɪp] **n** vaisseau *m* spatial.

space shuttle **n** navette *f* spatiale.

spacious ['speɪʃəs] **adj** spacieux(ieuse).

spade [speɪd] **n** [tool] pelle *f*. ◆ **spades** **npl** [in cards] pique *m*.

spaghetti [spə'getɪ] **n** *(U)* spaghetti(s) *mpl*.

Spain [speɪn] **n** l'Espagne *f*.

spam [spæm] **n** spam *m*.

span [spæn] ◆ **pt** → **spin.** ◆ **n** [of time] durée *f*.

Spaniard ['spænjəd] **n** Espagnol *m*, -e *f*.

spaniel ['spænjəl] **n** épagneul *m*.

Spanish ['spænɪʃ] ◆ **adj** espagnol(e). ◆ **n** [language] espagnol *m*.

Spanish-American **adj 1.** [in the US] hispanique **2.** [in Latin America] hispano-américain.

spank [spæŋk] **vt** donner une fessée à.

spanner ['spænəʳ] **n** UK clef *f*.

spare [speəʳ] ◆ **adj 1.** [kept in reserve] de réserve **2.** [clothes] de rechange **3.** [not in use] disponible. ◆ **n 1.** [spare part] pièce *f* de rechange **2.** [spare wheel] roue *f* de secours. ◆ **vt : I can spare you half an hour** je peux vous accorder une demi-heure ▸ **can you spare me £5?** tu n'aurais pas 5 livres (à me donner) ? ▸ **spare tire** US OR **tyre** UK roue de secours ▸ **with ten minutes to spare** avec dix minutes d'avance.

spare part **n** pièce *f* de rechange.

spare ribs **npl** travers *m* de porc.

spare room **n** chambre *f* d'amis.

spare time **n** *(U)* temps *m* libre.

spare wheel **n** roue *f* de secours.

spark [spɑ:k] **n** étincelle *f*.

sparkling ['spɑ:klɪŋ-] **adj** [mineral water, soft drink] pétillant(e).

sparkling wine **n** mousseux *m*.

spark plug **n** bougie *f*.

sparrow ['spærəʊ] **n** moineau *m*.

spat [spæt] **pt & pp** → **spit**.

speak [spi:k] (*pt* **spoke**, *pp* **spoken**) ◆ **vt 1.** [language] parler **2.** [say] dire. ◆ **vi** parler ▸ **who's speaking?** [on phone] qui est à l'appareil ? ▸ **can I speak to Sarah? — speaking!** [on phone] pourrais-je parler à Sarah ? — c'est elle-même ! ▸ **speak to the boss about the problem** parlez de ce problème au responsable. ◆ **speak up** **vi** [more loudly] parler plus fort.

speaker ['spi:kəʳ] **n 1.** [in public] orateur *m*, -trice *f* **2.** [loudspeaker] haut-parleur *m* **3.** [of stereo] enceinte *f* ▸ **an English speaker** un anglophone.

spear [spɪəʳ] **n** lance *f*.

special ['speʃl] ◆ **adj** spécial(e). ◆ **n** [dish] spécialité *f* ▸ **'today's special'** 'plat du jour'.

special delivery **n** *service postal garantissant la distribution du courrier sous 24 heures*.

special effects **npl** effets *mpl* spéciaux.

specialist ['speʃəlɪst] **n** [doctor] spécialiste *m ou f*.

speciality [,speʃɪ'ælətɪ] **n** UK spécialité *f*.

specialization, specialisation UK [,speʃəlaɪ'zeɪʃn] **n** spécialisation *f*.

specialize ['speʃəlaɪz] **vi : to specialize (in)** se spécialiser (en).

specialized, specialised UK ['speʃəlaɪzd] **adj** spécialisé(e).

specially ['speʃəlɪ] **adv** spécialement.

special needs [-ni:dz] **n** UK **: special needs children** enfants ayant des difficultés scolaires.

special offer **n** offre *f* spéciale.

special school **n** établissement *m* scolaire spécialisé.

specialty ['speʃltɪ] US = **speciality**.

species ['spi:ʃi:z] **n** espèce *f*.

specific [spə'sɪfɪk] **adj 1.** [particular] spécifique **2.** [exact] précis(e).

specification [,spesɪfɪ'keɪʃn] **n** stipulation *f*. ◆ **specifications** **npl** TECH caractéristiques *fpl* techniques.

specifications [,spesɪfɪ'keɪʃnz] **npl** [of machine, building, etc.] cahier *m* des charges.

specify ['spesɪfaɪ] **vt** préciser, spécifier.

specimen ['spesɪmən] **n 1.** MED échantillon *m* **2.** [example] spécimen *m*.

specs [speks] **npl** *inf* lunettes *fpl*.

spectacle ['spektəkl] **n** spectacle *m*.

spectacles ['spektəklz] **npl** *fml* lunettes *fpl*.

spectacular [spek'tækjʊləʳ] **adj** spectaculaire.

spectator [spek'teɪtəʳ] **n** spectateur *m*, -trice *f*.

sped [sped] **pt & pp** → **speed**.

speech [spi:tʃ] **n 1.** *(U)* [ability to speak] parole *f* **2.** *(U)* [manner of speaking] élocution *f* **3.** [talk] discours *m*.

speech impediment [-ɪm,pedɪmənt] **n** défaut *m* d'élocution.

speed [spi:d] (*pt & pp* **-ed** OR **sped**) ◆ **n** vitesse *f*. ◆ **vi 1.** [move quickly] aller à toute vitesse **2.** [drive too fast] faire un excès de vitesse ▸ **'reduce speed now'** 'ralentir'. ◆ **speed up** **vi** accélérer.

speedboat ['spi:dbəʊt] **n** hors-bord *m inv*.

speed bump **n** dos-d'âne *m inv*.

speed camera **n** radar *m*.

speed dating **n** *rencontre organisée entre plusieurs partenaires potentiels ayant quelques minutes pour décider s'ils veulent se revoir*.

speeding ['spi:dɪŋ] **n** *(U)* excès *m* de vitesse.

speed limit **n** limite *f* de vitesse.

speedometer [spɪ'dɒmɪtəʳ] **n** compteur *m* (de vitesse).

spell [spel] (UK *pt & pp* **-ed** OR **spelt**, US *pt & pp* **-ed**) ◆ **vt 1.** [word, name] orthographier **2.** [out loud] épeler **3.** [subj: letters] donner. ◆ **n 1.** [period] période *f* **2.** [magic] sort *m* ▸ **how do you spell that?** comment ça s'écrit ? ▸ **sunny spells** éclaircies *fpl*.

spell-check ◆ **vt** [text, file, document] vérifier l'orthographe de. ◆ **n** vérification *f* orthographique.

spell-checker [-ʧekəʳ] **n** correcteur *m* OR vérificateur *m* orthographique.

spelling ['spelɪŋ] **n** orthographe *f*.

spelt [spelt] UK **pt & pp** → **spell**.

spend [spend] (*pt & pp* **spent** [spent]) **vt 1.** [money] dépenser **2.** [time] passer.

SPF (*abbr of* **sun protection factor**) indice *m* de protection solaire.

sphere [sfɪəʳ] **n** sphère *f*.

spice [spaɪs] ◆ **n** épice *f*. ◆ **vt** épicer.

spicy ['spaɪsɪ] **adj** épicé(e).

spider ['spaɪdəʳ] **n** araignée *f*.

spider's web **n** toile *f* d'araignée.

spike [spaɪk] **n** pointe *f*.

spill [spɪl] (UK *pt & pp* **-ed** OR **spilt**, US *pt & pp* **-ed**) ◆ **vt** renverser. ◆ **vi** se renverser.

spin [spɪn] (*pt* **span** OR **spun**, *pp* **spun**) ◆ **vt 1.** [wheel] faire tourner **2.** [washing] essorer. ◆ **n** *(U)* [on ball] effet *m* ▸ **to go for a spin** *inf* [in car] faire un tour.

spinach ['spɪnɪʤ] **n** *(U)* épinards *mpl*.

spinal cord ['spaɪnl-] **n** moelle *f* épinière.

spin-dryer **n** UK essoreuse *f*.

spine [spaɪn] **n 1.** colonne *f* vertébrale **2.** [of book] dos *m*.

spinster ['spɪnstəʳ] **n** célibataire *f*.

spiral ['spaɪərəl] **n** spirale *f*.

spiral staircase **n** escalier *m* en colimaçon.

spire ['spaɪəʳ] **n** flèche *f*.

spirit ['spɪrɪt] **n 1.** [soul, mood] esprit *m* **2.** *(U)* [energy] entrain *m* **3.** *(U)* [courage] courage *m*. ◆ **spirits** **npl** [alcohol] spiritueux *mpl*.

spit [spɪt] (UK *pt & pp* **spat**, US *pt & pp* **spit**) ◆ **vi 1.** [person] cracher **2.** [fire, food] grésiller. ◆ **n 1.** *(U)* [saliva] crachat *m* **2.** [for cooking] broche *f*. ◆ **impers vb : it's spitting** UK il pleuvine.

spite [spaɪt] ◆ **in spite of** **prep** en dépit de, malgré.

spiteful ['spaɪtfʊl] **adj** malveillant(e).

splash [splæʃ] ◆ **n** [sound] plouf *m*. ◆ **vt** éclabousser.

splendid ['splendɪd] **adj 1.** [beautiful] splendide **2.** [very good] excellent(e).

splint [splɪnt] **n** attelle *f*.

splinter ['splɪntəʳ] **n 1.** [of wood] écharde *f* **2.** [of glass] éclat *m*.

split [splɪt] (*pt & pp* **split**) ◆ **n 1.** [tear] déchirure *f* **2.** [crack, in skirt] fente *f*. ◆ **vt 1.** [wood, stone] fendre **2.** [tear] déchirer **3.** [bill, cost, profits, work] partager. ◆ **vi 1.** [wood, stone] se fendre **2.** [tear] se déchirer. ◆ **split up** **vi** [group, couple] se séparer.

spoil [spɔɪl] (*pt & pp* **-ed** OR **spoilt**) **vt 1.** [ruin] gâcher **2.** [child] gâter.

spoke [spəʊk] ◆ **pt** → **speak**. ◆ **n** [of wheel] rayon *m*.

spoken ['spəʊkn] **pp** → **speak**.

spokesman ['spəʊksmən] (*pl* **-men**) **n** porte-parole *m inv*.

spokeswoman ['spəʊks,wʊmən] (*pl* **-women**) **n** porte-parole *m inv*.

sponge [spʌnʤ] **n** [for cleaning, washing] éponge *f*.

sponge bag n UK trousse *f* de toilette.

sponge cake n génoise *f*.

sponsor ['spɒnsəʳ] n [of event, TV programme] sponsor *m*.

sponsored walk [ˌspɒnsəd-] n *marche destinée à rassembler des fonds.*

spontaneous [spɒn'teɪnjəs] adj spontané(e).

spoon [spu:n] n cuillère *f*.

spoonful ['spu:nfʊl] n cuillerée *f*.

sport [spɔ:t] n sport *m*.

sport jacket US = **sports jacket**.

sports car [spɔ:ts-] n voiture *f* de sport.

sports centre [spɔ:ts-] n UK centre *m* sportif.

sports jacket [spɔ:ts-] n UK veste *f* sport.

sportsman ['spɔ:tsmən] (*pl* **-men**) n sportif *m*.

sports shop [spɔ:ts-] n magasin *m* de sport.

sportswear ['spɔ:tsweəʳ] n *(U)* vêtements *mpl* de sport.

sportswoman ['spɔ:tsˌwʊmən] (*pl* **-women**) n sportive *f*.

spot [spɒt] ◆ n **1.** [dot] tache *f* **2.** UK [on skin] bouton *m* **3.** [place] endroit *m*. ◆ vt repérer ▸ **on the spot a)** [at once] immédiatement **b)** [at the scene] sur place.

spotless ['spɒtlɪs] adj impeccable.

spotlight ['spɒtlaɪt] n spot *m*.

spotty ['spɒtɪ] adj UK boutonneux(euse).

spouse [spaʊs] n *fml* époux *m*, épouse *f*.

spout [spaʊt] n bec *m* (verseur).

sprain [spreɪn] vt fouler ▸ **to sprain one's wrist** se fouler le poignet.

sprang [spræŋ] pt → **spring**.

spray [spreɪ] ◆ n **1.** [for aerosol, perfume] vaporisateur *m* **2.** [droplets] gouttelettes *fpl*. ◆ vt **1.** [surface] asperger **2.** [car] peindre à la bombe **3.** [crops] pulvériser **4.** [paint, water, etc.] vaporiser.

spread [spred] (*pt & pp* **spread**) ◆ vt **1.** étaler **2.** [legs, fingers, arms] écarter **3.** [news, disease] propager. ◆ vi se propager. ◆ n [food] pâte *f* à tartiner. ◆ **spread out** vi [disperse] se disperser.

spreadsheet ['spredʃi:t] n tableur *m*.

spring [sprɪŋ] (*pt* **sprang**, *pp* **sprung**) ◆ n **1.** [season] printemps *m* **2.** [coil] ressort *m* **3.** [in ground] source *f*. ◆ vi [leap] sauter ▸ **in (the) spring** au printemps.

springboard ['sprɪŋbɔ:d] n tremplin *m*.

spring-cleaning [-'kli:nɪŋ] n *(U)* UK nettoyage *m* de printemps.

spring onion n UK oignon *m* blanc.

spring roll n rouleau *m* de printemps.

sprinkle ['sprɪŋkl] vt : **to sprinkle sthg with sugar** saupoudrer qqch de sucre ▸ **to sprinkle sthg with water** asperger qqch d'eau.

sprinkler ['sprɪŋkləʳ] n **1.** [for fire] sprinkler *m* **2.** [for grass] arroseur *m*.

sprint [sprɪnt] ◆ n [race] sprint *m*. ◆ vi [run fast] sprinter.

Sprinter® ['sprɪntəʳ] n UK [train] *train couvrant de faibles distances.*

sprout [spraʊt] n UK [vegetable] chou *m* de Bruxelles.

spruce [spru:s] n épicéa *m*.

sprung [sprʌŋ] ◆ pp → **spring**. ◆ adj [mattress] à ressorts.

spud [spʌd] n UK *inf* patate *f*.

spun [spʌn] pt & pp → **spin**.

spur [spɜːʳ] n [for horse rider] éperon *m* ▸ **on the spur of the moment** sur un coup de tête.

spurt [spɜːt] vi jaillir.

spy [spaɪ] n espion *m*, -ionne *f*.

spyware [spaɪweəʳ] n spyware *m*.

squall [skwɔːl] n bourrasque *f*.

squalor ['skwɒləʳ] n *(U)* conditions *fpl* sordides.

square [skweəʳ] ◆ adj [in shape] carré(e). ◆ n **1.** [shape] carré *m* **2.** [in town] place *f* **3.** [on chessboard] case *f* ▸ **2 square metres** 2 mètres carrés ▸ **it's 2 metres square** ça fait 2 mètres sur 2 ▸ **we're (all) square now** UK [not owing money] nous sommes quittes maintenant.

squash [skwɒʃ] ◆ n **1.** *(U)* [game] squash *m* **2.** UK [orange drink] orangeade *f* **3.** UK [lemon drink] citronnade *f* **4.** US [vegetable] courge *f*. ◆ vt écraser.

squat [skwɒt] ◆ adj trapu(e). ◆ vi [crouch] s'accroupir.

squeak [skwiːk] vi couiner.

squeeze [skwiːz] vt presser. ◆ **squeeze in** vi se caser.

squid [skwɪd] n *(U)* calamar *m*.

squint [skwɪnt] ◆ vi plisser les yeux. ◆ n : **to have a squint** loucher.

squirrel [UK 'skwɪrəl, US 'skwɜːrəl] n écureuil *m*.

squirt [skwɜːt] vi gicler.

Sri Lanka [ˌsriː'læŋkə] n Sri Lanka *m*.

SSN n *abbr of* **social security number**.

St 1. (*abbr of* Street) r *(rue)* **2.** (*abbr of* Saint) St (Ste) *(Saint, Sainte)*.

stab [stæb] vt poignarder.

stable ['steɪbl] ◆ adj stable. ◆ n écurie *f*.

stack [stæk] n [pile] tas *m* ▸ **stacks of** *inf* [lots] des tas de.

stackable ['stækəbl] adj empilable.

stadium ['steɪdjəm] n stade *m*.

staff [stɑːf] n [workers] personnel *m*.

stage [steɪdʒ] n **1.** [phase] stade *m* **2.** [in theatre] scène *f*.

> ⚠ **Stage** is a false friend, it means a ***training course*** or ***internship***, not a "stage".

stagger ['stægəʳ] ◆ vt [arrange in stages] échelonner. ◆ vi tituber.

stagnant ['stægnənt] adj stagnant(e).

stag night, stag party n [before wedding day] enterrement *m* de vie de garçon.

stain [steɪn] ◆ n tache *f*. ◆ vt tacher.

stained glass (window) [ˌsteɪnd-] n vitrail *m*.

stainless steel ['steɪnlɪs-] n acier *m* inoxydable.

staircase ['steəkeɪs] n escalier *m*.

stairs [steəz] npl escaliers *mpl*, escalier *m*.

stairway ['steəweɪ] n escalier *m*.

stairwell ['steəwel] n cage *f* d'escalier.

stake [steɪk] n **1.** [share] intérêt *m* **2.** [in gambling] mise *f*, enjeu *m* **3.** [post] poteau *m* ▸ **at stake** en jeu.

stakeholder ['steɪkˌhəʊldəʳ] n partie *f* prenante.

stakeholder pension n *épargne-retraite par capitalisation*.

stale [steɪl] adj rassis(e).

stalk [stɔːk] **n 1.** [of flower, plant] tige *f* **2.** [of fruit, leaf] queue *f*.

stalker ['stɔːkəʳ] **n** harceleur *m*, -euse *f* *(qui suit sa victime obsessionnellement)*.

stall [stɔːl] ◆ **n 1.** [in market] étal *m* **2.** [at exhibition] stand *m*. ◆ **vi** [car, engine] caler. ◆ **stalls npl** UK [in theatre] orchestre *m*.

stallion ['stæljən] **n** étalon *m*.

stamina ['stæmɪnə] **n** *(U)* résistance *f*.

stammer ['stæməʳ] **vi** bégayer.

stamp [stæmp] ◆ **n 1.** [for letter] timbre *m* **2.** [in passport, on document] cachet *m*. ◆ **vt** [passport, document] tamponner. ◆ **vi : to stamp on sthg** marcher sur qqch.

stamp-collecting [-kəˌlektɪŋ] **n** *(U)* philatélie *f*.

stamped addressed envelope ['stæmptəˌdrest-] **n** enveloppe *f* affranchie pour la réponse.

stamping ground ['stæmpɪŋ-] **n** *inf* lieu *m* favori.

stamp machine **n** distributeur *m* de timbres.

stand [stænd] (*pt & pp* **stood**) ◆ **vi 1.** [be on feet] se tenir debout **2.** [be situated] se trouver **3.** [get to one's feet] se lever. ◆ **vt 1.** [place] poser **2.** [bear] supporter. ◆ **n 1.** [stall] stand *m* **2.** [for umbrellas] porte-parapluies *m inv* **3.** [for coats] portemanteau *m* **4.** [at sports stadium] tribune *f* **5.** [for bike, motorbike] béquille *f* ▸ **to be standing** être debout ▸ **to stand sb a drink** offrir un verre à qqn ▸ **'no standing'** US AUT 'arrêt interdit'. ◆ **stand back** **vi** reculer. ◆ **stand for** **vt insep 1.** [mean] représenter **2.** [tolerate] supporter. ◆ **stand in** **vi : to stand in for sb** remplacer qqn. ◆ **stand out** **vi** se détacher. ◆ **stand up** ◆ **vi 1.** [be on feet] être debout **2.** [get to one's feet] se lever. ◆ **vt sep** *inf* [boyfriend, girlfriend, etc.] poser un lapin à. ◆ **stand up for** **vt insep** défendre.

standalone ['stændələʊn] **adj** COMPUT [system] autonome.

standard ['stændəd] ◆ **adj** [normal] standard, normal(e). ◆ **n 1.** [level] niveau *m* **2.** [point of comparison] norme *f* ▸ **up to standard** de bonne qualité. ◆ **standards npl** [principles] principes *mpl*.

standard-class **adj** UK [on train] au tarif normal.

standardization, standardisation UK [ˌstændədaɪ'zeɪʃn] **n 1.** [gen] standardisation *f* **2.** [of dimensions, terms] normalisation *f*.

standby ['stændbaɪ] **adj** [ticket] stand-by *inv*.

standing charges **n** [on bill] frais *mpl* d'abonnement.

standing room **n** *(U)* places *fpl* debout.

stank [stæŋk] **pt** → **stink**.

staple ['steɪpl] **n** [for paper] agrafe *f*.

stapler ['steɪpləʳ] **n** agrafeuse *f*.

star [stɑːʳ] ◆ **n 1.** étoile *f* **2.** [famous person] star *f*. ◆ **vt** [subj: film, play, etc.] **: 'starring...'** 'avec...'. ◆ **stars npl** UK *inf* [horoscope] horoscope *m*.

starboard ['stɑːbəd] **adj** de tribord.

starch ['stɑːtʃ] **n** *(U)* amidon *m*.

stare [steəʳ] **vi : to stare (at)** regarder fixement.

starfish ['stɑːfɪʃ] (*pl inv*) **n** étoile *f* de mer.

stargaze ['stɑːgeɪz] **vi** [watch] observer les étoiles.

starling ['stɑːlɪŋ] **n** étourneau *m*.

Stars and Stripes n : **the Stars and Stripes** la bannière étoilée.

ⓘ Stars and Stripes

Nom officiel donné au drapeau américain, également surnommé Star-Spangled Banner (bannière étoilée). Sa conception graphique se compose de treize lignes horizontales rouges et blanches, représentant les anciennes colonies britanniques, et d'un rectangle bleu situé dans le coin supérieur gauche, composé de cinquante étoiles blanches symbolisant les États d'Amérique. Les Américains sont très fiers de leur drapeau et il n'est pas rare de voir ce dernier flotter sur les voitures ou façades des maisons américaines, même en dehors des jours de célébrations nationales.

start [stɑːt] ◆ n 1. début *m* 2. [starting place] départ *m*. ◆ vt 1. commencer 2. [car, engine] faire démarrer 3. [business, club] monter. ◆ vi 1. commencer 2. [car, engine] démarrer 3. [begin journey] partir ▸ **prices start at** OR **from £5** les premiers prix sont à 5 livres ▸ **to start doing sthg** OR **to do sthg** commencer à faire qqch ▸ **to start with** a) [in the first place] d'abord b) [when ordering meal] en entrée. ◆ **start out** vi [on journey] partir ▸ **to start out as** débuter comme. ◆ **start up** vt sep 1. [car, engine] mettre en marche 2. [business, shop] monter.

starter ['stɑːtəʳ] n 1. UK [of meal] entrée *f* 2. [of car] démarreur *m* ▸ **for starters** [in meal] en entrée.

starter motor n démarreur *m*.

starting ['stɑːtɪŋ] ◆ n commencement *m*. ◆ adj initial.

starting point ['stɑːtɪŋ-] n point *m* de départ.

startle ['stɑːtl] vt faire sursauter.

start menu n menu *m* de démarrage.

start-up n *(U)* 1. [launch] création *f* (d'entreprise) 2. [new company] start-up *f* ▸ **start-up costs** frais *mpl* de création d'une entreprise.

starvation [stɑː'veɪʃn] n *(U)* faim *f*.

starve [stɑːv] vi [have no food] être affamé ▸ **I'm starving!** je meurs de faim !

state [steɪt] ◆ n état *m*. ◆ vt 1. [declare] déclarer 2. [specify] indiquer ▸ **the State** l'État ▸ **the States** *inf* les États-Unis *mpl*.

ⓘ State-funded education

Expression désignant les deux systèmes d'écoles secondaires britanniques financés par l'État, qui diffèrent en Écosse et au Pays de Galles. De cinq à onze ans, les écoliers fréquentent les écoles primaires, puis les comprehensive schools, établissements généraux qui dispensent la même éducation pour tous. Dès onze ans, les élèves peuvent passer un examen pour intégrer une grammar school, institution plus traditionnelle et plus sélective qui a pour vocation de préparer aux études supérieures.

statement ['steɪtmənt] n 1. [declaration] déclaration *f* 2. [from bank] relevé *m* (de compte).

state pension n pension *f* de l'État.

state school n école *f* publique.

statesman ['steɪtsmən] (*pl* -**men**) n homme *m* d'État.

static ['stætɪk] n *(U)* [on radio, TV] parasites *mpl*.

station ['steɪʃn] **n 1.** [for trains] gare *f* **2.** [for underground, on radio] station *f* **3.** [for buses] gare *f* routière.

stationary ['steɪʃnərɪ] **adj** à l'arrêt.

stationer's ['steɪʃnəz] **n** UK [shop] papeterie *f*.

stationery ['steɪʃnərɪ] **n** *(U)* papeterie *f*.

station master n chef *m* de gare.

station wagon n US break *m*.

statistics [stə'tɪstɪks] **npl** statistiques *fpl*.

statue ['stætʃuː] **n** statue *f*.

Statue of Liberty **n : the Statue of Liberty** la Statue de la Liberté.

ⓘ Statue of Liberty

En 1886, le gouvernement français offre une œuvre du sculpteur Frédéric-Auguste Bartholdi aux États-Unis : la « statue de la Liberté », effigie d'une femme drapée brandissant une torche et portant un recueil de lois, symbole du rêve américain pour tout immigrant pénétrant dans le port de New York. Aujourd'hui, des milliers de touristes empruntent le ferry pour Liberty Island et gravissent les 354 marches conduisant à la couronne qui surplombe cette statue gigantesque, monument national.

status ['steɪtəs] **n** *(U)* **1.** statut *m* **2.** [prestige] prestige *m*.

stay [steɪ] ◆ **n** [time spent] séjour *m*. ◆ **vi 1.** [remain] rester **2.** [as guest, in hotel] séjourner **3.** SCOT [reside] habiter ▸ **to stay the night** passer la nuit. ◆ **stay away vi 1.** [not attend] ne pas aller **2.** [not go near] ne pas s'approcher. ◆ **stay in vi** ne pas sortir. ◆ **stay out vi** [from home] rester dehors. ◆ **stay up vi** veiller.

STD code n UK indicatif *m*.

steady ['stedɪ] ◆ **adj 1.** stable **2.** [gradual] régulier(ière). ◆ **vt** stabiliser.

steak [steɪk] **n 1.** steak *m* **2.** [of fish] darne *f*.

steak and kidney pie n UK *tourte à la viande de bœuf et aux rognons.*

steakhouse ['steɪkhaʊs] *(pl* [-haʊzɪz]*)* **n** grill *m*.

steal [stiːl] *(pt* **stole**, *pp* **stolen***)* **vt** voler ▸ **to steal sthg from sb** voler qqch à qqn.

steam [stiːm] ◆ **n** *(U)* vapeur *f*. ◆ **vt** [food] faire cuire à la vapeur.

steamboat ['stiːmbəʊt] **n** bateau *m* à vapeur.

steam engine n locomotive *f* à vapeur.

steam iron n fer *m* à vapeur.

steel [stiːl] ◆ **n** *(U)* acier *m*. ◆ **adj** en acier.

steep [stiːp] **adj 1.** [hill, path] raide **2.** [increase, drop] fort(e) ▸ **steep slope** pente raide.

steeple ['stiːpl] **n** clocher *m*.

steer ['stɪə^r] **vt** [car, boat] manœuvrer.

steering ['stɪərɪŋ] **n** *(U)* direction *f*.

steering wheel n volant *m*.

stem [stem] **n 1.** [of plant] tige *f* **2.** [of glass] pied *m*.

step [step] ◆ **n 1.** [of stairs, of stepladder] marche *f* **2.** [of train] marchepied *m* **3.** [pace] pas *m* **4.** [measure] mesure *f* **5.** [stage] étape *f*. ◆ **vi : to step on sthg** marcher sur qqch ▸ **'mind the step'** 'attention à la marche'. ◆ **steps npl** [stairs] escalier *m*, escaliers *mpl*.

♦ **step aside** vi [move aside] s'écarter. ♦ **step back** vi [move back] reculer.

step aerobics n *(U)* step *m.*

stepbrother ['step,brʌðəʳ] n demi-frère *m.*

stepdaughter ['step,dɔːtəʳ] n belle-fille *f.*

stepfather ['step,fɑːðəʳ] n beau-père *m.*

stepladder ['step,lædəʳ] n escabeau *m.*

stepmother ['step,mʌðəʳ] n belle-mère *f.*

stepsister ['step,sɪstəʳ] n demi-sœur *f.*

stepson ['stepsʌn] n beau-fils *m.*

stereo ['sterɪəʊ] (*pl* -s) ♦ adj stéréo *inv.* ♦ n **1.** [hi-fi] chaîne *f* stéréo **2.** *(U)* [stereo sound] stéréo *f.*

sterile ['steraɪl] adj stérile.

sterilization, sterilisation UK [,sterəlaɪ'zeɪʃn] n stérilisation *f.*

sterilize ['sterəlaɪz] vt stériliser.

sterilized, sterilised UK ['sterəlaɪzd] adj [milk] stérilisé(e).

sterling ['stɜːlɪŋ] ♦ adj [pound] sterling *inv.* ♦ n *(U)* livres *fpl* sterling.

sterling silver n *(U)* argent *m* fin.

stern [stɜːn] ♦ adj [strict] sévère. ♦ n [of boat] poupe *f.*

stew [stjuː] n ragoût *m.*

steward ['stjʊəd] n **1.** [on plane, ship] steward *m* **2.** [at public event] membre *m* du service d'ordre.

stewardess ['stjʊədɪs] n hôtesse *f* de l'air.

stewed [stjuːd] adj [fruit] cuit(e) ▸ **stewed fruit** compote de fruit.

STI (*abbr of* **sexually transmitted infection**) n MED IST *f (infection sexuellement transmissible).*

stick [stɪk] (*pt & pp* **stuck**) ♦ n **1.** bâton *m* **2.** [for sport] crosse *f* **3.** [of celery] branche *f* **4.** [walking stick] canne *f.* ♦ vt **1.** [glue] coller **2.** [push, insert] mettre **3.** *inf* [put] mettre. ♦ vi **1.** coller **2.** [jam] se coincer. ♦ **stick out** vi ressortir. ♦ **stick to** vt insep **1.** [decision] s'en tenir à **2.** [promise] tenir. ♦ **stick up** ♦ vt sep [poster, notice] afficher. ♦ vi dépasser. ♦ **stick up for** vt insep *inf* défendre.

sticker ['stɪkəʳ] n autocollant *m.*

sticking plaster ['stɪkɪŋ-] n UK sparadrap *m.*

stick shift n US [car] voiture *f* à vitesses manuelles.

sticky ['stɪkɪ] adj **1.** [substance, hands, sweets] poisseux(euse) **2.** [label, tape] adhésif(ive) **3.** [weather] humide.

stiff [stɪf] ♦ adj **1.** [cardboard, material] rigide **2.** [brush, door, lock] dur(e) **3.** [back, neck] raide. ♦ adv : **to be bored stiff** *inf* s'ennuyer à mourir ▸ **to feel stiff** avoir des courbatures.

stigmata [stɪg'mɑːtə] npl RELIG stigmates *mpl.*

stile [staɪl] n échalier *m.*

stiletto [stɪ'letəʊ] n **1.** [heel] talon *m* aiguille **2.** [knife] stylet *m.* ♦ **stilettos** npl (chaussures *fpl* à) talons *mpl* aiguilles.

still [stɪl] ♦ adv **1.** [up to now, then] toujours, encore **2.** [possibly, with comparisons] encore **3.** [despite that] pourtant. ♦ adj **1.** [motionless] immobile **2.** [quiet, calm] calme **3.** [not fizzy] non gazeux(euse) **4.** UK [water] plat(e) ▸ **we've still got ten minutes** il nous reste encore dix minutes ▸ **still more** encore plus ▸ **to stand still** ne pas bouger.

stilt [stɪlt] **n 1.** [for walking] échasse *f* **2.** [in architecture] pilotis *m*.

Stilton ['stɪltn] **n** *(U)* stilton *m (fromage bleu à saveur forte)*.

stimulate ['stɪmjʊleɪt] **vt** stimuler.

sting [stɪŋ] (*pt & pp* **stung**) **vt & vi** piquer ▸ **my eyes are stinging** ça me pique les yeux.

stingy ['stɪndʒɪ] **adj** *inf* radin(e).

stink [stɪŋk] (*pt* **stank** OR **stunk**, *pp* **stunk**) **vi** puer.

stipulate ['stɪpjʊleɪt] **vt** stipuler.

stir [stɜːʳ] **vt** remuer.

stir-fry ◆ **n** sauté *m*. ◆ **vt** faire sauter.

stirrup ['stɪrəp] **n** étrier *m*.

stitch [stɪtʃ] **n 1.** [in sewing] point *m* **2.** [in knitting] maille *f* ▸ **to have a stitch** [stomach pain] avoir un point de côté. ◆ **stitches npl** [for wound] points *mpl* de suture.

stock [stɒk] ◆ **n 1.** [of shop, supply] stock *m* **2.** FIN valeurs *fpl* **3.** [in cooking] bouillon *m*. ◆ **vt** [have in stock] avoir en stock ▸ **in stock** en stock ▸ **out of stock** épuisé.

stock cube n bouillon *m* cube.

Stock Exchange n Bourse *f*.

stocking ['stɒkɪŋ] **n** bas *m*.

stock market n Bourse *f*.

stodge [stɒdʒ] **n** *(U)* UK *inf* [food] aliments *mpl* bourratifs.

stodgy ['stɒdʒɪ] **adj** [food] lourd(e).

stoked [stəkd] **adj** US *inf* : **to be stoked about sthg** [excited] être tout excité(e) à cause de qqch.

stole [stəʊl] **pt** → **steal**.

stolen ['stəʊln] **pp** → **steal**.

stomach ['stʌmək] **n 1.** [organ] estomac *m* **2.** [belly] ventre *m*.

stomachache ['stʌməkeɪk] **n** mal *m* au ventre.

stomach upset [-'ʌpset] **n** embarras *m* gastrique.

stomping ground ['stɒmpɪŋ-] = **stamping ground**.

stone [stəʊn] ◆ **n 1.** pierre *f* **2.** [in fruit] noyau *m* **3.** [measurement: pl inv] = 6,350 kg. ◆ **adj** de OR en pierre.

stonewashed ['stəʊnwɒʃt] **adj** délavé(e).

stood [stʊd] **pt & pp** → **stand**.

stool [stuːl] **n** [for sitting on] tabouret *m*.

stop [stɒp] ◆ **n** arrêt *m*. ◆ **vt** arrêter. ◆ **vi 1.** s'arrêter **2.** [stay] rester ▸ **to stop doing sthg** arrêter de faire qqch ▸ **to stop sb from doing sthg** empêcher qqn de faire qqch ▸ **to stop sthg from happening** empêcher qqch d'arriver ▸ **to put a stop to sthg** mettre un terme à qqch ▸ **'stop'** [road sign] 'stop' ▸ **'stopping at…'** [train] 'dessert les gares de…'. ◆ **stop off vi** s'arrêter.

stop-and-search n fouilles *fpl* dans la rue.

stopover ['stɒp,əʊvəʳ] **n** halte *f*.

stopper ['stɒpəʳ] **n** bouchon *m*.

stopwatch ['stɒpwɒtʃ] **n** chronomètre *m*.

storage ['stɔːrɪdʒ] **n** *(U)* rangement *m*.

storage room n [small] cagibi *m* ; [larger] débarras *m*.

store [stɔːʳ] ◆ **n 1.** [shop] magasin *m* **2.** [supply] réserve *f*. ◆ **vt 1.** entreposer, stocker **2.** COMPUT : **to store (under)** enregistrer (sous).

storehouse [ˈstɔːhaʊs] *(pl* [-haʊzɪz]*)* **n** entrepôt *m*.

storekeeper [ˈstɔːˌkiːpəʳ] **n** US commerçant *m*, -e *f*.

storeroom [ˈstɔːrʊm] **n 1.** [in house] débarras *m* **2.** [in shop] réserve *f*.

storey [ˈstɔːrɪ] *(pl* **-s***)* **n** UK étage *m*.

stork [stɔːk] **n** cigogne *f*.

storm [stɔːm] **n** orage *m*.

stormy [ˈstɔːmɪ] **adj** [weather] orageux(euse).

story [ˈstɔːrɪ] **n 1.** histoire *f* **2.** [news item] article *m* **3.** US = **storey**.

storytelling [ˈstɔːrɪˌtelɪŋ] **n** [art] art *m* de conter.

stout [staʊt] ◆ **adj** [fat] corpulent(e). ◆ **n** [drink] stout *m (bière brune)*.

stove [stəʊv] **n** cuisinière *f*.

straight [streɪt] ◆ **adj 1.** droit(e) **2.** [hair] raide **3.** [consecutive] consécutif(ive) **4.** [drink] sec (sèche). ◆ **adv 1.** droit **2.** [without delay] tout de suite ▸ **straight ahead** droit devant ▸ **straight away** immédiatement.

straight-faced **adj** qui garde son sérieux, impassible.

straightforward [ˌstreɪtˈfɔːwəd] **adj** [easy] facile.

strain [streɪn] ◆ **n 1.** [force] force *f* **2.** [nervous stress] stress *m* **3.** [tension] tension *f* **4.** [injury] foulure *f*. ◆ **vt 1.** [eyes] fatiguer **2.** [food, tea] passer ▸ **to strain one's back** se faire un tour de reins.

strainer [ˈstreɪnəʳ] **n** passoire *f*.

strait [streɪt] **n** détroit *m*.

strange [streɪndʒ] **adj 1.** [unusual] étrange **2.** [unfamiliar] inconnu(e).

stranger [ˈstreɪndʒəʳ] **n 1.** [unfamiliar person] inconnu *m*, -e *f* **2.** [person from different place] étranger *m*, -ère *f*.

strangle [ˈstræŋgl] **vt** étrangler.

strap [stræp] **n 1.** [of bag] bandoulière *f* **2.** [of watch] bracelet *m* **3.** [of dress] bretelle *f* **4.** [of camera] courroie *f*.

strapless [ˈstræplɪs] **adj** sans bretelles.

strategy [ˈstrætɪdʒɪ] **n** stratégie *f*.

straw [strɔː] **n** paille *f*.

strawberry [ˈstrɔːbərɪ] **n** fraise *f*.

stray [streɪ] ◆ **adj** [animal] errant(e). ◆ **vi** errer.

streak [striːk] **n 1.** [of paint, mud] traînée *f* **2.** [period] période *f* ▸ **to have a streak of bad luck** essuyer une série de revers ▸ **to be enjoying a lucky streak** être en veine.

streaker [ˈstriːkəʳ] **n** streaker *mf (personne nue qui traverse un lieu public en courant)*.

stream [striːm] **n 1.** [river] ruisseau *m* **2.** [of traffic, people, blood] flot *m*.

streaming [ˈstriːmɪŋ] **n 1.** UK SCH répartition *f* en classes de niveau **2.** COMPUT streaming *m*.

street [striːt] **n** rue *f*.

streetcar [ˈstriːtkɑːʳ] **n** US tramway *m*.

street light **n** réverbère *m*.

street map **n** plan *m*.

street plan **n** plan *m* de ville.

strength [streŋθ] **n 1.** *(U)* force *f* **2.** *(U)* [of structure] solidité *f* **3.** *(U)* [influence] puissance *f* **4.** [strong point] point *m* fort.

strengthen [ˈstreŋθn] **vt** renforcer.

stress [stres] ◆ n 1. [tension] stress *m* 2. [on word, syllable] accent *m.* ◆ vt 1. [emphasize] souligner 2. [word, syllable] accentuer.

stress-buster n *inf* éliminateur *m* de stress.

stress-related adj dû (due) au stress.

stretch [stretʃ] ◆ n 1. [of land, water] étendue *f* 2. [of time] période *f.* ◆ vt étirer. ◆ vi 1. [land, sea] s'étendre 2. [person, animal] s'étirer ▸ **to stretch one's legs** *fig* se dégourdir les jambes. ◆ **stretch out** ◆ vt sep [hand] tendre. ◆ vi [lie down] s'étendre.

stretcher ['stretʃəʳ] n civière *f.*

strict [strɪkt] adj strict(e).

strictly ['strɪktlɪ] adv strictement ▸ **strictly speaking** à proprement parler.

stride [straɪd] n enjambée *f.*

strike [straɪk] (*pt & pp* **struck**) ◆ n [of employees] grève *f.* ◆ vt 1. *fml* [hit] frapper 2. *fml* [collide with] percuter 3. [a match] gratter. ◆ vi 1. [refuse to work] faire grève 2. [happen suddenly] frapper ▸ **the clock struck eight** la pendule sonna huit heures.

striking ['straɪkɪŋ] adj 1. [noticeable] frappant(e) 2. [attractive] d'une beauté frappante.

string [strɪŋ] n 1. *(U)* ficelle *f* 2. [of pearls, beads] collier *m* 3. [of musical instrument, tennis racket] corde *f* 4. [series] suite *f* ▸ **a piece of string** un bout de ficelle.

string bean n haricot *m* vert.

strip [strɪp] ◆ n bande *f.* ◆ vt 1. [paint] décaper 2. [wallpaper] décoller. ◆ vi [undress] se déshabiller.

stripe [straɪp] n rayure *f.*

striped [straɪpt] adj rayé(e).

strip-search vt fouiller *(en déshabillant).*

strip show n strip-tease *m.*

stroke [strəʊk] ◆ n 1. MED attaque *f* 2. [in tennis, golf] coup *m* 3. [swimming style] nage *f.* ◆ vt caresser ▸ **a stroke of luck** un coup de chance.

stroll [strəʊl] n petite promenade *f.*

stroller ['strəʊləʳ] n US [pushchair] poussette *f.*

strong [strɒŋ] adj 1. fort(e) 2. [structure, bridge, chair] solide 3. [influential] puissant(e) 4. [effect, incentive] puissant(e).

struck [strʌk] pt & pp → **strike**.

structure ['strʌktʃəʳ] n 1. structure *f* 2. [building] construction *f.*

struggle ['strʌgl] ◆ vi 1. [fight] lutter 2. [in order to get free] se débattre. ◆ n : **to have a struggle to do sthg** avoir du mal à faire qqch ▸ **to struggle to do sthg** s'efforcer de faire qqch.

stub [stʌb] n 1. [of cigarette] mégot *m* 2. [of cheque, ticket] talon *m.*

stubble ['stʌbl] n *(U)* [on face] barbe *f* de plusieurs jours.

stubborn ['stʌbən] adj [person] têtu(e).

stuck [stʌk] ◆ pt & pp → **stick.** ◆ adj bloqué(e).

stud [stʌd] n 1. [on boots] crampon *m* 2. [fastener] bouton-pression *m* 3. [earring] clou *m.*

student ['stju:dnt] n 1. [at university, college] étudiant *m*, -e *f* 2. [at school] élève *m ou f.*

student card n carte *f* d'étudiant.

students' union [ˌstju:dnts-] n UK [place] bureau *m* des étudiants.

student union = **students' union**.

studio ['stju:dɪəʊ] (*pl* **-s**) **n** studio *m*.

studio apartment US = **studio flat**.

studio flat **n** UK studio *m*.

study ['stʌdɪ] ◆ **n 1.** *(U)* étude *f* **2.** [room] bureau *m*. ◆ **vt & vi** étudier.

stuff [stʌf] ◆ **n** *(U)* *inf* **1.** [substance] truc *m* **2.** [things, possessions] affaires *fpl*. ◆ **vt 1.** [put roughly] fourrer **2.** [fill] bourrer.

stuffed [stʌft] **adj 1.** [food] farci(e) **2.** *inf* [full up] gavé(e) **3.** [dead animal] empaillé(e).

stuffed shirt **n** prétentieux *m*, -euse *f*.

stuffing ['stʌfɪŋ] **n** *(U)* **1.** [food] farce *f* **2.** [of pillow, cushion] rembourrage *m*.

stuffy ['stʌfɪ] **adj** [room, atmosphere] étouffant(e).

stumble ['stʌmbl] **vi** trébucher.

stump [stʌmp] **n** [of tree] souche *f*.

stumpy ['stʌmpɪ] (*compar* **-ier**, *superl* **-iest**) **adj** [person] courtaud(e).

stun [stʌn] **vt** stupéfier.

stung [stʌŋ] **pt & pp** → **sting**.

stunk [stʌŋk] **pt & pp** → **stink**.

stunning ['stʌnɪŋ] **adj 1.** [very beautiful] superbe **2.** [very surprising] stupéfiant(e).

stupid ['stju:pɪd] **adj 1.** [foolish] stupide **2.** *inf* [annoying] fichu(e).

stupidity [stju:'pɪdətɪ] **n** *(U)* bêtise *f*.

sturdy ['stɜ:dɪ] **adj** solide.

stutter ['stʌtəʳ] **vi** bégayer.

sty [staɪ] **n** porcherie *f*.

style [staɪl] ◆ **n 1.** style *m* **2.** [design] modèle *m*. ◆ **vt** [hair] coiffer.

style sheet **n** feuille *f* de style.

stylish ['staɪlɪʃ] **adj** élégant(e).

stylist ['staɪlɪst] **n** [hairdresser] coiffeur *m*, -euse *f*.

sub [sʌb] **n** *inf* **1.** [substitute] remplaçant *m*, -e *f* **2.** UK [subscription] cotisation *f*.

subdirectory ['sʌbdaɪ,rektərɪ] **n** sous-répertoire *m*.

subdued [səb'dju:d] **adj 1.** [person] abattu(e) **2.** [lighting, colour] doux (douce).

subfolder ['sʌb,fəʊldəʳ] **n** COMPUT sous-dossier *m*.

subject ◆ **n** ['sʌbdʒekt] **1.** sujet *m* **2.** [at school, university] matière *f*. ◆ **vt** [səb'dʒekt] **: to subject sb to abuse** soumettre qqn à de mauvais traitements ▸ **'subject to availability'** 'dans la limite des stocks disponibles' ▸ **they are subject to an additional charge** un supplément sera exigé.

subjunctive [səb'dʒʌŋktɪv] **n** subjonctif *m*.

submarine [,sʌbmə'ri:n] **n** sous-marin *m*.

submenu ['sʌb,menju:] **n** COMPUT sous-menu *m*.

submit [səb'mɪt] ◆ **vt** soumettre. ◆ **vi** [give in] se soumettre.

subordinate [sə'bɔ:dɪnət] **adj** subordonné(e).

subplot ['sʌb,plɒt] **n** intrigue *f* secondaire.

subprime ['sʌbpraɪm] **n** US FIN **: subprime (loan** OR **mortgage)** subprime *m* *(type de crédit immobilier à risque)*.

subscribe [səb'skraɪb] **vi** s'abonner.

subscript ['sʌbskrɪpt] **n** [in mathematics, typography] indice *m*.

subscription [səb'skrɪpʃn] **n 1.** [to magazine] abonnement *m* **2.** [to club] cotisation *f.*

subsequent ['sʌbsɪkwənt] **adj** ultérieur(e).

subside [səb'saɪd] **vi 1.** [ground] s'affaisser **2.** [noise, feeling] disparaître.

subsidiary [səb'sɪdjərɪ] **n : subsidiary (company)** filiale *f.*

substance ['sʌbstəns] **n** substance *f.*

substantial [səb'stænʃl] **adj** substantiel(ielle).

substitute ['sʌbstɪtju:t] **n 1.** [replacement] substitut *m* **2.** SPORT remplaçant *m*, -e *f.*

subtext ['sʌbˌtekst] **n** message *m* sous-jacent *(de livre, de film)*.

subtitles ['sʌbˌtaɪtlz] **npl** sous-titres *mpl.*

subtle ['sʌtl] **adj** subtil(e).

subtract [səb'trækt] **vt** soustraire.

subtraction [səb'trækʃn] **n** *(U)* soustraction *f.*

suburb ['sʌbɜ:b] **n** banlieue *f* ▸ **the suburbs** la banlieue.

suburban [sə'bɜ:bn] **adj** [of suburbs] de banlieue.

subway ['sʌbweɪ] **n 1.** UK [for pedestrians] souterrain *m* **2.** US [underground railway] métro *m.*

succeed [sək'si:d] ◆ **vi** [be successful] réussir. ◆ **vt** [follow] succéder à ▸ **to succeed in doing sthg** réussir à faire qqch.

success [sək'ses] **n** succès *m*, réussite *f.*

successful [sək'sesfʊl] **adj 1.** [plan, attempt] réussi(e) **2.** [film, book, etc.] à succès **3.** [businessman, politician] qui a réussi **4.** [actor] qui a du succès ▸ **to be successful** [person] réussir.

succulent ['sʌkjʊlənt] **adj** succulent(e).

such [sʌtʃ] ◆ **adj** tel (telle). ◆ **adv : such a lot** tellement ▸ **it's such a lovely day!** c'est une si belle journée ! ▸ **such good luck** une telle chance, une chance pareille ▸ **such a thing should never have happened** une telle chose n'aurait jamais dû se produire ▸ **such as** tel que.

suck [sʌk] **vt 1.** sucer **2.** [nipple] téter.

sudden ['sʌdn] **adj** soudain(e) ▸ **all of a sudden** tout à coup.

suddenly ['sʌdnlɪ] **adv** soudain, tout à coup.

sudoku ['su:dəʊku:] **n** sudoku *m.*

sue [su:] **vt** poursuivre en justice.

suede [sweɪd] **n** *(U)* daim *m.*

suffer ['sʌfə^r] ◆ **vt** [defeat, injury] subir. ◆ **vi : to suffer (from)** souffrir (de).

suffering ['sʌfrɪŋ] **n** souffrance *f.*

sufficient [sə'fɪʃnt] **adj** *fml* suffisant(e).

sufficiently [sə'fɪʃntlɪ] **adv** *fml* suffisamment.

suffix ['sʌfɪks] **n** suffixe *m.*

suffocate ['sʌfəkeɪt] **vi** suffoquer.

sugar ['ʃʊgə^r] **n** sucre *m* ▸ **a lump of sugar** un morceau de sucre ▸ **how many sugars?** combien de sucres ?

suggest [sə'dʒest] **vt** suggérer ▸ **to suggest doing sthg** proposer de faire qqch.

suggestion [sə'dʒestʃn] **n 1.** suggestion *f* **2.** [hint] trace *f.*

suicide ['sʊɪsaɪd] **n** suicide *m* ▸ **to commit suicide** se suicider.

suicide attack **n** attentat *m* suicide.

suit [su:t] ◆ **n 1.** [man's clothes] costume *m* **2.** [woman's clothes] tailleur *m* **3.** [in cards] couleur *f* **4.** LAW procès *m.*

◆ vt **1.** [subj: clothes, colour, shoes] aller bien à **2.** [be convenient, appropriate for] convenir à ▸ **to be suited to** être adapté à ▸ **pink doesn't suit me** le rose ne me va pas. ◆ **suit up** vi insep [diver, pilot, astronaut, etc.] mettre sa combinaison.

suitable ['suːtəbl] adj adapté(e) ▸ **to be suitable for** être adapté à.

suitcase ['suːtkeɪs] n valise *f*.

suite [swiːt] n **1.** [set of rooms] suite *f* **2.** [furniture] ensemble *m* canapé-fauteuils.

sulk [sʌlk] vi bouder.

sully ['sʌlɪ] (*pt & pp* **-ied**) vt [dirty] souiller.

sultana [səl'tɑːnə] n raisin *m* de Smyrne.

sultry ['sʌltrɪ] adj [weather, climate] lourd(e).

sum [sʌm] n **1.** [in maths] opération *f* **2.** [of money] somme *f*. ◆ **sum up** vt sep résumer.

summarize ['sʌməraɪz] vt résumer.

summary ['sʌmərɪ] n résumé *m*.

summer ['sʌmə^{r}] n été *m* ▸ **in (the) summer** en été, l'été ▸ **summer holidays** UK OR **vacation** US vacances *fpl* d'été, grandes vacances.

summertime ['sʌmətaɪm] n *(U)* été *m*.

summit ['sʌmɪt] n sommet *m*.

summon ['sʌmən] vt convoquer.

sumptuous ['sʌmptʃʊəs] adj somptueux(euse).

sun [sʌn] ◆ n soleil *m*. ◆ vt : **to sun o.s.** prendre un bain de soleil ▸ **to catch the sun** prendre un coup de soleil ▸ **in the sun** au soleil ▸ **out of the sun** à l'abri du soleil.

Sun. (*abbr of* **Sunday**) dim. *(dimanche)*.

sunbathe ['sʌnbeɪð] vi prendre un bain de soleil.

sunbed ['sʌnbed] n lit *m* à ultra-violets.

sun block n écran *m* total.

sunburn ['sʌnbɜːn] n *(U)* coup *m* de soleil.

sunburnt ['sʌnbɜːnt] adj brûlé(e) par le soleil.

sun cream n crème *f* solaire.

sundae ['sʌndeɪ] n coupe *f* glacée à la Chantilly.

Sunday ['sʌndɪ] n dimanche *m* ▸ **it's Sunday** on est dimanche ▸ **Sunday morning** dimanche matin ▸ **on Sunday** dimanche ▸ **on Sundays** le dimanche ▸ **last Sunday** dimanche dernier ▸ **this Sunday** dimanche ▸ **next Sunday** dimanche prochain ▸ **Sunday week** UK, **a week on Sunday** UK, **a week from Sunday** US dimanche en huit.

Sunday school n catéchisme *m*.

sundress ['sʌndres] n robe *f* bain de soleil.

sundries ['sʌndrɪz] npl [on bill] divers *mpl*.

sunflower ['sʌnˌflaʊə^{r}] n tournesol *m*.

sunflower oil n *(U)* huile *f* de tournesol.

sung [sʌŋ] pt → **sing**.

sunglasses ['sʌnˌglɑːsɪz] npl lunettes *fpl* de soleil.

sunhat ['sʌnhæt] n chapeau *m* de soleil.

sunk [sʌŋk] pp → **sink**.

sunlight ['sʌnlaɪt] n *(U)* lumière *f* du soleil.

sun lounger [-ˌlaʊndʒə^{r}] n UK chaise *f* longue.

sunny ['sʌnɪ] **adj** ensoleillé(e) ▸ **it's sunny** il y a du soleil.

sunrise ['sʌnraɪz] **n** lever *m* de soleil.

sunroof ['sʌnruːf] **n** toit *m* ouvrant.

sunscreen ['sʌnskriːn] **n** écran *m* OR filtre *m* solaire.

sunset ['sʌnset] **n** coucher *m* de soleil.

sunshine ['sʌnʃaɪn] **n** *(U)* soleil *m* ▸ **in the sunshine** au soleil.

sunstroke ['sʌnstrəʊk] **n** *(U)* insolation *f*.

suntan ['sʌntæn] **n** bronzage *m*.

suntan cream **n** crème *f* solaire.

suntan lotion **n** lait *m* solaire.

suntanned ['sʌntænd] **adj** bronzé(e).

super ['suːpəʳ] ◆ **adj** super *inv*. ◆ **n** [petrol] super *m*.

superb [suː'pɜːb] **adj** superbe.

Super Bowl **n** US : **the Super Bowl** le Super Bowl *(aux États-Unis, finale du championnat de football américain)*.

Super Bowl

Dernier match de la saison de football américain, organisé par la Ligue nationale de football début février. Depuis la première rencontre en 1967 entre les équipes de Green Bay et de Kansas City, l'événement attire des millions de spectateurs venus assister à la confrontation entre les champions de la **National Football Conference** et l'**American Football Conference**.

superbug ['suːpəbʌg] **n** *germe résistant aux traitements antibiotiques.*

superficial [ˌsuːpə'fɪʃl] **adj** superficiel(ielle).

superfluous [suː'pɜːflʊəs] **adj** superflu(e).

Superglue® ['suːpəgluː] **n** colle *f* forte.

superhighway ['suːpəˌhaɪweɪ] **n** US autoroute *f*.

superior [suː'pɪərɪəʳ] ◆ **adj** supérieur(e). ◆ **n** supérieur *m*, -e *f*.

supermarket ['suːpəˌmɑːkɪt] **n** supermarché *m*.

supermodel ['suːpəmɒdl] **n** top model *m*.

supernatural [ˌsuːpə'nætʃrəl] **adj** surnaturel(elle).

Super Saver® **n** UK [rail ticket] *billet de train à tarif réduit, sous certaines conditions.*

superstitious [ˌsuːpə'stɪʃəs] **adj** superstitieux(ieuse).

superstore ['suːpəstɔːʳ] **n** hypermarché *m*.

supervise ['suːpəvaɪz] **vt** surveiller.

supervisor ['suːpəvaɪzəʳ] **n** [of workers] chef *m* d'équipe.

supper ['sʌpəʳ] **n** **1.** [evening meal] dîner *m* **2.** UK [late-night meal] souper *m* ▸ **to have supper** dîner.

supple ['sʌpl] **adj** souple.

supplement ◆ **n** ['sʌplɪmənt] **1.** supplément *m* **2.** [of diet] complément *m*. ◆ **vt** ['sʌplɪment] compléter.

supplementary [ˌsʌplɪ'mentərɪ] **adj** supplémentaire.

supplier [sə'plaɪəʳ] **n** fournisseur *m*, -euse *f*.

supply [sə'plaɪ] ◆ **n** **1.** [store] réserve *f* **2.** *(U)* [providing] fourniture *f* **3.** [of gas, electricity] alimentation *f*. ◆ **vt** fournir ▸ **to supply sb with information** fournir des informations à qqn ▸ **to supply sb**

with electricity alimenter qqn en électricité. ◆ **supplies** npl provisions *fpl*.

support [sə'pɔːt] ◆ n **1.** [aid, encouragement] soutien *m* **2.** [object] support *m*. ◆ vt **1.** [aid, encourage] soutenir **2.** [team, object] supporter **3.** [financially] subvenir aux besoins de.

supporter [sə'pɔːtə^{r}] n **1.** SPORT supporter *m* **2.** [of cause, political party] partisan *m*.

supporting [sə'pɔːtɪŋ] adj **1.** [pillar, structure] de soutènement **2.** [wall] porteur **3.** [in cinema, theatre] secondaire, de second plan.

suppose [sə'pəʊz] ◆ vt **1.** [assume] supposer **2.** [think] penser. ◆ conj = **supposing** ▸ **I suppose so** je suppose que oui ▸ **to be supposed to do sthg** être censé faire qqch.

supposing [sə'pəʊzɪŋ] conj à supposer que.

supreme [sʊ'priːm] adj suprême.

surcharge ['sɜːtʃɑːdʒ] n surcharge *f*.

sure [ʃʊə^{r}] ◆ adv **1.** *inf* [yes] bien sûr **2.** US *inf* [certainly] vraiment. ◆ adj sûr(e), certain(e) ▸ **they are sure to win** il est certain qu'ils vont gagner ▸ **to be sure of o.s.** être sûr de soi ▸ **to make sure (that)...** s'assurer que... ▸ **for sure** c'est certain.

surely ['ʃʊəlɪ] adv sûrement.

surf [sɜːf] ◆ n *(U)* écume *f*. ◆ vi **1.** SPORT surfer **2.** COMPUT naviguer sur Internet.

surface ['sɜːfɪs] n surface *f*.

surface area n surface *f*.

surface mail n *(U)* courrier *m* par voie de terre.

surfboard ['sɜːfbɔːd] n surf *m*.

surfing ['sɜːfɪŋ] n *(U)* surf *m* ▸ **to go surfing** faire du surf.

surgeon ['sɜːdʒən] n chirurgien *m*, -ienne *f*.

surgery ['sɜːdʒərɪ] n **1.** *(U)* [treatment] chirurgie *f* **2.** UK [building] cabinet *m* médical **3.** UK [period] consultations *fpl* ▸ **to have surgery** se faire opérer.

surname ['sɜːneɪm] n nom *m* (de famille).

surplus ['sɜːpləs] n surplus *m*.

surprise [sə'praɪz] ◆ n surprise *f*. ◆ vt surprendre.

surprised [sə'praɪzd] adj surpris(e).

surprising [sə'praɪzɪŋ] adj surprenant(e).

surrender [sə'rendə^{r}] ◆ vi se rendre. ◆ vt *fml* [hand over] remettre.

surround [sə'raʊnd] vt **1.** entourer **2.** [encircle] encercler.

surrounding [sə'raʊndɪŋ] adj environnant(e). ◆ **surroundings** npl environs *mpl*.

survey ['sɜːveɪ] n **1.** [investigation] enquête *f* **2.** [poll] sondage *m* **3.** [of land] levé *m* **4.** UK [of house] expertise *f*.

surveyor [sə'veɪə^{r}] n **1.** UK [of houses] expert *m* **2.** [of land] géomètre *m*.

survival [sə'vaɪvl] n survie *f*.

survive [sə'vaɪv] ◆ vi survivre. ◆ vt survivre à.

survivor [sə'vaɪvə^{r}] n survivant *m*, -e *f*.

susceptible [sə'septəbl] adj : **susceptible (to)** sensible (à).

suspect ◆ vt [sə'spekt] **1.** [believe] soupçonner **2.** [mistrust] douter de. ◆ n ['sʌspekt] suspect *m*, -e *f*. ◆ adj ['sʌspekt] suspect(e) ▸ **to suspect sb of murder** soupçonner qqn de meurtre.

suspend [sə'spend] **vt 1.** suspendre **2.** [from school] exclure.

suspender belt [sə'spendə-] **n** UK porte-jarretelles *m inv.*

suspenders [sə'spendəz] **npl 1.** UK [for stockings] jarretelles *fpl* **2.** US [for trousers] bretelles *fpl.*

suspense [sə'spens] **n** *(U)* suspense *m.*

suspension [sə'spenʃn] **n 1.** suspension *f* **2.** [from school] renvoi *m* temporaire.

suspicion [sə'spɪʃn] **n** soupçon *m.*

suspicious [sə'spɪʃəs] **adj** [behaviour, situation] suspect(e) ▸ **to be suspicious (of)** [distrustful] se méfier (de).

sustainability [sə,steɪnə'bɪlɪtɪ] **n** durabilité *f.*

sustainable [səs'teɪnəbl] **adj** [development, agriculture, politics, housing] durable ▸ **sustainable resources** ressources *fpl* renouvelables.

SUV *(abbr of* **sport utility vehicle***)* **n** AUT 4 x 4 *m.*

SW *(abbr of* **short wave***)* OC *(ondes courtes).*

swag [swæg] *inf* ◆ **n 1.** UK [booty] butin *m* **2.** AUSTR NZ [bundle] ba(l)luchon *m* **3.** AUSTR NZ **: swags of** [lots of] un tas de, une flopée de. ◆ **vi** AUSTR NZ [roam] vagabonder.

swallow ['swɒləʊ] ◆ **n** [bird] hirondelle *f.* ◆ **vt & vi** avaler.

swam [swæm] **pt** → **swim.**

swamp [swɒmp] **n** marécage *m.*

swan [swɒn] **n** cygne *m.*

swank [swæŋk] *inf* ◆ **vi** se vanter, frimer. ◆ **n** UK **1.** [boasting] frime *f* **2.** [boastful person] frimeur *m*, -euse *f* **3.** US [luxury] luxe *m*, chic *m.*

swanky ['swæŋkɪ] *(compar* **-ier***, superl* **-iest***)* **adj** *inf* chic.

swap [swɒp] **vt** échanger ▸ **I swapped my CD for one of hers** j'ai échangé mon CD contre l'un des siens.

swarm [swɔːm] **n** [of bees] essaim *m.*

swear [sweəʳ] *(pt* **swore***, pp* **sworn***)* **vt & vi** jurer ▸ **to swear to do sthg** jurer de faire qqch.

swearing ['sweərɪŋ] **n** [use of swear words] jurons *mpl*, gros mots *mpl.*

swearword ['sweəwɜːd] **n** gros mot *m.*

sweat [swet] ◆ **n** *(U)* transpiration *f*, sueur *f.* ◆ **vi** transpirer, suer.

sweater ['swetəʳ] **n** pull *m.*

sweat pants **n** US pantalon *m* de jogging OR survêtement.

sweatshirt ['swetʃɜːt] **n** sweat-shirt *m.*

swede [swiːd] **n** UK rutabaga *m.*

Swede [swiːd] **n** Suédois *m*, -e *f.*

Sweden ['swiːdn] **n** la Suède.

Swedish ['swiːdɪʃ] ◆ **adj** suédois(e). ◆ **n** *(U)* [language] suédois *m.* ◆ **npl : the Swedish** les Suédois *mpl.*

sweep [swiːp] *(pt & pp* **swept***)* **vt** [with broom] balayer.

sweet [swiːt] ◆ **adj 1.** [food, drink] sucré(e) **2.** [smell] doux (douce) **3.** [person, nature] gentil(ille). ◆ **n** UK **1.** [candy] bonbon *m* **2.** [dessert] dessert *m.*

sweet-and-sour **adj** aigre-doux (aigre-douce).

sweet corn **n** *(U)* maïs *m* doux.

sweetener ['swiːtnəʳ] **n** [for drink] édulcorant *m.*

sweetheart ['swiːthɑːt] **n** [term of endearment] chéri *m*, -e *f*, mon cœur *m.*

sweetie ['swi:tɪ] n *inf* **1.** [darling] chéri *m*, -e *f* **2.** UK [babytalk, sweet] bonbon *m*.

sweet potato n patate *f* douce.

sweet shop n UK confiserie *f*.

sweet talk n *(U) inf* flatteries *fpl*. ◆ **sweet-talk** vt *inf* embobiner.

sweet-tempered adj doux (douce), agréable.

swell [swel] (*pp* **swollen**) vi enfler.

swelling ['swelɪŋ] n enflure *f*.

swept [swept] pt & pp → **sweep**.

swerve [swɜ:v] vi [vehicle] faire une embardée.

swig [swɪg] n *inf* lampée *f*.

swim [swɪm] (*pt* **swam**, *pp* **swum**) ◆ vi nager. ◆ n : **to go for a swim** aller nager.

swimmer ['swɪməʳ] n nageur *m*, -euse *f*.

swimming ['swɪmɪŋ] n *(U)* natation *f* ▸ **to go swimming** nager, faire de la natation.

swimming baths npl UK piscine *f*.

swimming cap n bonnet *m* de bain.

swimming costume n UK maillot *m* de bain.

swimmingly ['swɪmɪŋlɪ] adv UK *inf* à merveille.

swimming pool n piscine *f*.

swimming trunks npl UK slip *m* de bain.

swimsuit ['swɪmsu:t] n maillot *m* de bain.

swindle ['swɪndl] n escroquerie *f*.

swing [swɪŋ] (*pt & pp* **swung**) ◆ n [for children] balançoire *f*. ◆ vt [from side to side] balancer. ◆ vi [from side to side] se balancer.

swipe [swaɪp] vt [credit card, etc.] passer dans un lecteur de cartes.

swipe card n carte *f* magnétique.

Swiss [swɪs] ◆ adj suisse. ◆ n [person] Suisse *m ou f*. ◆ npl : **the Swiss** les Suisses *mpl*.

Swiss cheese n gruyère *m*.

swiss roll n UK gâteau *m* roulé.

Switch® [swɪʧ] n UK *système de paiement non différé par carte bancaire*.

switch [swɪʧ] ◆ n **1.** [for light, power] interrupteur *m* **2.** [for television, radio] bouton *m*. ◆ vi changer. ◆ vt [exchange] échanger ▸ **to switch places** changer de place. ◆ **switch off** vt sep **1.** [light, radio] éteindre **2.** [engine] couper. ◆ **switch on** vt sep **1.** [light, radio] allumer **2.** [engine] mettre en marche.

switchboard ['swɪʧbɔ:d] n standard *m*.

Switzerland ['swɪtsələnd] n la Suisse.

swivel ['swɪvl] vi pivoter.

swollen ['swəʊln] ◆ pp → **swell**. ◆ adj [ankle, arm, etc.] enflé(e).

swop [swɒp] UK = **swap**.

sword [sɔ:d] n épée *f*.

swordfish ['sɔ:dfɪʃ] (*pl inv*) n espadon *m*.

swore [swɔ:ʳ] pt → **swear**.

sworn [swɔ:n] pp → **swear**.

SWOT [swɒt] (*abbr of* **strengths, weaknesses, opportunities and threats**) n : **SWOT analysis** analyse *f* SWOT.

swum [swʌm] pp → **swim**.

swung [swʌŋ] **pt & pp → swing**.

syllable ['sɪləbl] **n** syllabe *f*.

syllabus ['sɪləbəs] **n** programme *m*.

symbol ['sɪmbl] **n** symbole *m*.

sympathetic [ˌsɪmpə'θetɪk] **adj** [understanding] compréhensif(ive).

⚠ Sympathique is a false friend, it means ***nice*** or ***friendly***, not "sympathetic".

sympathize ['sɪmpəθaɪz] **vi 1.** [feel sorry] compatir **2.** [understand] comprendre ▸ **to sympathize with sb a)** [feel sorry for] plaindre qqn **b)** [understand] comprendre qqn.

sympathy ['sɪmpəθɪ] **n** *(U)* [understanding] compréhension *f*.

symphony ['simfənɪ] **n** symphonie *f*.

symptom ['sɪmptəm] **n** symptôme *m*.

synagogue ['sɪnəgɒg] **n** synagogue *f*.

synchronization, synchronisation UK [ˌsɪŋkrənaɪ'zeɪʃn] **n** synchronisation *f*.

synchronize ['sɪŋkrənaɪz] **vt** synchroniser.

synthesizer ['sɪnθəsaɪzə^r] **n** synthétiseur *m*.

synthetic [sɪn'θetɪk] **adj** synthétique.

Syria ['sɪrɪə] **n** Syrie *f*.

syringe [sɪ'rɪndʒ] **n** seringue *f*.

syrup ['sɪrəp] **n** sirop *m*.

system ['sɪstəm] **n 1.** système *m* **2.** [for gas, heating, etc.] installation *f* **3.** [hi-fi] chaîne *f*.

T t

ta [tɑː] **excl** UK *inf* merci !

tab [tæb] **n 1.** [of cloth, paper, etc.] étiquette *f* **2.** [bill] addition *f*, note *f* ▸ **put it on my tab** mettez-le sur ma note.

tabbouleh [tə'buːlɪ] **n** *(U)* taboulé *m*.

table ['teɪbl] **n 1.** table *f* **2.** [of figures, etc.] tableau *m*.

tablecloth ['teɪblklɒθ] **n** nappe *f*.

tablemat ['teɪblmæt] **n** UK dessous-de-plat *m inv*.

tablespoon ['teɪblspuːn] **n** cuillère *f* à soupe.

tablet ['tæblɪt] **n 1.** [pill] cachet *m* **2.** [of chocolate] tablette *f* **3.** COMPUT **: tablet (computer)** tablette tactile ▸ **a tablet of soap** une savonnette.

table tennis **n** *(U)* ping-pong *m*.

table wine **n** vin *m* de table.

tabloid ['tæblɔɪd] **n** tabloïd(e) *m*.

ⓘ **Tabloid**

Nom donné aux journaux britanniques de petit format, moins onéreux que les quotidiens traditionnels (les **broadsheets**). Très lucrative, cette forme de presse à sensation est cependant particulièrement dépréciée par rapport au journalisme d'information : elle ne traite en effet avant tout que des scandales impliquant des stars et personnalités, et est régulièrement poursuivie en →

justice dans le cadre de procès pour propos fallacieux et atteinte à la vie privée.

tack [tæk] n [nail] clou *m*.

tackle ['tækl] ◆ n **1.** [in football] tacle *m* **2.** [in rugby] plaquage *m* **3.** *(U)* [for fishing] matériel *m*. ◆ vt **1.** [in football] tacler **2.** [in rugby] plaquer **3.** [deal with] s'attaquer à.

tacky ['tækɪ] adj *inf* ringard(e).

taco ['tækəʊ] (*pl* -s) n *crêpe de maïs farcie, très fine et croustillante (spécialité mexicaine).*

tact [tækt] n *(U)* tact *m*.

tactful ['tæktfʊl] adj plein(e) de tact.

tactics ['tæktɪks] npl tactique *f*.

tag [tæg] n **1.** [label] étiquette *f* **2.** COMPUT balise *f*.

tagliatelle [,tægljə'telɪ] n *(U)* tagliatelles *fpl*.

tail [teɪl] n queue *f*. ◆ **tails** ◆ n *(U)* [of coin] pile *f*. ◆ npl [formal dress] queue-de-pie *f*.

tailgate ['teɪlgeɪt] n [of car] hayon *m*.

tailor ['teɪlər] n tailleur *m*.

tailor-made adj *fig* sur mesure.

Taiwan [,taɪ'wɑːn] n Taïwan.

take [teɪk] (*pt* **took**, *pp* **taken**) ◆ vt **1.** [gen] prendre ▸ **to take a bath / shower** prendre un bain / une douche ▸ **to take an exam** passer un examen ▸ **to take a walk** faire une promenade **2.** [carry] emporter **3.** [drive] emmener **4.** [time] prendre ; [patience, work] demander ▸ **how long will it take?** combien de temps ça va prendre ? **5.** [size in clothes, shoes] faire ▸ **what size do you take?** a) [clothes] quelle taille faites-vous ? b) [shoes] quelle pointure faites-vous ? **6.** [subtract] ôter **7.** [accept] accepter ▸ **do you take traveller's cheques?** acceptez-vous les traveller's checks ? ▸ **to take sb's advice** suivre les conseils de qqn **8.** [contain] contenir **9.** [tolerate] supporter **10.** [assume] **: I take it that...** je suppose que... **11.** [rent] louer

◆ **take apart** vt sep [dismantle] démonter.

◆ **take away** vt sep [remove] enlever ; [subtract] ôter.

◆ **take back** vt sep [something borrowed] rapporter ; [person] ramener ; [statement] retirer.

◆ **take down** vt sep **1.** [picture, decorations] enlever **2.** [dismantle] **: to take down a tent** démonter une tente.

◆ **take in** vt sep [include] englober ; [understand] comprendre ; [deceive] tromper ; [clothes] reprendre.

◆ **take off** ◆ vi [plane] décoller. ◆ vt sep [remove] enlever, ôter ; [as holiday] **: to take a week off** prendre une semaine de congé.

◆ **take out** vt sep sortir ; [loan, insurance policy] souscrire ; [go out with] emmener.

◆ **take over** vi prendre le relais.

◆ **take up** vt sep [begin] se mettre à ; [use up] prendre ; [trousers, dress] raccourcir.

takeaway ['teɪkə,weɪ] n UK **1.** [shop] *magasin qui vend des plats à emporter* **2.** [food] plat *m* à emporter.

taken ['teɪkn] pp → **take**.

takeoff ['teɪkɒf] n [of plane] décollage *m*.

takeout ['teɪkaʊt] US = **takeaway**.

taking ['teɪkɪŋ] ◆ **adj** engageant(e). ◆ **n** **1.** [of city, power] prise *f* **2.** [of blood, sample] prélèvement *m*.

takings ['teɪkɪŋz] **npl** recette *f*.

talcum powder ['tælkəm-] **n** talc *m*.

tale [teɪl] **n** **1.** [story] conte *m* **2.** [account] récit *m*.

talent ['tælənt] **n** talent *m*.

talk [tɔːk] ◆ **n** **1.** [conversation] conversation *f* **2.** [speech] exposé *m*. ◆ **vi** parler ▸ **to talk to sb** parler à qqn ▸ **have you talked to her about the matter?** est-ce que tu lui as parlé de l'affaire ? ▸ **to talk with sb** parler avec qqn. ◆ **talks** **npl** négociations *fpl*.

talkative ['tɔːkətɪv] **adj** bavard(e).

talking ['tɔːkɪŋ] **n** : **he did all the talking** il était le seul à parler.

tall [tɔːl] **adj** grand(e) ▸ **how tall are you?** combien mesures-tu ? ▸ **I'm five and a half feet tall** je fais 1,65 mètres, je mesure 1,65 mètres.

tame [teɪm] **adj** [animal] apprivoisé(e).

tampon ['tæmpɒn] **n** tampon *m*.

tan [tæn] ◆ **n** [suntan] bronzage *m*. ◆ **vi** bronzer. ◆ **adj** **1.** [colour] brun clair **2.** US bronzé(e).

tangerine [,tændʒə'riːn] **n** mandarine *f*.

tank [tæŋk] **n** **1.** [container] réservoir *m* **2.** [vehicle] tank *m*.

tanker ['tæŋkəʳ] **n** [truck] camion-citerne *m*.

tankini [tæŋ'kiːnɪ] **n** tankini *m*.

tanned [tænd] **adj** UK bronzé(e).

tantalizing, tantalising UK ['tæntəlaɪzɪŋ] **adj** [smell] très appétissant(e) ; [possibility, thought] très tentant(e).

tap [tæp] ◆ **n** UK [for water] robinet *m*. ◆ **vt** [hit] tapoter.

tape [teɪp] ◆ **n** **1.** [cassette, video] cassette *f* **2.** [in cassette] bande *f* **3.** *(U)* [adhesive material] ruban *m* adhésif **4.** [strip of material] ruban *m*. ◆ **vt** **1.** [record] enregistrer **2.** [stick] scotcher.

tape measure **n** mètre *m* (ruban).

tape recorder **n** magnétophone *m*.

tapestry ['tæpɪstrɪ] **n** tapisserie *f*.

tap water **n** *(U)* eau *f* du robinet.

tar [tɑːʳ] **n** *(U)* **1.** [for roads] goudron *m* **2.** [in cigarettes] goudrons *mpl*.

target ['tɑːgɪt] **n** cible *f*.

targeted ['tɑːgɪtɪd] **adj** ciblé(e).

tariff ['tærɪf] **n** **1.** UK [price list] tarif *m* **2.** UK [menu] menu *m* **3.** [at customs] tarif *m* douanier.

tarmac ['tɑːmæk] **n** [at airport] piste *f*. ◆ **Tarmac®** **n** *(U)* [on road] macadam *m*.

tarpaulin [tɑː'pɔːlɪn] **n** bâche *f*.

tarragon ['tærəgən] **n** estragon *m*.

tart [tɑːt] **n** tarte *f*.

tartan ['tɑːtn] **n** tartan *m*.

tartar ['tɑːtəʳ] **n** [on teeth] tartre *m*.

tartare sauce [,tɑːtə-] **n** *(U)* UK sauce *f* tartare.

tartar sauce = **tartare sauce**.

taser ['teɪzəʳ] **n** pistolet *m* à impulsion électronique, taser *m*.

task [tɑːsk] **n** tâche *f*.

taskbar ['tɑːskbɑːʳ] **n** barre *f* (des tâches).

taste [teɪst] ◆ **n** goût *m*. ◆ **vt** **1.** [sample] goûter **2.** [detect] sentir. ◆ **vi** : **to taste of sthg** avoir un goût de qqch ▸ **it tastes bad** ça a mauvais goût ▸ **it tastes good** ça a bon goût ▸ **to have a taste of**

sthg a) [food, drink] goûter (à) qqch b) *fig* [experience] avoir un aperçu de qqch.

tasteful ['teɪstfʊl] adj de bon goût.

tasteless ['teɪstlɪs] adj 1. [food] insipide 2. [comment, decoration] de mauvais goût.

tasty ['teɪstɪ] adj délicieux(ieuse).

ta-ta [tæ'tɑː] excl UK *inf* salut.

tattle-tale ['tætl-] US = **telltale**.

tattoo [tə'tuː] (*pl* -s) n 1. [on skin] tatouage *m* 2. [military display] défilé *m* (militaire).

taught [tɔːt] pt & pp → **teach**.

Taurus ['tɔːrəs] n Taureau *m*.

taut [tɔːt] adj tendu(e).

tax [tæks] ◆ n 1. [on income] impôts *mpl* 2. [on import, goods] taxe *f*. ◆ vt 1. [goods] taxer 2. [person] imposer.

tax disc n UK vignette *f* automobile.

tax-free adj exonéré(e) d'impôts.

taxi ['tæksɪ] ◆ n taxi *m*. ◆ vi [plane] rouler.

taxi driver n chauffeur *m* de taxi.

taxi rank n UK station *f* de taxis.

taxi stand US = **taxi rank**.

tax return n déclaration *f* d'impôts.

TBA *abbr of* **to be announced**.

T-bone steak n steak *m* dans l'aloyau.

tea [tiː] n 1. thé *m* 2. [herbal] tisane *f* 3. UK [evening meal] dîner *m*.

tea bag n sachet *m* de thé.

tea break n UK *pause pour prendre le thé* ; ≃ pause-café *f*.

teacake ['tiːkeɪk] n UK *petit pain brioché aux raisins secs*.

teach [tiːtʃ] (*pt & pp* **taught**) ◆ vt 1. [subject] enseigner 2. [person] enseigner à. ◆ vi enseigner ▸ **to teach adults English, to teach English to adults** enseigner l'anglais à des adultes ▸ **to teach sb (how) to do sthg** apprendre à qqn à faire qqch.

teacher ['tiːtʃər] n 1. [primary] instituteur *m*, -trice *f* 2. [secondary] professeur *m*.

teaching ['tiːtʃɪŋ] n (*U*) enseignement *m*.

tea cloth = **tea towel**.

teacup ['tiːkʌp] n tasse *f* à thé.

team [tiːm] n équipe *f*.

teapot ['tiːpɒt] n théière *f*.

tear[1] [teər] (*pt* **tore**, *pp* **torn**) ◆ vt [rip] déchirer. ◆ vi se déchirer. ◆ n déchirure *f*. ◆ **tear up** vt sep déchirer.

tear[2] [tɪər] n larme *f*.

tear gas [tɪər-] n (*U*) gaz *m* lacrymogène.

tearoom ['tiːrʊm] n salon *m* de thé.

tease [tiːz] vt taquiner.

teaser ['tiːzər] n *inf* 1. [person] taquin *m*, -e *f* 2. [advertisement] teaser *m*, aguiche *f*.

tea service, tea set n service *m* à thé.

tea set n service *m* à thé.

teaspoon ['tiːspuːn] n 1. cuillère *f* à café 2. [amount] = **teaspoonful**.

teaspoonful ['tiːspuːn,fʊl] n cuillerée *f* à café.

teat [tiːt] n [animal] tétine *f*.

teatime ['tiːtaɪm] n heure *f* du thé.

tea towel n UK torchon *m*.

technical ['teknɪkl] adj technique.

technical data sheet n fiche *f* technique.

technical drawing n *(U)* dessin *m* industriel.

technicality [ˌteknɪ'kælətɪ] **n** [detail] détail *m* technique.

technician [tek'nɪʃn] **n** technicien *m*, -ienne *f*.

technique [tek'ni:k] **n** technique *f*.

techno ['teknəʊ] **n** *(U)* MUS techno *f*.

technological [ˌteknə'lɒdʒɪkl] **adj** technologique.

technology [tek'nɒlədʒɪ] **n** technologie *f*.

teddy (bear) ['tedɪ-] **n** ours *m* en peluche.

tedious ['ti:djəs] **adj** ennuyeux(euse).

tee [ti:] **n 1.** [peg] tee *m* **2.** [area] point *m* de départ.

teen [ti:n] **adj** *inf* [fashion] pour ados ; [music, problems] d'ados.

teenager ['ti:nˌeɪdʒəʳ] **n** adolescent *m*, -e *f*.

teeth [ti:θ] **pl → tooth**.

teethe [ti:ð] **vi : to be teething** faire ses dents.

teetotal [ti:'təʊtl] **adj** qui ne boit jamais.

tel. (*abbr of* **telephone**) tél. *(téléphone)*.

telebanking ['telɪˌbæŋkɪŋ] **n** *(U)* télébanque *f*.

telecommunications ['telɪkəˌmju:nɪ'keɪʃnz] **npl** télécommunications *fpl*.

teleconference ['telɪˌkɒnfərəns] **n** téléconférence *f*.

telegram ['telɪgræm] **n** télégramme *m*.

telegraph ['telɪgrɑ:f] ◆ **n** télégraphe *m*. ◆ **vt** télégraphier.

telegraph pole **n** UK poteau *m* télégraphique.

telephone ['telɪfəʊn] ◆ **n** téléphone *m*. ◆ **vt** [person, place] téléphoner à. ◆ **vi** téléphoner ▸ **to be on the telephone a)** [talking] être au téléphone **b)** UK [connected] avoir le téléphone.

telephone booth US = **telephone box**.

telephone box **n** UK cabine *f* téléphonique.

telephone call **n** appel *m* téléphonique.

telephone directory **n** annuaire *m* (téléphonique).

telephone number **n** numéro *m* de téléphone.

telephonist [tɪ'lefənɪst] **n** UK téléphoniste *m ou f*.

telephoto lens [ˌtelɪ'fəʊtəʊ-] **n** téléobjectif *m*.

telescope ['telɪskəʊp] **n** télescope *m*.

television ['telɪˌvɪʒn] **n 1.** *(U)* [medium, industry] télévision *f* **2.** [set] (poste *m* de) télévision *f*, téléviseur *m* ▸ **on (the) television** [broadcast] à la télévision.

telework ['telɪwɜ:k], **teleworking** ['telɪwɜ:kɪŋ] **n** *(U)* télétravail *m*.

telex ['teleks] **n** télex *m*.

tell [tel] (*pt & pp* **told**) ◆ **vt 1.** [inform] dire à **2.** [story, joke] raconter **3.** [truth, lie] dire **4.** [distinguish] voir. ◆ **vi : I can tell** ça se voit ▸ **can you tell me the time?** pouvez-vous me dire l'heure ? ▸ **you should tell him the truth** tu devrais lui dire la vérité ▸ **did she tell him about the job offer?** est-ce qu'elle lui a parlé de l'offre d'emploi ? ▸ **to tell sb how to do sthg** dire à qqn comment faire qqch ▸ **to tell sb to do sthg** dire à qqn de faire qqch. ◆ **tell off** vt sep gronder.

teller ['teləʳ] n US [in bank] caissier *m*, -ière *f*.

telltale ['telteɪl] ◆ adj révélateur (trice). ◆ n rapporteur *m*, -euse *f*, mouchard *m*, -e *f*.

telly ['telɪ] n UK *inf* télé *f*.

temp [temp] ◆ n intérimaire *m ou f*. ◆ vi faire de l'intérim.

temper ['tempəʳ] n **: to be in a temper** être de mauvaise humeur ▸ **to lose one's temper** se mettre en colère.

temperature ['temprətʃəʳ] n température *f* ▸ **to have a temperature** avoir de la température.

temping ['tempɪŋ] n intérim *m*.

temple ['templ] n **1.** [building] temple *m* **2.** [of forehead] tempe *f*.

temporary ['tempərərɪ] adj temporaire.

temporary file n fichier *m* temporaire.

tempt [tempt] vt tenter ▸ **to be tempted to do sthg** être tenté de faire qqch.

temptation [temp'teɪʃn] n tentation *f*.

tempting ['temptɪŋ] adj tentant(e).

ten [ten] num adj & n dix ▸ **to be ten (years old)** avoir dix ans ▸ **it's ten (o'clock)** il est dix heures ▸ **a hundred and ten** cent dix ▸ **ten Hill St** 10 Hill St ▸ **it's minus ten (degrees)** il fait moins dix (degrés).

tenant ['tenənt] n locataire *m ou f*.

tend [tend] vi **: to tend to do sthg** avoir tendance à faire qqch.

tendency ['tendənsɪ] n tendance *f*.

tender ['tendəʳ] ◆ adj **1.** tendre **2.** [sore] douloureux(euse). ◆ vt *fml* [pay] présenter.

tendon ['tendən] n tendon *m*.

tenement ['tenəmənt] n immeuble *m*.

tenner ['tenəʳ] n UK *inf* [amount] dix livres.

tennis ['tenɪs] n *(U)* tennis *m*.

tennis ball n balle *f* de tennis.

tennis court n court *m* de tennis.

tennis racket n raquette *f* de tennis.

tenpin bowling ['tenpɪn-] n *(U)* UK bowling *m*.

tenpins ['tenpɪnz] US = **tenpin bowling**.

tense [tens] ◆ adj tendu(e). ◆ n GRAM temps *m*.

tensile strength n résistance *f* à la tension, limite *f* élastique à la tension.

tension ['tenʃn] n tension *f*.

tent [tent] n tente *f*.

tenth [tenθ] ◆ num adj & adv dixième. ◆ num pron dixième *m ou f*. ◆ num n [fraction] dixième *m* ▸ **the tenth (of September)** le dix (septembre).

tenth grade n US SCH *classe de l'enseignement secondaire correspondant à la seconde (14-15 ans)*.

tent peg n piquet *m* de tente.

tepid ['tepɪd] adj tiède.

tequila [tɪ'kiːlə] n tequila *f*.

term [tɜːm] n **1.** [word, expression] terme *m* **2.** [at school, university] trimestre *m* ▸ **in the long term** à long terme ▸ **in the short term** à court terme ▸ **in terms of** du point de vue de ▸ **in business terms** d'un point de vue commercial. ◆ **terms** npl **1.** [of contract] termes *mpl* **2.** [price] conditions *fpl*.

terminal ['tɜːmɪnl] ◆ **adj** [illness] mortel(elle). ◆ **n 1.** [for buses] terminus *m* **2.** [at airport] terminal *m*, aérogare *f* **3.** COMPUT terminal.

terminate ['tɜːmɪneɪt] **vi** [train, bus] arriver à son terminus.

terminus ['tɜːmɪnəs] **n** terminus *m*.

terrace ['terəs] **n** [patio] terrasse *f* ▸ **the terraces** UK [at football ground] les gradins *mpl*.

terraced house ['terəst-] **n** UK *maison attenante aux maisons voisines.*

terrible ['terəbl] **adj 1.** terrible **2.** [very ill] très mal.

terribly ['terəblɪ] **adv 1.** terriblement **2.** [very badly] terriblement mal.

terrier ['terɪə^r] **n** terrier *m*.

terrific [tə'rɪfɪk] **adj 1.** *inf* [very good] super *inv* **2.** [very great] terrible.

terrified ['terɪfaɪd] **adj** terrifié(e).

territory ['terətrɪ] **n** territoire *m*.

terror ['terə^r] **n** terreur *f*.

terrorism ['terərɪzm] **n** *(U)* terrorisme *m*.

terrorist ['terərɪst] **n** terroriste *m ou f*.

terrorize ['terəraɪz] **vt** terroriser.

test [test] ◆ **n 1.** [exam, medical] examen *m* **2.** [at school, on machine, car] contrôle *m* **3.** [of intelligence, personality] test *m* **4.** [of blood] analyse *f*. ◆ **vt 1.** [check] tester **2.** [give exam to] interroger **3.** [dish, drink] goûter (à) ▸ **driving test** examen du permis de conduire.

testes ['testiːz] **npl** → **testis**.

testicles ['testɪklz] **npl** testicules *mpl*.

testis ['testɪs] (*pl* **testes** ['testiːz]) **n** testicule *m*.

test tube **n** éprouvette *f*.

tetanus ['tetənəs] **n** *(U)* tétanos *m*.

text [tekst] ◆ **n 1.** texte *m* **2.** [on mobile phone] mini-message *m*. ◆ **vi** envoyer un mini-message. ◆ **vt** envoyer un mini-message à.

textbook ['tekstbʊk] **n** manuel *m*.

textile ['tekstaɪl] **n** textile *m*.

texting ['tekstɪŋ] **n** *(U)* [telephone & COMPUT] service *m* de mini-messages.

text message ['tekstbʊk] **n** mini-message *m*.

text messaging **n** *(U)* [telephone & COMPUT] service *m* de mini-messages.

texture ['tekstʃə^r] **n** texture *f*.

Thai [taɪ] **adj** thaïlandais(e).

Thailand ['taɪlænd] **n** la Thaïlande.

Thames [temz] **n : the Thames** la Tamise.

than *(weak form* [ðən], *strong form* [ðæn]*)* **prep & conj** que ▸ **you're better than me** tu es meilleur que moi ▸ **I'd rather stay in than go out** je préférerais rester à la maison (plutôt) que sortir ▸ **more than ten** plus de dix.

thank [θæŋk] **vt** remercier ▸ **I thanked her for her help** je l'ai remerciée de OR pour son aide. ◆ **thanks** ◆ **npl** remerciements *mpl*. ◆ **excl** merci ! ▸ **thanks to** grâce à ▸ **many thanks** mille mercis.

thankfully ['θæŋkfʊlɪ] **adv** [with relief] heureusement.

Thanksgiving ['θæŋksˌgɪvɪŋ] **n** *(U)* *fête nationale américaine.*

ⓘ **Thanksgiving**

L'origine de cette fête fédérale, célébrée aux États-Unis le 4e jeudi de novembre, remonte à 1621, lorsque les premiers colons (les **Pilgrim Fathers**) décidèrent de faire une action de grâce pour remercier Dieu de leur →

première récolte. Le dîner familial qui a lieu en cette occasion est traditionnellement composé d'une dinde aux airelles accompagnée de patates douces et se termine par une tarte au potiron.

thank you excl merci ! ▸ **thank you very much!** merci beaucoup ! ▸ **no thank you!** non merci !

that [ðæt] (*pl* **those**) ◆ **adj** 1. [referring to thing, person mentioned] ce (cette), cet *(before vowel or mute "h")*, ces *pl* ▸ **that film was very good** ce film était très bien ▸ **those chocolates are delicious** ces chocolats sont délicieux 2. [referring to thing, person further away] ce…-là (cette…-là), cet…-là *(before vowel or mute "h")*, ces…-là *pl* ▸ **I prefer that book** je préfère ce livre-là ▸ **I'll have that one** je prends celui-là
◆ **pron** 1. [referring to thing mentioned] ce, cela, ça ▸ **what's that?** qu'est-ce que c'est que ça ? ▸ **that's interesting** c'est intéressant ▸ **who's that?** qui est-ce ? ▸ **is that Lucy?** c'est Lucy ? 2. [referring to thing, person further away] celui-là (celle-là), ceux-là (celles-là) *pl* 3. *(weak form* [ðət]*)* [introducing relative clause: subject] qui ▸ **a shop that sells antiques** un magasin qui vend des antiquités 4. *(weak form* [ðət]*)* [introducing relative clause: object] que ▸ **the film that I saw** le film que j'ai vu 5. *(weak form* [ðət]*)* [introducing relative clause: after prep] : **the person that I bought it for** la personne pour laquelle je l'ai acheté ▸ **the place that I'm looking for** l'endroit que je cherche
◆ **adv** *inf* si ▸ **it wasn't that bad / good** ce n'était pas si mauvais / bon (que ça)
◆ **conj** *(weak form* [ðət]*)* que ▸ **tell him that I'm going to be late** dis-lui que je vais être en retard.

thatched [θætʃt] **adj** 1. [roof] de chaume 2. [cottage] au toit de chaume.

that's [ðæts] → **that is.**

thaw [θɔː] ◆ **vi** [snow, ice] fondre. ◆ **vt** [frozen food] décongeler.

the *(weak form* [ðə], *before vowel* [ðɪ], *strong form* [ðiː]*)* ◆ **art** 1. [gen] le (la), les *pl* ▸ **the book** le livre ▸ **the man** l'homme ▸ **the woman** la femme ▸ **the girls** les filles ▸ **the Wilsons** les Wilson 2. [with an adjective to form a noun] : **the British** les Britanniques ▸ **the young** les jeunes 3. [in dates] : **the twelfth** le douze ▸ **the forties** les années quarante 4. [in titles] : **Elizabeth the Second** Élisabeth II.

theater ['θɪətər] **n** US 1. [for plays, drama] = **theatre** 2. [for films] cinéma *m.*

theatre ['θɪətər] **n** UK théâtre *m.*

thee [ðiː] **pron** [archaic] te, t' *(before vowel or mute "h")* ; [after prep] toi.

theft [θeft] **n** vol *m.*

their [ðeər] **adj** leur, leurs *pl.*

theirs [ðeəz] **pron** le leur (la leur), les leurs *pl* ▸ **a friend of theirs** un de leurs amis.

them *(weak form* [ðəm], *strong form* [ðem]*)* **pron** 1. [direct] les 2. [indirect] leur 3. [after prep] eux (elles) ▸ **I know them** je les connais ▸ **it's them** ce sont OR c'est eux ▸ **send it to them** envoyez-le-leur ▸ **tell them** dites-leur ▸ **he's worse than them** il est pire qu'eux.

theme [θiːm] **n** thème *m*.

themed [θiːmd] **adj** [restaurant, pub] à thème.

theme park **n** parc *m* à thème.

theme pub **n** UK pub à thème *m*.

theme tune **n** UK [signature tune] indicatif *m* musical.

themselves [ðəm'selvz] **pron** **1.** [reflexive] se **2.** [after prep] eux, eux-mêmes ▸ **they did it themselves** ils l'ont fait eux-mêmes.

then [ðen] **adv** **1.** [at time in past, in that case] alors **2.** [at time in future] à ce moment-là **3.** [next] puis, ensuite ▸ **from then on** depuis ce moment-là ▸ **until then** jusque-là.

theory ['θɪərɪ] **n** théorie *f* ▸ **in theory** en théorie.

therapist ['θerəpɪst] **n** thérapeute *m ou f*.

therapy ['θerəpɪ] **n** thérapie *f*.

there [ðeəʳ] ◆ **adv** là, là-bas. ◆ **pron :** **there is** il y a ▸ **there are** il y a ▸ **is anyone there?** il y a quelqu'un ? ▸ **is Bob there, please?** [on phone] est-ce que Bob est là, s'il vous plaît ? ▸ **we're going there tomorrow** nous y allons demain ▸ **over there** là-bas. ◆ **there again** adv après tout. ◆ **there and then, then and there** adv sur-le-champ. ◆ **there you are, there you go** adv **1.** [handing over something] voilà **2.** [expressing reluctant acceptance] c'est comme ça, que voulez-vous ?

thereabouts [,ðeərə'baʊts] **adv : or thereabouts** environ.

thereby [,ðeər'baɪ] **adv** *fml* ainsi, de cette façon.

therefore ['ðeəfɔːʳ] **adv** donc, par conséquent.

thereof [,ðeər'ɒv] **adv** *fml* [archaic] de cela, en.

there's [ðeəz] → **there is.**

thermal underwear [,θɜːml-] **n** *(U)* sous-vêtements *mpl* en thermolactyl.

thermometer [θə'mɒmɪtəʳ] **n** thermomètre *m*.

Thermos (flask)® ['θɜːməs-] **n** Thermos® *f*.

thermostat ['θɜːməstæt] **n** thermostat *m*.

these [ðiːz] **pl** → **this.**

they [ðeɪ] **pron** ils (elles).

they'd [ðeɪd] → **they had, they would.**

they'll [ðeɪl] → **they shall, they will.**

they're [ðeəʳ] → **they are.**

they've [ðeɪv] → **they have.**

thick [θɪk] **adj** **1.** épais(aisse) **2.** *inf* [stupid] bouché(e) ▸ **it's 1 metre thick** ça fait 1 mètre d'épaisseur.

thicken ['θɪkn] **vt** épaissir.

thickness ['θɪknɪs] **n** épaisseur *f*.

thief [θiːf] (*pl* **thieves** [θiːvz]) **n** voleur *m*, -euse *f*.

thigh [θaɪ] **n** cuisse *f*.

thigh-length **adj** [dress, coat] qui descend jusqu'à mi-cuisse ▸ **thigh-length boots** cuissardes *fpl*.

thimble ['θɪmbl] **n** dé *m* à coudre.

thin [θɪn] **adj** **1.** [in size] fin(e) **2.** [person] mince **3.** [soup, sauce] peu épais(aisse).

thing [θɪŋ] **n** chose *f* ▸ **the thing is** le problème, c'est que. ◆ **things** **npl** [clothes, possessions] affaires *fpl* ▸ **how are things?** *inf* comment ça va ?

thingummyjig ['θɪŋəmɪdʒɪg] **n** *inf* truc *m*.

think [θɪŋk] (*pt & pp* **thought**) ◆ vt penser. ◆ vi réfléchir ▸ **what do you think of this jacket?** qu'est-ce que tu penses de cette veste ? ▸ **to think that** penser que ▸ **to think about** penser à ▸ **to think of** a) penser à b) [remember] se souvenir de ▸ **to think of doing sthg** songer à faire qqch ▸ **I think so** je pense (que oui) ▸ **I don't think so** je ne pense pas ▸ **do you think you could…?** pourrais-tu… ? ▸ **to think highly of sb** penser beaucoup de bien de qqn. ◆ **think over** vt sep réfléchir à. ◆ **think up** vt sep imaginer.

third [θɜːd] ◆ num adj & adv troisième. ◆ num pron troisième *m ou f*. ◆ num n [fraction] troisième *m* ▸ **the third (of September)** le trois (septembre).

third-generation adj [phone & COMPUT] de troisième génération, 3G.

third grade n US SCH *classe de l'enseignement primaire correspondant au CE2 (7-8 ans).*

third party insurance n *(U)* assurance *f* au tiers.

Third World n : **the Third World** le tiers-monde.

thirst [θɜːst] n soif *f*.

thirst-quenching [-kwentʃɪŋ] adj désaltérant(e).

thirsty ['θɜːstɪ] adj : **to be thirsty** avoir soif.

thirteen [,θɜː'tiːn] num adj & n six ▸ **to be thirteen (years old)** avoir treize ans ▸ **a hundred and thirteen** cent treize ▸ **thirteen Hill St** 13 Hill St ▸ **it's minus thirteen (degrees)** il fait moins treize.

thirteenth [,θɜː'tiːnθ] ◆ num adj & adv treizième. ◆ num pron treizième *m ou f*. ◆ num n [fraction] treizième *m* ▸ **the thirteenth (of September)** le treize (septembre).

thirtieth ['θɜːtɪəθ] ◆ num adj & adv trentième. ◆ num pron trentième *m ou f*. ◆ num n [fraction] trentième *m* ▸ **the thirtieth (of September)** le trente (septembre).

thirty ['θɜːtɪ] num adj & n six ▸ **to be thirty (years old)** avoir trente ans ▸ **a hundred and thirty** cent trente ▸ **thirty Hill St** 30 Hill St ▸ **it's minus thirty (degrees)** il fait moins trente.

this [ðɪs] (*pl* **these**) ◆ adj **1.** [referring to thing, person mentioned] ce (cette), cet *(before vowel or mute "h")*, ces *pl* ▸ **these chocolates are delicious** ces chocolats sont délicieux ▸ **this morning** ce matin ▸ **this week** cette semaine **2.** [referring to thing, person nearer] ce…-ci (cette…-ci), cet…-ci *(before vowel or mute "h")*, ces…-ci *pl* ▸ **I prefer this book** je préfère ce livre-ci ▸ **I'll have this one** je prends celui-ci **3.** *inf* [used when telling a story] **: there was this man…** il y avait un bonhomme…
◆ pron **1.** [referring to thing mentioned] ce, ceci ▸ **this is for you** c'est pour vous ▸ **what are these?** qu'est-ce que c'est ? ▸ **this is David Gregory** a) [introducing someone] je vous présente David Gregory b) [on telephone] David Gregory à l'appareil **2.** [referring to thing, person nearer] celui-ci (celle-ci), ceux-ci (celles-ci) *pl*
◆ adv : **it was this big** *inf* c'était grand comme ça.

thistle ['θɪsl] n chardon *m*.

thorn [θɔːn] n épine *f*.

thorough ['θʌrə] adj minutieux (ieuse).

thoroughly ['θʌrəlɪ] **adv** [check, clean] à fond.

those [ðəʊz] **pl** → **that**.

though [ðəʊ] ◆ **conj** bien que *(+ subjunctive)*. ◆ **adv** pourtant ▸ **even though** bien que *(+ subjunctive)*.

thought [θɔːt] ◆ **pt & pp** → **think**. ◆ **n 1.** [idea] idée *f* **2.** *(U)* [thinking] pensées *fpl* **3.** *(U)* [careful] réflexion *f* ▸ **I'll give it some thought** j'y réfléchirai. ◆ **thoughts npl** [opinion] avis *m*, opinion *f*.

thoughtful ['θɔːtfʊl] **adj 1.** [serious] pensif(ive) **2.** [considerate] prévenant(e).

thoughtless ['θɔːtlɪs] **adj** indélicat(e).

thousand ['θaʊznd] **num** mille ▸ **a** OR **one thousand** mille ▸ **thousands of** des milliers de.

thrash [θræʃ] **vt** [defeat] battre à plate(s) couture(s).

thread [θred] ◆ **n** [of cotton, etc.] fil *m*. ◆ **vt** [needle] enfiler.

threadbare ['θredbeə^r] **adj** usé(e) jusqu'à la corde.

threat [θret] **n** menace *f*.

threaten ['θretn] **vt** menacer ▸ **to threaten to do sthg** menacer de faire qqch.

threatening ['θretnɪŋ] **adj** menaçant(e).

three [θriː] **num** trois ▸ **to be three (years old)** avoir trois ans ▸ **it's three (o'clock)** il est trois heures ▸ **a hundred and three** cent trois ▸ **three Hill St** 3 Hill St ▸ **it's minus three (degrees)** il fait moins trois (degrés).

three-course adj [meal] complet (complète) *(entrée, plat, dessert)*.

three-D n *(U)* **: in three-D** en relief.

three-piece suite n UK ensemble *m* canapé-deux fauteuils.

three-quarters ['-kwɔːtəz] **n** trois quarts *mpl* ▸ **three-quarters of an hour** trois quarts d'heure.

threshold ['θreʃhəʊld] **n** seuil *m*.

threw [θruː] **pt** → **throw**.

thrice [θraɪs] **adv** [literary] [archaic] trois fois.

thrift shop, thrift store ['θrɪft-] **n** US *magasin vendant des articles d'occasion au profit d'œuvres charitables.*

thrifty ['θrɪftɪ] **adj** économe.

thrill [θrɪl] ◆ **n** [sudden feeling] frisson *m*, sensation *f*. ◆ **vt** transporter, exciter.

thrilled [θrɪld] **adj** ravi(e).

thriller ['θrɪlə^r] **n** thriller *m*.

thrive [θraɪv] **vi 1.** [plant, animal, person] s'épanouir **2.** [business, tourism] être florissant(e).

throat [θrəʊt] **n** gorge *f*.

throb [θrɒb] **vi** [noise, engine] vibrer ▸ **my head is throbbing** j'ai un mal de tête lancinant.

throne [θrəʊn] **n** trône *m*.

throttle ['θrɒtl] **n** [of motorbike] poignée *f* des gaz.

through [θruː] ◆ **prep 1.** [to other side of] à travers **2.** [hole, window] par **3.** [by means of] par **4.** [because of] grâce à **5.** [during] pendant. ◆ **adv** [to other side] à travers. ◆ **adj : to be through (with sthg)** [finished] avoir fini (qqch) ▸ **you're through** [on phone] vous êtes en ligne ▸ **Monday through Thursday** US de lundi à jeudi ▸ **to let sb through** laisser passer qqn ▸ **I slept through until nine** j'ai dormi d'une traite jusqu'à neuf heures ▸ **through traffic** *circulation se* *dirigeant vers un autre endroit sans s'arrêter* ▸ **a through train** un train direct ▸ **'no through road'** UK 'voie sans issue'.

throughout [θruːˈaʊt] ◆ **prep 1.** [day, morning, year] tout au long de **2.** [place, country, building] partout dans. ◆ **adv 1.** [all the time] tout le temps **2.** [everywhere] partout.

throw [θrəʊ] (*pt* **threw**, *pp* **thrown** [θrəʊn]) **vt 1.** jeter, lancer **2.** [ball, javelin, dice] lancer **3.** [person] projeter **4.** [a switch] actionner ▸ **to throw sthg in the bin** jeter qqch à la poubelle. ◆ **throw away vt sep** [get rid of] jeter. ◆ **throw out vt sep 1.** [get rid of] jeter **2.** [person] jeter dehors. ◆ **throw up vi** *inf* [vomit] vomir.

thru [θruː] US = **through**.

thrush [θrʌʃ] **n** [bird] grive *f*.

thud [θʌd] **n** bruit *m* sourd.

thug [θʌg] **n** voyou *m*.

thumb [θʌm] ◆ **n** pouce *m*. ◆ **vt : to thumb a lift** faire de l'auto-stop.

thumbtack [ˈθʌmtæk] **n** US punaise *f*.

thump [θʌmp] ◆ **n 1.** [punch] coup *m* **2.** [sound] bruit *m* sourd. ◆ **vt** cogner.

thunder [ˈθʌndəʳ] **n** *(U)* tonnerre *m*.

thunderstorm [ˈθʌndəstɔːm] **n** orage *m*.

Thurs. (*abbr of* **Thursday**) jeu. *(jeudi)*.

Thursday [ˈθɜːzdɪ] **n** jeudi *m* ▸ **it's Thursday** on est jeudi ▸ **Thursday morning** jeudi matin ▸ **on Thursday** jeudi ▸ **on Thursdays** le jeudi ▸ **last Thursday** jeudi dernier ▸ **this Thursday** jeudi ▸ **next Thursday** jeudi prochain ▸ **Thursday week** UK, **a week on Thursday** UK, **a week from Thursday** US jeudi en huit.

thyme [taɪm] **n** *(U)* thym *m*.

tick [tɪk] ◆ **n 1.** UK [written mark] coche *f* **2.** [insect] tique *f*. ◆ **vt** UK cocher. ◆ **vi** [clock, watch] faire tic-tac. ◆ **tick off vt sep** UK [mark off] cocher.

ticket [ˈtɪkɪt] **n 1.** billet *m* **2.** [for bus, underground] ticket *m* **3.** [label] étiquette *f* **4.** [for speeding, parking] contravention *f*.

ticket collector n [at barrier] contrôleur *m*, -euse *f*.

ticket inspector n [on train] contrôleur *m*, -euse *f*.

ticketless [ˈtɪkɪtlɪs] **adj : ticketless travel** [in planes] *système permettant de voyager sans billet papier*.

ticket machine n billetterie *f* automatique.

ticket office n guichet *m*.

ticket window n guichet *m*.

tickle [ˈtɪkl] **vt & vi** chatouiller.

ticklish [ˈtɪklɪʃ] **adj** chatouilleux(euse).

tick-tack-toe n *(U)* US morpion *m*.

tide [taɪd] **n** marée *f*.

tidy [ˈtaɪdɪ] **adj 1.** [room, desk] rangé(e) **2.** UK [person, hair] soigné(e). ◆ **tidy up vt sep** ranger.

tie [taɪ] (*pt & pp* **tied**, *cont* **tying**) ◆ **n 1.** [around neck] cravate *f* **2.** [draw] match *m* nul **3.** US [on railway track] traverse *f*. ◆ **vt 1.** attacher **2.** [knot] faire. ◆ **vi 1.** [at end of competition] terminer à égalité **2.** [at end of match] faire match nul. ◆ **tie up vt sep 1.** attacher **2.** [delay] retenir.

tiepin [ˈtaɪpɪn] **n** UK épingle *f* de cravate.

tier [tɪəʳ] **n** [of seats] gradin *m*.

tiger [ˈtaɪgəʳ] **n** tigre *m*.

tight [taɪt] ◆ **adj 1.** serré(e) **2.** [drawer, tap] dur(e) **3.** [rope, material] tendu(e) **4.** [chest] oppressé(e) **5.** *inf* [drunk] soûl(e). ◆ **adv** [hold] bien.

tighten ['taɪtn] **vt** serrer, resserrer.

tightrope ['taɪtrəʊp] **n** corde *f* raide.

tights [taɪts] **npl** collant(s) *mpl* ▸ **a pair of tights** un collant, des collants.

tile ['taɪl] **n** **1.** [for roof] tuile *f* **2.** [for floor, wall] carreau *m*.

till [tɪl] ◆ **n** [for money] caisse *f*. ◆ **prep** jusqu'à. ◆ **conj** jusqu'à ce que.

tiller ['tɪləʳ] **n** barre *f*.

tilt [tɪlt] ◆ **vt** pencher. ◆ **vi** se pencher.

timber ['tɪmbəʳ] **n** **1.** *(U)* [wood] bois *m* **2.** [of roof] poutre *f*.

time [taɪm] ◆ **n** **1.** *(U)* temps *m* **2.** [measured by clock] heure *f* **3.** [moment] moment *m* **4.** [occasion] fois *f* **5.** [in history] époque *f*. ◆ **vt** **1.** [measure] chronométrer **2.** [arrange] prévoir ▸ **I haven't got the time** je n'ai pas le temps ▸ **it's time to go** il est temps OR l'heure de partir ▸ **what's the time?** quelle heure est-il ? ▸ **two times two** deux fois deux ▸ **five times as much** cinq fois plus ▸ **in a month's time** dans un mois ▸ **to have a good time** bien s'amuser ▸ **all the time** tout le temps ▸ **every time** chaque fois ▸ **from time to time** de temps en temps ▸ **for the time being** pour l'instant ▸ **in time** [arrive] à l'heure ▸ **in good time** en temps voulu ▸ **last time** la dernière fois ▸ **most of the time** la plupart du temps ▸ **on time** à l'heure ▸ **some of the time** parfois ▸ **this time** cette fois.

time difference **n** décalage *m* horaire.

time frame **n** délai *m*.

time limit **n** délai *m*.

timeline ['taim,laɪn] **n** frise *f* chronologique.

timer ['taɪməʳ] **n** [machine] minuteur *m*.

timeshare **n** logement *m* en multipropriété.

timespan ['taɪmspæn] **n** intervalle *m* de temps.

timetable ['taɪm,teɪbl] **n** **1.** horaire *m* **2.** UK SCH emploi *m* du temps **3.** [of events] calendrier *m*.

time waster ['taɪm,weɪstəʳ] **n** fainéant *m*, -e *f* ▸ **'no time wasters please'** [in advertisement] 'pas sérieux s'abstenir'.

time zone **n** fuseau *m* horaire.

timid ['tɪmɪd] **adj** timide.

tin [tɪn] ◆ **n** **1.** *(U)* [metal] étain *m* **2.** [container] boîte *f*. ◆ **adj** en étain.

tinfoil ['tɪnfɔɪl] **n** *(U)* papier *m* aluminium.

tinned food [tɪnd-] **n** *(U)* UK conserves *fpl*.

tin opener [-,əʊpnəʳ] **n** UK ouvre-boîtes *m inv*.

tinsel ['tɪnsl] **n** *(U)* guirlandes *fpl* de Noël.

tint [tɪnt] **n** teinte *f*.

tinted glass [,tɪntɪd-] **n** *(U)* verre *m* teinté.

tiny ['taɪnɪ] **adj** minuscule.

tip [tɪp] ◆ **n** **1.** [of pen, needle] pointe *f* **2.** [of finger, cigarette] bout *m* **3.** [to waiter, taxi driver, etc.] pourboire *m* **4.** [piece of advice] tuyau *m* **5.** UK [rubbish dump] décharge *f*. ◆ **vt** **1.** [waiter, taxi driver, etc.] donner un pourboire à **2.** [tilt] incliner **3.** [pour] verser ▸ **'tip included'** 'pourboire inclus'. ◆ **tip over** ◆ **vt sep** renverser. ◆ **vi** se renverser.

→

ⓘ Tipping

En Grande-Bretagne, les pourboires sont généralement inclus dans le prix des consommations et des additions : on peut offrir un verre au personnel dans les pubs et laisser un pourboire de 10 à 15 % dans les restaurants (quand le service n'est pas compris). Aux États-Unis en revanche, le personnel étant peu rémunéré, un pourboire de 15 à 20 % est presque obligatoire pour les clients des restaurants (excepté les fast-foods), des bars, des hôtels, des taxis et des coiffeurs.

tire ['taɪəʳ] ◆ vi se fatiguer. ◆ n US = **tyre**.

tired ['taɪəd] adj fatigué(e) ▸ **to be tired of** [fed up with] en avoir assez de.

tired out adj épuisé(e).

tiring ['taɪərɪŋ] adj fatigant(e).

tissue ['tɪʃu:] n [handkerchief] mouchoir *m* en papier.

tissue paper n *(U)* papier *m* de soie.

tit [tɪt] n *vulg* [breast] nichon *m*.

titillating ['tɪtɪleɪtɪŋ] adj titillant(e).

title ['taɪtl] n titre *m*.

T-junction n UK intersection *f* en T.

to *(unstressed before consonant* [tə], *unstressed before vowel* [tʊ], *stressed* [tu:]*)* ◆ prep **1.** [indicating direction] à ▸ **to go to the States** aller aux États-Unis ▸ **to go to France** aller en France ▸ **to go to school** aller à l'école **2.** [indicating position] **: to one side** sur le côté ▸ **to the left / right** à gauche / droite **3.** [expressing indirect object] à ▸ **she gave the letter to her assistant** elle a donné la lettre à son assistant ▸ **to listen to the radio** écouter la radio **4.** [indicating reaction, effect] à ▸ **to my surprise** à ma grande surprise **5.** [until] jusqu'à ▸ **to count to ten** compter jusqu'à dix ▸ **we work from nine to five** nous travaillons de neuf heures à dix-sept heures **6.** [indicating change of state] **: the rain was turning to snow** la pluie se transformait en neige ▸ **it could lead to trouble** ça pourrait causer des ennuis **7.** UK [in expressions of time] **: it's ten to three** il est trois heures moins dix ▸ **at quarter to seven** à sept heures moins le quart **8.** [in ratios, rates] **: 40 miles to the gallon** ≃ 7 litres au cent ▸ **how many euros are there to the pound?** combien d'euros vaut la livre ? **9.** [of, for] **: the key to the car** la clef de la voiture ▸ **a letter to my daughter** une lettre à ma fille **10.** [indicating attitude] avec, envers ▸ **to be rude to sb** se montrer impoli envers qqn

◆ **with inf 1.** [forming simple infinitive] **: to walk** marcher ▸ **to laugh** rire **2.** [following another verb] **to begin to do sthg** commencer à faire qqch ▸ **to try to do sthg** essayer de faire qqch **3.** [following an adjective] **: difficult to do** difficile à faire ▸ **pleased to meet you** enchanté de faire votre connaissance ▸ **ready to go** prêt à partir **4.** [indicating purpose] pour ▸ **we came here to look at the castle** nous sommes venus (pour) voir le château.

toad [təʊd] n crapaud *m*.

toadstool ['təʊdstu:l] n champignon *m* vénéneux.

toast [təʊst] ◆ n **1.** *(U)* [bread] pain *m* grillé **2.** [when drinking] toast *m*. ◆ vt faire griller ▸ **a piece** OR **slice of toast** un toast, une tranche de pain grillé.

toasted sandwich ['təʊstɪd-] n sandwich *m* grillé.

toaster ['təʊstəʳ] n grille-pain *m inv*.

toastie ['təʊstɪ] UK = **toasted sandwich**.

toasty ['təʊstɪ] *inf* ◆ adj US [warm] : **it's toasty in here** il fait bon ici. ◆ n = **toasted sandwich**.

tobacco [tə'bækəʊ] n tabac *m*.

tobacconist's [tə'bækənɪsts] n bureau *m* de tabac.

toboggan [tə'bɒgən] n luge *f*.

today [tə'deɪ] adv & n *(U)* aujourd'hui.

toddler ['tɒdlə^r] n tout-petit *m*.

to-do list n liste *f* de tâches.

toe [təʊ] n doigt *m* de pied, orteil *m*.

toe clip n cale-pied *m*.

TOEFL [tɒfl] (*abbr of* **Test of English as a Foreign Language**) n *test d'anglais passé par les étudiants étrangers désirant faire des études dans une université américaine.*

toenail ['təʊneɪl] n ongle *m* du pied.

toff [tɒf] n UK *inf* aristo *m*.

toffee ['tɒfɪ] n caramel *m*.

together [tə'geðə^r] adv ensemble ▸ **together with** ainsi que.

toilet ['tɔɪlɪt] n **1.** UK [room] toilettes *fpl* **2.** [bowl] W-C *mpl* ▸ **to go to the toilet** aller aux toilettes ▸ **where's the toilet?** où sont les toilettes ?

toilet bag n trousse *f* de toilette.

toilet facilities npl toilettes *fpl*.

toilet paper n *(U)* papier *m* toilette OR hygiénique.

toiletries ['tɔɪlɪtrɪz] npl articles *mpl* de toilette.

toilet roll n UK rouleau *m* de papier toilette.

toilet water n *(U)* eau *f* de toilette.

token ['təʊkn] n [metal disc] jeton *m*.

told [təʊld] pt & pp → **tell**.

tolerable ['tɒlərəbl] adj tolérable.

tolerant ['tɒlərənt] adj tolérant(e).

tolerate ['tɒləreɪt] vt tolérer.

toll [təʊl] n [for road, bridge] péage *m*.

tollbooth ['təʊlbu:θ] n péage *m*.

toll-free adj US : **toll-free number** ≃ numéro *m* vert.

tomato [UK tə'mɑ:təʊ, US tə'meɪtəʊ] (*pl* **-es**) n tomate *f*.

tomato juice n jus *m* de tomate.

tomato ketchup n *(U)* ketchup *m*.

tomato puree n *(U)* purée *f* de tomate.

tomato sauce n *(U)* sauce *f* tomate.

tomb [tu:m] n tombe *f*.

tomorrow [tə'mɒrəʊ] adv & n *(U)* demain *m* ▸ **the day after tomorrow** après-demain ▸ **tomorrow afternoon** demain après-midi ▸ **tomorrow morning** demain matin ▸ **tomorrow night** demain soir.

ton [tʌn] n **1.** [in UK] = 1016 kg **2.** [in US] = 907,2 kg **3.** [metric tonne] tonne *f* ▸ **tons of** *inf* des tonnes de.

tone [təʊn] n **1.** ton *m* **2.** [on phone] tonalité *f*.

toner ['təʊnə^r] n toner *m*.

tongs [tɒŋz] npl **1.** [for hair] fer *m* à friser **2.** [for sugar] pince *f*.

tongue [tʌŋ] n langue *f*.

tonic ['tɒnɪk] n **1.** [tonic water] ≃ Schweppes® *m* **2.** [medicine] tonique *m*.

tonic water n ≃ Schweppes® *m*.

tonight [tə'naɪt] adv & n **1.** *(U)* ce soir **2.** [later] cette nuit.

tonne [tʌn] n tonne *f*.

tonsillitis [ˌtɒnsɪˈlaɪtɪs] n *(U)* amygdalite *f*.

too [tuː] adv **1.** trop **2.** [also] aussi ▸ **it's not too good** ce n'est pas extraordinaire ▸ **it's too late to go out** il est trop tard pour sortir ▸ **too many** trop de ▸ **too much** trop de.

took [tʊk] pt → **take**.

tool [tuːl] n outil *m*.

toolbar [tuːlbɑː] n barre *f* d'outils.

tool box n boîte *f* à outils.

tool kit n trousse *f* à outils.

tooth [tuːθ] (*pl* **teeth**) n dent *f*.

toothache [ˈtuːθeɪk] n *(U)* rage *f* de dents.

toothbrush [ˈtuːθbrʌʃ] n brosse *f* à dents.

toothpaste [ˈtuːθpeɪst] n dentifrice *m*.

toothpick [ˈtuːθpɪk] n cure-dents *m inv*.

top [tɒp] ◆ adj **1.** [highest] du haut **2.** [best, most important] meilleur(e). ◆ n **1.** [garment, of stairs, page, road] haut *m* **2.** [of mountain, tree] cime *f* **3.** [of table, head] dessus *m* **4.** [of class, league] premier *m*, -ière *f* **5.** [of bottle, tube, pen] bouchon *m* **6.** [of box, jar] couvercle *m* ▸ **at the top (of)** en haut (de) ▸ **on top of** a) sur b) [in addition to] en plus de ▸ **at top speed** à toute vitesse ▸ **top gear** ≃ cinquième *f*. ◆ **top up** ◆ vt sep [glass] remplir. ◆ vi [with petrol] faire le plein.

top copy n original *m*.

top floor n dernier étage *m*.

topic [ˈtɒpɪk] n sujet *m*.

topical [ˈtɒpɪkl] adj d'actualité.

topless [ˈtɒplɪs] adj : **to go topless** faire du monokini.

topped [tɒpt] adj : **topped with** [food] garni(e) de.

topping [ˈtɒpɪŋ] n garniture *f*.

top-quality adj de qualité supérieure.

top table n [at wedding] table *f* d'honneur.

top-up n UK : **can I give you a top-up?** je vous ressers ?, encore une goutte ?

top-up card n recharge *f* de téléphone mobile.

torch [tɔːtʃ] n UK [electric light] lampe *f* de poche OR électrique.

tore [tɔːʳ] pt → **tear**[1]

torment [tɔːˈment] vt tourmenter.

torn [tɔːn] ◆ pp → **tear**[1]. ◆ adj [ripped] déchiré(e).

tornado [tɔːˈneɪdəʊ] (*pl* **-es** OR **-s**) n tornade *f*.

torrential rain [təˌrenʃl-] n pluie *f* torrentielle.

tortoise [ˈtɔːtəs] n tortue *f*.

tortoiseshell [ˈtɔːtəʃel] n *(U)* écaille *f* (de tortue).

torture [ˈtɔːtʃəʳ] ◆ n *(U)* torture *f*. ◆ vt torturer.

Tory [ˈtɔːrɪ] n *membre du parti conservateur britannique*.

toss [tɒs] vt **1.** [throw] jeter **2.** [salad, vegetables] remuer ▸ **to toss a coin** jouer à pile ou face.

total [ˈtəʊtl] ◆ adj total(e). ◆ n total *m* ▸ **in total** au total.

totally [ˈtəʊtəlɪ] adv totalement ▸ **I totally agree** je suis entièrement d'accord.

totty [ˈtɒtɪ] n UK *inf* [attractive woman] belle nana *f*.

touch [tʌtʃ] ◆ **n 1.** *(U)* [sense] toucher *m* **2.** [detail] détail *m*. ◆ **vt** toucher. ◆ **vi** se toucher ▸ **(just) a touch a)** [of milk, wine] (juste) une goutte **b)** [of sauce, salt] (juste) un soupçon ▸ **to get in touch (with sb)** entrer en contact (avec qqn) ▸ **to keep in touch (with sb)** rester en contact (avec qqn). ◆ **touch down vi** [plane] atterrir.

touching ['tʌtʃɪŋ] **adj** touchant(e).

touch pad n touch pad *m*.

touch-sensitive adj [screen] tactile ; [key, switch] à effleurement.

touchy-feely ['fiːlɪ] **adj** *pej qui affectionne les contacts physiques.*

tough [tʌf] **adj 1.** dur(e) **2.** [resilient] résistant(e).

tour [tʊə^r] ◆ **n 1.** [journey] voyage *m* **2.** [of city, castle, etc.] visite *f* **3.** [of pop group, theatre company] tournée *f*. ◆ **vt** visiter ▸ **cycling tour** randonnée *f* à vélo ▸ **walking tour** randonnée à pied ▸ **on tour** en tournée.

tour guide n [person] guide *m*.

tourism ['tʊərɪzm] **n** *(U)* tourisme *m*.

tourist ['tʊərɪst] **n** touriste *m ou f*.

tourist attraction n attraction *f* touristique.

tourist class n classe *f* touriste.

tourist information office n office *m* de tourisme.

tournament ['tɔːnəmənt] **n** tournoi *m*.

tour operator n tour-opérateur *m*.

tout [taʊt] **n** UK revendeur *m*, -euse *f* de billets *(au marché noir)*.

tow [təʊ] **vt** remorquer ▸ **to tow a caravan** remorquer une caravane.

toward [tə'wɔːd] US = **towards**.

towards [tə'wɔːdz] **prep 1.** vers **2.** [with regard to] envers **3.** [to help pay for] pour.

towaway zone ['təʊəweɪ-] **n** US *zone de stationnement interdit sous peine de mise à la fourrière.*

towel ['taʊəl] **n** serviette *f* (de toilette).

toweling ['taʊəlɪŋ] US = **towelling**.

towelling ['taʊəlɪŋ] **n** *(U)* UK tissu-éponge *m*.

towel rack US = **towel rail**.

towel rail n UK porte-serviettes *m inv*.

tower ['taʊə^r] **n** tour *f*.

tower block n UK tour *f*.

Tower Bridge n Tower Bridge.

Tower of London n : the Tower of London la Tour de Londres.

ⓘ Tower of London / Tower Bridge

Située dans le centre Est de la capitale anglaise et dominant la Tamise, la Tour de Londres fut érigée par Guillaume le Conquérant au XIe siècle : elle servit tour à tour de palais, de forteresse, de trésorerie, d'hôtel des Monnaies, d'arsenal, de refuge et de prison. Principale attraction touristique de la City, elle abrite les bijoux de la famille royale, mais les visiteurs empruntent également les passerelles du fameux Tower Bridge, un pont ouvrant achevé en 1894, qui permet le passage des navires et d'où l'on a une très belle vue sur la ville.

town [taʊn] **n** ville *f*.

town centre n UK centre-ville *m*.

town hall n mairie *f*.

town house n maison *f* de ville.

towpath ['təupɑ:θ] (*pl* [pɑ:ðz]) n chemin *m* de halage.

towrope ['təurəup] n câble *m* de remorque.

tow truck n US dépanneuse *f.*

toxic ['tɒksɪk] adj toxique.

toxic waste n déchets *mpl* toxiques.

toy [tɔɪ] n jouet *m.*

toy shop n magasin *m* de jouets.

trace [treɪs] ◆ n trace *f.* ◆ vt [find] retrouver.

tracing paper ['treɪsɪŋ-] n *(U)* papier-calque *m.*

track [træk] n **1.** [path] chemin *m* **2.** [of railway] voie *f* **3.** SPORT piste *f* **4.** [song] plage *f* ▸ **off the beaten tracks** hors des sentiers battus. ◆ **track down** vt sep retrouver.

tracking ['trækɪŋ] n **1.** poursuite *f* **2.** [parcel, letter] suivi *m.*

tracksuit ['træksu:t] n survêtement *m.*

tractor ['træktəʳ] n tracteur *m.*

trade [treɪd] ◆ n **1.** *(U)* COMM commerce *m* **2.** [job] métier *m.* ◆ vt échanger. ◆ vi faire du commerce.

trade-in n reprise *f.*

trademark ['treɪdmɑ:k] n marque *f* déposée.

trader ['treɪdəʳ] n commerçant *m*, -e *f.*

tradesman ['treɪdzmən] (*pl* **-men**) n UK **1.** [deliveryman] livreur *m* **2.** [shopkeeper] marchand *m.*

trade union n UK syndicat *m.*

trading hours n heures *fpl* d'ouverture.

tradition [trə'dɪʃn] n tradition *f.*

traditional [trə'dɪʃənl] adj traditionnel(elle).

traffic ['træfɪk] (*pt & pp* **-ked**) ◆ n *(U)* trafic *m*, circulation *f.* ◆ vi : **to traffic in** faire le trafic de.

traffic circle n US rond-point *m.*

traffic island n refuge *m.*

traffic jam n embouteillage *m.*

traffic lights npl feux *mpl* (de signalisation).

traffic warden n UK contractuel *m*, -elle *f.*

tragedy ['trædʒədɪ] n tragédie *f.*

tragic ['trædʒɪk] adj tragique.

trail [treɪl] ◆ n **1.** [path] sentier *m* **2.** [marks] piste *f.* ◆ vi [be losing] être mené.

trailer ['treɪləʳ] n **1.** [for boat, luggage] remorque *f* **2.** US [caravan] caravane *f* **3.** [for film, programme] bande-annonce *f.*

train [treɪn] ◆ n train *m.* ◆ vt **1.** [teach] former **2.** [animal] dresser. ◆ vi SPORT s'entraîner ▸ **by train** en train.

train driver n conducteur *m*, -trice *f* de train.

trainee [treɪ'ni:] n stagiaire *m ou f.*

traineeship [treɪ'ni:ʃɪp] n stage *m.*

trainer ['treɪnəʳ] n [of athlete, etc.] entraîneur *m.* ◆ **trainers** npl UK [shoes] tennis *mpl.*

training ['treɪnɪŋ] n *(U)* **1.** [instruction] formation *f* **2.** [exercises] entraînement *m.*

training course n cours *m* OR stage *m* de formation.

training shoes npl UK tennis *mpl.*

train station n US gare *f.*

tram [træm] n UK tramway *m.*

tramp [træmp] **n** clochard *m*, -e *f*.

trampoline ['træmpəliːn] **n** trampoline *m*.

trance [trɑːns] **n** transe *f*.

tranquilizer ['træŋkwɪlaɪzər] US = **tranquillizer**.

tranquillizer ['træŋkwɪlaɪzə^r] **n** UK tranquillisant *m*.

transaction [træn'zækʃn] **n** transaction *f*.

transatlantic [ˌtrænzət'læntɪk] **adj** transatlantique.

transfer ◆ **n** ['trænsfɜː^r] **1.** transfert *m* **2.** [picture] décalcomanie *f* **3.** US [ticket] *billet donnant droit à la correspondance.* ◆ **vt** [træns'fɜː^r] transférer. ◆ **vi** [change bus, plane, etc.] changer ▸ **'transfers'** [in airport] 'passagers en transit'.

transfer desk **n** [in airport] comptoir *m* de transit.

transform [træns'fɔːm] **vt** transformer.

transfusion [træns'fjuːʒn] **n** transfusion *f*.

transgender [ˌtræns'dʒendə^r] **adj** transgenre.

transistor radio [træn'zɪstə^r] **n** transistor *m*.

transit ['trænzɪt] ◆ **in transit** **adv** en transit.

transitive ['trænzɪtɪv] **adj** transitif(ive).

transit lounge **n** salle *f* de transit.

translate [træns'leɪt] **vt** traduire.

translation [træns'leɪʃn] **n** traduction *f*.

translator [træns'leɪtə^r] **n** traducteur *m*, -trice *f*.

transmission [trænz'mɪʃn] **n** [broadcast] émission *f*.

transmit [trænz'mɪt] **vt** transmettre.

transparent [træns'pærənt] **adj** transparent(e).

transplant ['trænsplɑːnt] **n** greffe *f*.

transport ◆ **n** ['trænspɔːt] *(U)* transport *m*. ◆ **vt** [træn'spɔːt] transporter.

transportation [ˌtrænspɔː'teɪʃn] **n** *(U)* transport *m*.

trap [træp] ◆ **n** piège *m*. ◆ **vt** : **to be trapped** [stuck] être coincé.

trapdoor [ˌtræp'dɔː^r] **n** trappe *f*.

trash [træʃ] **n** *(U)* US [waste material] ordures *fpl*.

trashcan ['træʃkæn] **n** US poubelle *f*.

trashed [træʃt] **adj** US *inf* [drunk] bourré(e).

trauma ['trɔːmə] **n** traumatisme *m*.

traumatic [trɔː'mætɪk] **adj** traumatisant(e).

travel ['trævl] ◆ **n** *(U)* voyages *mpl*. ◆ **vt** [distance] parcourir. ◆ **vi** voyager.

travel agency **n** agence *f* de voyages.

travel agent **n** employé *m*, -e *f* d'une agence de voyages ▸ **travel agent's** [shop] agence *f* de voyages.

Travelcard ['trævlkɑːd] **n** *forfait d'une journée sur les transports publics dans Londres et sa région.*

travel centre **n** UK [in railway, bus station] *bureau d'information et de vente de billets.*

travel documents **npl** titres *mpl* de voyage.

traveler ['trævlər] US = **traveller**.

traveler's check US = **traveller's cheque**.

travel insurance n *(U)* assurance-voyage *f*.

traveller ['trævləʳ] n UK voyageur *m*, -euse *f*.

traveller's cheque n UK traveller's cheque *m*.

travelsick ['trævəlsɪk] adj : **to be travelsick** avoir le mal des transports.

travel-size(d) adj [shampoo, etc.] de voyage.

trawler ['trɔːləʳ] n chalutier *m*.

tray [treɪ] n plateau *m*.

treacherous ['tretʃərəs] adj traître.

treacle ['triːkl] n *(U)* UK mélasse *f*.

tread [tred] (*pt* **trod**, *pp* **trodden**) ◆ n [of tyre] bande *f* de roulement. ◆ vi : **to tread on sthg** marcher sur qqch.

treasure ['treʒəʳ] n trésor *m*.

treat [triːt] ◆ vt traiter. ◆ n gâterie *f* ▸ **to treat sb to a meal** offrir un repas à qqn.

treatment ['triːtmənt] n traitement *m*.

treble ['trebl] adj triple ▸ **treble the amount** trois fois le montant.

tree [triː] n arbre *m*.

tree structure n arborescence *f*.

trek [trek] n randonnée *f*.

trekking ['trekɪŋ] n randonnée *f*, trekking *m*.

tremble ['trembl] vi trembler.

tremendous [trɪ'mendəs] adj **1.** [very large] énorme **2.** *inf* [very good] formidable.

trench [trentʃ] n tranchée *f*.

trend [trend] n tendance *f*.

trendy ['trendɪ] adj *inf* branché(e).

trespasser ['trespəsəʳ] n intrus *m*, -e *f* ▸ **'trespassers will be prosecuted'** 'défense d'entrer sous peine de poursuites'.

trial ['traɪəl] n **1.** LAW procès *m* **2.** [test] essai *m* ▸ **a trial period** une période d'essai.

triangle ['traɪæŋgl] n triangle *m*.

triangular [traɪ'æŋgjʊləʳ] adj triangulaire.

tribe [traɪb] n tribu *f*.

tributary ['trɪbjʊtrɪ] n affluent *m*.

trick [trɪk] ◆ n tour *m*. ◆ vt jouer un tour à.

trickle ['trɪkl] vi [liquid] couler.

tricky ['trɪkɪ] adj difficile.

tricycle ['traɪsɪkl] n tricycle *m*.

trifle ['traɪfl] n UK [dessert] ≃ diplomate *m*.

trigger ['trɪgəʳ] n gâchette *f*.

trim [trɪm] ◆ n [haircut] coupe *f* (de cheveux). ◆ vt **1.** [hair] couper **2.** [beard, hedge] tailler.

trinket ['trɪŋkɪt] n babiole *f*.

trio ['triːəʊ] (*pl* -s) n trio *m*.

trip [trɪp] ◆ n **1.** [journey] voyage *m* **2.** [short] excursion *f*. ◆ vi trébucher.
◆ **trip up** vi trébucher.

triple ['trɪpl] adj triple.

tripod ['traɪpɒd] n trépied *m*.

triumph ['traɪəmf] n triomphe *m*.

trivial ['trɪvɪəl] adj *pej* insignifiant(e).

trod [trɒd] pt → **tread**.

trodden ['trɒdn] pp → **tread**.

trolley ['trɒlɪ] (*pl* -s) n **1.** UK [in supermarket, at airport] chariot *m* **2.** UK [for food, drinks] table *f* roulante **3.** US [tram] tramway *m*.

trombone [trɒm'bəʊn] **n** trombone *m*.

troops [tru:ps] **npl** troupes *fpl*.

trophy ['trəʊfɪ] **n** trophée *m*.

tropical ['trɒpɪkl] **adj** tropical(e).

trot [trɒt] ◆ **vi** [horse] trotter. ◆ **n : on the trot** UK *inf* d'affilée.

trouble ['trʌbl] ◆ **n** *(U)* problèmes *mpl*, ennuis *mpl*. ◆ **vt 1.** [worry] inquiéter **2.** [bother] déranger ▸ **to be in trouble** avoir des problèmes OR des ennuis ▸ **to get into trouble** s'attirer des ennuis ▸ **to take the trouble to do sthg** prendre la peine de faire qqch ▸ **it's no trouble a)** ça ne me dérange pas **b)** [in reply to thanks] je vous en prie.

troublesome ['trʌblsəm] **adj** [job] pénible.

troubling ['trʌblɪŋ] **adj** [news, etc.] inquiétant(e).

trough [trɒf] **n 1.** [for food] mangeoire *f* **2.** [for drink] abreuvoir *m*.

trouser press ['traʊzə-] **n** UK presse *f* à pantalons.

trousers ['traʊzəz] **npl** UK pantalon *m* ▸ **a pair of trousers** un pantalon.

trout [traʊt] *(pl inv)* **n** truite *f*.

trowel ['traʊəl] **n** [for gardening] déplantoir *m*.

truant ['tru:ənt] **n : to play truant** UK faire l'école buissonnière.

truce [tru:s] **n** trêve *f*.

truck [trʌk] **n** camion *m*.

true [tru:] **adj 1.** vrai(e) **2.** [genuine, actual] véritable.

truly ['tru:lɪ] **adv : yours truly** veuillez agréer l'expression de mes sentiments respectueux.

trumpet ['trʌmpɪt] **n** trompette *f*.

trumps [trʌmps] **npl** atout *m*.

truncheon ['trʌntʃən] **n** UK matraque *f*.

trunk [trʌŋk] **n 1.** [of tree] tronc *m* **2.** US [of car] coffre *m* **3.** [case, box] malle *f* **4.** [of elephant] trompe *f*.

trunk call **n** UK communication *f* interurbaine.

trunk road **n** UK route *f* nationale.

trunks [trʌŋks] **npl** [for swimming] slip *m* de bain.

trust [trʌst] ◆ **n** *(U)* [confidence] confiance *f*. ◆ **vt 1.** [have confidence in] avoir confiance en **2.** *fml* [hope] espérer.

trustworthy ['trʌst,wɜ:ðɪ] **adj** digne de confiance.

truth [tru:θ] **n** *(U)* vérité *f*.

truthful ['tru:θfʊl] **adj 1.** [statement, account] fidèle à la réalité **2.** [person] honnête.

try [traɪ] ◆ **n** essai *m*. ◆ **vt 1.** essayer **2.** [food] goûter (à) **3.** LAW juger. ◆ **vi** essayer ▸ **to have a try** essayer ▸ **to try to do sthg** essayer de faire qqch. ◆ **try on** **vt sep** [clothes] essayer. ◆ **try out** **vt sep** essayer.

T-shirt **n** T-shirt *m*.

tsunami [tsu:'nɑ:mɪ] **n** tsunami *m*.

TTP *(abbr of* trusted third party*)* **n** COMPUT [for Internet transactions] TPC *f (tierce partie de confiance)*.

tub [tʌb] **n 1.** [of margarine, etc.] barquette *f* **2.** [small] pot *m* **3.** [bath] baignoire *f*.

tube [tju:b] **n 1.** tube *m* **2.** UK *inf* [underground] métro *m* ▸ **by tube** UK *inf* en métro.

tube station **n** UK *inf* station *f* de métro.

tuck [tʌk] **vt** [place neatly] ranger. ◆ **tuck in** ◆ **vt sep 1.** [shirt] rentrer

2. [child, person] border. ◆ vi *inf* [start eating] attaquer.

tuck shop n UK *petite boutique qui vend bonbons, gâteaux, etc.*

Tudor ['tju:dəʳ] adj Tudor *inv (XVIᵉ siècle).*

Tues. (*abbr of* **Tuesday**) mar. *(mardi).*

Tuesday ['tju:zdɪ] n mardi *m* ▸ **it's Tuesday** on est mardi ▸ **Tuesday morning** mardi matin ▸ **on Tuesday** mardi ▸ **on Tuesdays** le mardi ▸ **last Tuesday** mardi dernier ▸ **this Tuesday** mardi ▸ **next Tuesday** mardi prochain ▸ **Tuesday week** UK, **a week on Tuesday** UK, **a week from Tuesday** US mardi en huit.

tuft [tʌft] n touffe *f.*

tug [tʌg] ◆ vt tirer. ◆ n [boat] remorqueur *m.*

tuition [tju:'ɪʃn] n *(U)* cours *mpl.*

tulip ['tju:lɪp] n tulipe *f.*

tumble-drier n sèche-linge *m inv.*

tumble-dryer ['tʌmbldraɪəʳ] n UK sèche-linge *m inv.*

tumbler ['tʌmbləʳ] n [glass] verre *m* haut.

tummy ['tʌmɪ] n *inf* ventre *m.*

tummy upset n *inf* embarras *m* gastrique.

tumor ['tu:mər] US = **tumour.**

tumour ['tju:məʳ] n UK tumeur *f.*

tuna (fish) [UK 'tju:nə-, US 'tu:nə-] n *(U)* thon *m.*

tuna melt n *toast au thon et au fromage fondu.*

tune [tju:n] ◆ n air *m.* ◆ vt 1. [radio, TV, engine] régler 2. [instrument] accorder ▸ **in tune** juste ▸ **out of tune** faux.

tunic ['tju:nɪk] n tunique *f.*

Tunisia [tju:'nɪzɪə] n la Tunisie.

tunnel ['tʌnl] n tunnel *m.*

turban ['tɜ:bən] n turban *m.*

turbo ['tɜ:bəʊ] (*pl* -s) n turbo *m.*

turbulence ['tɜ:bjʊləns] n *(U)* turbulence *f.*

turf [tɜ:f] n *(U)* [grass] gazon *m.*

Turk [tɜ:k] n Turc *m*, Turque *f.*

turkey ['tɜ:kɪ] (*pl* -s) n dinde *f.*

Turkey ['tɜ:kɪ] n la Turquie.

Turkish ['tɜ:kɪʃ] ◆ adj turc (turque). ◆ n [language] turc *m.* ◆ npl : **the Turkish** les Turcs *mpl.*

Turkish delight n *(U)* loukoum *m.*

turn [tɜ:n] ◆ n 1. [in road] tournant *m* 2. [of knob, key, in game] tour *m.* ◆ vi 1. tourner 2. [person] se tourner. ◆ vt 1. tourner 2. [corner, bend] prendre 3. [become] devenir ▸ **to turn sthg black** noircir qqch ▸ **he's turned into a fine young man** c'est devenu un beau jeune homme ▸ **they're turning the play into a film** ils adaptent la pièce pour l'écran ▸ **to turn left / right** tourner à gauche / à droite ▸ **it's your turn** c'est à ton tour ▸ **at the turn of the century** au début du siècle ▸ **to take it in turns to do sthg** faire qqch à tour de rôle ▸ **to turn a T-shirt inside out** retourner un T-shirt. ◆ **turn around** ◆ vt sep [table, etc.] tourner. ◆ vi [person] se retourner. ◆ **turn back** ◆ vt sep [person, car] refouler. ◆ vi faire demi-tour. ◆ **turn down** vt sep 1. [radio, volume, heating] baisser 2. [offer, request] refuser. ◆ **turn off** ◆ vt sep 1. [light, TV] éteindre 2. [engine] couper 3. [water, gas, tap] fermer. ◆ vi [leave road] tourner. ◆ **turn on** vt sep 1. [light, TV] allumer 2. [engine] mettre en marche 3. [water, gas, tap] ouvrir. ◆ **turn out** ◆ vt sep [light, fire] éteindre. ◆ vi [come] venir. ◆ vt insep :

to turn out to be sthg se révéler être qqch. ◆ **turn over** ◆ vt sep retourner. ◆ vi **1.** [in bed] se retourner **2.** UK [change channels] changer de chaîne. ◆ **turn round** vt sep & vi UK = **turn around.** ◆ **turn up** ◆ vt sep [radio, volume, heating] monter. ◆ vi [come] venir.

turned [tɜːnd] adj [milk] tourné.

turning ['tɜːnɪŋ] n [off road] embranchement *m*.

turnip ['tɜːnɪp] n navet *m*.

turnstile ['tɜːnstaɪl] n tourniquet *m*.

turn-up n UK [on trousers] revers *m*.

turpentine ['tɜːpəntaɪn] n térébenthine *f*.

turps [tɜːps] n *(U)* UK *inf* térébenthine *f*.

turquoise ['tɜːkwɔɪz] adj turquoise *inv*.

turtle ['tɜːtl] n tortue *f* (de mer).

turtleneck ['tɜːtlnek] n pull *m* à col montant.

tutor ['tjuːtəʳ] n [teacher] professeur *m* particulier.

tuxedo [tʌk'siːdəʊ] (*pl* -s) n US smoking *m*.

TV n télé *f* ▸ **on TV** à la télé.

TV movie n téléfilm *m*.

tweed [twiːd] n tweed *m*.

tweezers ['twiːzəz] npl pince *f* à épiler.

twelfth [twelfθ] ◆ num adj & adv douzième. ◆ num pron douzième *m ou f*. ◆ num n [fraction] douzième *m* ▸ **the twelfth (of September)** le douze (septembre).

twelfth grade n US SCH *classe de l'enseignement secondaire correspondant à la terminale (17-18 ans).*

twelve [twelv] num adj & n douze ▸ **to be twelve (years old)** avoir douze ans ▸ **it's twelve (o'clock)** il est douze heures ▸ **a hundred and twelve** cent douze ▸ **twelve Hill St** 12 Hill St ▸ **it's minus twelve (degrees)** il fait moins douze (degrés).

twentieth ['twentɪəθ] ◆ num adj & adv vingtième. ◆ num pron vingtième *m ou f*. ◆ num n [fraction] vingtième *m* ▸ **the twentieth (of September)** le vingt (septembre) ▸ **the twentieth century** le vingtième siècle.

twenty ['twentɪ] num adj & n vingt ▸ **to be twenty (years old)** avoir vingt ans ▸ **a hundred and twenty** cent vingt ▸ **twenty Hill St** 20 Hill St ▸ **it's minus twenty (degrees)** il fait moins vingt (degrés).

twenty-four seven adv vingt-quatre heures sur vingt-quatre, sept jours sur sept.

twice [twaɪs] adv deux fois ▸ **it's twice as good** c'est deux fois meilleur.

twig [twɪg] n brindille *f*.

twilight ['twaɪlaɪt] n *(U)* crépuscule *m*.

twin [twɪn] n jumeau *m*, -elle *f*.

twin beds npl lits *mpl* jumeaux.

twine [twaɪn] n *(U)* ficelle *f*.

twin room n chambre *f* à deux lits.

twist [twɪst] vt **1.** tordre **2.** [bottle top, lid, knob] tourner ▸ **to twist one's ankle** se tordre la cheville.

twisting ['twɪstɪŋ] adj [road, river] en lacets.

two [tuː] num adj & n deux ▸ **to be two (years old)** avoir deux ans ▸ **it's two (o'clock)** il est deux heures ▸ **a hundred and two** cent deux ▸ **two Hill St** 2 Hill St ▸ **it's minus two (degrees)** il fait moins deux (degrés).

two-hander adj à deux personnages.

two-piece adj [swimsuit, suit] deux-pièces.

two-timing adj *inf* infidèle.

tying ['taɪɪŋ] cont → **tie**.

type [taɪp] ◆ n [kind] type *m*, sorte *f*. ◆ vt & vi taper.

typewriter ['taɪp,raɪtəʳ] n machine *f* à écrire.

typhoid ['taɪfɔɪd] n *(U)* typhoïde *f*.

typhoon [taɪ'fuːn] n typhon *m*.

typical ['tɪpɪkl] adj typique.

typist ['taɪpɪst] n dactylo *m ou f*.

tyrannize, tyrannise UK ['tɪrənaɪz] vt tyranniser.

tyre ['taɪəʳ] n UK pneu *m*.

Uu

U adj UK [film] pour tous.

UCAS ['juːkas] *(abbr of* **Universities and Colleges Admissions Service**) n *organisme gérant les inscriptions dans les universités au Royaume-Uni*.

UFO *(abbr of* **unidentified flying object**) n OVNI *(objet volant non identifié) m*.

ugly ['ʌglɪ] adj laid(e).

UHT *(abbr of* **ultra heat treated**) adj UHT *(ultra-haute température)*.

UK n **: the UK** le Royaume-Uni.

ulcer ['ʌlsəʳ] n ulcère *m*.

Ulster ['ʌlstəʳ] n Ulster *m*.

ultimate ['ʌltɪmət] adj **1.** [final] dernier(ière) **2.** [best, greatest] idéal(e).

ultimately ['ʌltɪmətlɪ] adv [finally] finalement.

ultramodern [,ʌltrə'mɒdən] adj ultramoderne.

ultraviolet [,ʌltrə'vaɪələt] adj ultraviolet(ette).

umbrella [ʌm'brelə] n parapluie *m*.

umpire ['ʌmpaɪəʳ] n arbitre *m*.

UN *(abbr of* **United Nations**) n **: the UN** l'ONU *(Organisation des Nations unies) f*.

unable [ʌn'eɪbl] adj **: to be unable to do sthg** ne pas pouvoir faire qqch.

unacceptable [,ʌnək'septəbl] adj inacceptable.

unaccomplished [,ʌnə'kʌmplɪʃt] adj [incomplete task] inachevé(e), inaccompli(e).

unaccustomed [,ʌnə'kʌstəmd] adj **: to be unaccustomed to sthg** ne pas être habitué(e) à qqch.

unaltered [,ʌn'ɔːltəd] adj inchangé(e).

unanimous [juː'nænɪməs] adj unanime.

unanswerable [,ʌn'ɑːnsərəbl] adj [question, problem] auquel il est impossible de répondre.

unattended [,ʌnə'tendɪd] adj [baggage] sans surveillance.

unattractive [,ʌnə'træktɪv] adj **1.** [person, place] sans charme **2.** [idea] peu attrayant(e).

unauthorized [,ʌn'ɔːθəraɪzd] adj non autorisé(e).

unavailable [,ʌnə'veɪləbl] adj non disponible.

unavoidable [ˌʌnəˈvɔɪdəbl] **adj** inévitable.

unaware [ˌʌnəˈweəʳ] **adj : to be unaware that** ignorer que ▸ **to be unaware of sthg a)** être inconscient de qqch **b)** [facts] ignorer qqch.

unbearable [ʌnˈbeərəbl] **adj** insupportable.

unbelievable [ˌʌnbɪˈliːvəbl] **adj** incroyable.

unbundling n dégroupage *m*.

unbutton [ˌʌnˈbʌtn] **vt** déboutonner.

uncalled-for [ˌʌnˈkɔːld-] **adj** [remark] déplacé(e).

uncertain [ʌnˈsɜːtn] **adj** incertain(e).

uncertainty [ˌʌnˈsɜːtntɪ] **n** incertitude *f*.

uncle [ˈʌŋkl] **n** oncle *m*.

unclean [ˌʌnˈkliːn] **adj** sale.

unclear [ˌʌnˈklɪəʳ] **adj 1.** pas clair(e) **2.** [not sure] pas sûr(e).

uncomfortable [ˌʌnˈkʌmftəbl] **adj** [chair, bed] inconfortable ▸ **to feel uncomfortable** [person] se sentir mal à l'aise.

uncommon [ʌnˈkɒmən] **adj** [rare] rare.

unconscious [ʌnˈkɒnʃəs] **adj** inconscient(e).

uncontaminated [ʌnkənˈtæmɪneɪtɪd] **adj** non contaminé(e).

unconventional [ˌʌnkənˈvenʃənl] **adj** peu conventionnel(elle), original(e).

unconvincing [ˌʌnkənˈvɪnsɪŋ] **adj** peu convaincant(e).

uncooperative [ˌʌnkəʊˈɒpərətɪv] **adj** peu coopératif(ive).

uncork [ˌʌnˈkɔːk] **vt** déboucher.

uncouth [ʌnˈkuːθ] **adj** grossier(ière).

uncover [ʌnˈkʌvəʳ] **vt** découvrir.

unctuous [ˈʌŋktjʊəs] **adj** *fml* mielleux(euse).

under [ˈʌndəʳ] **prep 1.** [beneath] sous **2.** [less than] moins de **3.** [according to] selon **4.** [in classification] dans ▸ **children under ten** les enfants de moins de dix ans ▸ **under the circumstances** dans ces circonstances ▸ **under construction** en construction ▸ **to be under pressure** être sous pression.

underage [ʌndərˈeɪdʒ] **adj** mineur(e).

undercarriage [ˈʌndəˌkærɪdʒ] **n** train *m* d'atterrissage.

undercooked [ʌndərˈkʊkt] **adj** pas assez cuit.

undercover [ˈʌndəˌkʌvəʳ] **adj** secret(ète).

underdone [ˌʌndəˈdʌn] **adj 1.** [accidentally] pas assez cuit(e) **2.** [steak] saignant(e).

underestimate [ˌʌndərˈestɪmeɪt] **vt** sous-estimer.

underexposed [ˌʌndərɪkˈspəʊzd] **adj** sous-exposé(e).

underfed [ˌʌndəˈfed] **adj** [person] sous-alimenté(e).

underfinanced [ˌʌndəˈfaɪnænst] **adj** [business, scheme, school] qui manque de fonds.

underfunded [ʌndəˈfʌndɪd] = **underfinanced**.

underfunding [ʌndəˈfʌndɪŋ] **n** financement *m* insuffisant.

undergo [ˌʌndəˈgəʊ] (*pt* **-went**, *pp* **-gone**) **vt** subir.

undergraduate [ˌʌndəˈgrædjʊət] **n** étudiant *m*, -e *f* *(en licence)*.

underground ['ʌndəgraʊnd] ◆ **adj** **1.** souterrain(e) **2.** [secret] clandestin(e). ◆ **n** UK [railway] métro *m*.

ⓘ Underground

Le métro londonien (ou **Tube**), très ancien et très étendu, couvre près de 408 km, avec douze lignes séparées en six zones (de la ligne 1, très centrale, à la ligne 6, menant notamment à l'aéroport d'Heathrow), et comporte 274 stations au total (la première fut inaugurée en 1863). Les rames circulent de cinq heures du matin aux environs de minuit. On peut acheter des cartes de transport (**travel cards**) quotidiennes, hebdomadaires, mensuelles ou annuelles.

undergrowth ['ʌndəgrəʊθ] **n** *(U)* sous-bois *m*.

underline [ˌʌndə'laɪn] **vt** souligner.

underneath [ˌʌndə'niːθ] ◆ **prep** au-dessous de. ◆ **adv** au-dessous. ◆ **n** dessous *m*.

underpants ['ʌndəpænts] **npl** slip *m*.

underpass ['ʌndəpɑːs] **n** route *f* en contrebas.

undershirt ['ʌndəʃɜːt] **n** US maillot *m* de corps.

underskirt ['ʌndəskɜːt] **n** jupon *m*.

understand [ˌʌndə'stænd] (*pt & pp* **-stood**) ◆ **vt** **1.** comprendre **2.** [believe] croire. ◆ **vi** comprendre ▸ **I don't understand** je ne comprends pas ▸ **to make o.s. understood** se faire comprendre.

understanding [ˌʌndə'stændɪŋ] ◆ **adj** compréhensif(ive). ◆ **n** **1.** [agreement] entente *f* **2.** *(U)* [knowledge, sympathy] compréhension *f* **3.** [interpretation] interprétation *f*.

understatement [ˌʌndə'steɪtmənt] **n : that's an understatement** c'est peu dire.

understood [ˌʌndə'stʊd] **pt & pp** → **understand**.

undertake [ˌʌndə'teɪk] (*pt* **-took**, *pp* **-taken**) **vt** entreprendre ▸ **to undertake to do sthg** s'engager à faire qqch.

undertaker ['ʌndəˌteɪkəʳ] **n** ordonnateur *m* des pompes funèbres.

undertaking [ˌʌndə'teɪkɪŋ] **n** **1.** [promise] promesse *f* **2.** [task] entreprise *f*.

undertook [ˌʌndə'tʊk] **pt** → **undertake**.

underwater [ˌʌndə'wɔːtəʳ] ◆ **adj** sous-marin(e). ◆ **adv** sous l'eau.

underwear ['ʌndəweəʳ] **n** *(U)* sous-vêtements *mpl*.

underwent [ˌʌndə'went] **pt** → **undergo**.

undesirable [ˌʌndɪ'zaɪərəbl] **adj** indésirable.

undetected [ˌʌndɪ'tektɪd] **adj** [error] non détecté(e) ▸ **to go undetected** passer inaperçu(e).

undeterred [ˌʌndɪ'tɜːd] **adj** sans se laisser décourager.

undisclosed [ˌʌndɪs'kləʊzd] **adj** non divulgué(e).

undisturbed [ˌʌndɪ'stɜːbd] **adj** **1.** [in peace] tranquille **2.** [untouched body, ground, papers] non dérangé(e).

undo [ˌʌn'duː] (*pt* **-did**, *pp* **-done**) **vt** défaire, annuler.

undone [ˌʌn'dʌn] **adj** défait(e).

undoubtedly [ʌn'daʊtɪdlɪ] **adv** sans aucun doute.

undress [ˌʌn'dres] ◆ **vi** se déshabiller. ◆ **vt** déshabiller.

undressed [ˌʌn'drest] **adj** déshabillé(e) ▸ **to get undressed** se déshabiller.

uneasy [ʌn'i:zɪ] **adj** mal à l'aise.

uneducated [ˌʌn'edjʊkeɪtɪd] **adj** sans éducation.

unemployed [ˌʌnɪm'plɔɪd] ◆ **adj** au chômage. ◆ **npl : the unemployed** les chômeurs *mpl*.

unemployment [ˌʌnɪm'plɔɪmənt] **n** *(U)* chômage *m*.

unemployment benefit **n** *(U)* UK allocation *f* de chômage.

unequal [ˌʌn'i:kwəl] **adj** inégal(e).

uneven [ˌʌn'i:vn] **adj** **1.** inégal(e) **2.** [speed, beat, share] irrégulier(ière).

uneventful [ˌʌnɪ'ventfʊl] **adj** sans histoires.

unexpected [ˌʌnɪk'spektɪd] **adj** inattendu(e).

unexpectedly [ˌʌnɪk'spektɪdlɪ] **adv** inopinément.

unexplored [ˌʌnɪk'splɔ:d] **adj** inexploré(e).

unfair [ˌʌn'feə^r] **adj** injuste.

unfairly [ˌʌn'feəlɪ] **adv** injustement.

unfaithful [ˌʌn'feɪθfʊl] **adj** infidèle.

unfamiliar [ˌʌnfə'mɪljə^r] **adj** peu familier(ière) ▸ **to be unfamiliar with** mal connaître.

unfashionable [ˌʌn'fæʃnəbl] **adj** démodé(e).

unfasten [ˌʌn'fɑ:sn] **vt** **1.** [seatbelt] détacher **2.** [knot, laces, belt] défaire.

unfavorable US = **unfavourable**.

unfavourable [ˌʌn'feɪvrəbl] **adj** UK défavorable.

unfinished [ˌʌn'fɪnɪʃt] **adj** inachevé(e).

unfit [ˌʌn'fɪt] **adj** [not healthy] pas en forme ▸ **to be unfit for sthg** [not suitable] ne pas être adapté à qqch.

unfold [ʌn'fəʊld] **vt** déplier.

unforgettable [ˌʌnfə'getəbl] **adj** inoubliable.

unforgivable [ˌʌnfə'gɪvəbl] **adj** impardonnable.

unfortunate [ʌn'fɔ:tʃnət] **adj** **1.** [unlucky] malchanceux(euse) **2.** [regrettable] regrettable.

unfortunately [ʌn'fɔ:tʃnətlɪ] **adv** malheureusement.

unfriendly [ˌʌn'frendlɪ] **adj** inamical(e), hostile.

unfurnished [ˌʌn'fɜ:nɪʃt] **adj** non meublé(e).

ungrateful [ʌn'greɪtfʊl] **adj** ingrat(e).

unhappy [ʌn'hæpɪ] **adj** **1.** [sad] malheureux(euse), triste **2.** [not pleased] mécontent(e) ▸ **to be unhappy about sthg** être mécontent de qqch.

unharmed [ˌʌn'hɑ:md] **adj** indemne.

unhealthy [ʌn'helθɪ] **adj** **1.** [person] en mauvaise santé **2.** [food, smoking] mauvais(e) pour la santé.

unhelpful [ˌʌn'helpfʊl] **adj** **1.** [person] peu serviable **2.** [advice, instructions] peu utile.

unholy [ˌʌn'həʊlɪ] (*compar* **-ier**, *superl* **-iest**) **adj** RELIG impie.

unhurt [ˌʌn'hɜ:t] **adj** indemne.

unhygienic [ˌʌnhaɪ'dʒi:nɪk] **adj** antihygiénique.

unification [ˌju:nɪfɪ'keɪʃn] **n** unification *f*.

uniform ['jʊnɪfɔ:m] **n** uniforme *m*.

unimportant [ˌʌnɪm'pɔ:tənt] **adj** sans importance.

uninjured [ˌʌnˈɪndʒəd] **adj** qui n'est pas blessé(e), indemne.

uninstall [ˌʌnɪnˈstɔːl] **vt** désinstaller.

unintelligent [ˌʌnɪnˈtelɪdʒənt] **adj** inintelligent(e).

unintelligible [ˌʌnɪnˈtelɪdʒəbl] **adj** inintelligible.

unintended [ˌʌnɪnˈtendɪd] **adj** non intentionnel(elle).

unintentional [ˌʌnɪnˈtenʃənl] **adj** involontaire.

uninterested [ˌʌnˈɪntrəstɪd] **adj** indifférent(e).

uninteresting [ˌʌnˈɪntrestɪŋ] **adj** inintéressant(e).

union [ˈjuːnjən] **n** [of workers] syndicat *m*.

Union Jack n : the Union Jack le drapeau britannique.

> **ⓘ Union Jack**
>
> Depuis 1801, c'est le drapeau officiel du Royaume-Uni et de l'Irlande du Nord (appelé également **Union Flag**, drapeau de l'Union). Il est en effet composé d'un assemblage des drapeaux anglais (croix rouge de Saint-Georges, perpendiculaire sur fond blanc), écossais (croix blanche de Saint-André, en diagonale sur fond bleu) et irlandais (croix rouge de Saint-Patrick, en diagonale sur fond blanc).

unique [juːˈniːk] **adj** unique ▸ **to be unique to** être propre à.

unisex [ˈjuːnɪseks] **adj** unisexe.

unit [ˈjuːnɪt] **n 1.** [measurement, group] unité *f* **2.** [department] service *m* **3.** [of furniture] élément *m* **4.** [machine] appareil *m*.

unite [juːˈnaɪt] ◆ **vt** unir. ◆ **vi** s'unir.

United Arab Emirates npl : the United Arab Emirates les Émirats *mpl* arabes unis.

United Kingdom [juːˈnaɪtɪd-] **n : the United Kingdom** le Royaume-Uni.

United Nations [juːˈnaɪtɪd-] **npl : the United Nations** les Nations *fpl* Unies.

United States (of America) [juːˈnaɪtɪd-] **npl** les États-Unis *mpl* (d'Amérique).

unity [ˈjuːnətɪ] **n** *(U)* unité *f*.

universal [ˌjuːnɪˈvɜːsl] **adj** universel(elle).

universe [ˈjuːnɪvɜːs] **n** univers *m*.

university [ˌjuːnɪˈvɜːsətɪ] **n** université *f*.

unjust [ˌʌnˈdʒʌst] **adj** injuste.

unkind [ʌnˈkaɪnd] **adj** méchant(e).

unknown [ˌʌnˈnəʊn] **adj** inconnu(e).

unlawful [ˌʌnˈlɔːfʊl] **adj** illégal(e).

unleaded (petrol) [ˌʌnˈledɪd-] **n** essence *f* sans plomb, sans plomb *m inv*.

unless [ənˈles] **conj** à moins que *(+ subjunctive)* ▸ **unless it rains** à moins qu'il (ne) pleuve.

unlike [ˌʌnˈlaɪk] **prep** à la différence de ▸ **that's unlike him** cela ne lui ressemble pas.

unlikely [ʌnˈlaɪklɪ] **adj** peu probable ▸ **we're unlikely to arrive before six** il est peu probable que nous arrivions avant six heures.

unlimited [ʌnˈlɪmɪtɪd] **adj** illimité(e) ▸ **unlimited mileage** kilométrage illimité.

unlisted [ʌnˈlɪstɪd] **adj** US [phone number] sur la liste rouge.

unload [ˌʌn'ləʊd] **vt** [goods, vehicle] décharger.

unlock [ˌʌn'lɒk] **vt** déverrouiller.

unlocking [ˌʌn'lɒkɪŋ] **n** déverrouillage *m*.

unlucky [ʌn'lʌkɪ] **adj 1.** [unfortunate] malchanceux(euse) **2.** [bringing bad luck] qui porte malheur.

unmarried [ˌʌn'mærɪd] **adj** célibataire.

unnatural [ʌn'nætʃrəl] **adj 1.** [unusual] anormal(e) **2.** [behaviour, person] peu naturel(elle).

unnecessary [ʌn'nesəsərɪ] **adj** inutile.

unnerve [ˌʌn'nɜːv] **vt** déconcerter.

UNO (*abbr of* United Nations Organization) **n** ONU *m (Organisation des Nations unies)*, Onu *m*.

unobtainable [ˌʌnəb'teɪnəbl] **adj 1.** [product] non disponible **2.** [phone number] pas en service.

unoccupied [ˌʌn'ɒkjʊpaɪd] **adj** [place, seat] libre.

unofficial [ˌʌnə'fɪʃl] **adj** non officiel(ielle).

unpack [ˌʌn'pæk] ◆ **vt** défaire. ◆ **vi** défaire ses valises.

unperturbed [ˌʌnpə'tɜːbd] **adj** imperturbable.

unpleasant [ʌn'pleznt] **adj** désagréable.

unplug [ʌn'plʌg] **vt** débrancher.

unpopular [ˌʌn'pɒpjʊlə[r]] **adj** impopulaire.

unpredictability [ʌnprɪdɪktə'bɪlətɪ] **n** imprévisibilité *f*.

unpredictable [ˌʌnprɪ'dɪktəbl] **adj** imprévisible.

unprepared [ˌʌnprɪ'peəd] **adj** mal préparé(e).

unprotected [ˌʌnprə'tektɪd] **adj** sans protection.

unqualified [ˌʌn'kwɒlɪfaɪd] **adj** [person] non qualifié(e).

unreal [ˌʌn'rɪəl] **adj** irréel(elle).

unreasonable [ʌn'riːznəbl] **adj** déraisonnable.

unrecognizable [ˌʌnrekəg'naɪzəbl] **adj** méconnaissable.

unrelated [ˌʌnrɪ'leɪtɪd] **adj : to be unrelated (to)** n'avoir aucun rapport (avec).

unreliable [ˌʌnrɪ'laɪəbl] **adj** peu fiable.

unreported [ˌʌnrɪ'pɔːtɪd] **adj** non signalé(e) OR mentionné(e).

unrest [ˌʌn'rest] **n *(U)*** troubles ***mpl***.

unroll [ˌʌn'rəʊl] **vt** dérouler.

unsafe [ˌʌn'seɪf] **adj 1.** [dangerous] dangereux(euse) **2.** [in danger] en danger.

unsatisfactory [ˌʌnsætɪs'fæktərɪ] **adj** peu satisfaisant(e).

unscrew [ˌʌn'skruː] **vt** [lid, top] dévisser.

unsightly [ʌn'saɪtlɪ] **adj** laid(e).

unskilled [ˌʌn'skɪld] **adj** [worker] non qualifié(e).

unsociable [ʌn'səʊʃəbl] **adj** sauvage.

unsound [ˌʌn'saʊnd] **adj 1.** [building, structure] peu solide **2.** [argument] peu pertinent(e).

unspent [ˌʌn'spent] **adj** non dépensé(e), restant(e).

unspoiled [ˌʌn'spɔɪld], **unspoilt** [ˌʌn'spɔɪlt] **adj 1.** intact(e) **2.** [place, beach] préservé(e).

unsteady [ˌʌn'stedɪ] **adj 1.** instable **2.** [hand] tremblant(e).

unstuck [ˌʌn'stʌk] **adj : to come unstuck** [label, poster, etc.] se décoller.

unsuccessful [ˌʌnsək'sesfʊl] **adj 1.** [person] malchanceux(euse) **2.** [attempt] infructueux(euse).

unsuitable [ˌʌn'su:təbl] **adj** inadéquat(e).

unsupervised [ʌn'su:pəvaɪzd] **adj** non surveillé(e).

unsure [ˌʌn'ʃɔ:ʳ] **adj : to be unsure (about)** ne pas être sûr(e) (de).

unsurpassable [ˌʌnsə'pɑ:səbl] **adj** insurpassable.

unsustainable [ˌʌnsə'steɪnəbl] **adj** non viable.

unsweetened [ˌʌn'swi:tnd] **adj** sans sucre.

untidy [ʌn'taɪdɪ] **adj** UK **1.** [person] désordonné(e) **2.** [room, desk] en désordre.

untie [ˌʌn'taɪ] (*cont* **untying** [ˌʌn'taɪɪŋ]) **vt 1.** [person] détacher **2.** [knot] défaire.

until [ən'tɪl] ◆ **prep** jusqu'à. ◆ **conj** jusqu'à ce que *(+ subjunctive)* ▸ **it won't be ready until Thursday** ce ne sera pas prêt avant jeudi.

untrue [ˌʌn'tru:] **adj** faux (fausse).

untrustworthy [ˌʌn'trʌstˌwɜ:ðɪ] **adj** pas digne de confiance.

unusual [ʌn'ju:ʒl] **adj** inhabituel(elle).

unusually [ʌn'ju:ʒəlɪ] **adv** [more than usual] exceptionnellement.

unwell [ˌʌn'wel] **adj : to be unwell** ne pas aller très bien ▸ **to feel unwell** ne pas se sentir bien.

unwilling [ˌʌn'wɪlɪŋ] **adj : to be unwilling to do sthg** ne pas vouloir faire qqch.

unwind [ˌʌn'waɪnd] (*pt & pp* **unwound** [ˌʌnwaʊnd]) ◆ **vt** dérouler. ◆ **vi** [relax] se détendre.

unwrap [ˌʌn'ræp] **vt** déballer.

unzip [ˌʌn'zɪp] **vt 1.** défaire la fermeture de **2.** COMPUT dézipper.

up [ʌp] ◆ **adv 1.** [towards higher position] vers le haut ▸ **to go up** monter ▸ **we walked up to the top** nous sommes montés jusqu'en haut ▸ **to pick sthg up** ramasser qqch **2.** [in higher position] en haut ▸ **she's up in her bedroom** elle est en haut dans sa chambre ▸ **up there** là-haut **3.** [into upright position] **: to stand up** se lever ▸ **to sit up a)** [from lying position] s'asseoir **b)** [sit straight] se redresser **4.** [to increased level] **: prices are going up** les prix augmentent **5.** [northwards] **: up in Scotland** en Écosse **6.** [in phrases] **: to walk up and down** faire les cent pas ▸ **to jump up and down** sauter ▸ **up to ten people** jusqu'à dix personnes ▸ **are you up to travelling?** tu te sens en état de voyager ? ▸ **what are you up to?** qu'est-ce que tu mijotes ? ▸ **to be up for** être prêt à ▸ **it's up to you** (c'est) à vous de voir ▸ **up until ten o'clock** jusqu'à dix heures
◆ **prep 1.** [towards higher position] **: to walk up a hill** grimper sur une colline ▸ **I went up the stairs** j'ai monté l'escalier **2.** [in higher position] en haut de ▸ **up a hill** en haut d'une colline ▸ **up a ladder** sur une échelle **3.** [at end of] **: they live up the road from us** ils habitent un peu plus haut que nous
◆ **adj 1.** [out of bed] levé(e) **2.** [at an end] **: time's up** c'est l'heure **3.** [ris-

ing] : **the up escalator** l'Escalator® pour monter
◆ n : **ups and downs** des hauts et des bas *mpl*.

up-and-coming adj à l'avenir prometteur.

upcoming ['ʌp,kʌmɪŋ] adj à venir ▸ **'upcoming attractions'** 'prochainement'.

update [,ʌp'deɪt] ◆ n mise *f* à jour. ◆ vt mettre à jour.

upgradable [ʌp'greɪdəbl] adj COMPUT extensible.

upgrade [,ʌp'greɪd] ◆ n [of software] mise *f* à jour. ◆ vt **1.** [hardware, system] optimiser **2.** [employee] promouvoir.

upgradeable = **upgradable**.

uphill [,ʌp'hɪl] adv : **to go uphill** monter.

upholstery [ʌp'həʊlstərɪ] n *(U)* rembourrage *m*.

upkeep ['ʌpki:p] n *(U)* entretien *m*.

upmarket [ʌp'mɑ:kɪt] adj haut de gamme.

upon [ə'pɒn] prep *fml* [on] sur ▸ **upon hearing the news...** en apprenant la nouvelle....

upper ['ʌpə^r] ◆ adj supérieur(e). ◆ n [of shoe] empeigne *f*.

upper class n : **the upper class** la haute société. ◆ **upper-class** adj [accent, person] aristocratique.

uppermost ['ʌpəməʊst] adj [highest] le plus haut (la plus haute).

upper sixth n UK ≃ terminale *f*.

upright ['ʌpraɪt] ◆ adj droit(e). ◆ adv droit.

upset [ʌp'set] (*pt & pp* **upset**) ◆ adj [distressed] peiné(e). ◆ vt **1.** [distress] peiner **2.** [plans] déranger **3.** [knock over] renverser ▸ **to have an upset stomach** avoir un embarras gastrique.

upside down [,ʌpsaɪd-] adj & adv à l'envers.

upstairs [,ʌp'steəz] ◆ adj du haut. ◆ adv [on a higher floor] en haut, à l'étage ▸ **to go upstairs** monter.

up-to-date adj **1.** [modern] moderne **2.** [well-informed] au courant.

uptown [,ʌp'taʊn] US ◆ adj [area] résidentiel(elle). ◆ n quartier résidentiel.

upward ['ʌpwəd] ◆ adj [look, rise] vers le haut. ◆ adv US = **upwards**.

upward-compatible adj COMPUT compatible vers le haut.

upward mobility n mobilité *f* sociale.

upwards ['ʌpwədz] adv vers le haut ▸ **upwards of 100 people** plus de 100 personnes.

urban ['ɜ:bən] adj urbain(e).

urban clearway [-'klɪəweɪ] n UK route *f* à stationnement interdit.

urbanization, urbanisation UK [,ɜ:bənaɪ'zeɪʃn] n urbanisation *f*.

Urdu ['ʊədu:] n *(U)* ourdou *m*.

urethra [,jʊə'ri:θrə] n urètre *m*.

urge [ɜ:dʒ] vt : **to urge sb to do sthg** presser qqn de faire qqch.

urgent ['ɜ:dʒənt] adj urgent(e).

urgently ['ɜ:dʒəntlɪ] adv [immediately] d'urgence.

urinal [,jʊə'raɪnl] n *fml* urinoir *m*.

urinate ['jʊərɪneɪt] vi *fml* uriner.

urine ['jʊərɪn] n *(U)* urine *f*.

URL (*abbr of* **uniform resource locator**) n COMPUT URL *m* *(adresse électronique)*.

Uruguay ['jʊərəgwaɪ] n Uruguay *m*.

Uruguayan [,jʊərə'gwaɪən] ◆ adj uruguayen(enne). ◆ n Uruguayen *m*, -enne *f*.

us [ʌs] pron nous ▸ **they know us** ils nous connaissent ▸ **it's us** c'est nous ▸ **send it to us** envoyez-le nous ▸ **tell us** dites-nous ▸ **they're worse than us** ils sont pires que nous.

US (*abbr of* United States) n **: the US** les USA *(United States of America) mpl*.

ⓘ US Open

Événement phare du tennis international, qui est parmi les plus suivis au monde, ce tournoi américain accueille durant trois semaines, entre août et septembre, les amateurs et professionnels de cette discipline sur le terrain du Flushing Meadows-Corona Park, dans le quartier du Queens à New York.

USA (*abbr of* United States of America) n **: the USA** les USA *(United States of America) mpl*.

usable ['ju:zəbl] adj utilisable.

USB cable n câble *m* USB.

USB key n clé *f* USB.

use ◆ n [ju:s] *(U)* utilisation *f*, emploi *m*. ◆ vt [ju:z] utiliser, se servir de ▸ **to be of use** être utile ▸ **to have the use of sthg** avoir l'usage de qqch ▸ **to make use of sthg** a) utiliser qqch b) [time, opportunity] mettre qqch à profit ▸ **to be in use** être en usage ▸ **it's no use** ça ne sert à rien ▸ **what's the use?** à quoi bon ? ▸ **to use a crate as a table** utiliser un cageot comme table ▸ **'out of use'** 'hors service' ▸ **'use before…'** [food, drink] 'à consommer avant…'. ◆ **use up** vt sep épuiser.

used ◆ adj [ju:zd] **1.** [towel, glass, etc.] sale **2.** [car] d'occasion. ◆ aux vb [ju:st] **: I used to live near here** j'habitais près d'ici avant ▸ **I used to go there every day** j'y allais tous les jours ▸ **to be used to sthg** avoir l'habitude de qqch ▸ **to get used to sthg** s'habituer à qqch.

useful ['ju:sfʊl] adj utile.

useless ['ju:slɪs] adj **1.** inutile **2.** *inf* [very bad] nul (nulle).

Usenet® ['ju:znet] n Usenet® *m*, forum *m* électronique.

user ['ju:zə^r] n utilisateur *m*, -trice *f*.

user-friendly adj convivial(e), facile à utiliser.

user ID, user name n nom *m* d'utilisateur, identifiant *m*.

username ['ju:zə^rneɪm] n identifiant *m*.

user profile n profil *m* utilisateur.

usher ['ʌʃə^r] n [at cinema, theatre] ouvreur *m*.

usherette [,ʌʃə'ret] n ouvreuse *f*.

USP (*abbr of* unique selling point OR proposition) n PUV *f (point ou proposition unique de vente)*.

USSR (*abbr of* Union of Soviet Socialist Republics) n **: the (former) USSR** l'(ex-)URSS *f (Union des républiques socialistes soviétiques)*.

usual ['ju:ʒəl] adj habituel(elle) ▸ **as usual** comme d'habitude.

usually ['ju:ʒəlɪ] adv d'habitude.

utensil [ju:'tensl] n ustensile *m*.

utilize ['ju:təlaɪz] vt utiliser.

utmost ['ʌtməʊst] ◆ adj le plus grand (la plus grande). ◆ n **: to do one's utmost** faire tout son possible.

utter [ˈʌtə^r] ◆ **adj** total(e). ◆ **vt 1.** prononcer **2.** [cry] pousser.

utterly [ˈʌtəlɪ] **adv** complètement.

U-turn **n** [in vehicle] demi-tour *m* ▸ **to make a U-turn** faire demi-tour.

UV (*abbr of* **ultra violet**) UV.

vacancy [ˈveɪkənsɪ] **n** [job] offre *f* d'emploi ▸ **'vacancies'** 'chambres à louer' ▸ **'no vacancies'** 'complet'.

vacant [ˈveɪkənt] **adj** libre.

vacate [vəˈkeɪt] **vt** *fml* [room, house] libérer.

vacation [vəˈkeɪʃn] ◆ **n** US vacances *fpl*. ◆ **vi** US passer les vacances ▸ **to go on vacation** US partir en vacances.

vacationer [vəˈkeɪʃənər] **n** US vacancier *m*, -ière *f*.

vaccination [ˌvæksɪˈneɪʃn] **n** vaccination *f*.

vaccine [UK ˈvæksiːn, US vækˈsiːn] **n** vaccin *m*.

vacuum [ˈvækjʊəm] **vt** passer l'aspirateur dans.

vacuum cleaner **n** aspirateur *m*.

vague [veɪg] **adj** vague.

vain [veɪn] **adj** *pej* [conceited] vaniteux(euse) ▸ **in vain** en vain.

Valentine card [ˈvæləntaɪn-] **n** carte *f* de la Saint-Valentin.

Valentine's Day [ˈvæləntaɪnz-] **n** la Saint-Valentin.

valet [ˈvæleɪ, ˈvælɪt] **n** UK [in hotel] valet *m* de chambre.

valet service **n** UK **1.** [in hotel] pressing *m* **2.** [for car] nettoyage *m* complet.

valid [ˈvælɪd] **adj** [ticket, passport] valide ▸ **valid from** valable à partir de.

validate [ˈvælɪdeɪt] **vt** [ticket] valider.

Valium® [ˈvælɪəm] **n** Valium® *m*.

valley [ˈvælɪ] **n** vallée *f*.

valuable [ˈvæljʊəbl] **adj 1.** [jewellery, object] de valeur **2.** [advice, help] précieux(ieuse). ◆ **valuables** **npl** objets *mpl* de valeur.

value [ˈvæljuː] **n** *(U)* **1.** valeur *f* **2.** [usefulness] intérêt *m* ▸ **a value pack** un paquet économique ▸ **to be good value (for money)** être d'un bon rapport qualité-prix.

value-added tax = **VAT**.

valve [vælv] **n 1.** soupape *f* **2.** [of tyre] valve *f*.

van [væn] **n** camionnette *f*.

vandal [ˈvændl] **n** vandale *m*.

vandalize [ˈvændəlaɪz] **vt** saccager.

vanilla [vəˈnɪlə] **n** *(U)* vanille *f*.

vanish [ˈvænɪʃ] **vi** disparaître.

vanity publishing **n** publication *f* à compte d'auteur.

vapor [ˈveɪpər] US = **vapour**.

vaporize, vaporise UK [ˈveɪpəraɪz] ◆ **vt** vaporiser. ◆ **vi** se vaporiser.

vapour [ˈveɪpə^r] **n** *(U)* UK vapeur *f*.

variable [ˈveərɪəbl] **adj** variable.

variant [ˈveərɪənt] **n** MED variant *m*.

varicose veins [ˈværɪkəʊs-] **npl** varices *fpl*.

varied [ˈveərɪd] **adj** varié(e).

variety [və'raɪətɪ] n variété *f*.

various ['veərɪəs] adj divers(es).

varnish ['vɑːnɪʃ] ◆ n vernis *m*. ◆ vt vernir.

vary ['veərɪ] ◆ vi varier. ◆ vt (faire) varier ▸ **regulations vary from country to country** les réglementations varient d'un pays à l'autre ▸ **'prices vary'** 'prix variables'.

vase [UK vɑːz, US veɪz] n vase *m*.

Vaseline® ['væsəliːn] n *(U)* vaseline *f*.

vast [vɑːst] adj vaste.

vat [væt] n cuve *f*.

VAT [væt, viːeɪ'tiː] *(abbr of* **value added tax***)* n TVA *(taxe à la valeur ajoutée) f*.

Vatican ['vætɪkən] n **: the Vatican** le Vatican.

vault [vɔːlt] n **1.** [in bank] salle *f* des coffres **2.** [in church] caveau *m*.

VCR *(abbr of* **video cassette recorder***)* n UK magnétoscope *m*.

VDU *(abbr of* **visual display unit***)* n moniteur *m*.

veal [viːl] n *(U)* veau *m*.

veg [vedʒ] *abbr of* **vegetable**.

vegan ['viːgən] adj & n vegan.

vegetable ['vedʒtəbl] n légume *m*.

vegetable oil n huile *f* végétale.

vegetarian [ˌvedʒɪ'teərɪən] ◆ adj végétarien(ienne). ◆ n végétarien *m*, -ienne *f*.

vegetation [ˌvedʒɪ'teɪʃn] n *(U)* végétation *f*.

vehicle ['viːəkl] n véhicule *m*.

veil [veɪl] n voile *m*.

vein [veɪn] n veine *f*.

Velcro® ['velkrəʊ] n *(U)* Velcro® *m*.

velvet ['velvɪt] n *(U)* velours *m*.

velvety ['velvɪtɪ] adj [cloth, complexion, texture] velouteux(euse), velouté(e).

vending machine ['vendɪŋ-] n distributeur *m* (automatique).

venetian blind [vɪˌniːʃn-] n store *m* vénitien.

Venezuela [ˌvenɪz'weɪlə] n Venezuela *m*.

Venezuelan [ˌvenɪz'weɪlən] ◆ adj vénézuélien(enne). ◆ n Vénézuélien *m*, -enne *f*.

Venice ['venɪs] n Venise.

venison ['venɪzn] n *(U)* chevreuil *m*.

vent [vent] n [for air, smoke, etc.] grille *f* d'aération.

ventilation [ˌventɪ'leɪʃn] n *(U)* ventilation *f*.

ventilator ['ventɪleɪtə^r] n ventilateur *m*.

venture ['ventʃə^r] ◆ n entreprise *f*. ◆ vi [go] s'aventurer.

venue ['venjuː] n **1.** [for show] salle *f* (de spectacle) **2.** [for sport] stade *m*.

veranda [və'rændə] n véranda *f*.

verb [vɜːb] n verbe *m*.

verbalize, verbalise UK ['vɜːbəlaɪz] vt [feelings, ideas] verbaliser, exprimer par des mots.

verdict ['vɜːdɪkt] n verdict *m*.

verge [vɜːdʒ] n UK [of road, lawn] bord *m* ▸ **'soft verges'** UK 'accotements non stabilisés'.

verify ['verɪfaɪ] vt vérifier.

verisimilitude [ˌverɪsɪ'mɪlɪtjuːd] n *fml* vraisemblance *f*.

vermin ['vɜːmɪn] n *(U)* vermine *f*.

vermouth ['vɜːməθ] n vermouth *m*.

versa → vice versa.

versatile ['vɜːsətaɪl] **adj** polyvalent(e).

verse [vɜːs] **n 1.** [of poem] strophe *f* **2.** [of song] couplet *m* **3.** *(U)* [poetry] vers *mpl*.

version ['vɜːʃn] **n** version *f*.

versus ['vɜːsəs] **prep** contre.

vertical ['vɜːtɪkl] **adj** vertical(e).

vertigo ['vɜːtɪgəʊ] **n** *(U)* vertige *m*.

very ['verɪ] ◆ **adv** très. ◆ **adj : at the very bottom** tout au fond ▸ **very much** beaucoup ▸ **not very** pas très ▸ **my very own room** ma propre chambre ▸ **it's the very thing I need** c'est juste ce dont j'ai besoin.

vessel ['vesl] **n** *fml* [ship] vaisseau *m*.

vest [vest] **n 1.** UK [underwear] maillot *m* de corps **2.** US [waistcoat] gilet *m* (sans manches).

vet [vet] **n** UK vétérinaire *m ou f*.

veteran ['vetrən] **n** [of war] ancien combattant *m*.

veterinarian [ˌvetərɪ'neərɪən] US = **vet**.

veterinary surgeon ['vetərɪnrɪ-] UK *fml* = **vet**.

VHF (*abbr of* **very high frequency**) **n** VHF *f*.

VHS (*abbr of* **video home system**) **n** *(U)* VHS *m*.

via ['vaɪə] **prep 1.** [place] en passant par **2.** [by means of] par.

viaduct ['vaɪədʌkt] **n** viaduc *m*.

Viagra® [vaɪ'ægrə] **n** Viagra® *m*.

vibrate [vaɪ'breɪt] **vi** vibrer.

vibration [vaɪ'breɪʃn] **n** vibration *f*.

vibrator [vaɪ'breɪtə^r] **n 1.** TECH vibrateur *m* **2.** [for massage] vibromasseur *m*.

vicar ['vɪkə^r] **n** pasteur *m*.

vicarage ['vɪkərɪdʒ] **n** ≃ presbytère *m*.

vice [vaɪs] **n** [fault] vice *m*.

vice-president **n** vice-président *m*, -e *f*.

vice versa [ˌvaɪsɪ'vɜːsə] **adv** vice versa.

vicinity [vɪ'sɪnətɪ] **n : in the vicinity** dans les environs.

vicious ['vɪʃəs] **adj 1.** [attack] violent(e) **2.** [animal, comment] méchant(e).

victim ['vɪktɪm] **n** victime *f*.

victimization, victimisation UK [ˌvɪktɪmaɪ'zeɪʃn] **n** [for beliefs, race, differences] fait *m* de prendre pour victime.

victimless crime ['vɪktɪmlɪs-] **n** délit *m* sans victime.

Victorian [vɪk'tɔːrɪən] **adj** victorien(ienne) *(deuxième moitié du XIXe siècle)*.

victory ['vɪktərɪ] **n** victoire *f*.

video ['vɪdɪəʊ] (*pl* **-s**) ◆ **n 1.** vidéo *f* **2.** [video recorder] magnétoscope *m*. ◆ **vt 1.** [using video recorder] enregistrer sur magnétoscope **2.** [using camera] filmer ▸ **on video** en vidéo.

video camera **n** caméra *f* vidéo.

video cassette recorder = **video recorder**.

videoconference ['vɪdɪəʊ'kɒnfərəns] **n** visioconférence *f*.

video diary **n** journal *m* vidéo.

video game **n** jeu *m* vidéo.

video projector **n** vidéoprojecteur *m*.

video recorder **n** UK magnétoscope *m*.

video shop **n** UK vidéoclub *m*.

video store US = **video shop**.

videotape ['vɪdɪəʊteɪp] **n** cassette *f* vidéo.

Vienna [vɪ'enə] **n** Vienne.

Vietnam [UK ˌvjet'næm, US ˌvjet'nɑːm] **n** le Vietnam.

view [vjuː] ◆ **n 1.** vue *f* **2.** [opinion] opinion *f* **3.** [attitude] vision *f*. ◆ **vt** [look at] visionner ▸ **in my view** à mon avis ▸ **in view of** [considering] étant donné ▸ **to come into view** apparaître.

viewer ['vjuːəʳ] **n** [of TV] téléspectateur *m*, -trice *f*.

viewfinder ['vjuːˌfaɪndəʳ] **n** viseur *m*.

viewpoint ['vjuːpɔɪnt] **n** point de vue *m*.

vigilant ['vɪdʒɪlənt] **adj** *fml* vigilant(e).

villa ['vɪlə] **n 1.** [in countryside, by sea] villa *f* **2.** UK [in town] pavillon *m*.

village ['vɪlɪdʒ] **n** village *m*.

village green **n** *pelouse au centre du village*.

villager ['vɪlɪdʒəʳ] **n** villageois *m*, -e *f*.

villain ['vɪlən] **n 1.** [of book, film] méchant *m*, -e *f* **2.** [criminal] bandit *m*.

villainous ['vɪlənəs] **adj** [evil act, person] vil(e).

vinaigrette [ˌvɪnɪ'gret] **n** *(U)* vinaigrette *f*.

vine [vaɪn] **n** vigne *f*.

vinegar ['vɪnɪgəʳ] **n** vinaigre *m*.

vineyard ['vɪnjəd] **n** vignoble *m*.

vintage ['vɪntɪdʒ] ◆ **adj** [wine] de grand cru. ◆ **n** [year] millésime *m*.

vinyl ['vaɪnɪl] **n** *(U)* vinyle *m*.

viola [vɪ'əʊlə] **n** alto *m*.

violence ['vaɪələns] **n** *(U)* violence *f*.

violent ['vaɪələnt] **adj** violent(e).

violet ['vaɪələt] ◆ **adj** violet(ette). ◆ **n** [flower] violette *f*.

violin [ˌvaɪə'lɪn] **n** violon *m*.

VIP (*abbr of* very important person) **n** personnalité *f*.

virgin ['vɜːdʒɪn] **n** : **to be a virgin** être vierge.

Virgo ['vɜːgəʊ] (*pl* **-s**) **n** Vierge *f*.

virtually ['vɜːtʃʊəlɪ] **adv** pratiquement.

virtual classroom ['vɜːtʃʊəl-] **n** classe *f* virtuelle.

virtual reality ['vɜːtʃʊəl-] **n** *(U)* réalité *f* virtuelle.

virus ['vaɪrəs] **n** virus *m*.

virus-free **adj** COMPUT dépourvu(e) de virus.

visa ['viːzə] **n** visa *m*.

viscose ['vɪskəʊs] **n** *(U)* viscose *f*.

visibility [ˌvɪzɪ'bɪlətɪ] **n** *(U)* visibilité *f*.

visible ['vɪzəbl] **adj** visible.

visit ['vɪzɪt] ◆ **vt 1.** [person] rendre visite à **2.** [place] visiter. ◆ **n** visite *f*.

> ⚠ Visiter is a false friend, it means ***to view, inspect*** or ***go sightseeing***, not "to visit" someone.

visiting hours ['vɪzɪtɪŋ-] **npl** heures *fpl* de visite.

visitor ['vɪzɪtəʳ] **n** visiteur *m*, -euse *f*.

visitor centre **n** UK centre *m* d'information touristique.

visitors' book **n** livre *m* d'or.

visitor's passport **n** UK passeport *m* temporaire.

visor ['vaɪzəʳ] **n** visière *f*.

vital ['vaɪtl] **adj** vital(e).

vitamin [UK 'vɪtəmɪn, US 'vaɪtəmɪn] **n** vitamine *f*.

vitriol ['vɪtrɪəl] **n** vitriol *m*.

viva voce [ˌvaɪvəˈvəʊsɪ] ◆ **n** UK [gen] épreuve *f* orale ; [for thesis] soutenance *f* de thèse. ◆ **adj** oral. ◆ **adv** de vive voix.

vivid [ˈvɪvɪd] **adj** **1.** [colour] vif (vive) **2.** [description] vivant(e) **3.** [memory] précis(e).

V-neck **n** [design] col *m* en V.

vocabulary [vəˈkæbjʊlərɪ] **n** vocabulaire *m*.

vocational [vəʊˈkeɪʃənl] **adj** professionnel(elle).

vodka [ˈvɒdkə] **n** vodka *f*.

voice [vɔɪs] **n** voix *f*.

voice mail **n** COMPUT messagerie *f* vocale ▸ **to send / receive voice mail** envoyer / recevoir un message sur une boîte vocale.

volcano [vɒlˈkeɪnəʊ] (*pl* **-es** OR **-s**) **n** volcan *m*.

volleyball [ˈvɒlɪbɔːl] **n** *(U)* volley(-ball) *m*.

volt [vəʊlt] **n** volt *m*.

voltage [ˈvəʊltɪdʒ] **n** voltage *m*.

volume [ˈvɒljuːm] **n** volume *m*.

volume mailing **n** multipostage *m*.

voluntary [ˈvɒləntrɪ] **adj** **1.** volontaire **2.** [work] bénévole.

volunteer [ˌvɒlənˈtɪəʳ] ◆ **n** volontaire *m ou f*. ◆ **vt** : **to volunteer to do sthg** se porter volontaire pour faire qqch.

vomit [ˈvɒmɪt] ◆ **n** *(U)* vomi *m*. ◆ **vi** vomir.

voodoo [ˈvuːduː] ◆ **n** vaudou *m*. ◆ **adj** vaudou ***(inv)***.

vote [vəʊt] ◆ **n** **1.** [choice] voix *f* **2.** [process] vote *m*. ◆ **vi** : **to vote (for)** voter (pour).

voter [ˈvəʊtəʳ] **n** électeur *m*, -trice *f*.

voucher [ˈvaʊtʃəʳ] **n** bon *m*.

vowel [ˈvaʊəl] **n** voyelle *f*.

voyage [ˈvɔɪɪdʒ] **n** voyage *m*.

voyeuristic [ˌvɔɪəˈrɪstɪk] **adj** de voyeur.

vulgar [ˈvʌlgəʳ] **adj** vulgaire.

vulture [ˈvʌltʃəʳ] **n** vautour *m*.

Ww

W (*abbr of* **west**) O *(Ouest)*.

wacko [ˈwækəʊ] (*pl* **-s**) **n & adj** *inf* cinglé(e).

wad [wɒd] **n** **1.** [of paper, bank notes] liasse *f* **2.** [of cotton] tampon *m*.

waddle [ˈwɒdl] **vi** se dandiner.

wade [weɪd] **vi** patauger.

wading pool [ˈweɪdɪŋ-] **n** US pataugeoire *f*.

wafer [ˈweɪfəʳ] **n** gaufrette *f*.

waffle [ˈwɒfl] ◆ **n** [to eat] gaufre *f*. ◆ **vi** UK *inf* parler pour ne rien dire.

wag [wæg] **vt** remuer.

wage [weɪdʒ] **n** salaire *m*. ◆ **wages** **npl** salaire *m*.

wage slave **n** employé *m* très mal payé, employée *f* très mal payée.

wagon [ˈwægən] **n** **1.** [vehicle] chariot *m* **2.** UK [of train] wagon *m*.

wail [weɪl] **vi** gémir.

waist [weɪst] **n** taille *f*.

waistcoat ['weɪskəʊt] n UK gilet *m* *(sans manches)*.

wait [weɪt] ◆ n attente *f*. ◆ vi attendre ▸ **to wait for sb to do sthg** attendre que qqn fasse qqch ▸ **I can't wait to get there!** il me tarde d'arriver ! ◆ **wait for** vt insep attendre.

waiter ['weɪtəʳ] n serveur *m*, garçon *m* ▸ **waiter!** garçon !

waiting area n = **waiting room**.

waiting list ['weɪtɪŋ-] n liste *f* d'attente.

waiting room ['weɪtɪŋ-] n salle *f* d'attente.

waitlist ['weɪtlɪst] vt US mettre sur la liste d'attente.

waitress ['weɪtrɪs] n serveuse *f*.

wake [weɪk] (*pt* **woke**, *pp* **woken**) ◆ vt réveiller. ◆ vi se réveiller. ◆ **wake up** ◆ vt sep réveiller. ◆ vi [wake] se réveiller.

wake-up call n réveil *m* téléphonique.

wakey wakey [ˌweɪkɪ'weɪkɪ] excl UK *inf* : **wakey wakey!** réveille-toi !

Waldorf salad ['wɔːldɔːf-] n salade *f* Waldorf *(pommes, céleri et noix avec mayonnaise légère)*.

Wales [weɪlz] n le pays de Galles.

walk [wɔːk] ◆ n **1.** [hike] marche *f* **2.** [stroll] promenade *f* **3.** [path] chemin *m*. ◆ vi **1.** marcher **2.** [stroll] se promener **3.** [as hobby] faire de la marche. ◆ vt **1.** [distance] faire à pied **2.** [dog] promener ▸ **to go for a walk** a) aller se promener b) [hike] faire de la marche ▸ **it's a short walk** ça n'est pas loin à pied ▸ **to take the dog for a walk** sortir le chien ▸ **'walk'** US *message lumineux indiquant aux piétons qu'ils peuvent traverser* ▸ **'don't walk'** US *message lumineux indiquant aux piétons qu'ils ne doivent pas traverser*. ◆ **walk away** vi partir. ◆ **walk in** vi entrer. ◆ **walk out** vi partir.

walker ['wɔːkəʳ] n **1.** promeneur *m*, -euse *f* **2.** [hiker] marcheur *m*, -euse *f*.

walking boots ['wɔːkɪŋ-] npl chaussures *fpl* de marche.

walking stick ['wɔːkɪŋ-] n canne *f*.

Walk-up adj US [building] sans ascenseur.

wall [wɔːl] n **1.** mur *m* **2.** [of tunnel, cave] paroi *f*.

wallaby ['wɒləbɪ] (*pl* **-ies**) n wallaby *m*.

wallet ['wɒlɪt] n portefeuille *m*.

wallpaper ['wɔːlˌpeɪpəʳ] n *(U)* papier *m* peint.

Wall Street n Wall Street *m*.

> **ⓘ Wall Street**
>
> Cette rue, située à l'extrémité sud de l'île de Manhattan à New York, regroupe la majorité des institutions financières américaines, dont la célèbre Bourse des valeurs, le **New York Stock Exchange**. L'effondrement de cette dernière durant la Grande Dépression des années 1930 (le fameux **Jeudi noir** du 24 octobre 1929, ou **Wall Street Crash**) fut l'un des événements marquants de l'histoire économique américaine.

wally ['wɒlɪ] n UK *inf* andouille *f*.

walnut ['wɔːlnʌt] n noix *f*.

waltz [wɔːls] n valse *f*.

wander ['wɒndəʳ] vi errer.

want [wɒnt] vt **1.** vouloir **2.** [need] avoir besoin de ▸ **to want to do sthg** vouloir faire qqch ▸ **do you want me**

to help you? voulez-vous que je vous aide ?

WAP [wæp] (*abbr of* **wireless application protocol**) **n** [telecommunications] WAP *m* ▸ **WAP phone** téléphone *m* WAP.

war [wɔːʳ] **n** guerre *f*.

ward [wɔːd] **n** [in hospital] salle *f*.

warden ['wɔːdn] **n** **1.** [of park] gardien *m*, -ienne *f* **2.** UK [of youth hostel] directeur *m*, -trice *f* **3.** US [of prison] directeur *m*, -trice *f*.

wardrobe ['wɔːdrəʊb] **n** penderie *f*.

warehouse ['weəhaʊs] (*pl* [-haʊzɪz]) **n** entrepôt *m*.

warm [wɔːm] ◆ **adj** **1.** chaud(e) **2.** [friendly] chaleureux(euse). ◆ **vt** chauffer ▸ **to be warm** avoir chaud ▸ **it's warm** il fait chaud. ◆ **warm up** ◆ **vt sep** réchauffer. ◆ **vi** **1.** se réchauffer **2.** [do exercises] s'échauffer **3.** [machine, engine] chauffer.

war memorial **n** monument *m* aux morts.

warmth [wɔːmθ] **n** *(U)* chaleur *f*.

warn [wɔːn] **vt** avertir ▸ **we warned them about the risks** nous les avons avertis des risques ▸ **I warned you not to do that** je t'ai déconseillé de faire cela.

warning ['wɔːnɪŋ] **n** [of danger] avertissement *m* ▸ **they didn't give us any warning** ils ne nous ont pas prévenus.

warning light **n** voyant *m* lumineux.

warranty ['wɒrəntɪ] **n** *fml* garantie *f*.

warship ['wɔːʃɪp] **n** navire *m* de guerre.

wart [wɔːt] **n** verrue *f*.

was [wɒz] **pt** → **be**.

wash [wɒʃ] ◆ **vt** laver. ◆ **vi** se laver. ◆ **n** : **to give sthg a wash** laver qqch ▸ **to have a wash** se laver ▸ **to wash one's hands** se laver les mains. ◆ **wash up** **vi** **1.** UK [do washing-up] faire la vaisselle **2.** US [clean o.s.] se laver.

washable ['wɒʃəbl] **adj** lavable.

washbasin ['wɒʃ,beɪsn] **n** lavabo *m*.

washboard ['wɒʃ,bɔːd] **n** planche *f* à laver.

washbowl ['wɒʃbəʊl] **n** US lavabo *m*.

washcloth ['wɒʃ,klɒθ] **n** US gant *m* de toilette.

washer ['wɒʃəʳ] **n** **1.** [for bolt, screw] rondelle *f* **2.** [of tap] joint *m*.

washing ['wɒʃɪŋ] **n** *(U)* UK lessive *f*.

washing line **n** UK corde *f* à linge.

washing machine **n** machine *f* à laver.

washing powder **n** UK lessive *f*.

washing-up **n** *(U)* UK : **to do the washing-up** faire la vaisselle.

washing-up bowl **n** UK *bassine dans laquelle on fait la vaisselle.*

washing-up liquid **n** *(U)* UK liquide *m* vaisselle.

washload ['wɒʃləʊd] **n** **1.** [washing capacity] capacité *f* de lavage **2.** [items to be washed] lessive *f*.

washroom ['wɒʃrʊm] **n** US toilettes *fpl*.

wasn't [wɒznt] → **was not**.

wasp [wɒsp] **n** guêpe *f*.

waste [weɪst] ◆ **n** *(U)* [rubbish] déchets *mpl*. ◆ **vt** **1.** [money, energy] gaspiller **2.** [time] perdre ▸ **a waste of money** de l'argent gaspillé ▸ **a waste of time** une perte de temps.

wastebin ['weɪstbɪn] **n** UK poubelle *f*.

waste ground **n** *(U)* terrain *m* vague.

waste matter **n** déchets *mpl*.

wastepaper basket [ˌweɪst'peɪpə-] n corbeille *f* à papier.

watch [wɒtʃ] ◆ n [wristwatch] montre *f*. ◆ vt **1.** regarder **2.** [spy on] observer **3.** [be careful with] faire attention à. ◆ **watch out** vi [be careful] faire attention ▸ **to watch out for** [look for] guetter.

watchable ['wɒtʃəbl] adj [enjoyable to watch] qui se laisse regarder.

watchdog ['wɒtʃdɒg] n [dog] chien *m* de garde.

watch strap n bracelet *m* de montre.

water ['wɔːtə^r] ◆ n *(U)* eau *f*. ◆ vt [plants, garden] arroser. ◆ vi [eyes] pleurer ▸ **to make sb's mouth water** mettre l'eau à la bouche de qqn.

water bottle n gourde *f*.

watercolor US = **watercolour**.

watercolour ['wɔːtəˌkʌlə^r] n UK aquarelle *f*.

watercress ['wɔːtəkres] n cresson *m*.

waterfall ['wɔːtəfɔːl] n chutes *fpl* d'eau, cascade *f*.

watering ['wɔːtərɪŋ] n **1.** [of garden] arrosage *m* **2.** [of field] irrigation *f*.

watering can ['wɔːtərɪŋ-] n arrosoir *m*.

watermelon ['wɔːtəˌmelən] n pastèque *f*.

waterproof ['wɔːtəpruːf] adj **1.** [clothes] imperméable **2.** [watch] étanche.

water purification tablets [-pjʊərɪfɪ'keɪʃn-] npl pastilles *fpl* pour la clarification de l'eau.

waterside ['wɔːtəsaɪd] ◆ adj au bord de l'eau. ◆ n : **the waterside** le bord de l'eau.

water ski n ski *m* nautique. ◆ **waterski** vi faire du ski nautique.

water skiing n *(U)* ski *m* nautique.

watersports ['wɔːtəspɔːts] npl sports *mpl* nautiques.

water tank n citerne *f* d'eau.

watertight ['wɔːtətaɪt] adj étanche.

watt [wɒt] n watt *m* ▸ **a 60-watt bulb** une ampoule 60 watts.

wave [weɪv] ◆ n **1.** vague *f* **2.** [in hair] ondulation *f* **3.** [of light, sound, etc.] onde *f*. ◆ vt agiter. ◆ vi [with hand] faire signe (de la main).

wavelength ['weɪvleŋθ] n longueur *f* d'onde.

wavy ['weɪvɪ] adj [hair] ondulé(e).

wax [wæks] n *(U)* **1.** cire *f* **2.** [in ears] cérumen *m*.

way [weɪ] n **1.** [manner] façon *f*, manière *f* **2.** [means] moyen *m* **3.** [route] route *f*, chemin *m* **4.** [distance] trajet *m* ▸ **which way is the station?** dans quelle direction est la gare ? ▸ **the town is out of our way** la ville n'est pas sur notre chemin ▸ **to be in the way** gêner ▸ **to be on the way** [coming] être en route ▸ **to get out of the way** s'écarter ▸ **to get under way** démarrer ▸ **a long way (away)** loin ▸ **to lose one's way** se perdre ▸ **on the way back** sur le chemin du retour ▸ **on the way there** pendant le trajet ▸ **that way** a) [like that] comme ça b) [in that direction] par là ▸ **this way** a) [like this] comme ceci b) [in this direction] par ici ▸ **no way!** *inf* pas question ! ▸ **'give way'** 'cédez le passage' ▸ **'way in'** 'entrée' ▸ **'way out'** 'sortie'.

WC (*abbr of* water closet) n UK W-C *mpl*.

we [wiː] pron nous.

weak [wiːk] adj **1.** faible **2.** [structure] fragile **3.** [drink, soup] léger(ère).

weaken ['wiːkn] vt affaiblir.

weakness ['wi:knɪs] n faiblesse *f.*

wealth [welθ] n *(U)* richesse *f.*

wealthy ['welθɪ] adj riche.

weapon ['wepən] n arme *f.*

weapons of mass destruction n armes *fpl* de destruction massive.

wear [weəʳ] (*pt* **wore**, *pp* **worn**) ◆ vt porter. ◆ n *(U)* [clothes] vêtements *mpl* ▸ **wear and tear** usure *f.* ◆ **wear off** vi disparaître. ◆ **wear out** vi s'user.

weary ['wɪərɪ] adj fatigué(e).

weasel ['wi:zl] n belette *f.*

weather ['weðəʳ] n *(U)* temps *m* ▸ **what's the weather like?** quel temps fait-il ? ▸ **to be under the weather** *inf* être patraque.

weather forecast n prévisions *fpl* météo.

weather forecaster [-fɔ:kɑ:stəʳ] n météorologiste *m ou f.*

weather girl ['weðəgɜ:l] n présentatrice *f* de la météo.

weather report n bulletin *m* météo.

weather vane [-veɪn] n girouette *f.*

weave [wi:v] (*pt* **wove**, *pp* **woven**) vt tisser.

web [web] n **1.** [of spider] toile *f* (d'araignée) **2.** COMPUT : **the web** le Web.

web access n accès *m* à Internet.

web address n adresse *f* Web.

webcam ['webkæm] n webcam *f.*

webcast ['webkɑ:st] ◆ n webcast *m.* ◆ vt diffuser sur le Web.

webcasting ['webkɑ:stɪŋ] n webcasting *m.*

web feed ['webfi:d] n webfeed *m.*

web hosting n hébergement *m* de sites Web.

webmaster ['web,mɑ:stəʳ] n webmaster *m*, webmestre *m.*

website, Web site ['websaɪt] n site *m* Internet OR Web.

web space n espace *m* Web.

webzine ['webzi:n] n webzine *m.*

we'd [wi:d] → **we had, we would**.

Wed. (*abbr of* Wednesday) mer. *(mercredi).*

wedding ['wedɪŋ] n mariage *m.*

wedding anniversary n anniversaire *m* de mariage.

wedding dress n robe *f* de mariée.

wedding ring n alliance *f.*

wedge [wedʒ] n **1.** [of cake] part *f* **2.** [of wood, etc.] coin *m.*

wedge-heeled shoe [-hi:ld] n chaussure *f* à semelle compensée.

wedgie ['wedʒi:] n *inf* = **wedge-heeled shoe**.

Wednesday ['wenzdɪ] n mercredi *m* ▸ **it's Wednesday** on est mercredi ▸ **Wednesday morning** mercredi matin ▸ **on Wednesday** mercredi ▸ **on Wednesdays** le mercredi ▸ **last Wednesday** mercredi dernier ▸ **this Wednesday** mercredi ▸ **next Wednesday** mercredi prochain ▸ **Wednesday week** UK, **a week on Wednesday** UK, **a week from Wednesday** US mercredi en huit.

wee [wi:] ◆ adj SCOT petit(e). ◆ n *inf* pipi *m.*

weed [wi:d] n mauvaise herbe *f.*

week [wi:k] n semaine *f* ▸ **a week today** dans une semaine ▸ **in a week's time** dans une semaine.

weekday ['wi:kdeɪ] n jour *m* de (la) semaine.

weekend [,wi:k'end] n week-end *m.*

weekly ['wi:klɪ] ◆ adj hebdomadaire. ◆ adv chaque semaine. ◆ n hebdomadaire *m*.

weep [wi:p] (*pt & pp* **wept**) vi pleurer.

weigh [weɪ] vt peser ▸ **how much does it weigh?** combien ça pèse ?

weight [weɪt] n poids *m* ▸ **to lose weight** maigrir ▸ **to put on weight** grossir. ◆ **weights** npl [for weight training] poids *mpl*.

weightless ['weɪtlɪs] adj **1.** très léger(ère) **2.** [astronaut] en état d'apesanteur.

weightlifting ['weɪt,lɪftɪŋ] n *(U)* haltérophilie *f*.

weight training n *(U)* musculation *f*.

weir [wɪəʳ] n barrage *m*.

weird [wɪəd] adj bizarre.

welcome ['welkəm] ◆ n accueil *m*. ◆ vt **1.** accueillir **2.** [opportunity] se réjouir de. ◆ excl bienvenue ! ◆ adj bienvenu(e) ▸ **you're welcome to help yourself** n'hésitez pas à vous servir ▸ **to make sb feel welcome** mettre qqn à l'aise ▸ **you're welcome!** il n'y a pas de quoi !

welcome committee n comité *m* d'accueil.

welcome mat n paillasson *m*.

weld [weld] vt souder.

welfare ['welfeəʳ] n *(U)* **1.** bien-être *m* **2.** US [money] aide *f* sociale.

welfare state n État-providence *m*.

well [wel] (*compar* **better**, *superl* **best**) ◆ adj [healthy] en forme *inv*. ◆ adv bien. ◆ n [for water] puits *m* ▸ **to get well** se remettre ▸ **to go well** aller bien ▸ **well done!** bien joué ! ▸ **it may well happen** ça pourrait très bien arriver ▸ **it's well worth it** ça en vaut bien la peine ▸ **as well** [in addition] aussi ▸ **as well as** [in addition to] ainsi que.

we'll [wi:l] → **we shall, we will**.

well-behaved [-bɪ'heɪvd] adj bien élevé(e).

well-born adj de bonne famille.

well-built adj bien bâti(e) ▸ **to be well-built** [subj: person] être costaud.

well-designed [-dɪ'zaɪnd] adj bien conçu(e).

well-documented [-'dɒkjʊmentɪd] adj bien documenté(e).

well-done adj [meat] bien cuit(e).

well-dressed [-'drest] adj bien habillé(e).

well-groomed [-'gru:md] adj soigné(e).

wellies ['welɪz] UK *inf* npl = **wellington boots**.

wellington (boot) ['welɪŋtən-] n UK botte *f* en caoutchouc.

well-known adj célèbre.

well-liked [-laɪkt] adj apprécié(e).

well-loved adj très aimé(e).

well-off adj [rich] aisé(e).

well-paid adj bien payé(e).

well-placed [-pleɪst] adj bien placé(e).

well-prepared adj bien préparé(e).

well-respected adj respecté(e).

well-stocked [-stɒkt] adj [shop] bien approvisionné(e).

welly ['welɪ] n UK *inf* botte *f* en caoutchouc.

Welsh [welʃ] ◆ adj gallois(e). ◆ n *(U)* [language] gallois *m*. ◆ npl : **the Welsh** les Gallois *mpl*.

Welsh Assembly n Assemblée *f* galloise OR du pays de Galles.

ⓘ Welsh National Assembly

L'Assemblée nationale du pays de Galles, (ou Assemblée galloise), ne date que de 1999, elle a été mise en place par le gouvernement britannique à l'issue du référendum sur la **devolution** (ou décentralisation), organisé en 1997. Le pays de Galles a depuis une certaine autonomie, notamment dans des domaines tels que l'agriculture, l'éducation, la santé et le tourisme.

Welshman ['welʃmən] (*pl* **-men**) **n** Gallois *m*.

Welsh rarebit [-'reəbɪt] **n** toast *m* au fromage fondu.

Welshwoman ['welʃ,wʊmən] (*pl* **-women**) **n** Galloise *f*.

wench [wentʃ] **n** [archaic] [humorous] jeune fille *f*.

went [went] **pt** → **go**.

wept [wept] **pt & pp** → **weep**.

were [wɜːʳ] **pt** → **be**.

we're [wɪəʳ] → **we are**.

weren't [wɜːnt] → **were not**.

west [west] ◆ **n** ouest *m*. ◆ **adj** occidental(e), ouest *inv*. ◆ **adv 1.** [fly, walk] vers l'ouest **2.** [be situated] à l'ouest ▸ **in the west of England** à OR dans l'ouest de l'Angleterre.

westbound ['westbaʊnd] **adj** en direction de l'ouest.

West Country **n : the West Country** *le sud-ouest de l'Angleterre, comprenant les comtés de Cornouailles, Devon et Somerset*.

West End **n : the West End** *quartier des grands magasins et des théâtres à Londres*.

ⓘ West End

Le **West End** est un quartier de Londres très apprécié des touristes pour son animation nocturne, ses nombreuses boutiques ainsi que ses loisirs, puisqu'il rassemble la plupart des théâtres de la capitale, notamment près de **Leicester Square** et de **Covent Garden**. De même qu'à **Broadway** à New York, ce sont les grosses productions telles que les comédies musicales ou les pièces classiques, souvent jouées par des grands acteurs de cinéma ou de la télévision, qui constituent le succès du **West End**.

western ['westən] ◆ **adj** occidental(e). ◆ **n** [film] western *m*.

westernization, westernisation UK [,westənaɪ'zeɪʃn] **n** occidentalisation *f*.

West Indies [-'ɪndiːz] **npl** Antilles *fpl*.

Westminster ['westmɪnstəʳ] **n** *quartier du centre de Londres*.

ⓘ Westminster / Westminster Abbey

Nom donné au quartier du centre de Londres qui abrite divers organismes gouvernementaux, dont les chambres du Parlement qui siègent au palais de Westminster. Non loin de là se dresse l'abbaye du même nom, chef-d'œuvre architectural construit entre le XIIIe et le XVIe siècle, où sont prononcés les sacrements solennels (Guillaume le Conquérant fut le premier à être couronné le jour de Noël, en 1066, dans l'ancienne abbatiale). L'abbaye abrite également la sépulture de rois, de hauts dignitaires, d'écrivains, d'artistes célèbres et possède un ensemble de chœurs exceptionnels.

Westminster Abbey n l'abbaye *f* de Westminster.

westward ['westwəd] **adj & adv** vers l'ouest.

westwards ['westwədz] **adv** vers l'ouest.

wet [wet] (*pt & pp* **wet** OR **-ted**) ◆ **adj 1.** mouillé(e) **2.** [rainy] pluvieux(ieuse). ◆ **vt** mouiller ▸ **to get wet** se mouiller ▸ **'wet paint'** 'peinture fraîche'.

wet suit n combinaison *f* de plongée.

we've [wi:v] → **we have**.

whale [weɪl] **n** baleine *f*.

wharf [wɔ:f] (*pl* **-s** OR **wharves** [wɔ:vz]) **n** quai *m*.

what [wɒt] ◆ **adj 1.** [in questions] quel (quelle) ▸ **what colour is it?** c'est de quelle couleur ? ▸ **he asked me what colour it was** il m'a demandé de quelle couleur c'était **2.** [in exclamations] : **what a surprise!** quelle surprise ! ▸ **what a beautiful day!** quelle belle journée ! ◆ **pron 1.** [in direct questions: subject] qu'est-ce qui ▸ **what is going on?** qu'est-ce qui se passe ? ▸ **what is that?** qu'est-ce que c'est ? ▸ **what is it called?** comment ça s'appelle ? **2.** [in direct questions: object] qu'est-ce que, que ▸ **what are they doing?** qu'est-ce qu'ils font ?, que font-ils ? **3.** [in direct questions: after prep] quoi ▸ **what are they talking about?** de quoi parlent-ils ? ▸ **what is it for?** à quoi ça sert ? **4.** [in indirect questions, relative clauses: subject] ce qui ▸ **she asked me what had happened** elle m'a demandé ce qui s'était passé ▸ **I don't know what's wrong** je ne sais pas ce qui ne va pas **5.** [in indirect questions, relative clauses: object] ce que ▸ **she asked me what I had seen** elle m'a demandé ce que j'avais vu ▸ **I didn't hear what she said** je n'ai pas entendu ce qu'elle a dit **6.** [in indirect questions, after prep] quoi ▸ **she asked me what I was thinking about** elle m'a demandé à quoi je pensais **7.** [in phrases] : **what for?** pour quoi faire ? ▸ **what about going out for a meal?** si on allait manger au restaurant ? ◆ **excl** quoi !

what-d'ye-call-her ['wɒtjəkɔ:ləʳ] **n** *inf* [person] Machine *f*.

what-d'ye-call-him ['wɒtjəkɔ:lɪm] **n** *inf* [person] Machin *m*.

what-d'ye-call-it ['wɒtjəkɔ:lɪt] **n** *inf* [thing] machin *m*, truc *m*.

whatever [wɒt'evəʳ] **pron** : **take whatever you want** prends ce que tu veux ▸ **whatever I do, I'll lose** quoi que je fasse, je perdrai.

whatshername ['wɒtsənemɪ] **n** *inf* Machine *f* ▸ **(Mrs) whatshername** Madame Machin.

whatshisname ['wɒtsɪzneɪm] **n** *inf* Machin *m*, Machin Chouette *m* ▸ **Mr whatshisname** Monsieur Machin.

whatsoever [,wɒtsəʊ'evəʳ] **adj** : **I had no interest whatsoever** je n'éprouvais pas le moindre intérêt.

wheat [wi:t] **n** *(U)* blé *m*.

wheel [wi:l] **n 1.** roue *f* **2.** [steering wheel] volant *m*.

wheelbarrow ['wi:l,bærəʊ] **n** brouette *f*.

wheelchair ['wi:l,tʃeəʳ] **n** fauteuil *m* roulant.

wheelclamp [,wi:l'klæmp] **n** UK sabot *m* de Denver.

wheezy ['wi:zɪ] **adj** : **to be wheezy** avoir la respiration sifflante.

when [wen] ◆ **adv** quand. ◆ **conj 1.** quand, lorsque **2.** [although, seeing as] alors que ▸ **when it's ready** quand ce sera prêt ▸ **when I've finished** quand j'aurai terminé.

whenever [wen'evəʳ] **conj** quand.

where [weəʳ] **adv & conj** où ▸ **this is where you will be sleeping** c'est ici que vous dormirez.

whereabouts ['weərəbaʊts] ◆ **adv** où. ◆ **npl : his whereabouts are unknown** personne ne sait où il se trouve.

whereas [weər'æz] **conj** alors que.

wherever [weər'evəʳ] **conj** où que *(+ subjunctive)* ▸ **go wherever you like** va où tu veux.

whether ['weðəʳ] **conj** si ▸ **whether you like it or not** que ça te plaise ou non.

which [wɪtʃ] ◆ **adj** [in questions] quel (quelle) ▸ **which room do you want?** quelle chambre voulez-vous ? ▸ **which one?** lequel (laquelle) ? ▸ **she asked me which room I wanted** elle m'a demandé quelle chambre je voulais ◆ **pron 1.** [in direct, indirect questions] lequel (laquelle) ▸ **which is the cheapest?** lequel est le moins cher ? ▸ **which do you prefer?** lequel préférez-vous ? ▸ **he asked me which was the best** il m'a demandé lequel était le meilleur ▸ **he asked me which I preferred** il m'a demandé lequel je préférais ▸ **he asked me which I was talking about** il m'a demandé duquel je parlais **2.** [introducing relative clause: subject] qui ▸ **the house which is on the corner** la maison qui est au coin de la rue **3.** [introducing relative clause: object] que ▸ **the television which I bought** le téléviseur que j'ai acheté **4.** [introducing relative clause: after prep] lequel (laquelle) ▸ **the settee on which I'm sitting** le canapé sur lequel je suis assis ▸ **the book about which we were talking** le livre dont nous parlions **5.** [referring back, subject] ce qui ▸ **he's late, which annoys me** il est en retard, ce qui m'ennuie **6.** [referring back, object] ce que ▸ **he's always late, which I don't like** il est toujours en retard, ce que je n'aime pas.

whichever [wɪtʃ'evəʳ] ◆ **pron** celui que (celle que). ◆ **adj : whichever seat you prefer** la place que tu préfères ▸ **whichever way you do it** quelle que soit la façon dont tu t'y prennes.

while [waɪl] ◆ **conj 1.** pendant que **2.** [although] bien que *(+ subjunctive)* **3.** [whereas] alors que. ◆ **n : a while** un moment ▸ **for a while** pendant un moment ▸ **in a while** dans un moment.

whim [wɪm] **n** caprice *m.*

whine [waɪn] **vi 1.** gémir **2.** [complain] pleurnicher.

whin(e)y ['waɪnɪ] **adj** pleurnichard(e).

whinger ['wɪndʒəʳ] **n** râleur *m*, -euse *f.*

whip [wɪp] ◆ **n** fouet *m.* ◆ **vt** fouetter.

whipped cream [wɪpt-] **n** *(U)* crème *f* fouettée.

whirlpool ['wɜːlpuːl] **n** [Jacuzzi] bain *m* à remous.

whisk [wɪsk] ◆ **n** [utensil] fouet *m.* ◆ **vt** [eggs, cream] battre.

whiskers ['wɪskəz] **npl 1.** [of person] favoris *mpl* **2.** [of animal] moustaches *fpl.*

whiskey ['wɪskɪ] (*pl* **-s**) **n** US whisky *m.*

whisky ['wɪskɪ] **n** UK whisky *m.*

whisper ['wɪspəʳ] **vt & vi** chuchoter.

whistle ['wɪsl] ◆ **n 1.** [instrument] sifflet *m* **2.** [sound] sifflement *m.* ◆ **vi** siffler.

white [waɪt] ◆ **adj 1.** blanc (blanche) **2.** [coffee, tea] au lait. ◆ **n 1.** *(U)* blanc *m* **2.** [person] Blanc *m*, Blanche *f*.

white bread n *(U)* pain *m* blanc.

White House n : **the White House** la Maison-Blanche.

ⓘ **White House**

Résidence officielle du président américain à Washington depuis 1800, la Maison-Blanche est l'un des plus vieux édifices de la capitale. Elle est ouverte au public. La plupart des visiteurs s'attardent devant le célèbre « Bureau ovale », symbole de la présidence, qui fut inauguré en 1909. De manière plus générale et particulièrement dans les médias, ce terme fait également référence à l'administration et au gouvernement américains.

white sauce n sauce *f* béchamel.

white spirit n *(U)* UK white-spirit *m*.

whitewash ['waɪtwɒʃ] **vt** blanchir à la chaux.

white wine n vin *m* blanc.

whiting ['waɪtɪŋ] *(pl inv)* **n** merlan *m*.

Whitsun ['wɪtsn] **n** la Pentecôte.

who [huː] **pron** qui.

whoever [huː'evəʳ] **pron** [whichever person] quiconque ▸ **whoever it is** qui que ce soit.

whole [həʊl] ◆ **adj 1.** entier(ière) **2.** [undamaged] intact(e). ◆ **n** : **the whole of the journey** tout le trajet ▸ **on the whole** dans l'ensemble ▸ **the whole day** toute la journée ▸ **the whole time** tout le temps.

wholefoods ['həʊlfuːdz] **npl** UK aliments *mpl* complets.

whole grain ['həʊlgreɪn] **adj** [bread, flour] complet(ète).

wholemeal ['həʊlmiːl] UK **adj** complet(ète).

wholemeal bread ['həʊlmiːl-] **n** *(U)* UK pain *m* complet.

wholesale ['həʊlseɪl] **adv** en gros.

wholewheat ['həʊlwiːt] US = **wholemeal**.

whom [huːm] **pron 1.** *fml* [in questions] qui **2.** [in relative clauses] que ▸ **to whom** à qui.

whooping cough ['huːpɪŋ-] **n** *(U)* coqueluche *f*.

who're ['huːəʳ] → **who are**.

whose [huːz] **adj & pron** : **whose jumper is this?** à qui est ce pull ? ▸ **she asked whose bag it was** elle a demandé à qui était le sac ▸ **the woman whose daughter I know** la femme dont je connais la fille ▸ **whose is this?** à qui est-ce ?

why [waɪ] **adv & conj** pourquoi ▸ **why don't we go swimming?** si on allait nager ? ▸ **why not?** pourquoi pas ? ▸ **why not have a rest?** pourquoi ne pas te reposer ?

wick [wɪk] **n** [of candle, lighter] mèche *f*.

wicked ['wɪkɪd] **adj 1.** [evil] mauvais(e) **2.** [mischievous] malicieux(ieuse).

wicker ['wɪkəʳ] **adj** en osier.

wide [waɪd] ◆ **adj** large. ◆ **adv** : **open your mouth wide** ouvre grand la bouche ▸ **how wide is the road?** quelle est la largeur de la route ? ▸ **it's 12 metres wide** ça fait 12 mètres de large ▸ **wide open** grand ouvert.

widely ['waɪdlɪ] **adv 1.** [known, found] généralement **2.** [travel] beaucoup.

widen ['waɪdn] ◆ **vt** élargir. ◆ **vi** s'élargir.

wide-screen adj [television, film, format] 16 /9.

widescreen TV ['waɪdskri:n] n téléviseur *m* à écran large OR grand écran.

widespread ['waɪdspred] adj répandu(e).

widow ['wɪdəʊ] n veuve *f.*

widower ['wɪdəʊəʳ] n veuf *m.*

width [wɪdθ] n largeur *f.*

wife [waɪf] (*pl* **wives**) n femme *f.*

WiFi ['waɪfaɪ] (*abbr of* **wireless fidelity**) n COMPUT WiFi *m.*

wig [wɪg] n perruque *f.*

wild [waɪld] adj **1.** sauvage **2.** [crazy] fou (folle) ▸ **to be wild about** *inf* être dingue de.

wild flower n fleur *f* des champs.

wildlife ['waɪldlaɪf] n *(U)* la faune et la flore.

will¹ [wɪl] ◆ aux vb **1.** [expressing future tense] **: I will go next week** j'irai la semaine prochaine ▸ **will you be here next Friday?** est-ce que tu seras là vendredi prochain ? ▸ **yes I will** oui ▸ **no I won't** non **2.** [expressing willingness] **: I won't do it** je refuse de le faire **3.** [expressing polite question] **: will you have some more tea?** prendrez-vous un peu plus de thé ? **4.** [in commands, requests] **: will you please be quiet!** veux-tu te taire ! ▸ **close that window, will you?** ferme cette fenêtre, veux-tu ?

will² [wɪl] n [document] testament *m* ▸ **against my will** contre ma volonté.

willing ['wɪlɪŋ] adj **: to be willing to do sthg** être disposé(e) à faire qqch.

willingly ['wɪlɪŋlɪ] adv volontiers.

willow ['wɪləʊ] n saule *m.*

Wimbledon ['wɪmbəldn] n *tournoi annuel de tennis à Londres.*

win [wɪn] (*pt & pp* **won**) ◆ n victoire *f.* ◆ vt gagner. ◆ vi **1.** gagner **2.** [be ahead] être en tête.

wind¹ [wɪnd] n **1.** vent *m* **2.** *(U)* UK [in stomach] gaz *mpl.*

wind² [waɪnd] (*pt & pp* **wound**) ◆ vi [road, river] serpenter. ◆ vt **: to wind a rope around a post** enrouler une corde autour d'un poteau. ◆ **wind up** vt sep **1.** *inf* [annoy] faire marcher **2.** [car window, clock, watch] remonter.

windbreak ['wɪndbreɪk] n écran *m* coupe-vent.

wind energy, wind power n éolien *m*, énergie *f* éolienne.

windmill ['wɪndmɪl] n moulin *m* à vent.

window ['wɪndəʊ] n **1.** fenêtre *f* **2.** [of car] vitre *f* **3.** [of shop] vitrine *f.*

window box n jardinière *f.*

window cleaner n laveur *m*, -euse *f* de carreaux.

windowpane ['wɪndəʊ,peɪn] n vitre *f.*

window seat n siège *m* côté fenêtre.

window-shopping n *(U)* lèche-vitrines *m.*

windowsill ['wɪndəʊsɪl] n appui *m* de (la) fenêtre.

windscreen ['wɪndskri:n] n UK pare-brise *m inv.*

windscreen wipers npl UK essuie-glaces *mpl.*

windshield ['wɪndʃi:ld] n US pare-brise *m inv.*

Windsor Castle ['wɪnzə-] n le château de Windsor.

windsurfing ['wɪnd,sɜ:fɪŋ] n *(U)* planche *f* à voile ▸ **to go windsurfing** faire de la planche à voile.

wind turbine ['wɪndtɜːbaɪn] n éolienne *f.*

windy ['wɪndɪ] adj venteux(euse) ▸ **it's windy** il y a du vent.

wine [waɪn] n vin *m.*

wine bar n bar *m* à vin.

wineglass ['waɪnglɑːs] n verre *m* à vin.

wine list n carte *f* des vins.

wine tasting [-'teɪstɪŋ] n *(U)* dégustation *f* de vins.

wine waiter n sommelier *m.*

wing [wɪŋ] n aile *f.* ◆ **wings** npl **: the wings** [in theatre] les coulisses *fpl.*

wingman ['wɪŋmæn] n US assistant *m*, -e *f.*

wing mirror n rétroviseur *m* extérieur.

wink [wɪŋk] vi faire un clin d'œil.

winner ['wɪnəʳ] n gagnant *m*, -e *f.*

winning ['wɪnɪŋ] adj gagnant(e).

winter ['wɪntəʳ] n hiver *m* ▸ **in (the) winter** en hiver.

wintertime ['wɪntətaɪm] n *(U)* hiver *m.*

wipe [waɪp] ◆ n [cloth] lingette *f.* ◆ vt essuyer ▸ **to wipe one's hands / feet** s'essuyer les mains / pieds. ◆ **wipe up** ◆ vt sep [liquid, dirt] essuyer. ◆ vi [dry the dishes] essuyer la vaisselle.

wiper ['waɪpəʳ] n AUT essuie-glace *m.*

wire ['waɪəʳ] ◆ n **1.** fil *m* de fer **2.** [electrical wire] fil *m* électrique. ◆ vt [plug] connecter les fils de.

wireless ['waɪəlɪs] ◆ n TSF *f.* ◆ adj sans fil.

wiring ['waɪərɪŋ] n *(U)* installation *f* électrique.

wisdom tooth ['wɪzdəm-] n dent *f* de sagesse.

wise [waɪz] adj sage.

wisecracking ['waɪz,krækɪŋ] adj *inf* blagueur(euse).

wish [wɪʃ] ◆ n souhait *m.* ◆ vt souhaiter ▸ **best wishes** meilleurs vœux ▸ **I wish it was sunny!** si seulement il faisait beau ! ▸ **I wish I hadn't done that** je regrette d'avoir fait ça ▸ **I wish he would hurry up** j'aimerais bien qu'il se dépêche ▸ **to wish for sthg** souhaiter qqch ▸ **to wish to do sthg** *fml* souhaiter faire qqch ▸ **to wish sb luck / happy birthday** souhaiter bonne chance / bon anniversaire à qqn ▸ **if you wish** *fml* si vous le désirez.

wishing well ['wɪʃɪŋ-] n *puits où l'on jette une pièce en faisant un vœu.*

witch [wɪtʃ] n sorcière *f.*

with [wɪð] ◆ prep **1.** [gen] avec ▸ **come with me** venez avec moi ▸ **a man with a beard** un barbu ▸ **a room with a bathroom** une chambre avec salle de bains ▸ **to argue with sb** se disputer avec qqn **2.** [at house of] chez ▸ **we stayed with friends** nous avons séjourné chez des amis **3.** [indicating emotion] de ▸ **to tremble with fear** trembler de peur **4.** [indicating covering, contents] de ▸ **to fill a bucket with water** remplir un seau d'eau ▸ **topped with cream** nappé de crème.

withdraw [wɪð'drɔː] (*pt* **-drew**, *pp* **-drawn**) ◆ vt retirer. ◆ vi se retirer.

withdrawal [wɪð'drɔːəl] n retrait *m.*

withdrawn [wɪð'drɔːn] pp → **withdraw.**

withdrew [wɪð'druː] pt → **withdraw.**

wither ['wɪðəʳ] vi se faner.

within [wɪ'ðɪn] ◆ prep **1.** [inside] à l'intérieur de **2.** [not exceeding] dans les limites de. ◆ adv à l'intérieur ▸ **within 10 miles of...** à moins de 15 kilomètres de... ▸ **the beach is within walking distance** on peut aller à la plage à pied ▸ **it arrived within a week** c'est arrivé en l'espace d'une semaine ▸ **within the next week** au cours de la semaine prochaine.

without [wɪð'aʊt] **prep** sans ▸ **without doing sthg** sans faire qqch.

withstand [wɪð'stænd] (*pt & pp* **-stood**) **vt** résister à.

witness ['wɪtnɪs] ◆ **n** témoin *m.* ◆ **vt** [see] être témoin de.

wittily ['wɪtɪlɪ] **adv** avec beaucoup d'esprit.

wittingly ['wɪtɪŋlɪ] **adv** *fml* en connaissance de cause, sciemment.

witty ['wɪtɪ] **adj** spirituel(elle).

wives [waɪvz] **pl** → **wife**.

WMD (*abbr of* **weapons of mass destruction**) **npl** ADM *fpl (armes de destruction massive).*

wobbly ['wɒblɪ] **adj** [table, chair] branlant(e).

wok [wɒk] **n** *poêle à bords hauts utilisée dans la cuisine chinoise.*

woke [wəʊk] **pt** → **wake**.

woken ['wəʊkn] **pp** → **wake**.

wolf [wʊlf] (*pl* **wolves** [wʊlvz]) **n** loup *m.*

woman ['wʊmən] (*pl* **women** ['wɪmɪn]) **n** femme *f.*

womanizer, womaniser UK ['wʊmənaɪzəʳ] **n** coureur *m* de jupons.

womb [wu:m] **n** utérus *m.*

women ['wɪmɪn] **pl** → **woman**.

won [wʌn] **pt & pp** → **win**.

wonder ['wʌndəʳ] ◆ **vi** [ask o.s.] se demander. ◆ **n** *(U)* [amazement] émerveillement *m* ▸ **I wonder if I could ask you a favour?** cela vous ennuierait-il de me rendre un service ?

wonderful ['wʌndəfʊl] **adj** merveilleux(euse).

wondrously ['wʌndrəslɪ] **adv** merveilleusement.

won't [wəʊnt] → **will not**.

wood [wʊd] **n** bois *m.*

wooden ['wʊdn] **adj** en bois.

woodland ['wʊdlənd] **n** *(U)* forêt *f.*

woodpecker ['wʊd,pekəʳ] **n** pic-vert *m.*

woodwork ['wʊdwɜ:k] **n** *(U)* **1.** [doors, window frames, etc.] boiseries *fpl* **2.** SCH travail *m* du bois.

wool [wʊl] **n** *(U)* laine *f.*

woolen ['wʊlən] US = **woollen**.

woollen ['wʊlən] **adj** UK en laine.

woolly ['wʊlɪ] **adj** UK en laine.

wooly ['wʊlɪ] US = **woolly**.

Worcester sauce ['wʊstə-] **n** *(U)* UK *sauce très relevée.*

Worcestershire sauce US = **Worcester sauce**.

word [wɜ:d] **n** **1.** mot *m* **2.** [promise] parole *f* ▸ **in other words** en d'autres termes ▸ **to have a word with sb** parler à qqn.

wording ['wɜ:dɪŋ] **n** *(U)* termes *mpl.*

word processing [-'prəʊsesɪŋ] **n** *(U)* traitement *m* de texte.

word processor [-'prəʊsesəʳ] **n** machine *f* à traitement de texte.

wore [wɔ:ʳ] **pt** → **wear**.

work [wɜ:k] ◆ **n** **1.** *(U)* travail *m* **2.** [painting, novel, etc.] œuvre *f.* ◆ **vi** **1.** travailler **2.** [operate, have desired effect] marcher **3.** [take effect] faire effet.

◆ **vt** [machine, controls] faire marcher ▸ **out of work** sans emploi ▸ **to be at work** être au travail ▸ **to be off work** a) [on holiday] être en congé b) [ill] être en congé-maladie ▸ **the works** *inf* [everything] tout le tralala ▸ **how does it work?** comment ça marche ? ▸ **it's not working** ça ne marche pas. ◆ **work from home** vi télétravailler. ◆ **work out** ◆ **vt sep** 1. [price, total] calculer 2. [solution, plan] trouver 3. [understand] comprendre. ◆ **vi** 1. [result, be successful] marcher 2. [do exercise] faire de l'exercice ▸ **it works out at £20 each** [bill, total] ça revient à 20 livres chacun.

worker ['wɜːkəʳ] **n** travailleur *m*, -euse *f*.

workflow ['wɜːkfləʊ] **n** workflow *m* *(modélisation de la gestion des processus opérationnels)*.

workforce ['wɜːkfɔːs] **n** main *f* d'œuvre.

work-in **n** *occupation d'une entreprise par le personnel (avec poursuite du travail)*.

working ['wɜːkɪŋ] **adj** 1. [in operation] qui marche 2. [having employment] qui travaille.

working class ['wɜːkɪŋ-] **n** : **the working class** la classe ouvrière.

working hours ['wɜːkɪŋ-] **npl** heures *fpl* de travail.

working week **n** UK semaine *f* de travail.

workman ['wɜːkmən] (*pl* **-men**) **n** ouvrier *m*.

work of art **n** œuvre *f* d'art.

workout ['wɜːkaʊt] **n** série *f* d'exercices.

work permit **n** permis *m* de travail.

workplace ['wɜːkpleɪs] **n** lieu *m* de travail.

workshop ['wɜːkʃɒp] **n** [for repairs] atelier *m*.

work surface **n** UK plan *m* de travail.

worktop ['wɜːktɒp] **n** UK plan *m* de travail.

world [wɜːld] ◆ **n** monde *m*. ◆ **adj** mondial(e) ▸ **the best in the world** le meilleur du monde.

World Series **n** US : **the World Series** *championnat américain de base-ball*.

ⓘ World Series

Malgré son nom, le World Series est une série de sept rencontres sportives qui ne se déroulent qu'en Amérique du Nord. Ce championnat américain de baseball oppose les vainqueurs des deux principales ligues, la American League et la National League. Le World Series a lieu en octobre chaque année et constitue l'un des événements sportifs les plus importants aux États-Unis également connu sous le nom de Fall Classic.

worldwide [,wɜːld'waɪd] **adv** dans le monde entier.

World Wide Web **n** : **the World Wide Web** le World Wide Web.

worm [wɜːm] **n** ver *m*.

worn [wɔːn] ◆ **pp** → **wear**. ◆ **adj** [clothes, carpet] usé(e).

worn-out **adj** 1. [clothes, shoes, etc.] usé(e) 2. [tired] épuisé(e).

worried ['wʌrɪd] **adj** inquiet(iète).

worry ['wʌrɪ] ◆ **n** souci *m*. ◆ **vt** inquiéter. ◆ **vi** : **to worry (about)** s'inquiéter (pour).

worrying ['wʌrɪɪŋ] **adj** inquiétant(e).

worse [wɜːs] ◆ **adj** 1. pire 2. [more ill] plus mal. ◆ **adv** pire ▸ **to get worse** a) empirer **b)** [more ill] aller plus mal ▸ **worse off a)** [in worse position] en plus mauvaise posture **b)** [poorer] plus pauvre.

worsen ['wɜ:sn] **vi** empirer.

worship ['wɜ:ʃɪp] ◆ **n** *(U)* [church service] office *m.* ◆ **vt** adorer.

worst [wɜ:st] ◆ **adj** pire. ◆ **adv** le plus mal. ◆ **n : the worst** le pire (la pire).

worth [wɜ:θ] **prep : how much is it worth?** combien ça vaut ? ▸ **it's worth £50** ça vaut 50 livres ▸ **it's worth seeing** ça vaut la peine d'être vu ▸ **it's not worth it** ça ne vaut pas la peine ▸ **£50 worth of traveller's cheques** des chèques de voyage pour une valeur de 50 livres.

worthless ['wɜ:θlɪs] **adj** sans valeur.

worthwhile [,wɜ:θ'waɪl] **adj** qui vaut la peine.

worthy ['wɜ:ðɪ] **adj** [cause] juste ▸ **to be a worthy winner** mériter de gagner ▸ **to be worthy of sthg** être digne de qqch.

would [wʊd] ◆ **aux vb 1.** [in reported speech] **: she said she would come** elle a dit qu'elle viendrait **2.** [indicating condition] **: what would you do?** qu'est-ce que tu ferais ? ▸ **what would you have done?** qu'est-ce que tu aurais fait ? ▸ **I would be most grateful** je vous en serais très reconnaissant **3.** [indicating willingness] **: she wouldn't go** elle refusait d'y aller ▸ **he would do anything for her** il ferait n'importe quoi pour elle **4.** [in polite questions] **: would you like a drink?** voulez-vous boire quelque chose ? ▸ **would you mind closing the window?** cela vous ennuierait de fermer la fenêtre ? **5.** [indicating inevitability] **: he would say that** ça ne m'étonne pas qu'il ait dit ça **6.** [giving advice] **: I would report it if I were you** si j'étais vous, je le signalerais **7.** [expressing opinions] **: I would prefer** je préférerais ▸ **I would have thought (that)...** j'aurais pensé que....

wouldn't ['wʊdnt] → **would not.**

wound¹ [wu:nd] ◆ **n** blessure *f.* ◆ **vt** blesser.

wound² [waʊnd] **pt & pp** → **wind²**

wove [wəʊv] **pt** → **weave.**

woven ['wəʊvn] **pp** → **weave.**

wrap [ræp] **vt** [package] emballer ▸ **to wrap a towel around your waist** enrouler une serviette autour de la taille. ◆ **wrap up** ◆ **vt sep** [package] emballer. ◆ **vi** [dress warmly] s'emmitoufler.

wrapped [ræpt] **adj** [bread, cheese] préemballé.

wrapper ['ræpəʳ] **n** [for sweet] papier *m.*

wrapping ['ræpɪŋ] **n** [material] emballage *m.*

wrapping paper **n** papier *m* d'emballage.

wreath [ri:θ] **n** couronne *f.*

wreck [rek] ◆ **n 1.** épave *f* **2.** US [crash] accident *m.* ◆ **vt 1.** [destroy] détruire **2.** [spoil] gâcher ▸ **to be wrecked** [ship] faire naufrage.

wreckage ['rekɪdʒ] **n** *(U)* **1.** [of plane, car] débris *mpl* **2.** [of building] décombres *mpl.*

wrench [rentʃ] **n 1.** UK [monkey wrench] clé *f* anglaise **2.** US [spanner] clé *f.*

wrestler ['resləʳ] **n** lutteur *m*, -euse *f.*

wrestling ['reslɪŋ] **n** *(U)* lutte *f.*

wretched ['retʃɪd] **adj 1.** [miserable] misérable **2.** [very bad] affreux(euse).

wriggle ['rɪgl] **vt & vi** tortiller.

wring [rɪŋ] (*pt & pp* **wrung**) **vt** [clothes, cloth] essorer.

wrinkle ['rɪŋkl] **n** ride *f.*

wrist [rɪst] n poignet *m*.

wrist rest n *(U)* repose-poignets *m inv*.

wristwatch ['rɪstwɒtʃ] n montre-bracelet *f*.

write [raɪt] (*pt* **wrote**, *pp* **written**) ◆ vt **1.** écrire **2.** [cheque, prescription] faire **3.** US [send letter to] écrire à. ◆ vi écrire ▸ **to write to sb** UK écrire à qqn. ◆ **write back** vi répondre. ◆ **write down** vt sep noter. ◆ **write off** ◆ vt sep UK *inf* [car] bousiller. ◆ vi : **to write off for sthg** écrire pour demander qqch. ◆ **write out** vt sep **1.** [list, essay] rédiger **2.** [cheque, receipt] faire.

write-down n FIN dépréciation *f*.

write-off n UK [vehicle] épave *f*.

writer ['raɪtə^{r}] n [author] écrivain *m*.

writing ['raɪtɪŋ] n **1.** écriture *f* **2.** [written words] écrit *m*.

writing desk n secrétaire *m*.

writing pad n bloc-notes *m*.

writing paper n *(U)* papier *m* à lettres.

written ['rɪtn] pp → **write**.

wrong [rɒŋ] ◆ adj **1.** mauvais(e) **2.** [bad, immoral] mal *inv*. ◆ adv mal ▸ **to be wrong** [person] avoir tort ▸ **what's wrong?** qu'est-ce qui ne va pas ? ▸ **something's wrong with the car** la voiture a un problème ▸ **to be in the wrong** être dans son tort ▸ **to get sthg wrong** se tromper sur qqch ▸ **to go wrong** [machine] se détraquer ▸ **'wrong way'** US *panneau indiquant un sens unique*.

wrongly ['rɒŋlɪ] adv mal.

wrong number n faux numéro *m* ▸ **sorry, I've got the wrong number** désolé, je me suis trompé de numéro ▸ **you've got the wrong number** vous vous êtes trompé de numéro.

wrote [rəʊt] pt → **write**.

wrought iron [rɔːt-] n *(U)* fer *m* forgé.

wrung [rʌŋ] pt & pp → **wring**.

WTO (*abbr of* **World Trade Organization**) n OMC *f (Organisation mondiale du commerce)*.

wuss [wʌs] n US *inf* mauviette *f*.

WWW (*abbr of* **World Wide Web**) n WWW *m*.

Xx

xing (*written abbr of* **crossing**) US : **'ped xing'** *panneau signalant un passage clouté*.

XL (*abbr of* **extra-large**) XL.

Xmas ['eksməs] n *inf* Noël *m*.

X-ray ◆ n [picture] radio(graphie) *f*. ◆ vt radiographier ▸ **to have an X-ray** passer une radio.

Yy

y (*pl* **y's** OR **ys**), **Y** (*pl* **Y's** OR **Ys**) [waɪ] n **1.** [letter] y *m inv*, Y *m inv* **2.** [in mathematics] y *m inv* **3.** TEXTING (*abbr of* **why**) pk *(pourquoi)*.

yacht [jɒt] n **1.** [for pleasure] yacht *m* **2.** [for racing] voilier *m*.

Yankee ['jæŋkɪ] **n** US [citizen] Yankee *m ou f.*

yard [jɑːd] **n 1.** [unit of measurement] = 91,44 cm, yard *m* **2.** [enclosed area] cour *f* **3.** US [garden] jardin *m.*

Yardie ['jɑːdɪ] **n** *membre d'une organisation criminelle d'origine jamaïcaine.*

yardman ['jɑːdmæn] **n** US jardinier *m.*

yard sale n US *vente d'objets d'occasion par un particulier devant sa maison.*

yarn [jɑːn] **n** *(U)* [thread] fil *m.*

yawn [jɔːn] **vi** [person] bâiller.

yd *abbr of* **yard.**

yea [jeɪ] ◆ **adv** [yes] oui. ◆ **n** [in vote] oui *m.*

yeah [jeə] **adv** *inf* ouais.

year [jɪəʳ] **n** an *m*, année *f* ▸ **next year** l'année prochaine ▸ **this year** cette année ▸ **I'm 15 years old** j'ai 15 ans ▸ **I haven't seen her for years** *inf* ça fait des années que je ne l'ai pas vue.

yearly ['jɪəlɪ] **adj** annuel(elle).

yeast [jiːst] **n** *(U)* levure *f.*

yell [jel] **vi** hurler.

yellow ['jeləʊ] ◆ **adj** jaune. ◆ **n** *(U)* jaune *m.*

yellow lines npl bandes *fpl* jaunes.

Yellow Pages® **n : (the) Yellow Pages** les Pages *fpl* Jaunes.

yes [jes] **adv** oui.

yesterday ['jestədɪ] **n & adv** hier ▸ **the day before yesterday** avant-hier ▸ **yesterday afternoon** hier après-midi ▸ **yesterday morning** hier matin.

yet [jet] ◆ **adv** encore. ◆ **conj** pourtant ▸ **have they arrived yet?** est-ce qu'ils sont déjà arrivés ? ▸ **not yet** pas encore ▸ **I've yet to do it** je ne l'ai pas encore fait ▸ **yet again** encore une fois ▸ **yet another drink** encore un autre verre.

yew [juː] **n** if *m.*

Yiddish ['jɪdɪʃ] ◆ **adj** yiddish *(inv).* ◆ **n** [language] yiddish *m.*

yield [jiːld] ◆ **vt** [profit, interest] rapporter. ◆ **vi** [break, give way] céder ▸ **'yield'** US AUT 'cédez le passage'.

yikes [jaɪks] **excl** mince !

YMCA n *association chrétienne de jeunes gens (proposant notamment des services d'hébergement).*

yob [jɒb] **n** UK *inf* loubard *m.*

yoga ['jəʊgə] **n** *(U)* yoga *m.*

yoghurt ['jɒgət] **n** *(U)* yaourt *m.*

yolk [jəʊk] **n** jaune *m* d'œuf.

yonks [jɒŋks] **n** UK *inf* **: I haven't been there for yonks** il y a une paie OR ça fait un bail que je n'y suis pas allé.

York Minster [jɔːk'mɪnstəʳ] **n** la cathédrale de York.

Yorkshire pudding ['jɔːkʃə-] **n** UK *petit soufflé en pâte à crêpe servi avec le rosbif.*

you [juː] ◆ **pron 1.** [subject, singular] tu ; [subject, polite form, plural] vous ▸ **you French** vous autres Français **2.** [object, singular] te ; [object, polite form, plural] vous **3.** [after prep, singular] toi ; [after prep, polite form, plural] vous ▸ **I'm shorter than you** je suis plus petit que toi / vous **4.** [indefinite use, subject] on ; [indefinite use, object] te, vous ▸ **you never know** on ne sait jamais.

you'd [juːd] → **you had, you would.**

you'll [juːl] → **you will.**

young [jʌŋ] ◆ **adj** jeune. ◆ **npl : the young** les jeunes *mpl.*

younger ['jʌŋgəʳ] **adj** plus jeune.

youngest ['jʌŋgəst] adj le plus jeune (la plus jeune).

youngster ['jʌŋstəʳ] n jeune *m ou f*.

your [jɔːʳ] ◆ adj **1.** [singular subject] ton (ta), tes *pl* ; [singular subject, polite form] votre, vos *pl* ; [plural subject] votre, vos *pl* ▸ **your dog** ton / votre chien ▸ **your house** ta / votre maison ▸ **your children** tes / vos enfants **2.** [indefinite subject] : **it's good for your health** c'est bon pour la santé.

you're [jɔːʳ] → **you are**.

yours [jɔːz] pron **1.** [singular subject] le tien (la tienne) **2.** [plural subject, polite form] le vôtre (la vôtre) ▸ **a friend of yours** un ami à toi, un de tes amis ▸ **are these yours?** ils sont à toi / vous ?

yourself [jɔː'self] (*pl* **-selves**) ◆ pron **1.** [reflexive: singular] te ; [reflexive: plural, polite form] vous **2.** [after prep: singular] toi ; [after prep: polite form, plural] vous ▸ **did you do it yourself?** **a)** [singular] tu l'as fait toi-même ? **b)** [polite form] vous l'avez fait vous-même ? ▸ **did you do it yourselves?** vous l'avez fait vous-mêmes ?

youth [juːθ] n **1.** *(U)* jeunesse *f* **2.** [young man] jeune *m*.

youth club n ≃ maison *f* des jeunes.

youth hostel n auberge *f* de jeunesse.

you've [juːv] → **you have**.

Yugoslavia [ˌjuːgə'slɑːvɪə] n Yougoslavie *f* ▸ **the former Yugoslavia** l'ex-Yougoslavie.

yuppie ['jʌpɪ] n yuppie *m ou f*.

YWCA n *association chrétienne de jeunes filles (proposant notamment des services d'hébergement).*

Z z

zebra [UK 'zebrə, US 'ziːbrə] n zèbre *m*.

zebra crossing n UK passage *m* pour piétons.

zero ['zɪərəʊ] (*pl* **-es**) n zéro *m* ▸ **five degrees below zero** cinq degrés au-dessous de zéro.

zero-rating n exemption *f* de TVA.

zest [zest] n *(U)* [of lemon, orange] zeste *m*.

zigzag ['zɪgzæg] vi zigzaguer.

zinc [zɪŋk] n *(U)* zinc *m*.

zinger ['zɪŋəʳ] n US *inf* **1.** [pointed remark] pique *f* **2.** [impressive thing] : **it was a real zinger** c'était impressionnant.

zip [zɪp] ◆ n UK fermeture *f* Éclair®. ◆ vt **1.** fermer **2.** COMPUT zipper. ◆ **zip up** vt sep fermer.

zip code n US code *m* postal.

zip file n fichier *m* ZIP.

zipper ['zɪpəʳ] n US fermeture *f* Éclair®.

zit [zɪt] n *inf* bouton *m*.

zodiac ['zəʊdɪæk] n zodiaque *m*.

zone [zəʊn] n zone *f*.

zoo [zuː] (*pl* **-s**) n zoo *m*.

zoom (lens) [zuːm-] n zoom *m*.

zucchini [zuː'kiːnɪ] (*pl inv*) n US courgette *f*.